PROVENCE & CÔTE D'AZUR

Ralf Nestmeyer

INHALT

Wissenswertes

Reisepraktisches

Wissenswertes von A bis Z ... 106

Reiseziele

Haute-Provence ... 122

Grand Canyon du Verdon ... 157

Kartenverzeichnis

Zeichenerklärung für die Karten und Pläne

- mehrspurige Straße
- Asphaltstraße
- Piste
- Wanderweg
- Bahnlinie
- Strand
- Gewässer
- Grünanlage
- Aussicht
- Berggipfel
- Kirche/Kapelle
- Kloster
- Schloss/Festung
- Turm
- Allg. Sehenswürdigkeit
- Flughafen/ -platz
- Campingplatz
- Leuchtturm
- Information
- Parkplatz
- Post
- Bushaltestelle
- Museum
- Telefon
- Wegweiser
- Ruine
- Torbogen

Alles im Kasten

Liebe Leserin, lieber Leser,

seit mehr als zwei Jahrhunderten zählt der Südosten Frankreichs zu den beliebtesten europäischen Reisezielen. Die Faszination, die von der Provence und der Côte d'Azur ausgeht, hält auch im Zeitalter des Massentourismus ungebrochen an. Die einen erfreuen sich an Licht und Farben, die anderen suchen das "Savoir-vivre", das nirgendwo in Frankreich so ausgeprägt zu sein scheint. Allzuoft wird die Provence nur als verschlafenes Paradies gesehen: Alte Männer, die im Schatten noch älterer Platanen Pétanque spielen, violett leuchtende Lavendelfelder und ein Marktplausch über die Qualität der Olivenernte – das alles gibt es, und dennoch ist die Provence alles andere als ein rückständiges Land: So hielt beispielsweise der Scanner in manchem kleinen Lebensmittelgeschäft um Jahre früher Einzug als in den deutschen Supermärkten.

Provence und Côte d'Azur gehören zweifellos zu den reizvollsten Kulturlandschaften Europas. Kaum eine andere Region ist so reich an architektonischen Denkmälern wie das Land zwischen Rhône, Seealpen und Mittelmeer. Nicht nur die Römer, auch Päpste und mondäne Aristokraten haben ihre Spuren hinterlassen. Keineswegs sollte man sich jedoch von der kulturellen Vielfalt blenden lassen und dabei die Anmut der Landschaft übersehen. Letztlich spielt es aber keine Rolle, ob das Ziel Camargue oder Lubéron heißt, denn, um mit Frédéric Mistral zu sprechen, das provenzalische "Imperium der Sonne" ist allgegenwärtig.

Mit vielen praktischen Tipps und Informationen zu Sehenswürdigkeiten, Freizeitgestaltung, Unterkunftsmöglichkeiten und Restaurants, sowie zu Natur und Geschichte will Ihnen dieses Reisehandbuch ein steter und nützlicher Begleiter auf kürzeren sowie längeren Streifzügen durch die Provence und die Côte d'Azur sein. Die Aufteilung der Kapitel orientiert sich an den jeweiligen Landschaftsregionen. Da ein Reiseführer von den Zuschriften seiner Leser lebt, wäre es erfreulich, wenn Sie schreiben würden, falls Sie eine schöne Wanderung, ein nettes Restaurant oder eine idyllische Herberge entdeckt beziehungsweise aktuelle Änderungen festgestellt haben. Ihr Tipp kommt der nächsten Auflage zugute.

Bon voyage!

Schreiben Sie bitte an:

Ralf Nestmeyer

Stichwort „Provence und Côte d'Azur“

c/o Michael Müller Verlag

Gerberei 19

91054 Erlangen

E-mail: ralf.nestmeyer@michael-mueller-verlag.de

Dank an:

Der Autor dankt dem Maison de la France, dem Comité Régional du Tourisme Provence-Alpes-Côte d'Azur sowie den Tourismusorganisationen der Départemets für ihre Hilfe und Unterstützung, insbesondere Ralph Schetter, Céline Neirinck, Susanne Zurn-Seiler, Sandra Jurinic, Francine Riou, Silvie Allemand, Valérie Gillet, Henriette Koblinsky, Bernard Chourial, Michel Caraïsco, Florence Lecointre, Béatrice Di Vita und Martine Duffaud.

Sowie für Tipps und Briefe von:

Petra und Fritz Achberger, Christina Ahr, K. Amman, Chihara Asai, Kristina Bake, Andrea Balser, Dr. Gert Wilfried Becher, Heike Becker, Markus Becker, Joseph Berchtold, Dr. Julia Bertrams, Dr. Lore Bletschacher, Hermann und Margret Brenner, Stefan Burdach, Margret Bux, Heike Carstensen, Margarete Dahlem, Matthias Daum, Brigitte Derenthal, Heiko Dierschke, Heinz Dörr, Fabian Dorner, Gerlinde Droste, Michael Dung, Henrike Ebel, Gert Eberle, Siegfried Ebersold, Dr. Ehmer, Stefan Eisele, Beate Eisele, Gerhard Emslander, Dr. Frank Erzner, Andreas Faltin, Gerd Faltin, Dr. Thomas Faltin, Olga Feger, Anja Feichtl, Gerhard Fink, Jürgen Flugel, Thomas Freese, Karin und Dietmar Frey, Nicole Frey, Silvia und Thomas Fries, Birgit Fuchs, Verena Fulde, Martina und Hartmut Gläser, Stefan Göbel, Nora Gorres, Margit Gottstein, Maria Graf, Claudia Grub, Konrad Grund, Wiebke Härtel, Andrea Hartmann, Birgitte Heemann, Joachim Heilmann, Gisela Heise, Arndt Hermening, Thomas Hermsen, Renate Henrich, Walter Herrmann, Peter Heß, Thomas Hildisch, Christine Hilleprandt, Stefan Hochuth, Iris und Peter Holeschofsky, Peter Holzwarth, C. Hortmann, Frank Huckert, Andreas Hugenschmidt, Karl Heinz Jutz, Edith Kalmbach, Melanie Klapper, Gundula und Werner Klein, Evelyn und Mathias Kluge, Martina Kirstein, Mariann König, Johannes Kohl, Keng Kopp, Sandra Kordowich, Adelheid Korpp, Ellen Kray, Renate Kohler, Tilmann Köhler, Ute Lambertz, H. Lederer, Philipp Legert, Stefan Liebert, Christa Lindner, Claudia Lorenz, Gisela Lotis, Prof. Dr. Klaus Lüdicke, Anja und Joachim Lüth, Manfred A. Maier, Nikola Maier, Peter Maile, Fritz Mangold, Gudrun Masloch, Stefanie Mathes, Anke Mayr, Elisabeth Meerwein, Dr. Martina Michels, Ivan Midgley, Andreas Mohr, Anke Müller, A. Müller, Regina Müller, Klaus Mümmler, Dörte Münster, Edwin Oesterer, Gudrun Oetting, Hermann Orgeldinger, Klaus Pfaehler, Reinhold Pfindel, Gerhard Pöllath, Albrecht Pohlmann, Ingrid und Hartmut Prietze, Johanna Rauschmayr, Franz Reiter, Hannelore Rejek, Yvonne Ritter, Kerstin Ritzer, Susan Rössner, Ursula Rupp, Sybille Ruth, Stefan Saalfeld, Carsten Schabacher, Sylvia Schallhammer, Helmut Schandl, Annette Scheerer, Dr. Charlotte Schlang, Angelika Schlecht, Clemens Schmahl, Dr. Heiko Schmitz, Gabi Schmitt, Bettina Schober, Astrid Schönwälder, Herr Schultze, Annemarie Schütz-Ott, Dominique Seillon, Hans-Dieter Serno, Ute und Jochen Siegler, Ginerra Singer, Birte Smok, Sonja Sohl, Rainer Spangel, Conny Spiess, Helmut Stadtmüller, Birgit Stehle, Jörn Stiller, A. Strehler, Prof. Dr. Gunther Thoenes, Rainer Thome, Anja Tittler, Herbert Traube, Regula Uetz, Sören Unger, Anette Volpp, Desiree Waibel, Christiane Walter, Gerd Walton, Michael S. Weber, Dr. Andreas Weimann, Jürgen Weitemeier, Ulrich Werling, Joachim Wieg, Gabriele Wilde, Daniel Winkelmann, Reinald Witsch, Jürgen Wixforth, Monika Wunderlich, Josef X. Wyss, Stefan Zeitler, Lothar Zöllner und Robert Zoller.

Provence und Côte d'Azur

Wissenswertes

In der Altstadt von Nizza

Provence und Côte d'Azur erleben

Aus geographischer oder historischer Sicht gibt es keine zwingenden Vorgaben, auf welchen Wegen sich Provence und Côte d'Azur am besten erkunden lassen. Entscheidend ist eher, ob Kultur oder Natur, Stadt oder Land, Berge oder Strand im Mittelpunkt des Interesses stehen.

... für Liebhaber von schönen Städten und Dörfern

Provence und Côte d'Azur sind ohne Zweifel ein Land der Städte, Aix-en-Provence gilt gar als die französische Bilderbuchstadt schlechthin, mit Avignon und Arles besitzt die Provence zwei weitere klassische Städte. Nicht ausgespart bleiben darf selbstverständlich ein Besuch der berühmt-berüchtigten Millionenmetropole Marseille. Entlang der Côte d'Azur reihen sich „Badeorte“ mit mondäner Vergangenheit wie Menton, Nizza und Cannes wie Perlen auf einer Schnur. Zu den schönsten Orten an der Küste zählen trotz der nicht abreißenden Besucherflut immer noch Saint-Tropez und Cassis. Wer ein Faible für kleine, verträumte Bergdörfer hat, wird in der Provence ebenfalls nicht enttäuscht: Tourtour, Gourdon, Sainte-Agnes oder Le Castellet wetteifern um die Touristengunst. Einen besonderen Reiz üben aber die provenzalischen Kleinstädte aus, die von ihrer Größe her oftmals besser als Markt charakterisiert werden sollten: so beispielsweise Cotignac oder Aups im Haut Var, L'Isle-sur-la-Sorgue in der Vaucluse, Sisteron in der Haute-Provence und Saint-Rémy-de-Provence, die Geburtsstadt von Nostradamus.

Die weltberühmte Fondation Maeght in Saint-Paul-de-Vence

... für kunstgeschichtlich Interessierte

Freunde klassischer Altertümer finden nirgendwo außerhalb Italiens mehr römische Bauten vor als in Südfrankreich; manche römischen Monumente wie der Pont du Gard und die Siegestrophäe von La Turbie sind gar einzigartig, doch auch das antike Theater von Orange und das Amphitheater von Arles bestechen durch ihre Proportionen. Sieht man von der Antike ab, so hat vor allem die Romanik ihre Spuren in der Provence hinterlassen. Neben den drei berühmten Zisterzienserklöstern Le Thoronet, Sénanque und Silvacane sind die Kathedrale Saint-Trophime in Arles und die Wallfahrtskirche Saint-Gilles für ihre Formensprache berühmt. Wer sich für moderne Kunst interessiert, kann an der Côte d'Azur in einen wahren Kunstrausch verfallen. Angefangen bei der weltberühmten Fondation Maeght in Saint-Paul-de-Vence bis hin zu mehreren faszinierenden Museen, die jeweils einem einzigen Künstler gewidmet sind – wie in Biot (Fernand Léger), Nizza (Matisse) und Antibes (Picasso) –, ist einiges geboten. Zu den Highlights zählen zudem die von Picasso, Matisse und Cocteau ausgemalten Kapellen und das Musée d'Art Moderne et d'Art Contemporain in Nizza.

.. für Landschafts- und Naturgenießer

Trotz der vielen Städte und Dörfer sind Provence und Côte d'Azur ein dünn besiedelter Landstrich, die rauen Höhen der Haute-Provence und die kargen Täler der Seealpen sind genauso wie die unwirtliche Camargue von menschlicher Besiedlung weitgehend verschont geblieben und bieten eindrucksvolle Naturerlebnisse.

FKK bei Fréjus

Wanderfreunde finden im Lubéron und den anderen provenzalischen Gebirgszügen ein reiches Betätigungsfeld. Zwei National- und drei Regionalparks sollen zudem den Erhalt der natürlichen Umwelt langfristig sichern helfen. Während der Grand Canyon du Verdon gewissermaßen schon zum Pflichtprogramm einer Provence-Reise gehört, lassen sich die Gorges de la Nesque sowie die Gorges du Cians und die Gorges de Daluis als vergleichsweise unberührte Schluchten empfehlen. Auch die stellenweise stark zersiedelte französische Mittelmeerküste kann mit landschaftlichen Highlights aufwarten: Malerisch ist vor allem der Küstenabschnitt zwischen Menton und Nizza, wo sich die Ausläufer der Seealpen bis an das Ufer heranschieben, sowie die türkisblauen Calanques von Cassis; eine Augenweide stellt der Gegensatz zwischen dem rot leuchtenden Estérelgebirge und dem kräftigen Blau des Mittelmeers dar. Gelegentlich wurde auch ein wenig nachgeholfen, um die Natur in besonders üppiger Form zum Blühen zu bringen. Der Garten der Fondation Ephrussi de Rothschild auf Cap Ferrat und die Résidence Les Colombières in Menton gehören zu Recht zu den schönsten Beispielen europäischer Gartenbaukunst.

... für Sonnenanbeter und Wasserratten

Für einen reinen Badeurlaub lassen sich – zugegebenermaßen – nicht nur entlang der Côte d'Azur und der provenzalischen Küste geeignete Strände finden. Doch ein Flair, wie es die klassischen Badeorte der Côte d'Azur zu bieten haben, wird man andernorts vergeblich suchen. Selbst Großstädte wie Nizza und Marseille besitzen einen recht passablen Hausstrand. Manch traumhafter

Vive la Pétanque!

Strand auf der Halbinsel von Saint-Tropez mag während der Hochsaison zwar etwas überlaufen sein, dafür locken in der Camargue rund um Les Saintes-Maries-de-la-Mer ausgedehnte, wenig besuchte Sandstrände, an denen man teilweise auch die Hüllen fallen lassen kann. Den Süßwasserfans sei der Lac de Sainte-Croix oder der kleinere Esparron-de-Verdon empfohlen. Besonders pittoresk ist das Baden unterhalb des berühmten Pont du Gard.

... für Familien mit Kindern

Sandburgen bauen und im Meer planschen gehört für Kinder zu den Lieblingsbeschäftigungen im Sommer, wird mit der Zeit dann aber doch etwas langweilig; Kinder sind bekanntlich sehr kritische Urlauber. Nachdem sie ein paar Tage im Sand gebuddelt haben, verlangen sie nach Abwechslung. Ein Abstecher zum Kinderspielplatz oder eine Runde Minigolf sind zwar ganz nett, die Begeisterung hält sich aber meist auf Dauer in Grenzen. Besser auf den kindlichen Aktionsdrang zugeschnitten ist ein Bootsausflug zu den Calanques bei Cassis oder ein Besuch des „Marineland" bei Biot. Im größten europäischen Meerwasserzoo sind neben Seelöwen und Pinguinen auch Schwertwale, Haie und Delphine zu bewundern. Das Interessante am Meer sind neben den Badefreuden natürlich die Meeresbewohner. Da man weder vom Boot, noch vom Strand aus viele Fische zu Gesicht bekommt, darf ein Besuch des Ozeanographischen Museums von Monaco nicht fehlen. Für jugendliche Wasserratten empfiehlt sich zudem das Aquatica bei Fréjus, eine ausgedehnte Wasserlandschaft mit Riesenrutschen, einem Wildwasserbach und zahlreichen anderen Attraktionen.

Markenzeichen der Camargue: weiße Pferde und Seenlandschaft

Landschaft und Geographie

Die Provence und die Côte d'Azur sind ein Land der Gegensätze: Tief eingeschnittene Täler und Schluchten im Nordosten, die Gipfel der Alpes Maritimes sind bis weit in den Frühsommer hinein schneebedeckt, während Minusgrade an der Küste als Jahrhundertereignis bestaunt werden. Die einsamen Hochebenen der Haute-Provence haben mit den dicht besiedelten Küstengebieten und dem hoch industrialisierten Tal der Rhône ebenfalls nur wenig gemein.

Die Provence und die Côte d'Azur bilden unter geographischen Gesichtspunkten keine Einheit. Da ist einmal das fruchtbare Tal der Rhône, welches in das Sumpfgebiet der Camargue übergeht, östlich der Rhône erstrecken sich stattliche Mittelgebirge wie der Lubéron oder der Mont Ventoux, der als ein Wahrzeichen der Provence gilt. Im Nordosten wird die Region durch die Seealpen begrenzt, die in Richtung Küste steil abfallen und nur einem schmalen Küstensaum Platz gewähren. Schließlich darf eine Landschaft nicht vergessen werden, die im eigentlichen Sinne gar keine ist: Das **Mittelmeer**. *Fernand Braudel* (1902–1985), einer der renommiertesten französischen Historiker, der die Fachwelt 1947 mit seinem bahnbrechenden Werk „Das Mittelmeer und die mediterrane Welt in der Epoche Philipp II." begeisterte, charakterisierte die Bedeutung des Mittelmeers für Südfrankreich folgendermaßen: „Sein Leben ist mit dem Land verbunden, seine Dichtkunst mehr als nur zur Hälfte ländlich, seine Seeleute können sich mit dem Wechsel der Jahreszeiten auch zu Bauern wandeln; es ist das Meer der Weinberge und Olivenbäume ebenso wie das Meer der langrudrigen Galeeren und der Galeonen der Kaufleute und seine Geschichte lässt sich ebenso wenig

Auch das ist die Provence: Berglandschaft des Grand Canyon du Verdon

vom Land, das es umgibt, trennen wie der Ton von den Händen des Töpfers, der ihn formt. ‚Lauso la mare e tente 'n terro' (Preise das Meer und bleibe an Land) lautet ein provenzalisches Sprichwort."

Wenn vom Wasser die Rede ist, dürfen **Rhône** und **Durance** selbstverständlich nicht fehlen. Erst diese beiden eminent wichtigen Lebensadern mit ihren Zuflüssen haben die Provence zu einer blühenden Kulturlandschaft werden lassen; beide waren und sind die Grundlage für die Landwirtschaft und den Handel. Nicht ohne Grund schmücken Vater Rhône und Mutter Durance den Giebel der alten Kornhalle von Aix-en-Provence. Doch trotz ertragreicher Weinstöcke, blühender Felder sowie ausgedehnter Obst- und Gemüseplantagen drängt sich unweigerlich die Erkenntnis auf, dass der typische Provenzale ein Städter und kein Landwirt ist. Das Mündungsgebiet der Rhône, die schwach besiedelte **Camargue**, steht naturgemäß dem Meer am nächsten und bildet zwischen Großer und Kleiner Rhône gewissermaßen ein Dreieck. Als eines der größten Feuchtgebiete Europas stellt die Camargue ein wahres Refugium für seltene Wasser- und Wattvögel dar. Touristen schätzen vor allem die ausgedehnten Sandstrände. In Küstennähe schließt sich eine von Überschwemmungsbereichen geprägte Landschaft an, in welcher sich vor Jahrtausenden die so genannten **Etangs** gebildet haben. Die beiden größten, der Etang de Berre und der Etang de Vaccarès, besitzen beachtliche Ausmaße. Die kleineren Salzlagunen werden von weiten Grasflächen umgeben und sind daher nur zu Fuß zu erreichen. Doch kein Etang gleicht dem anderen: Während einige hochgradig salzig und von Algen überwuchert sind, besitzen andere erstaunlich frisches, klares Wasser und eine reizvolle Uferzone. Nordöstlich der Camargue erstreckt sich die rund 11.000 Hektar große **Crau**; die bizarre Steinsteppe ist ein Paradies für seltene Pflanzen und Tiere. Entstanden ist die Crau vor etwa 12.000 Jahren, als die Durance ihre

Fließrichtung veränderte; statt des direkten Weges in Richtung Mittelmeer, nahm sie fortan einen Umweg über die Rhône. Quasi als Hinterlassenschaft blieb ein flaches Steinfeld, ihr ausgetrocknetes Delta, zurück. An den Rändern der Crau hat sich die Landwirtschaft verstärkt ausgebreitet und den Charakter der einstigen Steinsteppe verwandelt, nur noch das Herzstück ist bislang unangetastet. Nach Norden hin wird die Crau von den Alpilles begrenzt, einem karstigen Gebirgszug, dessen gezackter Gipfelkamm zwar nur knapp 400 Meter emporragt, aber im Vergleich zur brettflachen Camargue wie ein Vorgeschmack auf die Alpen anmutet.

Kletterparadies Haute-Provence

Die kargen **Alpilles** sind ein Teil jener parallel verlaufenden Höhenzüge, die die Provence seit dem Tertiär (vor ca. 60 Millionen Jahren) von Osten nach Westen durchziehen. Hierzu zählen die bewaldete Montagnette und die Chaîne de l'Estaque genauso wie das Massif de la Sainte-Baume und Cézannes berühmte Montagne Sainte-Victoire. Nördlich der Durance erhebt sich mit dem **Lubéron** erneut ein lang gestrecktes Kalkgebirge, an dessen nördlichen Ausläufern bei Roussillon und Rustrel die größten europäischen Ockervorkommen auszumachen sind. Den gesamten Norden der Provence nimmt ein weiterer mächtiger Höhenzug ein. Er steigt bei den bizarren Dentelles de la Montmirail langsam an, um wenig später am **Mont Ventoux** mit 1909 Metern seinen höchsten Punkt zu erreichen. Über das von Jean Giono poetisch verklärte Lure-Gebirge geht das Gebirgsmassiv schließlich in die Seealpen über. Die **Haute-Provence**, wie die karge Landschaft rund um den Mittellauf der Durance genannt wird, zählt nicht nur zu den reizvollsten, sondern auch zu den touristisch noch vergleichsweise wenig erschlossenen Regionen der Provence. Optischer wie auch touristischer Höhepunkt ist zweifelsohne der **Grand Canyon du Verdon**, der mit seinen steil abfallenden Felshängen ein faszinierendes Naturszenario bietet.

In den bis ans Meer heranreichenden **Alpes Maritimes** (Seealpen) kommen die Liebhaber einsamer Bergwelten voll auf ihre Kosten. Obwohl nur sieben Kilometer vom Meer entfernt, erreicht der Mont Grammont bereits eine imposante Höhe von 1378 Metern; ein Stück weiter in Richtung italienischer Grenze ragen die Gipfel bis über 3000 Meter empor. Diese hochalpine Gebirgslandschaft steht als Kernzone des Mercantour-Nationalparks unter besonderem Schutz. Der Gegensatz zwischen den Alpes Maritimes und dem lieblichen Küstenabschnitt zwischen Nizza und Menton könnte wohl kaum größer sein, auch wenn durch den Abfall der Seealpen lediglich Platz für einen relativ schmalen Küstenstreifen bleibt, der sich nur links und rechts der Mündung des Var verbreitert. Weiter im Westen schließen sich mit dem **Massif de l'Estérel** und dem benachbarten **Massif des Maures** zwei 300 Millionen Jahre alte Gebirgszüge an, die jedoch durch Erosion weitgehend abgetragen wurden; es handelt sich bei beiden um ein Eruptivgestein aus Porphyr, das teilweise stark zerklüftet ist und durch seine rote Farbgebung fasziniert. Ein weiterer landschaftlicher Höhepunkt an der Küste sind die **Calanques**, fjordartige, tief eingeschnittene Buchten, die erst vor rund 10.000 Jahren entstanden sind, als klimatische Veränderungen, die das Ende der Eiszeit einleiteten und ein Ansteigen des Meeresspiegels nach sich zogen, so dass das Meer dadurch bis weit in die Flusstäler vordringen konnte.

Klima und Reisezeit

„Es ist notwendig, daß der Nordländer seine Gewohnheiten in Hinsicht auf die veränderten klimatischen und sozialen Verhältnisse modifiziere; jedoch darf er sich nicht unbedingt die Weise der Südländer zur Richtschnur nehmen." (Baedecker, Die Riviera, 1902)

Die Region Provence-Côte d'Azur ist geprägt von einem milden, mediterranen Klima, selbst im Winter zeigt sich die Küste zwischen Menton und Cannes von ihrer angenehmsten Seite, das Thermometer klettert hier häufig auf Werte über 10°C, selbst 20°C sind keine Seltenheit. Die Temperaturen im Hinterland sowie in den höheren Lagen verleiten im Winterhalbjahr allerdings kaum zum Sonnenbaden, die Berggipfel liegen bis weit in das Frühjahr hinein unter einer Schneedecke begraben. An der Côte d'Azur beginnt der **Frühling** schon Ende Januar mit der Blüte der Mandel- und Mimosenbäume, in der hügeligen Provence erst zwei Monate später. Der **Sommer** gibt sich recht trocken, die letzten richtigen Regentage gibt es in der ersten Maihälfte. Der Herbst wird geprägt von plötzlich einsetzenden, heftigen Regenschauern, die des Öfteren zu Überschwemmungen führen. Glücklich können sich jene schätzen, die an den passenden Regenschutz gedacht haben. Über das ganze Jahr gesehen, ist die Region Provence-Côte d'Azur aber ein von der Sonne verwöhnter Landstrich: Durchschnittlich scheint sie zwischen 2700 und 2900 Stunden pro Jahr, bis weit in den **Herbst** hinein sorgt ihre Kraft für angenehme Temperaturen, erst im November künden Regenschauer und kühleres Wetter den **Winter** an. Der Winter selbst ist – von regionalen Abweichungen abgesehen – mild und trocken, wenngleich es im Landesinneren gelegentlich zu Nachtfrost kommt. Eine schneebedeckte Dächerlandschaft, wie sie Vincent van Gogh 1888 bei seiner Ankunft in Arles erlebte, ist allerdings die absolute Ausnahme.

Und schließlich ist da noch der **Mistral**, ein durch das Rhônetal kommender Fallwind, dessen starke Böen Spitzengeschwindigkeiten von über 100 km/h erreichen können. Innerhalb von Stunden sorgt der Mistral, der am häufigsten im Frühjahr weht, zwar für einen empfindlichen Temperatursturz von rund 10°C, als Entschädigung zeigt sich aber der Himmel in strahlendem Blau, die Fernsicht ist überwältigend. Dieses Schauspiel hat bereits *Vincent van Gogh* begeistert: „Wenn der Mistral weht, ist das hier freilich alles andere als ein ‚mildes Land',

	Höchst-temperatur Ø	Tiefst-temperatur Ø	Sonnen-stunden pro Tag	Regen-tage	Wasser-tempe-ratur
Januar	11,5 °C	3,2 °C	3,1	8	13 °C
Februar	12,3 °C	4,1 °C	3,8	6	12 °C
März	15,2 °C	6,2 °C	5,3	7	13 °C
April	18,1 °C	8,0 °C	7,0	7	14 °C
Mai	21,8 °C	11,5 °C	8,1	7	16 °C
Juni	25,9 °C	15,0 °C	9,4	5	19 °C
Juli	29,2 °C	17,2 °C	10,9	2	21 °C
August	28,6 °C	17,0 °C	8,6	4	22 °C
September	24,9 °C	15,3 °C	6,9	6	20 °C
Oktober	20,0 °C	11,0 °C	5,6	8	19 °C
November	15,5 °C	7,1 °C	3,7	9	16 °C
Dezember	12,2 °C	3,9 °C	2,5	9	14 °C

denn der Mistral ist sehr aufreizend. Aber wie wird man dafür entschädigt, wenn ein windstiller Tag ist! Welche Leuchtkraft der Farben, welch reine Luft, welch stille Beschwingtheit." Die Kraft des Mistral lässt keine schiefergedeckten Dächer auf den provenzalischen Kirchtürmen zu. Die Glocken baumeln daher in einem *Barbarotte* genannten Käfig unter freiem Himmel. Das Gegenstück zum Mistral ist der **Scirocco**; dieser extrem warme, aus Afrika kommende Wind kann in den Sommermonaten für beinahe unerträgliche Temperaturen sorgen und Zelte und Autos mit einer feinen, roten Sandschicht überziehen.

Reisezeit: Bis weit in das 20. Jahrhundert hinein war die „französische Riviera" ausschließlich ein Winterreiseziel. Hauptsächlich wohlhabende Engländer verbrachten die Wintermonate an der vom Klima verwöhnten Küste. Dieses Reiseverhalten hat sich grundlegend verändert. Zwar geht von der Küstenregion im Winter noch immer ein unwiderstehlicher Reiz aus, doch ziehen die Touristen – mit Ausnahme der Wintersportgebiete in den Seealpen – andere Reiseziele vor. Beinahe unverständlich, wenn man bedenkt, dass es in Nizza bereits im Februar bei den ersten intensiven Sonnenstrahlen möglich ist, seinen Café im Freien zu trinken.

Die Reisesaison an der Côte d'Azur und in der Provence beginnt an Ostern und endet im Oktober. Die günstigste Reisezeit variiert je nach Interessenlage. Die Monate April, Mai und Juni eignen sich vorzüglich für einen Entdeckungsurlaub, aber auch für Besichtigungen der bekannten Sehenswürdigkeiten sowie für Streifzüge durch die in der Saison überlaufenen Tourismuszentren. Im Frühling steht bereits die gesamte Region in Blüte. Die Wassertemperaturen erreichen allerdings erst im Juni die magische 20-Grad-Grenze. Im Juli und August, wenn die Franzosen Ferien machen, platzt die Côte d'Azur aus allen Nähten. Die Hotels und Campingplätze sind restlos ausgebucht, die Strände überfüllt, die Kellner gestresst, die Autos stehen an der Küstenstraße im Dauerstau und die Preise klettern teilweise in schwindelerregende Höhen. Juli und August ist auch die Hauptreisezeit in der Provence – der Lavendel blüht! –, wenngleich es im Hinterland etwas gemächlicher zugeht. Allerdings wird auch der Drang zur

Aktivität durch die hohen Temperaturen regelrecht gelähmt. Im September und Oktober kehrt dann allmählich wieder Ruhe ein, die Abende werden kühler, tagsüber heizt die Sonne aber noch kräftig ein. Wasserratten kommen bei Temperaturen um die 20 Grad noch immer auf ihre Kosten. Das Wetter ist im Herbst allerdings nicht mehr so beständig, mit heftigen Regenschauern muss vor allem in der zweiten Septemberhälfte gerechnet werden. Hierbei ist erhöhte Aufmerksamkeit geboten: Die wolkenbruchartigen Regenschauer schwellen in kürzester Zeit zu meterhohen Flutwellen an; die großen Unwetterkatastrophen von 1988, 1992, 2002 und 2005 forderten in Nîmes und Vaison-la-Romaine mehrere Todesopfer.

Internet Wettervorhersagen von Météo France nach Region oder Département geordnet unter www.meteo.fr.

Flora, Fauna und Naturschutz

Provence und Côte d'Azur können nicht unbedingt als letztes Refugium für bedrohte Tier- und Pflanzenarten bezeichnet werden. Dennoch findet sich hier eine außerordentliche Bandbreite mediterraner Pflanzen; Tierfreunde können entlang des Grenzkammes des Mercantour-Nationalparks sogar häufig auf einen Steinbock treffen.

Besonders charakteristisch für den Südosten Frankreichs ist die **Garrigue**, eine typische mediterrane Landschaft mit immergrünen Zwergsträuchern, die vor allem auf trockenen, felsigen Böden prächtig gedeihen. Die Garrigue ist nach zahlreichen Waldbränden vielerorts allerdings schon von der **Aleppokiefer**, einer sich schnell ausbreitenden Pionierpflanze, verdrängt worden. Typisch für das Massif des Maures und – mit Abstrichen – für das Massif de l'Estérel sind die ausgedehnten **Korkeichenwälder**. Alle zehn Jahre wird ein Teil der Korkschicht vom Stamm abgelöst, die daraufhin wieder nachwächst. Das Schälen erfordert allerdings höchste Aufmerksamkeit, denn sobald die darunter liegende Baumrinde verletzt wird, stirbt die Korkeiche ab. Das Landschaftsbild der Provence wird zudem von immergrünen Steineichen, Kastanien, Pinien, Platanen, Wacholder, Zedern und natürlich von Lavendelfeldern bestimmt. Selbstverständlich werden auch die berühmten *Herbes de Provence* (Kräuter der Provence) angebaut, doch lassen sich Thymian, Rosmarin, Oregano, Majoran, Estragon, Fenchel, Basilikum und Salbei auch in der freien Natur finden.

In der Provence und an der Côte d'Azur gedeihen zudem zahlreiche Pflanzenarten, die ursprünglich nicht in Frankreich heimisch waren. Während die Olivenbäume und die Weinstöcke bereits in griechischer Zeit eingebürgert worden sind, führten die Engländer im 19. Jahrhundert zahlreiche exotische Pflanzen ein. Am auffälligsten sind wahrscheinlich die diversen **Palmenarten**, die die Strandpromenaden zieren; sie stammen zumeist aus dem Südosten der USA (Washingtonia und Sabal-Palme) oder von den Kanarischen Inseln (Kanarische Dattelpalme). Doch auch Kakteen und anderen Sukkulenten, wie beispielsweise der Agave, bekommt das milde Küstenklima prächtig. Nicht grundlos ist das klimatisch so verwöhnte Menton für seine Zitronen- und Orangenbäume bekannt.

Die Seealpen weisen wiederum eine ganz spezielle Flora und Fauna auf. Mehr als 2.000 Pflanzenarten, darunter Enzian, Edelweiß und Steinbrech sowie seltene Tiere sind, wie Steinbock, Steinadler und Bartgeier können sich in der Bergwelt ungestört ausbreiten. Sogar Wölfe sind in den letzten Jahren aus dem nahen Italien

Lavendel – die Farbe der Provence

Blauviolett blühende Lavendelfelder, dazwischen optische Akzente setzende Olivenbäume – dies ist, dank einer inoffiziellen, seit Jahrzehnten andauernden Imagekampagne zweifellos das provenzalische Postkartenklischee schlechthin! Kritisch betrachtet, ist Lavendel ein „bürgerliches“ und „keusches“ Gewächs, verspricht doch sein Duft Sauberkeit und Frische. Nichtsdestotrotz betören die ausgedehnten Lavendelfelder der Provence Augen und Nasen zahlloser Touristen, wenngleich es sich streng genommen zumeist nicht um echten Lavendel (*Lavandula angustifolia* bzw. *Lavandula spica*), sondern um Lavandin handelt. Lavandin ist ein Lavendelhybrid, also eine Kreuzung zweier Lavendelarten, und ist leichter zu kultivieren und zudem ertragreicher als der echte Lavendel. Lavandin, das in dichten, kugelförmigen Büschen wächst, wird in größerem Maßstab erst seit den zwanziger Jahren des 20. Jahrhunderts auf trockenen, kalkhaltigen Böden in einer Höhe zwischen 400 und 600 Metern angebaut, während echter Lavendel auch noch in weit höheren Lagen gedeiht. Geerntet wird von Ende Juli bis Anfang September, wenn dank der sommerlichen Temperaturen die ätherischen Öle in der Blüte ihre höchste Konzentration erreicht haben. Seit den siebziger Jahren ernten die Bauern den Lavendel fast ausschließlich maschinell. In den Genossenschaftsdestillerien wird dann der Lavendel erhitzt, um die ätherischen Öle zu extrahieren, ein Verfahren, das bereits im 16. Jahrhundert angewendet wurde. Rund 200 Kilogramm Blüten sind nötig, um einen Liter Lavendelessenz zu gewinnen. Hauptabnehmer der Ernte waren und sind die Parfümhersteller im nahen Grasse. In den achtziger Jahren belief sich die Jahresproduktion in der Provence noch auf rund 700 Tonnen Lavandin- und 100 Tonnen Lavendelessenz, doch mittlerweile ist die Produktion stark rückläufig; auf dem Seifen- und Parfümmarkt muss sich der Lavendel mittlerweile gegen die harte Konkurrenz synthetisch hergestellter Duftstoffe behaupten. Ein Teil der Ernte sorgt in getrockneter Form für einen intensiven Duft im heimischen Kleiderschrank.

wieder eingewandert. Da spektakuläre Großtierarten in der Provence nicht heimisch müssen sich Naturliebhaber mit auf den ersten Blick eher „bescheidenen" Tierarten begnügen. Das Massif des Maures ist das letzte französische Rückzugsgebiet der **Griechischen Landschildkröte**. Im Schatten der Korkeichenwälder finden die bis zu 20 Zentimeter großen Reptilien einen idealen Lebensraum vor, dennoch sind spezielle Brutstätten vonnöten, um den Bestand langfristig zu sichern. Wer mit offenen Augen durch das Massif wandert, entdeckt vielleicht das eine oder andere Exemplar bei seinem morgendlichen Sonnenbad an einem Bachlauf. Die kargen Felslandschaften der Provence sind auch ein bevorzugter Lebensraum für weitere seltene Reptilien. So sind beispielsweise in den Calanques die bis zu 60 Zentimeter lange **Smaragdeidechse** und die **Eidechsennatter** beheimatet; Letztere gilt als längste, in Europa heimische Schlange. In der Camargue stößt man auf den schwarzen Stier, die weißen Camarguepferde und vor allem auf den **Rosaflamingo**, das Symboltier der Region. Die Population der fast ausschließlich in Gruppen auftretenden Vögel zählt zwischen 25.000 und 50.000 Tiere. Mit dem auffällig nach unten gebogenen klobigen Schnabel durchseiht der Flamingo das Wasser der flachen Lagunen und filtert kleine karotinhaltige Krebstiere heraus, darunter den Salinenkrebs *Artemia salina*, dessen Farbstoff Canthaxanthin die rosa Färbung des Gefieders verursacht.

Wie ein Damoklesschwert schwebt alljährlich in den heißen Sommermonaten die **Waldbrandgefahr** über der Provence und der Côte d'Azur. Unterstützt durch starke Winde, vernichtet die sich schnell ausbreitende Feuerwalze wertvolles Busch- und Heideland. Angepasste Pflanzenarten überstehen die Brandkatastrophe zwar relativ gut, die Auswirkungen auf die Tierwelt sind jedoch fatal: Kleinere und wirbellose Tiere können dem Feuer nicht entgehen, zudem macht der Nahrungsmangel die verbrannten Flächen für Kleinstlebewesen lange Zeit unbewohnbar. Wie im Massif de l'Estérel eindrucksvoll zu sehen ist, dauert es Jahrzehnte, bis sich die Landschaft von den Folgen erholt. Den Behörden gelingt es kaum, die drohende Waldbrandgefahr in den Griff zu bekommen. Dies liegt allerdings nicht nur an der groben Fahrlässigkeit mancher Einheimischer und Touristen, sondern auch an der kriminellen Natur des einen oder anderen Bauunternehmers, der auf diesem Wege erfolgreich versucht, an billiges Bauland zu kommen. Zwar wurde 1990 per Gesetz die Bebauung von verbranntem Grund und Boden für mehrere Jahre untersagt, doch fallen nach wie vor im Sommer zigtausend Hektar Wald durch Brandstiftung den Flammen zum Opfer.

Aber nicht nur die Waldbrandgefahr macht umfassende Naturschutzmaßnahmen erforderlich. Die natürlichen Ressourcen der Provence werden besonders von den Segnungen der modernen Zivilisation bedroht. Um der Nachwelt eine möglichst intakte Umwelt zu erhalten, wurden im Südosten Frankreichs bisher sechs große **Naturschutzgebiete** eingerichtet. Zwei als besonders schützenswert eingestufte Regionen wurden sogar zum Nationalpark erklärt: Da ist einmal der weite Teile der Seealpen umfassende *Parc National du Mercantour* sowie der *Parc National de Port-Cros*; die Schutzzone dieses kleinsten französischen Nationalparks erstreckt sich auf die eigentliche Insel sowie die umliegenden Küstengewässer. Hinzu kommen noch die vier Regionalparks *Parc Régional de Camargue, Parc Régional du Lubéron, Parc Régional du Verdon* und seit 2007 der *Parc Régional des Alpilles.*

Wirtschaft

Provence und Côte d'Azur werden von den Tourismusmanagern zwar gern als archaisches Land mit traditionsverbundenen Weinbauern und Schafzüchtern dargestellt, doch in Wirklichkeit ist der Südosten Frankreichs hoch technisiert, die Côte d'Azur wird nicht grundlos als das „Kalifornien Frankreichs" bezeichnet.

Ohne Frage hat auch die provenzalische Landwirtschaft in den letzten Jahrzehnten viel von ihrer einstigen Bedeutung eingebüßt, wenngleich der traditionelle Wein- und Weizenanbau sowie die Ölbaumkulturen an der Küste und im Hinterland weiterhin florieren. Knapp ein Drittel der Gesamtfläche wird derzeit landwirtschaftlich genutzt. Der umsatzträchtige **Obst**- und **Gemüseanbau** wird hauptsächlich im fruchtbaren Schwemmland der Rhône sowie am Unterlauf der Durance betrieben. Noch 150 Jahre zuvor prägten dort Getreidefelder und Wiesen das Landschaftsbild. Erst nach dem Anschluss an das Schienennetz wurden verstärkt leicht verderbliche Produkte wie Pfirsiche, Aprikosen, Kirschen, Auberginen, Gurken und Tomaten angebaut, die nun mit der Eisenbahn innerhalb kürzester Zeit zu den Konsumenten im Norden des Landes transportiert werden konnten. Heute wird absurderweise ein Teil der Ernte gleich vor Ort in gigantischen Komposthaufen „entsorgt", die Bauern erhalten dafür aus den Finanztöpfen der Europäischen Union die so genannten „Wegwerfprämien". Dennoch ist die Bedeutung der Landwirtschaft weiter rückläufig: Waren 1962 in der Gegend von Apt noch knapp 40 Prozent der Erwerbstätigen in der Landwirtschaft beschäftigt, lebt heute nur noch jeder Achte vom Ertrag seiner Felder, Weinberge und Obstwiesen. In der gesamten Region sind heute nur noch drei Prozent der Bevölkerung im Agrarsektor tätig, weniger als im Landesdurchschnitt, denn dort sind es 4,1 Prozent.

Noch vor über hundert Jahren hatte der Literaturnobelpreisträger Frédéric Mistral den Bauern in der Provence geraten: „Ihr in Marseille, pflanzt Feigenbäume! Ihr in Aix, beackert die Olivenhaine! Ihr in Brignoles, veredelt die Pflaumenbäume! Ihr in Salon, beschneidet die Mandelbäume! Ihr in Barbentane, düngt die Pfirsichbäume! Ihr in Cabannes, zieht Lauchsämlinge! Ihr in Châteaurenard, hegt die Tomaten! Ihr in St. Rémy, begießt die Auberginen! Ihr in Cavaillon, sät Melonen! Ihr in Mazan, pflückt Kirschen! Ihr in Cuges-les-Pins, deckt eure Kapern gut ab! Ihr in Cucuron, bringt eure Zucchini aus! Ihr in Pertuis, rühmt euren Lauch! Ihr vom Ventoux, buddelt nach euren Trüffeln! Arbeitet, müht euch, beackert die Scholle."

Als typisch mediterrane Kulturpflanze genießt der **Olivenbaum** zwar ein hohes Ansehen, doch nachdem mehrere Frostperioden Mitte der fünfziger Jahre zahlreiche Bäume dahinrafften, widmen sich immer weniger Bauern schwerpunktmäßig den Ölbaumkulturen. Am intensivsten wird Olivenöl rund um Nyons und an den Südhängen der Alpilles gewonnen. Die Provence besitzt bekanntlich mehrere große **Weinanbaugebiete** (siehe auch Kapitel Küche und Keller). Hierzu zählen neben den für ihre Qualität bekannten Weinlagen wie Châteauneuf-du-Pape oder Bandol vor allem auch die Gegend südlich des Mont Ventoux und die Weinstöcke des Départements Var.

Ein anderes wichtiges landwirtschaftliches Gut sind die **Blumenkulturen** an der Côte d'Azur. Zwar bleibt der größte Teil der Ernte in der Region, doch werden die Mimosen der Côte d'Azur auch in Paris und im europäischen Ausland verkauft. Was die Blumen für die Côte d'Azur sind, ist der **Lavendel** für die Haute-Provence. Nüchtern betrachtet ist der Lavendelanbau vor allem imagefördernd, der volkswirtschaftliche Stellenwert ist eher gering einzustufen. Ähnlich verhält es sich mit der **Fischerei**. Die Küchenchefs preisen zwar gerne ihre „fangfrischen" Produkte an, doch nicht jeder Fisch, der einem in der Provence vorgesetzt wird, ist tatsächlich auch im Mittelmeer geschwommen. Die Bedeutung der Fischerei ist in den überfischten Küstengewässern schon seit Jahren stark rückläufig. Auf knapp 14.000 Tonnen, hauptsächlich Thunfisch und Sardinen, wird die jährliche Ausbeute geschätzt. Die führenden Fischereihäfen sind neben Marseille das benachbarte Martigues und Cassis. Die **Salinenfelder** der Provence umfassen eine Fläche von rund 4.300 Hektar; die meisten Felder befinden sich in der Camargue in der Umgebung von Salin-de-Giraud und Aigues-Mortes. Der Salzabbau an der Mittelmeerküste ist im Unterschied zur Atlantikküste nur im Spätsommer möglich. Das Meerwasser wird über die „Anbaufläche" verteilt und durch mehrere Verdunstungsbecken hindurchgeleitet; es wird dabei mit Chlor und Sodium gesättigt, bis sich der Salzgehalt auf 260 Gramm pro Liter erhöht hat. Von der Ernte (jährlich rund eine Million Tonnen Salz) wird der größte Teil industriell weiterverwendet, der Rest kommt als hochwertiges Meersalz auf den Tisch des Konsumenten. In der nördlichen Camargue wurden seit Beginn des 20. Jahrhunderts zudem im großen Maßstab **Reisfelder** angelegt. Allerdings machen die Billigimporte aus Fernost den provenzalischen Reisbauern schwer zu schaffen, so dass sie auf Subventionen aus Brüssel angewiesen sind.

Die Côte d'Azur und die Provence sind alles andere als eine Region bar jeglicher **Industrie**. Man muss nur einmal den Etang de Berre oder den Golf von Fos erkunden, um eines Besseren belehrt zu werden. Raffinerien und Stahlwerke verpesten die Luft, zerstören das Landschaftsbild und die natürlichen Ressourcen des Rhônemündungsgebietes. An der Côte d'Azur ist mangels Platz nicht Schwerindustrie, sondern **Hightech** angesagt. Viele Unternehmen haben den großen Städten des Nordens den Rücken zugewandt und lassen ihre Computerprogramme und Pharmazeutika unter südlicher Sonne entwickeln. Im Hinterland von Antibes entstand mit Sophia-Antipolis beispielsweise ein Wissenschafts- und Technologiepark mit futuristischem Zuschnitt. Weitere Produktionsstandorte sind Nizza (Elektro- und Nahrungsmittelindustrie), Cannes (Flugzeugbau) und Grasse (Parfüm- und Aromaherstellung). Noch einmal ein wenig Statistik: 17,9 Prozent der Arbeitnehmer sind in der Industrie beschäftigt, während 79 Prozent ihr Auskommen im tertiären Sektor finden.

Der **Tourismus** ist in den letzten Jahrzehnten zu einem der bedeutendsten französischen Wirtschaftszweige aufgestiegen und dient noch vor dem Nahrungsmittelsektor als Hauptdevisenquelle. Als wichtigste Tourismusregion Frankreichs gilt dabei nach wie vor die Côte d'Azur, die alljährlich von knapp neun Millionen Touristen besucht wird, die pro Tag rund 65 Euro ausgeben und somit für knapp sechs Milliarden Euro Umsatz sorgen. Längst ist die Region wirtschaftlich stark von den Urlaubern abhängig. Rund 250.000 Arbeitsplätze stehen direkt oder indirekt in Verbindung mit dem Tourismus.

Infolge des Tourismus entstanden künstliche Urlaubswelten wie Port Grimaud und Villeneuve-Loubet-Plage – völlig abgetrennt von der vorhandenen Infrastruktur. Zahllose Franzosen und Ausländer besitzen einen Zweitwohnsitz an der Côte d'Azur sowie in der Haute-Provence: Auf hundert Hauptwohnsitze kommen vielerorts deutlich mehr als 25 Zweitwohnsitze, in manchen Gemeinden, so in den provenzalischen Bilderbuchdörfern Gordes und Bonnieux, überwiegen gar die Zweitwohnsitze. Dies hat spürbare Folgen für das Alltagsleben in den kleinen Marktflecken: Die Immobilienpreise sind explodiert, die Einheimischen fortgezogen und das Leben in den Gassen ist zum Erliegen gekommen.

Politik

Lange Zeit galt der Südosten Frankreichs als linke Bastion, doch seit den achtziger Jahren hat sich das Wählergefüge deutlich verschoben: Die rechtsradikalen Rattenfänger des Front National haben regen Zulauf.

Im Südosten Frankreichs haben zwei besondere politische Strömungen ihre Heimat: Auf der einen Seite die eher unbedeutenden Vertreter einer linken okzitanischen **Regionalpolitik**, die vehement gegen den Pariser Zentralismus eintreten; sie empfinden ihre Politik gar als Fortsetzung des antikolonialen Kampfes der Völker der Dritten Welt. Auf der anderen Seite ist die Region Provence-Côte d'Azur die unbestrittene Hochburg des französischen **Rechtsradikalismus** à la *Jean-Marie Le Pen*. Bei den Präsidentschaftswahlen im Mai 2002 fuhr der Bretone Le Pen in manchen Départements im ersten Wahlgang mehr als 30 Prozent der Wählerstimmen ein, deutlich mehr als alle anderen Kandidaten, der spätere Präsident Jacques Chirac eingeschlossen. Die Front-National-Wähler konnten in der Stichwahl zwischen Jacques Chirac und Le Pen sogar noch einmal um ein paar Prozentpunkte zulegen. Dies war nicht immer so: Seit Mitte des 19. Jahrhunderts wählte der Südosten Frankreichs aus Überzeugung vorwiegend links, brachte man doch damit eine gewisse Distanz zum zentralistischen Paris zum Ausdruck. In den letzten Jahrzehnten hat jedoch ein langsamer, aber steter Wandel stattgefunden: Zum einen leben hier Zehntausende „Pieds-Noirs“, Algerienfranzosen, die traditionell dem *Front National* zuneigen, zum anderen ist die Zahl der Rentner, die in der Regel sehr empfänglich für heraufbeschworene Gefahren sind, an der sonnigen Mittelmeerküste überdurchschnittlich hoch.

Ein großes landesweites Entsetzen brachten die Kommunalwahlen vom Juni 1995 mit sich: Zwar war man nach dem ersten Wahlgang auf den Einzug von rechtsextremen Bürgermeistern in die Rathäuser von Klein- und Mittelstädten bereits eingestimmt, doch war die Wahl von Jean-Marie Le Chevallier, einem langjährigen Freund von Le Pen, auf den Bürgermeistersessel der 181.000-Einwohner-Stadt Toulon eine herbe Überraschung. Auch Orange und das in der Nähe von Marseille gelegene Marignane werden in den nächsten Jahren von Front-National-Parteigängern regiert. Ganz zu schweigen von Nizza: Der neu gewählte Bürgermeister Jacques Peyrat war zwar ein Jahr zuvor aus dem Front National ausgetreten, aber nur, um seine Wahlaussichten zu verbessern, seine rechtsradikale Gesinnung hatte sich nicht verändert. Sofort nach der Wahl brach unter den französischen Kulturschaffenden ein Streit über die angemessene Reaktion aus. Mehrere Künstler und Musiker, wie der Popsänger Patrick Brel, sagten geplante Auftritte in Toulon und Orange ab, andere, wie der populäre

Raï-Sänger Khaled, erklärten, sie wollten dem rechtsradikalen Druck nicht nachgeben und wie geplant auftreten. Dem neu gewählten Bürgermeister von Orange, Jacques Bompard, dürfte der Auftritt Khaleds weniger lieb gewesen sein, hatte er doch verkündet, er wolle mehr „junge Franzosen" auf der Bühne sehen. Des Debakels vorerst letzter Teil folgte im Februar 1997 nach. In der nördlich von Marseille gelegenen Kleinstadt Vitrolles (39.000 Einwohner) eroberte die extreme Rechte bei den Neuwahlen zum Kommunalparlament erstmals ein Rathaus mit der absoluten Mehrheit von 52,5 Prozent der Stimmen und das bei einer erstaunlich hohen Wahlbeteiligung von 82 Prozent! Nur in der Werftarbeiterstadt La Ciotat wurde der landesweite Trend nach rechts umkehrt: Von einem linken Bündnis unterstützt, zog ein Kommunist ins Rathaus ein. Nur kleine Veränderungen brachten die Kommunalwahlen vom Juni 2001: In Orange wurden die Rechtsradikalen bestätigt, in Toulon und in Vitrolles wurden ihre Parteigänger abgelöst, genauso aber auch die Kommunisten in La Ciotat. Seit den Wahlen von 2008 haben sich die politischen Verhältnisse wieder „normalisiert", nur in Orange regiert der gleiche Bürgermeister, der jedoch inzwischen vom Front National zum Mouvement pour la France gewechselt ist.

Problematisch ist nach wie vor die Lage der aus Nordafrika stammenden Bevölkerung. Auch in der zweiten und dritten Generation sieht sich die Population „rona" (*rapatriés d'origine nord-africaine*) mit Vorurteilen und Schwierigkeiten bei der Arbeitsplatzsuche konfrontiert. Statistischen Erhebungen zufolge haben schon vier von fünf Algerienfranzosen Diskriminierungen bei der Bewerbung um einen Arbeitsplatz erlebt, häufig erhalten schlechter qualifizierte Franzosen den Vorzug. Finden sie einen Job, dann handelt es sich meist um schlecht bezahlte, unterqualifizierte Tätigkeiten.

Verwaltung

Infolge der Revolution wurde Frankreich 1790 in zahlreiche kleine Verwaltungseinheiten, die so genannten **Départements**, eingeteilt, denen allerdings erst durch das Reformgesetz von 1982/83 mehr Entscheidungsmöglichkeiten zugestanden wurden. Neben den alten Zuständigkeiten, wie beispielsweise der für die Départementstraßen und Sozialwohnungen, erhielten die Départements durch die Reform auch die Verantwortung für den größten Teil des Sozial-, Gesundheits- und Transportwesens, den Schulbereich sowie für Kultur und Sport. Die amtierenden Generalräte der Départements sind ein fast reiner Männerzirkel. Gerade einmal 6,8 Prozent der gewählten Volksvertreter sind weiblichen Geschlechts. Dies ist übrigens für Frankreich nicht untypisch; was die Anzahl von Frauen in den Parlamenten angeht, so sind in der Europäischen Union nur noch in Griechenland weniger Frauen vertreten. Die 100 Départements (vier davon in Übersee) sind seit 1964 zu 26 so genannten Regionen (vier davon ebenfalls in Übersee) zusammengefasst. An ihrer Spitze stand erst ein Regionalpräfekt (*préfect de région*), mittlerweile wird dieses Amt allerdings vom gewählten Präsidenten des Generalrats ausgeübt. Die wesentlichen Aufgabengebiete der Regionen betreffen die Wirtschaft, Bildungs- und Kulturpolitik sowie das gymnasiale Schulwesen. Finanziell ist die Regionalverwaltung schwächer gestellt als die Verwaltung der Départements, deren Budget dreimal größer ist. Die Region **Provence-Alpes-Côte d'Azur** (PACA) ist in sechs Départements unterteilt: Alpes-Maritimes

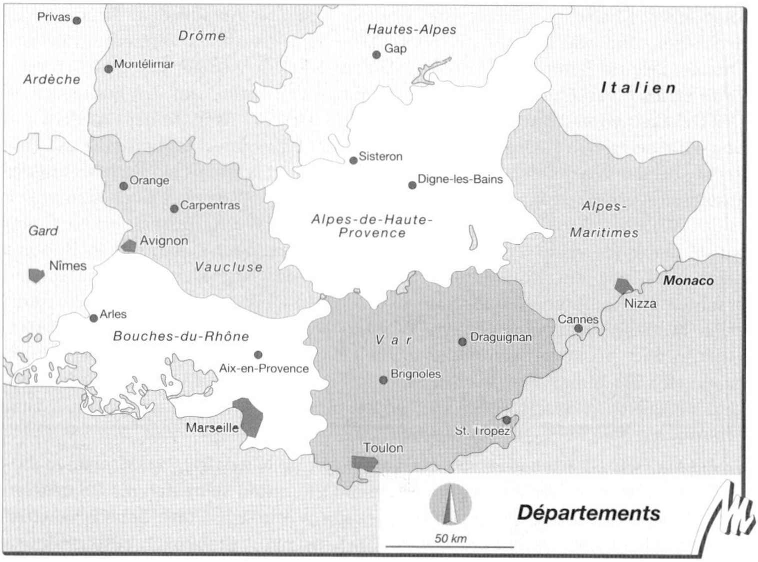

(06), Var (83), Bouches-du-Rhône (13), Vaucluse (84) sowie die nördlicheren Départements Alpes de Haute-Provence (04) und Hautes-Alpes (05); Teile der Départements Gard (30) und Drôme (26) mit den Hauptstädten Nîmes und Valence werden touristisch ebenfalls der Provence zugerechnet, wenngleich beispielsweise das Département Gard – dort liegt auch der berühmte Pont du Gard – politisch zur Region Languedoc-Roussillon gehört. Jedes französische Département besitzt eine eigene, in alphabetischer Reihenfolge vergebene Nummer; sie ist auch (inzwischen freiwilliger) Bestandteil des Autokennzeichens und bildet die ersten beiden Ziffern der jeweiligen Postleitzahl.

Brauchtum, Feste und kulturelle Veranstaltungen

Die Provenzalen feiern ausgesprochen gerne, neben zahllosen kleineren Dorffesten haben sich mehrere Veranstaltungen mit internationalem Renommee etabliert. An erster Stelle zu nennen sind sicherlich die Festivals von Avignon und Aix-en-Provence, dafür besitzen Orange und Vaison-la-Romaine mit ihren antiken Theatern eine phantastische „natürliche" Kulisse. Zwar ist das ganze Jahr irgendetwas geboten, doch reiht sich vor allem im Juli und August ein spektakuläres Fest an das andere.

Januar *Rallye Monte-Carlo*: PS-Fans werden von der renommierten Internationalen Automobil-Rallye magisch angezogen.

Mimosenfest in Mandelieu

Februar *Karneval in Nizza*: Am Faschingsdienstag wird in Nizza ein buntes Spektakel mit Umzügen und Konfettischlachten inszeniert. Den Abschluss bildet ein aufwendiges Feuerwerk.

Zitronenfest in Menton: mit farbenprächtigem Festzug.

Zirkusfestival in Monaco: Die besten Zirkusartisten der Welt geben Einblicke in ihr Können.

Festival der klassischen Musik in Cannes.

Trüffelmesse in Carpentras.

März *Jazz-Festival in Antibes.*

April *Tennis-Grand-Prix-Turnier in Monaco*: Die internationale Sandplatzelite ist alljährlich vertreten. Unser Boris konnte dort leider nie gewinnen ...

Festival des alternativen Films in Digne.

Karfreitagsprozession in Roquebrune: Die Dorfbewohner spielen in den festlich erleuchteten Straßen die Grablegung Christi nach.

Feria Pascale in Arles: am Osterwochenende mit Corridas, Stiertreiben und unblutigen Stierkämpfen.

Internationaler Musikfrühling der Provence in Gréoux-les-Bains

Arts Baroques en Provence: In der ersten Aprilhälfte wird in verschiedenen Orten der Vaucluse (Avignon, L'Isle-sur-la-Sorgue, Pertuis, Ménerbes) mit Konzerten, Ausstellungen und Vorträgen an die Barockzeit erinnert.

Modefreaks treffen sich Ende April zum *Internationalen Festival der Mode* in Hyères.

Mai *Fête des Gardians in Arles*: religiös motivierter Hirtenumzug und Vorführung in der Arena (1. Mai).

Internationales Filmfestival von Cannes: berühmtes Stelldichein der Stars und Starlets des Filmbusiness

Grand Prix de Monaco: Die Highsociety und alles, was sich dazu zählt, ist versammelt, wenn die Erben von Michael Schumacher durch das Steuerparadies brausen. Caroline und Stephanie sitzen natürlich auch auf der Tribüne – bloß neben wem?

Wallfahrt der Sinti und Roma in Les Saintes-Maries-de-la-Mer: Alljährlich am 24. Mai wird die verhüllte Statue der heiligen Sarah, der Patronin der Nichtsesshaften, in einer farbenfrohen Prozession, begleitet von Gardians zu Pferde, ins Meer getragen.

Bravade in Saint-Tropez: Das Volksfest zu Ehren des Stadtheiligen Tropes mit dem Aufmarsch kostümierter Seeleute wird alljährlich vom 16. bis 18. Mai gefeiert.

Fête de la Transhumance in Arles: Das Fest der Wanderhirten am Pfingstmontag wird von Stiertreiben und Stierrennen begleitet.

Rosenfest in Grasse.

Käsefestival in Banon Mitte Mai.

Im Sommer gibt's in Avignon Kultur pur

Spanier-Bravade in Saint-Tropez am 15. Juni

Internationales Werbefilmfestival in Cannes

Juli/ August

Festival von Avignon: das berühmteste Festival des Midi mit Theater, Tanz, Kino und Konzerten

Theaterfestival in Salon de Provence: klassisches und modernes Theater im Schloss von Empéri

Rencontres internationales de la photographie in Arles: Jedes Jahr im Juli verwandelt sich Arles in ein riesiges Fotostudio.

Festival de la Sorgue: Musik- und Theateraufführungen in den Dörfern entlang der Sorgue (L'Isle-sur-la-Sorgue, Le Thor etc.)

Internationales Opern- und Musikfestival in Aix-en-Provence: Opernklassiker – immer wieder Mozart – in moderner Inszenierung und zahlreiche Konzerte. Zeitgleich findet auch das Festival *Danse à Aix* mit Aufführungen und öffentlichen Proben statt.

Les Chorégies in Orange: Tragödien, Opern und Symphoniekonzerte im antiken Theater von Orange

Internationales Jazz-Festival in Juan-les-Pins: Seit 1960 treffen sich die Jazz-Größen alljährlich im Juli in der Pinède de Juan.

Musiknächte von Suquet in Cannes

Jazz-Festival von Nizza: Das römische Amphitheater im Stadtteil Cimiez dient als stimmungsvoller Rahmen.

Choralies Internationales in Vaison-la-Romaine: Das römische Theater stellt die Kulisse für dieses Festival der Chöre. Dreijähriger Turnus: 2012, 2015 usw.

Internationales Folkfestival von Toulon

Manosque: Jean-Giono-Tage sowie Jazz-Festival

Nuits de la Citadelle in Sisteron: Von Mitte Juli bis Mitte August werden im Hof der alten Zitadelle Tanz, klassische Musik sowie Theateraufführungen dargeboten.

Procession de la Passion in Roquebrune: Am 5. August wird mit einer Passions-Prozession der Rettung des Dorfes vor einer Pestepidemie gedacht.

Kammermusikfestival in Menton: Den gesamten August hindurch werden stimmungsvolle Abendkonzerte vor der Eglise Saint-Michel geboten.

Festival mittelalterlicher Musik in der Zisterzienserabtei von Le Thoronet

Auf dem *Pianofestival* in La Roque d'Anthéron geben seit 1981 die weltbesten Klaviervirtuosen ein Gastspiel (August).

Lavendelfest in Sault

Fête de la Véraison in Châteauneuf-du-Pape: Am ersten Augustwochenende wird mit mittelalterlichen Turnieren und Paraden das Reifen der Weintraube gefeiert.

September *Fête des Baguettes in Peille*

Olivenfest in Mouriès: In Mouriès, einem kleinen Dorf in den Alpillen, dreht sich tagelang alles um die Olive.

Oktober *Prozession zum Meer in Les-Saintes-Maries-de-la-Mer*

Fiesta des Suds in Marseille: Die alte Hafenstadt verwandelt sich in eine riesige Konzertbühne (Jazz, Swing, Reggae, Rap, Swing und Raï).

November *Nationalfeiertag im Fürstentum Monaco*: Am 19. November sind die Straßen beflaggt und Paraden werden abgehalten, der Souverän hält Hof.

Festival des Unterwasserbildes in Antibes

Dezember *Provenzalische Mitternachtsmessen*: Weihnachten auf Französisch

Der Pont Flavius bei St. Chamas zeugt noch von der römischen Zivilisation

Geschichte

Von den Anfängen bis zur griechischen Kolonisation

Der liebliche Küstenabschnitt zwischen Marseille und Menton und das zugehörige Hinterland müssen schon in Urzeiten eine besondere Anziehungskraft ausgeübt haben; nicht umsonst gehört die Region zu den ältesten Siedlungsgebieten der Menschheitsgeschichte. In den Grimaldi-Grotten im Osten von Menton wurden nicht nur Werkzeuge aus der mittleren Steinzeit gefunden, sondern zudem zahlreiche Skelette des **Crô-Magnon-Menschen**, einem Jäger- und Früchtesammler, der als direkter Vorfahre des *homo sapiens* gilt. Ein paar Kilometer weiter westlich, unweit des Hafens von Nizza, konnten in einer Grotte am Westhang des Mont Boron Überreste einer vor 1.500.000 bis 100.000 Jahren bewohnten Feuerstätte nachgewiesen werden. Nicht genug: Erst unlängst wurden entlang der Ardèche, im Rhônetal sowie in Küstennähe mehrere Höhlen (z. B. Grotte Calvet) mit faszinierenden naiven Malereien entdeckt. Am Mont Ventoux und in der Nähe von Aix-en-Provence ist der Neandertaler belegt. Aufgrund der zahlreichen Funde aus den verschiedensten Epochen besteht kein Zweifel daran, dass die Provence zu den ältesten, kontinuierlich besiedelten Regionen Europas zählt. Auch das wahrscheinlich älteste Bauerndorf Frankreichs – Spuren von Getreideanbau konnten eindeutig nachgewiesen werden – wurde in Courthezon im Rhônetal zwischen Orange und Avignon entdeckt; es handelt sich um eine Gruppe von Hütten mit jeweils rund fünfzehn Quadratmetern Grundfläche, die mehr als 6500 Jahre alt sind. In den nächsten beiden Jahrtausenden begannen Ackerbauern Stück für Stück, die Täler der Provence zu kultivieren. Genauso eindrucks- wie geheimnisvolle Zeugnisse aus der **Bronzezeit** besitzt das in den Seealpen gelegene Vallée des Merveilles: Mehr als 30.000 Felsbilder hat die kelto-ligurische Urbevölkerung rund um den Mont Bégo in den Fels geritzt. Eine bronzezeitliche Nekropole wurde in der Nähe von Bonnieux unter einer imposanten, überhängenden Felswand entdeckt, Dolmengräber finden sich über die ganze Provence verstreut.

Im Zuge der griechischen Kolonisation, die die **Griechen** zuvor schon an die Küsten Kleinasiens, Süditaliens und Siziliens geführt hatte, gründeten die Bewohner der ionischen Stadt Phokaia 620 v. u. Z. Massalia oder Massilia, das heutige Marseille. In den nächsten Jahrzehnten entstanden an der französischen Mittelmeerküste weitere griechische Städte, darunter auch Monoecus (Monaco) und Theline (Arles), später kamen mit Nicaea (Nizza), Antipolis (Antibes), Olbia (Hyères) und Tauroentum (Sanary-sur-Mer) zahlreiche Handelsniederlassungen hinzu. Die Griechen trafen bei ihrer Expansion auf eine tausend Jahre zuvor eingewanderte ligurische „Urbevölkerung", die einen von Marseille bis Genua reichenden Küstenstreifen und das zugehörige Hinterland besiedelte, kulturell aber teilweise noch neolithisch geprägt war. Dies erklärt auch, warum nur wenige Spuren erhalten sind. In der Nähe des Dorfes Lamanon, nördlich von Salon-de-Provence, existiert noch heute ein künstlich erweitertes Höhlensystem (*Grottes de Calès*), das diesem Bauern- und Hirtenvolk einst als Zufluchtsort diente. Zwei oder drei Jahrhunderte später – also ungefähr zum selben Zeitpunkt, als die Griechen die Küste besiedelten – breiteten sich aus dem Norden kommende keltische Volksstämme in weiten Teilen der Provence aus. Zwischen **Kelten** und **Ligurern** kam es zu kriegerischen Auseinandersetzungen, die aber letztendlich eine Verschmelzung beider Volksgruppen nach sich zogen, wobei die kulturell überlegenen Kelten dominierten. Je näher diese kelto-ligurischen Völker an der Küste lebten, desto mehr gerieten sie unter den Einfluss der Griechen.

Römische Provinz

Als Marseille im 2. Jahrhundert vor unserer Zeitrechnung von den Salyern, einem kelto-ligurischen Volksstamm, angegriffen wurde, suchte die Stadt bei den verbündeten Römern um Hilfe nach. Die **Römer** erkannten sofort die Möglichkeiten, die ihnen dieser Mittelmeerabschnitt offerierte. Es lockte nicht nur der Gedanke, dass die römischen Kaufleute hier neue Absatzmärkte finden konnten, vielmehr waren die Römer daran interessiert, die natürliche Landverbindung zwischen der bereits eroberten iberischen Halbinsel und Italien in ihren Besitz zu bringen. Die Römer standen den Griechen erfolgreich militärisch bei; doch zogen sie danach nicht wieder ab, sondern gründeten unterhalb des noch heute zu besichtigenden Oppidums Entremont die Stadt *Aquae Sextiae*, das heutige Aix-en-Provence. Teile Südfrankreichs wurden im Jahre 121 v. u. Z. schließlich zur römischen Provinz (daher auch der Name Provence) erklärt und zügig romanisiert, wenngleich der jahrhundertealte griechische Einfluss noch lange Zeit spürbar blieb.

Die Römer hatten zudem im Kampf gegen die aus Nordgallien eindringenden Teutonen eine harte Bewährungsprobe zu bestehen. Im Jahre 105 v. u. Z. mussten sie bei *Arausio* (Orange) eine schwere Niederlage hinnehmen. Erst drei Jahre später konnten die Römer ihre Herrschaft durch den triumphalen Sieg des

Maßarbeit: Pont du Gard

römischen Feldherrn *Caius Marius* über eine vereinte Streitmacht der Teutonen bei *Aquae Sextiae* endgültig festigen; sie unterwarfen die keltisch-ligurischen Stämme und überzogen die **Provincia Gallia Narbonensis**, die sich zwischen den Alpen und den Pyrenäen entlang des Mittelmeers sowie im Norden bis zu den Cevennen und an den Genfer See erstreckte, mit einem Netz prachtvoller Bauten, die teilweise heute noch erhalten sind. Man denke nur an das Theater von Orange oder den Pont du Gard – zwei Monumente, die zweifellos zu den schönsten römischen Bauten überhaupt gezählt werden dürfen. Keine andere französische Region besitzt auch nur annähernd so viele Denkmäler aus der römischen Epoche. Vor allem während der langen Regierungszeit des *Kaisers Augustus* (27 v. u. Z. bis 14 u. Z.) stand die noch junge Provinz in der kaiserlichen Gunst: Neben dem schon bestehenden Aquae Sextiae (Aix-en-Provence) wurden Forum Iulii, Baeterrae und Arausio (Fréjus, Béziers und Orange) gegründet, Nemausus (Nîmes) und Vienna (Vienne), die damals flächenmäßig größten Städte, erhielten das lateinische Bürgerrecht. Nach römischem Vorbild wurden die Städte planmäßig angelegt und konnten sich frei entfalten, da sie nicht wie keltische Oppida befestigt waren. Die Straßen bildeten ein rechtwinkliges Netz, zwei Hauptstraßen teilten die Stadt in vier gleich große Viertel. Selbstverständlich besaßen die Städte die für römische Gründungen typischen Bauten: Tempel, Amphitheater, Triumphbögen und Thermen. Bereits Plinius nannte die von einem Prokonsul regierte *Gallia Narbonensis* „Italien ähnlicher als einer Provinz". Die Männer aus den neu gegründeten Städten, deren Einwohnerschaft sich zum großen Teil aus der alteingesessenen Bevölkerung und angesiedelten Veteranen zusammensetzte, nahmen bald wichtige Funktionen im politischen Leben des Römischen Reichs ein: Aus ihren Reihen kamen angesehene Senatoren; Domitius Afer aus Nemausus wurde einmal, Valerius Asiaticus aus Vienna sogar zweimal zum Konsul ernannt.

Gleichwohl darf nicht übersehen werden, dass der für die Sicherung des Nachschubs und des Handels eminent wichtige Landweg zwischen Italien und der Provence erst nach zähen Kämpfen zu Beginn der Regierungszeit von Kaiser Augustus unter römische Kontrolle kam. Zuvor hatten die in den schwer zugänglichen Alpentälern lebenden ligurischen Volksstämme immer wieder die Alpenpässe blockiert und den Durchgangsverkehr bedroht. Da man gewohnt ist, die antike Geschichte aus Sicht der Römer und Griechen zu betrachten, wird zumeist vergessen, die Leistungen der ligurischen Bevölkerung entsprechend zu würdigen: Über drei Generationen hinweg hatten es die Ligurer vermocht, dem schier übermächtigen römischen Imperium die Stirn zu bieten. Die Römer erkannten die Bedeutung des schwer errungenen Sieges: Neben der Via Aurelia ließ der römische Senat beim heutigen La Turbie zu Ehren Kaiser Augustus' eine monumentale Siegestrophäe (*Trophée des Alpes*) errichten, die an die Unterwerfung der Alpenvölker erinnert und durch ihren Gigantismus den Glanz und die Macht des Römischen Imperiums hervorheben sollte.

Die zwei Jahrhunderte nach Augustus Tod gelten als die eigentliche Blütezeit der *Provincia Gallia Narbonensis*. Es folgte eine lange Periode des Friedens und der wirtschaftlichen Prosperität. Die Entwicklung des Handels und die Erschließung des Hinterlandes wurden von der Rhône stark begünstigt. Schon der berühmte Geograph Strabo, ein Zeitgenosse von Augustus, hat in seinen Erdbeschreibungen die Vorzüge des Rhônetals gepriesen: „Die Rhône bildet einen langen Wasserweg ins Landesinnere, und zwar für schwere Frachten und für weite Strecken des Landes; denn sie hat Nebenflüsse, die schiffbar sind und die schwersten Lasten tragen.“ Doch bereits seit der Mitte des 3. Jahrhunderts kündigten Alemanneninvasionen das Ende der römischen Herrschaft über die Provence an. Selbst Diocletian und Constantin konnten den Niedergang nicht aufhalten. Ein letzter, kurzer Glanzstreifen fiel im Jahre 406 auf die Provence, als Constantin III., der Kaiser des Weströmischen Reiches, Arles zu seiner Residenzstadt erwählte.

Ungefähr zeitgleich mit dem sich ankündigenden Niedergang des Römischen Reiches breitete sich das **Christentum** im späten zweiten und dritten Jahrhundert in Südfrankreich aus; die ältesten bekannten christlichen Gemeinden existierten allerdings nicht in der Provence, sondern in Lyon und Vienne. Ein Grund für die schnelle Ausbreitung lag sicherlich im Wesen des Christentums begründet: Es unterschied sich von den anderen zeitgenössischen Religionen dadurch, dass es einen Gott als alleinigen und allmächtigen Schöpfer kannte, dessen Wille sich dem Menschen durch das geschriebene Wort offenbarte; es handelte sich um einen ganz und gar persönlichen Gott, der dem demütigen Menschen gnädig gestimmt war und ihn erlösen wollte; das Christentum war eine Lehre, die jedem zuteil werden konnte und sich überregional an alle Völker wandte; zudem war für einen Christen die Menschwerdung Gottes in Christus ein einmaliger geschichtlicher Vorgang, der nicht wie in anderen, eine Erlösung kennenden Religionen nur als angekündigter Mythos existierte. Zu diesen „inneren“ Gegebenheiten gesellten sich im 3. Jahrhundert noch andere, „äußere“ Faktoren: die politischen Machtverhältnisse und Herrschaftsstrukturen dieser Zeit. Das aufstrebende Christentum wurde unweigerlich mit dem römischen Kaisertum konfrontiert. Es existierte ein Spannungsverhältnis, dessen günstige Konstellation das Christentum intuitiv erfasste. Dem einen wahren Glauben stand das eine endgültige Reich gegenüber, dem einen Gott der eine Kaiser. Die Ausdehnung des Christentums beruht auf Absorption; die Christen vermieden eine kriegerische Konfrontation mit dem Römischen Reich, da sie die Möglichkeit erkannten, dass sich das Verhältnis der beiden „Mächte“ von einem konfrontativen zu einem kooperativen wandeln könnte, wie es dann auch im constantinischen Zeitalter geschehen ist. Die römische Verwaltungsstruktur überlebte in der Aufteilung in Diözesen, Provinzen und Bistümer. Zu Beginn des 5. Jahrhunderts gab es in Gallien bereits 113 Bischofssitze, von denen aber bei weitem nicht alle bis in unsere Tage erhalten geblieben sind. Der heilige Honoratius zog sich 410 mit ein paar Anhängern auf eine kleine, dem heutigen Cannes vorgelagerte Insel zurück und rief dort ein Kloster ins Leben, das alsbald zu einem Zentrum des religiösen Lebens in Gallien und darüber hinaus werden sollte. Ihm folgten mit dem heiligen Hilaire und dem heiligen Césaire zwei ebenfalls bedeutende Bischöfe nach. Die zahlreichen, in der Provence abgehaltenen Konzile (z. B. in Arles, Orange und Vaison-la-Romaine) unterstreichen die wichtige Rolle, die Südfrankreich damals im abendländischen Christentum spielte. Von den ersten Kirchenbauten sind nur Spuren erhalten; die Baptisterien von Aix-en-Provence, Marseille, Fréjus und Riez stammen bereits aus dem 5. bzw. 6. Jahrhundert und zählen zu den ältesten Sakralbauten Frankreichs. Die Sorgfalt, mit der der Bau dieser Taufkapellen betrieben wurde, zeugt von der hohen Bedeutung, die die christliche Glaubensgemeinschaft diesem Initiationsritus damals beigemessen hatte.

Spätantike und frühes Mittelalter

Auch nach dem Zusammenbruch des Weströmischen Reiches blieb die spätrömische Verwaltungsstruktur und Wirtschaftsordnung in der Provence weitgehend intakt. Das lag unter anderem am schnellen Herrscherwechsel: Die Westgoten, die 471 Arles erobert hatten, wurden kurzzeitig von den Burgundern und diese wiederum von den Ostgoten in ihrer Vormachtstellung abgelöst. Die südfranzösischen Städte erholten sich relativ schnell von den durch die **Völkerwanderung** ausgelösten Invasionen des 5. Jahrhunderts. Marseille, Arles, Nîmes und Fréjus besaßen eine hohe Bevölkerungsdichte und dienten unter der Herrschaft der **Ostgoten** weiterhin nicht nur als administrative und kirchliche Zentren, sondern blieben auch wichtige Handels- und Gewerbestandorte. Wie archäologische Funde gezeigt haben, waren es vor allem die Töpfereien und Webereien sowie das Kunstschmiedehandwerk, die mit Gewinn betrieben wurden. Darüber hinaus zählten die südfranzösischen Mittelmeerhäfen Marseille, Narbonne, Nizza und Fos im 6. Jahrhundert zu den wichtigsten Wirtschaftszentren des Mittelmeerraumes. Gehandelt wurde hauptsächlich mit Luxuswaren: Edle Gewürze, feine Textilien, Schmuck, Edelsteine und Papyrus wurden umgeschlagen und gelangten auf den bewährten Römerstraßen entlang der Rhône bis in den Norden Frankreichs.

Seit dem Ende des 5. Jahrhunderts drangen die auf Expansion bedachten **Franken** wiederholt von Nordwesten bis zur Rhônemündung vor. Aber erst im Jahre 537 war den Franken ein langfristiger Erfolg vergönnt. Nach dem Sturz von Theodahat verdrängten sie die Ostgoten und konnten dadurch erstmals einen festen Zugang zum Mittelmeer gewinnen. Die Franken profitierten ungemein von dieser Mittelmeerpforte: Über die Rhônetalstraße gelangte die geistige und materielle Kultur der Mittelmeerländer ins fränkische Gallien. Trotz der Zugehörigkeit zum fränkischen Reich scheinen die Provenzalen aber ihre eigenen Wege gegangen zu sein. So erfolgte auch keine größere Ansiedlung von Franken, nur die herrschende Oberschicht setzte sich aus den fränkischen Edlen zusammen. Im Jahre 736 zog der fränkische Hausmeier *Karl Martell* mit einem Heer in die unter arabischem Einfluss stehende Provence und setzte ihm treu ergebene Grafen ein. Es waren aber noch zwei weitere Feldzüge – mit langobardischer Unterstützung – nötig, um die fränkische Oberhoheit endgültig zu festigen. Mit

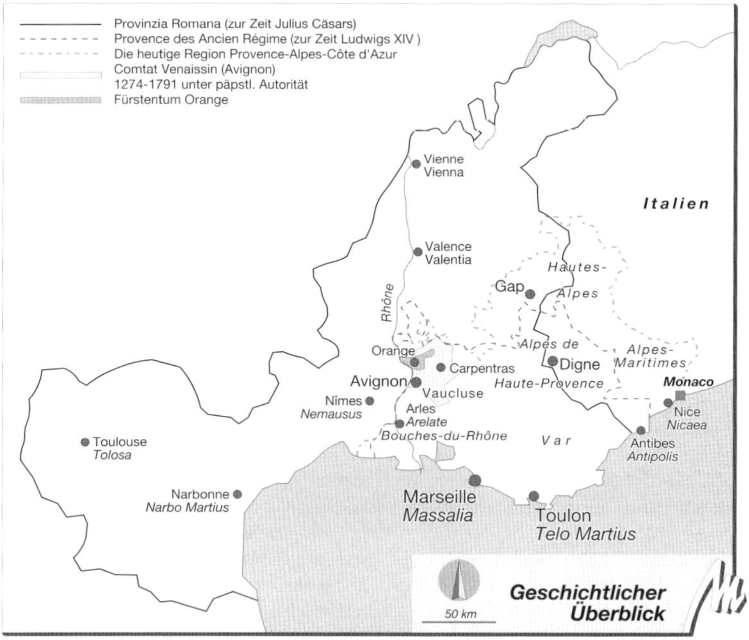

diesen neuen Machtverhältnissen verschwanden nun auch die spätantiken Verwaltungsstrukturen, die Provence wurde vollständig in den fränkischen Herrschaftsraum integriert. Obwohl die Franken den Schwerpunkt ihres Reichs nach Norden verlagerten, blieb die Provence bis zum Ende des 15. Jahrhunderts zumindest formal dem fränkischen Reichsgebiet zugehörig.

Mittelalter

Der Tod Karls des Kahlen (877) zog einen erheblichen Machtverlust der westfränkischen Karolinger im Südosten des heutigen Frankreichs nach sich. Der fränkische Adelige *Graf Boso von Vienne*, ein Schwager Karls des Kahlen, verstand es geschickt, sich während des kurzzeitig entstandenen Machtvakuums in der Provence als Herzog zu etablieren. Dank seines vehement verfolgten Unabhängigkeitsbestrebens entwickelte sich 879 ein neues Herrschaftsgebilde: das Königreich Provence (Arelat). Eine dauerhafte Dynastie vermochte Boso von Vienne jedoch nicht zu begründen: Bereits 933 gliederte Rudolph von Burgund die Provence in sein Königreich ein, das sich nun von Basel bis zum Rhônedelta erstreckte. Unter Konrad, dem Sohn Rudolphs von Burgund, wurde die formalrechtliche Verbindung der Provence mit dem Heiligen Römischen Reich erneuert. Praktisch bewirkte dies jedoch keinerlei Veränderungen, da die Provence zu abgeschieden lag und der Arm des deutschen Kaisers nicht bis dorthin vordrang.

Seit dem 9. Jahrhundert wurden die europäischen Mittelmeerküsten immer wieder von den aus Nordafrika stammenden **Sarazenen** heimgesucht und verwüstet.

Marseille wurde 838, Arles vier Jahre später angegriffen und geplündert; beide Städte mussten sich nur wenige Jahre danach eines erneuten Ansturms erwehren; anders als in Sizilien konnten sich die Araber aber in der Provence nur punktuell festsetzen. Als Hauptstützpunkt für Raubzüge in das Rhônegebiet diente ihnen ab 888 die Festung Fraxinetum, eine im Hinterland von Saint-Tropez beim heutigen Bergstädtchen La Garde-Freinet gelegene Höhenburg. Erst im Jahre 972 gelang es dem Grafen der Provence stellvertretend für den deutschen Kaiser Otto den Großen – die Provence gehörte formalrechtlich noch immer zum Heiligen Römischen Reich –, dieses „Räubernest" auszuheben und die Provence nachhaltig von der arabischen Bedrohung zu befreien. Die langfristigen Schäden, hervorgerufen durch die arabischen Eroberungsstreifzüge, waren katastrophal: Marseille, Arles und Avignon vegetierten in wirtschaftlicher Bedeutungslosigkeit dahin; Fréjus, Toulon und Antibes verschwanden für lange Zeit von der Landkarte, Cimiez gar bis ins 19. Jahrhundert. Die Vertreibung der Sarazenen begünstigte den nun einsetzenden wirtschaftlichen Aufschwung. Das anbrechende neue Jahrtausend brachte auch für die Provence eine Vielzahl von Veränderungen mit sich: die Bevölkerung wuchs beständig, die Dreifelderwirtschaft wurde begründet, das Geldwesen breitete sich aus und man begann zu entdecken, dass die Arbeit einen Wert darstellt, der gemessen und getauscht werden kann; ein tief greifender ökonomischer Aufschwung und Wandel hatte das Abendland erfasst. Bisher unberührte Landstriche wurden erschlossen und urbar gemacht, Dörfer und Städte wie Tarascon, Forcalquier und Manosque gegründet; der Handel mit Luxusgütern erwachte, das Wirtschaftsleben erfuhr neue Impulse, die Provence wurde zu einem wichtigen Umschlagplatz zwischen Okzident und Orient.

Die Veränderungen und Umwälzungen, die diese Aufbruchstimmung nach der apokalyptischen Starre der Jahrtausendwende mit sich brachte, gingen an den Menschen nicht spurlos vorüber; der Mensch des 11. Jahrhunderts bewertete seine Person mit neuen Maßstäben. Er begann jetzt Spannungen und eine innere Zerrissenheit bei sich wahrzunehmen, die zu „Versuchungen" führten, welche in den Jahrhunderten zuvor nicht thematisiert worden waren. In der zeitgenössischen Vorstellung wurde die Welt immer älter und älter: Die Endzeitstimmung, in der die Menschheit zu Beginn des 11. Jahrhunderts in ständiger Erwartung des jüngsten Tages lebte, war überwunden. Das Millennium hatte die gesamte Christenheit beunruhigt; die Angst vor dem Weltenrichter beherrschte vor dem Jahr 1000 und besonders vor dem Jahr 1033 das Denken und Fühlen, welches sich gewissermaßen in irrationalen Bahnen bewegte. Das nun folgende Jahrhundert war ein Jahrhundert des Aufbruchs; die mittelalterliche Feudalgesellschaft bildete sich langsam heraus, die Benediktinerklöster wie Saint-Victor in Marseille und das bei Arles gelegene Montmajour gewannen verstärkt an Macht und Einfluss, wenngleich sich im eigentlichen Klosterleben ein neuer Wunsch nach kontemplativer Einsamkeit widerspiegelte. Im Jahr 1098 wurde in Cîteaux der Zisterzienserorden gegründet, eine stark auf Expansion zielende religiöse Gemeinschaft. In den nächsten Jahrzehnten kam es zu unzähligen Tochtergründungen, in der Provence entstanden Le Thoronet, Sénanque und Silvacane – drei überaus beeindruckende Klosterbauten, deren auf nüchterner Eleganz fußenden Ausstrahlung man sich auch heute nur schwer entziehen kann.

Ungefähr zeitgleich rangen mehrere Potentaten um die politische Herrschaft der Provence. *Alfons VII.* (1126–1157), der in Léon zum „Kaiser von ganz Spanien" gekrönt worden war, gelang es, seine Macht weit nach Norden hin auszudehnen. Die Grafen von Barcelona, Gascogne, Forcalquier und andere Adelige mussten Stück für Stück die Herrschaft der katalanischen Dynastie über weite Teile der Provence anerkennen und wurden mehr oder weniger auf einen Vasallenstatus herabgedrückt. *Raimond Bérenger V.* (1209–1245) verlegte seine Residenz in das zentral gelegene Aix-en-Provence; auch nach dem Tod des letzten katalanischen Grafen behielt Aix seine Stellung als administratives Zentrum der Provence.

Das Land der Troubadoure

Eine der herausragendsten kulturellen Leistungen des Hochmittelalters war zweifelsohne der Gesang der Troubadoure, welcher zu Beginn des 12. Jahrhunderts in der Provence entstand und eines seiner Zentren am Hof von Les Baux hatte. Über zwei Jahrhunderte hinweg blieben die Darbietungen der Troubadoure die prägende musikalische und poetische Erscheinungsform im Abendland (in Deutschland als Minnegesang). Zumeist waren es Angehörige des niederen Adels, die als Troubadoure von Hof zu Hof zogen und diese Kunst bis zur Vervollkommnung betrieben. Im Zentrum der höfischen Liebeslyrik stand die Sehnsucht nach einer unerreichbaren Dame, wobei dieses Verlangen oft auf die Gattin des Lehensherrn projiziert wurde. Die Troubadoure blieben dabei an die Ideale der aristokratischen, ritterlichen Standeskultur und des höfischen Lebens gebunden, zu denen Stetigkeit und Treue genauso wie Zucht und Ehre gehörten. Der Name der Angebeteten wurde nie genannt, da die Betreffende vor der Gesellschaft verborgen bleiben sollte. Die Vorstellung von einer erotischen Beziehung zwischen der Angebeteten und dem Troubadour ist ein Produkt späterer Zeiten. Wie die Lieder geklungen haben, weiß man nur vage, denn in der Regel sind nur die Texte, nicht aber die Noten des Minnegesangs überliefert.

Im 12. Jahrhundert gründeten die **Katharer**, auch Albigenser genannt, im südfranzösischen Albi ihre eigene Kirche. Geprägt von einem streng religiösen und ethischen Dualismus, widersetzten sie sich dem römischen Papst ebenso wie dem König von Frankreich. Die „Katharer", auf die das deutsche Wort „Ketzer" zurückgeht, verstanden sich als die „Reinen", die mit dem Schmutz der Welt, also Geld und Macht, nichts zu tun haben wollten. Dabei war der Katharismus im Gegensatz zum Katholizismus „kein logisch geschlossenes System, das dank der folgerechten Weiterführung einer sorgsam gehüteten Tradition alle Bereiche religiösen Lebens von der Metaphysik bis zur Organisation in einem strengen Bogen umfasste", so der bekannte Mediävist Arno Borst. Das katharische Aufbegehren gegen die christliche Ordnung und die Grundlagen der Feudalgesellschaft beantwortete der Papst zu Beginn des 13. Jahrhunderts mit der Einrichtung der Inquisition; allerdings führte letztendlich weniger das harte Vorgehen der Inquisitoren als die Anerkennung der Bettelorden zum Scheitern des Katharismus. Durch den Sieg des französischen Königs Ludwig VIII. über Graf Raimund VII. von Toulouse endeten 1226 nicht nur die Albigenserkriege, sondern auch die bis dahin in großer Blüte stehende provenzalische Kultur.

Ludwig der Heilige in Aigues-Mortes

Erhebliche politische Veränderungen zog auch der Tod von Raimond Bérenger V. nach sich. Da kein männlicher Erbe vorhanden war, fiel die Provence 1246 an *Karl von Anjou*, einen der vier Schwiegersöhne. Die Provence geriet durch diese Erbfolge stark in die französische Einflusssphäre, denn Karl von Anjou war zugleich der jüngere Bruder des französischen Königs *Ludwig IX.* Dem machtbewussten Karl von Anjou, der seine „Laufbahn" später noch durch den Titel eines Königs von Sizilien und Neapel schmücken sollte, gelang es mit Geschick und Weitblick, seine Herrschaft über die Provence zu festigen und die Grafschaft zu einer politischen Einheit zu formen. Hierzu musste er allerdings erst einmal die mit den Herren von Les Baux verbündeten Städte Marseille, Arles und Avignon erobern. Ungefähr gleichzeitig erwarb der französische König Ludwig VIII. von Mönchen ein Stück Land in der sumpfigen Camargue; sein Sohn Ludwig der Heilige gründete Aigues-Mortes, ein noch heute überaus sehenswertes Zeugnis planmäßiger mittelalterlicher Städtebaukunst, und organisierte 1248 und 1270 von dort aus den sechsten und siebten Kreuzzug ins Heilige Land.

Das Jahrhundert der Päpste

Mit *Philipp dem Schönen* kam 1285 eine machtbewusste Persönlichkeit auf den französischen Thron; er verstand es, in wenigen Jahren die Administration seines Königreiches zu modernisieren und die eigene Macht zu stärken. Mit diesem Erfolg im Rücken scheute Philipp auch nicht die Konfrontation mit *Papst Bonifaz VIII.*; Philipp und Bonifaz waren sich nicht etwa in Glaubensfragen uneinig, es ging schlicht um den schnöden Mammon. Bonifaz wollte nicht hinnehmen, dass Philipp seinen wachsenden Geldbedarf deckte, indem er dem französischen Klerus Steuern auferlegte. Bonifaz drohte ihm mit der Exkommunikation, doch Philipp konterte, indem er seinen Siegelbewahrer Guillaume de Nogaret 1303 beauftragte, den Papst kurzerhand zu kidnappen. Guillaumes Versuch schlug zwar fehl, aber Bonifaz starb schon wenige Wochen später an den Folgen des Attentats.

Philipp entschied die Auseinandersetzung mit der Kirche aber nachhaltig, da er 1305 im Kardinalskollegium seinen Favoriten, den Erzbischof von Bordeaux, durchsetzen konnte. *Bertrand de Got* wurde in Lyon als Clemens V. zum Papst gekürt und wählte vier Jahre später Avignon zu seiner „vorläufigen" Residenz. Allein diese beiden Orte lassen deutlich werden, wer der eigentliche Herr im

Haus war – Philipp wollte das neu gewählte christliche Oberhaupt vorsichtshalber in seiner unmittelbaren Nähe wissen. Doch war dies sicherlich nicht der einzige Grund. Hinzu kam, dass die Beziehungen der Päpste zu ihren römischen Untertanen schon seit längerem gestört waren – zwischen 1198 und 1305 verbrachten sie weniger als 40 Jahre in der „ewigen Stadt" –, zudem lag Avignon näher als Rom an den europäischen Machtzentren, vor allem seit der Osten Europas für die Christenheit immer unwichtiger geworden war. So zogen auch die Nachfolger von Clemens V. Avignon Rom vor, das sie wegen seines ungesunden Klimas und den in Streitereien verstrickten Adelsfamilien scheuten. Bis 1377 regierten insgesamt sieben römische Päpste – allesamt Franzosen – in Avignon; hinzu kommen noch zwei Gegenpäpste, die nach dem Schisma gewählt wurden und daher von der offiziellen katholischen Geschichtsschreibung nicht anerkannt werden. Insgesamt schlug das Herz der Christenheit fast sieben Jahrzehnte in Avignon; der monumentale Papstpalast, das wohl herausragendste gotische Bauwerk der Provence, zeugt noch heute vom Repräsentationsbestreben der kirchlichen Oberhäupter. 1348 erwarb Clemens VI. Avignon von der Gräfin Johanna von Neapel; der benachbarte Comtat Venaissin, ein Gebiet, das etwa dem heutigen Département Vaucluse entspricht, war schon ein paar Jahrzehnte zuvor in den päpstlichen Besitz übergegangen. Avignon und die Grafschaft Venaissin gehörten übrigens bis zur Französischen Revolution dem Kirchenstaat an.

In der zweiten Hälfte des 14. Jahrhunderts wurde die Provence durch Erbstreitereien im Hause Anjou tief greifend erschüttert. Zwei Potentaten, der vom Papst unterstützte Karl von Durazzo und Ludwig von Anjou, ein Sohn des französischen Königs, kämpften um die Herrschaft der Provence. Die westlichen Teile der Provence favorisierten Ludwig von Anjou, während östlich des Var das Herz für die Sache des Papstes schlug. Diese Streitereien waren die Spitzen eines Konfliktes zwischen dem um Ausdehnung seines Herrschaftsgebietes bemühten französischen Königshaus und einem nach mehr weltlicher Macht strebenden Papsttum. Letztlich konnte sich zwar *Ludwig von Anjou* durchsetzen, doch verloren seine Erben 1388 die Grafschaft Nizza und die Gegend um Barcelonnette an den aufstrebenden Grafen von Savoyen. Bis 1860 blieb diese Region zweigeteilt, wobei vor allem Nizza, das damals schon 10.000 Einwohner zählte und durch die schwer überwindbaren Seealpen von Savoyen abgeschnitten blieb, aufgrund seiner geographischen Randlage mit erheblichen wirtschaftlichen Nachteilen zu kämpfen hatte.

Die Provence wird französisch

Die lange Regierungszeit des Königs *René von Anjou* (1434–1480) stellte einen letzten Höhepunkt in der Geschichte der Provence dar. Wirtschaft und Handel florierten, Kunst und Wissenschaften standen in großer Blüte. Der Nachwelt in Erinnerung geblieben ist der „gute König René" (*bon roi René*) vor allem durch sein überaus imposantes Schloss in Tarascon.

1480 starb René von Anjou in Avignon; sein Neffe Charles III., bis dato bekannt als Graf von Maine, konnte sich nur eineinhalb Jahre lang an seinem Erbe erfreuen, er verschied am 11. Dezember 1481. Die Provence fiel laut Testament einem entfernten Verwandten, dem französischen König Ludwig XI. oder besser Louis XI., zu. Dieser Wandel der Herrschaftsverhältnisse brachte den Vorteil mit sich, dass der seit Jahrhunderten brachliegende Handel im Rhônetal wieder

Prachtvolle Bürgerhäuser in Aix-en-Provence

auflebte. Durch die Inbesitznahme der Provence und der bedeutenden Hafenstadt Marseille verfügte das französische Königshaus nun über einen breiten Küstenstreifen am Mittelmeer. Nicht nur der Handel profitierte von den neuen politischen Verhältnissen, auch die französische Kultur gewann auf diesem Weg neuen Einfluss. Auf dem politischen Sektor begann eine langsame, aber entschiedene Annäherung an die französischen Verhältnisse. Die jüdische Bevölkerung der Provence hatte unter der französischen Herrschaft am meisten zu leiden: Mit restriktiven Maßnahmen wurden die Juden entweder zur Konversion gezwungen, wie beispielsweise die Vorfahren des Astrologen Nostradamus, oder in die Emigration getrieben. In den jüdischen Vierteln von Salon-de-Provence (1484) und Arles (1485) kam es zu **Pogromen**, in Manosque und Marseille wurden die Juden zehn Jahre später ermordet oder vertrieben. Einzig in Avignon und im ebenfalls päpstlichen Comtat (Grafschaft) Venaissin blieb die jüdische Bevölkerung weitgehend unbehelligt. Um den vorhandenen Autonomiebestrebungen die Kraft zu nehmen, gründete Ludwig XII. 1501 ein Parlament in Aix-en-Provence, das sich allerdings wegen seines selbstherrlichen Regierungsstils nicht gerade einer großen Beliebtheit erfreute: „Parlament, Mistral und Durance sind die drei Geißeln der Provence“, soll es damals in den Gassen geschallt haben.

Im Zeitalter der Religionskriege wurde auch die Provence in die sich ausbreitenden französischen **Glaubenskämpfe** hineingezogen. Zwar war die Region größtenteils katholisch, doch bildeten sich im Lubéron und im Tal der Durance protestantische Gemeinden. 1545 kam es zu einem Massaker an den erst seit ein paar Generationen im Lubéron lebenden Waldensern, im Gegenzug wurde das Land mehrfach, vor allem 1571, durch Bauernaufstände verwüstet, Preissteigerungen sowie vagierende Räuberbanden trieben ihr Unwesen. Als 1589 nach dem Tod Heinrich III. dessen protestantischer Vetter, der Bourbone Heinrich von Navarra, als Heinrich IV. den Thron bestieg, ergriffen die Städte Marseille, Aix-en-Provence und Arles – und in ihrem Gefolge die gesamte provenzalische Region – Partei gegen den neuen König. Nur eine kleine Gruppe von königstreuen Anhängern versammelte sich in dem südlich des Lubéron gelegenen Städtchen Pertuis. Die politische Situation nutzend, marschierte im Juli 1590 Karl Emanuel, der Herzog von Savoyen, in die Provence ein. Am 17. November des gleichen Jahres erreichte er Aix, wo ihm das Parlament einen würdevollen Empfang bereitete und die Militärregierung der Provence übertrug, die Grafenkrone – sein eigentliches Ziel – erlangte Karl Emanuel hingegen nicht. Der Frieden war jedoch keineswegs hergestellt, in den nächsten Jahren ereigneten sich wiederholt Scharmützel; erst als Heinrich IV. im Juli 1593 den katholischen Glauben annahm, kehrte langsam wieder Ruhe ein: Am 5. Januar 1594 schwor das Parlament in Aix dem König die Gefolgschaft, nur noch das stets aufmüpfige Marseille bot dem Bourbonen für weitere zwei Jahre die Stirn. Nachdem Heinrich IV. 1598 in Nantes ein Toleranzedikt erlassen hatte, das den Protestanten die Ausübung ihrer Religion zusicherte, kehrte endgültig Ruhe in das von Glaubensstreitigkeiten gespaltene Land ein.

Im Zeitalter des **Absolutismus** mussten die provenzalischen Städte eine höhere Steuerlast aufbringen und zudem erhebliche Abstriche bezüglich ihrer politischen Rechte hinnehmen. Die Kardinäle Richelieu und Mazarin schränkten nacheinander in ihrer Funktion als leitende Minister des französischen Königs die Vorrechte des Adels ein, die Burgen von Les Baux und Beaucaire wurden geschleift. Marseille, mit rund 30.000 Einwohnern die damals mit Abstand größte Stadt der Provence, rebellierte 1660 vergeblich gegen die Allmacht Ludwig XIV., besser bekannt als „Sonnenkönig". Der Aufstand war schnell unter Kontrolle und der von jugendlichem Elan getriebene Ludwig XIV. zog am 2. März als strahlender Sieger in die Stadt ein. Doch Ludwig XIV. ging noch weiter: 1685 widerrief er im Edikt von Fontainebleau die den Hugenotten zugesicherte Glaubensfreiheit. Dies hatte zur Folge, dass 300.000 Hugenotten ihre Heimat verlassen mussten. Analog zu den anderen Landesteilen Frankreichs hatte auch die Provence unter der größten Massenemigration der französischen Geschichte zu leiden, da die Hugenotten zum wirtschaftlich aktivsten Teil der Bevölkerung zählten.

Die Provence präsentierte sich in der Frühen Neuzeit noch keineswegs als einheitliches politisches Gebilde: Rund um Avignon sowie um Orange hatte der französische König keinerlei Machtbefugnisse. Wie zwei Inseln ragten das päpstliche Avignon und Orange, das von den Fürsten von Nassau regiert wurde, aus dem französischen Territorium heraus. Zwar besetzten französische Truppen wiederholt beide Städte, doch letztendlich konnten diese noch geraume Zeit ihre Eigenständigkeit bewahren. Das niederländische Haus Nassau trat erst 1713 im Utrechter Frieden seine Rechte an Frankreich ab, vor der Annexion des päpstlichen Avignon und des zugehörigen Comtat Venaissin schreckte der französische König zurück. Das 18. Jahrhundert war für die Provence ein Zeitalter der Stagnation und des Niedergangs. Abgesehen von den Habsburgischen Erbfolgekriegen, als Prinz Eugen von Savoyen in die Provence einfiel, blieb der Süden Frankreichs auch vor weiteren Unbilden nicht verschont: Die Wirtschaft lag darnieder, gewaltige Steuerlasten führten zu Unruhen, Missernten und Hungersnöte gehörten zum Alltag. Zu diesen steten Problemen gesellten sich zudem Katastrophen:

So erlagen in den Jahren 1720 und 1721 rund 40.000 Menschen in Marseille einer gewaltigen Pestepidemie, in Arles wurden 10.000 Opfer gezählt; es war das letzte Mal, dass Europa vom „Schwarzen Tod" heimgesucht werden sollte. Das Comtat Venaissin versuchte sich durch den Bau einer mehr als 25 Kilometer langen Pestmauer vor der Epidemie zu schützen, doch war auch dieser Versuch letztlich vergeblich.

Aus einem Reisebericht von 1763

Der ganze Südosten Frankreichs und die Grafschaft Nizza zählten im 18. Jahrhundert zu den ärmsten Regionen Europas. Der Schotte *Tobias Smollett* hatte die wirtschaftliche Not auf einer 1763 unternommenen Reise deutlich erkannt: „Die Armut der Menschen in diesem Landstrich, wie überhaupt im Süden von Frankreich, kann man an der äußeren Erscheinung ihrer Haustiere ablesen. Die Zugpferde, Maultiere und Esel der Bauern sind bemitleidenswert mager. Ich habe keinen einzigen Hund in einem erträglichen Zustand gesehen, und die vielen Katzen sind geradezu der Inbegriff der allgemeinen Hungersnot, erschreckend dürr und gefährliche Räuber. Erstaunlicherweise sind die Hunde friedfertig und fressen keine kleinen Kinder. Es gibt einen weiteren Beweis für diese Bedürftigkeit, die unter dem gemeinen Volk herrscht: Man kann den ganzen Süden von Frankreich durchqueren, genauso wie den Bezirk Nizza, wo kein Mangel an Hainen, Wäldern und Anpflanzungen herrscht, ohne irgendwo den Gesang einer Amsel, Drossel, Hänfling, Stieglitz oder sonst einem Vogel zu hören. Die armen Vögel sind vernichtet oder haben in anderen Landstrichen Zuflucht gesucht, grausam vertrieben und verfolgt von diesen Menschen, die keine Mühe scheuen, sie um des eigenen Ueberlebens willen zu fangen und zu töten."

Tobias Smollett

Revolution und Napoléon

Innerhalb der relativ kurzen Zeitspanne von Mai bis Oktober 1789 brach das *Ancien Régime* in Frankreich völlig zusammen. Am 14. Juli 1789 erfolgte der Sturm auf die Bastille – ein symbolischer Akt, der diesen Niedergang auf spektakuläre Weise besiegelte. Übrigens paarte sich an diesem Tag revolutionäre Leidenschaft mit der Unzufriedenheit des einfachen Volkes: Am 14. Juli war das Brot teurer als jemals zuvor im 18. Jahrhundert! Die Bedeutung des Getreidepreises darf keinesfalls unterschätzt werden, bereits im März waren die kleinen Leute in Marseille und Toulon wegen der Brotteuerung auf die Straße gegangen. Innerhalb kürzester Zeit sprang die Erhebung auf die gesamte Haute-Provence über; am 20. April standen die Dörfer im Tal der Avance, bei Gap, gegen die Obrigkeit auf. Die revolutionäre Stimmung fiel in den Provinzstädten auf einen fruchtbaren Boden: In Nîmes erklärten die Bürger am 20. Juli beispielsweise, sie würden „die Agenten der Despotie und die Provokateure der Aristokratie als schändliche Verbrecher und Vaterlandsverräter" betrachten; alle der Armee unterstehenden Männer von Nîmes wurden aufgefordert, den Befehl zu verweigern, sobald man von ihnen verlangen würde, das Blut ihrer Mitbürger zu vergießen. Bekanntermaßen wurde 1792 die Monarchie abgeschafft, das

Königspaar wenig später sogar hingerichtet. Ebenfalls im Jahre 1792 zog zur Unterstützung der Revolution ein Marseiller Freiwilligenbatallion in Paris ein. Fröhlich sangen sie beim Einmarsch in die Hauptstadt ein Kampflied, das von dem Elsässer Rouguet de Lisle für den aus dem Bayerischen Wald stammenden *Nikolaus Graf von Luckner* komponiert worden war; unter dem Namen *Marseillaise* stieg das Lied wenig später zur französischen Nationalhymne auf.

Nikolaus Graf von Luckner – eine Revolutionskarriere

Nikolaus Luckner stammte aus einfachen Verhältnissen. Als zweitjüngstes Kind eines Bierbrauers und Hopfenhändlers erblickte er am 11. Januar 1722 im bayerischen Cham das Licht der Welt, in die er wie der sprichwörtliche „Hans im Glück" hinauszog. Bereits als 17-Jähriger nahm er als Kadett am Türkenkrieg teil, später wurde er Husarenleutnant, wirkte als Major in Holland und diente dem englischen König als Generalleutnant. Zwischenzeitlich vom dänischen König Christian in den Grafenstand erhoben, nahm der bald 70-jährige Luckner das Angebot Frankreichs an, die französische Rheinarmee als Marschall zu kommandieren. Ein letzter, verhängnisvoller Höhepunkt einer ungewöhnlichen Karriere: Nachdem Luckner die Österreicher bei Courtray besiegte hatte, wurde er in Straßburg als „Retter Frankreichs" gefeiert, Rouget de Lisle widmete ihm die berühmte „Marseillaise". Ein geruhsamer Lebensabend blieb dem Helden jedoch verwehrt: Als man ihm die Auszahlung seines Ruhegehalts verweigerte, reiste Nikolaus Graf von Luckner nach Paris, wo er auf Betreiben Robespierres einer Verschwörung beschuldigt, angeklagt und am 4. Januar 1794 durch die Guillotine hingerichtet wurde.

Mit ihrem politischen Glaubensbekenntnis „**Freiheit, Gleichheit, Brüderlichkeit**" sorgten die französischen Republikaner in den ersten Jahren der Revolution für eine bahnbrechende Umwälzung des französischen Staatssystems, von deren politischen und gesellschaftlichen Folgen die Welt bis heute geprägt wird. Jeder Franzose sollte von nun an vor dem Gesetz gleich sein; die Privilegien des Adels und des Klerus wurden genauso abgeschafft wie das Zunftwesen. Konsequenterweise erhielten die französischen Juden bereits wenige Monate nach der Französischen Revolution die vollen Bürgerrechte, jenseits des Rheins mussten die Juden bis 1848, mancherorts gar bis 1868 auf ihre politische Gleichstellung warten (einzig die französischen Frauen mussten sich bis 1945 gedulden, ehe sie das Wahlrecht erhielten ...). Das Steuersystem wurde vereinheitlicht, der Kirchenzehnte abgeschafft, das Land in neue Verwaltungsbezirke, die noch heute bestehenden Départements, eingeteilt, das Bildungssystem reformiert und die Gewerbefreiheit eingeführt. Kirchliche Besitztümer wurden konfisziert, Jahrtausende alte Bistümer verschwanden von der Landkarte, Klöster wurden aufgelöst und fielen in großer Zahl dem Verfall anheim. Der Konflikt mit den Bischöfen und Pfarrern kulminierte; als Papst Pius VII. die religiösen Verhältnisse heftig kritisierte, brach Frankreich die diplomatischen Beziehungen mit dem Heiligen Stuhl ab und annektierte Avignon und den Comtat Venaissin. Erst durch diese Annexion, die der Papst sechs Jahre später offiziell anerkannte, war die gesamte Provence französisch geworden.

Die „Entdeckung“ der Côte d'Azur

Bereits in der ersten Hälfte des 18. Jahrhunderts nahmen die ersten Reisenden aus dem regenverhangenen Norden die beschwerliche Fahrt in das gelobte Land, in dem die Zitronen blühen, auf sich. Doch es waren nur eine Hand voll, zumeist adeliger Persönlichkeiten, die die französische Mittelmeerküste aufsuchten; als eigentlicher „Entdecker“ gilt zu Recht der schottische Arzt und Reiseschriftsteller *Tobias Smollett.* Smollett war der erste „Tourist“, der aus gesundheitlichen Gründen Bäder im Meer nahm: „Die Leute wunderten sich sehr, als ich mit dem Monat May anfing zu baden. Es kam ihnen fremde vor, daß ein Mann, der die Auszehrung zu haben schien, ins Meer stieg, zumahl wenn es kalte Tage waren: und einige Aerzte prophezeiten mir einen schleunigen Tod. Wie man aber sahe, daß es sich nach dem Bade mit mir besserte, versuchten es einige Schweizerofficiers gleichfals, und es währte nicht lange, so folgten verschiedene Einwohner der Stadt unserem Beyspiele.“ Auf der Basis penibler Aufzeichnungen versuchte Smollett 1763, einen Zusammenhang zwischen den Wetterverhältnissen und dem Zustand seiner kranken Lungen herzustellen. Er fertigte hierzu eine meteorologische Tabelle an, um die Verbesserung seines Gesundheitszustandes wissenschaftlich begründen zu können. Da Smollett von der gegenseitigen Einflussnahme überzeugt war, verwundert es nicht, dass sich sein Zustand aufgrund des guten Klimas schnell verbesserte. Wie dem auch sei, die Veröffentlichung von Smolletts Reiseaufzeichnungen im Jahre 1767 trug erheblich dazu bei, dass Nizza in den nächsten Jahrzehnten zum begehrtesten Reiseziel der Engländer avancierte. Die Einheimischen lernten schnell: Wohnraum an eine Familie von „Hivernants“ zu vermieten, war lukrativer und einfacher, als sich um die Olivenernte zu bemühen. Bereits 1787 waren es 115 englische Familien, die regelmäßig in Nizza überwinterten. Niemand ahnte damals, dass man es mit den ersten Vorboten einer neuen Völkerwanderung zu tun hatte. Alsbald entstanden ganze Villenviertel, tropische Pflanzen wurden akklimatisiert und weitläufige Gärten angelegt. Offiziell suchte man die Riviera noch immer der Gesundheit wegen auf, doch die Zeitgenossen wussten um die wahren Motive der Müßiggänger: „Weil es Mode ist oder aus Langeweile und aus Vergnügungssucht reisen genauso viele Leute hierher wie wegen ihres schlechten Gesundheitszustands“, empörte sich 1870 ein Engländer; der Schweizer Kulturhistoriker Jakob Burckhardt setzte süffisant hinzu: „Was die Riviera betrifft, so müßte dieselbe, wenn die jetzigen Zeiten des Luxus fortdauern, in wenigen Jahren nichts als ein einziges Hotel werden, wo das ganze reiche und kränkelnde Europa den Winter zubrächte. Sobald das Meer ruhig wäre, würde man nichts als Husten hören.“ Für die meisten Gäste hatte der sonnige Aufenthalt allerdings fatale gesundheitliche Folgen, da das milde Mittelmeerklima fälschlicherweise als ideal zur Heilung von Lungenkrankheiten angesehen wurde. Die Zugehörigkeit der Grafschaft Nizza zu Frankreich

Lang, lang ist's her, am Strand von Nizza

(1860) und der daraus resultierende Anschluss an das französische Eisenbahnnetz zogen eine regelrechte Touristenexplosion nach sich.

Ihren heutigen Namen erhielt die französische Riviera erst relativ spät: 1887 hatte *Stéphen Liégeard*, eine illustre Persönlichkeit, aber nur mittelmäßiger Dichter, ein Buch unter dem Titel „La Côte d'Azur" publiziert. In überschwänglichen Tönen lobte Liégeard den lieblichen „Küstensaum", den er geographisch noch wesentlich weiter fasste, als er heute unter der Bezeichnung Côte d'Azur verstanden wird: „Mögen andere das blonde Menton preisen, das sich träge auf einem Felsen erstreckt, umwunden von Zitronenbäumen; mag das ausschweifende Nizza, das hinter einem nach Veilchen duftenden Fächer lächelt, den Passanten mit dem ganzen Rausch seiner Vergnügungen tränken! Ohne zu zögern, ziehen wir Cannes vor ... Cannes kann sich der Sonnenglut rühmen, die eigens für Herzoginnen entfacht wurde. Ja, die Lieblingstochter der Sonne ist Cannes, eine Patrizierin höchsten Ranges, zurückhaltend mit ihrem Willkommen, anfangs ein wenig stolz, deren Gunst man nur durch Eleganz oder durch Verdienste erringt." Ungefähr zeitgleich mit der Namensbildung Côte d'Azur genoss der Küstenabschnitt selbst in den höchsten Adelskreisen einen ausgezeichneten Ruf: Die englische Königin *Victoria* und der belgische König *Leopold II.* zählten zu den Wintergästen; Schriftsteller und Künstler wie *Nietzsche*, *Tschechow*, *Signac* und *Renoir* wussten die südliche Atmosphäre und das Licht zu schätzen. Einen letzten, entscheidenden Impuls erhielt die Côte d'Azur nach Ende des Ersten Weltkriegs: Die Hotels öffneten nun auch im Juli und August, der Sommerurlaub an der Küste wurde salonfähig!

Im Windschatten der Revolution begann der Aufstieg eines kleinen korsischen Leutnants namens *Napoléon Bonaparte*: Am 18. Dezember 1793 machte **Napoléon** erstmals von sich reden, als er die englische Besatzung von Toulon, dem bedeutendsten französischen Militärhafen am Mittelmeer, durch eine taktische Meisterleistung erfolgreich beendete. Zum Dank für diesen unerwarteten Sieg wurde Napoléon in den Generalsrang erhoben. Napoléons Stern stieg in den nächsten Jahren höher und höher am französischen Himmel empor: Seit dem 9. November 1799 hatte er die faktische Herrschaft übernommen, am 2. Dezember 1804 krönte er sich selbst zum Kaiser. In der Provence erfreute sich Napoléon allerdings keiner uneingeschränkten Zustimmung. Die Küstenorte, insbesondere Marseille, hatten durch die Kontinentalsperre erhebliche finanzielle Einbußen hinnehmen müssen. In Marseille, wie auch Toulon, sympathisierten große Teile der Bevölkerung weiterhin mit dem alten Königshaus. Dies war auch ein Grund, weswegen Napoléon, als er im Februar 1815 aus seiner Verbannung von der Insel Elba floh, nicht etwa in einer der großen französischen Hafenstädte, sondern am 1. März bei dem unbedeutenden Golfe-Juan an der südfranzösischen Küste an Land ging. Da er fürchtete, im Rhônetal auf Widerstand zu stoßen, reiste Napoléon über Grasse nach Grenoble, das er eine Woche später erreichte. In Lyon wurde er mit den Rufen „Es lebe der Kaiser" empfangen. Am 20. März zog Napoléon unter Beifallsstürmen in Paris ein. Die Erinnerung an seine militärischen Erfolge und sein Engagement für das Programm und die Symbolik der Revolution führten ihm schnell zahlreiche Anhänger zu. Am 18. Juni 1815 endete auf dem Schlachtfeld von Waterloo die Herrschaft der „Hundert Tage", nach vier weiteren Tagen dankte Napoléon ab und schiffte sich drei Wochen später nach Sankt-Helena ein.

Das 19. Jahrhundert

Nach der Niederlage von Waterloo (1815) und der Verbannung Napoléons auf Sankt Helena kehrte langsam wieder Ruhe ein; dank Talleyrands geschickter Verhandlungsführung auf dem **Wiener Kongress** hatte Frankreich seine Großmachtstellung auf dem europäischen Parkett behaupten können. Zwar musste Frankreich die annektierte Grafschaft Nizza und das Fürstentum Monaco wieder an den König von Sardinien bzw. an die Familie Grimaldi zurückgeben, das päpstliche Avignon und der Comtat Venaissin blieben jedoch französisch. Einer Anekdote zufolge soll Talleyrand 1816 bei einem Nizzabesuch bedauernd geäußert haben: „Wenn ich gewusst hätte, wie schön dieser Flecken ist, hätte ich mich auf dem Wiener Kongress seiner Rückgabe an Savoyen widersetzt." Doch war sich Talleyrand – wie ganz Frankreich – darüber im Klaren, dass der verlorene Krieg bei weitem negativere Folgen hätte nach sich ziehen können. In der nun anbrechenden Restaurationszeit kam die Provence in den Genuss eines relativen Wohlstands. Marseille beispielsweise, das anstelle des traditionsreicheren Aix-en-Provence zur Hauptstadt des Départements Bouches-du-Rhône ernannt wurde, stieg zum größten Hafen Frankreichs auf. Ohne Frage profitierte die Stadt in erheblichem Maße von der Gründung des französischen Kolonialreichs in Nordafrika, Marseille wurde zum Hauptumschlagplatz für Waren aller Art. Der seit Mitte des 19. Jahrhunderts erfolgte Ausbau des französischen Eisenbahnnetzes ermöglichte es den provenzalischen Bauern zudem, nun auch Pfirsiche, Kirschen, Tomaten, Auberginen und andere leicht verderbliche landwirtschaftliche Produkte anzubauen, die auf dem Schienenweg schnell in großen Mengen zu den Verbrauchern im Norden Frankreichs transportiert werden konnten. Im verkehrstechnisch nicht erschlossenen Hinterland, wie beispielsweise in der Haute-Provence, war aber weiterhin Schmalhans Küchenmeister: Mehr als 5.000 Menschen aus dem Ubaye-Tal verließen seit den zwanziger Jahren des 19. Jahrhunderts ihre Heimat, um im fernen Mexiko ihr Glück zu machen.

Einen erheblichen Gebietszuwachs konnte Frankreich 1860 verbuchen: Gewissermaßen als Preis für die Verwirklichung von Garibaldis Einheitstraum trat das italienische Königreich die Grafschaft Nizza mit Ausnahme des oberen Royatals – dieses Gebiet sollte noch bis 1947 zu Italien gehören – an Frankreich ab. Mit der Abtretung „bedankte" sich der neu geschaffene italienische Einheitsstaat für die französische Unterstützung im Kampf gegen Österreich. Zur demokratischen Legitimation wurde noch eine Volksabstimmung initiiert: 25.743 stimmten für den Anschluss an Frankreich, nur 160 dagegen. Die überwältigende Zustimmung nährte allerdings den begründeten Verdacht, bei der Abstimmung sei nicht alles mit rechten Dingen zugegangen. Betrug hin oder her, der Anschluss an Frankreich brachte jedenfalls für die einstige Grafschaft Nizza den lang erhofften Aufschwung, die Wirtschaft begann in bis dato unbekanntem Ausmaße zu florieren.

Zwischen den Weltkriegen

Nach dem Ersten Weltkrieg begannen politische Ideologien in ganz Europa an Bedeutung zu gewinnen. In Frankreich kam es auf nationaler Ebene zwischen 1931 und 1939 zu 19 verschiedenen Regierungen unter elf verschiedenen Ministerpräsidenten. Für eine zusätzliche Belastung sorgte die Weltwirtschaftskrise. In der Provence brachten die Wahlen zwischen den beiden Weltkriegen die antiklerikalen Demokraten an die Macht. Unter den Winzern, Kleinbauern und Kleinbürgern hatte die Kirche nur noch wenig Einfluss, die politische Führungsschicht bestand größtenteils aus Juristen, Professoren und anderen Vertretern des Bildungsbürgertums. Nachdem die aus Kommunisten, Sozialisten, Sozialrepublikanern und Radikalen bestehende **Volksfront** bei den Wahlen im Mai 1936 einen spektakulären Erfolg erzielen konnte und mit Léon Blum den Ministerpräsidenten stellte, traten in ganz Frankreich rund zwei Millionen Arbeiter in den Ausstand. Mit Erfolg, denn schon bald erfüllten die Unternehmerverbände zahlreiche Forderungen der Streikenden: Die Arbeiter erhielten nicht nur Lohnerhöhungen zwischen 7 und 15 Prozent sowie Tarifverträge, per Gesetz wurde darüber hinaus die wöchentliche Arbeitszeit von 48 auf 40 Stunden reduziert und allen Arbeitnehmern erstmals 15 bezahlte Urlaubstage zugestanden. Letzteres führte vor allem zu einem enormen Anschub des nationalen Fremdenverkehrs, der die Côte d'Azur wirtschaftlich neu belebte. Gleichwohl war auch in Frankreich das braune Gedankengut auf dem Vormarsch. Wiederholt kam es bei Demonstrationen rechtsgerichteter Parteien zu blutigen Zwischenfällen.

Niederlage, Vichy und Résistance

Nach der Machtergreifung Hitlers in Deutschland wurde Frankreich und vor allem Südfrankreich, das bis November 1942 zur unbesetzten Zone gehörte, für wenige Jahre zum Sammelbecken für politisch und ethnisch Verfolgte. Schon ab 1933 entwickelte sich das kleine Fischerdorf Sanary-sur-Mer zum begehrten Domizil zahlreicher, aus dem nationalsozialistischen Deutschland geflohener Literaten. Zu Dutzenden trafen sich deutsche Schriftsteller, darunter berühmte Namen wie Thomas Mann und Lion Feuchtwanger, in den Cafés am Hafenkai, eine kleinere Kolonie entstand auch in Nizza, wo Theodor Wolff, Heinrich Mann, Hermann Kesten und Joseph Roth lebten. Für wenige Jahre galt Südfrankreich als das gelobte Land der deutschen Exilliteratur: „Wenn ich ... von Paris mit dem Nachtzug zurückkommend, des Morgens das blaue Ufer wiedersah, die Berge, das Meer, die Pinien und Ölbäume, wie sie die Hänge hinaufkletterten, wenn ich die aufgeschlossene Behaglichkeit der Mittelmeermenschen wieder um mich fühlte, dann atmete ich tief auf und freute mich, dass ich mir diesen Himmel gewählt hatte, unter ihm zu leben“, schrieb Lion Feuchtwanger in seinem autobiografischen Buch „Der Teufel in Frankreich“. Lange konnte sich Feuchtwanger allerdings nicht der Mittelmeersonne erfreuen, spätestens im Mai 1940 war es mit der trügerischen Ruhe vorbei. Nach Kriegsbeginn wurde Marseille zu einer Drehscheibe für deutsche, österreichische und italienische **Emigranten**. Weit mehr als tausend Verfolgte erhielten vom amerikanischen *Emergency Rescue Committee*, das von Varian Fry geleitet wurde, die zur Ausreise notwendigen Pässe, Visa und Finanzmittel. Wer Pech hatte oder weniger bekannt war, landete schnell in einem der berüchtigten Internierungslager, beispielsweise in Les Milles, im Südwesten von Aix-en-Provence. Lion Feuchtwanger und Thomas Mann hatten Glück und trafen sich wenig später in Los Angeles wieder; auch Alfred Döblin, Siegfried Kracauer und Hans Sahl, der eine Zeitlang für das *Emergency Rescue Committee* gearbeitet hatte, verdankten Varian Fry ihre Rettung vor den Nazischergen.

Am 10. Mai 1940 begann die **deutsche Offensive** gegen Frankreich; in einem „Blitzkrieg“ überwand Hitlers Armee die französischen Stellungen. Die Nazis marschierten in kürzester Zeit in Paris ein, der gesamte Norden des Landes befand sich in deutscher Hand. Am 22. Juni wurde in Compiègne der Waffenstillstand unterzeichnet; nur der Südosten Frankreichs blieb als unbesetzte Zone vorerst vom direkten deutschen Zugriff verschont. Im Juli 1940 wurden Marschall Pétain in **Vichy** von der Nationalversammlung die Regierungsvollmachten übertragen. Pétain und seine Mitstreiter versuchten, einer antiquierten, „nationalen Revolution“ den Weg zu ebnen; „Gott, Familie und Vaterland“ sollten von nun an wieder den französischen Lebensmittelpunkt bilden, Scheidungen wurden erschwert, Abtreibungen mit drastischen Strafen belegt, republikanisch gesinnte Würdenträger rigoros der Macht enthoben, Freimaurerlogen aufgelöst, Kommunisten bedroht und antisemitischen Ressentiments freier Lauf gelassen. Ohne deutschen Druck wurden die „Juden französischer Nationalität“ diskriminiert und systematisch vom öffentlichen Leben ausgeschlossen. Am 24. Oktober verkündete Pétain im Rundfunk, das Vichy-Regime habe sich zur *Collaboration d'Etat* mit Deutschland entschlossen.

Allmählich begann sich der Widerstand gegen die Regierung Pétain zu formieren. Einige wenige überzeugte Hitlergegner hatten ihren Unmut mit Sabotageakten und Protesten schon kurz nach der Kapitulation Frankreichs zum Ausdruck gebracht, aber erst in der zweiten Hälfte des Jahres 1941 wurden die **Widerstandsaktionen** koordinierter und wirkungsvoller. Nach dem Angriff Hitlers auf die Sowjetunion brachten die Kommunisten ihre Untergrunderfahrung ein und wurden zum militärisch schlagkräftigsten Arm der **Résistance**. Mit der sich im weiteren Kriegsverlauf immer deutlicher abzeichnenden Niederlage Deutschlands

Alliiertes Landungsboot am Cap du Dramont

nahm auch die Zahl der Résistancekämpfer zu. Zuletzt dürften 100.000 bis 200.000 Personen am aktiven Widerstand beteiligt gewesen sein. Die sterblichen Überreste von Jean Moulin, dem 1943 von den Nazis hingerichteten Führer der Résistance, wurden 1964 ins Panthéon, den französischen Ruhmestempel, überführt.

Nach dem Einmarsch der Alliierten in Nordafrika (November 1942) hob Hitler die „freie" Zone auf; die französische Flotte versenkte sich selbst im Hafen von Toulon, um nicht in die Hände der Nazis zu fallen, die entgegen der Waffenstillstandsvereinbarungen versuchten, sich der Flotte zu bemächtigen. Für ein knappes Jahr agierten italienische Soldaten als Besatzer, bevor nach der Kapitulation Italiens die Deutschen an ihre Stelle traten. Von Anfang an sahen sich die Deutschen mit Gerüchten einer bevorstehenden Invasion an der französischen Mittelmeerküste konfrontiert; in Toulon und Marseille wurden Truppen zusammengezogen, um eine Landung der Alliierten zurückschlagen zu können. Doch die Alliierten besannen sich anfangs auf ihre Luftüberlegenheit und überzogen den Küstenstreifen ab dem 28. April 1944 mit beständigen Bombenangriffen, zahlreiche Häuser in Marseille, Toulon und Avignon wurden über Nacht in Schutt und Asche gelegt. Am 6. Juni begann die alliierte Großoffensive bekanntlich in der Normandie; als dann mehr als zwei Monate später, am 15. August 1944, **alliierte Landungstruppen** an einem rund 50 Kilometer breiten Küstenabschnitt im Osten Toulons die Eroberung Südfrankreichs in Angriff nahmen, waren die Würfel schon gefallen. Angesichts der aussichtslosen Lage ergab sich General Neuling bereits am 17. August in Draguignan. Innerhalb weniger Wochen wurden alle größeren Städte Südfrankreichs mit tatkräftiger Unterstützung der Résistance zurückerobert, am 12. September trafen in Châtillon-sur-Seine die Invasionstruppen aus der Normandie und der Provence zusammen; die Befreiung Frankreichs war abgeschlossen.

Nachkriegszeit

Eine Abrechnung mit den Kollaborateuren erfolgte nur oberflächlich. Zwar wurden im Zuge der Befreiungskämpfe rund 10.000 Franzosen hingerichtet, doch zahlreiche Mitläufer und Nutznießer des Vichy-Regimes kamen äußerst glimpflich davon. In Südfrankreich traten bei diesen Auseinandersetzungen auch klassenkämpferische Aspekte hervor. So richteten sich die Aktionen der kommunistisch geprägten Widerstandsbewegung häufig gegen Industrielle, Geistliche und bürgerliche Parteifunktionäre. Der Übergang zur politischen Normalität fand im Oktober 1945 statt, als die Franzosen eine Nationalversammlung wählten, deren Auftrag es war, eine neue Verfassung zu erarbeiten. Nach dem kurzen Zwischenspiel der Vierten Republik, die durch den Militärputsch von Algier ein Ende fand, wurde Charles de Gaulle am 21. Dezember 1958 zum Staatspräsidenten der **Fünften Republik** gewählt.

Wenig später sollte der Süden Frankreichs mit den Auswirkungen dieses weltpolitischen Ereignisses konfrontiert werden: Das Ende des algerischen Unabhängigkeitskrieges hatte den massenhaften Zuzug von Algerienfranzosen, den so genannten *Pieds noirs* (Schwarzfüße), zur Folge. Rund eineinhalb Millionen seit Generationen in Nordafrika ansässiger Franzosen wurden quasi über Nacht an die Häfen ihres Mutterlandes gespült. Ein Großteil der *Pieds noirs* blieb in der französischen Mittelmeerregion, ähnelten die klimatischen Bedingungen hier noch am ehesten der verlorenen Heimat. Anfänglich wurden die Algerienfranzosen verächtlich behandelt und geschnitten, doch gelang es ihnen meist recht schnell, Fuß zu fassen. Vor allem in der Landwirtschaft und im Fischfang entfalteten die Einwanderer eine ungeahnte Dynamik, von der die gesamte Region profitierte. Schwerer hatten es dagegen diejenigen Algerier, die vor 1962 freiwillig in der französischen Armee gedient hatten und daher als *Harkis* („Verräter") die Rache ihrer Landsleute zu fürchten hatten; aus Angst um ihr Leben flohen sie nach Frankreich. Dort mussten sie die bittere Erfahrung machen, dass die Franzosen alles andere als erfreut waren, sie wiederzusehen. Anfangs wurden die *Harkis* in Durchgangslagern interniert, bevor sie in den ghettoähnlichen Siedlungen der Großstädte unterkamen. So notierte Wolfgang Koeppen Anfang der sechziger Jahre seine Eindrücke über „zwei junge Araber. Ihre

Erinnerungstafel an die deutschen Exilschriftsteller in Sanary-sur-Mer

europäischen Anzüge wirkten ärmlich und saßen schäbig auf den mageren Körpern; die Anzüge waren dreckig, sie waren zerrissen. Die Augen der jungen Leute schienen scheu zu blicken. Die beiden Araber erinnerten an verprügelte Hunde. Sie liefen wie Wild durch einen Wald von Jägern. Aber sie waren ein Wild, das die Jäger in diesem Wald ausgesetzt hatten."

Literaturtipps

Die passende Urlaubslektüre ist genauso wichtig wie der Strandhut. Da die Literatur über die Provence und die Côte d'Azur in ihrer Fülle nur schwer überschaubar ist, möchte die folgende Auflistung Hilfestellungen geben. Auf Bücher, die thematisch sehr eng mit einer bestimmten Stadt oder Region verbunden sind, wird im Reiseteil noch einmal speziell hingewiesen.

Belletristik

Baier, Lothar: Jahresfrist. Fischer Taschenbuch, Frankfurt 1991. Der Kritiker und Essayist Lothar Baier beschreibt einfühlsam seine Gedanken und Erfahrungen, die ihn im Laufe eines Jahres beim Herrichten eines verfallenen Bauernhauses im Département Ardèche begleitet haben. Anspruchsvolle Alternative zu Peter Mayles „Mein Jahr in der Provence".

Beckett, Samuel: Warten auf Godot. Suhrkamp Taschenbuch, Frankfurt; zahlreiche Auflagen. Becketts bekanntestes Werk entstand, während er sich in Roussillon als einfacher Landarbeiter vor den Nazischärgen verborgen hielt.

Bosco, Henri: Der Esel mit der Samthose. dtv Taschenbuch, München 1991. Ein Buch über provenzalische Paradiese, jugendliche Neugierde und die Suche nach dem irdischen Glück. Leider derzeit nicht mehr lieferbar.

Cauvin, Gaston: Clarius findet einen Stern. Zürich 1952. Eine Hymne auf die einfache bäuerliche Welt der abgelegenen provenzalischen Bergregionen. Nur in guten Bibliotheken.

Char, René: Hypnos. Fischer Taschenbuch, Frankfurt 1991. Der Lyriker Char gehörte im Zweiten Weltkrieg einer in der Provence operierenden Résistance-Einheit an; seine aphoristischen Notizen aus dieser Zeit hat er unter dem Titel „Hypnos" veröffentlicht. Weitere zweisprachige Gedichtbände sind im Fischer Verlag unter folgenden Titeln erschienen: „Die Bibliothek in Flammen", „Einen Blitz bewohnen" und „Zorn und Geheimnis".

Charef, Mehdi: Harki. Beck & Glückler, Freiburg 1991. Charef, bekannt geworden als Autor des „Tee im Harem des Archimedes", schildert das Schicksal der Algerier, die vor der Unabhängigkeit ihres Landes in der französischen Armee gedient hatten; von ihren eigenen Landsleuten als Verräter gehasst, flüchteten sie 1962 nach Frankreich.

Cortázar, Julio und Dunlop, Carol: Die Autonauten auf der Kosmobahn. Eine zeitlose Reise Paris-Marseille. Suhrkamp 1996. Phantastische „Expedition" über die 65 Parkplätze der Autoroute du Soleil.

Daudet, Alphonse: Briefe aus meiner Mühle und Die wundersamen Abenteuer des Tartarin von Tarascon. Diogenes 2005. Zwei gegen Ende des 19. Jahrhunderts geschriebene Klassiker der provenzalischen Literatur. Im Zentrum beider Bücher steht der Typus des eitlen und prahlerischen Südfranzosen, der mit Bauernlist und Humor das Leben meistert.

Drach, Albert: Unsentimentale Reise. dtv Taschenbuch, München 1990. Albert Drach, ein Wiener Rechtsanwalt und Jude, berichtet spannend über seine Exilzeit in Frankreich, seine Flucht vor den Nazis und ihren Schärgen.

du, Die Rhône. Ein Fluss und seine Dichter. Das im Februar 1997 erschienene Heft der anspruchsvollen Schweizer Kulturzeitschrift du geht entlang der Rhône auf literarische Spurensuche.

Dumas, Alexandre: Der Graf von Monte Christo. Fischer Taschenbuch, Frankfurt. Vielfach verfilmter Abenteuerroman mit den Hauptthemen Eifersucht, Rache und Justizirrtum. Die Hauptfigur, der aus Marseille stammende Kapitän Dantès, wird dabei zu Unrecht auf Château d'If interniert.

Durrell, Lawrence: Avignon-Quintett (Monsieur, Livia, Constance, Sebastian, Fünfauge). Rowohlt Taschenbücher, Reinbek 1989 ff. Phantasievolle Romanfolge des berühmten englischen Romanciers, die weitgehend in der Provence spielt.

Dyans, Dominique: Die Blumenkinder von Sariette. Hoffmann und Campe Verlag, Hamburg 2004. Eine Frau zieht in das provenzalische Haus ihrer Eltern und wird mit deren Hippie-Vergangenheit konfrontiert.

Erné, Nino: Der weiße Pavillon. Igel-Verlag, Paderborn 1995. Frivole Komödie um den Marquis de Coriolis und seine Gattin Henriette, die im Zeitalter des Rokoko in Aix-en-Provence die Freuden der Liebe genießen. Erné ist es gelungen, den historischen Hintergrund des Romans gekonnt nachzuzeichnen.

Feuchtwanger, Lion: Der Teufel in Frankreich. Aufbau Verlag Taschenbuch, Berlin 2000. Ergreifende Schilderung der Zustände im Internierungslager Les Milles.

Fittko, Lisa: Mein Weg über die Pyrenäen, 1940/41. dtv, München 1985. Exilliteratur. Vergriffen.

Fitzgerald, F. Scott: Zärtlich ist die Nacht. Diogenes Taschenbuch, Zürich 1983. Spielt im Antibes der zwanziger Jahre.

Gallo, Max: Engelsbucht. Fischer Verlag, Frankfurt 1977. Historischer Roman über drei Brüder aus dem kargen Piemont, die im 19. Jahrhundert in das aufstrebende Nizza kommen, um ihr Glück zu machen. Gallo schildert ausführlich die politisch-gesellschaftlichen Verhältnisse der Belle Epoque. Nicht mehr im Handel erhältlich.

Giono, Jean: Der Husar auf dem Dach. Kiepenheuer & Witsch, Köln 1989. Ein 1995 verfilmter Abenteuerroman, in dem sich der piemontesische Husarenoberst Angelo Pardi durch die von der Cholera gebeutelte Provence kämpft. Zwei naturverherrlichende Romane des „provenzalischen Pan", „Der Berg der Stummen" sowie „Das Lied der Welt", sind als Fischer Taschenbücher erschienen. Als btb Taschenbuch liegt „Bleibe, meine Freude" vor. Sehr interessant sind auch die gesammelten Texte zur „Provence", die unter diesem Titel als Piper Taschenbuch erhältlich sind.

Haefs, Gisbert: Das Doppelgrab in der Provence. Heyne Taschenbuch, München 1991. Kriminalroman. Der zigarrenrauchende Detektiv Matzbach ist in der Provence einem verschwundenen Freund auf der Spur.

Handke, Peter: Die Lehre der Sainte-Victoire. Suhrkamp Taschenbuch, Frankfurt; zahlreiche Auflagen. Handkes Wanderungen durch die Provence sind eine Auseinandersetzung mit den Gemälden Cézannes, aber zugleich eine poetische Selbstfindung.

Hemingway, Ernest: Der Garten Eden. rororo Taschenbuch, Reinbek 1999. Schauplatz des 1946 verfassten und postum erschienenen Romans ist der historische Fischerhafen Le-Grau-du-Roi im Delta der Camargue.

Houellebecq, Michel: Elementarteilchen. List Taschenbuch, München 2001. Ein Kapitel von Houellebecqs Skandalroman spielt in Saorge.

Hugo, Victor: Die Elenden. Manesse, Zürich 1995. Sozialrevolutionärer Weltbestseller; der erste Teil des Buches spielt in Digne-les-Bains.

Imhasly, Pierre: Rhone Saga. Stroemfeld/Roter Stern, Basel 1996. Anspruchsvolle poetische Annäherung an einen großen Fluss.

Izzo, Jean-Claude: Total Cheops, Chourmo und Solea. Unions Verlag, Zürich 2000ff. Die Kriminalromane von Jean-Claude Izzo gelten als Klassiker des Genres, die auch Nicht-Krimi-Freunde wegen ihrer realistischen Darstellung der Marseiller Verhältnisse zu schätzen wissen.

James, Henry: Eine kleine Frankreichtour. Paul List Verlag, München 1986. Der amerikanische Schriftsteller Henry James, ein moderner Klassiker, lässt sich von den großen Sehenswürdigkeiten nur wenig beeindrucken, vielmehr liebt er es, seinen Reisebericht mit herber Kritik zu würzen. Nicht mehr lieferbar.

Kantorowicz, Alfred: Exil in Frankreich. Fischer Taschenbuch, Frankfurt 1986. Derzeit ebenfalls nicht mehr lieferbar.

Koeppen, Wolfgang: Reisen nach Frankreich. Suhrkamp Taschenbuch, Frankfurt 1998. Das wohl schönste Reisebuch Koeppens. Eine literarische Hommage an Frankreich und seine südlichen Regionen.

Langer, Tanja: Cap Esterel. Volk und Welt, Berlin 1999. Ein junger Architekt fährt an die Côte d'Azur, um die große Tragödie seiner Kindheit zu verarbeiten, die wie ein übermächtiger Schatten auf seinem Leben liegt.

Magnan, Pierre: Das Zimmer hinter dem Spiegel. Scherz Verlag, München 2001. Pierre Magnan hat mehrere Krimis geschrieben, die alle in der Haute-Provence spielen, so auch den Kriminalroman „Tod unter der Glyzinie", der in Sisteron spielt und mit einem Mord auf der Zitadelle während der Festspiele beginnt. Spannend ist auch „Der Mörder mit der schönen Handschrift", in dem der Friedhof von Barles eine wichtige Rolle spielt.

Mayle, Peter: Mein Jahr in der Provence. Knaur Taschenbuch, München 1994. Der Engländer Mayle schildert seine Erlebnisse in der Provence. Nachfolge-Band: „Toujours Provence". Ebenfalls interessant ist das Buch "Die Melonen des Monsieur Dumas", das verschiedenen Facetten der Provence beleuchtet.

Mayo, Geal Eaton: Das Ende eines Traums. Berlin Verlag 1996. Erinnerungen einer australischen Autorin, die lange Zeit im französischen Jura und am Fuße des Mont Ventoux gelebt hat.

Nestmeyer, Ralf (Hg.): Provence und Côte d'Azur, ein literarisches Landschaftsbild. Vielschichtige Anthologie mit Texten berühmter und unbekannter Autoren. Insel Verlag, Frankfurt 2002.

Pagnol, Marcel: Marcel. Eine Kindheit in der Provence. Piper Taschenbuch, München 1999. Der 1974 verstorbene Schriftsteller und Regisseur hat hier die Erinnerungen an seine unbeschwerte Kindheit in leicht ironischer Form verewigt. Der Roman wurde 1990 verfilmt.

Petrarca, Francesco: Die Besteigung des Mont Ventoux. Lateinisch/Deutsch. Reclam, Stuttgart 1995. Preisgünstige Ausgabe von Petrarcas berühmter Besteigung mit einem exzellenten Nachwort von Kurt Steinmann, der auch den Text übersetzt hat.

Sagan, Françoise: Bonjour Tristesse. Ullstein 1996. Das Melodram um eine berechnende 17-jährige Bürgerstochter und ihre zukünftige Stiefmutter spielt in den fünfziger Jahren im mondänen Milieu der Côte d'Azur.

Sahl, Hans: Die Wenigen und die Vielen. Luchterhand Verlag, Frankfurt 1991. Der Exilschriftsteller Hans Sahl verarbeitet die Erlebnisse aus seiner Marseiller Exilzeit in romanhafter Form.

Schlie, Tania: Eine Liebe in der Provence. Marion von Schröder Verlag, Berlin 2005. Nett erzählter Roman, der zwischen Selbstfindung und Exilvergangenheit balanciert.

Schlink, Bernhard: Die gordische Schleife. Diogenes Taschenbuch, Zürich 1998. Bernhard Schlink, mittlerweile durch seinen „Vorleser" zum Bestsellerautor mutiert, hat auch einen spannenden Krimi ge-schrieben, der im Lubéron spielt. Allemal besser als ein Peter-Mayle-Krimi.

Seghers, Anna: Transit. Aufbau Taschenbuch, Berlin 2000. Roman über die tragische Situation deutscher Emigranten in Marseille zu Beginn des Zweiten Weltkriegs.

Simenon, Georges: Mein Freund Maigret. Diogenes Verlag, Zürich 2005. Maigret ermittelt auf der Insel Porquerolles.

Sobin, Gustaf: Der Trüffelsucher. Berlin Verlag, Berlin 2002. Nach dem Tod seiner Geliebten wird ein alternder Literaturprofessor zum besessenen Trüffelsucher. Ebenfalls in der Provence spielt Sobins 2003 erschienener Roman „Das Taubenhaus".

Stendhal: Reisen in Südfrankreich/Mémoires d'un Touriste. dtv zweisprachig, München 1991. Auszug aus Stendhals Reisetagebuch von 1836–38.

Süskind, Patrick: Das Parfüm. Diogenes Taschenbuch, Zürich; mehrfach aufgelegt. Megabestseller um den psychopathischen Mörder Jean-Baptiste Grenouille. Schauplatz: Paris und Grasse im 18. Jahrhundert.

Tieck, Ludwig: Der Aufruhr in den Cevennen. Rowohlt Verlag, Reinbek 1990 (Taschenbuch). Klassiker aus dem 19. Jahrhundert. Ludwig Tieck schildert mit der Unterdrückung der protestantischen Bauern im Département Ardèche ein trauriges Kapitel aus der Zeit des Hugenottenkonflikts. Nicht mehr lieferbar.

Wander, Fred: Hôtel Baalbek. Wallstein Verlag, Göttingen 2007. Aus eigener Erfahrung schildert Wander das Leben jüdischer Emigranten, die 1942 Marseille aufeinandertreffen, getrieben von der Hoffnung, rechtzeitig aus Europa fliehen zu können.

Reiseliteratur

Aue, Walter: Die Augen sind unterwegs. Anabas Verlag, Frankfurt 2000. Literarische Spurensuche in Frankreichs Süden.

Barruol, Guy: Romanik in der Hoch-Provence. Echter Verlag, Würzburg 1984. Nur noch in Bibliotheken vorhanden.

Bauner, Hans Georg: Literarischer Führer Frankreich. Insel Verlag, Frankfurt 2002.

Domke, Helmut: Provence. Prestel Verlag, München 1964ff. Persönlich gehaltenes Landschaftsreisebuch. Auch als dtv-Taschenbuch (1999).

Droste, Thomas: Dauphiné und Haute-Provence. DuMont Kunstreiseführer, Köln 1992.

Droste, Thomas: Die Provence. DuMont Kunstreiseführer, Köln 1982.

Durrell, Lawrence: In der Provence. Schöffling & Co, Frankfurt 1998. Liebeserklärung an eine Landschaft, in der der große Romancier dreißig Jahre bis zu seinem Tod lebte.

Fegers, Hans: Provence, Côte d'Azur, Dauphiné, Rhône-Tal. Reclam Kunstführer, Frankreich Bd. IV., Stuttgart 1975. Der mit Abstand ausführlichste Kunstreiseführer über die Region: 907 Seiten geballte Information. Einziges Manko: Behandelt die Hauptsehenswürdigkeiten sehr detailliert, weniger bedeutende Bauwerke kommen zu kurz bzw. erst gar nicht vor. Das Buch ist seit ein paar Jahren nicht mehr im Handel erhältlich, steht aber in vielen Bibliotheken.

Frowen, Irina (Hg.): Mit Rilke durch die Provence. Insel Verlag 1998. Diverse Briefe und Gedichte, in denen Rainer Maria Rilke seine Begeisterung für die Provence nicht verschweigt.

Gréus, Ralf: Mit dem Wohnmobil in die Provence. Teil 1: Der Westen. Teil 2: Der Osten. WOMO Verlag, Mittelsdorf. Auf zahlreichen Touren durch die Region werden Übernachtungsplätze, Parkplätze sowie Sehenswürdigkeiten vorgestellt.

Hammes, Manfred: Erzähl' mir vom Süden. Wunderhorn Verlag, Heidelberg 2005. Eine literarische Reise durch Südfrankreich mit vielen Anregungen zum Weiterlesen.

Hartmann, Moritz: Tagebuch einer Reise durch das Languedoc und die Provence. Societäts-Verlag, Frankfurt 1971. Historischer Bericht einer 1851 unternommenen Reise durch Südfrankreich. Nur noch in Bibliotheken.

Legler, Rolf: Côte d'Azur. DuMont Kunstreiseführer. Köln 1982.

Liehr, Günter: Süd-Frankreich. Rowohlt Taschenbuch, Reinbek 1990. Aus der Reihe „Anders Reisen". Fundierte Hintergrundberichte. Nur noch antiquarisch erhältlich.

Merian: Französische Riviera. Hoffmann und Campe, Hamburg 1961. Nur noch antiquarisch erhältlich, ebenso der Band von 1981 über die "Côte d'Azur".

Merian: Monaco. Côte d'Azur. Hoffmann und Campe, Hamburg 1999. Kunstvolle Photos, kenntnisreiche Texte.

Merian: Provence. Hoffmann und Campe, Hamburg 1973, 1986 sowie 2000. Die Hefte sind im Antiquariat noch leicht zu bekommen.

Merian: Provence. Hoffmann und Campe, Hamburg 2006. Das aktuelle Heft.

Nestmeyer, Ralf: Provence und Côte d'Azur. Literarische Reisebilder aus dem Midi. Klett-Cotta Verlag, Stuttgart 2005. Stimmungsvolle Einführung in die Literatur Südfrankreichs.

Scherer, Hans: Côte d'Azur. Schöffling & Co, Frankfurt 1998. Amüsante und kurzweilige Essays aus der Feder eines der besten deutschen Reisejournalisten.

Wunderlich, Heinke: Spaziergänge an der Côte d'Azur der Literaten. Arche Verlag, Zürich 1993. Mit zahlreichen Schwarzweißfotos bebildert.

Geschichte und andere Sachbücher

Agulhon, Maurice/Coulet, Noël: Histoire de la Provence. Presses Universitaires de France, 2001. Preisgünstiges kleines Taschenbuch der „Que sais-je?"-Reihe von zwei angesehenen französischen Geschichtsprofessoren.

Baier, Lothar: Französische Zustände. Fischer Taschenbuch, Frankfurt 1986. Tiefgründige Annäherung an Frankreich mit den Schwerpunkten Politik und intellektuelles Leben. Nur noch in Bibliotheken erhältlich.

Beauchamp, Philippe de: Die sakrale Kunst in den Seealpen. Diffusion Edisud, Aix-en-Provence. Repräsentativer Kunstbildband über sakrale Denkmäler im Hinterland der Côte d'Azur.

Blume, Mary: Côte d'Azur. Geschichte und Geschichten von der Belle Epoque bis zur Gegenwart. Heyne Verlag, München 1993. Locker geschriebene kulturgeschichtliche Abhandlung über den Mythos Côte d'Azur.

Botermann, Helga: Wie aus Galliern Römer wurden. Klett-Cotta Verlag, Stuttgart 2005. Umfassende Darstellung der Lebenswelt im antiken Südfrankreich, wobei die Integration der Kelten in das römische Wertesystem mit vielen Beispielen geschildert wird.

Braudel, Fernand/Duby, Georges/Aymard, Maurice: Die Welt des Mittelmeers. Fischer Taschenbuch, Frankfurt 1993. Hommage an eine Kulturlandschaft.

Buchner, Rudolf: Die Provence in merowingischer Zeit. Kohlhammer Verlag, Stuttgart 1933. Historische Studie über die Franken in der Provence, die zum Bestand von Universitätsbibliotheken und anderen gut ausgestatteten Bibliotheken gehört.

Caesar, Julius: Der gallische Krieg. Reclam Verlag, Stuttgart. Zahlreiche Auflagen. Der römische Staatsmann und Feldherr kommentiert in kurzer und prägnanter Form seine erfolgreiche Eroberung Galliens während der Jahre 58–52 v. u. Z.

Chevallier, Raymond: Römische Provence. Die Provinz Gallia Narbonensis. Atlantis

Verlag, Zürich und Freiburg 1979. Ansprechende Bestandsaufnahme der römischen Hinterlassenschaften in der Provence. Nur noch in Bibliotheken.

Corbin, Alain: Meereslust. Fischer Taschenbuch, Frankfurt 1994. Ausgezeichnetes kulturgeschichtliches Werk über die europäische Sehnsucht zum Meer und die Anfänge des Küstentourismus.

Corbin, Alain: Pesthauch und Blütenduft. Eine Geschichte des Geruchs. Wagenbach Taschenbuch, Berlin 2005. Diese faszinierende kulturgeschichtliche Abhandlung beschreibt die durch die Revolution bedingte Wahrnehmungsveränderung von Düften. Das Werk diente Patrick Süskind als Inspiration für seinen Roman „Parfüm".

Cros, Philippe: Die Provence: Eine Landschaft und ihre Maler. Belser Verlag, Stuttgart 2009. Herrlicher Bildband, der sich von Cézanne über van Gogh und Picasso all jenen Künstlern widmet, die den Midi auf ihre Leinwand bannten. Die Gliederung des Bildbands erfolgt nach Landschaftsregionen und Städten und umfasst den Zeitraum von 1750 bis 1960.

David-Néel, Alexandra: Mein Indien. Knaur Taschenbuch, München. Das wohl bekannteste Buch der Tibet-Forscherin, die 1969 nach einem sehr bewegten Leben im Alter von 101 Jahren in ihrem Haus in Digne-les-Bains starb.

Dilly, Heinrich: Ging Cézanne ins Kino? Edition Tertium 1996. Amüsante Spekulationen eines Kunsthistorikers über eine geistige Liaison der Brüder Lumière und Paul Cézanne. In einigen von Cézannes Bildern (z. B. „Kartenspieler") kommen nämlich die gleichen Sequenzen vor wie in einem Film der Lumière-Brüder. Da sich Cézanne nachweislich an Orten aufhielt, an denen die Brüder Lumière ihre ersten Kinofilme vorführten, bietet dies viel Platz für abenteuerliche Geistesspiele.

Dreher, Christiane: Zwischen Boule und Betten machen. Kiepenheuer & Witsch Verlag; Köln 2009. Witzig erzählte Geschichte einer Aussteigerin, die auf einem Biohof in den Seealpen ihr Glück findet.

Duby, Georges: Der heilige Bernhard und die Kunst der Zisterzienser. Fischer Taschenbuch, Frankfurt 1991. Duby, einer der angesehensten und meistgelesenen französischen Mediävisten, schildert den gesellschaftlichen und geistigen Wandel, der die Zisterzienserkunst hervorbrachte. Die Provence besitzt mit den Klöstern von Sénanque, Silvacane und Le Thoronet drei besonders eindrucksvolle Bauwerke der Zisterzienser.

Fabre, Jean-Henri: Das offene Geheimnis – aus dem Lebenswerk des Insektenforschers. Suhrkamp Verlag, Frankfurt 1977. Seit langem vergriffen.

Flügge, Manfred: Wider Willen im Paradies. Deutsche Schriftsteller im Exil in Sanary-sur-Mer. Aufbau Taschenbuch, Berlin 1996.

Fry, Varian: Auslieferung auf Verlangen. Fischer Taschenbuch, Frankfurt 1994. Varian Fry, der einstige Organisator des Hilfskomitees, berichtet über die Rettung deutscher Emigranten in Marseille 1940/41.

Grandjonc, Jacques/Grundtner, Theresia (Hg.): Zone der Ungewißheit. Rowohlt Taschenbuch, Reinbek 1993. Umfangreiche Abhandlung über das Thema Exil und Internierung in Südfrankreich von 1933–44.

Große, Ernst Ulrich/Lüger, Heinz-Helmut: Frankreich verstehen. Wissenschaftliche Buchgesellschaft, Darmstadt 1993. Fundierte Einführung in die aktuellen politischen, gesellschaftlichen und kulturellen Verhältnisse Frankreichs, erweitert durch interessante Vergleiche mit der Bundesrepublik.

Haensch, Günther/Tümmers, Hans J. (Hg.): Frankreich. Beck'sche Länderreihe. C.H. Beck Verlag, München 1993. Systematische Beschreibung des sozialen, politischen und wirtschaftlichen Alltags unseres westlichen Nachbarn in den letzten Jahrzehnten.

Harpprecht, Klaus: Mein Frankreich. Eine schwierige Liebe. rororo Taschenbuch, Reinbek 2001. Amüsanter Streifzug durch die Politik und Lebenskultur Frankreichs aus der Feder eines intimen Kenners. Ähnlich gut: „Porte Madeleine", ebenfalls rororo Taschenbuch.

Hinrichs, Ernst (Hg.): Kleine Geschichte Frankreichs. Reclam, Stuttgart 1994. Preisgünstiger und kompakter Überblick für Fachleute und interessierte Laien.

Loth, Wilfried: Geschichte Frankreichs im 20. Jahrhundert. Fischer Taschenbuch, Frankfurt 1996. Informiert kompetent über die Grundzüge der modernen französischen Geschichte.

Mann, Erika und Klaus: Riviera. Unveränderter Nachdruck von 1931. Silver & Goldstein, Berlin 1989. Das berühmte Geschwisterpaar auf Erkundungstour entlang der Riviera zwischen Marseille und Genua.

Matvejevic, Predag: Der Mediterran. Amman Verlag, Zürich 1993. Überaus gelungene literarische Annäherung an den mediterranen Kulturraum.

Meyer, Ahlrich: Die deutsche Besatzung in Frankreich 1940–1944. Wissenschaftliche Buchgesellschaft, Darmstadt 2000. Anschauliche Darstellung des Terrors, den die deutschen Besatzer im Zweiten Weltkrieg in Frankreich ausübten.

Nestmeyer, Ralf: Französische Dichter und ihre Häuser. Insel Verlag, Frankfurt 2005. Auf den Spuren von Jean Giono, Frédéric Mistral, Jean-Henri Fabre und vierzehn anderen französischen Schriftstellern.

Picaper, Jean-Paul/Norz, Ludwig: Die Kinder der Schande. Piper Verlag, München 2005. Informatives Sachbuch über das lange verdrängte Schicksal deutscher Besatzungskinder in Frankreich.

Rolshoven, Johanna: Provence mit Lavendel. Edition Con., Bremen 1991. Eine lobenswert kritische Studie zum klischeehaften Provencebild mit Lavendel. Vergriffen.

Rosteck, Jens: Gebrauchsanweisung für Nizza und die Côte d'Azur. Piper Verlag, München 2007. Sehr hintergründig und fundiert, daher besser alles viele andere Titel der Reihe Gebrauchsanweisung für ...

Suchanek-Fröhlich, Stefan: Kulturgeschichte Frankreichs. Kröner Verlag, Stuttgart 1966. Umfassend, aber seit langem vergriffen.

Tetzlaff, Ingeborg: Drei Jahrtausende Provence. DuMont Verlag, Köln 1985 ff. Informative Mischung aus Kunstreiseführer und Geschichtsbuch. Die Geschichte der Provence wird anhand ihrer Baudenkmäler beschrieben.

Vanderbeke, Birgit: Gebrauchsanweisung für Südfrankreich. Piper Verlag, München 2002. Die seit Jahren in Südfrankreich lebende Schriftstellerin hat ein heiteres Buch über die Eigenarten des südfranzösischen Savoir-vivre verfasst, leider scheint sie Reiseführer nicht zu mögen, obwohl sie gerne das linke mit dem rechten Ufer der Rhône verwechselt.

Voswinckel, Ulrike und Berninger, Frank (Hg.): Exil am Mittelmeer. Allitera Verlag, München 2005. Informatives Sachbuch über deutsche Schriftsteller in Südfrankreich von 1933–1941.

Wylie, Laurence: Dorf in der Vaucluse. Fischer Verlag, Frankfurt 1978. Aus dem Alltag einer französischen Gemeinde. Der Amerikaner Laurence Wylie schildert die sozialen Veränderungen der fünfziger Jahre am Beispiel eines Phantasiedorfes namens Peyrane, hinter dem aber unschwer Roussillon zu erkennen ist. Dieses Buch ist eine der eindrucksvollsten Studien über die provenzalische Mentalität. Leider nicht mehr lieferbar.

Diverses

Bröhan, Margit (Hg.): Die Provence – Morgensegel Europas. Ein Lesebuch. Piper Taschenbuch, München 1989. Literarische Anthologie mit zahlreichen Texten deutschsprachiger Autoren.

Butz, Rudolf W.: Die Tenda-Linie. Wiederaufbau einer berühmten Alpenbahn. Orell Füssli, Zürich 1980. Nur noch in (Uni-) Bibliotheken.

Götze, Karl-Heinz (Hg.): Provence. Ein Reisebuch. Ellert&Richter Verlag, Hamburg 1987. Profund eingeleitete literarische Anthologie mit Photos sowie längeren aktuellen und historischen Texten; darunter sind auch zwei in Vergessenheit geratene Reiseberichte von Christian Friedrich Mylius und Moritz Hartmann, die beide in der ersten Hälfte des 19. Jahrhunderts den Süden Frankreichs besuchten.

Heeb, Christian/Richter, Jürgen/Nestmeyer, Ralf: Provence. Bildband. Stürtz-Verlag, Würzburg 1996. Die Fotos von Jürgen Richter und Christian Heeb, beide Mitglied der renommierten Look-Fotoagentur, bestechen durch ihre Qualität und vermitteln einen plastischen Eindruck vom Charme der Provence. Vergriffen.

Keller, Horst (Hg.): Vincent van Gogh in der Provence. Piper Verlag, München 1989 ff. Kleines Kunsttaschenbuch mit einer kundigen Einführung von Horst Keller und 16 herausragenden Bildern, die van Gogh in der Provence gemalt hat.

Provence – eine kulinarische Reise. Christian-Verlag, München 1994. Opulent ausgestatteter Koch-Bildband mit mehr als 200 regionaltypischen Rezepten und guten „Food-Fotos".

Roellenbleck, Annette/Richner, Werner: Lavendel. Artcolor Verlag, Hamm 1994. Schöner Bildband über die Symbolpflanze der Provence.

Schnieper, Claudia und Robert: Südliches Frankreich. Reiseführer Natur. Tecklenborg Verlag, 2001. Ein Reiseführer für Naturfreunde.

Tetzlaff, Ingeborg (Hg.): Licht der Provence. DuMont Verlag, Köln 1978ff. Rund 50 Textauszüge aus den Werken mehr oder weniger bekannter Autoren, die den Mythos Provence aus verschiedenen Blickwinkeln betrachten.

Valéry, Marie-Françoise/Schaewen, Deidi von: Gärten an der Provence und an der Côte d'Azur. Taschen Verlag, Köln 1998. Das Weihnachtsgeschenk für den Gartenfreund.

Die Provence im Film

Nicht nur durch die Internationalen Filmfestspiele von Cannes hat sich der Süden Frankreichs einen festen Platz in der Kinogeschichte erobert. Der Bahnhof von La Ciotat diente beispielsweise als Drehort für den ersten Film der Kinogeschichte. Im Jahr 1895 filmten die Brüder Lumière dort mit großem Erfolg die Ankunft eines Zuges (*L'Entrée du train en gare de La Ciotat*). Die Filmstudios von Marseille und Nizza genossen vor dem Zweiten Weltkrieg einen ausgezeichneten Ruf und auch nach Kriegsausbruch wurde weiter gedreht: In den Victorine-Studios in Nizza entstand Marcel Carnés Klassiker *Les Enfants du Paradies* („Kinder des Olymp"), die Hauptrollen spielten Arletty und der unvergessene Jean-Louis Barrault. Später waren es dann Alfred Hitchcock mit „Über den Dächern von Nizza" und Roger Vadim, die die Côte d'Azur als ideale Filmkulisse entdeckten; Letzterer machte durch „Und immer lockt das Weib" Brigitte Bardot zum Superstar. Als die amerikanische Filmschauspielerin Grace Kelly kurze Zeit danach von den „Dächern Nizzas" ins fürstliche Gemach nach Monaco wechselte, um dort die weibliche Hauptrolle zu spielen, war die Scheinwelt des Kinos gar zur glitzernden Wirklichkeit geworden. Im zwielichtigen Marseille entstanden in den siebziger Jahren Kriminalfilme wie „Borsalino" und „French Connection". Die Côte d'Azur diente zudem in jüngster Vergangenheit als Schauplatz zweier James-Bond-Filme: „Sag niemals nie" mit Sean Connery und „Goldeneye" mit Pierce Brosnan. Action garantierte auch der Film „Auf der Suche nach dem grünen Diamanten" mit Michael Douglas und Kathleen Turner.

Diese Filmtradition hat sich bis in die Gegenwart fortgesetzt: Der Midi ist als „Filmkulisse" aktuell geblieben, man denke nur an „Ein mörderischer Sommer" mit Isabelle Adjani oder auch an „Die Tiefe" von Luc Besson; nicht zu vergessen, der zwar weniger spektakuläre Film „Vogelfrei" von Agnes Varda, der sehr gekonnt die Problematik der im Winter in den Süden ziehenden Clochards thematisierte und zudem einmal die Provence im tristen Wintergrau zeigte. Von der Machart eher klassisch waren die nach zwei Büchern von Marcel Pagnol gedrehten Filme „Der Ruhm meines Vaters" und „Das Schloss meiner Mutter". Erst 1995 wurde die teuerste französische Filmproduktion aller Zeiten, die Verfilmung von Jean Gionos Roman „Der Husar auf dem Dach" mit Juliette Binoche in der weiblichen Hauptrolle, ebenfalls an Originalschauplätzen in der Haute-Provence gedreht. Marseille ist ein beliebter Drehort des Regisseurs Robert Guédiguian, der für seine sozial engagierten Filme bekannt ist; zuletzt kam 1998 „Marius & Jeannette", eine Liebesgeschichte, die im Vorort Estaque spielt, in die deutschen Kinos. Im gleichen Jahr konnten sich die Cineasten zudem an Luc Bessons „Taxi" erfreuen, der ebenfalls in Marseille spielt. Zuletzt räkelte sich 2003 Charlotte Rampling in dem Swimmingpool eines gleichnamigen Films, der im Lubéron spielt, und Russel Crowe entdeckte in der Komödie „Ein gutes Jahr" die Vorzüge des provenzalischen Savoir-vivre.

Provence und Côte d'Azur

Reisepraktisches

Mautstelle: Bezahlen und weiter in den Süden

Anreise

Tourismus und Umweltschutz sind zwar an sich unvereinbar, man muss sich aber notgedrungen darüber hinwegsetzen, will man seinen Urlaub nicht nur im eigenen Land verbringen oder Johann Gottfried Seumes berühmte Wandertour in einen „Spaziergang nach Avignon" umwandeln. Der schnellste Weg in die Provence ist zugleich der ökologisch verwerflichste; selbst das Auto ist im Vergleich mit dem fliegenden Kerosinkanister umweltschonend. Die unter ökologischen Gesichtspunkten günstigste Anreiseform ist – sieht man von den wackeren Pedalrittern und Nachfahren Seumes ab – die Bahnfahrt, wenngleich manch ökologisch bewegter Zugreisender nur mit Schaudern daran denken kann, dass die französische Eisenbahn mehr als drei Viertel ihrer Leistung aus atomaren Kernkraftwerken bezieht. Letztlich wird aber die Wahl des Transportmittels von den eigenen Vorlieben bestimmt.

Mit dem Auto oder Motorrad

Die meisten Touristen reisen mit dem eigenen motorisierten Fahrzeug an. Für Österreicher, Schweizer und Süddeutsche ist die An- und Abreise durchaus in einem Tag zu bewältigen; wer jedoch in Norddeutschland wohnt bzw. aus Kostengründen oder des gemächlichen Tempos wegen nur Landstraßen benutzen will, sollte eine Übernachtung einplanen. Ein Beispiel für die zu bewältigenden Entfernungen: Von Nürnberg nach Marseille sind es via Lyon rund 1.100 Kilometer; benutzt man durchgehend die Autobahn, müssen für die Anreise zwischen elf und zwölf Stunden veranschlagt werden.

Allgemeine Hinweise für Frankreichfahrer

- **Alkohol am Steuer**: Beachtung verdient die französische **Promillegrenze.** Im Gegensatz zu unseren bierschweren Politikern konnten sich die Franzosen schon Jahre früher auf eine Grenze von 0,5 Promille einigen.
- **Autobahngebühren**: Die Gebühren sind an den mit *Péage* angekündigten Mautstellen entweder bar (Kleingeld bereithalten!) oder mittels Kreditkarte (EC oder Visa) zu entrichten. Von Saarbrücken bis in die Provence summieren sich die Autobahngebühren beispielsweise auf etwa 50 Euro. Als Richtgröße kann man davon ausgehen, dass der Autobahnkilometer etwa fünf Cent kostet. Rund um die größeren Städte werden in der Regel keine Gebühren erhoben. Auf das Ticket sollte man stets gut aufpassen; wer es nicht vorweisen kann, muss den höchsten, theoretisch möglichen Preis entrichten. Ein Tipp: An den mit „CB“ für *Carte Bancaire* (Kreditkarten) ausgewiesenen Spuren – zumeist ganz links – sind oft erheblich kürzere Schlangen als an den Bargeld-Schaltern.
- **Benzin** und **Gas**: Nach einer langsamen Anlaufphase ist bleifreies Benzin seit ein paar Jahren problemlos an jeder Tankstelle erhältlich. Der Benzinpreis liegt etwas über dem in Deutschland oder Österreich. Am teuersten sind auch in Frankreich die Tankstellen an den Autobahnen; billiger sind die Tankstellen bei den großen Supermärkten; dort wird allerdings keinerlei Service geboten. Die Preisunterschiede zu den Markentankstellen können bis zu 12 Cent pro Liter betragen! Die Homepage www.carbeo.com ermöglicht einen Vergleich, wo man im jeweiligen Département günstig tanken kann. Wer über einen Gastank verfügt, kann sich vorab auf www.gas-tankstellen.de über die Lage der betreffenden Tankstellen informieren.

Wo beginnt die Provence?

Wer auf der Autobahn oder der Nationalstraße durch das Tal der Rhône dem Süden Frankreichs entgegenstrebt, wird irgendwann von der Heiterkeit der Landschaft angesteckt, das Blau des Himmels erscheint kraftvoller, die Düfte anregender, die Farben heller und leuchtender. Bürokratische Naturen fühlen sich wahrscheinlich erst in der Provence angekommen, wenn sie wenige Kilometer nördlich von Bollène die Grenze zum Département Vaucluse überquert haben; für Freunde klassischer Altertümer ist dagegen Orange mit seinem antiken Theater die Eingangspforte, während Naturliebhaber sehnsüchtig auf den Anblick knorriger Olivenbäume und blau-violett leuchtender Lavendelfelder warten. Für diejenigen, die sich für die Route Napoléon von Grenoble über Gap entschieden haben, ist es einfacher: Die alte Römerstadt Sisteron gilt gemeinhin als das „Tor zur Provence“. Und der von steilen Felswänden flankierte Durance-Durchbruch von Sisteron ist wahrlich ein würdiges Eingangstor. Nur eines sollten Traditionalisten vermeiden: Von der italienischen Riviera aus nach Frankreich zu fahren ist, als würde man das Dessert vor dem Hauptgang ordern.

Durchschnittspreise für Benzin (2010)
Diesel (Gazole): ca. 1,10 €
Super bleifrei (95 Oktan; sans plomb): ca. 1,20 €
Super plus bleifrei (98 Oktan; sans plomb 98): ca. 1,30 €

- **Bußgelder**: Zwischen Deutschland, Österreich, Frankreich und Italien gibt es ein „Vollstreckungsabkommen", mit dessen Hilfe Verkehrssünder auch in ihren Heimatländern zu Bußgeldern herangezogen werden können. „Voraussetzung" ist allerdings, dass das Bußgeld mindestens 40 Euro beträgt.
- **Fahrzeugpapiere**: Der nationale *Führerschein* und der *Fahrzeugschein* genügen vollauf; die internationale *Grüne Versicherungskarte* ist zwar nicht mehr Pflicht, sie kann aber bei Unfällen sehr hilfreich sein.
- **Gurtpflicht**: Für Fahrzeuglenker und alle Insassen besteht Gurtpflicht.
- **Karten**: Für die Anreise nach Südfrankreich via Autobahn oder Nationalstraße genügt in der Regel ein normaler Straßenatlas oder eine Karte mit großem Maßstab.
- **Kreisverkehr**: Der im deutschsprachigen Verkehrsraum relativ seltene Kreisverkehr (*rond point*) erfreut sich in Frankreich als Alternative zur ampelgesteuerten Kreuzung großer Beliebtheit, wobei das sich bereits im Kreisverkehr befindliche Fahrzeug fast immer Vorfahrt hat. Nur wenn kein Verkehrsschild die Vorfahrt regelt, gilt rechts vor links.

Manchmal geht die französiche Liebe zum Kreisverkehr etwas weit

- **Pannenhilfe**: Auf den Autobahnen kann die Pannenhilfe über die Notrufsäulen angefordert werden, bei Unfällen hilft der Polizeinotruf, ✆ 17.
- **Parken**: Bevor man seine Blechkarosse am Straßenrand abstellt, sollte man sich vergewissern, dass das Auto nicht in einer gelben Zone (Streifen am Straßenrand) steht – dies bedeutet nämlich strengstes Parkverbot. Blaue Zonen oder die Beschriftung *Payant* weisen darauf hin, dass Parken nur mit einer Parkscheibe (*disque*) erlaubt bzw. kostenpflichtig ist. Vorsichtig sollte man vor allem im Fürstentum Monaco sein. Falschparkern rückt die Polizei mit der Reifenkralle auf die Pelle: Freie Fahrt erst gegen Barzahlung!
- **Reparaturen**: Wer mit einem Peugeot, Renault oder Citroën unterwegs ist, hat überhaupt keine Probleme, denn die französischen Autohersteller unterhalten in nahezu jeder Stadt eine eigene Vertragswerkstätte. Das soll

nicht heißen, dass ein Renaultmechaniker keinen Opel Astra reparieren kann, aber spezielle Ersatzteile und Vertragswerkstätten für deutsche, italienische und japanische Autos gibt es in der Regel nur in den größeren Städten. Günstig sind die Werkstätten von www.speedy.fr.

Nostalgische Zapfsäule

- **Reisegepäckversicherung**: Sicherheitsbewusste fahren nur mit Reisegepäckversicherung ins Ausland, andere betrachten dies als einen übertriebenen Luxus, da Einbrüche ins Hotelzimmer zumeist durch die Hausratversicherung abgedeckt sind. Wie auch immer man es persönlich hält, Tatsache ist, dass Autoaufbrüche in der Provence zur Tagesordnung gehören. Allein in Aix-en-Provence werden im Sommer täglich rund 25 derartige Vergehen zur Anzeige gebracht! Wohl dem, der rechtzeitig eine Versicherung abgeschlossen hat. Hierzu ein Preisbeispiel: Wer sein Gepäck im Wert von 1.500 € für 24 Tage versichern will, muss mit rund 25 € an Beitrag rechnen. Kaum teurer ist dann allerdings die Kombination mit einer Reiseunfall- und Reisekrankenversicherung. Achtung: Tritt ein Schadensfall ein, muss dieser polizeilich dokumentiert werden, da sonst keine Schadensregulierung erfolgen kann.
- **Schutzbrief**: Auslandsschutzbriefe gibt es beispielsweise beim **VCD** (Verkehrsclub Deutschland), Eifelstr. 2, 53119 Bonn, ✆ 0228/98585-0, 📠 0228/ 98585-10.
- **Sicherheitsweste**: Seit dem 1. Juli 2008 sind in Frankreich eine signalfarbene Sicherheitsweste und ein Warndreieck Pflicht. Die Weste muss bei einem Unfall oder einer Panne sofort angezogen werden.
- **Tempolimit**: Während auf den französischen Autobahnen eine Höchstgeschwindigkeit von 130 km/h (bei Nässe 110 km/h) erlaubt ist, darf auf Schnellstraßen mit zwei Fahrbahnen in jeder Richtung nicht mehr als 110 km/h (bei Nässe 100 km/h) und auf Landstraßen nicht schneller als 90 km/h (bei Nässe 80 km/h) gefahren werden. Innerhalb geschlossener Ortschaften gilt die bekannte Geschwindigkeitsbegrenzung von 50 km/h. Führerscheinneulinge, die ihren Schein noch kein ganzes Jahr besitzen, dürfen auf allen Straßen nicht schneller als mit 90 km/h dahinbrausen. Geblitzt wird vor allem mit fest installierten Radaranlagen. Bei Überschreitung der vorgegebenen Höchstgeschwindigkeit werden satte Geldbußen verhängt (ab 90 €).
- **Zusatzversicherung**: Für wertvolle oder neuwertige Fahrzeuge, die nur Teilkasko versichert sind, empfiehlt sich der kurzfristige Abschluss einer Vollkaskoversicherung.

Typisch: Ortsschilder auf französisch und provenzalisch

Anfahrtsrouten

Je nach Wohnort bieten sich mit dem eigenen Fahrzeug verschiedene Anreisemöglichkeiten. Abgesehen von den persönlichen Interessen (z. B. Zwischenstopp am Gardasee oder Mont Blanc, Einkaufsbummel in Mailand etc.) stellen die jeweilige Anreisezeit, die anfallenden Reisekosten sowie die Zielregion die Hauptentscheidungskriterien dar. Prinzipiell gilt: Wer die Landstraße wählt, spart Geld, verliert aber viel Zeit.

Anfahrt via Frankreich

Wer auf der **Autobahn** in die Provence fahren will, entschließt sich aus Kostengründen zumeist dafür, erst bei Mulhouse (Mühlhausen) die Grenze zu überqueren. Für die Strecke von Mulhouse bis Marseille sind zwar immer noch knapp 50 Euro an Gebühren – Motorradfahrer reisen rund 40 Prozent billiger – fällig, aber schneller und nervenschonender als auf der Autobahn geht es nun einmal nicht. Für Rheinländer bietet es sich selbstverständlich auch an, über Saarbrücken, Metz und Nancy gen Süden zu fahren. Bis auf ein kurzes Teilstück vor Dijon verläuft die Autobahn durchgehend.

Die ersten Autobahnabschnitte bis Beaune sind relativ wenig befahren, danach verdichtet sich der Verkehr. Zusammen mit den Reisenden aus dem Großraum Paris geht es ab Lyon auf der viel besungenen *Autoroute du Soleil* (A 7) nach Süden. Unbedingt vermeiden sollte man diese Anreiseroute allerdings an den beiden berüchtigten Wochenenden (um den 14. Juli und 1. August), an denen scheinbar alle Franzosen in die Ferien aufbrechen, gigantische Staus sind dann vorprogrammiert. Vor Marseille zweigt die A 8, auch *La Provençale* genannt, ab, die über Aix-en-Provence auf direktem Weg zur Côte d'Azur führt. Der Rundfunksender *FM 107,7* gibt Verkehrshinweise.

Anreisetipp: 1998 wurde ein neues Autobahnteilstück (A 39) zwischen Dijon und Lyon eröffnet. Dies erleichtert die Anreise von Deutschland erheblich, da dadurch das berüchtigte Dreieck von Beaune umgangen werden kann. Zudem verspricht die Kulisse des französischen Jura mehr Abwechslung auf der Fahrt. Hierzu zweigt man von Mühlhausen (A 36) kommend, bei Dole nach Süden ab, um über Bourg-en-Bresse in Richtung Lyon zu fahren. Ein Wermutstropfen: Wie (fast) alle französischen Autobahnen ist auch die A 39 mautpflichtig.

Auf den **Nationalstraßen** (*Route Nationale*) geht es ebenfalls – außer an den Tagen, an denen alle fahren – gut und zügig voran; es besteht bei der Anreise über Mulhouse zudem die Möglichkeit einer Abkürzung (N 83) von Besançon über Lons-le-Saunier und Bourg-en-Bresse nach Lyon. Die dreispurigen – die mittlere Spur kann von beiden Fahrtrichtungen zum Überholen genutzt werden – Nationalstraßen im Rhône-Tal befinden sich über weite Strecken in einem ausgezeichneten Zustand. Zu bedenken bleibt allerdings, dass die Anreise erheblich länger dauert, da die zahlreichen Ortsdurchfahrten zeitraubend sind. Dafür kann man die gesparten Autobahngebühren von rund 50 € auch bequem in ein Doppelzimmer in einem durchschnittlichen Hotel investieren.

Route Napoléon: Eine landschaftlich sehr attraktive Anreisevariante bietet die Route Napoléon (RN 85), die von Grenoble über Gap, Sisteron, Digne und Grasse nach Cannes führt. Napoléon benötigte 1815 bei seiner Rückkehr aus der Verbannung auf Elba genau eine Woche, um in umgekehrter Richtung von Cannes nach Grenoble zu gelangen. Die rund 330 Kilometer lassen sich heute zwar wesentlich schneller bewältigen, doch wäre es schade, würde man die Route Napoléon einfach durchbrausen. Sisteron, Digne sowie Castellane bieten sich als interessante Zwischenstopps an. Als gleichwertige Alternative zur Route Napoléon empfiehlt sich auch die RN 75, die von Grenoble über Serres nach Sisteron führt und sich dort wieder mit der Route Napoléon vereint bzw. entlang der Durance nach Aix-en-Provence führt. Eilige können ab Sisteron auch die Autoroute Val de Durance (A 51) wählen.

Internet Der Routenplaner www.viamichelin.fr gibt Informationen zur schnellsten, kürzesten oder touristisch interessantesten Anreise.

Anfahrt via Italien

Für Österreicher ist die Anreise über Italien zumeist die günstigste Möglichkeit. Wiener fahren über Graz, Villach und Venedig nach Verona – Tauerntunnels sind gebührenpflichtig –, die anderen über den Brenner. Für Reisende aus Bayern, die an die Côte d'Azur wollen, ist die Anreise via Brenner ebenfalls zu empfehlen (Sehr lohnend ist der kleine Umweg entlang des Westufers des Gardasees). Über Verona und Piacenza geht es dann zügig durch die Poebene. Noch vor Alessandria zweigt die Autobahn nach Genua ab. Von Genua geht es weiter auf der tunnelreichen Küstenstrecke bis zur französischen Grenze. Zwischen Brenner und Nizza betragen die Autobahngebühren insgesamt rund 55 Euro. Wer kostenlos über den Brenner will, muss die Autobahn bei der Ausfahrt Innsbruck-Süd verlassen und die parallel verlaufende alte Brennerstraße nehmen. Die italienischen Landstraßen zu benutzen, ist ebenfalls zeitraubend; entlang der Küste von Genua nach Ventimiglia benötigt man zudem ein besonders strapazierfähiges Nervenkostüm. Wer die Seealpen zum

Ziel hat, sollte über Alessandria, Asti und Cuneo die Grenze zu Frankreich beim Col de Tende überqueren.

Achtung Österreich hat bekanntlich 1997 eine Jahresvignette für die Autobahn eingeführt, so dass sich die Kosten der Anreise je nach Gültigkeit der Vignette erhöhen. 10-Tages-Vignettte: 7,70 €, 2-Monats-Vignette 22,20 €, Jahresvignette 73,80 €.

Anfahrt via Schweiz

Da allein schon die Autobahnvignette für die Schweiz mit rund 40 sfr (ca. 27,50 €) zu Buche schlägt, summieren sich die Autobahngebühren bis Marseille auf insgesamt ungefähr 65 €, rund 5 € weniger sind es über den San Bernadino und Turin nach Nizza. Es rechnet sich aus Zeitgründen nicht, den Kauf der ein Jahr gültigen Autobahnvignette zu umgehen und die Schweiz auf Landstraßen zu durchqueren. Je nach Reiseziel führen viele Wege durch die Eidgenossenschaft: Zumeist wird die Route Lindau-Zürich-Bern-Genf gewählt, alternativ empfiehlt sich die Strecke über Freiburg-Basel-Bern-Genf. Vom Genfer See geht es dann weiter über Annecy und Grenoble nach Süden. Wer Zeit hat, kann einen Abstecher zum Mont Blanc unternehmen. Für diejenigen, die direkt an die Côte d'Azur wollen, ist auch die Strecke Lindau-Chur-Bellinzona-Mailand interessant.

Mit dem Zug

Es gibt zwei alternative Anreiserouten: Über Frankreich geht es zumeist schneller, die Zugfahrt durch Italien schont hingegen die Reisekasse.

Bis in die zweite Hälfte des 19. Jahrhunderts hinein war eine Reise in den vom Klima verwöhnten Süden Frankreichs ein überaus beschwerliches Unterfangen; mit der Postkutsche rhôneabwärts zu reisen, brachte die Entbehrungen einer tagelangen Fahrt über holprige, schlecht ausgebaute Straßen mit sich, mit der Gefahr, dass ein Achsenbruch die Reise an der nächsten Biegung beenden würde.

Erst die Erfindung der Eisenbahn und der Ausbau des Eisenbahnnetzes revolutionierten das Transportwesen; in „Windeseile" fuhren die immer luxuriöser werdenden Züge von London über Paris an die Côte d'Azur. Der Privatzug der englischen *Königin Victoria* war mit Seide ausgekleidet und im Louis-Seize-Stil möbliert; allmorgendlich standen die Räder allerdings eine Stunde still: Ihre königliche Hoheit wollte sich nämlich in Ruhe ankleiden und die Männer des Begleittrosses sollten Gelegenheit haben, sich ohne Verletzungsgefahr zu rasieren. Ein dem Orientexpress vergleichbarer Klassiker war der wegen seiner blaugold lackierten Schlafwagen *Train Bleu* genannte Zug, der von Calais zur Côte d'Azur rollte. Heute heißt das Zauberwort im französischen Eisenbahnwesen **TGV** (*Train à Grande Vitesse*) – jedoch nur, wenn man über Paris anreist. Der zuschlagspflichtige Hochgeschwindigkeitszug (Reservierungspflicht!) bewältigt die Strecke zwischen dem Pariser Gare de Lyon und Marseille in sagenhaften 3 Stunden und 10 Minuten, dabei wird eine Höchstgeschwindigkeit von 270 km/h erreicht. Auf den anderen Strecken geht es etwas gemächlicher zu: Von Nizza nach Avignon sind es 3.04 Stunden, von Nizza nach Marseille 2.20 Stunden. Es gibt inzwischen keine direkten Bahnverbindungen mehr von Deutschland in die Provence. Alle Wege führen über Paris, wobei man dort vom Bahnhof Paris Est noch zum Bahnhof Paris Lyon wechseln muss, was mit öffentlichen Verkehrsmitteln aber leicht zu bewältigen ist.

Von den Beschwerden des Reisens

„Reisen im Postwagen“, so vermerkte Johann Georg Heinzmann 1793 in seinem „Rathgeber für junge Reisende“, „ermatten eben so sehr den Geist, als sie für den Körper schädlich sind. Wer nur ein paar Tage und eine Nacht im Postwagen gefahren ist, wird zu allen muntern Gesprächen nicht mehr fähig seyn, und alles was um und neben ihm vorgehet, fängt ihm an gleichgültig zu werden. Das unbequeme enge Sitzen, oft bey schwüler Luft, das langsame Fortrutschen mit phlegmatischen und schlafenden Postknechten, der oft pestilenzialische Gestanck unsauberer Reisegesellschaften, das Tobackdampfen und die zottigen schmutzigen Reden der ehrsamen bunten Reisekompagnie, lassen uns bald des Vergnügens satt werden, und verursachen schreckliche Langeweile und gänzliches Übelbefinden in allen Gliedern. Wer acht Tage so gefahren ist, wird fast ein ganz andrer Mensch geworden seyn; wunderlich, träge, gelähmt am ganzen Körper, wachend wird er schlafen, die Augen eingefallen, das Gesicht aufgedunsen, die Füsse geschwollen; der Magen ohne Appetit, das Blut ohne Spannkraft; der Geist abwesend und zerstreut, und wie im Taumel redend.“

Im internationalen Verkehr mit Frankreich werden bei Nachtverbindungen **Liegewagen** 2. Klasse (6 Personen pro Abteil) und teilweise auch **Schlafwagen** 1. und 2. Klasse (1–3 Personen pro Abteil) eingesetzt. Der Zuschlag für den Liegewagen beträgt einfach ab 49 €, für den Schlafwagen ab 69 € (die Preise richten sich nach dem Belegungsstand, daher empfiehlt es sich, rechtzeitig zu buchen).

Preisbeispiele

Für spezielle Strecken gibt es an bestimmten Terminen gelegentlich Spezialtarife. Je nach Wohnort kann eine Anreise über Italien günstiger sein. Da im Internet keine Preisauskünfte für Fahrten ins Ausland möglich sind, muss man sich gezwungenermaßen an die Bahnauskunft wenden oder zum nächsten Bahnhof fahren und sich dort erkundigen (Zuschläge, Ermäßigungen etc.). Teilweise gibt es Sondertarife für den TGV oder die Fahrt nach Paris.

Ermäßigungen

Der Kauf eines **Interrail-Tickets** rentiert sich nicht, wenn man seine Ferien hauptsächlich in Südfrankreich verbringen will. Seitdem das neue Tarifsystem der Deutschen Bahn gilt, lohnt es sich, rechtzeitig zu buchen. Wer auf dem Schienennetz der Deutschen Bahn weite Strecken zurücklegen muss, sollte sein Ticket mindestens drei Tage vorher kaufen, um den Plan-&-Spar-Rabatt in Anspruch nehmen zu können. Allerdings ist das Kontingent der günstigen Karten begrenzt, eine Stornierung sehr teuer. Bis zu vier Mitfahrer reisen zudem für den halben Preis, Kinder bis 14 Jahre fahren gar kostenlos auf dem gesamten Schienennetz. Weitere Vorteile bietet die **BahnCard**: Es werden nochmals 25 bzw. 50 Prozent Ermäßigung auf alle Rabatte gewährt! Der **Plan&Spar-Rabatt** gilt auch bei einer Anreise durch Belgien, Österreich oder Italien. Zudem gibt es mit **RailPlus** (15 € für Familien) weitere 25 Prozent, Kinder müssen allerdings im

Ausland den halben Fahrpreis bezahlen. Auf dem Netz der französischen Staatsbahnen gibt es nur für Jugendliche unter 26 Jahren sowie Senioren über 60 Jahren, die Inhaber einer BahnCard mit RailPlus sind, eine zusätzliche Ermäßigung!

Die französischen Staatsbahnen halten für Zugreisende das **Découverte Séjour** bereit. Bedingungen: Auf der Hin- und Rückfahrt müssen im grenzüberschreitenden Verkehr mindestens 200 Kilometer innerhalb Frankreichs zurückgelegt werden; zwischen Ein- und Ausreise muss ein Wochenende liegen; am Freitag und Sonntag ist das Ticket zwischen 15 und 20 Uhr, am Montag zwischen 5 und 10 Uhr nicht gültig. Fahrtunterbrechungen sind zugelassen. Die Weiterreise muss jedoch von dem Bahnhof aus erfolgen, an dem die Fahrt unterbrochen wurde. Die Rückfahrt ist vom Zielbahnhof der Hinfahrt aus anzutreten. Die Ermäßigung beträgt beim *Découverte Séjour* bis zu 35 Prozent. Wer will, kann zusätzlich auch die Sparpreise 25 und 50 der DB anschließen und reist so nochmals günstiger.

Auskunft Weitere Informationen zu Verbindungen und Vergünstigungen in Frankreich erteilt die Reiseauskunft der Deutschen Bahn (bundeseinheitliche Rufnummer, ✆ 11861, 1 € pro Minute) sowie das Internet unter folgenden Adressen:

www.bahn.de • www.oebb.at • www.sbb.ch • www.voyages-sncf.com

Autoreisezüge

In Hamburg, München, Berlin, Hildesheim, Düsseldorf, Frankfurt (Neu-Isenburg) und Lörrach besteht die Möglichkeit, das eigene Fahrzeug auf speziell ausgerüstete zweistöckige Waggons zu verladen, um sich jenseits von Stau und Stress in den Liege- oder Schlafwagen zurückzuziehen. Am nächsten Tag beginnt der Urlaub ausgeruht in Avignon oder Narbonne. Der einzige Haken: Der Huckepack-Transport hat seinen Preis, auch wenn man Benzin, Verschleiß, Autobahngebühren und Nerven spart (Fahrzeit rund 17 Stunden). Die Preise schwanken dabei stark nach Zahl der Mitfahrer und dem gewählten Termin. Bei allen Nachtfahrten ist ein Frühstück auf der Hinfahrt sowie eine kalte Abendmahlzeit auf der Rückfahrt im Preis inbegriffen. Im Schlafwagen hat man sogar ein eigenes Waschbecken im Abteil und kann im Speisesaal frühstücken. Eine frühzeitige Buchung ist in der Hauptreisezeit dringend anzuraten, nähere Auskünfte erhält man an jedem größeren Bahnhof.

Auf das etwas günstigere Angebot der französischen Staatsbahnen (SNCF) weist die Leserin Heike Becker hin: Jeden Freitagabend fährt von Strasbourg bzw. Metz ein Autoreisezug nach Fréjus. Rückfahrt: Samstagabend. Diverse Vergünstigungen der französischen Staatsbahnen sind möglich.

Auskunft **DB AutoZug Servicetelefon**, ✆ 0180/5241224. www.dbautozug.de; **SNCF**, Place de la Gare, F-67000 Strasbourg, ✆ 0033/89235353, ✆ 0033/388158501, www.sncf.com.

Fahrradmitnahme

Im internationalen Bahnverkehr mit Frankreich ist eine Fahrradmitnahme nur in speziell gekennzeichneten Zügen (TGV) möglich. Man benötigt hierzu eine internationale Fahrradkarte für 10 €.

Weitere Informationen zum Thema Fahrrad **ADFC** (Allgemeiner Deutscher Fahrrad-Club), Postfach 10 77 47, D-28077 Bremen, ✆ 0421/346290, ✆ 0421/3462950, www.adfc.de; **DB-Radfahrer-Hotline**, ✆ 01805/151415; **SNCF**, ✆ 0033/892353536.

Mit dem Flugzeug

Die Flughäfen von Marseille (Marignane) und Nizza (Nice-Côte d'Azur) werden regelmäßig direkt von Deutschland und der Schweiz aus angeflogen. Kleinere nationale Flughäfen gibt es in Avignon, Cannes/Mandelieu und Toulon/Hyères. Wer einen eigenen Helikopter besitzt oder einen solchen für den Urlaubstrip chartern will, kann zusätzlich auf dem Héliport von Monaco landen ...

Auf rund zweieinhalb Stunden verkürzt sich die Anreise mit dem Flugzeug. Dennoch ist diese Art der Anreise nur unter bestimmten Voraussetzungen attraktiv:

- wenn nur wenig Zeit zur Verfügung steht
- für Alleinreisende
- für alle, die bei ihren Erkundigungen mit öffentlichen Verkehrsmitteln unterwegs sind
- für Reisende, die größtenteils an ihrem festen Urlaubsort bleiben
- bei Pauschalarrangements, die einen Flug mit einem ein- oder mehrwöchigen Aufenthalt in einem Hotel oder einer Ferienanlage verbinden
- für Personen, die sich eine mehrwöchige Automiete leisten wollen und die langwierige Autoanfahrt scheuen

Tarifdschungel: Das Tarifsystem auf dem Flugreisemarkt ist nicht gerade übersichtlich. Die Fluglinien locken mit Standby, Fly & Drive, Flieg & Spar-Tarif, Super-Flieg & Spar-Tarif, Miles & More, Partnertarifen, Jugendtarifen, Studententicket, Vol Grand Bleu und anderen verführerisch klingenden Angeboten. Nur eins steht fest: in der Business-class ist es am teuersten. Günstiger ist es immer dann, wenn man sich langfristig auf das Hin- und Rückflugdatum festlegen kann. Am besten erkundigt man sich in einem guten Reisebüro – oder mehreren – nach den aktuellen Angeboten und studiert die Tarife. In der Regel kostet ein Hin- und Rückflug mindestens 300 €, der Flugpreis kann aber leicht auch 1000 € betragen.

Die meisten internationalen Flugverbindungen bestehen mit dem Flughafen von Nizza, der nach dem Pariser Flughafen „Charles de Gaulle" mit rund 9 Millionen Fluggästen pro Jahr der größte und modernste in Frankreich ist. Die *Lufthansa*, *Air France*, *Swiss* sowie *Eurowings* fliegen **Nizza** (NCE) – teilweise täglich – von folgenden Städten aus an: Berlin, Bremen, Dresden, Düsseldorf, Frankfurt, Genf, Hamburg, Hannover, Köln, Leipzig, München, Nürnberg, Stuttgart und Zürich. Flugverbindungen nach **Marseille** (MRS) sind von Berlin, Düsseldorf, Frankfurt, Genf, München, Stuttgart und Zürich möglich. Ryanair fliegt zudem in Marseille den Low-Cost-Terminal „MP2" an. Wer von einem der kleineren Flughäfen abfliegen will, muss zumeist in Frankfurt bzw. in Zürich oder Genf umsteigen, bei der *Air France* wird häufig in Paris das Flugzeug sowie der Flughafen zu wechseln sein – eine zeitraubende Prozedur.

Billigairlines: In den letzten Jahren bedienen auch zahlreiche kleine Luftlinien den Flugverkehr in die Provence. Die günstigsten Flüge, die aber nur selten verfügbar sind, beginnen bei 49 € oneway. In der Regel zahlt man nicht mehr als 400 € für einen Hin- und Rückflug in der Hochsaison. Germanwings fliegt beispielsweise von Köln und Berlin nach Nizza, die dba bedient die

Strecke München–Nizza; Hapag Lloyd Express düst von Köln/Bonn nach Marseille, easyjet von Berlin-Schönefeld und Dortmund nach Nizza, zudem fliegt Ryanair von Frankfurt/Hahn nach Montpellier; Marseille erreicht man auch mit Condor von München aus. „Welcome Air" bedient ein Mal pro Woche die Strecke Innsbruck–Nizza. Die österreichische Low-Cost-Fluggesellschaft InterSky verbindet die Bodenseeregion zwei Mal pro Woche mit Nizza. Skyeurope sowie Austrian Airlines fliegen günstig von Wien nach Nizza.

• *Information* www.lufthansa.de oder www.eurowings.de; www.air-france.de (Buchung und Reservierung); www.germanwings.de; www.flydba.com; www.hlx.com; www.easyjet.com; www.ryanair.com; www.welcomeair.at; www.intersky.biz; www.skyeurope.com; www.austrianairlines.co.at.

Trampen/Mitfahrzentralen

Die goldenen Tramperzeiten sind – wenn es sie jemals gegeben hat – schon lange vorbei. Das Warten an den viel befahrenen französischen Nationalstraßen und Autobahnauffahrten kann zur harten Geduldsprobe werden. Abhilfe schaffen die preiswerten Mitfahrzentralen.

Am schnellsten erreicht man die Provence, wenn man sich an die zuvor beschriebenen Anfahrtsrouten hält. Da sich Mitfahrgelegenheiten nicht unbedingt auf dem direktesten Weg bieten, sollte man gutes Kartenmaterial mitführen, um nicht orientierungslos an einer Kreuzung oder Autobahnraststätte zu stehen. Neben der Mitfahrzentrale bietet sich noch die Möglichkeit, bis Süddeutschland oder Österreich zu trampen und dann mit den preisgünstigen italienischen Staatsbahnen nach Menton zu fahren.

Grundsätzlich gilt: Beim Trampen kommt man am besten alleine oder als Pärchen weg, zwei Jungs haben es da schon schwieriger. Frauen sollten aus den bekannten Gründen nicht alleine trampen. Ein Vertrauen erweckendes Aussehen (keine dunklen Sonnenbrillen) hilft auf jeden Fall. Gepäckstücke nicht in der Hektik des Aussteigens im Wagen vergessen!

Mitfahrzentralen: Wer die Ungewissheit und Risiken des Trampens scheut, sollte sich an die Mitfahrzentralen (MFZ) halten. Sie sind für Fahrer und Mitfahrer gleichermaßen eine feine Sache. Ersterer bekommt einen Fahrtkostenzuschuss, Letzterer kommt zuverlässig und günstig ans Ziel; die Kosten liegen unter denen eines Bahntickets. Genauere Informationen zu Mitfahrgelegenheiten und Preisen können in den größeren deutschen Städten unter der bundeseinheitlichen Rufnummer 1 94 40 erfragt werden. Frauen haben die Möglichkeit, auf Wunsch nur Frauen mitzunehmen bzw. nur bei ihnen mitzufahren.

Preisbeispiele: Die Preise errechnen sich aus einer *Benzinkostenbeteiligung* sowie einer *Vermittlungsgebühr* und belaufen sich derzeit auf 5 Cent pro Kilometer; wovon dem Fahrer zwei Drittel zustehen. Von Nürnberg nach Avignon beträgt der Gesamtpreis für den Mitfahrer 50 €, wovon dem Fahrer 36 € zustehen. Um spätere Schwierigkeiten zu vermeiden, sollte man unbedingt den von der MFZ ausgestellten Beleg mitführen. Für 1 € kann jeder Mitfahrer bei der MFZ eine *Zusatzversicherung* abschließen.

Anspruchsvolle Region für Radfahrer

Unterwegs in der Region

Mit dem eigenen Fahrzeug

Da die abgeschiedenen Landstriche der Provence und der Seealpen mit öffentlichen Verkehrsmitteln nur sehr schwer – wenn überhaupt – zu erreichen sind, erkunden die meisten Touristen den Südosten Frankreichs mit dem eigenen Fahrzeug. Motorradfreaks kommen angesichts der kurvenreichen Straßen voll auf ihre Kosten.

Das Straßennetz in der Region Provence/Côte d'Azur bereitet im Allgemeinen keine Probleme, nur in den Seealpen und der Haute-Provence ist es aufgrund der geographischen Gegebenheiten weitmaschiger. Besonders gut ausgebaut sind die mit N-Nummern markierten Nationalstraßen, während die mit einer D-Nummer versehenen Département-Straßen schmäler und gelegentlich auch etwas holprig sind. Achtung: Die vor Kurven angebrachten Hinweisschilder zur Geschwindigkeit können einen des Öfteren in trügerischer Sicherheit dahinfahren lassen, doch auf einmal muss man erschreckt feststellen, dass die angekündigte Kurve bereits mit 35 km/h statt der empfohlenen 50 km/h kaum zu meistern ist.

Das Fahrverhalten der Franzosen entspricht der mediterranen Mentalität: größtenteils wird sehr forsch, unter häufiger Benutzung der Hupe gefahren. Glücklicherweise leiden die Franzosen in der Regel nicht an den cholerischen Anfällen mancher mitteleuropäischer Autofahrer.

Autoverleih: In allen größeren Städten der Region, insbesondere in den Touristenzentren der Côte d'Azur, sind international bekannte Verleihagenturen sowie kleine örtliche Vermieter zu finden. Dies gilt selbstverständlich auch für die Flughäfen und großen Bahnhöfe. Grundvoraussetzung für das Mieten eines

Leihwagens sind ein Mindestalter von 21 Jahren und der einjährige Besitz des Führerscheins. Eine Kaution in Höhe von mehreren hundert Euro ist zu stellen, wenn man keine in Frankreich akzeptierte Kreditkarte besitzt. Die Preise variieren je nach Mietdauer, Jahreszeit und Wagenklasse. Zumeist ist es preisgünstiger, schon im Heimatort einen Wagen bei den internationalen Verleihfirmen im Voraus zu buchen. Die französische Bahn (SNCF) mit den *Rail-and-drive*-Angeboten sowie die Fluggesellschaften mit den *Fly-and-drive*-Angeboten halten ebenfalls preiswerte Alternativen bereit.

Mit der Bahn

Entlang der Côte d'Azur ist die Bahn ein gleichwertiges Verkehrsmittel, das sich wegen der häufigen Verbindungen auch motorisierten Touristen für Ausflüge anbietet. Ruckzuck ist man in Nizza oder Cannes, ohne sich über Parkplätze, Strafzettel oder Autoaufbrüche Gedanken machen zu müssen.

Im Großen und Ganzen beschränkt sich das Eisenbahnnetz im Südosten Frankreichs aber auf Verbindungen zwischen den größeren Städten, ausgesprochen gut kommt man im Tal der Rhône und entlang der Côte d'Azur voran. Zwischen Menton und Marseille besitzen beispielsweise fast alle Orte einen eigenen Bahnhof, nur zwischen St. Raphaël und Toulon verläuft die Bahnlinie durch das Landesinnere. Da die Züge entlang der Côte d'Azur im Sommer im Stundenrhythmus verkehren, lassen sich Ausflüge gut organisieren. Die Fahrkarten werden am Schalter ausgegeben (vor der Fahrt entwerten!), Tickets für kürzere Strecken löst man an den bereitstehenden Automaten. Kinder bis 4 Jahre fahren kostenlos, von 4–12 Jahren ist der halbe Fahrpreis zu entrichten. Von Juli bis September kann man im Département Alpes Maritimes mit der Carte Isabelle für 12 € einen Tag unbegrenzt Bahn fahren.

Internet www.voyages-scnf.com. Landesweite Auskunft in Frankreich: ✆ 3635 oder 0892353535 (0,34 €/Min.)

Drei landschaftlich überaus reizvolle Strecken sollen hier besonders hervorgehoben werden:

Menton → Nizza: Ohne Frage eine der schönsten Küstenbahnlinien der Welt! Eine Fahrt mit der bis zu 70 x am Tag verkehrenden *Metrazur* bietet phantastische Ausblicke auf die Küste, die den Autofahrern größtenteils verwehrt bleiben. Die Nahverkehrszüge fahren so häufig, dass die Linie stark an die heimischen S-Bahnen erinnert. Fahrzeit von Monaco nach Cannes: etwa eine Stunde.

Nizza → Digne: Auf einer eingleisigen Nebenstrecke erschließt der *Train des Pignes* („Pinienzapfenzug", weil früher angeblich während der Fahrt Kiefernzapfen gesammelt wurden) das Hinterland der Côte d'Azur und die Haute-Provence. Entfernung: 151 Kilometer; einfache Fahrzeit: 3.15 Stunden; vier Verbindungen täglich.

Nizza → Tende: Diese mit dem „Pinienzapfenzug" vergleichbar schöne Bahnstrecke kämpft sich das Roya-Tal bis zur italienischen Grenze hinauf und führt dann weiter nach Cunéo. Verbindungen: vier- bis fünfmal täglich.

Mit dem Bus

Die öffentlichen Busverbindungen sind eine wichtige Ergänzung zur Eisenbahn, denn im Hinterland verkehren Züge nur auf wenigen Strecken. Alle größeren sowie viele kleinere Orte sind aber an das öffentliche Busnetz angeschlossen. Die Orte im Hinterland werden meist nicht häufiger als zweimal täglich vom Linienverkehr bedient, an Sonn- und Feiertagen fahren so gut wie keine Busse über Land. Die Preise entsprechen in der Regel denjenigen einer Zugfahrt. Wichtig ist es auch, sich nach dem Abfahrtsort zu erkundigen, da nicht alle Busse von der *Gare routière*, dem Busbahnhof, abfahren. In den größeren Städten wie Marseille, Nizza, Avignon und Aix-en-Provence erleichtern städtische Buslinien die Besichtigungstour, Marseille besitzt sogar eine *Métro*. Im nachfolgenden Reiseteil sind bei fast allen Orten die wichtigsten öffentlichen Verkehrsverbindungen zu den umliegenden Städten genannt, die Angaben auf die Häufigkeit beziehen sich in der Regel auf einen normalen Werktag. Wer am Sonn- oder an einem Feiertag weiterreisen möchte, muss bedenken, dass die Busse wesentlich seltener fahren. Sehr günstig ist das Busfahren an der Côte d'Azur. Eine einfache Busfahrt durch das Département Alpes-Maritimes kostet mit dem Ticket Azur nur 1 Euro! www.symitam.fr.

Ein nützlicher Hinweis: Bei den Bahnhöfen der Region Provence-Alpes-Côte d'Azur ist ein kostenloser Fahrplan (*Guide régional des Transports*) erhältlich, der einen Überblick über die wichtigsten regionalen Zug- und Busverbindungen bietet.

Mit dem Schiff

Die Fluggesellschaft Air France bietet Schnellbootverbindungen von Nizza nach Cannes (40 Min.) und weiter nach Saint-Tropez (80 Min.) an. In den Sommermonaten werden die kleinen, der Küste vorgelagerten Inseln (Iles de Lérins, Iles d'Hyères, Ile de Bendor) sehr häufig von Ausflugsbooten angefahren, auch Bootsausflüge entlang der Küste (Calanques) sind beliebt. Von Marseille, Toulon oder Nizza ist es zudem problemlos möglich, mit der Fähre nach Korsika überzusetzen. Auf der Rhône verkehren zwischen Avignon und Arles Ausflugsboote. Hausboote zur Erkundung des Rhônedeltas vermietet: **Crown Blue Line**, B.P. 1201, 11492 Castelnaudary, ✆ 0033/0468945272, 📠 0033/04689 45273 bzw. (in Deutschland), Theodor-Heuss-Str. 53–63, 61118 Bad Vilbel, ✆ 06101/5579113, www.crownblueline.de. Entlang der Côte d'Azur bestehen ebenfalls zahlreiche Möglichkeiten, ein Motor- oder Segelboot zu mieten. Eine Liste ist beim C.R.T. Côte d'Azur erhältlich: Comité Régional du Tourisme Rivière Côte d'Azur, 55, promenade des Anglais, B.P. 602, 06011 Nice Cédex, ✆ 0033/0493377878, 📠 0033/0493860106.

Das Vallon des Aufres gehört zu den kleinsten Buchten von Marseille

Taxi

Taxis können entweder auf offener Straße angehalten werden, oder man steigt an einem mit „T" gekennzeichneten Taxistand zu. Wird ein Taxi über eine Taxizentrale bestellt oder am Bahnhof bzw. Flughafen bestiegen, kommt zum Fahrpreis eine Anfahrtspauschale hinzu. Alle Gepäckstücke über 5 Kilogramm werden zusätzlich berechnet (jeweils 1 €). Zehn Prozent Trinkgeld gelten als angemessen.

Mit dem Fahrrad

Es ist sicher nicht jedermanns Sache, die Seealpen oder die Haute-Provence mit dem Fahrrad zu erklimmen, wer aber die sportliche Herausforderung liebt, findet hier mit Sicherheit das geeignete Terrain. Gemächlicher radelt es sich entlang der Rhône und in der Camargue – allerdings nur, wenn die Sonne nicht erbarmungslos herunterbrennt.

Zwar ist Frankreich das Land der *Tour de France*, doch Franzosen, die eine ausgedehnte wochenlange Radtour mit Gepäck und allem drum und dran unternehmen, trifft man nur selten an. Diese Urlaubsform scheint eher eine Domäne der deutschsprachigen Touristen zu sein, die diese sportliche und ökologische Reiseform schätzen; zudem ermöglicht sie nebenbei einen intensiveren Kontakt zu Landschaft und Bevölkerung. Zum Vergnügen wird eine Radtour durch den Südosten Frankreichs allerdings nur für gut trainierte Radfahrer, die häufigen und starken Steigungen sowie die sommerliche Hitze zehren schnell an der Substanz. Durch den *Parc Natural Régional du Lubéron* führt einer der wenigen, speziell ausgeschilderten Fahrradwege Frankreichs. In Cavaillon am Bahnhof beginnend, durchquert diese Tour den Lubéron auf kleinen Straßen in Ost-West-Richtung über Apt nach Forcalquier und von dort über Manosque am Südrand des Lubéron zurück zum Ausgangspunkt. Der Radweg (insgesamt 235 Kilometer) ist in beiden Richtungen mit einem blauen Schild mit weißem Radfahrer markiert.

In mehr als 2.000 Regionalzügen, die im Fahrplan durch ein Fahrradsymbol gekennzeichnet sind, ist das kostenlose Mitführen von Fahrrädern im Gepäckwagen bzw. -abteil möglich. Hinweis für größere Gruppen: In einigen Nahverkehrszügen können nur maximal 3 Fahrräder befördert werden. In den meisten größeren Städten bieten private Verleiher ihre Dienste an. Die Preise variieren je nach Mietdauer, Saison und gewähltem Drahtesel. Wer sich ein Mountainbike ausleihen möchte, muss sich nach einem *vélo tout terrain* oder abgekürzt *VTT* erkundigen. Die französische Bahn (SNCF) betreibt nur am SNCF-Bahnhof in Arles einen Fahrradverleih. Ein normales Fahrrad (*traditionel*) ist günstiger als ein Rennrad (*randonneur*) oder Mountainbike. Bei der Anmietung muss zumeist ein Personalausweis vorgelegt sowie eine Kaution (150 € bzw. 250 €) hinterlegt werden.

Für manche Regionen, wie das Royatal oder das Tal der Vésubie, sind vor Ort spezielle Karten (Maßstab 1:25.000) für Mountainbiker erhältlich. Das Département Var hat eine sehr hilfreiche Broschüre (*Promenades et Randonnées Cyclotouristes*) erstellt, die 22 Fahrradtouren mit Beschreibungen und Höhenprofil enthält. Ebenfalls sehr hilfreich ist folgende Website: www.provenceguide-velo.com.

Hinweis: Radfahrer müssen in Frankreich seit dem 1. September 2008 nachts sowie bei schlechter Sicht am Tag (Nebel, Regen) außerhalb geschlossener Ortschaften eine Warnweste tragen. Wer gegen die Warnwestenpflicht verstößt, muss mit einer Geldbuße in Höhe von 35 Euro rechnen.

Und noch ein Hinweis: In manchen Regionen (Alpilles, Montagnette etc.) ist im Hochsommer das Fahrradfahren und das Wandern wegen Brandgefahr nicht gestattet!

Trampen

Das Trampen ist nicht sonderlich geeignet, um Südfrankreich zu bereisen. Die Autos der Touristen sind meist zu voll, um einen Tramper samt Gepäck unterzubringen, die Einheimischen fahren in der Regel nur zum nächsten Dorf; zudem verdienen sie nicht gerade das Prädikat „tramperfreundlich“. Bestehen daher Verbindungen im Rahmen des öffentlichen Nahverkehrs, empfiehlt es sich, ein Ticket zu lösen. Am ehesten werden noch Wanderer mitgenommen, die wieder zum Ausgangspunkt zurück wollen. Wer weitere Strecken zurücklegen möchte, kann sich auch bei den in größeren Städten anzutreffenden Mitfahrzentralen (*Allostop*) nach einer Mitnahmemöglichkeit erkundigen.

Wandern

Es gibt natürlich zahlreiche Möglichkeiten, auf Schusters Rappen durch die Provence und das Hinterland der Côte d'Azur zu streifen, man sollte sich dabei an die gut ausgeschilderten Fernwanderwege (*Sentiers de **G**rande **R**andonée*) halten und eine Wanderkarte mit kleinem Maßstab mit sich führen. Einige Fernwanderwege wie der GR 9 führen quer durch die gesamte Provence. Spezielle Wanderferien werden von französischen Veranstaltern nur selten angeboten. Ein deutscher Anbieter ist Wikinger Reisen, www.wikinger-reisen.de.

Durch die Provence führen zahlreiche anspruchsvolle Wanderrouten

Marseille: Vallon des Aufres

Übernachten

Im Juli und August sind viele Orte an der Côte d'Azur und in der Provence bis auf das letzte Bett ausgebucht. Kein Wunder, denn alljährlich verbringen zwischen 85 und 90 Prozent aller Franzosen ihren Urlaub im eigenen Land. Hinzu kommen zahllose ausländische Touristen, darunter 1999 sogar erstmals mehr als 50.000 russische Staatsangehörige, die die Küste zwischen Cannes und Nizza „wiederentdeckt" haben.

Von regionalen Verschiebungen abgesehen, bieten Provence und Côte d'Azur die gesamte Unterkunftspalette an: Von der Nobelherberge in Cannes über das gediegene Schlosshotel bis hin zur einfachen, familiär geführten Herberge auf dem Land ist alles vorhanden; Campingfreunde haben ebenfalls eine Vielzahl von Plätzen zur Auswahl. Was das Preisspektrum der Unterkünfte betrifft, setzt neben persönlichen Vorlieben nur der eigene Geldbeutel Grenzen: Manch einer gibt für eine Nacht im Luxushotel mehr Geld aus als andere für ihren gesamten Ferienaufenthalt. Zweifellos ist der Südosten Frankreichs keine preisgünstige Urlaubsregion, doch soll dies nicht heißen, dass man sein Haupt – vor allem im Hinterland – nicht auch preiswert betten kann. Das gesamte Erscheinungsbild der Küstenregion ist durch die lange Fremdenverkehrstradition geprägt und verändert worden; in vielen Orten verbreiten ausgedehnte Feriensiedlungen eine nicht zu leugnende Monotonie. Zwar gibt es wie im Falle der Lagunenstadt Port Grimaud halbwegs gelungene Beispiele für künstliche Urlaubsparadiese, aber von dem gigantisch-futuristischen Terrassen-Betonbau der 1970 erbauten Ferienanlage Marina-Port-des-Anges in Villeneuve-Loubet kann man sich nur mit Schaudern abwenden. Während der Hauptreisezeit und insbesondere während der großen Festivitäten, die alljährlich beispielsweise in Avignon, Arles, Cannes,

Les Saintes-Maries-de-la-Mer und Aix-en-Provence stattfinden, bekommt man ohne rechtzeitige Reservierung keine einzige Unterkunft mehr.

Hotels

Wie überall in Frankreich sind die Hotels in vier, mit Sternchen gekennzeichnete Kategorien eingeteilt. Die **Klassifizierung** – ersichtlich an einem blauen Schild am Eingang – reicht vom Luxushotel über die gehobene Mittelklasse bis hin zum durchschnittlichen Zwei-Sterne-Hotel und dem einfachen Ein-Stern-Hotel. Die Sterne beziehen sich nur auf den Komfort, nicht auf die Preise. Doch sollte man sich nicht allzu sehr von den Sternen leiten lassen, ein niedriger eingestuftes Hotel kann einem höheren durchaus an Sauberkeit, Ausstattung und Flair überlegen sein. Ein Kriterium für ein Drei-Sterne-Hotel ist beispielsweise, dass die Badezimmer mit einem Fön ausgestattet sind und das Frühstück auf Wunsch im Zimmer serviert wird; ein Zimmer in einem Vier-Sterne-Hotel muss mindestens 14 Quadratmeter groß sein und ab zwei Stockwerken einen Aufzug besitzen. Neben den klassifizierten Hotels gibt es Beherbergungsbetriebe ohne Stern – dies muss aber keineswegs bedeuten, dass die Ausstattung schlechter wäre als die eines Ein-Stern-Hotels. Wer sich gerne mit eigenen Augen von der Lage und Ausstattung des Zimmers überzeugen möchte, sollte ruhig fragen, ob er das Zimmer sehen kann. In der kälteren Jahreszeit ist es ratsam, sich vorab zu erkundigen, ob das erwünschte Zimmer über eine Heizung (*un chauffage*) verfügt (häufig handelt es sich um Elektroheizungen, Zentralheizungen sind in einfacheren Herbergen nicht so weit verbreitet).

Die **Preise** sind von mehreren Faktoren abhängig: Neben der Ausstattung der Zimmer spielt die Reisezeit sowie die Lage des Hotels eine Rolle: Hotels an der Küste sind oft deutlich teurer als im Hinterland. Während der Hauptreisezeit (Ende Juni bis Anfang September) ziehen die Übernachtungspreise deutlich an, bei längeren Aufenthalten lässt sich über einen Preisnachlass verhandeln. Die Hotels sind verpflichtet, die aktuellen Preise am Eingang, an der Rezeption sowie in den Zimmern auszuhängen. Das folgende grobe Schema soll als Orientierungshilfe dienen:

Ein Doppelzimmer ohne Frühstück kostet in einem Ein-Stern-Hotel 35–55 €, in einem Zwei-Sterne-Hotel 45–95 €, in einem Drei-Sterne-Hotel 60–150 €; ein Zimmer in einem Vier-Sterne-Hotel ist nicht unter 100 € zu bekommen. In den wenigen Hotels der Luxusklasse (****L) ist preislich beinahe alles möglich.

Freiheit für die Beine!

Auch wenn die Franzosen seit der Revolution die Freiheit zu einem Bürgerrecht erhoben haben, gilt diese Freiheit nicht für die Beine in einem französischen Bett. Die Franzosen stopfen nämlich die Zudecke rundherum unter die Matratze, wodurch das Ganze einem überdimensionalen Schlafsack ähnelt, der nur am Kopfende einen Einschlupf freilässt. Wer gerne mal ein Bein ins Freie streckt, muss das nächtliche Gefängnis erst einmal zerstören. Doch vergeblich. Das Hotelpersonal wird nicht müde, den ursprünglichen Zustand wieder herzustellen, denn ein Bett mit allseitig freiem Zugang ist für einen Franzosen scheinbar ein nicht akzeptabler Zustand.

Die Franzosen unterscheiden zwischen einem Zimmer mit zwei Betten (*une chambre à deux lits*) und einem Zimmer mit einem breiten Französischen Bett (*une chambre avec un grand lit*); Letzteres ist in der Regel etwas günstiger. Allerdings ist das Französische Bett in der Regel nur 135 oder 140 Zentimeter breit, so dass sich eine gewisse nächtliche Nähe fast zwangsläufig einstellt. Hinzu kommt, dass es nur eine Zudecke gibt und man anstelle von zwei Kopfkissen (*oreiller*) mit einer fürchterlichen Bettwurst (*traversin*) vorlieb nehmen muss. Wer also nicht als Liebespaar unterwegs ist, sollte darauf Wert legen, ein Zimmer mit zwei Betten zu reservieren. Einzelreisende werden durch die Übernachtungspreise häufig benachteiligt, da zumeist für das Zimmer bezahlt wird, gleichgültig, ob man alleine oder zu zweit im Bett liegt. Wenn überhaupt, ist ein Einzelzimmer nur unwesentlich günstiger als ein gleich ausgestattetes Zweibettzimmer.

Da in den Zimmerpreisen nur in seltenen Fällen das **Frühstück** (*petit déjeuner*) inbegriffen ist, erscheint es günstiger und authentischer, sein Croissant im nächsten Café zu ordern; nach wie vor ist das Frühstücksangebot ein Schwachpunkt im französischen Hotelgewerbe. Wenn für Tee oder Kaffee, ein Glas Orangensaft, Brötchen und Croissant, die mit Butter und abgepackter Marmelade bestrichen werden können, zwischen 5 € und 12 € berechnet werden, hinkt das Preis-Leistungs-Verhältnis entschieden. In der Regel kann man davon ausgehen, dass für ein Frühstück zwischen 15 und 20 Prozent des Übernachtungspreises veranschlagt werden.

Besitzt das jeweilige Hotel ein eigenes Restaurant, wird es gerne gesehen, wenn die Gäste dort auch zu Abend essen. Allerdings ist die preislich zumeist günstige Halbpension nicht verpflichtend. Eine Ausnahme besteht während der Hochsaison, wenn manche Hoteliers an der Küste ihre Zimmer nur in Verbindung mit Halbpension vermieten; wer dies nicht will, muss sich eben anderweitig nach einem Zimmer umsehen.

Hotelketten und -vereinigungen

Die zahlreichen Häuser der Hotelketten (Ibis, Novotel, Campanile, Nuit d'Hôtel, Climat de France etc.), die zumeist in Gewerbegebieten an den Autobahnausfahrten und Nationalstraßen zu finden sind, eignen sich zwar nicht für einen Ferienaufenthalt, sind aber zum Übernachten auf der Durchreise geradezu ideal. Am preisgünstigsten sind die über 300 französischen **Formule-1-Hotels**. Man kann zwar über die „Hotelcontainer" verächtlich die Nase rümpfen, aber der Einheitspreis von etwa 33 € pro Zimmer (1–3 Personen) und Nacht ist unschlagbar. Jedes Zimmer besitzt ein Doppel- und ein Etagenbett, Farbfernseher mit Weckeinrichtung sowie ein Waschbecken. Für das wenig berauschende Selbstbedienungsfrühstück (keine Pflicht) werden ca. 4 € berechnet. Duschen und Toiletten sind Gemeinschaftseinrichtungen. Wegen der großen Nachfrage empfiehlt sich eine Reservierung (Achtung: Die Rezeptionen sind nur von 6.30–10 Uhr und 17–22 Uhr besetzt). Eine aktuelle Informationsbroschüre mit den Adressen und Telefonnummern aller Formule-1-Hotels liegt in den Hotels aus. Für ungefähr 40 € verfügen die Hotels (z. B. Premiere Class, Etap) sogar über eine eigene Dusche und ein eigenes WC im Zimmer.

Hotelsuche: Hilfreich ist folgende Homepage, die getrennt nach Départements zahlreiche Hotels der Region auflistet und direkt verlinkt: www.sites-hotels.com/paca/index.htm.

Relais & Châteaux: Erlesener Kreis exklusiver Hotels, wie der Name bereits andeutet, häufig in Schlössern oder anderen historischen Gemäuern.
Information www.relaischateaux.com.

Châteaux et Hotels France: Zusammenschluss von unabhängigen Hotels mit stilvollem Ambiente. Entweder handelt es sich dabei um Schlosshotels oder um besonders charmante Beherbergungsbetriebe in ländlichen Regionen, die preislich meist im 3- oder 4-Sterne-Bereich angesiedelt sind.
Kontaktadresse RTB-REISEN, Platter Straße 87, 65232 Taunusstein ☎ 06128/982513, www.chateauxethotels.com.

Silencehotel: Individuelle Hotels, die sich durch eine ruhige Lage abseits großer Verkehrsstraßen auszeichnen.
Information Relais du Silence, 17, rue d'Ouessant, 75015 Paris, ☎ 0033/014497900. Sekretariat in Deutschland: c/o Parkhotel Bayersoien am See, Am Kurpark 1, D-82435 Bayersoien am See, ☎ 08845/12110, ℻ 08845/8398. www.relaisdusilence.com.

Logis (Logis de France): Gemütliche, nicht allzu teure Hotels; es handelt sich zumeist um familiär geführte Unterkünfte der Zwei-Sterne-Klasse mit angegliedertem Restaurant, das sich auf die Zubereitung lokaler Spezialitäten versteht.
Information Fédération Nationale des Logis de France, 83, avenue d'Italie, F-75013 Paris, ☎ 0033/0145848384, www.logis-de-france.fr.

Chambres d'hôtes: In kleineren Städten und Dörfern werden häufig auch Gästezimmer (*Chambres d'hôtes*) mit Frühstück vermietet. Sie sind vergleichbar mit dem englischen *Bed and Breakfast*. Diese rund 5.000 – steigende Tendenz! – in der Region Provence-Côte d'Azur angebotenen Unterkunftsmöglichkeiten bieten viel Kontakt zu den Gastgebern, Sprachkenntnisse vorausgesetzt; manche von ihnen sind (Nebenerwerbs-) Landwirte, andere haben sich erst unlängst in der Provence niedergelassen und freuen sich über Kontakte zu Reisenden. Obwohl in einem *Chambre d'hôtes* höchstens fünf Gästezimmer angeboten werden dürfen, leben manche Vermieter hauptsächlich von diesen Einnahmen. Für ein Doppelzimmer sind dabei je nach Komfort zwischen 45 und 70 € (inkl. Frühstück) zu veranschlagen. Gelegentlich gibt es auch sehr luxuriöse Zimmer in historischen Gemäuern, zu denen fast wie selbstverständlich ein Swimmingpool gehört. Der große Komfort lässt dann auch einen Preis von über 100 € für das Doppelzimmer als gerechtfertigt erscheinen. Diese Luxusvariante wirbt auch gerne unter der Bezeichnung *Maison d'hôtes* oder *Demeure d'hôtes*. Gelegentlich erwartet die Gäste ein landestypisches Abendmenü im Kreise der Gastgeber (*table d'hôtes*), das zum Preis von 20–30 € oft auch die Getränke beinhaltet.
Information Maison des Gîtes de France et du Tourisme Vert, 59, rue Saint Lazare, 75439 Paris Cédex 09, ☎ 0033/0149707575, ℻ 0142812853, www.gites-de-france.fr. Weitere Anbieter: www.chambres-hotes.org u. www.fleursdesoleil.fr u. www.chambresdhotes.fr.

Gîtes ruraux: Hinter dieser Bezeichnung verbergen sich Unterkünfte (Ferienwohnungen oder Häuser) in ländlicher Umgebung, die zumeist wochenweise vermietet werden.
Information Fédération Nationale des Gîtes ruraux de France, 35, rue Godot de Mauroy, 75009 Paris, ☎ 0033/0149707575.

Gîte d'étape: Diese speziell auf Wanderer eingestellten Unterkünfte trifft man vor allem in den entlegeneren Regionen an. Zumeist erfolgt die Unterbringung in Mehrbettzimmern; da nicht immer Bettwäsche und Handtücher gestellt werden, sollte man sich über die Serviceleistungen zuvor informieren oder sicherheitshalber einen Schlafsack im Gepäck mitführen. Der Standard ist unterschiedlich und wird mit Ähren statt mit Sternen angegeben.

Information www.gite-etape.com.

Ferienhäuser und -wohnungen

Frankreich besitzt das dichteste Netz von Ferienhäusern und -wohnungen in ganz Europa. Nicht nur bei Familien ist diese Urlaubsform eine willkommene Alternative zu Hotels und Pensionen. Zwar sind sie nicht immer wesentlich billiger, ermöglichen aber einen selbst bestimmten Tagesablauf, und wer in den Ferien mit Kindern unterwegs ist, weiß diese Freiheit zu schätzen. Das Angebot ist schier unüberschaubar und reicht von pompösen Villen über modern ausgestattete Appartements in einer luxuriösen Ferienanlage (Swimmingpool und diverse Freizeitaktivitäten inbegriffen) bis zum einfachen, schnuckeligen Bauernhaus. Mehr als ein Dutzend ansprechender, gut ausgestatteter Ferienresidenzen und Clubdörfer entlang der Côte d'Azur sowie in der Provence finden sich im aktuellen Katalog von **Pierre & Vacances**. Die Anlagen (allesamt mit Swimmingpool) liegen abseits des Trubels und bieten zahlreiche Freizeitaktivitäten. Deutsche Zentrale: Kaltenbornweg 1–3, 50649 Köln, ✆ 01805/901011 (0,14 €/Min.), www.pv-holidays.de.

Zusätzlich zu den reich bebilderten Katalogen der professionellen Agenturen – hier finden sich vor allem in der Nebensaison verlockende Angebote – kann man sich auch an das Tourismusbüro des jeweiligen Ferienortes wenden. Jedes *Syndicat d'Initiative* bzw. *Office de Tourisme* hält gewöhnlich eine Liste der zur Verfügung stehenden *Studios*, *Meublées*, *Résidences* oder *Appartements* bereit und verschickt diese auf Anfrage. Eine andere lohnenswerte Alternative sind die zahlreichen Kleinanzeigen im Reiseteil der großen überregionalen Zeitungen (FAZ, SZ, ZEIT). Die hier angebotenen Feriendomizile sind in der Regel etwas günstiger, da keine Vermittlungsprovision erhoben wird. Treten mit privaten Vermietern allerdings Probleme auf, ist es oft sehr schwierig bis unmöglich, seine Regressansprüche geltend zu machen. Die **Mietdauer** beträgt normalerweise

Unterkunftstipps von anno dazumal

„Wer irgendwo Winterstation macht, prüfe genau die zu wählende Wohnung und ziehe den Arzt zu Rate, ehe er den unentbehrlichen Mietkontrakt unterzeichnet. Die Wohnung muß vor allen Dingen trocken und nach Süden gelegen, der in der Regel steinerne Fußboden muß mit dicken Teppichen versehen sein. Fenster und Thüren müssen gut schließen. Kamine und Öfen sind auf ihre Güte (insbesondere ob sie nicht rauchen) zu prüfen, denn sie sind in der kältesten Zeit unentbehrlich. Der Deutsche, weit eher als der weniger luftscheue Engländer, versieht es jedoch häufig darin, daß er viel zu früh im Vorwinter zu heizen anfängt, die Zimmer zu stark erwärmt und sich länger, als es für die Gesundheit erforderlich ist, in ihnen aufhält. An der Riviera ist es geradezu zur Unsitte geworden, daß die Kranken die Morgenstunden, oft die beste Zeit zum Luftgenuß, versäumen und erst gegen Mittag ihr Zimmer verlassen"; mit diesen praktischen Ratschlägen versehen, schickte der Baedecker 1902 seine Leser an die französische Riviera.

Ein guter Start in den Tag...

eine bis mehrere volle Wochen, wobei als An- und Abreisetag der Samstag gilt. In der Nebensaison lässt sich die Mietdauer aber oft individuell regeln.

Die von der Lage und Ausstattung abhängigen **Preise** schwanken je nach Saison beträchtlich, in der Hauptsaison wird meist das Doppelte verlangt. In der Regel sind Wohnungen oder Häuser entlang der Côte d'Azur teurer als im Hinterland. Einen wichtigen Preisfaktor stellen auch die Nebenkosten dar. Strom, Wasser, Heizung, Bettwäsche und die Endreinigung lassen den Mietpreis schnell um 50 € steigen. Das Preis- und Leistungsspektrum ist enorm: Einfache, kleine Ferienwohnungen kosten je nach Saison pro Woche zwischen 250 und 500 €, für eine große, luxuriöse Villa mit eigenem Swimmingpool wird im August pro Woche leicht 2.000 Euro und mehr berechnet – dafür ist dann aber auch eine Haushälterin im Preis inbegriffen ...

• *Professionelle Agenturen* **Alpimar**, Wendelsteinweg 1, 85738 Garching, ✆ 089/329468 40, ℻ 089/32946848. www.alpimar.com.

Cuendet, Gotenring 11, 20937 Hamburg, ✆ 0800/1800114. www.cuendet.de.

France Vacances & Vins, Hirschbergweg 4, 82140 Olching, ✆ 08142/487091, ℻ 08142/4877 02, www.france-vacances.de.

E-Domizil, Eschborner Landstr. 41–51, 60489 Frankfurt/Main, ✆ 0800/33664945, www.e-domizil.de.

Gîtes de France, 59, rue Saint Lazare, F-75009 Paris, ✆ 0033/0149707575, ℻ 0033/014281 2853, www.gites-de-france.fr.

Inter Chalet, Heinrich-von-Stefan-Straße 25, D-79021 Freiburg, ✆ 0761/210077, ℻ 0761/2100 54, www.interchalet.com.

Lagrange, Schwabstr. 47, D-70197 Stuttgart, ✆ 0711/611118, ℻ 0711/610411, www.lagrange-holidays.de.

Marion Kutschank Feriendomizile, Schlesierstr. 10, D-79117 Freiburg, ✆ 0761/ 677 66, ℻ 7043126, www.ferienhaus.com.

RB-Tours, Postfach 1115, D-83247 Marquartstein, ✆ 08641/63081, ℻ 08641/7820, www.rb-tours.de.

Ursula Lotze, Niederkasseler Kirchweg 8, D-40547 Düsseldorf, ✆ 0211/555734, ℻ 0211/ 588469, www.lotze.de.

Wolters Reisen, Bremer Str. 61, D-28816 Stuhr/Bremen, ✆ 0421/8999-290, ℻ 0421/801447, www.wolters-reisen.de.

Jugendherbergen

In Südfrankreich existiert ein relativ dichtes Jugendherbergsnetz. Eine Übernachtung in einer *Auberge de Jeunesse* setzt auch in Frankreich den Besitz eines internationalen Jugendherbergsausweises voraus, eine Altersbegrenzung wie z. B. in Bayern gibt es hingegen nicht. Der internationale Jugendherbergsausweis kann entweder beim Deutschen Jugendherbergswerk oder seinem französischen Pendant erworben werden. Die französischen Jugendherbergen sind in vier, durch Bäume gekennzeichnete Kategorien eingeteilt. Die Preise der Herbergen variieren je nach Ausstattung; eine Übernachtung kostet derzeit zwischen 10 € und 18,50 €, das Frühstück (*petit déjeuner*) ist in der höchsten Kategorie inbegriffen, ansonsten werden ca. 4 € zusätzlich berechnet, ein warmes Abendessen kostet in der Regel 10 €. Der Jugendherbergsschlafsack ist bei zwei Übernachtungen im Preis inbegriffen.

Jugendherbergen gibt es beispielsweise in Aix-en-Provence, Arles, Cassis, Fontaine-de-Vaucluse, Fréjus/St. Raphaël, La Palud-sur-Verdon, Les-Saintes-Maries-de-la-Mer, im Lubéron, Manosque, Marseille (2x), Menton, Nîmes, Nizza und Tarascon. Manche Jugendherbergen bieten ihren Gästen Preisnachlässe für diverse Freizeitaktivitäten; in den Sommermonaten kann eine rechtzeitige Reservierung hilfreich sein.

Aktuelle Verzeichnisse zu Jugendherbergen hält neben dem jeweiligen Landesverband auch das Französische Fremdenverkehrsamt bereit:

• *Weitere Informationen* **Deutsches Jugendherbergswerk**, Bismarckstr. 8, Postfach 1455, 32756 Detmold, ✆ 05231/99360, 📠 05231/999590, www.djh.de.

Fédération Unie des Auberges de Jeunesse (FUAJ) Centre National, 27, rue Pajol, 75018 Paris, ✆ 0033/0144898727, 📠 0033/ 0144898749. Centre Information Jeunesse Cote d'Azur, 19, rue Gioffredo, 06000 Nice, ✆ 0033/0493809393, 📠 0033/0493803033, www.fuaj.org.

Camping

Bei mehr als 9.000 Campingplätzen in ganz Frankreich treffen Camper besonders im Süden des Landes auf nahezu ideale Voraussetzungen. Einen Platz zu finden, bereitet außerhalb der Hochsaison keine Schwierigkeiten; an manchen Abschnitten der französischen Mittelmeerküste sind die Campingplätze gar wie Perlen aneinander gereiht. Trotz dieses riesigen Angebots sind im Juli und August viele Zeltplätze hoffnungslos überfüllt. Bis auf wenige Ausnahmen haben alle Campingplätze von Juni bis Ende September geöffnet, manche sogar das ganze Jahr über.

Hinweis: Auch wer ohne eigenes Zelt oder Motorhome nach Südfrankreich reist, findet auf komfortablen Zeltplätzen, die sich auch gerne als *Hôtels de plein air* bezeichnen, Übernachtungsmöglichkeiten vor. Neben voll ausgestatteten Hauszelten werden oft auch Wohnwagen, Chalets und Bungalows vermietet.

Wildzelten ist hingegen wegen der Waldbrandgefahr verboten, ein Verstoß wird streng geahndet. Wer abseits der öffentlichen Plätze campen will, holt sich am besten beim Grundstückseigentümer die Erlaubnis. Besitzer von Wohnmobilen werden oft Schwierigkeiten haben, ihr Fahrzeug auf einem Parkplatz in Strandnähe abzustellen, da die Gemeinden, um kostenloses Übernachten zu verhindern, durch

Höhenbarrieren nur niedrigen Fahrzeugen die Zufahrt ermöglichen. Leute, die am Strand schlafen, sind ungern gesehen; vor allem in den Tourismusmetropolen wie Cannes und Nizza muss man damit rechnen, von der Polizei am frühen Morgen recht rüde geweckt zu werden. Wer nicht sofort senkrecht in seinem Schlafsack steht, bekommt einen Eimer Salzwasser ins Gesicht.

Stilles Plätzchen am See

Die französischen Campingplätze sind ähnlich den Hotels mittels Sternchen in vier Kategorien eingeteilt. Die Anzahl der Sterne spiegelt einzig den Standard der Ausstattung wider, sie sagt nichts darüber aus, ob die Campinganlage in einer reizvollen Landschaft liegt bzw. ob die Plätze schattig sind. Manch schlichter *Camping Municipal* ist daher einem Vier-Sterne-Luxus-Platz mit Swimmingpool, Tennisplatz und allabendlicher Animation an Atmosphäre bei weitem überlegen. Prinzipiell gilt: Ausstattung und Preise nehmen mit der Zahl der Sterne zu:

* Sanitäre Minimalausstattung, meist nur Kaltwasserduschen. Unbewachte Anlage.

** Das Campingareal ist für gewöhnlich gut erschlossen und parzelliert, Warmwasserduschen und individuelle Waschbecken mit Steckdosen sowie ein Kinderspielplatz sind zumeist ebenfalls vorhanden.

*** Komfortabler, rund um die Uhr bewachter Campingplatz mit kleinem Lebensmittelgeschäft. Die Stellplätze besitzen einen eigenen Stromanschluss. Ein Kinderspielplatz gehört zur Grundausstattung, häufig stehen ein Swimmingpool sowie ein Tennisplatz zur Verfügung.

**** Luxus-Camping mit fast obligatorischem Swimmingpool und diversen Sport- und Animationsangeboten (Disco etc.). Die sanitäre Ausstattung lässt nichts zu wünschen übrig. Die Geschäfte ähneln gelegentlich kleinen Supermärkten, ein Restaurant – oftmals eine Pizzeria – ist ebenso vorhanden.

Camping à la ferme: Camping auf dem Bauernhof; eine kleine Wiese, wenig sanitärer Komfort, aber viel Flair. Aufgrund der geringen Stellplatzzahl sind diese Campingmöglichkeiten im praktischen Teil des Reiseführers nur selten aufgeführt. Hinweistafeln beachten!

Preise: Zwei Personen mit Auto und Zelt bzw. einem Wohnmobil müssen für eine Übernachtung auf einem komfortablen Vier-Sterne-Platz 15 bis 25 €, in der Hochsaison gar bis 35 € zahlen, auf einem bescheidenen Ein-Stern-Platz kostet die Nacht zwischen 8 und 12 €. Die Preisangaben bei den Beschreibungen der jeweiligen Campingplätze im reisepraktischen Teil dieses Buches beziehen sich – wenn nicht anders angegeben – auf zwei Erwachsene, ein Auto und ein Zelt in der Hauptsaison.

Infos www.campinginfrankreich.de.

In vielen Chambres d'Hôtes treffen sich die Gäste abends zur gemeinsamen Tafelrunde

Essen und Trinken

Provenzalische Tafelfreuden

Rosmarin, Thymian, Majoran, Oregano, Estragon, Fenchel, Basilikum und Salbei – mit anderen Worten, die berühmten „Herbes de Provence" sind unverzichtbarer Bestandteil der bodenständigen provenzalischen Küche.

Neben den klassischen Kräutern der Provence, die selbstverständlich nicht wahllos in ihrer Gesamtheit Verwendung finden, sondern gekonnt zur Verfeinerung der Speisen eingesetzt werden, kommt aber auch kein Koch ohne Pfeffer, Olivenöl und Knoblauch aus. Die beiden Letzteren bilden zusammen mit Eigelb und Zitronensaft die Grundlage des allgegenwärtigen *Aïoli*, einer würzigen Knoblauchmayonnaise, die nicht als Zutat eines Gerichtes, sondern im Mittelpunkt einer Mahlzeit steht, zu der Fisch, Lammkoteletts, Kartoffeln und verschiedene Gemüsearten gereicht werden. Frédéric Mistral rühmte einst das *Aïoli*, weil die Creme „in ihrem Wesen die Hitze, die Stärke, die Liebenswürdigkeit der Provence vereint – und daneben die angenehme Eigenschaft besitzt, Fliegen zu vertreiben". Zum Salzen verwendet man gerne Meersalz aus der Camargue, besonders beliebt ist das *Fleur de Sel*, denn die in Handarbeit von der Wasseroberfläche abgeschöpfte „Salzblume" zeichnet sich durch einen besonders milden Geschmack aus.

Besonderen Wert legen die Provenzalen auf frische Zutaten, Tiefkühl- und Dosenkost sind verpönt, wenngleich die Mikrowelle ihren Triumphzug bis ins letzte Dorf hinein fortgesetzt hat. Neben Gemüsegerichten wie *Ratatouille* – ein aus Auberginen, Paprika, Zucchini, Zwiebeln und viel Knoblauch bestehender Gemüseeintopf – spielen **Meeresfrüchte** und **Fisch** traditionell eine große Rolle: Da die Fanggründe des Mittelmeeres heute nicht mehr sehr ergiebig sind, wird zwangsweise Atlantikfisch importiert. Das Spektrum der angebotenen Fischgerichte ist daher noch immer sehr vielfältig: Es reicht von Edelfischen, die vorzugsweise gegrillt werden, über Stockfisch (*stocaficada*) bis hin zu Seeigeln (*oursins*); Letztere werden nicht nur in Cassis mit Vorliebe dutzendweise verspeist. Die roh in der Schale servierten, nur mit Weißwein angemachten Seeigel sind aber sicherlich nicht jedermanns Sache. Ein regelrechtes Muss ist hingegen die *Bouillabaisse*. Über die exakte Zusammensetzung des wohl berühmtesten Fischgerichts der Welt gehen die Meinungen zwar auseinander, als unverzichtbare Zutaten gelten aber Drachenkopf (*racasse*), Knurrhahn (*grondin*), Seeaal (*congre*) sowie weitere fangfrische kleinere Fische, wobei in eine „echte" *Bouillabaisse* weder Langusten noch Meeresfrüchte gehören. Serviert wird die *Bouillabaisse* zusammen mit einer *Rouille*, worunter man eine sämige Sauce versteht, die aus Knoblauch, scharfen Pfefferschoten, Salz, Pfeffer, Safran und Olivenöl zubereitet wird. Sehr hoch geschätzt wird auch die *Bourride*, eine der *Bouillabaisse* ähnelnde Fischsuppe, die mit Aïoli gebunden wird und zu deren festen Zutaten Seeteufel (*boudroie*), Seehecht (*merlan*) und Wolfsbarsch (*loup*) gehören.

Fleischgerichten kommt in der Provence und Côte d'Azur nicht die gleiche Bedeutung zu wie im übrigen Frankreich. Sehr häufig wird eine leckere *Daube* angeboten, ein in Rotwein geschmortes Rindfleischragout, das es auch als camarguaisische Variante (*Daube de Gardian*) gibt. Um manche deftige Spezialitäten, wie *Pieds et Paquets*, in Weißwein und Kalbsfond gekochter Schweinebauch mit Pansen sowie Lammfüße und -kutteln, werden viele einen Bogen machen, doch gehören sie zu den typisch provenzalischen Gerichten. Aufgrund der in weiten Teilen der Provence kaum vorhandenen Wälder spielen Wildgerichte traditionell nur eine unbedeutende Rolle, auch werden kaum noch die einst so begehrten Singvögel verzehrt. Sehr beliebt sind hingegen Lammgerichte; das auf den würzigen provenzalischen Weiden gezüchtete **Lamm** (*agneau*) genießt in Feinschmeckerkreisen einen ausgezeichneten Ruf. Allerdings stammt nicht jedes in Sisteron geschlachtete Lamm von den heimischen Weiden, aus ganz Frankreich werden die Lämmer zum Schlachthaus von Sisteron gekarrt, um ihnen das berühmte Prädikat zu verleihen.

> „Ich habe beinahe eine Vergiftung durch den Knoblauch erlitten, den sie ihren Ragouts und allen Soßen beimengen; und nicht nur allein das, der Geruch haftet sowohl den Schlafkammern als auch jedem Menschen an, dem man sich nähert."
>
> *Tobias Smollett, „Reise durch Frankreich und Italien" (1763)*

Suppenliebhaber werden vor allem an zwei Gerichten ihre helle Freude haben: Unbedingt versuchen sollte man die *Soupe au Pistou*, im Namen schwingt noch das ligurische *Pesto* mit: Die **Suppe** erhält ihren unverkennbaren Geschmack durch eine Paste aus Basilikum, Knoblauch, Olivenöl und Käse. Ebenfalls sehr lecker ist *Aigo-boulido*, eine Knoblauchsuppe, die mit Olivenöl, Salbei und anderen Kräutern verfeinert wird.

Trotz ihrer geographischen Kleinräumigkeit besitzen die einzelnen Regionen der Provence und der Côte d'Azur auch ihre kulinarischen Spezialitäten. So weist die Küche in der einstigen Grafschaft Nizza noch deutlich italienische Züge auf. Leckere Teiggerichte wie Ravioli, aber auch Gnocchi versteht man frisch und kenntnisreich zuzubereiten. Ein Klassiker ist natürlich die *Salade Niçoise*, wobei die Meinungen über das „Urrezept" deutlich auseinander gehen. Auf jeden Fall sollten aber Tomaten, Pfefferschoten, Sellerie, ein hart gekochtes Ei, Anchovisfilets, Thunfisch und schwarze Oliven dabei sein. Oft haben auch kleinere Städte und Dörfer ihre eigenen Spezialitäten, ein traditionelles Gericht aus Grasse ist beispielsweise *Fassum*, ein mit Schweine- und Rindfleisch sowie Erbsen gefüllter Kohl.

Im Gegensatz zur Normandie und anderen französischen Regionen hat die Provence keine großen **Käsesorten** hervorgebracht. Milchkühe sind rar, so dass hauptsächlich Schafs- oder Ziegenkäse (*chèvre*) angeboten wird. Am bekanntesten ist der *Banon de Banon*, ein in Kastanienblättern gereifter Ziegenkäse aus der Haute-Provence, der je nach Reifegrad mild und cremig oder pikant bis leicht säuerlich schmeckt. Dem Banon wurde 2003 mit einer Appellation d'Origine Contrôlée (AOC) gewissermaßen der „Ritterschlag" verliehen, da diese Auszeichnung nur wenigen erlesenen Käsesorten vorbehalten ist.

Wer die Abwechslung liebt, findet in den größeren Städten mehrere Restaurants mit internationaler Küche, wobei die nordafrikanischen, vietnamesischen und thailändischen Lokale auf kulinarische Weise an die koloniale Vergangenheit Frankreichs erinnern. Selbstverständlich gibt es in allen Städten zahlreiche Fast-Food-Stände, auf die wir hier nicht näher eingehen wollen.

Die französische Küche hat ihren Preis

Ein durchschnittliches Menü mit Vorspeise, Hauptgericht und Dessert schlägt mit mindestens 15 € zu Buche, in der Regel wird man mit 18 bis 35 € rechnen müssen. Es gibt nur wenige ländliche Restaurants, die diese 15-Euro-Grenze geringfügig unterschreiten. Wer hingegen in edlem Ambiente über vier oder fünf Gänge hinweg dinieren möchte, wird leicht das Doppelte los. Die Preisspannen der bekannten Gourmetrestaurants bewegen sich ab 40 € aufwärts. *A la carte* zu bestellen lohnt sich nur in den seltensten Fällen, meist ist eine selbst zusammengestellte, dreigängige Mahlzeit mindestens eineinhalb mal so teuer wie ein vergleichbares Menü. Deutlich günstiger sind die Preise für ein Mittagsmenü, in sehr touristischen Regionen ist allerdings Vorsicht angebracht, da sie oft nicht halten, was sie versprechen. Ein Tipp für alle, die mit einer eher knapp bemessenen Reisekasse unterwegs sind, aber anspruchsvolle Gaumenfreuden nicht missen möchten: Statt abends 15 € für ein langweiliges 08/15-Menü ohne Wein auszugeben, empfiehlt es sich, zur Mittagszeit in einem wohlfeilen Restaurant zu tafeln – die Rechnung für ein Mittagsmenü oder Tagesgericht (*plat du jour*) fällt dann nämlich nur unwesentlich höher aus, die Qualitätsunterschiede können jedoch beachtlich sein. Hinweis: Die für mittags angegebenen Preise beziehen sich fast immer auf Werktage.

Andere Länder, andere Sitten

Der Gemeinplatz „andere Länder, andere Sitten" charakterisiert wohl am treffendsten die Esskultur eines Landes. Die französischen **Essgewohnheiten** unterscheiden sich in vielerlei Hinsicht von denen ihrer deutschsprachigen Nachbarländer. Das Frühstück (*petit déjeuner*) beispielsweise fällt wie in allen romanischen Ländern eher karg aus, eine Schale Milchkaffee (*café au lait*) und ein

Auch das Auge isst mit!

Croissant genügen den meisten Franzosen bis zum Mittagessen (*déjeuner*). Auch pflegen die Franzosen in der Regel später als die Deutschen zu essen. Mittags füllen sich die Restaurants erst ab 12.30 Uhr, mit dem Abendessen (*dîner*) wird kaum vor 19.30 Uhr begonnen. Zum Essen sollte man viel Zeit mitbringen, da sich ein Menü mit drei oder vier Gängen leicht über zwei Stunden erstrecken kann. Aus diesem Grund werden die Tische in guten Restaurants pro Abend nur einmal vergeben. Wer mittags nur schnell eine Kleinigkeit zu sich nehmen will, ist daher in einem Café, einem Bistro oder einer Brasserie besser aufgehoben. Die französische Höflichkeit gebietet, dass der Gast im Restaurant nicht einfach den nächstbesten freien Tisch ansteuert, sondern sich am Eingang geduldet, bis ihm ein Platz angeboten wird; eigene Wünsche können selbstverständlich geäußert werden. Die Bedienung wird mit Madame beziehungsweise Monsieur angesprochen. In der Hochsaison ist vor allem abends eine Reservierung dringend zu empfehlen – man erspart es sich, mit hungrigem Magen und dem Hinweis *complet* abgewiesen zu werden. Im Restaurant wird erwartet, dass man sich zumindest für ein dreigängiges Menü entscheidet, mittags kann man allerdings – falls angeboten – problemlos nur das Tagesgericht (*plat du jour*) ordern. Obwohl eine Karaffe mit einfachem Leitungswasser – das leider oftmals stark nach Chlor schmeckt – sowie Brot (zumeist *baguette*) kostenlos zu jedem Essen gereicht werden, bestellen die Franzosen zum Wein oft noch ein stilles (*Vittel*, *Evian* etc.) oder kohlensäurearmes Mineralwasser (*Badoit*, *Vichy*, *Pellegrino* etc.); am meisten Kohlensäure enthält das an seiner grünen Glasflasche leicht zu erkennende *Perrier*. Zwar verkündet ein geflügeltes deutsches Sprichwort, Käse schließe den Magen, die Franzosen lassen auf den Käsegang aber meist noch ein Dessert oder Obst folgen. Zum Ausklang genehmigt man sich häufig einen kleinen Kaffee ohne Milch.

Die Rechnung (*addition*) wird erst nach Aufforderung gebracht, wobei man dies diskret andeutet oder höflich darum ersucht: *L'addition, s'il vous plaît!* In Frankreich ist es nicht üblich, getrennt zu bezahlen. Wer also in einer größeren Gruppe Essen geht, sollte sich vorher absprechen, wer die Rechnung begleicht, und erst hinterher den Betrag aufteilen. Die Bedienung ist im Restaurant zwar ausnahmslos im Preis inbegriffen (*service compris*), zwischen 5 und 10 Prozent **Trinkgeld** (*pourboire*) sind je nach Zufriedenheit dennoch angemessen; sich Minimalbeträge herausgeben zu lassen, gilt als unhöflich. Das Bedienungspersonal ist wegen seines geringen Grundlohns auf Trinkgeld angewiesen, das man üblicherweise nach der Bezahlung auf dem Tisch zurücklässt.

Hinweis: Ein Speise- und Getränkelexikon finden Sie im Anhang, am Ende dieses Reiseführers.

Weinlese am Rand des Lubéron

Wein

Neben den Amphitheatern, Tempeln und Thermen ist der Weinbau eine der herausragendsten kulturellen Hinterlassenschaften der Griechen und Römer. Die in Gallien lebenden Römer betrieben den lukrativen Weinbau mit solchem Eifer, dass Kaiser Domitian bereits im Jahre 96 eine weitere Ausdehnung der Weinanbauflächen untersagte, um die italienischen Weine vor der gallischen Konkurrenz zu schützen.

Die Zeiten ändern sich bekanntlich: Heute versuchen die französischen Weinbauern, ihre Produkte durch ein Gütesiegel (**A.O.C.** = *Appellation d'Origine Contrôlée*), das eine bestimmte Herkunft garantiert, zu schützen. Dies bedeutet aber nicht, dass ein Landwein (*vin de pays*) ohne A.O.C.-Siegel automatisch von minderwertiger Qualität sein muss, genauso wenig verspricht jeder A.O.C.-Wein höchsten Trinkgenuss. Die bekanntesten provenzalischen Weinanbaugebiete sind neben dem berühmten Châteauneuf-du-Pape Cassis, Bandol, Côtes de Provence, Côtes du Rhône, Côtes du Lubéron und Côtes du Ventoux. Die Bezeichnung Côtes du Rhône garantiert hingegen keine provenzalische Herkunft, denn das Anbaugebiet erstreckt sich über 200 Kilometer hinweg und reicht hinauf bis nach Vienne. Man sollte daher lieber auf einen Côtes du Rhône Villages – beispielsweise einen Rasteau – zurückgreifen, der aus einem östlich von Orange gelegenen Weinanbaugebiet stammt. Ein großes Lob verdienen die **Biowinzer** – zumeist Ausländer und Neulinge in der Branche. Ohne ihr anfangs belächeltes Engagement wäre der Aufschwung des südfranzösischen Weinbaus ausgeblieben. Mittlerweile setzen auch viele eingesessene Winzerfamilien auf den ökologischen Anbau und verzichten bewusst auf Kunstdünger, Herbizide und andere Gifte. Der Lohn ist nicht ausgeblieben: Die Qualität ihrer Rebensäfte hat sich deutlich verbessert.

Dennoch gibt es qualitativ schlechte Tafelweine, die als **Vin de Table** in den Handel kommen. Diese gelegentlich auch als *Vins ordinaires* bezeichneten Weine stammen teilweise von Rebsorten, die für einen Qualitätswein nicht zugelassen sind (*Carignan*, *Aramon* etc.) und werden häufig mit Weinen aus anderen Regionen verschnitten. Die zweitniedrigste französische Qualitätsstufe ist der **Vin de Pays**, der aus hochwertigen Rebensorten gewonnen wird, aber nur einer Ertragsbeschränkung von 90 Hektolitern pro Hektar Rebfläche unterliegt (zum Vergleich: bei A.C.-Weinen beträgt die Menge nur etwa 50 Hektoliter pro Hektar), so dass auch Trauben minderer Qualität gepresst werden. Unter diesen preiswerten Landweinen findet sich so manches gute, im Holzfass ausgebaute Tröpfchen, doch leider auch viel Massenware mit einem niedrigen Alkoholgehalt, der bei einem Rotwein teilweise unter 11 Volumenprozent liegt. Übrigens dürfen beide, der Vin de Pays genauso wie der Vin de Table, mit Rohrzucker angereichert werden. Diese „Chaptalisation“ ist nicht anzeigepflichtig und wird daher nicht auf dem Etikett vermerkt.

Doch zurück zu den Qualitätsweinen. Es gibt rund ein Dutzend verschiedener Appellationen in der Provence. Die bekanntesten der **Appellation Contrôlée** (A.C.) an der Rhône sind Gigondas und Vacqueyras. Als König unter den südostfranzösischen Weinen gilt der **Châteauneuf-du-Pape**; er verdankt seine außerordentliche Qualität unter anderem dem Kieselsteinboden, auf dem er gedeiht. Tagsüber speichern die einst von der Rhône angeschwemmten Kieselsteine die Sonnenhitze, die sie nachts an die Trauben abgeben; diese erreichen dadurch einen besonders hohen Reifegrad. Der Alkoholgehalt beträgt mindestens 12,5 Prozent, bei guten Jahrgängen auch schon mal 14,5 Prozent. Eine weitere

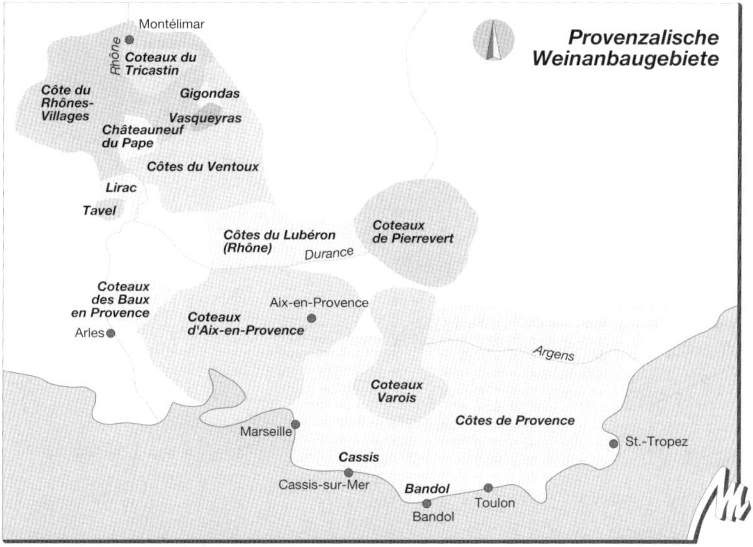

Qualitätsgarantie für einen Châteauneuf-du-Pape ist die Beschränkung der Winzer auf einen Höchstertrag von 35 Hektolitern pro Hektar Anbaufläche, was zwangsläufig zur Auslese minderwertiger Trauben führt. Einzigartig ist in Frankreich, dass insgesamt dreizehn verschiedene Rebsorten zugelassen sind, wenngleich hauptsächlich Grenache und Mourvèdre angebaut werden. Da fast 98 Prozent der Ernte als kraftvoller Rotwein in den Handel kommt, wissen die wenigsten, dass auch gute und langlebige Weißweine in Châteauneuf-du-Pape gekeltert werden. Von vergleichbarer Qualität, aber erschwinglicher ist der **Gigondas**, ein ebenfalls schwerer Roter, der zu Füßen der Dentelles de Montmirail heranreift. Auch die Appellation **Bandol** ist für ihren Rotwein bekannt. Der hauptsächlich aus Mourvèdre-Trauben gekelterte Wein mit seinem vollmundigen aromatischen Bouquet ist mehr als zehn Jahre haltbar und erfreut sich unter Weinkennern einer großen Beliebtheit. Einen ausgezeichneten Ruf genießt auch der **Coutarde**; zwar sind die Rot- und Weißweine mit der Amphore auf dem Etikett nicht billig, doch der auf dem Schieferboden der Ile de Porquerolles herangereifte und im Barrique ausgebaute Rebensaft ist seinen Preis wert. Qualitativ gute Weine bringen auch die östlich der Rhône gelegenen Anbaugebiete **Côtes du Lubéron** und **Côtes du Ventoux** hervor, wenngleich einschränkend erwähnt werden muss, dass auch große Mengen minderwertiger Tisch- und Landweine mit dieser Bezeichnung in den Supermärkten angeboten werden.

Wer ein Faible für die leichteren Rosé-Weine hat, die vor allem bei sommerlichen Temperaturen angesagt sind, dem sei der **Côtes de Provence** empfohlen. Auf einer, größtenteils zum Département Var gehörenden Fläche von 18.000 Hektar wird der Côtes de Provence angebaut. Mit einer jährlichen Produktion von rund 80 Millionen Flaschen handelt es sich um eines der größten französischen Weingebiete; fast zwangsweise kommen dabei auch körperlose, langweilige

Weinverkostung

Weine in den Handel und auf die Tische der Restaurants. Weist ein Rosé einen Alkoholgehalt von nicht einmal 11,5 Prozent auf, sollte man ihn lieber gleich im Regal stehen lassen. 75 Prozent der Ernte werden als Rosé, 20 Prozent als Rot- und 5 Prozent als Weißwein verkauft. Die bevorzugten Rebsorten für Rosé- und Rotweine sind Syrah, Cinsault, Cabernet, Carignan, Mourvèdre und Tibouren, für den Weißwein greift man auf Rolle, Sémillon, Ugni-Blanc und Clairette zurück. Die guten Rosé-Weine mit dem Côtes de Provence A.O.C.-Siegel zeichnen sich durch ihren eleganten und trockenen, aber dennoch fruchtigen Geschmack aus und werden zumeist in schwungvoll geformte Flaschen abgefüllt. Außer dem Côtes de Provence zählen noch der **Côteaux Varois** und der **Côteaux d'Aix en Provence** zu den in großen Mengen produzierten Roséweinen. Weniger bekannt hingegen ist der **Tavel**, ein orange schimmernder trockener Rosé, der aus der gleichnamigen Anbauzone nordwestlich von Avignon stammt.

Aus diesen Reben wird der berühmte Gigondas gekeltert

Weißweine sind bekanntermaßen in der Provence eher selten. Als bester Weißwein der Provence gilt zweifelsohne der **Cassis**, von dem nur ein sehr geringer Teil exportiert wird. Der auf den küstennahen Kalksteinböden herangereifte Wein – aus den Rebsorten Ugni Blanc, Clairette, Marsanne und Sauvignon erzeugt – zeichnet sich durch einen recht würzigen, aber trockenen Geschmack aus, der vor allem zu Fischgerichten hervorragend passt. Die im Hinterland der Côte d'Azur angebauten Weißweine, der **Bellet** sowie der **Villars-sur-Var,** sind ebenfalls leicht bekömmlich und trocken.

Der bekannteste Süßwein der Provence ist der **Beaumes-de-Venise**. Noch vor drei Jahrzehnten war der aus dem Muscat Blanc à Petits Grains hergestellte Vin Doux einer der beliebtesten Süßweine der Welt. Diesen Stellenwert hat er zwar verloren, lecker i92st er dennoch allemal.

Wer provenzalischen Wein kaufen möchte, sollte dies unbedingt direkt beim Produzenten tun. Dies hat nicht nur den Vorteil, dass man den Wein probieren kann, auch das Preisniveau liegt deutlich unter den üblichen Marktpreisen. Hinweisschilder (*dégustation*) laden zu kostenlosen Verkostungen ein. Ein kleiner Hinweis zu den Jahrgängen: Alle Jahrgänge seit 1995 sind zu empfehlen, wobei die Weine der Jahrgänge 1995, 1998, 2004 und 2005 gemeinhin als „herausragend" eingestuft werden.

Zwei Unerschrockene auf dem Weg zum Grand Canyon du Verdon

Freizeit, Sport und Strände

Die Möglichkeiten, sich sportlich zu betätigen, sind beinahe grenzenlos. Die Palette reicht vom Bungeejumping im Grand Canyon du Verdon und anderen Extremsportarten (Canyoning) bis hin zum „gewöhnlichen" Tennisspiel. Wassersport genießt an der Côte d'Azur natürlich einen hohen Stellenwert.

Angeln und Fischen

Im Oktober 1995 ging in der Nähe von Arles in einem Nebenarm der Rhône einem deutschen und einem französischen Fischer der dickste Süßwasserfisch an die Angel, der jemals gefangen wurde: Die beiden Petrijünger zogen nach einem einstündigen Kampf einen zweieinhalb Meter langen und rund 100 Kilogramm schweren Wels aus dem Wasser, fotografierten ihn und schenkten ihm daraufhin wieder die Freiheit!

Am Meer erfreut sich das Fischen ebenfalls einer großen Beliebtheit, eine Erlaubnis ist nicht erforderlich. Wer seine Angel allerdings in einem der vielen Flüsse und Seen auswerfen will, muss bei den Kommunen oder der *Association de Pêche et Pisciculture* des jeweiligen Départements einen Angelschein erwerben. Ein zwei Wochen gültiger Ferien-Fischereischein für alle Seen und Wasserläufe des Départements Haute-Provence kostet beispielsweise 20 €; dafür darf man dann unbegrenzt viele Saiblinge, Barsche, Forellen und Zander aus dem Wasser holen.

Adresse Fédération Départementale pour la Pêche et Pisciculture Agrée, Avenue du Levant – Bât E, F-04000 Digne-les-Bains, ✆ 0033/0492322540, ℻ 0033/0492323211. www.federation-peche.com.

Baden

Die meisten Touristen und Einheimischen bevorzugen ein erfrischendes Bad im Meer (siehe Strände), auch wenn es dort manchmal sehr lebhaft zugeht. Wer jedoch lieber im Süßwasser schwimmt, dem seien vor allem der Lac de Sainte-Croix, der Lac d'Esparron, aber auch der Lac de Saint Cassien sowie der Lac de Castillon empfohlen. Alle vier Stauseen verfügen über eine gute Wasserqualität und sind zudem landschaftlich sehr reizvoll gelegen. Abkühlung im wahrsten Sinne des Wortes bieten zudem mehrere Gebirgsflüsse, wie beispielsweise die Roya. Viele Städte und Orte besitzen zwar ein eigenes Freibad (*piscine en plein air*), doch diese haben oft sehr reglementierte Öffnungszeiten und sind aus unverständlichen Gründen zumeist nur in den Monaten Juli und August geöffnet. Ihre Ausmaße entsprechen allerdings nur in den seltensten Fällen deutschen Verhältnissen.

Canyoning

Bereits seit mehreren Jahren erfreut sich diese Sportart in Frankreich eines regen Zuspruchs. Die korrekte deutsche Übersetzung müsste wohl „Schluchting" lauten, denn es handelt sich beim *Canyoning* gewissermaßen um eine Erkundung der Unterwelt, die man wandernd und kletternd sowie schwimmend und springend bewältigt. Man seilt sich zumeist in einen engen Canyon ab und folgt dem Lauf des Flusses. Auf dem Weg entlang der steil aufragenden Felsformationen muss man sich immer wieder abseilen, stellenweise von Felsvorsprüngen in dunkle Wasserlöcher hinabspringen und gefährliche Strudelwannen überwinden, bevor sich irgendwann wieder eine Möglichkeit bietet, der Schlucht zu entsteigen.

Da die wenigsten wagemutigen Touristen die für das *Canyoning* notwendige Ausrüstung und das entsprechende technische Know-how mitbringen, bieten mehrere Veranstalter organisierte Canyon-Tagestouren mit spektakulären Höhepunkten an (beispielsweise im Roya-Tal). Wer sich mit einer Gruppe auf eigene Faust auf den Weg machen will, braucht einen speziellen Neoprenanzug, rutschfeste Profilschuhe, einen wasserdichten Rucksack sowie einen Sitzgurt und Abseilgerätschaften. Ohne die nötige Erfahrung ist allerdings davon abzuraten, eine unbekannte Schlucht zu erkunden. Bei drohender Gewittergefahr oder vorausgegangenen starken Regenfällen sollte man ebenfalls keinerlei Risiko eingehen.

Drachenfliegen

Mit einem Drachenflieger oder Hängegleiter über den Hügeln der Provence zu schweben, ist ein faszinierendes Erlebnis. Sehr gut geeignet sind die Gegenden um Saint-André-les-Alpes, Moustiers-Sainte-Marie, Sisteron und Digne-les-Bains. Nicht nur der eigenen Sicherheit wegen ist es dringend anzuraten, vor dem Flug die voraussichtlichen Wetterverhältnisse beim französischen Wetterdienst, ✆ 0436681014, einzuholen.

FKK

An Frankreichs Mittelmeerküste tummeln sich zahlreiche FKK-Freunde, „Oben ohne" ist ohnehin nirgendwo tabu. Das nimmt nicht wunder, nehmen es doch die Porquerolles-Inseln für sich in Anspruch, dass 1931 hier das erste FKK-Feriendorf

Europas ins Leben gerufen wurde. Entlang der Küste finden sich aber noch zahlreiche abgelegene Stellen, an denen man problemlos alle Hüllen fallen lassen kann. Beliebte ausgewiesene Strände finden sich auch bei Fréjus, Carqueiranne und Salins-de-Giraud. Um niemanden zu provozieren, sollte man sich an Stränden, die nicht speziell für Nudisten (*naturistes*) ausgewiesen sind, danach richten, wie es die Strandnachbarn handhaben. Achtung: Nacktbaden kann mit Bußgeld geahndet werden. FKK-Anhänger können Informationen zu speziellen Ferienzentren und Klubs bei der Fédération Française du Naturisme anfordern.

Adresse Fédération Française du Naturisme, 65, rue de Tocqueville, F-75017 Paris. www.ffn-naturisme.com; informativ ist auch folgende Website : www.plagenat.org.

Golf

Der als elitär geltende Golfsport wird zwar immer populärer, doch als Volkssport kann man das Golfen dennoch nicht bezeichnen. Bei weitem nicht alle Golfplätze lassen Hinz und Kunz auf den heiligen Rasen. Bereits 1891 entstand in Cannes-Mandelieu der erste Golfplatz der Côte d'Azur.

• *Information* Ein informativer Kurzführer über die 22 Golfplätze in den Départements Var und Bouches-du-Rhône kann unter folgender Adresse angefordert werden: Comité Départemental du Tourisme du Var, B.P. 5147, F-83093 Toulon Cédex, ✆ 0033/049 4185960, ✆ 0033/0494185961. Eine Hochglanzbroschüre über die Golfplätze der Region ist auch erhältlich beim Comité Régional du Tourisme Provence-Alpes-Côte d'Azur, Les Docks – Atrium 10.5, 10, place de la Joliette, B.P. 46214, F-13567 Marseille Cédex 02, ✆ 0033/0491564700, ✆ 0033/ 0491564701, www.golfin-provence.com.

Kanu- und Wildwassersport

Mehrere Flüsse in den Seealpen und der Provence bieten sich zur Erkundung mit dem Kanu an. Die Wildgewässer wie Estéron, Roya, Loup, Siagne und Var eignen sich aber nur bedingt zum beschaulichen Wasserwandern, Können und Geschick sind gefragt. Am Esparron de Verdon sowie am benachbarten Lac de Sainte-Croix lassen sich Kanus und Kajaks stunden- oder tageweise (etwa 50 €) mieten, um damit gemütlich ein Stück auf dem Verdon zu paddeln.

Spezielle Auskünfte Fédération Française de Canoe-Kajak, 87, quai de la Marne, F-94330 Joinville-le-Pont, ✆ 0033/0145110850, ✆ 0033/0148861325, www.ffck.org.

Beliebt ist auch das **Wildwasserschwimmen**: Mit Flossen, Neoprenanzug und -stiefeln sowie einem schildartigen Schwimmbrett ausgerüstet, stürzen sich Wagemutige in die Fluten. Noch ein Hinweis: Der Wildwassersport ist von Dezember bis Februar gesetzlich verboten – die Wassertemperaturen dürften im Winter aber sowieso nur wenige locken.

Sehr populär ist auch das **Rafting**. Ausgerüstet mit Sturzhelm, Schwimmweste und einem Neoprenanzug stürzt man sich in einem Schlauchboot in reißende Flüsse und Stromschnellen. Zumeist bilden sechs oder acht Personen zusammen mit einem erfahrenen Begleiter ein Bootsteam.

Klettern

Bei Sportkletterern und Alpinisten steht Südfrankreich dank der südlichen Atmosphäre und der Bandbreite der Routen und Touren hoch im Kurs. *Freeclimbing* ist ein genauso faszinierender wie populärer Sport, doch angesichts der zahlreichen Unfälle, die sich jedes Jahr ereignen, ist Vorsicht mehr als angebracht. Sehr beliebt ist der Grand Canyon du Verdon: Rund dreißig Felswände

Rafting – Abenteuer pur!

mit mehr als 2.000 Kletterrouten im oberen Schwierigkeitsbereich warten darauf, bezwungen zu werden. Die schwierigste Tour (*Les Spécialistes*) hat einen Schwierigkeitsgrad von 11–: Darunter muss man sich eine Wand vorstellen, die so glatt ist, dass man nicht einmal eine Stecknadel auf den Vorsprüngen ablegen könnte. Recht spektakulär ist auch das Klettern in den Calanques bei Cassis, besonders in der Calanque d'En-Vau.

Mehrere Kletterführer zu Südfrankreich mit genauen Tourenbeschreibungen (Schwierigkeitsgrad etc.) und diversen Tipps rund um das Klettern hat der *rotpunkt-Verlag* in seinem Programm. Die Führer sind in Fachbuchhandlungen sowie einschlägigen Sportgeschäften erhältlich. Auskünfte über das Sportklettern im Département Haute-Provence erteilt zudem die Fédération Française de la Montagne et de l'Escalade, Comité Départemental, F-04600 Saint-Auban, ✆ 0033/0492643590, 📠 0033/0492641127, www.ffme.fr. Wer am liebsten in Höhlen herumklettert, wende sich an das Comité Spéléogique Régional de la Côte d'Azur, Boulevard Paul Montel, F-06300 Nice, ✆ 0033/0493729475.

Pétanque („Boule“)

„Pétanque ist das schönste Spiel, das Menschen je erfunden haben“, schwärmte der französische Schriftsteller und Filmregisseur Marcel Pagnol in den höchsten Tönen. Der Lieblingssport der Provenzalen ist keineswegs ein Spiel mit jahrhundertelanger Tradition. Erst 1910 wurde Pétanque von einem älteren Herrn namens Jules Le Noir an der Strandpromenade von La Ciotat erfunden. Jules Le Noir litt so sehr an Rheuma, dass er seinem geliebten Boulespiel, bei dem der Ball mit Anlauf rund zwanzig Meter weit geworfen wird, nicht mehr nachgehen konnte. Zwangsweise „erfand“ er eine gemäßigtere Version, die sich in kürzester

Auf der Jagd nach dem „Schweinchen“: Pétanque-Spieler

Zeit über die gesamte Provence verbreitete und das alte Boulespiel (*Longue*) fast vollkommen verdrängte.

Spielregeln: Gespielt wird in zwei Mannschaften mit je zwei oder drei Spielern; jeder Spieler besitzt drei Kugeln. Das Ziel ist es, die knapp 900 Gramm schweren Eisenkugeln möglichst nahe an das 6–10 Meter entfernte *cochonnet* („Schweinchen“), eine kleine Holzkugel, heranzuwerfen, wobei die so genannten *tireurs* versuchen, gut platzierte gegnerische Kugeln „herauszuschießen“. Die Mannschaft, deren Kugel am nächsten zum „Schweinchen“ liegt, darf solange pausieren, bis der Gegner diese Position wieder innehat beziehungsweise keine Kugeln mehr besitzt. Am Ende des Spiels bekommt die siegreiche Mannschaft so viele Punkte entsprechend der Zahl der Kugeln, die sie vor den gegnerischen in nächster Nähe des *cochonnet* platzieren konnte. Die Mannschaft, die zuerst 13 Punkte gesammelt hat, gewinnt die Partie. Wer mehr zur Geschichte und den Spielregeln wissen oder Boulekugeln bestellen möchte, wendet sich an: www.labouleblueue.fr.

Reiten

Die Provence hoch zu Ross zu erkunden, ist eine überaus reizvolle Alternative zum Wandern und Fahrradfahren. Die Angebote für Anfänger und Fortgeschrittene sind relativ groß und reichen vom einfachen Spazierritt bis zu ausgedehnten Reiterferien. Es muss kein Traum bleiben, die Sumpflandschaft der Camargue auf dem Rücken eines Pferdes zu durchstreifen.

Auskünfte Association régionale du Tourisme Equestre en P.A.C.A, 19, bd. Victor-Hugo, 06130 Grasse, ✆ 0033/0493426298.

Segeln und Surfen

Zahlreiche Segel- und Surfschulen bieten in den internationalen Fremdenverkehrsorten ihre Dienste an; auch Surfbretter sind dort zahlreich vorhanden (rund 15 € Ausleihgebühr für den halben Tag). Und eines ist sicher: Es hat seinen Reiz, das Segeln an der Côte d'Azur zu lernen. Segelkurse dauern in der Regel ein bis zwei Wochen. Wer mit dem eigenen oder geliehenen Segelboot die Côte d'Azur entlang schippert, kann allein zwischen Menton und Théoule an 37 verschiedenen Yachthäfen mit mehr als 15.000 Ankerplätzen anlegen. Die Liegeplatzgebühren sind allerdings relativ teuer. Zum Windsurfen bietet sich auch reichlich Gelegenheit, selbst die Profisurfer kommen auf ihre Kosten: Im Dezember treffen sich die Speedsurfer auf einem künstlichen Kanal bei Les Saintes-Maries-de-la-Mer, um vom Mistral getrieben, mit rund 90 km/h übers Wasser zu brausen.

Information Fédération Française de Voile, www.ffvoile.net.

Skifahren

Skifahren in der Haute-Provence und im Hinterland der Côte d'Azur ist alles andere als abwegig. Selbst an der Küste kommt es gelegentlich zu heftigen Schneefällen. Im Februar 1955 meldete Antibes eine Schneehöhe von 31 Zentimetern! Erst 1991 wurden dort erneut beachtliche 15 Zentimeter gemessen. Allerdings währt die weiße Pracht an der Küste nicht allzu lange. Ausgezeichnete Skigebiete gibt es vor allem in den Seealpen, beispielsweise in Auron oder Valberg – dort ging 1937 die erste Seilbahn der Seealpen in Betrieb – sowie in dem Retortenskidorf Isola 2000, dessen Liftanlagen von 1.800 bis auf 2.610 Meter

Erst üben, dann ins Gelände!

Höhe reichen. Der Wintersportort Gréolieres-les-Neiges ist von Cannes und Nizza aus in kürzester Zeit zu erreichen. Snobs kommen im Frühjahr auf ihre Kosten: Bis zum frühen Nachmittag über die Pisten wedeln, rein ins Auto und knapp zwei Stunden später Après-Ski unter Palmen ...

Eine **ausführliche Broschüre** mit den Angeboten der Wintersportorte in den Départements Alpes de Haute-Provence, Hautes Alpes und Alpes Maritimes (Zahl der Lifte, Loipenlänge etc.) ist erhältlich beim Comité Régional du Tourisme Provence-Alpes-Côte d'Azur, Les Docks – Atrium 10.5, 10, place de la Joliette, B.P. 46214, F-13567 Marseille Cédex 02, ✆ 0033/0491564700, 📠 0033/ 0491564701, www.decouverte-paca.fr/de.

Strände

Die Region Provence-Côte d'Azur besitzt rund 600 Küstenkilometer. Angefangen bei schier endlosen Sandstränden (Camargue, Fréjus-Plage, Pampelonne) über Kiesstrände (Nizza) bis hin zur Felsküste (Estérel, Calanques) bietet die Provence alles, was das Herz begehrt: Liebhaber einsamer Buchten kommen genauso auf ihre Kosten wie diejenigen, die sich lieber an Privatstränden mit mondäner Atmosphäre in der Sonne aalen wollen. Die an den häufig frequentierten Stränden gehissten Fahnen weisen auf mögliche Gefahren (grün, orange, rot) und die Wasserqualität (blau, gelb) hin. Zusätzlich dient eine Kennzeichnung der 300-Meter-Zone der allgemeinen Sicherheit.

Zwar sind in Frankreich alle Urlauber vor dem Sonnengott gleich, doch bedeutet das im Alltag nur, dass dem Gesetz zufolge ein Spaziergang am Meer überall möglich sein muss. Manche sind aber „gleicher" und können sich des-

Privatstrand in Nizza

halb für bis zu 30 € pro Tag eine Liege mit Sonnenschirm und Windschutz leisten. Knausern sollte man auch an den Privatstränden nicht, denn ohne üppiges Trinkgeld weist der Strandboy einem Sonnenhungrigen in der Regel nur den windigsten Platz zu. Informativ: www.plagesmed.fr.

Tauchen

Die felsigen Küstenabschnitte der Côte d'Azur, beispielsweise in der Nähe des Estérel-Gebirges bei Agay sowie das Cap d'Antibes, aber auch die Gewässer rund um die Poquerolles-Inseln und die Calanques bei Cassis, sind reizvolle Reviere für Taucher und Schnorchler. Wer im Reisegepäck keinen Platz für Taucherbrille, Schnorchel und Flossen hat, dem sei als Ersatz zu einer guten Schwimmbrille geraten.

Tauchen will gelernt sein: Daher sollte man sich ohne einen speziellen Tauchkurs nicht in die Tiefe wagen. Tauchschulen und Nachfüllstationen finden sich beispielsweise in Antibes, Cannes, Golfe-Juan, Menton, Nizza, Saint-Raphaël und Saint-Tropez.

Information Comité Départemental de Sports de Sous-Marins, 24, quai de Rive Neuve, F-13007 Marseille, ✆ 0033/ 0491093631, www.ffessm.fr.

Last but not least: Unterwasserjagd bitte nur mit der Kamera betreiben!

Tennis

Die Freunde des „weißen Sports" finden in jedem größeren Küstenort Tennisplätze vor. Zahlreiche Hotels der gehobenen Mittelklasse sowie komfortable Campingplätze halten ebenfalls Spielmöglichkeiten für Urlauber bereit. In der Saison ist eine Reservierung dringend zu empfehlen. Die Preise sind von der Tageszeit und der Exklusivität der Anlage abhängig.

Wandern und Bergsteigen

Provence und Côte d'Azur sind geradezu ideale Wandergebiete. Von der einfachen Küstenwanderung bis hin zu Hochgebirgstouren in den Seealpen bietet die Region etwas für jeden Geschmack. Ausgesprochen schöne Wandergebiete sind der Lubéron, die Gegend rund um den Mont Ventoux, der Grand Canyon du Verdon, das Massif de Maures sowie der Mercantour-Nationalpark nahe der italienischen Grenze. Weite Teile der Region lassen sich auf einem der gut ausgeschilderten Fernwanderwege (*Sentiers de **G**rande **R**andonnée*) erschließen. Wer beispielsweise auf dem GR 5 nicht gleich von Holland bis zur Côte d'Azur wandern will, kann dem Wanderweg auch erst in Utelle oder Levens bis nach Nizza folgen. Wegen Waldbrandgefahr sind von Juli bis Anfang September je nach den Wetterverhältnissen zahlreiche Wandergebiete als *Zone rouge* ausgewiesen und nicht zugänglich. Im Frühjahr 2009 erscheint im Michael Müller Verlag ein Wanderführer mit 38 Touren durch die Provence und jeweils einer auf GPS-Daten basierenden Karte samt Höhenprofil.

• *Hinweis* Ein Gesamtverzeichnis der französischen Fernwanderwege (Grande Randonnée) mit Karte und den jeweiligen Stationen sowie Telefonnummern der Wanderherbergen findet man im Internet unter der Adresse: www.gr-infos.com bzw. www.ffrandonnee.fr. Für das Département Alpes Maritimes gibt es eine nützliche Homepage, die zahlreiche Wanderungen inkl. Karte vorstellt: www.randoxygene.org.

Arles: Les Alyscamps

Wissenswertes von A bis Z

Adressen

Die Franzosen geben grundsätzlich die Hausnummer vor dem Straßennamen an. Ein Beispiel: *55, rue de la Gare*. Besitzt das Haus zusätzlich einen Nebeneingang, so lautet dessen Anschrift *55bis, rue de la Gare*; ein zweiter Nebeneingang würde mit *55ter* markiert sein. Die gängige Abkürzung für Avenue lautet „av.“, für Boulevard „bd.“. Fremdenverkehrsämter und andere größere Institutionen sind postalisch oft per Postfach (B.P.) zu erreichen.

Arbeiten

Für Deutsche und Österreicher gibt es – im Gegensatz zu Schweizer Staatsangehörigen – aufgrund des geltenden EU-Rechts keine Probleme, in Frankreich einer Tätigkeit nachzugehen. Der Arbeitgeber muss auf alle Fälle den gesetzlich vorgeschriebenen Mindestlohn (*SMIG*) zahlen, wenngleich man damit nicht sehr weit kommt. Ausländer haben es allerdings nicht leicht, in Südfrankreich einen Job zu finden. Die besten Möglichkeiten besitzen Personen mit guten Sprachkenntnissen auf dem touristischen Sektor. Hotels und größere Campingplätze suchen gelegentlich sprachversiertes Personal für die Rezeption. Während der Weinlese im Herbst sind zupackende Arbeitskräfte begehrt, doch ist die Arbeit an den Rebstöcken sicherlich kein locker verdientes Geld. Die Zentralstelle für Arbeitsvermittlung (**ZAV**) gibt jährlich die Broschüre „Jobben im Ausland" heraus. Für handwerklich Interessierte bietet die *Association pour la participation et l'action régionale* (**A.P.A.RE.**) unter dem Namen *Chantiers d'été* in den Départements Var, Vaucluse, Alpes de Haute-Provence und Hautes-Alpes besonders attraktive und zudem sehr sinnvolle Projekte an. Es handelt sich hierbei um kostengünstige Ferienaufenthalte, während denen die interessierten Freizeithandwerker unter fachkundiger Anleitung mithelfen können, bedrohte Kulturdenkmäler (Schlösser, Türme und Kirchen) vor dem Verfall zu retten. An den arbeitsfreien Nachmittagen (35 Stundenwoche!) werden Entdeckungstouren organisiert.

• *Auskünfte* **ZAV**, Zentralstelle für Arbeitsvermittlung – Jobs und Praktika im Ausland –, Postfach, 53107 Bonn, Info-Center der ZAV ✆ 0228/7131313, www.ba-auslandsvermittlung.de.

A.P.A.RE., 41, cours Jean Jaurès, F-84000 Avignon, ✆ 0033/0490855115. www.aparegec.org. Weitere Informationen über diverse Arbeitsmöglichkeiten enthält folgendes Buch: „Ferienjobs & Praktika Europa und Übersee", erschienen im Verlag Interconnections, Freiburg.

Behinderte

Wer mit einem Handicap unterwegs ist, steht bei manchen Hotels und Restaurants im wahrsten Sinne des Wortes vor unüberwindbaren Hindernissen. Hilfe bietet eine kostenpflichtige Broschüre, die von der *Association des Paralysés de France* herausgegeben wird. Personen mit Schwerbehinderten-Ausweis sollten in Museen und eintrittspflichtigen Sehenswürdigkeiten (Klöster, Schlösser, bei Veranstaltungen etc.) ihren Ausweis vorzeigen. In den meisten Fällen gibt es einen reduzierten Eintrittspreis für die betreffende Person, manchmal auch für den Begleiter (Lesertipp von Werner Klein).

Anschrift A.P.F., Délégation de Paris, 22, rue du Père Guérin, F-75013 Paris, ✆ 0033/0140786900. www.apf.asso.fr.

Diplomatische Vertretungen

• *Französische Vertretungen im Ausland*
Bundesrepublik Deutschland: Französische Botschaft, Pariser Platz 5, 10117 Berlin, ✆ 030/20639000, 📠 030/20639010, www.botschaft-frankreich.de. Konsulate in Berlin, Düsseldorf, Frankfurt, Hamburg, München, Saarbrücken und Stuttgart .

Schweiz: Französische Botschaft, Schosshaldenstr. 46, 3006 Bern, ✆ 031/3592111. www.ambafrance-ch.org. Konsulate in Basel, Zürich und Genf.

Österreich: Französische Botschaft, Technikerstr. 2, 1040 Wien, ✆ 01/502750. www.ambafrance-at.org. Das einzige Konsulat befindet sich in Innsbruck.

• *Ausländische Vertretungen in Frankreich*
Deutschland: Deutsche Botschaft, 13–15, avenue Franklin-D.-Roosevelt, 75008 Paris,

✆ 0142997800, ℻ 0143597418. www.paris.diplo.de. Deutsches Konsulat, 338, avenue du Prado, 13295 Marseille Cédex 8, ✆ 0491167520, ℻ 0491167528. Deutsches Honorarkonsulat, 34, avenue Matisse, 06000 Nice, ✆ 0493835525, ℻ 0493 830550. Deutsches Konsulat, 2, rue du Téano, Monaco, ✆ 00377/97974965.

Österreich: Österreichische Botschaft, 6, rue Fabert, 75007 Paris, ✆ 0145559566, ℻ 0145 556365. Österreichisches Konsulat, 27, cours Pierre-Puget, 13006 Marseille, ✆ 0491530208, ℻ 0491537151. Österreichisches Honorarkonsulat, 6, avenue de Verdun, 06000 Nice, ✆ 0493870131, ℻ 049153 7151. Österreichisches Konsulat, 7, boulevard des Moulins, Monaco, ✆ 93302300, ℻ 92160454.

Schweiz: Schweizer Botschaft, 142, rue de Grenelle, 75007 Paris, ✆ 0125556700, ℻ 01455 13477. Schweizer Generalkonsulat, 7, rue d'Arcole, 13006 Marseille Cédex 6, ✆ 0496101 410, ℻ 0491570103. Schweizer Honorarkonsulat, 13, rue Alphonse Karr, 06000 Nice, ✆ 049 3888509, ℻ 0493885247.

Dokumente

Für Bürger aus der Bundesrepublik Deutschland und Österreich genügt ein gültiger Personalausweis, für Schweizer die Identitätskarte, doch hat sich in der Praxis die zusätzliche Mitnahme des Reisepasses bewährt: Der Ausweis bleibt an der Rezeption, mit dem Reisepass wechselt man Geld oder mietet ein Auto. Für Kinder unter 16 Jahren reicht ein Kinderpass beziehungsweise der Eintrag im elterlichen Pass aus. Mit dem internationalen Studentenausweis erhalten Berechtigte diverse Vergünstigungen. Bei Verlust kann es sich als nützlich erweisen, eine Kopie des Führerscheins oder Ausweises mitzuführen.

Feiertage

Banken, Büros und Geschäfte, aber auch fast alle Museen und Sehenswürdigkeiten haben an den beweglichen Feiertagen wie beispielsweise **Ostermontag**, an lokalen Festtagen sowie an folgenden Tagen geschlossen:

1. Januar	Neujahr	**15. August**	Mariä Himmelfahrt
1. Mai	Tag der Arbeit	**1. November**	Allerheiligen
8. Mai	Waffenstillstand 1945	**11. November**	Waffenstillstand 1918
14. Juli	Nationalfeiertag	**25. Dezember**	Weihnachten

Fotografieren

Wer in Schlössern, Kirchen oder Museen fotografieren möchte, sollte sich zuvor erkundigen, ob dies erlaubt ist. Das Blitzverbot lässt sich mit einem Stativ oder einem sehr lichtempfindlichen Film (400 ASA) umgehen. Wegen der teilweise extremen Lichtverhältnisse erweist sich ein UV- oder Polarisationsfilter als nützlich.

Geld

Zwar zahlt auch Frankreich mit dem Euro, die kleinere Einheit, der Cent, wird aber noch vielerorts wie zu den Zeiten des Franc „Centime“ genannt. **Kreditkarten** – vor allem Eurocard und Visa – sind weit verbreitet; sie werden von den meisten, jedoch nicht von allen Hotels und Restaurants angenommen. Leider akzeptieren die Fahrscheinautomaten der SNCF keine deutschen Kreditkarten, das gleiche Problem stellt sich bei den Automaten der Tankstellen. Bei den immer seltener werdenden **Reiseschecks** beträgt die Tauschgebühr zumeist ein Prozent.

Cassis: Klettern an den Klippen

Wegen der umständlichen Prozeduren am Bankschalter erweist sich eine **EC-Karte mit Geheimzahl** oder eine Kreditkarte als sehr hilfreich, denn Geldautomaten sind überall vorzufinden. Wer Geld mit seiner Kreditkarte abhebt, muss in der Regel mit zwei Prozent des Betrags bzw. mindestens 5 € Gebühren rechnen. Inhaber von **Postsparbüchern** können mit der Postbank SparCard 3000plus zehnmal pro Jahr gebührenfrei Geld im Ausland abheben.

Sperrnummer für Bank- und Kreditkarten: ✆ 0049/116116. Diese einheitliche Sperrnummer gilt mittlerweile für eine Reihe von deutschen Banken, ausgenommen der Hypovereinsbank, der Postbank, der Deutschen Bank und der Dresdner Bank, www.sperr-notruf.de.

Gesundheit

Zwischen Deutschland sowie zwischen Österreich und Frankreich besteht ein gegenseitiges Versicherungsabkommen. Bei einem Arztbesuch ist eine Europäische Krankenversicherungskarte hilfreich; dennoch muss der Arztbesuch erst einmal bar bezahlt werden. Die Rechnung beziehungsweise die Quittungen der Apotheke werden dann später der heimischen Krankenversicherung zur Erstattung vorgelegt. Wegen der umständlichen Prozedur und des teilweise hohen Eigenanteils – abgerechnet wird nach dem französischen System – empfiehlt es sich, vor der Reise eine Zusatzversicherung abzuschließen, die oft schon für 7,50 € zu bekommen ist.

Fast jedes größere Dorf besitzt eine eigene, mit einem grünen Kreuz gekennzeichnete **Apotheke** (*pharmacie*). Außerhalb der normalen Öffnungszeiten (ca. 9–12.30 Uhr und 14–18.30 Uhr) informiert ein Hinweisschild, welche Apotheke gerade Nacht- oder Sonntagsdienst hat. Häufig findet man an der Apotheke auch einen **Präservativ**-Automaten (*préservatifs*). Wer einen Zeltaufenthalt in oder am Rande der Camargue plant, sollte nicht vergessen, ausreichend **Mückenschutzmittel** mitzunehmen.

Haustiere

Katzen und Hunde unter drei Monaten dürfen nicht mitgenommen werden. Ältere Tiere benötigen ein tierärztliches Zeugnis sowie den Nachweis einer Tollwutschutzimpfung, die mindestens einen Monat, aber weniger als ein Jahr zurückliegen muss. Wer seinen vierbeinigen Liebling mit auf Reisen nimmt, wird feststellen, dass die Franzosen Hunden in der Regel sehr aufgeschlossen begegnen.

Heißluftballons

Für Kenner und Liebhaber gehört es zu den größten Erlebnissen, mit einem Heißluftballon lautlos über die Hügel, Felder und Buchten der Provence zu schweben. Allerdings betragen die Kosten für eine 80-minütige Fahrt rund 250 € pro Person. Es gibt verschiedene Anbieter, so die Firma Hot Air Ballooning in Gordes.

Information www.montgolfiere-provence-ballooning.com; www.franceballoons.com.

Information

Die **Französischen Fremdenverkehrsämter** (*Atout France*) halten auf Anfrage Prospektmaterial bereit und helfen vor Reiseantritt mit allgemeinen Auskünften gerne weiter. Dort sind auch die jährlich neu zusammengestellten Magazine „Bon voyage: Provence-Côte d'Azur" bzw. „Bon voyage: Hochprovence" kostenlos erhältlich:

In Deutschland: Atout France, Zeppelinallee 37, 60325 Frankfurt/M. (Zentrale), ✆ 09001570025*, ℻ 09001599061* (*0,49 € Cent pro Minute), www.franceguide.com.

In Österreich: Atout France, Lugeck 1–2, 1010 Wien, ✆ 0900/250015*, ℻ 01/5032872 (*0,68 € pro Minute). www.franceguide.com.

In der Schweiz: Atout France, Rennweg 42, Postfach 3376, 8021 Zürich, ✆ 044/2174617, ℻ 044/2174617. www.franceguide.com.

In der Region **Provence-Côte d'Azur**: Comité Régional du Tourisme Provence-Alpes-Côte d'Azur, Les Docks – Atrium 10.5, 10, place de la Joliette, B.P. 46214, F-13567 Marseille Cédex 02, ✆ 0033/0491564700, ℻ 0033/ 0491564701, www.decouverte-paca.fr/de.

So einsam kann es am alten Fischerhafen von Saint-Tropez sein

Die **Départements** verfügen zudem über eigene Tourismusbüros (*Comité Départemental du Tourisme*):

Côte d'Azur, 400, promenade des Anglais, B.P. 3126, F-06203 Nice Cédex 3, ✆ 0033/ 0493 377878, ℻ 0033/0493860106, www.guideriviera.com, www.crt-riviera.fr; **Bouches-du-Rhône**, Le Montesquieu, 13, rue Roux de Brignoles, F-13006 Marseille, ✆ 0033/04911 38413, ℻ 0033/0491330182, www.visitprovence.com; **Gard**, 3, place des Arènes, B.P. 122, F-30011 Nîmes Cédex, ✆ 0033/0466210251; **Vaucluse**, 12, rue Collège de la Croix, B.P. 147, F-84008 Avignon Cédex 1, ✆ 0033/049080 4700, ℻ 0033/04908 68608, www.provenceguide.com; **Var**, Conseil Général du Var, 1, boulevard Foch, F-83003 Draguignan, ✆ 0033/ 0494505550, ℻ 0033/0494505551, www.tourismevar.com; die **Haute-Provence** wird vertreten durch das Comité Départemental du Tourisme et des Loisirs, Maison des Alpes de Haute-Provence, B.P. 170, Immeuble François Mitterrand, F-04005 Digne-les-Bains Cédex, ✆ 0033/0492315729, ℻ 0033/049 2322494, www.alpes-haute-provence.com.

Die Fremdenverkehrseinrichtungen der Städte und Ortschaften (*Office de Tourisme* oder *Syndicat d'Initiative*) versenden auf Anfrage ebenfalls gerne Prospekte, detaillierte Unterkunftsverzeichnisse sowie gegebenenfalls Informationen zu Pauschalangeboten. Die jeweiligen Adressen sowie Telefon- und Faxnummern des zuständigen Office de Tourisme oder Syndicat d'Initiative sind im Reiseteil bei den einzelnen Orten angegeben.

Internet

Inzwischen verfügen die meisten Hotels der Provence über einen drahtlosen, doch leider nicht immer kostenlosen Zugang zum Internet. In Frankreich sprich macht dabei nicht von WLAN, sondern wie im Englischen von Wi-Fi (*Wireless Fidelity*). Einige Cafés locken inzwischen ihre Gäste mit einem kostenlosen Zugang ins World Wide Web.

Wer sich bereits vorab beim Surfen im Internet über die Provence und Côte d'Azur informieren möchte, kann dies unter folgenden Adressen tun:

www.botschaft-frankreich.de (allgemeine Informationen zu Frankreich)

www.franceguide.com (Diese Internetadresse führt Sie zur offiziellen „Website des französischen Tourismus". Besonders empfehlenswert: die Rubriken „Praktische Infos" und „Urlaubstipps".)

www.frankreich-info.de (viele Infos zu Frankreich)

www.frankreich-sued.de (interessante Informationen und Fotos zu zahlreichen Orten in Südfrankreich)

www.gay-provence.org

www.provenceweb.fr

www.vardestination.com

www.guideriviera.com

www.visitprovence.com

www.ateliermuseal.net (Internetportal von 120 Museen der Region Provence-Alpes-Côte d'Azur)

www.drafd.de (interessante Homepage über Deutsche, die sich im Zweiten Weltkrieg in der französischen Résistance engagiert haben)

Jagd

Die Jagd ist der französische Nationalsport schlechthin. Mehr als eine Million Franzosen haben eine Flinte im Schrank stehen, die sie alljährlich zur Jagdsaison hervorholen. Sie lassen sich auch nicht durch Proteste von Naturschützern und Tierfreunden von ihrem Freizeitvergnügen abhalten, denn die Jagd ist ein *Droit républicain*. Hierzu muss man wissen, dass es seit der Revolution von 1789 nicht nur den Adeligen, sondern auch den „einfachen Leuten" gestattet ist, mit einer

Flinte durch den Wald oder über die Felder zu ziehen. Besonders beliebt ist die Jagd auf Zugvögel, die alljährlich zu Hunderttausenden vom Himmel geholt werden. Das gesellschaftliche Gewicht der französischen Jäger sollte nicht unterschätzt werden. Im Februar 1998 demonstrierten 130.000 Menschen in Paris gegen eine Regierungsvorlage der Umweltministerin Dominique Voynet, die vorsah, die Schonzeit für bestimmte Wasservögel um zwei Monate zu verlängern. Mit Erfolg: Im Juni lehnte das Parlament mit den Stimmen aller Parteien, mit Ausnahme der Grünen, den Gesetzesentwurf ab, wohl wissend, dass dadurch europäisches Recht gebrochen wurde.

Kochkurse

Wer sich in die Feinheiten der provenzalischen Küche einführen lassen will, hat in vielen Orten die Möglichkeit, einen Kochkurs zu besuchen. Tageskurse von 70 bis 150 € pro Person inkl. Essen bieten beispielsweise La Sommellerie in Châteauneuf-du-Pape (☏ 0033/0490835000, ℻ 0033/0490835185, www.la-sommellerie.fr) sowie die Restaurants L'Abbaye de la Celle (www.abbaye-celle.com) und die Auberge du Château de Berne (www.chateauberne.com).

Die Gendarmerie von St. Tropez: Dank Louis de Funès ein Stück Filmgeschichte

Kriminalität

Die Kleinkriminalität ist ein großes Problem in Südfrankreich. Alljährlich werden tausende von Diebstählen zur Anzeige gebracht. Daher ein paar Ratschläge: Vorsicht ist bekanntlich die Mutter der Porzellankiste. Vor allem am Strand und in den großen Städten wie Marseille oder Nizza empfiehlt es sich, ein paar Verhaltensregeln zu beachten: Im geparkten Auto sollten niemals Wertsachen zurückgelassen oder dieser Anschein erweckt werden – durch das Autofenster hindurch kann man nicht sehen, dass die Kameratasche leer ist. Sinnvoll ist es zudem, das Handschuhfach offen zu lassen, damit erst gar keine Spekulationen aufkommen können. Die Wahrscheinlichkeit, Opfer eines Autoaufbruchs zu werden, ist nicht gerade gering: In Aix-en-Provence werden beispielsweise im Sommer pro Tag rund 25 Autoaufbrüche bei der Polizei angezeigt. Um beim Stadtbummel nicht das Opfer eines Langfingers zu werden, sollte man Pass, Kreditkarten und Geld lieber „unsichtbar" am Körper tragen.

Dies sind übrigens keine pauschalen Warnungen: Dem Autor dieser Zeilen wurde im Laufe seiner zahlreichen Provencereisen das Auto bereits in Nizza, Agay und Aix-en-Provence aufgebrochen sowie in Sainte-Maxime die gesamte Kameraausrüstung samt Geldbeutel und Kreditkarten nachts aus dem Hotelzimmer gestohlen, während er seelenruhig schlief. Der Dieb war durch das geöffnete Fenster in den ersten Stock eingestiegen ...

Landkarten

Die gebräuchlichste Landkarte für die Region Provence-Côte d'Azur ist die Michelin-Karte *Regional* Nr. 527 im Maßstab 1:200.000; sie ist für 8,50 € im Buchhandel erhältlich. Ihr großer Vorteil beispielsweise gegenüber der ADAC-Karte liegt in der Darstellung der gesamten Region, inklusive der Haute-Provence. Sie ist allerdings etwas umständlich gefaltet. Als Alternative empfiehlt sich auch die Straßenkarten Provence Côte d'Azur (Blatt 15) von Kümmerly+Frey, die die Region im Maßstab 1:180.000 abbildet. Wer nur einen Teil der Region bereisen möchte, kann sich auch für die Michelin-Reihe *Local* entscheiden, die Teile der Region inkl. Stadtpläne und Index im Maßstab 1:75.000 bzw. 1:150.000 abbildet. Die Haute-Provence ist auf der Nr. 334, die Provence auf der Nr. 340 dargestellt. Kostenpunkt in Frankreich: 4,55 €, Deutschland 7,50 €. Als weitere Alternative bieten sich die Reliefkarten aus der grünen Reihe (1:100.000) des Nationalen Geographischen Instituts (IGN) an. Sehr praktisch zum Wandern ist die blaue Serie des IGN, dank des Maßstabs von 1:25.000 sind auch die kleinsten Wege eingezeichnet. Für alle Karten französischen Ursprungs gilt: Sie sind im Urlaubsland günstiger als im heimischen Buchhandel.

Märkte

Der Besuch eines Wochenmarktes gehört zu den schönsten Eindrücken einer Reise durch die Provence. Noch bevor sich der erste Kunde nähert, stapeln sich leere Kisten und Pappkartons im Rinnstein. Salate, Kräuter und Gemüse werden zu bunten Kaskaden aufgebaut. Der Duft von reifem Rohmilchkäse und frischen Meeresfrüchten lässt einem das Wasser im Mund zusammenlaufen. Es gibt Stände, die Dutzende von Honigsorten und Olivenöle aus verschiedenen Herkunftsregionen anbieten, aber auch Textilien und gebrauchte Klamotten sind zu finden.

Bei den praktischen Informationen zu jedem Ort sind daher die Markttage aufgeführt, bei größeren Städten auch die Straße beziehungsweise der Platz, wo der Markt stattfindet.

Notruf

Im Falle eines Falles gilt der in ganz Frankreich gültige Notruf: ✆ **17** für die **Polizei** (*police*) und ✆ **18** für die **Feuerwehr** (*sapeurs-pompiers*).

Öffnungszeiten

In Frankreich gibt es keine gesetzlich vorgeschriebenen Öffnungszeiten; man kann aber davon ausgehen, dass die meisten Geschäfte zwischen 9 und 12 Uhr sowie zwischen 14.30 und 19 Uhr geöffnet haben. Große Supermärkte schließen gar erst um 21 oder 22 Uhr. Die Mittagspause wird, abgesehen von den großen

Supermarchés (*Carrefour, Géant Casino, Mammouth* etc.) und Großstadtgeschäften, strikt eingehalten. Viele Geschäfte haben montags ganz- oder vormittags geschlossen, dafür kann man sich auch am Sonntagvormittag mit Lebensmitteln und Brot eindecken. Der Samstag gilt als ganz normaler Werktag.

Für **Banken** gelten andere Öffnungszeiten. Sie haben in der Regel von Montag bis Freitag von 9 bis12 Uhr und von 14 bis 16 Uhr geöffnet, mancherorts ist montags kein Publikumsverkehr möglich. Die **Post** macht nicht nur zumeist eine Stunde früher auf und zwei Stunden später zu, sondern sie öffnet auch am Samstagvormittag ihre Pforten. Wer einen **Museumsbesuch** zwischen Mittwoch und Sonntag in der Zeit von 10–12 Uhr oder 14–17 Uhr plant, steht bei größeren Museen nur selten vor verschlossenen Türen. Fast alle Museen haben an einem Tag der Woche, zumeist Montag oder Dienstag, geschlossen. Im Gegensatz zu Deutschland sind die gesetzlichen Feiertage in Frankreich nicht für einen Museumsbesuch geeignet, denn auch das Museumspersonal legt dann einen freien Tag ein.

Pastrage

So heißt das lebendige Krippenspiel, das in den provenzalischen Dorfkirchen zu Weihnachten aufgeführt wird. Genau genommen, handelt es sich um eine fast rituelle Zeremonie, bei der ein Schäfer ein Lamm darbringt. Bekannt sind die *Pastrages* von Les Baux und Saint-Rémy-de-Provence.

Post

Auch in Frankreich wurde die alte Post (P.T.T.) aufgesplittet, *La Poste* widmet sich heute nur noch dem Brief- und Paketdienst. Briefmarken und Telefonkarten (*télécarte*) sind auf allen französischen Postämtern sowie in den **Bureaux de Tabac** erhältlich. Das Porto für eine Postkarte (*carte postale*) oder einen Brief (*lettre*) bis 20 g beträgt 0,55 €. Die hellgelben Briefkästen besitzen zumeist zwei Einwurfschlitze, einen für die jeweilige Stadt oder die nähere Umgebung, den anderen (*autres destinations*) für den Rest der Welt. Wer will, kann sich auch problemlos postlagernd Briefe oder Päckchen schicken lassen und diese mit Personalausweis oder Reisepass am „Poste-Restante“-Schalter innerhalb von 15 Tagen abholen (sonst gehen die Sendungen wieder an den Absender zurück). Adressierbeispiel:

Musterfrau, Michaela
Poste centrale (nur bei größeren Orten)
Poste restante
F-Postleitzahl, Ortsname („F“ steht für Frankreich)

Radio

Wie in Deutschland wird der französische Rundfunk von zahlreichen kommerziellen Lokalsendern bestimmt. Das Programm zeichnet sich in gewohnter Weise durch wenig Wortbeiträge, durch Werbung und aktuelle Chartmusik aus. Eine Ausnahme macht *F I P* (in Marseille auf 96.8 FM oder im Internet unter www.radio-france.fr/chaines/fip zu empfangen): keine Werbung und ein absolut anspruchsvolles Musikprogramm, das größtenteils mit Jazz, World und Lounge Music bestritten wird, dazwischen Independent, Blues und Soul, ab und an auch Klassik oder ein Oldie (mit anderen Worten: der erklärte Lieblingssender des Autors).

Wer an Nachrichten aus Deutschland interessiert ist, kann täglich von 8 bis 9 Uhr und von 19 bis 20 Uhr die Deutsche Welle auf der Mittelwellenfrequenz 702 empfangen. Als praktisch für die An- und Abreise erweist sich das auf 107.7 FM ausgestrahlte *Radio Traffic*; der Verkehrsfunksender berichtet jede Viertelstunde über den aktuellen Verkehrsfluss in Südfrankreich, zur vollen und halben Stunde wird der Service durch Informationen in englischer Sprache ergänzt. Reisende, die keine Fremdsprache beherrschen, erhalten unter der Rufnummer 04366809 79 Auskünfte auf Deutsch.

Die Fernwanderwege sind mit rot und weiß markiert

Rauchen

Seit dem 1. Januar 2008 ist auch in Frankreich das Rauchen in Bars, Restaurants und Diskotheken verboten. Wer trotzdem raucht, soll 75 Euro Strafe zahlen, der Verantwortliche der betreffenden Einrichtung das Doppelte.

Santons

Ein typisches Beiwerk einer provenzalischen Weihnacht sind die Santons, kleine, aus Ton gefertigte Krippenfiguren. Ihr Erfinder *Jean-Louis Lagnel* (1764–1822) begann an der Wende zum 19. Jahrhundert – eine sanfte Gegenbewegung zur antiklerikalen Französischen Revolution –, feinen Ton in zuvor gefertigte Gipsformen zu gießen. Anschließend wurden die Puppen liebevoll mit der Hand bemalt. Die Begeisterung für die kleinen Figuren war so groß, dass bereits 1803 in Marseille ein erster Puppenmarkt eröffnet wurde, dem bald andere folgten. Eine Besonderheit an den Santons ist, dass die Figuren nicht statisch wirken, sondern scheinbar in Bewegung sind. Aufgrund der durch den Tourismus zusätzlich angefachten Nachfrage haben in den letzten Jahren Kunstateliers (z. B. in Arles, Aubagne, Les Baux, Grambois) die traditionelle Produktion wieder aufgenommen. Bei den in Kiosken und Souvenirgeschäften angebotenen Santons ist Vorsicht angebracht: Allzu oft handelt es sich bei manchen „Schnäppchen“ um billige Massenproduktionen, sogar Importe aus Fernost finden sich in den Regalen.

Schwule und Lesben

Die Agentur Gay Provence hat sich auf Reisen und Touren für Schwule und Lesben spezialisiert. Auf der ansprechenden Website gibt es auch Hotel- und Restauranttipps. Infos: ✆ 0033/490766827, 📠 0033/0490766513, www.gay-provence.org.

Sprache und Sprachkurse

Mit Deutsch und Englisch kommt man in Südfrankreich nicht sehr weit. Ein großer Teil der Bevölkerung besitzt entweder keine oder nur mäßige Fremdsprachenkenntnisse. Da erschwerend hinzu kommt, dass sich Franzosen – auch wenn sie es können – im eigenen Land nur ungern des Englischen bedienen, ist es ratsam, sich zumindest Grundkenntnisse in Französisch anzueignen. Dies hilft bei der Suche nach einer Unterkunft und erleichtert die alltäglichen Einkäufe beim Bäcker und im Lebensmittelgeschäft ungemein. Allein der Versuch, sich in der Landessprache verständlich zu machen, wird wohlwollend zur Kenntnis

Provenzalisch – eine tote Sprache?

Frankreich war lange Zeit kein einheitliches Sprachgebilde. Spätestens die Ortsschilder in der Provence erinnern daran, dass neben dem Französischen noch eine andere Sprache existiert (hat). Das Provenzalische mit seinen vielen regionalen Idiomen und Dialekten ist eine dem Okzitanischen (*langue d'oc*) zuzurechnende Sprache, die sich nach der Völkerwanderung aus dem Vulgärlatein entwickelt hat und nach dem gemeinsamen Wort *oc* – lateinisch *hoc* – benannt wurde. Im Zeitalter der Troubadoure und Minnesänger erreichte das Okzitanische einen glanzvollen Höhepunkt. Als König Franz I. 1539 die im Norden Frankreichs gesprochene *langue d'oil* zur Amtssprache erhob, wurde das Okzitanische wie andere Regionalsprachen (Bretonisch, Katalanisch etc.) immer mehr zurückgedrängt. Vor allem in gebildeten Kreisen setzte sich alsbald das Französische durch. Die Revolution von 1789 und die Einführung der allgemeinen Schulpflicht – Französisch war als einzige Unterrichtssprache zugelassen – bewirkten, dass die Regionalsprachen endgültig an Bedeutung verloren.

Unter dem Einfluss der deutschen Romantik entstand dann in der Provence die sprachlich-kulturelle Erneuerungsbewegung des *Félibrige*, die ihren herausragendsten Vertreter in dem Dichter *Frédéric Mistral* (1830–1914) hatte. Mistral, der 1904 den Literaturnobelpreis für sein provenzalisches Versepos „Mireille" erhielt, entwickelte eine einfache, moderne Orthographie und gab ein umfangreiches Wörterbuch heraus. Zwei Beispiele: Statt „Quel est votre nom?" heißt es auf Provenzalisch „Coume vous dison?" Und wer Hunger wie ein Wolf hat, sagt nicht etwa: „J'ai une faim de loup", sondern stöhnt „Ai lou ruscle".

Heute wird Provenzalisch zwar wieder als Wahlfach an den Schulen gelehrt, eine größere Bedeutung kommt der Sprache aber nicht mehr zu. Ein sprachlicher Sonderfall ist Nizza: Da die Stadt und ihr Hinterland bis 1860 italienisch waren, blieb trotz Französisierung das *Nissart* einigermaßen lebendig.

genommen. Pluspunkte lassen sich auch durch den häufigen Gebrauch von *s'il vous plaît* sammeln. Denn im Gegensatz zu Deutschland gilt es in Frankreich als unhöflich, das Wörtchen *bitte* zu vergessen. Wer um eine Auskunft nachsucht, sollte ein freundliches *Pardon*, dem ein *Madame* oder *Monsieur* folgt, nicht vergessen.

Französisch lernen unter südlicher Sonne, vielleicht verbunden mit ausgiebigen Streifzügen durch die Provence – ganz nebenbei lässt sich so das Angenehme mit dem Nützlichen verbinden. Zahlreiche private Anbieter von Sprachkursen machen sich auf diesem Markt Konkurrenz, aber auch die Universitäten von Nizza, Aix-en-Provence und Avignon veranstalten Sommersprachkurse für Ausländer. Ein Preisvergleich lohnt sich: Die Angebote schließen manchmal Unterkunft und Verpflegung ein. Sehr informativ ist die Homepage www.sprachkurse-weltweit.de, auf der kommentierte Links zu zahlreichen Sprachschulen in der Provence und an der Côte d'Azur ausführlich vorgestellt werden.

• *Adressen* **Actilangue**, 2, rue Alexis-Mossa, F-06000 Nice, ☏ 0033/0493963384, 📠 0033/0493443716, www.actilangue.com.

Azurlingua, 47, rue Hérold, F-6000 Nice, ☏ 0033/0497030700, 📠 0033/0497030703, www.azurlingua.com.

France Langue Nizza, 22, avenue Notre-Dame, F-06000 Nice, ☏ 0033/0493137888, 📠 0033/0493137889. www.france-langue.de.

Institut de Français, 23 Avenue Général-Leclerc, F-06230 Villefranche-sur-mer, ☏ 0033/0493018844, 📠 0033/0493769217. www.institutdefrancais.com.

France Crea-Langues, F-04360 Moustiers-Sainte-Marie, ☏ 0033/0492777458, 📠 0033/ 049 2777518. www.crealangues.com.

Université d'Eté de Menton, Lycée hôtelier Paul Valery, 1, avenue Saint-Jacques, F-06500 Menton, ☏ 0033/0492105353, 📠 0033/049 2105358. www.univ-menton.com.

Strom

Normalerweise 220 Volt Wechselstrom. Da die französischen Steckdosen einer anderen Norm unterliegen, werden flache Eurostecker oder Adapter benötigt, die vor Ort in Supermärkten oder im Fachhandel erhältlich sind.

Telefonieren

Es existiert ein dichtes Netz öffentlicher Telefonzellen. Um den Kauf einer Telefonkarte (*Télécarte*) kommt man kaum herum, da die meisten Münzfernsprecher in den letzten Jahren auf Telefonkarten umgestellt wurden. Kartentelefone sind wie gewohnt zu handhaben. Französische Telefonkarten sind entweder mit 50 oder 120 Einheiten erhältlich. Bei den meisten Telefonzellen ist es möglich, sich zurückrufen zu lassen (die Nummer ist am Apparat angegeben). Wer mit Vorliebe mobil telefoniert, sollte nicht vergessen, dass man auch dann bezahlt, wenn man aus Deutschland angerufen wird. Je nach Tageszeit können sich die Gebühren für ein Gespräch schnell auf ein paar Euro summieren. Angesichts der Roaming-Preise kann sich für Vieltelefonierer durchaus eine französische Prepaid-Karte für das Handy lohnen. Diese sind ebenso wie in Deutschland in vielen Shops in den Innenstädten zu bekommen.

• *Vorwahlen aus Frankreich* nach Deutschland: 00 49; nach Österreich: 00 43; in die Schweiz: 00 41.

Achtung: Die Null der Ortskennzahl entfällt jeweils.

• *Vorwahl nach Frankreich* von D, A, CH: jeweils 00 33

Hinweis: Im Herbst 1996 wurden die französischen Telefonnummern von einem acht- auf ein zehnstelliges Nummernsystem umgestellt. Der Südosten Frankreichs bekam die Ziffern 04, die bei allen Telefonnummern in diesem Reiseführer angegeben sind. Bei einem Anruf aus dem Ausland nach Frankreich entfällt allerdings die „0" vor der „4": also nur 00334 ...

- *Vorwahl nach Monaco* Seit dem 21. Juni 1996 besitzt Monaco eine eigene Vorwahl, die „377". Wer somit von Frankreich sowie vom übrigen Ausland aus nach Monaco telefonieren will, muss die 00 377 vor der in diesem Führer angegebenen achtstelligen Nummer wählen.

Thalassotherapie

Entlang der Küste taucht häufig der Hinweis *Thalassothérapie* auf. Es handelt sich dabei um eine antike Kur- und Heilform, die seit längerem wieder von größeren Kureinrichtungen gepflegt wird. *Thalassa* nannten die Griechen das Meer, dem auch *Platon* zuschrieb, alle Leiden vom Menschen abzuwaschen. In dieser Tradition nutzt die Thalassotherapie das Urelement Salzwasser, aus dem alles irdische Leben stammt, zur Linderung und Heilung von Gebrechen und zur Regeneration von Körper und Geist. Heute beruft man sich unter anderem auf die Erkenntnisse des Biologen René Quinton, der 1897 die organische Übereinstimmung zwischen Blutplasma und Meerwasser nachwies. Die Bäder im warmen Meerwasser werden ergänzt durch verschiedene Massagen, Gymnastik, Algen-Packungen, physiotherapeutische Programme und gegebenenfalls einer Diät.

Trinkgeld

Im Restaurant ist die Bedienung in der Regel im Preis inbegriffen (*service compris*). Dennoch sollte man je nach Zufriedenheit zwischen 5 und 10 Prozent Trinkgeld (*pourboire*) geben. Sich Minimalbeträge herausgeben zu lassen, gilt als unhöflich. Bedenken sollte man auch, dass Friseure, Taxifahrer, Fremdenführer und Zimmermädchen Trinkgeld nicht nur zu schätzen wissen, sondern teilweise auch darauf angewiesen sind.

Waldbrände

Jahr für Jahr sorgen in den Sommermonaten große Flächenbrände für Schlagzeilen. Ein Funke genügt und die ausgedörrten provenzalischen Landschaften gehen – wie 1999 in der Nähe von Toulon geschehen – in Windeseile in Flammen auf. Um Waldbrände zu vermeiden, ist es strengstens verboten, bei Wanderungen und Ausflügen glimmende Zigaretten oder glühende Streichhölzer wegzuwerfen – obwohl sich dies eigentlich von selbst verstehen sollte. Untersagt ist es auch, ein offenes Feuer zu entfachen sowie Glas liegen zu lassen (Selbstentzündungsgefahr!). Wildcampen in Gebieten mit Waldbrandgefahr wird verständlicherweise mit drastischen Geldstrafen geahndet.

Zeitungen/Zeitschriften

Die überregionalen deutschsprachigen Tages- und Wochenzeitungen (Süddeutsche Zeitung, Frankfurter Allgemeine Zeitung, Neue Züricher Zeitung, Spiegel, ZEIT) sind in den größeren Städten sowie touristischen Zentren in der Regel spätestens einen Tag nach Erscheinen in den gut sortierten *Maisons de la Presse* erhältlich. An der Côte d'Azur sind die deutschen Tageszeitungen sogar bereits am frühen Morgen desselben Tages ausgeliefert. Deutschsprachige Zeitungen sind manchmal auch in den *Bureaux de Tabac* zu finden; dort liegen auch die renommierten überregionalen französischen Zeitungen aus. Umfassende politische und kulturelle Berichterstattung bietet *Le Monde*, *Le Figaro* wird vor allem vom rechts-konservativen Bürgertum gelesen, während sich *Libération* als linksorientierte Tageszeitung etabliert hat. Hinzu gesellen sich Wochenmagazine wie *Express*, *Le Point* und *Nouvel Observateur* sowie *Canard Enchainé*, eine satirische Wochenzeitung mit gut recherchierten Artikeln.

Die meistgelesenen Tageszeitungen der Region sind der eher rechtsliberal einzustufende *Var-Matin* sowie der *Nice-Matin*; ähnlich in der Berichterstattung ist die linksliberale *La Provence*. Die regionalen Zeitungen sind wegen ihrer Monopolstellung nicht unbedeutend: So ist der *Nice-Matin* mit einer Auflage von knapp über 250.000 die zehntgrößte französische Tageszeitung. Wer des Französischen mächtig ist, findet darin Hinweise zu aktuellen Veranstaltungen und bekommt einen Einblick in die Lokalpolitik. Das Niveau dieser Regionalzeitungen ist allerdings nicht gerade überwältigend.

Der Provenzale liebt nicht nur seinen Pastis

An verschiedenen Kiosken ist mit der *Riviera-Côte d'Azur Zeitung* auch eine regionale, deutschsprachige Zeitschrift erhältlich. Für 3 € werden jeden Monat locker aufbereitete Informationen zu Sehenswürdigkeiten, Kultur, Lifestyle und Wirtschaft geboten. Als sehr nützlich können sich bei Bedarf die Veranstaltungstermine erweisen. www.rczeitung.com.

Zollbestimmungen

Seit dem 1. Januar 1993 existieren an den Binnengrenzen der Europäischen Union keine mengenmäßigen Ein- und Ausfuhrbeschränkungen mehr. Tabak, Alkohol und andere Waren können problemlos eingeführt werden, soweit erkennbar ist, dass sie ausschließlich für den Privatgebrauch bestimmt sind. Sollten die Grenzbehörden allerdings den Verdacht hegen, dass mit den mitgeführten Waren ein reger Handel betrieben wird, werden die Betreffenden zur Versteuerung herangezogen. Als Richtmenge gelten 800 Zigaretten bzw. 400 Zigarillos, 200 Zigarren oder 1 Kilo Tabak, 10 Liter Spirituosen sowie 90 Liter Wein und 110 Liter Bier. Für Schweizer gelten die üblichen Mengenbeschränkungen: 50 Gramm Parfüm oder 0,25 Liter Eau de Toilette, 1 Liter Spirituosen oder 2 Liter Wein, 200 Zigaretten oder 100 Zigarillos oder 50 Zigarren oder 250 Gramm Tabak.

Provence und Côte d'Azur

Fischverkäufer im alten Hafen von Marseille ▲▲
Matrosen gehören in Toulon zum Alltagsbild, während die Fischer in Toulon immer weniger werden ▲

▲▲ Wer durch die Straßen von Aix-en-Provence schlendert, kann stets Sichtkontakt zu den Heiligen halten
▲ Das Ockerstädtchen Roussillon besitzt die farbenprächtigsten Häuserfassaden der Provence

Typischer provenzalischer Glockenturm in Salon-de-Provence ▲▲

Salon-de-Provence: freier Weg für den Mistral ▲▲

▲▲ Glanzvolles Zeugnis römischer Macht: "Triumphbogen" in Orange
▲ Romanik pur: Kreuzgang in Aix-en-Provence

Reiseziele

Tor zur Provence: der Durance-Durchbruch von Sisteron

Haute-Provence

Die Landschaft in dem an die Seealpen grenzenden nördlichen Teil der Provence ist spröder, die Menschen gelten als verschlossen und in sich gekehrt; doch die verknöcherten Olivenbäume, Weinstöcke und Lavendelfelder sind blühende Zeugen einer Zugehörigkeit zum mediterranen Kulturraum.

Die zahlreichen, kaum besiedelten Regionen der Haute-Provence stellen einen Gegensatz zu dem als typisch geltenden Bild der Provence dar. Dieser Unterschied wird bei einer Wanderung über die Montagne de Coupe oder bei einer Fahrt über die Montagne de Lure, einem sich in west-östlicher Richtung erstreckenden Gebirgszug, dessen Kammhöhen in rund 1.300 bis 1.800 Meter Höhe verlaufen, sehr deutlich. Manosque, Forcalquier und Sisteron sind zusammen mit Digne-les-Bains die urbanen Zentren einer größtenteils landwirtschaftlich geprägten Region mit pittoresken Dörfern wie Simiane-la-Rotonde, Banon, Dauphin oder Lurs. Im gesamten Département Alpes de Haute-Provence leben nur 139.000 Menschen; wo wenig Menschen leben, gibt es bekanntlich wenig Protest. Getreu dieser Maxime initiierte Charles de Gaulle auf dem Plateau d'Albion die Stationierung der einzigen landgestützten Atomraketen Frankreichs; erst Präsident Chirac ordnete 1996 die Vernichtung des atomaren Waffenarsenals an. Als zwei Jahre später die letzte Rakete verschrottet war und die Soldaten aus der strukturschwachen Region abzogen, rückte zum Unmut der Einheimischen als „Ersatz" eine Abteilung Fremdenlegionäre nach. Für den Vorschlag des grünen Europa-Abgeordneten Daniel Cohn-Bendit, auf dem Plateau ein europäisches Zentrum für Konfliktforschung anzusiedeln, konnte sich in den Kreisen der französischen Regierung scheinbar niemand erwärmen ...

Eine wichtige Lebensader der Haute-Provence ist seit jeher das Tal der Durance; schon die römische *Via Domitia*, die damalige Hauptverkehrsstraße von Italien nach Südfrankreich, führte entlang des Flusses, der früher, als sein Zufluss noch nicht über das mächtige Stauwehr des Lac de Serre-Ponçon kontrolliert werden konnte, immer wieder über seine Ufer trat und das Tal überschwemmte. Spätestens nach dem Durance-Durchbruch von Sisteron stellt sich das provenzalische Lebensgefühl ein; die Stadt, so schrieb *Jean-Louis Vaudoyer*, „ist wahrlich die Perle der Haute-Provence, eine schwülstige dicke Barockperle, entstanden aus der unermüdlichen Wut eines Wildbaches“.

Mit der Provence werden bekanntlich die blauvioletten Lavendelfelder assoziiert, doch genau genommen befinden sich die Zentren des Lavendelanbaus in der Haute-Provence. Nordwestlich des Lac de Sainte-Croix, auf dem Hochplateau von Valensole, erstrecken sich die ausgedehntesten Lavendelfelder der Provence, westlich von Forcalquier wird eine Rundtour als *Route de la Lavande* angepriesen. Im Spätsommer weisen vereinzelt aufsteigende Rauchsäulen auf Lavendel-Destillerien hin.

• *Information* **Comité Départemental du Tourisme et des Loisirs**, Maison des Alpes de Haute-Provence, Immeuble François Mitterrand, B.P. 170, F-04005 Digne-les-Bains Cédex, ✆ 0033/0492315729, 📠 0033/0492322494, www.alpes-haute-provence.com; Les Routes de la Lavande, 2, avenue de Venterol, B.P. 36, 26111 Nyons Cédex, ✆ 0475266591, www.routes-lavande.com.

Sisteron

Für all diejenigen, die von Grenoble über die Route Napoléon gen Süden fahren, ist Sisteron das „Tor zur Provence“. Der von steilen Felswänden eingerahmte Durance-Durchbruch ist fürwahr ein würdiges Eingangstor.

„Segustero“ nannten die Römer ihr Kastell, Spuren davon sind bis auf ein ausgegrabenes Mausoleum allerdings so gut wie nicht erhalten. Das Kastell und die kleine Ansiedlung dienten zur Sicherung der *Via Domitia*, der wichtigsten römischen Handelsstraße in dieser Region. Zu Beginn des 6. Jahrhunderts wurde Sisteron Bistum und blieb es bis zur Französischen Revolution; mehrere Synoden und Konzile haben kurz nach der Bistumserhebung hier stattgefunden. Wegen der verkehrstechnischen und strategischen Bedeutung von Sisteron errichteten die Grafen von Forcalquier im Mittelalter eine mächtige Zitadelle, um den Zugang zur Provence besser kontrollieren zu können. Sisteron wurde im 14. Jahrhundert erneut befestigt, wovon noch einige Stadtmauertürme zeugen. Während des Zweiten Weltkriegs wurde die historische Bausubstanz im August 1944 durch einen Bombenangriff der Alliierten, der gegen die deutschen Besatzer gerichtet war und 400 Todesopfer forderte, stark in Mitleidenschaft gezogen, doch konnten die Schäden weitgehend behoben werden. Die Altstadt mit ihren verwinkelten Gassen, überdachten Durchgängen (*Andrônes*) und kleinen Plätzen ist immer noch einen Spaziergang wert: Neben einem Uhrturm mit provenzalischem Glockenkäfig und der ehemaligen Kathedrale Notre-Dame-des-Pommiers gilt die hoch gelegene Zitadelle als Hauptsehenswürdigkeit. Heute leben die 7.500 Einwohner Sisterons einerseits vom Tourismus, andererseits von der intensiven Schafzucht der Umgebung. Das Lammfleisch aus Sisteron (*Agneau de Sisteron*) ist nicht nur in Feinschmeckerkreisen wegen der wohlschmeckenden Weidekräuter begehrt. Allerdings wurde nicht jedes hier geschlachtete Lamm

Haute-Provence
Karten Seite 125 und 164/165

auf provenzalischen Weiden satt. In das Schlachthaus von Sisteron wandern auch Lämmer aus anderen Regionen, um so das berühmte Prädikat zu bekommen.

Information/Verbindungen/Diverses

• *Information* **Office de Tourisme**, Hôtel de Ville, B.P. 42, Place de la République, 04200 Sisteron Cédex, ✆ 0492613650, ✆ 0492611957, www.sisteron.com.

• *Einwohner* 7.800 Einwohner.

• *Verbindungen* Bereits seit 1868 besitzt Sisteron einen Eisenbahnanschluss. Regelmäßige Zugverbindungen nach Lyon, Grenoble, Briançon, Valence, Manosque, Aix und Marseille (2 Std.). Gare de Sisteron, Avenue de la Libération, ✆ 0492626569. Busverbindungen bestehen nach Nizza, Marseille, Genf, Grenoble, Gap, Briançon, Barcelonnette, Digne, Embrun, Forcalquier und in die umliegenden Täler. Der Busbahnhof (*Gare routière*) liegt zentral beim Rathaus, place de la République, ✆ 0492612218.

• *Veranstaltungen* **Festival des Nuits de la Citadelle**, von Mitte Juli bis Mitte Aug. werden im Hof der alten Zitadelle Tanz, klassische Musik sowie Theateraufführungen dargeboten. Weitere Infos unter: ✆ 0492610 600. **Fête de l'Agneau**, riesiges Grillfest um das berühmte Sisteroner Lammfleisch, am 3. Sonntag im Juli.

• *Markt* Jeden Mittwoch- und Samstagvormittag. Zudem findet jeden 2. Samstag im Monat ein großer ganztägiger Markt statt.

• *Literatur* **Pierre Magnan**: Tod unter der Glyzinie, Scherz Verlag. Ein spannender Krimi, der in Sisteron spielt und mit einem Mord auf der Zitadelle während der Festspiele beginnt.

• *Stadtführungen* Im Juli und Aug. Mi um 10.30 und 16.30 Uhr. Treffpunkt: Office de Tourisme. Teilnahmegebühr: 1 €.

• *Diskothek* L'Elysée Night, an der Straße nach Gap.

• *Baden* Am Ufer der Durance lockt ein künstlicher kleiner See mit diverser Infrastruktur zum Baden (Plan d'Eau des Marres). Ein öffentliches Schwimmbad liegt am Ende der Avenue du Stade. Nur im Juli und Aug. tgl. außer So geöffnet.

• *Fahrradvermietung* Locabikes, ✆ 0492611493.

• *Gleitschirmfliegen* Club Altitude, Monsieur Torres, ✆ 0492628407.

• *Minigolf* Chemin des Marres.

• *Flugplatz* Mitfluggelegenheiten bietet: Aérodrome de Vaumeilh, ✆ 0494621745.

• *Reiten* Club la Fenière, Peipin, ✆ 0492 624402.

• *Wandern* Lohnenswerte Kurzwanderung (3 Std.) entlang des Sentier Botanique du Molard. Der Wanderpfad beginnt hinter der Gendarmerie, avenue Jean-Moulin, erklärt werden an sieben Stationen Aufbau und Funktion des Waldes. Wer an einer geführten Wandertour teilnehmen will, wendet sich an die Maison des Guides, ✆ 0492626800.

Übernachten/Essen

• *Hotels* *** **Grand Hôtel du Cours**, alteingesessenes Hotel – seit drei Generationen im Familienbesitz – mit Patina und empfehlenswertem Restaurant, schräg gegenüber dem Busbahnhof. Das einzige, was den dritten Stern rechtfertigt, sind wahrscheinlich die Minibar und ein Aufzug. Die etwas altertümlichen und kleinen Zimmer kosten je nach Ausstattung 73–90 €, EZ ab 63 €, Frühstück 10 €. Einen schönen Blick haben die Zimmer zur Cathédrale hin. Gutes Restaurant mit großer Straßenterrasse, Menüs zu 24 und 30 €. Kostenloses WLAN, gebührenpflichtige Garage. Von März bis Mitte Nov. geöffnet. Allée de Verdun, ✆ 0492610 451, ✆ 0492614173. www.hotel-lecours.com.

** **Tivoli**, älteres, aber sehr sauberes Hotel im Zentrum. Die Zimmer sind nicht sehr geräumig, besitzen aber gute Matratzen und einen jüngst verlegten Teppichboden. Je nach Ausstattung 35,50 €, 44,50 € sowie 52,50 € (letzteres mit Bad). Nur das Frühstück (6 €) enttäuschte, das Croissant schmeckte fad und pro Person gab es nur ein Döschen Marmelade. Restaurant mit Straßenterrasse. WLAN vorhanden. Wer möchte, kann sein Auto in der hoteleigenen Tiefgarage parken. 21, place René Cassin, ✆ 0492611516. www.hotel-tivoli.fr.

** **Ibis**, modernes, unpersönliches Kettenhotel, dafür mit Swimmingpool. Zimmer 65 €. Drei Kilometer nördlich des Zentrums. ✆ 0492626200, ✆ 0492626210. www.ibis.fr.

Direkt nebenan gibt es ein günstigeres **Etap-Hotel**, Zimmer für 44 €.

Chambres d'hôtes, ein Lesertipp von Herbert Traube: „Monique Monier vermietet

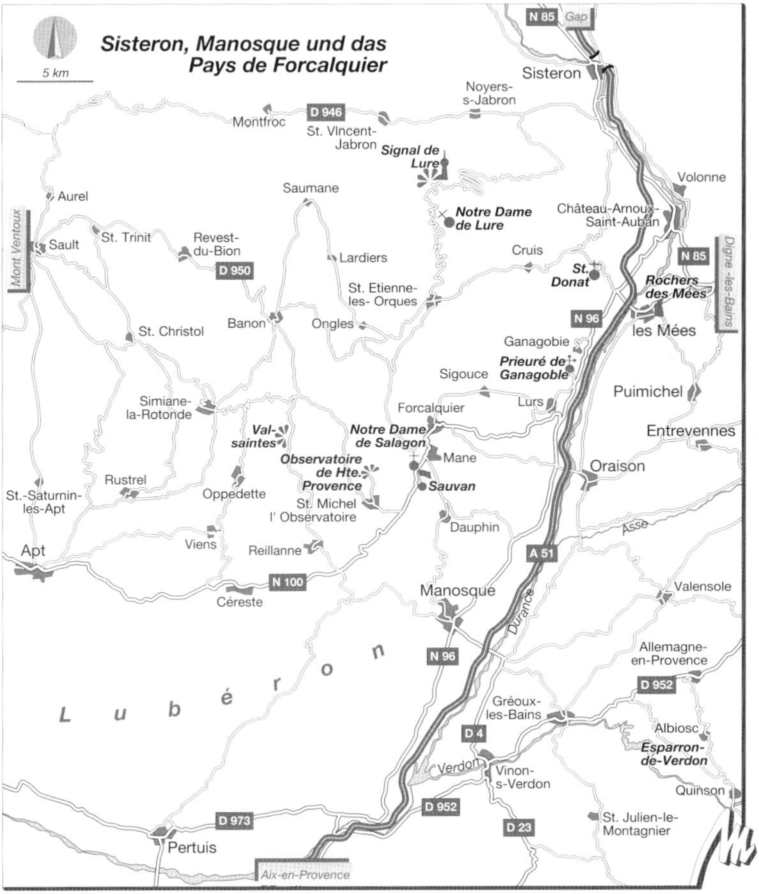

Zimmer (52 € inkl. Frühstück) mit viel Atmosphäre in dem sechs Kilometer südlich gelegenen Dorf Peipin. 4, chemin de Valbelle, ☏/℻ 0492624297. www.guideweb.com/provence/bb/lou-pichoun.

• *Restaurants* **Lou Pebre e l'Ariet**, die Inneneinrichtung ist zwar wenig verheißungsvoll, dafür enttäuscht die Küche nicht. Menüs für 16 und 24 €. Der Schwerpunkt liegt auf der italienischen Küche. Die Pizza (7–13 €) kommt aus dem Holzofen. Sonntagabend und Montag Ruhetag. Rue Sainte-Ursule, ☏ 0492612579.

Le Paix, beliebte Pizzeria im Zentrum, die sich in ein Gewölbe erstreckt. Pizza ca. 9 €. Menü 18 €. Sonntagabend Ruhetag. 41, rue Saunerie, ☏ 04926126229.

Les Becs Fins, traditionelles Restaurant, ein paar Häuser weiter ebenfalls in der Fußgängerzone. Trotz der vielen Prominentenfotos an den Wänden bleibt die Küche hinter ihren Ansprüchen und ihrem Preisniveau zurück. Menüs zu 19 (mittags), 25, 36, 46 und 58 €, die Flasche Wein schlägt mit 14 € zu Buche. Kleine Straßenterrasse. Sonntagabend und Montag geschlossen, eine Woche im Juni Betriebsferien. 16, rue Saunerie, ☏ 0492611204.

• *Camping* **** **Les Prés-Hauts**, komfortable Anlage mit Swimmingpool und Tennisplatz, drei Kilometer außerhalb des Zentrums. 2 Pers. ca. 13 €. Quartier Basse Chaumiane. Von März bis Okt. geöffnet. ☏/℻ 0492611969. www.camping-sisteron.com

Mächtig: Zitadelle von Sisteron

** **Le Jas du Moine**, kleiner Campingplatz, mehrere Kilometer südlich von Sisteron bei Salignac an der D 4 gelegen. Schattige Anlage mit Swimmingpool, Bungalow- und Wohnwagenvermietung. Ganzjährig geöffnet. ✆ 049 2614043. www.camping-jasdumoine.com.

Sehenswertes

Citadelle: Die in den Wirren der Religionskriege schwer beschädigte mittelalterliche Zitadelle wurde 1597–1600 von Jean Erard, einem Kriegsingenieur Heinrich IV., nicht nur instand gesetzt, sondern den zeitgenössischen Anforderungen gemäß erweitert. Erard sicherte die Zitadelle mit geböschten Mauern und vorgeschobenen Bastionen ab. Zeitweise diente die Zitadelle auch als Gefängnis, so schmachtete der spätere polnische König Johann-Kasimir 1639 hinter den dicken Mauern des Donjons (Burgturms), nachdem er unvorsichtigerweise Kardinal Richelieu in die Fänge geraten war. Wem der Aufstieg (etwa 15 Minuten) zu steil ist, kann in den Sommermonaten auch mit einer Bimmelbahn hinauffahren. Oben angekommen, lassen sich die Wälle geruhsam inspizieren und eine einmalige Aussicht auf den Zusammenfluss von Durance und Buëch genießen. Ganz oben erhebt sich die im Zweiten Weltkrieg schwer beschädigte Chapelle Notre-Dame de Château in einer besonders exponierten Lage. Informationen über die Geschichte der Wehranlage erteilen die aufgestellten Pappkameraden per Tonband.

Öffnungszeiten Die Zitadelle und das Musée de la Citadelle sind von April bis 15.11. tgl. von 9–18 Uhr, in der Hochsaison von 9–19 Uhr zu besichtigen. Eintritt: 5,50 €, erm. 2,75 €.

Musée Terre & Temps: Im Mittelpunkt des in einer Kapelle aus dem 17. Jahrhundert (hinter der Kathedrale) untergebrachten Museums steht die Zeit. Von den Spuren, die sie an der Natur hinterlässt (Erosion, Felsspalten), und von den Anstrengungen der Menschen, die Zeit messbar zu machen, erzählt die Ausstellung. Zu den Exponaten gehören chinesische Kalender, Sonnenuhren, Pläne, die den Mechanismus einer Turmuhr erläutern etc. Von der Decke baumelt ein Nachbau des Foucault'schen Pendels, mithilfe dessen 1851 eindrucksvoll der Beweis angetreten wurde, dass sich die Erde dreht.

Öffnungszeiten Mitte Mai bis Mitte Sept. Di–Sa 9–12 Uhr und 14–18 Uhr. Eintritt: 2,50 €, erm. 2 €.

Notre-Dame-des-Pommiers: Die ehemalige Kathedrale an der Place Général de Gaulle ist ein romanischer Bau aus dem 12. Jahrhundert. Die Architektur weist deutlich lombardische Einflüsse auf, worauf auch der Wechsel zwischen hellen und dunklen Quadern zurückzuführen ist. Reich dekoriert ist die Westfassade, die ursprünglich noch wie viele Kirchen in den Südalpen eine Vorhalle besaß. Ungewöhnlich ist das dunkle, kryptenhafte Innere der dreischiffigen Kirche.

Geöffnet Von April bis Nov. tgl. 15–18 Uhr.

Provenzalischer Glockenkäfig in Sisteron

Vallée du Jabron

Südwestlich von Sisteron erstreckt sich das Vallée du Jabron, ein breites Tal, das sich nördlich der Montagne de Lure erstreckt. Abseits der Touristenströme gelegen, hat sich das Tal mit seinen eifrig bewirtschafteten Feldern und Weiden noch weitgehend seine Ursprünglichkeit bewahren können. Der „Hauptort" ist **Noyers-sur-Jabron**, der einst auf einem Hügel nördlich des heutigen Ortes stand, aber im 19. Jahrhundert aufgegeben wurde. Wer will, kann zu den 3,5 Kilometer entfernten Ruinen des Dorfes mit seiner restaurierten romanischen Kirche hinaufwandern und hinterher in der Bar Le Central einkehren. Nahezu parallel zum Fluss erschließt die D 953 das gesamte Tal mit den Orten **Saint-Vincent-sur-Jabron**, **Montfroc** und **Les Omergues**.

• *Übernachten/Essen* **Château de Montfroc**, der Übernachtungstipp für Freizeitburgherren: In einem Schloss aus dem 17. Jahrhundert vermieten Paul und Claire Thielemans-Degive, ein nettes belgisches Ehepaar, sechs schön eingerichtete Zimmer von 60 bis 85 € (jeweils inkl. Frühstück). Die beiden günstigsten haben zwar ein eigenes Bad, müssen sich aber eine Toilette teilen. Das Zimmer für 85 € ist so groß wie eine Suite und besitzt eine eigene Terrasse zum Innenhof. Besonders stimmungsvoll ist das Abendessen an der gemeinsamen Tafel (vier Gänge für 22 € pro Person inkl. Wein und Aperitif), das im Sommer im herrlichen Innenhof serviert wird. Ein schöner Garten mit Sitzgelegenheiten und ein Whirlpool stehen den Gästen zur Verfügung. ✆/℻ 0492620664, www.provence.guideweb.com/chateau/montfroc/indexa.html.

Haute-Provence
Karten Seite 125 und 164/165

Menschenleeres Panorama: Montagne de Lure

Montagne de Lure

In einer Höhe von 1.300 bis 1.800 Meter verlaufen die Kammhöhen des Lure, die sich unweit von Sisteron in west-östlicher Richtung erstrecken. Eine kleine Straße (D 53) schlängelt sich vom Jabron-Tal über das Dorf **Valbelle** in steilen Serpentinen bis knapp unter den **Signal de Lure** empor – oben angekommen, ist der 1.826 Meter hohe Gipfel in wenigen Minuten erreicht. Die im Winter als Skigebiet genutzte Südseite läuft gemächlich in Richtung Saint-Etienne-lès-Orgues und Forcalquier aus, wobei sich ein Abstecher zum ehemaligen Chalaisianerkloster **Notre-Dame-de-Lure** anbietet. Von dem 1.236 Meter hoch gelegenen Kloster – es wurde 1165 von den Mönchen aus Boscodon gegründet – sind allerdings nur noch die Kirche und ein flaches Nebengebäude erhalten; Tische unter schattigen Bäumen laden zu einer kleinen Rast ein. Jedes Jahr am 15. August ist das Kloster Ziel einer Wallfahrt. Direkt hinter der Apsis des Klosters beginnt der rot-weiß markierte Fernwanderweg GR 6, der durch einen schattigen Buchenhain in rund zwei Stunden bis hinauf zum Gipfelkamm führt.

Je höher man im Lure-Gebirge hinauf kommt, desto karger und rauer wird die Landschaft, Wacholderheiden und dürftig bewachsene Geröllfelder dominieren das Bild. Trotz des strengen Charakters ist der Gebirgszug eine ideale Wanderregion. In der ersten Hälfte des 20. Jahrhunderts bevölkerten noch große Ziegen- und Schafherden die menschenleeren Hochweiden der Montagne de Lure; verfallene Schäferhäuschen und Tränken zeugen heute von ihrer Anwesenheit. Die Tiere kehrten in die sattere Ebene zurück, sobald die bergigen Weideplätze kahlgefressen waren. *Jean Giono*, der „Vergil der Provence", fand in dieser archaisch-mystischen Landschaft seine geistige Heimat: „Von der Höhe des Lure sieht man die ganze magische Haute-Provence vor sich ausgebreitet: Das ganze Land des Lavendels, des Gestrüpps, das von alters her genutzt wird, raucht, schnarcht, brummt, schläft und wird flach im Wind. ... Das Leben begrub mich so tief darin, dass ich zuweilen gleich einem Gott spürte, wie mein Kopf, meine Haare und meine Augen voller Vögel waren, wie meine Arme schwere Äste trugen, wie meine Brust erfüllt war von Ziegen, Pferden und Stieren, wie meine Füße Wurzeln hinter sich herschleppten und wie der Schrecken der ersten Menschen mich durchbohrte wie Sonnenpfeile. Pan hüllte mich in Glücksschauer, so wie der Wind das Meer streichelt."

Volonne/Château-Arnoux

Zwischen den beiden Dörfern Château-Arnoux und Volonne verbreitert sich die Durance zum Lac l'Escale. Während das am linken Ufer gelegene Volonne ein relativ verschlafener Ort ist, leidet das Flair von Château-Arnoux unter dem regen Durchgangsverkehr. Bekannt ist der Ort auch wegen des im Süden von Château-Arnoux gelegenen Segelflugzentrums Saint-Auban; es ist das größte in Europa. Mitten im Ortszentrum steht ein imposantes Renaissanceschloss mit Park, das als Rathaus genutzt wird. Übrigens besitzt auch Volonne ein als Rathaus dienendes Schloss. Oberhalb von Château-Arnoux erhebt sich die Chapelle Saint-Jean, von der aus sich ein toller Blick über das Tal bietet.

Information/Verbindungen

- *Information* **Office de Tourisme du District de la Moyenne Durance**, 04160 Château-Arnoux, ✆ 0492640264, ℻ 0492625455. www.la-moyenne-durance.fr.
- *Einwohner* Die gesamte Gemeinde hat 5.000 Einwohner.
- *Verbindungen* Tgl. rund sieben Zugverbindungen nach Sisteron und Grenoble sowie über Manosque und Aix-en-Provence nach Marseille. Nach Avignon zwei, nach Nizza sowie Digne eine Verbindung pro Tag.
- *Fahrradverleih* Cycles Baro, 5, place du Commerce, ✆ 0492642661.
- *Markt* Freitagvormittag in Volonne.

Übernachten/Essen

**** **La Bonne Etape**, die ehemalige Postkutschenstation gilt zu Recht als einer der anspruchsvollsten Gastronomiebetriebe in der Region. Die Kreationen von Pierre Gleize wurden mehrfach von Michelin und Gault-Millau ausgezeichnet. Menüs zu 42 €, 73 €, 88 € und 100 €. Egal ob Lammgerichte oder geschmorter Fasan, man muss nicht befürchten, enttäuscht zu werden. Wer will, kann in der ehemaligen Poststation auch sehr komfortabel übernachten und sich am nächsten Tag im Garten hinter dem Haus entspannen oder am Swimmingpool in der Sonne aalen. Die stilvoll mit altem Mobiliar eingerichteten Gästezimmer (zumeist mit kleiner Terrasse oder Balkon) kosten zwischen 159 und 305 € pro Nacht. Vom 3.1. bis 12.2. geschlossen, im Restaurant bleibt die Küche am Montag und Dienstag kalt. Chemin du Lac, ✆ 0492640009, ℻ 0492643736, www.bonneetape.com.

** **La Magnanerie,** ausgezeichnetes Hotel-Restaurant mit modernem Flair nördlich von Château-Arnoux. Leser lobten die leichte provenzalische Küche des Restaurants. Menüs zu 17, 32 und 43 €. DZ 59–75 €. ✆ 0492626011, ℻ 0492626305. www.la-magnanerie.net.

Au Goût du Jour, großes Lob verdient dieser „Ableger" der Bonne Etape. Feinste ländliche provenzalische Küche zu sehr annehmbaren Preisen. Das Kaninchen mit Senfsoße war ein Gedicht! Zudem belasten die kreativen Menüs zu 18 (mittags), 21und 24 € die Reisekasse nur gering. Montag- und Dienstagmittag in der Nebensaison geschlossen. 14, avenue du Général de Gaulle, ✆ 0492644848.

L'Oustaou de la Foun, zwei Kilometer nördlich von Château-Arnoux zaubert Gérald Jourdan, ein kreativer Küchenchef und ehemaliger Schüler von Alain Ducasse, in einem einladenden Landgasthaus an der Nationalstraße wahre Gaumenfreuden zu

Mächtig: Das namensgebende Schloss von Château-Arnoux

erschwinglichen Preisen. Im Sommer sitzt man tagsüber in einem schönen Innenhof. Nach einem geminzten Erbsengazpacho als *amuse bouche* folgten marinierte Sardinen mit Salat, dann eine Rascasse mit Fenchelsoße und Gemüse, als Fleischgang ein Lammfilet mit kalter Ratatouille. Einen Käsegang gibt es nicht, dafür begeisterte als Dessert eine ungewöhnliche Variation des Klassikers Pfirsich Melba. Guter Service, ausgezeichnete Auswahl regionaler und überregionaler Weine zu annehmbaren Preisen. Menüs zu 15,50 € (nur mittags), 22, 30 und 42 €. Sonntagabend und Montag in der NS Ruhetag. Abends erst ab 20 Uhr geöffnet. ✆ 0492626530.

• *Chambres d'hôtes* **El Cantara**, einen Kilometer nördlich von Volonne vermietet Monique Revelli in ihrem am Hang gelegenen Haus drei sehr gepflegte Fremdenzimmer, jeweils mit Terrasse. Ein Blick auf die Wände zeigt, dass Madame Revelli in ihrer Freizeit gerne malt. Allerdings haben die Preise in der letzten Zeit zu sehr angezogen. Als EZ mit Frühstück 48 €, als DZ mit Frühstück 55 €. Quartier Saint Jean, ✆/℡ 0492643038. www.gite-de-france-provence.com.

• *Camping* **** **L'Hippocampe**, ebenso schön und gut ausgestattet auf der anderen Flussseite bei Volonne. Mit Restaurant, kleinem Laden, Tennisplatz und Swimmingpool sowie diversen Freizeitaktivitäten. In der Saison recht teuer, die Stellplätze sind gut beschattet und abgegrenzt. Von Mitte April bis Sept. geöffnet. ✆ 0492335000.

Umgebung

Les Pénitents de Mées: „Die Büßer von Mées" wird die auffällige Felsformation in der Nähe des Dorfes **Les Mées** genannt. Glaubt man der Sage, so ließ der heilige Donatus – ein Einsiedler, der an der Wende zum 6. Jahrhundert gelebt haben soll – eine Gruppe von Mönchen zur Strafe mitsamt ihren Kutten zu Stein erstarren, weil diese allzu gierig einem Tross leicht bekleideter Frauen hinterher geblickt hatten. Sage hin, Sage her, die steil aufragenden, monumentalen Felssäulen stellen auf jeden Fall ein äußerst pittoreskes Ensemble im Tal der Durance dar.

Saint-Donat: Auf dem Les Mées gegenüberliegenden Ufer führt eine Straße zu einer kleinen, dem heiligen Donatus geweihten Kirche hinauf. Im Mittelalter stand hier ein Kloster, von dem heute nur noch der frühromanische, dreischiffige Sakralbau zeugt. Wäre die Kirche nach der Revolution nicht jahrzehntelang als Schafstall genutzt worden, würden wahrscheinlich heute nur noch ein paar Grundmauern stehen.

Leser Axel Lindner empfiehlt eine schöne **Tour über das Plateau de Valensole**: Von der D 4 in einem Kreisverkehr bei Malijai auf das Plateau abbiegen. Über **Puimichel** (schönes Bergdorf) nach **Oraison** (wieder an der D 4), unterwegs durchquert man eine einsame Hochebene mit vielen Lavendelfeldern.

Forcalquier

Der ehemalige Stammsitz der einst so mächtigen Grafen von Forcalquier krönt eine Bergkuppe zwischen Lubéron und Montagne de Lure. Der gesamte Landstrich trägt auch heute noch den Namen Pays de Forcalquier. Besondere Sehenswürdigkeiten gibt es nicht, dennoch besitzt der 4.375 Einwohner zählende Ort viel Charme.

Forcalquiers herausragende mittelalterliche Stellung gründete sich auf das ortsansässige Grafengeschlecht, das im 12. Jahrhundert unter Béranger IV. zu den drei bedeutendsten Adelsgeschlechtern der Provence zählte. Am Hof der Grafen von Forcalquier versammelten sich zahlreiche Troubadoure, zu vielen anderen Herrschaftshäusern unterhielten die Grafen verwandtschaftliche Beziehungen. Zu Beginn des 13. Jahrhunderts gelangte Forcalquier – der Name leitet sich von einer aus dem Kalkgestein hervorsprudelnden Quelle (*Font Calquier*) ab – durch Heirat an das Haus Anjou, das die Stadt bis 1481 regierte. Als am 2. Dezember 1851 Napoléon III. in Paris mit einem Staatsstreich die Macht an sich riss, probten in Forcalquier entschlossene Republikaner einen letztlich vergeblichen Gegenaufstand: Napoléon III. waren die kaiserlichen Würden nicht mehr zu nehmen. Auch später blieb die Gegend „aufrührerisch": Im Zweiten Weltkrieg hatte die Résistance hier eines ihrer aktivsten Zentren. Das altertümliche Forcalquier übte auch auf Künstler einen besonderen Reiz aus: *Raoul Dufy*, einer der Mitbegründer des Fauvismus, ließ sich in seinen reifen Jahren in Forcalquier nieder und verstarb dort am 23. März 1953.

Das Schloss der Grafen befand sich einst hoch über der Stadt; infolge der Revolution wurde es jedoch bis auf wenige Reste abgetragen, gegen Ende des 19. Jahrhunderts errichtete man auf dem geschichtsträchtigen Ort die neobyzantinische Wallfahrtskapelle Notre-Dame-de-Provence. Den Mittelpunkt von Forcalquier bildet die Place du Bourguet; rund um diesen Platz sind alle wichtigen Bauten versammelt. Lohnend ist es, durch die Gassen hinter der Kathedrale zu schlendern. Einladende Restaurants sowie Einrichtungsgeschäfte und Feinkostläden locken mit ihren Auslage.

Information/Verbindungen/Diverses

- *Information* **Office de Tourisme Intercommunal du Pays de Forcalquier**, B.P. 10, 13, place de Bourguet, 04301 Forcalquier Cédex, ✆ 0492751002, 📠 0492752676, www.forcalquier.com. Öffnungszeiten: Mo–Fr 9–12 Uhr und 14–18 Uhr, in der Hochsaison auch Samstagnachmittag und Sonntagmorgen.
- *Einwohner* 4.375 Einwohner.
- *Verbindungen* Die Busse halten an der Place Bourguet. Tgl. rund zwei Verbindungen

Forcalquier besitzt eine schöne Altstadt

nach Apt, Cavaillon, Avignon, Château-Arnoux, Digne-les-Bains, Lurs und Mane.

• *Veranstaltungen* **Festival „Les Voix"**, Anfang Aug. geben internationale Chöre in der Kathedrale eine Kostprobe ihrer Stimmgewalt.

• *Stadtführungen* Vom 15. Juni bis 15. Sept. jeden Do um 10 Uhr, vom 15. Sept. bis 15. Juni Sa um 10 Uhr. Treffpunkt: Office de Tourisme. Teilnahmegebühr: 3 €. Wer des Englischen mächtig ist, kann sich dort auch einen Walkman ausleihen und sich per Kopfhörer führen lassen.

• *Einkaufen* Jeden Montagmorgen findet auf der Place du Bourguet einer der lebendigsten Märkte der Haute-Provence statt, selbst Ziegen, Hühner und Stallhasen werden verkauft. Als besonders schön gilt der Markt am Ostermontag.

• *Schwimmen* Beheiztes Freibad an der Route de Sigonce.

• *Fahrradverleih* Am Campingplatz und bei Maxi Meca, Boulevard de la République, ✆ 0492751247. Tipps für Fahrradtouren bietet www.velopaysforcalquier.com.

Übernachten/Essen

*** **Bastide Saint Georges**, modernes, aber sehr stilvolles Hotel auf einer Anhöhe zwei Kilometer außerhalb des Ortes. Die Anlage gruppiert sich um einen großen Swimmingpool, der von April bis Ende Sept. auf 27 Grad beheizt wird. Es gibt verschiedene Zimmertypen, deren Preis stark von der Reisezeit (Hochsaison Mitte Juni bis Ende Aug.). abhängt. Angebote erfragen. Die normalen Zimmer kosten 90–130 €, mit Terrasse 130–170 €, schön sind die Familienzimmer für bis zu 4. Pers. mit Mezzanine und Terrasse (170 €). Frühstücksbuffet 15 € (im Sommer auf der Terrasse). Einen hervorragenden Ruf genießt auch das zum Hotel gehörende Restaurant Les Terrasses de la Bastide (Menüs ab 20 €). Route de Banon, ✆ 0492757280, 📠 0492757281. www.bastidesaintgeorges.com.

** **Auberge Charembeau**, wunderschönes ländliches Anwesen mit zwei Swimmingpools (der kleine ist von April bis Okt. beheizt) und einem Tennisplatz sowie Fahrradverleih. In dieser Preisklasse sicherlich eine der schönsten Unterkünfte im Pays de Forcalquier! Freundlicher Empfang. Im Sommer wird das hervorragende Frühstück (9 €) im Park unter Bäumen serviert. 24 Zimmer – viele mit Balkon oder Terrasse – mit Du/WC und Telefon kosten je nach Ausstattung und Saison 58–100 €. Es gibt auch Zimmer (für bis zu 4 Pers.) mit einer kleinen Küche, die wochenweise (511–896 €) vermietet werden. Kostenloses WLAN . Mitte Nov. bis Ende Feb. geschlossen. Drei Kilometer außerhalb des Ortes auf einem Hügel. Route de Niozelles, ✆ 0492709170, 📠 0492709183, www.charembeau.com.

** **Grand Hôtel**, nettes, ordentlich geführtes Hotel an einer etwas lauten Straße mitten im Zentrum (es gibt aber auch Zimmer nach hinten hinaus). Zimmer je nach Ausstattung 40–50 €. 10, boulevard Latourette, ✆ 0492750035, 📠 0492750632.

Ferme-Auberge du Bas Chalus, alter Bauernhof auf einer kleinen Anhöhe. Die Familie Goletto vermietet 6 sehr einfache Zimmer (als DZ ab 50 € mit Frühstück), tagsüber relaxen die Gäste an einem der beiden kleinen Swimmingpools. Auch Camping à la Ferme möglich. Das vorzügliche „Restaurant" (Menüs 20–22 €) ist nur abends geöffnet und bietet ländliche Küche. Januar und Februar geschlossen. Route de Niozelles, ✆ 04927 50567 📠 0492753920, www.baschalus.forcalquier.com.

Le Lapin Tant Pis, die ungewöhnliche Gewürzküche von Gérard Vives stellt den Gaumen vor immer neue Herausforderungen. Mittagsmenü zu 28 €, sonst 48 €. Nur im Juli und Aug. Fr, Sa und So am Abend geöffnet. 10, avenue Saint Promasse, ✆ 0492753888.

L'Aïgo Blanco, direkt hinter der Kathedrale gelegen, begeistert dieses Restaurant vor allem durch seine große Terrasse. Die Salate (10–13 €) und das Menü (15,50 €) sind lecker und preiswert. In der Nebensaison Montag geschlossen. 5, place Vielle, ✆ 0492752723.

Le Bourguet, das Café im Herzen der Stadt ist das Stammlokal des Krimiautors Pierre Magnan und diente schon als Schauplatz von Literaturverfilmungen. WLAN gibt es auch. 7, place du Bourget, ✆ 0492750023.

Aux deux Cades, ein sympathisches Landbistro in Niozelles. Wer möchte, kann auf der Terrasse mitten im Ort auch nur einen Salat essen, Hauptgerichte rund 15 €. In der Nebensaison Dienstag und Mittwochmittag geschlossen. Place de l'Eglise, ✆ 0492750329.

• *Chambres d'hôtes* **Le Relais d'Elle**, zwei Kilometer hinter Niozelles liegt dieser ehemalige Bauernhof rechter Hand ein Stück von der Straße entfernt. Freundliche Besitzer und ein toller Swimmingpool sind weitere Pluspunkte dieser Herberge. Insgesamt werden fünf Zimmer vermietet, die für 2 Pers. 60–65 €, für 3 Pers. 80 €, jeweils inkl. des (etwas bescheidenen) Frühstücks kosten. Lohnend und günstig ist auch das viergängige Abendessen für 22 € inkl. Wein. Zum Dessert wurde dem aus Nürnberg stammenden Autor zufällig ein Lebkucheneis serviert... Route de la Brillanne, ✆ 0492750687. http://relaisdelle.com.

Bergerie la Beaudine, in einem alten Gehöft aus dem 18. Jahrhundert vermietet Malou Pagliano drei schöne Gästezimmer sowie ein Ferienhaus für 10 Personen. DZ 57 € inkl. Frühstück. ✆ 0492750152, 📠 0492753868, www.guideweb.com/provence/bb/beaudine.

• *Camping* **** **Lac du Moulin de Ventre**, knapp sieben Kilometer östlich von Forcalquier (östlich von Niozelles). Gut ausgestatteter Platz mit Swimmingpool (nur Juli und Aug.) am Ufer eines kleinen Sees, auf dem man auch Boot fahren kann. Von April bis Sept. geöffnet. ✆ 0492786331. www.moulin-de-ventre.com.

*** **Indigo**, einen knappen Kilometer außerhalb des Zentrums, in der Nähe des Schwimmbads. Fahrradverleih. April bis Okt. geöffnet. Route de Sigonce, ✆ 0492752794. www.camping-indigo.com.

Sehenswertes

Notre-Dame-du-Marché: Forcalquier war zwar niemals Bischofssitz, dennoch erhielt die Kirche den Titel einer Nebenkathedrale (*Concathédrale*). Das ursprünglich einschiffige Gotteshaus erweist sich als Sammelsurium verschiedener Stilrichtungen; gemäß dem steigenden Ansehen der Grafen von Forcalquier wurde die Kirche mehrfach erweitert und präsentiert sich heute als wuchtiger, weitgehend romanischer Sakralbau. Mehrmals im Jahr dient die Kathedrale als feierlicher Rahmen für Konzertaufführungen.

Couvent des Cordeliers: Das 1236 gegründete Kloster ist eine der ältesten Niederlassungen des Franziskanerordens in der Provence. Auf päpstliche Weisung wirkten die Franziskaner als Inquisitoren gegen die aufgrund ihrer angeblich ketzerischen Umtriebe verfolgten Katharer. Das zeitweise sogar als Bauernhof

Die Affäre Dominici

Wer über den sehenswerten Friedhof von Forcalquier schlendert, kann dort auch das Grab des englischen Gelehrten Sir *Jack Drummond*, seiner Frau und deren gemeinsamer Tochter besuchen. Die Familie kam im August 1952 in der Nähe von Lurs unter mysteriösen Umständen ums Leben. Der Verdacht richtete sich schnell auf den schlecht beleumundeten Familienclan der Dominici, da die Leichen nur unweit ihres Anwesens aufgefunden wurden. Es folgte ein spektakulärer und undurchsichtiger Prozess, der auch in der internationalen Presse große Resonanz fand und mitsamt der Vorgeschichte 1973 mit Jean Gabin verfilmt werden sollte.

Der Mörder schien schnell gefunden: Bei den Ermittlungen beschuldigten die eigenen Angehörigen den 76-jährigen *Gaston Dominici* der Tat. Gaston gestand und schilderte einen ominösen Tathergang, den er später jedoch widerrief. Schließlich behauptete auch noch Gustave Dominici, sein Vater sei unschuldig. Der Familienclan entzweite sich während der Verhandlung, Vermutungen wurden laut, Gaston decke ein anderes Familienmitglied. Die Vernehmung des Angeklagten gestaltete sich schwierig, da dieser nur wenige französische Worte beherrschte und sich überwiegend in der provenzalischen Sprache ausdrücken konnte, was zu Falschinterpretationen seiner Aussagen führte. Erschwerend kam hinzu, dass die in der Durance versenkte Tatwaffe als Gaston Dominicis Eigentum identifiziert werden konnte. Schließlich wurde Gaston Dominici von den Geschworenen zum Tode verurteilt; das Urteil wurde allerdings nicht vollstreckt, da ihn Präsident de Gaulle nach heftigen öffentlichen Protesten begnadigte. Gaston Dominici starb 1967 in einem Altersheim in Digne, ohne das Geheimnis gelüftet zu haben.

genutzte Kloster – es besitzt einen schönen Kreuzgang – wurde in den sechziger Jahren in großem Umfang restauriert und der Öffentlichkeit dadurch wieder zugänglich gemacht.

Adresse Boulevard des Martyrs. Öffnungszeiten: Juli bis 15.9. tgl. außer Di Führungen um 11, 14.30, 15.30, 16.30 und 17.30 Uhr.

Musée Municipal: Das städtische Museum zeigt Funde aus prähistorischer und galloromanischer Zeit sowie Fayencen aus Apt, Moustiers und Forcalquier. Die Ausstellung wird durch eine Sammlung mit Gegenständen zur Alltagskultur der Haute-Provence vervollständigt.

Adresse Hôtel de Ville. Öffnungszeiten: 15. Juni bis 15. Sept. tgl. außer So 10–12 Uhr und 15–19 Uhr. Eintritt: 1,50 €.

Cimetière: Der nordöstlich der Stadt gelegene Friedhof wird vor allem wegen seiner kunstvollen, labyrinthartigen Heckenskulpturen gerühmt. Die Taxus- und Zypressenhecken schließen kleine Mausoleen ein.

Pays de Forcalquier

Saint-Etienne-lès-Orgues

Das am Südhang der Montagne de Lure gelegene Dorf wurde im 14. Jahrhundert durch die Pest und lokale Aufstände entvölkert und verwüstet. In der zweiten Hälfte des 15. Jahrhunderts kam es zu einer Art Neugründung, als sich mehrere aus der Nähe von Apt stammende Familien hier niederließen. Eine Kirche mit polygonalem Chor und ein ursprünglich aus dem 13. Jahrhundert stammendes Schloss tragen zu dem wohlgefälligen Ortsbild bei. Übrigens: Der Name Orgues hat nichts mit Orgelpfeifen zu tun, sondern leitet sich von dem provenzalischen Ortsnamen Onègues ab.

- *Information* **Office de Tourisme**, Square Elie Pallet, 04230 Orgues, ✆ 0492 730257.
- *Einwohner* 900 Einwohner.
- *Markt* Mittwochvormittag.
- *Übernachten* **Les Vignaus**, einfache, aber nette Privatzimmer in einer ehemaligen Seidenraupenzüchterei etwa einen Kilometer südwestlich des Ortes. Netter Garten. EZ 35 €, DZ 50 € (jeweils inkl. Frühstück). Abendessen 20 € inkl. Wein, ✆/℻ 04927302 43. www.lesvignaus.com.

Der Salami-Vorhang von La Brindille Melchio in Banon

Banon

Der kleine, kaum 1.000 Einwohner zählende Ort im Nordwesten von Forcalquier ist berühmt für seinen in Kastanienblättern gereiften Ziegenkäse (*Banon de Banon*). Genau genommen besteht Banon aus zwei völlig verschiedenen Ortsteilen. Da ist einmal das mittelalterliche Banon mit seinen zahlreichen alten Häusern, die mit ihren steil aufragenden Fassaden sehr geschickt die nicht vorhandenen Stadtmauern ersetzen. Am höchsten Punkt des Dorfes steht eine kleine, im Verfall begriffene Kirche. Unterhalb des historischen Zentrums ist im 19. Jahrhundert eine moderne Siedlung entstanden. Insgesamt gefällt Banon durch sein authentisches Flair, noch ist es kein langweiliges, schmuck renoviertes provenzalisches Vorzeigedorf. Zwei Besonderheiten seien noch erwähnt: Zum einen gibt es in Banon mit *Le Bleuet* die wohl schönste Buchhandlung der gesamten Provence, deren großes Sortiment scheinbar von vielen Lesern gewürdigt wird. Zum anderen sollte man unbedingt die kleine Wurst- und Käsehandlung *La Brindille Melchio*

Käseträume in Kastanienblätter gehüllt

Die bekannteste Spezialität des Ortes ist der *Banon de Banon*, ein in Kastanienblättern gereifter Ziegenkäse, der je nach Reifegrad mild und cremig oder pikant bis leicht säuerlich schmeckt. Ursprünglich nur von einer kleinen Käserei produziert, entwickelte sich der Banon in den letzten vier Jahrzehnten zu einer der bekanntesten Käsesorten Frankreichs. Täglich werden mehr als 3.000 Liter Milch von frei in der Haute-Provence weidenden Ziegen in Banon angeliefert und dort weiterverarbeitet. Zunächst wird die Milch auf etwa 30 Grad Celsius erhitzt und mit Labferment angereichert. Anschließend wird das Milchprodukt mit einem Käsesieb entnommen und auf ein Gitterrost gelegt. Mit Pfeffer und Bohnenkraut gewürzt, wird der Banon in der Trockenkammer vier bis sechs Tage lang zum Reifen gebracht, bevor man ihn in fünf oder sechs Kastanienblätter einwickelt und mit Bast aus Madagaskar verschnürt. Die Gerbsäure der Blätterschicht wirkt nicht nur konservierend, sondern gibt dem Käse auch eine zusätzliche Geschmacksnote.

besuchen. Sie bietet eine tolle Auswahl an Banon-Käse sowie an köstlichen Salamis, die sich – knapp einen Meter lang und fingerdünn – wie ein Vorhang durch den schmalen Laden ziehen. Diese *Brindilles* werden am Stück verkauft und sind mit Walnüssen, Pinienkernen, Paprika, Wacholder oder sogar Pastis gewürzt. Ein wahrer Gaumen- und Augenschmaus! Zudem fungiert *La Brindille Melchio* als Kontaktbörse für die Vermittlung von Privatzimmern und Ferienwohnungen.

- *Information* **Syndicat d'Initiative**, 04150 Banon, ✆ 0492733637, 📠 0492732102.
- *Markt* Dienstagvormittag.
- *Veranstaltungen* **Fête du Fromage**, großes Käsefest Mitte/Ende Mai.
- *Literaturtipp* **Pierre Magnan**: Laviolette auf Trüffelsuche. Krimi, der in den Wäldern rund um Banon spielt. Scherz Verlag, München 2002.
- *Buchhandlung* Librairie Le Bleuet, ungewöhnlich gut sortierte Buchhandlung mit einem hölzernen Bücherturm neben dem Eingang. In den Regalen stehen über 100.000 Bücher! Auch englische Literatur. Place Saint Just. Tgl. 9.15–20 Uhr geöffnet.
- *Charcuterie* *La Brindille Melchio*, wird inzwischen vom Sohn geführt. Geöffnet von April bis Sept. tgl. außer Mo 7.30–12.30 Uhr und 14.30–19 Uhr, im Winter auch Di geschlossen. Place de la République, ✆ 0492732305. Die Würste kann man auch im Internet bestellen (Postversand): www.charcuterie-melchio.fr.
- *Übernachten/Essen* **Les Voyageurs**, einfaches Restaurant-Café mit Straßenterrasse. Serviert wird regionale Küche, so dass auch ein Banon-Käse zum Abschluss nicht fehlen darf. Menüs ab 14,50 € (mittags), sonst ab 20 €. Place de la République, ✆ /📠 0492732102.
- *Chambres d'hôtes* **La Maison du Voisin**, diese nur zwei Häuser neben der legendären Buchhandlung Le Bleuet gelegene Unterkunft ist ein Lesertipp von Rolf Memming: „Monsieur Herve Voisin vermietet mehrere ansprechende Gästezimmer für 37–47 €. Demnächst soll es auch einen Schlafsaal geben. In einer gut ausgestatteten Küche kann man sich selbst das Abendessen zubereiten. Auch um das Frühstück muss man sich selbst kümmern, aber die Bäckerei ist nur einen Steinwurf entfernt." Place Saint Just, ✆ 0492733766. www.sud-gite.com.
- *Camping* *** **L'Epi Bleu**, kleine, nette Anlage mit wenig Schatten und steinigem Boden. Zur Abkühlung steht ein kleines Schwimmbad zur Verfügung. Von April bis Sept. geöffnet. ✆ 0492733030. www.campingepibleu.com.

Prieuré de Ganagobie

Das hoch über dem Durancetal gelegene Kloster, eine Gründung aus dem 10. Jahrhundert, gilt als das herausragendste romanische Bauwerk der Haute-Provence. Im Gegensatz zu den wesentlich berühmteren Zisterzienserabteien von Sénanque und Le Thoronet erstickt das Kloster von Ganagobie glücklicherweise nicht im Besucheransturm, und das, obwohl die Klosterkirche die wahrscheinlich bedeutendsten mittelalterlichen Bodenmosaike Frankreichs besitzt. Erst 1897 zogen Benediktinermönche aus Marseille in das seit der Französischen Revolution leer stehende, mehrfach geplünderte Kloster und setzten das stark heruntergekommene Bauwerk wieder instand. Im Jahre 1957 begannen die Restaurierungsarbeiten, die mittlerweile weitgehend abgeschlossen sind. Wer während des Gottesdienstes (siebenmal täglich) kommt, kann den Gregorianischen Gesängen der Mönche lauschen.

Die einschiffige Klosterkirche mit Spitztonnengewölbe besitzt ein für die Provence ungewöhnliches Skulpturenportal. Im Tympanon thront Christus, eingerahmt von den Evangelistensymbolen und zwei Engeln; auf dem Türsturz befindet sich eine Abbildung der zwölf Apostel. Kunsthistorisch besonders wertvoll sind die **Mosaike** in den drei Apsiden und im Querschiff, die lange unter einer Schuttschicht verborgen lagen und bis 1985 aufwändig restauriert wurden. Die mehr als 70 Quadratmeter großen Mosaike stammen aus der Mitte des 12. Jahrhunderts und bestehen aus rotem Ziegelstein, weißem Marmor und einem basaltähnlichen, schwarzgrauen Stein. Die Ikonographie ist faszinierend: Ritter besiegen Fabelwesen, Tierkreiszeichen wechseln sich mit geometrischen Formen ab. Manche Figuren verführen zum Schmunzeln – so erinnert der Elefant im Hauptchor mehr an eine Kuh mit Rüssel als an einen Dickhäuter –, andere sind kunsthistorisch bedeutsam, wie die Darstellung des mit einem Drachen kämpfenden heiligen Georg; es dürfte sich dabei um die älteste Darstellung des heiligen Georg handeln, die im Abendland überliefert ist. Der ebenfalls imposante romanische Kreuzgang kann nicht besichtigt werden, da er den Mönchen zur

Straßen für die Ewigkeit

Die *Via Domitia* war die älteste und zugleich wichtigste Landverbindung der Römer von Italien nach Südfrankreich. Über den Mont-Genèvre-Pass kommend, strömten zahllose Soldaten, Händler und Kuriere der Provinz Gallia Narbonensis entgegen. Wichtige provenzalische Etappenstationen waren Sisteron, Apt und Cavaillon. Dem berühmten römischen Geografen Strabo zufolge „ist diese Strecke im Sommer ausgezeichnet; sie ist jedoch im Winter und Frühjahr infolge Überschwemmungen durch die Wasserläufe ein Sumpfloch, das man teils durch Fähren, teils über Holz- und Steinbrücken überquert".

Auch rund 2.000 Jahre später ist die von den geübten römischen Straßenbauern geschaffene Trasse an mehreren Stellen deutlich zu erkennen. Manche Meilensteine stehen sogar noch an ihrer ursprünglichen Stelle, am auffälligsten sind aber die Brücken, so der Pont de Ganagobie, der Pont de Céreste und der Pont Julien in der Nähe von Bonnieux. Die Via Domitia erleichterte wie alle bedeutenden römischen Straßen nicht nur den Händlern ihren Weg, sondern sie diente im Krisenfall der Truppenbeförderung und der schnellen Nachrichtenübermittlung. Erst gegen Ende des 18. Jahrhunderts gelang es den europäischen Staaten, durch den Bau der Chausseen die Reise- und Botengeschwindigkeit zu steigern.

Karten Seite 125 und 164/165

Kontemplation dient. Das mit Eichen und Pinien bestandene Plateau von Ganagobie war schon vor mehr als 2.000 Jahren bewohnt: Am nördlichen Ende des 1.400 Meter langen Plateaus wurden die Reste eines keltischen Oppidums entdeckt.

Wer will, kann von Ganagobie auf einer kleinen, wenig befahrenen Flurstraße direkt nach Lurs fahren (kein Hinweisschild, nur die Tafel Hotel Séminaire verweist auf das Ziel), wobei man unweigerlich eine noch aus römischer Zeit stammende Brücke überqueren muss; die Brücke erinnert noch heute an die hier verlaufende Via Domitia. In einer Höhe von zehn Metern spannt sich die 30 Meter lange Brücke über einen kleinen Bach.

Öffnungszeiten Tgl. außer Mo 15–17.30 Uhr. Eintritt: frei! www.ndganagobie.com.

Lurs

Wie ein Balkon schwebt das nur 320 Seelen zählende Lurs über dem breiten Tal der Durance. Das Dorf geht angeblich auf eine Gründung Karl des Großen zurück. Die Bischöfe von Sisteron errichteten im Norden des Dorfes ihre Sommerresidenz, auf der gegenüberliegenden Seite ein heute zum Hotel umfunktioniertes bischöfliches Seminar. Hier beginnt die „Promenade des évêques", ein von einem Kreuzweg mit zehn Stationen gesäumter Weg, der zur Chapelle Notre-Dame-de-Vie führt. Mitten in Lurs wurde ein Freilichttheater für diverse Sommerspektakel eingerichtet.

- *Information* **Syndicat d'Initiative de Lurs**, 04700 Lurs, ✆ 0492791020.
- *Essen/Übernachten* *** **Le Séminaire**, in den historischen Gemäuern am südlichen Ortsende schläft und isst man gut, allerdings ist das Preisniveau recht hoch. Übernachtungsgäste (EZ ab 89 €, DZ 119 €) relaxen am beheizten Swimmingpool, an kalten Tagen geht es in die Sauna. Im zünftigen Gewölbe werden Menüs ab 35 € serviert. Jan. Betriebsferien. ✆ 0492799419, 📠 0492791118, www.hotel-leseminaire.com.
- *Camping* **Les Coccinelles**, auf dem Bauernhof von Frédéric Massé gibt es sechs Plätze inmitten der herrlichen Natur, Route de Notre Dame des Anges, ✆ 0492798053.

Mane

Unterhalb der auf einem Hügel thronenden Ruinen einer mächtigen mittelalterlichen Festung (Privatbesitz, keine Besichtigung möglich!) drängen sich die Häuser von Mane. Bei einem Spaziergang durch die historische Oberstadt lassen sich mehrere stattliche Häuser aus dem 15. und 16. Jahrhundert entdecken. Auffallend ist auch das ausgesprochen schöne Portal der Pfarrkirche Saint-André.

- *Markt* Sonntagvormittag.
- *Übernachten/Essen* **** **Le Couvent des Minimes**, dieses im Mai 2008 eröffnete Nobelhotel bietet in den Räumen eines alten Klosters viel Komfort, wenngleich den modernen Zimmer mit ihren großzügigen Bädern jegliche Patina fehlt. Zum Hotel gehört noch ein tolles Spa samt Swimmingpool, Hallenbad und Sauna. Und einen Hubschrauberlandeplatz gibt es auch... DZ je nach Ausstattung 185–425 €. Bei Frühstückspreisen von 25 € sollte man gleich über eine Halbpension (80 € pro Person) nachdenken. Ganzjährig geöffnet. Chemin des Jeux de Maï, ✆ 0492747777, 📠 0492747778, www.couventdesminimes-hotelspa.com.

Sehenswertes

Notre-Dame-de-Salagon: Ein kleines Stück außerhalb von Mane steht die ehemalige Benediktinerabtei Notre-Dame-de-Salagon inmitten von Wiesen und Feldern. Das im 11. Jahrhundert gegründete Kloster wurde nach der Revolution aufgelöst, die vorhandenen Bauten als Bauernhof zweckentfremdet und als Scheunen und Ställe genutzt. Erst 1955 wurde dem Verfall Einhalt geboten, umfangreiche, mittlerweile abgeschlossene Restaurierungsarbeiten begannen. In

Mane gefällt durch seinen provinziellen Charme

der Kirche legte man bei Grabungen nicht nur die Fundamente eines im 6. Jahrhundert errichteten Vorgängerbaus frei, auch römisches Mauerwerk kam zum Vorschein. Die Klosterkirche selbst ist ein schlichter spätromanischer Bau mit harmonischen Proportionen und schmuckem Portal.

Rund um das einstige Kloster wurden drei Gärten angelegt, einer mit Gewürzpflanzen, einer mit Heilpflanzen und einer im Stil eines mittelalterlichen Klostergartens. Die Klostergebäude werden museal genutzt, das *conservatoire ethnologique* widmet sich dem längst in Vergessenheit geratenen Alltagsleben der Haute-Provence. So werden beispielsweise interessante Einblicke in die regionale Köhlerei gewährt, die nur von eingewanderten italienischen Familien betrieben wurde.

Noch ein Hinweis: Rund 400 Meter westlich des Klosters führt eine romanische Brücke über die Laye, die zu den bedeutendsten Werken mittelalterlicher Brückenbaukunst in der Provence gehört.

Öffnungszeiten Mai bis Sept. tgl. 10–12 Uhr und 14–18.30 Uhr, sonst tgl. 14–18 Uhr. Eintritt: 6 €, erm. 3,50 €. Mit Führung: 7 €. www.musee-de-salagon.com.

Château de Sauvan: Das im frühen 18. Jahrhundert errichtete Schlösschen, dessen Pläne von dem Architekten Jean-Baptiste Franque stammen, würde man wohl eher an der Loire vermuten als in der herben Landschaft der Haute-Provence. Beeindruckend ist vor allem die der Gartenseite zugewandte Fassade; der Schlossbau blieb unvollendet, da die Arbeiten 1720 wegen einer Pestepidemie eingestellt wurden. Die Architektur zeigt bereits Anklänge des aufkommenden Klassizismus. Umgeben ist das Schloss von einem vier Hektar großen französischen Park.

Öffnungszeiten Juli bis Aug. Führungen tgl. außer Sa um 15.30 Uhr, Sept. bis Juni nur Do und So um 15.30 Uhr. Eintritt: 7 €, erm. 3 €. Der Park ist tgl. 10–12 Uhr und 15–17.30 Uhr geöffnet. Eintritt: 2,50 €. www.chateaudesauvan.com.

Dauphin

Exakt 687 Menschen – wenn seit Redaktionsschluss kein Zu- oder Abgang zu verzeichnen war – leben in dem kleinen, eine Bergkuppe krönenden Dorf, acht Kilometer südlich von Forcalquier. Die Gegend war bereits in römischer Zeit besiedelt, wie Archäologen anhand zahlreicher Funde nachweisen konnten. Im Mittelalter wurde Dauphin dann gar mit einer Stadtmauer befestigt. Nett anzusehen ist die Kirche aus dem 15. Jahrhundert mit ihrem hübschen Glockenturm, die alten Gassen strahlen viel Charme aus.

Information **Syndicat d'Initiative**, ✆ 0492795198.

Observatoire de Haute-Provence

Auf dem Weg zum südwestlich von Forcalquier gelegenen Observatorium kommt man zuerst durch das beschauliche **Saint-Michel-l'Observatoire**. Das Dorf wartet mit engen Gassen und einer nicht unbedeutenden romanischen Kirche auf, die auf dem höchsten Punkt des Ortes steht; bedingt durch spätere Umbauten präsentiert sich die Kirche als Stilgemisch. Besonders wertvoll sind die mittelalterlichen Fresken in der Südgalerie.

Zwei Kilometer weiter nördlich wurde 1937 ein **Observatorium** errichtet, da in der Haute-Provence keine umweltverschmutzenden Dunstwolken den Himmel bedecken. Das Observatorium mit seinen 13 Kuppeln gehört zu den bedeutendsten astronomischen Forschungszentren in Europa. Erst in den letzten Jahren wurden hier drei Planeten außerhalb unseres Sonnensystems entdeckt: „51 Pégasi" (1995), „14 Herculis" und „Gliese 876" (beide 1998). Zu den Besuchszeiten kann man mit einem 1,93 Meter langen Teleskop einen Blick in die unendlichen Weiten des Himmelszeltes werfen.

Führungen Von April bis Sept. Mi um 14 und 16 Uhr, von Okt. bis März Mi um 15 Uhr. Teilnahmegebühr: 4,50 €, erm. 2,50 €. www.obs-hp.fr.

Simiane-la-Rotonde

Das Dorf ist eines der vielen *village perché*, die in der Haute-Provence so häufig anzutreffen sind. Fernand Braudel, einer der bedeutendsten französischen Historiker, erinnerten diese Dörfer an die kleinen Marktflecken der südlichen Alpen, aus denen ihre Einwohner häufig stammten. Die Häuser von Simiane-la-Rotonde künden vom Wohlstand vergangener Tage, welchen sich die Bewohner durch die Glasmacherkunst und dank der fruchtbaren Felder erwarben. Auf einem steilen, über 600 Meter hoch aufragenden Hügel angelegt beherrscht Simiane die nähere Umgebung. Gekrönt wird der Ort von der namensgebenden Rotunde, dem letzten Rest einer ansehnlichen Burg, darunter schmiegen sich die Häuser an den Berg. Bis ins 12. Jahrhundert hinein hatten hier die Herren von Simiane ihren Stammsitz, der zweigeschossige Rundbau – die Zwischendecke wurde bei der unlängst erfolgten Restauration wieder eingefügt – dürfte wahrscheinlich als Wohnturm gedient haben. Aufgrund der ungewöhnlichen Architektur des Turmes – das Gewölbe teilt sich in zwölf Nischen – wurde dieser wiederholt für einen Sakralbau gehalten. Heute wird die Rotunde auch für Ausstellungen und Veranstaltungen genutzt. In den letzten Jahren verstärkt sich der Eindruck, dass Simiane allmählich ausstirbt. Inzwischen gibt es nicht einmal mehr ein Café im Ort.

Simiane-la-Rotonde: historische Markthalle

• *Information* Mairie, 04150 Simiane-la-Rotonde, ✆ 0492731134. www.simiane-la-rotonde.fr.

• *Öffnungszeiten der Rotunde* Mai bis Aug. tgl. 10.30–13 Uhr und 13.30–19 Uhr, im März, April, Sept. und Okt. tgl. außer Di 13–17.30 Uhr. An der Kasse ist eine ausführliche Beschreibung des Bauwerks in deutscher Sprache erhältlich. Eintritt: 4 €, erm. 3 €.

• *Camping* ** **Camping de Valsaintes**, kleiner Platz (25 Stellplätze) mit kleinem Pool in einem weltabgeschiedenen Tal unweit einer ehemaligen Abtei. Auch Bungalowvermietung ab 230 € pro Woche. Von April bis Okt. geöffnet. ✆ 0492759146. In Valsaintes, fünf Kilometer östlich von Simiane-la-Rotonde. www.valsaintes.com.

Oppedette

Oppedette, sechs Kilometer südöstlich von Simiane-la-Rotonde gelegen, ist ein aussterbendes Dorf mit nur noch 56 Einwohnern, einer Kirche und einem Café-Restaurant, das als Kontaktbörse dient und kleine Häppchen anbietet. Wie der Name andeutet, geht der an einem Felsabhang gelegene Ort auf das keltische Oppidum zurück. Hundert Meter tiefer liegt die größte Attraktion des Ortes: Das Flüsschen Calavon hat sich eine tiefe Schlucht in den Kalkstein gegraben. Diese **Gorges d'Oppedette** gehören zu den vergleichsweise unbekannten Naturschönheiten der Haute-Provence und können auf einem ausgeschilderten Pfad in etwa drei Stunden erkundet werden. Der Parkplatz zum Abstieg befindet sich rund 200 Meter südlich des Dorfes. Wer will, kann auf dem Fernwanderweg GR 4 weiter bis nach Céreste wandern.

Manosque

Die betriebsame Kleinstadt mit ihrem verspielten mittelalterlichen Zentrum wird zumeist mit Jean Giono, dem wohl bekanntesten provenzalischen Schriftsteller, in einem Atemzug genannt. Zeitlebens blieb Giono seiner im Tal der Durance gelegenen Geburtsstadt treu, viele seiner Romane spielen in der Umgebung von Manosque. Das Centre Jean Giono und ein zehntägiges Jazz-Festival erfrischen das städtische Kulturleben.

Porte Saunerie in Manosque

Manosque wurde im Hochmittelalter von den Grafen von Forcalquier zur Sicherung des Handelsverkehrs im Tal der Durance gegründet. Auch wenn man die Stadtmauer im 19. Jahrhundert abgetragen hat, lässt sich ihr Verlauf noch deutlich ausmachen: Der beim Abbruch angelegte breite Boulevard umschließt die Altstadt kreisförmig. Zwei von einst sechs Stadttoren sind bis heute erhalten geblieben: die Porte Saunerie, ein mächtiges Tor, das seinen Namen von dem benachbarten Salzspeicher – *saou* ist das provenzalische Wort für Salz – bekam, und die höher gelegene Porte Soubeyran, deren Turm einen sehr schönen zwiebelförmigen Glockenkäfig besitzt. In den vom Spätmittelalter geprägten Gassen des Zentrums weist Manosque noch einen relativ unverfälschten Charme auf. Die zur Fußgängerzone umgewandelte Rue Grande führt, an der Eglise Saint-Sauveur vorbei, als Hauptachse durch die Altstadt. Die vielen kleinen Geschäften in der Altstadt laden zu einem Einkaufsbummel ein. An der von Platanen beschatteten Place de l'Hôtel de Ville, dem beschaulichen Mittelpunkt von Manosque, steht mit der Eglise Notre-Dame-du-Romigier die andere bedeutende Kirche der Stadt.

Zu Beginn des 20. Jahrhunderts lebten nur ein paar Tausend Menschen in Manosque. Schmerzlich empfand Jean Giono die nach dem Zweiten Weltkrieg einsetzende, unaufhaltsame Verstädterung seiner geliebten Heimatstadt. Manosque begann bereits damals, seinen Aufstieg zum wirtschaftlichen Zentrum der Region zu nehmen; heute ist die Bevölkerung auf knapp 20.000 Seelen angewachsen, wobei die Stadtväter in den vergangenen Jahrzehnten so manche Bausünde begangen haben. Manosque profitiert auf dem touristischen Sektor von Gionos Bekanntheitsgrad, zahlreiche Besucher wandeln auf seinen Spuren. Beispielsweise wurde 1995 in Manosque Jean Gionos Roman „Der Husar auf dem Dach" mit Juliette Binoche und Olivier Martinez in den Hauptrollen und Gérard Depardieu als wirrem Polizeikommissar in einer Nebenrolle verfilmt. Die Produktion – eine der teuersten in der französischen Kinogeschichte – verschlang umgerechnet knapp 30 Millionen Euro und sorgte für eine europaweite Giono-Renaissance.

Haute-Provence
Karten Seite 125 und 164/165

Information/Verbindungen/Diverses

- *Information* **Office de Tourisme**, Place du Docteur Joubert, 04100 Manosque, ✆ 0492721600, ✆ 0492725898. www.manosque.fr.
- *Einwohner* 20.300 Einwohner.
- *Verbindungen* Der SNCF-Bahnhof von Manosque liegt rund 1,5 Kilometer südöstlich der Altstadt an der Place Frédéric Mistral (Busse fahren regelmäßig ins Zentrum), ✆ 0492515050. Rund 7 x tgl. verkehren Züge nach Sisteron und Gap sowie nach Aix-en-Provence, Marseille, Riez und Moustiers-Sainte-Marie. Zudem bestehen regelmäßig **Busverbindungen** nach Marseille (75 Min.) und Avignon (2 Std.). Die Gare routière befindet sich am Boulevard Charles de Gaulle, 200 Meter südlich der Altstadt, ✆ 0492875599.
- *Fahrradverleih* Evasion Biclou Manosquin, ✆ 0492725139.

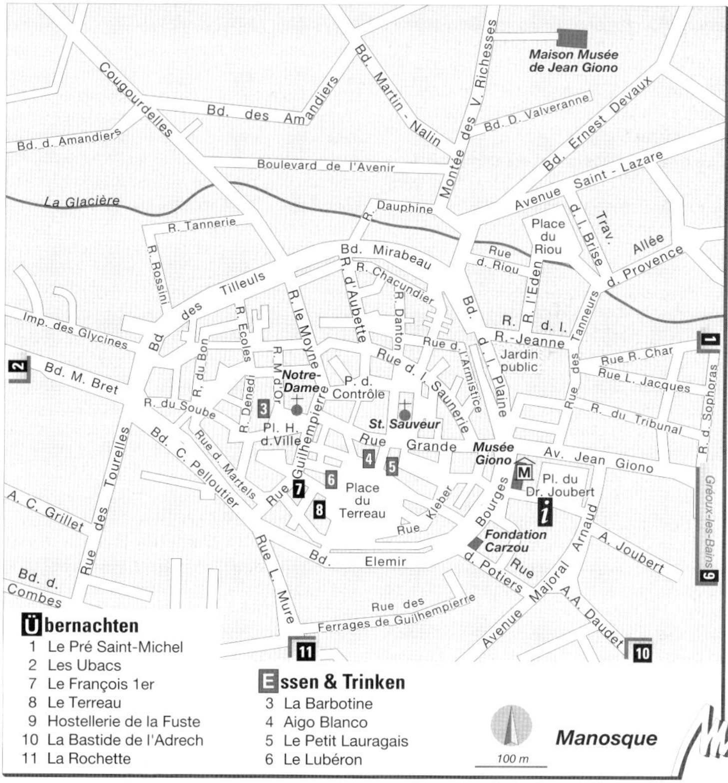

• *Markt* Samstagvormittag.

• *Veranstaltungen/Feste* **Rencontres Cinématographiques**, Cineasten-Treffen im Januar. **Les Fêtes Médiévales**, alle zwei Jahre im Juni (2010, 2012 etc.) wird in den Gassen der Altstadt ein mittelalterliches Fest gefeiert. **Festival de Jazz**, zehn Tage im Juli wird in Manosque gejazzt; Programm beim Kulturamt, ✆ 0492703407. **Journées Jean Giono**, ebenfalls im Juli dreht sich alles um den berühmtesten Sohn der Stadt.

• *Literaturtipps* Die passende Urlaubslektüre muss selbstverständlich von Jean Giono sein. Wie wäre es mit „Das Lied der Welt" oder „Der Husar auf dem Dach"?

• *Einkaufen* Einen riesigen Auchan-Hypermarché gibt es an der Straße nach Sisteron.

• *Schwimmen* Drei Kilometer östlich von Manosque trifft man auf einen künstlich angelegten Badesee (Plan d'eau des Vannades) mit guter Wasserqualität.

Übernachten/Essen

**** **Hostellerie de la Fuste (9)**, der traditionsreiche Landgasthof – Nobelherberge mit beheiztem Swimmingpool wäre wohl die exaktere Beschreibung – liegt sechs Kilometer östlich von Manosque in Richtung Valensole. Bei schönem Wetter speist man unter alten Platanen im Garten. Die Menüs (ab 49 €) entführen in den Gourmethimmel. 13 Zimmer zu je nach Saison 110–180 €. Von Jan. bis Anfang März geschlossen, das Restaurant hat außer im Hochsommer Sonntagabend und Montag Ruhetag. ✆ 0492720595, 📠 0492729293. www.lafuste.com.

*** **Le Pré Saint-Michel (1)**, modernes, freundliches Hotel mit gutem Restaurant, den Swimmingpool wird man an heißen Tagen zu schätzen wissen. Ansprechende Zimmer, je nach Saison 80–110 €, die teureren mit Terrasse. Auf der Homepage werden manchmal günstigere Tarife angeboten. Zwei Kilometer außerhalb vom Zentrum. Route de Dauphin, ✆ 0492721427, 📠 0492725304. www.presaintmichel.com.

** **Le Terreau (8)**, einfaches, aber empfehlenswertes Hotel in den provenzalischen Farben. Zimmer je nach Ausstattung 35 € (mit Waschbecken), besser ausgestattet von 40 € bis 72 €. 21, place du Terreau, ✆ 0492721550, 📠 0492728042, www.hotelduterreau.fr.

** **Le François 1er (7)**, zentrale, aber ruhige Lage. Die Zimmer zu 29 € sind schlicht und besitzen genauso wenig Charme wie die teureren. Für 48 € schläft man anderswo besser – daher nur ein Ausweichquartier. 18, rue Guilhempierre, ✆ 0492720799, 📠 0492875485.

Le Petit Lauragais (5), südwestfranzösische Spezialitäten in leicht distinguiertem Ambiente. Und eine Entenbrust fehlt selbstverständlich auch nicht auf der Karte. Statt einem Côtes du Rhône trinkt man hier selbstverständlich einen Cahors oder Gaillac. Menüs zu 14,50 € (mittags), 22,80 € und 34,50 €. Mittwoch- und Samstagmittag sowie Sonntag geschlossen. Im Juli Betriebsferien. 6, place du Terreau, ✆ 0492721300.

Le Lubéron (6), Mireille und Jean-Pierre de Geeter haben das ambitionierte Restaurant zu einer in Feinschmeckerkreisen gern besuchten Adresse gemacht. Ausgezeichnetes Preis-Leistungs-Verhältnis. Die kreative provenzalische Küche orientiert sich stark am saisonalen Angebot. Kulinarische Ausflüge inklusive: Wie wäre es beispielsweise mit Auberginen-Gratin mit Parmesan oder einem Frikassee vom Bresse-Huhn? Es stehen aber auch traditionell provenzalische Gerichte wie *pieds et pacquets* auf der Karte. Schattige Straßenterrasse. Menüs zu 14 und 19 € (mittags), sonst zu 28, 38 und 55 €. Sonntagabend und Montag Ruhetag. Ende August und Anfang September Betriebsferien. 21, place du Terreau, ✆ 0492720309.

Aigo Blanco (4), neu eröffnetes Restaurant, das im Erdgeschoss an ein Bistro, im ersten Stock an ein privates Dinner denken lässt. Je nach Jahreszeit ändert sich die Küche, im Sommer wird provenzalische Küche serviert, im Winter deftiges aus der Haute Savoie. Hauptgerichte à la carte 15–30 €. 3, place du Terreau, ✆ 0492756183.

La Barbotine (3), nettes Restaurant mit altem Fliesenboden und Holzstühlen mitten im Zentrum mit Blick auf das Rathaus. Große, schattige Straßenterrasse. Einfache, aber zufrieden stellende Menüs zu 18 € (vegetarisch) und 26 €, große Salatauswahl (ab 10 €). Im Winter Sonntag und Montag geschlossen. 5, place Hôtel de Ville, ✆ 0492725715.

• *Chambres d'hôtes* **La Bastide de l'Adrech (10)**, schmuckes, im Süden der Stadt gelegenes Anwesen aus dem 18. Jahrhundert. Vermietet werden fünf komfortable Zimmer für 68 € inkl. Frühstück.

Samstag ist Markttag in Manosque

Abendessen für 26 €. Avenue des Serrets, ✆ 0492711418. www.bastide-adrech.com.

• *Jugendherberge* **La Rochette (11)**, ganzjährig geöffnet, Zelten möglich. Übernachtung 15,50 €. Parc de la Rochette (knapper Kilometer westlich der Altstadt), Avenue Argile, ✆ 0492875744, ✆ 0492724391.

• *Camping* *** **Les Ubacs (2)**, der städtische Campingplatz, eine lang gestreckte, wenig berauschende Anlage westlich der Altstadt, besitzt einen kleinen Swimmingpool. Öffnungszeiten: Von April bis Ende Sept. Avenue de la Repasse, ✆ 0492722808.

Sehenswertes

Notre-Dame-de-Romigier: Die Kirche ist der älteste Sakralbau der Stadt; sie ging aus einem einschiffigen romanischen Bau hervor, der im 16. Jahrhundert durch zwei Seitenschiffe erweitert wurde. Das Prunkstück der Kirche ist ein zum Altar umfunktionierter frühchristlicher Sarkophag aus Carrara-Marmor mit einer Darstellung der zwölf Apostel, der zur barocken Innenausstattung nicht recht passen will.

Saint-Saveur: Rund hundert Meter hinter der Porte Saunerie öffnet sich die Rue Grande alsbald zu einem kleinen, beschaulichen Platz mit einem Brunnen, der von der Fassade der Eglise Saint-Saveur mit ihren drei runden, an Augen erinnernden Fenstern geprägt ist. Hinter dem gotischen Portal verbirgt sich ein ursprünglich romanisches Kirchenschiff.

Fondation Carzou: Jean Carzou, ein armenischer Künstler, hat seine Vision der Apokalypse an die Wände einer ehemaligen Konventskapelle gemalt. Auf mehr als 600 Quadratmetern bringt Carzou vor allem seine Angst vor den neuzeitlichen Vernichtungswaffen zum Ausdruck.

Adresse Boulevard Elémir Bourges. Öffnungszeiten: Juli und Aug. tgl. außer Mo und So 10–12.30 Uhr und 14.30–18.30 Uhr, im Juni und Sept. Di–Sa 14.30–18.30 Uhr, Okt. bis Mai Mi–Sa 14.30–18.30 Uhr. Eintritt: frei! www.fondationcarzou.fr.

Jean Giono, der Vergil der Provence

Als „Vergil der Provence" hat André Gide den Schriftsteller Jean Giono bezeichnet. Doch in gewisser Hinsicht ist Giono eher ein untypischer Vertreter der provenzalischen Literatur. Nicht ohne Grund bekannte er selbst einmal in einem Interview: „Ich bin kein Provenzale. Ich bin nur in der Provence geboren. Aber ich bin zufällig in der Provence geboren, weil sich meine Eltern hier kennen gelernt und hier geheiratet haben." Gionos Provence ist eine erfundene Landschaft, vergleichbar mit Faulkners Süden. Gionos Großvater stammte aus dem Piemont. Allerdings wanderte er nicht – wie viele seiner Landsleute im 19. Jahrhundert – der Arbeit wegen in die Provence aus, sondern er gehörte zusammen mit dem Vater von Emile Zola der italienischen Sozialrebellen-Bewegung der Carbonari an und musste fliehen, da er 1848 in Abwesenheit zum Tode verurteilt worden war. Zwangsweise wurde er in der Provence heimisch. Gionos Vater, ein unsteter Schuhmachergeselle, ließ sich erst im reifen Alter von 50 Jahren in Manosque, einem kleinen Städtchen im Tal der Durance, nieder und heiratete. Wenig später, am 30. März 1895, erblickte Jean das Licht der Welt.

Jean Gionos Eltern waren nicht gerade wohlhabend: Die Mutter arbeitete als Büglerin, sein Vater war ein Schuhmacher, der weit herumgekommen war: „Er konnte einen ganzen Schuh ganz allein machen ... Welche Freiheit ihm das gab! Er machte die Schuhe, die man bei ihm bestellt hatte; dann nahm er sein Geld, packte sein Bündel und ging! ... Wenn er kein Geld mehr hatte, ließ er sich auf dem Hauptplatz eines Dorfes nieder und die Leute brachten ihm ihre Schuhe zum Reparieren. So ist er in ganz Europa herumgekommen, ohne dass ihn jemand störte, ohne die geringste Sorge zu haben." Um diese Freiheit hat Jean Giono seinen Vater stets beneidet.

Als Jean die fünfte Klasse der Mittelschule besuchte, erkrankte sein Vater schwer, so dass er die Schule verlassen musste, um einen Brotberuf zu erlernen. Giono trat in das Comptoir national d'escomptes ein, wo er jahrzehntelang als Bankbeamter sein Geld verdiente. Als Ausgleich zu seiner trockenen Büroarbeit brach Giono immer wieder zu Erkundungen in die Umgebung auf. Auf diesen steten Wanderungen und Streifzügen entdeckte Giono die imaginäre Landschaft seines Herzens: Das weite, kahle Plateau der Hochprovence, dessen Bewohner er in seinem Frühwerk mehr poetisch verklärte als realistisch porträtierte. Einen Zugang zu den vielfach noch provenzalisch sprechenden Bauern und Hirten fand er nur durch die poetische Einbildungskraft. Ihrer Umgangssprache, des Provenzalischen, war er nämlich nicht mächtig.

Der Erfolg seiner ersten beiden, 1930 veröffentlichten Romane „Der Hügel" und „Die Geburt der Odyssee" bestärkte ihn, die Kontoführung aufzugeben und sich fortan nur noch der Schriftstellerei zu widmen. Bei den armen Hirten und Ackerbauern glaubte Giono, die Grundelemente der zutiefst verehrten friedvollen, weil archaischen Lebensformen ausmachen zu können: Hunger und Liebe, Offenheit und Ehrlichkeit, Leben und Sterben. Nicht grundlos verglich Peter de Mendelssohn in seinem Nachwort zur deutschen Ausgabe von „Ernte“ Gionos Landschaft und seine Helden mit den Gestalten Homers. In den Großstädten, wo in seinen Augen die Menschen ein erbärmliches, selbstentfremdetes Leben im Rhythmus des Maschinenzeitalters fristeten, machte Giono die Grundübel der modernen Welt aus. Bewusst hielt sich Giono von den großen Städten zeitlebens fern und verherrlichte die Einfachheit des ländlichen Daseins: „In der Stadt ist vielleicht das geistige Leben interessanter, aber anderswo gibt es diese herrliche Erziehung durch die Natur, die einem wunderbare Dinge gibt, das Wesentliche, Brot, Wasser ... Die wesentlichen Dinge sind rein. Die Luft, das wird ein ungeheurer Luxus werden.“ Die naturverklärende, mythische Darstellung der bäuerlichen Welt stieß auf heftige Resonanz. Schon in den dreißiger Jahren pilgerten seine jungen, anti-städtisch, antimodern und pazifistisch eingestellten Verehrer nach Manosque. Giono wurde zum gefeierten Jugendidol! In seinem Umkreis entstand eine regelrechte „Zurück-aufs-Land“-Bewegung; die Bemühungen, aufgegebene Bauernhöfe in der weltabgeschiedenen Haute-Provence zu bewirtschaften und Landkommunen zu gründen, scheiterten jedoch. Die bäuerlichen Utopisten wurden angesichts der harten Wirklichkeit schnell eines Besseren belehrt: So beließen sie es dabei, verlassene Häuser notdürftig instand zusetzen und sich dort zu literarischen Gesprächen zusammenzufinden.

Nach dem Ende des Zweiten Weltkriegs wurde Giono der Kollaboration verdächtigt, vorübergehend mit Publikationsverbot belegt und inhaftiert, dabei hatte er den jüdischen Pianisten und Musikwissenschaftler Jan Meyrowitz bis Kriegsende vor den Nazis versteckt. Und dies, obwohl in Manosque ein Nebenlager des berüchtigten Internierungslagers Les Milles unterhalten worden war! Welches Vergehen hatte ihm ein halbes Jahr Gefängnis eingebracht? Giono, der nach seinen Erfahrungen in der Hölle von Verdun zum überzeugten Pazifisten geworden war, hatte sich öffentlich für das Münchener Abkommen ausgesprochen, weil er hoffte, dadurch könnte eine militärische Auseinandersetzung mit dem Nazideutschland vermieden werden. Hinzu kam, dass seine naturverherrlichende Prosa als geistige Verbundenheit mit der deutschen Blut-und-Boden-Ideologie gewertet wurde. Zwar wurde Giono 1954 mit der Aufnahme in die Académie Goncourt öffentlich rehabilitiert, doch ein Makel blieb. Er selbst schien die anmaßenden Verdächtigungen nie ganz vergessen zu haben: Noch in dem kurz vor seinem Tod veröffentlichten Buch „Ennemonde“ lässt er eine Figur auftreten, die nach Kriegsende „unschuldig“ ins Gefängnis geworfen wurde.

In seinen reifen Jahren stand Jean Giono mit seinen Warnungen vor der drohenden Umweltzerstörung jahrzehntelang auf verlorenem Posten. Seit ein paar Jahren aber haben die französischen Umweltschützer ihn zum geistigen Vater ihrer Bewegung erkoren. Und dies nicht zu Unrecht: Bereits in den sechziger Jahren, als die französische Regierung den Bau eines Atomkraftwerks im Tal der Durance beschlossen hatte, protestierte Giono energisch, wenngleich vergeblich. Wieso, so wollte er wissen, würde dieses technisch angeblich so sichere Wunderwerk nicht an der Seine vor den Toren von Paris errichtet, wo der größte Teil des Stroms verbraucht wird?

Centre Jean Giono: Rechtzeitig vor seinem 100. Geburtstag gedachte Manosque seines großen Sohnes mit der Einrichtung des *Centre Jean Giono*, das nicht nur ein Museum mit angegliederter Bibliothek und Videothek ist, sondern ein lebendiges Kulturzentrum, das neben Lesungen und Autorenbegegnungen auch eine Sommeruniversität initiiert. Zudem werden Stadtrundgänge („Auf den Spuren von Giono") von hier aus organisiert. Zeitgleich mit dem bunten Treiben eines regionalen Jazzfestivals finden alljährlich im Juli die Jean-Giono-Tage statt. Geht man vom Centre Jean Giono durch die Porte Saunerie, stößt man auf die betriebsame Rue Grande; hier, im Haus Nr. 14, ist Jean Giono aufgewachsen. Das Gebäude wurde vor geraumer Zeit renoviert und wirkt recht ansehnlich; es fällt daher schwer, sich vorzustellen, dass Gionos Vater das Kinderbett seines Sohnes stets vor dem eindringenden Regen in Sicherheit bringen musste.

Adresse 1, Boulevard Elémir Bourges, ✆ 0492705454. Öffnungszeiten: April bis Sept. Di–Sa von 9.30–12.30 Uhr und 14–18 Uhr, im Juli und Aug. auch So. Eintritt: 4 €, erm. 2 €. www.centrejeangiono.com.

Maison Musée de Jean Giono: Das einstige Wohnhaus von Jean Giono blieb nach dem Tod des Dichters (1970) unverändert und kann besichtigt werden. Angeblich wies einst jeder Ortsansässige einem ankommenden Fremden wie von selbst den Weg zu Jean Gionos Haus, gerade so, als ob es für diesen in Manosque nur ein Ziel geben könnte. Doch die Zeiten haben sich geändert: Mühsam muss man sich heute zu Gionos Haus durchfragen, allzu oft wird man mit einem Achselzucken weiter verwiesen. Schließlich ist das Ziel erreicht: Ein von Blumen, Sträuchern und einer efeubewachsenen Mauer gesäumter, schmaler Fußweg führt zum Eingang von Jean Gionos Haus und Garten im Lou-Paraïs-Viertel. Obwohl nur unweit des Zentrums gelegen, ist das Anwesen, in dem Giono von 1929 bis zu seinem Tod gelebt hat, ein Hort der Stille. So muss das Haus eines Schriftstellers aussehen! Steigt man die Treppen empor, so findet man Gionos Arbeitszimmer vor, als hätte er es nur kurzzeitig verlassen. Das geräumige Studio mit dem offenen Kamin ist sonnendurchflutet, die Wände zieren Bücherregale und Landkarten. Mit den Landkarten hat es eine besondere Bewandtnis: Als Giono aus gesundheitlichen Gründen gezwungen war, das Wandern aufzugeben, nahm er dies gelassen hin: „Jetzt mache ich die Wanderungen in meinem Kopf ... und betrachte meine Landkarten."

Adresse Lou-Paraïs-Viertel, Fußweg zweigt vom Montée des Vraies Richesses ab. Öffnungszeiten: nur Freitag von 14.30–17 Uhr. ✆ 0492877303.

Mont d'Or: Auf dem sich nur wenig außerhalb des Zentrums erhebenden Mont d'Or (steile Zufahrt) steht noch der Turm eines ehemaligen Schlosses der Herzöge der Provence. Schön ist der Blick auf Manosque: Die Dächer des Zentrums sind – wie zu Gionos Zeiten – noch immer ineinander verzahnt „wie die Platten einer Rüstung". Die modernen Stadtviertel sind aber nicht mehr zu übersehen.

Nordwestliche Umgebung

Céreste

Rund 20 Kilometer westlich von Manosque liegt das beschauliche Céreste an der Straße (N 100) nach Apt. Die sympathische Siedlung diente schon den Römern als Etappenstation auf der *Via Domitia* und besitzt außerdem noch Teile der Wehrmauern, die das mittelalterliche *Cederesta* schützten. Die größten Sehenswürdigkeiten sind aber sicherlich die nahe gelegene Prieuré de Carluc und eine Brücke aus römischer Zeit. Céreste war übrigens der Altersruhesitz des berühmten

Fotografen Henri Cartier-Bresson, der hier in seinem Haus am 3. August 2004 im Alter von 95 Jahren starb.

- *Information* Office de Tourisme, Place de la République, 04280 Céreste, ✆ 0492790984, 📠 0492790743. www.cereste.fr.
- *Einwohner* 1.050 Einwohner.
- *Verbindungen* Tgl. zwei Busverbindungen in Richtung Forcalquier sowie über Apt nach Cavaillon.
- *Markt* Dienstagvormittag.
- *Übernachten/Essen* ** **L'Aiguebelle**, Hotel-Restaurant an einem kleinen Platz im Ortskern, mit Straßenterrasse. Ausgezeichnet ist das Restaurant, dessen Menüs oft bestimmten Themen (Lavendel, Käse etc.) gewidmet sind. Im Sommer sitzt man recht angenehm auf der Straßenterrasse. Mittagsmenüs 16 €, sonst 25 und 35 €. Die unspektakulären Zimmer kosten 36 € (mit Waschbecken), sonst 48–60 €, Frühstück 7 €. Mitte Dez. bis Mitte Feb. Betriebsferien. Montag Ruhetag. Place de la République, ✆ 0492790091, 📠 0492 790729. www.hotel-luberon-aiguebelle.com.

Auberge de Carluc, hinter einer ockerfarbenen Fassade mit blauen Fensterläden verbirgt sich ein ausgezeichnetes, familiär wirkendes Restaurant. Einladende Straßenterrasse. Die Küche ist recht vielfältig, man hat beispielsweise die Wahl zwischen gegrillten Gambas und Kaninchen. Menüs zu 16 und 23 €. Dienstagabend und Mittwoch geschlossen. Cours Aristide-Briand, ✆ 0492790632.

La Pastorale, dieses im ersten Stock mit kleiner Terrasse gelegene Restaurant wird von einem holländischen Paar geführt und ist ein Lesertipp von A. Müller, der die freundliche Atmosphäre und die Qualität der provenzalischen Küche lobte. Es gibt drei Menüs zu 16,50, 22 und 29,50 €. Der halbe Liter vom offenen Hauswein kostet 5,50 €. Montag und Dienstagmittag geschlossen im Nov. Betriebsferien. Cours Aristide-Briand, ✆ 0492790800.

Haute-Provence
Karten Seite 125 und 164/165

Prieuré de Carluc

Lohnenswert ist ein Ausflug zu den wieder ausgegrabenen Ruinen des Klosters Carluc. Dieser romantische Ort liegt zwischen Céreste und Reillane, ein Stück oberhalb der RN 100. Von dem im 11. Jahrhundert gegründeten Benediktinerkloster sind noch Befestigungsmauern, Grabstätten, in den Fels gehauene Kammern sowie die ehemalige Klosterkirche St. Pierre zu sehen. Von der Kirche aus erstreckt sich ein ehemals überdachter Korridor, der mehrere, in den Fels geschlagene Gräber birgt. Da Carluc aus einer Gründung des Klosters Montmajour hervorgegangen ist, wird vermutet, dass sich die Bruderschaft am Mutterkloster orientierte und sich in erster Linie der Grabpflege verschrieben hatte.

Besichtigung der Klosterkirche Tgl. 14.30–17 Uhr, im Winter nur Do–So (Auskunft: ✆ 0492790416). Eintritt: 2 €.

Pont Romain

Wer den direkten Weg von Céreste zur Prieuré de Carluc wählt, stößt nach kurzer Zeit zwangsläufig auf eine knapp 2.000 Jahre alte Brücke, die seit römischer Zeit ununterbrochen genutzt wird.

Reillanne

Das römische *Reglana* lag einst in der Ebene, bedingt durch die Wirren der Völkerwanderungszeit zogen sich die Bewohner auf einen leichter zu verteidigenden Hügel zurück. Um diese etwas exponierte Anhöhe gruppiert sich das mittelalterliche Dörfchen, das noch immer von dem Turm einer Burg aus dem 11. Jahrhundert gekrönt wird. Die engen gekrümmten Gassen mit den altertümlichen Häusern laden zum Schlendern ein. Zum Parken eignet sich der große Dorfplatz, der von einem Monumentalbrunnen aus dem 19. Jahrhundert geschmückt – oder besser „dominiert" – wird. Von hier ist es nur ein Katzensprung zu dem altertümlichen, aber charmanten Café du Cours.

• *Information* **Office de Tourisme**, Cours Thierry d'Argenlieu, 04110 Reillanne, ✆ 0492 764537, ✆ 0492764459.

• *Einwohner* 1.200 Einwohner.

• *Markt* Donnerstag- und Sonntagvormittag.

• *Veranstaltungen* Votivfest am 1. So im August.

• *Übernachten/Essen* **Auberge Pierry**, der kulinarisch interessanteste Zwischenstopp ist diese einstige Postkutschenstation an der Route Nationale, nicht zu verwechseln mit der nahen Auberge de Reillanne (s. u.). Kredenzt wird eine ländliche provenzalische Küche, die allerdings nicht ohne Reiz (z. B. mit Pastis flambierte Gambas) und zudem günstig ist. Große Gartenterrasse. Menüs zu 13 € (mittags), 17, 24, 29 und 38 €. Der halbe Liter vom offenen Hauswein kostet 5,50 €. Dienstag Ruhetag. Route de Céreste, ✆ 0492765195.

Auberge de Reillanne, nettes, allein stehendes provenzalisches Gehöft mit sechs großzügigen Zimmern 70–75 €, Frühstück 8,50 €. Auch Restaurantbetrieb. Von Mitte Okt. bis März Betriebsferien. An der D 214 unterhalb des Dorfes gelegen. ✆ 0492764595, ✆ 0492764595. www.auberge-de-reillanne.com.

• *Chambres d'hôtes* **L'Oustaou di Barri**, diese von einem älteren Ehepaar (sie spricht ausgezeichnet Deutsch) geführte Herberge ist in Lesertipp von Yvonne Ritter. Untergebracht ist man in einem alten Haus, das auf der Stadtmauer errichtet wurde. Ein kleiner Garten und eine Küchenecke stehen den Gästen zur Verfügung. Die Preise für die drei Gästezimmer variieren nach Aufenthaltsdauer und Reisezeit (54–59 € inkl. Frühstück). Rue du Moulin, ✆/✆ 0492765513, Mobil: 0671734701, www.oustaou-di-barri.com.

Viens

Viens ist fraglos eines der schönsten Dörfer zwischen Lubéron und Haute-Provence. Mindestens so reizvoll wie Gordes, nur – noch? – ohne den ganzen Trubel. Das 990 erstmals als *Vegnis* urkundlich erwähnte Dorf liegt mit seinen spiralförmigen Gassen auf einer kleinen Anhöhe. Abgesehen von der Ruine einer romanischen Kirche aus dem 12. Jahrhundert gibt es noch ein sich in Privatbesitz befindendes Schloss. Geschäfte oder etwa Souvenirläden darf man nicht erwarten, doch dafür ist in Viens mit seiner vergleichsweise geringen Zahl an Zweitwohnsitzen das Dorfleben noch intakt.

• *Übernachten/Essen* ** **Le Nouveau Relais Saint Paul**, etwa drei Kilometer unterhalb des Dorfes beherbergt ein frei stehendes Anwesen ein passables Landhotel mit Restaurant (Menü zu 22 €) direkt neben einer mittelalterlichen Kapelle. Absolut ruhige Lage, tolle Frühstücksterrasse! Für sportliche Naturen stehen ein großer Swimmingpool und ein etwas abseits gelegener Tennisplatz zur Verfügung. Allerdings hat der neue Besitzer bisher von einer anstehenden Renovierung der Zimmer abgesehen, weswegen es der Unterkunft an Charme mangelt. Zimmer je nach Größe 50–90 €, Frühstück 10 €. Route de Digne, ✆ 0490060385, ✆ 0490753080. www.hotel-relais-saint-paul.com.

Digne-les-Bains

Digne-les-Bains, die Hauptstadt des Départements Alpes de Haute-Provence, liegt am Schnittpunkt dreier Täler inmitten einer von Lavendelfeldern geprägten Landschaft. Rund 600 Meter hoch über dem Meeresspiegel gelegen, ist Digne-les-Bains zudem für seine Heilquellen und seine gute Luft bekannt.

Bereits die Römer schätzten die Thermalquellen von *Dinia*, wie Digne-les-Bains damals genannt wurde; ihre Heilkraft sollen die Quellen speziell bei Rheuma und Atemwegserkrankungen entfalten. Obwohl bisher keine Grundmauern aus römischer und frühchristlicher Zeit freigelegt werden konnten, ist eine kontinuierliche Besiedlung von Digne erwiesen. Allerdings ist die genaue Lage unbekannt. Man weiß nicht einmal, ob die römische Stadt in der Nähe

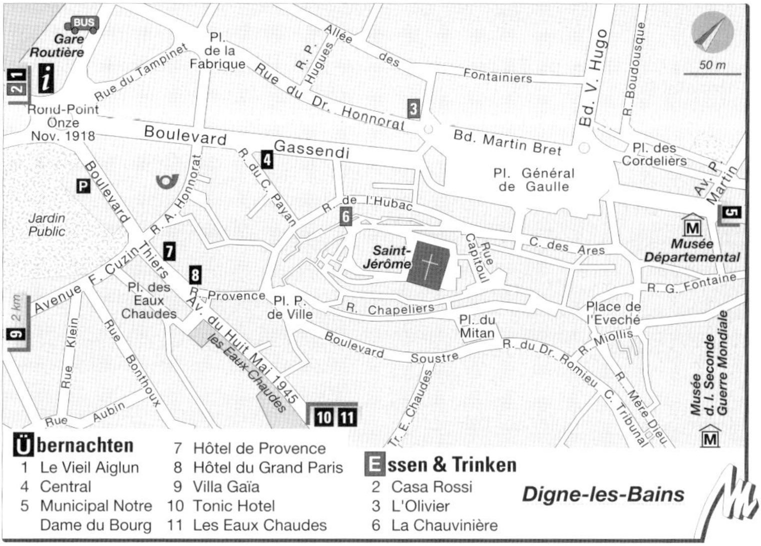

des heutigen Stadtzentrums oder bei der alten Kathedrale Notre-Dame-du-Bourg zu suchen ist; Letzteres ist allerdings wahrscheinlicher. Analog zu zahlreichen anderen größeren Römerstädten wurde Digne in der Spätantike Sitz eines Bistums (506). Lange Zeit war die Stadt zweigeteilt, bevor im Spätmittelalter die Bewohner des unteren Stadtteils aus Sicherheitsgründen vom Tal auf den felsigen Hügel zogen.

Unterhalb der verwinkelten Gassen der Altstadt verläuft der im 19. Jahrhundert als Prachtstraße angelegte Boulevard Gassendi, dessen Platanen vor allem im Hochsommer kaum Licht einfallen lassen und für angenehme Temperaturen sorgen. Die Straße ist nach *Pierre Gassendi* benannt, einem 1592 in einem Dorf unweit von Digne geborenen Philosophen, Mathematiker und Astronom von europäischem Rang. Gassendi stand nicht nur mit Descartes in regem Briefkontakt, sondern lieferte durch seine exakten Beobachtungen des Merkurs den Beweis für Galileis Behauptung, die Sonne stünde im Mittelpunkt unseres Planetensystems. Wer wissen will, wie Gassendi ausgesehen hat, kann die Bronzestatue auf dem Place Charles de Gaulle näher in Augenschein nehmen. Digne-les-Bains ging auch in die Literaturgeschichte ein: Eine Szene aus Victor Hugos sozialrevolutionärem Roman „Die Elenden" spielt in der Lavendelmetropole der Haute-Provence. Die Hauptfigur des Romans, der ehemalige Zuchthäusler Jean Valjean, wandelt sich dank der Güte des Bischofs von Digne zum ehrbaren Menschen. Durch die 1975 in Betrieb genommenen Kuranlagen gewann Digne – seit 1988 Digne-les-Bains – an touristischer Attraktivität: Jährlich werden mehr als 10.000 Kurgäste gezählt. Ein schöner Blick auf Digne-les-Bains und das Tal der Bléone eröffnet sich übrigens von der 872 Meter hoch gelegenen Chapelle de la Croix, die über einen Fußweg zu erreichen ist, der bei der Avenue Paul Martin abzweigt.

Information/Verbindungen/Diverses

• *Information* **Office de Tourisme et de Thermalisme**, Le Rond-Point, Place Tampinet, 04005 Digne-les-Bains, ✆ 0492366262, 📠 0492322724, www.ot-dignelesbains.fr.

• *Einwohner* 17.500 Einwohner.

• *Verbindungen* Gut 3 Stunden und 15 Minuten benötigt der *Train des Pignes* („Pinienzapfenzug") für die phantastische Fahrt von Digne nach Nizza. Der Zug fährt viermal pro Tag (7.29 Uhr, 10.55 Uhr, 14.25 Uhr, 17.30 Uhr). Kosten bis Nizza 17,65 €. Gare de Digne-les-Bains. Auskunft: ✆ 0492310158, www.trainprovence.com. Zusätzlich fahren täglich SNCF-Züge nach Marseille, Lyon und Paris. ✆ 0492310067. Der Bahnhof liegt sehr zentrumsnah in der Avenue Pierre Sémard, am rechten Ufer der Bléone. Der Busbahnhof an der Place Tampinet ist noch zentraler. Die Linie 1 fährt in zehn Minuten zu den etwas außerhalb gelegenen Thermen. Digne ist eine Station der VFD-Linie zwischen Genf und Nizza: tgl. um 13.30 Uhr über Castellane und Grasse nach Nizza, um 10.45 Uhr über Grenoble nach Genf. Tgl. um 12 Uhr eine Busverbindung über Forcalquier, Apt und Cavaillon nach Avignon. Zudem fahren mehrmals tgl. Busse nach Manosque, Aix-en-Provence und Marseille. In Richtung Norden geht es einmal tgl. über Seyne-les-Alpes nach Barcelonnette.

• *Veranstaltungen* **Rencontres Cinémathographiques**: Alternative Kinotage im März. **Corso de Lavande**: Im Aug. kann man sich in Digne, der *Capitale-des-Alpes-de-la-Lavande*, ein (Duft-)Bild von der reichen Lavendelernte der Umgebung machen.

• *Literaturtipp* **Alexandra David-Néel**: Mein Indien. Knaur Taschenbuch, München. Das wohl bekannteste Buch der in Digne-les-Bains beheimateten Tibet-Forscherin. **Victor Hugo**: Die Elenden. **Pierre Magnan**: Das Zimmer hinter dem Spiegel. Spannender, in Digne spielender Krimi. Scherz Verlag.

• *Markt* Jeden Mittwoch- und Samstagvormittag ist Markttag. Jeden 1. Samstag im Monat findet zudem ein großer, ganztägiger Markt statt.

• *Kino* Le Top, 58, boulevard Gassendi, ✆ 0492680476.

• *Hauptpost* 4, rue André-Honnorat.

• *Maison de la Presse* 67, boulevard Gassendi.

• *Internet* Cyber Games Café, ab 1,50 € für 10 Minuten. 48, rue de l'Hubac, ✆ 0492 320019.

• *Etablissement Thermal* Das Thermalbad Les Eaux Chaudes ist von Mitte Feb. bis Anfang Dez. geöffnet. Die Öffnungszeiten schwanken stark. Bitte im Office de Tourisme erkundigen, wann man im 35 Grad Celsius warmen Wasser planschen kann. Infos über Kurmöglichkeiten: Etablissement Thermal, Route des Bains, 04000 Digne-les-Bains, ✆ 0492323292. www.eurothermes.com.

• *Schwimmen* Am künstlich angelegten Lac de Ferrols an der Straße nach Nizza kann man schwimmen oder in der Sonne faulenzen.

• *Hallenbad* Avenue François Cuzin, ✆ 0492310690.

• *Minigolf* Square Louis Jouvet.

• *Golf* 18-Loch-Golfplatz, 4, route de Chaffaut, ✆ 0492305800.

• *Mountainbike-Verleih* **GB Sports Cycles**, 8, cours des Arès, ✆ 0492310529. Sonntag und Montag geschlossen.

• *Gleitschirmflugschule* „Dinovol", Ecole de parapente de Digne-les-Bains, ✆ 0492324206.

• *Waschsalon* 99, boulevard Gassendi.

Übernachten/Essen (siehe Karte S. 151)

*** **Hôtel du Grand Paris (8)**, das vornehmste Hotel von Digne (EZ ab 75 €, DZ 88–125 €, Frühstück 15 €) residiert in einem stattlichen Haus aus dem 17. Jahrhundert und besitzt durchaus Flair. Ein angemessenes Preis-Leistungs-Verhältnis bietet auch das von Restaurantführern gelobte Restaurant, das auch außergewöhnliche Gerichte wie ein Filet de Pigeon (Taubenfilet) gekonnt zuzubereiten weiß. Im Sommer speist man unter Platanen. Menüs ab 26 € (mittags), sonst 32 € bis 60 €. Im Restaurant Montag und Dienstagmittag Ruhetag, von Weihnachten bis Ende Februar Betriebsferien. 19, boulevard Thiers, ✆ 0492311115, 📠 049232 3282. www.hotel-grand-paris.com.

*** **Villa Gaïa (9)**, stilvoll eingerichtete Villa mit großem Park und Tennisplatz. Nur zwei Kilometer vom Zentrum entfernt, ist das intime Hotel eine Oase der Ruhe (nur zwölf Zimmer!). Die Atmosphäre ist sehr angenehm, was sicherlich auf das freundliche

Besitzerpaar zurückzuführen ist. Die Zimmerpreise von 72–104 € sind in Anbetracht der Ausstattung absolut angemessen. Tolles Badezimmer! Jeden Abend wird den Hausgästen auf Vorbestellung ein wechselndes Menü (28 €) angeboten, wobei auf die Verwendung biologisch angebauter Zutaten Wert gelegt wird. Halbpension 134–170 € für 2 Pers., Frühstück 9 €. Von Mitte April bis Ende Okt. geöffnet. An der Straße nach Nizza, ✆ 0492312160, ✆ 0492312012, www.hotelvillagaia.fr.

** **Tonic Hôtel (10)**, modernes Kurhotel, alle 60 Zimmer (66,50–83 €) sind mit Bad, Telefon und TV ausgestattet. Frühstück 9,70 €. Ein Fitnessraum und ein Swimmingpool stehen den zumeist älteren Gästen ebenfalls zur Verfügung. Von April bis Okt. geöffnet. Avenue des Thermes, ✆ 0492322031, ✆ 04923 24454. www.hotel-tonic-digne.com.

** **Central (4)**, wie der Name schon andeutet, sehr zentral gelegen. Die gefliesten Zimmer sind ausgesprochen sauber und werden durch ein paar alte Möbel aufgepeppt. Kostenpunkt: Je nach Ausstattung 41–55 € (das günstigste mit Etagentoilette zum Jugendherbergspreis...), Frühstück 7 €. 26, boulevard Gassendi, ✆ 0492313191, ✆ 0492314978. www.lhotel-central.com.

Hôtel de Provence (7), dieses einfache, aber ordentlich geführte Hotel huldigt den provenzalischen Farben, in manchen Zimmern hängen die allseits bekannten Drucke von van Gogh. Wer will, kann sich vor dem Haus im Schatten einer Platane entspannen. Leser lobten die freundlichen Besitzer. EZ 42 €, DZ 50–60 €. 17, boulevard Thiers, ✆ 0492313219, ✆ 0492314839. www.hotel-alpes-provence.com.

L'Olivier (3), anspruchsvolle mediterrane und französische Kühe im modernen Ambiente zu keineswegs überteuerten Preisen. Auf der Menükarte stehen auch leckere Fischgerichte wie *Filets de Rougets rôti* (gegrilltes Rotbarbenfilet). Menüs zu 16,50 € (nur mittags), 19,50 €, 25 € und 31 €. Straßenterrasse. 1, rue des Monges, ✆ 0492314741.

La Chauvinière (6), inmitten der Altstadt wird ländliche Küche zu angenehmen Preisen serviert. Terrasse. Menüs zu 15 €, 22 € und 29 €, Plat du Jour 10 €. Montag Ruhetag. 56, rue l'Hubrac, ✆ 0492314003.

Casa Rossi (2), Liebhabern der italienischen Küche empfiehlt sich ein Abstecher in das kleine, sechs Kilometer westlich gelegene Dorf Champtercier. In dem Restaurant neben der Kirche wird eine traditionelle italienische Küche gepflegt. Jeden Monat wechselt das Angebot, immer drei Vorspeisen (ca. 7 €), drei Hauptspeisen (10–13 €, meist Pasta) und drei Desserts (ca. 5 €). Lecker waren die *Tagliatelle ai gamberi e zucchine*. Im Sommer sitzt man auf der Terrasse, die mit bunten Metallstühlen bestückt ist. ✆ 0492345022. www.casa-rossi.fr.

• *Chambres d'hôtes* **Le Vieil Aiglun (1)**, Annick und Charles Speth, ein belgisches Ehepaar, haben ihren Traum von einem Leben in der Provence verwirklicht und einen Teil des verlassenen Dorfes Vieil Aiglun – nur die spätromanische Kirche war vollständig erhalten – gekauft und in die wahrscheinlich schönsten Chambres d'hôtes des gesamten Départements verwandelt. In der einsamen, isolierten Lage mit herrlichem Bergpanorama gibt es fünf toll renovierte Gästezimmer (Nichtraucher!) mit dem Komfort eines 3-Sterne-Hotels sowie eine Ferienwohnung und ein Ferienhaus für bis zu fünf Personen (640–1700 € pro Woche). Auf dem weiträumigen Grundstück gibt es noch einen herrlichen Pool, einen Bouleplatz, eine Tischtennisplatte, einen Kinderspielplatz sowie mehrere lauschige Sitzgelegenheiten und einen Gemeinschaftsraum mit Fernseher. Wenn man in einer der Hängematte liegt und vor sich hin träumt, dann ist das Paradies nicht mehr weit. Übernachtung für 2 Pers. je nach Reisezeit 85–100 € inkl. Frühstück (ab 7 Tagen 10 € erm.), jede weitere Person 25 € zusätzlich. Zweimal pro Woche wird abends für die Gäste gekocht, das Menü inkl. Wein und Kaffee kostet 27 €. Im Sommer sitzt man an der großen, langen Tafel im Freien. Den Gästen steht im Speisesaal eine Küchenecke samt Kühlschrank zur Verfügung, sodass man sich auch leicht ein paar Kleinigkeiten zubereiten kann. Hinweis: Tiere sind nicht erlaubt. Anfahrt: Acht Kilometer westlich von Digne zweigt an der RN 85 rechter Hand die kleine D 417 ab, die nach drei Kilometern – zuletzt in steilen Serpentinen – nach Vieil Aiglun führt. Mitte Nov. bis Mitte März geschlossen. Bezahlung mit Kreditkarte möglich. ✆ 0492346700. www.vieil-aiglun.com.

• *Ferienwohnungen und -häuser* Vom Office de Tourisme wird eine kleine Broschüre herausgegeben, in der über 200 Objekte aufgeführt sind. Das Angebot entspricht der regen Nachfrage von Seiten der Kurgäste. Die Preise für eine Woche bewegen sich je nach Saison für 2 Pers. zwischen 150 und 350 €.

Haute-Provence
Karten Seite 125 und 164/165

• *Camping* *** **Les Eaux Chaudes (11)**, wie der Name schon andeutet, liegt der Platz gleich bei den Thermalquellen, etwas außerhalb vom Zentrum. Angenehmes, von Wäldern eingegrenztes Wiesengelände an einem Bach. Ausreichend Schatten. Von April bis Okt. geöffnet. Routes des Thermes, ✆ 0492 323104. www.campingleseauxchaudes.com.

** **Municipal Notre Dame du Bourg (5)**, die städtische Anlage mit insgesamt 120 Plätzen bietet ein vergleichbares Angebot und liegt ebenfalls an einem Fluss. Von Mitte Mai bis Okt. geöffnet. Route de Barcelonnette, ein Stück hinter der Kathedrale Notre-Dame-du-Bourg, ✆ 0492310487.

Sehenswertes

Notre-Dame-du-Bourg: Die alte Kathedrale von Digne steht nordöstlich des Zentrums an der nach Seyne führenden D 900. Obwohl erst im 13. Jahrhundert errichtet, ist Notre-Dame-du-Bourg ein – bis auf das gotische Rundfenster in der Westfassade – rein romanischer Bau. Der unlängst renovierte, heute nur noch als Friedhofskirche dienende Sakralbau besitzt einen hierfür typischen, lang gestreckten einschiffigen Grundriss. Prachtvoll gestaltet ist das Westportal, im Inneren sind Wandmalereien fragmentarisch erhalten. Da kein Kirchenmobiliar mehr vorhanden war, wurden Altar, Kerzenständer und Bischofsstuhl von dem Kanadier David Rabinowitch extra für die Kirche angefertigt.

Öffnungszeiten Von Juni bis Okt. tgl. 15–18 Uhr, von Nov. bis April nur So 15–16.30 Uhr.

Alexandra David-Néel – Aus dem Leben einer ungewöhnlichen Frau

Noch vor ihrer Volljährigkeit verließ die 1868 in Paris geborene Alexandra David ihr Elternhaus, um mit dem Fahrrad Spanien zu erkunden. Später studierte sie Orientalistik und Musik, bevor sie mit 23 Jahren den Vorderen Orient bereiste. In Hanoi gab sie ihr Debüt an der dortigen Oper. Der berühmte Komponist Jules Massenet empfahl sie an die Komische Oper von Paris, wo sie allerdings keinen Vertrag erhielt. Nachdem Alexandra David an mehreren Provinzopern (Besançon, Poitiers) gesungen hatte, heiratete sie 1900 in Tunis den steinreichen Eisenbahningenieur Philippe Néel. Mit dem nötigen finanziellen Polster ausgestattet, erkundete sie in den folgenden Jahrzehnten Indien, Tibet und China, machte die Bekanntschaft von Mahatma Gandhi, dem Philosophen Sri Aurobindo und dem Dalai Lama. Sie war unter anderem die erste Europäerin, die die Stadt Lhasa besuchte, obwohl dies Ausländern bei Todesstrafe untersagt war. Zwischen ihren Expeditionen zog sie sich in ihr 1928 in der Provence erworbenes Haus zurück, das heute die Stiftung Alexandra David-Néel beherbergt. Nach einem letzten, durch politische Wirren unfreiwillig verlängerten Chinaaufenthalt ließ sie sich 1946 endgültig in ihrem Haus in Digne nieder, das unter dem Namen *Samten Dzong* („Festung der Meditation") alsbald zu einem Zentrum für fernöstliche Philosophie und Lebensführung wurde. Für eine letzte Überraschung sorgte sie einen Tag vor ihrem 101. Geburtstag, als sie auf dem Rathaus von Digne erschien, um ihren abgelaufenen Reisepass für eine Reise nach Moskau verlängern zu lassen. Dazu kam es allerdings nicht mehr, denn nur wenige Monate später ging ihr ereignisreiches Leben zu Ende.

Saint-Jérôme: Hoch über Digne-les-Bains thront die von 1490 bis 1500 errichtete Kathedrale Saint-Jérôme. Mit ihrem Bau trug man verspätet der Verlagerung des Stadtkerns vom Tal auf den Hügel Rechnung. Mitte des 19. Jahrhunderts wurde die Kirche vergrößert, wobei die Fassade eine prunkvolle Neugestaltung erlebte.

Öffnungszeiten Di, Mi, Do und Sa 15–17 Uhr, ✆ 0492320648.

Fondation Alexandra David-Néel: Die nach dem Tod von Alexandra David-Néel eingerichtete Stiftung fördert Exil-Tibeter und wissenschaftliche Forschungsprojekte. Alle Werke, Dokumente und Fotografien ihrer Reisen nach Asien sind hier versammelt. Sehenswert ist auch die orientalische Ausstattung der Zimmer, darunter mehrere tibetische Kultobjekte und ein kleiner Tempel, in dem die Forschungsreisende meditierte.

Adresse Route de Nice, 27, avenue du M. Juin. Führungen: 10, 14 und 15.30 Uhr. Teilnahme: kostenlos! Internet: www.alexandra-david-neel.org.

Pierre-Gassendi-Denkmal in Digne-les-Bains

Musée de la Seconde Guerre Mondiale: An historischer Stelle, in einem 1939 errichteten Schutzraum, dokumentiert das Museum die Geschichte des Zweiten Weltkriegs, der *occupation* (der Besatzung) und der *résistance* (des Widerstandes) in der Haute-Provence.

Adresse Place Paradis. Öffnungszeiten: Von Juli bis Aug. Mo–Fr 14–18 Uhr, sonst nur Mi von 14–17 Uhr. Eintritt: frei!

Musée Gassendi (Musée Départemental): Die Dauerausstellung des bereits im 19. Jahrhundert gegründeten Kunst- und Naturkundemuseums wurde unlängst neu konzipiert und widmet sich einem breiten Themenspektrum. Die Exponate reichen von der Schmetterlingssammlung über die provenzalische Landschaftsmalerei des 19. Jahrhunderts bis hin zur zeitgenössischen Kunst. Selbstverständlich wird auch das Wirken des Humanisten Pierre Gassendi gewürdigt.

Adresse 64, boulevard Gassendi. Öffnungszeiten: April bis Sept. tgl. außer Di 11–19 Uhr, Okt. bis März tgl. außer Di 13.30–17.30 Uhr. Eintritt: 4 €, 1. So im Monat frei! www.musee-gassendi.com.

Musée Départemental d'Art Religieux: In einer ehemaligen Kapelle der Büßermönche wurden zahlreiche wertvolle religiöse Kunstgegenstände aus der ganzen Region zusammengetragen.

Adresse Place des Récollets. Nur Juni bis Sept. tgl. 10–18 Uhr geöffnet. Eintritt: frei!

Musée-Promenade de la Réserve Géologique de Haute-Provence: Das zwei Kilometer außerhalb von Digne, an der Straße nach Barles gelegene Centre de Géologie de Saint-Benoît ist der richtige Ort, um einen Einblick in die geologische

Haute-Provence
Karten Seite 125 und 164/165

Versteinerungen vor dem Rathaus von Digne-les-Bains

Erdvergangenheit zu gewinnen. Über 20 Prozent der Hochprovence gehören zu einem 1984 gegründeten geologischen Naturpark (*Réserve Naturelle Géologique de Haute Provence*), der mit einer Fläche von 145.000 Hektar der größte seiner Art in Europa ist und vom Centre de Géologie verwaltet wird. Im Sommer werden auch Tages- und Halbtageswanderungen angeboten, die an mehreren faszinierenden Versteinerungen (Vogelfüße und Ammoniten) vorbeiführen. Um zum Centre zu gelangen, muss man das Auto am Parkplatz abstellen und noch etwa 15 Minuten zu Fuß den Berg hinaufgehen.

• *Öffnungszeiten* Von April bis Okt. Mo–Fr 9–12 Uhr und 14.30–17.30 Uhr. ✆ 0492315131. Eintritt: 4,60 €, erm. 3,85 € oder 2,75 €. Weitere Informationen über Führungen erteilt: Centre de Géologie, Quartier Saint-Benoît, 04000 Digne-les-Bains, ✆ 0492367070, 📠 0492367071. www.resgeol04.org.

Jardin Botanique des Cordeliers: In dem zum Collège Maria Borrély gehörenden historischen Garten (ehemaliges Franziskanerkloster) wachsen rund 350 verschiedene Gewürzkräuter und Heilpflanzen. Der Garten liegt ein kleines Stück nördlich des Boulevard Gassendi und ist leicht zu finden.

Adresse Place des Cordeliers. Öffnungszeiten: Im Juli und Aug. Di–Sa 9–12 Uhr und 15–19 Uhr, April, Mai, Juni sowie Sept. und Okt. 9–12 Uhr und 14–18 Uhr. Eintritt: frei!

Lacs des Ferréols: Freizeitpark mit zahlreichen Attraktionen am linken Ufer der Bléone, vom Zentrum aus flussabwärts an der RN 85 gelegen. Ein künstlicher See und große Liegewiesen laden zum Baden und Sonnen ein.

Was haben Sie entdeckt?

Haben Sie *Ihre* Badebucht, ein gemütliches Hotel, ein empfehlenswertes Restaurant, ein uriges Lokal gefunden?

Wenn Sie Empfehlungen, Tipps, Anregungen oder Kritik zum Buch haben, lassen Sie es mich bitte wissen.

Schreiben Sie an:

Ralf Nestmeyer
Stichwort „Provence und Côte d'Azur“
c/o Michael Müller Verlag
Gerberei 19
91054 Erlangen
E-Mail: ralf.nestmeyer@michael-mueller-verlag.de

Die Büßer von Mées

Grand Canyon du Verdon

Der Grand Canyon du Verdon zählt ohne Zweifel zu den beeindruckendsten Landschaftsszenarien im Süden Frankreichs. Der Name erinnert an sein amerikanisches Pendant, doch sind beide eigentlich nicht miteinander vergleichbar. Der Grand Canyon du Verdon ist kleiner, besitzt dafür aber eine wesentlich üppigere Vegetation. Die Schönheit der Schlucht kommt am besten bei einer gemächlichen Umrundung zur Geltung.

Der Verdon entspringt westlich des Nationalparks von Mercantour im Massif des Trois Evêches in etwa 2.500 Meter Höhe und mündet 170 Kilometer später südlich von Manosque in die Durance. Durch den Zufluss von Bouchier, Chadolin, Lance sowie anderen Wildbächen schwillt er gewaltig an. Das starke Gefälle – durchschnittlich zehn Meter pro Kilometer – verwandelte den Verdon schnell in einen reißenden Gebirgsfluss, der mehr als 800 Kubikmeter Wasser pro Sekunde herunterspülen konnte. Doch mit dieser Urgewalt ist es seit ein paar Jahrzehnten vorbei: Durch fünf Staudämme wurde der Verdon gezähmt; es entstanden die Stauseen von Castillon, Chaudanne, Sainte-Croix, Quinson und Esparron. Durch den Bau der verschiedenen Staustufen wurde es möglich, die Kraft des Verdon zur Energiegewinnung und Trinkwasserversorgung zu nutzen.

Hinter Castellane grub sich der Verdon im Laufe der Zeit ein gewaltiges Bett: Bis zu 700 Meter tief wühlte sich der Fluss in den weichen Jura-Kalk, bevor er nach 21 Kilometern in den Lac de Sainte-Croix mündet. Wie eine gewaltige Wunde klaffen die **Gorges du Verdon** in der Erdoberfläche. In schwindelerregender Tiefe schlängelt sich der Fluss wie ein jadegrünes Band durch die Schlucht. Bevor die Wassermassen durch den Bau der Staustufen reguliert werden konnten, war es ein nahezu unmögliches Unterfangen, die Schlucht zu durchqueren. Erst 1905 gelang dem französischen Höhlenforscher *Edouard Alfred Martel* die Erkundung der Schlucht. Die touristische Erschließung vollzog sich recht langsam: 1928 legte der *Touring Club de France* die ersten Wanderwege und Aussichtsplattformen an. Durch den 1947 vollendeten Bau der *Corniche Sublime* wurde der Südrand des Grand Canyons zugänglich. Mit der 1973 eröffneten Kammstraße (*Routes des Crêtes*) zolle man dann dem Touristenansturm Rechnung. Im Jahre 1997 wurde ein 177.000 Hektar großes Gebiet zum Parc Naturel Régional du Verdon erklärt und besonderen Schutzbestimmungen überantwortet.

Die Anmut des Grand Canyon du Verdon hat auch ihre Nachteile: Im Juli und August drängeln sich die Touristen in Scharen auf den Panoramastraßen rund um den Canyon; an den Felswänden kleben die Kletterfreaks, andere Wagemutige stürzen sich am Pont de l'Artuby mit dem Bungee-Seil 182 Meter in die Tiefe, Wanderfreunde ziehen zu Hunderten durch die Schlucht. Mit anderen Worten: Von einer beschaulichen Stimmung kann nicht die Rede sein. Wer daher die Möglichkeit hat, sollte die Gorges du Verdon lieber in der Vor- oder Nachsaison aufsuchen. Allein wird man allerdings dann auch nicht sein – zu viele Reisende sind antizyklisch unterwegs.

Achtung: Erfahrungsgemäß gehören die Parkplätze rund um den Grand Canyon zum bevorzugten Terrain von Kleinkriminellen. Daher sollte man keine Wertsachen im Auto zurücklassen!

Erkundungstouren

Für eine Umrundung des Grand Canyon du Verdon benötigen motorisierte Touristen – je nach Länge und Anzahl der Zwischenstopps – einen halben bis ganzen Tag. Spektakuläre Ausblicke und mehrere liebenswerte Dörfer gilt es dabei zu entdecken.

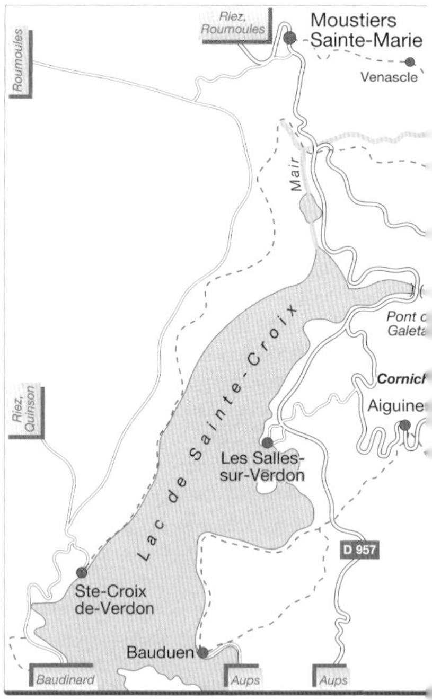

Theoretisch ist es nebensächlich, von welchem Ausgangsort man zu einer Erkundung aufbricht. Da die Schlucht jedoch weitgehend in ost-westlicher Richtung verläuft, sind die Lichtverhältnisse am besten, wenn man am Morgen in Castellane aufbricht und nachmittags nach einem erfrischenden Bad im Lac de Sainte-Croix in Richtung Castellane zurückfährt. Sportliche Naturen sehen sich den Canyon lieber – wandernd oder Kajak fahrend – von unten an. Am besten ist es aber, den Canyon erst einmal zu umrunden, bevor man am nächsten Tag die Wanderstiefel schnürt.

Nordroute: Die am Nordrand des Verdons (*rive droite*) verlaufende Straße (D 952) führt von Moustiers über La-Palud-sur-Verdon nach Castellane. Nachdem man den 1.032 Meter hohen Col d'Ayen passiert hat, verläuft die Straße in ihrem mittleren Abschnitt in einiger Entfernung vom Canyonrand. Um näher heranzukommen, empfiehlt es sich, in La-Palud die Route des Crêtes zu nehmen. Einige Kilometer weiter bietet sich beim Point Sublime ein Abstecher zu dem kleinen idyllischen Bergdorf Rougon an.

Routes des Crêtes: Eine Fahrt auf der Kammstraße (D 23) ist ein imposantes Erlebnis; erst 1973 angelegt, erschließen sich auf dem bei La Palud-sur-Verdon abzweigenden, 23 Kilometer langen Rundkurs zahlreiche atemberaubende Ausblicke in die Tiefen der Schlucht. An ihrem höchsten Punkt führt die im Winter gesperrte Routes des Crêtes (Zufahrt bis La Maline möglich) bis auf 1.459 Meter hinauf! Mit Glück kann man beim Belvédère de l'Escalès Freeclimber an den senkrecht abfallenden Felswänden beobachten. Die Rundfahrt auf der D 23 sollte man von La Palud in östliche Richtung (Castellane) beginnen, da ein Teil der Strecke Einbahnstraße ist!

Südroute (Corniche Sublime): Von Castellane kommend, erreicht man die Corniche Sublime, indem man nach zwölf Kilometern bei Pont-de-Soleils links abbiegt, um nach einer kleinen Schleife über Trigance beim Aussichtspunkt Balcons de la Mescla wieder dem Lauf des Verdon zu folgen. Wenig später führt die Straße über den Pont de l'Artuby. Die Brücke überspannt einen Seitenfluss des Verdon in 200 Meter Höhe! Allein das Hinunterschauen kann eine leichte Übelkeit

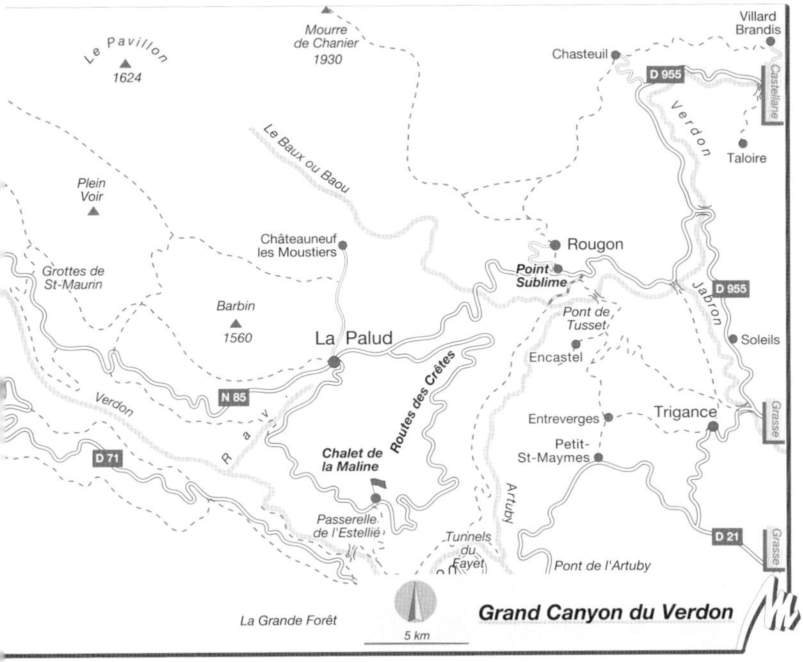

Gigantisches Naturdenkmal: Grand Canyon

verursachen. Manchen Zeitgenossen reicht dies anscheinend nicht: Sie suchen den richtigen Kick beim Bungeejumping von der Brücke. In ihrem weiteren Verlauf schlängelt sich die Corniche Sublime – an grandiosen Aussichtspunkten vorbei – entlang der Südseite des Canyons (*rive gauche*) bis zu dem kleinen Weiler Aiguines.

Wandern: Der Grand Canyon du Verdon galt lange Zeit als unbezwingbar. Erst dem französischen Höhlenforscher *Edouard Alfred Martel* (1859–1938) gelang es 1905 während einer dreitägigen Expedition, den Canyon zu durchqueren. Ein nach ihm benannter Weg, der *Sentier Martel*, ist die bekannteste Route durch den Canyon. Über weite Strecken ist dieser mit dem Fernwanderweg GR 4 identisch und daher sehr leicht zu verfolgen. Der Sentier Martel kann in beide Richtungen begangen werden, doch aufgrund geographischer Gegebenheiten ist der Weg von La Maline in Richtung Point Sublime leichter und wird daher häufiger benutzt. Für die beschriebene Wanderung sind je nach Tempo und Pausen zwischen 5 und 8 Stunden einzuplanen; festes, trittsicheres Schuhwerk sowie ausreichend Trinkwasser sind dringend empfohlen.

Von der Berghütte La Maline führt ein kurvenreicher Pfad hinunter in die Schlucht. Am Verdon angekommen, hält man sich linker Hand flussaufwärts. Der Weg zieht sich an der Felswand der Cavaliers entlang bis zur Baume aux Boeufs, einer auch als Biwakplatz geeigneten Höhle. Ein Ausflug zur so genannten Mescla, wo der Artuby mit dem Verdon zusammenfließt, bietet sich für konditionsstarke Wanderer an. Auf dem Sentier Martel geht es steil empor zur Brèche Imbert, einem aussichtsreichen Felsvorsprung. An schließend muss man die 265 Stufen einer Metalltreppe hinabsteigen, um den Weg in Richtung La Maline fortsetzen zu können (Als Hundebesitzer und bei einem hereinbrechenden Gewitter kann man auch den 1.194 Meter langen Tunnel von Guegues benutzen. Wer nicht schwindelfrei ist, sollte besser in umgekehrter Richtung wandern, da es leichter ist, die Treppe hinaufzusteigen.). Der nun folgende Abschnitt ist relativ einfach zu bewältigen, allerdings sollte man hierzu eine Taschenlampe mitnehmen, da zwei Tunnel (100 Meter und 670 Meter) durchquert werden müssen, bevor es hinauf zum Point Sublime geht. Um zurück zum Ausgangspunkt zu gelangen, hat man mehrere Möglichkeiten: Entweder man trampt zurück (klappt in der Regel gut), nimmt den selten verkehrenden Bus oder ruft sich ein Taxi. Praktisch ist es natürlich, wenn man zwei Autos zur Verfügung hat und zuvor eines hier geparkt hat.

Warnung: Aufgrund der Gefahr einer unverhofften Schleusenöffnung ist auf dem Grund der Schlucht dringend Vorsicht angebracht. Der Verdon sollte nur auf den hierfür vorgesehenen Brücken überquert werden!

- *Weitere allgemeine Informationen über den Verdon* Verdon Accueil, Rue National, 04120 Castellane, ✆ 0492836736, 📠 0492837311; sowie Verdon Accueil, 83630 Aiguines, ✆ 0494702164, 📠 0494842359.
- *Öffentliche Verkehrsmittel* Den Grand Canyon du Verdon mit öffentlichen Verkehrsmitteln zu erkunden, ist nicht gerade einfach: Nur auf der Nordroute verkehren Busse (*Navettes*) und dies auch nicht gerade häufig: Um 12.15 Uhr von Castellane nach Moustiers mit Stopps in Rougon und La Palud sowie in umgekehrter Richtung von Moustiers nach Castellane um 10.50 Uhr (vom 1.7. bis 15.9. jeweils Di, Mi und Sa, sonst nur am Sa, allerdings nicht an Feiertagen). Im Juli und Aug. fahren Mo–Sa Busse von Castellane (7.45 Uhr und 16 Uhr) nach La Maline. Von La Maline nach Castellane um 9.30 Uhr und 17.15 Uhr, jeweils mit Halt in La Palud und Point Sublime.
- *Taxi* Praktisch bei Wanderungen, allerdings schwer zu bekommen. Es gibt drei Anbieter: Gérard Susini, ✆ 0492836538; Taxi Adrien, ✆ 0492773820; Taxi Roger, ✆ 0492836534.

Haute-Provence
Karten Seite 125 und 164/165

Moustiers-Sainte-Marie

Ein Ort wie aus dem Bilderbuch! Vor einer steil aufragenden Felskulisse drängen sich mehrere Dutzend alte Häuser auf engem Raum zusammen. Ein Wildbach trennt den Ort in zwei Hälften, die dahinter liegende Schlucht wird von einer 227 Meter langen Kette mit einem goldenen Stern überspannt.

Der Name deutet es an: Die Keimzelle von Moustiers war ein Kloster (*Monasterium*), und zwar eines der ältesten Frankreichs: Es wurde bereits in der ersten Hälfte des 5. Jahrhunderts auf Betreiben des Bischofs von Riez gegründet. Aufgrund der Sarazenenstürme aufgegeben, wurde Moustiers im 11. Jahrhundert wiederbesiedelt und zu einer wehrfähigen kleinen Stadt ausgebaut. Die von einem italienischen Mönch aus Faenza begründete *Fayencekunst* führte seit der Mitte des 17. Jahrhunderts zu einer wirtschaftlichen Blüte. Die Bevölkerung von Moustiers wuchs schnell auf mehr als 3.000 Menschen an. Die aus den hiesigen Öfen stammenden Fayencen zählten zu den begehrtesten im französischen Königreich. Angeregt wurde die große Nachfrage von einer Anordnung des Sonnenkönigs. Ludwig XIV. hatte nämlich seinen Adeligen den Gebrauch von goldenem und silbernem Tafelgeschirr untersagt, woraufhin diese ihre Gäste auf edlem Fayencegeschirr bewirteten. Vor mehr als hundert Jahren – nachdem wieder jeder von goldenen Tellern essen durfte ... – kam die Fayenceherstellung mangels Bedarf zum Erliegen, doch der Schriftsteller *Marcel Provence* – welch ein Name! – erweckte 1927 das traditionelle Handwerk wieder zum Leben und gründete zwei Jahre später zudem das Fayencenmuseum. Die 600 Einwohner von Moustiers leben heute vom Tourismus und der Fayenceproduktion, die für die Feinheit ihres Tonmaterials berühmt ist. Da fast alle Individualreisenden und Ausflugsbusse auf dem Weg zum Grand Canyon du Verdon hier Station machen, ächzt der Ort im Sommer regelrecht unter dem Touristenansturm. Es herrscht akute Parkplatznot!

Information/Verbindungen/Diverses

- *Information* **Office de Tourisme**, 04360 Moustiers-Sainte-Marie, ☎ 0492746784, 📠 0492 746065, www.ville-moustiers-sainte-marie.fr.
- *Einwohner* 600 Einwohner.
- *Verbindungen* Mit dem Bus um 13.45 Uhr über Riez, Gréoux und Aix nach Marseille sowie um 10.50 Uhr über La Palud und Rougon nach Castellane (von März bis Okt. tgl. außer So und an Feiertagen). Zwei weitere Busverbindungen tgl. über Riez nach Manosque. Die Busse halten am Boulevard Charles de Gaulle.
- *Taxi* ☎ 0492746687.
- *Parken* Großer Parkplatz hinter bzw. über dem Dorf; im Sommer reicht die Kapazität allerdings oft nicht aus.
- *Dorffest* Am Samstag und Sonntag nach Ostern. Historischer Pilgerzug zur Wallfahrtskapelle Notre-Dame-de-Beauvoir sowie Fayenceausstellungen. Ähnliches am 8. Sept. (Fête de Pélerinage). Anfang Juni: Fête de la Faïence mit Trachtenumzügen.
- *Markt* Freitagmorgen.
- *Fayencen* Mehrere kleine Keramikbetriebe rund um Moustiers stellen traditionelle Fayencen her, teilweise sind Einblicke in die Fertigung möglich.

Übernachten/Essen

*** **La Bastide de Moustiers**, das von einem ausgedehnten Park umgebene, ländliche Anwesen besitzt viel Charme. Kaminsalon, Bibliothek sowie ein beheiztes Schwimmbad (15 x 7 Meter) stehen den Gästen zur Verfügung. Sehr zu empfehlen ist auch das angegliederte Restaurant: Gekocht wird traditionell auf hohem Niveau zu sehr angemessenen Preisen (Menüs zu 55 und 70 €). Kein Wunder: Das Restaurant gehört keinem Geringeren als dem berühmten Meisterkoch Alain Ducasse. Zimmer 190–400 €. La Grislière, Quartier Saint-Michel, ☎ 0492704747, 📠 0492704748, www.bastide-moustiers. com.

*** **La Ferme Rose**, kleiner, charmanter Gasthof mit nur elf sehr ruhigen, stimmungsvollen Zimmern (78–148 €), unterhalb des Dorfzentrums gelegen. Die teureren Zimmer mit Balkon oder Terrasse. ☎ 0492757575, 📠 0492737373,. www.lafermerose.com.

*** **Les Restanques**, dieses unlängst eröffnete Hotel – nur fünf Fußminuten vom Dorfzentrum entfernt – erinnert ein wenig an ein Motel, da man direkt vor der Tür parken kann. Den großzügigen Zimmern, die im Parterre über eine eigene Terrasse verfügen, mangelt es zwar etwas an Charme,

Wer spannte die Kette über die Schlucht?

Um die die Schlucht von Moustiers überspannende 227 Meter lange, gusseiserne Kette, in deren Mitte ein goldener Stern prangt, rankt sich eine Legende. Angeblich soll dieser so genannte *Cadeno (La Chaîne de l'Etoile)* von einem aus Moustiers stammenden Johanniterritter namens Blacas gestiftet worden sein. Blacas – so die Überlieferung – habe, nachdem er 1249 auf einem Kreuzzug in die Hände der Sarazenen gefallen war, gelobt, über der Schlucht einen Stern zu Ehren der heiligen Jungfrau aufzuspannen, wenn er je wieder befreit werden würde. Zweifel an der Geschichte stellen sich jedoch ein, wenn man in der Armen-Seelen-Kapelle der Pfarrkirche das Gemälde eines unbekannten Meisters näher studiert. Das 1482 gemalte Bild zeigt ein sehr genaues Landschaftsszenario von Moustiers, allerdings ohne die auffällige Kette! Eine Frage bleibt daher offen: Wer spannte die Kette über die Schlucht?

Leben in den Bergen: Moustiers-Sainte-Marie

jedoch tolle Bäder! Je nach Zimmertyp 59 bis 80€, im Juli und Aug. 10 € teurer. Frühstück 8,50 €, kostenloses WLAN. Dez. bis März Betriebsferien. Route des Gorges du Verdon, ✆ 0492749393, ℻ 0492745291. www.hotel-les-restanques.com.

** **La Bonne Auberge**, schön renoviertes Hotel mit Restaurant (Menüs ab 19 €), über das sich ein Leser lobend äußerte. Mit Swimmingpool, am östlichen Ortsende gelegen. Zimmer 56–80 €, Frühstück 8 €. Von Mitte Feb. bis Mitte Nov. geöffnet. ✆ 0492746618, ℻ 0492746511. www.bonne-auberge-moustiers.com.

** **Le Relais**, angenehme Herberge mitten im Ort neben der Brücke. 18 passable Zimmer je nach Saison 62–81 €. Ende Nov. bis Anfang März geschlossen. Place du Convent, ✆ 0492746610, ℻ 04927 46047, www.lerelais-moustiers.com.

La Ferme Sainte-Cécile, der zwei Kilometer östlich des Ortes gelegene Landgasthof ist bekannt für seine ansprechende Küche, die auf frischen regionalen Zutaten basiert. Das beste Restaurant in Moustiers! Schöne Terrasse. Menüs zu 26 € (nur mittags) und 35 €. Montag und Sonntagabend in der Nebensaison geschlossen. Route des Gorges du Verdon, ✆ 0492746418. www.ferme-ste-cecile.com.

Les Santons, mitten im Ort direkt neben der Kirche, und wie der Name schon andeutet, steht auf jedem Tisch eine der provenzalischen Krippenfiguren. Der Küchenchef hat seine Kochkünste in einem berühmten Pariser Restaurant erworben. Vielleicht glänzt ja der goldene Stern wegen dieses Restaurants am Himmel von Moustiers. Die Preise sind aber keineswegs überteuert, so erfreuten wir uns beim günstigsten Menü als Vorspeise an einem Rotbarbenfilet auf Karottenselleriesalat, dem eine hervorragende gegrillte Entenbrust und eine luftige Crème brûlée folgten. Schöne Terrasse über dem Fluss. Menüs zu 26 und 36 €. Dez. und Jan. sowie jeden Montagabend und Dienstag geschlossen. Place de l'Eglise, ✆ 0492746648. www.lessantons.com.

Côte Jardin, das unterhalb des alten Dorfes gelegene Restaurant mit schönem Garten zeichnet sich durch seine lockere Atmosphäre aus. In dem Familienbetrieb wird keine hohe Kochkunst zelebriert, dafür wird bodenständige Kost mit üppigen Portionen serviert, die auch hungrige Mäuler zufrieden stellt. Unser Hauptgericht, ein gegrillter Lammspieß mit grünen Bohnen und frittierten Kartoffelscheiben, war ebenso groß wie lecker. Der Ziegenkäse zum Dessert wurde zusammen mit rotem Mangold angerichtet. Menüs zu 23 und 29 €. La Maladrerie, ✆ 0492746891.

• *Camping* *** **Saint Jean**, Wiesengelände mit mäßig Schatten, in der unteren Hälfte des Areals schläft man ruhiger als oben an der Straße. Stellplatz inkl. 2 Pers. ab 12 €. Gepflegte Sanitäranlagen. Von Ostern bis Sept. geöffnet, ✆ 0492746685.

Es gibt übrigens noch ein halbes Dutzend weiterer Campingplätze rund um den Ort, so z. B. den angenehmen Campingplatz ** **Maynasse**, dessen Sanitäranlagen von Lesern gelobt wurden. Von Ostern bis Okt. geöffnet. ✆ 0492746671. www.camping-manaysse.com.

Sehenswertes

Musée Historique de la Faïence: Das in einem historischen Gewölbe untergebrachte Museum bietet einen guten Einblick in die Geheimnisse der Fayenceherstellung. Zahlreiche Exponate zeigen das künstlerische Spektrum der in Moustiers beheimateten Faïenciers. Ausgestellt sind Fayencen aus drei Jahrhunderten, darunter Werke der berühmten Manufakturen Clérissy, Olreys und Laugier.

Adresse Place du Presbytère. Öffnungszeiten: Von April bis Okt. tgl. außer Di 9–12 Uhr und 14–18 Uhr, im Juli und Aug. tgl. außer Di bis 19 Uhr. Eintritt: 2 €, erm. 1 €.

Notre-Dame: Die Pfarrkirche von Moustiers ist bis auf den gotischen Chor ein romanischer Bau. Die einschiffige Kirche präsentiert sich als düsteres, stimmungsvolles Gotteshaus. Schon von weitem fällt der wohl proportionierte Glockenturm auf; sein Baumeister hat sich wahrscheinlich an norditalienischen Vorbildern orientiert.

Notre-Dame-de-Beauvoir: Über einen steilen Kreuzweg – beeindruckende Aussicht – geht es in einer Viertelstunde zu der kleinen Wallfahrtskapelle hinauf. Die einschiffige, ebenfalls romanische Kapelle diente ursprünglich als Klosterkirche, ihr Inneres birgt zahlreiche Votivtafeln.

La Palud-sur-Verdon

Der zentrale Hauptort im Gebiet der Gorges du Verdon liegt knapp 900 Meter hoch. Genaugenommen scheint die Bezeichnung Dorf oder Weiler falsch zu sein, denn abgesehen von den im Tourismussektor tätigen Personen wohnt kaum jemand in La Palud. Dafür schlagen zahlreiche Wanderer und Kletterer in La Palud-sur-Verdon ihr „Basiscamp" auf, da sich der Ort sehr gut als Ausgangspunkt für Erkundungen des Grand Canyon du Verdon eignet.

- *Information* **Office de Tourisme**, 04120 La Palud-sur-Verdon, ✆ 0492773202, 📠 049 2773087, www.lapaludsurverdon.com.
- *Verbindungen* Busverbindungen nach Castellane und Moustiers-Sainte-Marie.
- *Markt* Mittwoch- und Sonntagvormittag (im Sommer).
- *Maison des Gorges du Verdon* Dauerausstellung zur Natur und Kultur der einzigartigen Schluchtenlandschaft. Öffnungszeiten: Mitte Juni bis Mitte Sept. tgl. 10–13 Uhr und 15.30–18.30 Uhr, sonst 10–12 Uhr und 15–18 Uhr. Eintritt: 4 €, erm. 2 €.
- *Übernachten/Essen* *** **Hôtel des Gorges-du-Verdon**, ausgestattet mit einem kleinen, beheizten Swimmingpool, Tennisplatz und Restaurant (Menü zu 29 €) ist dieses Logis-de-France-Hotel in exponierter Lage etwas abseits des Ortes für Wanderer zu empfehlen, die Wert auf Komfort legen und bereit sind, dafür etwas tiefer in die Tasche zu greifen. Zimmer von 120 bis 180 €. In der Hauptsaison ist Halbpension Pflicht. Route de la Maline, ✆ 0492773826, 📠 0492773500, www.hotel-des-gorges-du-verdon.fr.

** **Auberge du Point-Sublime**, trotz der Lage direkt an der Hauptroute durch die Gorges du Verdon keine Touristenfalle. Das Hotel ist seit 1946 in Familienbesitz! Gut geeignet, um sich nach einer anstrengenden Wanderung durch den Canyon zu stärken (Menüs zu 15,30 € (mittags), 21,90 €, 28 € und 30 €), dabei ist auch ein Vegetariermenü für 27,50 € im Angebot. Zimmer 54–58 €.

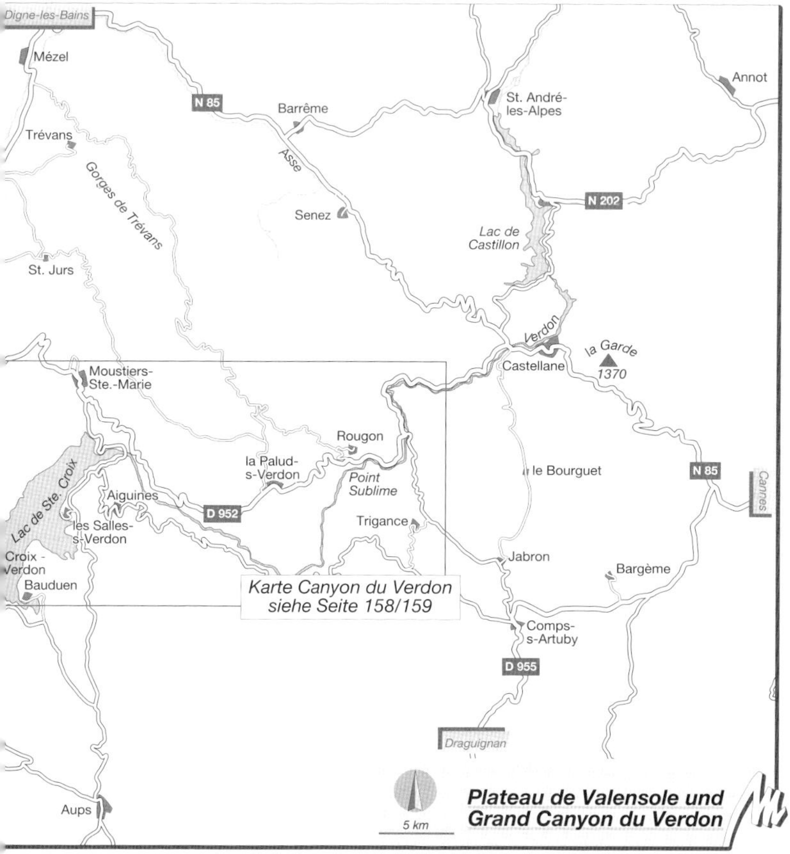

Von Ende März bis Okt. geöffnet, das Restaurant hat Mittwoch Ruhetag, Donnerstagmittag ist außer zwischen dem 14. Juli und 15. Aug. ebenfalls geschlossen. ✆ 0492836035, ✆ 0492837431.

Gîte l'Escales, dieses Gîte am westlichen Ortsausgang (ein Lesertipp von Martina Fabritius) wird vom ehemaligen Kletterprofi Patrick Edlinger und seiner Frau Matia betrieben. Zimmer mit Waschbecken, Gemeinschaftstoiletten und -duschen. Übernachtung 20 €, Halbpension 41 €. Von April bis Allerheiligen geöffnet. ✆ 0492773002. www.gite-escales.com.

L'Arc en Ciel, einfaches, aber nettes Gîte d'étape direkt am Dorfplatz. Den Gästen stehen 12 Schlafplätze zur Verfügung. Übernachtung 10,65 €, Frühstück 5 €, Halbpension ab 25,15 €. Place de l'Eglise, ✆ 04927732 28. www.verdon-arcenciel-gite.com.

Le Perroquet Vert, das unkonventionelle Restaurant an der Ortsdurchfahrt bietet ein leckeres Hauptgericht ab 13 €. Schöne Straßenterrasse. Samstagmittag, Sonntagabend und Montag geschlossen.

• *Jugendherberge* Die Jugendherberge **Le Trait d'Union** liegt in 950 Meter Höhe an der Route de la Maline. Im Jahre 2005 erfolgte eine umfangreiche Renovierung der Herberge. Für die Übernachtung in einem der 56 Betten werden inkl. Frühstück 16,70 € berechnet. Zelten möglich. Vom 1.4. bis 30.9. geöffnet. ✆ /✆0492773872. www.fuaj.org/La-Palud-Sur-Verdon.

• *Camping* ** **Le Grand Canyon**, an der Straße nach Castellane liegt der städtische Campingplatz. Schönes Wiesengelände mit wenig Schatten, viel junges Publikum. Von Mai bis Sept. geöffnet. ✆ 0492773813.

Lac de Sainte-Croix

Der Lac de Sainte-Croix ist ein Bade- und Surfparadies: Glasklares Wasser und ein einzigartiges Landschaftsszenario im Hintergrund. Die Dörfer rund um den See eignen sich für einen erholsamen Badeurlaub genauso wie als Stützpunkt für Erkundungen des nahen Grand Canyon du Verdon. Der See lässt sich, abgesehen von den zwei Stellen, an denen die Straßen im Hinterland verlaufen, in Ufernähe umrunden.

Bei der Flutung des 2200 Hektar großen Stausees wurden 1974 viele Fehler begangen. So ruhen 50 Meter tief unter den Fluten nicht nur zwei Dörfer, sondern auch eine römische Brücke, über deren neun Bögen man nahezu 2.000 Jahre lang den Verdon bei Aiguines überqueren konnte. Es wurden damals leider keine Anstrengungen unternommen, die historisch bedeutsame Konstruktion abzutragen und an anderer Stelle wieder zu errichten. Doch nicht nur die Brücke, auch eine große historische Mühle und die Fontaine l'Eveque, eine der am stärksten schüttenden Karstquellen Europas, gingen durch den Stausee unwiederbringlich verloren. Zudem kann man sich leicht vorstellen, was es bedeuten muss, wenn die Plätze, an denen man als Kind gespielt hat, die vertraut knarrenden Dielen und die schon von den Urgroßvätern bestellten Felder für immer unter einer gigantischen Wasserflut begraben liegen. Die betroffenen Bauern wurden zwar entschädigt, doch wurden Felder und Häuser von der staatlichen EDF unterbewertet und teilweise für baufällig erklärt. Zudem haftete dem Geld ein bitterer Beigeschmack an. Quasi über Nacht mutierten die Landwirte zu Pensionsbesitzern, das seit Jahrhunderten bearbeitete Feld wurde in einen Campingplatz umgewandelt. Doch es gibt natürlich auch positive Aspekte: Die Dörfer waren nahezu ausgestorben, Jahr für Jahr zogen mehr Familien weg; erst der Tourismus hat die Region wieder wirtschaftlich belebt. Wer sich ein Bild von dem Leben in Les Salles-sur-Verdon machen will, bevor das Dorf geflutet wurde, findet dazu zahlreiche Informationen und Fotos im Internet: www.lessallessurverdon.com/LSenv.html.

Hoch über dem See: Sainte-Croix-du-Verdon

Orte rund um den Lac de Sainte-Croix

Sainte-Croix-du-Verdon

Das kleine Dorf (exakt 77 Einwohner!) am Westufer gab dem See seinen Namen. Sainte-Croix ist der einzige Ort am See, in dem man am Morgen von der über den Bergen auf der gegenüberliegenden Seeseite aufgehenden Sonne geweckt wird. Zwar besitzt Sainte-Croix noch einige alte Häuser, doch bestimmen weitgehend gesichtslose Neubauten das Ortsbild. Am Ufer findet man eine Tretboot- und Kanuvermietung sowie eine Segelschule.

• *Information* **Point Information de Tourisme**, Mairie, 04500 Sainte-Croix-du-Verdon, ✆ 0492778529, 📠 0492777623. www.saintecroixduverdon.com.

• *Veranstaltungen* **Fête Saint Sauveur**, 6. August.

• *Übernachten/Essen* **Auberge du Castellas**, hoch über dem See, sieben geräumige Zimmer (51–56 €), teilweise mit großem Balkon und tollem Blick, aber ohne Charme. Es werden keine Kreditkarten akzeptiert. Nur von Ostern bis Sept. geöffnet. Quartier du Castellas, ✆ 0492778792.

Le Comptoir, einfache Herberge mitten im Ort. Zimmer je nach Ausstattung 45–58 €. Das zugehörige Restaurant hat eine schöne Aussichtsterrasse, auf der mittags Salate für etwa 10 € serviert werden. ✆ 0492737462.

L'Olivier, unerwartet trifft man mitten im Ort auf einen kleinen Feinschmeckertempel. Der Koch hat bei Alain Ducasse gearbeitet! Ausgezeichnete provenzalische Küche mit herrlicher Aussicht auf den See. Menüs zu 18 € (mittags), 28 € und 38 €. Der halbe Liter vom Hauswein kostet 9 €. Außer im Juli und Aug. Montagabend und Dienstag Ruhetag, von Mitte Nov. bis Mitte Feb. Betriebsferien. ✆ 0492778795.

• *Chambres d'hôtes* **Les Fénières**, mitten im Dorf mit Blick auf den See werden fünf stimmungsvolle Zimmer (50–70 € inkl. Frühstück) vermietet. Schöne Frühstücksterrasse. ✆ 0492777723. www.verdon-chambre-sainte-croix.com.

• *Camping* ** **Les Roches**, der große städtische Campingplatz liegt direkt am Ufer des Sees. Terrassiertes, aber steiniges Gelände, dafür kann man vor dem Frühstück noch schnell eine Runde schwimmen gehen. Von April bis Sept. geöffnet. ✆ 0492777899.

Bauduen: Garant für erholsame Ferien

Bauduen

Das kleine Dorf an der Südostecke des Sees liegt etwas abseits der Haupttouristenroute zum Grand Canyon du Verdon und ist daher nicht so überlaufen. Im Vordergrund steht natürlich der Wassersport, an historischen Sehenswürdigkeiten hat Bauduen eine kleine romanische Kirche sowie ein altes Waschhaus zu bieten. Was das Flair des Ortes betrifft, so ist Bauduen den anderen Orten rund um den Lac de Sainte-Croix vorzuziehen.

• *Information* **Office de Tourisme**, Rue Juterie, 83630 Bauduen, ✆ 0494843902. www.bauduen-sur-verdon.com.

• *Markt* Sonntagvormittag.

• *Übernachten/Essen* ** **Auberge du Lac**, nur durch eine Straße vom Stausee getrennt (Logis de France). Gemütlicher Gastraum im ersten Stock. Einfache, aber ansprechende Küche, beispielsweise gegrillte Wachtel mit Auberginengemüse. Wer will, kann auch nur einen Kaffee auf der sonnigen Terrasse trinken. Menüs zu 28,90 und 31,50 €. Die mit Liebe eingerichteten Zimmer besitzen teilweise eine Terrasse zum See (Nr. 20 und 22), 74–86 €, Frühstück 7,70 €. Allerdings ist Katzenallergikern dringend von einer Buchung abzuraten. Von Mitte Nov. bis Mitte März Betriebsferien. ✆ 0494700804. ✆ 0494842300. www.auberge-du-lac.info.

Café du Midi, an der oberen Dorfstraße mit netter Atmosphäre und tollem Blick über den See. Es gibt wechselnde Tagesgerichte sowie Salate von 7–9 €.

• *Camping* *** **Les Vallons**, kleiner Platz (30 Stellplätze) mit Swimmingpool. Von April bis Sept. geöffnet. ✆ 0494700913.

** **Le Clos de Barbey**, terrassiertes Areal mit schönem Pool, drei Kilometer oberhalb des Sees. Von Juni bis Mitte Okt. geöffnet. ✆ 0494700867. www.closdebarbey.com.

** **Municipal Notre-Dame**, rund vier Kilometer vom Dorf entfernt. Harter Boden mit mäßigem Schatten. Von Mitte Juni bis Mitte Sept. geöffnet. ✆ 0494700856.

** **Le Vieux Chêne**, ebenfalls von Mitte Juni bis Mitte Sept. geöffnet. Route du Barrage, ✆ 0494700908. www.campinglevieuxchene.com.

Haute-Provence
Karten Seite 125 und 164/165

Les Salles-sur-Verdon

Das alte Les Salles-sur-Verdon liegt seit 1974 etwa 30 Meter tief im See begraben; nur die Kirchturmglocke, der Brunnen und das Kriegerdenkmal wurden mitgenommen. Auf einer kleinen, aber breiten Hügelkuppe (tolle Aussicht auf den See!) wurde ein großzügig bemessenes Nachfolgedorf errichtet, das nicht vollkommen gesichtslos ist, aber unbedingt noch Patina ansetzen muss. Das Hauptaugenmerk richtete sich von Anfang an auf den Tourismus, so besitzt Les Salles-sur-Verdon beispielsweise mehrere große Campingplätze in unmittelbarer Seenähe.

- *Information* **Syndicat d'Initiative**, 83630 Les Salles-sur-Verdon, ✆/℻ 0494702184. www.lessallessurverdon.com. Unter folgender Adresse gibt es zahlreiche Bilder von dem gefluteten Les Salles-sur-Verdon: www.lessallessurverdon.com/LSenv.html.
- *Einwohner* 200 Einwohner.
- *Markt* Donnerstagvormittag.
- *Bootsausflüge* Verdon Navigation veranstaltet Ausflüge über den See.
- *Übernachten/Essen* ** **Auberge des Salles**, modernes Hotel mit wunderschönem Blick über den See. Zimmer je nach Ausstattung 50–65 €, mit Seeblick und Balkon naturgemäß etwas teurer. In der Bar hängt noch eine alte Fotografie von der einstigen Herberge. Passables Restaurant mit Pizzeria, allerdings war die Salade Niçoise beim letzten Check nicht empfehlenswert. Menüs ab 15 €. Vom 15. Nov. bis 15. März Betriebsferien. ✆ 0494702004, ℻ 0494702178. Ein ähnliches Angebot und Preisniveau hat das Hotel Sainte Anne, ebenfalls mitten im Ort.
- *Chambres d'hôtes* **Domaine de Chanteraine**, dieses herrschaftliche Anwesen aus dem 16. Jahrhundert ist ein Lesertipp von Harald Bönke, der es vor allem auch für Familien mit Kindern empfiehlt. Wobei man ehrlicherweise sagen muss, dass das schlossähnliche Haus schon bessere Zeiten gesehen hat. Der Verfall nagt an allen Ecken, wie wir befanden. Die Zimmer mit ihren Kochnischen sind etwas heruntergekommen, aber es ist wahrscheinlich auch nicht billig, ein solch riesiges Anwesen zu unterhalten... Tolles Treppenhaus. Im Sommer wird das Frühstück im Garten serviert. Der große Pool ist nur im Juli und August mit Wasser gefüllt. Zimmer 105 € für 2 Pers., 180 € für 4. Pers., jeweils inkl. Frühstück, Abendessen 30 €. Von April bis 15. Okt. geöffnet. Die Domaine liegt oberhalb des Lac de Sainte-Croix, etwa einen

Entspannen am Lac de Sainte-Croix

Kilometer von Les Salles entfernt. Die Anfahrt von dort erfolgt auf den letzten 600 Metern über eine kriminell holprige Sandpiste, einfach ist die Anfahrt über eine asphaltierte Straße, die unterhalb von Aiguines abzweigt (ausgeschildert). ✆ 0494702101, 📠 0494707153. www.chanteraine.net.

• *Camping* **** **Les Ruisses**, der städtische Campingplatz wurde unlängst renoviert und liegt nur 100 Meter vom See entfernt. Relativ steiniger Boden. Von Weihnachten bis Feb. geschlossen. ✆ 0494702167.

**** **Les Pins**, mäßig beschatteter Platz in unmittelbarer Nähe des Sees, nur zwei Minuten vom Dorf entfernt. Stellplatz in der Hauptsaison rund 20 €. Von April bis Okt. geöffnet. ✆ 0498102380. www.campinglespins.com.

*** **La Source**, terrassiertes Areal direkt am See, mit vielen Wohnwagen. Von April bis Sept. geöffnet. ✆ 0494702040.

Wohnmobile können auf einem speziellen Platz für 7 € im Dorf abgestellt werden.

Aiguines

Bricht man vom Lac de Sainte-Croix auf, um auf der Südroute zum Grand Canyon zu fahren, so kommt man zuerst durch das hoch über dem Ostufer gelegene Aiguines. Der Ort besitzt ein kleines, recht ansehnliches Renaissanceschloss und direkt daneben eine Kapelle, die sich ebenfalls recht fotogen von der türkisfarbenen Wasserfläche im Hintergrund abhebt. Aiguines war bis zum Zweiten Weltkrieg das Zentrum der „Boule-Kugelindustrie“. Rund 600 Menschen fertigten in der Umgebung des Ortes die bis dato aus hartem Buchsbaumholz hergestellten Kugeln, das an den steilen Hängen der Umgebung reichlich wuchs. Das über die D 19 schnell zu erreichende Seeufer eignet sich als Ausgangspunkt für eine kurze Erkundung der Gorges du Verdon mit dem Kanu oder Tretboot (Bootsverleih). Ein beeindruckendes Szenario: Die schmale Verdonschlucht mündet unterhalb von Aiguines bei der Galetas-Brücke in einen großen Talkessel.

• *Information* **Office de Tourisme**, 83630 Aiguines, ✆ 0494842359, www.aiguines.com.

• *Markt* Freitagmorgen.

• *Übernachten/Essen* **Altitude 823**, kleiner Berggasthof mit angenehmer Atmosphäre und gutem Essen. Die in gelben Tönen gehaltenen neun Zimmer mit ihren elektrischen Jalousien (der ganze Stolz der Wirtin!) kosten je nach Saison zwischen 100-122 € (inkl. Halbpension). Im Restaurant gibt es ländliche Küche, auf der Karte stehen Weinbergschnecken oder eine Forelle Müllerin Art, Menüs ab 17 €. Nur von April bis Okt. geöffnet. ✆ 0498102217, 📠 0498102216, www.aiguines.com/alt823.html.

• *Camping* ** **Le Galetas des Gorges du Verdon**, in Seenähe und mit 350 Stellplätzen recht groß. Von April bis Okt. geöffnet. ✆ 0494702048.

** **L'Aigle**, terrassiertes Gelände oberhalb von Aiguines mit wunderbarem Blick über den See. Das zugehörige Restaurant bietet ein preiswertes Menü. Von April bis Sept. geöffnet. ✆ 0494842375. www.camping-aigle.fr.

Sehenswertes

Château: Das von vier Türmen flankierte Renaissanceschloss befindet sich in Privatbesitz und kann daher leider nur von außen besichtigt werden.

Riez

Das kleine Städtchen liegt am Rand einer größtenteils mit Lavendel- und Getreidefeldern bedeckten Hochebene, dem Plateau von Valensole. Die Reste eines römischen Tempels und ein frühchristliches Baptisterium erinnern an die große Vergangenheit von Riez.

Der Ort war ursprünglich ein keltisches Oppidum, das von den Römer latinisiert wurde und den Namen *Colonia Julia Augusta Apollinaris Reiorum* erhielt. Zwar wurden große Teile der antiken Stadt durch Anschwemmungen des kleinen

Kleiner Ort mit Renaissanceschloss: Aiguines

Flusses Colostre überlagert, aber dennoch konnten wiederholt römische Bauten, darunter Thermen und Brückenpfeiler entdeckt werden. Bekannt sind vier, weithin sichtbare Säulen mit einem Architrav. Die weit verstreuten Funde lassen vermuten, dass das römische Riez mit 20.000 Einwohnern eine der wichtigsten Städte der Provence gewesen sein muss. Sehr früh wurde Riez zum Bistum erhoben, schon 439 tagte hier ein Konzil. Im frühen Mittelalter verlegten die Bürger ihre Stadt weg vom Fluss auf die benachbarte und besser zu verteidigende Anhöhe, doch schon im 13. Jahrhundert entstand ein neues Riez an der heutigen Stelle, zu Füßen des Hügels. Von der Stadtbefestigung sind noch zwei Stadttore, die Porte Aiguière und die Porte Saint-Sols, erhalten. Aus bisher unbekannten Gründen setzte schon im 14. Jahrhundert ein einschneidender Bedeutungsverlust ein, den die Stadt nicht mehr aufhalten konnte, wenngleich der Ort während der Renaissance noch einmal eine kurze Blüte erlebte. Heute ist Riez ein kleines landwirtschaftliches Zentrum mit rund 1.700 Einwohnern, beschaulichen mittelalterlichen Gassen und alten Häusern. Ob zu Recht oder zu Unrecht: Die Bewohner von Riez haben in den umliegenden Dörfern den Ruf, engstirnig und verbohrt zu sein.

- *Information* **Office Municipal de Tourisme**, Place de la Marie, 04500 Riez, ✆ 0492779909, ✆ 0492779907. www.ville-riez.fr. Hier gibt es auch kostenloses WLAN.
- *Verbindungen* Mit dem Bus um 14 Uhr über Aix nach Marseille sowie um 10.30 Uhr über Moustiers nach Castellane (vom 1.7. bis 15.9. jeweils Di, Mi und Sa, sonst nur am Sa, allerdings nicht an Feiertagen). Einmal tgl. fährt ein Bus nach Quinson.
- *Markt* Jeden Mittwoch- und Samstagvormittag findet am Rand der Altstadt ein schöner großer Markt statt (im Winter mittwochs mit Trüffelmarkt).
- *Fahrradverleih* VTT-Cîmes, Route Puimosson, ✆ 0667347117. Mountainbike 20 € pro Tag.
- *Musée Nature en Provence* Das Naturkundemuseum im Rathaus widmet sich der Erdgeschichte (Fossilien, Mineralien etc.). Öffnungszeiten: Tgl. 10–12 Uhr und 14–17 Uhr. Im Winter So und Mo geschlossen.
- *Übernachten/Essen* ** **Carina**, das moderne Hotel, nur ein paar Schritte vom

Baptisterium entfernt, besitzt den nüchternen Charme einer Herberge für Handlungsreisende. Die Zimmer (60 €) sind mit Bad und Balkon ausgestattet (schöner Blick auf die Stadt!). Haustiere sind nicht erlaubt. Von Mitte Nov. bis März geschlossen. Rue Hilarion Bournet, ✆ 0492778543.

Château de Pontfrac, in einem abgeschiedenen, kleinen Tal trifft man auf dieses schöne, ländliche Anwesen mit Swimmingpool. Leserin Michaela Michels schrieb: „Interessant, abgelegen, Zimmer sauber, hellhörig, ansonsten Jugendherbergsatmosphäre und bisschen ‚Rummelplatz'. Lage gut, Umgebung schön." Auf dem parkähnlichen Grundstück gibt es einen Teich mit Gänsen und Enten. Sportliche Naturen können sich ein Mountainbike ausleihen und die Umgebung erkunden. Überraschenderweise sind die Zimmer (70 €, von Juni bis Sept. 75 €) recht günstig. Im Juli und Aug. ist allerdings Halbpension Pflicht. Menüs ab 28 €. Route de Valensole, ✆ 0492777877, ℻ 0492778272. www.chateaudepontfrac.com.

Le Vieux Castel, dieses knapp vier Kilometer östlich in Roumoules gelegene Chambre d'hôtes ist eine Lesertipp von Dominique Seillon: „Ein Schloss aus dem 17. Jahrhundert mit viel Flair und Charakter, sehr netten Gastgebern und großzügigen Zimmern zu günstigen Preisen (Doppelzimmer zu 70 € inkl. Frühstück, Abendessen 25 €)." 1, route des châteaux, ✆ 0492777542. http://vieuxcastel.free.fr.

Le Rempart, die große Straßenterrasse am Dorfplatz ist kaum zu verfehlen. Provenzalische Küche zu angemessenen Preisen. Menüs zu 12 (mittags), 24 und 30 €. 11, rue du Marché, ✆ 0492778954.

• *Camping* ** **Rose de Provence**, kleiner, schattiger nur von Ostern bis Sept. geöffneter Campingplatz an der Rue Edouard Dauphin, ✆/℻ 0492777545. www.rose-de-provence.com.

Sehenswertes

Baptisterium (Musée Lapidaire): Wie die Taufkapellen von Fréjus und Aix-en-Provence zählt das Baptisterium von Riez nicht nur zu den ältesten Sakralbauten der Provence, sondern von ganz Frankreich. Es dürfte im 6. Jahrhundert, eventuell auch schon im 5. Jahrhundert neben einer zerstörten Bischofskirche erbaut worden sein. Der kleine (9,25 Meter x 8,40 Meter), fast würfelförmige Bau besitzt im Inneren einen achteckigen Grundriss, im Zentrum steht das ebenfalls achteckige Taufbecken, das wiederum von acht antiken Säulen mit korinthischen Kapitellen umgeben ist. Das Baptisterium dient auch als Ausgrabungsmuseum. Durch das Eingangsgitter kann man sich einen guten Eindruck verschaffen. Zu sehen sind Altäre und Grabplatten. Von der zugehörigen Kathedrale haben nur die Grundmauern die Wirren der Zeit überstanden, sie befinden sich auf der anderen Straßenseite.

Colonnes Antiques: In einem kleinen Park unweit des Baptisteriums stehen am Ufer des Colostre vier knapp sechs Meter hohe Granitsäulen mit korinthischen Kapitellen, die einen Architrav tragen. Wem dieser Podiumstempel, der im Zentrum des römischen Riez gestanden haben muss, geweiht war, lässt sich nicht mehr feststellen. Errichtet wurde der Tempel höchstwahrscheinlich im ersten nachchristlichen Jahrhundert.

Umgebung

Allemagne-en-Provence

Bis 1953 hieß der Ort nur Allemagne, doch nach drei Kriegen mit Deutschland war man den Spott der Landsleute leid und entschloss sich zu dem Namenszusatz en-Provence. Wer aufgrund des Namens vermutet, deutsche Auswanderer hätten dieses Dorf in der Provence gegründet, irrt. Der Name leitet sich entweder von der keltischen Fruchtbarkeitsgöttin Alemona, die in der Umgebung verehrt worden sein soll, oder von dem lateinischen *ara magna* (großer Altar) ab.

Wie dem auch sei, Allemagne-en-Provence ist ein sympathischer Weiler mit einem ansehnlichen **Château** aus dem frühen 16. Jahrhundert – nur der mächtige, zinnenbekrönte Donjon ist noch älter. Das der Öffentlichkeit zugängliche Schloss (Übernachtungsmöglichkeiten!) entstand am Übergang vom Mittelalter zur Renaissance; neben Verteidigungselementen trägt der Bau schon repräsentativen Ansprüchen Rechnung, wie der im Renaissancestil gehaltene Prunksaal zeigt.

- *Schlossführungen* Von April bis Juni sowie Mitte Sept. bis Okt. am Wochenende 16 und 17 Uhr, von Juli bis Mitte Sept. Di–So 16 und17 Uhr. Eintritt: 6 €, erm. 3 €.
- *Markt* Donnerstagvormittag.
- *Übernachten* **Chambres d'hôtes**, die Schlossbesitzerin Madame Doris Himmel, eine gebürtige Deutsche, vermietet im Château drei stilvolle Zimmer für 80, 110 oder 140 € – jeweils inkl. einem im Park servierten Frühstück – sowie ein Appartement (ab 450 € pro Woche) und ein Turmhaus für 10 Personen (ab 800 € die Woche). Auch ein kleiner Swimmingpool ist vorhanden. ✆ 049 2774678, ✆ 0492777384, www.chateau-allemagne-en-provence.com.

Das Château von Allemagne-en-Provence

Haute-Provence
Karten Seite 125 und 164/165

Valensole

Das kleine Dorf gab dem Plateau de Valensole seinen Namen und das sonnige Tal gab wiederum dem Ort seinen Namen. Valensole ist ein kleiner, unspektakulärer Zweitausend-Seelenort, die Häuser drängen sich um einen Hügel, oben liegt die Kirche, die ein wenig spanisch anmutet. Erkundungen der Umgebung sind vor allem im Juli und August reizvoll, denn das bis zum Lac de Sainte-Croix reichende Hochplateau von Valensole besitzt die ausgedehntesten Lavendelfelder der Provence. Die gesamte Region ist auch noch nach der Ernte vom Lavendelduft erfüllt; da die Felder maschinell abgeerntet werden, wird nämlich relativ viel übersehen. Eine schnelle Nachlese und das ganze Auto ist erfüllt vom reinen Duft alter Wäscheschränke. Nicht grundlos leitet sich das Wort *Lavendel* vom lateinischen *lavare*, „waschen", ab.

- *Information* **Office de Tourisme**, Avenue Segond, 04210 Valensole, ✆ 0492749002, ✆ 0492749377.
- *Veranstaltungen* **Fête du Blé** am ersten Sonntag im Juli.
- *Schwimmen* Ein für französische Verhältnisse großes, solarbeheiztes Schwimmbad mit Kinderbecken, von Juni bis Sept. geöffnet.
- *Kinderspielplatz* Schöne Anlage, direkt neben dem Schwimmbad.
- *Übernachten/Essen* **Les Marronniers**, in einem großzügigen, ockerfarbenen Haus vermietet Madame Christiane Carat vier Gästezimmer (für 45 € inkl. Frühstück) sowie ein spartanisch eingerichtetes „Cabanon". Zum Abendessen (15 € inkl. Wein) versammeln sich die Gäste an der großen Tafel auf der Terrasse. Lage: Etwa 1,5 Kilometer nordöstlich des Zentrums, unweit der Post am Chemin Saint-Claude ist ein

Hinweisschild angebracht (die letzten 800 Meter geht es über eine Schotterpiste zum Haus). ✆ 0492748742, 📠 0492749565. www.mas-des-marronniers.com.

• *Camping* ** **Municipal Les Lavandes**, auf einer Anhöhe mit schönem Blick auf den Ort. Wiesengelände mit wenig Schatten, Zugang zum städtischen Schwimmbad. Von Mai bis Okt. geöffnet. ✆ 0492748614.

Musée Vivant de l'Abeille: Das Bienenmuseum an der Straße nach Manosque greift umfangreich das Thema Honig auf. Im Juni, Juli und August kann man mittwochs und freitags um 15 Uhr einen Bienenzüchter zu seinen Bienenstöcken begleiten.

Öffnungszeiten Tgl. 10–19 Uhr, Mo geschlossen. Eintritt: frei!

Am Unterlauf des Verdon

Die Landschaft, die der Verdon auf seinen letzten Kilometern durchfließt, bevor er in die Durance mündet, ist weniger spektakulär als der Grand Canyon du Verdon, doch als beschauliche Standorte für Erkundungen in die Umgebung sind die kleinen Orte wie beispielsweise Esparron-de-Verdon sehr beliebt.

Quinson

Das 370 Meter hoch gelegene Quinson gab dem nahen Stausee seinen Namen. Allerdings erscheint es übertrieben, angesichts des **Lac de Quinson** von einem See zu sprechen. Trotz einer Länge von elf Kilometern weist der See nur eine Größe von 160 Hektar auf und ähnelt daher eher einem breiten Fluss. Weite Teile des Stausees sind für Kajak- und Kanutouren geeignet, Motorbootfahren ist abgesehen von Booten mit Elektromotoren verboten. Zum Schwimmen ist der See in diesem Abschnitt zu kalt, aufgrund der schnellen Fließgeschwindigkeit erwärmt er sich auf maximal 17 Grad Celsius. Quinson hat sich seinen mittelalterlichen, elliptischen Grundriss bewahrt, Teile der spätmittelalterlichen Befestigungsmauer sowie zwei Türme sind noch erhalten.

Zum Kanufahren und Wandern empfiehlt sich eine Erkundung der Basses Gorges du Verdon bis zum Lac d'Esparron. Ein beschilderter Wanderweg verläuft am Südufer des Verdon entlang eines im 19. Jahrhundert zur Trinkwasserversorgung von Aix-en-Provence angelegten Wasserkanals. Zudem wurden in der *Grotte de la Baume Bonne* und weiteren Höhlen der Umgebung prähistorische Funde gemacht. Aus diesem Grund wurde im Jahre 2001 in Quinson ein Museum der Vorgeschichte eröffnet.

• *Information* **Office de Tourisme**, Mairie, 04500 Quinson, ✆ 0492740112, 📠 0492740003. www.quinson.fr.

• *Verbindungen* Jeden Nachmittag eine Busverbindung nach Riez.

• *Schwimmen* Wem der Stausee zu kalt ist, der sollte das städtische Schwimmbad aufsuchen. Tgl. von 11–19 Uhr geöffnet.

• *Bootstouren* Elektro- und Tretbootverleih sowie Kanu- und Kajakverleih am Verdon. Ein Kanu kostet rund 20 € pro Tag.

• *Markt* Samstagvormittag.

• *Übernachten/Essen* *** **Le Moulin du Château**, die zum Hotel umgebaute Ölmühle befindet sich in dem fünf Kilometer entfernten Saint-Laurent-du-Verdon direkt neben dem eigentlichen Château und ist ein Lesertipp von Dr. Ehmer: „Das von einem Schweizer Besitzerehepaar geführte Hotel ist vollkommen ruhig gelegen und dennoch nicht abseits vom Schuss. 10 sehr gut eingerichtete Zimmer (je nach Saison 105–135 €, Frühstück 9 €), absolut sauber." Dem ist nur hinzuzufügen, dass es auch einen schönen, ruhigen Garten und ein sehr gutes Restaurant (Menü 31 €) für die Hausgäste gibt. Ein Zimmer ist sogar für Rollstuhlfahrer geeignet. Von Nov. bis Feb. Betriebsferien. ✆ 0492740247, 📠 0492740297, www.moulin-du-chateau.com.

Der Verdon bei Quinson

** **Relais Notre-Dame**, freundlich geführte Herberge mit Swimmingpool im schön angelegten Garten hinter dem Haus, in dem sich mehrere lauschige Sitzplätze finden. Die sauberen und gepflegten Zimmer mit guten Matratzen liegen im ersten Stock, mit Blick auf den Garten schläft man etwas ruhiger. Das zugehörige Restaurant (Menüs zu 20 € (vegetarisch), 23, 25, 35 und 40 €) ist für seine leckeren Gerichte bekannt. Im Sommer speist man bei gutem Wetter auf der gegenüberliegenden Straßenseite auf einer Terrasse mit Blick auf den Stausee. Besonders schön ist das geräumige Zimmer Nr. 16 für drei Personen mit einem ungewöhnlichen Durchgangsbad. 15 Zimmer zu 40–62 €. Bouleplatz, eigener Frühstücksraum vorhanden. Von Mitte Okt. bis Ende März geschlossen. Ein kleines Stück südlich von Quinson, kurz vor dem Verdon, ✆ 0492744001, ✆ 0492740210. www.quinson.fr/relaisnotredame.

• *Camping* ** **Municipal Les Prés du Verdon**, Wiesengelände mit relativ wenig Schatten, direkt neben dem Schwimmbad am Ufer des Verdon. Von April bis Okt. geöffnet. ✆ 0492745880.

** **Lou Troupetoun**, ein paar Kilometer weiter südlich in Montmeyan. Kleiner städtischer Campingplatz mit Pool. Übernachtung etwa 10 €. ✆ 0494807279.

Musée de Préhistoire: Das auch architektonisch anspruchsvolle prähistorische Museum von Quinson ist das einzige überregional bedeutende Museum im Département Alpes de Haute-Provence. Der 25 Millionen Euro teuere Museumsbau wurde südlich des Dorfes Quinson direkt am Unterlauf der Gorges du Verdon errichtet. Der Entwurf stammt von dem Stararchitekten *Lord Norman Foster*, der seinen postmodernen Museumsbau größtenteils unter Tage angelegt hat. Foster sieht seinen Entwurf als Antwort auf die bescheidenen prähistorischen Höhlen und den natürlichen Flusslauf des Verdon.

Kurz zur Vorgeschichte: Durch den Bau und die Flutung des Stausees wurden zahlreiche prähistorische Siedlungsstätten unter Wasser begraben. In einer Art Rettungsaktion versuchte man damals, noch möglichst viele Zeugnisse der frühen Menschheitsgeschichte in der Haute-Provence zu retten. Die interessante

Dauerausstellung, zu der auch eine Audio-Führung in deutscher Sprache erhältlich ist, bietet auf 4274 Quadratmetern Ausstellungsfläche einen umfassenden Einblick in die regionale Frühgeschichte. Neben zahllosen Fundstücken wie Feuersteinen und Faustkeilen beeindrucken aber vor allem die multimedialen Darstellungen zur Geographie und zur Lebensweise der Urbewohner. So wird anhand mehrerer Dioramen veranschaulicht, wie sich das Leben und die Lebensbedingungen der Menschen von der Stein- bis zur Bronzezeit einschneidend verändert haben. Begehbare Nachbildungen einer Grotte sowie zahllose Audio- und Videoinszenierungen machen den Museumsbesuch auch für Kinder zu einem Erlebnis.

500 Meter vom Museum entfernt wurde ein prähistorisches Dorf nachgebaut. Zudem kann man im Rahmen einer Führung zur nahen Grotte de la Baume Bonne wandern.

• *Öffnungszeiten* Von Juli bis Aug. tgl. 10–20 Uhr, sonst tgl. außer Di 10–19 Uhr, im Winterhalbjahr tgl. außer Di bis 18 Uhr. Eintritt: 7 €, erm. 5 €. Führungen zur Grotte de la Baume Bonne finden im Juli und Aug. jeweils Mi und Sa um 9 Uhr statt, sonst am 1. Sa im Monat um 10 Uhr, Reservierung unter ✆ 0492740959. Internet: www.museeprehistoirc.com.

Esparron-de-Verdon

Vor dem Bau der verschiedenen Staustufen des Verdon war Esparron ein kleines beschauliches Dorf am Flussufer. Durch den idyllischen Stausee, dessen Ausbuchtungen an kleine Fjorde erinnern, erlebte Esparron-de-Verdon ab 1967 einen regelrechten Boom. Ferienhäuser und Campingplätze wurden errichtet, ein neues Dorf mit der notwendigen touristischen Infrastruktur entstand neben dem alten. Am Rand des alten Dorfes steht ein spätmittelalterliches **Schloss**, das

Esparron mit seiner mittelalterlichen Burg

noch heute den Herren von Castellane gehört; der leicht heruntergekommene Bau ist schon seit langem nur von außen zu besichtigen. Der lang gestreckte, schmale Stausee eignet sich gut zum Baden (Wassertemperaturen im Hochsommer um die 23 Grad Celsius) und für Bootserkundungen. Die Ufer sind allerdings steinig und fallen fast immer sehr steil ins Wasser. Sehr zu empfehlen ist eine Kanutour verdonaufwärts bis zur nächsten Staustufe bei Quinson. Bei dieser landschaftlich sehr reizvollen Fahrt paddelt man durch die Basses Gorges du Verdon.

• *Information* **Office de Tourisme**, Hameau du Port, 04550 Esparron-de-Verdon, ✆ 0492771545, ℻ 0492771294. www.esparrondeverdon.com.

• *Post* Gleich beim Rathaus, etwas oberhalb der Auberge du Lac.

• *Bootstouren* Ein kleines Elektroboot startet von März bis Nov. in Esparron zu einer einstündigen Exkursion über den See. In der Hochsaison mehrmals täglich, u. a. immer um 15 Uhr. Fahrpreis: Erw. 10 €, Kinder 6 €.

• *Kanu- und Kajakverleih* Club Nautique Esparron-de-Verdon. ✆ 0492771525. Auch Segelkurse werden angeboten.

• *Markt* Freitagvormittag.

• *La Vie d'Antan* Liebevolles Lokalmuseum mit Trachten von anno dazumal. Ostern bis Sept. tgl. außer Di 14–18.30 Uhr, im Juli und Aug. auch 10–12 Uhr. Eintritt: 2,50 €. Rue des Fontaines.

• *Übernachten/Essen* **Château d'Esparron**, die wohl tollste Unterbringungsmöglichkeit in Esparron! Leider ist die Übernachtung im Schloss, das in seinen ältesten Teilen aus dem 12. Jahrhundert stammt, mit 150–240 € (je nach Zimmer und Aufenthaltsdauer) inkl. Frühstück nicht gerade billig, dafür besitzen die fünf großzügigen Zimmer aber ein tolles Ambiente mit altertümlichem Mobiliar und einer freistehenden Badewanne, teilweise schläft man im Himmelbett. Schöner Frühstücksraum mit uraltem Kamin. Eindrucksvoll auch die steinerne Wendeltreppe. Garten vorhanden, auf Telefon und Fernseher muss man allerdings verzichten. Von Ostern bis Allerheiligen geöffnet. ✆ 0492771205, ℻ 0492771310, www.esparron.com.

• *Ferienwohnungen und -häuser* Das Office de Tourisme hält eine Liste mit 20 Objekten bereit.

• *Camping* **** **Le Soleil**, der ehedem von einem deutschen Ex-Fremdenlegionär angelegte Platz ist einer der schönsten der Region. Gegenüber dem Dorf ziehen sich 100 Stellplätze terrassenförmig bis zum See hinunter. Vor allem die unteren Plätze bieten eine wunderbare Aussicht, allerdings sind sie nicht mit dem PKW zu erreichen (Zelt und Gepäck tragen). Neben einem Restaurant (große Pizza), einem Café und einem kleinen Supermarkt gibt es auch einen Spielplatz; Kanus und Kajaks werden am „Strand" des Campingplatzes vermietet. Waschmaschinen stehen gegen Gebühr zur Verfügung. Sanitäranlagen leicht renovierungsbedürftig. Viel deutsches Publikum. Ca. 18 € für 2 Pers. mit Zelt. Von Ostern bis Sept. geöffnet. Route de la Tuilière, ✆/℻ 0492771378. www.campinglesoleil.net.

Gréoux-les-Bains

Lebhafter, kleiner Thermalkurort mit langer Tradition. Schon die Römer linderten an der warmen Griselis-Quelle ihre Rheuma- und Arthritisbeschwerden. Im Ortsnamen hat sich die Erinnerung an die namensgebende Nymphe Griselicae noch erhalten. Ob die Römer hier ihren Alltagsärger vergaßen, ist nicht bekannt, aber Jean Giono, der im benachbarten Manosque zu Hause war, kannte angeblich „keinen Ort, der besser den Ärger heilt als Gréoux". Im Mittelalter geriet die 42 Grad Celsius warme Heilquelle in Vergessenheit; erst 1960 wurde der Kurbetrieb wieder mit Erfolg aufgenommen. Seitdem verschandeln allerdings einige Neubauten am Ortsrand das Stadtbild. Historisch Interessierte müssen sich mit der romanischen Dorfkirche *Notre-Dame des Ormeaux*, den Resten einer mittelalterlichen Stadtmauer sowie der Ruine einer Burg der Tempelritter (*Château des Templiers*) aus dem 12. Jahrhundert begnügen; Letztere wird im Sommer für Freilichtaufführungen genutzt.

• *Information* **Office Municipal de Tourisme**, 5, avenue des Marronniers, 04800 Gréoux-les-Bains, ✆ 0492780108, ✆ 0492781300, www.greoux-les-bains.com.

• *Einwohner* 1.950 Einwohner.

• *Verbindungen* Mit dem Bus dreimal tgl. über Aix nach Marseille sowie zweimal tgl. über Manosque nach Avignon.

• *Markt* Dienstagvormittag auf der Place de la Mairie und Donnerstagvormittag auf der Place Brossolette.

• *Post* Avenue des Aires.

• *Schlossführungen* Von März bis Nov. Do 14.30 Uhr, im Juli und Aug. auch 16 Uhr. Kosten: 4 €. Genauere Auskünfte im Office de Tourisme.

• *Veranstaltungen* Printemps Musical International de Provence, im April.

• *Thermen* Von März bis Sept. geöffnet. Es werden verschiedene Thermalkuren (Rheuma, Erkrankungen der Atemwege etc.) angeboten. ✆ 0492704001.

• *Musée du Santon* Sammlung volkstümlicher provenzalischer Krippenfiguren, die in pittoreske Alltagsszenen des 19. Jahrhunderts integriert sind. Adresse: 16, Avenue des Alpes.

• *Schwimmen* Centre de loisirs Le Colombier. Von Mitte Juni bis Mitte Sept. geöffnet.

• *Übernachten/Essen* *** **La Crémaillère**, halbwegs modernes Hotel mit großem Park am östlichen Ortsausgang. Das zugehörige Restaurant von Eric Canona gilt als das beste der Umgebung. Niveauvolle provenzalische Küche, die sich saisonbedingt an verschiedenen Themen orientiert (Menüs zu 29 und 39 €). DZ 90–105 €, die teureren Zimmer mit Balkon oder Terrasse. Zum Hotel gehört ein Swimmingpool. Im Winter geschlossen. Route de Riez, ✆ 0492704004, ✆ 0492781980. www.chainethermale.fr.

** **Hôtel des Alpes**, hinter der freundlichen Fassade in den provenzalischen Farben verbirgt sich ein angenehmes Hotel mit Garten und Pool. Zimmer je nach Saison, Lage und Ausstattung 90–120 €. Die zur Straße sind günstiger und naturgemäß etwas lauter. Menüs ab 23 €. Von Mitte Nov. bis Feb. Betriebsferien. 19, avenue des Alpes, ✆ 04927424 244, ✆ 0492742426. www.hoteldesalpes04.com.

** **La Castellane**, das zur Logis-de-France-Vereinigung gehörende Hotel ist in einer schmucken, kleinen Villa untergebracht (ein Jagdpavillon aus dem 19. Jahrhundert). Da es nur zehn Zimmer (zeitlos, aber schick, je nach Saison 53–79 €) besitzt, ist die Atmosphäre recht familiär. Im Garten hinter dem Haus befindet sich ein schöner Swimmingpool. Es wird auch Halbpension angeboten. In einem Nebengebäude werden auch ungefähr gleichteure Appartements vermietet. Nette Vermieter! Von Mitte Nov. bis Mitte März Betriebsferien. Avenue des Thermes, ✆ 0492780031, ✆ 0492780977. www.villacastellane.com.

** **L'Auberge**, das in einer ehemaligen Poststation untergebrachte Hotel ist so akkurat geführt wie die Wirtin resolut ist. DZ je nach Lage 54–57 €. Menüs ab 17 €. WLAN vorhanden. Avenue des Thermes, ✆ 0492780026. http://auberge.greoux.free.fr.

* **Le Chemin Neuf**, annehmbare, günstige Unterkunft im Rand der Altstadt, Zimmer 34–37 €. Von Mitte Dez. bis Mitte Feb. geschlossen. 4, chemin Neuf, ✆ 0492780106, ✆ 0492776424. www.hotelgreoux.com.

• *Camping* ** **La Pinède**, wie der Name schon ankündigt in einem Pinienhain gelegen, 1,5 Kilometer außerhalb. Mit Swimmingpool. Route de Sainte-Pierre, ✆ 049278 0547. www.camping-lapinede-cazin.com.

Saint-Julien-le-Montagnier

Saint-Julien-le-Montagnier – zehn Kilometer südlich von Gréoux – ist ein uralter Ort auf einem steilen Berggrat. Bei archäologischen Grabungen wurden Befestigungsanlagen aus der Jungsteinzeit entdeckt. Zahlreiche römische Töpferarbeiten lassen darauf schließen, dass Saint-Julien bis zur Gegenwart kontinuierlich besiedelt war. Augenscheinlicher ist das mittelalterliche Erbe: alte Häuser, Reste der Stadtmauer und eine romanische Kirche aus dem 13. Jahrhundert. Obwohl es ein Hotel-Restaurant gibt, ist Saint-Julien im touristischen Sinne fast unberührt. Am höchsten Punkt des Ortes kann man wunderbar rasten und die Panoramaaussicht genießen.

• *Übernachten/Essen* **Auberge du Montagnier**, das Hotel ist ein Lesertipp von Ursula Walther, die sich gerne an die schönen Abende unter den Bäumen des mitten im Ort gelegenen Restaurants erinnert. Es gibt Menüs zu 14,50 € (nur mittags), 24 € und

30 €, beispielsweise mit einem Lammcarpaccio, Lammbraten und Dessert. Der beleibte Patron ist gewissermaßen die lebende Garantie für die Qualität der Küche. Es werden auch vier große, in Pastellfarben gehaltene Zimmer für 62 € vermietet. Wunderschön ist die Terrasse, die einen grandiosen Panoramablick bietet und auf der im Sommer auch das Frühstück serviert wird. Dies lässt einen auch verschmerzen, dass es keinen Fernseher im Zimmer gibt... ✆/℻ 049 4800629. www.aubergedumontagnior.com.

Castellane

Das kleine Städtchen am Verdon eignet sich gut als Ausgangspunkt für Erkundungen des Grand Canyon du Verdon und als Etappenziel auf der Route Napoléon. Abkühlung bietet der nahe gelegene Lac de Castillon oder der Lac de Sainte-Croix.

Castellane (*Salinae*) ist römischen Ursprungs; der römische Name leitete sich von den salzhaltigen Quellen der Umgebung ab. Im 5. Jahrhundert war die Stadt kurzzeitig Bischofssitz. Das älteste Gebäude der Stadt ist die ehemalige Pfarrkirche Saint-Victor, ein schlichter, spätromanischer Sakralbau. In der Nähe der Kirche befinden sich die Reste der spätmittelalterlichen Stadtbefestigung, von der auch noch einige Türme und zwei Stadttore erhalten sind. Schön anzusehen ist die Place Marcel-Sauvaire im Zentrum von Castellane: ein weiter Platz mit Cafés, Geschäften und einem Brunnen, der an die Barone von Castellane erinnert. Aufgrund der guten Infrastruktur mit zahlreichen Campingplätzen, Hotels und Supermärkten eignet sich Castellane hervorragend als Ausgangspunkt zur Erkundung der Gorges du Verdon sowie der angrenzenden Teile der Haute-Provence.

Reste der mittelalterlichen Befestigung

Information/Verbindungen/Diverses

- *Information* **Office de Tourisme**, Rue Nationale, B.P. 8, 04120 Castellane, ✆ 0492 836114, ℻ 0492837689, www.castellane.org.
- *Einwohner* 1.530 Einwohner.
- *Verbindungen* Die Bushaltestelle befindet sich vor der Bar de l'Etape an der Place Marcel Sauvaire. Verbindungen über La Palud, Riez, Moustiers und Aix nach Marseille um 12.15 Uhr (vom 1.7. bis 15.9. jeweils Mo, Mi und Sa, sonst nur am Sa, allerdings nicht an Feiertagen) sowie tgl. um 15.10 Uhr über Grasse nach Nizza und um 10.45 Uhr nach Digne und weiter nach Sisteron. Tgl. außer So um 10.40 Uhr nach Saint-André-les-Alpes, von dort geht es gleich weiter mit dem Train des Pignes nach Digne oder Nizza (von Mitte Juli bis Aug. fährt der Bus

Am 3. März machte Napoléon in Castellane Station

zusätzlich um 17.40 Uhr ein zweites Mal nach Saint-André-les-Alpes). Weitere Busverbindungen mit Draguignan. Im Juli und Aug. verkehren tgl. zwei Busse in Richtung Gorges du Verdon. Abfahrt 8.05 Uhr und 16 Uhr, zurück von La Palud um 9.45 und 17.45 Uhr.

• *Musée Art et Traditions Populaires* Alltagskultur aus der Region Castellane. Öffnungszeiten: Juli bis Sept. tgl. außer Mo 10–13 Uhr und 14.30–18.30 Uhr, im Mai, Juni und Okt. Di–Sa von 9–12 Uhr und 14–18 Uhr. Adresse: 34, rue Nationale. Eintritt: 2 €, erm. 1 €.

• *Stadtführungen* Im Juli und Aug. Di um 10 Uhr (mit Museumsbesichtigung) sowie Do um 9 Uhr (inkl. Besichtigung der Chapelle Notre-Dame-du-Roc). Treffpunkt: Vor dem Office de Tourisme.

• *Markt* Mittwoch- und Samstagvormittag.

• *Schwimmen* Wem der Verdon zu kalt ist, kann von Juni bis Sept. auch das beheizte Schwimmbad mit Rutsche, Sprungturm und einem 25-Meter-Becken am linken Flussufer besuchen. Montag geschlossen: Achtung im Juni und Sept. sind die Öffnungszeiten sehr eingeschränkt (Di, Do und Fr nur 11.30–13.30 Uhr), ✆ 042836022.

• *Wassersport* Easy Rafting, 2, rue du Mitau, ✆ 0492837402. Acti-Raft, Route des Gorges, ✆ 0492837664. Aqua Verdon, 9, rue Nationale, ✆ 0492837275. Im Angebot: Kanu- und Kajakverleih, Canyoning, Rafting etc.

• *Fahrradverleih* Aqua Viva Est, 12, boulevard de la République, ✆ 0492837574.

• *Minigolf* Beim Campingplatz Camp du Verdon.

• *Golf* Château de Taulanne (20 Kilometer südöstlich an der RN 85), ✆ 0493603130.

• *Angeln* Einen Angelschein für den Verdon und die Seen gibt es beim Office de Tourisme ab 7 €.

• *Waschsalon* Laverie Automatique, 20, boulevard Saint-Michel. Tgl. von 8–20 Uhr geöffnet.

Übernachten/Essen

*** **Nouvel Hotel de Commerce**, mit rustikalem Touch. Die kreative Küche des Hotels gilt als eine der anspruchsvollsten in der Haute-Provence. Bereits das günstigste Menü entführt in den Gourmethimmel. Vorzüglich mundet das Entenfilet. Ausgezeichneter Service im lauschigen Garten, Menüs zu 18, 26 und 44 €. Einen krassen Gegensatz hierzu bieten die Zimmer. Sie entsprechen nicht dem Standard eines Drei-Sterne-Hotels. Bitte beachten Sie den an der Zimmertür angeschlagenen Preis. Bei meinem Besuch wollte man mir 10 € mehr abknöpfen. (Für das kleine, renovierungsbedürftige Zimmer mit der schlecht funktionierenden Dusche wäre eher ein Sonderpreis angebracht gewesen.)

Die Zimmerpreise variieren zwischen 60 und 95 €. Von Nov. bis Ostern geschlossen. Das Restaurant ist am Dienstag- und Mittwochmittags geschlossen. Place de l'Eglise, ✆ 049 2836100, ✆ 0492837282. www.hotel-fradet.com.

** **Auberge du Teillon**, „sehr empfehlenswert als Stärkung für Reisende, die den Grand Canyon durchquert haben", meinte Leser Peter Heß. Im Restaurant (im Sommer auf der Straßenterrasse) werden provenzalische Spezialitäten in einem klassischen Ambiente serviert, Menüs zu 22, 34, 42 und 48 €. Wir kehrten auf unserer Recherche ein und waren ebenfalls absolut begeistert. Ein besonderes Lob verdient der im Speckmantel gebratene Lachs! Köstlich munden auch die liebevoll angerichteten Desserts. Wer will, kann gleich in einem der neun nicht gerade großen Zimmer (55 €, Frühstück 8 €) nächtigen. Günstig ist die Halbpension für 57 € pro Person. Von Mitte Nov. bis Mitte März Betriebsferien. In La Garde, fünf Kilometer südöstlich von Castellane an der Route Napoléon. ✆ 0492836088, ✆ 0492837408. www.auberge-teillon.com.

** **Grand Hôtel du Levant**, alteingesessenes Hotel, zu dessen Gästen auch einst André Breton gehörte. Wenn es die Temperaturen zulassen, sitzt man vor dem Hotel unter den schattigen Arkaden. Menüs zu 16, 24 und 32 €. Zimmer mit den großen schönen Bädern kosten 51–70 €. Mitte Okt. bis Feb. geschlossen. 6, place Marcel Sauvaire, ✆ 0492836005, ✆ 0492837214. www.touring-levant.com.

** **Ma Petite Auberge**, charmante Unterkunft am Dorfplatz, besonders ruhig schläft man nach hinten hinaus. Im Garten des Restaurants speist man im Schatten einer alten Platane. 16 Zimmer zu 45–70 €. Menüs zu 16 €, 24 € und 32 €. Nov. bis März geschlossen. WLAN. Das Restaurant hat am Mittwoch Ruhetag. 8, boulevard de la République, ✆ 0492836206, ✆ 0492836849. www.mapetiteauberge.com.

** **Du Roc**, einfaches, aber nettes Hotel unweit der Dorfkirche. Zimmer je nach Saison 43–50 €. Gutes Restaurant, Menüs ab 15 €. Place de l'Eglise, ✆ 0492836265, ✆ 0492837376. www.hotelduroc04.com.

• *Chambres d'hôtes* **L'Oustaou**, ein Lesertipp von Heiko Schmitz und Philipp Legert, die die Unterkunft mit ihrem geräumigen Doppelzimmer (60 € inkl. Frühstück) empfahlen. Insgesamt werden drei Zimmer vermietet. Die nette Besitzerin hilft ihren Gästen mit Landkarten und Ausflugstipps. Chemin des Listes, ✆ 0492837727, ✆ 0492837802. www.castellane.org/oustaou/chambres.html.

• *Camping* Mit mehr als einem Dutzend Plätzen rund um Castellane ist das Gebiet ein wahres Campingparadies.

**** **Camp du Verdon**, mit 500 Stellplätzen der größte Campingplatz in der Umgebung von Castellane. Der Platz liegt an der Straße zum Grand Canyon direkt am Ufer des Verdon, knapp zwei Kilometer von Castellane entfernt. Von Mitte Mai bis Mitte Sept. geöffnet. Beheizter Swimmingpool mit Rutsche, Minigolf, Wohnwagenvermietung. Recht hohes Preisniveau. Route des Gorges du Verdon, ✆ 0492836129. www.camp-du-verdon.com.

**** **Les Collines du Castellane**, ein paar Kilometer südöstlich von Castellane in La Garde (tgl. außer So drei Busverbindungen). Swimmingpool mit Rutsche, Tennis und diverse Animationen. Vergleichbares Preisniveau. Viele Holländer. Von Mitte Mai bis Mitte Sept. geöffnet. Route de Grasse, ✆ 0492836896. www.rcn-campings.fr.

**** **International**, schöne Aussicht auf den Ort und die umliegenden Berge. Extras: Swimmingpool (20 x 10 Meter) und Freizeitanimation. Ebenfalls relativ teuer. Von Ostern bis Ende Sept. geöffnet. Plan de la Palud, ✆ 0825702703. www.campinginternational.fr.

*** **Domaine de Chasteuil-Provence**, acht Kilometer außerhalb in Richtung Gorges du Verdon. Lang gestrecktes, schattiges Areal am Ufer des Verdon. Im Juli und Aug. von Mo–Sa Busverbindungen nach Castellane und La Palud. Beheizter, nierenförmiger Swimmingpool und Kinderbassin von Juni bis Mitte Sept. geöffnet, der Platz selbst von Anfang Mai bis Mitte Sept. ✆ 0492836 121. www.chasteuil-provence.com.

*** **Des Gorges du Verdon**, ein kleines Stück weiter in Richtung La Palud, ebenfalls mit Swimmingpool. Von Ostern bis Ende Sept. geöffnet. Route des Gorges de Verdon, zehn Kilometer von Castellane entfernt, ✆ 0492836364. www.camping-gorgesduverdon.com.

** **Frédéric Mistral**, einfacher Platz direkt am Ortseingang. Von März bis Mitte Nov. geöffnet. 12, avenue Frédéric Mistral, ✆ 0492836227.

** **Les Lavandes**, hundert Meter weiter, etwas bessere Ausstattung. Extras: Finnische Sauna und Solarium. Von April bis Mitte Okt. geöffnet. Route des Gorges de Verdon, ✆ 0492836878. www.camping-les-lavandes.com.

Sehenswertes

Musée des Sirènes et Sireniens: Das zwischen Rathaus und Post gelegene geologische Museum widmet sich natürlich in erster Linie den versteinerten Seekühen, die in der Umgebung gefunden wurden. Abgerundet wird die Ausstellung durch weitere Informationen zur regionalen Erdgeschichte.

Öffnungszeiten Von Mai bis Sept. tgl. außer Di 10–13 Uhr und 15–18.30 Uhr. Eintritt: 4 €, erm. 3 €.

Von oben hat man eine schöne Aussicht: Notre-Dame-du-Roc

Notre-Dame-du-Roc: An den Resten der Stadtmauer vorbei führt ein Fußweg in einer guten halben Stunde zu dem Castellane überragenden *Roc* hinauf. Auf dem Gipfel des an einen Zuckerhut erinnernden Felsens steht die Wallfahrtskapelle Notre-Dame-du-Roc. Das Gotteshaus stammt aus dem 18. Jahrhundert und wurde an der Stelle eines romanischen Vorgängerbaus errichtet. Auf dem 903 Meter hohen Felsen, von dem sich eine schöne Aussicht bietet, stand im Mittelalter auch eine Burg und die Siedlung *Petra Castellana*.

Umgebung

Vallée des Sirènes

Sechs Kilometer nordwestlich (N 85) von Castellane kann man sich eindrucksvoll davon überzeugen, dass große Teile der Alpen einst unter dem Meer lagen. Vom Wanderparkplatz am Col des Leques ist ein etwa 30-minütiger Weg (einfach) ausgeschildert, der zu einer Felsplatte mit Versteinerungen von Seekühen (Rippen, Kiefer samt Zähnen, ganzes Skelett) führt. Die von einer Glasscheibe geschützten Fossilien sind rund 40 Millionen Jahre alt und wurden 1938 erstmals wissenschaftlich erfasst (ein Lesertipp von Angelika Schlecht).

Lac de Castillon

Oberhalb von Castellane wurde der Verdon 1948 zum Lac de Castillon aufgestaut. Der bei Wassersportlern beliebte See – er ist relativ schmal und acht Kilometer lang – lässt sich auf der an seinem Ostufer entlangführenden Straße erkunden. Als Zentrum des Wassersports hat sich die kleine Gemeinde **Saint-Julien-du-Verdon** etabliert. Da der südliche Teil des 500 Hektar großen Sees der französischen Marine „gehört", ist dort die Schifffahrt nicht erlaubt. Kurz hinter der Staumauer wurde der Verdon zu einem weiteren, wesentlich kleineren See, dem **Lac de Chaudanne**, aufgestaut.

Senez

Beinahe unvorstellbar, dass das kleine Dorf an der Route Napoléon, das die Römer unter dem Namen *Sanitium* gründeten, bis vor rund 200 Jahren Sitz eines Bischofs war. Die romanische Kirche Notre-Dame-de-l'Assomption diente folglich jahrhundertelang als Bischofskirche. Zur Ausstattung des unauffälligen Sakralbaus gehören mehrere wertvolle Wandteppiche. Wer die ehemalige Kathedrale besichtigen möchte (2 €), wendet sich an Madame Mestre. Sie wohnt am unteren Dorfende gegenüber dem Brunnen.

Trigance

Eine Rundfahrt um den Grand Canyon führt zumeist durch den kleinen, knapp zwanzig Kilometer südwestlich von Castellane gelegenen Ort. Beherrscht wird das urtümlich wirkende Dorf von einer mächtigen Burganlage, die einst den Grafen der Provence gehörte und den Zugang zur Verdon-Schlucht kontrollierte. Seit ein paar Jahrzehnten beherbergt das alte Gemäuer ein edles Hotel. Lebendig ist Trigance vor allem im Sommer, wenn im Schloss Theateraufführungen unter freiem Himmel stattfinden (Infos erteilt das Verkehrsbüro), während im Winter die 800 Meter hoch gelegene Gemeinde oft eingeschneit ist.

• *Information* **Syndicat d'Initiative de Trigance**, Place Saint-Michel, 83480 Trigance, ✆/℻ 0494856840.

• *Einwohner* 150 Einwohner.

• *Übernachten/Essen* *** **Château de Trigance**, wunderschönes Schlosshotel (Château & Hotels) mit phantastischer Aussichtsterrasse. Die Wände sind mit Wappen und Lanzen geschmückt, die zehn mit

Trigance: Charmantes Bergdorf

schlichter Eleganz eingerichteten Zimmer sind ab 117 € zu haben, für das Turmzimmer werden 177 € berechnet. Das Restaurant (Mittwochmittag geschlossen) bietet traditionelle Küche zu angemessenen Preisen, Menüs zu 26,50, 40 und 48 €. ✆ 0494769118, 📠 0494856899, www.chateau-de-trigance.fr.

** **Le Vieil Amandier**, hier hat man das Vergnügen, vom Bürgermeister persönlich bekocht zu werden. Bernand Clap arbeitete früher als Koch im Schlosshotel, bevor er sich selbstständig machte. Ein wenig unterhalb baute er ein eigenes Hotel mit halbwegs modernen, leider etwas zu kleinen Zimmern. Für 61–99 € (Letzteres in der Hochsaison mit Talblick und Terrasse) schläft man gut, das Frühstück wird auf Wunsch auf der Gartenterrasse serviert. Dem abends beleuchteten Swimmingpool kann selbst das Schloss nichts entgegensetzen. Wie man sich leicht überzeugen kann, versteht Bernand Clap sein Küchenhandwerk noch immer vorzüglich; Menüs zu 19 (nur mittags), 25 und 34 €. Von Nov. bis Ende März Betriebsferien. Montée Saint-Roch, ✆ 0494769292, 📠 0494856865, http://levieilamandier.free.fr.

Comps-sur-Artuby

Die bunten Häuserfassaden von Comps-sur-Artuby drängen sich unterhalb eines Felsens, der von der Eglise Saint-André (12. Jahrhundert) gekrönt wird. Im Mittelalter befand sich der gesamte Ort auf dem Hügel; später als die Zeiten friedlicher wurden, ließen sich die Bewohner im Tal nieder.

• *Markt* Dienstagvormittag.

• *Übernachten* ** **Grand Hôtel Bain**, das in einer einstigen Postkutschenstation untergebrachte Logis-de-France-Hotel ist eine Institution. Seit 1737 (!) ist es im Besitz der Familie Bain und wurde seither immer vom Vater auf den Sohn vererbt (die Töchter gingen wahrscheinlich wieder mal leer aus...). Hinter der einladend wirkenden, gelben Fassade mit den blauen Fensterläden verbirgt sich heute ein nettes Hotel mit annehmbaren Zimmerpreisen von 58–88 €. Liebevoll altertümliches Flair, manche Zimmer mit Blümchentapete. Auch die ansprechende Küche verdient ein Lob, serviert werden beispielsweise hausgemachte Ravioli oder ganz klassisch eine *Daube provençale*. Menüs zu 17,50, 22,50, 26,50 und 39 €. Von Mitte Nov. bis Weihnachten Betriebsferien. Rue Praguillem, ✆ 0494769006, 📠 0494769224. www.grand-hotel-bain.fr.

Bargème

Der 100-Einwohner-Weiler Bargème ist mit knapp 1.100 Metern die am höchsten gelegene Ortschaft des Départements Var. Die engen, von den Resten einer Stadtbefestigung umgebenen Gassen laden zum Schlendern ein; interessant sind die imposante Burgruine sowie die romanische Kirche Saint-Nicolas.

Am Rand der Seealpen

Saint-André-les-Alpes

Das kleine, etwas verschlafene Bergdorf ist durch den Lac de Castillon, an dessen oberen Ende Saint-André-les-Alpes liegt, zum Ferienort avanciert. Vor allem in Gleitschirmfliegerkreisen ist der Ort wegen seiner ausgezeichneten thermischen Verhältnisse sehr beliebt. Neben zahlreichen französischen Meisterschaften wurden am **Mont Chalvet** 1991 auch die Weltmeisterschaften ausgetragen. Gelegentlich kann man sich daher als Nicht-Flieger durchaus verloren fühlen. Wer will, kann eine schöne Kurzwanderung entlang dem Westufer des Lac de Castillon unternehmen. Hinter dem letzten Hotel an der N 202 geht es hinunter zum See. Da es auf dem gleichen Weg zurückgeht, kann jeder die Dauer der Wanderung selbst bestimmen.

• *Information* **Office de Tourisme**, Place Marcel Pastorelli, 04170 Saint-André-les-Alpes, ✆ 0492890239, 📠 0492891923, www.ot-st-andre-les-alpes.fr.

• *Einwohner* 900 Einwohner.

• *Verbindungen* In Saint-André-les-Alpes hält der Train des Pignes. Viermal pro Tag verkehrt der Pinienzapfenzug in Richtung Digne sowie in Richtung Nizza. Von Mo–Sa fahren zweimal täglich (12 und 18.20 Uhr) Busse nach Castellane.

• *Fahrradvermietung* Pro-Verdon Activités, rue Basse, ✆ 0492890419.

• *Schwimmen* Schwimmen und Baden ist im Lac de Castillon möglich.

• *Gleitschirmfliegen* Aérogliss, Ecole de Vol Libre du Haute Verdon, Base de Loisirs des Iscles, ✆ 0492891130.

• *Markt* Mittwoch- und Samstagvormittag.

• *Übernachten/Essen* ** **Le Clair Logis**, ein kleines Stück oberhalb von Saint-André-les-Alpes. Zimmer 50–55 €. Auf der schönen Terrasse werden günstige Menüs (ab 15 €) serviert. Restaurant mit Garten. Von März bis Okt. geöffnet. Route de Digne, ✆ 0492890405, 📠 0492891936. www.hotelclairlogis.fr.

** **Lac et Forêt**, massiver Steinbau unweit des Stausees und daher außerhalb des Ortes, den man bequem und schnell zu Fuß erreichen kann. Ein Ferienhotel mit Tradition, die individuell eingerichteten Zimmer (Blümchentapete!) und Bäder sind sehr ordentlich bzw. sauber. Insgesamt gibt es 30 Zimmer für 46–51 € (mit Seeblick), wobei die Zimmer, die nur über ein Waschbecken verfügen, ausschließlich in der Hochsaison für 32 € vermietet werden. Im Restaurant gibt es regionale Küche. Kostenloses WLAN. Route de Nice, ✆ 0492890738, 📠 0492891388. www.lacforet.com.

Le Château, drei Kilometer weiter westlich findet man in dem Weiler Moriez nahe des Bahnhofs eine einfache Mehrbettunterkunft (Gîte d'étape), ab 13,50 € pro Person und Nacht. Halbpension 30 €. ✆ 0492891320. http://verdon.provence.free.fr.

Les Grès d'Annot

La Table de Marie, nettes, günstiges Restaurant mit Straßenterrasse. Salate zu 9 €, riesige Pizzen ebenfalls für 9 €. Das Pizzamenü mit grünem Salat und einer crème brûlée gibt es für 16 €. Place Charles-Bron, ✆ 0492891630.

• *Camping* ** **Municipal Les Iscles**, flaches, schattiges Areal mit steinigem Boden, in der Nähe des Stausees. Von Mai bis Sept. geöffnet, ✆ 0492890229. www.saint-andre-les-alpes.fr. Zwei weitere Campingplätze in Moriez.

Annot

Die Gegend rund um das kleine verwinkelte Annot, eine Station des *Train des Pignes*, weist schon deutlich alpinen Charakter auf. Der beschauliche Ort, durch dessen alte Gemäuer zahlreiche streunende Katzen ziehen, besitzt mehrere charmante Gässchen und alte Häuser mit verzierten Türstöcken. Am Anfang der Grand Rue ist noch ein Portal aus dem 12. Jahrhundert zu bewundern. Sehr fotogen ist eine Gruppe bizarr geformter Felsblöcke aus Sandstein. Dieses sich rund um den Ort erstreckende Felsenmeer wird als *Les Grès d'Annot* bezeichnet.

• *Information* **Office de Tourisme**, Boulevard Saint-Pierre, 04240 Annot, ✆ 0492832303, 📠 0492833063. www.annot.fr.

• *Einwohner* 1.200 Einwohner.

Uralte Platanen am Dorfplatz von Annot

• *Stadtführungen* Im Juli und Aug. jeden Di um 10.30 Uhr. Treffpunkt: Office de Tourisme. Kosten: 2,50 €.

• *Schwimmen* Städtisches Freibad (beheizt) gleich beim Sport- und Tennisplatz. Von Juni bis Anfang Sept. geöffnet.

• *Verbindungen* Annot liegt ungefähr auf halber Strecke zwischen Nizza und Digne. Der Train des Pignes verkehrt viermal am Tag in beide Richtungen. Zwischen Mai und Okt. wird jeweils am Sonntag das Teilstück zwischen Annot und Puget-Théniers mit einer alten Dampflok befahren.

• *Rafting und Canyoning* Halbtages- oder Tagestouren auf Var, Ubaye und Verdon bietet Eau Vive Evasion an, ✆/℻ 0492833809. www.eau-vive-evasion.com.

• *Übernachten/Essen* ** **Hôtel de l'Avenue**, die mit Abstand angenehmste Adresse, um ein paar Tage in Annot zu verbringen. Die geschmackvollen, modern eingerichteten Zimmer (Flat-Screen, Telefon) bieten ein ausgezeichnetes Preis-Leistungs-Verhältnis. Unser Tipp: Das Zimmer 103 verfügt als einziges über eine Terrasse! Ein großes Lob verdient das zugehörige Restaurant. Jean-Louis Genovesi steht in der Küche und seine Frau Martine erledigt gekonnt den Service. Basierend auf frischen regionalen Zutaten werden hier Leckereien wie Kalbsragout mit Artischocken oder Forellenlasagne zubereitet. Menüs zu 18 und 28 €. Zimmer mit Bad und WC 58,70–70,70 €. Im Hochsommer ist Halbpension Pflicht. Von Nov. bis März geschlossen. Avenue de la Gare, ✆ 0492833407, ℻ 0492833313. www.hotel-avenue.com.

* **Beauséjour**, einfache, aber charmante Unterkunft (Logis de France). Zimmer von 49 bis 56 €. Das Restaurant besitzt einen schattigen Garten hinter dem Haus, Menüs zu 14,90 und 20,90 €. Place du Revely, ✆ 0492832108. www.hotel-beausejour-annot.com.

* **Cigale**, ein weiteres Basic-Hotel, ein Stück weiter die Hauptstraße hinauf. Acht einfache Zimmer je nach Ausstattung 31–37 €. Boulevard Saint-Pierre, ✆ 0492833337.

Les Grès, das Restaurant mit seiner kleinen Straßenterrasse befindet sich direkt am Ortseingang und bietet provenzalische Küche zu akzeptablen Preisen. Menüs zu 13,50 € (mittags), 16,50 und 25 €. In der Nebensaison Mittwoch Ruhetag. Avenue du Foulon, ✆ 0681097482.

• *Camping* ** **La Ribière**, kleiner, günstiger Campingplatz nördlich von Annot in ländlicher Ruhe. Sehr freundliche Leitung, im Juli und August mit Restaurantbetrieb. März bis Ende Nov. geöffnet. Route de Fugeret, ✆ 0492832144. www.la-ribiere.com.

Entrevaux

Das nur ein paar hundert Einwohner zählende Städtchen, in dessen unmittelbarer Nähe schon die Römer siedelten, blieb lange Zeit vollkommen bedeutungslos. Erst im Zuge der französischen Auseinandersetzungen mit dem Herzog von Savoyen wurde Entrevaux 1693 von dem berühmten Festungsbaumeister Vauban zu einem wichtigen Grenzbollwerk ausgebaut. Seither besitzt Entrevaux („Zwischen den Tälern") einen nicht zu übersehenden, wenn auch mittlerweile antiquierten, militärischen Charakter, selbst die ehemalige Kathedrale ist in den Wall integriert. Durch ein von Türmen flankiertes Stadttor gelangt heute allerdings die friedliche Invasion der Touristen in das sich noch recht ursprünglich präsentierende Zentrum. Der beste Blick auf die Befestigungsanlagen bietet sich von dem Entrevaux gegenüberliegenden Hügel.

• *Information* **Bureau d'Accueil**, Place Charles Panier, 04320 Entrevaux, ✆ 04930 54673, ✆ 0493054071. www.entrevaux.info.

• *Einwohner* 750 Einwohner.

• *Markt* Freitagvormittag von April bis Oktober.

• *Verbindungen* Entrevaux ist eine Haltestelle des Train des Pignes. Viermal am Tag verkehrt der Pinienzapfenzug in Richtung Digne sowie in Richtung Nizza, zudem bestehen tgl. mehrere Busverbindungen nach Nizza.

• *Übernachten/Essen* ** **Vauban**, es soll Leute geben, die nicht wegen der mächtigen Zitadelle, sondern wegen der Küche dieses Hotel-Restaurants einen Zwischenstopp in Entrevaux einlegen. Vor allem am Sonntagmittag gibt es kaum einen freien Tisch ohne rechtzeitige Reservierung. Als Spezialität des Hauses gilt die *Secca*, ein getrocknetes Rindfleisch, das mit Olivenöl und Zitronensaft beträufelt wird. Menüs zu 17, 21,50 und 26,50 €. Die neun – bis auf ihre festen Matratzen – wenig berauschenden Zimmer im ersten Stock kosten je nach Ausstattung zwischen 50 und 64,50 €. Im Nov. und Anfang Dez. geschlossen, Sonntagabend und Montag Ruhetag. 4, place Moreau, ✆ 0493054240, ✆ 0493054838. www.hotel-le-vauban.com.

Auberge du Planet, eine kulinarische Alternative mit schöner Terrasse inmitten der historischen Altstadt. Abends gibt es Pizza, Menü zu 20 €, Plat du jour 12 €. Place Saint-Martin, ✆ 0493054689.

• *Camping* ** **Camping du Brec**, der von einem Holländer geführte, mit einzelnen Bäumen ausgestattete Campingplatz – beliebt bei Kajakfahrern – wird vom Var durch hohe Hochwasserdämme und zumeist breite Kiesbänke abgegrenzt. Am Platz befinden sich zudem ein Badesee mit Strand und Insel sowie eine kleine Kneipe mit Imbiss. Hier können auch Baguettes für das Frühstück vorbestellt werden. Bungalowvermietung. Ganzjährig geöffnet. Zwei Kilometer nordwestlich von Entrevaux. ✆ 0493054245. www.camping-dubrec.com.

Entrevaux: Dorf samt Zitadelle

Haute-Provence
Karten Seite 125 und 164/165

Sehenswertes

Zitadelle: Hoch über Entrevaux thront die Zitadelle, das Herzstück der Verteidigungsanlage. Vom Ortskern ziehen sich die Treppen zickzackförmig hinauf. Die von 1693 bis 1706 errichtete Zitadelle, eines der zahlreichen Werke Vaubans, ist weitgehend originalgetreu erhalten.

Eintritt 3 €, erm. 2 €; im Juli und Aug. finden zudem Führungen statt für 6 €, erm. 5 €.

Ehemalige Cathédrale: Entrevaux war ehedem das Zentrum der Diözese Glandève und seit dem 5. Jahrhundert Bischofssitz. Die einstige, am Rand des Ortes errichtete Kathedrale war Teil der Befestigungsmauer, der zinnenbekrönte Glockenturm kündet noch von der wehrhaften Vergangenheit. Die Kirche besitzt neben einem schönen Eingangsportal (reich verzierte Türflügel) einen der beachtlichsten Hochaltäre der Region.

Musée de la Moto: Die Sammlung umfasst rund 75 Motorräder verschiedener Hersteller, das älteste Exponat stammt aus dem Jahre 1901, das jüngste von 1967.

Öffnungszeiten Mai bis Sept. tgl. 10–12 Uhr und 14–18 Uhr. Eintritt: frei!

Der Festungsbaumeister des Sonnenkönigs

Mit *Sébastien le Prestre de Vauban* (1633–1707) verfügte Ludwig XIV. über einen der genialsten Baumeister des absolutistischen Zeitalters. Vauban, der auch Straßen, Brücken, Kanäle und Aquädukte entworfen hatte, schuf im Auftrag des Sonnenkönigs ein wahres Festungsnetz zur Sicherung der französischen Grenzen und erwies sich so als hoch begabter militärischer Stratege. Ganz „nebenbei" betätigte sich Vauban auch als Volkswirtschaftler; außerdem gehörte er zu den Begründern der modernen Statistik. Ungewöhnlich war Vaubans Fähigkeit, anhand von Karten und schriftlichen Anweisungen den Bau zahlreicher Festungsanlagen aus der Ferne zu planen und zu überwachen. Nur so lässt sich seine unverkennbare Handschrift bei weit mehr als 300 militärischen Bauwerken erklären. Vauban verstand es zudem meisterhaft, diese Befestigungsanlagen mit einer ästhetischen Komponente auszustatten und sie in die landschaftlichen Gegebenheiten einzubinden. In Vaubans Fortifikationswesen wurde die praktische Umsetzung von Geometrie zum Staatszweck erhoben. Durch das von ihm im Osten und Südosten Frankreichs geschaffene Befestigungsnetz sicherte Vauban erstmals die territoriale Integrität eines Staates militärisch ab. Nicht zufällig ist die Fortifikationslehre daher zu einer der großen „Schlüsselwissenschaften" des Absolutismus geworden. Zudem fand der auf Ordnung, Symmetrie und Hierarchie gegründete Herrschaftsapparat seine Entsprechung in der Militärarchitektur. Der alternde Vauban überschätzte allerdings seinen Einfluss: Als er öffentlich die gleichen Steuersätze für jeden Bürger des Königreiches forderte, fiel er bei dem Sonnenkönig in Ungnade. Wenig später starb der fortan zurückgezogen lebende „Marschall von Frankreich" in Paris.

Abgeschiedene Täler und altertümliche Brücken

Alpes Maritimes

Die französischen Seealpen stellen einen reizvollen Gegensatz zu den Palmen und Strandpromenaden der Côte d'Azur dar. Einsame, enge Täler mit alpiner Vegetation bestimmen das Bild, bis weit in den Frühsommer hinein sind die Gipfel mit einer Schneedecke überzogen. Es bestehen zahlreiche Möglichkeiten, diese abseits der Haupttourismusströme liegende Landschaft zu erkunden, eine Wanderung durch den Mercantour-Nationalpark gehört sicherlich zu den beeindruckendsten Touren. Neben dem Naturszenario der Bergwelt gibt es außerdem Dutzende von idyllischen, weltentrückten Bergdörfern zu entdecken.

Roya-Tal (Vallée de la Roya)

Durch das Tal der Roya verlief einst eine bedeutende Salzstraße. Dieses „weiße Gold" des Mittelalters wurde an der Küste zwischen Hyères und Toulon gewonnen und auf Saumpfaden über den Col de Tende bis ins italienische Piemont transportiert. Die Piemonteser benötigten große Mengen Salz, da dieses im Mittelalter nicht nur ein begehrtes Gewürz war, sondern vor allem das wichtigste Konservierungsmittel, um Fleisch und Fisch haltbar zu machen. So verwundert es nicht, dass die Städte Breil-sur-Roya, Saorge und Tende durch diesen lukrativen Salzhandel zu Reichtum und Wohlstand kamen.

Von Breil-sur-Roya bis Tende lässt sich das gesamte Roya-Tal mit einer höchst originellen *Eisenbahn* erschließen. Die von Nizza über Sospel in das italienische Cuneo führende Tendabahn hält in Breil-sur-Roya, Fontan, Saint-Dalmas-de-Tende sowie in Tende. Mit dem Bau der über zahllose Viadukte und durch aufwändige

Tunnel führenden Bahnverbindung wurde 1910 begonnen; nach dem Zweiten Weltkrieg war die Bahnlinie allerdings so stark zerstört, dass sich die Wiederinbetriebnahme (1972) über Jahrzehnte hinzog. Ihren höchsten Punkt (1.073 Meter) erreicht die Tendabahn unterhalb des Col de Tende, den sie in einem 8.099 Meter langen Tunnel durchfährt.

Karte Vallée de la Roya, Vallée des Merveilles – Parc National du Mercantour, 3841OT, IGN, Maßstab 1:25.000.

Breil-sur-Roya

Das „Tor zum Roya-Tal" schmiegt sich in einer Biegung des Flusses an den Hang. Die pastellfarbenen Häuser und die durch einen Staudamm zu einem kleinen künstlichen See verbreiterte Roya sorgen für idyllisches Flair.

Obwohl Breil rund 25 Kilometer von der Küste entfernt ist, sind mediterrane Elemente vorherrschend. So ist beispielsweise der Olivenanbau neben der Lederverarbeitung und dem Tourismus bis heute ein wichtiger Wirtschaftszweig geblieben. Breil besitzt eine sympathische Altstadt mit barocken Kirchen und einigen

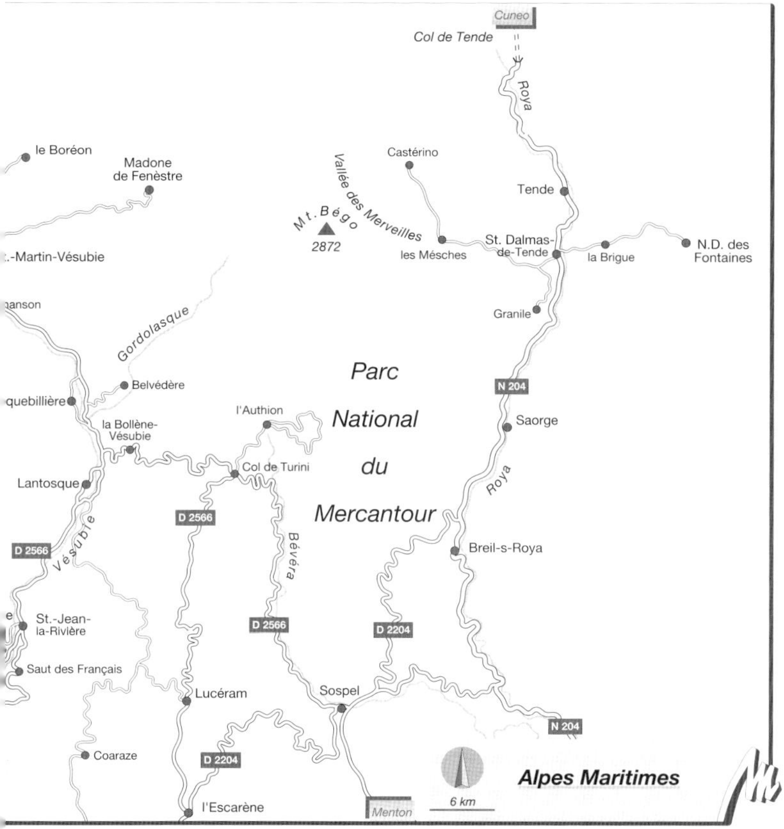

Alpes Maritimes Karte Seite 190/191

stattlichen Bürgerhäusern; die Straßenzüge folgen in ihrem Verlauf weitgehend den landschaftlichen Gegebenheiten, Reste der Stadtmauer sowie das Tor Saint-Antoine sind noch erhalten. Ganz oben steht noch ein Turm der während der Revolution zerstörten Burg. Das Stadtbild mit der von Arkaden gesäumten Place de Brancion als Piazza erinnert an die italienische Vergangenheit. Lebhafter als dort geht es auf der zum Fluss hin geöffneten Place Biancheri zu.

Information/Verbindungen/Diverses

- *Information* **Office de Tourisme**, Place Biancheri, 06540 Breil-sur-Roya, ✆ 049 3049976, 📠 0493049980. www.breil-sur-roya.fr. oder www.royabrevera.com.
- *Einwohner* 2.100 Einwohner.
- *Verbindungen* Der SNCF-Bahnhof befindet sich 15 Fußminuten nördlich des Zentrums. Zwischen Tende und Menton verkehrt dreimal tgl. eine neue Buslinie, die Busse halten auch in Breil-sur-Roya. Tgl. fünf Zugverbindungen nach Tende sowie über Sospel Nizza.
- *Markt* Dienstagvormittag.
- *Wandern* Wandertouren (*randonnées*) zwischen einem und drei Tagen sowie Canyoning veranstalten Roya-évasion, 1, rue Pasteur, ✆ 0493049146 (www.royaevasion.com) sowie A.E.T. Nature, Quartier Le Foussa, ✆ 049304

Nur ein Katzensprung bis Italien: Breil-sur-Roya

4764. Preise: Wandertour: 25 € pro Tag; Canyoning: ab 40 € pro Tag inkl. Neoprenanzug.

• *Schwimmbad* Direkt neben dem Campingplatz befindet sich ein nettes Schwimmbad (ab Juni geöffnet).

• *Kinderspielplatz* Großzügige Anlage am Roya-Ufer zwischen Campingplatz und Zentrum.

Übernachten/Essen

*** **Castel du Roy**, mit seinem parkähnlichen Garten die angenehmste Adresse für einen Aufenthalt im Roya-Tal,. Wem die direkt neben dem Hotel vorbeirauschende Roya zu kalt ist, der kann sich in den hoteleigenen Swimmingpool stürzen. Schöne Terrasse! Saubere Zimmer (80–105 € inkl. Frühstück) ohne großes Flair. Das Restaurant ist nur für Hotelgäste geöffnet. Keine Hunde erlaubt. Der Patron spricht übrigens auch etwas Deutsch. Von April bis Okt. geöffnet. Route de Tende, ✆/📠 0493044366, www.casteldurov.com.

** **Le Roya**, das alteingesessene Hotel im Zentrum wird von einer freundlichen ehemaligen Bodybuildingmeisterin geleitet. Die Zimmer sind allerdings ohne Charme, zudem sind die nach hinten hinausgehenden Zimmer ziemlich dunkel und aus der Gasse dröhnt gelegentlich das Kühlaggregat des benachbarten Supermarkts. Zimmer 48–60 €. Von März bis Dez. geöffnet. Place Biancheri, ✆ 0493044810, 📠 0493049270.

Vieux Moulin, das direkt neben der Kirche gelegene Restaurant in den Räumlichkeiten einer einstigen Ölmühle gefällt durch seine zünftige Stimmung. Im Inneren sitzt man neben dem alten Mühlrad, die Terrasse mit den billigen, weißen Plastikstühlen fällt da sichtlich ab. Es gibt nur zwei Menüs zu 16 und 25 €, doch auch die Karte bietet ein großes Angebot an provenzalischen Spezialitäten. Angenehmer Service. Sonntagabend und Montag Ruhetag. 2, place Brancion, ✆ 0493044738.

Le Biancheri, das Restaurant mit angegliederter Pizzeria (mit großer Terrasse gleich neben dem Hotel Roya) ist unter Umständen mit Vorsicht zu genießen. Hierzu eine kurze Episode: Als sich der Autor dieser Zeilen vor ein paar Jahren bei dem freundlichen Kellner über ein absolut zähes Filet beschwerte, zuckte dieser nur mit den Achseln und meinte lapidar, er könne nichts dafür, der Chef koche selbst... Place Biancheri, ✆ 0493044011.

• *Camping* ** **Municipal Azur et Merveilles**, der städtische Campingplatz liegt neben dem Schwimmbad, direkt an der Roya. Lang gestrecktes, schattiges Areal mit gepflegten sanitären Anlagen. Viele Dauercamper und Bungalowvermietung (ab 250 € pro Woche). Ganzjährig geöffnet. ✆ 0493044666.

Sehenswertes

Santa-Maria-in-Albis: Die von außen eher unscheinbar wirkende Kirche verblüfft durch ihre farbenfrohe Ausstattung. Der große saalartige Sakralbau wurde im 17. Jahrhundert in Form eines griechischen Kreuzes errichtet.

Ecomusée du Haut-Pays: Gleich beim Bahnhof gelegen, hat sich das Museum passenderweise dem Transportwesen verschrieben. In einer Halle werden mehrere historische Busse und Eisenbahnwagons präsentiert.

Öffnungszeiten Mitte Juni bis Mitte Sept. tgl. außer Di 10–12 Uhr und 15.30–18.30 Uhr, Ostern bis Mitte Juni und Mitte Sept. bis Ende Okt. nur am Wochenende. Kann sich aber aufgrund von Renovierungsarbeiten verändern. Eintritt: 3 €, erm. 2,50 €.

Saorge

Wenn man von Breil kommend entlang der Roya flussaufwärts fährt, bietet sich am Ende einer zerklüfteten Schlucht (Gorges de Saorge) ein imposanter Anblick: Hoch über dem Tal kleben die Häuser von Saorge an einem steil abfallenden Felshang.

Die Franzosen sprechen bei einem solchen Ort von einem *village empilé* – die mehrstöckigen Häuser sind förmlich übereinander gestapelt. Dank seiner spektakulären Lage ist Saorge zweifelsohne der schönste Ort im Roya-Tal. Um nach Saorge zu gelangen, muss man eine kleine, bei Fontan abzweigende Stichstraße einschlagen. Die Autos müssen an dem lang gestreckten Parkplatz vor dem Ortsausgang abgestellt werden, da die Gassen von Saorge für moderne Verkehrsmittel denkbar ungeeignet sind. Die eng aneinander lehnenden Häuser lassen nur schmale Durchgänge frei, die mit Treppen verbunden sind. Aus Platzgründen wurden die Häuser mehrfach aufgestockt, so dass die Eingänge oft auf verschiedenen Ebenen liegen. Inmitten des Dorfes, auf dem Weg zum Kloster, steht ein altes Waschhaus.

Wie das Roya-Tal französisch wurde

Das obere Roya-Tal kam erst sehr spät zu Frankreich. Zwar hatten sich die zur Grafschaft Nizza gehörenden Orte Tende und La Brigue in einer Volksabstimmung 1860 ebenfalls für einen Anschluss an Frankreich und somit gegen einen Verbleib beim Haus Savoyen ausgesprochen, doch konnte Cavour, der umtriebige Premierminister des italienischen Königs *Victor Emmanuel II.*, das Gebiet unter dem Vorwand halten, es handle sich bei der wildreichen Gegend um ein exklusives Jagdgebiet seines Königs, das nicht zur Disposition stehen könne. Der französische König *Napoléon III.* akzeptierte dieses Anliegen, obwohl es Cavour natürlich in erster Linie um die Kontrolle der Bergpässe ging. Die Grenze zwischen Frankreich und Italien verlief fast ein knappes Jahrhundert mitten durch das fortan zur Abgeschiedenheit verurteilte Roya-Tal. Erst eine erneute Volksabstimmung brachte 1947 den Anschluss an Frankreich. Für die Entscheidung zugunsten Frankreichs waren letztlich die engen Handelsbeziehungen zur französischen Küste sowie der höhere Lebensstandard in Frankreich die ausschlaggebend. In den Einfärbungen des örtlichen Dialekts kann man die italienischen Wurzeln noch heute ausmachen.

Karte Seite 190/191

Jahrhundertelang beherrschte der gut befestigte Ort das Roya-Tal, erst 1793 wurde Saorge von französischen Truppen erobert. Als die von Nizza nach Turin führende Straße im 19. Jahrhundert auf dem Grund des Tales eine neue Trasse erhielt, verlor das Dorf seine einstige Bedeutung. In den sechziger Jahren des letzten Jahrhunderts erreichte die Landflucht ihren Höhepunkt, seither wurden zahlreiche Häuser in Saorge als Zweitwohnsitze wiederhergerichtet. Im Zuge dieser Veränderungen haben sich auch mehrere alternative Aussteiger rund um den Ort angesiedelt. Der französische Skandal-Autor Michel Houellebecq lässt ein Kapitel seines Romans „Elementarteilchen“ in Saorge spielen, wohin sich die Hippie-Mutter des Protagonisten Bruno zum Sterben zurückgezogen hat.

- *Information* **Mairie**, 06540 Saorge, ✆ 0493045123, ✆ 0493045525. www.saorge.fr.
- *Verbindungen* Unter der Woche tgl. drei Busverbindungen von Saorge nach Fontan (8.30, 11.35 und 17.35 Uhr); von dort gelangt man mit dem Zug nach Tende (Abfahrt von Fontan 10 Minuten später) oder Nizza.
- *Markt* Samstagvormittag.
- *Post* Im Ortszentrum in der „Einkaufsstraße" rue Virgel Barel.
- *Übernachten/Essen* **Le Bellevue**, der Name ist Programm: die Panoramafenster eröffnen einen wunderschönen Blick auf das Tal der Roya. Rechter Hand auf dem Weg zum Kloster. Leser Thomas Faltin lobt das Restaurant mit den gelb gestrichenen Wänden in den höchsten Tönen: „Für den Vegetarier unter uns ist die Köchin ungemein kreativ geworden und hat uns eine Spezialität von Saorge gekocht – mit Spinat gefüllte und frittierte Teigtaschen. Menüs zu 18,50 und 29 €. Die Besitzer sind sehr nett und hilfsbereit. Sie haben sich für uns um ein Gîte d'étape gekümmert, wo wir übernachten konnten. Es liegt sehr geschickt etwa 50 Meter links neben dem Restaurant in der gleichen Straße und kostet 60 € pro Nacht. Das Appartement geht über zwei Etagen, hat zwei Schlafzimmer (für vier Personen) und einen schönen Blick ins Roya-Tal. Die Vermietung erfolgt, indem man die Telefonnummer am Eingang wählt oder die Besitzerin des Restaurants um einen Anruf bittet." Montagabend und Dienstag Ruhetag. 5, rue Louis-Périssol, ✆ 0493045137.

Gîte Bergiron, zehn Minuten Fußmarsch vom Kloster entfernt, trifft man auf diese schlichte, aber angenehme Unterkunft. Die Übernachtung mit Halbpension kostet 40 € im Schlafsaal oder 45 € im DZ. ✆ 0493045549, http://bergiron.free.fr.

Lou Pountin, einfache Gerichte (Pizza ab 6,50 €), ein Viertel Tischwein kostet 2 €. Im Sommer sitzt man auf der Straßenterrasse. Mitten im Dorf, gleich beim Restaurant Le Bellevue. Dienstag und Mittwoch Ruhetag. Rue Revelli, ✆ 0493045490.

- *Camping* ** **Municipal**, kleiner, sympathischer Platz in Fontan am Roya-Ufer. Preisgünstig! Von Mitte Juni bis Mitte Sept. geöffnet. ✆ 0493045002.

Sehenswertes

Monastère de Saorge: Das Franziskanerkloster am Ortsende stammt – wie man an der barocken Fassade unschwer erkennen kann – weitgehend aus dem 17. Jahrhundert.

Öffnungszeiten April bis Okt 10–12 und 14–18 Uhr, Nov. bis März 10–12 Uhr und 14-17 Uhr. Eintritt: 5 €, erm. 3,50 €. www.monuments-nationaux.fr.

Madonna del Poggio: Bei der ein Stück außerhalb gelegenen ehemaligen Pfarrkirche handelt es sich um die Keimzelle von Saorge. Erst im 15. Jahrhundert wurde das Dorf an seiner heutigen Stelle errichtet. Die frühromanische Kirche – einer der ältesten Sakralbauten der Region – ist mehr als 900 Jahre alt. Als optischer Blickfang dient der im lombardischen Stil errichtete schlanke, sechsstöckige Glockenturm. Das Nordportal wird von einem verwitterten Wandgemälde verziert. Leider befindet sich die Kirche in Privatbesitz und ist daher nur mit viel Glück zu besichtigen.

Tende

Für diejenigen, die über die Poebene und Cuneo anreisen, ist der Col de Tende das Eingangstor zu Frankreich. Das malerisch gelegene Bergdorf weist in seiner Architektur noch deutlich italienische Einflüsse auf; erst seit 1947 gehört Tende zu Frankreich, zuvor hieß der Ort Tenda.

Da heute ein Tunnel den Weg über den Col de Tende überflüssig macht, lässt es sich nur noch schwer nachvollziehen, wie beschwerlich einst die Überquerung des Alpenpasses gewesen sein muss. Der schottische Arzt und Schriftsteller Tobias Smollett war 1765 „sprachlos angesichts dieses berühmten und gefährlichen Berges". Die eng aneinander gebauten Häuser von Tende ziehen sich einen steilen Hang bis zum alten, terrassierten Friedhof empor. Neben dem Gottesacker erhebt sich noch ein letzter Mauerrest einer 1692 zerstörten Burganlage (*Château de Lascaris*). Die Kirche *Notre-Dame de l'Assomption*, in der sich auch das Grab eines Herzogs von Savoyen befindet, besitzt ein reich verziertes Renaissanceportal aus graugrünem Schiefer. Dieser Schiefer, der auch sonst als Baumaterial bevorzugt wurde, erzeugt in dem vom Durchgangsverkehr unberührten historischen Ortskern eine etwas düstere Atmosphäre. Tende bietet sich als Ausgangspunkt für Exkursionen in das nahe gelegene Vallée des Merveilles an. Zahlreiche der dort gefundenen Felszeichnungen können seit kurzem in einem neu eingerichteten Museum bewundert werden.

Musée des Merveilles

• *Information* **Office du Tourisme et Maison du Mercantour**, 103, avenue du 16 septembre 1947, 06430 Tende, ✆ 0493047371, 📠 0493046877. www.tendemerveilles.com.

• *Einwohner* 2.000 Einwohner.

• *Verbindungen* Tgl. fünf Zugverbindungen nach Nizza. Zusätzlich fahren von Mitte Juli bis Anfang Sept. tgl. vier Busse über Saint-Dalmas-de-Tende nach Castérino, einem geeigneten Ausgangspunkt für Wanderungen in den Mercantour Nationalpark. Fahrtzeit: 1 Std. Außerdem verkehrt dreimal tgl. eine neue Buslinie zwischen Tende und Menton.

• *Markt* Mittwoch- und Samstagvormittag.

• *Fahrradverleih* Mountainbikes und Tipps zu Touren gibt es beim Maison de la Montagne et des Sports, ✆ 0493047773.

• *Post* Direkt an der Avenue du 16 septembre 1947.

• *Schwimmen* Städtisches Freibad nur im Juli und Aug. von 11–17 Uhr.

• *Wandertouren/Canyoning* **Escapade**, Compagnie des Guides du Mercantour, Cagnourina, ✆ 0493047785 und 0493047773. Wanderungen in das Vallée des Merveilles (2–5 Tage) sowie eine 10-tägige Tour quer durch den Mercantour-Nationalpark veranstaltet: **Destination Merveilles**, 06270 Villeneuve-Loubet, ✆ 0493730907.

• *Übernachten/Essen* * **Le Miramonti**, einfaches Hotel über einer preiswerten Pizzeria unweit der viel befahrenen Durchgangsstraße. An den hellen Zimmern (38–45 €, die günstigeren Zimmer mit Etagenbad) gibt es nichts auszusetzen. Von Nov. bis März geschlossen. 5/7, rue Vassalo, ✆ 0493047871, ✆ 0493047871.

Les Carlines, schlichte Unterkunft (gîte d'étape) mit schönem Panoramablick. Sehr nette, hilfsbereite Leitung. Übernachtung mit Halbpension je nach Zimmergröße 30–33 €. Am günstigsten im Schlafraum. Achtung: Die Zufahrt mit dem Auto erfolgt über sehr enge Gassen und erfordert bei Gegenverkehr fahrerisches Geschick. Geöffnet von Mitte April bis Mitte Sept.; Chemin Sainte-Catherine, ✆ 0493046274.

L'Auberge Tendasque, beliebtes Restaurant mit bodenständiger Küche, von Lesern gelobt. Ausgezeichnet sind die Forellen. Übrigens: Am Herd steht ein Spanier! Menüs 13 €, 15,60 € und 23,80 €. Di und im Nov. geschlossen. 65, avenue du 16 septembre 1947, ✆ 0493046226.

• *Camping* * **Municipal St. Jacques**, unspektakulärer Platz, wenige hundert Meter vom Zentrum entfernt. Von Mai bis Ende Sept. geöffnet. Route de la Pia, ✆ 0493047608. www.tendemerveilles.com.

Sehenswertes

Musée des Merveilles: Das im Juni 1996 eröffnete Museum – ein moderner, 2.000 Quadratmeter großer Bau – beschäftigt sich in ansprechender Weise mit den rätselhaften Felszeichnungen der ligurischen „Urbevölkerung", die das Vallée des Merveilles und das Vallée de Fontanalbe berühmt gemacht haben. Mit Hilfe archäologischer Funde (Werkzeuge, Gefäße etc.), Dioramen und grafischer Darstellungen werden die Lebensbedingungen im Zeitraum von 8.000 bis 850 v. u. Z. anschaulich dargestellt. Die originalgetreuen Abgüsse der Felsen mit den bedeutendsten Felszeichnungen sind ausgestellt. Zudem wurde die mehrfach beschädigte Stele des „Stammeshäuptlings" abgetragen und ins Museum gebracht, um sie vor weiteren Zerstörungen zu schützen. Einblicke in die Naturgeschichte sowie in die regionale Volkskunst und Tradition runden die Dauerausstellung ab.

• *Adresse* Avenue du 16 septembre 1947. Öffnungszeiten: Im Sommer tgl. außer Di 10–18.30 Uhr (im Juli und Aug. auch Di geöffnet), im Winter tgl. außer Di 10–17 Uhr. Mitte März und Mitte Nov. ist das Museum für jeweils 2 Wochen geschlossen. Eintritt: frei! www.museedesmerveilles.com.

Wandern nach La Brigue

Ein Lesertipp von Ellen Kray: „Der Weg beginnt am Campingplatz von Tende und führt anfangs steiler, später aber langsam ansteigend zum Col de Boselia mit schönen Ausblicken auf das Tal und auf Tende. Nach ca. 90 Minuten erreicht man nach einem steilen Abstieg mit viel Geröll La Brigue. Vom Brunnen gegenüber der Eglise Saint-Martin zweigt der Weg nach Saint-Dalmas-de-Tende ab; der Abstieg ist nahe der Eisenbahnbrücke am Bahnhof, der Aufstieg zurück nach Tende beginnt am Ortsausgang von Saint-Dalmas-de-Tende links, kurz nach der Straßenabzweigung nach La Brigue. Die Wege sind markiert und teilweise beschildert. Man kann die Tour auch abkürzen und von Saint-Dalmas-de-Tende mit dem Zug zurückfahren. Wanderkarte: Top 25, Nr. 3841 OT Vallée de la Roya, im Buchladen von Tende zu kaufen. Gesamtwanderzeit: 4,5 Stunden."

Ein interessanter Wanderführer zur Region stammt von Sabine Bade und Wolfram Mikuteit: Grande Randonnée 52A. Le Sentier panoramique du Mercantour. www.fernwege.de.

Beschauliche Ruhe in den Seitentälern

Umgebung

Saint-Dalmas-de-Tende

Das auffallendste Bauwerk ist der in dem kleinen Ort deplatziert wirkende, überdimensional große verfallene Bahnhof. Die Größe erklärt sich aus der Tatsache, dass es sich um einen ehemaligen Grenzbahnhof zwischen Italien und Frankreich handelt. Vom Bahnhof aus schlängelt sich eine kleine Straße (D 91) bis zum 1.390 Meter hoch gelegenen Lac des Mèsches hinauf (wer will, kann auch hinaufwandern). Der Stausee eignet sich gut als Ausgangspunkt für Erkundungen des Mercantour Nationalparks und der Felszeichnungen im Vallée des Merveilles.

• *Übernachten/Essen* ** **Le Prieuré**, stilvolle Unterkunft mit klösterlichem Ambiente. Das Hotel wird von einer gemeinnützigen Organisation betrieben, die hier mehrere Arbeitsplätze für Behinderte geschaffen hat. DZ 49–56 €, die teureren Zimmer besitzen ein Bad. Nov. bis April geschlossen. Im geschmackvoll eingerichteten Restaurant werden Menüs ab 18,50 € serviert. Die angebotenen Nudelgerichte lassen die Nähe zu Italien erkennen. Leser äußerten sich zufrieden über das Restaurant. Rue Jean Médicien, ✆ 0493047570, 📠 0493047158, www.leprieure.org.

** **Le Terminus**, schräg gegenüber dem Bahnhof, Zimmer (43–65 € je nach Ausstattung) teilweise mit Balkon. Von den Strapazen einer Wanderung erholt man sich im kleinen Hof (Gartenmöbel) vor dem Hotel. Wer im Anbau logiert (Zimmer 1–8), muss allerdings einen festen Schlaf haben, da neben dem Restaurant auch die Wasserleitungen einen höllischen Lärm verursachen. Das Restaurant bietet hauptsächlich regionale Kost und ist nur für Hausgäste geöffnet. Das Restaurant ist Mo–Do nur abends geöffnet. Dez. bis April geschlossen. ✆ 0493049696, 📠 0493049697.

Le Mouton Dort, eine herrliche Unterkunft mit grandioser Aussicht unweit des Bahnhofs, die von Sandra Kordowich empfohlen wurde. In abgeschiedener, terrassierter Hanglage werden sieben stimmungsvolle Zimmer (mit Terrasse, teils mit Gewölbedecke) vermietet. DZ 75–90 € inkl. Frühstück, Halbpension 57–64 € pro Person (inkl. einem Viertel Liter Wein und einem Aperitif). Überdachter Pool und WLAN vorhanden. 28, avenue des Martyrs de la Résistance, ✆ 0493791808. www.lemoutondort.com.

Granile

Auf dem Weg zum Mercantour-Nationalpark zweigt ein Stück hinter Saint-Dalmas-de-Tende eine kleine Straße ab, die sich in Serpentinen zum fünf Kilometer entfernten Granile emporwindet. Die Straße endet bei den ersten Häusern des Dorfes relativ unverhofft, man könnte glauben, hier am Ende der Welt zu sein. Da sich Fremde nur sehr selten hier hoch verirren, müssen Besucher damit rechnen, etwas verwundert zur Kenntnis genommen zu werden. In Granile gibt es weder Sehenswürdigkeiten, noch einen Laden oder ein Restaurant – dafür begeistert die phantastische Aussicht auf das Tal der Roya.

La Brigue

Das an der Levense gelegene Städtchen weist deutlich mittelalterliche Züge auf. Pittoreske, vor sich hin bröckelnde Häuser, eine romanische Brücke sowie eine Burgruine wissen romantische Gemüter zu erfreuen.

Seit jeher spielten die Viehzucht und der Wollhandel in dem kleinen Seitental der Roya eine große Rolle. Die üppig ausgestattete romanische Eglise Saint-Martin mit insgesamt zwölf Altären zeugt vom einstigen Wohlstand des Ortes. Auffälligste Merkmale des Sakralbaus sind neben den fast überladen wirkenden Altären ein romanischer Glockenturm sowie eine himmelblau strahlende Decke im Mittelschiff. Die lange Zugehörigkeit zu Italien spiegelt sich unter anderem in den von Arkaden geschmückten Häusern entlang des ausgetrockneten Flussbetts (Rio Secco) und im hiesigen Dialekt wider. Wie Tende gehört auch La Brigue erst seit 1947 zum französischen Staatsgebiet. Beachtung verdienen die zahlreichen dekorativen Türstürze aus schwarzgrünem Schiefer.

• *Information* **Office de Tourisme**, Place Saint-Martin, 06430 La Brigue, ✆ 0493043607, 📠 0493043609.

• *Markt* Freitagmorgen.

• *Post* Am Ortseingang in der rue Saint-Vincent Ferrier, in unmittelbarer Nähe der Kirche.

• *Reiten* Club Equestre de La Brigue, Mme Vacarezza, ✆ 0493046659.

• *Übernachten/Essen* ** **Le Mirval**, angenehmes Logis-de-France-Hotel an der Levense mit schönem Garten zum Entspannen, direkt am Ortseingang über eine schmucke Brücke zu erreichen. An den Zimmern (je nach Saison 45–89 €) gibt es nach den Renovierungen der letzten Jahre nichts auszusetzen. Allerdings ist alles etwas langweilig bis lieblos eingerichtet, wie uns eine Leserin schrieb, die auch den Service und die Sauberkeit bemängelte. Die Leistungen des zugehörigen Restaurants haben sich stark verbessert, 2007 wurde es sogar vom Gault Millau empfohlen; Menüs zu 18 und 23,50 €. Nov. bis März geschlossen. 3, rue Saint-Vincent Ferrier, ✆ 0493046371, 📠 0493047981. www.lemirval.com.

* **Fleur des Alpes**, kleines, beschauliches Hotel mit empfehlenswertem Restaurant (Menüs zu 16, 21 und 31 €, Mittwoch Ruhetag), die sieben unlängst renovierten Zimmer kosten je nach Ausstattung von 40–50 €. Das Frühstück (6 €) wird im Sommer auf der sonnigen Terrasse serviert. Ende Nov. bis Feb. geschlossen. Place Saint-Martin, ✆ 0493046105, 📠 0493046958.

* **Auberge Saint-Martin**, etwas schlichter als das benachbarte Fleur des Alpes. Von Nov. bis Feb. geschlossen. Die rustikalen Zimmer kosten je nach Ausstattung 49–63 € (jeweils inkl. Frühstück). Das zugehörige Restaurant (Menüs ab 15 €) hat Montag- und Dienstagabend geschlossen. Von Mitte Nov. bis Mitte Feb. Betriebsferien. Place Saint-Martin, ✆/📠 0493046217. www.auberge-st-martin.fr.

La Cassolette, im derzeit besten Restaurant des Ortes wird eine ausgezeichnete ländliche Küche mit piemontesischem Einschlag serviert. Menüs zu 19, 22 und 28 €. Sonntagabend und Montag Ruhetag. 20, avenue Général de Gaulle, ✆ 0493046382.

Bar les Platanes, beliebter Dorftreffpunkt an der Place de Nice.

Verschlafenes Bergdorf: La Brigue

Alpes Maritimes
Karte Seite 190/191

Umgebung

Notre-Dame-des-Fontaines: In einem kleinen abgelegenen Tal, vier Kilometer hinter La Brigue, liegt die Wallfahrtskapelle Notre-Dame-des-Fontaines. Von außen würde wohl niemand in der schlichten, einschiffigen Kirche – erstmals 1375 erwähnt – einen von seinen Ausmaßen wie auch von seiner Ausdruckskraft so überaus beeindruckenden Freskenzyklus vermuten. Das Kunstwerk ist die mit Abstand kunstgeschichtlich bedeutendste Sehenswürdigkeit der Region, wenn nicht sogar des gesamten Hinterlandes der Côte d'Azur. Der Zyklus ist ein Werk des aus Piemont stammenden Künstler-Priesters *Giovanni Canavesio*, der als Wandermaler in der Grafschaft Nizza hohes Ansehen genoss. Wahrscheinlich arbeitete Canavesio von 1480 bis 1492 – im Chor eventuell von seinem Kollegen Jean Baleison unterstützt – an den „Fresken" der Wallfahrtskapelle Notre-Dame-des-Fontaines. Genau genommen handelt es sich hierbei allerdings nicht um Fresken, sondern um Temperamalereien auf getrocknetem Putz. Die Temperatechnik hat den Vorteil, dass die Farben lebendiger wirken, allerdings blättert die Farbe leichter vom Untergrund ab als bei einem auf noch feuchtem Untergrund ausgeführten Fresko. Das fast fensterlose, saalartige Kirchenschiff bot ideale Voraussetzungen für ein solches Projekt. Die Szenen entstammen drei verschiedenen Themenkreisen: Während im Chor und an der östlichen Stirnwand das Leben Marias erzählt wird, sind die Seitenwände mit der Passionsgeschichte (26 Einzelszenen in zwei Reihen) bemalt; die gesamte Westwand wird vom Jüngsten Gericht eingenommen, die Auferstehung der Toten sowie Himmel und Hölle inklusive. Beeindruckend ist die realistisch wirkende Illustration mit einigen skurrilen Details: so hängt Judas, von einem dämonischen Affen aufgeschlitzt, mit blutigen Eingeweiden an einem Olivenbaum.

Unterhalb der im Quellgebiet der Levense gelegenen Wallfahrtskapelle kann man die Füße nach der Besichtigung in einem ebenso kalten wie klaren Wildbach kühlen.

Öffnungszeiten In der Regel tgl. 10–12 Uhr und 14–17 Uhr. Eintritt: 1,50 € oder 3,50 € (mit Führung).

Mercantour-Nationalpark

Der Mercantour-Nationalpark, einer von sieben französischen Nationalparks, erstreckt sich entlang der französisch-italienischen Grenze auf einer Gesamtfläche von 68.500 Hektar von den Seealpen (Alpes Maritimes) bis hin zu den Alpes de Haute-Provence. Die unbesiedelte Kernzone des Nationalparks ist eine hochalpine Gebirgslandschaft – sieben Gipfel ragen mehr als 3.000 Meter empor – mit tief eingeschnittenen Talkesseln, lieblichen Almen, zahllosen Gletscherseen und Moränen.

Innerhalb weniger Kilometer verändert sich das Landschaftsszenario vollkommen: Während die südlichen Ausläufer noch vom mediterranen Klima geprägt sind, lassen sich die klimatischen Verhältnisse in den Kammlagen durchaus als arktisch charakterisieren. Der 1979 gegründete Nationalpark besitzt eine artenreiche Flora und Fauna. Nach der Schneeschmelze im Frühsommer blühen mehr als 2000 verschiedene Pflanzenarten (z. B. Enzian, Edelweiß, Steinbrech), 40 davon gelten als endemisch, das heißt, sie sind nirgendwo sonst auf der Welt zu finden. Auch die Tierwelt kann sich sehen lassen: Unter den Huftieren sind die rund 5000 Gämsen, 1000 Mufflons und 950 Steinböcke besonders hervorzuheben; rund drei Dutzend Paare der vom Aussterben bedrohten Steinadler sowie der seltene Bart- oder Lämmergeier ziehen über den kargen Gipfeln ihre Kreise. In den letzten Jahren sind zudem verstärkt frei lebende Wölfe aus Italien eingewandert. Da sich die naturgeschützte Zone über die Grenze hinweg nach Italien (*Parco Naturale delle Alpi Marittime*) fortsetzt, sind hervorragende Bedingungen geschaffen worden, die für die Zukunft hoffen lassen; ein Problem stellt allerdings die Wilderei in den Randgebieten dar. Das Herzstück des Mercantour-Nationalparks bilden zwei Täler nahe des Mont Bégo: das Vallée des Merveilles und das Vallée de Fontanalbe; beide sind für ihre bronzezeitlichen Felsenbilder berühmt.

Information **Parc National du Mercantour**, Centre d'Information, 23, rue d'Italie, 06000 Nice, ✆ 049167888. www.parc-mercantour.com.

Vallée des Merveilles und Vallée de Fontanalbe

Eine Wandertour zu den Felszeichnungen in der Vallée des Merveilles („Tal der Wunder") und in der Vallée de Fontanalbe gehört zu den Höhepunkten eines Aufenthaltes in den französischen Seealpen. Die Täler mit ihren „Graffitis" gelten zu Recht als das größte europäische Freilichtmuseum für Frühgeschichte.

Den geographischen Mittelpunkt, um den die Felszeichnungen angeordnet sind, bildet der 2.872 Meter hohe **Mont Bégo**, der sich durch sein dunkelgraues Gestein von den Nachbargipfeln abhebt. Die ihm zugeschriebenen magischen Kräfe müssen die Urbevölkerung gleichermaßen fasziniert wie geängstigt haben, nicht grundlos trägt ein Seitental den Namen *Val d'Enfer* („Tal der Hölle"). Vor 4.000 Jahren hat die „Urbevölkerung" in den Tälern rund um den als „Heiligen Berg" verehrten Riesen begonnen, Zeichnungen in den Fels zu ritzen. Die meisten der

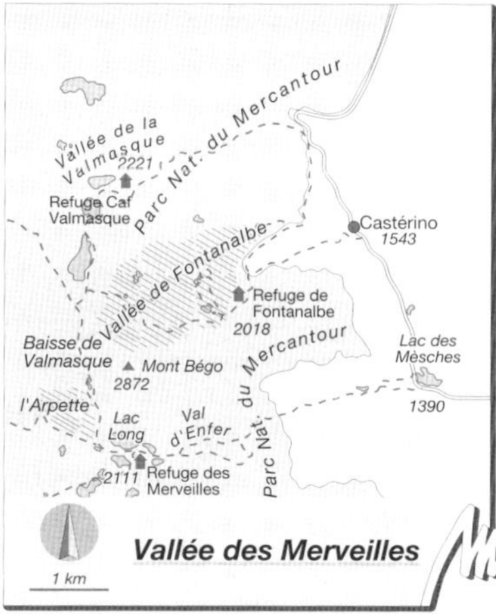

mehr als 35.000 Gravuren, die in einer Höhe von 2.100 bis 2.600 Meter zu finden sind, stammen aus den Jahren 1800 bis 1500 vor unserer Zeitrechnung (Beginn der Bronzezeit).

Als erster hatte der piemontesische Historiker *Pietro Gioffredo* die Felszeichnungen im Jahre 1650 in einem Werk über die Geschichte der Seealpen erwähnt; eine systematische wissenschaftliche Erforschung begann aber erst 1879 durch die Arbeiten des englischen Naturforschers Clarence Bicknell, der anfangs glaubte, bei den rätselhaften Symbolen handle es sich um unbekannte Schriftzeichen. Schon bald setzte sich jedoch die Erkenntnis durch, dass die Bergbewohner realen Vorbildern nachempfundene Bilder in den Fels geritzt haben. Die Felszeichnungen wurden von der Forschung in vier, teilweise miteinander korrespondierende Kategorien eingeteilt: Waffen und Werkzeuge, geometrische Figuren, Menschendarstellungen sowie Rinder. Letztere, die weit mehr als die Hälfte aller Zeichnungen ausmachen, sind oft paarweise oder zu viert vor einem Pflug dargestellt. Die auffallendsten Figuren tragen verheißungsvolle Namen: „Der Stammeshäuptling“, „der Zauberer“, „der Priester“. Trotz intensiver Bemühungen ist es bis heute nicht gelungen, eine schlüssige Interpretation für die wahrscheinlich religiös motivierten – auch dies ist umstritten – Felsgravuren zu finden. Es ist sogar unklar, ob die frühgeschichtlichen Künstler Mitglieder einer Ackerbau- oder Jägergesellschaft waren. Zwar sind die Motive dem Lebenskreis eines Ackerbauern entlehnt, doch könnten sie auch aus rituellen Beweggründen von mit ihnen verfeindeten Jägern angefertigt worden sein. Es ist beispielsweise schwer vorstellbar, dass die Mitglieder eines Bauernstammes just in den Sommermonaten, wo jede Hand zur Feldarbeit gebraucht wird, Zeit gefunden haben sollen, den schneefreien Berg zu erklimmen, um den Fels zu bearbeiten.

Wie dem auch sei, es bleibt also nur noch Folgendes zu tun: Abwarten, welche neuen Theorien die Forschung zutage fördert und in der Zwischenzeit hinaufsteigen und sich die Zeichnungen ansehen. Zwischen Oktober und Mitte Juni sind die Felszeichnungen zumeist von einer Schneeschicht bedeckt, so dass genau genommen nur die Sommermonate Juli, August und September für Exkursionen geeignet sind. Als Ausgangspunkte für eine Wanderung – mindestens ein Tag ist zu veranschlagen – eignen sich der **Lac des Mèsches** (1.390 Meter) sowie **Castérino** (1.543 Meter); beide sind über Saint-Dalmas-de-Tende schnell zu erreichen. Da die offiziellen Bergführer naturgemäß am besten über die Lage der schönsten Felszeichnungen Bescheid wissen, ist es von Vorteil, sich einer geführten Wanderung anzuschließen. Vor den fatalen Folgen eines Wetterumschwungs sollte man sich auf jeden Fall in acht nehmen. Als thematische Ergänzung zu einer Wanderung empfiehlt sich der Besuch des Musée des Merveilles in Tende.

Natur pur: Mercantour-Nationalpark

Um die wertvollen Zeichnungen vor Vandalismus besser schützen zu können, wurden die beiden Täler 1989 zu Naturdenkmälern erklärt. Dass die strengen Richtlinien einzuhalten sind, versteht sich von selbst: Es ist verboten, die Felszeichnungen zu berühren oder zu betreten sowie die ausgeschilderten Pfade ohne offiziellen Führer zu verlassen. Das Pflücken von Pflanzen, Feuer machen und Mitführen von Hunden ist gleichfalls untersagt. Zuwiderhandlungen werden streng geahndet. Seltsamerweise widersprechen die Jeep-Ausflüge, die durch Teile des Nationalparks angeboten werden, nach Meinung der Franzosen nicht dem Naturschutzgedanken.

Noch ein Hinweis: Im Hochsommer kann es mitunter problematisch sein, einen Parkplatz am Lac des Mèsches zu finden.

• *Führungen* Von Juli bis Ende Aug. werden mehrmals täglich zwei- bis dreistündige Führungen zu den Felszeichnungen angeboten. Treffpunkt: Refuge des Merveilles um 8, 11, 13 und 15 Uhr; Refuge de Fontanalbe um 8, 11 und 14 Uhr. Im Juni sowie von Sept. bis Anfang Okt. finden Führungen nur am Wochenende statt: Refuge de Merveilles um 8 und 13 Uhr, Refuge de Fontanalbe um 8, 11 und 14 Uhr. Teilnahmegebühr: 10 €, erm. 5 €. Es empfiehlt sich, bei den Tourismusämtern die aktuellen Daten nochmals zu erfragen. Mehrtägige Wanderexkursionen organisiert: Destination Merveilles, 06270 Villeneuve-Loubet, ✆ 0493730907. Prospekt erhältlich.

• *Übernachten/Essen* * **Les Mélèzes**, das einfache Hotel (Logis de France) im alpenländischen Stil ist eines der wenigen Häuser von Castérino. Zimmer 47–52 €, Menüs zu 19 und 24 €. Empfehlenswert sind die Forellen, was nicht verwundert, rauscht doch der Bach direkt an der Haustür vorbei. Mitte Nov. bis 26.12. geschlossen. ✆ 04930 49595, ✆ 0493049596. www.lesmelezes.fr.

Auberge Santa Maria-Maddalena, passable, ganzjährig geöffnete Unterkunft, Zimmer je nach Ausstattung 31–50 €, Übernachtung im Schlafsaal (*dortoir*) ab 14 €. Halbpension ab 71 € für 2 Pers. ✆ 04930465 93. www.casterino.com.

Berghütten, zusätzlich gibt es im Mercantour-Nationalpark noch drei Berghütten: Refuge de Fontanalbe (2018 Meter), Refuge des Merveilles (2111 Meter) und Refuge de Valmasque (2221 Meter). Alle drei Refuges haben nur im Sommer von Juni bzw. Juli bis Sept. geöffnet. Da diese Unterkünfte (Halbpension rund 35 €) im Sommer sehr begehrt sind, ist eine frühzeitige Reservierung (30 Prozent Anzahlung!) dringend anzuraten: ✆ 0493048919 oder 0493046464.

Frühgeschichtliche Wanderung ins Vallée des Merveilles

Vom Roya-Tal aus gibt es zwei Möglichkeiten, zu den Felsbildern am Mont Bégo zu wandern. Die beliebteste Variante führt vom Lac des Mésches (1.390 Meter) in 3,5 Stunden über das Refuge des Merveilles (Verpflegungsmöglichkeit) zu den nordwestlich des Lac Long gelegenen Zeichnungen. Für den Rückweg sind nochmals drei Stunden einzuplanen. Wer über weniger Zeit beziehungsweise Kondition verfügt, sollte mit dem Auto von Saint-Dalmas-de-Tende bis Castérino (1.543 Meter) fahren und von dort in rund zwei Stunden ins Vallée de Fontanalbe wandern; am Refuge de Fontanalbe vorbei und schließlich zum Lac Vert und zu den Lacs Jumeaux aufsteigen, die beide in einem geschützten Gebiet liegen, das nur auf den markierten Wegen durchquert werden darf. Gehzeit: vier Stunden. Die steinigen Wege sind im Gelände stets gut zu erkennen. Achtung: Der Weg verläuft auf einer verfallenen Straße, die noch von Jeeps benutzt wird. Wer zur falschen Zeit wandert, der muss den Lärm der vorbeifahrenden Jeeps ertragen, die fußlahme Touristen zu den Felszeichnungen kutschieren.

Zu einer ausgedehnten, sehr anstrengenden Tagestour, bei der mit Auf- und Abstiegen rund 2300 Höhenmeter zu bewältigen sind, startet man am besten am Lac des Mésches (im August kann es mitunter problematisch sein, einen Parkplatz zu finden). Durch das Val d'Enfer hindurch geht es in knapp drei Stunden zum Refuge des Merveilles und zum Lac Long. Ungefähr die gleiche Zeit ist für den nun folgenden Anstieg zur 2.549 Meter hohen Baisse de Valmasque einzuplanen. Durch das Vallée de Fontanalbe geht es in rund vier Stunden zur gleichnamigen Berghütte und anschließend hinunter nach Castérino. Wer nicht mehr zum Ausgangspunkt zurücklaufen will, kann versuchen, zum Lac des Mèsches zu trampen. Gehzeit: 10–11 Stunden. Aufgrund der großen Distanz und der steilen Aufstiege empfiehlt sich eine Übernachtung in einer der Berghütten. (Achtung: Am Wochenende sind die Hütten fast immer vollkommen ausgebucht.)

Alpes Maritimes Karte Seite 190/191

Sospel

Eine Stadt mit einer Bilderbuchsilhouette: eine mittelalterliche, turmbewehrte Brücke überspannt einen Fluss, an dessen Ufer sich pastellfarbene Häuser aneinander reihen, im Hintergrund thronen die majestätischen Gipfel der Seealpen.

Sospel ist ein idealer Urlaubsstandort für all diejenigen, die ein gespaltenes Verhältnis zur lebhaften Küstenregion haben und daher einerseits das Hinterland vorziehen, jedoch nicht völlig vom heiteren Strandleben abgeschnitten sein wollen: Eine halbe Stunde benötigt man mit dem Auto für die 22 Kilometer von Sospel nach Menton, Nizza ist bequem mit dem Zug zu erreichen. Trotz ihrer 3.400 Einwohner – in früheren Zeiten sollen es dreimal so viele gewesen sein – macht die Stadt einen recht verschlafenen Eindruck. An einem Kreuzungspunkt mittelalterlicher Handelsstraßen entstanden, kam Sospel durch seine mautpflichtige

Sospel von seiner schönsten Seite

Brücke – der Turm diente einst als Zollhaus – zu einem gewissen Reichtum. Die pittoreske, aus dem 11. Jahrhundert stammende Brücke wurde allerdings im Oktober 1944 so stark beschädigt, dass der 1953 abgeschlossene Wiederaufbau einem Neubau gleichkam. Am rechten Ufer der Bévéra liegt der mittelalterliche Stadtkern, dessen Zentrum die mit Flusskieseln gepflasterte und von Arkaden gesäumte Place Saint-Nicolas mit der Cathédrale Saint-Michel bildet. Das in der Mitte des 17. Jahrhunderts errichtete Gotteshaus ist eine etwas ungewöhnliche stilistische Verbindung von französischer Klassik und italienischem Barock, der romanische Glockenturm stammt noch von einem Vorgängerbau. Der schlechte Zustand der Kirche und die vielen leer stehenden Häuser in der Altstadt erinnern deutlich daran, dass Sospel schon bessere Tage gesehen hat.

Sospel ist ein geeigneter Ausgangspunkt für Wanderungen und Fahrradtouren, das Verkehrsamt gibt hierzu eine kleine Broschüre heraus. Wer will, kann in ein paar Stunden ins italienische Olivietta oder zum südlich der Stadt gelegenen **Fort Saint-Roche**, einem mächtigen, von 1930–1934 gegen eine drohende italienische Invasion errichteten Bunker, wandern.

Information/Verbindungen/Diverses

- *Information* **Office de Tourisme**, L19, avenue Jean-Médecin, 06380 Sospel, ✆ 0493041580, ✆ 0493041996. www.sospel-tourisme.com.
- *Verbindungen* Tgl. fünf Zugverbindungen in Richtung Nizza sowie Tende (und weiter nach Italien). Der Bahnhof liegt südöstlich des Zentrums. Von der Place du Marché fahren tgl. 4–5 Busse über Castillon nach Menton (7, 13 und 16.30 Uhr).
- *Fort Saint-Roche* Teil der Maginot-Linie mit zugehörigem Musée de la Résistance. Öffnungszeiten: April bis Okt. Sa und So 14–18 Uhr, in der Hochsaison außer Montag tgl. 14–18 Uhr. Eintritt: 5 €, erm. 3 €.
- *Markt* Donnerstagvormittag auf der Place des Platanes.
- *Internet* Modern Bar, 17, avenue Jean Médicin.

• *Schwimmen* Städtisches Freibad an der Straße zum Col de Castillon. Nur im Juli und Aug. geöffnet, montags geschlossen.

• *Fahrradverleih* Sospel VTT, im Office de Tourisme nachfragen.

• *Tennis* Reservierung, ✆ 0493040437.

Übernachten/Essen

** **Hôtel des Etrangers**, das größte Hotel in Sospel befindet sich seit 1883 im Besitz der Familie Domérégo und beherbergt neben 35 Zimmern (68–80 €, EZ ab 62 €) auch einen überdachten Swimmingpool und eine Sauna. Fahrradvermietung. Einige Zimmer verfügen über einen Balkon. Warmherziger Empfang. Ausgezeichnet ist auch das Restaurant Bel Aqua (siehe unten). 7, boulevard de Verdon, ✆ 0493040009, ✆ 0493041231. www.sospel.net.

** **Hôtel de France**, gleich nebenan mit 46–64 € pro Zimmer etwas günstiger. Im nicht sehr gemütlichen Speisesaal werden passable Menüs ab 16 € serviert. Im Nov. geschlossen. 9, boulevard de Verdon, ✆ 04930 40001, ✆ 0493042046.

** **Auberge Provençale**, etwas außerhalb an der Straße nach Menton gelegen. Ruhiges Hotel mit schönem Blick hinunter auf Sospel. Zimmer von 65–110 € (einige mit schöner Aussicht auf Sospel). Das Hotelrestaurant besitzt große Panoramafenster, im Sommer frühstückt man auf der sonnigen Terrasse, wo auf Wunsch auch das Abendessen serviert wird.Route de Castillon, ✆ 0493040031, ✆ 0493042454. www.aubergeprovencale.fr.

Auberge du Pont Vieux, direkt gegenüber der namensgebenden Brücke, ein Lesertipp von Maria Graf aus Basel: „Der Besitzer des ehemaligen alten Klosters (13. Jahrhundert) zauberte aus dem alten Gemäuer eine sehr angenehme Auberge, Zimmer in den typischen freundlichen provenzalischen Farben. Wunderbar beheizt für französische (bergige) Verhältnisse. Günstige Halbpension möglich." Zimmer 36–50 €. Im Juni zwei Wochen Betriebsferien. 3, avenue Jean Médecin, ✆ 0493040073.

Bel Aqua, das beste Restaurant der Region befindet sich im Hotel des Etrangers. Gilles Domérégo hat sein Handwerk in Paris bei Maximin und Robuchon gelernt und hat sich der regionalen Küche verschrieben (mit italienischen Einflüssen), ohne auf gewisse Finessen der Haute Cuisine zu verzichten. Es wird wert auf frische Zutaten gelegt! Menüs zu 26 und 36 €. Dez. und Jan. geschlossen, Dienstag- und Mittwochmittag bleibt die Küche kalt. Den halben Liter vom offenen Hauswein gibt es für 6 €. 7, boulevard de Verdon, ✆ 0493040009. www.sospel.net.

• *Camping* *** **Domaine Sainte-Madeleine**, der am besten ausgestattete Platz der Region. Schönes Wiesengelände in sanfter Hanglage mit Bäumen und beheiztem Swimmingpool (20 x 6 Meter). Caravan- und Bungalowvermietung. Liegt rund vier Kilometer außerhalb von Sospel an der Straße zum Col de Turini. Von Ostern bis Anfang Okt. geöffnet. Route de Moulinet, ✆ 0493041048. www.camping-sainte-madeleine.com.

** **Municipal**, ein Lesertipp von Stefan Eisele, der sich auf dem kleinen, stadtnahen Platz (fünf Gehminuten vom Ortskern) so wohl gefühlt hat, dass er gleich zwei Wochen blieb. 35 Stellplätze, nur im Sommer geöffnet. Von Juli bis Aug. geöffnet, ✆ 0493043317.

** **Le Mas Fleuri**, schöne, schattige Anlage mit Restaurant und Swimmingpool. Ganzjährig geöffnet. Knapp zwei Kilometer vom Zentrum (Richtung Col de Turini) im Quartier la Vasta. Von April bis Sept. geöffnet. ✆ 0493041494. www.camping-mas-fleuri.com.

Umgebung

Col de Turini

Die landschaftlich reizvolle D 2566 führt von Sospel durch das Bévéra-Tal zum 24 Kilometer entfernten Col de Turini. Auf halber Strecke taucht nach zehn Kilometern unerwartet die auf einem kleinen Bergkegel thronende Kapelle **Notre-Dame de la Menour** auf; die Kapelle mit ihrer gelben Renaissancefassade ist die wohl am schönsten gelegene Kirche der gesamten Region. Eine malerische Brücke führt über die Straße, auf moosbewachsenen Stufen geht es zur Kapelle empor. Das Szenario erinnert ein wenig an die Chinesische Mauer. (Achtung:

Es existieren nur zwei Parkmöglichkeiten!) Nach ein paar Kilometern gelangt man nach **Moulinet**, einem kleinen verschlafenen Bergdorf mit platanenbeschattetem Marktplatz, das sich für einen kurzen Zwischenstopp anbietet, anschließend sind dann noch knapp 800 Höhenmeter bis hinauf zum Col de Turini zu bewältigen. Der 1.607 Meter hohe Pass ist als Etappenstation bei der Rallye Monte-Carlo bekannt geworden. Die engen vereisten Straßen dienen alljährlich im Januar als Schauplatz der berühmt-berüchtigten Rallye Monte Carlo. Die Strecken rund um den Col de Turini sind dann von begeisterten Motorfreaks gesäumt und die aufgemotzten Golfs und Escorts donnern durch die ruhigen, in winterliche Pracht gehüllten Täler.

Frankreichs „Chinesische Mauer" führt zur Kapelle Notre-Dame de la Menour

Direkt am Col de Turini zweigt nach Norden hin eine kleine, kurvenreiche Straße (D 68) zum **Massif de L'Authion** ab. Eine nur von Anfang Mai bis Ende November befahrbare Höhenstraße (*Circuit découverte de L'Authion*) führt dort knapp über der Baumgrenze durch eine karge und weltabgeschiedene Gegend. Dieser nur in einer Richtung zu befahrende Rundkurs eröffnet ein phantastisches Panorama, der Blick reicht weit über die Seealpen bis hin zum Mont Bégo. In der Umgebung gibt es mehrere Wandermöglichkeiten, auch die Höhenstraße muss nicht zwangsläufig mit dem Auto erkundet werden. Ein Kriegerdenkmal und Ruinen eines ehemaligen Garnisonsstützpunktes erinnern daran, dass die Kuhglocken hier oben nicht immer so friedlich geläutet haben. Bereits im österreichisch-sardischen Krieg 1793/94 bekämpften sich am Massif de L'Authion rund 30.000 Soldaten, kurz vor Ende des Zweiten Weltkriegs kam es hier zu Gefechten zwischen Deutschen und Franzosen.

Vésubie-Tal

Bevor die Vésubie bei Plan-du-Var in den Var mündet, hat sich der Fluss ein tiefes Bett in den Fels gegraben. Aufgrund des starken Gefälles kommt es im Frühjahr zur Zeit der Schneeschmelze immer wieder zu verheerenden Hochwasserkatastrophen. Manche leidgeprüfte Gemeinde wie Roquebillière kann ein Lied davon singen.

Levens

Levens fügt sich nahtlos in die Reihe der alten, charmanten Dörfer ein, die zwischen Var und Roya die Bergkuppen des Hinterlandes krönen; in diesem Fall ist der Ort allerdings in eine Ober- und eine Unterstadt geteilt. Im 13. Jahrhundert beherrschten die Herren von Riquiers, später die Grafen von Grimaldi den Ort. Unterhalb von Levens mündet die Vésubie in den Var. Die Einwohnerzahl hat in den letzten Jahrzehnten wieder stark zugenommen, denn dank der guten Verkehrsverbindungen gehört Levens zum Einzugsbereich von Nizza, nur wohnt man hier ruhiger und günstiger. Positiv zu bewerten sind auch die Anstrengungen, den Olivenanbau mit der für die Region typischen Baumart *Caillettier* wiederzubeleben.

- *Information* **Office de Tourisme**, 3, placette Paul-Olivier, 06670 Levens, 0493797100, 0493916117. www.levenstourisme.com.
- *Einwohner* 1.700 Einwohner.
- *Markt* Sonntagvormittag.
- *Verbindungen* Tgl. mehrere Busverbindungen nach Nizza.
- *Schwimmen* Schön gelegenes Schwimmbad, fast am höchsten Punkt von Levens. Nur im Juli und Aug. von 10 bis 19 Uhr geöffnet.
- *La Maison du Portal* Kleinere Kunstausstellungen. Adresse: Place du Portal. Öffnungszeiten: am Wochenende 14.30–17.30 Uhr.
- *Übernachten/Essen* ** **Vigneraie**, an der Straße nach Sainte-Blaise. Ländliche Herberge mit gutem Restaurant. Der Zimmerpreis (45 € pro Person mit Halbpension) schont die Reisekasse; Mittagsmenü zu 12 €. Mitte Okt. bis Mitte Jan. geschlossen, das Restaurant hat nur mittags geöffnet, abends werden nur die Hotelgäste bekocht. Route de Sainte-Blaise, 0493797046, 0493798435.

Cassini, ein paar Kilometer westlich in Plan-du-Var. Die Geschmacksnerven werden in dem familiär geführten Lokal überdurchschnittlich verwöhnt – von den Vorspeisen über die kreativen Hauptgerichte bis hin zu den vorzüglichen Desserts. Menüs zu 17 (nur mittags), 29, 39 und 52 €. Sonntagabend und Montag Ruhetag, in der Nebensaison auch Dienstag-, Mittwoch- und Donnerstagabend geschlossen. Direkt an der Route Nationale, 0493089103, 0493084548. www.restaurantcassini.com.

Vieille Auberge, kleines, beschauliches Restaurant an einem von alten Häusern umrahmten Platz. Menüs zu 15 und 22 €. 7, place Liberté, 0493797056.

Alpes Maritimes
Karte Seite 190/191

Umgebung

Gorges de la Vésubie: Die in den Var mündende Vésubie hat sich zwischen Levens und Saint-Jean-la-Rivière tief in das Kalksteingebirge eingegraben; von ihrer eindrucksvollsten Seite zeigt sich die Schlucht auf den letzten zehn Kilometern. Die Straße am linken Ufer verläuft in mehreren hundert Metern Höhe entlang des Abgrundes, ein beliebter Zwischenstopp ist der *Saut des Français*. Es handelt sich dabei um einen 300 Meter tief in die Schlucht abfallenden Felsvorsprung, an dem der Überlieferung zufolge 1793 königstreue Einheimische mehrere republikanische Soldaten im wahrsten Sinne des Wortes über die Klinge springen ließen. Die Straße am rechten Ufer folgt nicht weniger spektakulär dem Lauf der Vésubie.

Gilette: Das kleine beschauliche Dorf klammert sich oberhalb des Zusammenflusses von Var und Esteron an einen Felsvorsprung. Bei einem kurzen Bummel durch die Gassen kann man sich an schönen Türstürzen, Loggien, alten Häusern und verzierten Gewölben erfreuen, zudem laden die Überreste der Festungsanlage Aiguille zu einer Besichtigung ein.

Utelle

In mehreren engen Bergkehren führt die D 32 vom Tal der Vésubie zum 800 Meter hoch gelegenen Utelle. Das vom Olivenanbau lebende Dorf besitzt noch viel historische Bausubstanz. Die dem heiligen Véran geweihte Kirche präsentiert sich als Sammelsurium verschiedener Stilrichtungen: Durch eine gotische Vorhalle und eine reich verzierte Tür betritt man das dreischiffige Kircheninnere, das neben romanischen Säulen und Kapitellen eine barocke Innenausstattung beherbergt.

• *Übernachten* **Bellevue**, das einfache Restaurant oberhalb des Ortes lockt mit einem Swimmingpool. Menü 13 €. Von April bis Okt. geöffnet. Di und Mi Ruhetag. Es werden auch Appartements vermietet. Route de la Madone, ✆ 0493031719, ✆ 04930 31917.

Umgebung

Madone d'Utelle: Der schon 850 bezeugte Wallfahrtsort (Wallfahrten am Ostermontag, Himmelfahrt, Pfingstmontag, 15.8. und 8.9.) ist nicht so sehr wegen seiner Kirche, einem nicht weiter beachtenswerten Bau aus dem frühen 19. Jahrhundert, sondern wegen des phantastischen Rundblicks einen Ausflug wert. Die sechs Kilometer lange Stichstraße windet sich von Utelle auf eine Höhe von 1.174 Meter hinauf. Die Aussicht reicht im Norden bis zu den Gipfeln der Seealpen, im Süden bis zum Cap d'Antibes.

Brec d'Utelle: Ein kleines Stück hinter Utelle zweigt von der Straße ein Wanderweg (GR 5) über den Castel Ginestet (1.454 Meter) zum 1.606 Meter hohen Brec d'Utelle ab. Hier kann man entweder den Panoramablick genießen und den gleichen Weg zurückwandern oder auf dem gut ausgeschilderten GR 5 durch die abgeschiedene Berglandschaft weiter bis zum Mont Tournairet (2085 Meter) laufen.

Lantosque

Lantosque erstreckt sich auf einer Kammhöhe entlang des Vésubie-Tals, die Architektur erinnert an italienische Dörfer. Verwinkelte Gassen, gesäumt von leicht baufälligen Häusern, ziehen sich bis zur Kirche (Ende 17. Jh.) hinauf.

• *Information* **Syndicat d'Initiative**, Mairie, 06450 Lantosque, ✆/✆ 0493030002.

• *Übernachten/Essen* *** **Hostellerie de l'Ancienne Gendarmerie**, wo im 19. Jahrhundert noch Gendarmen für Ordnung sorgten, hat sich die freundliche Hostellerie mit familiärem Touch durch ihre anspruchsvolle Küche einen ausgezeichneten Ruf erworben; selbst Feinschmecker aus Nizza kommen auf einen Sprung vorbei. Die sechs geschmackvoll-modern eingerichteten Zimmer werden für 85–15 € vermietet, kleiner Swimmingpool und Terrasse stehen den Gästen zur Verfügung. Menüs zu 34,90 €. WLAN vorhanden. Von Nov. bis März Betriebsferien. Montag Ruhetag. ✆ 0493030065, ✆ 0493030631. www.hotel-lantosque.com.

Bar des Tilleuls, sympathische Café-Brasserie am Dorfeingang mit einladender Terrasse. Mittags wird ein warmes Tagesgericht serviert, unter den Gästen sind zahlreiche Einheimische.

• *Camping* ** **Des Merveilles**, fünf Kilometer südlich von Lantosque beim Weiler Le Suquet an der D 2565. Juli bis Mitte Sept. geöffnet. ✆ 0493031573.

La Bollène Vésubie

Vom *Cime des Vallières* überragt, liegt das kleine Dorf an einer serpentinenreichen Straße, die vom Vésubie-Tal durch den Forêt de Turini bis hinauf zum Col de Turini führt; nach knapp zwei Kilometern bietet sich der schönste Blick auf

Wie auf dem Präsentierteller: La Bollène Vésubie

die um die barocke Kirche gruppierte Dächerlandschaft von La Bollène Vésubie. Im Dorf gibt es ein paar lauschige Ecken und Gassen sowie das wohl schönste Schwimmbad der gesamten Seealpen. Direkt vom Schwimmbecken aus kann man einen herrlichen Panoramablick über die Berggipfel genießen!

• *Information* **Office de Tourisme**, Mairie, ✆ 0493030102. www.labollenevesubie.fr.

• *Schwimmen* Das unbeheizte städtische Freibad (25-Meter-Becken) ist von Mitte Juni bis Mitte Sept. tgl. 9–18 Uhr geöffnet. Eintritt. 3 €.

• *Übernachten/Essen* ** **Grand Hotel du Parc**, eher ein großes Landhotel als ein Grand Hotel. Das mit dem Park stimmt allerdings: Das Gebäude ist von einem großen, schattigen Garten umgeben. EZ ab 40 €, ansonsten je nach Ausstattung 50–60 €. Im Restaurant (mit schöner Terrasse) empfiehlt es sich, eine Forelle Müllerin Art zu ordern, die frisch aus dem hauseigenen Becken kommt. Unterhalb des Dorfes an der Straße in Richtung Vésubie-Tal, ✆ 0493 030101, 📠 0493030120, www.legrandhotelduparc.com.

Roquebillière

Die Gemeinde besteht aus einem alten (*Roquebillière Vieux*) und einem neueren Ortsteil. Mehrfach wurde Roquebillière Vieux in seiner Geschichte durch Erdrutsch und Hochwasser zerstört. Als 1926 bei einer erneuten Katastrophe siebzehn Menschen umkamen, entschloss man sich, den Ort aus Sicherheitsgründen auf das rechte Ufer der Vésubie zu verlegen; dort stand bereits die Kirche Saint-Michel-de-Gast, ein weitgehend gotischer Bau mit romanischem Glockenturm. Der planmäßige Aufbau der ein Stück hinter der Kirche errichteten Neustadt spiegelt sich in den breiten Straßen und den weiträumigen Plätzen wider, auffällig ist auch das stattliche Rathaus.

• *Information* **Office de Tourisme**, 26, avenue Corniglion Molinier, 06450 Roquebillière, ✆ 0493035160. www.vesubian.com.

• *Camping* ** **Les Templiers**, einfacher, ruhiger Platz im Vésubie-Tal. Ganzjährig geöffnet. Quartier de la Bourgade, ✆ 0493034028.

Wandern

Roquebillière eignet sich als Ausgangspunkt, um das **Vallée des Merveilles** von Westen her zu erkunden. Hierzu fährt man auf der D 171 an Obstgärten und Kastanienbäumen vorbei bis zu einem sicherlich zu Recht **Belvédère** genannten Bergdorf – die Kirche besitzt schöne Stuckornamente. Weiter geht es das **Gordolasque-Tal** bis zum 1.538 Meter hoch gelegenen **Saint Grat** hinauf. Dabei durchquert man eine phantastische Gebirgslandschaft mit Wasserfällen (*Cascade du Ray*, nach acht Kilometern). Wer bis zum Ende der Straße hinauffährt, kann auch eine Tageswanderung zum **Lac Long** unternehmen.

Saint-Martin-Vésubie

Zu Füßen des mächtigen Mercantour-Massivs liegt Saint-Martin-Vésubie im Zentrum einer auch als *Suisse niçoise* bezeichneten Region. Dank seiner vom Klima begünstigten Lage suchen Saint-Martin-Vésubie sowohl im Winter als auch im Sommer zahlreiche Feriengästen auf. Der Gebirgsort wird von zwei Flüssen – Boréon und Madone – eingerahmt, die sich hier zur Vésubie vereinen. Das Stadtbild von Saint-Martin-Vésubie vereint verschiedene architektonische Stilrichtungen: Manche Häuser erinnern an Schweizer Chalets, bei anderen wird der italienische Einfluss deutlich. Letzteres verwundert nicht, führte doch bis 1947 die französisch-italienische Grenze dicht an Saint-Martin-Vésubie vorbei. Die Rue du Docteur-Cagnoli, die den Ort als Haupteinkaufsstraße durchquert, wird von sehenswerten Häusern älteren Datums gesäumt, in ihrer Mitte rauscht das in einer Rinne geführte Wasser aus den nahen Bergen hinab.

• *Information* **Office de Tourisme**, place Félix Faure, 06450 Saint-Martin-Vésubie, B.P. 12, ✆/℡ 0493032128. Hier gibt es Auch zahlreiche Wandervorschläge. Öffnungszeiten: Tgl. außer Sonntagnachmittag von 9.30–12 Uhr und 14.30–18 Uhr. www.saintmartinvesubie.fr.

• *Einwohner* 1.300 Einwohner.

• *Verbindungen* Busverbindungen nach Nizza tgl. 7 und 17 Uhr, Fahrzeit: etwa 2 Std.; Di, Do und Sa um 11 Uhr nach Boréon.

• *Post* Place Félix Faure.

• *Musée des Traditions Vésubiennes* Heimatmuseum in der Vieux-Moulin. Tgl. von 15–18 Uhr geöffnet.

• *Schwimmen* Beheiztes Schwimmbad unweit der Allée de Verdun.

• *Waschsalon* Mit Selbstbedienung, 49, rue Cagnoli, tgl. 8–20 Uhr.

• *Wandertouren/Canyoning* **Bureau des Guides de la Haute Vésubie**, Association des Guides et Accompagnateurs des Alpes Méridionales, Rue Cagnoli, ✆ 0493032660; **Escapade**, Compagnie des Guides de Mercantour, Place du Marché, ✆ 0493033132.

• *Übernachten/Essen* ** **Edward's Park Hotel et la Châtaigneraie**, freundlich geführtes Hotel, auf zwei Häuser verteilt. Das Schönere von beiden ist Edward's Park Hotel, eine Villa älteren Datums. Der Swimmingpool steht allen Gästen offen, egal, in welchem Haus man wohnt. Die Nacht in einem der 50 Zimmer kostet ab 60 €. Nur von Juni bis Sept. geöffnet. Allée de Verdun, ✆ 0493032122, ℡ 0493033399, www.raiberti.com.

** **Bonne Auberge**, Logis-de-France-Hotel in einem massiven Bruchsteinhaus mit empfehlenswertem Restaurant (überdachte Gartenterrasse). Freundliche Zimmer 45–57 €, EZ ab 40 €, Menüs zu 22 und 29 €. Im Dez. und Jan. geschlossen. Allée de Verdun, ✆ 0493032049, ℡ 049303 2069. www.labonneauberge06.fr.

** **Relais Saint Louis**, gleich nebenan im Chaletstil. Die Zimmer (55–60 €) haben einen Balkon bzw. eine Terrasse mit Blick auf einen kleinen Garten. Im Dez. und Jan. geschlossen. Allée de Verdun, ✆ 0493032717, ℡ 0493033707. www.saintlouis-mercantour.com.

** **Le Gélas**, kleines Hotel mit sieben Zimmern am unteren Dorfrand. Die Zimmer sind sehr ordentlich und besitzen Flair, allerdings sind sie bei Preisen von 67 bis 75 € für das DZ nicht unbedingt billig. Ab drei Nächten etwa 5 % Rabatt. Dafür gibt es kostenloses WLAN und eine Sauna! Gutes Frühstück mit Wurst und Käse (8 €). 27, rue Cagnoli, ✆ 0493032181. www.hotel-gelas.com.

La Treille, mitten im Ort liegt dieses ausgezeichnete Restaurant mit einem guten Preis-Leistungs-Verhältnis. Im Sommer sitzt man auf der Terrasse mit den schönen Holzstühlen. Menüs zu 22 und 27 €. Sonntagabend, Montag und am 1. Dienstag im Monat ist Ruhetag. 68, rue Dr. Cagnoli, ✆ 0493033085.

Le Rendez-Vous, kleines Restaurant in einem Gewölbe im Zentrum. Hier wird die regionale Küche gepflegt, Hausmannskost mit großen Portionen. Lecker ist die *salade niçoise*! Menü zu 22 €. Rue Dr. Cagnoli, ✆ 0493033484.

• *Gîte d'atappe* **La Rougière**, die einfache, aber nette Unterkunft ist ein Lesertipp von Sabine Bade. Übernachtung 15 €. 6, rue Kellermann. ✆ 0493032919. www.rouguiere.com.

• *Camping* ** **La Ferme Saint-Joseph**, südlich von Saint-Martin-Vésubie an der Straße nach Nizza. Ganzjährig geöffnet. ✆ 0670519014. www.camping-alafermestjoseph.com.

** **Les Champouns**, kleines Gelände am Hang unterhalb der Straße nach Venanson. Zudem werden für 12 € pro Person im Schlafsaal, Übernachtungsmöglichkeiten mit Kochnischen vermietet (Gîte d'étape). Ganzjährig geöffnet. ✆ 0493032372. www.champouns.com.

Wie ein Adlerhorst erhebt sich Venanson über dem Tal

Umgebung

Venanson

Das kleine, hoch über dem Vésubie-Tal gelegene Felsennest – fünf Kilometer von Saint-Martin-Vésubie entfernt – lockt mit einer grandiosen Fernsicht. Den besten Blick hat man am Dorfende bei der Kirche und dem vorgelagerten Friedhof, der fraglos zu den schönstgelegenen Südfrankreichs gezählt werden kann. Mit der im Inneren vollständig ausgemalten Kapelle Saint-Sébastian (auch als Chapelle Sainte-Clair bezeichnet) besitzt Venanson ein außergewöhnliches kunsthistorisches Kleinod. Wie eine Inschrift an der Chorwand erläutert, wurde die Kapelle 1481 aus Dankbarkeit errichtet, da der Ort von der Pest verschont geblieben war; selbstverständlich wurde das Kirchlein dem Pestheiligen geweiht. Die Malereien sind das früheste bekannte Werk von *Jean Baleison*, der in der Grafschaft Nizza sowie im benachbarten Ligurien zahlreiche Wandgemälde geschaffen hat; wie bei der Wallfahrtskirche Notre-Dame-des-Fontaines in der Nähe von La Brigue handelt es sich nicht um Fresken, sondern um Temperamalereien auf getrocknetem Putz. Die meisten Bilder stellen Szenen aus dem Leben und Martyrium des heiligen Sebastian dar. Die kleine, von außen unscheinbare Kapelle befindet sich gleich am Dorfeingang, der Schlüssel ist im Hôtel Bella Vista erhältlich.

• *Information* www.venanson.fr.

• *Übernachten/Essen* **Bella Vista**, etwas eigenartiges, aber liebevoll geführtes Hotel. Direkt am Dorfeingang mit großer Terrasse. Sechs einfache Zimmer zu 50 € (inkl. Frühstück für 2 Pers.) bzw. 37 € für die Halbpension, ✆ 0493032511, ✆ 0493644560.

Le Boréon

Abgeschiedenes Bergdorf an einem See in 1.500 Metern Höhe. Kurz unterhalb von Boréon stürzt ein breiter Wasserfall über 20 Meter den Berg hinab. Le Boréon eignet sich gut als Ausgangspunkt für hochalpine Touren.

Der Wasserfall von Le Boréon

• *Verbindungen* Von Saint-Martin-Vésubie aus fährt ein Bus jeweils Di, Do, Sa um 11 Uhr nach Le Boréon, Rückfahrt um 16 Uhr.

• *Übernachten/Essen* * **Le Boréon**, das Hotel gehört zur Logis-de-France-Vereinigung. Großer Bau mit Alpenflair. Das Restaurant bietet eine große Salatauswahl, empfehlenswert ist die Forelle Müllerin Art, die fangfrisch aus dem nahen See stammt. Schöne Terrasse! Menüs zu 20 und 28 €. Dienstag in der Nebensaison geschlossen. Zimmer 62–67 €. Von Nov. bis Feb. geschlossen. ✆ 04930 32035. www.hotel-boreon.com.

Alpha-Loup

Nachdem im Jahr 1992 erstmals wieder Wölfe nach Frankreich eingewandert und in den französischen Seealpen heimisch geworden sind, hat man sich entschlossen, im April 2005 oberhalb von Le Boréon in 1.500 Metern Höhe einen zehn Hektar großen Landschaftspark (*Scénoparc Alpha*) einzurichten, um interessierten Besuchern die Möglichkeit zu bieten, ein ganzes Rudel Wölfe in ihrem natürlichen Lebensbereich beobachten zu können. Die zwei Dutzend Wölfe sind in Gefangenschaft aufgewachsen und leben in drei umzäunten Arealen, die bis zu 25.000 Quadratmeter groß sind und von besonderen Beobachtungspunkten eingesehen werden können. Wer Pech hat und keinen Wolf zu sehen bekommt (sie leben nicht im Zoo, sondern in der freien Natur!), kann sich an drei, in ehemaligen Kuhställen eingerichteten Multimediashows erfreuen. Ein nicht nur für Kinder faszinierendes Erlebnis! Picknickplätze vorhanden.

Öffnungszeiten Von Feb. bis Mitte Nov. tgl. 10–18 Uhr, letzter Einlass 16.30 Uhr. Da die Zahl der täglichen Besucher (bei den Führungen um 11.30 und 14.30 Uhr) beschränkt ist, empfiehlt sich eine telefonische Voranmeldung unter ✆ 0493023369. Eintritt: 10 €, erm. 8 €. www.alpha-loup.com.

Madone de Fenèstre

Eine schmale, schlecht zu befahrende Straße (D 94) zieht sich mit bis zu 15-prozentigen Steigungen an einem Wildbach entlang bis zu der kleinen, 13 Kilometer entfernten Wallfahrtskapelle. Madone de Fenèstre liegt in 1.900 Meter Höhe inmitten einer faszinierenden Hochgebirgslandschaft. Der Name der Kapelle, der wahrscheinlich von einer Felsbildung herrührt, durch die der Himmel wie durch ein Fenster zu sehen ist, könnte sich aber auch vom lateinischen *Finis terrae* ableiten, da die Kapelle gewissermaßen am Ende der Welt steht. Bereits die Römer hatten hier oben ein Heiligtum errichtet, das die Benediktiner und später die Tempelritter wiederbelebten. Wer am 2. Juli, 15. August oder am 8. September kommt, kann sich in den Tross der Wallfahrer einreihen.

Valberg

Valberg zählt zu den beliebtesten Wintersportorten in den französischen Seealpen. Mit einer Höhenlage von mehr als 1.600 Meter sind gute Schneeverhältnisse bis weit in das Frühjahr hinein garantiert. Im Frühling kann man nach der letzten Abfahrt eineinhalb Stunden später in Nizza kurzärmelig in der Sonne sitzen oder die Promenade des Anglais entlang flanieren. Im Sommer locken Wanderungen, ein Schwimmbad sowie eine Sommerrodelbahn.

- *Information* **Centre administratif**, B.P. 8, 06470 Valberg/Péone, ✆ 0493232425, ✆ 0493025227. www.valberg.com.
- *Verbindungen* Einmal tgl. fährt ein Bus nach Nizza.
- *Wandertouren/Canyoning* Valberg Pulsion, Association des Guides et Accompagnateurs des Alpes Méridionales, ✆ 0493 025 120, ✆ 0493026198.
- *Fahrradverleih* L'Aiglon Sport vermietet Mountainbikes (V.T.T.) für 12 € (halber Tag) sowie 18 € (ganzer Tag). Résidence „L'Aiglon", ✆ 0493025245.
- *Übernachten/Essen* *** **Chalet Suisse**, nette Alpenherberge, die zum Logis-de-France-Verband gehört. Komfortable Zimmer für 86–117 €, größtenteils mit Balkon. April, Mai, Okt. und Nov. geschlossen. ✆ 0493036262, ✆ 0493036264, www.chalet-suisse.com.
- *Camping* ** **Municipal**, kleiner Platz (13 Stellplätze), acht Kilometer nördlich in Péone. Von Mai bis Okt. geöffnet. ✆ 0493025989.

Alpes Maritimes
Karte Seite 190/191

Valberg im Sommer: Radfahren statt Skifahren

Guillaumes

Der kleine, am Ufer des Var gelegene Ort erstreckt sich entlang eines breiten Straßenmarktes. Die Häuser stellen eine liebevolle Mischung zwischen alpenländischer Architektur und provenzalischer Farbenfreude dar. Die Dorfkirche besitzt einen wohl proportionierten Glockenturm und ist reich verziert. Guillaumes wurde um das Jahr 1000 von den provenzalischen Grafen gegründet. Hoch über dem Ort ragen die Ruinen einer mittelalterlichen Burg empor; sie erinnern daran, dass das vom savoyischen Territorium eingeschlossene Guillaumes keinen leichten Stand hatte. Auch heute liegt Guillaumes etwas abseits vom touristischen Trubel, im Frühjahr und Herbst machen die Schafherden der Umgebung auf dem Weg zur und von der Sommerweide Station in dem beschaulichen Marktflecken.

• *Information* **Office de Tourisme**, 06470 Guillaumes, ✆ 0493055776, 📠 0493055475, www.pays-de-guillaumes.com.

• *Verbindungen* Tgl. Busverbindungen nach Nizza und zu anderen Orten im Tal des Var.

• *Schwimmen* Kleines Schwimmbad am Ort.

• *Übernachten/Essen* **Les Chaudrons**, die Tische auf der Straßenterrasse laden zur Rast ein. Lecker ist die Bergforelle Müllerin Art oder das Kaninchen. Menüs zu 14 und 19,90 €, Zimmer 42–60 €. ✆/📠 0493055001.

Auberge à Châteauneuf d'Entraunes, zehn Kilometer nördlich von Guillaumes in dem kleinen Weiler Châteauneuf d'Entraunes vermietet die aus Deutschland stammende Christiane Dreher-Wilms zwei Zimmer (36 € bzw. 80 € inkl. Halbpension für 2 Pers.) sowie zwei Ferienwohnungen (45 bzw. 55 €). Place de la Fontaine, ✆ 0493029325. http://aubergeachateauneuf.monsite.orange.fr.

• *Camping* Für 6 € pro Nacht darf man seinen Wohnwagen oder sein Wohnmobil auf einem kleinen Platz neben dem Spielplatz abstellen. Sanitäre Anlagen sind nicht vorhanden, wer Strom braucht, muss nochmals 6 € bezahlen.

Umgebung

Gorges Supérieures du Cians: Die von der RN 202 zu dem Bergdorf Beuil führende Landstraße (D 22) folgt in ihrem Verlauf dem tosenden Wildbach Cians, der sich tief in das Gebirgsmassiv eingegraben hat. Auf rund zwanzig Kilometern braust der Cians über 1000 Höhenmeter hinunter, um seine Wassermassen oberhalb von Touët schließlich dem Var zuzuführen. Die rot schimmernden Felsen bilden einen herrlichen Kontrast zur spärlichen Vegetation. Durch mehrere Tunnel und an steilen Felsüberhängen vorbei zeigt sich der Himmel oft nur als ein schmales blaues Band. Am Ende der Schlucht wartet eine reizvolle alpine Berglandschaft. An zwei Stellen, Petit Clue und Grand Clue, kann man anhalten und ein kleines Stück am Wildbach entlang laufen.

Gorges de Daluis: Etwas weniger spektakulär als die Schlucht des Cians, aber allemal einen Ausflug wert sind die Gorges de Daluis. Die von ihrem rötlichen Gestein geprägte Schlucht führt von Guillaumes ebenfalls hinunter zur RN 202. Die kurvenreiche Straße verläuft, an schmalen Durchlässen vorbei, direkt neben dem Var, streckenweise hoch über dem Fluss. Wagemutige Bungee-Springer stürzen sich im Sommer vom Pont de la Marièe 85 Meter in die Tiefe. Beide Schluchten lassen sich bequem zu einem rund 80 Kilometer langen Rundkurs, der auch über Valberg, Guillaumes, Entrevaux und Puget-Théniers führt, verbinden.

Eindrucksvoll: Gorges Supérieures du Cians

Villars-sur-Var

Da Villars ein Stück von der RN 202 entfernt liegt, ist der Ort frei vom Durchgangsverkehr. Die Johannes dem Täufer geweihte Kirche besitzt einen schönen Glockenturm im lombardisch-provenzalischen Stil. Wer ein Faible für abgelegene Bergdörfer hat, dem sei ein Ausflug zu dem über 1.000 Meter hoch gelegenen Thiéry empfohlen. Die knapp 14 Kilometer lange Anfahrt auf der kleinen D 226 führt durch eine beschauliche Gebirgslandschaft.

- *Information* **Syndicat d'Initiative**, Mairie, 06710 Villars-sur-Var, ✆ 0493057004, 📠 0493057862.
- *Verbindungen* Villars-sur-Var ist eine Haltestelle des *Train des Pignes*. Viermal pro Tag verkehrt der Pinienzapfenzug in Richtung Digne sowie in Richtung Nizza. Die Fahrt von Nizza nach Villars dauert eine Stunde. Der Bahnhof liegt allerdings zwei Kilometer unterhalb des Dorfes. Zudem bestehen Busverbindungen mit Nizza und anderen Orten im Tal des Var.

Touët-sur-Var: das „tibetische" Dorf

Touët-sur-Var

Das Dorf wird von einem Kalkfelsen dominiert, der hinter den Häusern steil in die Höhe ragt. Die kleinen, teilweise überwölbten Gassen bilden ein wahres Labyrinth; die ockerfarbenen Häuser stehen dicht gedrängt und wirken wie übereinander gestapelt, weswegen Touët-sur-Var auch gerne als „tibetisches Dorf" bezeichnet wird. Die meisten Häuser besitzen einen nach Süden hin offenen Dachboden, *Soleilloir* genannt, der traditionell zum Trocken von Feigen genutzt wird. Ein kleines Kuriosum hat die romanische Kirche aufzuweisen: Sie wurde direkt über einem Gebirgsbach errichtet, den man durch eine Art abgedeckten

Gully unter dem Mittelgang hindurch rauschen sehen kann. Wer Lust hat, kann auf einem ausgeschilderten Wanderweg hinauf zu dem idyllischen Bergdorf **Thiéry** wandern, das von Villars auch mit dem Auto zu erreichen ist.

• *Verbindungen* Touët-sur-Var ist nach Villars der nächste Stop des *Train des Pignes*. Viermal tgl. geht es nach Digne-les-Bains und Nizza, mehrmals tgl. fährt auch ein Bus nach Nizza.

• *Übernachten/Essen* **Chez Paul**, drei Jahrzehnte lang hat das Ehepaar Meyer die Auberge des Chasseurs geführt, dann sind sie ein paar Häuser weiter gezogen, wo es mehr Platz und sogar eine Terrasse gibt. In der Küche steht Sohn Didier. Serviert werden einfallsreiche Gerichte (oft Wild), die auf frischen regionalen Zutaten basieren. Schattige Terrasse, freundlicher Service. Unter der Woche gibt es Menüs zu 10 und 16 € (nur mittags), abends zu 22 oder 28 €. Montag sowie Dienstag- und Mittwochabend geschlossen. Direkt an der RN 202, ✆ 0493057111.

• *Camping* ** **De l'Amitié**, nur 30 Stellplätze, ganzjährig geöffnet. Route de la Pia, ✆ 0493057432.

Alpes Maritimes
Karte Seite 190/191

Puget-Théniers

Puget-Théniers war bereits in römischer Zeit unter dem Namen *Podium Tenearum* bekannt. 1388 fiel der damals 8.000 Einwohner zählende Ort zusammen mit Nizza an den Grafen von Savoyen. Der zu Füßen eines alten Grimaldi-Schlosses liegende Marktflecken hat noch immer eine hübsche Altstadt, Reste einer mittelalterlichen Befestigung sowie ein Stadtmauertor zu bieten. Geteilt wird der Ort von einem kleinen rauschenden Wildbach, der hier in den Var mündet. Kunsthistorisch Interessierte sollten der romanischen Kirche Notre-Dame-de-l'Assomption einen Besuch abstatten; sie besitzt u. a. einen schönen Altaraufsatz. Wer es mehr mit der modernen Kunst hält, kann zu einem monumentalen Denkmal (1908) von *Aristide Maillol* mit dem symbolträchtigen Titel *L'Action enchaînée*, der übersetzt soviel wie „Die angekettete Aktion" bedeutet, pilgern. Das Denkmal erinnert an den aus Puget-Théniers stammenden *Louis-Auguste Blanqui*, einen vom Pech verfolgten Berufsrevolutionär. Der 1805 geborene Sozialist war maßgeblich an den revolutionären Aufständen von 1830, 1848 und 1870/71 beteiligt. Soviel Engagement bekam ihm allerdings weniger gut: Knapp die Hälfte seiner 76 Lebensjahre musste Blanqui hinter Gittern schmoren. Bleiben noch zwei Fragen zum Denkmal offen: Warum hat Maillol eine Frau dargestellt und warum wurde das Denkmal auf dem Spielplatz aufgestellt?

• *Information* **Office du Tourisme du Pays de la Roudoule**, B.P. 7, Mairie, 06260 Puget-Thenièrs, ✆ 0493050260. www.provence-val-dazur.com.

• *Einwohner* 1.600 Einwohner.

• *Markt* Sonntagvormittag.

• *Verbindungen* Puget-Théniers lässt sich bequem mit dem Train des Pignes erreichen: Viermal tgl. von Nizza in knapp eineinhalb Stunden. Zudem bestehen Busverbindungen nach Nizza.

• *Schwimmen* Städtisches Freibad mit Riesenrutsche.

• *Übernachten/Essen* ** **Alizé**, modernes Hotel im Motelstil (Logis-de-France) mit kleinem Swimmingpool, grenzt direkt an die RN 202 an. 16 Zimmer von 50 € (EZ), sonst 55–65 €Rue Alexandre Barety, ✆ 0493050620, ℻ 0493031976.

** **Laugier**, älteres Haus inmitten des Ortszentrums, die Zimmer (je nach Saison 40–50 €) sind allerdings nicht so schlimm wie der heruntergekommene Flur, ✆ 0676602010. Besser als das Hotel ist das zugehörige Restaurant **L'Edelweiss**, das für seine bodenständige Kost bekannt ist. Straßenterrasse, Mittagsmenü 13 € sonst 16 und 25 €. 1, place Adolphe Carnil, ✆ 0493050100, ℻ 0493050620.

Les Acacias, traditionelle provenzalische Küche. Der Schlemmertipp: Secca d'Entrevaux, ein raffiniert angemachtes getrocknetes Rindfleisch. Menüs zu 13,50 (mittags), 20, 26 und 30,50 €. Leicht zu finden: einen

Kilometer östlich des Ortes (in Richtung Nizza), direkt an der RN 202. Montags geschlossen, im Winter unter der Woche nur mittags geöffnet. ✆ 0493050525.

• *Camping* *** **Club Origan Alpes d'Azur**, gut ausgestatteter Campingplatz, Swimmingpool und Tennisplatz vorhanden. Wer in den Genuss der Anlage kommen will, muss allerdings die Hüllen fallen lassen, da es sich um einen FKK-Campingplatz handelt. Von April bis Sept. geöffnet. ✆ 0493050600.

** **Lou Gourdan**, der städtische Campingplatz liegt unweit des Freibades am Ufer des Var. Wiesengelände, teilweise sehr gut beschattet. Von April bis Sept. geöffnet. ✆ 0493051053.

Mit dem Train des Pignes durchs Hinterland

Eine Fahrt mit der Schmalspureisenbahn ist die wohl schönste Art, die Unterschiede zwischen der belebten Küste und dem einsamen Bergland der Haute-Provence kennenzulernen.

Die schwierigen geographischen Gegebenheiten machten eine 22-jährige Bauzeit erforderlich. Zahlreiche Brücken und Viadukte wurden über Täler gezogen, Dutzende von Tunnel gegraben. 1911 war es endlich soweit: Die erste Dampflok konnte durch das Hinterland der Côte d'Azur tuckern. Bei den größeren Steigungen hatte die Lokomotive allerdings so schwer zu kämpfen, dass die Fahrgäste angeblich aussteigen und Pinienzapfen sammeln konnten, die anschließend verheizt wurden: Der Name *Train des Pignes*, Pinienzapfenzug, war geboren! 1968 drohte dem Train des Pignes, der ursprünglich sogar bis nach Genf gefahren war, die endgültige Stilllegung. Doch da sich die Bürger von Nizza und Digne-les-Bains sowie die beteiligten Départements vehement für den Erhalt der Bahnlinie einsetzten, blieb die dünnbesiedelte und strukturschwache Bergregion von dem Verlust einer wichtigen Lebensader verschont.

In Nizza fährt der Zug viermal täglich vom *Gare du Provence* nach Digne-les-Bains. In gut drei Stunden ist die 151 Kilometer lange Strecke bewältigt. Nachdem der Zug nach einer knappen halben Stunde die Vororte Nizzas endlich hinter sich gelassen hat, klettert er das breite Tal des Var hinauf. Weingärten, Obstbäume und Gewächshäuser säumen den Weg. Hinter Villars-sur-Var verengt sich das Tal, besonders spektakulär liegen Puget-Théniers und Entrevaux eingeklemmt inmitten hoher Felsen. In der weiten Schleife zwischen Annot und Saint-André-les-Alpes kämpft sich die Bahn auf über 1.000 Meter hinauf und durchfährt unter dem Col de la Colle St. Michel einen 3,5 Kilometer langen Tunnel.

Ein Tipp für Eisenbahnnostalgie-Fans: Zwischen Mai und Oktober wird jeden Sonntag das Teilstück zwischen Puget-Théniers und Annot mit einer alten Dampflok befahren. Ein Tipp für Wanderer: Links und rechts der Strecke lässt es sich übrigens ausgezeichnet wandern. Hierzu empfiehlt sich der Kauf des Wanderführers *75 randonnées pédestres avec le Train des Pignes* von Raoul Revelli, der an manchen Bahnhöfen und im lokalen Buchhandel erhältlich ist.

Weitere Informationen Gare des Chemins de Fer de Provence de Digne, avenue Pierre Sémard, ✆ 0492310158. Eine einfache Fahrt zwischen Nizza und Digne kostet 17,65 €. www.trainprovence.com.

Sonnenbaden am Strand von Antibes

Côte d'Azur

Wohl keine andere Küstenregion der Welt übt seit mehr als zwei Jahrhunderten unverändert eine auch nur annähernd starke Anziehungskraft auf Reisende jeder Couleur aus wie die Côte d'Azur. Die Küste hat ihr Gesicht mehrfach verändert, die Touristen halten ihr unvermindert die Treue.

Den Anfang machten die Engländer. Lange Zeit waren es nur wenige, zumeist adelige Persönlichkeiten, die im Winter aus dem regenverhangenen Norden nach Nizza pilgerten, bald aber wurden es mehr: In Nizza und später in Cannes entstanden luxuriöse Villenviertel und verschnörkelte Hotelpaläste sowie die weltberühmte Promenade des Anglais in Nizza und die Croisette in Cannes, deren Schönheit zusehends im Autoverkehr untergeht. Die Zeiten, als die französische Riviera einer erlesenen Schar von Wintergästen vorbehalten war, gehören schon lange der Vergangenheit an; spätestens seit 1936, als jedem französischen Arbeiter 15 bezahlte Urlaubstage zugestanden wurden, war es mit dem elitären Flair vorbei. Nach dem Ende des Zweiten Weltkriegs mutierte der schmale Küstenstreifen zum begehrten Urlaubs- und Altersdomizil. Stellenweise brachial zersiedelt und hoch industrialisiert („Californien Frankreichs"), ächzt die Côte d'Azur heute im Würgegriff der Ramschkultur. Die pittoresken Bergdörfer in Küstennähe wie Saint-Agnès, Roquebrune, Eze oder Saint-Paul-de-Vence sind fest in der Hand von Galeristen, Souvenir- und Schmuckhändlern. Im Hinterland sowie in den bis fast ans Meer reichenden Seealpen gibt es dennoch einsame, vom Tourismus kaum berührte Regionen. Bei einer Wanderung durch das Massif des Maures zur Charteuse de la Verne oder einer Fahrt durch die Schluchten von Daluis und Cians lässt sich eine faszinierende Natur jenseits von Hektik und Menschenmassen entdecken; selbst an der Küste gibt es noch verborgene Ecken!

Nicht nur die Provence stand seit der Jahrhundertwende hoch in der Gunst der Maler. Mindestens genauso viele erwählten die Küstenregion zwischen Marseille und Menton zu ihrem Freiluftatelier. Zum Wegbereiter dieser Bewegung wurde *Paul Signac*, der „Erfinder" des Pointillismus. Im Jahre 1892 ließ er sich in Saint-Tropez nieder, Camoin, Manguin und Van Rysselberghe folgten nach, später kamen noch Matisse und Bonnard; manche ihrer Werke sind heute im Musée de l'Annonciade in Saint-Tropez zu bewundern. Fast zwangsweise gaben sich die Künstler an der Côte d'Azur ein Stelldichein, denn die Küste „spritzt vor lauter Licht", wie Kurt Tucholsky schrieb. Noch immer ist die Kunst hier zu Hause: Abgesehen von Paris, besitzt keine andere französische Stadt mehr Museen als Nizza; die von Pablo Picasso in Vallauris, von Henri Matisse in Vence und Jean Cocteau in Villefranche-sur-Mer ausgemalten Kapellen zählen ohne Zweifel zu den schönsten Sakralräumen der Moderne. Nicht zu vergessen: die Fondation Maeght in Saint-Paul-de-Vence, eine der faszinierendsten Kulturstiftungen der Welt.

Wenn von Kunst die Rede ist, darf die Gartenbaukunst nicht vergessen werden. Trotz der üppig gedeihenden mediterranen Flora, die im Frühjahr in kräftigsten Farben leuchtet, hat der Mensch hier und da ein wenig nachgeholfen und die Côte d'Azur nach seinen Vorstellungen gestaltet. Gemeint sind nicht nur die Palmen, die den Uferpromenaden ihren exotischen Touch verleihen, sondern vor allem die traumhaften Gartenanlagen. Dabei sticht vor allem die Résidence Les Colombières in Menton hervor. Dieser von Ferdinand Bac, einem Großneffen Napoléons, angelegte Garten hebt sich von den anderen Parks durch den Verzicht auf exotisches Beiwerk ab, einheimische Pflanzen dominieren das Areal. Ein anderes imponierendes Beispiel ist der Garten der Fondation Ephrussi de Rothschild auf Cap Ferrat. Dort sind in einem weitläufig terrassierten Gelände alle Stilrichtungen der Gartenbaukunst wie in einem Museum vereint. Gartenarchitektur in höchster Vollendung!

Bleibt noch der Hinweis auf die ungeklärte Frage, welchem Teil der Küste der Name Côte d'Azur gebührt. *Stéphen Liégeard*, der 1887 den Namen „Côte d'Azur" geprägt hatte, verstand darunter den Küstenabschnitt von Menton bis Hyères. Dass die Côte d'Azur im Osten bei Menton endet, darüber besteht Einigkeit. Doch wie weit erstreckt sie sich nach Westen? Für Traditionalisten endet sie bereits in Cannes, doch kann man Saint-Tropez aussparen, Hyères vergessen, das bereits Königin Victoria beehrte? Und was ist mit Sanary-sur-Mer und Bandol, wo schon Katherine Mansfield kurte?

Carte Musées Côte d'Azur

Attraktiv ist dieser Museumspass, mit dem man drei (15 €) oder sieben Tage (25 €) lang 65 Museen sowie historische Monumente im Département Alpes Maritimes besuchen kann. Die Carte Musées Côte d'Azur ist an den jeweiligen Museumskassen erhältlich.

Menton: ein Hauch von Italien

Menton

Menton ist die vom Klima am meisten verwöhnte Stadt an der Côte d'Azur. Neben einer verspielten Altstadt besitzt Menton zahlreiche wunderschöne botanische Gärten aus der Zeit der Jahrhundertwende.

Von Menton wird behauptet, sie sei die italienischste Stadt Frankreichs. Dies trifft allerdings nur zu, wenn man sich der Stadt vom Westen her nähert. Von Ventimiglia kommend, wirkt Menton indes ungemein französisch. Ihr besonderes Flair verdankt die Stadt den pastellfarbenen Häuserfassaden im italienischen Stil. Eigenartigerweise wurden die Häuser erst im 19. Jahrhundert bunt angestrichen, also zu einem Zeitpunkt, da Menton sich politisch Frankreich zuzuwenden begann. Ein paar Jahrzehnte später hatte Menton bereits einen guten Ruf als Winterdomizil vermögender Aristokraten und Gelehrter. Die Liste prominenter Namen, die in Menton für kurze oder längere Zeit Station machten, ist schier endlos: Die englische Königin Victoria und Edward VII. waren hier, Friedrich Nietzsche, Guy de Maupassant und Gustave Flaubert hingen an der Strandpromenade ihren Gedanken nach, Franz List fühlte sich „an keinem anderen Ort so vollkommen glücklich", die an Tuberkulose erkrankte Schriftstellerin Katherine Mansfield suchte letztlich vergeblich Heilung und Jean Cocteau kam aus dem nahen Villefranche herüber, um den Hochzeitssaal im Rathaus auszumalen. Die Häuser der Altstadt rühmte Cocteau als „erlesene kleine Festungen in Pastellfarben, deren asymmetrisches Äußeres an dasjenige eines menschlichen Gesichtes erinnert". Fast alle Besucher fanden wohlwollende Worte über Menton, aber es gab auch einige kritische Stimmen. So schrieben die Geschwister Klaus und Erika Mann 1931: „Wir also sind der Ansicht, daß es gar nicht einmal so herrlich ist in Mentone. Altertümlich, wie Monte, aber ohne die Großstiligkeit, die für dieses immer noch bezeichnend ist. Eine verblühte Schöne, die freilich ihrer freundlichen Charaktereigenschaften wegen sich eines ziemlich regen Zuspruchs erfreut."

Die zweite Glanzzeit Mentons begann in den fünfziger Jahren des 20. Jahrhunderts, als der sich ankündigende moderne Massentourismus neue Konzepte erforderte. Die Stadtväter bewältigten diese Aufgabe mit Bravour: ein neuer Yachthafen wurde angelegt, ein internationales Festival für Kammermusik ins Leben gerufen, die junge Tradition des Zitronenfestes touristisch geschickt vermarktet und dank Jean Cocteau wurde Menton auch für die Liebhaber moderner Kunst interessant. Lobenswerterweise gelang es, die Stadt weitgehend vor den negativen Auswirkungen des Massentourismus zu schützen und die Einheit des Stadtbildes zu bewahren; Betonsilos blieben Menton erspart. Menton ist eine ruhige und gemächliche Stadt. Nicht zuletzt spiegelt sich im relativ beschaulichen Alltagsleben die Tatsache wider, dass nirgendwo an der Côte d'Azur oder in der Provence so viele Rentner ihr Altersdomizil aufgeschlagen haben sollen wie hier. Dies bedeutet nicht, dass unter den knapp 30.000 Einwohnern keine Jugendlichen zu finden wären, Highlife à la Saint-Tropez darf man allerdings nicht erwarten. Menton ist sicher auch nicht der Ort, um einen wochenlangen Badeurlaub zu verbringen, doch eignen sich die kiesigen Strandabschnitte und ein kleiner Sandstrand allemal für ein Sonnenbad oder einen Sprung ins Wasser. Wer abends oder tagsüber am Strand entlang spazieren möchte, dem steht mit der palmengesäumten Promenade du Soleil eine schöne Flaniermeile zur Verfügung. Die stimmungsvolle Silhouette der Stadt lässt sich am besten von der äußersten Spitze des ins Meer hineinragenden Quai Napoléon III. in Augenschein nehmen. In den engen Straßen und Gassen rund um die Rue Longue und die Place Saint-Michel sind die historischen Wurzeln von Menton noch recht gut zu erkennen. Nicht auslassen sollte man einen Besuch des Vororts Garavan, der sich zwischen dem Zentrum und der italienischen Grenze erstreckt. In Garavan sind die meisten Gärten Mentons, aber auch zahlreiche repräsentative Villen aus der Belle Epoque zu finden.

Geschichte

Mentons geographisch geschützte Lage, die der Stadt ihren klimatischen Vorteil beschert, bewirkte andererseits, dass der nur schwer zugängliche Ort keine große wirtschaftliche Bedeutung erlangen konnte. Die Römer nannten die Bucht von Menton *Pacis Sinus*, Golf des Friedens, von einer Besiedlung ist allerdings nichts bekannt.

Daher trat Menton – der Name leitet sich von *Mont d'Othon* ab – erst relativ spät ins Licht der Geschichte: 1157 wurde der Ort von den Grafen von Ventimiglia an die aus Genua stammende Familie Vento abgetreten, die wiederum Menton zusammen mit dem benachbarten Roquebrune 1346 an die Grimaldi von Monaco verkaufte. Von mehr oder weniger kurzen Zwischenspielen abgesehen, als die Stadt unter spanischem, französischem und sardischem Einfluss stand, verblieb Menton bis 1848 beim monegassischen Fürstenhaus. Das Wappen der Grimaldi ziert noch heute als Mosaik den Platz vor der Eglise Saint-Michel. Wegen einer als unerträglich hoch empfundenen Steuerlast begehrten die Stadtväter von Menton und Roquebrune 1848 gegen die Grimaldi auf und erklärten sich zur unabhängigen Republik. Napoléon III. regelte die Streitigkeiten angesichts der finanziellen Probleme des Fürsten auf diplomatischem Weg und kaufte ihm

Menton, Stadt der Zitronen

Für seine Zitronen und sein *Zitronenfest* ist Menton weithin berühmt. Es wird zwar behauptet, Marco Polo habe die Zitrone gegen Ende des 13. Jahrhunderts nach Menton gebracht, nicht unwahrscheinlich ist allerdings, dass sie bereits im Zuge der Sarazeneneinfälle im 9. Jahrhundert heimisch wurde. Wie auch immer die Zitrone nach Menton gelangt sein mag, der Zitronenanbau wurde jedenfalls im 19. Jahrhundert zum Haupterwerbszweig der Stadt. Die Zitronen können in Menton dank des einzigartigen Mikroklimas leicht heranreifen. Keine andere Stadt an der französischen und italienischen Riviera wird vom Klima mehr verwöhnt als das von den Ausläufern der Seealpen vor Kälte und Wind geschützte Menton. Daher gedeihen in den rund zwei Dutzend botanischen Gärten der Stadt auch zahllose exotische Pflanzen. Heute ist der Zitronenanbau angesichts der weltweiten Konkurrenz unbedeutend, er wird hauptsächlich zur Zierde und aus traditionellen Gründen gepflegt. Beim Zitronenfest (*La Fête du Citron*) im Februar ist die ganze Stadt auf den Beinen: 500.000 Zuschauer reisen alljährlich an, um die mit prachtvollen „Zitrusgebilden" bestückten Festwagen zu bewundern. Jedes Jahr steht das 1930 begründete Fest unter einem anderen Motto („Zauberwelt des Meeres", „Europa feiert", „Asterix" etc.), ein eigens hierzu verpflichteter Designer sorgt dafür, dass die Figuren den hohen Erwartungen der Zuschauer gerecht werden. Zusätzlich werden die Früchte an markanten Punkten der Stadt zu dekorativen Figurengruppen gestaltet. Der Bedarf an Zitrusfrüchten ist enorm: Eine halbe Million Früchte, das entspricht rund 145 Tonnen, wird alljährlich benötigt. Da die Zitronen und Orangen aus der Umgebung von zu hoher Qualität sind, greift man aus finanziellen Erwägungen auf italienische und spanische Billigimporte zurück. Nach dem Ende des Festes werden die übrig gebliebenen Zitrusfrüchte zur Freude der Likörfabrikanten und Gelee-Hersteller an den Meistbietenden versteigert.

Menton einfach ab. Als dann am 2. Februar 1861 auch die Bürger für den Anschluss stimmten, gehörte Menton fortan endgültig zu Frankreich.

Im letzten Drittel des 19. Jahrhunderts setzte sich bei englischen Ärzten die Ansicht durch, dass das ausgesprochen milde Klima von Menton nicht nur für Zitronen- und Orangenbäume geeignet sei, sondern auch die unter dem Londoner Nebel leidenden jungen Damen zum „Blühen bringe". Doch unterschied sich der Tourismus in Menton deutlich von dem der anderen Metropolen der Côte d'Azur: Da Menton erst 1884 einen Anschluss an das Eisenbahnnetz erhielt, wurde die Stadt relativ spät zu einem Refugium der Reichen, doch handelte es sich genau betrachtet zumeist um diejenigen Reichen, die nicht wohlhabend genug waren, sich ein repräsentatives Leben in Cannes oder Monaco zu leisten. Während des Ersten Weltkriegs wurde das für die Heilung Kranker bekannte Menton zu einem überdimensionalen Erholungszentrum für kriegsverwundete Soldaten; allerdings nur für die oberen Ränge, denn Menton galt als *station élégante*. Bei einfachen Soldaten hingegen, die sogar aus Menton stammten, lehnte man den Wunsch nach einem Genesungsaufenthalt in ihrer Heimatstadt mit der Begründung ab, sie könnten sich ja anderswo in Frankreich erholen.

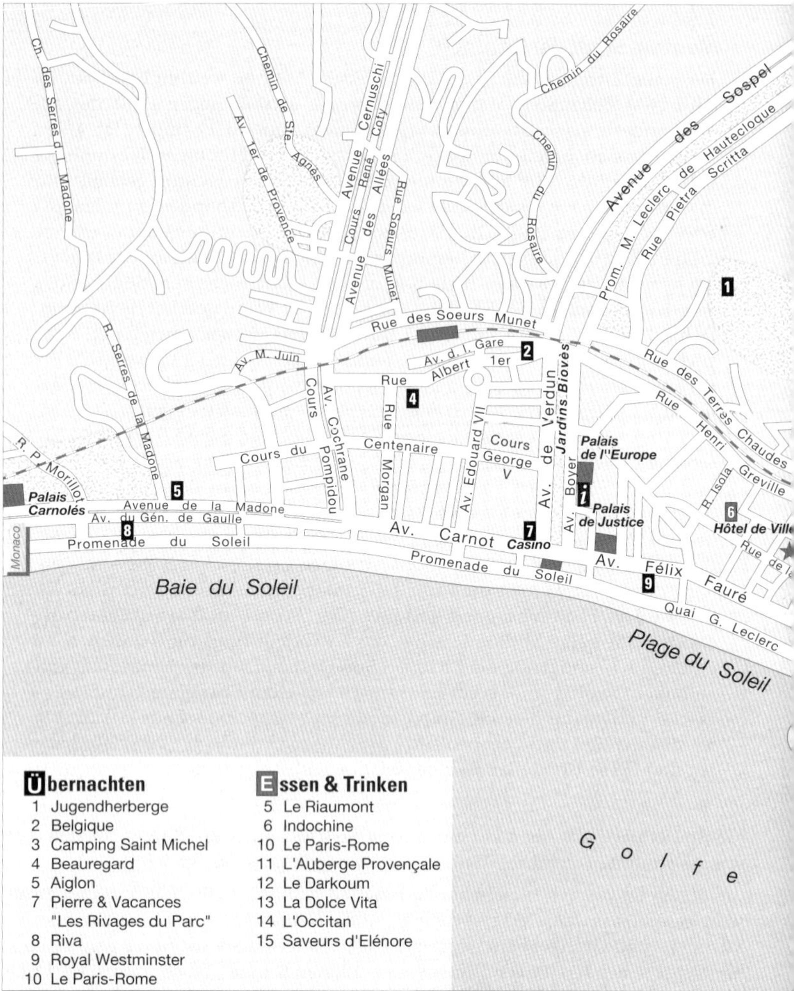

Übernachten

1 Jugendherberge
2 Belgique
3 Camping Saint Michel
4 Beauregard
5 Aiglon
7 Pierre & Vacances "Les Rivages du Parc"
8 Riva
9 Royal Westminster
10 Le Paris-Rome

Essen & Trinken

5 Le Riaumont
6 Indochine
10 Le Paris-Rome
11 L'Auberge Provençale
12 Le Darkoum
13 La Dolce Vita
14 L'Occitan
15 Saveurs d'Elénore

Information/Verbindungen

• *Information* **Office du Tourisme**, Hôtel de Ville, B.P. 239, 06506 Menton Cédex, ✆ 049 2417676, 📠 0492417678, www.villedementon.fr. Vor Ort geht man am besten ins Palais de l'Europe, 8, avenue Boyer. Im Sommer 8.30–19.30 Uhr geöffnet, im Winter Mittagspause.

• *Verbindungen* Von Menton (**Bahnhof** an der Place de la Gare) fahren häufig Züge nach Italien sowie zu anderen Orten an der Côte d'Azur. Im Stadtteil Garavan, rue Webb Ellis, befindet sich ein weiterer Bahnhof. Reiseauskunft: ✆ 0891703000, www.ter-sncf.com/paca. Gleich nebenan, an der Straße nach Sospel, stößt man auf den **Busbahnhof**. Von hier zahlreiche Verbindungen nach Nizza (75 Min.) – auch Nizza-Flughafen – über Monaco sowie in die Umgebung: Gorbio (sechsmal), Sainte-Agnès (dreimal) und

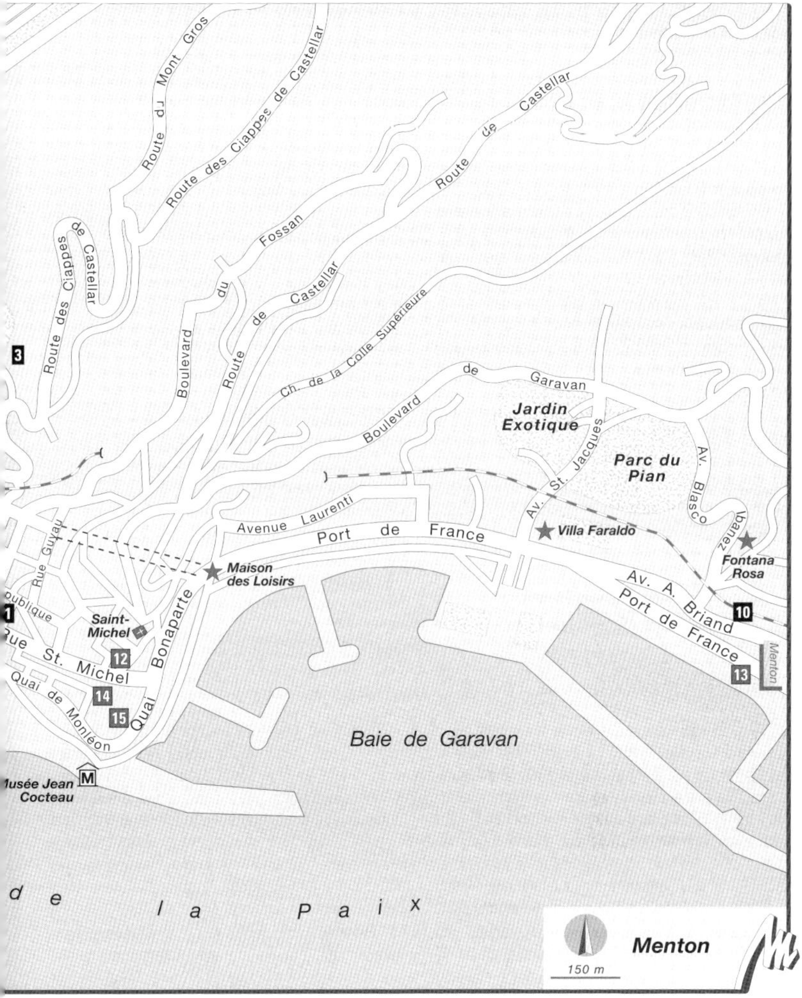

Côte d'Azur
Karten Seite 234, 316/317 und 364/365

Sospel (zumeist dreimal tgl., um 9.30, 14 und 18 Uhr). Zudem verkehrt dreimal tgl. eine neue Buslinie zwischen Menton und Tende. Promenade Mal Leclerc, ✆ 0493359360.

• *Parken* Im Hochsommer kann die Parkplatzsuche zum Nerven strapazierenden Geduldsspiel ausarten.

Diverses

• *Markt* Tgl. in der stilvollen Markthalle am Hafen, unweit des Musée Jean Cocteau. Jeden Freitag findet gleich nebenan auf der Place aux Herbes ein Trödelmarkt statt.

• *Stadtführungen* Das **Maison du Patrimoine**, Hôtel d'Adhémar de Lantagnac, 24, rue St Michel, ✆ 0492109710, veranstaltet allmonatlich zahlreiche interessante Stadtführungen zu den verschiedensten Themen.

Teilnahmegebühr: jeweils 5 €. Eine Liste der angebotenen Führungen hält auch das Office du Tourisme bereit.

• *Feste* Die farbenprächtigen Umzüge beim **Zitronenfest** finden an drei aufeinanderfolgenden Sonntagen während des Karnevals um jeweils 14 Uhr entlang der Uferstraßen statt. Empfehlenswert: Der Nachtkorso am Faschingsdienstag um 20.30 Uhr. www.feteducitron.com. **Internationales Kammermusikfestival** im August mit stimmungsvollen Abendkonzerten vor der Eglise Saint-Michel.

• *Palais de l'Europe* In dem repräsentativen Gebäude ist das Office de Tourisme untergebracht, häufig finden Ausstellungen und Kulturveranstaltungen statt. 8, avenue de Boyer.

• *Casino* In Strandnähe, diverse Glücksspiele. Tgl. ab 11 Uhr geöffnet. Avenue Félix-Fauré.

• *L'Ecomusée de la Forgue* In einer alten Schmiede im historischen Zentrum. Zum Inventar gehören eine Kücheneinrichtung von anno dazumal und Gegenstände der Alltagskultur. Adresse: 2, rue du Grenadier.

• *Theater* **Théâtre Francis Palermo**, Saison von Mitte Okt. bis April. Programm: ✆ 0492 417676.

• *Minigolf* Parc de la Madone sowie Parc du Pian.

• *Kinderspielplätze* **Parc Gorre** (Avenue Guillaume 1er de Provence), **Parc de la Madone** und **Parc Saint-Michel**. Kinder und Jugendliche können sich zudem im **Kaoland**, einem kleinen Erlebnispark mit diversen Attraktionen, vergnügen. Adresse: 5, avenue de la Madone. Öffnungszeiten: Juli und Aug. 10–12 Uhr und 15–24 Uhr sowie Sept. bis Juni 10–12 Uhr und 14–19 Uhr.

• *Petit Train Touristique* In den Sommermonaten tuckert ein Bummelzug durch Menton. Abfahrt: Promenade du Soleil. Fahrtdauer: 35 Minuten.

• *Autovermietung* Auto à Louer: 7, cours Georges V, ✆ 0492102025. Europcar: 9, avenue Thiers, ✆ 0493282180.

• *Hauptpost* Cours George V.

• *Strände* Die zentrumsnahen Strände an der Promenade du Soleil sowie am Quai Bonaparte werden gut gepflegt, sind allerdings im Hochsommer überfüllt.

• *Schwimmen* **Piscine Municipal**, Alex Jany, route de Sospel, ✆ 0493358740.

• *Konfitüre* Maison Herbon, selbst gemachte Marmelade, 2, rue du Vieux Collège.

Übernachten (siehe Karte S. 224/225)

*** **Aiglon (5)**, kleine, stilvolle Villa aus dem 19. Jahrhundert mit kleinem, beheiztem Swimmingpool und schöner Frühstücksterrasse. Seit drei Generationen in Familienbesitz. Im zugehörigen Gartenpavillon befindet sich das empfehlenswerte Restaurant *Le Riaumont*. Im Nov. geschlossen. EZ ab 69 €, DZ 90–172 €. 7, avenue de la Madone, ✆ 049 3575555, ℻ 0493359239, www.hotelaiglon.net.

*** **Pierre & Vacances „Le Rivages du Parc" (7)**, schöne Stadtresidenz, nur 50 Meter vom Strand entfernt. Je nach Saison und Appartementgröße (3–7 Pers.) 440–1220 € pro Woche. 71, allée Louis Moreno, ✆ 0492417000, ℻ 0492417119. In Deutschland buchbar über: ✆ 01805901011.

*** **Royal Westminster (9)**, ansehnliches 92-Zimmer-Hotel mit Tradition, Flair und Blick aufs Meer. Die meisten Zimmer (EZ ab 72 €, DZ je nach Saison und Lage 90–150 €) besitzen einen schönen Balkon. 1510, promenade du Soleil, ✆ 0493286969, ℻ 0493101230. www.hotel-royal-westminster.com.

*** **Le Paris-Rome (10)**, der Umstand, dass Menton genau zwischen Paris und Rom liegt, erklärt den ungewöhnlichen Hotelnamen. Das Logis-de-France-Hotel befindet sich direkt an der Straße nach Italien (einen Kilometer östlich des Zentrums). Meist geschmackvolle Zimmer, je nach Ausstattung von 65 € bis 115 €. Ausgezeichnetes Restaurant (siehe unten)! Porte de France, ✆ 049 3357345, ℻ 049 3352930. www.paris-rome.com.

*** **Riva (8)**, modernes, komfortables Dreisternehotel direkt an der Strandpromenade. Sehr umsichtig geführt, alle Zimmer mit Balkon. Auf der Dachterrasse im siebten Stock gibt es einen Whirlpool sowie eine Sauna. Das gute Frühstück wird im Sommer auf der Terrasse vor dem Haus serviert. Zimmer je nach Saison 90–118 €, wobei die Zimmer mit Meerblick nochmals 10 € teurer sind. 600, promenade du Soleil, ✆ 0492109210. www.rivahotel.com.

* **Belgique (2)**, einfache Unterkunft beim Bahnhof, 18 Zimmer für 42–49 €. Im Dez. geschlossen. 1, avenue de la Gare, ✆ 049335726 6, ℻ 0493414477.

* L'Auberge Provençale (11), zentral, ums Eck ist gleich die Fußgängerzone. Bei Preisen je nach Ausstattung von 32 € (EZ) bis 49 € (DZ) darf man bei den 13 Zimmern aber keine besonderen Erwartungen haben (siehe auch Restaurants). 11, rue Trenca, ✆ 0493357729, ✆ 0493288888.

* **Beauregard (4)**, allein stehende Villa südlich des Bahnhofs mit kleinem Garten, in dem im Sommer das Frühstück serviert wird. Zimmer je nach Ausstattung 34–43 € (die billigen mit Etagen-WC). 10, rue Albert 1er, ✆ 0493 286363, ✆ 0493286379.

• *Jugendherberge* Die **Auberge de Jeunesse (1)** liegt oberhalb der Stadt auf dem Plateau Saint-Michel, in der Nähe des gleichnamigen Campingplatzes. Wer nicht hinauflaufen will, kann in den Minibus am Bahnhof steigen. Die Übernachtung in einem der 80 Betten (8-Personen-Zimmer) kostet 17,70 €. Dez. und Jan. geschlossen, Zelten möglich. ✆ 0493359314, ✆ 0493359307.

• *Camping* ** **Saint Michel (3)**, hoch auf dem Plateau Saint-Michel, mit tollem Blick auf die Stadt und das Meer. Terrassiertes Gelände. Von April bis Ende Okt. geöffnet. ✆ 0493358123.

Essen und Trinken (siehe Karte S. 224/225)

Le Paris-Rome (10), das mit Abstand beste Restaurant von Menton besitzt seit längerem einen Michelinstern. Der Chefkoch Yannick Fauriès versteht sich auf eine klassische mediterrane Küche. Menüs zu 34 € (mittags) sowie 55 und 88 €. 79, porte de France, ✆ 0493357035.

Le Riaumont (5), das im Gartenpavillon des Hotels Aiglon untergebrachte Restaurant genießt einen ausgezeichneten Ruf. Bei den Menüs für 19 € (nur mittags), 25 € und 49 € fühlt man sich schon fast im Gourmet-Himmel. Mittwochmittag und im Nov. geschlossen. 7, avenue de la Madone, ✆ 0493575555, ✆ 049 3359239.

L'Occitan (14), direkt neben der Markthalle sind nicht nur die Plätze auf der Terrasse begehrt, denn das Restaurant von Alain Subra erfreut sich großer Beliebtheit. Dabei sind die Preise (auch für den Wein) recht erschwinglich: Menüs zu 12 € (mittags), 16 und 22 €. Aufmerksamer Service. Montag Ruhetag. 7–11, rue des Marins, ✆ 0493416776.

L'Auberge Provençale (11), einfaches, kleines Restaurant in einer Seitengasse der Fußgängerzone. Die Reisekasse wird geschont, das Menü mit einem Glas Wein zu 12,80 € ist günstig, aber kulinarische Höhenflüge sollte man nicht erwarten! Als Hauptgang gibt es beispielsweise lapin à la provençale. Weitere Menüs zu 14,30, 17 und 25 €. Der halbe Liter vom offenen Hauswein kostet 5 €. Montagmittag geschlossen. 11, rue Trenca, ✆ 0493357729.

Le Darkoum (12), inmitten der Fußgängerzone werden im bourgeoisen Ambiente feinste marokkanische Gerichte serviert (Couscous ab 15 € probieren!). Mitte Juni bis Mitte Juli geschlossen. Montag und Dienstag Ruhetag. 23, rue Saint-Michel, ✆ 0493354488.

Saveurs d'Elénore (15), in unmittelbarer Nähe der Markthalle werden hier regionale Spezialitäten zu günstigen Preisen serviert. Lecker ist die Assiette Mentonnaise für 9 € oder Socca (5 € inkl. einem Getränk). Tgl. außer Montag, abends geschlossen. Place Fournari, ✆ 0493576000.

La Dolce Vita (13), eines der letzten Strandrestaurants in Richtung Italien. Signore Battaglione ist Italiener und versteht sich auf die Küche seines Heimatlandes, vor allem Pasta. Leckere Pasta und für die Kinder gibt es einen kleinen Spielplatz. Nur das Plastikmobiliar könnte ersetzt werden. 15, promenade de la Mer, ✆ 0493354450.

Indochine (6), eine günstige Alternative für Liebhaber der leichten asiatischen Küche, die sich in dem Schnellimbiss mit leckeren Gerichten zu zivilen Preisen (Hauptgerichte 5–6 €) wohlfühlen können. 13, rue Partouneaux.

Discothèque Le Brummel, am Wochenende ab 23 Uhr, avenue Félix-Fauré.

Sehenswertes

Eglise Saint-Michel: Die ockerfarbene Kirche steht an einem weiten Platz, hoch über der Stadt. Bei dem 1675 geweihten, dreischiffigen Barockbau sind deutlich italienische Einflüsse auszumachen. Der mit Stuck und Fresken geschmückte Innenraum entspricht dem Zeitgeist, vom mittelalterlichen Vorgängerbau zeugt

Die Kathedrale von Menton

nur noch der kleinere der beiden Glockentürme. Vor der Kirche erinnert ein als Wappen gestalteter Mosaikboden aus weißen und schwarzen Kieselsteinen an die einstigen Herren von Menton, die Fürsten von Grimaldi.

Chapelle de la Conception: Die wenige Jahre später errichtete Kapelle der Weißen Büßer (*Pénitents Blancs*), einer Laienbruderschaft, befindet sich schräg gegenüber in etwas erhöhter Lage. Hinter der prachtvollen Fassade verbirgt sich ein unlängst restaurierter Innenraum in üppiger barocker Pracht; die Kirche ist leider meist verschlossen.

Monastère L'Annonciade: Auf einem mächtigen Felssockel oberhalb der Stadt thront das von Zypressen und Olivenhainen eingerahmte Kapuzinerkloster 225 Meter hoch über dem Meer. Das Kloster wurde erst relativ spät, im 18. Jahrhundert, gegründet.

Vieux Cimetière: Der alte Friedhof von Menton liegt in exponierter Lage über der Stadt und dem Meer. Über vier Terrassen verteilt – für jede Konfession eine –, ruhen zahllose ausländische Dauergäste, die Menton so über ihren Tod hinaus verbunden blieben.

Hôtel de Ville: Dem Rathaus von Menton, ein an sich nicht erwähnenswerter Bau, wurden 1957 quasi über Nacht die höheren Weihen der Kunst verliehen. Kein Geringerer als *Jean Cocteau* gestaltete nach Absprache mit seinem Freund, dem Bürgermeister Francis Palermo, den Hochzeitssaal (*Salle des Mariages*) aus. Cocteau wollte eine Alternative zu den üblichen langweiligen französischen Standesämtern schaffen, die ihm schon seit langem zu karg und trist erschienen. Als Motive wählte Cocteau eine allegorische Hochzeitsszene mit Anspielung auf Orpheus und Eurydike. An der Decke kämpft Pegasus (mit den zukünftigen Eheproblemen?).

Adresse Rue de la République. Öffnungszeiten: Mo–Fr 8.30–12.30 Uhr und 13.30–17 Uhr. Eintritt: 1,50 €, erm. 1,15 €.

Musée Jean Cocteau: Die alte Hafenbastion aus dem 17. Jahrhundert bildet einen würdigen Rahmen für das Museum. Ungewöhnlich ist, dass dem Universalgenie (Dichter, Schriftsteller, Zeichner, Maler und Regisseur) hier nicht etwa nur postum gedacht wird; *Jean Cocteau* hat die Ausstellungsräume noch zu seinen Lebzeiten konzipiert und mit eigenen Mosaiken, Keramiken, Zeichnungen und Bildteppichen ausgestattet. Sehr spannungsreich ist der Kontrast zwischen dem unverputzten Mauerwerk und den Gemälden. Hinweis: Im Laufe des Jahres 2010 wird die Sammlung in einem Neubau präsentiert werden.

Adresse Quai Napoléon III. Öffnungszeiten: Tgl. außer Di von 10–12 Uhr und 14–18 Uhr, im Sommer bis 19 Uhr. Eintritt: 3 €, erm. 2,25 €.

Musée des Beaux-Arts du Palais Carnolès: Das städtische Museum ist im Palais Carnolès, einer ehemaligen Sommerresidenz der Fürsten von Monaco, untergebracht. Der Schwerpunkt der Gemäldegalerie liegt auf italienischen, französischen und flämischen Meistern aus dem 14. bis 17. Jahrhundert, wobei die ausgestellten Werke weitgehend aus der Sammlung Wakefield-Mori stammen; aber auch die moderne Malerei kommt mit Dufy, Camoin, Manguin und Picabia nicht zu kurz. Das Erdgeschoss bleibt wechselnden Ausstellungen zeitgenössischer Kunst vorbehalten.

Adresse 3, avenue de la Madone. Öffnungszeiten: Tgl. außer Di von 10–12 Uhr und 14–18 Uhr, im Sommer 10–13 Uhr und 14–18 Uhr. Eintritt: frei!

Musée de Préhistoire Régionale: Städtische Sammlung zur Ur- und Frühgeschichte, ergänzt durch eine stadtgeschichtliche Abteilung im Untergeschoss. Das wertvollste Ausstellungsstück ist der berühmte Schädel des so genannten Grimaldi-Menschen, der in den Grotten östlich von Menton gefunden wurde. Im ersten Stock werden Wechselausstellungen gezeigt.

Adresse Rue Loréan-Larchey. Öffnungszeiten: Tgl. außer Di von 10–12 Uhr und 14–18 Uhr, im Sommer bis 19 Uhr. Eintritt: frei!

Parks und Gärten

Die meisten der berühmten Mentoner Gartenanlagen sind der Öffentlichkeit nicht ständig zugänglich. Das Office de Tourisme veranstaltet aber regelmäßig kommentierte Führungen (pro Person 5 €) durch die Gartenanlagen; die jeweiligen Termine werden in einer monatlich erscheinenden Broschüre bekanntgegeben. Wenn möglich, sollte man die Gärten im Juni besichtigen, denn dann zeigen sie sich von ihrer schönsten Seite.

Jardin du Palais Carnolès: Der Garten der ehemaligen Sommerresidenz der Fürsten von Monaco, heute Musée Municipal, ist die älteste Gartenanlage der Stadt. Kein anderer Garten in Europa besitzt mehr Zitrusbäume.

Adresse 3, avenue de la Madone.

Jardin Biovès: Die zentrumsnahe Parkanlage entstand wie im nahen Nizza durch die Überdachung eines kleinen Flusses. Während des Zitronenfestes ist der Jardin Biovès feierlich geschmückt. Gleich nebenan steht das Palais d'Europe; das ehemalige Casino aus dem Jahre 1909 wird heute als Kulturzentrum und Bibliothek genutzt.

La Serre de la Madone: Das milde Klima von Menton erlaubte es *Sir Lawrence Johnston*, einem leidenschaftlichen Gartenliebhaber, auf seinem im Gorbiotal gelegenen sechs Hektar großen Grundstück seltene subtropische Pflanzen zu akklimatisieren und sie nach Pflanzengruppen geordnet zu präsentieren. Pittoresk ist auch der

Poetisches Domizil: Villa Fontana Rosa

Wassergarten, von dem aus symmetrisch verlaufende Treppen zu der den Garten überragenden Villa, die im viktorianischen Stil errichtet wurde, hinaufführen. Besucher können den Garten täglich außer Montag auf eigene Faust erkunden.

Adresse 74, route de Gorbio. Geöffnet: Tgl. außer Mo 10–18 Uhr, im Winter bis 17 Uhr. Im Nov. geschlossen. Führungen: Tgl. um 15 Uhr. Gebühr: 8 €, erm. 4 €.

Jardin de la Villa Marina Serena: Die prächtige Villa mit ihren schönen Panoramaterrassen wurde um 1880 von Charles Garnier, dem Architekten der Pariser Oper, entworfen. Im Garten lassen sich zahlreiche Palmen und subtropische Pflanzen bewundern, von denen einige einzigartig in Europa sind.

Adresse 21, promenade Reine Astrid.

Villa Fontana Rosa: Im Vorort Garavan, wo die meisten Gärten zu finden sind, ließ sich der spanische Schriftsteller *Vincente Blasco Ibañez* (1867–1928), der sich 1923 auf der Flucht vor der spanischen Militärdiktatur in Menton niederließ, eine eigene poetische Welt in Gartenform errichten, die sich heute leider in einem desolaten Zustand befindet. Die zugehörige Villa musste beispielsweise 1985 wegen Baufälligkeit abgerissen werden, der erhaltene Rest gewährt aber noch immer einen ganz guten Eindruck vom einstigen Erscheinungsbild. Man könnte fast meinen, Ibañez schuf den Garten nur, um seinen Lieblingsschriftstellern zu huldigen. Bereits über der Eingangspforte prangen Keramikportraits von Dickens, Balzac und Cervantes; letzterem ist im Garten auch ein Szenario in Form eines Halbkreises gewidmet. Zu den von Ibañez verehrten und im Garten verewigten Autoren gehörten zudem Zola, Flaubert, Hugo, Tolstoi, Dostojewski und Poe.

Adresse Avenue Blasco Ibañez. Öffnungszeiten: Nur zu speziellen Führungen, ansonsten kann man nur einen kurzen Blick über die Mauer werfen.

Jardin exotique du Val Rahmeh: Der von Lord Percy Radcliffe, dem englischen Gouverneur von Malta, 1925 angelegte Garten fasziniert mit seinen tropischen und subtropischen Pflanzen, die zum großen Teil essbare Früchte tragen (Kiwis, Avocados, Bananen etc.). Zudem gibt es über 1400 Eibengewächse und zahlreiche Gewürzpflanzen (Pfefferstrauch, Kardamom etc.). Die Villa Val Rahmeh dient als Außenstelle des in Paris beheimateten *Musée national d'Histoire naturelle*.

Adresse Avenue Saint-Jacques. Öffnungszeiten: April bis Sept. tgl. 10–12.30 Uhr und 15.30–18.30 Uhr, Okt. bis März 10–12.30 Uhr und 14–17 Uhr. Eintritt: 6 €, erm. 3 €. www.mnhn.fr.

Parc du Pian: Der östlich der Stadt gelegene Olivenhain ist der einzige Park Mentons, der von dem für die Vegetation des Mittelmeerraums typischen Olivenbaum geprägt ist und daher im Vergleich zu den anderen Gärten in seiner archaischen Ursprünglichkeit fast exotisch wirkt. Mehr als zehn Meter hohe, uralte verknöcherte Exemplare können in dem drei Hektar großen Areal bewundert werden. Hier lässt sich leicht nachvollziehen, dass sich für den englischen Romancier Lawrence Durrell die Schönheit der ganzen Mittelmeerwelt im Glanz einer einzigen schwarzen Olive spiegelte: „Statuen, Palmen, goldene Rosenkränze, bärtige Helden, Wein, Ideen, Schiffe, Mondlicht, geflügelte Gorgonen, Männer aus Bronze und Philosophen – alles reift im sauren, beißenden Geschmack dieser schwarzen Oliven heran, in einem Geschmack, der älter ist als der des Fleisches und des Weines – ein Geschmack, so alt wie der des klaren Wassers." Im Sommer dient der Parc du Pian zudem häufig als stimmungsvolle Kulisse für musikalische Abendveranstaltungen.

Parc Saint-Michel: Öffentlicher Garten mit Kinderspielplatz auf dem Plateau Saint-Michel.

Umgebung

Sainte-Agnès

Bis 1933 musste man noch zu Fuß gehen oder sich eines Maultiers bedienen, um zu dem 754 Meter hoch gelegenen Bergdorf zu gelangen. Heute bewältigen motorisierte Touristen die elf Kilometer lange Anfahrt in einer guten Viertelstunde. Oben angekommen, erwartet den Besucher ein pittoreskes, etwas zu aufgeräumt wirkendes Dorf sowie die darüber emporragenden Ruinen einer angeblichen Sarazenenburg. Der schöne Rundblick – bei guten Wetterbedingungen sogar bis Korsika – lässt vergessen, dass Sainte-Agnès offensichtlich nur noch vom Tourismus lebt; entlang der Rue Longue reiht sich Schmuck- an Souvenirladen, dazu noch drei Restaurants (gut und nicht allzu teuer isst man im Logis Sarrasin). Am Ende des Dorfes ragen die mächtigen Geschützbastionen eines zur Maginot-Linie gehörenden Forts aus dem Fels.

Verbindungen Täglich drei Busverbindungen nach Menton. Führungen durchs Fort: Sa und So um 14.30 Uhr. ✆ 0493358458.

Gorbio

Gorbio zieht sich ebenfalls recht malerisch einen Hügel hinauf, manche Häuser sind durch Arkaden miteinander verbunden. Das Dorf gefällt aber vor allem durch das ungezwungene, nicht zu geleckt wirkende Erscheinungsbild. Gorbio lebt, die Straßen sind nicht klinisch rein, Katzen schleichen herum und im Waschhaus wird noch geschrubbt wie in alten Zeiten. Die Nähe zu den Stränden macht Gorbio zu einem beliebten Ausflugsziel. Interessant ist ein Besuch während der Schneckenprozession (*Procession aux escargots*) an Fronleichnam. Überall auf den Straßen und Fensterbänken leuchten dann kleine, mit Öl gefüllte Schneckenhäuser.

Côte d'Azur
Karten Seite 234, 316/317 und 364/365

• *Verbindungen* Täglich fahren sechs Busse nach Menton.

• *Camping* **La Giandolla**, kleine, terrassierte Anlage etwas oberhalb des Dorfes. Von Okt. bis Mai geschlossen. Chemin A. Rochard, ✆ 0493283523.

Wandern: Von Gorbio aus kann man in ein bis zwei Stunden zu den umliegenden Dörfern wie Sainte-Agnès, Peille oder Roquebrune wandern, der Beginn des jeweiligen Weges ist ausgeschildert. Vorschlag für eine schöne Tagestour: Am Morgen mit dem Bus von Menton nach Gorbio, um anschließend nach Sainte-Agnès zu wandern; von dort aus wieder mit dem Bus zurück nach Menton.

Castellar

Ein weiteres schmuckes Bergdorf im Hinterland von Menton, das allerdings im 15. Jahrhundert planmäßig errichtet wurde, weshalb der 800-Seelen-Ort von drei parallel verlaufenden Straßen durchzogen wird. Die Anfahrt lohnt sich auch wegen der herrlichen Fernsicht auf die Küste.

Castillon

Das auf halbem Weg zwischen Menton und Sospel an der D 2566 gelegene Künstlerdorf bezeichnet sich als „Castillon Village d'Art". Angesichts der schmuck herausgeputzten Häuser ist es heute nur schwer vorstellbar, dass Castillon 1887 durch ein Erdbeben und 1944 durch Bombardements im Zweiten Weltkrieg schwer verwüstet wurde. Erst als sich mehrere Kunsthandwerker in den Ruinen niederließen und diese restaurierten, ging es wieder bergauf.

Übernachten/Essen **La Bergerie de Castillon**, dieses kleine an den Fels gebaute Hotel ist ein Lesertipp von Birgit Schneidinger. Überdachter Pool vorhanden. DZ ab 65 €. WLAN vorhanden. 68, chemin de Saint Antonin, ✆ 0493040039, ℻ 0493040318. www.bergerie-castillon.com.

Grimaldi-Grotten (Balzi Rossi)

Die hinter der französisch-italienischen Grenze unterhalb des Dorfes Grimaldi gelegenen Grotten gehören zu den bedeutendsten prähistorischen Fundstätten Europas. Die Ausgrabungen förderten neben rund 15.000 bis 20.000 Jahre alten menschlichen Skeletten auch bemerkenswerte Grabbeigaben zu Tage. Spektakulär war aber vor allem der Fund in der *Grotte des Enfants* (Grotta dei Fanculli). Die beiden dort gefundenen Skelette – es handelt sich um einen Jüngling und eine alte Frau – unterscheiden sich deutlich von dem bis dato bekannten Cro-magnon-Typus; sie weisen deutlich negroide Merkmale auf. Der Fund bewirkte ein Umdenken in der Forschung, da seither von einem weiteren, in Europa verbreiteten Menschentypus ausgegangen wird. Die Grabbeigaben und der Schmuck lassen darauf schließen, dass sich beide Menschentypen auf der gleichen Kulturstufe befunden haben. Ungewöhnlich war allerdings die Beerdigung in Hockstellung.

Ein Teil der Funde ist auf dem Gelände in dem kleinen, 1898 von Thomas Hanbury gegründeten **Museo Nazionale Preistorico dei Balzi Rossi** ausgestellt. Eine Besichtigung der Grotten, die hinter dem Museum liegen, ist eher enttäuschend. Interessierte sollten sich zu einem Besuch der prähistorischen Museen von Menton und Monaco entschließen, da dort die bedeutendsten Fundstücke der Grimaldi-Grotten ausgestellt sind.

Öffnungszeiten Di–So 9–13 Uhr und 14.30–19.30 Uhr. Eintritt: 3 €.

Giardini Hanbury

Zwischen der französisch-italienischen Grenze und Ventimiglia liegt bei dem kleinen Dorf Mortola Inferiore der berühmte Hanbury-Park, eine fantastische Gartenanlage, die *Thomas Hanbury* zur Akklimatisierung tropischer Pflanzen anlegen ließ. Im 19. Jahrhundert galt der exotische Park des im Orienthandel reich gewordenen Botanikliebhabers als der schönste in ganz Europa. Noch immer fasziniert die außerordentliche Artenvielfalt, obwohl der Garten weit von seiner einstigen Pracht entfernt ist.

Öffnungszeiten Tgl. 9–18 Uhr, im Winterhalbjahr tgl. außer Mi 10–17 Uhr. Eintritt: 9 bzw. 7,50 €, erm. 6 bzw. 4,50 €. www.giardinihanbury.com.

Ventimiglia

Das alte römische *Albium Intemelium* besitzt noch mehrere Zeugnisse seiner reichen Vergangenheit, wenngleich das direkt neben einer Bahnlinie ausgegrabene römische Theater in seinem jetzigen Zustand nicht zu den schönsten seiner Art zählt – nur noch sechs Sitzreihen sind vollständig erhalten. Aus der Glanzzeit Ventimiglias, als die gleichnamigen Grafen weite Teile der ligurischen Küste beherrschten, stammen der mittelalterliche Dom und das mit diesem verbundene Baptisterium. Besonders lohnenswert ist ein Abstecher am Freitag: Der Freitagsmarkt von Ventimiglia ist weit über die Stadtgrenzen hinaus für seine Vielfalt bekannt, begleitet wird er von einem allwöchentlich stattfindenden Verkehrschaos. Wer nach einem Stadtbummel noch mehr von Italien sehen will, kann dem Küstenverlauf bis in das elegante San Remo folgen.

Verbindungen Zahlreiche Zug- und Busverbindungen nach Menton und zu den anderen Städten entlang der Côte d'Azur.

Von Menton nach Nizza

Wer mit dem eigenen Fahrzeug von Menton nach Nizza bzw. von Nizza nach Menton fahren will, hat die Wahl zwischen drei verschiedenen Aussichtsstraßen, den so genannten *Corniches*. Die *Corniche Inférieure* (N 98), die in ihrem Verlauf weitgehend der Küste folgt, ist stark frequentiert und führt durch das Fürstentum Monaco, Beaulieu und Villefranche. Die mittlere Straße (N 7), die so genannte *Moyenne Corniche*, wurde 1927 hauptsächlich aus touristischen Gründen erbaut und besitzt daher viele Aussichtsparkplätze; ein Besuch des mittelalterlichen Eze, das auf dem Weg liegt, gehört zum Pflichtprogramm. Die höher am Berg entlangführende *Grande Corniche* (D 2564) ist die älteste Verbindung. Sie entspricht größtenteils der römischen *Via Aurelia*, wurde später aber von Napoléon erneuert. Die zu Ehren des Kaisers Augustus in La Turbie errichtete Trophée des Alpes ist neben Roquebrune der interessanteste Zwischenstopp entlang der *Grande Corniche.*

Roquebrune-Cap-Martin

Kontrastreiche Doppelgemeinde – oben am Berg das verschachtelte mittelalterliche Roquebrune, unten an der Küste das mondäne Cap-Martin. Cap-Martin war seit jeher eine der vornehmsten Adressen an der Côte d'Azur, daran hat sich bis heute nichts geändert.

Der Name Roquebrune leitet sich von den Farbnuancen des Felsens (*Rocca Bruna*) ab, auf dem die Grafen von Ventimiglia eine Burg errichteten. Ähnlich wie das benachbarte Menton hat auch das Bergdorf eine bewegte Geschichte hinter sich,

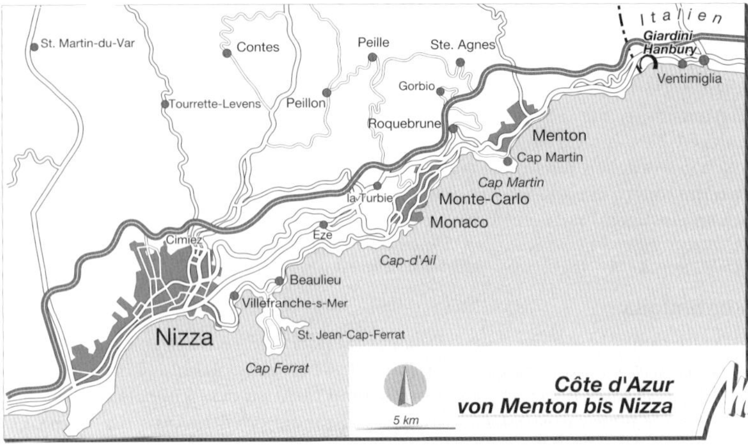

bis schließlich 1861 aus dem monegassisch-italienischen *Roccabrune* das französische Roquebrune wurde. Noch vor 150 Jahren war Roquebrune ein weitgehend verlassenes Dorf, auf dem bewaldeten Cap-Martin stand kein einziges Haus. Als um die Wende zum 20. Jahrhundert an der Küste exklusive Hotels und Villen entstanden, erwachte auch Roquebrune zu neuem Leben. Der Tourismus hat das Dorf vollkommen verändert: Roquebrune präsentiert sich als renoviertes Bilderbuchdorf; in den mittelalterlichen, um einem Felsen gewundenen Gassen drängen sich die Kunsthandwerksläden und warten auf den Ansturm der Besucher. Am Ortsausgang ist noch ein Naturdenkmal zu bewundern: Der tausendjährige Ölbaum von Roquebrune ist mehr als zehn Meter breit und wird als der älteste der Welt gerühmt. Ganz im Gegensatz hierzu: Cap-Martin. Nach wie vor geht es auf der Landzunge sehr vornehm zu, vom Massentourismus abgeschottet, konnte das exklusive Flair erfolgreich bewahrt werden. Keine der feudalen Villen ist für Besucher zugänglich – warum auch, schließlich will man unter seinesgleichen bleiben. Schon vor hundert Jahren gaben sich hier gekrönte Häupter und die Highsociety ein Stelldichein: So verabredete sich hier die französische Kaiserin Eugénie regelmäßig mit Kaiserin Elisabeth von Österreich („Sissi") zum Teetrinken und Spazierengehen. Wer will, kann bei einem kurzen Bummel durch das Villenviertel einen plastischen Eindruck vom Reichtum dieser Welt gewinnen.

Information/Verbindungen/Diverses

- *Information* **Office Municipal de Tourisme**, 218, avenue Aristide-Briand, 06190 Roquebrune-Cap-Martin, ✆ 0493356287, 📠 0493 285700. www.roquebrune-cap-martin.com.
- *Einwohner* 11.700 Einwohner.
- *Verbindungen* Sehr häufig Verbindungen nach Menton und Nizza. Die Gemeinde Roquebrune-Cap-Martin besitzt zwei Bahnhöfe, die beide an der Küste liegen. Der Bahnhof Roquebrune-Cap-Martin liegt unterhalb des Dorfes, der Bahnhof Carnolès im Osten von Cap-Martin. Beachten sollte man noch, dass der Aufstieg von Cap Martin nach Roquebrune durchaus schweißtreibend ist.
- *Führungen* Jeden Di und Fr um 10 Uhr beginnt am Office de Tourisme (vorherige Anmeldung) eine Führung zum Cabanon von Le Corbusier. Kosten: 8 €, erm. 5 €.

• *Veranstaltungen* **Procession de la Passion in Roquebrune**: Am Nachmittag des 5. August wird mit einer Prozession der Rettung des Dorfes vor einer Pestepidemie gedacht. **Karfreitagsprozession**: Die in historische Gewänder gehüllten Dorfbewohner spielen in den festlich erleuchteten Straßen die Grablegung Christi nach.

• *Kinderspielplatz* Schöne Anlage im Parc de Cap-Martin. Tgl. 9–19 Uhr.

Übernachten/Essen

**** **Vista Palace**, ein Hotel der Superlative – jedenfalls was Lage, Ausstattung und Preise betrifft. Der Architekt mag ein großer Statiker sein, über den künstlerischen Wert seiner Leistung lässt sich sicher streiten. Wer mit einem so traumhaften Blick aufwachen möchte, muss zwischen 300 und 870 € pro Nacht (mit Frühstück) erübrigen, beheizter Panorama-Swimmingpool, Sauna und Hubschrauberlandeplatz inklusive. Gutes Restaurant im gehobenen Niveau. Das Vista Palace liegt direkt an der Grande Corniche. ✆ 0493104000, ✆ 0493351894, www.vistapalace.com.

** **Les Deux Frères**, direkt am Eingang von Roquebrune. Das sympathische, kleine Hotel – das Gebäude diente bis 1854 als Dorfschule – mit blumenreichem Ambiente besitzt nur zehn Zimmer zu 75 € (EZ) bis 110 €. Zudem werden im Dorf zwei Appartements für 150 bzw. 180 € vermietet. Auf der Straßenterrasse lässt sich der Trubel schön beobachten, während man sich entspannt und an dem Menü zu 28 (mittags mit einer halben Flasche Wein) oder 48 € labt. Do und im Nov. geschlossen. Place des Deux Frères, ✆ 0493289900, ✆ 0493289910, www.lesdeuxfreres.com.

** **Regency**, kleines, unspektakuläres Hotel an der etwas zu lauten unteren Corniche. Ganz nett ist der Garten. Zimmer je nach Lage und Saison. 85–120 €. 98, avenue Jean-Jaurès, ✆ 0493350091, ✆ 0493289955. www.hotelregencymonaco.com.

Au Grand Inquisiteur, angenehmes Restaurant in einem alten ellergewölbe. Der „Großinquisitor" wartet mit einer relativ klassischen provenzalischen Küche auf. Da das Lokal nur wenige Tische besitzt, ist es nicht immer einfach, einen Platz zu ergattern. Menüs zu 26 und 37 €. Mo und Dienstagmittag geschlossen. 18, rue du Château, ✆ 0493350537.

La Grotte, uriges Höhlenbistro mit lauschiger Terrasse. Zum Essen gibt es diverse Kleinigkeiten, Pizza ab 8 € bzw. Plat du Jour für 11,50 €. Mi geschlossen. Place des Deux Frères, ✆ 0493350004.

• *Ferienwohnungen* Das Office Municipal de Tourisme hält eine Broschüre mit rund 200 Ferienwohnungen und -häusern bereit.

Verschachtelte Dächerlandschaft von Roquebrune

Sehenswertes

Château: Die Burg von Roquebrune ist wahrscheinlich eine Gründung aus dem 10. Jahrhundert, jedoch entspricht ihr Bauzustand am ehesten dem des Spätmittelalters. Das Zentrum der Anlage besteht aus einem Hof, flankiert von zwei quadratischen Türmen; der ältere und größere von beiden misst knappe 30 Meter (schöner Blick aufs Meer und die rote Dächerlandschaft!). Einst war die Burg von einem imposanten

Mauerring umgeben. Innerhalb dieser Außenmauern entstand im 15. Jahrhundert das alte Roquebrune mit seinen kleinen verschachtelten Häusern und den schmalen, teilweise überwölbten Gassen.

Öffnungszeiten Tgl. 10–12.30 Uhr und 14–19 Uhr, im Winter bis 17 Uhr; Mitte Nov. bis Mitte Dez. geschlossen. Eintritt: 3,70 €, erm. 1,60 €.

Am Dorfplatz von Roquebrune

Monument de Lumone: Schräg gegenüber dem Rathaus stehen die wenigen Reste einer römischen Poststation. Ein Stückchen Mauerwerk mit drei Arkaden und Wandmosaiken – nicht viel, aber immerhin ein mehr als 2.000 Jahre altes Zeugnis aus der Vergangenheit von Cap-Martin.

La Tombe de Le Corbusier: Auf dem Gemeindefriedhof von Roquebrune-Cap-Martin liegt der berühmte Architekt und Städteplaner *Le Corbusier* (1887–1965) begraben. Wie es sich für einen Künstler seines Ranges gehört, hat er das Grabmal selbst entworfen. Übrigens starb Le Corbusier unweit von Cap-Martin beim Tauchen an einem Herzschlag.

Wandern

Promenade Le Corbusier: Vom Ende der Avenue Winston Churchill verbindet diese gut ausgeschilderte Uferpromenade das Cap-Martin mit dem Bahnhof Cap-Martin-Roquebrune; dabei kommt man auch am selbst entworfenen hölzernen Wohnhaus von Le Corbusier vorbei (*Cabanon Le Corbusier*, eine Besichtigung ist nur im Rahmen einer Führung durch das Office de Tourisme möglich, Di und Fr um 10 Uhr, Kosten 8 €). Wer will, kann am Meer entlang weiter bis Monte Carlo oder nach Menton promenieren. Entfernung: 3 Kilometer.

Nach Roquebrune: Es gibt zwei Möglichkeiten, von der Küste nach Roquebrune zu wandern (200 Höhenmeter). Entweder steigt man vom Bahnhof Cap-Martin-Roquebrune in einer Stunde über zahlreiche Stufen hinauf oder man startet vom Bahnhof Carnolès (1,5 Std.). Hierzu geht es anfangs entlang der Avenue de Belgique, dann über den Chemin du Vallonnet und den Chemin de Menton an der Chapelle La Pausa vorbei nach Roquebrune. Der Weg ist mit der Hinweistafel „Les Balcons de la Côte d'Azur" ausgeschildert.

Staat im Staat: das Fürstentum Monaco

Monaco

Monaco, ein mediterraner „Zwergstaat“ der Superlative: Steuer- und Spielerparadies, quasi-feudales Regiment neben Hightech, Hautevolee, Formel 1 und zu guter Letzt: permanente Raumnot.

Wer zum ersten Mal das Fürstentum Monaco (*Principauté de Monaco*) besucht, wird wahrscheinlich enttäuscht sein. Von romantischen Vorstellungen wird der Neuankömmling angesichts der langweiligen Hochhauskulisse von Monte Carlo rasch ernüchtert; Wanne-Eickel besitzt mehr Grünanlagen. Zu lange darf man sich aber nicht über einen Zwischenstopp Gedanken machen, sonst ist man schon wieder auf französischem Boden. Auch wenn das Fürstentum nur 1,95 Quadratkilometer groß – vor den Landaufschüttungen waren es sogar nur 1,6 Quadratkilometer – und somit nach der Vatikanstadt der zweitkleinste europäische Staat ist, lassen sich deutlich vier urbane Bereiche ausmachen: Da ist einmal das alte Monaco mit dem fürstlichen Palais auf dem malerischen Felsen Le Rocher, einen Kilometer weiter östlich lockt Monte Carlo mit seinem berühmten Spielcasino, dazwischen liegt am Hafen die Gemeinde La Condamine mit dem Schwimmbad „Stade Nautique Rainier III“; zuletzt entstand auf einem, dem Meer abgetrotzten Stück Land das supermoderne Fontvieille mit dem Sportpalast „Stade Louis II“. Die Raumnot ist groß, muss doch jeder Ausländer, der in den Genuss der Steuerfreiheit kommen will, entweder eine Wohnung im Fürstentum besitzen oder gemietet haben. Leider wurden auch schon zahlreiche alte Villen dem Bauboom geopfert; ihr Platz wurde von gesichtslosen Neubauten mit kleinen Appartements zu horrenden Preisen eingenommen. Der Übergang zum französischen Territorium ist nahtlos, nur die weißen monegassischen Briefkästen erleichtern die Orientierung. Apropos Raumnot: Zuletzt wurde im Herbst 2004 eine 300 Millionen Euro teure Landungsbrücke im Meer verankert. Mit dieser 352 Meter langen künstlichen Mole wurden 700 neue Liegeplätze für Luxusyachten geschaffen, zudem können endlich große Kreuzfahrtschiffe direkt in Monaco anlegen. Dass zusätzlich ein neues Parkhaus für 360 Autos, ein Einkaufszentrum mit Restaurants, Flaniermeilen und einem Leuchtturm entstanden ist, gerät da fast zur Nebensache.

Noch heute erscheint die 1887 von *Guy de Maupassant* getroffene Charakterisierung aktuell: „Dieser erstaunliche Staat, kleiner als ein französisches Dorf, in dem es aber einen absolutistischen Herrscher gibt, Bischöfe, ein Heer von Jesuiten und Seminaristen, welches größer ist als das des Fürsten, eine Artillerie mit einer verrosteten Kanone, ein Protokoll, das strenger ist als einst unter Ludwig XIV., autoritäre Prinzipien, die despotischer sind als die des Preußenkönigs – und all das verbunden mit einer großartigen Toleranz gegenüber den menschlichen Schwächen, die das Leben des Souveräns, der Bischöfe, der Jesuiten, der Seminaristen, des Heeres und der Richter beherrschen." Die Fürstenfamilie von Monaco ist – gleich nach Prinz Charles – ein Lieblingsthema der Regenbogenpresse. Früher hielt sich der Adel Hofnarren, um sich zu unterhalten, heute könnte man glauben, das Volk halte sich aus dem gleichen Grund Adelige. Zu der Fürstenfamilie gesellen sich neben den zahllosen Touristen noch rund 32.000 Einwohner, von denen allerdings nur 7.000 die monegassische Staatsbürgerschaft besitzen, ein paar Tausend „Steuerflüchtlinge" und diejenigen, die alles am Laufen halten. Wenn alljährlich im Mai die Erben von Michael Schumacher beim traditionsreichen Grand Prix von Monaco (seit 1929) auf dem Innenstadtkurs durch die Häuserschluchten und Tunnel des Fürstentums donnern, dann entscheidet man sich am besten für die Grande Corniche und umfährt das Spektakel weiträumig. Apropos Veranstaltungen: Ein souveräner Staat hat natürlich seinen Nationalfeiertag: Am 19. November ist das ganze Fürstentum mit Fahnen geschmückt, Paraden werden abgehalten.

Böse Zungen behaupten, die Polizei des Fürstentums habe George Orwells „1984" ihren Dienstvorschriften zugrunde gelegt. So besitzt Monaco ein nahezu perfektes Sicherheitssystem, innerhalb von Minuten können die Grenzen geschlossen werden. Kameras an allen zentralen Plätzen und ein ganzes Bataillon von Polizisten sorgen für eine unkomplizierte und wirksame Überwachung des öffentlichen Lebens. Auf 65 Einwohner kommt ein Polizist! Personen, die unangenehm auffallen, werden kurzerhand des Landes verwiesen. Das millionenschwere Publikum weiß es zu schätzen, dass sich hier der eigene Reichtum unbesorgt zur Schau stellen lässt und niemand Anstalten machen wird, der Gattin das Diamantenkollier vom Hals zu reißen. Übrigens profitiert auch der Durchschnittstourist vom fürstlichen Polizeistaat: So sicher wie in Monaco kann er nirgendwo sonst an der Côte d'Azur sein Auto abstellen.

Geschichte

Dank des strategisch günstigen Felsens war Monaco schon in frühester Zeit besiedelt. Die Phönizier betrieben hier eine Handelsniederlassung, wurden aber alsbald von den Griechen verdrängt, die ein paar Jahrhunderte später wiederum den Römern weichen mussten: Aus dem griechischen *Monoikos* wurde das römische *Monoeci*. Bei den Bauarbeiten im Hafenviertel La Condamine kamen

Das „Zuhause" der Familie Grimaldi

zahlreiche Fundstücke aus der römischen Vergangenheit ans Tageslicht. Über die Zeitspanne zwischen Spätantike und Hochmittelalter schweigen die Quellen. Im 12. Jahrhundert wurde der Küstenabschnitt zum Zankapfel zwischen den Grafen der Provence und der mächtigen Republik Genua. Kaiser Friedrich Barbarossa griff 1162 ein und regelte den Streit zugunsten der Stadtrepublik. Damit hatten die Querelen aber noch lange kein Ende gefunden, mehr als hundert Jahre lag man sich immer wieder in den Haaren, bevor *Francesco Grimaldi*, der einer der angesehensten genuesischen Adelsfamilien entstammte, das Heft kurzerhand selbst in die Hand nahm. Die Legende besagt, dass er als Mönch verkleidet in die Festung der Genueser eingedrungen sein soll. Mit Geschick und Ausdauer gelang es den Grimaldis, sich in der folgenden Zeit ein beachtliches Territorium entlang der Küste zu schaffen. Nichtsdestotrotz wurde das Fürstentum wiederholt zum Spielball französischer, spanischer und sardischer Interessen, wurde belagert, verwüstet, wiederaufgebaut und erneut zerstört. Erstaunlicherweise behaupteten sich die Fürsten von Monaco immer wieder und retteten ihre Dynastie mehrfach vor dem Untergang. Als 1731 die Grimaldis im Mannesstamm ausstarben, ging die Herrschaft auf das normannische Adelsgeschlecht der Matignon über, die Namen und Wappen der Familie Grimaldi übernahmen. Im Zeitalter der Französischen Revolution war für ein souveränes Fürstentum kein Platz: Fürst Honorius IV. musste sein Schloss räumen, Verwundete wurden einquartiert; 1792 stimmten die monegassischen Bürger für die Vereinigung mit Frankreich, die 1815 allerdings wieder rückgängig gemacht wurde.

Mitte des 19. Jahrhunderts war es alles andere als erfreulich, ein Monegasse zu sein. Der Fürst und seine Untertanen lebten in bitterer Armut, der steinige Boden gab nicht viel her und auch der Fischfang, die Zollrechte und der Salzabbau füllten die Kassen nicht. Da noch keine Küstenstraße nach Nizza oder Menton

Côte d'Azur
Karten Seite 234, 316/317 und 364/365

existierte, war man auf Maultierpfade und Schiffe angewiesen. Auch der Trick mit der Steuerschraube schlug fehl: Menton und Roquebrune sagten sich aufgrund der hohen Abgaben 1848 unter sardischem Schutz von Monaco los. Damit verlor das Fürstentum seine Haupteinnahmequelle und 94 Prozent seines Territoriums. Zwölf Jahre später verkaufte *Fürst Charles III.* die beiden Städte, die ihm faktisch schon lange nicht mehr gehörten, für vier Millionen Franken an Frankreich. Die wirtschaftlichen Nöte blieben dennoch weiterhin akut, der Versuch, mit einem Spielcasino die Glückssuchenden ins Land zu holen, war bereits 1856 wegen der nicht vorhandenen Verkehrsanbindung fehlgeschlagen. Erst als 1863 der in Sachen Glücksspiel versierte Franzose *François Blanc* die Konzession für ein Spielcasino erhielt, begann der kometenhafte Aufstieg Monte Carlos. Blanc gründete eine Aktiengesellschaft (*Société des Bains de Mer*) – zu deren Hauptaktionären neben Fürst Charles III. auch Kardinal Pecci, der spätere Papst Leo XIII., gehörte –, ließ Hotels errichten und Gärten anlegen, die Oper wurde mit einem Auftritt von Sarah Bernhardt eröffnet. Zudem fädelte Blanc den 1868 erfolgten Anschluss an das französische Eisenbahnnetz ein. Dem Erfolg stand nichts mehr entgegen! Hinzu kam der glückliche Umstand, dass das Glücksspiel zum damaligen Zeitpunkt weder in Frankreich, noch in Italien erlaubt war und zudem 1873 auch noch im Deutschen Kaiserreich verboten wurde, und so strömten die Glückssuchenden aus aller Herren Länder in das Fürstentum, darunter zahllose gekrönte Häupter und anderweitig prominente Persönlichkeiten. Das schrille Treiben war aber nicht jedermanns Sache, so rümpfte Anton Tschechow die Nase: „Mein Gott wie verächtlich und ekelhaft dieses Leben ist mit seinen Artischocken, Palmen und dem Duft von Orangenblüten! ... Ich liebe Luxus und Reichtum, aber dieser Roulette-Luxus wirkt auf mich wie ein unersättliches Klosett." Und Katherine Mansfield, die sich in Menton erheblich wohler fühlte, fällte ein paar Jahre später noch ein härteres Urteil. Sie zeigte sich sichtlich angewidert von den „Zuhältern, Gouvernanten mit abgetragenen Handschuhen, ... alten Weibern, ergrauten, klapprigen Greisen, reichen, fetten Kapitalisten und jungen Mädchen, die versuchen, wie Babys auszusehen".

Recht unadelig verhielt sich das Fürstentum Monaco während des Zweiten Weltkriegs. Unter der Regentschaft von Louis II., einem militärisch geprägten, an Frankreich orientierten Autokraten, geriet der Zwergstaat immer mehr in den Würgegriff brauner und schwarzer Interessen. Geldwäscher, Steuerflüchtlinge und NS-Funktionsträger ließen sich in Monaco nieder. Letztere nutzten „Radio Monte Carlo" als Propagandaorgan. Zweifellos mit Erfolg, denn 1943 wurden die Rassengesetze der Nazis übernommen: „Ich möchte nicht, dass mein Fürstentum ein Luxus-Palästina wird", ließ Louis II. verlauten und gab damit das Signal, die kleine jüdische Gemeinde zu erfassen und dann den Polizisten des Vichy-Regimes auszuliefern. Ein düsteres Kapitel in der Geschichte Monacos, über welches das Fürstentum trotz überfälliger Aufarbeitung noch immer den Mantel des Schweigens ausbreitet und die fürstlichen Archive geschlossen hält.

Von 1949 bis 2005 stand der aus einer Nebenlinie (Polignac) stammende *Rainier III.* an der Spitze des Fürstentums. Ihm gelang es während seiner langen Regentschaft, aus dem feudalen Zwergstaat ein modernes, streng wirtschaftlich ausgerichtetes „Unternehmen" zu formen; Spötter sprechen von der „Grimaldi AG". Konsequenterweise ist auch von offizieller Seite vom Umsatz statt vom Bruttosozialprodukt des Fürstentums die Rede. Allerdings hat Monaco 1963 einen

Brantes am Fuß des Mont Ventoux ▲

Valberg bietet einen herrlichen Blick auf das Panorama der Seealpen ▲▲

Lac de Sainte-Croix: Badevergnügen am Stausee ▲

Umgeben von einer steil aufragenden Felskulisse ist Moustiers-Sainte-Marie ein klassisches Ausflugsziel zum Grand Canyon du Verdon

Mit seiner mächtigen Zitadelle war Entrevaux einst ein wichtiger Grenzposten. Selbst die Kathedrale wurde in den Wall integriert.

▲▲ Rund um den Lac de Sainte-Croix locken herrliche Badeplätze

▲ Lurs: 320 Einwohner, ein Hotel, zwei Restaurants und ein grandioses Panorama

großen Teil seiner Unabhängigkeit verloren: Auf massiven Druck des französischen Präsidenten Charles de Gaulle hin, der sich auf einen Staatsvertrag aus dem Jahre 1910 berief, musste sich Fürst Rainier III. verpflichten, französische Staatsbürger nach französischen Steuergesetzen zu belangen und eine Wirtschafts- und Zollunion mit dem mächtigen Nachbarn einzugehen. Außenpolitisch wird das Fürstentum seither von einem von Frankreich bestimmten Staatsminister vertreten; in wirtschaftlicher Hinsicht hat sich das Fürstentum zu einem Industriestaat modernsten Zuschnitts gewandelt, Hightech ist angesagt. Der Staatshaushalt ist schon seit langem von den Einnahmen des Spielcasinos unabhängig, nur noch etwas mehr als vier Prozent werden am Spieltisch „verdient". Den größten Teil des 10 Milliarden Umsatzes bringen die Immobilien, Briefmarken, Zollgebühren, der Fremdenverkehr (Kongresse, Parkhäuser) und vor allem Steuereinnahmen – ja, so etwas gibt es auch in Monaco. Monegassen sowie nicht-französische Privatpersonen sind zwar von den direkten Steuern befreit, aber es wird nichtsdestotrotz Mehrwertsteuer erhoben, die mehr als die Hälfte der Staatseinnahmen ausmachen. Ausländische Firmen haben zudem Gewerbesteuer zu entrichten.

Wo die Liebe hinfällt

Bei ihrer Herzenswahl setzten sich die monegassischen Fürsten zweimal deutlich über gesellschaftliche Konventionen hinweg. Während die 1956 erfolgte Eheschließung von Fürst Rainier III. mit der amerikanischen Filmschauspielerin Grace Kelly noch gut in Erinnerung ist, kennt kaum mehr jemand *Alice Heine*, die Fürst *Albert I.* 1889 heiratete. Die Verbindung sorgte nicht nur für Schlagzeilen, weil die Auserwählte eine Bürgerliche, sondern zudem jung verwitwet und jüdischer Herkunft war (entfernt mit dem Dichter Heinrich Heine verwandt)! Die aus New Orleans stammende Alice Heine mauserte sich aber schnell zu einer angesehenen Landesmutter mit ausgeprägtem sozialen und künstlerischen Engagement. Allerdings bewegten sie die Kompositionen eines Herrn namens Isidor Cohen so sehr, dass sie darüber ihre Ehe vergaß. Albert I. zog die Konsequenzen, ließ sich 1902 heimlich scheiden und richtete seine Aufmerksamkeit fortan fast ausschließlich auf seine geliebten Meeresstudien.

Côte d'Azur
Karten Seite 234, 316/317 und 364/365

Information/Verbindungen

• *Information* **Direction du Tourisme et des Congrès**, 2a, boulevard des Moulins, Monte Carlo, 98030 Monaco Cédex, ✆ 92166116, ℻ 92166000, www.visitmonaco.com bzw. www.monaco-tourisme.com. Zahlreiche Broschüren und ein ausführlicher Veranstaltungskalender in deutscher Sprache liegen bereit. In Deutschland gibt es zudem das Monaco Informations-Centrum, Königsallee 27-31, 40212 Düsseldorf, ✆ 0211/3237843, ℻ 0211/3237846.

• *Verbindungen* Autoreisende sehen sich im Fürstentum mit einer erheblichen **Parkplatznot** konfrontiert. Vom Falschparken wird dringend abgeraten: Ruckzuck ist die Kralle am Reifen, die erst wieder nach entrichteter Gebühr gelöst wird. Monaco ist mit dem Zug von Nizza oder Menton sehr gut zu erreichen (mehr als 20 Verbindungen tgl.). Der SNCF-**Bahnhof**, ✆ 93106015, ist nur 300 Meter vom Fürstenpalast entfernt und liegt seit 1999 unter der Erde. Ganz Eilige starten vom Héliport de Fontvieille mit dem Hubschrauber und sind ein paar Minuten später in Nizza, ✆ 92050050. Taxiruf: ✆ 931501 01. Das städtische, nein staatliche! **Busnetz** ist bestens ausgebaut. Regelmäßig werden die wichtigsten Punkte angefahren. Die Linie

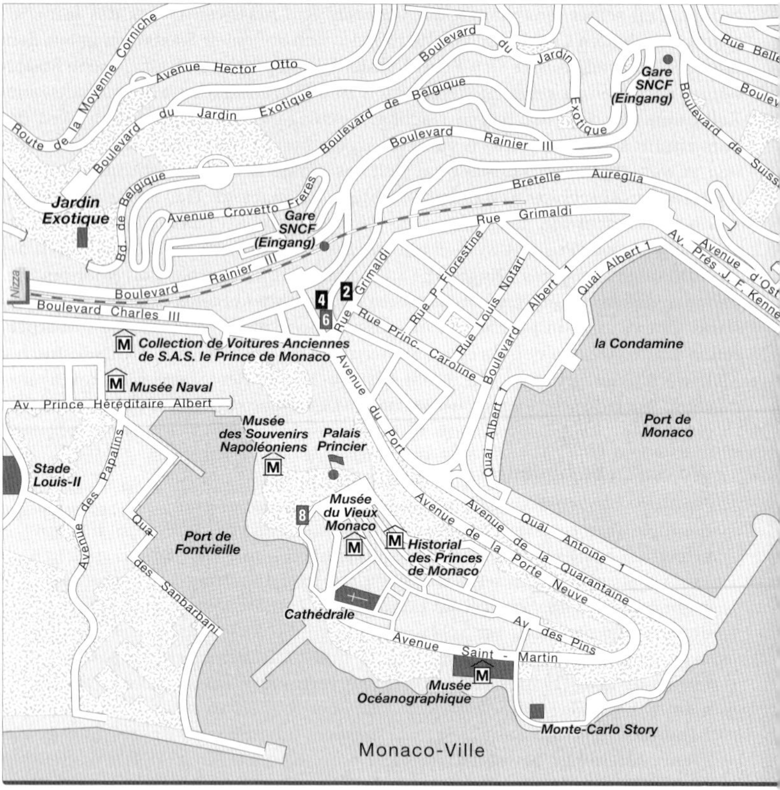

2 fährt beispielsweise für 1 € in 14 Minuten zum Jardin Exotique, die Linie 4 zum gleichen Preis zum Larvotto-Strand (Tageskarte kostet 3 €). Am Ozeanographischen Museum starten von Feb. bis Okt. zwischen 10.30 und 12 Uhr sowie 14 und 18 Uhr kleine Touristenzüge zur Rundfahrt durch die Altstadt und zur Place du Casino. Fahrpreis: 6 €, erm. 3 €. Eine wichtige Verbindung zwischen den einzelnen Stadtteilen stellen die zahlreichen öffentlichen **Aufzüge** und **Rolltreppen** dar, die helfen, die Höhenunterschiede im Fürstentum bequem zu meistern.

Diverses

- *Telefon* Monaco besitzt eine eigene Vorwahl, die 377; das heißt, wer von Frankreich oder aus dem übrigen Ausland nach Monaco telefonieren will, muss die 00 377 vor der in diesem Führer angegebenen achtstelligen Nummer wählen.
- *Autovermietung* Avis, 9, avenue d'Ostende, ✆ 93301753; Europcar, 47, avenue de Grande Bretagne, ✆ 93507495.
- *Veranstaltungen* Tennis-Grand-Prix-Turnier (Ende April), Formel-1-Grand-Prix von Monaco (Mai), Nationalfeiertag (19. November) und Zirkus-Festival (Dezember).
- *Markt* Tgl. auf der Place d'Armes im Stadtteil Condamine.
- *Post* Square Beaumarchais.
- *Musée des Timbres et des Monnaies* Bei Philatelisten stehen die Briefmarken des Fürstentums hoch im Kurs. Daneben

Côte d'Azur
Karten Seite 234, 316/317 und 364/365

hat der jeweilige Fürst auch das Recht, Münzen prägen zu lassen, wenngleich der Euro das allgemeingültige Zahlungsmittel ist. Adresse: Les Terrasses de Fontvieille. Öffnungszeiten: Tgl. 10–17 Uhr, im Sommer bis 18 Uhr. Eintritt: 3 €, erm. 1,50 €.

• *Musée de la Chapelle de la Visitation* Eine ehemalige Kapelle unweit des Ozeanographischen Museums wird als Ausstellungsraum für die sakrale Kunst aus der Sammlung Barbara Piesecka Johnson genutzt. Zu sehen ist barocke Kunst von Rubens, Ribera etc. Öffnungszeiten: Tgl. außer Mo 10–16 Uhr. Eintritt: 3 €, erm. 1,50 €.

• *Musée du Vieux Monaco* Gezeigt werden Gebrauchsgegenstände, die Einblicke in die früheren Lebensgewohnheiten der Monegassen gewähren. Nach Voranmeldung: ✆ 93505728. Rue Emile de Loth. Eintritt: frei!

• *Monte-Carlo-Story* Da die sensationshungrigen Besucher die Fürstenfamilie nur mit extrem viel Glück zu Gesicht bekommen werden, die Grimaldis aber ein fester Bestandteil des Marketings sind, schafft diese Multivisionsschau Abhilfe. Adresse: Terrasses du Parking du Chemin des Pêcheurs. Öffnungszeiten: Im Juli und Aug. tgl. um 11, 14, 15, 16, 17 und 18 Uhr, im Winter um 11, 14, 15, 16 und 17 Uhr Uhr, von Ende Nov. bis Weihnachten geschlossen. Stündliche Vorführungen. Eintritt: 7 €, erm. 5,50 €.

• *Minigolf* Parc Princesse Antoinette.

• *Baden* Strände sind rar in Monaco, aber man kommt ja auch nicht zum Schwimmen ins Fürstentum. Der traditionsreiche Monte Carlo Beach (Eintritt!) liegt schon auf französischem Staatsgebiet. Ein Besuch des künstlich mit Sand aufgeschütteten Strandes von Larvotto im Osten von Monte Carlo hat einen großen Nachteil: Am späten Nachmittag verschwindet die Sonne hinter den Hochhäusern, zudem werden auch hier stattliche Eintrittspreise verlangt. Wer nicht unbedingt einen Strand braucht, kann es direkt am Hafen mit dem beheizten Meerwasserpool (Stade Nautique Rainier III., günstiger Eintritt, von Ende April bis Mitte Okt. geöffnet) oder weiteren komfortablen Schwimmbädern versuchen.

• *Waschsalon* So etwas Banales wird man im Fürstentum vergeblich suchen.

Übernachten/Essen/Nachtleben (siehe Karte S. 242/243)

Übernachten im Fürstentum ist nicht billig: 1371 Zimmern in Luxusherbergen, aber kein einziges Ein-Stern-Hotel.

• *Hotels* **** **Hôtel de Paris (5)**, der nach dem Vorbild eines Pariser Grandhotels 1864 errichtete Prachtbau zählt zu den feinsten Adressen an der Côte d'Azur. Wer ins Casino will, muss das Hotel nicht einmal verlassen, der Weg führt durch unterirdische Gänge. DZ 420–930 €. Das zugehörige Restaurant Louis XV – hier schwang einst Escoffier den Kochlöffel – steht dem Hotel weder im Preis noch in der Leistung nach. Alain Ducasse besitzt nicht grundlos drei Michelin-Sterne. Menüs ab 130 € (mittags inkl. Wein). Place du Casino, ✆ 921 63000, ℻ 92163849. www.montecarloresort.com/hoteldeparis.

**** **Hermitage (3)**, hier absteigen heißt in einem lebendigen Museum der Belle Epoque wohnen. Namhafte Künstler – darunter Gustave Eiffel – haben bei der Ausstattung mitgewirkt. Schmiedeeiserne Balkone und üppige Farne zieren die verspielte Fassade, besonders schön ist die dem Meer zugewandte Seite des Hotels; die Glaskuppel des Wintergartens ist ein Meisterwerk des Jugendstils. Die Zimmerpreise rangieren geringfügig unter denen des Hôtel de Paris. DZ 390–900 €. Square Beaumarchais, ✆ 9216 4000, ℻ 92163852. www.montecarloresort.com

** **Versailles (4)**, angenehme Unterkunft unweit des Bahnhofs. Eine Nacht in einem der 15 Zimmer kostet 140 €, Frühstück 10 €. 4, avenue Price Pierre, ✆ 93507934, ℻ 93255 364. www.monte-carlo.mc/versailles.

** **Hôtel de France (2)**, ebenfalls in Bahnhofsnähe befindet sich das günstigste Hotel von Monaco, EZ ab 75 €, DZ 85–112 €, Frühstück 9 €. 6, rue de La Turbie, ✆ 93302464, ℻ 92161334. www.monte-carlo.mc/france.

• *Essen* In Monaco lässt es sich geradezu fürstlich tafeln – wenn man das nötige Kleingeld besitzt oder zuvor im Casino gewonnen hat. Falls ja, dann sollte man entweder im Hotel de Paris bei Alain Ducasse oder im Hotel Métropole bei Joël Robuchon reservieren. Für alle anderen gibt es aber noch ein paar weitere lohnende Adressen:

Le Café de Paris (7), bei Preisen von 25 € für ein Hauptgericht kann man direkt beim Casino tafeln und das Flair von Monaco „hautnah" genießen. Menüs zu 38 €. Place du Casino, ✆ 93254698.

Castelroc (8), die Lage direkt gegenüber dem Fürstenpalast lässt auf eine Touristenfalle schließen, doch das kreative Speisenangebot weckt Interesse. Mit den monegassischen Spezialitäten wird der Lokalpatriotismus hochgehalten, den auch die zahlreichen Einheimischen unter den Gästen zu schätzen wissen. Sehr empfehlenswert ist der Stockfisch. Ein weiteres Plus ist die schöne Terrasse. Menüs zu 25 € und 30 €. Nur mittags geöffnet. Place du Palais, ✆ 93303668.

Polpetta (1), ausgezeichnetes italienisches Restaurant in der Nähe des Bahnhofs. Besonders lecker sind die Nudelgerichte oder das Steinpilzrisotto. Mittagsmenü zu 25 €. Samstagmittag und Dienstag Ruhetag, im Juni Betriebsferien. 2, rue Paradis, ✆ 93506784.

La Place du Marché (6), mitten in Monaco gleich beim Markt bietet dieses Café eine hervorragende Auswahl an absolut frischen Sandwichs (5,30–6,80 €) und leckeren Salaten (8–9 €) zu angemessen Preisen. Schöne Straßenterrasse und kostenloses WLAN gibt es auch. Tgl. 8–17 Uhr. 3, place d'armes, ✆ 97777340.

• *Nachtleben* Discothek **Jimmy'z** im Monte Carlo Sporting Club. Wer nicht zufällig aussieht wie Michael Schumacher oder Boris Becker, wird den Türsteher wohl nicht passieren können. Avenue Princesse Grace. Im Winterhalbjahr sowie montags und dienstags geschlossen, sonst ab 23 Uhr geöffnet.

Zebra Square, schöne Lounge mit DJ und Terrasse, tgl. ab 22 Uhr geöffnet. 10, avenue Princesse Grace. Grimaldi Forum.

Ozeanographisches Museum

Côte d'Azur
Karten Seite 234, 316/317 und 364/365

Sehenswertes

Monaco-Stadt

Palais: Der fürstliche Palast – wenn die Fahne weht, ist der Fürst anwesend – entspricht bis auf einige spätere Anbauten und leichte Veränderungen (z. B. die historisierenden Zinnen der mittelalterlichen Türme) dem Bauzustand des 16. Jahrhunderts. Architektonisch dominieren in dem bunten Stilgemisch die Renaissanceanklänge. Das Zentrum des Schlosses bildet ein von Arkaden gesäumter Ehrenhof mit einer Doppeltreppe aus Carraramarmor. Die Familie Grimaldi bewohnt den Südwestflügel, der in den Sommermonaten während der Abwesenheit der fürstlichen Familie im Rahmen einer Führung teilweise zugänglich ist. Täglich um genau 11.55 Uhr wird vor dem Hauptportal die Wachablösung vollzogen. Ein klangvolles, besonders bei Lesern der Regenbogenpresse beliebtes Spektakel.

Führungen Nur in den Sommermonaten bei Abwesenheit der Fürstenfamilie von 9.30–18.30 Uhr, im April und Okt. 10–17.30 Uhr. Eintritt: 7 €, erm. 3,50 €. www.palais.mc.

Musée Napoléonien: Das 1970 in einem Flügel des Schlosses eingerichtete Museum birgt Erinnerungsstücke an Napoléon Bonaparte und Dokumente zur Geschichte des Fürstentums, darunter die Unabhängigkeitsurkunde von Monaco und eine vollständige Sammlung der Briefmarken des Fürstentums.

Öffnungszeiten Von Juni bis Sept. tgl. 9.30–18.30 Uhr, sonst 10.30—17.30 Uhr. Eintritt: 4 €, erm. 2 €. www.palais.mc.

Altstadt: Die malerischen Gassen zwischen dem Fürstenpalast und dem Ozeanographischen Museum vermitteln noch einen Eindruck vom alten Monaco, wenngleich das Fürstentum sich auch hier von seiner besten Seite zeigt. Bei einem Spaziergang um den Felsen bieten sich immer wieder schöne Ausblicke auf das Meer und Monte Carlo.

Kathedrale: Jahrhundertelang unterstand die Kirche von Monaco dem Bischof von Nizza, die 1868 erfolgte Erhebung zum Bistum machte den Bau einer Kathedrale erforderlich, wofür die aus dem 13. Jahrhundert stammende Kirche Saint-Nicolas abgerissen werden musste. Die neue Kathedrale wurde im neoromanischen Stil errichtet. Der Umstand, dass das Casino bereits fünf Jahre vor der Einweihung der Kathedrale (1884) seine Pforten öffnete, lässt Rückschlüsse auf die Bedeutung von Geld und Religion im Fürstentum zu. Das wertvollste Stück des Inventars ist ein Altar (um 1500) von Louis Bréa; der Altar ist dem heiligen Nikolaus geweiht und steht im rechten Querschiff. Im Chor der Kathedrale finden die verstorbenen Mitglieder der Fürstenfamilie ihre letzte Ruhestätte; an die 1982 tödlich verunglückte Fürstin Gracia Patricia erinnert eine schlichte Grabplatte, die zumeist mit Blumensträußen bedeckt ist. An ihrer Seite ruht seit April 2005 auch ihr Gatte Rainier III.

Adresse 4, rue Colonel Bellando de Castro.

Historial des Princes de Monaco: Das Wachsfigurenkabinett zeigt die Geschichte des Fürstentums im Schnelldurchlauf. Zwar kann man hier Caroline und Stéphanie einmal ganz nah sein und ihnen tief in die Augen blicken, doch stammen die Wachsportraits leider noch aus ihren Kindheitstagen ...

Adresse 27, rue Basse. Öffnungszeiten: Tgl. 10–18 Uhr, im Winter 11–17 Uhr. Eintritt: 3,80 €, erm. 2 €.

Musée Océanographique: An einem kleinen orangefarbenen Tauchboot vorbei gelangt man zum Eingang des Ozeanographischen Museums, das in exponierter Lage oberhalb einer steilen Felswand über dem Meer thront. Fürst *Albert I.*, ein passionierter Meeresliebhaber, erfüllte sich mit dem 1910 fertig gestellten Bau einen Traum. Ausgestellt sind zahlreiche Meerestiere, darunter auch der berühmte, bei einer Expedition aus 6.035 Metern Tiefe zu Tage geförderte Grimaldifisch (*Grimaldichthys profundissimus*) und das Skelett eines 20 Meter langen Wales, der an die Küste Liguriens geschwemmt worden war, nachdem ihn Albert I. zuvor harpuniert hatte, um genaue Erkenntnisse über die Ernährungsgewohnheiten des Meeresriesen zu gewinnen. Die Hauptattraktion sind ohne Zweifel die Aquarien im Untergeschoss: Manch einer verbringt vor den Glasscheiben gar Stunden im stummen Dialog mit kleinen Haien, Stören, Muränen, Piranhas, Kugelfischen und anderen Meeresbewohnern (lobenswert sind die dreisprachigen Erläuterungen). Filme von Jacques Cousteau laufen im zugehörigen Vorführsaal, zudem werden mehrere altertümliche Tauchgerätschaften gezeigt und eine allgemeine Einführung in das Leben unter Wasser gegeben. Oben auf dem Dach kann man die herrliche Aussicht genießen oder das dort befindliche Restaurant aufsuchen. Mit jährlich mehr als 780.000 Besuchern ist das Ozeanographische Museum die größte Sehenswürdigkeit an der Côte d'Azur.

Adresse Avenue Saint-Martin. Öffnungszeiten: Von April bis Sept. tgl. 9.30–19 Uhr, von Okt. bis März tgl. 10–18 Uhr. Eintritt: 13 €, erm. 6.50 €. www.oceano.mc.

Monte Carlo

Casino: Kein Geringerer als Charles Garnier, der Architekt der Pariser Oper, konnte 1878 für den Umbau des Casinos gewonnen werden. Die Kugeln klackern und rollen seit mehr als hundert Jahren in dem pompös-verschwenderischen Belle-Epoque-Bau, nur unterbrochen vom *Rien-ne-va-plus* mehrerer Croupier-Generationen. Ursprünglich stand das Casino in leicht erhöhter Lage direkt am Meer; nachdem man dem Meer ein Stück Land abgetrotzt hatte, haben sich die

„Bienenwaben" des 1978 eröffneten Kongresszentrums dazwischengeschoben. Zum Casino gehört auch eine Oper, die allerdings nicht mehr an den Glanz früherer Tage heranreicht, als hier das Diagilewballett tanzte und andere Showgrößen sich ein Stelldichein gaben. Einen Großteil seiner früheren Anziehungskraft verdankte das Casino von Monte Carlo dem Umstand, dass in Frankreich das Roulettespiel bis 1932 verboten blieb. Wer erwartungsvoll die Stufen zum Glückstempel emporsteigt, wird angesichts der lärmenden Spielautomaten ernüchtert sein, da können auch die Kronleuchter nichts beschönigen. Distinguiert geht es hingegen in den *salons privés* zu; diese sind zwar keineswegs einem kleinen, privaten Kreis vorbehalten, doch erfüllen der Eintrittspreis und die strenge Kleiderordnung ihren Zweck. Mindesteinsatz: eine Krawatte. Wer nichts mit Glücksspiel am Hut hat, kann sich gegenüber dem Casino in einer kleinen Gartenanlage ausruhen und den prachtvollen Bau eingehend studieren. Zutritt haben übrigens nur Personen, die das 21. Lebensjahr vollendet haben.

Adresse Place du Casino. Öffnungszeiten: Tgl. ab 14 Uhr, am Wochenende ab 12 Uhr. Eintritt: 10 € bzw. 20 €.

Musée National des Poupées et des Automates: Die Villa, in der sich das Puppen- und Automatenmuseum befindet, geht ebenfalls auf Charles Garnier zurück. Die ungewöhnliche, von Madeleine de Galéa zusammengetragene Sammlung umfasst Exponate aus dem 18. und 19. Jahrhundert. Ein Stück weiter die Straße entlang wurde am Meer ein 7.000 Quadratmeter großer **Japanischer Garten** angelegt (freier Eintritt).

Adresse 17, avenue Princesse-Grace. Öffnungszeiten: Von Ostern bis Sept. tgl. 10–18.30 Uhr, sonst 12.15–14.30 Uhr Mittagspause. Eintritt: 6 €, erm. 3,50 €.

Manhattan an der Côte d'Azur

Fontvieille-Viertel

Collection de Voitures Anciennes: Rainier III. war ein begeisterter Autofan – sonst hätte er wohl kaum das entsetzlich laute Formel-1-Rennen in seinem Fürstentum geduldet. Mehr als 30 Jahre lang sammelte er alte Automobile und brachte es zu einer beachtlichen Sammlung. Neben Edelkarossen wie Maserati, Jaguar und Rolls Royce besaß der Fürst auch den legendären Ford Modell T (1924), einen De Dion Bouton (1903) sowie einen Renault 12 CV 4 aus dem Jahre 1911.

Adresse Les Terrasses de Fontvieille. Öffnungszeiten: Tgl. 10–18 Uhr. Eintritt: 6 €, erm. 3 €. www.palais.mc.

Ein stacheliges Vergnügen: Jardin Exotique

Stade Louis II: Sportfreaks pilgern zu dem 1985 eröffneten Stadionkomplex, in dem schon Jürgen Klinsmann seine Tore für den AS Monaco geschossen hat. Das Stade Louis II ist eines der modernsten Sportstadien der Welt.

Adresse 7, avenue des Castelans. Französische und englische Führungen Mo, Di, Do und Fr um 10.30, 11.30, 14.30 und 16 Uhr. Eintritt: 4 €, erm. 2 €.

Musée Naval: Mehr als 180 Modellschiffe aus aller Welt sind hier ausgestellt; das Museum besitzt die vollständigste und vielseitigste Schiffsmodell-Sammlung Europas. Angefangen bei der Titanic und verschiedenen Forschungsschiffen, wie die Antartica, bis hin zu Kriegsschiffen wie den Flugzeugträger Nimitz – allein das Modell ist fünf Meter lang – bietet das Museum einen umfassenden Einblick in das Wesen der Schifffahrt.

Adresse Terrasses du Centre Commercial de Fontvieille. Öffnungszeiten: Tgl. 10–18 Uhr. Eintritt: 4 €, erm. 2,50 €. www.musee-naval.mc.

Princess Grace Rose Garden: Zwei Jahre nach dem tragischen Tod von Gracia Patricia wurde in Fontvieille zu Füßen des Altstadtfelsens ein Rosengarten mit rund 150 verschiedenen Züchtungen angelegt. Eintritt frei!

Jardin Animalier: Kein Tiergarten im eigentlichen Sinne, sondern ein Freigehege mit verschiedenen Affenpopulationen und ein paar spektakuläreren Tierarten (Löwe, Tiger, Panther, Nilpferd etc.). Aufgrund der viel zu kleinräumigen, trostlos wirkenden Gehege sind sicherlich Zweifel an der fürstlichen Tierliebe berechtigt.

Adresse Les Terrasses de Fontvieille. Öffnungszeiten: Von Okt. bis Feb. 10–12 Uhr und 14–17 Uhr, von März bis Mai 10–12 Uhr und 14–18 Uhr, von Juni bis Sept. 9–12 Uhr und 14–19 Uhr. Eintritt: 4 €, erm. 2 €. www.palais.mc.

Jardin Exotique

Der 1933 oberhalb von Monaco-Stadt angelegte **Jardin Exotique** ist einer der meistbesuchten Orte des Fürstentums. Von der Aussichtsplattform hat man einen grandiosen Blick auf Monaco. Die geschützte, sonnenreiche Lage bietet ausgezeichnete Voraussetzungen für den tropischen Kakteengarten mit mehreren tausend Arten; damit aber die exotischen Pflanzen auch kühlere Tage und Nächte unbeschadet überstehen, hat man vorsorglich eine unterirdische Heizanlage installiert. Abkühlung bietet die unterhalb des Gartens gelegene **Prähistorische Grotte** (*Grotte de l'Observatoire*) mit ihren Stalaktiten und Stalagmiten; in der Höhle wurden auch steinzeitliche Werkzeuge gefunden.

Hinweis Wie uns erboste Leser schrieben, wird Besuchern mit einem Kinderwagen (!) der Zutritt zum Jardin Exotique verwehrt! Aber vielleicht darf man ja im Formel-1-Paradies mit einem Bobby-Car durch den Garten brausen ...?

Musée d'Anthropologie préhistorique: Gleich neben dem Jardin Exotique informiert das Anthropologische Museum für Ur- und Frühgeschichte über die ältesten menschlichen Spuren an der Côte d'Azur. Das spektakulärste „Ausstellungsstück" ist das in den Grimaldi-Grotten (östlich von Menton) entdeckte Grab der „Negroiden von Grimaldi" (siehe Seite 232).

• *Adresse* Boulevard du Jardin-Exotique. Öffnungszeiten: Von Mitte Mai bis Mitte Sept. 9–19 Uhr, im Winter bis 18 Uhr, von Mitte Nov. bis Heiligabend geschlossen. Eintritt: 7 €, erm. 3,70 €. Das Ticket gilt auch für das Musée d'Anthropologie préhistorique, gleiche Öffnungszeiten, allerdings wird eine Mittagspause eingeschoben. Man erreicht den Jardin Exotique mit der Buslinie 2 von Monaco-Stadt oder Condamine aus. www.jardin-exotique.mc.

Cap d'Ail

Die Küstenstraße durchquert unmittelbar hinter dem Fürstentum das kleine Straßendorf Cap d'Ail, wo auch die Gebrüder Lumière, Greta Garbo und Winston Churchill eine Zeit lang lebten. Unterhalb des westlichen Teils des Dorfes befindet sich ein schöner, kleiner Badestrand (Plage Mala). Lohnend ist auch ein Spaziergang durch den Jardin Sacha Guitry, der durch seine üppige Flora begeistert. Im Centre Mediterranéen oberhalb von Cap d'Ail hat Jean Cocteau ein an griechische Vorbilder erinnerndes Freilichttheater entworfen und mit Mosaiken verziert; leider ist eine Besichtigung nicht möglich.

• *Information* **Office de Tourisme**, 87, avenue du 3 Septembre, 06320 Cap d'Ail, ✆ 0493780233, 📠 0493107436, www.cap-dail.fr.

• *Einwohner* 4.500 Einwohner.

• *Verbindungen* Der **SNCF-Bahnhof** sorgt für schnelle Anschlüsse nach Nizza und ins benachbarte Monaco. Zusätzlich zahlreiche **Busverbindungen** nach Nizza sowie Monaco und Menton.

• *Post* 1, avenue Général de Gaulle.

• *Übernachten* **** **Pierre & Vacances**, an einen Felshang in traumhafter Lage über dem Meer errichtete Ferienanlage mit herrlichem Swimmingpool. Je nach Saison und Appartementgröße (4–7 Pers.) 460–1350 € pro Woche. Avenue Général de Gaulle, ✆ 0493417300, 📠 0493417477. In Deutschland buchbar über: ✆ 01805/901011.

** **Normandy**, kleinesHotel mit verspielter Lobby. Sehr ruhig gelegen, die teureren Zimmer haben einen tollen Blick zum Meer, ebenso die Frühstücksterrasse. Das Mobiliar ist etwas abgewohnt. Die Zimmerpreise variieren stark je nach Ausstattung von 48 bis 119 €. 6, allée des Orangers, ✆ 0493787777, 📠 0493784826. www.hot-no.no.

** **Miramar**, eine weitere, günstigere Möglichkeit, in der Nähe von Monaco zu nächtigen. Allerdings direkt an der lauten Küstenstraße gelegen, daher sind die Zimmer nach hinten vorzuziehen. Gutes Preis-Leistungs-Verhältnis. WLAN vorhanden. 25 Zimmer von 43 bis 80 € (letztere mit Terrasse und Meerblick). 126, avenue du 3 Septembre, ✆ 0493780660, 📠 0493788278.

• *Jugendherberge* **Thalassa**, günstige Unterkunft. Insgesamt 90 Betten in Zimmern für 4, 6, 8 oder 10 Personen. Übernachtung mit Frühstück 18 €, Halbpension 27,50 €. 2, avenue Gramaglia, ✆ 0493812763, 📠 0493781858. www.clajsud.fr.

La Turbie

Der Ort wird zwar vielfach nur mit seiner monumentalen Siegestrophäe gleichgesetzt, doch besitzt La Turbie zudem eine ansprechende Altstadt mit vielen alten Häusern, den Resten der mittelalterlichen Stadtbefestigung und zwei gut erhaltenen Stadttoren. La Turbie hat gegenüber dem benachbarten Eze den Vorteil, dass es touristisch weniger erschlossen ist und man keine Souvenirshops findet.

Sieben Jahre nach der endgültigen Unterwerfung der Ligurer durch *Augustus* ließ der römische Senat im Jahre 7 oder 6 vor unserer Zeitrechnung zu Ehren des Kaisers ein gigantisches Siegesmonument errichten. Als Standort wurde eine 480 Meter hohe Passhöhe der Via Aurelia auserkoren, die nach der Reichsreform von Diocletian die Grenze zwischen dem römischen Italien und Gallien markieren sollte. Der Dank galt Augustus für die Unterwerfung der Alpenvölker zwischen dem Adriatischen und Tyrrhenischen Meer, wie die lateinische Inschrift lobend bekundet. An sich war die Unterwerfung aber nur zweitrangig, vordergründig ging es den Römern um die Sicherung der wichtigen Landverbindung zwischen Italien und der Provinz Gallia Narbonensis sowie Spanien; die in den schwer zugänglichen Alpentälern lebenden Ligurer hatten den Römern seit langem das Leben schwer gemacht.

- *Information* Marie de La Turbie, ✆ 0492412115. www.ville-la-turbie.fr.
- *Einwohner* 3.150
- *Verbindungen* Regelmäßige Busverbindungen nach Nizza und Menton. Parkplätze können in der Hochsaison knapp werden.
- *Übernachten/Essen* ** **Napoléon**, dieses unlängst renovierte Hotel mit dem auffällig roten Teppich bietet ein annehmbares Preis-Leistungs-Verhältnis. Vorzuziehen sind die Zimmer, die nach hinten hinaus gehen. Die Zimmer im zweiten Stock haben sogar einen Balkon. Die Preise variieren je nach Saison von 70 bis 90 €. 7, avenue de la Victoire, ✆ 0493516266, ℻ 0493356524. www.hotelrestaurant-napoleon.fr.

Hostellerie Jérôme, das am Rande der Altstadt gelegene Restaurant von Bruno Cirino gehört zu den besten der Region und besitzt zwei Michelin-Sterne! Bereits am frühen Morgen ist der Chefkoch persönlich auf den Märkten unterwegs, um in Ventimiglia frisches Gemüse und den besten Fisch auf dem Fischmarkt in San Remo einzukaufen. Fazit: Ein kulinarisches Erlebnis, das sein Geld wert ist. Menüs zu 65 € und 120 €. Es werden auch fünf Zimmer von 95–150 € vermietet, die teureren mit Blick zur Küste. Außer im Juli und Aug. ist Montag und Dienstag Ruhetag. 20, rue Comte de Cessole, ✆ 0492415151, ℻ 0492415150. www.hostelleriejerome.com.

Café de la Fontaine, der deutlich günstigere Ableger der Hostellerie präsentiert sich an der Durchgangsstraße im nostalgischer Bistrostil. Kreative mediterrane Küche. Ein selbst zusammengestelltes Menü kostet ca. 25 €. Montag Ruhetag. 4, avenue Général de Gaulle, ✆ 0493285279.

La Cave Turbiasque, schöne Straßenterrasse mit modernem Mobiliar am Dorfplatz. Neben einfachen Menüs kann man aber auch nur einfach einen Crêpe essen, einen Kaffee trinken oder frühstücken. ✆ 0493411502.

Sehenswertes

Trophée des Alpes: Schon von weitem lässt sich das 35 Meter hohe, von der Zeit stark mitgenommene Denkmal ausmachen. Wie imposant muss das Siegesmonument einst gewesen sein, als es noch knapp 50 Meter emporragte! Im Laufe der Jahrhunderte bröckelte das Bauwerk langsam vor sich hin, bis es im Mittelalter kurzerhand zu einer wehrhaften Burganlage umfunktioniert wurde; später diente es nur noch als Steinbruch. Ludwig XIV. befahl im Spanischen Erbfolgekrieg sogar die Sprengung der Siegestrophäe, doch erwies sich das

Mauerwerk als zu robust. Erst 1905 wurden Grabungen durchgeführt, aber es sollten noch einmal mehr als zwei Jahrzehnte ins Land gehen, bevor Maßnahmen in die Wege geleitet wurden, um das einmalige Bauwerk der Nachwelt zu erhalten und den ursprünglichen Bauzustand weitgehend herzustellen; dabei konnte auch die Inschrift rekonstruiert werden. Auf einem quadratischen Sockel mit etwas mehr als 38 Meter Seitenlänge erhebt sich eine Rotunde mit 24 dorischen Säulen. Einst war der Rundbau von einem Pyramidendach gekrönt, auf dessen Spitze ein Denkmal des Augustus, flankiert von zwei angeketteten Gefangenen thronte. Wie bei anderen Monumentalbauten gründete sich auch die Trophée des Alpes auf einem politischen Sendungsbewusstsein, das seine Träger der profanen Welt entrückt. In den Eckstein eines Turms hat man den Vers aus Dantes „Göttlicher Komödie" eingemeißelt, in dem der Ort Erwähnung fand.

Das Monument kann bestiegen werden, am Fuße wurde ein **Musée du Trophée** eingerichtet, das neben Grabungsfunden auch einen maßstabsgetreuen Nachbau der Siegestrophäe birgt. Das römische Monument ist von einer Parkanlage umgeben, mehrere alte Stühle und Bänke laden zum Verweilen und Picknicken ein.

Öffnungszeiten Von April bis Sept. tgl. außer Mo 9.30–13 und 14.30–18.30 Uhr, von Okt. bis März tgl. außer Mo 10–13.30 Uhr und 14.30–17 Uhr. Eintritt: 5 €, erm. 3,50 €. http://letropheedesalpes.free.fr.

Eglise Saint-Michel-Archange: Die Kirche ist ein typisches Beispiel für barocke Sakralbauten im Südosten Frankreichs. Charakteristisch ist das reich gegliederte Innere, spannungsreich, aber nicht überladen. Wie bei anderen Häusern in La Turbie fanden auch beim Bau der Kirche Steine des zuvor durch Sprengung geschädigten Siegesdenkmals Verwendung.

Eze

Kein anderer Ort bietet eine schönere Aussicht auf die Côte d'Azur als das mittelalterliche Felsennest Eze mit seinen steilen Treppen und Schwibbögen. So viel Schönheit hat leider fast immer den leidigen Nebeneffekt, dass die Touristen gleich zu Hunderten durch die Gassen promenieren. Dennoch sollte man sich nicht von einem Besuch Ezes abhalten lassen. Zu Eze gehört noch ein nicht sonderlich attraktiver Badeort (Eze-sur-Mer) unterhalb des Dorfes mit einem schmalen Strand.

Nizza und Monaco sind nur einen Katzensprung weit entfernt; kein Wunder also, dass sich in der Sommersaison die Besucher in den Gassen regelrecht stauen. Einigen aber ist Eze zu geleckt, zu sauber; andere hingegen können sich an dem Ort und seinem atemberaubenden Panorama nicht satt sehen. Eines ist sicher: So viele Restaurants, Kunsthandwerker und Boutiquen drängen sich in keinem anderen Bergdorf an der Côte d'Azur so dicht auf engstem Raum. Ursprüngliches Dorfleben wird man hingegen vergeblich suchen. Dies überrascht allerdings nicht sonderlich, denn vor dem Touristenzulauf, war der Ort so gut wie ausgestorben; erst seit 1952 gibt es fließendes Wasser in Eze.

Der Felssporn von Eze war wahrscheinlich schon in ligurischer Zeit besiedelt, sogar von einem der Göttin Isis geweihten Tempel der Phönizier wird erzählt, ohne dass es überzeugende Belege für diese These gäbe. Im Mittelalter errichtete man eine Fluchtburg, der darunter liegende Ort wurde befestigt; diese Maßnahmen konnten allerdings nicht verhindern, dass Eze mehrfach erobert und verwüstet wurde. Reste der Befestigung muss man heute mit Argusaugen suchen,

Eze: gemütliches Café mit außergewöhnlichem Blick

da Ludwig XIV. die Mauern 1706 aus strategischen Gründen schleifen ließ. Der altertümliche Charakter des Städtchens ist trotzdem erhalten geblieben.

- *Information* **Office de Tourisme**, Place du Général de Gaulle, 06360 Eze, ☏ 0493 412600, ☏ 0493410480, www.eze-riviera.com.
- *Einwohner* 2.700 Einwohner.
- *Verbindungen* Häufige Busverbindungen nach Nizza und Menton. Die SNCF-Züge halten nur in Eze-sur-Mer (Auskunft: ☏ 049 7038080). Mehrere Verbindungen stdl. in Richtung Menton oder Nizza.
- *Parken* Gebührenpflichtiger Parkplatz am Ortseingang.
- *Museum* Wechselausstellungen in der Rue de la Paix.
- *Tennis* Club Borfiga, ☏ 0493411691.
- *Übernachten/Essen* **** **Château de la Chèvre d'Or**, zwei traumhafte Swimmingpools, traumhafte Panoramalage, traumhaftes Flair und auch von den Preisen können die meisten nur träumen: Die 21 Zimmer in dem Relais & Château-Hotel kosten von 280–2.900 € (Suite) pro Nacht. Das Restaurant war den Michelin-Testern zwei Sterne wert. Menüs ab 65 € (mittags), abends ab 95 €. Dez. bis Feb. geschlossen. Rue du Barri, ☏ 049 2106666, ☏ 0493410672, www.chevredor.com.

** **L'Hermitage**, direkt an der Grande Corniche, zwei Kilometer oberhalb von Eze. Absolut empfehlenswertes Hotel (Logis de France) mit Swimmingpool und Seealpenpanorama, daher oft ausgebucht. Nach einer Totalrenovierung (2005) wurden die Zimmer sehr geschmackvoll neu eingerichtet. Tolle Bäder! Die Preise variieren je nach Ausstattung von 95 bis 130 €. Letztere mit Balkon bzw. Terrasse. Gutes Restaurant, wenngleich ohne viel Flair, so dass sich die Halbpension lohnt (Menüs ab 25 €). ☏ 0493410068, ☏ 0493412405. www.ezehermitage.com.

** **Du Golf**, passables Hotel mit rosafarbener Fassade, direkt an der Moyenne Corniche. Zimmer von 48 € (mit Etagendusche) bis 60 €. Im Jan. geschlossen. Place de la Colette, ☏ 0493411850, ☏ 0493412993.

Le Troubadour, auch anspruchsvolle Gaumen, die nach einem letzten Blick auf das Meer die Stufen zum Restaurant erklimmen, werden zufrieden gestellt. Lecker sind die gefüllten Zucchiniblüten (*courgettes farçis*). Menüs zu 35 und 48 €. Sonntag und Montag Ruhetag. 4, rue du Berc, ☏ 0493411903.

Le Nid d'Aigle, unmittelbar vor dem Eingang des Jardin exotique. Sehr delikat ist das Kaninchen à la provençale, Hauptgerichte ab 12 €; Mittwoch Ruhetag. 1, rue du Château, ☏ 0493411908.

• *Camping* ** **Les Romarins**, schöner, terrassierter Zeltplatz mit Restaurant, für Wohnwagen aber denkbar ungeeignet. Traumhafte Lage mit Blick auf Cap-Ferrat, lockere Stimmung, einfache Ausstattung. Übernachtung rund 25 €, an der Grande Corniche. Von April bis September geöffnet. ✆ 0493018164. www.campingromarins.com.

Sehenswertes

Jardin exotique: Die Ruinen der mittelalterlichen Burg dienen als stilvolle Kulisse für den terrassenförmig angelegten Tropengarten mit Kakteen und anderen Sukkulenten. Die meisten der angepflanzten Kakteen stammen übrigens aus Südamerika. Eine Besichtigung lohnt auch wegen des phantastischen Panoramablickes auf die Küste.

Adresse Rue du Château. Öffnungszeiten: Im Sommer tgl. von 9–20 Uhr, im Winter 9–12 Uhr und 14–17.30 Uhr. Eintritt: 5 €, erm. 2,50 €.

Chapelle des Pénitents Blancs: Die spätmittelalterliche Kapelle der Weißen Büßer birgt ein ungewöhnliches katalanisches Kruzifix aus dem Jahr 1258: Der Gekreuzigte erträgt seine Schmerzen lächelnd. Der Laienorden war hauptsächlich für Totengebete und kostenlose Begräbnisse zuständig.

Adresse Place du Planet.

Chemin Frédéric Nietzsche: Der steile Weg zwischen Eze und Eze-sur-Mer (rund 60 Minuten) war nicht nur ein Lieblingsweg von *Friedrich Nietzsche*, mehr noch, ein Teil des berühmten *Also sprach Zarathustra* „wurde im beschwerlichsten Aufsteigen von der Station zu dem wunderbaren maurischen Felsenneste Eza gedichtet" (Nietzsche). Wer vom Meer aus nach Eze hinaufwandern will, findet den Weg für den Aufstieg am östlichen Ortsende.

Beaulieu-sur-Mer

Der traditionsreiche Badeort liegt an einer lang gestreckten, geschützten Bucht (Baie des Fourmis). Zwei imposante Grandhotels sowie ein kleines Casino sorgen dafür, dass die mondäne Belle-Epoque-Atmosphäre noch in Bruchstücken erhalten ist.

Die Keimzelle des heutigen Ortes war ein kleines Kloster, das die von der Landschaft begeisterten Mönche „Santa Maria de bello loco" nannten; aus dem *bello loco* wurde später Beaulieu. In der Nähe des Fischerhafens steht noch die kleine, romanische Klosterkirche. Die Nähe zu Nizza und das nach Menton angenehmste Klima der Küste begünstigten den frühen Aufstieg des Fischerdorfes zu einem Lieblingsort gekrönter Häupter und wohlhabender Unternehmer. Die Grandhotels Réserve und Métropole, zwei von ausgedehnten Gartenanlagen umgebene „Riviera-Paläste", galten als erste Adresse für einen Winteraufenthalt an der Côte d'Azur. Das Réserve besitzt noch immer seinen ungewöhnlich prachtvollen Wintergarten aus der Zeit der Jahrhundertwende. Für den Geschmack von Klaus und Erika Mann war Beaulieu-sur-Mer ein „zu sehr konventioneller Badeort, ohne den Hintergrund einer alten Stadt"; mehr als ein halbes Jahrhundert später ist diese Charakterisierung noch sehr aktuell, wenngleich der Platz im Zentrum durchaus Atmosphäre ausstrahlt. Die bedeutendste Sehenswürdigkeit von Beaulieu ist die im griechischen Stil erbaute Villa Kérylos.

• *Information* **Office de Tourisme**, Place Clémenceau, 06310 Beaulieu-sur-Mer, ✆ 0493010221, 📠 0493014404. www.ot-beaulieusurmer.fr.

• *Markt* Tgl. außer Sonntag im Winter.

• *Verbindungen* Häufige Zug- und Busverbindungen nach Nizza sowie Monaco und Menton. Der Bahnhof liegt nur wenige hundert

Côte d'Azur
Karten Seite 234, 316/317 und 364/365

Meter vom Stand entfernt, gegenüber befindet sich die Post.

• *Übernachten/Essen* **** **Réserve de Beaulieu**, Maurice Utrillo, der ja eigentlich mit seinen Bildern über die trostlosen Pariser Vororte bekannt wurde, mietete in den fünfziger Jahren alljährlich die oberste Etage des Réserve, wobei er das Badezimmer zum Atelier umfunktionierte. Was das gesamte oberste Stockwerk heute kosten würde, war nicht zu erfahren, der Preis für eines der 40 Zimmer bewegt sich zwischen 210 und 1.350 €. P.S.: Malutensilien nicht vergessen! Das Restaurant genießt in Gourmetkreisen einen ausgezeichneten Ruf (Menüs ab 75 €). Ein Meerwasserpool, eigener Schiffsanlegekai und Hubschrauberlandeplatz vervollkommnen das Luxusambiente. 5, boulevard Général Leclerc, ✆ 0493010001, ℻ 0493012899, www.reservebeaulieu.com.

**** **Carlton Beaulieu**, das prächtige Hotel ist ein Lesertipp von Mathias Kluge: „Trotz des großen Namens sicherlich keines der „richtigen" großen Grand Hotels der Jahrhundertwende, doch bietet es immer noch einiges vom Flair und dem leicht angestaubten Charme dieser Zeit – und vor allem schöne, helle und große (!) Zimmer sowie ein (qualitativ wie quantitativ) exzellentes Frühstücksbuffet." Je nach Saison und Ausstattung bewegen sich die Preise zwischen 90 und 190 € pro Nacht. Die günstigen Zimmer liegen nach hinten hinaus, die teureren haben einen Balkon. Ruhige Lage, WLAN vorhanden, schöner Swimmingpool. 7, avenue Edith Cavell, ✆ 0493014470, ℻ 0493 014430. www.carlton-beaulieu.com.

** **Le Havre Bleu**, das kleine, sehr persönlich und engagiert geführte Hotel ist ein Lesertipp von Elisabeth Haag-Schorer: „Die ältere Villa mit den schönen blauen Fensterläden verfügt über 20 Zimmer, teilweise mit Balkon, die geschmackvoll renoviert und sehr sauber sind." DZ je nach Saison und Ausstattung 67-84 €, Frühstücksbuffet 8 €. Gutes Preis-Leistungsverhältnis. WLAN vorhanden. 29, boulevard Maréchal Joffre, ✆ 0493010140. www.lehavrebleu.com.

** **Riviera**, kleines, günstiges Hotel mit einladender, gelber Fassade. Was das Preis-Leistungs-Verhältnis betrifft, lässt sich in der Umgebung sicher kein vergleichbares Hotel finden. Kleiner Garten hinter dem Hotel. Die 15 Zimmer kosten je nach Ausstattung und Saison zwischen 60 und 89 €, Frühstück 9 €. Rabatt bei längerem Aufenthalt. 6, rue Paul Doumer, ✆ 0493010492, ℻ 0493011931, www.hotel-riviera.fr.

** **Select**, älteres, aber charmantes Logis-de-France-Hotel im Zentrum. Gelungen ist die jüngst erfolgte Renovierung der sauberen Zimmer in verschiedenen Farben. Je nach Ausstattung und Saison 71–82 € (Frühstück 6,50 €). Schöner Frühstücksraum im ersten Stock. WLAN vorhanden. 1, place Général de Gaulle, ✆ 0493010642, ℻ 0493013 430. www.hotelselect-beaulieu.com.

Les Agaves, in unmittelbarer Bahnhofsnähe speist man hier für die Verhältnisse von Beaulieu ausgesprochen gut, doch sind die Preise nicht gerade günstig. Schönes Ambiente, klassische französische Küche. Menü zu 38 €. Nur abends geöffnet. 4, avenue Maréchal Foch, ✆ 0493011312.

La Pignatelle, empfehlenswertes Restaurant mit Straßenterrasse. Beim günstigsten Menü zu 22 € gibt es beispielsweise eine Salade Niçoise, ein Kaninchen in Senfsoße und zum Abschluss eine Mousse aux deux chocolats, Weitere Menüs zu 14 € (mittags) sowie 32 €. 10, rue de Quincenet, ✆ 0493010337.

Le Beaulieu, diese mitten im Ort gelegene Mischung zwischen Café, 1h im entsprechenden Design. Schöne Straßenterrasse. Tgl. außer So bis 20.30 Uhr. Place Général de Gaulle.

Sehenswertes

Villa Kérylos: Mit der Villa Kérylos erfüllte sich *Baron Théodor Reinach* – Archäologe und enthusiastischer Hellenist – seinen Lebenstraum: Eine Villa wie im klassischen Griechenland! In dem Architekten Emmanuel Pontremoli fand der mit den Rothschilds verwandte Reinach den geeigneten Mann, der sich dieser Herausforderung mit Begeisterung widmete. Von 1902 bis 1910 entstand auf einer Fläche von 2.500 Quadratmetern ein kleiner Palast, der der antiken Bautradition entsprechend um einen Atriumshof gruppiert ist. Die Wände und Fußböden sind mit Fresken und Mosaiken verziert, die Wohnräume mit Edelholzmöbeln bestückt, die nach originalen Abbildungen gefertigt wurden. Geld spielte anscheinend keine Rolle: Für das Badezimmer griff man beispielsweise auf Carrara-Marmor zurück.

Nobles Ambiente: Villa Kérylos

• *Adresse* Avenue Gustave Eiffel. Öffnungszeiten: Im Juli und Aug. tgl. 10–19 Uhr, sonst tgl. 10–18 Uhr, von Nov. bis Mitte Feb. 14–18 Uhr, Sa und So 10–18 Uhr. Eintritt: 8,50 €, erm. 6,30 €. Empfehlenswerte Führungen mit Audioguide. www.villa-kerylos.com.

Promenade Maurice Rouvier: Vorbei an eleganten Villen und großzügigen Gärten führt der Weg vom Westende der *Baie des Fourmis* (Ameisenbucht) in Beaulieu entlang der Küste bis nach Saint-Jean-Cap-Ferrat. Ein gemütlicher Spaziergang, der in einer Stunde zu bewältigen ist.

Plateau Saint-Michel: Wer meint, die *Promenade Maurice Rouvier* sei nur etwas für betagte Damen und Herren, dem sei zur Befriedigung seiner sportlichen Ambitionen der *Sentier du plateau Saint-Michel* empfohlen. Der Wanderweg beginnt am nördlichen Ende des Boulevard Edouard VII und führt stetig bergan; nach einer knappen Stunde wird man für die Anstrengung mit einem schönen Panoramablick auf die Küste (Orientierungstafel) belohnt.

Saint-Jean-Cap-Ferrat

Saint-Jean-Cap-Ferrat streitet sich mit Cap Martin um die Ehre, der exklusivste Ort an der Côte d'Azur zu sein. Den Rücken der Halbinsel verzieren luxuriöse Villen, die von ausgedehnten Gärten umgeben sind. Nicht auslassen sollte man einen Besuch der Fondation Ephrussi de Rothschild.

Vor hundert Jahren, bevor Cap-Ferrat bei der *haute volée* in Mode kam, standen auf der Halbinsel gerade einmal eine Handvoll Villen. Bald darauf entdeckten jedoch der belgische König, die Tänzerin Isadora Duncan, Madame Ephrussi de Rothschild und andere Persönlichkeiten ihre Liebe zu dem bis dato vergessenen Landstrich an der Côte d'Azur. Später waren es dann Somerset Maugham, Charlie Chaplin, Edith Piaf und Curd Jürgens, die in ihre Spuren – oder besser Villen – traten. Vom hektischen Durchgangsverkehr entrückt, ist die Halbinsel

Königliche Leidenschaften

Der berühmteste Gast von Cap-Ferrat war *Leopold II.*, seines Zeichens König von Belgien; er weilte nicht nur wegen der schönen Landschaft hier, sondern auch wegen der Nähe zu den Spieltischen von Monte Carlo, an denen er die hart verdienten Steuern seiner Untertanen leichtfertig verspielte. Entspannung suchte Leopold II. beim Schwimmen im Meer, wobei seine königliche Hoheit stets darum bemüht war, seinen weißen Bart durch ein Gummifutteral vor dem Wasser zu schützen. Der liebe Herr hatte aber noch andere Hobbys, die er mit Leidenschaft pflegte: Rund um seine prächtige Villa im Park von Les Cèdres stellte er für jede seiner drei Mätressen ein eigenes Haus bereit. Bei solch ausschweifenden Hobbys überrascht es nicht, dass sich das Gewissen von Leopold II. zu Wort meldete: Um sein Seelenheil besorgt, ließ er 1906 auch für seinen Beichtvater ein Haus im maurischen Stil errichten, das später der Schriftsteller *Somerset Maugham* bis zu seinem Tod im Jahre 1965 bewohnte.

Cap-Ferrat auch heute noch ein Hort der Stille und ein Refugium der oberen Zehntausend, die hier in *splendid isolation* ihren Reichtum genießen. So verwundert es nicht, dass sich in dem an der Ostküste gelegenen Saint-Jean noch ein wenig die Atmosphäre eines Fischerdorfes erhalten hat. Im Yachthafen wiegen sich die Maste der Segelschiffe majestätisch im Takt. Sehr empfehlenswert sind kleine Wanderungen über die Halbinsel, bei denen sich neben edlen Villen auch die große Vielfalt der mediterranen Vegetation entdecken lässt. Schatten spenden Pinienwälder und Eukalyptusbäume, in den Gärten blühen Myrte, Stechapfel, Ginster, Orangen- und Zitronenbäume.

• *Information* **Office de Tourisme**, 59, avenue Denis-Séméria, 06230 Saint-Jean-Cap-Ferrat, ✆ 0493760890, ✆ 0493761667. www.ville-saint-jean-cap-ferrat.fr. Hier ist auch eine kleine Wanderbroschüre in deutscher Sprache erhältlich.

• *Verbindungen* Häufige Busverbindungen zwischen Nizza, Villefranche sowie Beaulieu nach Saint-Jean. Der erste Bus fährt von Saint-Jean um 7 Uhr, dann ab 8.30 Uhr bis 19.35 Uhr ungefähr halbstündlich. Abfahrt in Nizza am Busbahnhof ab 6.50 Uhr ebenfalls fast halbstündlich.

• *Post* Avenue Libération.

• *Strände* Cap-Ferrat ist ein Refugium der Reichen, in dem der gewöhnliche Badetourist nicht erwünscht ist. Nur an zwei Stellen können sich Normalsterbliche abkühlen: **Plage Paloma**, 500 Meter östlich des Hafens von Saint-Jean-Cap-Ferrat; **Plage de Passable**, an der Westseite gegenüber von Villefranche.

• *Übernachten/Essen* ** **Oursin**, ausgesprochen günstige Unterkunft mit Stil, direkt am Hafen von Saint-Jean gelegen. Bereits der Empfangsbereich gefällt mit seinen alten Möbeln. Da das Oursin nur 14 Zimmer besitzt, ist es entsprechend oft ausgebucht. Besonders schön sind die Eckzimmer mit Blick auf den Hafen. Je nach Saison und Lage kostet das DZ 65–120 €, EZ ab 45 €. 1, avenue Denis Séméria, ✆ 0493760465, ✆ 0493761255, www.hoteloursin.com.

* **La Frégate**, kleines, sympathisches Haus, Zimmer 50–82 € (letzteres mit Balkon). Avenue Denis Séméria, ✆ 0493760451, ✆ 0493761493.

La Table du Cap, exquisites Restaurant, das die Reisekasse allerdings schwer belastet, aber Cap-Ferrat ist eben nun mal nicht der richtige Ort für preiswerte Hausmannskost. Der junge Chefkoch Laurent Poulet – welch ein Name für einen Koch – hat sein Handwerk bei Alain Ducasse und Pierre Gagnaire gelernt. Schöne Terrasse. Menüs ab 37 € (mittags), abends ab 56 €. Mo und Di Ruhetag, im November Betriebsferien. 2, avenue Denis Séméria, ✆ 0493760397.

Fest fürs Auge: Villa Rothschild

Sehenswertes

Fondation Ephrussi de Rothschild (Musée Ile-de-France): Mit Kennerblick hatte Madame *Béatrice Ephrussi de Rothschild* kurz vor dem Ersten Weltkrieg auf dem schmalen, nur wenige hundert Meter breiten Isthmus ein Grundstück erworben, um hier einen der schönsten Gärten der Côte d'Azur anlegen zu lassen. Am Rand der sieben Hektar großen Gartenanlage steht eine in rot-weiß gehaltene Villa – Palast wäre wohl die treffendere Charakterisierung – im venezianischen Stil, die scheinbar schon von Anfang an weniger zum Wohnen denn als Museum konzipiert wurde. Mehr als ein Dutzend Architekten stand bereit, um den Wünschen der Auftraggeberin gerecht zu werden. Die mit erlesenen Einzelstücken angefüllten Räumlichkeiten lassen den Wohlstand der Familie Rothschild erahnen; eine Vorliebe für das 18. Jahrhundert ist dabei nicht zu übersehen. Neben Möbeln, Teppichen und Gemälden (z. B. Fragonard, Boucher, Lancret, aber auch Renoir, Sisley und Monet) ist es vor allem die einzigartige Porzellansammlung, die zu beeindrucken weiß. Den Mittelpunkt der Villa bildet ein überdachter Patio, gesäumt von Gewölben im spanisch-maurischen Stil. Von hier aus gelangt man zu den Salons Ludwig XV. und Ludwig XVI. sowie in das Speisezimmer und die persönlichen Gemächer von Madame Rothschild. Ein Café mit Wintergarten sorgt für das leibliche Wohl.

Rund um das Haus wurden auf einem weitläufig terrassierten Areal mehrere Stilrichtungen der Gartenbaukunst wie in einem Museum vereint: Neben einem größeren französischen Garten reihen sich provenzalische, spanische, italienische, japanische und exotische Gärten aneinander. An jeder Seite der Terrasse öffnen sich raffiniert gesetzte Ausblicke auf das Meer, ein Tempel spendet Schatten und dazwischen träumt ein Ephebe im reflektierenden Wasser. Ein fürwahr traumhafter Ort!

• *Öffnungszeiten* Von Mitte Feb. bis Okt. tgl. 10–18 Uhr, im Juli und Aug. bis 19 Uhr, im Winter am Wochenende von 10–18 Uhr, Mo–Fr nur 14–18 Uhr. Eintritt: 10 €, erm. 7,50 €. Um 11.30, 14.30, 15.30, 16.30 Uhr finden Führungen durch die erste Etage der Villa statt (nochmals 3 €, im Juli und Aug. auch 17.30 Uhr), die nur im Rahmen dieser Führungen zu besichtigen ist. www.villa-ephrussi.com.

Zoo du Cap-Ferrat: Ein Teil des ehemals zur Villa Leopold II. gehörenden Grundstücks birgt seit 1951 mehrere Freigehege, in denen sich Tiger, Geparden, Braunbären, Zebras, Krokodile etc. tummeln. Voraussichtlich wird der Zoo 2010 geschl.

Adresse Boulevard Général de Gaulle. Öffnungszeiten: Tgl. von 9.30–19 Uhr, im Winter bis 17.30 Uhr. Eintritt: 15 €, erm. 11 €.

Wandern

Rund um Cap-Ferrat: Eine Umrundung der Halbinsel lohnt wegen der schönen Ausblicke auf das Meer und der prachtvollen Villen, die den Weg säumen. Man startet an der Plage de Passable und folgt dem „Chemin de Roy" nach Süden. An der südlichen Spitze (*Pointe Malalongue*) von Cap-Ferrat steht ein 33 Meter hoher Leuchtturm, dessen Aussichtsplattform bestiegen werden kann. Nach einem Abstecher zur Landspitze Saint-Hospice erreicht man über Saint-Jean wieder den Ausgangspunkt. Entfernung: 9 Kilometer. Dauer: 2,5 Stunden.

Sentier de la pointe Saint-Hospice: Eine kurze, aber sehr schöne Tour um die Landspitze Saint-Hospice, von der Plage Paloma zur Baie des Fousettes. Der Weg führt zumeist am Meer entlang.

Promenade Maurice Rouvier: Der schon bei Beaulieu-sur-Mer beschriebene Weg lässt sich natürlich auch in umgekehrter Richtung von Saint-Jean-Cap-Ferrat hinüber zur Bucht von Beaulieu (*Baie des Fourmis*) begehen.

Villefranche-sur-Mer

Wegen der relativen Nähe zu Nizza mag es zwar überraschen, aber Villefranche ist ein charmanter, kleiner Ort geblieben. Einem Amphitheater ähnlich ziehen sich die Häuser vom alten Ortskern zum Mont Alban hinauf, die Straßen steigen steil an. Der italienisch anmutende Hafen verdient noch immer das Prädikat „pittoresk".

Villefranche wurde gegen Ende des 13. Jahrhunderts von Karl II. von Anjou als Freihandelshafen („Villafranca") gegründet. Später diente der Ort als savoyisches Bollwerk gegen Frankreich, in der zweiten Hälfte des 16. Jahrhunderts erfolgte der festungsartige Ausbau mit der Citadelle Saint-Elme. Zusammen mit der Grafschaft Nizza kam der Fischerort 1860 zu Frankreich. In den zwanziger Jahren galt Villefranche als der Treffpunkt für Homosexuelle an der Côte d'Azur. *Jean Cocteau* verbrachte damals mehrere Sommer im Hôtel Welcome, schrieb an seinem „Orpheus" und vergnügte sich mit jungen Matrosen. Im Gegensatz zu Nizza besitzt Villefranche ein sehr tiefes Hafenbecken, das häufig von Kriegsschiffen angelaufen wird. Deshalb hatten auch die amerikanischen Marinestreitkräfte im Mittelmeer von 1945 bis 1962 ihren Flottenstützpunkt in Villefranche.

Die verwinkelte Altstadt von Villefranche mit ihren hübschen Plätzen ist wie geschaffen für einen kurzen Streifzug. Bei der Place Conseil beginnt die berühmte Rue Obscure, eine mittelalterliche Straße, die fast vollständig überdacht ist.

Schaurig: Rue Obscure

Die Uferpromenade von Villefranche

• *Information* **Office de Tourisme**, Jardin François-Binon, 06230 Villefranche-sur-Mer, ✆ 0493017368, 📠 0493766365, www.villefranche-sur-mer.com.

• *Verbindungen* Die An- und Abreise mit der Eisenbahn ist einfach und unkompliziert, häufige Zugverbindungen nach Nizza und Menton. Zusätzlich bestehen Busverbindungen im 20-Minuten-Takt nach Nizza sowie Monaco und Menton. Der Bahnhof liegt nur fünf Fußminuten von der Altstadt entfernt.

• *Markt* Samstagvormittag auf der Promenade de l'Octroi.

• *Stadtführungen* Jeden Mittwoch um 10 Uhr und Freitag um 9 Uhr. Teilnahmegebühr 5 €. Anmeldung im Office de Tourisme.

• *Kino* Cinéma de Plein Air. Freiluftkino in der Citadelle von Mitte Juni bis Mitte Sept. um 21.30 Uhr.

• *Strand* Plage des Marinières, einen Kilometer östlich der Altstadt. Am westlichen Ende der Buch finden sich ein paar Steinbuchten mit klarem Wasser.

• *Post* Avenue Albert 1er.

• *Übernachten/Essen* *** **Welcome**, ein schönes Hotel mit bewegter Geschichte; die Zeiten sind schon lange vorbei, als hier noch Jean Cocteau logierte, der Geruch von Opium durch die Hotelflure strömte und das berühmte Künstlermodell Kiki de Montparnasse in der Bar verhaftet wurde, nachdem sie einen Polizisten geschlagen hatte, der sich in ihre Auseinandersetzung mit ortsansässigen Huren eingemischt hatte (man stritt um das Recht, amerikanische Matrosen besuchen zu dürfen). Zimmer 160–228 € (im Winter günstiger, Frühstück 11 €). Quai Amiral Courbet, ✆ 0493762762, 📠 0493762766. www.welcomehotel.com.

*** **Pierre & Vacances**, komfortable Ferienanlage mit Swimmingpool. Je nach Saison und Appartementgröße (4–7 Pers.) 540–1.640 € pro Woche. Avenue de L'Ange Gardien, ✆ 0493764000, 📠 0493764244. In Deutschland buchbar über: ✆ 01805/901011.

*** **La Flore**, familiäres Hotel mit kleinem Pool, Zimmer je nach Ausstattung und Saison von 75–124 € zur Straße sowie 109–176 € zum Meer hin. WLAN vorhanden. Avenue Princesse Grâce de Monaco, ✆ 0493763030, 📠 0493769999. www.hotel-la-flore.fr.

** **Le Provençal**, ein Logis-de-France-Hotel, etwa 150 Meter vom Hafen entfernt. Schöne, großzügige Zimmer mit großen Fenstern,

Citadelle Sainte-Elme

die in den oberen Stockwerken einen tollen Blick über die Bucht bieten. Sehr ordentlich geführt, wenngleich die Einrichtung schon einige Jahre auf dem Buckel hat. Ausgezeichnet ist das Frühstücksangebot: es gibt sogar Eier, Wurst und Käse. WLAN vorhanden. Zimmer je nach Ausstattung und Reisezeit 59–124 €. Von Nov. bis Weihnachten Betriebsferien. 4, avenue Maréchal Joffre, ✆ 0493765353, ✆ 0493769600. www.hotelprovencal.com.

** **Darse**, preiswerte, ruhige Unterkunft mit ältlichem Charme, hundert Meter hinter der Zitadelle. Von den meisten der 21 Zimmer (je nach Lage und Saison 67–95 €) bietet sich eine schöne Aussicht auf die Bucht und den kleinen Yachthafen. Die Zimmer sind renoviert, geräumig und besitzen zum Meer hin einen netten Balkon. Die günstigen Zimmer gehen allerdings zur Landseite hinaus. Im Jan. geschlossen. Avenue du Général de Gaulle, ✆ 0493017254, ✆ 0493018437. www.hoteldeladarse.com.

La Mère Germaine, eines der besten Fischrestaurants in der Region, selbst aus Monaco kommen die Gäste mit dem Taxi angereist. Das Restaurant existiert seit 1938 und war nach dem Krieg lange Zeit die „Kantine" der amerikanischen Marineoffiziere. Menü zu 41 €. 9, quai de l'Amiral Courbet, ✆ 0493017139.

L'Oursin Bleu, direkt nebenan, etwas weniger anspruchsvoll, aber dennoch das zweitbeste Restaurant am Hafen. Sehr freundlicher, unaufdringlicher Service. Menü zu 35 €. Dienstag Ruhetag. 11, quai de l'Amiral Courbet, ✆ 0493019012.

La Grignotière, kleines, einladendes Restaurant, ein paar Schritte oberhalb des Hôtel Welcome (von Lesern gelobt!). Tipp: Osso buco probieren. Mittagsmenü zu 16,75 €. 3, rue de Poilu, ✆ 0493767983.

La Piazza, einfache Pizzeria mit großer Straßenterrasse inmitten der Altstadt. An den Pizzen ab 8 € mit dem hauchdünnen Boden gibt es nichts auszusetzen. Nur abends geöffnet. Place de la République, ✆ 0493017069.

Wine Pier, die Lounge des Hôtel Welcome ist eine ideale Adresse, um den Abend auf der Terrasse mit einem Aperitif einzuläuten. Tgl. außer Montag ab 18 Uhr geöffnet. 1, quai Courbet, ✆ 0493762740.

Auberge de Jeunesse, befindet sich zwar schon auf dem Stadtgebiet von Nizza (siehe dort), kommt aber wegen ihrer Nähe zu Villefranche als Quartier in Frage.

Sehenswertes

Chapelle Saint-Pierre: Die kleine, lange Zeit nur zur Aufbewahrung von Fischernetzen genutzte Kapelle ist die große Attraktion von Villefranche. Sie wurde 1957 von Jean Cocteau neu gestaltet und mit Szenen aus dem Leben des Saint-Pierre ausgemalt. Nach seiner eigenen Gläubigkeit befragt, antwortete Cocteau kokett: „Ich glaube an den Gott, der an meine Kapelle glaubt ..." Zudem habe er „die Poesie betreten wie man in eine Religion eintritt. Daher ist die Kapelle von Villefranche religiös." Pablo Picasso, der zu den ersten Betrachtern der Fresken zählte und zuvor schon in Vallauris selbst eine Kirche ausgemalt hatte, hegte gewisse Zweifel an den Beweggründen des malenden Dichters: „Jean ist dermaßen versessen darauf, dass über ihn geredet wird, dass er sogar imstande wäre, den Bahnhof Saint Lazare auszumalen."

Adresse Quai Courbet. Öffnungszeiten: Im Sommer tgl. außer Montag 10–12 Uhr und 15–19 Uhr. Im Nov. geschlossen. Eintritt: 2 €.

Citadelle Sainte-Elme: Die imposante Zitadelle beherrscht noch heute die Bucht von Villefranche. Herzog Emanuel-Philippe von Savoyen zog 1557 italienische Festungsbaumeister zu Rate, um den strategisch wichtigen Hafen vor französischen Einfällen zu schützen. Manche der Gebäude sind in satten gelben und roten Tönen angestrichen, die Erinnerungen an Mackes Tunisbilder aufkommen lassen. Die Zitadelle beherbergt heute mehrere Kunstsammlungen, von denen vor allem die Fondation Musée Volti herausragt. Im Sommer werden Kinofilme unter freiem Himmel gezeigt.

Fondation Musée Volti: Umfangreiche Skulpturensammlung mit Bronze-, Kupfer- und Töpferarbeiten des einheimischen Bildhauers Volti. Die modernen Kunstwerke setzen in den historischen Gemäuern spannungsreiche Akzente, ein paar Skulpturen verschönern auch das angegliederte Freigelände. Sicherlich das eindrucksvollste Museum auf der Zitadelle.

Öffnungszeiten Von Okt. bis Mai von 10–12 Uhr und 14–17.30 Uhr, im Juni und Sept. 9–12 Uhr und 14.30–18 Uhr, Juli und August 10–12 Uhr und 14.30–19 Uhr. Sonntagvormittag und Dienstag sowie im Nov. geschlossen. Eintritt: frei!

Musée Goetz-Boumeester: Das Museum ist eine Stiftung des eng mit Villefranche verbundenen Künstlers Henri Goetz und seiner ebenfalls künstlerisch tätigen Frau Christine Boumeester. Neben Arbeiten des Stifters besitzt das Museum zudem eine kleine Sammlung mit Werken von Picasso, Miró, Picabia und Hartung.

Öffnungszeiten Von Okt. bis Mai von 10–12 Uhr und 14–17.30 Uhr, im Juni und Sept. 9–12 Uhr und 14.30–18 Uhr, Juli und Aug. bis 19 Uhr. Sonntagvormittag und Dienstag sowie im Nov. geschlossen. Eintritt: frei!

Collection Roux: Sammlung historischer Keramikfiguren vom Mittelalter bis zur Renaissance.

Öffnungszeiten Von Okt. bis Mai von 10–12 Uhr und 14–17.30 Uhr, im Juni und Sept. 9–12 Uhr und 14.30–18 Uhr, Juli und Aug. bis 19 Uhr. Sonntagvormittag und Dienstag sowie im Nov. geschlossen. Eintritt: frei!

Mont Alban: Eine Wanderung auf den 222 Meter hohen Mont Alban wird mit einem herrlichen Blick auf Nizza und die Engelsbucht belohnt. Man läuft hierzu ein paar hundert Meter auf der Basse Corniche (RN 98) in Richtung Nizza und geht dann bei der Villa Lucioles auf der Treppe *Escalier de Veyre* bergauf durch den Wald bis zum Aussichtspunkt.

Niki de Saint Phalle an der Promenade

Nizza (Nice)

Nizza ist eine lebendige, attraktive Großstadt mit breiten Boulevards, einer verträumten Altstadt und, nicht zu vergessen, die weltberühmte Promenade des Anglais. Abgesehen von Paris besitzt keine andere französische Stadt mehr Museen als Nizza. Zwischen Kultur und Shopping bietet der Kiesstrand an der Baie des Anges (Engelsbucht) die nötige Erholung.

Mit rund 350.000 Einwohnern ist die Hauptstadt des Départements Alpes-Maritimes eine moderne Großstadt und im Gegensatz zu Marseille noch überschaubar, wenngleich die Vororte von Nizza in den letzten Jahrzehnten verstärkt nach Norden ausuferten. Das Industrieviertel Sophia-Antipolis sowie der stadtnahe Flughafen – übrigens landesweit der größte nach Paris – liegen etwas abseits im Westen der Stadt und haben dazu beigetragen, dass Nizza bis heute das größte Wirtschaftszentrum an der Côte d'Azur geblieben ist. An dem der Promenade des Anglais vorgelagerten Kiesstrand oder im historischen Zentrum ist davon allerdings wenig zu spüren. Der ungewohnte Kontrast zwischen Großstadt und Badeort macht Nizza so reizvoll! Auch im internationalen Städtetourismus spielt Nizza eine wichtige Rolle, vor allem zur Karnevalszeit und über Ostern reichen die Hotelkapazitäten oft nicht aus.

Die Altstadt ist nach wie vor der Angelpunkt der Stadt: Den täglichen Markttrubel in *Vieux Nice* sollte man sich keinesfalls entgehen lassen. An den Ständen biegen sich die Tische unter dem reichhaltigen Angebot: Von Früchten über Pilze, Oliven, Zwiebeln und Blumen bis hin zu edlen Gewürzen ist alles zu haben, was das Herz begehrt. Beliebt ist vor allem die frisch gebackene *Socca*. Die wagenradgroßen Fladen, ein genauso günstiger wie schmackhafter Magenfüller, bestehen übrigens hauptsächlich aus Kichererbsenmehl. Auf dem *Cours Saleya* findet täglich der berühmte Blumenmarkt statt, aber auch Gemüse und Obst werden vormittags feilgeboten, montags dreht sich alles um Antiquitäten und diversen Nippes. Im Labyrinth der Altstadtgassen, die nur ein kleines Dreieck zwischen dem Burgberg, der Uferpromenade und den Parkanlagen des Paillon einnehmen, ist die italienische Vergangenheit noch gegenwärtig: Pastellfarbene Häuserfassaden, teilweise mit Fresken oder Trompe l'œils (perspektivische Malerei) geschmückt, von Arkaden gesäumte Plätze und enge Gassen wissen mit ihrem italienischen Flair zu begeistern.

Die Altstadt wird durch den Paillon, einen Wildbach, dessen überdachtes Flussbett heute von Parkanlagen und öffentlichen Gebäuden nachgezeichnet wird, von der großzügig angelegten Neustadt getrennt. Der zentrale Busbahnhof und das Musée d'Art Moderne et d'Art Contemporain wurden über dem Paillon errichtet. Eine wichtige Verkehrsader ist die von Platanen und Straßencafés gesäumte Avenue Jean Médecin, die sich von der Place Masséna nach Norden erstreckt. Das Kaufhaus Galeries Lafayette, verschiedene Modeboutiquen und Banken, C&A, FNAC, McDonalds und all die anderen „Errungenschaften" einer modernen französischen Großstadt sind entlang sowie links und rechts der Avenue Jean Médecin zu finden. Nicht auslassen sollte man einen Besuch von Cimiez, dem mondänen Vorort Nizzas, den einst der europäische Hochadel zu seinem Winterdomizil erklärte. Noch immer zählt das einstige Régina Palace Hotel, in dem die englische Königin Victoria mit Vorliebe residierte, zu den prachtvollsten Bauten an der Côte d'Azur. Für Altertumsliebhaber gehört der Besuch der römischen Thermenanlage und des Amphitheaters zwar zum Pflichtprogramm, das Musée Matisse wird aber sicherlich ebenso wenig enttäuschen.

Auf dem politischen Sektor eilt Nizza seit mehreren Jahrzehnten zu Recht ein zweifelhafter Ruf voraus: Die Stadt gilt als Hochburg der Korruption und des organisierten Verbrechens. Die Weichen dafür stellte zum einen der langjährige Bürgermeister Jacques Médecin, aber auch um seinen Nachfolger schien es nicht besser bestellt. Das nach der Flucht von Médecin neu gewählte Stadtoberhaupt Honoré Bailet musste überstürzt abtreten, als auf seine Frau der Verdacht der Hehlerei fiel und sein Sohn einen Bistrowirt unter dubiosen Umständen ins Jenseits beförderte.

Seit dem Ende des Kalten Krieges sind auch die Russen wieder an ihre geliebte Côte d'Azur zurückgekehrt; mehr als 30.000 waren es allein im Jahr 1995. Gern gesehen sind die russischen Touristen vor allem, weil sie pro Tag mindestens fünfmal soviel Geld ausgeben wie andere Gäste. Bleibt die Frage, woher das viele Geld kommt. Der *Spiegel* entdeckte in den russischen Neureichen die Vorhut der Mafia, deren Millionen „wohl vorwiegend aus Handel mit Waffen, aus organisiertem Verbrechen und Prostitution" stammen. Als Devisenbringer sind die Russen zwar willkommen, doch insgeheim stoßen sie auf Ablehnung: Besonders seit den Kommunalwahlen im Juni 1995. Diese Wahlen brachten nämlich in Nizza mit *Jacques Peyrat* einen Ultrarechten auf den Bürgermeistersessel. Der frühere Spitzenmann des *Front National* hat die Partei ein Jahr zuvor nur aus dem Grund verlassen, da er seine Karriere als Lokalpolitiker beschleunigen wollte. Auf Wahlveranstaltungen forderte der ehemalige Fallschirmflieger Peyrat

Die Médecin-Dynastie

1928 war ein besonderes Jahr für die Familie Médecin. Es war nicht nur das Jahr, in dem Jacques Médecin das Licht der Welt erblickte, sondern auch das Jahr, in dem sein Vater Jean Médecin zum Bürgermeister von Nizza gewählt wurde. Ein Amt, das er in quasi monarchischer Art und Weise bis zum Jahr 1965 fast ununterbrochen bekleiden sollte, wobei er des Öfteren die Partei wechselte. Nur 1945 musste er wegen Kollaboration mit den Nazis kurzzeitig seinen Sessel räumen. Wie in einer Dynastie üblich, „erbte" der Sohn die Bürgermeisterschärpe des Vaters, ab 1976 hatte *Jacques Médecin* zeitweise auch noch den Posten eines Staatssekretärs für Tourismus im Kabinett von Jacques Chirac inne, bevor er wegen seiner einträglichen „Nebengeschäfte" von dieser Aufgabe entbunden wurde. In Nizza blieb „Le Roi Jacques" trotz seiner zwielichtigen Politik weiterhin im Amt, auch in der berüchtigten Affäre um das Casino im Palais de la Méditerranée hatte Médecin seine Finger im Spiel. Geschickt zog er die Fäden in einem von außen schwer durchschaubaren Klientelsystem, einer Form von institutionalisierter Korruption, wobei Médecin es verstand, lokalpatriotische Interessen auszunutzen – sogar ein Kochbuch zur Küche Nizzas hat er verfasst! Politisch stand Jacques Médecin in den letzten Jahren seiner Amtszeit der neofaschistischen Front National von Le Pen nahe, aus seiner Ablehnung gegenüber Immigranten hatte er schon zuvor keinen Hehl gemacht. Wegen Einkommensteuerhinterziehung von umgerechnet drei Millionen Euro – seit 1980 hatte es Médecin nicht mehr für nötig befunden, Steuern zu entrichten – und Missbrauchs öffentlicher Mittel wurde Médecin 1990 angeklagt, doch entzog er sich der drohenden Verhaftung, indem er zuerst nach Argentinien und dann nach Uruguay floh. In Abwesenheit verurteilte man Jacques Médecin 1992 zu einem Jahr Haft und einer Geldstrafe von umgerechnet 400.000 Euro; 1994 wurde er doch noch an Frankreich ausgeliefert, wo er unverzüglich seine Haftstrafe antreten musste. Glücklich geworden ist „Jacqou" in Nizza nicht mehr, ein paar Jahre später erlag er in Uruguay einem Herzinfarkt.

Eine weitere schillernde Anekdote soll nicht verschwiegen werden: Eine Dynastie braucht verständlicherweise einen respektablen Stammbaum und so war Jacques Médecin felsenfest davon überzeugt, seine Familie stamme von dem florentinischen Fürstengeschlecht der Medici ab. Außer der Ähnlichkeit beider Namen sprach zwar nichts für diese abenteuerliche These, was den lieben Jacques aber nicht daran hinderte, sich in den Vereinigten Staaten als „Graf von Medici" einzuführen ...

beispielsweise, die Stadt müsse „von ihren üblen Elementen befreit werden". Er prangerte damit aber keineswegs die stadtbekannte Korruption an, sondern meinte jenen Teil der Bevölkerung, der eine dunklere Hautfarbe besitzt. Man darf allerdings nicht nur Jacques Peyrat für dieses primitive Gedankengut geißeln, brachten doch die Bürger Nizzas mit dessen Wahl nur ihre innersten Wünsche zum Ausdruck. Im Sommer 1996 verbreiteten dann die Nachrichtenagenturen eine Anordnung von Peyrat, mit der er Bettler und Obdachlose aus der Innenstadt verbannen wollte: In der Zeit vom 15. Juni bis 15. September sei

Karten Seite 234, 316/317 und 364/365

es verboten, „sitzend oder liegend auf öffentlichen Wegen" zu betteln und so „Passanten zu behindern". Im Herbst 1996 setzte Peyrat noch eins drauf: Bettler und Clochards wurden von städtischen Kleinbussen „eingesammelt" und auf den fünfzehn Kilometer entfernten Mont Chauve gekarrt. Dort bekamen sie zwar etwas zu essen, wenn sie jedoch wieder vom „Kahlen Berg" weg wollten, mussten sie ein paar Stunden zu Fuß marschieren. Begeistern konnte sich Peyrat, der bis 2008 amtierte, auch, und zwar für Militärmusik, der zu Ehren er ein Festival ins Leben gerufen hat ...

Zum Abschluss noch ein paar positive Nachrichten: Derzeit baut Nizza seine Hafenanlagen für 150 Millionen Euro aus, um künftig mehr Kreuzfahrtschiffe als bisher anzulocken und damit zahlungskräftigere Touristen in die Stadt zu holen. Eine moderne Straßenbahnlinie wurde im Jahre 2007 in Berieb genommen, um die Verkehrssituation in der Innenstadt zu verbessern. Im Rahmen dieser Maßnahmen wurde die Place Masséna sowie die Place Garibaldi umgebaut und weitgehend verkehrsberuhigt.

Geschichte

Nizza ist einer der ältesten Siedlungsplätze der Menschheit: Östlich des Hafens, am Westhang des Mont Boron, konnten in einer Grotte Spuren einer Wohn- und Feuerstätte entdeckt werden, die zwischen 100.000 und 1.500.000 Jahre alt sind und auf eine kontinuierliche Besiedlung der Region Nizza schließen lassen. Am Burgberg wurden in einer weiteren Grotte rund 25.000 Jahre alte Knochen des Cromagnon-Menschen gefunden. Griechen aus Marseille gründeten um 600 v. u. Z. an der Bucht die Handelsniederlassung *Nikaia*, deren Bedeutung später hinter dem Nachbarort *Cimiez* (heute ein Stadtteil von Nizza) zurückblieb. Nachdem die Römer 154 v. u. Z. von den Griechen gegen die keltischen Ligurer zur Hilfe gerufen worden waren, siedelten sich die erfolgreichen Befreier kurzerhand selbst in Cimiez an – just an jener Stelle, an welcher die Kelten bereits ein Oppidum errichtet hatten. Ein Amphitheater und die Ruinen einer ausgedehnten Thermenanlage zeugen noch von der Garnisonsstadt *Cemelenum*, die den Landweg zwischen Italien und Spanien sichern sollte. *Cemelenum*, wie die Römer Cimiez nannten, wurde alsbald zur Hauptstadt der Provinz *Alpes Maritimae* und zählte in seiner Blütezeit wohl knapp 20.000 Einwohner; das noch längere Zeit griechisch geprägte Nizza diente nur noch als Hafen. Über die Spätantike und das frühe Mittelalter ist wenig bekannt, die kirchliche Überlieferung weiß von zwei konkurrierenden Bistümern in Nizza und Cimiez. Wahrscheinlich wurde Cimiez infolge der Sarazeneneinfälle aufgegeben; zusammen mit den Bewohnern Nizzas zog man sich auf den leichter zu verteidigenden Burgberg am Hafen zurück, selbst die Kathedrale wurde auf den Hügel verlegt.

Bis ins 12. Jahrhundert hinein waren die politischen Geschicke Nizzas eng mit denen der Provence verbunden, doch dann strebten die Bürger nach Unabhängigkeit und schlossen ein Bündnis mit Pisa. Im Jahre 1388 kam es zum endgültigen Bruch: Die Einwohner Nizzas und die Bevölkerung des Hinterlandes weigerten sich, Ludwig von Anjou als Grafen der Provence anzuerkennen und stellten sich mehr oder weniger freiwillig unter den Schutz der Grafen von Savoyen. Konflikte späterer Jahrhunderte schienen dadurch vorprogrammiert, denn auch geographisch war Nizza durch die Seealpen von Savoyen getrennt. 1543 kam es zur ersten kriegerischen Auseinandersetzung: Nizza wurde im Rahmen des Konflikts zwischen Karl V., dem Kaiser des Heiligen Römischen Reichs Deutscher Nation, und dem französischen König Franz I. – oder richtiger: François I. – von einer französisch-türkischen Flotte letztlich zwar vergeblich belagert und beschossen, musste jedoch schwere Verwüstungen hinnehmen. Der Sage gemäß verdankte Nizza seine Rettung dem beherzten Eingreifen der 33-jährigen Catherine Ségurane: Der mutigen Wäscherin soll es gelungen sein, den türkischen Feinden das grüne Banner des Propheten zu entreißen, woraufhin die abergläubischen Osmanen die Belagerung abbrachen.

Im 17. und 18. Jahrhundert wurde Nizza wiederholt erobert und zerstört. Dies ist auch die Ursache dafür, dass sich im historischen Zentrum so gut wie keine Spuren mittelalterlicher Bausubstanz erhalten haben. Versuche der Kardinäle Richelieu und Mazarin, auf diplomatischem Weg in den Besitz der Grafschaft zu gelangen, schlugen genauso fehl wie die militärischen Anstrengungen Ludwig XIV.; die Soldaten des Sonnenkönigs eroberten Nizza zwar gleich zweimal innerhalb weniger Jahre, doch waren sie nicht in der Lage, die Stadt langfristig zu halten. 1792 wurde Nizza von Revolutionstruppen besetzt; mit einer kurzen Unterbrechung wehte bis 1814 die französische Flagge über der Stadt, bevor diese für weitere viereinhalb Jahrzehnte wieder an das zwischenzeitlich zu Königen von Sardinien aufgestiegene Herrscherhaus von Savoyen zurückkam. Wirtschaftlich ging es dadurch weiter bergab, denn der neue sardische König hatte 1815 seinem Territorium den weitaus wichtigeren Handelshafen Genua einverleiben können; 1853 verlor Nizza zudem seine Stellung als Freihafen. *Giuseppe Garibaldi*, der durch die Eroberung Siziliens zum Wegbereiter der italienischen Einheit geworden war, stammte übrigens aus Nizza. Garibaldi bezeichnete die Stadt gerne als „zweifellos eine der schönsten Gegenden in diesem meinem unglücklichen und doch strahlenden Vaterland“. Ironie des Schicksals: Der Preis für die Verwirklichung von Garibaldis Einheitstraum war die 1860 vollzogene Abtretung der Grafschaft Nizza an Frankreich als Dank für die französische Unterstützung im Kampf gegen Österreich. Pro forma initiierte man noch eine Volksabstimmung: 25.743 Betroffene stimmten für den Anschluss an Frankreich, nur 160 dagegen. Der überwältigende Anteil der Zustimmung

Baie des Anges in Nizza

nährte allerdings den begründeten Verdacht, bei der Abstimmung sei nicht alles mit rechten Dingen zugegangen. Ob Wahlbetrug oder nicht, der Anschluss an Frankreich brachte jedenfalls den lang erhofften wirtschaftlichen Aufschwung: Nizza boomte regelrecht, der Bodenspekulation waren Tür und Tor geöffnet; zudem entwickelte sich Nizza zur ersten modernen europäischen Touristenmetropole. Dabei darf nicht vergessen werden, dass zwischen Arm und Reich ein enormer Unterschied klaffte. Während entlang der Promenade des Anglais die Belle Epoque in ihren schönsten Farben schillerte, lebten die Menschen in der Altstadt unter miserablen Bedingungen; die Kanalisation funktionierte genauso wenig wie die Trinkwasserversorgung, bittere Armut gehörte zum Alltag.

Als eigentlicher „Entdecker" von Nizza gilt der schottische Arzt und Schriftsteller *Tobias Smollett*; er kam im Dezember 1763 nach Nizza, um hier den Winter zu verbringen. Vor allem das milde Klima, das er in seinen drei Jahre später publizierten Reisetagebüchern lobte, verhalf dem Ort zu einer ersten, bis dato ungewohnten Popularität. Schnell entstand in Nizza eine regelrechte englische Kolonie. Gut betuchte Adelige und wohlhabende Kaufleute flohen vor dem englischen Winter an die damals noch italienische Mittelmeerküste; anfangs wohnten sie zur Miete, doch schon bald ließen sie sich eigene Villen errichten, die ihren Vorstellungen und Ansprüchen besser entsprachen. Einen besonderen Anschub erhielt der Wintertourismus im Jahre 1864, als Nizza an das französische Eisenbahnnetz angeschlossen wurde. Die genauso beschwerliche wie langwierige Anreise mit der Postkutsche gehörte der Vergangenheit an. Das mondäne Leben verlagerte sich ein Stück weit ins Hinterland, in das von luxuriösen Villen und Grandhotels geprägte Cimiez, das 1866 durch einen prächtigen Boulevard mit dem Zentrum verbunden wurde. Es käme einem Namedropping gleich, all die illustren Persönlichkeiten anzuführen, die sich irgendwann im Laufe ihres Lebens nach Nizza begeben hatten. Manche von ihnen wurden gar mit Straßennamen verewigt: An *Friedrich Nietzsche* beispielsweise, der zwischen 1883 und 1888 insgesamt fünf Winter in Nizza verbracht hatte, um sein „Kopfleiden ausschließlich mit reinem Himmel zu kurieren", erinnert noch die Terrasse Frédéric Nietzsche, eine Aussichtsterrasse am Ende der Montée Eberlé. Der Aristokratie folgte nun auch die Halbwelt nach: „O Riviera! Riviera, blaues Paradies der Hochstapler und Ausgeflippten, die falschen Namen blühen hier noch zahlreicher als die Mimosen", lästerte der Pariser Schriftsteller Jean Lorrain 1905. Zu Beginn des 20. Jahrhunderts begann Cannes Nizza verstärkt den Ruf der schillerndsten Tourismusmetropole an der Côte d'Azur streitig zu machen. Der Ausbruch des Ersten Weltkriegs bereitete dem Müßiggang der Belle Epoque ein jähes Ende: Die ein Jahr zuvor eröffnete Luxusabsteige Negresco wurde kurzerhand in ein Lazarett umgewandelt; nach Kriegsende war der Hotelier Negresco pleite und der Tourismus in Nizza in der Krise. Während der nationalsozialistischen Zwangsherrschaft lebten auch zahlreiche deutsche Emigranten in Nizza, darunter *Theodor Wolff*, *Heinrich Mann*, *Joseph Roth* und *Hermann Kesten*. Mann, Roth und Kesten verbrachten eine Zeit lang zusammen mit ihren Familien in einem Haus an der Promenade des Anglais (Nr. 121/Ecke Petite Avenue de la Californie); währenddessen arbeitete jeder von ihnen an einem historischen Roman – für alle drei scheinbar die einzige Möglichkeit, die politische Gegenwart zumindest zeitweise aus dem eigenen Schaffen zu verbannen.

Information/Verbindungen

• *Information* **Nice Convention and Visitor Bureau**, 5, promenade des Anglais, 06000 Nice 4, ✆ 0892707407, 📠 0493928298, www.nicetourism.com, www.ville-nice.fr, www.niceandyou.com oder www.nice-coteazur.org. Wer schon in Nizza ist, kann sich auch im Büro am SNCF-Bahnhof mit Infomaterial eindecken. Ein weiteres Büro befindet sich gleich hinter der Promenade des Anglais, Adresse: 2, rue Massenet.

• *Verbindungen* Gare SNCF (Hauptbahnhof): Avenue Thiers, 06049 Nice, ✆ 3635. Anschlüsse zu allen großen europäischen Städten. Der Zug Metrazur verkehrt bis zu 70-mal pro Tag zwischen Cannes und Ventimiglia. Nach Cannes sind es beispielsweise 40 Minuten Fahrzeit. Eine weitere reizvolle Strecke besteht auch über Sospel und Breil-sur-Roya nach Tende ins idyllische Roya-Tal. Wer will, kann im Untergeschoss des Bahnhofs gegen Entgelt duschen. An der Gare du Provence (500 Meter nördlich des SNCF-Bahnhofs) fährt viermal täglich – im Sommer fünfmal – der Train des Pignes nach Digne-les-Bains ab. Auskunft zu den Abfahrtszeiten: Chemins de Fer de la Provence, 4 bis, rue Alfred Binet, ✆ 0497038080. www.trainprovence.com.

Busbahnhof: Promenade du Paillon, auf dem überbauten Flussbett des Paillon zwischen Alt- und Neustadt; durch Pflanzen geschickt kaschiert. Auskunft am Informationsschalter oder unter ✆ 0493856181. Verbindungen zu zahlreichen regionalen, nationalen und internationalen Zielen: Beispielsweise alle 15 oder 20 Minuten nach Monte Carlo, Menton und Cannes. Viermal tgl. nach Aix-en-Provence und Marseille, zweimal tgl. nach Avignon und Toulon. Stündlich nach Grasse und Vence, mehrmals tgl. nach Contes, Coaraze, Lucéram, L'Escarène, zweimal pro Tag nach Auron und Saint-Martin-Vésubie. Tickets 1 €.

Parken: Mehrere Parkhäuser im Stadtzentrum (ab 2 € pro Stunde). Es ist nicht einfach, in Nizza einen kostenlosen, halbwegs zentralen Parkplatz zu finden. Selbst bei den vielen gebührenpflichtigen Parkstreifen fällt es schwer, eine Lücke zu erspähen. Relativ häufig ereignen sich leider Autoaufbrüche.

Flughafen: Aéroport Nice-Côte d'Azur, ✆ 0820423333. Autobusservice nach Nizza: rund 50 Verbindungen pro Tag zum Busbahnhof (Gare routière). Nach Cannes oder Monte Carlo/Menton zwölfmal pro Tag. Auch Direktverbindungen nach Saint-Raphaël. Vom Flughafen Nizza gelangt man per Bus zum Bahnhof (Linie 23, Einzelfahrkarte verlangen). www.nice.aeroport.fr

Schnellboot: Die Fluggesellschaft Air France bietet ihren Passagieren Schnellbootverbindungen nach Cannes (40 Min.) und Saint-Tropez (80 Min.) an.

Helikopterservice: Héli Inter, ✆ 0492290098; Héli Air Monaco, ✆ 0493213495. Rund 20 Flüge pro Tag nach Monaco.

Autofähre nach Korsika: Von Mitte Juni bis Mitte Sept. 1 bis 3 Abfahrten tgl. nach Ajaccio, Bastia, Calvi, Ile Rousse sowie Propriano. Das restliche Jahr über 3–5 Verbindungen pro Woche nach Ajaccio, Bastia und Ile Rousse. Auskünfte und Reservierungen: Entweder vorab über das heimische Reisebüro oder bei der Societé nationale Maritime Corse Mediterranée (S.N.C.M.), Gare Maritime, Quai du commerce, 06300 Nice, ✆ 0493136666, 📠 0493136681.

Autoverleih: Avis: 2, avenue des Phocées, ✆ 0493806352; Budget: 23, rue de Belgique, ✆ 0493162416; Europcar: 3, avenue Gustave V, ✆ 0493144450; Hertz: 1, promenade des Anglais, ✆ 0493871187.

Fahrradverleih: Arnaud Cycles, 5, rue François I, ✆ 0493878855; JML, 34, avenue Auber, ✆ 0493160700.

Öffentliche Verkehrsmittel: Nizza besitzt ein gut funktionierendes öffentliches Verkehrsnetz. Seit dem Jahr 2007 ist noch eine eigene Straßenbahnlinie (Le Tram) hinzugekommen, die ganz Nizza durchquert und auch vom Bahnhof durch die Avenue Jean Médicin bis zur Place Garibaldi fährt. Ticket: 1 €. Spezielles Angebot für Touristen: Der „Sun Pass" bzw. „Carte 1 jour" mit einer Gültigkeit von einem Tag (4 €) oder sieben (15 €) Tagen. Abends ab 20 Uhr fahren die Busse nur sehr selten. Weitere Infos: Centre d'Information SUNBUS, 10, avenue Félix Faure, ✆ 049 3165210.

Le Grand Tour: Für 18 € kann man einen ganzen Tag mit dem Panoramabus durch Nizza fahren und beliebig oft an einer der elf Haltestellen ein- und aussteigen. www.nicegrandtour.com.

Minitrain: Stadterkundung für Eilige: mit dem Bummelzug über den Blumenmarkt, die Altstadt hinauf bis zu den Gärten am Schlossberg. Abfahrt alle 20 Min. gegenüber dem Parc Albert I; Fahrtdauer: 45 Min.

Côte d'Azur
Karten Seite 234, 316/317 und 364/365

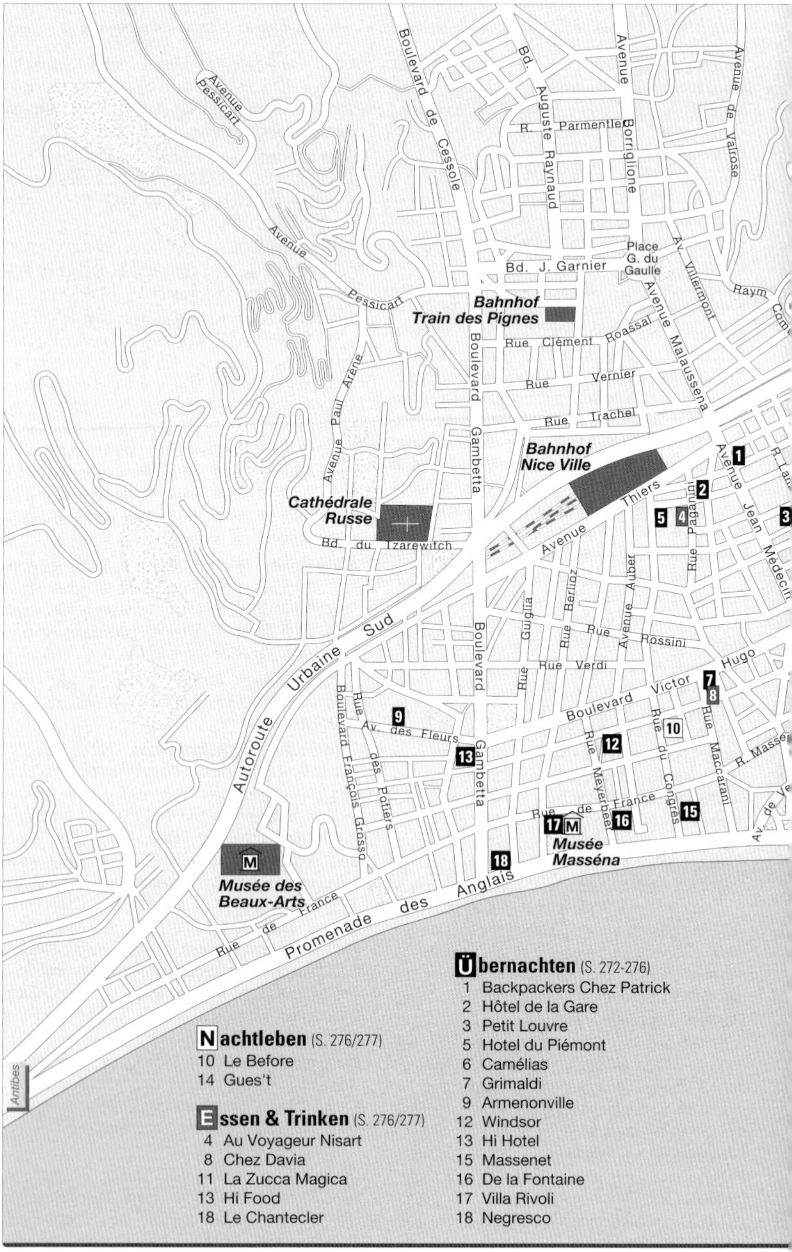
Avenue Pessicart
Boulevard de Cessole
Bd. Auguste Raynaud
Avenue Borriglione
Avenue de Valrose
R. Parmentier
Bd. J. Garnier
Place G. du Gaulle
Av. Villermont
Raym
Bahnhof Train des Pignes
Rue Clément Roassal
Avenue Malaussena
Rue Vernier
Rue Trachel
Boulevard Gambetta
Avenue Paul Arène
Bahnhof Nice Ville
Avenue Jean Médecin
Cathédrale Russe
Bd. du Tzarewitch
Avenue Thiers
Rue Paganini
Rue Auber
Rue Berlioz
Rue Guiglia
Rue Rossini
Rue Verdi
Autoroute Urbaine Sud
Boulevard Victor Hugo
Rue Maccarani
Av. des Fleurs
Boulevard François Grosso
Rue des Potiers
Rue Meyerbeer
Rue du Congrès
Rue de France
R. Masséna
Musée Masséna
Musée des Beaux-Arts
Promenade des Anglais
Antibes
Übernachten (S. 272-276)
1 Backpackers Chez Patrick
2 Hôtel de la Gare
3 Petit Louvre
5 Hotel du Piémont
6 Camélias
7 Grimaldi
9 Armenonville
12 Windsor
13 Hi Hotel
15 Massenet
16 De la Fontaine
17 Villa Rivoli
18 Negresco
Nachtleben (S. 276/277)
10 Le Before
14 Gues't
Essen & Trinken (S. 276/277)
4 Au Voyageur Nisart
8 Chez Davia
11 La Zucca Magica
13 Hi Food
18 Le Chantecler

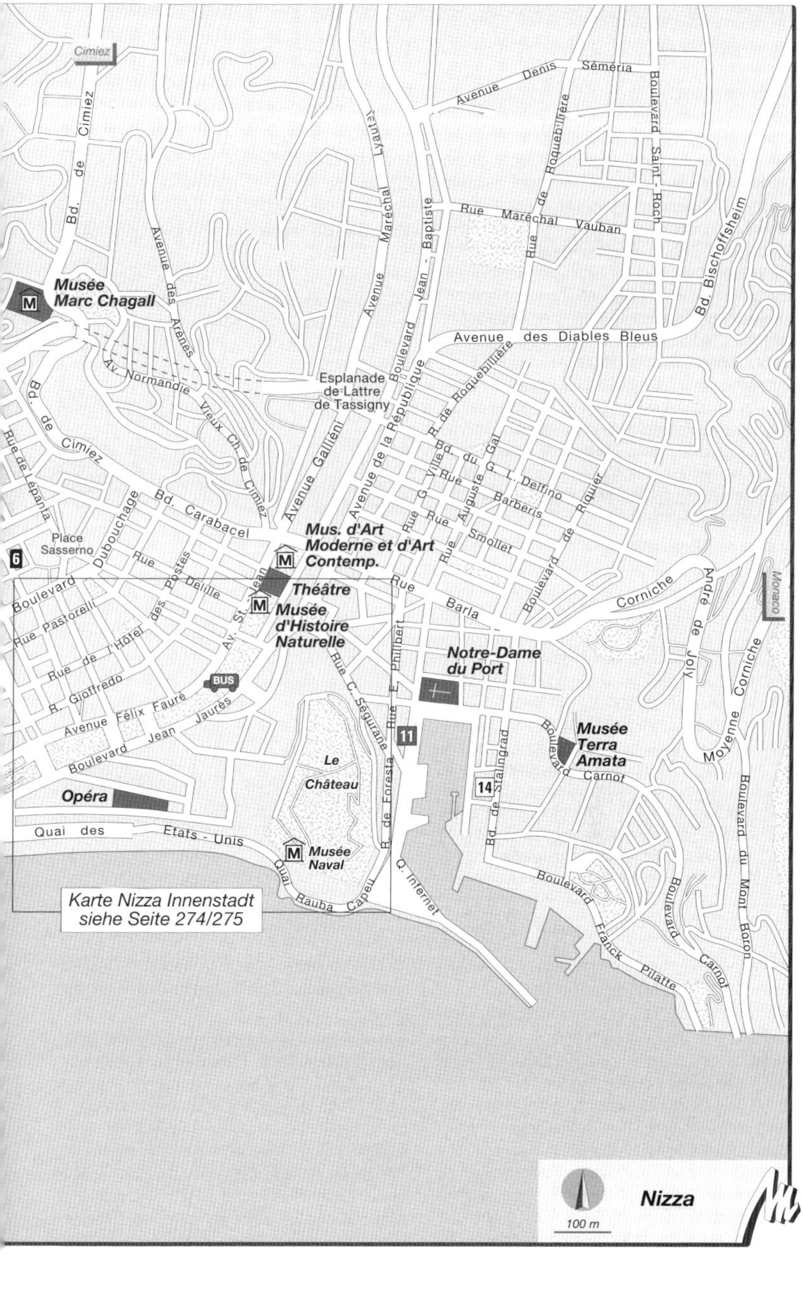

Côte d'Azur
Karten Seite 234, 316/317 und 364/365

Stadtführung: Jeden Samstag durch die Altstadt um 9.30 Uhr in englischer und französischer Sprache. Treffpunkt: Office du Tourisme, 5, promenade des Anglais. Kosten: 12 €.

Taxi: Station centrale, ✆ 0493137878.

Diverses

• *Literaturtipp* **Gallo, Max**: Engelsbucht. Historischer Roman, der die Geschichte dreier Brüder aus dem kargen Piemont erzählt, die im 19. Jahrhundert in das aufstrebende Nizza kommen, um ihr Glück zu machen.

• *Veranstaltungen* **Karneval**: Am Faschingsdienstag wird in Nizza ein buntes Spektakel mit Umzügen und Konfettischlachten inszeniert. Den krönenden Abschluss bildet ein bombastisches Feuerwerk. **Triathlon de Nice** im Juni: 4 km Schwimmen in der Baie des Anges, 120 km Radeln durch das Hinterland, 30 km Laufen entlang der Promenade des Anglais (www.ironmanfrance.com). **Festival de Jazz** (www.nicejazzfest.com) im Amphitheater von Cimiez und **Festival International du Folklore** (beide im Juli).

• *Hauptpost* 23, avenue Thiers (beim Bahnhof), in einem mächtigen Backsteinbau im Art-déco-Stil.

• *Internet* Cyber Café, 30, rue Pertinax (in Bahnhofsnähe).

• *Märkte* **Marché aux Fleurs** (Blumenmarkt), Cours Saleya, Mo–Sa 7.30–17 Uhr; **Marché aux Poissons** (Fischmarkt), Place Saint-François, jeden Morgen geht es auf dem größten Fischmarkt an der Côte d'Azur hoch her; **Marché à la Brocante** (Antiquitäten- und Flohmarkt), Cours Saleya, jeden Montag 8–17 Uhr; **Marché aux Puces** (Flohmarkt), Place Robilante, Di–So 10–18 Uhr; **Marché d'Art des Antiquaires** (Kunst- und Antiquitätenmarkt), Rues Gauthier, Ségurance, Philibert, Foresta, Mo–Sa 10–12 Uhr und 15–18.30 Uhr.

Opéra de Nice, 4, rue Saint-François de Paule, ✆ 0492174000.

Théatre de Nice, Promenade des Arts, ✆ 0493139090.

• *Kinderspielplatz* Eine schöne Anlage mit mehreren Kletter- und Spielgeräten findet man oben auf dem Château-Berg von Nizza.

• *Parc des Miniatures* Am Wochenende geöffnet, Boulevard Impératice Eugénie.

• *Musée des Trains Miniatures* Tgl. geöffnet, Boulevard Impératice Eugénie.

• *Schwimmen* Freibäder: Centre Aéré de Falicon, 13, boulevard Comte de Falicon; Piol, 36, avenue Paul Arène. Hallenbad mit olympischem Becken im Palais des Sports, Esplanade de Lattre de Tassigny, ✆ 0493131313.

• *Tauchen* Centre International de Plongée de Nice, 2, ruelle des Moulins, ✆ 0493555950; Aigle Nautique, 50, boulevard Franck Pilatte, ✆ 0493892333.

• *Squash* Club Vauban, 18, rue Maréchal Vauban, ✆ 0493260978.

• *Tennis* Ligue de la Côte d'Azur, 66, route de Grenoble, ✆ 0493180095.

• *Minigolf* Parc Carol de Roumanie, 23, avenue de Fabron; Parc Castel des Deux Rois, Corniche André de Joly.

• *Spielcasino* Casino Ruhl, 1, promenade des Anglais.

Übernachten (siehe Karten S. 270/271 und 274/275)

Nizza besitzt rund 200 Hotels mit mehr als 10.000 Zimmern; zur Hochsaison und zur Karnevalszeit kann es dennoch zu Engpässen kommen. Auffallend positiv ist das breite Angebot an erschwinglichen Unterkünften.

• *Hotels* **** **Negresco (18)**, das klassische Hotel in Nizza steht noch heute für den Glanz der Belle Epoque; Vanderbilt, Rockefeller und Queen Elisabeth stiegen hier ab. Zur Eröffnung im Jahre 1913 versammelten sich unter dem tonnenschweren Kronleuchter im Salon Royal sieben gekrönte Staatsoberhäupter. Als eines der letzten Grandhotels an der Côte d'Azur steht das Negresco heute unter Denkmalschutz. Die 375 Quadratmeter große Glaskuppel wurde von keinem Geringeren als Gustave Eiffel, dem Erbauer des Eiffelturms, konstruiert. Zimmerpreis: 355–560 €. Übrigens: Wer will, kann auch eine ganze Etage mieten. 37, promenade des Anglais, ✆ 0493166400, 📠 0493883568. www.hotel-negresco-nice.com.

**** **Beau Rivage (37)**, ein luxuriöses, aber dennoch intimes Hotel, in dem schon Henri Matisse, Anton Tschechow und Friedrich Nietzsche abgestiegen sind. Unlängst vom Stardesigner Jean-Michel Wilmotte komplett

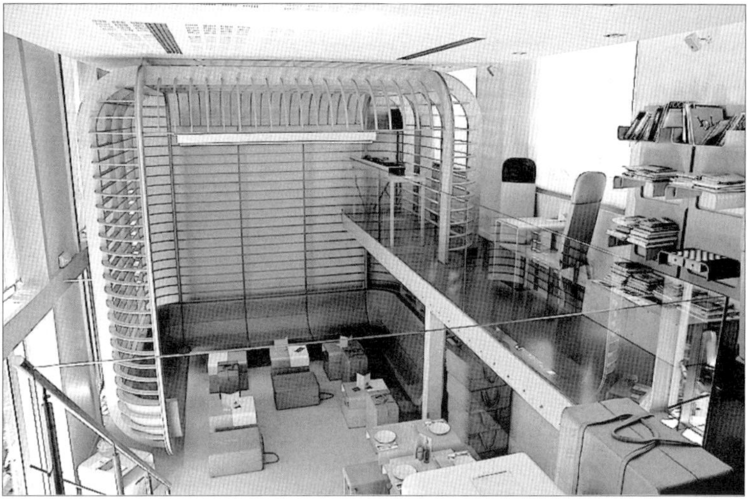

Futuristisch: Hi Hotel

renoviert, gefallen die modern eingerichteten Zimmer mit Plasma-TV und vielen weiteren komfortablen Extras. Zimmer im Winter ab 250 €, im Sommer zwischen 320 € und 420 €. Wer will, kann auch 750 € in eine Suite mit Meerblick investieren. 24, rue Saint François de Paul, ✆ 0492478282, ℻ 049 2478283, www.nicebeaurivage.com.

**** **Hi Hotel (13)**, nur 200 Meter vom Meer entfernt hat 2003 in Nizza mit dem Hi Hotel eine neues Hotel für Designfreunde eröffnet. Jedes der 38 Zimmer ist von der Designerin Matali Crasset mit Mut zu Farbe und Form individuell gestaltet worden. Plasma-Fernseher hängen an den Wänden. Tagsüber relaxt man am Pool auf der Dachterrasse, abends trifft man sich in der spaciglindgrünen Hotellounge oder im begrünten Innenhof. Ein Biorestaurant (siehe Essen und Trinken) ergänzt das Angebot. DZ 239–439 € (inkl. Bio-Frühstück), im Winter günstiger. Die teuersten Zimmer verfügen über eine Terrasse. 3, avenue des Fleurs, ✆ 04970 72626, ✆ 0497072627. www.hi-hotel.net.

**** **Grimaldi (7)**, sehr angenehmes Stadthotel in einem stilvollen Haus der Jahrhundertwende unweit der Fußgängerzone und der Promenade des Anglais. Die Zimmer (DZ je nach Ausstattung 115–205 €, EZ 100 €) sind sehr geschmackvoll in den Tönen gelb, blau oder rot gehalten und verbreiten auf Anhieb eine wohlige Stimmung. Die Nachttische sind beispielsweise antiken Kapitellen nachempfunden. 15, rue Grimaldi, ✆ 0493 160024, ℻ 0493870024, www.le-grimaldi.com.

*** **Windsor (12)**, das etwas andere 3-Sterne-Hotel. Asiatische Möbel und ein Garten mit Schwimmbecken sowie ein türkisches Bad machen das exotische Flair des Hotels aus. Die Zimmer wurden zudem teilweise von verschiedenen zeitgenössischen Künstlern ausgestattet, wobei das eine oder andere durchaus schrill anmutet. Besonders schön: Ein ganz in Gold gestaltetes Zimmer. Kostenpunkt: 78–140 € im Winter, im Sommer 98–175 €. 11, rue Dalpozzo (2 Fußminuten zum Meer), ✆ 0493885935, ℻ 0493 889457, www.hotelwindsornice.com.

*** **Massenet (15)**, von außen ist dieses Hotel unweit der Promenade ein langweiliger 1970er-Jahre-Bau, der nicht sehr verlockend wirkt. Doch glücklicherweise wurde das in einem ruhigen Hinterhof liegende Hotel unlängst vollkommen renoviert. Seither verfügt es über zwei Dutzend ebenso modern wie komfortabel eingerichtete Zimmer, die im Sommer 90–160 € kosten, wobei die teureren Zimmer über einen Balkon oder eine Terrasse verfügen (das langweilige Frühstück kostet 10 €). Tolle, feste Matratzen. Insgesamt ein gutes Preis-Leistungs-Verhältnis! Zudem gibt es eine Tiefgarage, in der man für 10 € sein Auto parken kann. Kostenloses WLAN. 11, rue Massenet, ✆ 0493871131, ℻ 0493160869. www.hotelmassenet.com.

*** **De la Fontaine (16)**, modernes, sehr gepflegtes Hotel in einer Parallelstraße der Promenade des Anglais. Für Nizza keineswegs überteuert. Wenn möglich, sollte man ein Zimmer zum Hof nehmen. Zimmer 100–134 €. Kostenloses WLAN. 49, rue de France, ✆ 0493883038, ℻ 0493889811,. www.hotel-fontaine.com.

** **Villa La Tour (23)**, dieses kleine Hotel – ein ehemaliges Kloster – (16 Zimmer) in der Altstadt von Nizza ist eine absolut empfehlenswerte Adresse. Die Besitzerin stammt aus Bayern und arbeitete früher im Negresco, bevor sie sich mit einem eigenen Hotel selbstständig gemacht hat. Die Zimmer sind geschmackvoll und mit viel Liebe zum Detail eingerichtet, verfügen über eine Klimaanlage und Schallschutzfenster. Zimmer je nach Reisezeit und Ausstattung 52–139 €, wobei die teueren auch einen kleinen Balkon haben. Frühstück 8,50 €. Ganz oben gibt es noch eine kleine Dachterrasse. Wer will, kann im Sommer auch vor dem Haus frühstücken. Lobenswertes Frühstücksangebot! 4, rue de la Tour, ✆ 0493800815, ℻ 0493851058. www.villa-la-tour.com.

** **Villa Rivoli (17)**, dieses Hotel in einer herrlichen Belle-Epoque-Villa in Meeresnähe gehört zu den stilvollen Unterkünften der Zwei-Sterne-Kategorie. 24 Zimmer je nach Ausstattung(die teureren mit kleinem Balkon) 62–82 €, für die Supérieur-Zimmer sind es allerdings 139 €. Frühstück 8 €. WLAN vorhanden. 10, rue de Rivoli, ✆ 0493888025, ℻ 0493889628. www.villa-rivoli.com.

** **Armenonville (9)**, dieses zwischen Meer und russischer Kathedrale gelegene Hotel – eine versteckte Villa mit kleinem Garten aus dem frühen 20. Jahrhundert –ist ein Lesertipp von Erika Schuh. „Die Besitzer sind ausnehmend freundlich und die Lage ist für Großstadtverhältnisse sehr ruhig." Die großzügigen Zimmer (77–99 €), deren Bäder in den nächsten Jahren Zug um Zug renoviert werden sollen, sind hell und freundlich. Die Zimmer 12 und 14 verfügen über einen Zugang zur Terrasse. Das Frühstück wird im Garten serviert, zudem hat man die Möglichkeit, das Auto kostenlos im Hof abzustellen, was in Nizza ziemlich selten ist. Kostenloses WLAN. 20, avenue des Fleurs, ✆ 0493968600, ℻ 0493446653. www.hotel-armenonville.com.

* **Petit Louvre (3)**, weniger ein Hotel als ein Appartementhaus, ist dieser „kleine Louvre" sicherlich eine der besten Unterkunftsmöglichkeiten für Low-Budget-Reisende. Sehr ordentlich geführt. 2006 vollkommen renoviert, finden sich auf vier Etagen insgesamt 32 Studios, die alle über einen Kühlschrank und eine Kochmöglichkeit verfügen. Die meisten Studios sind zwar recht klein, verfügen aber über eigene Bäder. Studio für 2 Pers. je nach Größe 49–60 € pro Nacht. Bei einem Aufenthalt von einer Woche ca. 5 % Ermäßigung. Es wird kein Frühstück angeboten! Zentrale Lage, WLAN verfügbar. 10, rue Emma et Philippe Tiranty, ✆ 0622407859, ℻ 0493624508. www.hotelgoodprice.com.

* **Acanthe (25)**, schönes Eckhaus in unmittelbarer Nähe des Busbahnhofes und der Altstadt. An den Zimmerpreisen (EZ 59 €, DZ 63–65 €) gibt es nichts zu mäkeln. WLAN vorhanden. 2, rue Chauvin, ✆ 0493622244, ℻ 0493622977. www.hotel-acanthe.com.

* **Hôtel de la Gare (2)**, wie der Name bereits andeutet, in unmittelbarer Bahnhofsnähe.

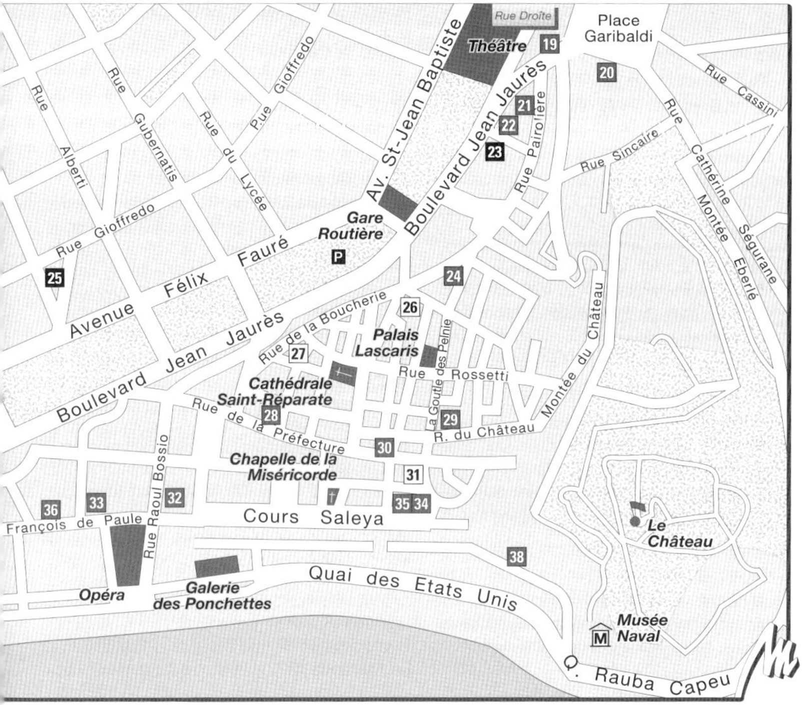

Geräumige Zimmer für Reisende ohne größere Ansprüche. Recht ruhig ist beispielsweise das zum Hinterhof gelegene Zimmer Nr. 15. EZ ab 29,50 €, DZ je nach Ausstattung 34–45 €. 35, rue d'Angleterre, ✆ 0493821030, ✆ 0493887507.

* **Hôtel du Piémont (5)**, passable Herberge in der Basic-Kategorie, in einer kleinen Sackgasse beim Bahnhof gelegen. Während die billigen Zimmer nur über ein Handwaschbecken verfügen, kann man sich in den teueren über eine Klimaanlage freuen. EZ ab 21 €, DZ 27–43 €. 19 bis, rue d'Alsace-Lorraine, ✆ 0493882515, ✆ 0493161518.

Backpackers Chez Patrick (1), sehr gepflegtes Backpackers-Hostel in unmittelbarer Bahnhofsnähe. Im ersten Stock vermietet der liebenswürdige Patrick insgesamt sieben Zimmer an Reisende aus aller Welt. Die Räume mit den Stockbetten und Waschbecken sind alle gefliest und machen einen sehr sauberen Eindruck. Etagenduschen sowie -toiletten. Kühlschranknutzung und Kochmöglichkeit vorhanden. Internationales Flair, zumeist recht junges Publikum. Übernachtung 24 € bzw. 27,50 € pro Person im DZ. Im Winter günstiger. 32, rue Pertinax, ✆ 0493803072, www.backpackerschezpatrick.com.

• *Ferienwohnungen und Appartements* Das Office de Tourisme gibt eine umfangreiche Broschüre zu Ferienwohnungen heraus (*Guide des locations, meublés et résidences*).

• *Jugendherberge* Die sehr schön gelegene Jugendherberge befindet sich im Osten Nizzas, rund vier Kilometer vom Zentrum entfernt, an der Route forestière du Mont-Alban (mit der Buslinie 14 zu erreichen). Die Herberge ist oft und schnell ausgebucht, denn 58 Betten (à 16 € im Schlafsaal für 6–8 Pers.) sind für eine Stadt wie Nizza nicht gerade viel. Keine Reservierung möglich, ✆ 0493892364.

Seit 2004 gibt es endlich eine Filiale direkt in der Stadt, etwa zehn Fußminuten vom Bahnhof entfernt. **Les Camélias (6)**, gut ausgestattet, Schlafräume für 3–8 Personen mit Dusche. Übernachtung inkl. Frühstück 21 €. 3, rue Spitalieri, ✆ 0493621554. www.fuaj.com.

• *Camping* ** **Terry**, sehr kleiner, weit außerhalb gelegener Platz (14 Stellplätze). Ganzjährig geöffnet. 768, route de Grenoble St. Isidore, ✆ 0493081158. Zum Campen sollte man sich besser jenseits der Stadtgrenzen umsehen, beispielsweise an der Küste zwischen Cros-de-Cagnes und Antibes.

Essen und Trinken, Nachtleben (siehe Karten S. 270/271 und 274/275)

Le Chantecler (18), das Restaurant im Hotel Negresco gehört zu den besten der Stadt. Der junge Chefkoch Jean-Denis Rieubland hat sich bereits einen Michelin-Stern erworben. Geboten wird eine anspruchsvolle provenzalische Küche (*carré d'agneau*). Lohend ist das Mittagsmenü zu 45 € oder 55 € inkl. Wein, abends kostet das Vergnügen 90 €. Montag und Dienstag Ruhetag. 37, promenade des Anglais, ✆ 0493166400.

Chez Palmyre (24), gerade einmal sechs Tische besitzt dieses liebevoll geführte Altstadtrestaurant mit Wohnzimmeratmosphäre. Man hat den Eindruck, dass sich seit der Eröffnung im Jahre 1925 nicht viel verändert hat. Zwei ältere Damen schmeißen den Laden, eine steht in der Küche, die andere bedient und hilft gelegentlich am Herd aus, während die einzige Aufgabe des wohlbeleibten Patrons darin besteht, den Telefonhörer abzunehmen. Es steht nur ein Menü zu 14 € auf der Karte, pro Gang kann man aber zwischen drei oder vier Gerichten wählen. Logischerweise darf hier keine Gourmetküche erwartet werden, serviert wird solide Hausmannskost. Verführerisch günstig sind auch die Weinpreise, ein Viertel Tischwein kostet nur 2,20 €. Sonntag Ruhetag. 5, rue Droite, ✆ 0493857232.

Don Camillo (38), der beste Italiener der Stadt! Im zeitlos modernen Interieur wird anspruchsvolle italienische Küche zu angemessenen Preisen serviert, wobei wie beim Trüffelrisotto auch kulinarische Akzente gesetzt werden. Der Koch legt wert auf die Verwendung lokaler Produkte, dazu passend stehen Bellet-Weine auf der Weinkarte. Menü zu 19 € (nur mittags), 40 € und 60 €. Sonntag geschlossen. 5, rue des Ponchettes, ✆ 0493856795.

Chez Davia (8), kleines, nettes Restaurant mit rot-weiß karierten Tischdecken, zwischen Promenade des Anglais und Bahnhof gelegen. Menüs zu 18 und 23 € (große Auswahl!). Montag und Dienstagmittag Ruhetag, von Mitte Nov. bis Mitte Dez. geschlossen. 11 bis, rue Grimaldi, ✆ 0493879139.

Au Voyageur Nisart (4), dieses seit drei Generationen von einer Familie betriebene Restaurant beim Bahnhof bietet regionale Küche zu zivilen Preisen. Menüs zu 16,50, 19,50 und 23,50 €. Montag Ruhetag. 19, rue d'Alsace-Lorraine, ✆ 0493821960.

L'Estocafiada (33), der Name des Restaurants verweist auf die Spezialität des Hauses: Stockfisch à la niçoise (Menüs zu 23 und 35 €), aber auch die Seezunge in Zitronen-Petersilien-Soße schmeckt ausgezeichnet. Sonntag und Montag Ruhetag, zwei Wochen im August Betriebsferien. 2, rue de l'Hôtel de Ville, ✆ 0493802164.

Acchiardo (29), eines der wenigen Restaurants der Altstadt, die noch ein authentisches Flair besitzen. Die Ausstattung des schmalen, länglichen Gastraums ist einfach: Ein großer Tresen, schlichte Stühle und Tische, das ist alles. Ein Menü wird man auf der Karte vergeblich suchen, zur Auswahl stehen traditionelle Gerichte, einfach, aber lecker. Die Preise sind angenehm günstig, so dass man den Wein gleich flaschenweise ordern kann (ab 8 €). Plat du jour 12 €. Samstag und Sonntag geschlossen, im August Betriebsferien. 38, rue Droite, ✆ 0493855116.

La Mérenda (32), das Bistro nahe der Oper wurde lange Zeit als Geheimtipp gehandelt, ist mittlerweile jedoch recht überlaufen, was sich auch auf die Preise niederschlägt. Auf einfachen Holztischen werden lokale Spezialitäten wie Pasta Pistou oder Tripes à la Niçoise (Kutteln) serviert. Es empfiehlt sich, frühzeitig zu kommen, denn es besteht keine Reservierungsmöglichkeit, ja es gibt nicht einmal ein Telefon. Konsequenterweise werden auch keine Kreditkarten akzeptiert. Samstag und Sonntag Ruhetag, im Februar und August zwei Wochen Betriebsferien. 4, rue Raoul Bossio.

Grand Café de Turin (20), die klassische Adresse (1908 eröffnet), um in Nizza Fisch und Meeresfrüchte zu essen oder einfach nur etwas zu trinken. Tagein, tagaus ist ein bunt gemischtes Publikum unter den Arkaden anzutreffen. Durchschnittliches Preisniveau. Ende Juni, Anfang Juli macht der Wirt Betriebsferien, denn auf Laufkundschaft ist er nicht angewiesen. 5, place Garibaldi, ✆ 0493622952.

Au Petit Gari (19), altertümliches, einfaches Restaurant, Tische mit rot-weiß karierten Tischdecken. Für die Hauptgerichte werden zwischen 9 und 16 € berechnet. Lecker ist die

Daube à la niçoise. Mittagsmenü zu 12,50 € inkl. einem Glas Wein. Samstag und Sonntag geschlossen. 2, place Garibaldi, ✆ 0493268909.

La Zucca Magica (11), eine absolut empfehlenswerte Adresse für Vegetarier. Das aus Rom stammende Besitzerpaar versteht es, aus dem reichhaltigen provenzalischen Gemüseangebot einfallsreiche Kreationen zu zaubern. Das Lieblingsgemüse des Kochs ist der Kürbis, nach dem auch das Restaurant benannt ist. Mittagsmenü 17 €, sonst 29 €. Kreditkarten werden nicht akzeptiert. Sonntag und Montag geschlossen. 4, quai Papacino, ✆ 0493562527. www.lazuccamagica.com.

Chez René Socca (21), mitten in der Altstadt gibt es hier Socca und andere kleine Gerichte zu erstaunlich günstigen Preisen (Socca 2,50 €, ein Glas Wein 2,30 €). Gegessen wird auf einfachen, rustikalen Holzmöbeln, draußen übrigens mit den Fingern, Fastfood eben. Montag geschlossen, Anfang Juni Betriebsferien. 2, rue Miralheti, ✆ 0493920573.

Papayou (28), asiatisch inspirierte Küche in der Altstadt. Moderates Preisniveau. 15, rue de la Préfecture, ✆ 0493801597.

Hi Food (Cantine Bio) (13), das zum Hi Hotel gehörende Restaurant bietet hochwertige Biokost in einem futuristischen Rahmen. Die Küche bereitet Spezialitäten aus aller Herren Länder. Toll sitzt man im Innenhof. Durchschnittliches Preisniveau (pro Gang ca. 7–10 €), Mittagsmenü 14 €. 3, avenue des Fleurs, ✆ 0497072626.

Stuzzico (30), kleine Pizzeria mit Straßenverkauf und ein paar Tischen. Es gibt auch leckere Panini, Arancini und Focaccia. Eine Lasagne kostet 9 €. 6, rue Saint-Gatéan.

Les Ponchettes (35) und **La Civette du Cours (34)**, die beiden nebeneinanderliegenden Cafés sind ein beliebter Treffpunkt, um das Treiben auf dem Cours Saleya zu beobachten. Bis spät abends sitzt man an den zahlreichen Tischen auf der Straßenterrasse.

Auer (36), die alteingesessene Konditorei ist in ganz Nizza für ihre Leckereien bekannt, Sonntag geschlossen. 7, rue Saint-François de Paule, ✆ 0493857798. www.maison-auer.com.

La Cave de la Tour (22), stimmungsvolle Weinhandlung in der Altstadt, an ein paar Tischen werden von einem liebenswerten Patron süffige Tropfen (ab 1,70 € pro Glas) und leckere Häppchen serviert. Tgl. außer Montag 7–19 Uhr geöffnet. 3, rue de la Tour, ✆ 0493800331.

L'Effervescence (26), eine noble Champagner-Bar mitten in der Altstadt von Nizza.

Bummel durch die Altstadt

Buntes Publikum. Tgl. außer Montag ab 18.30 Uhr geöffnet. 10, rue de la Loge, ✆ 0493803737

Nocy-Bé (31), einladende Altstadtkneipe mit orientalischem Flair. Tgl. außer Dienstag ab 17 Uhr geöffnet. 6, rue Jules-Gilly.

Le Bar des Oiseaux (27), interessante Mischung aus Restaurant, Bar und Club. Mitten in der Altstadt gelegen, an manchen Abenden mit Livemusik. Menü 22 €. Di–Sa ab 19.30 Uhr geöffnet. 5, rue Saint-Vincent, ✆ 0493802733.

Le Before (10), trendiger Szenetreff im 70er-Jahre-Stil. Schöner Lounge-Garten, ideal, um auf einen Aperitif hereinzuschauen. Tgl. außer Sonntag ab 18 Uhr geöffnet. 18, rue du Congrès, ✆ 0493878559.

Gues't (14), die kleine Disco unweit des Hafens gilt derzeit als „branchée" (voll im Trend). Gespielt wird vorwiegend Techno. Tgl. ab 18–5 Uhr geöffnet. 5, quai des Deux-Emmanuel. www.leguest.com.

Sehenswertes

Seit Juni 2008 ist der Eintritt in alle städtischen Museen von Nizza frei!

Rund um Schlossberg und Hafen

„Château": Wer sich schon auf einen Schlossbesuch gefreut hat, wird enttäuscht sein, denn nur noch wenige Überreste zeugen auf dem Burgberg von der Vergangenheit Nizzas. Im Krieg gegen Savoyen erobert, ließ Ludwig XIV. 1706 die Festung auf dem Burgberg überaus gründlich schleifen. Vom einstigen Schloss ist daher nicht mehr viel zu sehen; Ähnliches gilt auch für die Grundmauern der im 11. Jahrhundert auf dem Felsen errichteten Cathédrale Sainte-Réparate: Das Gotteshaus wurde allerdings bereits wenige Jahrhunderte später wieder aufgegeben, da sich das Leben immer mehr in die untere Stadt verlagerte. Seit langem dient der Burgberg in erster Linie als wunderschöne Gartenanlage mit Feigenbäumen, Agaven, Kakteen, Palmen und anderen exotischen Pflanzen, dazwischen ein künstlicher Wasserfall sowie ein Kinderspielplatz. Der Panoramablick auf die Stadt (von der Terrasse Frédéric Nietzsche) oder auf den Hafen ist sicher den kurzen, schweißtreibenden Aufstieg wert. Abends, wenn die Promenade des Anglais von einer Lichterkette illuminiert wird, ist der Zugang zum Burgberg leider verschlossen. Am Südende des Burgfelsens steht die Tour Bellanda, in der einst der Komponist Hector Berlioz wohnte, ein Aufzug (Rue des Ponchettes) erleichtert den Auf- und Abstieg.

Öffnungszeiten Im Sommer um 20 Uhr geschlossen, im Winter um 17 Uhr.

Hafen: Ursprünglich lag der Hafen von Nizza westlich des Burgbergs; er wurde zugeschüttet, nachdem in der Mitte des 18. Jahrhunderts auf der anderen Seite des Burgbergs ein neuer Hafen ausgehoben worden war. Für die schweißtreibende Arbeit wurden Hunderte von Sträflingen herangezogen.

Notre-Dame de Port: Direkt am Hafenbecken erhebt sich das monumentale, im klassizistischen Stil errichtete Gotteshaus.

Musée de Paléontologie Humaine de Terra Amata: Ein paar hundert Meter östlich des Hafens, am Westhang des Mont Boron, entdeckte der Archäologe E. Rivière 1873 in einem weit verzweigten Höhlensystem Knochen- und Werkzeuge aus der Zeit des Altpaläolithikums. Später wurde an dem prähistorischen Fundort unterhalb eines modernen Hauses ein Museum errichtet und eine Wohnstätte rekonstruiert, die interessante Einblicke in das Leben vor rund 400.000 Jahren bietet. Ein originalgetreuer Abguss der reichhaltigsten Fundschicht ist ebenfalls zu bestaunen.

Adresse 25, boulevard Carnot (Buslinie 1, 2, 7, 9, 10 und 20). Öffnungszeiten: Tgl. außer Mo 10–18 Uhr. Eintritt: frei! www.musee-terra-amata.org.

Altstadt (Vieux Nice)

Chapelle de la Miséricorde: Die mitten im Zentrum von Nizza gelegene Kapelle der „Schwarzen Büßer", einer weitgehend aus Adeligen bestehenden, religiösen Gemeinschaft, besitzt eine überaus prachtvolle Rokokoeinrichtung, die man allerdings nur während der Sonntagsmesse in Augenschein nehmen kann. Ungewöhnlich ist auch der ovale Grundriss.

Adresse Cours Saleya.

Cathédrale Sainte-Réparate: Die Kathedrale von Nizza ist der heiligen Réparate geweiht, einer frühchristlichen Märtyrerin. Mitte des 17. Jahrhunderts in der

Nizzas Kathedrale

V.M
A NOS MORTS

Altstadt erbaut, erinnert das dreischiffige Gotteshaus an frühbarocke römische Kirchen. Das in den Tönen weiß und blau gehaltene Innere beeindruckt durch die reiche Stuckdekoration und das prächtige Chorgestühl.

Notre-Dame de l'Annonciation: Die Kirche inmitten der Altstadt gefällt mit ihren heiteren Barockformen, die ihren italienischen Ursprung deutlich herausstellen.

Palais Lascaris: Der 1643 im Stil eines Genueser Palazzos errichtete Stadtpalast ist eines der ansehnlichsten historischen Gebäude von Nizza. Das Palais Lascaris diente einst als Residenz eines Feldmarschalls des Herzogs von Savoyen, dann den Grafen Peille, bevor das Palais nach der Revolution in ein Mietshaus umgewandelt wurde und dadurch immer weiter verkam. Durch städtischen Ankauf 1942 vor dem drohenden Verfall gerettet, wurde das Palais Lascaris vor ein paar Jahrzehnten einer musealen Nutzung zugeführt. Über ein monumentales Treppenhaus gelangt man zu den prunkvollen Innenräumen hinauf. Im Erdgeschoss des Stadtpalastes ist eine Apotheke untergebracht, ihre Einrichtung entspricht der des 18. Jahrhunderts.

Adresse 55, rue Droite (Buslinie 1, 2, 3, 5, 6 und 17). Öffnungszeiten: Tgl. außer Di 10–18 Uhr, im Nov. geschlossen. Eintritt: frei!

Galerie des Ponchettes: Direkt an der Uferpromenade gelegen, werden hier regelmäßig anspruchsvolle Ausstellungen zeitgenössischer Kunst gezeigt.

Adresse 77, quai des Etats-Unis. Öffnungszeiten: Tgl. außer Di 10–18 Uhr. Eintritt: frei!

Auf dem Paillon zwischen Alt- und Neustadt

Jardin Albert I: Nachdem der Paillon die Stadt immer wieder mit seinem Hochwasser heimgesucht hatte, entschied man sich in der Mitte dieses Jahrhunderts, den Fluss einzudeichen und zu überbauen. Die sich vom Jardin Albert I landeinwärts erstreckende Grünanlage markiert den unterirdischen Verlauf des Paillon. Neben so profanen Bauten wie dem Busbahnhof wurde auf dem einstigen Flussbett beispielsweise auch das Musée d'Art Moderne et d'Art Contemporain – kurz MAMAC genannt – errichtet. Auffällig ist eine in Meeresnähe aufgestellte Skulptur von Bernar Vernet; die überdimensionale konkave Rundung aus schwarzem Metall ist nur schwer zu übersehen.

Musée d'Art Moderne et d'Art Contemporain: Seit 1990 hat die zeitgenössische Kunst in einem betont modernen Bau – eine Art futuristische Trutzburg aus weißem Carraramarmor – eine neue Heimat gefunden. Jacques Médecin, der den Bau seines Lieblingsprojektes mit Eifer vorangetrieben hatte, konnte zwar die Eröffnung noch miterleben, kurz danach musste der umtriebige Bürgermeister jedoch sein geliebtes Nizza auf der Flucht vor der Steuerfahndung verlassen. Vor dem Eingang des Museums dreht sich ein imposantes Caldar-Mobile im Wind. Auf drei Ebenen und einer Ausstellungsfläche von 4.000 Quadratmetern sind Werke amerikanischer und französischer Künstler versammelt, die die internationale Kulturszene von den sechziger Jahren bis in die Gegenwart entschieden mitbestimmt haben: *Andy Warhol*, *Roy Lichtenstein*, Robert Rauschenberg, Richard Serra, Franck Stella, *Niki de Saint Phalle*, Tinguely und Yves Klein. Vom architektonisch interessant gestalteten Dach des Museums, auf dem ebenfalls Werke von Yves Klein zu bewundern sind, hat man einen sehr schönen Blick über die Dächerlandschaft von Nizza. Zu dem Museumskomplex gehört noch ein ansprechendes Bistro.

Adresse Promenade des Arts (Buslinie 3, 4, 5, 7, 9, 10, 16, 17 und 25). Öffnungszeiten: Tgl. außer Mo 10–18 Uhr. Eintritt: frei! Internet: www.mamac-nice.org.

Musée d'Art Moderne et d'Art Contemporain

Musée d'Histoire Naturelle: Schräg gegenüber des Musée d'Art Moderne gibt die naturhistorische Sammlung Einblicke in die Erdgeschichte und die Mineralogie; weiterhin werden schwerpunktmäßig Vögel und Pilze behandelt. Angegliedert ist eine naturwissenschaftliche Bibliothek, die man auf Anfrage benutzen kann.

Adresse 60 bis, boulevard Risso (Buslinie 1, 3, 4, 5, 14, 17). Öffnungszeiten: Tgl. außer Mo 10–18 Uhr. Eintritt: frei! Internet: www.mhnnice.org.

Théâtre de la Photographie et de l'Image: Ein absolutes Muss für Liebhaber anspruchsvoller Fotokunst. In den sehenswerten Räumlichkeiten des einstigen Théâtre de l'Artistique finden regelmäßig hochkarätige Wechselausstellungen statt und schöne Toiletten gibt es auch...

Adresse 27, boulevard Dubouchage. Öffnungszeiten: Tgl. außer Mo 10—18 Uhr. Eintritt: frei!

Entlang und hinter der Promenade des Anglais

Promenade des Anglais: Zwar leidet die Promenade des Anglais erheblich unter dem nicht enden wollenden Autoverkehr, doch zählt ein Spaziergang entlang der Strandpromenade zu den schönen „Pflichtübungen" eines Côte-d'Azur-Aufenthaltes. *Klaus Mann* geriet ins Schwärmen angesichts „dieser herrlichsten Promenade der Küste, des Kontinents. Ich weiß keine, die mit solchem Schwung und solcher Grandezza dem Meer entlang führte." Nüchtern betrachtet, handelt es sich bei der Promenade des Anglais um eine Uferstraße mit zwei neun Meter breiten Fahrbahnen, getrennt durch einen Grünstreifen mit Blumen und Palmen, die in einem beständigen Kampf mit den Abgasen leben. Angelegt wurde die Promenade im Jahre 1824, nachdem die englischen Wintergäste unter Federführung von Reverend Lewis Way – *nomen est omen* – eine Kollekte veranstaltet hatten, um die wirtschaftliche Not der Einheimischen durch eine Arbeitsbeschaffungsmaßnahme zu lindern. Die Arbeitslosen erhielten den Auftrag, entlang des Meeres einen zwei Meter breiten Weg anzulegen, der dann im Laufe der Zeit mehrfach verlängert und verbreitert wurde, bis die Promenade des

Anglais 1931 zu ihrem heutigen Aussehen gefunden hatte. 1999 wurde etwas Facelifting betrieben, indem man die Promenade für umgerechnet 2,3 Millionen Euro renovierte. Die Trottoirs wurden verbreitert, zahlreiche Bänke aufgestellt und ein Fahrradweg angelegt. Die auffälligsten Gebäude sind das *Negresco* und das *Palais de la Méditerranée*. Während das kurz vor dem Ersten Weltkrieg von dem Architekten Edouard Niemans errichtete Hotel Negresco trotz einiger Wirren und Pleiten bis heute als prunkvolles Hotel erhalten blieb, wurde das Palais de la Méditerranée, ein glanzvolles Art-déco-Casino, 1977 geschlossen. Heute ist einzig noch die Frontseite des Palais de la Méditerranée erhalten, die als glanzvolle Fassade für einen langweiligen Neubau dient.

Musée d'Art et d'Histoire (Palais Masséna): Die Villa, die der Enkel des napoleonischen Generals André Masséna im Stil italienischer Villen des Ersten Kaiserreichs erbauen ließ, vermachten dessen Erben der Stadt Nizza. Einzige Auflage: Im Palais Masséna sollte eine Sammlung zur Stadtgeschichte ausgestellt werden und der Garten sollte für die Öffentlichkeit zugänglich sein. Nach umfangreichen Renovierungsarbeiten wurde das Museum im Herbst 2007 wieder eröffnet, wobei auch der Garten aufpoliert wurde. Zu den herausragendsten Exponaten des Museums zählen Gemälde aus der so genannten Schule von Nizza, darunter Bilder von Louis Bréa und seiner Werkstatt. Abgerundet wird die Sammlung durch lokalhistorische Exponate, Drucke und Fotografien, die die Entwicklung Nizzas zur Tourismusmetropole nachzeichnen. Ein Ausstellung von zeitgenössischen Garibaldi-Karikaturen ist ebenfalls sehenswert.

Adresse 65, rue de France & 35, promenade des Anglais. Öffnungszeiten: Tgl. außer Di 10–18 Uhr. Eintritt: frei!

Musée des Beaux-Arts: Im 1878 erbauten, ehemaligen Wohnsitz der ukrainischen Fürstin Kotschubey werden umfangreiche Gemälde- und Skulpturensammlungen aus der Zeit des 17. bis frühen 20. Jahrhunderts präsentiert. Das von seinen Dimensionen wahrlich fürstliche Gebäude beherbergt eine wertvolle Sammlung italienischer Meister sowie Impressionisten wie Boudin, Monet, Sisley und Degas. Zum Fundus gehören aber auch Werke der fast vollkommen in Vergessenheit geratenen Maria Bashkirtseff, einer 1884 jung verstorbenen Künstlerin, deren postum veröffentlichtes Tagebuch zum Kultbuch einer Generation avancierte. Ein eigener Raum ist den Gemälden von *Raoul Dufy* (1877–1953) vorbehalten. Dufy, der mit Vorliebe südfranzösische Landschaften, Strandbilder sowie Badeszenen malte, liegt übrigens auf dem Friedhof von Cimiez begraben.

Adresse 33, avenue des Beaumettes (Buslinie 3, 5, 7, 12, 22 und 38). Öffnungszeiten: Tgl. außer Mo 10–18 Uhr. Eintritt: frei! www.musee-beaux-arts-nice.org.

Musée International d'Art Naif Anatole Jakovsky: Rund 600 Werke naiver Malerei zählt die 1982 eingerichtete Stiftung des Sammlers und Kunstkritikers *Anatole Jakovsky*. Die Bandbreite der Exponate reicht vom 18. Jahr-hundert bis in die Gegenwart und ist in der ehemaligen Sommerresidenz des Parfümeurs Coty untergebracht.

Adresse Château Ste-Hélène, Avenue Val Marie (Buslinie 9, 10, 12). Öffnungszeiten: Tgl. außer Di 10–18 Uhr. Eintritt: frei!

Cathédrale Orthodoxe Russe St.-Nicolas: Ein Hauch von Moskau an der Côte d'Azur: Mit ihren sechs Zwiebelkuppeln zählt St.-Nicolas zu den schönsten orthodoxen Kirchen der Welt. Das Baumaterial wurde mit Bedacht ausgewählt: Der Backstein stammt aus dem Rheinland, die Ziegel und Majolika aus Florenz.

Kaiserin Maria Fjordorowna, die Witwe von *Zar Alexander III.*, griff 1903 tief in ihre Privatschatulle, um der russischen Gemeinde von Nizza dieses Gotteshaus zu ermöglichen. Im Inneren besitzt die Kirche zahlreiche kostbare russische Ikonen. Gegenwärtig zählt die russische Gemeinde an der Côte d'Azur rund 9.000 Mitglieder.

Adresse Avenue Nicolas II. Öffnungszeiten: Tgl. außer Sonntagmorgen von 9–12 Uhr und 14.30–18 Uhr. Eintritt: 3 €.

Parc Floral Phoenix: Durch den erst 1990 in der Nähe des Flughafens eröffneten Botanischen Garten ist Nizza um eine weitere Attraktion reicher. Der Park rühmt sich, das größte Gewächshaus der Welt zu besitzen. Der „Diamant Vert" kann dank modernster Technologien gleichzeitig sieben verschiedene Klimazonen simulieren. Zudem gibt es exotische Fische, Vögel, Schmetterlinge und Millionen von Blumen zu bewundern.

Adresse 405, promenade des Anglais (Buslinie 9, 10 und 23). Von April bis Sept. 9–19.30 Uhr, im Winter nur bis 17 Uhr. Eintritt: 2 €.

Musée des Arts Asiatiques: Mit dem im Herbst 1998 eröffneten Museum für asiatische Kunst besitzt Nizza ein weiteres ansprechendes Museum, das zudem den kulturellen Austausch zwischen Asien und Europa anregen soll. Der aus weißem Marmor errichtete Museumsbau stammt von dem japanischen Architekten *Kenzo Tange* und liegt inmitten eines künstlichen Sees im Parc Phoenix. Das Gebäude spielt mit den geometrischen Formen Kreis und Quadrat. Die gezeigten Sammlungen aus öffentlichem und privatem Besitz geben einen Einblick in die Kunstfertigkeit des chinesischen, japanischen, koreanischen, kambodschanischen und indischen Kulturraums. Informativ sind die Audioführungen.

Adresse 405, promenade des Anglais (Buslinie 9, 10, und 23). Öffnungszeiten: Tgl. außer Di 10–18 Uhr, im Winter nur bis 17 Uhr. Eintritt: frei! www-arts-asiatiques.com.

Strände

Da der Hafen durch den Burgberg von der Baie des Anges getrennt ist, verfügen Nizzas Kiesstrände über eine relativ gute Wasserqualität. Für kostenlose Duschen ist gesorgt, verbringen doch auch die Einheimischen ihre Mittagspause und ihren Feierabend mit Vorliebe am Meer. Rund 15 Privatstrände (Opéra Plage, Beau Rivage, Hi Beach etc.) haben sich breit gemacht und offerieren Liegen und Sonnenschirme (etwa 20 € pro Tag); glücklicherweise ist aber der größte Teil des Strandes für die Allgemeinheit frei zugänglich.

Strandvergnügen

Im Norden Nizzas

Musée National Message Biblique Marc Chagall: Das zu Füßen des Cimiez-Hügels gelegene Museum wurde speziell für eine ausgewählte Sammlung Chagallscher Werke konzipiert und in seinem ganzen Aufbau darauf zugeschnitten. Im Zentrum der Ausstellung stehen 17 Gemälde der biblischen Botschaft (zwölf zur Genesis und zum Exodus, fünf zum Hohenlied Salomons). Nach der Überzeugung von *Marc Chagall*, der seit seiner frühesten Jugend von der Bibel fasziniert war, „stellen diese Bilder nicht den Traum eines einzelnen Volkes dar, sondern den Traum der ganzen Menschheit". Die Sammlung wird durch Skulpturen, Glasmalereien, Mosaike und Bildteppiche vervollständigt und gewährt einen hervorragenden Einblick in das Œuvre Chagalls. Es fällt leicht, Picassos Behauptung zuzustimmen, Chagall sei – abgesehen von Matisse – der einzige Künstler, „der noch weiß, was Farbe ist". Das Chagall-Museum ist übrigens mit jährlich 170.000 Besuchern das beliebteste Kunstmuseum an der Côte d'Azur.

Adresse Avenue du Docteur Ménard. Öffnungszeiten: Juli bis Sept. tgl. außer Di 10–18 Uhr, Okt. bis Juni tgl. außer Di 10–17 Uhr. Eintritt: 6,50 €, erm. 4,50 €. Eintritt frei für Kinder! www.musee-chagall.fr.

Villa Arson: In einer prächtigen Patriziervilla aus dem 18. Jahrhundert unterhält das Kultusministerium ein recht lebendiges Kunstzentrum. Ausstellungsräume, Ateliers, Wohnräume für Künstler, ein Vorführraum sowie ausgedehnte Gartenanlagen gehören zu dieser Einrichtung.

Adresse 20, avenue Stephan Liégeard. (Im Stadtteil Saint-Barthélemy, Buslinie 4, 7, 18, 20). Öffnungszeiten: Juli bis Sept. tgl. 13–19 Uhr, Okt. bis Juni Di–So 13–18 Uhr. Eintritt: frei!

Stadtteil Cimiez

Alle Sehenswürdigkeiten von Cimiez liegen auf engem Raum zusammen und sind bequem zu Fuß zu erreichen. Zwischen dem Museum Matisse, dem Kloster und dem Amphitheater erstreckt sich ein schöner Olivenhain, der zum Ausspannen einlädt und deshalb im Sommer auch von zahlreichen Einheimischen besucht wird.

Eglise et Monastère de Cimiez: Nachdem das einst in der Altstadt von Nizza gelegene Franziskanerkloster 1543 bei kriegerischen Auseinandersetzungen zerstört worden war, suchten sich die Mönche ein neues Domizil außerhalb der Stadtmauern. Das heutige Aussehen des Klosters entspricht weitgehend den Erweiterungen des 17. Jahrhunderts. Das Portal, zu dem eine geschwungene Treppe hinaufführt, ist allerdings neugotisch. Die Franziskanerkirche besitzt ein sehenswertes Triptychon von *Louis Bréa*. Das ehemalige Franziskanerkloster erleuchtet in der Pracht seiner Rosengärten, von den Aussichtsterrassen schweift der Blick vom Tal des Paillon bis zum Mont Gros. Angegliedert ist ein Musée Franciscain. Unterhalb des benachbarten Friedhofs kann man das Grab von Matisse aufsuchen.

Adresse Place du Monastère (Buslinie 15, 17, 20, 22). Öffnungszeiten des Museums: Mo–Sa 10–12 Uhr und 15–18 Uhr. Eintritt: frei! Die Kirche ist ebenfalls in der Mittagszeit geschlossen.

Musée d'Archéologie et Site Archéologique: Das frei zugängliche Amphitheater und die Grundmauern der Thermenanlagen sind die letzten sichtbaren Zeugen des römischen *Cemenelum*. Verglichen mit anderen Amphitheatern (beispielsweise in Arles oder Verona) ist die Arena von Cimiez von eher bescheidenem Ausmaß; wahrscheinlich dürfte das Amphitheater einst rund 5.000 Zuschauern Platz geboten haben. Im Juli findet übrigens alljährlich ein Jazz-Festival in der

Arena statt. Imposanter als die Arena müssen die ausgedehnten Thermenanlagen gewesen sein; die Thermen besaßen wahrscheinlich zwei, für Männer und Frauen getrennte Bereiche sowie die luxuriösen Magistratsthermen. Die gesamte Thermenanlage bot einen auch heute nur selten erreichten Badekomfort. Besonders eindrucksvoll ist der noch gut erhaltene Saal des *Frigidariums* (Kaltbad) in den Magistratsthermen im Norden der Anlage. Ein Teil der Thermen wurde zu Beginn des 5. Jahrhunderts zur Bischofskirche mit Baptisterium „zweckentfremdet".

Das angegliederte *Archäologische Museum* birgt nicht nur zahlreiche Ausgrabungsfunde aus Cimiez und dem griechischen Nikaia sowie bronzezeitliche und frühmittelalterliche Fundstücke, es bietet zudem eine fundierte Einführung in die bewegte Geschichte der Thermen. Anhand mehrerer Modelle werden die verschiedenen Bauphasen erläutert, so dass ein Museumsbesuch vor der Besichtigung der Thermenanlagen empfehlenswert ist.

Adresse 160, avenue des Arènes (Eingang avenue Montecroce, Buslinie 15, 17, 20, 22, 25). Öffnungszeiten: Tgl. außer Di 10–18 Uhr. Eintritt: frei! www.musee-archeologique-nice.org.

Musée Matisse: Die letzten sechzehn Jahre bis zu seinem Tod (1954) lebte *Henri Matisse* unweit des Museums im Régina Palace, wo er zwei Etagen des ehemaligen Hotels gekauft hatte. Das Museum selbst befindet sich in einer rostroten Villa, die im 18. Jahrhundert im genuesischen Stil erbaut, aber unlängst um einen modernen Anbau erweitert wurde; der Eingang befindet sich seither im Untergeschoss. Präsentiert wird eine persönliche Sammlung hochkarätiger Bilder, die einen guten Einblick in alle Schaffensperioden von Matisse gewährt – sogar das allererste Ölbild des Meisters gehört zum Fundus; abgerundet wird die Dauerausstellung durch Skulpturen und private Dokumente sowie Entwürfen zur Chapelle de la Rosaire. Nirgendwo in Frankreich sind mehr Kunstwerke von Matisse an einem Ort versammelt!

Adresse 164, avenue des Arènes de Cimiez (Buslinie 15, 17, 20 und 22). Öffnungszeiten: Tgl. außer Di 10–18 Uhr. Eintritt: frei! Internet: www.musee-matisse-nice.org.

Régina Palace: Dieser prachtvolle Blickfang in Cimiez zeugt noch von den Tagen, als sich der europäische Hochadel in Nizza ein Stelldichein gab. Zu der illustren Gästeschar gehörte auch die englische Königin Victoria. Wer in Cimiez auf Entdeckungstour geht, kann noch weitere Hotelpaläste wie das Alhambra, Majestic, Hermitage und Winter Palace bewundern.

Hinterland von Nizza

Lucéram

Der im Westen von Sospel auf einem steilen Fels thronende Ort geht wahrscheinlich auf eine römische Gründung zurück. Lucéram wird von den Resten seiner mittelalterlichen Mauern umsäumt, die pastellfarbenen Häuser stehen dicht gedrängt am Hang. Im Zentrum an der Hauptstraße laden drei Cafés zu einer kurzen Rast ein. Die Dorfkirche, ein unauffälliger Bau aus dem späten 15. Jahrhundert, birgt sechs prachtvoll bemalte Altäre, die teilweise *Louis Bréa* und seiner Schule zugeschrieben werden. Wer sich für Sakralbauten interessiert, wird auch in der näheren Umgebung fündig: Die Chapelle Saint-Grat – Richtung Nizza – und die Chapelle Notre-Dame-de-Boncœur – Richtung Col Saint-Roch – besitzen beide mehr als 500 Jahre alte Wandmalereien von *Jean Baleison*.

Verbindungen Mehrmals tgl. Busverbindungen nach Nizza.

Beschauliche Dörfer im Hinterland

L'Escarène

Der Ort verdankte seinen Aufstieg der von Nizza nach Turin führenden Salzstraße, einer Handelsverbindung, die seit dem 16. Jahrhundert stetig an Bedeutung gewonnen hat. Mit der Eglise Saint-Pierre-aux-Liens besitzt L'Escarène eine beachtenswerte Barockkirche; sie wurde von Jean-André Gilbert, der auch die Cathédrale Sainte-Réparate in Nizza entworfen hat, gebaut.

• *Information* **Office de Tourisme**, 6, place Carnot, 06440 L'Escarène, ✆ 0493796293.

• *Verbindungen* Mehrmals tgl. Busverbindungen nach Nizza.

• *Festival de l'Escarène* Jeden Samstagabend von Juli bis Anfang Aug. finden auch Konzerte statt. Als Veranstaltungsort dient zumeist die Eglise Saint-Pierre.

Peille

Das Dorf zieht sich einem Amphitheater gleich den Hang hinauf. Gekrönt wird Peille von einem eleganten romanischen Glockenturm im lombardischen Stil. In den Gassen stehen mehrere beachtenswerte Häuser, eine restaurierte Kapelle aus dem 13. Jahrhundert dient als Rathaus. Peille kann auf eine ansehnliche Dorfgeschichte zurückblicken: Selbstbewusst weigerten sich die Bewohner im Spätmittelalter, an den Bischof von Nizza Steuern zu entrichten. Als es zum offenen Konflikt kam, griffen sie gar das bischöfliche Château de Drap an. Selbst eine daraufhin verhängte Exkommunikation konnte die streitbaren Einwohner des Bergdorfs nicht gefügig machen. Wer will, kann nach einer Besichtigung des Ortes innerhalb von zwei Stunden auf einem schon in römischer Zeit genutzten Weg durch das Bergland nach Peillon wandern. Als Alternative bietet sich eine Klettertour auf der Via Ferrata an. In der Bar l'Absinthe wird das zugehörige Equipment verliehen.

• *Information* **Mairie**, 06440 Peille, ✆ 049 3917171.

• *Übernachten* **Cauvin (Chez Nana)**, gutes Restaurant im Herzen des Dorfes beim Rathaus. Die Küche ist einfach und bodenständig, ein großes Lob verdienen die Ravioli. Menüs zu 18 und 25 €. Nur mittags geöffnet, im Aug. auch abends. Montag und Dienstag Ruhetag. Place Carnot, ✆ 0493799041.

Peillon

Absolut malerisches Bergdorf im Hinterland von Nizza. Verwinkelte Gassen, gesäumt von alten, teilweise schön herausgeputzten Häusern, führen steil bergauf zur Eglise de la Transfiguration, die im 18. Jahrhundert anstelle einer mittelalterlichen Burg errichtet worden war. Bei so viel Idylle verwundert es nicht, dass in den letzten Jahren mehrere Städter ihren Zweitwohnsitz in Peillon aufgeschlagen haben. Mit der gleich beim Parkplatz stehenden Chapelle des Pénitents Blancs besitzt der Ort zudem ein kunsthistorisches Kleinod. Der Chor weist sehenswerte Temperamalereien aus dem 15. Jahrhundert auf, dargestellt sind Szenen aus der Passion Christi. Die Wandmalereien stammen wahrscheinlich von *Giovanni Canavesio*, der auch in La Brigue (Notre-Dame-des-Fontaines) am Werk war.

Wandern: Am Ortseingang beginnt übrigens ein schöner Wanderweg, der in zwei Stunden hinüber nach Peille führt.

• *Information* **Mairie**, 06440 Peillon, ✆ 0493 799104, 📠 0493798765.

• *Übernachten/Essen* *** **Auberge de la Madone**, über dem Parkplatz, oberhalb des Dorfeingangs. Das ausgezeichnete Restaurant (mit schöner Terrasse!) der Familie Millo hat sich den lokalen Spezialitäten verschrieben. Die Preise sind nicht gerade günstig, doch die Leistungen des Küchenchefs lohnen die Investition. Menüs zu 32 (mittags), 49, 54, 60 und 65 €. Die 17 Zimmer (95–200 €, Frühstück 13 €) und drei Suiten sind in zwei unterschiedlichen Stilen (provenzalisch und modern) eingerichtet. Wer einen Balkon oder eine Terrasse haben möchte, muss mindestens 118 € investieren. Mittwoch Ruhetag, von Nov. bis Jan. Betriebsferien. ✆ 0493799117, 📠 0493799936, www.chateauxhotels.com/madone.

• *Camping* ** **La Laune**, kleiner, unspektakulärer Platz auf einem Wiesengelände unterhalb von Peillon im Ortsteil Les Moulins an der D 21. Nur von Juni bis Sept. geöffnet. ✆ 0493799161.

Contes

Contes erstreckt sich auf dem Rücken eines Berges, der das Tal des Paillon überragt. Die Einwohner galten seit jeher als besonders freiheitsliebend, so versagten sie beispielsweise im 16. Jahrhundert dem mächtigen Herzog von Savoyen den ihm zustehenden Gehorsam. Die größte Sehenswürdigkeit ist die Eglise Sainte-Marie-Madeleine (17. Jahrhundert); sie birgt einen imposanten Altar, der der Schule von Louis Bréa zugeschrieben wird. Vor der Kirche befindet sich ein schöner Brunnen aus dem Jahre 1587.

• *Verbindungen* Mehrmals tgl. Busverbindungen nach Nizza, dreimal tgl. nach Coaraze.

• *Camping* **Ferme Riola**, ein kleiner (nur 25 Plätze), sympathischer Campingplatz liegt in Sclos-de-Contes. Als große Attraktion lockt ein Swimmingpool. Von Mai bis Ende Sept. geöffnet. Ferme Riola, ✆ 0493 790302. www.fermederiola.com.

Coaraze

Von Contes kommend, verläuft die Straße (D 15) ein paar Kilometer entlang des Paillon, bevor sie sich in mehreren Serpentinen zu dem mittelalterlichen Bergdorf hinaufwindet. Der Ortsname leitet sich angeblich von „Coua rasa“ ab, was soviel wie „abgeschnittener Schwanz“ bedeutet. Der Legende zufolge soll nämlich der Teufel die ersten Bewohner nach Coaraze gelockt haben, die ihm dank einer List jedoch den Schwanz abschneiden konnten. Der Ort besticht noch immer durch sein altertümliches Flair; konzentrische, teilweise überwölbte Gassen führen zum höchsten Punkt, auf dem seit dem 17. Jahrhundert eine barocke Kirche auf den Grundmauern einer abgerissenen Burg thront. Ein besonderes Augenmerk sollte man auf die modernen Sonnenuhren richten. Coaraze besitzt mehrere ansehnliche Exemplare aus Keramik, eine von ihnen ist das Werk von *Jean Cocteau*, die anderen wurden von Douking, Mona-Christie, Goetz, Ponce de Léon, Sosna und Valentin gefertigt. Sie befinden sich am Vorplatz der Kirche sowie am Gebäude der örtlichen Post.

• *Information* **Office de Tourisme**, 7, place Sainte-Catherine, 06390 Coaraze, ✆ 0493793 747, 📠 0493793173.

• *Verbindungen* dreimal tgl. Busverbindungen nach Contes und weiter in Richtung Nizza.

Côte d'Azur
Karten Seite 234, 316/317 und 364/365

Küste und Hinterland zwischen Nizza und Antibes

Cagnes

Cagnes besteht genau genommen aus drei völlig verschiedenen Orten: Da ist einmal direkt an der Küste das wenig attraktive Strandbad Cros-de-Cagnes, dahinter breitet sich Cagnes-sur-Mer aus, das als regionales Einkaufszentrum fungiert; pittoresk überragt wird der Ort von Haut-de-Cagnes, einem mittelalterlichen Dorf mit Schloss, in dem die Zeit stehen geblieben zu sein scheint.

Auf dem strategisch günstig gelegenen Bergkegel von Haut-de-Cagnes, der schon in ligurischer und römischer Zeit besiedelt war, entstand im 12. Jahrhundert ein befestigter Ort, der schon bald in den Machtbereich der aufstrebenden Fürsten von Monaco gelangte. Rainier I. ließ eine Burg errichten, die später zu einem repräsentativen Schloss ausgebaut wurde. Vor rund 200 Jahren siedelten sich Fischer aus Menton an der Küste an; der große Aufschwung kam aber erst gegen Ende des 19. Jahrhunderts, als sich zwischen den beiden heutigen Ortsteilen das moderne Cagnes-sur-Mer entwickelte. Mit mehr als 30.000 Einwohnern hat sich Cagnes zu einer regional relativ bedeutenden Kleinstadt entwickelt. Positiv bleibt zu vermerken, dass die Altstadt von Haut-de-Cagnes vom Trubel verschont geblieben ist; seit der Autoverkehr weitestgehend aus den alten Gassen verdrängt wurde, könnte man sich zeitlich fast um ein Jahrhundert zurückversetzt fühlen.

Information/Verbindungen/Diverses

- *Information* **Office de Tourisme**, 2, avenue des Oliviers, 06800 Cros-de-Cagnes, ✆ 0493076708. Öffnungszeiten: Tgl. außer So 8.45–12 Uhr und 15–18.30 Uhr. Office de Tourisme, 6, boulevard Maréchal Juin, B.P. 48, 06800 Cagnes-sur-Mer, ✆ 0493206164, 📠 0493205263, www.cagnes-tourisme.com.
- *Verbindungen* Der SNCF-Bahnhof liegt zwischen Cros-de-Cagnes und Cagnes-sur-Mer. Häufige Zugverbindungen zu den anderen Orten an der Côte d'Azur, zudem fahren Busse nach Nizza und Antibes.
- *Markt* Tgl. in und rund um die Markthalle von Cros-de-Cagnes. In der Nebensaison nicht am Montag. Freitags ist Trödelmarkt in der Avenue des Oliviers-Place Berenger.
- *Fahrradvermietung* Cycles Marcel, 5, rue Pasqualini, ✆ 0493206407.
- *Strände* Von Cros-de-Cagnes erstreckt sich hinunter bis nach Villeneuve-Loubet-Plage ein wenig einladender, steiniger Strandabschnitt.

Übernachten/Essen

**** **Le Cagnard**, das traumhaft gelegene Relais & Château-Hotel in Haut-de-Cagnes ist ein Lesertipp von Herrn Schultze. Tolle Ausstattung und Atmosphäre. Zimmer von 125 bis 220 €. Ausgezeichnetes Restaurant, Menüs ab 74 €. 1, rue du Ponti Long, ✆ 049-3207321, 📠 0493220639.
www.le-cagnard.com.

*** **Le Grimaldi**, charmantes Hotel-Restaurant im Herzen des mittelalterlichen Dorfes. Die Zimmer sind geschmackvoll modern eingerichtet und kosten je nach Saison 125–175 € (inkl. Frühstück). 6, place du Château, ✆ 0493206024, 📠 0493228219.
www.hotelgrimaldi.com.

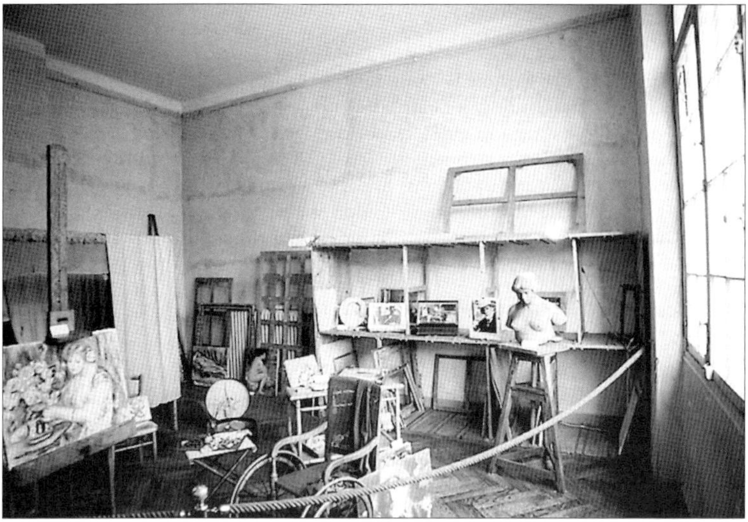

Renoir-Atelier in Cagnes

** **Le Val Duchesse**, nüchternes, kleines Hotel mit Swimmingpool. Unweit des Hippodromes gleich hinter dem Strand gelegen. Kostenloses WLAN. Studios je nach Saison 61–78 €. 11, rue de Paris, ☎ 0492134000, ☏ 0492134029. www.levalduchesse.com.

** **Beaurivage**, die rosa Fassade und die blauen Fensterläden wirken einladend, vor allem weil die Zimmer (Meerblick und Balkon) mit bis zu 86 € preislich annehmbar sind, weitere Zimmer zu 70 € und 76 €. Kostenloses WLAN. 39, boulevard de la Plage, ☎ 0493201609, ☏ 0493229820, www.beaurivage.biz.

Josy Jo, die Altstadt von Cagnes ist geradezu ein kulinarisches El Dorado. Ein halbes Dutzend guter Restaurants ist rund um das Grimaldi-Schlosses zu finden. Dieses hier gehört zu den charmantesten im Dorf, zudem legt der Küchenchef wert auf regionale Zutaten. Menüs zu 29 € (mittags inkl. einem Glas Wein) und 40 €. Samstagmittag und Sonntag geschlossen. 2, rue Planastel, ☎ 0493206876.

Fleur de Sel, ein weiteres ausgezeichnetes Restaurant im Herzen der Altstadt. Ein Besuch lohnt sich! Menüs zu 32, 41 und 55 €. Mittwoch und Donnerstagmittag geschlossen. 85, montée de la Bourgade, ☎ 0493203333.

Les Baux, günstige Alternative mit netter Straßenterrasse, direkt hinter dem Schloss. Hauptgerichte ab 12 €. 2, place du Château, ☎ 0493731400.

Für einen kleinen Imbiss oder eine Pizza (9–12 €) empfiehlt sich auch das nahe **Jimmy's** (schöne Aussichtsterrasse!), das schon von Henry Miller und Walter Hasenclever beschrieben wurde.

• *Chambres d'hôtes* **Les Terrasses du Soleil**, schöne private Herberge mitten im Ort. Großer Garten und Terrasse. Zimmer je nach Saison und Ausstattung 95–130 € (inkl. Frühstück). Place Notre Dame de la Protection, ☎ 0493732656. www.terrassesdusoleil.com.

• *Ferienwohnungen* Das Office de Tourisme gibt alljährlich eine Broschüre mit rund 100 Objekten heraus.

• *Camping* Rund um Cagnes gibt es ein halbes Dutzend Campingplätze. Empfehlenswert, schattig und mit Swimmingpool sind beispielsweise: ** **La Rivière**, 168, chemin des Salles, ☎ 0493206227, www.campinglariviere06.com.

Sehenswertes

Château-Musée: Die Grimaldi-Fürsten ließen das imposante Schloss um 1300 zur Überwachung des Küstenabschnitts errichten. Im 16. Jahrhundert wurde die Burg zu einem repräsentativen Lustschloss umgewandelt, u. a. ergänzte man die vorhandene Bausubstanz um einen trapezförmigen Treppenaufgang sowie einen ansprechenden Renaissance-Innenhof. Seit 1969 informiert das Musée de l'Olivier über die Kultur des Olivenbaums und die Olivenölgewinnung, zudem beherbergt das Boudoir die Stiftung Suzy Solidor mit zahlreichen Portraits (u. a. von Raoul Dufy und Kees van Dongen) dieser in den dreißiger Jahren berühmten Sängerin und Nachtclubbesitzerin.

Adresse Place Garibaldi. Öffnungszeiten: Tgl. außer Di 10–12 Uhr und 14–18 Uhr, im Winter bis 17 Uhr. Eintritt: 3 €, erm. 1,50 €. Kombiticket mit Maison de Renoir: 4,50 €.

Altstadt: Nicht nur das zinnenbekrönte Château, sondern die gesamte Altstadt von Haut-de-Cagnes präsentiert sich als malerisches Ensemble. Zutritt gewähren die teilweise noch erhaltenen mittelalterlichen Stadttore. Man schlendert durch enge, verwinkelte Gassen, während kleine Plätze zur Rast einladen.

Chapelle Notre-Dame-de-Protection: Die aus dem 14. Jahrhundert stammende Kapelle wurde zwar 1645 erweitert, das Gotteshaus besitzt aber noch seinen gotischen Chor. In der Apsis wurde 1936 ein rund 500 Jahre alter Freskenzyklus entdeckt und freigelegt.

La Maison de Renoir: Das Haus, in dem der Maler *Auguste Renoir* (1841–1919) seine letzten zwölf Lebensjahre verbrachte, wurde im Originalzustand belassen und 1960 der Öffentlichkeit zugänglich gemacht; sein Rollstuhl steht noch im Atelier. Dem Besucher eröffnet sich ein stattliches Anwesen, umrahmt von einem großzügigen Olivenhain. Im Erdgeschoss, das Wohn-, Ess- und Gästezimmer birgt, sind auch zehn Gemälde von Renoir ausgestellt. Der interessanteste Raum ist sicherlich das große Atelier im Obergeschoss; die Staffelei und die Pinsel wirken so, als hätte sie der Meister nur für einen Augenblick beiseite gelegt... Wer nur durch den weitläufigen Olivenhain schlendern und sich im Schatten der knorrigen Bäume ausruhen will, zahlt keinen Eintritt.

Adresse „Les Colettes". Öffnungszeiten: Juni bis Mitte Okt. tgl. außer Di 10–12 Uhr und 14–18 Uhr, von Mitte Nov. bis Mai nur bis 17 Uhr, im Nov. geschlossen. Eintritt: 3 €, erm. 1,50 €. Kombiticket mit Château: 4,50 €.

Saint-Paul-de-Vence

Saint-Paul-de-Vence besitzt mit der Stadtmauer, einer attraktiven Kirche, zahlreichen malerischen Gassen und lauschigen Plätzen alle Attribute, die Reisende von einem südfranzösischen Städtchen erwarten. Hinzu kommt noch die vor den Toren der Stadt gelegene Fondation Maeght. In den Sommermonaten übersteigt die Besucherzahl daher die der Einwohner leicht um das Zwanzigfache.

Der Touristenansturm auf das kleine Bilderbuchdorf hat zumindest einen positiven Nebeneffekt: Die Umgebung von Saint-Paul-de-Vence blieb von der französischen Vorliebe für gigantische Supermärkte verschont. Dafür haben sich in den mittelalterlichen Häusern zahllose Galeristen und Souvenirhändler niedergelassen. Jahr für Jahr strömen mehr als zwei Millionen Menschen durch die engen Gassen des Ortes.

Saint-Paul-de-Vence

Saint-Paul-de-Vence kann wahrscheinlich auf eine mehr als 2.000 Jahre alte Vergangenheit zurückblicken, doch erst im Mittelalter trat der Ort aus dem Dunkel der Geschichte hervor. Bereits 1241 gelang es dem aufstrebenden Gemeinwesen, seine Unabhängigkeit weitestgehend zu erlangen. 1536 wurde Saint-Paul-de-Vence in die Auseinandersetzungen zwischen Kaiser Karl V. und dem französischen König François I. hineingezogen. Eine Belagerung durch die kaiserlichen Truppen überstand das Städtchen unversehrt, dennoch ließ François I. in den nächsten Jahren die Befestigungsanlage erweitern und auf den damals modernsten verteidigungstechnischen Stand bringen. Die Bewohner dürften wahrscheinlich wenig erfreut gewesen sein, dass für diesen Befestigungsring mehrere hundert Häuser geopfert werden mussten. Das Ergebnis war beachtlich: Selbst Vauban, der berühmte Festungsbaumeister Ludwig XIV., soll von der Anlage beeindruckt gewesen sein. Auch wenn man für die militärische Funktion wenig übrig hat, so eröffnet ein Spaziergang entlang des mächtigen Mauerwerks garantiert schöne Ausblicke auf die Umgebung.

Côte d'Azur
Karten Seite 234, 316/317 und 364/365

Information/Verbindungen/Parken

• *Information* **Office de Tourisme**, 2, rue Grande, 06570 Saint-Paul-de-Vence, ☏ 0493328695, 📠 0493326027. www.saint-pauldevence.com. Öffnungszeiten: Im Sommer 10–19 Uhr, im Winter bis 18 Uhr.

• *Verbindungen* Tgl. rund 20 Busverbindungen nach Vence sowie nach Cagnes und Nizza.

• *Parken* Parkplätze sind rar, bei großem Besucherandrang ist selbst das am Ortseingang am Hang befindliche Parkhaus (Std. 2,50 €) restlos belegt. Im Hochsommer lässt man daher das Auto lieber gleich bei der Fondation Maeght stehen und geht die kurze Strecke zu Fuß.

• *Bancomat* Der einzige Bancomat des Ortes befindet sich vor den Toren der Altstadt.

Übernachten/Essen

**** **Le Saint Paul**, das zur Relais-et-Château-Vereinigung gehörende Hotel besitzt nur 15 sehr individuell eingerichtete Zimmer (300–430 €) und 3 Suiten (ab 600 €). Inmitten des mittelalterlichen Ortskerns ist es eine Oase des Komforts und der Ruhe. Mittags wird im vorzüglichen Hotelrestaurant ein Menü zu 49 € serviert, empfehlenswert ist die Halbpension für 92 €. 86, rue Grande, ☏ 0493326525, 📠 0493325294. www.lesaintpaul.com.

*** **La Colombe d'Or**, über die Colombe d'Or ließe sich leicht ein ganzes Buch schreiben. Angefangen hat alles mit Paul Roux, einem kunstliebenden Wirt, der junge, damals noch relativ unbekannte Maler (z. B. Signac, Dufy, Utrillo, Matisse) kostenlos in seiner „Goldenen Taube" beherbergte, wenn diese ihm dafür im Gegenzug eines ihrer Werke schenkten. Mit der Zeit besaß Monsieur Roux eine beachtliche Kunstsammlung und

Restaurant mit Kunst: La Colombe d'Or

einen ausgezeichneten Ruf, renommierte Schriftsteller und Schauspieler beehrten das Hotel. Daran hat sich bis heute nichts geändert. Wer sich ein Essen im anspruchsvollen Restaurant leisten kann oder will (für ein selbst zusammengestelltes Menü sind mindestens 50 € zu veranschlagen), darf auf der Terrasse mit Blick auf eine Keramik von Fernand Léger dinieren. Zimmer von 280–350 €, ein dunkelgrün schimmernder Swimmingpool sowie ein Garten sind ebenfalls vorhanden. Nov. und Dez. geschlossen. Place des Ormeaux, ✆ 0493328002, ✆ 0493327778 www.la-colombe-dor.com.

** **Les Remparts**, die günstigste, aber sicherlich nicht die schlechteste Möglichkeit, in Saint-Paul-de-Vence ein Zimmer (39–80 €) zu finden. Akzeptable Menüs zu 30 €. 72, rue Grande, ✆ 0493320988, ✆ 0493320661, hostellerie-lesremparts@orange.fr.

Café de la Place, die Snackbar am Ortseingang ist nicht ohne Charme, auf der Terrasse lassen sich häufig Pétanque-Spieler bei ihrem Treiben beobachten. Plat du jour 9–11 €. Place de Gaulle, ✆ 0493328003.

• *Chambres d'hôtes* **Orion**, ungewöhnliche Gästezimmer in vier Baumhäusern, denen es allerdings nicht an Komfort mangelt (Bad, Mini-Bar, Internetanschluss). Auch zwei weitere, „normale" Zimmer werden vermietet. Abkühlung findet man in einem Naturswimmingpool, der an einen kleinen Bergsee erinnert. Preis ab 1400 € pro Woche für 2 Pers. inkl. Frühstück. Von Mitte März bis Mitte Nov. geöffnet. Anfahrt: Drei Kilometer südlich von Saint-Paul am Atelier des Parfums rechts abzweigen und etwa 2,5 Kilometer bergauf fahren. 2436, chemin du Malvan, ✆ 0675451864 oder 049 3248751, www.orionbb.com.

• *Camping* **** **Saint-Paul**, rund zwei Kilometer vom Ort entfernt, mit guter Sanitärausstattung und Swimmingpool. Mai bis Ende Sept. geöffnet. Chemin du Malvan, ✆ 0493329371. www.caravaningsaintpaul.fr.

Weitere Campingplätze finden sich ein paar Kilometer südwestlich bei Colle-sur-Loup: *** **Les Pinèdes** und *** **Vallon Rouge** besitzen ebenfalls einen Swimmingpool, sehr einfach gehalten ist der Platz * **Montmeuille**.

Sehenswertes

Fondation Maeght: Ein absolutes Highlight für Liebhaber moderner Kunst! Die Fondation Maeght zählt fraglos zu den bedeutendsten Kunststiftungen der Welt. Gegründet wurde die Stiftung in den fünfziger Jahren von dem Galeristenehepaar

Marguerite und *Aimé Maeght*, die mit diesem Projekt versuchten, den frühen Tod ihres jüngsten Sohnes (ihm ist die Kapelle im Garten mit einem Glasfenster von Braque gewidmet) zu verarbeiten. Von Anfang an bezogen die Maeghts so bedeutende Künstler wie *Georges Braque*, *Marc Chagall*, *Joan Miró*, *Alberto Giacometti* und *Alexander Calder* in die Planungen mit ein. Die Baupläne lieferte der Katalane *José Lluis Sert*, ein ehemaliger Mitarbeiter von Le Corbusier, der es geschickt verstand, den 1960 begonnenen Bau mit seinen vielen Ebenen und Terrassen behutsam in die mediterrane Landschaft einzugliedern. Neben den Ausstellungsräumen und dem Freiluftareal entstanden noch Wohnungen, Ateliers, Büroräume und eine Bibliothek. Vier Jahre später konnte die Museumsstiftung ihre Pforten für die Öffentlichkeit öffnen. Man betritt das Gelände durch einen schattigen Garten mit Skulpturen (*Hans Arp*, Caldar etc.), die eigentlichen Ausstellungsräume bleiben in den Sommermonaten hochkarätigen Wechselausstellungen vorbehalten. Die beiden Hauptattraktionen sind der Giacometti-Hof sowie Mirós verspieltes Labyrinth. In den Museumsbau integriert wurden Keramiken von *Fernand Léger* sowie ein Wandmosaik von Chagall und ein Wasserbassin von Braque.

Öffnungszeiten Juli bis Sept. tgl. 10–19 Uhr, von Okt. bis Mai 10–12.30 Uhr und 14.30–18 Uhr. Eintritt: 11 €, erm. 9 €. www.fondation-maeght.com.

L'Eglise Collégiale: Die Kirche beeindruckt durch ihre nüchterne Formensprache. In romanischer Zeit als einschiffiger Bau errichtet, wurde die Stiftskirche Anfang des 14. Jahrhunderts um zwei Seitenschiffe erweitert; später folgten der Glockenturm und das Gewölbe des Mittelschiffs.

Musée d'Histoire Locale: Das Wachsfigurenmuseum stellt mit musikalischer Untermalung die wichtigsten Ereignisse der Geschichte von Saint-Paul-de-Vence im Schnelldurchgang vor. Nichts besonderes, beeindruckender ist hingegen die im Kassenraum zusammengetragene Fotosammlung berühmter Stars aus dem Showbusiness, die sich schon in dem Dorf die Ehre gaben.

Adresse Place de la Castre. Öffnungszeiten: Tgl. 10–12 Uhr und 14-17, Mitte Nov. bis Mitte Dez. geschlossen. Eintritt: 3 €, erm. 2 €.

Vence

Während Saint-Paul-de-Vence durch den Touristenansturm zum Freilichtmuseum erstarrte, ist Vence lebendig geblieben: Nicht Souvenirläden und Galerien, sondern Bäckereien, Gemüsestände und Fischhändler prägen das Bild in den Straßen und Gassen. Das liegt sicherlich auch daran, dass Vence mit seinen rund 17.000 Einwohnern weit über seine Stadtmauern hinausgewachsen ist und in seinen Außenbezirken leider als hässlich bezeichnet werden muss. Die größte Attraktion von Vence ist eine von Matisse ausgemalte Kapelle.

Die meisten Besucher betreten das mittelalterliche Gassengewirr mit seinen lauschigen kleinen Plätzen durch die Porte de Peyra. Direkt neben dem Tor erhebt sich der Turm einer mittelalterlichen Burg, dahinter plätschert ein beschaulicher Brunnen. Rechter Hand erstreckt sich die Rue du Marché, eine enge Marktgasse mit kleinen Lebensmittelgeschäften, während linker Hand die Place de Peyra vermutlich die Lage des antiken Forums markiert; im Zentrum des Mauerrings erheben sich die Kathedrale und das Rathaus. Mehrere Tafeln in französischer und englischer Sprache erklären die Sehenswürdigkeiten in der Altstadt.

Côte d'Azur
Karten Seite 234, 316/317 und 364/365

Geschichte

Auf dem gut 300 Meter hohen Plateau siedelten laut Plinius dem Älteren bereits die ligurischen Nerussii; vor mehr als 2.000 Jahren wurden die Ligurer von den Römern verdrängt, die an dieser strategisch günstigen Stelle eine Militärsiedlung namens Vintium gründeten. Die römische Stadt wurde 374 Bischofssitz, doch in der Zeit der Völkerwanderung verlor Vence zunehmend an Bedeutung und wurde schließlich von den Sarazenen gebrandschatzt und zerstört. Die geringe Ausdehnung der noch deutlich sichtbaren Stadtmauer – sie beschreibt ein Oval, das rund 200 Meter lang und 150 Meter breit ist – lässt zu Recht den Rückschluss zu, dass Vence im Mittelalter nur ein unbedeutendes Landstädtchen war. Der Troubadour Pierre Vidal pries den Ort als „süßen Schlupfwinkel". Im 16. Jahrhundert bringt Vence gar einen Papst hervor: Alexander Farnese, ein Bischof von Vence, besteigt als Paul III. den Heiligen Stuhl. In den zwanziger Jahren des 20. Jahrhunderts wurde Vence von Schriftstellern und Malern entdeckt, darunter André Gide, Paul Valéry, Raoul Dufy, Henri Matisse und D. H. Lawrence, der hier seine Tuberkulose zu lindern hoffte, aber wenig später in Bandol verstarb.

Information/Verbindungen/Diverses

- *Information* **Office de Tourisme**, Place du Grand Jardin, 06140 Vence, ✆ 0493580638, ✆ 0493589181, www.ville-vence.fr. Hier gibt es auch einen Flyer mit Wandervorschlägen in der Umgebung (auf deutsch).
- *Verbindungen* Mehrmals tgl. nach Cagnes und Nizza, zudem tgl. rund 20 Busverbindungen nach Saint-Paul-de-Vence und vier Busse nach Tourrettes-sur-Loup.
- *Parken* Tiefgarage unterm Grand Jardin.
- *Markt* Dienstag- und Freitagvormittag in der Altstadt.
- *Chapelle des Penitents Blancs* Wechselausstellungen moderner Kunst. Adresse: Place Frédéric Mistral. Öffnungszeiten: Im Sommer tgl. 10–12 Uhr und 15–19 Uhr, im Winter nur bis 18 Uhr.
- *Centre Culturel Henri Matisse* Kulturzentrum in einer alten Olivenölmühle. Adresse: 3, descente des Moulins.
- *Fahrradverleih* Vence Tous Terrains, 7, avenue des Poilus, ✆ 0493585600.
- *Schwimmen* Schwimmbad in der Avenue du Colonel Meyère.

Übernachten/Essen

*** **Le Floréal**, modernes und funktionales Best-Western-Hotel mit beheiztem Swimmingpool. Zimmer je nach Saison und Ausstattung 100–125 €, EZ ab 85 €. An der Straße nach Tourettes. 440, avenue Rhin et Danube, ✆ 0493586440, ✆ 0493587969, www.hotel-floreal-vence.com.

*** **La Villa Roseraie**, ein kleines, sehr stilvolles Haus mit Garten und schönem Swimmingpool. Die 12 Zimmer (87–147 €) sind begehrt, eine Reservierung daher sinnvoll (in der Saison 3 Tage Mindestaufenthalt!). Im Nordwesten der Stadt, 128, avenue Henri Giraud, ✆ 0493580220, ✆ 0493589931. www.villaroseraie.com.

** **Auberge des Seigneurs**, in einem altertümlichen Gemäuer am Rand der Altstadt werden ein paar zünftige Zimmer für 85–95 € vermietet. Frühstück 9 €. 1, rue du Dr. Binet, ✆ 0493580424. www.auberge-seigneurs.com.

** **La Victoire**, nettes Hotel im Zentrum über einem Café. Die schön renovierten Zimmer mit Doppelfenster kosten je nach Saison 69–89 €, Frühstück 7 €. Leser lobten die freundlichen Besitzer. Kostenloses WLAN. Place du Grand Jardin, ✆ 0493241554. www.hotel-victoire.com.

La Farigoule, wenige Meter von der Altstadt entfernt wird hier eine traditionelle provenzalische Küche geboten, die auch gehobene Ansprüche zufrieden stellt. Menüs zu 22 (mittags) und 29,50 €, 39,50 €, Dienstag, Mittwoch- und Samstagmittag bleibt die Küche kalt. 15, avenue Henri Isnard, ✆ 0493580127.

Le Pêcheur du Soleil, das Studium der Speisekarte kann zur Tortur werden, denn mehr als 100 Pizzen (ab 8,50 €) und fast die gleiche Anzahl an Salatvariationen stehen zur Auswahl. In der Nebensaison Sonntag und Montag Ruhetag. Gleich hinter der Kirche, 1, place Godeau, ✆ 0493583256.

Le Pigeonnier, kleines, gemütliches Restaurant mit günstigen Menüs (23 und 39 €). An warmen Tagen sitzt man auf dem kleinen Platz direkt hinter dem Stadttor. Zu empfehlen sind die Nudelgerichte. Freitag und Samstagmittag Ruhetag. Place du Peyra, ✆ 0493580300.

Le Clémenceau, wer den Trubel liebt, der ist hier genau richtig. Die Mischung aus Bar, Restaurant und Pizzeria liegt dem Rathaus direkt gegenüber. Menü zu 25 €. Place Clémenceau, ✆ 0493582470.

• *Ferienwohnungen* Im Office de Tourisme ist ein Verzeichnis erhältlich, das mehr als hundert Objekte auflistet.

• *Camping* *** **Domaine de la Bergerie**, angnehmer, schattiger Platz im Westen von Vence. Restaurant, Bar, ein kleines Lebensmittelgeschäft sowie ein netter Swimmingpool sind vorhanden. Familiäre Atmosphäre. Mitte März bis Okt. geöffnet. Route de la Sine, ✆ 0493580936. www.camping-domainedelabergerie.com.

Sehenswertes

Chapelle du Rosaire: „Was ich in der Kapelle geschaffen habe, ist die Erschaffung eines religiösen Raums. Ich will, dass sich diejenigen, die meine Kapelle betreten, geläutert und von ihren Lasten befreit fühlen. Diese Kapelle ist für mich das Ergebnis eines ganzen Lebens der Arbeit und die Blüte eines gewaltigen, aufrichtigen und schwierigen Bemühens", interpretierte *Henri Matisse* seine Arbeit an der Kapelle von Vence. Von 1948 bis 1951 hatte Matisse nichts anderes getan, als sich der Ausgestaltung der Hauskapelle des Dominikanerinnenklosters zu widmen. Das Ergebnis sah er als die Summe seines künstlerischen Schaffens. Von den Glasfenstern, dem Tabernakel und dem Altar bis hin zu den Priestergewändern hat er jedes Detail entworfen. Picasso war von Matisse' Vorhaben entsetzt und meinte zynisch: „Du bist verrückt, eine Kapelle für diese Leute zu bauen. Glaubst du an das Zeug oder nicht?" Genau genommen war Matisse weniger verrückt, als bis über beide Ohren in Monique Bourgeois, eine Nonne des Dominikanerklosters von Vence, verliebt ...

• *Adresse* 468, avenue Henri Matisse (zwei Kilometer nordwestlich der Altstadt an der D 2210). Öffnungszeiten: Di und Do 10–11.30 Uhr sowie tgl. außer Fr und So 14–17.30 Uhr, im Juli und Aug. auch Fr 14.30–17.30 Uhr. Achtung: Angemessene Kleidung ist Pflicht! Eintritt: 3 €, erm. 2 €.

Cathédrale de la Nativité de la Vierge: Die ehemalige Kathedrale von Vence – bis 1801 war Vence Sitz eines Bistums – präsentiert sich als buntes Stilgemisch. Die ältesten Teile stammen wohl noch aus dem 11. Jahrhundert, vor knapp 400 Jahren wurden der Chor sowie zwei Seitenschiffe angefügt, das Tonnengewölbe des Mittelschiffs wurde gar erst im letzten Jahrhundert fertig gestellt. Ein Mosaik von Chagall ziert seit 1979 das Baptisterium der Kirche.

Château des Villeneuve (Fondation Emile Hugues): Direkt am Rand der Altstadt gelegen, birgt das eher unscheinbare Schloss eine Sammlung moderner Kunst von Chagall, Dufy, Matisse und anderen Künstlern, die einst einen engeren Bezug zu Vence hatten.

Adresse 2, place du Frêne. Öffnungszeiten: Juli bis Okt. tgl. 10–19 Uhr, Okt. bis Juni tgl. außer Mo 10–12 Uhr und 14–18 Uhr. Eintritt: 5 €, erm. 2,50 €. www.museedevence.com.

Saint-Jeannet

Obwohl nur wenige Kilometer Luftlinie voneinander entfernt, liegen Welten zwischen Saint-Jeannet und Vence. Während in Vence die Touristen in Horden einfallen, kann man die Besucher in Saint-Jeannet an einer Hand abzählen und auch Souvenirläden sucht man vergeblich. Dabei ist Saint-Jeannet ein überaus

Côte d'Azur
Karten Seite 234, 316/317 und 364/365

reizvolles Dorf, das vor allem für seine Rosinen bekannt ist. Zum Meer sind es nur zehn Kilometer Luftlinie, wovon man sich von der Panoramaterrasse hinter der barocken Kirche überzeugen kann. Aufgrund seiner Lage und der schmucken Altstadt hat der Ort immer wieder Maler angezogen, darunter auch Chagall und Poussin. Und Alfred Hitchcock hat hier ein paar Szenen seines Klassikers *Über den Dächern von Nizza* gedreht. Hoch über dem Dorf ragt der markante Berg Baou de Saint-Jeannet auf, dessen 809 Meter hoher Gipfel in rund eineinhalb Stunden erreicht ist.

• *Information* Syndicat d'Initiative, Rue Charles-François-Euzières, 06640 Saint-Jeannet, ✆ 0493247383. www.saintjeannet.com.

• *Einwohner* 3.200 Einwohner.

• *Verbindungen* Busverbindungen mit Nizza und Vence.

• *Übernachten/Essen* **Auberge des Baous**, diese kleine, von einem liebenswürdigen, jungen Paar geführte Herberge liegt mitten im Ort und gehört zu den angenehmsten Unterkünften der Umgebung. Corinne und Benoit, der aus Saint-Jeannet stammt, haben sich damit einen kleinen Traum erfüllt. Das toll renovierte Haus besitzt sechs helle Zimmer zu 74 oder 94€ (inkl. Frühstück, das bei schönem Wetter auf der Terrasse vor dem Haus serviert wird, ab drei Tagen 69–86 €). Die drei teureren Zimmer verfügen über einen kleinen Balkon. Schöne Bäder! Benoit ist ausgebildeter Bergführer, der auch geführte Wanderungen anbietet. Abends kocht Corinne ein leckeres Menü, das je nach Zutaten (meist Bio) zwischen 24 und 34 € kostet. Zudem gibt es einen schönen Gemeinschaftsraum mit Flat-Screen und Computer. Kostenloses WLAN. 35, rue du Saumalier, ✆ 0493589805. www.aubergedesbaous.com.

Tourrettes-sur-Loup

Das mittelalterliche Dorf klammert sich pittoresk an einen mächtigen Kalkfelsen, wobei die Häuser so angeordnet sind, dass sie zum Tal hin den Ort wie eine Stadtmauer abgrenzen. Im Zentrum von Tourrettes-sur-Loup steht das einstige Schloss der Marquise von Villeneuve-Tourrettes. Als bedeutendste Sehenswürdigkeit gilt die um 1400 errichtete Eglise Saint-Grégoire-le-Grand; ein kleines Stück außerhalb steht die kleine Kapelle Saint-Jean, die 1959 von Ralph Soupault mit naiven Fresken ausgemalt wurde. Noch in der Mitte des 20. Jahrhunderts galt Tourrettes-sur-Loup als sterbendes Dorf, immer mehr Menschen zogen fort, die Häuser verfielen; doch dank des aufkommenden Tourismus konnte der Niedergang abgewendet werden. Mittlerweile ist das Dorf fest in der Hand diverser Kunsthandwerker.

• *Information* **Office de Tourisme**, 2, route de Vence, 06140 Tourrettes-sur-Loup, BP 26, ✆ 0493241893, ℻ 0493592440, www.tourrettessurloup.com.

• *Verbindungen* Busverbindungen siebenmal tgl. nach Vence sowie zweimal tgl. nach Gourdon und Grasse.

• *Parken* Großer Parkplatz am Ortseingang, der in der Hochsaison den Touristenansturm oft nicht bewältigen kann.

• *Markt* Tgl. auf der Place de la Libération.

• *Übernachten/Essen* ** **L'Auberge de Tourrettes**, unlängst renoviertes Hotel, direkt am Ortsrand, manche Zimmer (120–140 €) besitzen einen tollen Panoramablick. Die teureren Zimmer besitzen gar eine eigene Terrasse. Gutes Restaurant, Menüs zu 35 €. 11, route de Grasse, ✆ 0493593005, ℻ 0493592866, www.aubergedetourrettes.fr.

** **Auberge Belles Terrasses**, günstiges, familiäres Hotel (Logis de France), die Zimmer nach hinten kosten nur 45 €, die anderen haben alle einen Balkon (53–64 €). Menüs zu 19, 23 und 27 €. Östlich des Ortes, an der Straße nach Vence, ✆ 0493593003, ℻ 0493593127. http://bellesterrasses.free.fr.

• *Camping* *** **La Camassade**, kleiner, angenehmer Platz mit schattigen Ecken und Swimmingpool. Zwei Kilometer außerhalb, ganzjährig geöffnet. 523, route de Pie Lombard, ✆ 0493593154. www.camassade.com.

*** **Les Rives du Loup**, am Ufer des Loup, ebenfalls mit Swimmingpool. Caravanvermietung. Von April bis Ende Sept. geöffnet. Route de la Colle, ✆ 0493241565. www.rivesduloup.com.

Umgebung

Gorges du Loup

„Welch eine Landschaft aber die von Gorges du Loup! Felsen, Abgründe, Wasserfälle, die wie breite Silberbänder herunterhängen, frei herunterstürzen, bis sie, sich teilend, mit großem Gepolter weiter fließen ins Tal", schwärmten *Erika* und *Klaus Mann* 1931 in ihrem Rivierareiseführer überschwänglich und man kann ihnen noch heute ohne Abstriche beipflichten. Der Loup entspringt in rund 1.200 Metern Höhe in einem bewaldeten Talkessel zu Füßen der Montagne de l'Audibergue. Auf seinem nur 45 Kilometer langen Lauf hat er sich ein tiefes Bett mit atemberaubenden Schluchten gegraben. Da seine Wassermassen von keiner Staustufe gebändigt werden, stürzt er im Frühjahr oft als tosender Wildbach zu Tal, während im Hochsommer manchmal nur ein zartes Bächlein den Weg zum Meer sucht.

Gourdon

Von steil abfallenden Felsen begrenzt, thront das kleine Dorf, ein typisches *village perché*, majestätisch über dem Tal des Loup. Bereits die Sarazenen sollen über dem leicht zu verteidigenden Ort eine Festung errichtet haben, auf deren Grundmauern eventuell das heutige Château von Gourdon steht. Das Dorf mit seinen wenigen Häusern ist schnell durchstreift, die Kirche, ein einschiffiger romanischer Bau, ist einen kurzen Besuch wert. Von den Sarazenen ist nicht mehr auszumachen, dafür befindet sich Gourdon fest in der Hand von Souvenirhändlern. Wer ein Faible für karge, einsame Landschaften hat, dem sei ein Abstecher zum **Plateau de Caussols** empfohlen, das ein paar Kilometer weiter westlich liegt. Wer von Gordon nach Tourettes fährt, kann auch einen Abstecher zu dem Bergdorf **Courmes** unternehmen, wo es einen netten Gasthof gibt.

- *Information* **Syndicat d'Initiative**, Mairie, 06620 Gourdon, ✆/℡ 0493096825.
- *Verbindungen* Tgl. fahren zwei Busse nach Tourrettes-sur-Loup und Grasse.
- *Wandern* Direkt am Dorfeingang beginnt ein schöner Wanderweg nach Bar-sur-Loup.
- *Essen* **Le Vieux Four**, mitten im Dorf hat sich ein engagierter junger Koch niedergelassen, der mit seinen Kochkünsten und Grillspezialitäten auch anspruchsvolle Gourmets zu begeistern weiß. Menü zu 20 € (mittags) und 34 €. Donnerstag und Mittwochabend Ruhetag. Rue Basse, ✆ 0493096860.

Gourdon: Panoramablicke inklusive

Auberge de Gourdon, ein paar Meter vor dem historischen Zentrum bietet dieses Restaurant ein ausgezeichnetes Preis-Leistungs-Verhältnis. Die Menüs zu 16,80 und 20,80 € können sich sehen lassen. Im Weinkeller lagern hauptsächlich süffige Tropfen aus der Region. Nur mittags geöffnet, im Juli und Auguste auch Samstag- und Sonntagabend. Route de Caussols, ✆ 0493096969.

Château: Im 16. Jahrhundert wurde die mittelalterliche Burg zu einem repräsentativen, vierflügeligen Schloss mit einem schönen Renaissancehof umgebaut. Das Schlossmuseum ist vor allem für Waffenliebhaber interessant, denn es birgt neben Gemälden und alten Möbeln zahlreiche wertvolle Schwerter, Musketen und Rüstungen. Zu den herausragendsten Exponaten zählen das Bild „Legende der heiligen Ursula" aus der Kölner Schule (um 1500) und eine Statue von El Greco. Für Interessierte lohnt ein Besuch des Musée des Arts décoratifs et de la Modernité, , das verschiedenste komplett möblierte Räume aus dem Jugendstil und Art Déco zeigt, u.a. von Emile-Jacques Ruhlmann und Robert Mallet-Stevens. Unbedingt sollte man kurz durch die von Le Nôtre, seines Zeichens Gartenbauarchitekt von Versailles, entworfenen Gärten streifen; sie bieten zudem eine phantastische Fernsicht.

Öffnungszeiten Juni bis Sept. 11–13 Uhr und 14–19 Uhr, Okt. bis März tgl. außer Di 14–18 Uhr. Führungen durch die Gärten tgl. außer Sa um 15 und 17 Uhr. Eintritt: 4 €, erm. 3 €. Museum: Eintritt: 10 €, erm. 8 €. www.chateau-gourdon.com.

Le Bar-sur-Loup

Der geschichtsträchtige Ort war schon in ligurischer Zeit besiedelt. Im Mittelalter wurde Le Bar-sur-Loup von einer mächtigen Burg beherrscht, die während der Französischen Revolution bis auf den Sockel des Donjon weitgehend zerstört worden ist; Letzterer beherbergt das Office de Tourisme. Als berühmtester Sohn des hiesigen Adelsgeschlechtes gilt François de Grasse, ein Admiral, der sich im Amerikanischen Unabhängigkeitskrieg auf Seiten der Amerikaner auszeichnete.

• *Information* **Office de Tourisme**, Place de la Tour, 06620 Le Bar-sur-Loup, ✆ 0493 4272 21, ✆ 0493429260. www.lebarsurloup.fr.

• *Verbindungen* Busverbindungen nach Grasse.

• *Markt* Samstagvormittag auf der Place de la Tour.

• *Veranstaltungen* Am Ostermontag wird mit Weinverkostungen, Folkloretänzen und anderen Aktionen alljährlich die **Fête de l'Oranger** gefeiert.

• *Übernachten/Essen* *** **L'Hostellerie du Château (Le Bigaradier)**, dieses Hotel-Restaurant mitten im Dorf begeistert schon durch seine einladende Straßenterrasse. Erfreulich der Schwung, der durch die neue Besitzerin in die alten Mauern gekommen ist. Hervorragende mediterrane Küche. Menüs zu 23 und 28 €. Es werden auch fünf stimmungsvolle Zimmer und eine Suite für 130–180 € vermietet. Von Nov. bis März Betriebsferien. 6, place Francis Paulet, ✆ 0493 424110, ✆ 0493426932. www.lhostellerieduchateau.com.

• *Camping* *** **Gorges du Loup**, zwei Kilometer unterhalb des Dorfes befindet sich einer der schönsten Campingplätze der Region. Olivenbäume spenden auf dem terrassierten Areal Schatten, für Abkühlung sorgt ein Swimmingpool. Von Okt. bis März geschlossen. 965, chemin des Vergers, ✆ 0493424506. www.lesgorgesduloup.com.

Eglise St.-Jacques le Majeur: Das Gotteshaus besitzt ein schönes gotisches Hauptportal mit einer reich verzierten Holztür. Im Inneren der zweischiffigen Kirche besticht der Louis Bréa zugeschriebene Hauptaltar sowie eine Totentanzdarstellung (Danse macabre) aus dem 15. Jahrhundert. Beim Bau der Kirche fand übrigens ein römischer Grabstein Verwendung, seine Inschrift ist noch heute zu sehen.

Valbonne: Dorf mit Patina

Côte d'Azur
Karten Seite 234, 316/317 und 364/365

Valbonne

Durch den ungewöhnlichen quadratischen Grundriss und seine gut erhaltene Bausubstanz hebt sich Valbonne von den umliegenden Dörfern und Städten positiv ab. Keimzelle von Valbonne – „gutes Tal" – war eine 1199 von Mönchen des Ordens von Chalais gegründete Abtei, deren schlichte Klosterkirche noch heute als Pfarrkirche genutzt wird. Nachdem das an das Kloster angrenzende Dorf 1350 zerstört worden war, verfügte der Bischof von Grasse die planmäßige Neugründung in der so genannten Bastideform. Das Zentrum des Ortes bildet ein von Arkaden gesäumter, wohl proportionierter Marktplatz, der fraglos zu den schönsten der Provence gezählt werden darf.

• *Information* **Office de Tourisme**, 1, place de l'Hôtel-de-Ville, 06560 Valbonne/Sophia-Antipolis, ✆ 0493123450, ℻ 0493123457, www.tourisme-valbonne.com.

• *Parken* Tiefgarage direkt unter dem modernen Rathaus samt Polizeistation.

• *Markt* Freitagmorgen.

• *Museum* Musée du Patrimoine „Le vieux Valbonne", kleine Ausstellung zur Volkskunst und Regionalgeschichte. Öffnungszeiten: Mai bis Sept. tgl. außer Mo von 15–19 Uhr. Eintritt: 2 €.

• *Übernachten/Essen* *** **Les Armoiries**, traumhaftes Hotel im stattlichsten Haus von Valbonne, direkt am Marktplatz. Leicht antiquierte Zimmer in der Nebensaison ab 81 €, in der Hauptsaison 84–132 €. Place des Arcades, ✆ 0493129090, ℻ 0493129091. www.hotellesarmoiries.com.

*** **La Bastide de Valbonne**, modernes Landhotel, etwa einen Kilometer außerhalb mit kleinem Park und Swimmingpool. Die Zimmer kosten 95 €, wer einen Balkon oder eine Terrasse will, muss 110 € investieren. Von Mai bis Sept. sind alle Zimmer 30 € teurer. 107, route de Cannes, ✆ 0493123340, ℻ 0493123341. www.bastidevalbonne.com.

Le Bistro de Valbonne, das traditionsreiche Lokal in einer kleinen Seitengasse wurde vollkommen renoviert und präsentiert sich heute im zeitlos modernen Ambiente. Menüs zu 21 € (mittags) und 35 €. 11, rue de la Fontaine, ✆ 0493120559.

Café des Arcades, die beste Adresse auf dem schönsten Platz der Stadt. Serviert werden auch viele Salate und Pizza. Place des Arcades.

Zünftiges Hotel in Valbonne

Sehenswertes

Notre-Dame-du-Brusc: Drei Kilometer nordwestlich von Valbonne liegt die frühromanische Kirche, eingebettet in eine sanfte Hügellandschaft. Wahrscheinlich wurde das Gotteshaus anstelle einer religiösen Kultstätte errichtet, die schon in römischer Zeit aufgesucht worden war. Im Sommer finden neben der Kirche Freiluftaufführungen statt.

Villeneuve-Loubet

Augenfälligstes Merkmal des am Ufer des Loup gelegenen Dörfchens ist sein mächtiges, zinnenbekröntes Schloss, zu dem sich ein paar enge Gassen hinaufwinden. Die noch aus dem 12. Jahrhundert stammende Festungsanlage gehörte einst den Grafen der Provence und wurde im 19. Jahrhundert im Zuge der Burgenromantik renoviert; sie befindet sich in Privatbesitz und kann nur von außen besichtigt werden.

Zu Villeneuve-Loubet gehört noch das gesichtslose Seebad Villeneuve-Loubet-Plage, dessen gigantische Ferienwohnanlage kaum zu übersehen ist. Über die Schönheit dieses Projektes mit dem Yachthafen Marina Port des Anges lässt sich vortrefflich streiten.

- *Information* **Office de Tourisme**, rue de l'Hôtel de Ville, 06270 Villeneuve-Loubet, ✆ 0493202009, 📠 0493201649; Office du Tourisme, Route du-bord-de-mer, ✆ 0493204914, 📠 0493204023. www.ot-villeneuveloubet.org.
- *Markt* Samstagvormittag.
- *Verbindungen* SNCF-Bahnhof in Villeneuve-Loubet-Plage; häufige Zugverbindungen nach Cannes, Nizza und zu anderen Orten an der Côte d'Azur.
- *Übernachten/Essen* **L'Auberge Fleurie**, durch seinen neuen Chefkoch hat das Restaurant im Dorf deutlich an Attraktivität gewonnen. Einen Versuch lohnt beispielsweise das *Boeuf Stroganoff* oder das Zanderfilet. Menüs zu 15 und 18 € (mittags) sowie 25 €, 29 € und 38 €. Mittwoch und Donnerstag geschlossen. 13, rue des Mesures, ✆ 0493739092.
- *Camping* Der kleine, direkt im Ort gelegene Platz begeistert nicht besonders, die Campingplätze in Strandnähe sind bei Antibes aufgeführt.

Sehenswertes

Musée de l'Art Culinaire: Seinen berühmtesten Sohn *Georges Auguste Escoffier* (1846–1935) ehrt Villeneuve-Loubet mit einem eigenen Museum der Kochkunst. Wie kaum ein anderer hat Escoffier den Ruf der französischen Küche geprägt, wenngleich seine bekannteste Kreation Pfirsich Melba – benannt nach der Opernsängerin Nelie Melba – heute in jeder Eisdiele serviert wird. Seine bedeutendsten Wirkungsstätten waren das Pariser Ritz und das Londoner Carlton. In seinem Geburtshaus dreht sich in acht Räumen alles um die hohe Kunst der Esskultur. Escoffier setzte bis heute gültige Standards in der Spitzengastronomie, gab seinen Angestellten feste Aufgaben: Der Rôtisseur war für das Braten zuständig, der Saucier kreierte die Saucen und der Gardemanger sorgte dafür, dass die Vorräte nie ausgingen. Auch in technischer Hinsicht modernisierte Escoffier die Kochkunst, indem er den Semmelbrösler oder die Kleinobst-Entkernungsmühle erfand, die im Museum ausgestellt sind. Einen Einblick in Escoffiers Kreativität gewinnt man anhand der ausgestellten historischen Speisekarten und seiner Kochrezepte. Escoffier gilt übrigens als Erfinder der klassischen großen Restaurantkarte, die auf der Annahme basiert, nur eine große Auswahl könne den anspruchsvollen Gast zufrieden stellen. Die Speisekarten-Sammlung wird bis in die Gegenwart fortgesetzt, das Spektrum reicht vom Eröffnungsmenü des Ritz bis zu dem Menü, das bei Adenauers erstem Staatsbesuch in Paris serviert wurde.

Adresse 3, rue Escoffier. Öffnungszeiten: Tgl. außer Sa von 14–18 Uhr, im Juli und Aug. tgl. 14–19 Uhr sowie Mi und Fr 10–12 Uhr. Im Nov. geschlossen. Eintritt: 5 €, erm. 3 €.

Biot

Biot liegt malerisch auf einer lang gestreckten Bergkuppe. Die Tempelritter und später der Johanniterorden hatten sich hier im Mittelalter niedergelassen; doch mehr als tausend Jahre zuvor siedelten bereits die Römer an dieser Stelle. Pest und Kriegswirren führten gegen Ende des 14. Jahrhunderts zur Aufgabe von Biot, aber knapp hundert Jahre später entschloss sich König René, den Ort wieder neu zu gründen. Der traumhaft schöne Marktplatz soll sich genau an der Stelle befinden, wo einst das römische Forum gestanden hatte; der Platz wird

Côte d'Azur
Karten Seite 234, 316/317 und 364/365

Biot: Tafeln unter Arkaden

von einer etwas tiefer gelegenen Kirche begrenzt. Neben der seit dem Mittelalter, wahrscheinlich aber auch schon zu Römerzeiten gepflegten Töpferei siedelte sich in Biot mit der Glasbläserei 1956 ein weiterer traditioneller Handwerkszweig an; beide ziehen bis heute die Touristen in Scharen an. Kulturinteressierte Reisende pilgern zum Musée National Fernand Léger, das mehr als 300 Werke des Künstlers besitzt.

• *Information* **Office de Tourisme**, 46, rue St Sébastien, 06410 Biot, ✆ 0493657800. www.biot.fr.

• *Verbindungen* Zehnmal tgl. verkehren Busse zwischen Biot und Antibes. Der Bahnhof von Biot befindet sich mehrere Kilometer vom Ort entfernt direkt an der Küste.

• *Parken* Ein kleines Stück unterhalb des Dorfes gibt es zahlreiche kostenlose Parkmöglichkeiten, die jedoch in der Hochsaison gelegentlich nicht ausreichen.

• *Markt* Dienstagvormittag in der Rue Saint Sébastien.

• *Post* Rue Saint Sébastien.

• *Reiten* Valponey, Route des Dolines, ✆ 0493653090.

• *Übernachten/Essen* *** **Domaine du Jas**, komfortables Hotel mit Swimmingpool (beheizt von April bis Oktober) und Restaurant zwischen Biot und dem Meer. Recht schöne Zimmer von 100–255 € (inkl. Frühstück). Von Mitte Nov. bis Ende Feb. Betriebsferien. 625, route de la Mer, ✆ 0493655050, ✆ 0493650201. www.domainedujas.com.

** **Auberge de la Vallée Verte**, ländliche Unterkunft zwischen Biot und Valbonne. Auf den Liegestühlen rund um den Pool lassen sich auch die heißesten Tage angenehm verbringen. Die Übernachtung in den etwas dunklen, rustikalen Zimmern kostet zwischen 60 und 80 €. Restaurant vorhanden. ✆ 0493651093, ✆ 0492940491.

* **Des Arcades**, ein Gasthaus wie aus dem Bilderbuch! Mitten im historischen Zentrum sitzt man hier unter Arkaden im Freien oder in einem der charmanten Gasträume. Auf den Tisch kommen provenzalische Spezialitäten. Menü zu 28 (mittags) und 32 €. Wer nichts essen will, kann einfach nur auf ein Glas Wein oder einen Kaffee einkehren. Die Zimmer sind mit Preisen von 55–100 € stattlich für ein Hotel dieser Kategorie. Das Restaurant ist Sonntagabend und Montag geschlossen. 16, place des Arcades, ✆ 0493650104, ✆ 0493650105. www.hotel-restaurant-les-arcades.com.

Le Jarrier, anerkanntermaßen die beste kulinarische Adresse in Biot. Am Rande des Dorfes (Aussichtsterrasse) wird im modernen Ambiente eine leichte mediterrane Küche serviert. Menüs 19 und 23 € (jeweils mittags), abends zu 30, 39 und 55 €. Montag- und Samstagmittag sowie Sonntag geschlossen. 30, passage de la Bourgarde, ✆ 0493651168. www.lejarrier.com.

Café Brun, urige Kneipe in einer kleinen Sackgasse. Allein die alten Tische und Stühle vor der Kneipe sind eine Augenweide. Bierliebhaber können sich an rund 30 Sorten Gerstensaft laben, darunter auch EKU und Spaten. Die Küche hat sich der asiatischen und mediterranen Kochkunst verschrieben. Plat du Jour für 8 €. Am Wochenende nur abends geöffnet. 44 ter, Impasse St. Sébastien, ✆ 0493650483.

• *Camping* (siehe auch Antibes): *** **L'Eden**, annehmbarer Platz mit Pool. Von April bis Okt. geöffnet. 63, chemin du Val de Pôme ✆ 0493656370.

Sehenswertes

Musée National Fernand Léger: Zwei Jahre nach *Fernand Légers* (1881–1955) Tod legte Légers Witwe Nadja den Grundstein für dieses außergewöhnliche Museum, das sich allerdings nicht so recht in die mediterrane Landschaft einfügen will. Die Ortswahl war nicht zufällig, denn Léger hatte seinen Lebensabend in Biot verbracht. Ausgestattet wurde das Museum mit rund 350 Kunstwerken, die einen guten Einblick in die verschiedenen Schaffensperioden des in der Normandie geborenen Künstlers geben. Das Spektrum reicht von den kubistischen Anfängen bis hin zu seinen letzten Kompositionen, die auf strengen, geometrischen Grundformen basieren und ihre Wirkung aus dem Spannungsverhältnis

Musée Fernand Léger in Biot

zwischen Form und Farbe gewinnen. Eindrucksvoll ist bereits die Fassade des Museums: Sie wird von einem knapp 500 Quadratmeter großen, farbenfrohen Mosaik eingenommen, das nach Entwürfen von Fernand Léger angefertigt wurde. Ein Teil des Museums bleibt für Sonderausstellungen reserviert.

Adresse Chemin du Val de Porne. Öffnungszeiten: Tgl. außer Di 10–17 Uhr, von Juni bis Okt. tgl. außer Di 10.30–18 Uhr. Eintritt: 5,50 €, erm. 4 €. www.musee-fernandleger.fr.

Musée d'Histoire Locale: Das lokalgeschichtliche Museum von Biot zeigt neben einem kurzen historischen Abriss der verschiedenen Epochen des Ortes hauptsächlich Alltagsgegenstände und Trachten aus dem 19. Jahrhundert.

Adresse Place de la Chapelle. Öffnungszeiten: Mi–So im Sommer 10–18 Uhr, im Winter 10–14 Uhr. Eintritt: 2 €, erm. 1 €.

Ecomusée du Verre: Auf einem Rundgang durch die Glasbläserei werden Einblicke in den Herstellungsprozess gewährt.

Adresse Chemin des Combes. Öffnungszeiten: Mo–Sa 9.30–20 Uhr, im Winter bis 18.30 Uhr, So 10–13 Uhr und 14–18.30 Uhr. Eintritt: frei!

Marineland: Wer von Biot aus in Richtung Meer fährt, stößt nach knapp vier Kilometern auf den größten europäischen Meerwasserzoo mit Schwertwalen, Delphinen, Haien, See-Elefanten (mehrmals tgl. Shows), Seelöwen, Eisbären, Pinguinen und anderen Meerestieren sowie Krokodilen, einem kleinen Bauernhof und einer Schmetterlingsfarm. Abkühlung findet man – natürlich gegen zusätzlichen Eintritt – im benachbarten Aquasplash, das ebenfalls zahlreiche Attraktionen (Riesenrutsche etc.) bereit hält.

Eintritt Wer einige Attraktionen sehen und erleben will, wird pro Person spielend mehr als 50 € los. Eintritt für Erwachsene: Marineland: 35 €, erm. 27 €; Aquasplash 24 €, erm. 19 €. www.marineland.fr.

Côte d'Azur
Karten Seite 234, 316/317 und 364/365

Bronzeskulpturen von Germaine Richier im Musée Picasso

Antibes

Obwohl Antibes die drittgrößte Stadt an der Côte d'Azur ist, hält sich der touristische Rummel in Grenzen. Dabei hat Antibes einiges zu bieten: eine nette Altstadt, den schmucken Yachthafen Port Vauban und das überaus beeindruckende Picasso-Museum im Grimaldi-Schloss.

Im Gegensatz zum benachbarten Juan-les-Pins lebt Antibes nicht ausschließlich vom Tourismus; selbst in der Nebensaison herrscht in der eisernen Jugendstilmarkthalle zu Füßen des Schlosses ein lebendiges Treiben, feinste provenzalische Leckereien locken die Käufer, wohl beschattet von einer Eisenkonstruktion aus der Zeit um die Jahrhundertwende. Die schmalen Gassen ziehen sich den Hang hinunter bis zur platanenbestandenen Place Nationale, die den Rand der Altstadt markiert und die Verbindung zum modernen Antibes herstellt. In den Kreisen betuchter Yachtbesitzer ist Antibes schon lange ein Begriff: Der Yachthafen Port Vauban ist nicht nur der größte der Côte d'Azur, am Kai liegen auch die edelsten Yachten der Küste vor Anker. Doch auch ohne schwimmenden Untersatz ist Antibes eine Reise wert. Die Stadt verspricht dank mehrerer Museen und historischer Gebäude so manchen Kunst- und Kulturgenuss.

Geschichte

Antibes ist wie viele andere Küstenorte an der Côte d'Azur eine griechische Gründung. Im 5. oder 4. vorchristlichen Jahrhundert richteten Griechen aus Marseille hier eine Handelsstation ein, der sie den Namen Antipolis gaben; sie definierten den Ort als die Nizza – oder eventuell Korsika – „gegenüberliegende Stadt". Die Römer bauten Antibes weiter aus und errichteten ein Castrum, dessen Platz heute vom Grimaldi-Schloss eingenommen wird. In der Spätantike wuchs die Bedeutung der Stadt, Antibes wurde Bischofssitz. Das durch wiederholte Sarazeneneinfälle schwer gebeutelte 500-Seelen-Dorf ging 1386 in den formellen Besitz der Grafen der Provence über, faktisch herrschten aber die Grimaldis noch längere Zeit über Antibes, erst 1608 verkauften sie ihre Rechte an den französischen König. Aufgrund der Nähe zum Herzogtum Savoyen wurde die strategisch wichtige Stadt sehr gut befestigt; das mächtige Fort Carré zeugt noch von dieser Zeit. Im Rahmen kriegerischer Auseinandersetzungen musste die Stadt wiederholt schwere Schäden hinnehmen. Erst als die Grafschaft Nizza 1860 zu Frankreich kam, verlor Antibes seine militärische Bedeutung, die Befestigungsanlagen wurden 1896 weitgehend abgetragen.

In den zwanziger Jahren wurde das Cap d'Antibes von reichen, teilweise versnobten Amerikanern entdeckt. Auf Anregung von G. Murphy –Vorbild für den Dick Diver in *F. Scott Fitzgeralds* „Zärtlich ist die Nacht" – fanden neben den Fitzgeralds auch Hemingway, Dos Passos, Gertrude Stein und Alice Toklas sowie andere Schriftsteller der „Lost Generation" ihren Weg nach Antibes. Zu den Berühmtheiten, die ebenfalls in Antibes lebten, gehören der griechische Schriftsteller *Nikos Kazantzakis* und der deutsche Maler *Hans Hartung*.

Côte d'Azur
Karten Seite 234, 316/317, und 364/365

Information/Verbindungen/Diverses

• *Information* **Office de Tourisme**, 11, place du Général de Gaulle, BP 37, 06601 Antibes Cédex, ✆ 0497231111, ℻ 0497231112, www.antibesjuanlespins.com. Öffnungszeiten: Tgl. 9–12 Uhr und 14–18 Uhr.

• *Einwohner* 73.000 Einwohner (mit Juan-les-Pins).

• *Verbindungen* Häufige Zugverbindungen nach Nizza, Cannes und Marseille; der Bahnhof liegt nördlich des Stadtzentrums, unweit des Port Vauban. Busverbindungen nach Nizza, Biot (10 x tgl.), Vallauris (10 x tgl.) und Juan-les-Pins (im 20-Minuten-Takt). Der Busbahnhof befindet sich auf der Place Guynemer.

• *Parken* Großer Parkplatz beim Port Vauban, in der Saison dennoch überfüllt.

• *Markt* Der wochentags auf dem Cours Masséna abgehaltene provenzalische Markt ist einer der buntesten an der Küste. Donnerstags und samstags findet zudem nebenan auf der Place Audiberti sowie der Place Audiberti ein Trödelmarkt statt.

• *Jardin Thuret* Vier Hektar großer Park inmitten des Cap d'Antibes; er wurde 1857 von dem Botaniker Thuret angelegt. Boulevard du Cap/Chemin Raymond. Öffnungszeiten: Mo–Fr 8.30–12 und 14–17.30 Uhr.

• *Strände* Mini-Sandbucht unterhalb der Zitadelle. Nördlich der Stadt erstreckt sich ein langer Kiesstrand, in Richtung Cap Antibes gibt es ein paar hundert Meter vom Zentrum noch zwei kleine, sandige Badebuchten. Die meisten Buchten am Cap d'Antibes sind felsig oder nicht öffentlich zugänglich. Schöne Sandstrände findet man im benachbarten Juan-les-Pins.

• *Bücher* Heidi's Bookshop, englische Bücher, gebraucht und neu. 24, cours Masséna.

• *Fahrradverleih* Holiday Bikes, 122, boulevard Wilson, ✆ 0493615151.

• *Kinderspielplatz* Mitten im Zentrum auf der Place des Martyrs de la Résistance.

Übernachten/Essen (siehe Karte S. 307)

**** **Hôtel du Cap-Eden Roc (13)**, der Klassiker unter den Hotels an der Côte d'Azur. Seit jeher ist das Hotel das Mekka der amerikanischen Schickeria; einst gondelten Clark Gable, Humphrey Bogart, Rita Hayworth, Charlie Chaplin und John Wayne mit der privaten Hotelseilbahn zum Strand hinunter, in unseren Tagen sonnen sich Stars wie Madonna und Sharon Stone am Pool. Das stilechte Ambiente des Eden Roc schlägt pro Zimmer und Nacht nicht nur ab 480 € aufwärts zu Buche. Von Nov. bis März geschlossen. Boulevard J. F. Kennedy, ✆ 0493613901, ℻ 04936 77604, www.hotel-du-cap-eden-roc.com.

**** **Port Prestige (1)**, die Ferienresidenz von Pierre & Vacances liegt direkt am Hafen.

Die Gebäude, die sich um eine terrassenförmige Badelandschaft gruppieren, wurden von dem Pariser Stararchitekten Christian de Portzamparc entworfen. Je nach Saison und Wohnungsgröße (4–7 Pers.) 670–2430 € pro Woche. 55, avenue de Verdun, ✆ 0492906200. In Deutschland buchbar unter ✆ 01805/901011.

** **La Jabotte (14)**, kleines, schmuckes Hotel nur 60 Meter von der Plage de la Salis entfernt, das sehr umsichtig und freundlich von Yves und Claude geführt wird. Die meisten der neun charmanten, aber kleinen Zimmer (jedes individuelle eingerichtet und sehr sauber!) sind wie Cabanons um einen kleinen Innenhof gruppiert, der mehrere Sitzgelegenheiten bietet und in dem auch das liebevoll zubereitete Frühstück serviert wird. Wer Lust hat, kann abends noch einen Aperitif trinken, bevor man in die Altstadt von Antibes aufbricht. Außerdem gibt es noch eine Suite (ab 141 €). DZ je nach Saison 94–121 € (inkl. Frühstück). Gayfriendly. Vier (kleine) Parkplätze vor dem Haus sowie WLAN verfügbar. 13, avenue Max Maurey, ✆ 0493614589, 📠 0493610704, www.jabotte.com.

Die Stadtmauern schieben sich bis ans Meer

** **Le Relais du Postillon (4)**, man kann sich gut vorstellen, dass vor dem Bruchsteinhaus einst die Postkutschen hielten; heute ist der Busbahnhof gleich ums Eck. Das Restaurant besitzt eine schöne Straßenterrasse, auf der man am Morgen in der Sonne frühstücken kann. Die gemütlichen Zimmer sind nach französischen, italienischen und deutschen Städten benannt. EZ zu 49 €, DZ je nach Größe 68–96 €, eine einziges (Capri) mit Terrasse für 71 €. 8, rue Championnet, ✆ 0493342077, 📠 0493346124, www.relaisdupostillon.com.

** **Modern Hotel (9)**, dieses von einem jungen Paar geführte Hotel liegt mitten im Zentrum, nur ein paar Schritte vom Busbahnhof entfernt in der Fußgängerzone. Die Zimmer (je nach Saison 66–85 €) sind hell und freundlich, die Bäder großzügig. Bleibt die Frage zu klären, warum es nirgendwo in Südfrankreich ein wirklich gut designtes Modern Hotel gibt... 1–3, rue Fourmillière, ✆ 0492905905, 📠 0492905906. www.modernhotel06.com.

Auberge Provençal (6), gepflegtes Restaurant im ländlich-rustikalen Stil mit schönem Hinterhof. Manche Gerichte werden vor den Augen der Gäste auf dem Holzkohlengrill zubereitet. Menüs zu 19 € (mittags), abends ab 34,50 €, Dienstagvormittag und montags bleibt die Küche kalt. Einige wenige Zimmer mit bedeutungsvollen Namen wie Romeo und Julliet stehen für den nicht angemessenen Preis von 130–150 € zur Verfügung. 61, place Nationale, ✆ 0493341324, 📠 0493348988.

Le Figuier de Saint-Esprit (8), mitten im Restaurant steht der namensgebende Feigenbaum, doch lohnt ein Besuch des Gourmettempels vor allem wegen der Kochkünste von Christian Morisset, der zuvor in Juan-les-Pins fast zwei Jahrzehnten lang zwei Michelin-Sterne innehatte. In seinem neuen Restaurant im Herzen der Altstadt begeistert der Chefkoch mit seinem auffällig gezwirbelten Schnurrbart durch eigenwillige Kreationen, die sich immer deutlich am marktfrischen Angebot orientieren. Egal, ob gefüllte Zucchiniblüten mit Gambas oder violetter Spargel mit Seeteufelfilet – es gibt nichts zu bemängeln. Keine Frage: Das beste Restaurant der Stadt! Mit-

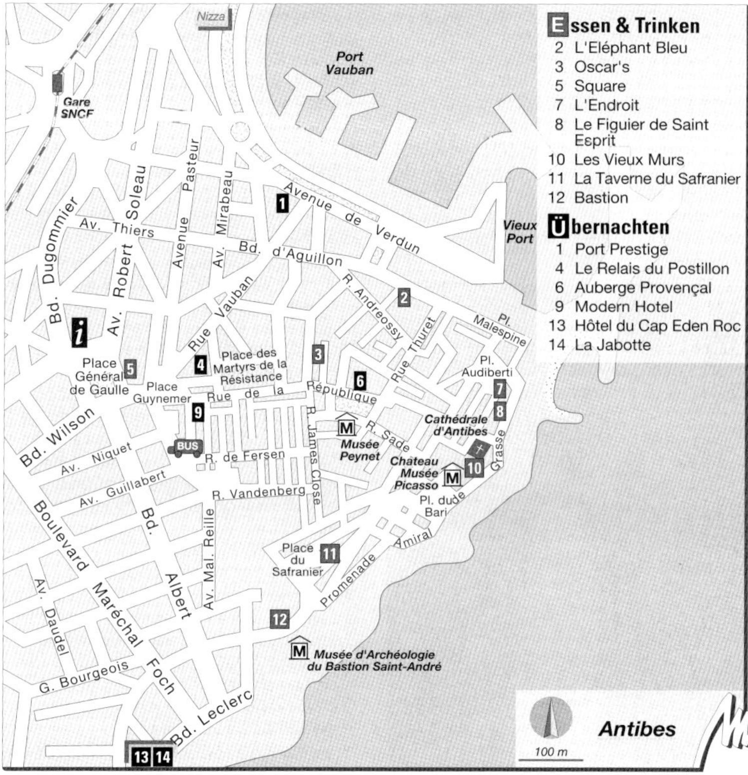

tagsmenüs zu 25 und 30 €, abends 49 und 70 €. Dienstag und Mittwochmittag geschlossen. 14, rue Saint-Esprit, ✆ 04935012.

Les Vieux Murs (10), in traumhafter Lage auf den Festungsmauern mit Blick auf das Meer (in unmittelbarer Nähe des Picasso-Museums) wird ausgezeichnete provenzalische Küche mit einem bodenständigen Akzent serviert. Auf einen Tintenfischsalat mit Kapern und Erbsen folgte eine fabelhafte Lammschulter mit Frühlingsgemüse, dann der Käse des Tages und zum Abschluss eine Schokoladensuppe mit gerösteten Brotwürfeln und Vanilleeis. Hervorragendes Weinangebot, schöne Terrasse. Menüs zu 29 € und 34 € (jeweils mittags) sowie 44 € und 60 € am Abend. Im Juli und Aug. nur Sonntagmittag und abends geöffnet, sonst Dienstag- und Mittwochmittag geschlossen. 25, promenade Amiral de Grasse, ✆ 0493340673. www.lesvieuxmurs.com.

L'Eléphant Bleu (2), früher waren die Franzosen als Kolonialherren in Thailand gefürchtet, gewissermaßen als Ausgleich fassten in den letzten Jahren immer mehr thailändische Restaurants Fuß in Frankreich. So ist „Der blaue Elefant" der gleichnamige Ableger eines schon seit langem in Cannes beheimateten, ausgezeichneten asiatischen Restaurants. Seit Neuestem gibt es auch Sushi. Mittagsmenüs 10–14 €. 28, boulevard d'Aguillon, ✆ 0493342880.

Oscar's (3), bekannt für seine phantasievollen Pasteten. Weniger gelungen ist das pseudobarocke Interieur. Menüs zu 29 und 56 €, Sonntagabend und Montag geschlossen. Rue du Dr Rostan, ✆ 0493349014. www.oscars-antibes.com.

Bastion (12), trendiges Restaurant mit zugehöriger Lounge-Bar, unweit des Meeres und der Festungsmauern gelegen. Große Straßenterrasse. Angesichts des hohen

Côte d'Azur
Karten Seite 234, 316/317, und 364/365

Preisniveaus trifft sich abends eher gediegenes Publikum. Ansprechende Menüs zu 20 und 28 €. In der Nebensaison Montag Ruhetag, bis 2 Uhr geöffnet. 1, avenue Général Maizière, ✆ 0493345986. www.restaurant-bastion.com.

La Taverne du Safranier (11), beliebtes, preiswertes Restaurant im Schatten der Stadtmauern, der Koch hat sein Handwerk in Nizza gelernt. Der Schwerpunkt liegt auf der Fischküche. Viele Salate. Montag und Sonntagabend in der Nebensaison Ruhetag. Place du Safranier, ✆ 0493348050.

Skulptur von Miró

Square (5), viel besuchte Brasserie mit schöner, großer Straßenterrasse, zwischen Tourist-Info und Busbahnhof. Internationale Küche. Mittagsmenü zu 15 €, abends 35 €. 3, place Général de Gaulle, ✆ 0493348630.

L'Endroit (7), coole Lounge Bar mitten in der Altstadt. Ein durchtrainierter Türsteher selektiert die zumeist jüngeren Gäste mit kritischem Blick. 29, rue Aubernon.

• *Camping* Die Küste zwischen Antibes und dem weiter nördlich gelegenen Villeneuve-Loubet-Plage ist ein wahres Campingparadies. Rund ein Dutzend unterschiedlich ausgestatteter Plätze ist für den Ansturm der Sommerurlauber gerüstet, sie liegen allesamt in dem Pinienhain westlich der Bahnlinie. Hier ein paar Campingplätze, die in der Nähe des SNCF-Bahnhofs Biot liegen:

**** **Antipolis**, sehr schattige Anlage mit Restaurant, Lebensmittelgeschäft und schönem Swimmingpool. Unser Lieblingsplatz! Übernachtung ab 21 €. Von April bis Mitte Sept. geöffnet. ✆ 0493339399. www.camping-antipolis.com.

*** **Pylone**, riesige Anlage (800 Plätze) mit anspruchsvollem Komfort und großem Swimmingpool. Wirkt fast ein wenig zu herausgeputzt. Wohnwagenvermietung. Übernachtung ab 20 €, Swimmingpool 2 € extra. Ganzjährig geöffnet. ✆ 0493335286. www.campingdupylone.com.

*** **Le Séquoia**, einfacher Platz, nur 20 € die Nacht. Von Mitte April bis Mitte Sept. geöffnet. ✆ 0493744475. www.sequoia-antibes.com.

** **Les Frênes**, direkt nebenan mit vergleichbarem Standard. Übernachtung 20 €. Von Mai bis Sept. geöffnet. ✆ 0493746600. www.campinglesfrenes.com.

Sehenswertes

Musée Picasso Château Grimaldi: Auf dem Felsen über dem Meer stand einst ein römisches Kastell, das später durch ein Schloss der Grimaldi ersetzt wurde. Erst 1925 kaufte die Stadt Antibes das Schloss an, um hier historische und archäologische Zeugnisse auszustellen. Durch einen Zufall erfuhr der Kurator des Museums Romuald Don de la Souchère 1946, dass Picasso im nahen Golf Juan zusammen mit Françoise Gilot in einem kleinen Haus lebte, das ihm nicht den nötigen Raum für seinen Schaffensdrang bot. Kurzerhand lud der damalige Kurator Picasso ein, das obere Stockwerk des Schlosses als Atelier zu nutzen. Ein halbes Jahr hat Picasso in den Gemäuern gearbeitet, aufgrund der Materialknappheit kaufte das Genie kurzerhand Segeltuch und Schiffsfarben und malte damit weiter. Als ihm endgültig das Material ausging, holte Picasso eingelagerte Bilder aus dem Keller des Schlosses und übermalte sie. Das Ergebnis dieser besonders intensiven Schaffensperiode

– „Meine glücklichste Zeit an der Côte“, schrieb er später – vermachte er dem Museum, das sich dadurch quasi über Nacht in ein reines Kunstmuseum verwandelte. Später wurde die Sammlung noch durch Schenkungen einiger Mäzene erweitert.

Nach einer Totalrenovierung vermittelt das Museum von Antibes seit dem Herbst 2008 mit einem neuen Raumkonzept einen ungewöhnlich breiten Einblick in das Schaffensspektrum von *Pablo Picasso*, dem wohl herausragendsten Künstler des 20. Jahrhunderts. Zum Fundus des Museums gehören 252 Arbeiten Picassos, darunter Gemälde, Zeichnungen, Plastiken, Teppiche und 77 Töpferarbeiten, die Picasso in Vallauris gefertigt hat. Abgerundet wird die Sammlung mit Bildern und Skulpturen von Miró, Modigliani, Picabia, Léger, Max Ernst, Hans Hartung und Nicolas de Staël; Letzterer arbeitete selbst eine Zeitlang im Schloss von Antibes. Am eindrucksvollsten sind die Bronzeskulpturen von *Germaine Richier*; sie haben auf der Terrasse vor dem Blau des Meeres einen prachtvollen Platz gefunden.

Öffnungszeiten Di–So 10–18 Uhr, außerhalb der Saison von 12–14 Uhr Mittagspause, im Juli und August Mi und Fr bis 20 Uhr. Eintritt: 6 €, erm. 3 €.

> Für 7,50 € gibt es ein Billet combiné, das sieben Tage lang gültig ist und den Eintritt zum Musée Peynet, Musée Napoléonien, Musée d'Archéologie und zum Fort Carré beinhaltet.

Cathédrale: Direkt neben dem Museum erhebt sich die Kathedrale mit ihrer, in warmen Ockertönen gehaltenen Barockfassade. Die Kirche – sie ruht auf den Fundamenten eines griechischen Dianatempels – besitzt einen schlichten romanischen Chor, das Langhaus stammt aus dem 17. Jahrhundert. Die noch immer gebräuchliche Bezeichnung Cathédrale ist aber genau genommen falsch, denn bereits 1244 wurde der Sitz des Bistums nach Grasse verlegt.

Musée d'Archéologie: Die an die ursprüngliche Befestigungsmauer angrenzende Bastion Saint-André birgt in ihrem Tonnengewölbe zahlreiche archäologische Fundstücke (Amphoren, Mosaike etc.) aus griechischer und römischer Zeit, die Einblicke in die Geschichte von Antibes gewähren.

Öffnungszeiten Di–So 10–12 Uhr und 14–18 Uhr, im Juli und August Mi und Fr bis 20 Uhr. Eintritt: 3 €, erm. 1,50 €.

Musée Naval et Napoléonien: Dem marinegeschichtlichen Museum ist eine Sammlung angegliedert, die das Andenken an Napoléon bewahrt. Zu sehen sind Karikaturen, Büsten sowie eine Totenmaske von Napoléon. Vom Dach der Tour Sella hat man einen schönen Rundblick auf das Cap d'Antibes.

Adresse Batterie du Grillon, avenue J. Kennedy. Öffnungszeiten: Di–Sa 10–16 Uhr. Mitte Juni bis Mitte Sept. bis 18 Uhr. Eintritt: 3 €, erm. 1,50 €.

Musée Peynet: Mehr als 300 Werke des in Frankreich sehr beliebten Zeichners Peynet – er lebte von 1950 bis zu seinem Tod im Jahre 1978 in Antibes – wurden hier zusammengetragen.

Adresse Place Nationale. Öffnungszeiten: Di–So 10–12 Uhr und 14–18 Uhr, im Juli und August Mi und Fr bis 20 Uhr. Eintritt: 3 €, erm. 1,50 €.

Musée de la Tour: Volkskundemuseum in einem Turm der mittelalterlichen Stadtbefestigung. In dem Gebäude wohnten 150 Jahre lang mehrere Generationen der Fischerfamilie Gilli, weswegen man auch von der Tour Gilli spricht.

Adresse Cours Masséna. Öffnungszeiten: Mi, Fr, Sa und So von 14–18 Uhr. Eintritt: 3 €, erm. 1,50 €.

Côte d'Azur
Karten Seite 234, 316/317, und 364/365

Fort Carré: Mit seinem sternförmigen Grundriss ist das imposante, nördlich des Port Vauban errichtete Fort Carré ein klassisches Beispiel der Festungsbaukunst des 17. Jahrhunderts. Das Zentrum der ab 1550 erbauten Anlage bildet ein runder Hof, von dem aus die später angelegten Bastionen ausgehen. Bis dato ist das Fort Carré leider nur von einer gewissen Entfernung aus zu besichtigen, doch seit unlängst die Stadt Antibes die Festung erworben hat, ist eine Öffnung für das Publikum in nächster Zukunft vorgesehen.

Führungen Di–Sa 10–16.30 Uhr, Mitte Juni bis Mitte Sept. bis 18 Uhr. Eintritt 3 €, erm. 1,50 €.

Juan-les-Pins

Der mondäne Nachbarort von Antibes ist weltbekannt für sein Jazz-Festival. Ray Charles, Miles Davis, Louis Armstrong, Count Basie, Dizzy Gillespie, John Coltrane und Keith Jarrett spielten schon bei dem 1960 gegründeten Festival. Hier wurde Jazz-Geschichte geschrieben!

Auch wenn heute viele moderne Gebäude das Stadtbild prägen, scheint sich die Atmosphäre von Juan-les-Pins seit 1931 nur unwesentlich verändert zu haben. Damals befanden *Klaus* und *Erika Mann*, das Flair von Juan-les-Pins sei nur schwer zu beschreiben: „Man könnte sagen, dass es eine ungefähre Mischung aus Cannes und St. Tropez ist; anspruchsloser, lustiger, harmloser als das andere; weniger Bohème, eleganter als das andere. Ausgesprochener Sommerort, der es ist, spielt hier Strand eine größere Rolle als die Promenade oder das Kasino; das Badekostüm ist wichtiger als Teekleid und Abendtoilette." Eine lange Geschichte hat Juan-les-Pins nicht vorzuweisen. Nur 50 Jahre vor Klaus und Erika Manns Besuch war das kleine Fischerdorf vom Herzog von Albany, dem Sohn von Queen Victoria, entdeckt und auf den Namen Juan-les-Pins getauft worden. In den zwanziger Jahren fand sich rund um den amerikanischen Schriftsteller F. Scott Fitzgerald und seine Frau Zelda Seyre ein illustrer Künstlerkreis zusammen, dem der Ort sein frivoles Flair verdankt.

Juan-les-Pins gibt sich noch heute recht ungezwungen; bis in die frühen Morgenstunden hinein gehört der Ort den vergnügungssüchtigen Nachtschwärmern. Seit den zwanziger Jahren ist Jazz die vorherrschende musikalische Stilrichtung, liebevoll wird von einem Nouvelle-Orléans-les-Pins gesprochen. Sydney Bechet machte den Jazz 1951 in Juan-les-Pins salonfähig, ein Jahr nach Bechets Tod wurde das berühmte Jazz-Festival erstmals eröffnet. Ein Auszug aus der Liste der aufgetretenen Stars gleicht einem „Who is Who" der Jazzmusik: Louis Armstrong, Ella Fitzgerald, Duke Ellington, Count Basie, Charlie Mingus, Stan Getz, Charlie Parker, Sara Vaughan ...

Information/Verbindungen/Diverses

- *Information* **Office de Tourisme**, 51, boulevard Guillaumont, 06160 Juan-les-Pins, ✆ 0497231110, 📠 0497231109, www.antibesjuanlespins.com.
- *Verbindungen* Der Bahnhof liegt unweit des Zentrums in der Avenue de l'Estérel. Zugverbindungen nach Antibes, Nizza, Cannes und Marseille, nach Antibes bestehen zudem Busverbindungen im 20-Minuten-Takt.
- *Literaturtipp* **F. Scott Fitzgerald**: Zärtlich ist die Nacht. Diogenes Taschenbuch.
- *Unterwasserfahrt* Von April bis September startet mehrmals tgl. ein Ausflugsboot zum Cap d'Antibes, durch dessen 14 Meter lange Unterwasserfenster die Flora und Fauna des Mittelmeers beobachtet werden können. Abfahrt vom Ponton Courbet, direkt gegenüber dem Office de Tourisme. Fahrzeit: 1 Std.; weitere Informationen: ✆ 0493670211.

Juan-les-Pins: schöner Sonnen

Côte d'Azur
Karten Seite 234, 316/317, und 364/365

• *Veranstaltungen und Feste* **Festival international de Jazz d'Antibes-Juan-les-Pins**, alljährlich im Juli treffen sich die Jazz-Größen in Antibes und Juan-les-Pins.

• *Parc Exflora* Fünf Hektar großer, öffentlicher Garten im Westen der Stadt. Üppige Vegetation mit Palmenhain, exotischem Garten und künstlichem Wasserfall.

• *Strände* In Juan-les-Pins gibt es einen feinen, aber nur schmalen Sandstrand. Allerdings darf man sich an den meisten Stränden in Ortsnähe nur gegen Gebühr niederlassen; weicht man nach Norden in Richtung Golfe-Juan aus, findet man einen lang gestreckten, frei zugänglichen Strandabschnitt, doch herrscht hier in der Saison leider akute Parkplatznot.

• *Fahrrad- und Motorradvermietung* 2 Roues Location, geöffnet von März bis Okt., Fahrrad 10 €/pro Tag, 100 € Kaution. 33, boulevard Charles Guillaumont, ✆ 0493616324.

Übernachten/Essen/Nachtleben

** **Mexicana**, mitten im quirligen Zentrum, vom Lärm der Cafés und Bars darf man sich allerdings nicht stören lassen. Die ordentlichen Zimmer kosten je nach Saison 60–110 €. 7, avenue Georges Gallice, ✆ 0493613134, ℻ 0493675651. www.hotelmexicana.com.

** **Cecile**, sympathische Villa (Logis de France) mitten in einer ruhigen Seitenstraße im Ort, aber nur fünf Minuten vom Strand entfernt. Von Dez. bis Jan. geschlossen. 21 Zimmer zu 55–93 €. WLAN vorhanden. Nur von Feb. bis Sept. geöffnet. Rue Jonnard, ✆ 0493610512, ℻ 0493670914. www.hotelcecilfrance.com.

* **Trianon**, einfaches, aber sauberes Hotel in einem verspielten Jugendstilhaus. Allein das Treppenhaus begeistert. Unweit des Bahnhofs. EZ ab 31 €, DZ 42–62 €. 14, avenue de l'Estérel, ✆ 0493611811, ℻ 0493611811. www.trianon-hotel.com.

* **Parisiana**, direkt daneben mit hellen, freundlichen Zimmern zu einem überzeugenden Preis-Leistungs-Verhältnis von 49–62 €. Nov. bis Jan. geschlossen. WLAN vorhanden. 16, avenue de l'Estérel, ✆ 0493612703, ℻ 0493679721. www.hotel-le-parisiana.fr.

Bijou Plage, anspruchsvolles Strandrestaurant im Westen des Ortes, bekannt für seine gute Fischküche. Menüs zu 22 (mittags), 31 und 51 €. Boulevard du Littoral, ✆ 0493613907.

Café de la Plage, hier kann man entweder einfach nur seinen Kaffee trinken und den Blick aufs Meer genießen oder nach Lust und Laune schlemmen. Menüs zu 23 € und

28 €, leckere Fischgerichte. 1, boulevard Baudoin, ☏ 0493613761.

CanCan, seit Jahrzehnten ein fester Anlaufpunkt für Pizzafans. Pizzen (ca. 9–14 €) mit hauchdünnem Boden. Avenue Guy de Maupassant, ☏ 0493611280.

• *Nachtleben* In Juan-les-Pins gibt es mehrere Diskotheken mit saftigen Eintrittspreisen. Ein beliebter abendlicher Treffpunkt mit Live-Musik ist Le Pam Pam (137, boulevard Wilson) und das gegenüberliegende Le Festival.

Golfe-Juan

Zwischen Cannes und Antibes gelegen, präsentiert sich Golfe-Juan als moderner Badeort. Abgesehen von seiner kurzen Strandpromenade und einem Yachthafen hat Golfe-Juan zwar keine Attraktionen zu bieten, dafür liegt das Preisniveau deutlich unter dem von Cannes und Juan-Les-Pins.

Dank *Napoléon* wurde das kleine Fischerdorf Golfe-Juan zu einem Ort der Weltgeschichte: Am 1. März 1815 landete der nach Elba verbannte Kaiser mit seiner 1100 Mann starken Leibgarde im Hafen von Golfe-Juan. Über Grenoble eilte er der französischen Hauptstadt zu, um die konstitutionelle Monarchie Louis XVIII. zu Fall zu bringen. Später erwählte dann ein anderer, von seinen Körpermaßen „kleiner", aber gewiss ebenso bedeutender Mann Golfe-Juan zu seinem zeitweiligen Domizil: Die Rede ist von Pablo Picasso, der sich nach Kriegsende mit seiner damaligen Lebensgefährtin Françoise Gilot hier niederließ, glücklich, wieder in seinem geliebten Südfrankreich leben zu können.

• *Information* **Office de Tourisme**, 84, boulevard de la Liberté, 06220 Golfe-Juan, ☏ 0493637312, ℻ 0493639501. www.vallauris-golfe-juan.com.

• *Einwohner* 11.000 Einwohner.

• *Verbindungen* Zugverbindungen nach Antibes, Nizza, Cannes und Marseille. Der Bahnhof liegt zentral, nur wenige Schritte vom Meer entfernt. An der Route Nationale befindet sich eine häufig frequentierte Bushaltestelle der Linie Nizza-Cannes, zudem bestehen Busverbindungen nach Vallauris. In der Saison 3–4 x tgl. Schiffsverbindungen zu den Iles des Lérins.

• *Markt* Freitagvormittag auf der Avenue Aimé Berger.

• *Baden* Die sandigen Strände um Golfe-Juan sind relativ schmal und im Hochsommer überlaufen (Parkplatznot).

• *Übernachten* ** **De Crijansky**, aus den sechziger Jahren stammendes, persönlich geführtes Hotel ohne viel Flair, Zimmer (ab 60 €) mit Balkon mind. 10 € teuerer. Parkplätze vorhanden. 85, avenue J.-Adam, ☏ 0493638444, ℻ 0493634204.

* **California**, schöne, freistehende Villa aus den 30er Jahren. Die großen, einfachen Zimmer kosten je nach Ausstattung 29,50–52 €. 222, avenue de la Liberté, ☏ 0493637863.

• *Essen* In Golfe-Juan findet man eine ganze Reihe einladender Restaurants direkt am Hafenkai. Man speist mit Blick auf die angetäuten Segelyachten. Einzig die Bedienungen können einem leid tun, müssen sie doch ständig die Straße überqueren. Das **Le Bistrot du Port** ist durchaus zu empfehlen. 53, boulevard des Frères Roustan, ☏ 0493637064.

Weitere ansprechende Restaurants sind das **Chez Christiane** und **Chez Gigi**, beide nur ein paar Häuser weiter. Wer ein gutes Strandrestaurant sucht, muss ein paar hundert Meter in Richtung Cannes laufen, um zum **Nounou** oder zum anspruchsvolleren **Tetou** (☏ 0493637116) zu gelangen. Letzteres gibt es bereits seit 1920!

Vallauris

Wer von Vallauris spricht, muss im gleichen Atemzug den Namen *Picasso* nennen. Kurz nach Ende des Zweiten Weltkriegs, als Picasso im nahen Golfe-Juan lebte, machte er die Bekanntschaft von Susanne und Georges Ramiès, die im nahen Vallauris eine Töpferei betrieben. Sie luden ihn ein, ihre Madoura-Töpferei zu besuchen und sich dort an Ton zu versuchen. Picassos Interesse war schnell geweckt;

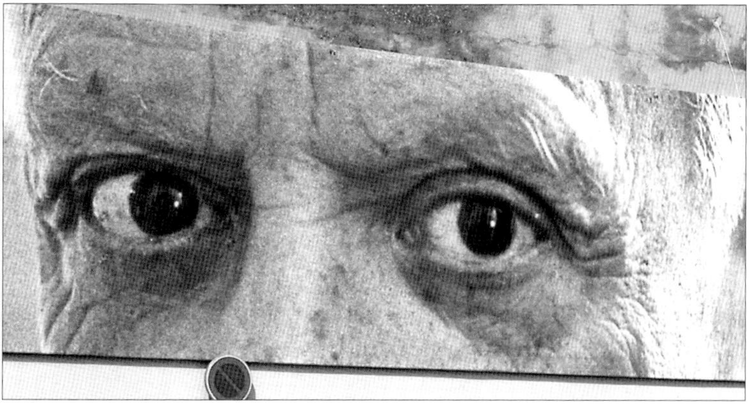

Picasso hat die Stadt noch immer fest im Blick

nach den ersten Versuchen zeigte er sich begeistert und schuf mit Unterstützung heimischer Töpfer in den nächsten zwei Jahren weit über 2.000 Tonarbeiten. Als Picasso bemerkte, dass er in der Töpferei nicht den vollendeten künstlerischen Ausdruck wie in seinen Bildern und Plastiken finden konnte, gab er dieses „Handwerk" wieder auf. Seit er 1952 im Auftrag der Stadt auch noch eine romanische Kapelle mit dem Bild „Krieg und Frieden" ausmalte, war Picassos Name in Vallauris allgegenwärtig; auf dem Marktplatz steht zudem ein Abguss von Picassos Bronzeskulptur „L'Homme à l'Agneau". Dass Picasso zum Ehrenbürger ernannt wurde, versteht sich fast von selbst. Vallauris hat aber noch einen zweiten berühmten Ehrenbürger: *Jean Marais*. Der Schauspieler und Cocteau-Freund fühlte sich dem Städtchen stets liebevoll verbunden. Nach seinem Tod (8.11.1998) wurde Marais seinem Wunsch gemäß auf dem kleinen Friedhof von Vallauris begraben.

Die Töpferei kann in Vallauris aber auf eine lange Tradition zurückblicken: Aufgrund der reichen Tonvorkommen in der Umgebung entstanden bereits während der Antike – der Name Vallauris leitet sich von „vallis aurea" ab – die ersten Töpferbetriebe in Vallauris. Nachdem das Dorf von der Pest entvölkert worden war, ließen sich im Jahre 1501 italienische Töpfer nieder und nahmen die Produktion wieder auf. Damals erfolgte auch der Wiederaufbau der Stadt auf einem neuen rechtwinkligen Grundriss. Zunächst wurde schwerpunktmäßig Geschirr aus glasiertem Ton hergestellt, ab dem 18. Jahrhundert widmeten sich die Töpfer verstärkt der Produktion von edlem Geschirr im Louis-XV-Stil. Noch heute wird hier auf traditionelle Weise getöpfert, wenngleich in den Geschäften des Ortes auch viele minderwertige und langweilige Tonwaren feilgeboten werden. Gerne orientiert man sich an Picasso und Fernand Léger, die in Vallauris ihre Werkstätten hatten. Regelmäßig finden die *Biennale Internationale de Céramique d'Art* und diverse Töpferfeste statt.

• *Information* **Office de Tourisme**, Square 8 Mai 1945, 06220 Vallauris; ✆ 0493638258, 📠 0493639501. www.vallauris.net.

• *Einwohner* 14.000 Einwohner.

• *Verbindungen* Zehnmal tgl. verkehren Busse zwischen Vallauris und Antibes, zudem bestehen Busverbindungen nach Golfe-Juan und Cannes. Gare routière: Boulevard

Maurice-Rouvier (unweit des Château), ✆ 0493641837.

- *Markt* Tgl. außer Montag von 7 bis 12.30 Uhr auf der Place de l'homme au mouton.
- *Übernachten* ** **Val d'Auréa**, das Hotel am östlichen Ortsrand bietet einige ansprechende Zimmer (55 €). Nur von Ostern bis Mitte Sept. geöffnet. 11 bis, boulevard Maurice-Rouvier, ✆ 0493646429.
- *Essen* **Café Llorca**, ausgezeichnetes Bistro, nur einen Steinwurf vom Picasso-Museum entfernt. Die moderne Inneneinrichtung stammt übrigens von dem Designer Jean-Michel Wilmotte. Glücklicherweise stehen auch die Leistungen seines Namensvetters und Küchenchefs Jean-Michel Llorca dem in nichts nach. Kein Menü, Plat du Jour 10–14 €. Große Straßenterrasse. Place Paul Isnard, ✆ 0493643042.

Au Cazot, dieses von einem jungen, Ehepaar geführte Restaurant ist ein Lesertipp von Thomas Hermsen: „Die Frau stammt aus Korsika und bietet im Restaurant sehr gute korsische Tagesgerichte an. Darüber hinaus werden hervorragende Salatteller, Tartes, Tourtes, Tapas und sonstige mediterrane Speisen angeboten. Auffallend ist, dass dieses Lokal noch überwiegend von den dort wohnenden Franzosen besucht wird, was immer ein gutes Zeichen ist. Der korsische Wein, der ausschließlich aus ökologischem Anbau ist, wird kühlschrankgekühlt serviert." Hauptgerichte 10–15 €. 38, avenue Georges Clemenceau, ✆ 0493649882.

Picasso-Skulptur „L'Homme à l'Agneau"

Sehenswertes

Château: Das aus der Renaissance stammende Bauwerk ähnelt einem provenzalischen Gutshof (*mas*). Bis 1787 residierte hier ein Probst. Das Schloss und das benachbarte Gebäude beherbergen zwei Museen:

Musée National de Picasso: Die zum Château gehörende romanische Kapelle mit Picassos berühmtem Wandgemälde La Guerre et la Paix („Krieg und Frieden") wurde zum Nationalmuseum erhoben. Innerhalb von zwei Monaten hatte das Universalgenie dieses monumentale Werk (125 qm) geschaffen, das seit 1952 die Krypta der Kapelle ziert. Wenngleich manche Kritikerstimmen das Wandgemälde im Rahmen von Picassos Œeuvre als eher gering einschätzen, schafft „Krieg und Frieden" in dem fensterlosen Raum eine faszinierende Stimmung. Die Kapelle, die noch den strengen romanischen Geist ihrer Bauzeit besitzt, bietet zudem Einblick in Picassos keramisches Werk.

Adresse Place de la Libération. Öffnungszeiten: Tgl. außer Di und an Feiertagen 10–12 Uhr und 14–17 Uhr, im Sommer bis 18 Uhr. Eintritt: 3,20 €, erm. 1,65 € (inkl. Musée Magnelli und Musée Céramique). www.musee-picasso-vallauris.fr.

Musée Magnelli et Musée Céramique: Im Mittelpunkt der Dauerausstellung steht *Alberto Magnelli* (1888–1971), ein Pionier der abstrakten Kunst. Daneben sind auch Fotografien ausgestellt, die Picasso bei den Arbeiten zu seinem Wandgemälde zeigen. Imposant wirkt ein Picasso-Foto von André Villers, das den Meister in majestätischer Pose mit verschränkten Armen und nacktem Oberkörper darstellt. In einem Flügel des Schlosses sind zudem zahlreiche Töpferarbeiten aus Vallauris ausgestellt.

Adresse Place de la Libération. Öffnungszeiten: Tgl. außer Di und an Feiertagen 10–12 Uhr und 14–17 Uhr, im Sommer 18 Uhr. Eintritt: 3,20 €, erm. 1,65 € (inkl. Musée National de Picasso).

Espace Jean Marais: Eine Hommage an Jean Marais, der Vallauris seit 1975 immer wieder besucht und sich auch als Töpfer versucht hatte. Die Ausstellung ist im Erdgeschoss eines modernen Gebäudes untergebracht und zeigt viele Fotografien.

Adresse 3, avenue des Martyrs de la Résistance. Öffnungszeiten: Juli und Aug. tgl. 10–13 Uhr und 15–19 Uhr, sonst Di bis Sa 10–12.30 Uhr und 14–17.30 Uhr. Eintritt: 1,50 €.

Mougins

Das schmucke, einen kleinen Hügel krönende Dorf – den Wegweisern Moulin Village folgen – ist bekannt für seine ausgezeichneten Restaurants, ansprechenden Galerien und zahlreichen Kunsthandwerker. Eine Ortserkundung nimmt nicht viel Zeit in Anspruch, es sei denn, man lässt sich zur Einkehr oder zu einem Besuch des Fotografiemuseums bewegen. Bereits die Römer besiedelten Mougins – der Name leitet sich von Mons Egnita ab –, im Mittelalter wurde der Ort mit einer Stadtmauer befestigt, deren Verlauf noch heute erkennbar ist. Bekannt wurde Mougins als Altersruhesitz Picassos, der auf einem abgeschotteten, außerhalb gelegenen Landsitz in der Nähe der Chapelle Notre-Dame-de-Vie seine letzten zwölf Lebensjahre verbracht hatte. Eine der berühmtesten Frauen Frankreichs starb zehn Jahre zuvor, im Oktober 1963, ebenfalls in Mougins: *Edith Gassion*, die alle Welt nur als „die Piaf" kannte. Ein Abstecher zu der beschaulichen Doppelgemeinde **Mouans-Sartoux** lohnt ebenfalls.

- *Information* **Office de Tourisme**, 15, avenue Mallet, 06250 Mougins, ✆ 0493758767, 📠 0492920403. www.mougins.cotedazur.org.
- *Verbindungen* Mehrmals tgl. fahren Busse nach Cannes und Grasse.
- *Parken* Kostenlose Parkplätze unterhalb des Dorfes.
- *Musée Municipal* Diverse Kunstausstellungen. Adresse: Place du Cmt. Lamy. Öffnungszeiten: Juli und Aug. tgl. 10–12 Uhr und 14–18 Uhr, sonst Mo–Fr 10–12 Uhr und 14–18 Uhr.
- *Übernachten/Essen* *** **Le Manoir de l'Etang Mougins**, eine exklusive Unterkunft (Zimmer von 200–275 €) außerhalb von Mougins. Bereits Jean Cocteau und Jean Marais zählten zu den Gästen. Mit Schwimmbad. Ambitionierte provenzalische Küche, Menüs zu 29 und 39 € (mittags), abends à la carte. Von Nov. bis Feb. geschlossen. 66, allée du Manoir, ✆ 0492283610, 📠 0492283610. www.manoir-de-letang.com.

Le Feu Follet, das wahrscheinlich beste Restaurant in der Altstadt von Mougins (13 Gault-Millau-Punkte). Geboten wird eine mediterrane Küche wie auch eine eher ländliche Küche. Das Spektrum spannt sich von der gegrillten Dorade bis zum Kalbsfrikassee. Helles, freundliches Ambiente, schöne Straßenterrasse. Menüs zu 26 € (nur mittags), abends 39 €. Sonntagmittag und Montag geschlossen. Place du Cdt. Lamy, ✆ 0493901578. www.feu-follet.fr.

Le Bistrot de Mougins, die zweite empfehlenswerte Adresse inmitten des Dorfes ist eher unscheinbar. Gepflegt wird eine traditionelle provenzalische Küche. Lecker ist der Entenschlegeln mit schwarzen Oliven. Straßenterrasse. Menüs zu 21 € (mittags), 34 € u. 44,50 €. In der Nebensaison Dienstag und Mittwoch Ruhetag. Place de la Mairie, ✆ 0493757834.

Sehenswertes

Musée de la Photographie: *Pablo Picasso*, dem wohl am häufigsten fotografierten Künstler des 20. Jahrhunderts, ist die Dauerausstellung gewidmet; sie zeigt

Côte d'Azur
Karten Seite 234, 316/317, und 364/365

Fotografien des Meisters von *André Villers, Ralph Gatti, Robert Doisneau* und *David Duncan*. Im ersten Stock sind alte Fotoapparate zu besichtigen, im Eingangsbereich finden häufig Wechselausstellungen statt.

Adresse Porte Sarrazine. Öffnungszeiten: Juli und Aug. 10–20 Uhr, sonst Mo–Fr 10—18 Uhr, am Wochenende 11–18 Uhr. Eintritt: frei!

Musée de l'Automobiliste: Das ein paar Kilometer östlich von Mougins gelegene Museum – es besitzt auch eine eigene Zufahrt von der Autobahn aus – bietet rund 100, teilweise sehr seltene Exponate von den Anfängen der Automobilgeschichte bis heute. Das älteste Fahrzeug, das sich in dem futuristischen Bau befindet, ist ein Gladiator aus dem Jahre 1904. Autoliebhaber entdecken sicher ihr Lieblingsfahrzeug, das Spektrum reicht von Ferrari, Mercedes, Delage, Bugatti, Lancia, Maserati, Porsche, Lamborghini bis hin zu Simca und Lada. Ergänzt wird die Sammlung durch eine historische Werkstatt und Motorräder.

Adresse Aire de Bréguières. Öffnungszeiten: Tgl. 10–13 Uhr und 14–18 Uhr, im Sommer 10–18 Uhr. Eintritt: 7 €, erm. 5 €, unter 12 Jahren Eintritt frei!

L'Espace de l'Art Concret: Das Zentrum für konkrete Kunst in **Mouans-Sartoux** wurde 1990 von dem Sammler- und Künstlerpaar Sybil Albers und Gottfried Honegger gegründet, um dieser Kunstform, die sich auch mit Geometrie, Stereometrie und anderen Spielarten der Mathematik beschäftigt, ein breiteres Forum zu geben. Mit Erfolg: Um dem Ansturm der Besucher besser gerecht zu werden, wurde 2004 ein turmartiger Neubau neben dem Schloss errichtet.

Adresse Château de Mouans. Öffnungszeiten: Mi–So 12–18 Uhr, im Juli und Aug. tgl. 11–19 Uhr. Eintritt: frei! www.espacedelartconcret.fr.

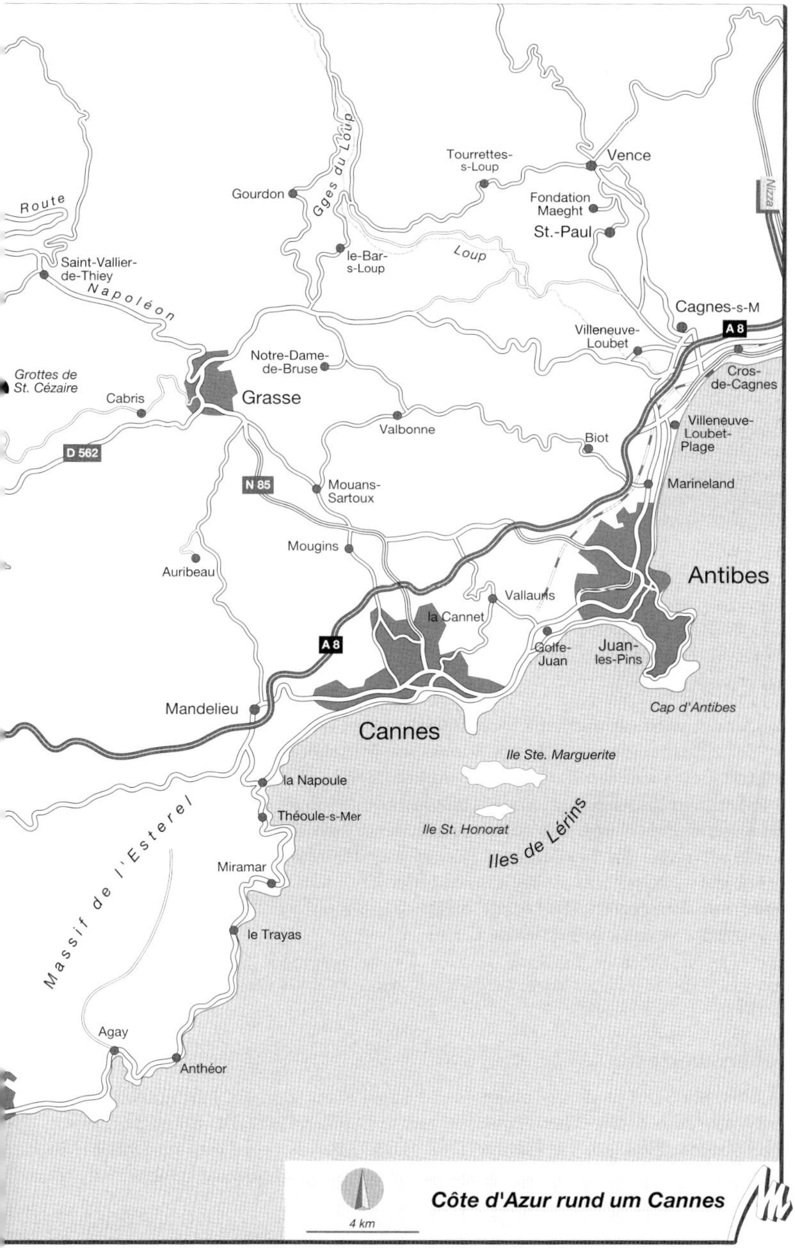

Côte d'Azur rund um Cannes

Côte d'Azur
Karten Seite 234, 316/317, und 364/365

Auribeau-sur-Siagne

Auribeau-sur-Siagne gesellt sich nahtlos in die Reihe der verträumten Bergdörfer ein, die hier im Südosten Frankreichs so zahlreich zu finden sind. Ein paar mittelalterliche Häuser, eine verträumte Kirche, steile Gassen und Reste der Stadtmauer – das war's. Doch verglichen mit Mougins betritt man in Auribeau beinahe touristisches Neuland, dies liegt vielleicht daran, dass das über der Siagne thronende Dorf in kaum einem Reiseführer erwähnt wird. Ein wenig Ortsgeschichte: Auribeau-sur-Siagne wurde 1125 erstmals urkundlich erwähnt, Ende des 14. Jahrhunderts nach der großen Pestepidemie verlassen und erst 200 Jahre später wieder erneut besiedelt.

• *Information* **Syndicat d'Initiative**, Mairie, 06810 Auribeau-sur-Siagne, ✆ 0492602020, ✆ 0493609307.

• *Verbindungen* Tgl. fahren rund acht Busse nach Grasse.

• *Übernachten/Essen* **** **Auberge de la Vignette Haute**, Nobelherberge mit Gourmetrestaurant, kurz vor dem Dorfeingang. Mit Swimmingpool, Zimmer 150–340 € (die drei günstigsten Zimmer sind allerdings recht klein). Gutes Restaurant, Menüs zu 45 € (nur mittags), abends ab 95 €. Dienstagmittag und Mittwochmittag bleibt die Küche kalt. 370, route du Village, ✆ 0493422001, ✆ 0493423116, www.vignettehaute.com.

** **Auberge Nossi-Be**, um sich wohlzufühlen, müsste man eigentlich nur auf der schattigen Terrasse sitzen und den Blick ins Tal schweifen lassen. Derzeit steht das Hotel-Restaurant allerdings zum Verkauf. Place du Portail, ✆ 0493422020, ✆ 0493423308. www.nossi-be.net.

• *Camping* *** **Parc des Monges**, angenehmer, kleiner Platz mit schönem Swimmingpool. Schattiges Wiesengelände, zwei Kilometer vom Dorf entfernt. Übernachtung 10 €. Von Juni bis Sept. geöffnet. 635, chemin du Gabre, ✆/✆ 0493609171. www.parcdesmonges.com.

Le Cannet

Le Cannet wird oft nicht als eigenständiger Ort wahrgenommen, allzu fließend ist der Übergang zum nahen Cannes. Im Mittelalter waren beide Orte noch relativ gleichbedeutend, erst der aufkommende Tourismus hat Le Cannet vollkommen in den Schatten der Küstenstadt gedrängt. Die Höhenlage sorgt für ein angenehmes Klima, das auch so manchen Künstler veranlasst hatte, sich hier niederzulassen. Der bekannteste Bürger war der Maler Pierre Bonnard (1867–1947), der von 1939 bis zu seinem Tod hier lebte und arbeitete. Von dem terrassenförmig angelegten Marktplatz bietet sich ein eindrucksvoller Blick auf Cannes und die vorgelagerten Iles de Lérins.

• *Information* **Office de Tourisme**, 73, avenue du Campon, 06110 Le Cannet, ✆ 0493453427, ✆ 0493452806.

• *Verbindungen* Sehr häufige Busverbindungen (Linie 4 und 5) nach Cannes.

Sehenswertes

La Chapelle Saint-Sauveur-Tobiasse: Die Kapelle aus dem 16. Jahrhundert wurde 1989 von dem Maler Théo Tobiasse, einem Schüler Chagalls, unter dem etwas eigenartigen Titel „La vie est une fête" (Das Leben ist ein Fest) ausgemalt. Mit kräftigen Farben widmete sich Tobiasse dem Thema Holocaust, wobei sich Rot und Blau als Symbole für Leben und Tod gegenüberstehen.

Adresse 74, rue Saint-Sauveur. Öffnungszeiten: Mo–Fr 8.30–11.30 Uhr und 13.30–16.30 Uhr, am Wochenende 9.30–12.30 Uhr und 15–18 Uhr.

Wie ein Ozeandampfer erhebt sich der Festspielpalast neben dem Hafen

Cannes

Noch immer gilt Cannes als eine der schillerndsten Tourismusmetropolen der Côte d'Azur, die Restaurants und Hotels rund um die Croisette haben nicht nur während der Internationalen Filmfestspiele Hochkonjunktur. In Cannes legt man Wert auf die richtige Etikette: Erst unlängst ersuchte der Bürgermeister die Touristen unter Androhung einer Strafe, doch bitte nicht in Badekleidung durch die Straßen zu promenieren.

Im 19. Jahrhundert wäre ein derartiges Begehren des Stadtoberhauptes noch undenkbar gewesen. Nicht nur, weil ehedem noch keine halbnackten, sonnenverwöhnten Leiber am Strand um die Aufmerksamkeit des anderen Geschlechts buhlten, sondern weil Cannes Nizza überflügelt hatte und lange Zeit als der exklusivste Badeort an der Küste galt. Gekrönte Häupter gaben sich einst sprichwörtlich die Klinke in die Hand. Stephen Liégard, der „Erfinder" der Côte d'Azur jubilierte: „Cannes darf sich einer eigenen geschmiedeten Sonne rühmen, einer besonders noblen Verwandtschaft: Denn Cannes ist stolz auf die empfangenen Wohltaten – und bereit, sie an die Menschen weiterzugeben." Der Erste Weltkrieg leitete den Niedergang ein; zwei Jahrzehnte sollte noch das Großbürgertum über Cannes herrschen, doch spätestens mit dem in Frankreich 1936 eingeführten bezahlten Jahresurlaub wurde Cannes zum touristischen Allgemeingut. Die mondänen Hotelpaläste an der Croisette retten als letzte Zeugen die einstige Pracht in das dritte Jahrtausend.

Dank Filmfestspielen, Kongressen und einem zahlungskräftigen Publikum gehört Cannes zwar zu den vornehmen Orten an der Côte d'Azur, doch genau besehen hat sich Cannes in den letzten Jahrzehnten zu einer modernen Großstadt

Stars und Starlets

Wenn alljährlich im Mai das Kameraklicken der Paparazzi die Ankunft der aufgedonnerten Stars und Starlets auf der Croisette untermalt, ist es wieder soweit: Zwei Wochen lang hält der internationale Showzirkus medienwirksam in Cannes Hof. Produzenten und Verleiher, Filmkritiker und Regisseure, tief dekolletierte Damen und Dutzende von Kinostars treffen sich auf diversen Partys zwecks Smalltalk und hartem Business. Fast könnte man meinen, dass der Wettbewerb um die „Goldene Palme" als bloße Staffage zur Nebensache degradiert ist und sich nur noch die wahren Enthusiasten für die mehr als 300 gezeigten Filme interessieren. Für die Filmkritiker sind die Filmfestspiele alles andere als ein leichtes Los: Wer jeden Tag mehrere Filme zu verfolgen hat, steht nach zwei Wochen kurz vor dem Zelluloid-Delirium. Doch an Cannes führt in der Kinobranche kein Weg vorbei. Dabei hatten die *Filmfestspiele* von Cannes einen überaus schlechten Start: 1939 als Gegenveranstaltung zu dem von Mussolini dominierten Filmfestival von Venedig gegründet, fiel die Veranstaltung erst einmal regelrecht ins Wasser, denn just am Eröffnungstag der Filmschau befahl Hitler den Einmarsch in Polen. Erst nach Kriegsende wurden die Filmfestspiele ein zweites Mal ins Leben gerufen: Anfänglich im zweijährigen Rhythmus, ab 1950 präsentierte sich Cannes dann Jahr für Jahr als das Mekka des Films. Es ist heute unvorstellbar, doch in den Anfangsjahren verirrten sich nicht allzu viele Gäste nach Cannes, die Einheimischen machten noch den größten Teil der Zuschauer aus. In den fünfziger Jahren ging es dann steil bergauf: Gina Lollobrigida, Gary Cooper, Sophia Loren, Cary Grant, Kirk Douglas und Orson Welles verliehen dem Festival einen besonderen Touch. Im Sog der Stars kamen dann die Starlets: Eine junge Engländerin namens Simone Silva stolzierte 1954 als erste barbusig über die Croisette – statt des erhofften Filmangebots musste sie jedoch eine Rüge der Festivalleitung einstecken. Im Mai '68 hielt die Revolution Einzug: Truffaut, Godard und Louis Malle besetzten die Vorführräume; in den nächsten Jahren verlagerte sich der Schwerpunkt des Filmfestivals auf Filme mit politischem oder künstlerischem Wert, weniger die Stars, sondern die Regisseure gaben den Ton an.

Handabdruck von Jean Marais vor dem Filmpalast

Heute steht die kommerzielle Seite der Filmfestspiele entschieden im Vordergrund: Allein die funktionelle Betonburg des 1982 errichteten Palais des Festivals wirkt unheimlich ernüchternd. Die Augen der Produzenten und Verleiher sind auf die möglichst hohen Einspielquoten gerichtet, die künstlerische Qualität ist zweitrangig. Wer anspruchsvolle Kinokost sehen will, muss die Vorführungen der außer Konkurrenz laufenden Filmschauen (*Quinzaine de Réalisateurs, Semaine de la Critique, Perspectives*) besuchen.

gewandelt, die zusammen mit ihren Vororten 225.000 Einwohner zählt; selbst an der Croisette wurden mittlerweile gesichtslose Neubauten hochgezogen. Ungeachtet dessen zehrt Cannes noch immer von seinem einstigen Ruf, hierher kommt man zum Einkaufen und Flanieren, zum Sehen und Gesehen werden. Für einen Kultururlaub ist Cannes sicher nicht der richtige Ort, die historischen Sehenswürdigkeiten lassen sich bequem an einem Nachmittag erkunden.

Geschichte

Trotz seiner strategisch günstigen Lage auf einer Anhöhe in unmittelbarer Meeresnähe blieb Cannes – sieht man von einem befestigten Beobachtungsposten ab – in der Antike bedeutungslos, denn die Bucht besaß keinen natürlichen Hafen, wie er für die Gründung einer Handelsniederlassung erforderlich war. Eine kleine Siedlung entstand erst, nachdem die Mönche von Lérins im 11. Jahrhundert im Auftrag der Grafen der Provence auf dem Berg einen Turm errichtet hatten; im Spätmittelalter entwickelte sich Cannes zu einer kleinen, mauergeschützten Stadt. Immer wieder wurde Cannes in Kriegshandlungen verwickelt, zuletzt gingen 1746 im Österreichischen Erbfolgekrieg die Truppen Maria Theresias an Land.

Noch zu Beginn des 19. Jahrhunderts war Cannes ein kleines Städtchen mit nicht einmal 3.000 Einwohnern. Doch dann spielte der Zufall Schicksal: Als der ehemalige britische Schatzkanzler *Lord Brougham* 1834 mit seiner kränkelnden Tochter Eleonore den Winter im italienischen Nizza verbringen wollte, wurde ihm wegen der dort herrschenden Choleragefahr die Einreise untersagt. Brougham blieb in Frankreich und fand in Cannes ein geeignetes Ausweichquartier. Der Küstensaum gefiel ihm so gut, dass er darauf verzichtete, zu einem späteren Zeitpunkt nach Nizza weiterzureisen und sich in Cannes eine Villa im italienischen Stil errichten ließ. Dank Lord Broughams Fürsprache stieg Cannes bald zu einem der exklusivsten Orte an der Côte d'Azur auf. Auch beim französischen König machte Brougham seinen Einfluss geltend: Louis-Philippe ließ sich erweichen, den Bau eines neuen Hafenbeckens zu finanzieren. Die Reisezeit beschränkte sich damals noch ausschließlich auf die Wintermonate. *F. Scott Fitzgerald* beschrieb in „Zärtlich ist die Nacht" die sommerliche Tristesse, die in den zwanziger Jahren vorherrschte: „Vor dem Bahnhof in Cannes schliefen ein Dutzend Droschkenkutscher in ihren Droschken. Gegenüber auf der Promenade kehrten das Casino, die eleganten Läden und die großen Hotels der sommerlichen See blinde, eiserne Masken zu. Es war unvorstellbar, dass es einmal eine ‚Saison' gegeben haben sollte ..."

Côte d'Azur
Karten Seite 234, 316/317 und 364/365

Information/Verbindungen

• *Information* **Office de Tourisme**, Palais des Festivals, Boulevard de la Croisette, 06403 Cannes Cédex, ✆ 0492998423, ✆ 0492 998423, www.cannes-on-line.com bzw. www.cannes.fr. Hier gibt es auch das kostenlose Magazin Cannes Soleil.

• *Verbindungen* Der **SNCF-Bahnhof**, ✆ 3635, liegt mitten im Zentrum, nur wenige Minuten von der Croisette entfernt. Sehr häufige Zugverbindungen nach Nizza und Menton, zehnmal täglich nach Saint-Raphaël, mehrmals tgl. nach Marseille. Im Sommer auch Direktverbindungen nach Frankfurt. Der **Busbahnhof** grenzt unmittelbar an den Vieux Port, einen weiteren gibt es beim Bahnhof, ✆ 0820481111. Halbstündiger Pendelverkehr nach Grasse, Nizza und Antibes sowie zum Flughafen von Nizza. Mehrmals tgl. nach Le Cannet, Mougins und Agay. Die städtischen Buslinien 4 und 5 fahren nach Le Cannet. Die **Schiffe** der Compagnie Estérel Chanteclair (✆ 0493391 182) legen tgl. ab 9 Uhr vom Vieux Port aus mehrmals zu den Iles de Lérins ab. Die Boote laufen erst Sainte-Marguerite und dann Saint-Honorat an, um von dort über Sainte-Marguerite wieder nach Cannes zurückzukehren. Fahrzeit jeweils 15 Minuten, letzte Rückfahrt meist um 17.45 bzw. 18 Uhr. Fahrpreis (Hin- und zurück) nach Sainte-Marguerite 11 €, nach Saint-Honorat ebenfalls 11 €, zu dem werden von April bis Sept. Bootsexkursionen zur Corniche d'Or (Mi und Fr) sowie nach Monaco (Mo) und Saint-Tropez (Di und Sa) angeboten.

• *Parken* Gebührenpflichtige Parkhäuser am Bahnhof und an der Croisette (Festivalpalast und Noga Hilton).

• *Festivals* Das berühmteste Festival sind sicherlich die **Filmfestspiele** im Mai (www.festival-cannes.fr). Doch nicht nur in dieser Zeit ist in Cannes viel geboten. In Konkurrenz zu Juan-les-Pins hat man 1994 das Festival **Jazz à Cannes** ins Leben gerufen (Anfang Juli). 1996 waren u. a. George Benson und David Sanborn zu Gast. Über aktuelle Veranstaltungen informiert allmonatlich eine Broschüre (Le mois à Cannes), erhältlich im Office de Tourisme.

• *Markt* Marché Forville, in einer großräumigen Halle unweit des Hafens werden tgl. außer am Montag provenzalische Köstlichkeiten feilgeboten. Trödelmarkt jeden Montag im Marché Forville sowie samstags auf der Allée de la Liberté.

• *Internet* Cyber Café, zwei Filialen in Bahnhofsnähe, 1 Std. ca. 3 €. 12, rue 24 Août sowie 32, rue Jean Jaurès.

• *Fahrradvermietung* Elite Rent a Bike, 32, rue Maréchal Juin, ✆ 0493943034.

• *Autovermietung* Avis, 69, La Croisette, ✆ 049 3941586; Rent a Car, 3, Boulevard du Moulin, ✆ 0492991525 (auch Motorradvermietung).

• *Strände* An der Croisette besitzt Cannes einen künstlich aufgeschütteten, feinen Sandstrand. Allerdings wird dieser größtenteils von Privatstränden okkupiert, die nur gegen Gebühr Eintritt gewähren (Liegen mit Schirm bis zu 30 € pro Tag). Der frei zugängliche, öffentliche Strand liegt am westlichen und östlichen Ende der Croisette. Ein rund fünf Kilometer langer, allerdings relativ schmaler Sandstrand erstreckt sich nach Westen in Richtung La Napoule.

• *Espace Miramar* Wechselausstellungen für moderne Kunst und Fotografie am Ende der Croisette/Ecke Rue Pasteur. Tgl. außer Mo von 14–19 Uhr, im Winter 13–18 Uhr geöffnet. Eintritt: frei!

Übernachten (siehe Karte S. 324/325)

Zur Festivalzeit im Mai ist es ein aussichtsloses Unterfangen, ein Zimmer zu bekommen, selbst wer ein Jahr im Voraus reservieren will, tut sich schwer, eine Bleibe zu finden. Da in Cannes häufig internationale Kongresse stattfinden, kann es häufig zu Engpässen kommen. Aufschlussreich ist die Tatsache, dass es in Cannes 2245 Zimmer in Hotels mit vier Sternen gibt, aber nur 82 Zimmer in Hotels mit einem Stern. Ein Hinweis: Die angegeben Preise gelten nicht für die Festivalzeit (dann ist es bis zu dreimal so teuer).

• *Hotels* **** **Carlton (24)**, das Traditionshotel von Cannes, selbstverständlich mit Privatstrand. Seit der jüngsten Renovierung besitzt das Carlton eine Zwölf-Zimmer-Suite mit marmorverkleidetem Fitness-Center. Es gibt aber auch einfachere Zimmer, die in der Nebensaison 280 € oder ein Vielfaches mehr kosten. Das Frühstück gibt es auch schon ab 35 €... 58, la Croisette, ✆ 0493064006, ℻ 049 3064025, www.carltonadvertising.com

**** **3.14 (22)**, bereits der Name deutet es an: dies ist kein gewöhnliches Hotel! Nur 50 Meter von der Croisette entfernt (hinter dem Carlton) lädt dieses Hotel zu einer Reise durch alle fünf Kontinente. Jedes Zimmer ist individuell eingerichtet und dabei je nach Stockwerk mit mediterranen, arabischen oder asiatischen Stilelementen dekoriert. Einen Flat-Screen, WLAN und tolle Bäder gibt es auch. Ach, fast hätten wir es vergessen: Und einen Pool auf dem Dach gibt es auch noch. Zimmer je nach Ausstattung von 150 € bis 650 €. In der Hochsaison mindestens 300 €. Günstige Ermäßigungen (bis zu 70 %, auch kurzfristig), wenn man direkt im Internet bucht. 5, rue François Einesy, ✆ 0492997200, Fax 049 2997212. www.3-14hotel.com.

*** **Pierre & Vacances Villa Francia (18)**, harmonisch in die Landschaft integrierte Ferienanlage mit einem traumhaften Swimmingpool, Restaurant und kleinem Laden. Im Stadtteil La Bocca, nur zehn Fußminuten vom Meer entfernt. Je nach Saison und

Appartementgröße (4–7 Pers.) 440–1.550 € pro Woche. 33, avenue Wester Wemyss, ✆ 0492982000, 📠 0492982199. In Deutschland buchbar über ✆ 01805/9010111.

**** **Renoir (2)**, tolles Stadthotel mit viel Flair, nur 300 Meter vom Meer entfernt. Die großzügigen Zimmer (je nach Größe und Saison 169–229 €) besitzen teilweise Stuckdecken. Schallisolierte Fenster, Aircondition und ein kleiner Balkon (zu einer leider sehr lauten Straße) verschönern den Aufenthalt. Im Jahre 2006 wurde das Renoir vollkommen renoviert und in ein Boutique-Hotel im Hollywood-Stil der 1950er Jahre verwandelt. Ein besonderes Lob gilt dem freundlichen, unaufdringlichen Service. WLAN. 7, rue Edith Cavell, ✆ 0492996262, 📠 0492996282, www.hotel-renoir-cannes.com.

*** **Splendid (14)**, alteingesessenes Hotel, schräg gegenüber dem Filmpalast. Übernachtung je nach Saison und Ausstattung 133–264 €. 4–6, rue Félix Faure, ✆ 0497062222, 📠 0493995502. www.splendid-hotel-cannes.fr.

*** **La Villa Tosca (4)**, dieses erst 2004 eröffnete Drei-Sterne-Hotel gefällt nicht nur wegen seiner zeitgenössischen Einrichtung mit vielen Brauntönen – eine stilistische Reminiszenz an die 70er Jahre – und der Designwaschbecken, sondern auch dank seiner annehmbaren Preise. Die insgesamt 22 Zimmer kosten je nach Ausstattung von 109 € bis 144 € (manche mit Balkon). Ausgezeichnetes Preis-Leistungs-Verhältnis! Ab drei Tagen Aufenthalt gibt es in der Nebensaison Rabatt. Zentrale Lage, WLAN vorhanden. 11, rue Hoche, ✆ 0493383440, 📠 049 3387334. www.villa-tosca.com.

*** **Mondial (10)**, ein Hotel (Best Western) im Art-Déco-Stil, nur zwei Minuten vom Meer entfernt. Zimmer je nach Saison und Ausstattung 133–225 €. Frühstücksbuffet 14 €. 77, rue d'Antibes, ✆ 0493687000, 📠 0493 993911. www.hotellemondial.com.

*** **Alexandre III (26)**, kleines intimes Hotel mit nur elf Zimmern hinter der Croisette, etwa 100 Meter vom Strand und gut einen Kilometer vom Zentrum entfernt. Alle Zimmer (je nach Saison 130–175 €) und Suiten wurden unlängst geschmackvoll renoviert. WLAN. 15, boulevard Alexandre III, ✆ 0497063737, 📠 0493943878. www.hotel-alexandre3.com.

** **Blue Riva (5)**, seitdem das Hotel 2007 eine neue Besitzerin hat, erfolgte nicht nur eine kleine Namensänderung. Vielmehr wurden alle Zimmer komplett modernisiert und in hellen Farben gestrichen. Das neue Flair tendiert sogar ein wenig in Richtung Designhotel. Großzügige Zimmer, schöne Bäder. DZ 65–86 €. Die teureren Zimmer besitzen eine kleine Küchenecke mit Kühlschrank! Kostenloses WLAN, Klimaanlage. 35, rue Hoche, ✆ 0493383367, 📠 0493386522. www.hotel-blueriva.com.

** **PLM (3)**, gut geführtes Hotel in zentraler Lage. Die Lobby und der Frühstücksraum wurden unlängst renoviert und mit schönem Mobiliar aufgepeppt. Eine gute Adresse! EZ ab 46 €, DZ 62–85 €. Ab drei Tagen gibt es eine Ermäßigung. Kostenloses WLAN. 3, rue Hoche, ✆ 0493383119, 📠 0493997715 www.hotel-plm.com.

** **Florian (15)**, eine nette Adresse, nur eine Minute von der Croisette entfernt. Das absolut saubere und sehr korrekt geführte Hotel befindet sich seit 1960 im Familienbesitz. Klimatisierte Zimmer 70–77 €. Im Winter zwei Monate Betriebsferien. 8, rue Commandant André, ✆ 0493392482, 📠 0492991830. www.hotel-leflorian.com.

** **Des Allées (12)**, in unmittelbarer Nähe des Filmpalastes. Deutschsprachige Leitung. Freundliche Zimmer ab 49,20 € (EZ), DZ 68,40–98,40 €, die teureren mit Balkon. 6, rue Emile Negrin, ✆ 0493395390, 📠 0493994325 www.hotel-des-allees.com.

** **Lutétia (1)**, mit nur 8 Zimmern eher eine Pension als ein Hotel, aufgrund der geringen Kapazität und des guten Preis-Leistungs-Verhältnisses (DZ 60–70 €) oft ausgebucht. Zum Meer und zum Filmpalast sind es nur 300 Meter. 6, rue Michel-Ange, ✆ 049 3393574, 📠 0493399441. www.hotellutetiacannes.com.

** **Beverly (7)**, ein wenig antiquiert. Mehrere Zimmer (765–80 €) besitzen einen Balkon oder einen Zugang zur Terrasse. 14, rue Hoche, ✆ 0493391066, 📠 0492986563 www.hotel-beverly.com.

* **Cybelle (8)**, kleine Unterkunft mit ockerfarbener Fassade und türkis gestrichenen Fensterläden. Die unterschiedlich ausgestatteten Zimmer kosten als DZ ab 48 €. Das Frühstück gibt es für 7 €. Kostenloses WLAN. 12, rue du 24 Août, ✆ 0493383133, 📠 0493384347. www.hotelcybelle.fr.

* **National (9)**, angenehmes Hotel unter englischer Leitung, zu Fuß nur zwei Minuten von der Croisette entfernt. Zimmer 55–80 €. 8, rue Maréchal Joffre, ✆ 0493399192, 📠 0492984406.

• *Ferienwohnungen* Das Office de Tourisme gibt eine Broschüre mit dem örtlichen Angebot an Ferienwohnungen und -residenzen heraus.

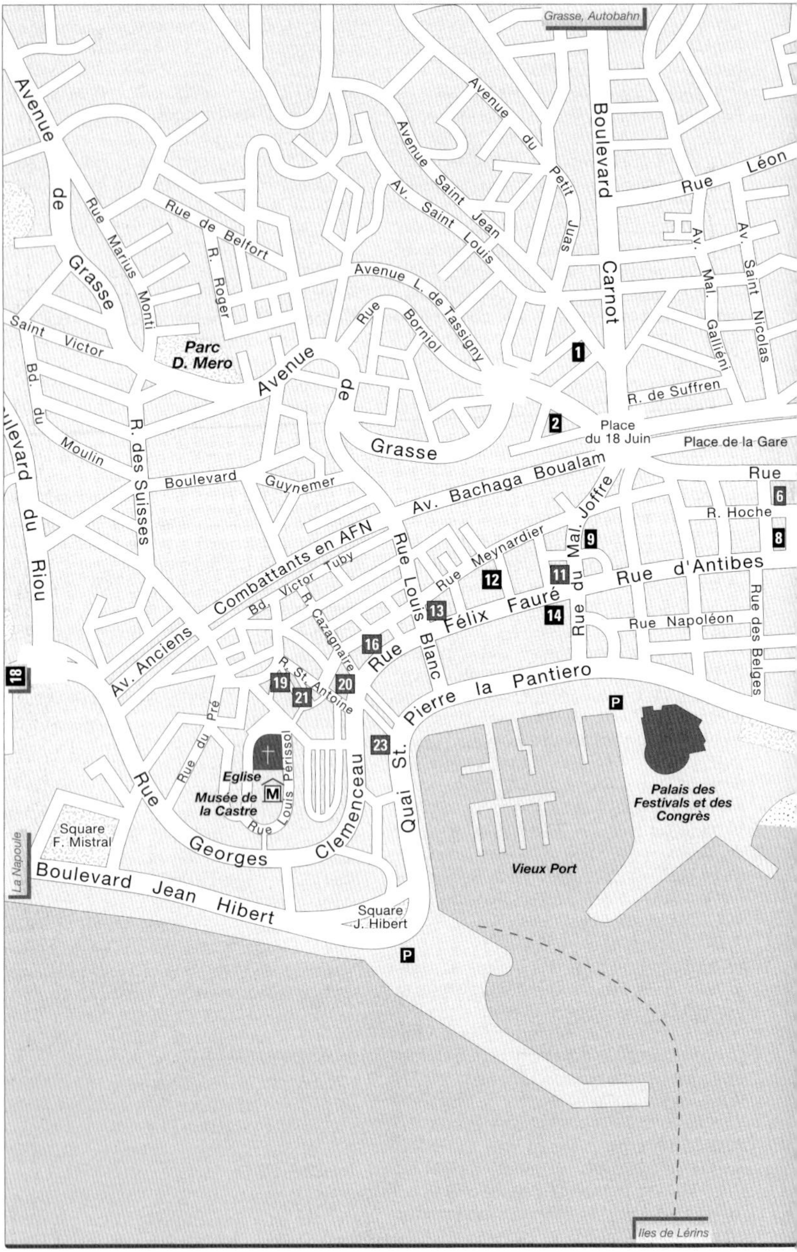
Grasse, Autobahn
Avenue de Grasse
Rue Marius Monti
Rue de Belfort
R. Roger
Parc D. Mero
Saint Victor
Bd. du Moulin
R. des Suisses
Boulevard du Riou
Boulevard Guynemer
Avenue de Grasse
Avenue L. de Tassigny
Rue Borniol
Avenue Saint Jean
Av. Saint Louis
Avenue du Petit Juas
Boulevard Carnot
Rue Léon
Av. Mal. Galliéni
Av. Saint Nicolas
R. de Suffren
Place du 18 Juin
Place de la Gare
Av. Bachaga Boualam
Rue Mal. Joffre
R. Hoche
Rue Meynardier
Av. Anciens Combattants en AFN
Bd. Victor Tuby
R. Cazagnaire
Rue Louis Blanc
Rue Félix Fauré
Rue d'Antibes
Rue du
Rue Napoléon
Rue des Belges
R. St. Antoine
Rue du Pré
Quai St. Pierre la Pantiero
Clemenceau
Rue Louis Perissol
Eglise
Musée de la Castre
Rue Georges Clemenceau
Square F. Mistral
La Napoule
Boulevard Jean Hibert
Square J. Hibert
Vieux Port
Palais des Festivals et des Congrès
Iles de Lérins
1
2
6
8
9
11
12
13
14
16
18
19
20
21
23
P

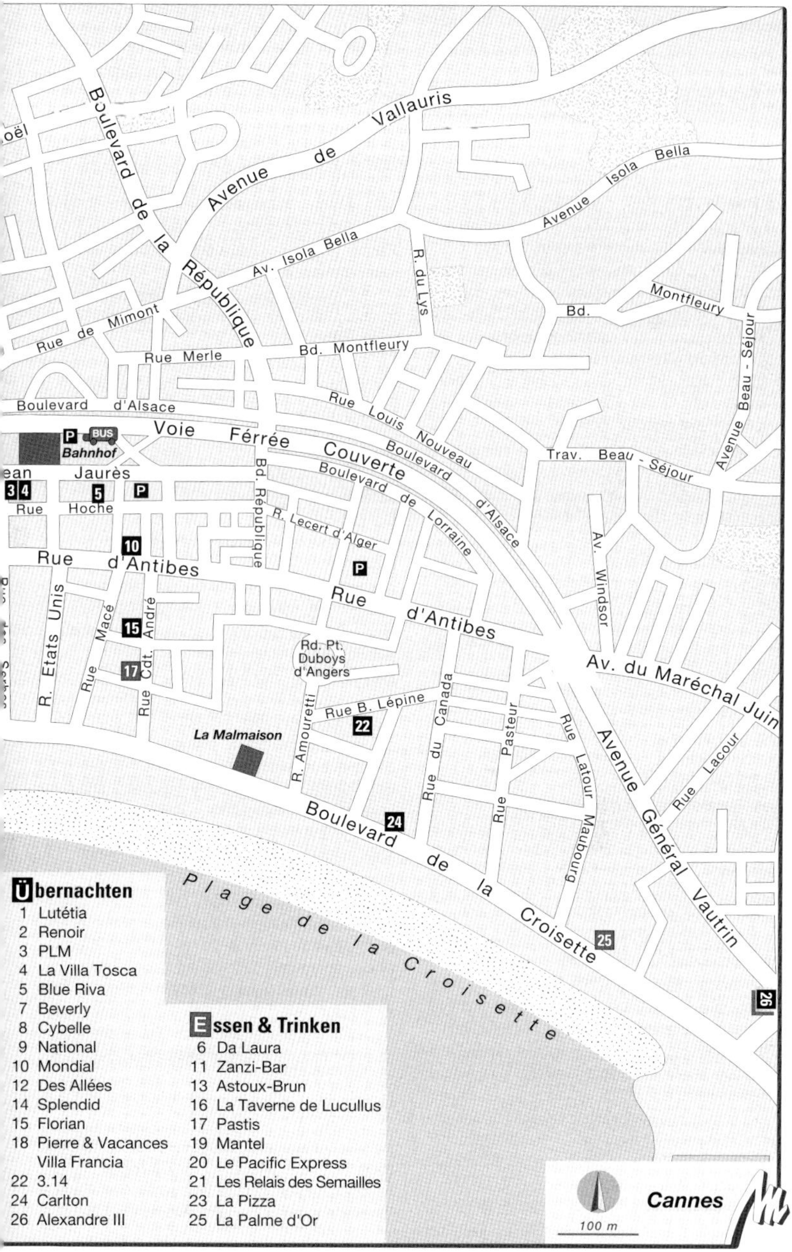

Côte d'Azur
Karten Seite 234, 316/317, und 364/365

• *Camping* *** **Parc Bellevue**, im Stadtteil La Bocca. Mit Swimmingpool, von April bis Sept. geöffnet. 67, avenue Maurice Chevalier, ✆ 0493472897. www.parcbellevue.com.

*** **Grande Saule**, 24, boulevard Jean Moulin, ✆ 0493905510, und *** **Le Ranch**, Chemin Saint-Joseph, ✆ 0493460011; beide befinden sich drei Kilometer nördlich von Cannes in Le Cannet. Die Campingplätze sind von April bis Sept. geöffnet und besitzen einen Swimmingpool.

Essen und Trinken, Nachtleben (siehe Karte S. 324/325)

La Palme d'Or (25), das Restaurant im Hotel Martinez ist laut Michelin und Gault & Millau der Feinschmeckertempel von Cannes. Der Gourmethimmel öffnet sich ab 61 € (mittags inkl. Wein und Kaffee), abends ab 79 €. Sonntag und Montag Ruhetag. Günstiger und nicht ganz so exquisit ist die Küche in dem um den Swimmingpool gruppierten Relais Martinez (ab 28 € inkl. einem Glas Wein). 73, La Croisette, ✆ 0492987414. www.hotel-martinez. com.

Mantel (19), wenn sich ein Restaurant schon nach seinem Chefkoch nennt, dann deutet dies bereits ein gehöriges Selbstbewusstsein an. Bei Noël Mantel handelt es sich um einen ehemaligen Schüler von Alain Ducasse. Obwohl mitten in der Altstadt gelegen, gibt es keine Terrasse, doch Monsieur Mantel weiß, dass seine Kochkünste die Gäste dennoch hereinlocken. Zu loben sind die Risotti, beispielsweise mit Steinpilzen. Von mehreren Restaurantführern gelobt. Menüs zu 25 € (mittags), 36 € und 58 €. Mittwoch und Donnerstagvormittag geschlossen. Zehn Tage im Juli Betriebsferien. 22, petite rue Saint-Antoine, ✆ 0493391310.

Les Relais des Semailles (21), eines des besten Restaurants in der Altstadt (13 Gault-Millau-Punkte). Im schicken Ambiente werden südfranzösische Spezialitäten auf klassische Weise serviert. Menüs zu 22 € (mittags) und 34 €. Nur abends geöffnet, Sonntag und Montagmittag Ruhetag. 9, rue Saint-Antoine, ✆ 0493392232.

Le Pacific Express (20), ein paar Meter weiter die Gasse hinauf, trifft man auf das nächste ausgesprochen gute Restaurant. Das Pacific spielt ein wenig mit dem Filmfestspiel-Klischee, doch sollte man sich hiervon nicht abschrecken lassen. Ganz vorzüglich mundeten die Entenbrust und das gegrillte Lamm. Menüs zu 27 und 44 €. Nur abends geöffnet, von Sept. bis Juni Sonntag Ruhetag. 6–8, rue du Suquet, ✆ 0493394343.

Astoux-Brun (13), eine ausgezeichnete Adresse für Fischliebhaber. Gute Qualität zu moderaten Preisen. Austern, Muscheln und andere Schalentiere in rauen Mengen ... 27, rue Félix Faure, ✆ 0493392187.

Pastis (17), im rustikalen Bistroflair werden leckere Salate und Pizzen (ab 13 €) und andere mediterrane Köstlichkeiten aufgetischt. 28, rue de Commandant-André, ✆ 0492989540.

La Taverne de Lucullus (16), in der beliebten Marktkneipe stärken sich Verkäufer und Kunden von 4.30–15 Uhr. Berühmt sind die leckeren Tapas à la provençale. Plat du jour 10,50 €, das Glas Wein kostet 2,50 €. Montag geschlossen. Marché Forville, ✆ 04933 93274.

Da Laura (6), sehr sympathischer Italiener, der durch seine untypische Einrichtung und die guten Pastagerichte (teilweise Bio, 13–15 €) gefällt. Zum Trinken gibt es natürlich auch Weine aus der Toskana oder Sizilien. Nur tagsüber geöffnet, Sonntag geschlossen. 7, rue Hoche, 0493384051.

La Pizza (23), der Name ist Programm: wagenradgroße Pizzen (10–13 € pro Hälfte) aus dem Holzofen. Die Einrichtung ist zünftig-rustikal mit blankem Mauerwerk, im Sommer sitzt man bis spätabends auf der großen Straßenterrasse. Der Service lässt allerdings zu wünschen übrig, so wurden beim letzten Check beispielsweise die Vorspeise und die Pizza gleichzeitig serviert. 3, quai Saint-Pierre, ✆ 0493392256.

• *Nachtleben* **Zanzi-Bar (11)**, in der traditionsreichen Kneipe mit Kellerambiente verbrachte Klaus Mann seine letzten Abende, bevor er im Mai 1949 seinem bewegten Leben ein Ende setzte. Noch heute ist die Zanzi-Bar ein beliebter Treffpunkt der Schwulenszene. Von 17–6 Uhr geöffnet. In der Nebensaison Dienstag geschlossen. 85, rue Félix Faure.

Le Baôli, Edeldisco am Boulevard de la Croisette. Ab 23 Uhr trifft sich hier die Upperclass. Weitere Discos sind La **Discoteca**, 22, rue Macé, und **Balroom**, 7, rue Marceau. Eine nette Lounge Bar ist das **Le Chenk's** in der Rue Félix Faure.

Cannes besitzt zahlreiche exklusive Strandrestaurants

Sehenswertes

La Croisette: Was die Promenade des Anglais für Nizza, ist die Croisette für Cannes. Die ab 1850 nach Nizzaener Vorbild angelegte Prachtstraße zieht sich vom Festspielpalast bis zur zwei Kilometer entfernten Pointe Croisette hinüber, deren Spitze heute das Palm-Beach Casino markiert. Im Laufe der Zeit wurde die Croisette mehrfach umgebaut; ihr heutiges Aussehen erhielt sie erst 1961. Als berühmtester Bau entlang der Promenade gilt das Carlton Hotel mit seiner schneeweißen Zuckerbäckerfassade.

Festspielpalast: Der wuchtige Bau am Beginn der Croisette wird im Volksmund „Bunker" genannt. Ein doppeldeutiger Name. Der Bau erinnert einerseits an einen solchen, während der Internationalen Filmfestspiele ist er so sicher wie ein Bunker: Nur einer erlesenen Gästeschar wird Eintritt gewährt.

Le Suquet: Die Altstadt von Cannes ist schnell erkundet, wenige schmale Gassen ziehen sich vom Hafen bergauf zum einstigen Kastell. Die steile Rue Saint-Antoine verwandelt sich abends in einen großen Freiluftspeisesaal, die Tische der Restaurants gehen fast nahtlos ineinander über. Die größte Sehenswürdigkeit neben dem Kastell und dem Museum ist die Kirche **Notre-Dame-de-l'Espérance**, ein für die Provence typischer, spätgotischer Sakralbau, der erst vollendet war, als man anderenorts bereits dem üppigen Barockstil frönte.

Musée de la Castre: Das Museum im alten Kastell besitzt eine außergewöhnlich reichhaltige ethnographische Sammlung – eine Stiftung des niederländischen Barons Lycklama –, deren wertvolle Exponate aus fast allen Teilen der Welt stammen. Zum Museum gehört auch eine ansehnliche Gemäldegalerie; die Bilder zeigen ausschließlich regionale Sujets. Eine Besteigung der **Tour de Suquet**,

Mondän braun werden am Strand von Cannes

eines quadratischen, 22 Meter hohen mittelalterlichen Turms, lohnt wegen des ausgezeichneten Blicks auf Cannes und die Croisette. Die Innenräume erreicht man über eine Tür im ersten Stockwerk, wobei die einstige Leiter durch eine feste Außentreppe ersetzt wurde. Dieser erhöhte Eingang stellte eine letzte Vorsichtsmaßnahme dar: Bei drohender Gefahr konnte die Leiter eingezogen und eine Eroberung erschwert werden.

Öffnungszeiten Tgl. außer Mo von Juli bis Aug. 10–13 Uhr und 15–19 Uhr, von April bis Juni sowie im Sept. nur bis 18 Uhr, von Okt. bis März nur bis 17 Uhr. Eintritt: 3.20 €, erm. 2 €

La Malmaison: Im Erdgeschoss einer klassizistischen Villa werden direkt an der Croisette, unweit des Carlton-Hotels, teilweise hochkarätige Wechselausstellungen gezeigt.

Adresse 47, La Croisette. Öffnungszeiten: Tgl. außer Mo von Juli bis Sept. 11–20 Uhr, Fr bis 22 Uhr, von April bis Juni sowie im Sept. 10–13 Uhr und 14.30–18.30 Uhr, von Okt. bis März 10–12 Uhr und 14.30–18 Uhr. Eintritt: 4 €, erm. 2 €.

Chapelle Bellini: Der Maler *Emmanuel Bellini* erwarb 1950 eine kleine Kapelle an der Straße nach Vallauris und nutzte sie zweckentfremdet als Atelier. Bellini, der durch seine „Kutschenbilder" bekannt geworden ist, war in Cannes als vielseitiger Künstler hoch geschätzt: Er schuf Modelle für Karnevalswagen und Bühnendekorationen genauso wie anspruchsvolle Grafiken und Karikaturen.

Adresse Parc Fiorentina, 67 bis, avenue de Vallauris. Öffnungszeiten: Mo–Fr 14–17 Uhr. Eintritt: frei!

Iles de Lérins

Die beiden kleinen, Cannes vorgelagerten Inseln sind ein beliebtes Ausflugsziel. Während die Ile de Sainte-Marguerite, das größere Eiland, vorrangig von Naturfreunden aufgesucht wird, steht die Ile de Saint-Honorat, eine der Keimzellen des abendländischen Klosterwesens, vor allem bei kulturinteressierten Touristen hoch im Kurs. In der Antike waren beide Inseln noch unter dem Namen Lero (Sainte-Marguerite) und Lerina (Saint-Honorat) bekannt.

• *Verbindungen* Mehrmals tgl. Schiffsverbindungen nach Cannes, Golfe-Juan und Théoule-sur-Mer. Die Schiffe legen in der Regel zuerst auf Sainte-Marguerite an, tuckern hinüber zur Ile de Saint-Honorat, bevor sie nach einem erneuten Zwischenstopp auf Sainte-Marguerite wieder Kurs auf ihren Heimathafen nehmen. Die Überfahrt dauert von Cannes aus rund 15 Minuten. Abfahrt in Cannes am Westrand des Vieux Port stündlich ab 9 Uhr, letzte Rückfahrt meist um 17.45 bzw. 18 Uhr. Fahrpreis nach Sainte-Marguerite 11 €, nach Saint-Honorat 11 € (hin und zurück).

• *Hinweise* Auf beiden Inseln herrscht striktes Rauchverbot, das allerdings häufig missachtet wird. Zudem wird davor gewarnt, die Hüllen fallen zu lassen. Es drohen Geldstrafen in Höhe von bis zu 15.000 €!

Ile de Sainte-Marguerite

Die Insel ist nach einer Schwester des heiligen Honorat benannt, die hier ein Frauenkloster gegründet haben soll; es ist allerdings zweifelhaft, ob diese Schwester je gelebt hat, wahrscheinlich handelt es sich nur um eine mythische Figur. Das gesamte Mittelalter hindurch wurde das Eiland von den Mönchen von Saint-Honorat bewirtschaftet, bis das von Geldsorgen geplagte Kloster die Insel 1569 schließlich der Stadt Cannes überließ. Im Zeitalter des Dreißigjährigen Krieges ließ der französische König die Insel besetzen und ein mächtiges Fort errichten, das jedoch 1635 von den Spaniern erobert und zwei Jahre lang besetzt gehalten wurde. Bereits 1685 wurde die Festung zum Staatsgefängnis umfunktioniert, dessen berühmtester Gefangener der geheimnisvolle Mann mit der Eisernen Maske war.

Information www.abbayedelerins.com

Der Mann mit der Eisernen Maske

Bis heute ist die Frage ungeklärt, welcher Gefangene hinter der Eisernen Maske, die genau genommen aus schwarzem Samt war, verborgen bleiben sollte. Es verwundert daher nicht, dass sich um die Person des geheimnisumwitterten Gefangenen, der von 1687 bis 1698 auf Sainte-Marguerite lebte, viele Spekulationen ranken; mit Alexandre Dumas d. Ä. und Marcel Pagnol haben zwei bekannte Autoren die Geschichte in Romanform verarbeitet.

Manche Spekulanten sehen in dem Gefangenen einen Zwillingsbruder Ludwig XIV., andere vermuten hinter der Maske einen illegitimen älteren Bruder des Sonnenkönigs. Eine weitere, immer wieder geäußerte Theorie geht davon aus, dass es sich bei dem Gefangenen um einen Arzt oder dessen Schwiegersohn gehandelt habe, der um die Zeugungsunfähigkeit Ludwig XIII. wusste und daher den Thronanspruch Ludwig XIV. hätte untergraben können. Die Liste ließe sich bequem um etliche Vermutungen erweitern, fest steht nur: Der prominente Gefangene wurde 1698 in die Bastille verlegt, wo er am 19. November 1703 verstarb, ohne sein Geheimnis verraten zu haben.

Mit einer Fläche von rund 210 Hektar ist Sainte-Marguerite fünfmal größer als ihre Nachbarinsel. Dank ihrer üppigen Vegetation bietet sich die in Staatsbesitz

Côte d'Azur
Karten Seite 234, 316/317, und 364/365

befindliche Insel für geruhsame Spaziergänge an, ohne dass die Ferienstimmung durch Verkehrslärm getrübt wird; ein Grund für viele Familien aus Cannes, zum Picknicken herüber zu kommen. Neben ausgedehnten Pinien- und Eukalyptuswäldern gedeiht hier auch die Aleppokiefer mit ihrer schirmförmigen Krone prächtig. Mehrere Fußpfade führen über das Eiland, auf dem *Sentier Botanique* beispielsweise, einem sieben Kilometer langen Rundweg, lässt sich das Naturparadies bequem erschließen. Ein kleiner See (*Etang de Batéguier*) ist als Vogelschutzgebiet ausgewiesen.

Sehenswertes

Fort Royal: Die sich am Nordrand der Insel erhebende Festung lässt sich schon von weitem ausmachen. Ursprünglich von 1624 bis 1627 nach Plänen von Jean de Bellon errichtet, wurde die Anlage von den Spaniern und später noch einmal von dem berühmten Festungsbaumeister Vauban erweitert. Die um einen großzügigen Innenhof gruppierten Räumlichkeiten bieten allerdings wenig Herausragendes; sie beherbergen in den Sommermonaten eine internationale Jugendbegegnungsstätte.

Musée de la Mer: Das im Fort Royal untergebrachte Museum besitzt zahlreiche archäologische Unterwasserfunde. Das Spektrum reicht von Amphoren aus einem im 1. Jahrhundert gesunkenen römischen Schiff bis hin zu Exponaten aus einem sarazenischen Wrack.

Öffnungszeiten Tgl. außer Mo von April bis Sept. 10.30–13.15 Uhr und 14.15–17.45 Uhr, von Okt. bis März nur bis 16.45 Uhr. Eintritt: 3,20 €, erm. 2 €.

Ile de Saint-Honorat

Von der Ile de Sainte-Marguerite weitgehend verdeckt, misst die Ile de Saint-Honorat gerade 1,5 Kilometer in der Länge und 400 Meter in der Breite. Eine Inselumrundung nimmt – ohne Besichtigungen – nicht einmal eine Stunde in Anspruch. An den kulturhistorischen Sehenswürdigkeiten der Insel kommt man dabei fast zwangsläufig vorbei. Zur Einkehr bietet sich die schattige Terrasse des einzigen Restaurants der Insel an, von der aus man die anlegenden Schiffe beobachten kann. Nun vielleicht ist es mit der Idylle bald vorbei, denn zwischen den Mönchen und den Fährgesellschaften tobt derzeit ein heftiger Kampf um das Recht, wer die Anlegestelle besitzt und somit entscheidet, wer die Insel besuchen kann.

Sehenswertes

Monastère Fortifié de Saint-Honorat: Die imposante, direkt am Meeresstrand emporragende Mönchsburg ist eines der faszinierendsten und ungewöhnlichsten Bauwerke der Provence; ihr Aufbau entspricht einem gen Himmel gerichteten Kloster. Die ursprünglich aufgrund der Sarazenenüberfälle angelegte Trutzburg diente im 15. Jahrhundert, als die restliche Insel von Genueser Piraten besetzt war, als „Klosterersatz". Die Mönche hatten in Erwartung eines längeren Zwangsaufenthaltes den Innenhof ihrer Festung in einen zweistöckigen Kreuzgang umgewandelt und auch die üblichen klösterlichen Attribute wie Refektorium, Bibliothek und Kapelle durften nicht fehlen. Ob die Mönche allerdings den herrlichen Blick, der sich vom Dach der Anlage über die Insel und die Küstenregion bietet, zu schätzen wussten, ist nicht überliefert.

Öffnungszeiten Tgl. 10.15–12 Uhr und 14–17.30 Uhr, im Winter 9.30–17.30 Uhr. Eintritt: 2,50 €.

Kloster: Die romanische Klosterkirche wurde im Zuge der Wiederbelebung des Klosterlebens abgetragen und 1880 durch einen eher langweiligen „Neubau“ ersetzt. Die noch vorhandene mittelalterliche Bausubstanz (Kreuzgang, Kapitelsaal und Refektorium) kann nicht besichtigt werden. Neben der Klosterkirche ist für interessierte Privatpersonen noch ein kleines Archäologisches Museum zugänglich.

Chapelle Saint-Sauveur und Chapelle de la Trinité: Von den ehedem sieben, über die Insel verteilten Kapellen sind heute nur noch zwei erhalten; die beiden schlichten frühromanischen Sakralbauten stammen wahrscheinlich noch aus dem 8. Jahrhundert. Die Chapelle Saint-Sauveur, ein oktogonaler Zentralbau, liegt westlich des Klosters, unweit des Bootanlegestegs; die einst als Friedhofskapelle genutzte Chapelle de la Trinité befindet sich an der Ostspitze der Insel. Bis ins 11. Jahrhundert hinein war Saint-Honorat nämlich eine beliebte Nekropole: Man pflegte seine Toten vom Festland hierher zu bringen, um sie in der Nähe der Heiligen zu bestatten.

Eine Insel voller Mönche

Um das Jahr 405 zog sich *Honoratius*, der als Sohn eines römischen Konsuls in Trier geboren wurde, auf die kleine, weltabgeschiedene Insel Saint-Honorat zurück; als Vorbild dienten ihm die asketischen Einsiedler, denen er auf seinen Reisen durch Nordafrika begegnet war. Statt der Monotonie der Wüste wählte Honoratius einen vom Wasser umspülten Ort. Doch Honoratius blieb die Einsamkeit nicht vergönnt: Innerhalb weniger Jahre hatte sich um ihn eine Gruppe Gleichgesinnter geschart. Honoratius fügte sich und gab der Mönchsgemeinschaft eine Regel, die gewährleisten sollte, dass die Mitglieder auch in der Gruppe ein gottesfürchtiges Dasein führen konnten. Als der später heilig gesprochene Honoratius im Jahre 426 zum Bischof von Arles gewählt wurde, war das Kloster bereits weit über die Grenzen des Abendlandes hinaus bekannt.

Einen Höhepunkt erlebte das Kloster im frühen Mittelalter: Um das Jahr 690, dreißig Jahre nach der Einführung der Ordensregel des heiligen Benedikt, sollen rund 3700 Mönche auf der Insel gelebt haben; dank zahlreicher Schenkungen besaß die Klostergemeinschaft zudem einen ausgedehnten Grundbesitz auf dem Festland. Doch die sich bald darauf ankündigenden Sarazeneneinfälle setzten dem klösterlichen Glanz schwer zu. Mehrfach wurde Saint-Honorat geplündert und zerstört. Um den Angreifern nicht schutzlos ausgeliefert zu sein, errichteten die Mönche im 11. Jahrhundert eine Art Fluchtburg. Doch auch nachdem die Sarazenengefahr gebannt war, sollte dem Kloster kein Frieden vergönnt sein: Seeräuber und Piraten fielen auf der Suche nach fetter Beute über die Insel her. Seit dem ausgehenden Mittelalter verlor das Kloster immer mehr an Bedeutung; als nur noch vier Mönche auf der Insel lebten, wurde das Kloster aufgelöst und 1791 dem Bistum Grasse angegliedert. Nachdem sich das Eiland zeitweilig in Privatbesitz befunden hatte, ließen sich 1869 wieder Zisterziensermönche auf Saint-Honorat nieder, die die klösterliche Tradition bis in die Gegenwart fortsetzen.

Côte d'Azur
Karten Seite 234, 316/317, und 364/365

Estérel-Gebirgszug

Massif de l'Estérel

Zwischen Cannes und Saint-Raphaël erstreckt sich das Massif de l'Estérel, ein uraltes Gebirgsmassiv vulkanischen Ursprungs mit auffälligen roten Porphyrfelsen. Die wilde, durch Waldbrände stark in Mitleidenschaft gezogene Schönheit des Estérel-Gebirges muss man sich erwandern, da nur wenige Straßen hindurchführen.

Es ist heute kaum mehr vorstellbar, dass das gesamte Massif de l'Estérel einst von einem dichten Kork- und Steineichenwald bedeckt war. Mehrfach haben Waldbrände mit ihrer alles vernichtenden Kraft gewütet: verkohlte Berghänge und Täler bieten ein trauriges Bild der Verwüstung. Mancherorts wächst nicht einmal mehr Macchia nach, von Bäumen ganz zu schweigen. Angesichts des stellenweise trostlosen Landschaftsbildes versteht es sich von selbst, dass auf das Rauchen sowie das Entfachen jeglicher Feuerquellen zu verzichten ist. Schwere Schäden verursachen zudem verschiedene Insektenlarven wie beispielsweise *Matsucoccus Feytaudi*. Die Landschaft blieb bis in die Gegenwart weitgehend unbewohnt, denn der karge Boden ist zur Kultivierung denkbar ungeeignet. Noch im letzten Jahrhundert wurde der Gebirgszug von Reisenden gemieden, da in der menschenleeren Gegend zahlreiche Räuberbanden ihr Unwesen trieben. Der berüchtigtste Vertreter dieses Standes war ein gewisser Gaspard de Besse, der – Berufsrisiko – 1781 in Toulon hingerichtet wurde. Hartnäckig hält sich seither das Gerücht, Gaspard habe einen Schatz im Bergmassiv vergraben, der bis heute nicht gefunden werden konnte ...

Zwei Nationalstraßen schließen das Massif de l'Estérel gewissermaßen ein: Die RN 7, die über große Strecken auf der Trasse der römischen Via Aurelia verläuft, führt durch das Hinterland am **Mont Vinaigre** vorbei. Mit seinen 618 Metern – 600 Millionen Jahre Erosion haben ganze Arbeit geleistet – markiert dieser Berg die höchste Erhebung des rauen Gebirgszugs. Bei der kleinen Straßenkreuzung Carrefour du Testannier führt ein drei Kilometer langer Weg zum Gipfel, der für seinen phantastischen Panoramablick bekannt ist. Entlang der Küste verläuft die Corniche d'Or (RN 98), eine traumhafte Küstenroute mit herrlichen Aussichtspunkten. Die Straße wurde erst vor knapp hundert Jahren auf Betreiben des Touring Club de France angelegt; seither begann Zug um Zug die Erschließung des Küstensaums. Auch wenn manche negativen Auswirkungen unangenehm ins Auge fallen, handelt es sich immer noch um einen der schönsten und unberührtesten Abschnitte der Côte d'Azur. Wer will, kann sich in einer der kleinen Badebuchten abkühlen, bei den Kletterpartien über die Felsen sind Badeschuhe empfehlenswert.

Wandern

Nur wenige kleine Straßen führen durch den unwirtlichen Gebirgszug; die wohl schönste Route zweigt bei Agay ins Landesinnere ab. Auf beiden Seiten der 20 Kilometer langen Strecke laden Wanderwege zur genaueren Erkundung des Massif de l'Estérel ein. Eindrucksvoll ist eine Besteigung des Pic de l'Ours (492 Meter) oder des Pic du Cap Roux (453 Meter). Eine weitere empfehlenswerte Wandertour, die man am besten an dem einen Kilometer hinter dem Forsthaus von Gratadis gelegenen Col-Belle-Barbe beginnt, führt durch das malerische Tal des Mal-Infernet bis zu einem kleinen Stausee, dem Lac de l'Ecureuile. Wer diese Tour zu einer ausgedehnten Tageswanderung ausweiten will, kann weiter bis zum Col de la Cadière marschieren, wo man wieder die geteerte, eingangs beschriebene Straße erreicht. Zurück zum Ausgangspunkt sind jetzt noch einmal rund elf Kilometer zu bewältigen.

La Napoule

La Napoule, der nördlichste Badeort des Massif de l'Estérel, ist vor allem durch sein Château und seinen imposanten Yachthafen bekannt geworden. Mit einer Kapazität von rund 1300 Liegeplätzen ist der Yachthafen, den Schiffe bis zu einer Länge von 50 Metern ansteuern können, einer der größten Frankreichs. Der Strand von La Napoule – flach und kinderfreundlich – besitzt eine ganz besondere Attraktion: Wo kann man sonst direkt vor einer Burg im Meer planschen?

• *Information* **Office de Tourisme**, 274, avenue Henry-Clews, B.P. 947, 06210 Mandelieu-La-Napoule, ✆ 0492978646, 📠 04929 76779.

• *Verbindungen* Täglich ca. zehn Zug- sowie Busverbindungen nach Cannes und Saint-Raphaël.

• *Strände* Netter Sandstrand im Ortsbereich.

• *Übernachten/Essen* ** **La Calanque**, großes, stattliches Haus mit Meerblick, Zimmer 45–79 € (mit einfachen Waschbecken oder mit Balkon und Meerblick). Das Restaurant mit seiner großen Terrasse ist recht beliebt. Zum Auftakt empfiehlt sich der provenzalische Vorspeisenteller, hinterher vielleicht eine Scholle Müllerin Art? Menüs zu 19 und 32 €. Im Sept. geschlossen. Boulevard Henry-Clews, ✆ 0493499511, 📠 0493496744.

L'Oasis, einer der großen französischen Gourmettempel (zwei Michelin-Sterne!!), manche Feinschmecker nehmen auch eine weite Anreise in Kauf, um hier dinieren zu können. Menüs zu 56 und 88 € (nur mittags unter der Woche) sowie 145 und 165 €. Mitte Nov. bis Mitte Feb. geschlossen, Sonntag und Montag Ruhetag (außer während des Filmfestivals und im Juli und Aug.). Rue Jean-Honoré-Carle, ✆ 0493499552. www.oasis-raimbault.com.

• *Camping* ** **Azur Vacances**, am Ortsrand, etwa 700 Meter vom Strand entfernt. Kleiner Laden vorhanden. Stellplatz inkl. 2 Pers. ab 15 €. Von April bis Sept. geöffnet. Boulevard du bon Puits, ✆ 0493499112.

Côte d'Azur
Karten Seite 234, 316/317, und 364/365

Skulpturengarten

Sehenswertes

Château: Der Bildhauer *Henry Clews*, Sohn eines reichen amerikanischen Börsenmaklers, erwarb 1918 die Ruine einer aus dem 14. Jahrhundert stammenden Burg, um sich damit seinen romantischen Traum von einem mittelalterlichen Schloss zu verwirklichen. Der exzentrische Clews, der die Arbeiten von Rodin zutiefst verehrte, führte in La Napoule mit seiner Frau Marie ein sehr zurückgezogenes Leben. Seine Witwe gründete 1951 eine Stiftung, die sich um die Förderung junger amerikanischer Künstler bemüht. Im Sommer werden gelegentlich Kunstausstellungen veranstaltet.

Öffnungszeiten Tgl. 10–18 Uhr, im Winter nur am Wochenende. Von März bis Okt. tgl. Führungen um 11.30, 14.30, 15.30 und 16.30 Uhr. Eintritt: 6 €, erm. 3 €. www.chateau-lanapoule.com.

Théoule-sur-Mer

Das am westlichen Ende des Golf von La Napoule gelegene Théoule-sur-Mer ist seit alters her als guter Ankerplatz bekannt. Im Mittelalter herrschten die Herren von Villeneuve über das kleine Fischerdorf. In den letzten Jahrzehnten sind zwar ein paar Dutzend Häuser hinzugekommen, doch ist Théoule-sur-Mer ein Badeort der beschaulichen Art geblieben. Daran änderte sich auch nichts, als der Modeschöpfer *Pierre Cardin* ein extravagantes Domizil (Spottname „Rostbraunes Raumschiff") über Miramar bezog. Lohnenswert ist eine Kurzwanderung zum zwei Kilometer weiter östlich gelegenen Pointe de l'Aiguille, einem markanten, ins Meer ragenden Felsen mit benachbartem Strand.

- *Information* **Office de Tourisme**, 2, avenue de la Corniche-d'Or, 06590 Théoule-sur-Mer, ✆ 0493492828, 📠 0493490004. Für 3 € kann man hier einen Führer mit Karte und Wandervorschlägen durch das Massif de l'Estérel erwerben.
- *Verbindungen* Mehrmals tgl. Zug- und Busverbindungen in Richtung Cannes sowie Saint-Raphaël.
- *Markt* Freitagvormittag auf der Place du Général Bertrand.
- *Bootsausflüge* Zu den Iles de Lérins sowie entlang der Corniche d'Or von April bis Sept. jeweils mind. viermal pro Woche. Kosten 9 €. Transports Maritimes Théouliens, ✆ 0493906519.
- *Tauchen* Centre de Plongée Armand Ferrand, ✆ 0493497433; Centre de Plongée Méditerranée Scubapro, ✆ 0493754851.
- *Fahrradvermietung* Pro Tag 15 € (Mountainbike), direkt am Office de Tourisme.
- *Strände* Im Ortsbereich ein gepflegter Sandstrand.
- *Ferienwohnungen* Das Office de Tourisme hält eine Broschüre mit zahlreichen Objekten bereit.

Le Trayas

Zwischen Miramar und Le Trayas verläuft die Grenze der Départements Alpes-Maritimes und Var. Während sich Miramar exklusiver gibt, ist Le Trayas ein Badeort für jedermann. Aufgrund der felsigen Küste und der guten Wasserqualität ist das Meer rund um Le Trayas ein ideales Terrain für Taucher und Schnorchler.

Verbindungen Mehrmals tgl. Zug- und Busverbindungen nach Cannes und Saint-Raphaël.

Wandern

Zum Pic de l'Ours: In der Nähe des Bahnhofs von Le Trayas führt ein Wanderweg zum Gipfel des 492 Meter hohen Pic de l'Ours hinauf. Für den Hin- und Rückweg sind rund drei Stunden einzuplanen.

Agay

Agay, das auf den griechischen Hafen Agathonis Portus zurückgeht, liegt an einer tief eingeschnittenen Bucht und eignet sich gut für einen längeren Aufenthalt im Massif de l'Estérel. Agay besitzt einen schönen, für Kinder idealen Sandstrand (für kleine Kinder nur bedingt geeignet, da er an manchen Stellen schnell steil ins Meer abfällt), mehrere Hotels und Campingplätze. Wem es am Hauptstrand zu voll ist, findet in der Umgebung auch einsamere Plätze zum Baden und Sonnen. Geeignet sind beispielsweise im Westen der Tiki-Plage und mehrere Badebuchten weiter östlich entlang der Estérelküste.

Agay ist auch ein Paradies für Taucher. Die Wasserqualität ist hervorragend, so dass man am Cap du Dramont sogar Edelkorallen finden kann. Rund um die Ile d'Or finden sich zahlreiche Riffe bereits in drei Meter Tiefe und sind so auch für Schnorchler zu erreichen. Die Riffe sind mit roten und gelben Gorgonen und Krustenanemonen bewachsen, dazwischen tummeln sich Barsche, Muränen und Drachenköpfe. Als zusätzliche Attraktion liegen in geringer Tiefe mehrere Wracks und eine Miniaturstadt auf dem Meeresgrund, die in den 60er Jahren als Kulisse für einen Cousteau-Film dienten.

- *Information* **Office de Tourisme**, 557, boulevard de la Plage, 83700 Agay, ✆ 0494820185, ✆ 0494827420. www.agay.fr.
- *Verbindungen* Mehrmals tgl. Zug- und Busverbindungen nach Cannes und Saint-Raphaël.
- *Markt* Mittwochvormittag, gleich beim Office de Tourisme.
- *Veranstaltungen* Jedes Jahr am letzten Wochenende im Juli feiert Agay sein Dorffest.
- *Fahrradverleih* Schweißtreibend, aber eindrucksvoll: das Massif de l'Estérel mit dem Mountainbike zu erkunden. Domaine du Grenouillet, ✆ 0494828189.
- *Freiluftkino* Im Hochsommer jeden Abend um 21.45 Uhr an der Place du Relais d'Agay.
- *Übernachten/Essen* **** **Pierre & Vacances**, traumhaftes Clubdorf mit zahlreichen Freizeitattraktionen und großer, reizvoller Badeanlage. Je nach Saison und Appartementgröße (5–9 Pers.) 480–2.130 € pro Woche, Häuser (4–7 Pers.) ab 850 €. Cap Estérel, ✆ 0494825000, ✆ 0492985873. In Deutschland buchbar über ✆ 01805/901011.

** **Les Flots Bleus**, dieses nur von der Uferstraße vom Meer getrennte Logis-de-France-Hotel in Anthéor gefällt durch seine in individuellen Stilen dekorierten Zimmern, die alle über einen Balkon und Meerblick verfügen, bis auf vier Zimmer in der zweiten Reihe mit eigener Terrasse. DZ 56–64 €, Frühstück 6,50 €. Menüs zu 19,50 und 28 €. Von Mitte März bis Anfang Nov. geöffnet. ✆ 049444 8021, ✆ 049448371. www.hotel-cote-azur.com.

** **Le Relais d'Agay**, angenehmes, direkt an der Uferpromenade gelegenes Hotel, verteilt auf zwei Gebäude. Zimmer je nach Saison und Lage (mit Balkon naturgemäß am teuersten) von 50 € bis hinauf zu 89 €. Frühstück 8 €. Gutes Restaurant, Menüs ab 15 € (mittags), abends 34 €. Von Nov. bis Ostern geschlossen. Boulevard de la Plage, ✆ 0494827 820, ✆ 0494827833. www.relaisdagay.com.

Côte d'Azur
Karten Seite 234, 316/317, und 364/365

Auberge de la Rade, der größte Pluspunkt des Restaurants ist seine Lage direkt am Strand. Wechselnde Gerichte. Menüs zu 25 und 34 €. 356, boulevard de la Plage, ✆ 049 4820037.

• *Camping* Agay ist im Juli und Aug. ein beliebtes Feriengebiet, eine Reservierung ist daher in dieser Zeit zu empfehlen.

**** **Les Rives de L'Agay**, ein paar hundert Meter landeinwärts. Angenehmer, familiärer Platz mit Swimmingpool. Das ebene Gelände wird an einer Seite von einem Bach begrenzt, die Sanitärausstattung ist sauber und ordentlich, Laden und Restaurant am Platz. Mitte Feb. bis Anfang Nov. geöffnet. ✆ 0494820274. www.lesrivesdelagay.fr.

**** **Vallée du Paradis**, noch einmal 500 Meter weiter, etwas weniger Schatten. Mitte März bis Mitte Okt. geöffnet. ✆ 0494821600. http://bisc0tte.info/vallee.

**** **Azur Rivage**, kleiner Platz mit Swimmingpool, neben der Eisenbahnbrücke in Anthéor. April bis Sept. geöffnet. ✆ 04944 48312.

**** **Du Viaduc**, schattige Anlage, direkt an den Campingplatz Azur Rivage angrenzend. April bis Sept. geöffnet. ✆ 0494448231.

*** **Agay Soleil**, direkt am Meer, ziemlich hohes Preisniveau. Ostern bis Mitte Nov. geöffnet. ✆ 0494820079. www.agay-soleil.com.

Rund ums Cap du Dramont: Diese eindrucksvolle Wanderung führt rund um das markante Cap du Dramont an der Estérelküste entlang. Ausgangspunkt ist ein Parkplatz, der sich einen Kilometer südlich von Agay (am Wegweiser Tiki-Plage von der RN 98 abzweigen) befindet. Der teilweise sehr steinige Küstenwanderweg ist mit einem blauen Punkt markiert und bietet traumhafte Ausblicke auf das Meer. Diese faszinierende Kulisse haben in den letzten Jahren immer mehr Freeclimber entdeckt; die senkrecht über dem Meer ansteigenden roten Felsen bieten zahlreiche Klettermöglichkeiten. An einem kleinen Bootshafen biegt man schließlich nach Norden ab und gelangt auf dem Gehsteig entlang der Nationalstraße zurück zum Ausgangspunkt. Wegstrecke: 4 Kilometer, Dauer: 1,5 Std.

Saint-Raphaël

Mit seinen rund 30.000 Einwohnern ist Saint-Raphaël erst in der jüngsten Vergangenheit aus dem Schatten des älteren und bedeutenderen Fréjus herausgetreten. Große kulturhistorische Sehenswürdigkeiten sucht man hier allerdings vergeblich.

Dank Napoléon fand Saint-Raphaël gleich zweimal Eingang in die Geschichtsbücher. Der große Korse behielt den Hafen von Saint-Raphaël aber sicherlich in schlechter Erinnerung: 1799 landete er hier nach seinem gescheiterten Ägyptenfeldzug, fünfzehn Jahre später betrat er in Saint-Raphaël die Planken eines Schiffes, das ihn zu seinem Verbannungsort Elba brachte. Damals war Saint-Raphaël noch ein kleines unbedeutendes Fischerdorf, das erst durch die Fürsprache des Schriftstellers Alphonse Karr in der Mitte des 19. Jahrhunderts seinen Aufstieg zu einem vornehmen Ferienort nahm. Zu den auffälligsten Bauten aus dieser Epoche zählen das Casino und die im neobyzantinischen Stil errichtete Kirche Notre-Dame-de-la-Victoire.

Information/Verbindungen/Diverses

• *Information* **Office de Tourisme**, 99, quai Albert 1er, 83702 Saint-Raphaël Cédex, ✆ 0494195252, ✆ 0494838540, www.saint-raphael.com.

• *Einwohner* 31.000 Einwohner.

• *Verbindungen* Der SNCF-Bahnhof befindet sich inmitten des Zentrums an der Rue Waldeck-Rousseau, ✆ 0494915050. Mehrmals tgl. **Zugverbindungen** nach Cannes, Nizza und Menton sowie Marseille. Im Sommer fahren sogar Kurswagen von

Nizza: Prachtvolle Häuserfassaden erinnern noch an die glanzvollen Anfänge des Tourismus an der Côte d'Azur

Die alljährlich im Mai stattfindende Bravade von Saint-Tropez ist ein farbenprächtiges Spektakel

Zu Ehren des Stadtheiligen Torpes ziehen Jung und Alt durch die Straßen des Fischerstädtchens

Die Calanque d'En-Vau mit ihrem glasklaren Wasser und den steil aufragenden Felswänden ist ein traumhaftes Ausflugsziel

Hafen von Saint-Raphaël

Frankfurt direkt nach Saint-Raphaël. Tgl. acht **Busverbindungen** vom SNCF-Bahnhof nach Saint-Tropez (1 Std. 25 Min.) mit Zwischenstopps in Fréjus, Saint-Aygulf, Sainte-Maxime und Grimaud sowie häufige Busverbindungen nach Cannes und zu den Badeorten an der Corniche d'Or. Busbahnhof (Gare routière), avenue Victor Hugo (direkt hinter dem Bahnhof), ✆ 0494951671. In den Sommermonaten herrscht an der Gare Maritime ein reger **Schiffsverkehr** zwischen Saint-Raphaël und den umliegenden Küstenorten. Mehrmals tgl. nach Saint-Tropez (50 Minuten) und Saint-Aygulf sowie mehrmals pro Woche nach Port Grimaud, entlang der Estérel-Küste sowie zu der Insel Port-Cros und den Inseln Sainte-Marguerite und Saint-Honorat. Weitere Auskünfte bei Les Bateaux de Saint-Raphaël, ✆ 0494951746.

• *Parken* Direkt beim Hafen gibt es ein großes unterirdisches Parkhaus.

• *Fahrradverleih* Atout Cycles, Boulevard Jean Moulin, ✆ 0494828610.

• *Stadtführungen* Jeden Mittwoch um 10 Uhr (auch im Winter) beginnt an der Maison du Tourisme ein Rundgang durch Saint Raphaël.

• *Märkte* Gemüse- und Obstmarkt tgl. außer Montag auf der Place Victor Hugo und der Place de la République; Fischmarkt tgl. auf dem Cours Jean Bart und auf der Place Ortolan. Donnerstagvormittag findet zudem ein Markt auf der Place Lamartine R. Châteaudun statt.

• *Hauptpost* Avenue Victor Hugo.

• *Veranstaltungen* Anfang Juli wird alljährlich die **Compétition Internationale de Jazz New-Orléans** veranstaltet, das **Russische Filmfestival** findet im Oktober statt.

• *Spielkasino* Es muss nicht immer Monte Carlo sein. Auch in Saint-Raphaël werden Englisches Roulette und Black Jack von 11 bis 3 Uhr morgens geboten. Adresse: Square de Gand.

• *Strände* Im Ort selbst ein feinsandiger, aber stark frequentierter Strand (Plage de Veillat). Einsamere Badebuchten findet man in Richtung Agay, recht schön ist auch die Plage du Débarquement, kurz vor dem Cap du Dramont.

Übernachten/Essen

*** **Excelsior**, seit Jahrzehnten das erste Haus am Platz, direkt neben dem Casino. Einfaches EZ ab 75 €, DZ je nach Ausstattung 140–200 €. Promenade René Coty, ✆ 0494950242, ℻ 0494953382, www.excelsior-hotel.com.

*** **Santa Lucia**, dieses an der Küstenstraße nach Agay gelegene, kleine Hotel gefällt durch seine individuell eingerichteten Zimmern, die sich in ihrem Design an exotischen Ländern wie Bali oder Marokko orientieren. DZ 94–154 €. 418, route de la Corniche d'Or, ☎ 0494952300, 📠 0494194979. www.hotelsantalucia.fr.

** **Le Thimothée**, die stilvolle Villa (19. Jh.) mit kleinem Swimmingpool im Osten des Zentrums garantiert einen angenehmen Aufenthalt. Je nach Saison 55–90 €. 375, boulevard Christian Lafon, ☎ 0494404949, 📠 0494194192, www.thimothee.com.

** **Les Amandiers**, familiäres Logis-de-France-Hotel mit Garten und Pool. 10 Zimmer 45–95 € (nach Saison). 874, boulevard Maréchal Juin, ☎ 0494198530, 📠 0494198531. www.les-amandiers.com.

** **Du Soleil**, kleines, angenehmes Hotel mit nur zwölf schlichten, aber netten Zimmern (60–75 €), teilweise mit Balkon. 47, boulevard du Domaine du Soleil, ☎ 049 4831000, 📠 0494832368. www.hotel-dusoleil.com.

** **Ambassador**, erst im Jahre 2001 total renoviertes Hotel, nur einen Katzensprung vom Meer entfernt. Die Zimmer (je nach Saison 68–76 €) sind in freundlichen provenzalischen Farben (gelb oder blau) gehalten. Schöner Frühstücksraum. 89, rue Boetman, ☎ 0498118200, 📠 0498118201, www.ambassador-saint-raphael.com.

* **Le Mistral**, kleines Hotel in zentraler Lage, unweit des Vieux-Port, die Gäste geben dem Haus ein internationales Flair. Zimmer je nach Saison und Ausstattung 30–51 €. Ordentlich geführt und für den Preis durchaus annehmbar. Manche Zimmer (Nr. 4) haben sogar einen Balkon. Zum Hotel gehört auch ein preisgünstiges Restaurant. Halbpension erwünscht (ab 12 €). Von Feb. bis Mitte Okt. geöffnet. 80, rue de la Garonne, ☎ 0494953882, 📠 049 4955953.

L'Arbousier, die anerkannt beste Gourmetadresse in Saint-Raphaël. Zentrale Lage. Menüs zu 28 € (mittags), 38, 49 und 59 €. Montag- und Dienstagmittag geschlossen, in der Nebensaison ist Montag und Dienstag Ruhetag. 6Angle rue Marius Allongue, ☎ 0494952500. www.arbousier.net.

La Cave, das Restaurant unweit des Hafens bietet wohlfeile Küche im zeitgenössischen Ambiente. Hierzu passend wird auch eine internationale Küche zelebriert, zu der beispielsweise neben italienischen Vorspeisen auch Baracudafilet mit Basmati-Reis gehört. Mittagsmenü für 18 und 24 €, abends 29 oder 39 €. Sonntagabend und Montag Ruhetag. 23, rue Thiers, ☎ 0494957962.

Le Sémillon, das liebevoll geführte Restaurant (von Lesern gelobt) hat sich den provenzalischen Küchenfreuden verschrieben. Gute Weinauswahl. Menüs ab 22 €. Im Sommer Montag und Dienstagvormittag Ruhetag, im Winter Sonntagabend und Montag Ruhetag. 21, place Carnot, ☎ 0494405677.

• *Camping* *** **Les Campéoles**, im Osten von Saint-Raphaël, zwischen der viel befahrenen Küstenstraße und dem pittoresken Cap du Dramont. Das große Gelände (400 Stellplätze) grenzt direkt an den Strand. Supermarkt sowie Restaurant mit Bar am Platz. Relativ teuer (ca. 25 € pro Stellplatz). Von Mitte März bis Mitte Okt. geöffnet. ☎ 0494820768. www.campeole.fr.

Sehenswertes

Altstadt: Ein Stück landeinwärts stößt man gleich hinter dem Bahnhof auf das mittelalterliche Zentrum. Das Ensemble mit seinen engen Gassen und der einschiffigen romanischen Eglise des Templiers steht in einem auffallenden Kontrast zu dem im 19. Jahrhundert entstandenen Stadtteil. Auf eine Initiative des Templerordens geht auch die noch bruchstückhaft vorhandene Stadtmauer zurück, die im Garten des Archäologischen Museums zu sehen ist.

Musée Archéologique: Gezeigt werden prähistorische und bronzezeitliche Funde aus dem Estérelgebirge sowie römische und arabische Exponate, die im Rahmen von Unterwasserausgrabungen entdeckt wurden.

Adresse Place de la Vieille Eglise. Öffnungszeiten: Di–Sa 9–12 Uhr und 14–18 Uhr, im Winter bis 17 Uhr. Eintritt: frei!

Kreuzgang der Kathedrale von Fréjus

Fréjus

In keinem anderen Ort entlang der Küste ist die römische Vergangenheit so präsent wie in Fréjus. Neben diversen Ruinen und einem der ältesten französischen Sakralbauten besitzt Fréjus zudem eine sympathische Altstadt. Zum Relaxen bieten sich mehrere Sandstrände in der näheren Umgebung an.

Das auf einem leicht erhöhten Plateau gelegene Fréjus unterscheidet sich deutlich vom benachbarten Saint-Raphaël. Fréjus ist eine traditionsbewusste Stadt, die sich nicht grundlos einen doppelgesichtigen Hermes zum Wahrzeichen erwählte, der 1970 bei Ausgrabungen entdeckt worden ist. In den Gassen der Altstadt, die nur einen Teil des römischen Fréjus einnimmt, herrscht ein beschauliches Flair, das mit der Hektik der übrigen Côte wenig gemein hat. Fréjus ist sicher nicht der Ort, um jemanden mit schriller Garderobe zu beeindrucken.

Seit den achtziger Jahren besitzt Fréjus wieder einen Hafen: Ein neuer Stadtteil entstand rund um den neu angelegten Yachthafen Port Fréjus. Die modernen, neben dem Hafenbecken im pseudomediterranen Stil errichteten Appartementhäuser strahlen zwar wenig Charme aus, doch besitzt der Retortenort gleich neben den Häusern von Fréjus Plage einen schönen, lang gestreckten Sandstrand.

Geschichte

Der Name Fréjus erinnert noch an einen höchstwahrscheinlich von Caesar gegründeten Markt (*Forum Julii*). Die verkehrstechnisch günstig gelegene Hafenstadt – sie lag an der später als Via Aurelia bezeichneten Handelsstraße, die Rom mit Spanien verband – wurde von Veteranen der 8. Legion besiedelt und nahm einen schnellen Aufstieg. Der künstlich angelegte Hafen muss schon in der Gründungszeit gewaltige Ausmaße gehabt haben, denn es ist überliefert,

Baden im Naturschutzgebiet

Einer der wohl schönsten Strände der Region mit angenehm grobkörnigen Sand erstreckt sich westlich des Flüsschen Argens. Der östlichste Strandabschnitt ist zum Nacktbaden ausgewiesen und daher nicht so stark frequentiert. Da der Strand durch den Fluss und ein 255 Hektar großes Naturschutzgebiet mit Dünen (*Etangs de Villepey*) begrenzt wird, ist eine direkte Zufahrt nicht möglich. Einen Kilometer nach dem Campingplatz Pont d'Argens findet sich linker Hand die Einfahrt zu einem gebührenpflichtigen Parkplatz. Von dort sind es dann nur noch ein paar hundert Meter zu Fuß. Achtung: Es besteht aber auch eine Stadtbusverbindung von Fréjus aus.

dass Octavian, der spätere Kaiser Augustus, nach seinem Sieg bei Actium (31 v. u. Z.) die rund 300 eroberten feindlichen Galeeren nach Fréjus bringen ließ. Die Römer befestigten die Stadt mit einer mächtigen, rund 3,5 Kilometer langen Stadtmauer, deren Verlauf noch deutlich nachvollziehbar ist. Die Größe des Amphitheaters lässt nicht nur darauf schließen, dass Fréjus damals wohl an die 40.000 Einwohner gezählt haben dürfte; ein Amphitheater dieser Größenordnung setzt auch einen gewissen städtischen Wohlstand voraus, da es fast ausschließlich private Geldgeber waren, die die Inszenierung öffentlicher Spiele finanzierten.

Doch die Blütezeit von Fréjus war nur kurz bemessen: Bereits im 2. Jahrhundert verlor die Stadt zunehmend an Bedeutung, die Römer gaben ihren erst wenige Jahrzehnte zuvor erweiterten Militärhafen auf, der östliche Teil der Stadt blieb fortan unbewohnt. Zwar wurde Fréjus im Jahre 374 zum Bischofssitz erhoben, doch scheint dies den Niedergang nicht verzögert zu haben. Im frühen Mittelalter war Fréjus wahrscheinlich nur noch ein unbedeutendes Dorf, erst nach Ende der Sarazeneneinfälle ging es wieder sichtbar bergauf: An der Wende vom 12. zum 13. Jahrhundert nahm man einen Neubau der Cathédrale in Angriff. Dem erneuten Aufstieg wurde durch eine verheerende Pestepidemie ein Ende bereitet, Fréjus kam über eine regionale Funktion nicht mehr hinaus. Der noch aus römischer Zeit stammende Hafen verschlammte im 18. Jahrhundert so sehr, dass er aufgegeben und zugeschüttet wurde; die Ausmaße des einst durch einen Kanal mit dem Meer verbundenen Hafenbeckens lassen sich noch heute im Südosten der Stadt ausmachen. Seit 1989 der neue Hafen Port Fréjus an der Einfahrt des alten römischen Hafens eröffnet wurde, liebäugelt man mit dem Gedanken, das ursprüngliche Hafenbecken mit den antiken Kaianlagen auszubaggern und Fréjus wieder mit dem Meer zu verbinden.

Eine Katastrophe aus der jüngsten Vergangenheit sei noch erwähnt: Im Dezember 1959 barst der Staudamm von Malpasset. In Windeseile brach eine gewaltige Flutwelle über Fréjus herein, die nicht nur das Amphitheater so sehr mit Schlamm überdeckte, dass es ein zweites Mal ausgegraben werden musste, sondern auch 400 Menschenleben forderte. Ein weiterer Nebeneffekt war, dass der fruchtbare Ackerboden weggeschwemmt wurde und manche Bauern aus der Not zu Campingplatzbesitzern mutierten.

Information/Verbindungen/Diverses

- *Information* **Office de Tourisme**, 325 rue Jean Jaurès, B.P. 8, 83601 Fréjus Cédex, ✆ 0494518383, ✆ 0494510026, www.frejus.fr.
- *Einwohner* 40.000 Einwohner.
- *Verbindungen* Der Busbahnhof (Gare routière) befindet sich auf der Place Paul-Vernet, ✆ 0494537846. Tgl. acht Busverbindungen nach Saint-Tropez (über Sainte-Maxime) sowie nach Saint-Raphaël. Der SNCF-Bahnhof liegt am südwestlichen Rand der Altstadt in der Rue Martin-Bidouré.
- *Veranstaltungen* **Roc d'Azur**, jedes Jahr im Oktober trifft sich in Fréjus die europäische Mountainbike-Elite zum preisgekrönten Wettstreit. www.rocazur.com.
- *Stadtführungen* Das Office de Tourisme informiert über thematisch wechselnde Stadtführungen.
- *Markt* Mittwoch- und Samstagvormittag auf der Place Paul Albert Février und der Place Formigé. Zudem findet am Sonntagvormittag ein provenzalischer Markt auf dem Boulevard d'Alger statt.
- *Internet* Esp@ce Cyber, Quai Marc Antoine in Port-Fréjus.
- *Kino* Le Vox, Place Agricola
- *Fahrradvermietung* Holiday Bikes, 41, boulevard Séverin Decuers, ✆ 0494523065.
- *Reiten* Centre Equestre de Fréjus, rue de la Tourrache, ✆ 0494512949.
- *Base Nature* Freizeitpark mit Hallenbad, Skatepark, Boulodrome und anderen Aktivitäten. 1196, boulevard de la Mer.
- *Strände* In Port-Fréjus lockt ein gepflegter Sandstrand.

Übernachten/Essen

*** **L'Arena**, die Zimmer des modernen, aber durchaus charmanten Hotels gruppieren sich um einen überdachten Innenhof. Swimmingpool vorhanden. Für die mit Schallschutzfenstern und Klimaanlage ausgestatteten Zimmer, die sich über drei verschiedene Gebäude verteilen und allesamt einen einladenden Eindruck hinterlassen, werden je nach Saison zwischen 95 und 170 € berechnet. Nur fünf Fußminuten von der Cathédrale entfernt. WLAN. 139, rue du Général de Gaulle, ✆ 0494170940, ✆ 0494520152, www.arena-hotel.com.

** **Le Flore**, charmantes, kleines Hotel inmitten des Zentrums. Die Zimmer sind einladend und sehr gepflegt und kosten je nach Saison 60–70 €. Frühstück 7 €. Meist schöner Tomette-Fußboden, manchmal ist die Toilette allerdings nur mit einem Vorhang abgetrennt. Freundlicher Besitzer. WLAN vorhanden. 53, rue Grisolle, ✆ 0494513835, ✆ 0494525989. www.hotelleflore.com.

* **La Riviéra**, das Hotel hat schon einige Jahre auf dem Buckel, doch mit Zimmerpreisen von 35–45 € ist es eine durchaus preisgünstige Alternative zur dezentralen Jugendherberge. Die teureren Zimmer mit Bad und WC. Menüs zu 14 € (mittags mit einem Viertel Wein), 15 und 20 €. Beim Menü zu 15 € folgt beispielsweise auf einen gemischten Salat ein Putenschnitzel in Champignoncremesoße. Ganz annehmbar, die Champignons kamen allerdings aus der Dose. 90, rue Grisolle, ✆ 0494513146, ✆ 0494171834.

L'Armandier, gleich beim Rathaus hat sich der ehemalige Chefkoch des Hotel Arena selbstständig gemacht (seither isst man dort nicht mehr so gut). Monsieur Balanec hat sein Handwerk übrigens bei den Gebrüdern Pourcel in Montpellier gelernt. Gepflegt wird eine leicht saisonale Küche mit provenzalischem Schwerpunkt. Beim teureren Menü folgte auf mit Parmesan überbackene Spargelcannelloni ein gegrillter Kaninchenrücken. Menüs zu 19 € (mittags), 23 € und 36 €. Sonntag sowie Montag- und Mittwochmittag geschlossen. 19, rue Desaugiers, ✆ 0494534877.

L'Entrée des Artistes, dieses an einem ruhigen Platz inmitten der Altstadt gelegene Restaurant bietet ein ausgezeichnetes Preis-Leistungs-Verhältnis. Lecker ist die Entenbrust mit wilden Himbeeren. Straßenterrasse. Menüs zu 17 € (mittags) und 23 €. Sonntag geschlossen. 63, place St François de Paule, ✆ 0494401160.

- *Jugendherberge* Nette Herberge in einem ehemaligen Bauernhof, zwei Kilometer vom Stadtzentrum in Richtung Cannes. Busverbindungen nach Saint-Raphaël. Übernachtung ab 15,50 € (inkl. Frühstück). Ganzjährig geöffnet, Zelten möglich. Chemin du Counillier, ✆ 0494521875, ✆ 0494532586. www.fuaj.org/Frejus-Saint-Raphael.

• *Camping* **** **La Baume**, angenehmer Komfortcampingplatz mit 500 Stellplätzen. Statt eines Swimmingpools findet man hier eine riesige, palmengesäumte Badelandschaft vor. Von April bis Sept. geöffnet. Fünf Kilometer vom Meer entfernt, an der Straße nach Bangnols. ✆ 0494198888. www.labaume-lapalmeraie.com.

**** **Holiday Greene**, noch ein Stück weiter vom Meer entfernt, ebenfalls ausgezeichnete Ausstattung mit großem Swimmingpool. Von Ostern bis Ende Sept. geöffnet. ✆ 0494198830. www.holidaygreene.com.

** **Le Pont d'Argens**, großzügiges Wiesengelände mit mäßigem Schatten. Auf dem Gelände gibt es ein Lebensmittelgeschäft und ein Restaurant. Das große Plus des Platzes ist neben einem beheizten Swimmingpool der direkte Zugang zu einem sehr schönen Strandabschnitt mit Nacktbademöglichkeit. In der Hochsaison kostet die Übernachtung rund 30 €. Von April bis Mitte Okt. geöffnet. ✆ 0494511497. www.camping-caravaning-lepontdargens.com.

Sehenswertes

Römisches Fréjus: An verschiedenen Punkten der Stadt lassen sich noch Überreste römischer Bauten finden. Neben dem Amphitheater sind die Sitzreihen des römischen Theaters fragmentarisch erhalten, auch die Stadttore, die den römischen Decumanus (die Ost-West-Achse) einrahmten, sind noch auszumachen, wenngleich von der Porte de Rome nur noch ein Pfeiler existiert. Besser bestellt ist es um die Porte des Gaulles, die allerdings vermauert ist. Im Osten, vor der Porte de Rome, stehen noch ein paar Bögen eines römischen Aquädukts, zudem können die Reste einer Thermenanlage bewundert werden. Von der bis zu 2,50 Meter breiten römischen Stadtmauer, die einst von halbrunden Türmen zusätzlich gesichert wurde, sind im Nordosten noch einige Abschnitte erhalten.

L'Amphithéâtre: Ein kleines Stück vor den Toren des römischen Fréjus steht das Amphitheater; es ist von seinen Dimensionen zwar nicht so imposant wie die Arenen von Arles und Nîmes, doch boten die 16 Sitzreihen einst annähernd 10.000 Zuschauern Platz. Das Oval der Arena misst 68 Meter in der Länge und 39 Meter in der Breite. Das bereits zu Beginn der römischen Epoche errichtete Amphitheater wurde im Mittelalter als Steinbruch genutzt und zu großen Teilen abgetragen. Seit knapp hundert Jahren finden in der restaurierten Arena wieder Veranstaltungen (Stierkämpfe, Konzerte etc.) statt.

Adresse Rue Henri Vadon. Öffnungszeiten: Von Nov. bis März tgl. außer Mo 9.30–12 Uhr und 14–17 Uhr sowie von April bis Okt. 9.30–12.30 Uhr und 14–18 Uhr. Eintritt: 2 €. Kombiticket: 4,60 €, erm. 3,10 €.

Kathedralenkomplex: Mit Baptisterium, Kreuzgang und Bischofspalast bildet die Cathédrale einen markanten Gebäudekomplex im Zentrum der Altstadt. Die Cathédrale betritt man durch eine schmale Vorhalle, wie sie in frühchristlichen Kirchen häufig anzutreffen ist. Linker Hand gibt ein Gitter den Blick auf das Taufbecken des Baptisteriums frei; das **Baptisterium** stammt aus dem 5. Jahrhundert und ist einer der ältesten erhaltenen Sakralbauten Frankreichs. Typisch für die spätantike Entstehungszeit ist das oktogonale Obergeschoss. Die um 1200 errichtete **Cathédrale** ersetzte einen älteren Vorgängerbau und besteht aus zwei, kaum miteinander harmonierenden Kirchenschiffen mit einem jeweils eigenen Patrozinium, d. h. mit einem jeweils anderen Schutzheiligen. Während das Hauptschiff der Jungfrau Maria geweiht ist, gilt Saint-Etienne als der Schutzherr des halbtonnengewölbten Seitenschiffs. Der eher karge Innenraum der Bischofskirche liegt heute deutlich unter dem Straßenniveau, da der Bau noch auf den spätantiken Grundmauern ausgeführt wurde. Zwischen Baptisterium und Cathédrale führt eine steile

Treppe zum zweigeschossigen **Kreuzgang**, der zu Beginn des 13. Jahrhunderts angefügt wurde, um die vorhandenen Gebäude architektonisch zu verbinden. Auffällig ist, dass die später errichtete Galerie im Obergeschoss romanische Rundbögen besitzt, während im Untergeschoss gotische Spitzbögen verwendet wurden.

Öffnungszeiten des Kreuzgangs Tgl. 9–18.30 Uhr, außerhalb der Saison 9–12 und 14–17 Uhr. Eintritt: 5 €, erm. 3,50 €.

Musée archéologique municipale: Das Museum befindet sich direkt neben dem Kreuzgang und besteht genau genommen nur aus einem einzigen Raum. Wertvollste Exponate zur antiken Vergangenheit von Fréjus sind ein römisches Mosaik mit Leopard sowie der 1970 gefundene doppelgesichtige Hermes, das Wahrzeichen von Fréjus.

Adresse Place Calvini. Öffnungszeiten: Tgl. außer So 10–13 Uhr und 14.30–17.30 Uhr, im Hochsommer bis 18.30 Uhr. Eintritt: 2 €. Kombiticket: 4,60 €, erm. 3,10 €.

Musée d'Histoire Locale: Das lokalgeschichtliche Museum zeigt eine interessante Dauerausstellung zur Alltagsgeschichte der letzten hundert Jahre mit einem alten Klassenzimmer und anderen netten Szenarien.

Adresse 153, rue Jean Jaurès. Öffnungszeiten: Tgl. außer Mo 9.30–12.30 und 14–18 Uhr, im Winter bis 17 Uhr. Eintritt: 2 €. Kombiticket: 4,60 €, erm. 3,10 €.

Chapelle Cocteau (Chapelle Notre-Dame-de-Jérusalem): Die vier Kilometer außerhalb des Zentrums gelegene Kapelle ist die letzte Kapelle, die das Multitalent *Jean Cocteau* entworfen und ausgeschmückt hat. Profane und sakrale Darstellungen sind hier auf erstaunliche Weise nebeneinander gestellt. Von der Licht- und Farbfülle ist der Besucher regelrecht geblendet. Da Cocteau 1963 vor der Fertigstellung verstarb, hat sein Adoptivsohn Edouard Dermit das Werk vollendet.

Adresse Avenue Nicolaï, an der RN 7 Richtung Cannes. Öffnungszeiten: Von Nov. bis April tgl. außer Mo 9.30–12.30 Uhr und 14–17 Uhr sowie von Mai bis Okt. tgl. außer Mo 9.30–12.30 Uhr und 14–18 Uhr. Eintritt: 2 €, erm. 1 €. Kombiticket: 4,60 €, erm. 3,10 €.

Cocteaus Traumkapelle

Aqualand: Eine von ihren Ausmaßen her riesige Wasserlandschaft mit zahlreichen Attraktionen: Neben dem angeblich größten Wellenbad Europas gibt es mehrere, teilweise spektakuläre Rutschen sowie ein Wildwasserbach, eine Abenteuerlagune und Clownshows runden das Angebot ab. Für das leibliche Wohl stehen Fastfood-Restaurants, Snackbars und ein Picknickgelände zur Verfügung. Vergnügungssüchtige können anschließend noch im gegenüberliegenden Lunapark Karussell fahren.

Adresse Direkt an der RN 98 südlich von Fréjus. Öffnungszeiten: Juli und Aug. 10–19 Uhr, Juni und Sept. 10–18 Uhr. Eintritt: 24 €, erm. 17,50 €. www.aqualand.fr.

Côte d'Azur
Karten Seite 234, 316/317, und 364/365

Roquebrune: Chapelle Saint-Pierre aus dem 11. Jahrhundert

Parc Zoologique: Die große Attraktion des 20 Hektar großen Areals ist ein Safaripark: Durch die geschlossenen Autofenster hindurch kann man Löwen, Tiger und Elefanten sowie Antilopen und Kängurus ganz nah erleben. In den Gehegen sind ebenfalls Raubtiere, aber auch Affen und Vögel zu beobachten.
Öffnungszeiten Tgl. von 9–18 Uhr, im Winter von 10–17 Uhr. Eintritt: 13 €, erm. 9 €. www.zoo-frejus.com.

Roquebrune-sur-Argens

Ein paar Kilometer landeinwärts erhebt sich Roquebrune am rechten Ufer der Argens auf einer felsigen Anhöhe. Dank der erhaltenen Reste einer Stadtbefestigung und der vielen alten Häuser mit ihren Arkaden erinnert Roquebrune-sur-Argens an ein mittelalterliches Dorf. Doch glücklicherweise ist Roquebrune nicht museal erstarrt, sondern erfreut sich eines recht vitalen Dorflebens. Neben der spätgotischen Pfarrkirche besitzt Roquebrune noch zwei romanische Kapellen. Besonders malerisch ist die wenige hundert Meter südlich des Dorfkerns gelegene Chapelle Saint-Pierre (11. Jahrhundert). Beliebte Wanderziele in der näheren Umgebung sind die über dem Ort gelegene Kapelle Notre-Dame-de-Pitié sowie die 373 Meter hohen Felsen von Roquebrune.

- *Information* **Office de Tourisme**, 12, avenue Gabriel-Péri, 83520 Roquebrune-sur-Argens, ✆ 0494198989, 📠 0494198980. www.vroquebrunesurargens.fr.
- *Markt* Dienstag- und Freitagvormittag.
- *Übernachten/Essen* **La Maurette**, traumhafte, ländliche Herberge auf einem Hügel mit nettem Swimmingpool. Zimmer bzw. Studio von 85–120 €, im Juli und Aug. 30 % teurer. Von Mitte März bis Mitte Okt. geöffnet. Quartier de la Maurette, ✆ 0498 114353, 📠 0498114352, www.lamaurette.fr.

Les Templiers, in der Altstadt von Roquebrune gelegen, wird hier die hohe Kochkunst gepflegt. Ausgezeichnet war das Tintenfischrisotto. Thematisch wechselnde Menüs zu 18 und 24 € (nur mittags), abends zu 38 und 68 €. Große Straßenterrasse.

Montag Ruhetag, von Dez. bis März Betriebsferien, Place Albert Perrin, ✆ 0494451252.

• *Ferienhäuser* **Domaine des Planes**, auf ihrem Weingut vermietet Familie Rieder mehrere Ferienhäuser für 2–9 Personen. Auf dem Areal befindet sich ein 700 qm großer Schwimmteich. Preis nach Absprache, je nach Haus und Saison. ✆ 0498114900. www.dom-planes.com.

• *Camping* **** **Les Pecheurs**, ebenes Wiesengelände am Seeufer. Extras: beheizter Swimmingpool, Kinderspielplatz und Freizeitanimation. Gepflegte Sanitäranlagen. Von Ostern bis Ende Sept. geöffnet. ✆ 0494 457125. www.camping-les-pecheurs.com.

Saint-Aygulf

Das noch zur Gemeinde Fréjus gehörende Saint-Aygulf ist ein beliebter Ferienort, allerdings ohne besonderes Flair. Das große Kapital von Saint-Aygulf ist die Nähe zum Naturschutzgebiet Etangs de Villepey und den daran anschließenden, lang gestreckten Sandstrand. Wie die gesamte Region, so war auch Saint-Aygulf bereits in römischer Zeit besiedelt. Ausgrabungen förderten Hinweise auf römische Villen und Thermen zutage. Die Küste bei Saint-Aygulf gehörte zu jenen Strandabschnitten, die die alliierten Truppen für ihre Landung an der französischen Mittelmeerküste auserkoren hatten. Am 15. August 1944 erreichten um acht Uhr morgens die ersten Landungsboote mit Soldaten, Waffen und Munition das Ufer.

• *Information* **Office de Tourisme**, Place de la Poste, 83370 Saint-Aygulf, ✆ 0494812209, ℻ 0494812304.

• *Verbindungen* Tgl. acht Busverbindungen nach Saint-Tropez (über Sainte-Maxime) sowie nach Saint-Raphaël. Zudem in der Hochsaison mehrmals tgl. Schiffsverbindungen nach Saint-Raphaël.

• *Markt* Dienstag- und Freitagvormittag auf der Place de la Poste.

• *Baden* Nördlich der Stadt erstreckt sich (hinter dem Naturschutzgebiet Etangs de Villepey) bis zur Argensmündung ein schöner, grobkörniger Sandstrand, der im stadtnahen Bereich relativ überlaufen, kurz vor der Argensmündung als FKK-Strand ausgewiesen ist.

• *Übernachten/Essen* *** **Le Catalogne**, angenehmes, sehr sauberes Hotel mit großem Garten und Swimmingpool. Die Lobby und das Treppenhaus wurden unlängst sehr vorteilhaft modernisiert. Die Einrichtung der großen Zimmer ist noch ein wenig älteren Datums, die meisten haben einen Balkon, so dass man sich schnell wohlfühlt. Im Sommer frühstückt man auf der herrlichen Frühstücksterrasse. DZ je nach Ausstattung ab 74 € (in der Hochsaison 138 €). WLAN vorhanden. Von Ostern bis Mitte Oktober geöffnet. Avenue de la Corniche d'Azur, ✆ 0494810144, ℻ 0494813242. www.hotelcatalogne.com.

** **La Petite Auberge**, kleines, familiäres Hotel (Logis-de-France) mit Restaurant und freundlicher Besitzerin. Nur 50 Meter vom Meer entfernt. Vom Hotel aus kann man einen schönen Spaziergang am Meer entlang zum Zentrum von Saint-Aygulf machen. Zimmer ab 62 €, von Juli bis Sept. nur mit Halbpension ab 61 € pro Person. Passable Menüs zu 19,50, 27 und 33 €. 118, rue d'Alsace, ✆ 0494810126, ℻ 0494817808. www.petite-auberge.fr.

• *Camping* ** **De Saint Aygulf Plage**, gigantische Anlage mit rund 1.600 (!!!) Stellplätzen. Nur durch die Küstenstraße vom Meer getrennt. Von April bis Okt. geöffnet. Am östlichen Stadtrand gelegen, ✆ 0494176249. www.camping-cote-azur.com.

Sainte-Maxime

Ein kurzer Blick auf die Stadtgeschichte: Sainte-Maxime, heute ein lebhafter Badeort am Golf von Saint-Tropez, geht auf eine phönizische Siedlung zurück. Nachdem der Ort von Sarazenen und anderen Seeräubern mehrfach verwüstet worden war, nahmen im Mittelalter die Mönche von Lérins Sainte-Maxime unter ihre Obhut. Im Zeitalter des Massentourismus erlebte Sainte-Maxime einen bis dato ungebrochenen Aufschwung, der einen seither anhaltenden Dauerstau

Côte d'Azur
Karten Seite 234, 316/317, und 364/365

auf der direkt an der Küste vorbeiführenden Nationalstraße zur Folge hat. Der sommerliche Trubel beschränkt sich allerdings hauptsächlich auf eben diese palmengesäumte Uferpromenade und ein paar zur Fußgängerzone deklarierten Gassen im Zentrum. Die Küste rund um Sainte-Maxime hat eine ganze Reihe gut besuchter Sandstrände zu bieten, die zumeist aber recht schmal sind. Im Gegensatz zu Saint-Tropez, das am anderen Ende der Bucht in der Abendsonne glänzt, ist Sainte-Maxime ein mehr auf Familien ausgerichteter Ferienort – ein Umstand, der sich auch auf die Preise niederschlägt. Freizeitkapitänen steht ein Yachthafen mit 750 Liegeplätzen zur Verfügung.

Information/Verbindungen/Diverses

- *Information* **Office de Tourisme**, Promenade Simon Lorière, B.P. 107, 83120 Sainte-Maxime, ✆ 0494557555, ✆ 0494557556. www.ste-maxime.com.
- *Einwohner* 12.200 Einwohner.
- *Verbindungen* Tgl. acht Busverbindungen nach Saint-Tropez sowie über Saint-Aygulf nach Saint-Raphaël. Von Juli bis Sept. bestehen sehr häufig Schiffsverbindungen (Les Bateaux Verts) nach Saint-Tropez. Abfahrt an der Gare maritime, Überfahrt rund 20 Minuten, Hin- und Rückfahrt 12 €. www.bateauxverts.com. Es gibt im Ort mehrere Parkplätze, doch ist es im Juli und Aug. – wie in allen Küstenorten – fast unmöglich, einen freien Platz zu ergattern.
- *Markt* Donnerstagvormittag in der Altstadt sowie jeden Vormittag in der Markthalle in der Rue Fernand-Bessy.
- *Autovermietung* Hertz, Avenue Georges Clémenceau, ✆ 0494965058.
- *Fahrrad- und Motorradvermietung* Maxi Motos, 3, rue du Dr Sigallas, ✆ 0494965810; Quick Moto Service, 6, route du Plane la Tour, ✆ 0494492220; Holiday Bike (nur Fahrräder), 8, avenue Saint-Exupéry, ✆ 04944 39010.
- *Strände* Nördlich von Sainte-Maxime, an der felsigen Küste zwischen La Nartelle und Val d'Esquières, gibt es ein paar idyllische, kleine Felsbuchten mit Sandstränden, zu denen man teilweise aber etwas klettern muss. Schön, aber direkt an der Straße gelegen, ist die Calanque du Grand Boucharel.

Übernachten/Essen

*** **Montfleuri**, sehr angenehmes Ferienhotel (Best Western) mit Restaurant, geführt von einem freundlichen jungen Paar. Fast alle Zimmer verfügen über einen schönen Balkon mit Blick auf das Meer. Eine große Terrasse, auf der das Frühstück serviert wird, und ein Swimmingpool verschönern den Aufenthalt. Lage: Ein knapper Kilometer vom Zentrum (Richtung Fréjus) und hundert Meter vom Meer entfernt. Zimmer zur Straße je nach Saison 65–95 €, mit Meerblick je nach Saison und Ausstattung 105–185 €. 3, avenue Montfleuri, ✆ 0494557510, ✆ 0494492507, www.hotel-montfleuri.com.

*** **Les Palmiers**, etwas älteres, aber charmantes Hotel, wenige Meter von Hafen und Meer entfernt. Die Zimmerpreise variieren je nach Ausstattung und Saison. Während die einfachsten Zimmer ohne WC in der Hochsaison 105 €, in der Nebensaison 63 €, kosten, werden für die Räumlichkeiten mit Meerblick mindestens 10 € mehr berechnet. Manche haben einen Balkon. Rue Gabriel-Péri, ✆ 0494960041, ✆ 0494967430. www.hotelespalmiers.com.

** **Les Calanques**, etwas weiter östlich an der Küste in Les Issambres ist dieses Hotel ein Lesertipp von Reinhard Rinnerthaler, der begeistert schrieb: „Das Preis-Leistungs-Verhältnis ist gut, das Haus wird von einem sehr sympathischen Paar geführt; der Wirt spricht Deutsch. Vom Hotel zur Badebucht sind es nur ein paar Meter." Mit nur zwölf nett eingerichteten Zimmer herrscht eine recht private Atmosphäre. Die Preise variieren je nach Saison von 72 bis 98 € für das einfache DZ, mit Balkon oder Terrasse 95–135 €. Frühstück 8 €. Kostenloses WLAN. Corniche des Issambres, rue du nid au soleil, ✆ 0498113636, ✆ 0498113637. www.french-riviera-hotel.com.

La Maison Bleue, das einzige, was man in dem sympathischen Restaurant vermissen könnte, ist der Meerblick, da es eine Straße hinter der Promenade liegt. Doch das ausgezeichnete Preis-Leistungs-Verhältnis und die heitere Atmosphäre lassen dieses „Manko" schnell vergessen. Menüs zu 16 € (nur mittags), 21 € und 27 €. Selbst bei dem preisgünstigsten Menü hat man eine erstaunlich große Auswahl. Mittwoch Ruhetag sowie von Nov. bis Ende Dez. Betriebsferien. 48, rue Paul-Bret, ✆ 0494965192.

• *Ferienwohnungen* Über das breite Angebot informiert das Office de Tourisme.

• *Camping* *** **Les Cigalons**, kleinerer Platz, nicht weit vom Meer entfernt, zwei Kilometer nördlich beim Ortsteil La Nartelle. Von Ostern bis Ende Sept. geöffnet. ✆ 0494 960551. www.campingcigalon.com.

Sehenswertes

Musée de la Tour Carrée: Das lokalhistorische Museum im ältesten Gebäude der Stadt führt ein Schattendasein im quirligen Sainte-Maxime. Die meisten Urlauber spazieren lieber über die Promenade, bevor sie sich der hiesigen Volkskunde widmen. Im Sommer wird die Dauerausstellung durch Wechselausstellungen zeitgenössischer Kunst ergänzt. Die Tour Carrée stammt aus dem frühen 16. Jahrhundert, doch erhielt sie ihr heutiges Aussehen erst durch spätere bauliche Veränderungen; bis vor ein paar Jahrzehnten war in dem alten Gemäuer übrigens das Rathaus von Sainte-Maxime untergebracht.

Öffnungszeiten Von April bis Sept. Mi–So 10–12 und 15–18 Uhr, im Juli und Aug. bis 19 Uhr. Eintritt: 2,30 €, erm. 0,75 €.

Musée du Phonographe: Zehn Kilometer außerhalb von Sainte-Maxime liegt das kleine Privatmuseum an der nach Le Muy führenden D 25. Zu der bunten Sammlung gehören rund 350 Plattenspieler, Drehorgeln, Musikautomaten etc. Das älteste Exponat, eine „talking machine" von Thomas Edison, stammt aus dem Jahre 1878.

Öffnungszeiten Von Ostern bis Sept. Mi–So 10–12 Uhr und 15.30–18 Uhr. Eintritt: 4 €.

Plan de la Tour

Dank seiner Lage am Rande des Massif des Maures eignet sich Plan de la Tour als Ausgangsbasis für Erkundungen durchs Hinterland von Saint-Tropez genauso wie für erholsame Strandtage.

• *Information* **Office de Tourisme**, Place du 19 Mars 62, 83120 Plan de la Tour, ✆ 0494430150, 📠 0494437508. www.plandelatour.net.

• *Markt* Donnerstagvormittag auf der Place du Boulodrome.

Côte d'Azur
Karten Seite 234, 316/317, und 364/365

Was haben Sie entdeckt?

Haben Sie *Ihre* Badebucht, ein gemütliches Hotel, ein empfehlenswertes Restaurant, ein uriges Lokal gefunden?

Wenn Sie Empfehlungen, Tipps, Anregungen oder Kritik zum Buch haben, lassen Sie es mich bitte wissen.

Schreiben Sie an:

Ralf Nestmeyer
Stichwort „Provence und Côte d'Azur"
c/o Michael Müller Verlag
Gerberei 19
91054 Erlangen
E-mail: ralf.nestmeyer@michael-mueller-verlag.de

Der Hafen von Saint-Tropez ist eine große Freiluftgalerie

Saint-Tropez

„Saint-Trop" – ein lebendiger Mythos, ein verheißungsvoller Name, ein Ort voller Klischees! Zu Zigtausenden eilen die Touristen herbei, um etwas vom vermeintlichen Glanz der Reichen und Schönen zu erhaschen. Meidet man die von Ostern bis Oktober währende Saison, dann präsentiert sich Saint-Tropez als beschaulicher Küstenort – aber dann ist Saint-Tropez eben nicht mehr Saint-Tropez.

„Bei aller Liebe – aber dann schon lieber Neuruppin. ... Die Laternen brennen trübe. Am Hafen liegt ein Gewirr von Tauen und Segelleinwand, überall drücken sich Männer herum, es ist schmutzig und dürftig", schrieb *Kurt Tucholsky* im November 1925 kurz nach seiner Ankunft in sein Tagebuch. Welch ein Unterschied zwischen damals und heute! Fraglos gehört das bunte Treiben in dem Küstenstädtchen seit geraumer Zeit zu den Hauptattraktionen der Côte d'Azur. Doch auch Freunde moderner Kunst haben einen Grund, nach Saint-Tropez zu pilgern: Das Musée l'Annonciade besitzt eine überaus beachtliche Kunstsammlung mit Bildern und Skulpturen, die größtenteils aus der ersten Hälfte des 20. Jahrhunderts stammen.

Wer in den Monaten Juli und August erst am späten Nachmittag oder frühen Abend nach Saint-Tropez aufbricht, muss damit rechnen, die letzten Kilometer Stoßstange an Stoßstange im dichten Ferienverkehr zu stehen. (Zum Trost für jeden Staugeplagten sei die berühmte Schriftstellerin Colette zitiert: „Eine einzige Straße führt nach Saint-Tropez. Um von hier wieder abzureisen, muss man dieselbe nehmen. Aber möchten Sie jemals wieder abreisen?") Auf dem Großparkplatz am neuen Yachthafen stapeln sich die Blechkarossen und eine nicht enden wollende Menschenmenge strömt der Altstadt entgegen. Am alten Hafen bieten dritt- und viertklassige Landschafts- und Portraitmaler ihre Werke feil, in den Cafés ist auch der letzte Stuhl besetzt und Mr. Gigolo versucht – meistens bleibt es nicht beim Versuch –, die Damenwelt mit dem tiefen, gleichmäßigen Blubbern seiner Harley Davidson zu beeindrucken. Ein besonderes Schauspiel ereignet sich allabendlich am Hafenkai: Begafft vom „Pöbel", lässt sich die Hautevolee auf ihren an Ozeandampfer erinnernden Yachten – manch einer wäre glücklich, wenn er nur mit dem Beiboot die Küste entlangschippern könnte – von einer livrierten Dienerschaft das Abendessen kredenzen. Nirgendwo sonst an der Côte d'Azur lässt sich das Spektakel des Sehen und Gesehenwerdens besser miterleben als in Saint-Tropez; schwungvoll brodelt es rund um den Hafen bis in die frühen Morgenstunden hinein. Das anstrengende Leben gestattet einen Strandbesuch erst am frühen Nachmittag, um sich dort den richtigen Teint und die Kraft für die Freuden der Nacht zu holen ...

Wer es einrichten kann, sollte aber unbedingt einmal im Frühjahr, Spätherbst oder Winter nach Saint-Tropez kommen. Dann nämlich, wenn die Fremden nur noch vereinzelt, statt in Horden die Stadt besuchen und sich aus dem Lärm wieder das Klackern einzelner Absätze heraushören lässt, zeigt sich in den Gassen und auf den Plätzen das typische Leben einer französischen Kleinstadt. In den Wintermonaten bestimmen wieder die rund 6.000 Einheimischen das Stadtbild von Saint-Tropez, zahlreiche Boutiquen, Hotels und Restaurants haben geschlossen, das Leben verläuft wieder in gemächlicheren Bahnen, die Pétanque-Spieler gehen unter den Platanen der Place des Lices wieder ungestört ihrem Vergnügen nach.

Saint-Tropez – ein Fischerhafen?

Noch heute lebt Saint-Tropez von seinem Fischerhafen-Image. Doch die Zahl der Einwohner, die ihren Lebensunterhalt auf dem Meer verdienen, ist stark rückläufig. Noch im Jahre 1909 zählte man im Ort 80 Fischer, dann nahm ihre Zahl rapide ab. Erst 1990 durch die stete Nachfrage der Restaurants stabilisierte sich der Niedergang bei einem knappen Dutzend.

Geschichte

Glaubt man der Legende, so leitet sich der Name der Stadt und ihrer zugehörigen Bucht vom heiligen Torpes ab, einem römischen Offizier, der zur Zeit Neros wegen seines Glaubens enthauptet wurde; der kopflose Leichnam des Märtyrers – so jedenfalls die lokale Überlieferung – wurde am Hafen des heutigen Saint-Tropez zusammen mit einem Huhn und einem Hahn angespült. Bis ins späte Mittelalter hinein ist so gut wie nichts über Saint-Tropez bekannt; eine kleine Ansiedlung in der Bucht ist wahrscheinlich im 9. Jahrhundert einem Sarazenenansturm zum Opfer gefallen. Im 15. Jahrhundert ließen sich hier sechzig Genueser Familien nieder, die von König René, dem Grafen der Provence, mit dem Versprechen von Steuervorteilen angelockt worden waren; Saint-Tropez, das über zwei Jahrhunderte hinweg einen mit einer Republik vergleichbaren Status besaß, nahm einen bescheidenen Aufstieg. Zwei Konsulen und ein Zwölferrat regelten die Geschicke der Stadt. In der Seefahrt erprobt, besiegte eine kleine

Traumhafte Lage: der Friedhof von Saint-Tropez

einheimische Flotte 1637 mit Glück und Geschick ein vermeintlich übermächtiges spanisches Geschwader – das siegreiche Ereignis wird alljährlich am 15. Juni mit einer „Bravade" lautstark begangen. Am Hafen steht die Statue von Bailli Pierre-André de Suffren (1728–1788), der als französischer Admiral von den Engländern als „Schrecken der Meere" gefürchtet war.

Saint-Tropez ist der einzige Badeort an der Côte d'Azur, den die Franzosen selbst entdeckt haben. Zuerst kamen die Maler auf der Suche nach dem Licht: Paul Signac, der „Erfinder" des Pointillismus, machte 1892 den Anfang, Camoin, Manguin und Van Rysselberghe folgten nach, später kamen noch Matisse und Bonnard nach Saint-Tropez (Das Musée de l'Annonciade besitzt zahlreiche Gemälde aus dieser Epoche). Das kleine Küstenstädtchen wurde alsbald von einer illustren Gästeschar bevölkert, in die sich auch Errol Flynn, die aus den USA ausgewiesene Anarchistin Emma Goldmann und die Schriftstellerin Colette einreihten; Letztere blieb dem Ort über vierzehn Jahre hinweg treu und schwärmte von einem „Blau, das anderswo nur in Träumen vorkommt". Kurz nach dem Zweiten Weltkrieg war es ruhig geworden in Saint-Tropez. Die Häuser am Hafen waren kurz vor Kriegsende bei Kämpfen zwischen den alliierten Landungstruppen und den deutschen Besatzern in die Luft gesprengt worden; behutsam machte man sich an den originalgetreuen Wiederaufbau. Die Stimmung erinnerte an die zwanziger Jahre, als der kleine Küstenort noch nicht „entdeckt" worden war. Die wenigen Gäste fanden hier ihre Vorstellung von einem unverdorbenen Fischerdorf erfüllt. Es gab noch keine Nachtclubs und Luxusherbergen; man wohnte in billigen Hotels am Hafen und kaufte sich gestreifte Fischerhemden und farbige Espandrilles. Selbst Picasso konnte damals noch in aller Ruhe einkaufen. Nach 1956 war damit endgültig Schluss. Ein Filmteam stieg in einem bescheidenen Hotel mit dem provozierenden Namen *L'Ail du* Lit ab und drehte

Die Librairie Gerstel – ein Stück Exilgeschichte

Direkt am alten Hafen von Saint-Tropez, der in den Sommermonaten den Luxusjachten und ihren Bewunderern vorbehalten ist, zweigt ein kleines Gässchen, die Rue Georges Clémenceau, ab und schlängelt sich zum Place Carnot. Wenn man die Gasse vom Hafen her betritt, ist es allzu leicht, das erste unscheinbare Haus auf der rechten Seite zu übersehen. Nur das mit dunkelbrauner Farbe über die beiden Fenster gemalte *librairie* wies noch ein paar Jahre auf die einstige Buchhandlung Gerstel hin, die im Herbst 1994 aufgegeben wurde (heute werden hier Klamotten feilgeboten). Wer die Buchhandlung im Sommer 1994 aufgesucht hatte, konnte die Veränderung wahrnehmen: Die Bücher standen nicht mehr dicht gedrängt in den Regalen, zudem waren alle Preise reduziert. Der Ausverkauf hatte begonnen, denn am 30. November 1994 sollte die Librairie Gerstel für immer geschlossen werden. Hinter dieser Geschäftsaufgabe verbirgt sich mehr als nur die Tatsache, dass auch in Frankreich kleine Buchhandlungen vielerorts um ihre Existenz fürchten müssen. Mit der Aufgabe der Buchhandlung Gerstel ging auch eine Episode deutschen Exils in Frankreich zu Ende.

Die damalige Besitzerin *Ellen Gerstel* war nämlich eine gebürtige Berlinerin, die im August 1933, wenige Monate nach der Machtergreifung Hitlers, Berlin verlassen hatte, um mit ihrem zukünftigen Ehemann Ernest nach Paris zu gehen. Noch 1914 war Ernest Gerstel, wie so viele andere Deutsche jüdischen Glaubens, freiwillig und voller Überzeugung in den Krieg gezogen, um für sein Vaterland zu kämpfen. In den Monaten nach der nationalsozialistischen Machtübernahme war dem gebürtigen Nürnberger schnell klar geworden, dass er Deutschland verlassen musste. Da Ernest Gerstel, dessen Familie das berühmte Modehaus Gerstel mit Niederlassungen in Nürnberg, Köln, Frankfurt und Berlin gehörte, gute Verbindungen nach Paris, der Stadt der Haute Couture, besaß, bot sich die Stadt an der Seine als Zufluchtsort an. Die Zeit bis zum Kriegsausbruch war nicht einfach. Obwohl beide Arbeit gefunden hatten – er als Buchhalter, sie als Vertreterin –, verfügten die Gerstels nur über wenig Geld, um den täglichen Lebensunterhalt zu bestreiten: Schicksal vieler Deutscher im Pariser Exil. Trotz allem tauschten sie schon bald ihren deutschen Reisepass gegen einen Reisepass für Staatenlose; der Bruch mit dem nationalsozialistischen Vaterland sollte endgültig sein. Mit dem Kriegsausbruch im September 1939 gestaltete sich die Lage zunehmend kritischer. Ernest Gerstel wurde als Staatenloser deutscher Herkunft in der Nähe von Bourges in Mittelfrankreich interniert. Im Mai 1940 ereilte Ellen Gerstel das gleiche Los: Erst wurde sie dreizehn Tage mit 12.000 weiteren Frauen ins Pariser Vélodrome d'Hiver, einer überdachten Radrennbahn, gepfercht und schließlich in das berüchtigte Lager „Gurs" in die Pyrenäen gebracht, in dem sich auch Marta Feuchtwanger und viele andere deutsche Frauen befanden. Am 13. Juli 1940, wenige Wochen nachdem in Frankreich die Waffen verstummt waren, erfolgte ihre Befreiung. Ernest war in der Zwischenzeit in die Fremdenlegion eingetreten; allerdings mehr zwangsweise denn freiwillig, da ihm die französischen Behörden keine andere Wahl gelassen hatten, um einer weiteren

Internierung zu entgehen. Ein knappes Jahr später wurde Ernest Gerstel in Saint-Tropez aus der Fremdenlegion entlassen, da er glücklicherweise eine feste Adresse in der unbesetzten Zone nachweisen konnte. Im April 1941 war das Ehepaar endlich wieder vereint. Zum zweiten Mal innerhalb weniger Jahre hatten sie alles verloren, doch lebten sie hier in Saint-Tropez in Freiheit und Sicherheit – vorerst.

Die ersten Monate waren hart; sie wohnten zusammen in einem einzigen, engen Zimmer, verfügten weder über Tisch noch Herd und nur jeden zweiten Tag konnten sie sich eine richtige Mahlzeit leisten. Doch es ging aufwärts. Ernest Gerstel, der in München Kunstgeschichte studiert hatte, fand eine Beschäftigung als Verkäufer in der Buchhandlung Denis. Sein Gehalt war nicht üppig; er verdiente nur zehn Prozent von jedem von ihm verkauften Buch. Nicht viel, doch immerhin ein Anfang. Ellen Gerstel, die als Landarbeiterin untergekommen war, steuerte hauptsächlich Nahrungsmittel zum gemeinsamen Unterhalt bei. Noch vor Ankunft der deutschen Truppen in Saint-Tropez konnten sich die Gerstels falsche Papiere besorgen. Die Hilfsbereitschaft der Einheimischen war dabei enorm. Auf dem Gemeindeamt stellte man ihnen Pässe auf den Namen des Besitzers der Buchhandlung Denis aus. Selbst der von der Vichy-Regierung ernannte Bürgermeister deckte beide. Im November 1942 wurde Saint-Tropez besetzt. Ernest musste sich beinahe zwei Jahre lang in dem im La-Ponche-Viertel gelegenen Zimmer verstecken. Aber auch jetzt halfen Nachbarn und neu gewonnene Freunde. Der Pfarrer von Saint-Tropez brachte ihm sogar eine Soutane, damit er notfalls leichter fliehen könnte. Eine Nachbarin lieh ihnen ein Radiogerät, so konnte Ernest in seinem Versteck wenigstens die Nachrichten verfolgen. Ellen Gerstel arbeitete währenddessen an Stelle ihres Mannes in der Buchhandlung, wobei sie ständig ihre Herkunft verleugnen musste und vortäuschte, nur gebrochen Deutsch zu sprechen. Am 15. August 1944 war es soweit: Saint-Tropez wurde von amerikanischen Truppen nach einem heftigen Kampf, in dem viele Häuser am Hafen stark beschädigt wurden, befreit. Noch ein halbes Jahrhundert später leuchteten Ellen Gerstels Augen, als sie von diesem wichtigen Ereignis erzählte: Auf den Tag genau elf Jahre nachdem sie Berlin verlassen hatten, konnte das Leben der Gerstels wieder in geregelten Bahnen verlaufen.

Ein Entschluss stand fest: Auch nach Kriegsende wollten die Gerstels in Saint-Tropez bleiben. 1948 erfolgte die kostenlose Einbürgerung und beide wurden von ganzem Herzen französische Staatsbürger. Vier Jahre später übergab ihnen Herr Denis die Geschäftsführung seiner Buchhandlung. Dadurch verfügten sie über eine gesicherte Existenzgrundlage. Ernest und Ellen Gerstel konnten nun auch das Sortiment ganz nach ihren Vorstellungen gestalten. Ein breites Angebot an guter französischer, englischer und deutscher Literatur füllte die schlichten, provisorisch wirkenden Regale der kleinen Buchhandlung, die sich nur über zwei Räume erstreckte. Schnell wurde die Buchhandlung in der Rue Georges Clémenceau zu einer bekannten Adresse. Marlene Dietrich war in den fünfziger Jahren ein häufiger und gern gesehener Gast. Inkognito, das Gesicht hinter einer dunklen, modisch geschwungenen Sonnenbrille verborgen, kam sie oft zum Schmökern hierher.

„Die Dietrich" („Marlene Dietrich legte immer nur in Begleitung eines einzigen Matrosen im Hafen von Saint-Tropez an ...") war aber nicht der einzige prominente Kunde. Das Besucherbuch liest sich wie ein *who is who* der fünfziger und sechziger Jahre. Pablo Picasso und Max Ernst gehörten genauso zu ihren Kunden wie Walter Mehring und der frankophile Sozialdemokrat Carlo Schmid, zu dem Ellen Gerstel ein besonders herzliches Verhältnis unterhielt. Nirgendwo sonst, so stellte Ellen Gerstel im Rückblick bewegt fest, hätte sie ein so erfülltes und ereignisreiches Leben führen können wie in Saint-Tropez.

Früher gab es hier eine „deutsche Buchhandlung"

Durch den einsetzenden Massentourismus hatte sich manches auch zum Negativen hin verändert, wie Ellen Gerstel bedauerte, jedoch profitierte ihre Buchhandlung auch davon: „Mehr Touristen bedeuteten natürlich auch mehr Umsatz." Seit 1966, dem Jahr, als ihr Mann gestorben war, hatte Frau Gerstel die Buchhandlung alleine weitergeführt; im fortgeschrittenen Alter brachte sie nicht mehr die Kraft auf, das Geschäft zu leiten. Es waren vor allem die Augen, die den Dienst versagten. Ein Interessent, der die Buchhandlung übernehmen wollte, war nicht zu finden. Dies lag auch daran, wie Ellen Gerstel 1994 ein Jahr vor ihrem Tod wehmütig feststellte, dass es in den letzten Jahren immer schwerer wurde, gute Literatur zu verkaufen: „Das Publikum hat sich stark verändert. Heute wird in den Ferien wesentlich weniger gelesen und wenn, dann hauptsächlich Trivialliteratur." Der Abschied von den Büchern und ihrer Buchhandlung schmerzte Ellen Gerstel verständlicherweise sehr. Und wer schon einmal in der Librairie Gerstel ein Buch gesucht und gefunden hatte, wird verstehen warum.

„Und immer lockt das Weib“, jenen Film von Roger Vadim, der *Brigitte Bardot* mit all ihren einprägsamen Vorzügen zum Weltstar machen sollte. Es kam zum Skandal und Saint-Tropez galt daraufhin als wahres Sündenbabel. Jeder wollte nun natürlich just aus diesem Grund nach Saint-Tropez, obwohl es in dem Städtchen damals noch ziemlich prüde zuging. Françoise Sagan, durch „Bonjour Tristesse“ quasi über Nacht reich und berühmt geworden, hatte bereits ein Jahr zuvor den Weg nach Saint-Tropez gefunden. In den nächsten Jahren entwickelte sich „Saint-Trop“ zum Treffpunkt der Reichen und Schönen, Playboys und Starlets; barbusige Frauen läuteten 1964 am Strand von Pampelonne ein freizügigeres Zeitalter ein, das durch die 68er-Generation zum Allgemeingut werden sollte.

Information/Verbindungen/Diverses

• *Information* **Office de Tourisme**, B.P. 218, 83994 Saint-Tropez Cédex, ✆ 0892684828 (0,35 €/Min), ℻ 0494978266, www.saint-tropez.st. Das Büro am Quai Jean Jaurès hat täglich geöffnet, im Sommer durchgehend von 9.30–20 Uhr.

• *Verbindungen* Wer mit dem eigenen Fahrzeug anreist, lässt es am besten gleich am Ortseingang auf dem gebührenpflichtigen **Großparkplatz** stehen. Parkplätze im Zentrum sind rar, zudem erschweren Einbahnstraßen und aufmerksame Verkehrshüter die Suche. Empfehlenswert ist zudem das überwachte unterirdische Parkhaus Place des Lices.

Heiße Öfen, coole Typen?

Der **Busbahnhof** befindet sich am Ortseingang in der Avenue du Général de Gaulle, ✆ 0494978851. Rund acht Busverbindungen tgl. nach Toulon (2 Std. 10 Min.) mit Zwischenstopps in La Croix-Valmer, Cavalaire-sur-Mer, Le Lavandou und Hyères. Nach Saint-Raphaël (1 Std. 25 Min.) ebenfalls acht Verbindungen täglich. Zwischenstopps: Cogolin, Grimaud, Sainte-Maxime, Saint-Aygulf und Fréjus. Von Saint-Raphaël bestehen sehr häufig Zugverbindungen nach Cannes und Nizza. Von April bis Okt. kann man zudem auf das Schiff ausweichen: **Schiffsverbindungen** nach Sainte-Maxime (20 Minuten, Les Bateaux Vertes, ✆ 049 449 2329) sowie nach Port Grimaud, Les Issambres und Saint-Raphaël (50 Minuten, MMG, ✆ 0494965100). www.bateauxverts.com. Angesichts des allabendlichen Staus spricht neben dem Erholungseffekt auch der Zeitfaktor für das Schiff. Wer es eilig hat, muss entweder zum Helikopterflugplatz (am neuen Hafen, unweit des Busbahnhofs) oder nach La Môle bzw. Hyères und von dort weiter mit dem **Flugzeug** nach Paris.

• *Veranstaltungen* Das Volksfest zu Ehren des Stadtheiligen Torpes mit dem lärmenden Aufmarsch (**Bravade**) kostümierter Seeleute wird alljährlich vom 16. bis 18. Mai gefeiert; zusätzlich findet am 15. Juni zum Gedenken an den Sieg über eine spanische Flotte die **Spanier-Bravade** statt.

• *Hauptpost* Place Alphonse Celli.

• *Internet* Kreatic Café, 17, avenue Général Leclerc (am Ortseingang).

• *Markt* Dienstag- und Samstagvormittag provenzalischer Markt auf der Place des Lices. Fisch, aber auch Gemüse, Obst und Blumen werden täglich auf der Place aux Herbes verkauft.

• *Autovermietung* Avis, Avenue du 8 Mai 1945, ✆ 0494970310.

- *Fahrrad- und Motorradvermietung* Location 2 Roues, 5, rue Carenta, ✆ 0494970060.
- *Kino* La Renaissance, Place des Lices, ✆ 0836680362.
- *Schwimmbad* Piscine Municipale (Hallen- und Freibad) im Complexe Sportif du Moulin Blanc an der Route des Salins.
- *Strände* Siehe Sehenswertes.
- *Tauchen* Les Plongeurs du Golfe, Centre CPSM, Route des Carles, ✆ 0494978377.
- *Segelschule* In der Baie des Cannebiers, zwei Kilometer östlich des Zentrums. ✆ 049 4971258.
- *Tennis* Tennis Club de l'U.S.T., ✆ 04949 73639. Route des Salins.
- *Taxi* Quai Gabriel Péri, ✆ 0494970527.

Übernachten (siehe Karte S. 356/357)

Saint-Tropez ist sicher nicht der richtige Ort, um sich in einem preiswerten, beschaulichen Hotel niederzulassen. Ein Blick auf das Hotelverzeichnis zeigt: Es gibt mehr Drei-Sterne-Hotels als Ein- und Zwei-Sterne-Hotels zusammen.

**** **La Bastide de Saint-Tropez (16)**, das traumhafte kleine Hotel liegt nur wenige Minuten von der Place des Lices entfernt in vollkommen ruhiger Lage; es ist auf mehrere Gebäude verteilt, die sich um einen Swimmingpool (beheizt) gruppieren. Das zugehörige Restaurant L'Olivier gilt als eines der besten der Region. Küchenchef Franck Broc zaubert kulinarische Köstlichkeiten ab 45 € pro Menü auf den Tisch. Alle Zimmer (235–490 €) sind individuell eingerichtet. Es werden auch Appartements und Suiten vermietet, die einen Privatgarten mit Whirlpool besitzen. Route des Carles, ✆ 0494558255, ℻ 049 4972171. www.bastide-saint-tropez.com.

**** **Le Mas de Chastelas (15)**, überaus empfehlenswertes Landhotel in der Nähe der Zufahrtsstraße nach Saint-Tropez. Das stilvolle Hauptgebäude stammt aus dem 18. Jahrhundert, parkähnlicher Garten mit Swimmingpool und Tennisplatz. Lobenswert sind der unaufdringliche und freundliche Service sowie die wohlfeilen Kreationen des Küchenchefs (Menüs zu 29 und 45 €). Verdient zweifellos das Prädikat Gourmetrestaurant! Zimmer je nach Saison und Ausstattung zwischen 250 und 480 €. Quartier Bertaud, ✆ 049 4567171, ℻ 0494567156. www.chastelas.com.

**** **La Ponche (1)**, das in der Nähe des Alten Fischerhafens gelegene Hotel war jahrzehntelang die bevorzugte „Absteige" von Françoise Sagan, die hier auch einen großen Teil ihrer Memoiren schrieb. Sie mietete immer dasselbe Zimmer mit einer großen Terrasse. Insgesamt hat das La Ponche 18 Zimmer, für die man mindestens 240 € (Hochsommer ab 310 €) aufbringen muss. Das Restaurant ist ebenfalls zu empfehlen, Menüs zu 24 € (mittags), 38 und 48 €. Von April bis Mitte Okt. geöffnet. Place du Révelin, ✆ 0494970253, ℻ 049 4977861, www.laponche.com.

**** **La Tartane (14)**, das kleine Nobelhotel mit großzügigem Garten und beheiztem Swimmingpool liegt an der Straße, die vom Zentrum zur Plage des Salins führt. Je nach Saison variieren die Zimmerpreise zwischen 275 und 600 €. April bis Mitte Okt. geöffnet. Route des Salins, ✆ 0494972123, ℻ 0494970916. www.latartane.fr.

*** **Sube (6)**, das einzige, direkt am Hafen gelegene Hotel, daher besonders für diejenigen interessant, die sich am allabendlichen Treiben nicht satt sehen können. 31 Zimmer je nach Ausstattung von 115 (NS) bis 259 €. Der Hafenblick hat eben seinen Preis ... Sur le Port, ✆ 0494973004, ℻ 049454 8908, www.hotel-sube.com.

** **B. Lodge Hotel (3)**, schönes Stadthotel mit zeitgenössisch-afrikanischen Touch unterhalb der Zitadelle. Während man in der Nebensaison schon ab 80 € unterkommt, sind in der Saison, die allerdings schon Ostern beginnt, zwischen 140 und 190 € zu veranschlagen. Die Zimmer strahlen viel Atmosphäre aus, manche (Nr. 1–4) besitzen einen schönen Balkon (210 €); die Matratzen sind ausgezeichnet. Kostenloses WLAN. Wer will, kann gleich im zugehörigen Restaurant speisen. Rue de la Citadelle, ✆ 04949 70657, ℻ 0494975872, www.hotel-b-lodge.com.

** **Lou Cagnard (13)**, angenehmes, preisgünstiges Hotel mit schönem Garten. Helle, freundliche Zimmer 54–130 € (keine Kreditkarten!)., von Juni bis Sept. mind. 7 Tage Aufenthalt, ab 67 €. Mitte Nov. bis Mitte Dez. geschlossen. 18, avenue Paul Roussel, ✆ 0494970424, ℻ 049 4970944. www.hotel-lou-cagnard.com.

** **La Méditerranée (12)**, kleines, zentrumsnahes Hotel (13 Zimmer) an einer lauten Straße. Die Übernachtungspreise beginnen bei 60 € (Nebensaison) pro Zimmer und liegen zumeist zwischen 85 und 250 €. Keine Hunde erlaubt. Von April bis Mitte Nov. sowie über Weihnachten geöffnet. 21, boulevard Louis Blanc, ✆ 0494970044, ℻ 0494974783. www.hotelmediterranee.org.

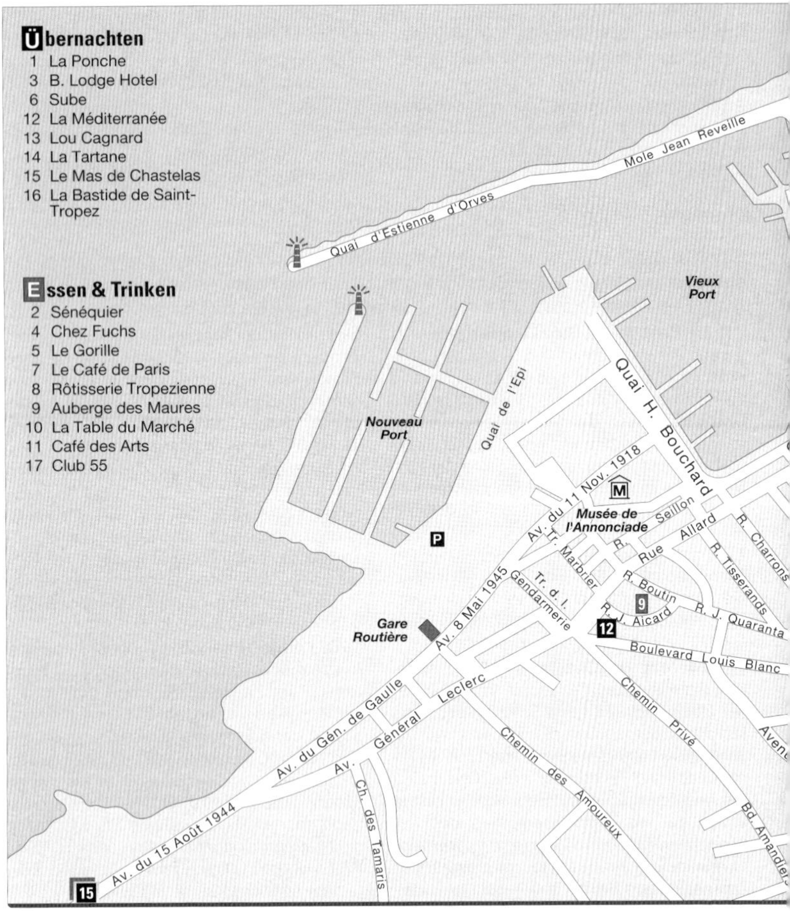

• *Camping* Auf dem Gemeindegebiet von Saint-Tropez gibt es keine Campingplätze, dafür besitzen Ramatuelle und Gassin zahlreiche, gut ausgestattete Plätze (siehe dort).

Essen/Nachtleben

„Man lebt billig, in den kleinen Restaurants am Quai und hinten, in den Gassen, isst man anständig für wenig Geld" – Klaus und Erika Mann erlebten zu Beginn der dreißiger Jahre noch ein anderes Saint-Tropez.

La Table du Marché (10), das Restaurant begeistert durch sein Preis-Leistungs-Verhältnis, nach dem man anderswo lange suchen muss. Schönes Ambiente, die Regalwände sind mit edlen Weinen gefüllt. Für 19,50 € wird mittags und für 29 € abends (mit Vorspeise) ein Plat du Jour mit Nachtisch und einem Glas Wein serviert. Schneller Service. 38, rue Georges Clémenceau, ✆ 0494978520.

Auberge des Maures (9), dieses Restaurant in einer kleinen Seitengasse wirkt auf den ersten Blick etwas kitschig (vor allem das Wandbild mit dem Lavendelfeld). Allzu offensichtlich hat man sich der provenzali-

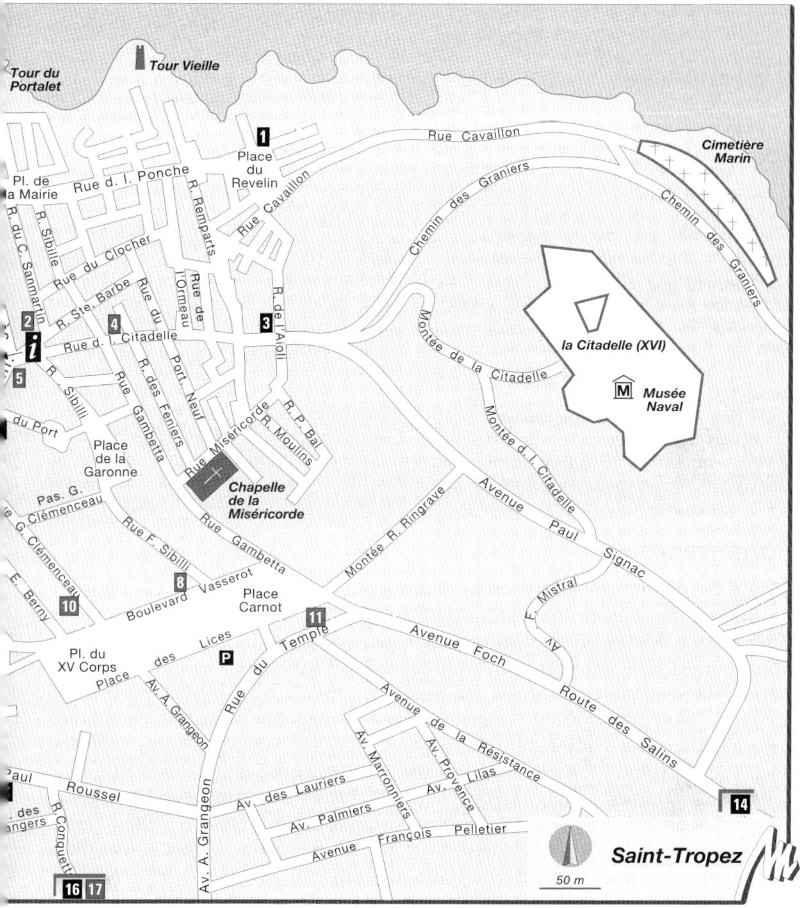

schen Lebensart und Küche verschrieben. Doch aller Skepsis zum Trotz begeistert die Leistung des Küchenchefs. Die frittierten Zucchiniblüten waren genauso lecker wie das Auberginen-Cassoulet. Empfehlenswert sind die gegrillten Fische, die man sich persönlich aussuchen darf. Ein Lob verdient das halbe Dutzend Kellner, das in orangenfarbenen Hemden sehr aufmerksam und flink bedient. Menü zu 49 €. 4, rue du Docteur Boutin, ✆ 0494970150.

Chez Fuchs (4), alteingesessenes, stilvolles Restaurant mit Bar im Erdgeschoss. Für ein Menü sind mindestens 40 € zu veranschlagen, mittags für 19,50 € mit einem Glas Wein. In der Nebensaison Montag und Dienstag Ruhetag. 7, rue des Commerçants, ✆ 0494970125.

Le Club 55 (17), seit 1955 der Klassiker unter den Strandrestaurants von Saint-Tropez, direkt an der Plage de Pampelonne. Viele schöne Frauen und viel Prominenz. Plat du jour 22 €, Menü um die 50 €. Vom 20.3. bis 5.11. geöffnet. 43, boulevard Patch. ✆ 0494555555.

Sénéquier (2), die traditionsreiche Pâtisserie – berühmt für ihr Nougat – liegt direkt am Hafen und ist wegen ihrer roten Tische und Stühle schon von weitem auszumachen. Motto: Sehen und gesehen werden. Der Café crème kostet zwar 4,90 €, dafür gibt es jeweils ein Kännchen statt der üblichen kleinen Tasse.

Côte d'Azur
Karten Seite 234, 316/317 und 364/365

Tgl. 8–2 Uhr, im Winter bis 18.30 Uhr. Von Mitte Nov. bis Mitte Dez. geschlossen. ✆ 0494970090. www.senequier.com.

Le Gorille (5), das einst von Brigitte Bardot bevorzugte Bistro – es besitzt nur noch einen Teil seiner ursprünglichen Größe – liegt direkt neben dem Sénéquier auf der anderen Hafenseite und gewährt einen schönen Blick auf den Hafen. Seit dem Frühjahr 1998 wurde die gesamte Front des Quai Suffren renoviert und auch das Le Gorille besitzt seither ein gusseisernes Markisengestänge.

Le Café de Paris (7), das dritte große Café am Hafen von Saint-Tropez ist preislich günstiger als das Sénéquier. Zudem ist auch der Service besser. Neben Sushi werden auch kleine Speisen, Pizzen und Salate serviert. Quai Suffren.

Café des Arts (11), der traditionelle Treffpunkt aller Boule-Spieler von Saint-Tropez. Bedingt durch einen Rechtsstreit mit dem Vermieter, ist das berühmte Café an der Place des Lices im Januar 1996 in die Räumlichkeiten des ehemaligen Boeuf sur la Place umgezogen. Die Boule-Spieler haben für ihre Utensilien eigene Schränkchen. Den halben Liter Wein gibt es für 6 €, den Plat du Jour für 18 €. Tgl. 8–2 Uhr (im Winter bis 21.30 Uhr) geöffnet. Place des Lices, ✆ 0494970225.

Rôtisserie Tropezienne (8), kein Restaurant, dafür wahrscheinlich der beste Hähnchengrillstand der Provence. Seit 1979 werden hier leckere Hähnchen gegrillt, und das zu zivilen Preisen (8,50 €). Unbedingt auch das Gemüse und die Kartoffeln mitbestellen! Place des Lices, ✆ 0494548505.

• *Nachtleben* In der Hochsaison pulsiert das Leben rund um den Hafen bis in die frühen Morgenstunden. Es ist nicht leicht, auf die aktuelle Trenddisco hinzuweisen, denn gerade in der schnelllebigen Discoszene wechseln die In-Plätze häufig. Zu den Klassikern zählen **Les Caves du Roy** an der Place des Lices und die **Bodega du Papagayo** (Résidence du Port). Für alle Discos gilt jedoch: Die Eintrittspreise sind vergleichsweise happig.

Sehenswertes

Musée de l'Annonciade: Nachdem *Paul Signac* 1892 den kleinen Fischerhafen entdeckt hatte, folgten ihm zahlreiche Künstlerfreunde nach, um das Licht des Südens zum Malen zu nutzen. Schenkungen von Künstlern und eine Stiftung von Georges Grammont, einem wohlhabenden Fabrikanten aus Lyon, ermöglichten den Aufbau eines Museums, das in der am Hafen gelegenen ehemaligen Chapelle de Annonciade einen überaus geeigneten Ausstellungsrahmen gefunden hat. Die Sammlung umfasst Werke aus den Jahren 1890 bis 1950 von Paul Signac, Henri Matisse („Die Zigeunerin"), Georges Seurat, Charles Camoin („Place aux Herbes"), Maurice de Vlaminck, Pierre Bonnard („Nackte am Kamin"), Raoul Dufy und Maurice Utrillo sowie Skulpturen von Aristide Maillol. In die Schlagzeilen kam das Museum vor gut vierzig Jahren, als bei einem spektakulären Kunstraub mehr als die Hälfte der schlecht gesicherten Exponate gestohlen wurde. Glücklicherweise konnte das Diebesgut ein Jahr später sichergestellt und dem Museum zurückgegeben werden.

Adresse Place Georges Grammont. Öffnungszeiten: Tgl. außer Di 10–12 Uhr und 14–18 Uhr, von Juni bis Sept. 10–13 Uhr und 15–22 Uhr. Eintritt: 6 €, erm. 4 €.

Citadelle et son Musée Naval: Hoch über der Stadt und dem Golf von Saint-Tropez erhebt sich die mächtige Zitadelle. Es handelt sich um eine gut erhaltene Anlage mit zickzackförmigem Grundriss, die gegen Ende des 16. Jahrhunderts zur besseren Verteidigung der Küste errichtet wurde. Im Ersten Weltkrieg waren in der Zitadelle deutsche Kriegsgefangene untergebracht. Heute birgt das historische Gemäuer ein Museum, das neben einer Sammlung archäologischer Fundstücke anhand von Schiffsmodellen, Gemälden und Waffen die Geschichte der französischen Marine dokumentiert. Vom Dach der Zitadelle bietet sich ein faszinierender Blick über den Golf von Saint-Tropez.

Öffnungszeiten Tgl. außer Di 10–12.30 und 13–17.30 Uhr, von Mitte Juni bis Mitte Sept. 10–18.30 Uhr. Eintritt: 4 €, erm. 2,50 €.

Die berühmteste Gendarmerie Frankreichs

Durch *Louis de Funès* wurde die mittlerweile geschlossene, aber noch vorhandene Gendarmerie Nationale von Saint-Tropez zum Kultobjekt. 1964 tobte der unvergessliche Komiker erstmals als Polizeichef Ludovic Cruchot über die Kinoleinwand. Sein Hauptanliegen im ersten Film war es, dem drohenden Verfall der Sitten Einhalt zu gebieten und das Nacktbadeverbot durchzusetzen. Noch heute kursieren in Saint-Tropez zahlreiche Anekdoten rund um die Dreharbeiten zu den berühmten Louis-de-Funès-Filmen. Am bekanntesten ist die Geschichte von dem Bauern aus Ramatuelle, der beim Anblick einer fliegenden Untertasse seine Ente vor Schreck ins Hafenbecken steuerte und dabei fast ertrunken wäre. Der gute Mann hatte nämlich nicht mitbekommen, dass gerade „Louis' unheimliche Begegnung mit den Außerirdischen" gedreht wurde ...

Cimetière Marin: Unterhalb der Zitadelle liegt einer der malerischsten Friedhöfe der Côte d'Azur. Weiße Grabsteine heben sich kontrastreich von der dunkelblauen Meeresoberfläche ab. Wenn schon bis in alle Ewigkeit ruhen, dann hier ...

Maison des Papillons: Mehr als 20.000 Schmetterlinge, die von Dany Lartigue in den letzten Jahrzehnten in Frankreich gesammelt wurden, können im Haus der Schmetterlinge bewundert werden.

Adresse 9, rue Etienne Berny. Öffnungszeiten: Von April bis Sept. tgl. außer So 14.30–18 Uhr. Eintritt: 3 €.

Strandwanderung: Die wohl schönste Möglichkeit, die Halbinsel von Saint-Tropez kennenzulernen, ist eine Wanderung entlang der Küste. Man startet hierzu am Hafen von Saint-Tropez, passiert den Cimetière Marin und hat in einer guten halben Stunde die Baie des Cannebiers erreicht. Von nun an geht es auf dem Sentier Littoral in direkter Meeresnähe weiter bis zur Plage de Tahiti, die in die Plage de Pampelonne übergeht. Ohne lange Zwischenstopps ist die Tour in drei bis vier Stunden zu bewältigen. Wer diese Wanderung zur Tagestour ausdehnen möchte, kann vom Cap Camarat mit seinem Leuchtturm entlang der Küste über die Stationen Plage de l'Escalet, Cap Taillat und Cap Lardier in weiteren fünf bis sechs Stunden zum Strand von Cavalaire laufen; zurück geht es dann mit dem Bus. Gutes Schuhwerk ist zu empfehlen!

Strände

La Bouillabaisse: Nicht gerade überwältigender, stadtnaher Strand am Ortseingang von Saint-Tropez. Wenn der Mistral weht, finden Surfer hervorragende Bedingungen vor.

Des Graniers: Unterhalb der Zitadelle, nur wenige Fußminuten vom Zentrum entfernt, daher recht überfüllt.

Des Cannebiers: Der Strand aller Fans von B.B.; Brigitte Bardots berühmte Villa La Madrague befindet sich nur ein paar Schritte hinter dem Strand. Derzeit hält sich der Mythos von Saint-Tropez allerdings nur selten hier auf.

De la Moutte: Feinkörniger, heller Strand, allerdings ohne Restaurant und Strandbar.

Karten Seite 234, 316/317 und 364/365

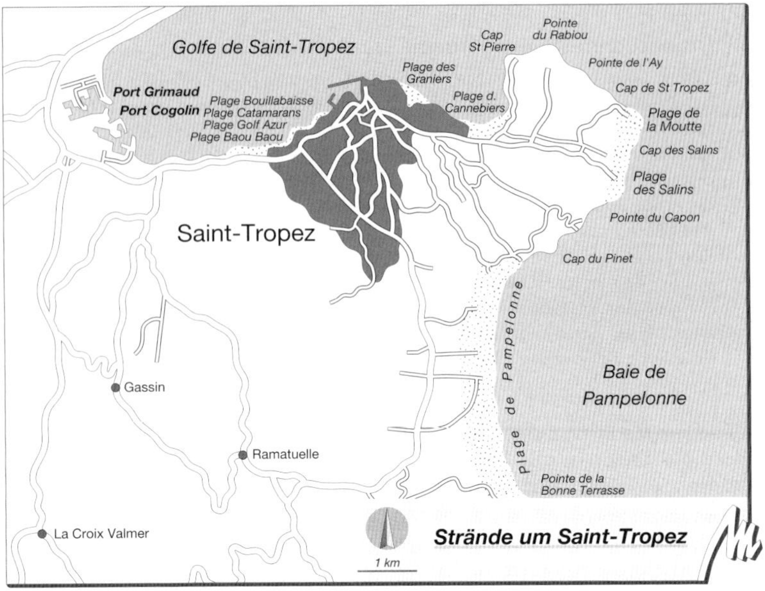

Strände um Saint-Tropez

Les Salins: Kein besonders schöner Strand, ganz im Osten der Halbinsel, kaum überlaufen und naturbelassen.

Pampelonne: Der goldgelbe Hauptstrand von Saint-Tropez liegt genau genommen auf dem Gemeindegebiet von Ramatuelle. Der größte Teil des Sandstrandes ist unter den so genannten Strandclubs – halbelitäre Restaurationsbetriebe mit Sonnenschirm- und Liegenvermietung – aufgeteilt, dazwischen finden sich aber immer wieder für die Allgemeinheit frei zugängliche Abschnitte. Der nördliche Teil des Strandes ist auch unter dem Namen **Tahiti-Plage** bekannt. Die anderen Strandabschnitte sind über vier Zufahrtsstraßen zu erreichen: Route des Tamaris, Boulevard Patch, Route de l'Epi sowie Route de Bonne Terrasse (von Norden nach Süden). Mit dem Auto bietet sich noch ein Ausflug zum **Leuchtturm** am Cap Camarat an; er kann im Sommer von 10–12 Uhr und 14–18 Uhr, im Winter von 10–12 Uhr und 14–16 Uhr bestiegen werden.

L'Escalet: Angenehme, von Felsen eingerahmte kleine Bucht im Südosten von Ramatuelle. Links und rechts relativ unberührte Felsküste.

Cap Lardier: Ein Tipp für diejenigen, die etwas abseits des allgemeinen Trubels baden wollen: An der Südspitze der Halbinsel von Saint-Tropez findet man einige wenig besuchte, felsige Buchten. Um hinzukommen, muss man den Wagen entweder in Gigaro oder L'Escalet stehen lassen und rund eineinhalb Stunden die Küste entlangwandern.

Gassin

Obwohl Gassin auf einem nur 201 Meter hohen Hügel liegt, bietet sich von dort oben eine phantastische Fernsicht über Olivenbäume, Korkeichen und Weinstöcke hinweg bis zum Meer. Bereits die Sarazenen und die Tempelritter nutzten den Ort aus diesem Grund als befestigten Aussichtsposten. Der Name Gassin soll sich auch von „Guardia Sinus“, was soviel wie „Wächter des Golfs“ bedeutet, ableiten. Die engen Gassen und Treppen sind fein herausgeputzt, fast an jeder Ecke befindet sich ein Souvenirshop; kein Wunder, schließlich ist Gassin ein beliebtes Ausflugsziel. In einer knappen halben Stunde ist der ganze Ort erkundet, dessen wehrhafter Charakter noch gut erhalten ist. Zur Entspannung lockt die Place du Barri, eine großräumige Aussichtsterrasse mit Cafés und Restaurants.

• *Information* **Maison du Tourisme Golfe de Saint-Tropez**, Carrefour de la Foux, 83580 Gassin. ✆ 0494434210, ℻ 049 4434278.

• *Fahrrad- und Motorradvermietung* Easy Driver, Route Nationale 98, ✆ 0494564178.

• *Übernachten/Essen* ** **Bello Visto**, der Name weist zu Recht auf die schöne Aussicht hin; aber auch ohne diese ist das Hotel eine empfehlenswerte Adresse. Es verwundert daher nicht, dass die neun Zimmer (60–95 €) zumeist schnell vergeben sind. Angegliedert ist auch eine recht angenehme Mischung aus Café, Bar und einem guten Restaurant (Menüs zu 28 €). Am Dienstag bleibt die Küche kalt. Von März bis Mitte Okt. geöffnet. Reservierung empfohlen. Im Nov. Betriebsferien. Place du Barri, ✆ 049 4561730, ℻ 0494434536. www.bello-visto.fr.

Les Lavandes, einfache, sympathische Unterkunft am Eingang des Ortes (ein Lesertipp von Katharina Engelhart). Passable Zimmer für 65 €, das Frühstück wird auf der Terrasse serviert. Montée Saint-Joseph, ✆ /℻0494562010.

Ferme Ladouceur, traumhafter ländlicher Gasthof mit ausgezeichneter Küche zu zivilen Preisen. Man sitzt umgeben von Weinreben inmitten der Natur und erfreut sich an provenzalischen Tafelfreuden. Es gibt nur ein täglich wechselndes Menü für 42 € (inkl. Wein), wobei man vielleicht vorher die Frage klären sollte, wer das Auto nach dem Essen nach Hause fährt... Nur abends geöffnet, im Januar und Februar sind Betriebsferien. Ein Tipp: Es werden auch sieben Zimmer ab 110 € inkl. Frühstück vermietet. Unterhalb des Ortes, erst Richtung Saint-Tropez fahren, dann rechts abbiegen und nach drei Kilometern auf der linken Seite. Quartier La Rouillère, ✆ 0494792495, ℻ 0494791214. www.fermeladouceur.com.

Le Micocoulier, ein paar Schritte weiter speist man auf schönen, blauen Stühlen ganz vorzüglich. Das Restaurant hat sich der mediterranen Küche verschrieben. Wie wäre es zum Auftakt beispielsweise mit einem Carpaccio von der Lotte? Menüs zu 27 und 35 €. Von Ostern bis Mitte Okt. geöffnet. Place du Barri, ✆ 0494561401.

La Verdoyante, etwas außerhalb gelegenes ländliches Anwesen. Als Spezialität des Hauses gilt Gratin de Moules aux épinards (überbackene Spinatmuscheln). Menüs zu 27, 39 und 49 €. Von Feb. bis Anfang Nov. geöffnet, Montagmittag und Mittwoch Ruhetag. Anfahrt: Etwa einen Kilometer in Richtung Saint-Tropez, dann rechter Hand dem Wegweiser folgen. 866, avenue de Coste Bugade, ✆ 0494561623.

• *Camping* **** **Parc Montana**, mit 600 Stellplätzen rund viermal so groß wie Le Moulin de Verdagne (s. u.). Ausstattung vergleichbar, ebenfalls ein Swimmingpool, aber schattiger. Von Jan. bis Mitte Nov. geöffnet. Route du Bourrian, ✆ 0494552020.

*** **Le Moulin de Verdagne**, terrassiertes Gelände inmitten von Weinfeldern und bewaldeten Hügeln. Swimmingpool. Ganzjährig geöffnet. Route du Brost, ✆ 0494797821. www.moulindeverdagne.com.

Kurzer Bummel durch die Gassen

Ramatuelle

Die Nähe zu Saint-Tropez und zur Plage de Pampelonne sorgt für einen regen Ausflugsverkehr. Trotz eines von den Häuserfronten gebildeten Mauerrings wurde Ramatuelle – wie auch das benachbarte Gassin – mehrfach in seiner Geschichte von Sarazenen und Piraten heimgesucht. Der Name leitet sich angeblich von *Rahmatu 'llah*, „Geschenk Gottes", ab. Das charmante Dorfzentrum bildet die Place de l'Ormeau, auf der einst eine uralte Ulme stand, die allerdings zu Beginn der achtziger Jahre durch einen Olivenbaum ersetzt werden musste. Große Sehenswürdigkeiten gibt es nicht, die Kirche Notre-Dame ist mit aufwändigem Mobiliar ausgestattet. Dennoch verwundert es nicht, dass Ramatuelle ein beliebter Prominentenwohnort ist. Zur Bürgerschaft gehört beispielsweise auch der „Mädchen-Fotograf" *David Hamilton*, der einst im nahen Saint-Tropez eine Galerie geführt hat. Auf dem Dorffriedhof liegt unter anderem der Schauspieler Gérard Philipe begraben, der die letzten Jahrzehnte vor seinem Tod im Jahre 1959 in Ramatuelle lebte.

Information/Diverses

- *Information* **Office de Tourisme**, 1, place de l'Ormeau, 83350 Ramatuelle, ✆ 0494126400, ✆ 0494791266. www.ramatuelle-tourisme. com.
- *Markt* Donnerstag- und Sonntagvormittag.
- *Veranstaltungen* Mitte Juli swingt der ganze Ort, **Jazz à Ramatuelle** ist angesagt; Anfang Juli bietet das zur Erinnerung an Gérard Philipe gegründete **Festival de Ramatuelle** neben modernen und klassischen Theaterstücken auch Chansons und kabarettistische Einlagen.
- *Fahrrad- und Motorradvermietung* Holiday Bikes, Route de Pampelonne, ✆ 049479 8775.

Übernachten/Essen

**** **Le Baou**, das schön gelegene Anwesen (Relais et Château) mit großem Swimmingpool klebt gewissermaßen am Hang. Der Blick auf Ramatuelle und das Meer begeistert, in den Genuss kommen auch die Gäste des Restaurants. Die Preise für die 41, mit Balkon oder Terrasse und Klimaanlage ausgestatteten Zimmer variieren je nach Saison zwischen 195 und 360 €. Kulinarisch sehr anspruchsvolle Menüs von 58 bis 75 €. Von April bis Okt. geöffnet. Avenue Gustave Etienne, ✆ 0494792048, ✆ 0494792836. www.hostellerielebaou.com.

*** **Lou Castellas**, dieses oberhalb des Ortes gelegene Hotel ist übrigens auch die beste Möglichkeit, direkt in Ramatuelle essen zu gehen. Die abwechslungsreiche Küche schmeckt besonders im Sommer auf der herrlichen Aussichtsterrasse. Menüs zu 328, 49 und 65 €. Die in verschiedenen Stilen eingerichteten Zimmer kosten je nach Saison 76–110 €. Wer mit Meerblick und Terrasse wohnen will, muss 120–160 € investieren. Route des Moulins de Paillas, ✆ 0494791159, ✆ 0494792104. www.lecurieducastellas.com.

*** **Epi-Plage**, angenehmes Strandhotel an der Plage du Pampelonne. Zusätzlich steht den Gästen ein Pool zur Verfügung. Die Zimmer mit hölzern-maritimem Flair kosten je nach Saison zwischen 235 und 390 €. Ganzjährig geöffnet. ✆ 0498129595, ✆ 049479 9036. www.epi-plage.com.

Le Vesuvio, nette Pizzeria mit schlichtem Interieur und zwei Tischen auf der Straße. Pizzen zwischen 8 und 12 €, Menüs zu 17,50 und 19 €. 19, avenue Georges Clémenceau, ✆ 0494792160.

Café de l'Ormeau, die schattige Straßenterrasse mit den einfachen gelben Plastikrohrstühlen ist ein beliebter abendlicher Treffpunkt. Place de l'Ormeau.

- *Camping* **** **La Cigale**, kleiner, komfortabler Platz, rund einen Kilometer von der Plage de l'Escalet entfernt. Ausreichend Schatten, mit Swimmingpool. Von April bis Mitte Okt. geöffnet. Route de l'Escalet, ✆ 0494792253. www.camping-lacigale.fr.

**** **Les Tournels**, an der Straße zum Cap Camarat, rund 2,5 Kilometer vom Meer entfernt, dafür mit großem, beheiztem Swimmingpool. Terrassiertes Gelände im Pinienwald. Mit 900 Stellplätzen der größte Campingplatz der Halbinsel. Restaurant, Supermarkt, Tennisplatz und schöner Kinderspielplatz auf dem Gelände. Die Übernachtung kostet mindestens 20 €, im Hochsommer bis zu 45 €. Nur von Mitte Jan. bis Mitte Feb. geschlossen. ✆ 0494559090, www.tournels.com.

*** **La Toison d'Or**, ebenfalls am Strand von Pampelonne. Vergleichbare Ausstattung, wenig Schatten. Von April bis Mitte Okt. geöffnet. ✆ 0494559690.

*** **La Rouillère**, kleinere, schattige Anlage (130 Stellplätze), in einiger Entfernung zum Meer. Pool vorhanden. Von April bis Okt. geöffnet. Quartier la Rouillère, ✆ 0494792867. www.camping-larouillere.fr.

Camping à la Ferme, auf der Halbinsel von Saint-Tropez gibt es zudem etwa zehn kleinere, ländliche Campingplätze, die zwar nicht sehr komfortabel sind, dafür aber wesentlich preisgünstiger. Leserin Isabella Polnik schwärmte für **La Vigneraie**: „idyllischer Platz auf einem Weingut, zwei Min. Fußmarsch zum Strand, ca. 10 Min. Autofahrt nach Saint-Tropez, mäßig Schatten, 16 € im Mai für Auto, Zelt und zwei Personen pro Nacht. Sehr freundliche Besitzerin, saubere Sanitäranlagen, kein Shop, Pool oder sonstiger Luxus ... Sehr empfehlenswert!" Von Juni bis Sept. geöffnet. Route des Vieux Moulins, ✆ 0494975217.

Port Grimaud

Port Grimaud ist ein Kleinvenedig aus der Retorte, eine pastellfarbene Lagunenstadt mit künstlichen Kanälen und kess gespannten Brücken. Zielgruppe: Personen mit Zweitwohnsitz sowie wohlhabende Touristen, die ihr Boot am liebsten vor der eigenen Haustür vertäut sehen.

Anfangs ist man versucht, sich von der künstlichen Patina blenden zu lassen. Doch beim genaueren Betrachten fällt der gewollte Charakter des Küstendorfes schnell auf – aber schöner als ein gigantischer Wohnsilo ist die 1966 errichtete Ferienanlage allemal. Der Architekt und Bauunternehmer François Spoerry gab sich Mühe, Port Grimaud ein authentisches Aussehen zu verleihen; selbst die Dorfkirche mit ihrem quadratischen Turm wurde im Stil einer Wehrkirche geplant, die Fenster stammen von Vasarély. Die Größe von Port Grimaud ist beachtlich, der Ort besitzt rund 2000 Häuser, ein fünf Kilometer langes Kanalsystem und insgesamt acht Kilometer Hafenkai. Für die Anziehungskraft von Port Grimaud spricht, dass alljährlich mehrere hunderttausend Touristen entlang dieser Kanäle promenieren.

• *Camping* *** **Les Prairies de la Mer**, riesiger und daher relativ anonymer Campingplatz zwischen der verkehrsreichen Route Nationale und dem Strand. Ein Vorteil: Man spart sich die Parkgebühren. Von Ostern bis Okt. geöffnet. ✆ 0494790909.

• *Parken* Großer, gebührenpflichtiger Parkplatz gegenüber dem Ortseingang.

• *Markt* Donnerstag- und Sonntagvormittag.

• *Strand* Port Grimaud besitzt einen sehr schönen, gepflegten Sandstrand.

Grimaud

Das rund 900 Jahre alte Dorf zählt zu den schönsten Flecken der Region; das haben längst auch vermögende Architekten und Rechtsanwälte bemerkt und so sind die Einheimischen im herausgeputzten Grimaud schon seit Jahren in der Minderheit. Gekrönt wird das wehrhafte Bilderbuchdorf von einer Burgruine, die einst im Besitz der Herren von Grimaldi – nicht verwandt mit den Fürsten von Monaco – war. Von dort oben bietet sich ein herrlicher Blick auf die Bucht von Saint-Tropez. Zudem besitzt Grimaud eine schöne romanische Kirche (Saint-Michel) mit dem Grundriss eines lateinischen Kreuzes, eine Kapelle der Weißen Büßer (Pénitents Blanc) sowie ein Haus der Tempelritter.

Côte d'Azur
Karten Seite 234, 316/317 und 364/365

• *Information* **Office de Tourisme**, 1, boulevard des Aliziers, 83310 Grimaud, ✆ 049455438 38, ✆ 0494433240. www.grimaud-provence.com.

• *Verbindungen* Tgl. acht Busverbindungen nach Saint-Tropez sowie über Sainte-Maxime nach Saint-Raphaël.

• *Markt* Donnerstagvormittag.

• *Fahrrad- und Motorradvermietung* Holiday Bike, Route Nationale 98, ✆ 0494563128.

• *Übernachten/Essen* **** **Pierre & Vacances Les Restanques**, wunderschönes Clubdorf mit zahlreichen Freizeitaktivitäten sowie Wasserzentrum mit Wellenbad, Sprudelbecken, Spielschwimmbad und Rutsche. Je nach Saison und Appartementgröße (4–7 Pers.) 460–2.650 € pro Woche, auch Häuser für bis zu 10 Pers. Les Restanques du Golfe de Saint-Tropez, ✆ 049 45560 00, ✆ 0494565590. In Deutschland buchbar über ✆ 01805/901011.

*** **Hostellerie de Côteau Fleuri**, am westlichen Rand, hoch über dem Dorf liegt dieses empfehlenswerte Hotelrestaurant. Vor allem die Leistungen des Küchenchefs verdienen höchstes Lob. Das Menü (45 € oder 68 €) bestand aus einer kalten Spargelsuppe mit Muscheln, danach folgten eine delikate Entenbrust mit rotem Pfeffer und Kartoffelgratin, Käse und zum Abschluss eine mehr als vorzügliche Mascarpone-Crème mit frischen Erdbeeren. Die meist kleinen Zimmer kosten je nach Saison 84–115 €, die Bäder sind durchaus renovierungsbedürftig. Frühstück 8 €. Place des Pénitents, ✆ 049 4432017, ✆ 0494433342, www.coteaufleuri.fr.

Les Santons, Claude Giraud, ein renommierter Küchenchef, serviert im gediegenen Ambiente klassische Gerichte der gehobenen Preiskategorie. Den Testern von Michelin waren seine Küchenleistungen schon mehrfach einen Stern wert. Als Spezialitäten gelten die *Petite Bourride Provençale* (Fischsuppe) und verschiedene Lammgerichte. Menü zu 55 €, nur mittags etwas günstiger (35 € mit Wein). Von Nov. bis Ostern nur Mittwoch- bis Sonntagabend geöffnet, Mittwoch und Donnerstagmittag geschlossen. ✆ 0494432102.

Au Café de France, einladendes Restaurant mit schöner Terrasse. Menü zu 25 €. Boulevard des Alizièrs, ✆ 0494432005.

Au Le Clém's, nettes Bistro für einen kleinen Snack oder einen Kaffee, mitten im Dorf gelegen. Ein paar Meter weiter trifft man auf die Snackbar **Le Bou-Bou** (Mittwoch Ruhetag); hier sitzt man unter einem schattigen Olivenbaum, während nebenan ein kleiner Brunnen plätschert. Viele Salate und Crêpes zu moderaten Preisen. Place du Cros, ✆ 0494432192.

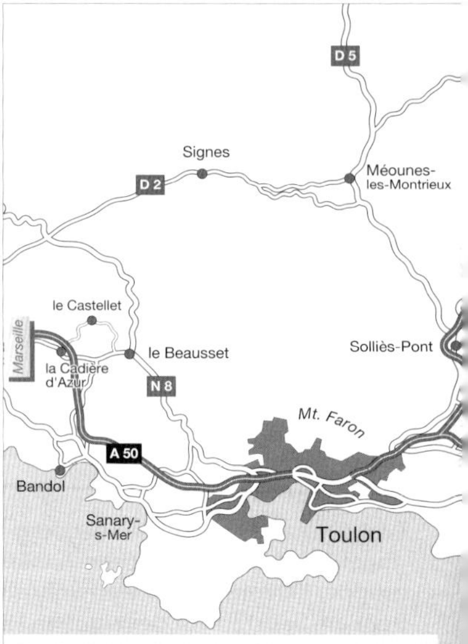

Côte d'Azur von St. Tropez bis Toulon

• *Châmbres d'hôtes* **L'Oasis**, zwei Kilometer außerhalb des Ortes (in Richtung Meer) liegen diese attraktiven Châmbres d'hôtes mit beheiztem Swimmingpool, Whirlpool und Tennisplatz. Die „normalen" Zimmer kosten je nach Saison 85–110 € (inkl. Frühstück für 2 Personen), jede weitere Person 25 €, die zwei „exklusiven" Zimmer kosten 115–145 €. Es wird auch ein Zimmer mit Kochgelegenheit wochenweise vermietet, zudem werden Tables d'hôtes (30 €) angeboten. Von April bis Okt. geöffnet. Route de Saint-Pons, ✆ 0667636000. www.aloasis-grimaud.com.

• *Camping* ** **Charlemagne**, schöner, schattiger Platz mit Swimmingpool an der Straße nach Collobrières. Geeignet für all jene, die etwas Abstand zum Küstentrubel suchen. Von Jan. bis Mitte Dez. geöffnet. ✆ 049 4432290. www.camping-charlemagne. com.

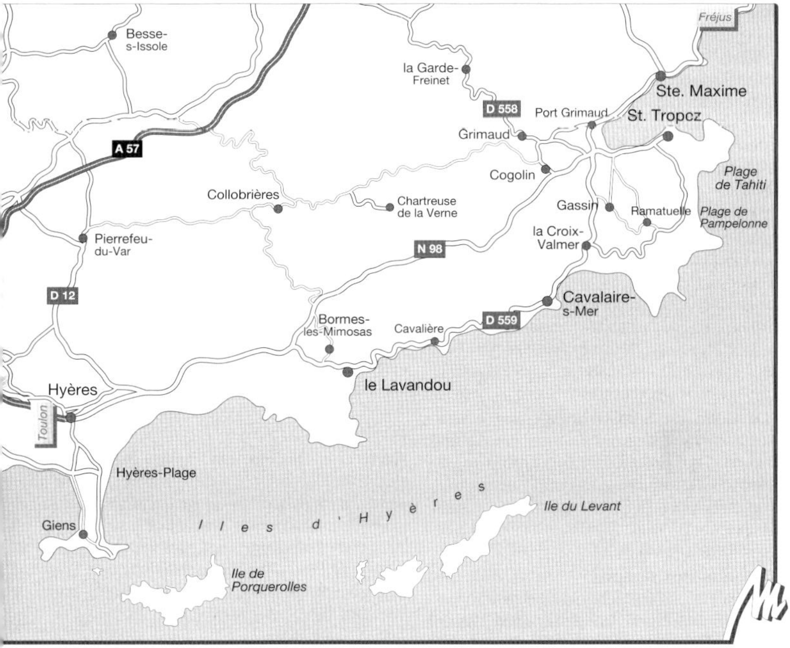

Côte d'Azur
Karten Seite 234, 316/317 und 364/365

Cogolin

Zu Füßen einer Burgruine ruht Cogolin am Rand des Massif des Maures. Ein Vergleich mit dem nahen Saint-Tropez mag verwundern, doch haben beide Städte mit rund 5.500 ständigen Einwohnern etwa die gleiche Größe. Im Gegensatz zur berühmten Nachbarstadt lebt Cogolin nicht ausschließlich vom Tourismus, sondern erfreut sich einer regen Handwerks- und Industrieproduktion, deren Schwerpunkt auf der Fabrikation von Teppichen und Möbeln, sowie auf der Herstellung von Pfeifen und Korken liegt; auch die umliegenden Weinberge tragen zum Auskommen bei. Wer jetzt aber befürchtet, Cogolin sei ein unattraktives Industriestädtchen, der irrt. Es gibt ein einladendes Zentrum mit freundlichen Gassen, alten Häusern und einem als Schloss bezeichneten Herrenhaus aus dem 16. Jahrhundert, in dem gelegentlich Ausstellungen stattfinden.

- *Information* **Office de Tourisme**, Place de la République, 83310 Cogolin, ✆ 0494550110, 📠 0494550111. www.cogolin-provence.com.
- *Verbindungen* Tgl. acht Busverbindungen nach Saint-Tropez sowie über Sainte-Maxime nach Saint-Raphaël.
- *Markt* Mittwochvormittag auf der Place Victor Hugo, Samstagvormittag auf der Place de la République.
- *Fahrrad- und Motorradvermietung* Rent-Bike-Location, Le Grand Port, ✆ 0494565308.
- *Übernachten/Essen* *** **La Maison du Monde**, diese Villa aus dem 19. Jahrhundert war mit Abstand das schönste Hotel von Cogolin. Umgeben von einem großen Garten samt quadratischem Pool, bietet das Anwesen alles, um ein paar unbeschwerte Tage zu verbringen. Derzeit wird das Hotel zu einem Appartementhaus umgebaut. 63,

rue Carnot, ✆ 0494547754, 📠 0494547755. www.lamaisondumonde.fr.

*** **Bliss**, im Jahre 2007 vollkommen renoviertes Designhotel an einer lauten Kreuzung. Klassisch-nüchternes Interieur mit sehr schönen Bädern. Je nach Reisezeit kosten die Standardzimmer 85–110 €, für die größeren Superieur-Zimmer werden 150–205 € berechnet. WLAN vorhanden. Place de la République, ✆ 0494541517. 📠 0494544278. www.bliss-hotel.com.

** **Le Coq Hôtel**, nettes, im provenzalischen Stil renoviertes Hotel in zentraler Lage. Zimmer je nach Saison 55–115 €. Zwei Zimmer im obersten Stock besitzen einen netten Alkoven, ruhiger schläft man nach hinten hinaus. Place de la Mairie, ✆ 0494541371, 📠 0494540306. www.coqhotel.com.

** **Le Golfe de Saint-Tropez**, über einem Bistro befinden sich die Zimmer dieses unspektakulären Hotels. Die Zimmerpreise variieren je nach Ausstattung und Saison zwischen 540 und 77 €. 13, avenue Georges Clémenceau, ✆ 0494544034, 📠 0494541448. http://hoteldugolfe.free.fr.

La Grange des Agapes, wer das einfache Lokal in der alten Scheune noch kannte, wird sich wundern. Im Jahre 2007 haben sich der ehemalige Chefkoch Thierry Barrot und der ehemalige Direktor Jean-Rémy Casnedi der Bastide de Saint-Tropez zusammengetan, um im Zentrum von Cogolin ihr eigenes Restaurant zu eröffnen. Im Erdgeschoss herrscht ein wenig Lounge-Atmosphäre, im ersten Stock der völlig umgebauten Scheune befindet sich das eigentliche Restaurant, das um eine halboffene und daher einzusehende Küche gruppiert ist. Geboten wird eine moderne französische Küche, die aber auch asiatische Einflüsse zeigt, wie beispielsweise bei einem Filet von der Dorade, das mit Sesam bestäubt war und auf einem Beet von Gemüse- und Sojasprossen serviert wurde. Perfekter, unaufdringlicher Service. Ausgesprochen günstig ist das Mittagsmenü für 20 €, aber auch abends isst man für 28 €, 40 € und 50 € keineswegs überteuert. Die Menüs folgenden wechselnden Themen. Lohnend ist auch das Angebot der zumeist samstäglichen Kochkurse (ab 39 €). In der Nebensaison Montag und Dienstag geschlossen. 7, rue du 11 Novembre, ✆ 049 4546097. www.grangeagapes.com.

La Ferme du Magnan, das kleine Landhaus aus dem 16. Jahrhundert liegt inmitten der lieblichen Landschaft zwischen Cogolin und La Môle (an der RN 98). Im Sommer lassen sich die bodenständigen provenzalischen Gerichte sowie die leckeren Grillspezialitäten auf der großen, schattigen Terrasse genießen. Ausgesprochen kinderfreundlich! Menüs zu 35 € und 55 €. Tgl. geöffnet, von Mitte Okt. bis März Betriebsferien. ✆ 0494495754.

Carré des Oliviers, ein kleines Restaurant mit ambitionierter Küche. Während Bertrand Comelet am Herd steht und ein köstliches Risotto köchelt oder ein Filet de Mignon vom Kalb brät, kümmert sich seine japanische Frau Maki umsichtig um den Service. Menü zu 29,50 €. Sonntagabend und Montag bleibt die Küche kalt. 16, rue Carnot, ✆ 0494546421.

Rendevouz, es gibt nur noch wenige Restaurants, in denen man für nur 20 € ein ansprechendes Menü bekommt. Dieses von einer jungen Köchin geführte Lokal bietet im Herzen von Cogolin einen abwechslungsreichen Einblick in die provenzalische Küche. Große Terrasse. Place de la Mairie, ✆ 0494545720.

• *Camping* *** **L'Argentière**, etwas außerhalb, an der Straße nach Saint-Maur. Naturbelassenes Gelände in einem Korkeichenwald mit Blick auf die Burg von Grimaud. Mit Swimmingpool und kleinem Laden. Von Mitte April bis Sept. geöffnet. ✆ 0494546363. www.camping-argentiere.com.

Sehenswertes

Musée Espace Raimu: In dem kleinen Museum dreht sich alles um den berühmten französischen Schauspieler *Raimu*, von dem Orson Welles gesagt haben soll, er sei der beste Darsteller der Welt. Die Lebensgeschichte wird anhand von Plakaten, Fotos, Briefen und persönlichen Erinnerungsgegenständen nachgezeichnet.

Adresse 18, avenue Georges Clémenceau. Öffnungszeiten: Tgl. außer Di von 10–12 Uhr und 15–18 Uhr, im Sommer 10–12.30 Uhr und 16–19.30 Uhr. Eintritt: 3,50 €, erm. 3 €. www.musee-raimu.com.

Im Massif des Maures

Côte d'Azur
Karten Seite 234, 316/317 und 364/365

Massif des Maures

Der rund sechzig Kilometer lange Gebirgszug, der sich im Hinterland der Côte d'Azur von Fréjus bis nach Hyères erstreckt, gehört mit dem Esterelgebirge zu den erdgeschichtlich ältesten Frankreichs. Durch Erosion und Verwitterung ist das Massif des Maures bereits stark abgetragen worden; die höchsten Erhebungen ragen nur knapp 800 Meter empor, La Sauvette, der höchste Berg, ist gerade einmal 779 Meter hoch.

Das Massif des Maures – der Name leitet sich übrigens nicht von den Mauren, sondern von dem provenzalischen *Maouro* ab, einer alten Bezeichnung für den dunklen, kaum erschlossenen Wald – ist ein durch seine Kargheit faszinierender Gebirgszug, der immer wieder durch dichte Kastanienwälder aufgelockert wird, die sich mit Korkeichen und Aleppokiefern abwechseln, an vielen Stellen sieht man Ginster und Sandbeerbäume – bleibende Zeugen für die stete Waldbrandgefahr, da sich die Wiederaufforstung als langwierig gestaltet. Das ungewöhnlich hohe und dichte Buschwerk erschwert Wanderungen abseits der ausgetretenen Pfade. Wer will, kann seinen Gedanken in völliger Einsamkeit nachgehen, nur unterbrochen vom Zirpen der Zikaden.

Maronenmus und kandierte Kastanien gehören zu den kulinarischen Spezialitäten der Region. Mehrere Bauernhöfe bieten den Direktverkauf von Maronenmus an. Die zahlreichen Korkeichenhaine bilden hier noch immer den Rohstoff für die Produktion hochwertiger Flaschenkorken, geschälte Korkeichen säumen allerorts den Weg. Als Standorte für Touren eignen sich La Garde-Freinet oder Collobrières, aber auch von der Küste aus lassen sich bei einem Tagesausflug weite Teile des Massif des Maures erschließen. Nicht bereuen wird man einen Ausflug zur Chartreuse de la Verne: Ein Kloster im Dornröschenschlaf inmitten eines Kastanienwaldes.

La Garde-Freinet

Knapp über 400 Meter hoch, ringsum von den Wäldern des „Massif des Maures" umgeben, ist La Garde-Freinet dem lauten Treiben von Saint-Tropez spürbar entrückt. Stimmungsvoll gibt sich der Ort besonders im Herbst und im Frühjahr, wenn die Gassen am Morgen noch mit Nebelschwaden verhangen sind.

La Garde-Freinet ist hervorragend als Ausgangspunkt für Streifzüge durch das Massif des Maures geeignet. Sobald man beispielsweise die kleine Straße nach Collobrières einschlägt, taucht man ein in einen herben Landstrich, dessen Einsamkeit einen schnell gefangen nimmt. Bei den *Roches Blanches*, die auch zu Fuß zu erreichen sind, bietet sich eine wunderbare Fernsicht. Wenn sich aber gelegentlich die Sehnsucht nach Sonne und Strand einstellt, kann man in einer knappen halben Stunde die Plage de Pampelonne, einen der schönsten Strände an der Côte d'Azur, erreichen. Durch den lang gestreckten Marktplatz, das alte Waschhaus und die beschaulichen Gassen vermittelt La Garde-Freinet einen überaus freundlichen Eindruck.

Das Massif des Maures war ein begehrtes Rückzugsgebiet der Sarazenen, die seit dem 8. Jahrhundert eine ständige Bedrohung für die Küste darstellten. Ihren Hauptstützpunkt hatten die *Sarazenen* im heutigen La Garde-Freinet. Erst im Jahre 972 gelang es Wilhelm, dem Grafen der Provence, stellvertretend für den deutschen Kaiser Otto den Großen – die Provence gehörte formalrechtlich immer noch zum Heiligen Römischen Reich –, dieses „Räubernest" auszuheben; die Sarazenen hatten damit ihren letzten Stützpunkt an der französischen Mittelmeerküste verloren, wenngleich sie auch weiterhin die heutige Côte d'Azur mit ihren Raubzügen heimsuchten. Die Reste ihrer Festung lassen sich noch oberhalb des Ortes bewundern.

• *Information* **Office de Tourisme**, Chapelle Saint Jean, Place de la Marie, 83680 La Garde-Freinet, ✆ 04944 36741, ✆ 0494430869, www.lagardefreinet-tourisme.com. Eine interessante Broschüre in deutscher Sprache ist erhältlich.

• *Einwohner* 1.650 Einwohner.

• *Verbindungen* Viermal tgl. Busverbindungen über Cogolin nach Saint-Tropez.

• *Markt* Mittwoch- und Sonntagvormittag.

• *Schwimmen* Piscine municipale, Chemin du Moulin, von Juni bis Aug. tgl. 10–19 Uhr.

• *Fahrradvermietung* Le Comptoir des Maures, 9, rampe des Sarrazins, ✆ 0494436564.

• *Übernachten/Essen* **Faücado**, das Restaurant am Ortseingang ist ein Lesertipp von Johannes Kohl: „Wir finden das Restaurant immer wieder sehr amüsant – völlig überdekoriert, durch einen kleinen Hanggarten zugänglich, mit sehr provenzalischer Küche und einem Koch-Kellner-Paar, die offensichtlich mit großer Freude ihre Gäste bewirtschaften. Vorspeisentablett und Digestif spendiert das Haus; für die Gänge dazwischen darf man guten Hunger haben, wird aber auch geschmacklich sehr verwöhnt. Die Atmosphäre ist ein Erlebnis!" Menü zu 36 €. Dienstag und Mittwoch Ruhetag. Route Nationale, ✆ 0494436041.

Le Longo Mai, bei einer Totalrenovierung wurde das Restaurant von allem Plüsch befreit. Lecker mundete das *Fricassée de volaille à l'estragon*. Hauptgerichte etwa 15 €. Sonntagabend und Montag geschlossen. Route Nationale, ✆ 0494555960.

• *Ferienwohnungen und -häuser* Das Syndicat d'Initiative hält eine Liste und Fotos von rund 30 Objekten bereit.

• *Camping* *** **Saint-Eloi**, der städtische Campingplatz (100 Stellplätze) liegt gleich neben dem Schwimmbad. Zwei Personen mit Zelt ca. 12 €. Zedern und Kiefern sorgen für ausreichend Schatten. Von Mitte Juni bis Mitte Sept. geöffnet. ✆ 0494436240.

*** **Bérard**, an der Straße von Grimaud nach La Garde-Freinet. Stellplatz für zwei Pers. 15 €. Extras: Swimmingpool mit Kinderbecken, kleines Lebensmittelgeschäft und Caravanvermietung. Von Ostern bis Okt. geöffnet. ✆ 0494432123.

Sehenswertes

Fort Freinet: Nach einem kurzen Fußmarsch von etwa 20 Minuten erreicht man die Reste einer über La Garde-Freinet thronenden Burganlage sowie die Ruinen eines mittelalterlichen Dorfes. Wahrscheinlich handelt es sich um die Ruinen einer sarazenischen Befestigung; es gibt aber auch Vermutungen, die Burg sei jüngeren Datums. Wie dem auch sei, die Aussicht ist jedenfalls recht beeindruckend.
Führungen Jeden Do um 9 Uhr.

Collobrières

Obwohl, oder besser: Gerade weil Collobrières von der Außenwelt relativ abgeschirmt in den Wäldern des Massif des Maures liegt, kommt dem 1.500-Seelen-Ort eine „Zentrumsfunktion" zu. Der schöne, spanisch anmutende Marktplatz sowie die zahlreichen Kaufmannshäuser unterstreichen diese Bedeutung; eine stattliche Platanenallee führt direkt auf die schlichte Kirche von Collobrières zu. Die Confiserie Azurienne gilt in der gesamten Region als beste Adresse für kandierte Maronen und Maronenkonfitüre.

• *Information* **Office de Tourisme**, Boulevard Charles Caminat, 83610 Collobrières, ✆ 0494480800, 📠 0494480410.

• *Markt* Sonntagvormittag.

• *Übernachten/Essen* * **Auberge des Maures**, traditionelle, provenzalische Küche, die die Reisekasse schont (Menüs zu 12 und 17 €). Das beliebte Restaurant mit der Terrasse hinter dem Haus ist außerhalb der Saison mittwochs geschlossen. Sehr schlichte Zimmer (Etagentoilette) zu Jugendherbergspreisen ab 24 €. Aber wo bekommt man heutzutage noch Halbpension für 30 € pro Person? 19, boulevard Lazare Carnot, ✆ 0494480710.

* **Notre Dame**, die ehemalige Postkutschenstation aus dem späten 17. Jahrhundert liegt am westlichen Ortseingang und wurde 2008 von einem neuen Besitzerehepaar erworben. Bis zum Frühjahr 2009 soll das Hotel einen moderneren Touch mit neuen Duschen und Bädern erhalten. Die Eingangslobby wurde bereits renoviert und in der „Hausbibliothek" finden sich mehrere deutsche Bücher. Man darf gespannt sein, wie sich das Hotel entwickelt. Die Zimmer kosten 38–43 € (inkl. Frühstück). 15, avenue de la Libération, ✆ 0494480713, 📠 0494480595. hotelnotredame@gmail.com.

La Petite Fontaine, unter einer schattigen Platane oder im gemütlichen Speisesaal wird ausgezeichnetes ländliches Essen zu zivilen Preisen serviert. Menüs zu 25 und 29 €. Das familiär geführte Restaurant versteht sich auf die Zubereitung von Lamm, Wild und Kaninchen, aber auch der provenzalische Schmortopf (*Daube Provençal*) begeistert. Das Restaurant ist sehr beliebt, weshalb eine Reservierung ratsam ist. Keine Kreditkarten! Sonntagabend und Montag bleibt die Küche kalt. 6, place de la République, ✆ 0494480012.

La Terrasse Provençale, eine Alternative im Nachbargebäude, die uns Michael Dung empfohlen hat: „Das Essen ist ebenfalls deftig, aber sogar noch etwas ideenreicher als nebenan. Insbesondere gibt es Fischgerichte wie Dorade, hausgemachten Oktopussalat oder Jakobsmuscheln, die ich in der "Fontaine" vermisst habe. Menüs für 20 und 25 €. Geschlossen ist Dienstagabend und Mittwoch. Es lohnt sich, beide Restaurants zu besuchen! Der Chef der „Fontaine" war übrigens am Montag (seinem Ruhetag) beim Nachbarn zum Mittagessen." 8, place de la République.

• *Camping* * **Saint-Roch**, sehr einfacher, städtischer Zeltplatz am Hang über Collobrières. Terrassiertes Gelände. Offiziell nur im Sommer geöffnet, doch wer im Rathaus (Mairie) nachfragt, kann auch in der Nebensaison campen. ✆ 0494281572.

Chartreuse de la Verne

Das kleine Plateau inmitten der Einsamkeit des Massif des Maures erschien den Bischöfen von Toulon und Fréjus geeignet, um hier 1170 ein Kartäuserkloster zu gründen. Trotz häufiger Waldbrände und Plünderungen im Zeitalter der

Côte d'Azur
Karten Seite 234, 316/317 und 364/365

Klosteridylle im Wald: Chartreuse de la Verne

Religionskriege wussten die Kartäuser ihr Kloster und ihren Besitz zu mehren; erst die der Französischen Revolution folgende Säkularisation brachte das Klosterleben zum Erliegen, die reiche Ausstattung wurde zerstreut. Die sich fortan in Staatsbesitz befindliche Chartreuse de la Verne verfiel trotz des 1921 verfügten Denkmalschutzes. Der Niedergang des Klosters fand erst 1982 ein Ende: Die religiöse Gemeinschaft der Schwestern von Bethlehem beschloss in diesem Jahr, das abgeschiedene Kloster wieder mit religiösem Leben zu erfüllen. Mittlerweile leben schon sechzehn Ordensfrauen in dem alten Gemäuer, die längst überfälligen Restaurierungsarbeiten sind im Gange. Die Bausubstanz stammt aufgrund der häufigen Zerstörungen weitestgehend aus dem 17. und 18. Jahrhundert. Zu besichtigen sind auf einem Rundgang durch die der Öffentlichkeit zugänglichen Räume die einstige Ölpresse, eine imposante Bäckerei sowie zwei verfallene Kreuzgänge, drei kleine Kapellen, der Klosterfriedhof mit seinen schlichten Holzkreuzen und eine restaurierte Kartause.

Es gibt zwei Möglichkeiten, um zur Chartreuse de la Verne zu gelangen: Ein paar Kilometer hinter Collobrières zweigt von der D 14 eine kleine Straße zur Chartreuse de la Verne ab, die mit dem Auto befahren werden kann; als Alternative bietet sich die Wanderung von La Môle aus an. Der Wanderweg führt durch das Tal der Verne.

Öffnungszeiten Im Sommer tgl. außer Di 11–18 Uhr, im Winter tgl. außer Di 10–17 Uhr. Ostern, im Jan. und am 15.8. geschlossen. Eintritt: 6 €, erm. 3,50 €.

Le Village des Tortues

Knapp 20 Kilometer nördlich von Collobrières liegt unweit der Ortschaft Gonfaron dieses Schildkrötenpark. Auf einem zwei Hektar großen Areal leben mehr als 2.000 Schildkröten (insgesamt 22 Arten) in mehreren Gehegen, wobei man ausführlich und mehrsprachig über die Lebens- und Bedrohungsräume der Schildkröten informiert wird. Kranke und verletzte Schildkröten werden in einer Klinik versorgt.

Öffnungszeiten Tgl. 9-19 Uhr, im Winter bis 18 Uhr. Eintritt: 8 €, erm. 5 €. www.villagetortues.com.

Die Küste westlich von Saint-Tropez

La Croix-Valmer

Innerhalb der letzten drei Jahrzehnte wurde das ursprüngliche Dorf von modernen Ferienanlagen und der zugehörigen touristischen Infrastruktur regelrecht geschluckt. Ein Stück unterhalb von La Croix-Valmer liegt ein schöner Sandstrand (*Plage Bouillabaisse*), der im Hochsommer allerdings überlaufen ist. Der christlichen Legende zufolge soll hier dem römischen Kaiser Konstantin ein Kreuz mit der Anmerkung *in hoc signo vinces* (in diesem Zeichen wirst du siegen) erschienen sein, das ihn – allerdings erst nach gewonnener Schlacht gegen seinen Rivalen Maxentius (312) – veranlasste, sich zum Christentum zu bekennen. Legende hin, Legende her: Konstantins Eintreten für das Christentum veränderte Europa und die Welt.

- *Information* **Syndicat d'Initiative**, Les Jardins de la Gare, 83420 La Croix-Valmer, ✆ 0494551212, ℻ 0494551210.
- *Markt* Sonntagvormittag.
- *Verbindungen* Mehrmals tgl. Busse nach Saint-Tropez sowie über Cavalaire, Le Lavandou und Hyères nach Toulon.
- *Strände* Der Strand von Gigaro (südöstlich) ist gepflegt, aber relativ schmal; schöner ist die weiter westlich gelegene Plage du Débarquement.
- *Schwimmen* Piscine municipale, beheizt, mit 25-Meter-Becken, Avenue de Provence, von Mai bis Mitte Sept. tgl. 10–19.30 Uhr. Eintritt in der Nebensaison frei!
- *Übernachten/Essen* **** **Château de Valmer**, unlängst renoviertes, vornehmes Hotel in einer alten, stattlichen Villa. Ein hoteleigener Privatstrand, ein kleiner Park, Swimmingpool, Spa und Tennisplätze runden das umfangreiche Angebot ab. Im Gourmetrestaurant wird man ab 62 € verwöhnt. 42 komfortable Zimmer, je nach Saison und Ausstattung ab 210 €. Von Ostern bis Okt. geöffnet. ✆ 0494551515, ℻ 0494551510, www.chateau-valmer.com.

*** **Souleias**, etwas außerhalb in schöner Lage, hoch überm Strand von Gigaro. Das auf die traditionelle provenzalische Küche ausgerichtete Restaurant genießt ebenfalls einen guten Ruf, ist aber nicht billig: Menüs zu 55, 65 und 77 €. Von Mitte März bis Anfang Nov. geöffnet. Es stehen 45 Zimmer der gehobenen Preisklasse von 104–300 € (die billigen Zimmer blicken wie so oft ins Hinterland ...) zur Verfügung. Allerdings sind die Betten etwas weich und rosa Bettwäsche ist auch nicht jedermanns Sache. Zum Relaxen gibt es einen beheizten Pool in toller Lage, die sportlichen Gäste können sich auf dem Tennisplatz austoben. ✆ 0494551055, ℻ 0494543623. www.hotel-souleias.com.

*** **Château de Meï-Lésé**, zwischen dem Ortszentrum und dem Meer gelegen, eignet sich dieses kleine Hotel (elf Zimmer und drei Suiten, teilweise mit Balkon) für geruhsame Ferientage. Die Zimmer (139–159 €, Suiten ab 219 €) sind klassisch französisch mit einem provenzalischen Touch eingerichtet. Schöner Pool mit benachbarter Frühstücksterrasse (11 €). Von Nov. Bis Anfang Jan. Betriebsferien. 23, domaine du Val de Mer, ✆ 0494551010, ℻ 0494551011. www.mei-lese.com.

** **La Rotonde**, dieses markante Gebäude im Ortszentrum wurde 2007 total renoviert und in ein modernes zeitgenössisches Hotel mit 15 Zimmern (je nach Ausstattung und Saison 95–155 €, die teureren mit Terrasse) verwandelt, wobei man auch den Mut zu kräftigen Farben hatte, ohne die typische gelb-blaue Provence-Idylle zu zitieren. Frühstück 15 €. Extras: Klimaanlage, LCD-Fernseher, kostenloses WLAN. Rue Frédéric Mistral, ✆ 0494542121, ℻ 0494543000. www.hotel-la-rotonde.com.

** **La Bienvenue**, charmante, ältere Herberge mit kleinem Garten inmitten des Dorfes. Zum städtischen Schwimmbad (Eintritt in

Côte d'Azur
Karten Seite 234, 316/317 und 364/365

der Nebensaison frei!) läuft man auch nur eine Minute. Sechs Zimmer haben einen wunderschönen Blick auf das Meer, eines sogar mit Balkon (recht günstig, da ohne Bad). Schön und großzügig ist beispielsweise das Zimmer Nr. 12. Teilweise wurden die Bäder vor einigen Jahren renoviert. Zwei Einzelzimmer – allerdings mit der Größe einer Besenkammer und dem Charme einer Einzelzelle – gibt es schon ab 19,90 €, sonst kosten die Zimmer je nach Ausstattung 43–71 €, für drei Personen 84 €. WLAN vorhanden. Rue L. Martin, ✆ 0494170808, ✆ 0494797008. www.hotel-la-bienvenue.com.

* **La Ricarde**, nette, kleine Villa nicht weit vom Meer an der Route Nationale in Richtung Cavalaire-sur-Mer. Schöner Garten vorhanden. Fast alle Zimmer sind ruhig, da sie nach hinten hinaus gehen. Je nach Ausstattung 44–65 €. Das Frühstücksbuffet (6,50€) wird ebenfalls im Garten serviert. Der Besitzer spricht übrigens Deutsch. Von April bis Sept. geöffnet. ✆ 0494796407, ✆ 0494543014. www.hotel-la-ricarde.com.

• *Chambres d'hôtes* **La Romarine**, diese herrliche Privatunterkunft ist eine attraktive Alternative zu den Hotels in der Umgebung. Ein toller Garten samt Pool steht den Gästen ebenfalls zur Verfügung. Insgesamt werden fünf Zimmer vermietet, wobei die Preise je nach Saison und Zimmer von 90–120 € schwanken (jeweils inkl. Frühstück). Corniche de la Pinède, ✆ 0621337544. www.laromarine.fr.

• *Camping* **** **La Sélection**, etwas außerhalb von La Croix-Valmer in einem schattigen Pinienhain, nur 500 Meter vom Meer. Gute sanitäre Ausstattung. Restaurant und beheizter Pool vorhanden. Mitte März bis Mitte Okt. geöffnet. An der Straße nach Cavalaire-sur-Mer, ✆ 0494551030. www.selectioncamping.com.

Radtour entlang der Küste

Zwischen La Croix-Valmer und Le Lavandou verläuft eine extra angelegte Radstrecke (ein Lesertipp von Gerhard Emslander): „Dieser Parcours Cycable führt größtenteils auf der ehemaligen Bahnstrecke entlang der Küste, mit einigen Tunnels (beleuchtet) und moderaten Steigungen."

Cavalaire-sur-Mer

Beliebter, aber recht charakterloser Ferienort an der weit geschwungenen gleichnamigen Bucht. Cavalaire steht auf geschichtsträchtigem Boden: Die Römer unterhielten hier einst einen Hafen mit dem Namen *Heraclea Caccabaria*. Durch die Bauwut der letzten Jahrzehnte zersiedelt, lebt Cavalaire-sur-Mer heute vor allem von der Nähe zu Saint-Tropez und seinen schönen, piniengesäumten Sandstränden. Ein großzügiger Yachthafen mit 1200 Liegeplätzen macht Cavalaire auch für Freizeitkapitäne interessant.

• *Information* **Office de Tourisme**, Maison de la Mer, Square de-Lattre-de-Tassigny, 83 240 Cavalaire-sur-Mer, ✆ 0494019210, ✆ 0494 054989, www.cavalaire-sur-mer.fr.

• *Verbindungen* Der Busbahnhof (Gare routière) befindet sich gleich beim Rathaus. Mehrmals tgl. Busverbindungen nach Le Lavandou, Hyères und Toulon sowie über La Croix-Valmer nach Saint-Tropez. Auskunft: ✆ 0494125512.

• *Markt* Mittwochvormittag auf der Place Jean Moulin.

• *Feste* Corso du Mimosa, Mimosenfest im Februar.

• *Fahrrad- und Motorradvermietung* Holiday Bikes, Rue du Port, ✆ 0494641817.

• *Tauchen* Im Port Public: L'Eperlan Club, ✆ 0494054182; Loisirs Méditerranée M. Hébréard, ✆ 0494796097.

• *Diskothek* Le Cacabaria, rue Pierre Rameil, ✆ 0494640164.

• *Camping* **** **De la Baie**, mit 480 Stellplätzen der größte Campingplatz von Cavalaire. Viel Komfort (Swimmingpool). Von Mitte März bis Mitte Okt. geöffnet. Boulevard Pasteur, ✆ 0494640815. www.camping-baie.com.

*** **Bonporteau**, terrassiertes Gelände mit ausreichend Schatten, rund 200 Meter bis zum Meer. Saubere Sanitäranlagen, Wohnwagenvermietung. Von Ende März bis Mitte Okt. geöffnet. Einen Kilometer vom Ortskern entfernt, oberhalb der Küstenstraße. ✆ 0494640324. www.bonporteau.fr.

Strand bei der Domaine du Royal

Zwischen Cavalaire-sur-Mer und Le Lavandou

Zwischen Cavalaire-sur-Mer und Le Lavandou schlängelt sich die Straße an einem nur mäßig bebauten Küstenabschnitt entlang. Die größte Sehenswürdigkeit sind sicherlich die Gartenanlagen der Domaine du Rayol. Schöne Strände findet man bei **Le Rayol** und **Cavalière**.

• *Übernachten/Essen* **** **Le Bailli de Suffren**, Nobelhotel in toller Lage ein paar Kilometer weiter westlich in Le Rayol. Ein beheizter Swimmingpool und ein Gourmetrestaurant dürfen auch nicht fehlen. Zimmer ab 198 €, in der Hochsaison ab 417 €. Von Mitte Okt. bis Mitte April geschlossen. Avenue des Américains, ✆ 0498044700, ℻ 0498044799. www.lebaillidesuffren.com.

** **Cap Nègre**, dieses an der Uferstraße in Cavalière gelegene Hotel ist eine günstige Adresse für all jene, die in unmittelbarer Strandnähe wohnen wollen. Die Zimmer mit Blick aufs Gebirge haben einen Balkon und kosten je nach Saison und Ausstattung 50–85 €, die mit Terrasse und Meerblick 68–98 €. Von April bis Okt. geöffnet. WLAN vorhanden. 45, avenue du Cap Nègre, ✆ 0494058046, ℻ 0494058900. www.hotel-capnegre.com.

Le Maurin des Maures, wer sich auf kulinarisch sicheren Boden stellen will, fährt am besten ein paar Kilometer weiter nach Westen zum Küstendorf Rayol in das Restaurant Le Maurin des Maures (direkt neben der Post und nicht zu verwechseln mit dem Relais des Maures!). Dieses sehr volkstümliche Restaurant gehört zu den bestbesuchten der gesamten Umgebung, weshalb eine Reservierung trotzt seiner Größe unbedingt zu empfehlen ist. Mehrere Kellner wuseln hektisch durch die Gasträume. Das Essen ist bodenständig, aber nicht ohne Raffinesse, der Schwerpunkt liegt auf Fischgerichten und schon Jacques Chirac ließ sich hier die Bouillabaisse schmecken. Ob er als Dessert den köstlichen *Gateau au chocolat* gewählt hat, war nicht in Erfahrung zu bringen, ein Fehler wäre es sicherlich nicht gewesen. Menüs zu 13,50 € (nur mittags), 23,50 € und 29,50 €. Kein Ruhetag, ✆ 049 4056011. www.maurin-des-maures.com.

Villa der Domaine du Rayol

Domaine du Rayol

Ein paar Kilometer westlich von Cavalaire-sur-Mer ließ sich der Bankier Alfred Courmes 1910 eine prächtige Art-déco-Villa errichten, zu der auch ein großer Park gehörte. In wirtschaftliche Schwierigkeiten gekommen, verwandelte die Familie Courmes das Anwesen zeitweise in ein Hotel, bevor es 1940 in den Besitz des Flugzeugingenieurs Henri Potez überging, der zwölf Gärtner zur Verschönerung der Anlage beschäftigte. Der Garten erblühte einige Jahre in neuer Pracht, verwilderte aber nach 1950 allmählich. Erst 1989 wurde die 20 Hektar große Domaine du Rayol von dem *Conservatoire du Littoral,* einer staatlichen Organisation, die sich dem Schutz der mediterranen Flora widmet, erworben und von dem Gartenarchitekten Gilles Clément nach unterschiedlichen gestalterischen Prinzipien phantasievoll neu bepflanzt. Das gesamte Terrain ist in verschiedene „geographische Regionen" unterteilt, wobei die natürlichen Gegebenheiten sorgfältig berücksichtigt wurden. Die Hauptachse des Gartens bildet eine große, von Zypressen gesäumte Treppe. Die Parkanlage repräsentiert die vom mediterranen Klima geprägte Vegetation aus allen Teilen der Welt: Chile, Kalifornien, Südafrika, Australien, Neuseeland und China sind mit ihrer Flora vertreten. Unterhalb eines kleinen Gartenpavillons kann man an einer schönen, kleinen Bucht entspannen.

Adresse Avenue des Belges. Öffnungszeiten: Von April bis Mitte Nov. tgl. 9.30–18.30 Uhr, im Juli und Aug. tgl. 9.30–19.30 Uhr, im Winter tgl. 9.30–17 Uhr. Eintritt: 8 €, erm. 5 €. www.domainedurayol.org.

Le Lavandou

Der Schriftsteller *Walter Hasenclever*, der Ende der zwanziger Jahre nach Le Lavandou kam und sich für einige Zeit hier niederließ, würde den Ort wohl nicht gleich wiedererkennen. Zu Hasenclevers Zeiten war Le Lavandou ein kleines, bescheidenes Fischerdorf, heute ist der 5.500 Einwohner zählende Ort ein lebhafter Badeort mit ein paar netten Gassen, der zugehörigen touristischen Infrastruktur und einem heutzutage obligatorischen Yachthafen. Vorbei sind die Zeiten, als sich André Gide, Jean Cocteau und Raymond Radiguet am Strand zerstreuten, *Bertolt Brecht* und Kurt Weill an der „Dreigroschenoper" arbeiteten. Lotte Lenya, Weills Frau, schrieb später über den gemeinsamen Aufenthalt: „Ich sehe Brecht noch, wie er durch das Wasser watete, die Hosen aufgekrempelt, die Mütze auf dem Kopf, im Mund die vertraute Virginia. Ich kann mich nicht erinnern, Brecht je ganz und gar untergetaucht gesehen zu haben. Er muss ein wenig wasserscheu gewesen sein."

Ein paar Kilometer südwestlich bei dem Weiler **Cabasson** gibt es noch einen weiteren schönen Strand. Das in Sichtweite gelegene **Fort Brégançon**, eine Verteidigungsanlage aus der Zeit Ludwig XIV., dient dem französischen Staatspräsidenten als Sommersitz. Eine schöne Küstenwanderung führt von La Favière bis zum Cap Bénat. Es gibt zwar Theorien, die vermuten, der Name Lavandou leite sich von Lavendel ab, da auf dem schmalen Küstenstreifen bei Le Lavandou und auf den Hyèrischen Inseln eine seltene Lavendelart wächst, der eine große Heilkraft nachgesagt wird (*Lavandula stoechas*), doch ist es wahrscheinlicher, dass der Name von *lavoir* (waschen) abgeleitet wurde.

Côte d'Azur
Karten Seite 234, 316/317 und 364/365

Information/Verbindungen/Diverses

- *Information* **Office de Tourisme**, Quai Gabriel-Péri, B.P. 85, 83980 Le Lavandou, ✆ 0494004050, 📠 0494004059, www.ot-lelavandou.fr.
- *Verbindungen* Fast stündlich **Busverbindungen** nach Hyères und Toulon sowie mehrmals tgl. über Cavalaire nach Saint-Tropez. **Schiffsverbindungen** nach Port-Cros, Ile du Levant und Ile de Porquerolles. Genaue Abfahrtszeiten erteilt die Compagnie de Transports Maritimes „Vedettes Iles d'Or", 15, quai Gabriel Péri et Gare Maritime, ✆ 0494710102.
- *Musée du Lavandou* Vom 25. Juni bis 25. Sept. diverse Wechselausstellungen im Hôtel de Ville, Place Ernest Reyer.
- *Markt* Donnerstagvormittag.
- *Maison de la Presse* Rue Charles Cazin.
- *Post* Avenue du Général de Gaulle.
- *Fahrradverleih* Waikiki Surf and Bike Shop, 15, avenue des Ilaires, ✆ 0494711650; Holiday Bikes, Boulevard Front de Mer (La Favière), in unmittelbarer Nähe des Office de Tourisme.
- *Strände* Ein breiter Sandstrand beginnt direkt am Yachthafen (Plage du Lavandou), einsamer und schöner ist der Strand von Cabasson (gebührenpflichtiger Parkplatz: 8 €). Lohnend auch der Strand am Cap de Léoube im Westen sowie die Strände im Osten wie die Plage d'Aiguebelle. Nudisten pilgern zur Plage du Layet (kurz vor Cavalière), um hier hüllenlos am Strand zu liegen.
- *Minigolf* Parc de Loisirs, avenue de la Grande Bastide.

Übernachten/Essen

**** **Les Roches**, das anerkannt beste Hotel der Stadt wird oft auch wegen seines Gourmetrestaurants (ein Michelinstern, 16 Punkte bei Gault Millau) gebucht. Distinguiertes Ambiente. Zimmer je nach Ausstattung 2000–540 €. Im zugehörigen Restaurant kosten die Menüs 60, 85 und 115 €. Meerwasserpool und WLAN vorhanden. 1, avenue trois Dauphins, ✆ 0494710507, 📠 049 4710840. www.hotellesroches.com.

*** **L'Espadon**, ordentliches Drei-Sterne-Hotel im Ortszentrum in einem charakterlosen modernen Bau. Zimmer ab 64 € in der Nebensaison; wer allerdings mit Terrasse und Meerblick aufwachen will, muss in der Hauptsaison bis 136 € erübrigen. 1, chemin du Vannier, ✆ 0494710020, ✆ 0494647919. www.espadon-lavandou.com.

*** **Palmiers**, das bei Cabasson unweit der Küste gelegene Hotel (300 Meter zum Meer) ist ein Lesertipp von Henrike Ebel, die den persönlichen Service und die gute französische Küche lobte: „Wenn man an der Bucht entlang weiterwandert, findet man weitere einsame Badeplätze mit kristallklarem Wasser." Optisch ist das Hotel allerdings nicht sehr berauschend. Es werden nur 17 Zimmer mit rustikalem Touch vermietet von 90–150 €, von Juli bis Sept. nur mit Halbpension (85–125 € pro Person). 240, chemin du Petit-Fort, ✆ 0494648194, ✆ 0494649361. www.hotel-palmiers.com.

** **Le Rabelais**, freundliches Hotel mit türkisfarbenen Fensterläden am östlichen Rand des Hafens. Toller Meerblick von den oberen Etagen (Zimmer 12–16). Die Zimmer mit Blick zur Straße kosten je nach Saison 65–94 €, für den Meerblick sind 70–125 € zu investieren (jeweils inkl. Frühstück). Quai Baptist Pins, ✆ 0494710056, ✆ 0494718255. www.le-rabelais.fr.

Chez Jo, beliebtes Strandrestaurant am Nudistenstrand Plage du Layet (3 km östlich). Es liegt nicht an den nackten Tatsachen des zugehörigen Strandes, dass sich das Restaurant eines großen Zuspruchs erfreut. Einen guten Ruf genießt beispielsweise die Bouillabaisse. Gehobenes Preisniveau. Nur von Mai bis Sept. geöffnet. Plage du Layet, ✆ 0494058506.

• *Ferienwohnungen* Das Office de Tourisme hat eine umfangreiche Liste mit Ferienhäusern und -wohnungen zusammengestellt.

• *Camping* **** **Du Domaine**, südlich von Le Lavandou, nahe des Weilers La Favière. Riesiges Gelände mit 1200 Stellplätzen, verteilt über einen Pinienwald und Wiesenflächen. Grenzt direkt an einen mehrere hundert Meter langen Sandstrand. Bei einem Platz dieser Größenordnung ist das Vorhandensein von Restaurant, Supermarkt und Kinderspielplatz fast selbstverständlich. Die sanitären Anlagen sind gut gepflegt, Waschmaschinen stehen gegen Gebühr zur Verfügung. Von April bis Okt. geöffnet. ✆ 0494710312. www.campdudomaine.com.

Bormes-les-Mimosas

Am Rande des Massif des Maures liegt Bormes-les-Mimosas, ein schönes provenzalisches Dorf mit einer mittelalterlichen Burg (Privatbesitz, daher nur von außen zu besichtigen!), steilen und gekrümmten Gässchen, überdachten Durchgängen und kleinen Plätzen. Kein Wunder, dass Bormes-les-Mimosas im Sommer ein sehr beliebtes Ausflugsziel ist.

Das Ende des Ortsnamens erinnert an die Mimosen, die hier im Februar blühen; „Bormes" soll auf ein ligurisches Seeräubervolk namens Bormanen zurückzuführen sein, das noch vor 2.000 Jahren die Küsten verunsicherte. Ironischerweise wurde der Ort tausend Jahre später selbst mehrfach von Sarazenen heimgesucht. Von 1938 bis 1940 lebte und arbeitete der Schriftsteller *Alfred Kantorowicz* in einem kleinen Haus im Dorfzentrum von Bormes; die Erfahrungen seiner langjährigen Exilzeit hat Kantorowicz in dem Buch „Exil in Frankreich" geschildert. Eine schöne Kurzwanderung führt vom Schloss über den Chemin de Constance zur 324 Meter hoch gelegenen Chapelle Notre-Dame-de-Constance hinauf.

• *Information* **Office Municipal de Tourisme**, 1, place Gambetta, 83230 Bormes-les-Mimosas, ✆ 0494013838, ✆ 0494013839, www.bormeslesmimosas.com. Öffnungszeiten: Mo–Sa 9–12 Uhr und 14–18 Uhr.

• *Einwohner* 6.400 Einwohner.

• *Verbindungen* Fast stündlich Busverbindungen nach Hyères und Toulon sowie mehrmals tgl. über Lavandou und Cavalaire nach Saint-Tropez. Bushaltestelle im Ortsteil Le Pin. In den Sommermonaten verkehren Busse von Le Pin zum Strand von La Favière.

• *Parken* Großes kostenloses „Parkhaus" vor dem Ort.

• *Markt* Mittwochvormittag.

Verträumte Hanglage: Bormes-les-Mimosas

- *Post* Rue Gabriel Péri.
- *Veranstaltungen* Blumenumzug im Feb.
- *Tennis* Tennis Municipal, Boulevard du Mont du Roses, ✆ 0494715112.
- *Übernachten/Essen* *** **Du Cigalou**, das am Rand der Altstadt gelegene Hotel wurde 2006 neu eröffnet. Die Zimmer mit LCD-Fernseher präsentieren sich je nach Stil von barock bis kolonial. Die Bäder sind top, das Ambiente ist farbenfroh verspielt, wenngleich dem Hotel noch ein wenig Patina fehlt. Im Garten hinter dem Haus gibt es einen kleinen Swimmingpool, der sich allerdings aufgrund seiner Ausmaße nur bedingt zum Schwimmen eignet. DZ je nach Ausstattung (viele mit Terrasse) und Saison 136–249 €, Frühstück 13 €. Place Gambetta, ✆ 0494415127, ℻ 0494462073. www.hostellerieducigalou.com.

*** **Grand Hôtel**, die prachtvolle Hotelfassade in schöner Hanglage mit Blick hinunter auf das Dorf weckt große Erwartungen. Genau genommen ist es aber eher ein Dorfhotel als ein Grand Hotel, was sich allerdings auch an den niedrigen Preisen widerspiegelt. Die 52 Zimmer (je nach Lage und Ausstattung von 32–120 €) sind für ein Drei-Sterne-Hotel ausgesprochen günstig (wahrscheinlich das günstigste an der Côte d'Azur). Gefrühstückt wird im Garten. WLAN. Von Nov. bis Mitte Feb. Betriebsferien. 167, route du Baguier, ✆ 0494712372, ℻ 0494715120. www.augrandhotel.com.

** **Le Bellevue**, mit Blick auf die Küste, das Restaurant mit seiner großen Aussichtsterrasse ist etwas touristisch (Menüs ab 19 €), die geschmackvoll renovierten Zimmer kosten zwischen 40 (Etagendusche) und 68 € und erwecken einen besseren Eindruck als die vom Grand Hotel. Die teureren Zimmer verfügen über Meerblick, manche haben einen Balkon. Dez. und Jan. geschlossen. 14, place Gambetta, ✆ 0494711515, ℻ 0494059604. www.bellevuebormes.com.

Bastide des Vignes, dieses Chambre d'hôtes südlich des Dorfes mit seinem traumhaften Pool ist ein Lesertipp von Jörn Stiller, der die netten Gastleute, die großzügigen Zimmer (je nach Saison 110-132 € inkl. Frühstück) sowie die Table d'hôtes (40 € inkl. Getränke) lobte. Nur Personen über 16 Jahre erwünscht. 464, chemin du Patelin, ✆ 0494712029. www.bastidedesvignes.fr.

L'Escoundudo, viele Menschen durchstreifen jeden Tag die Gassen von Bormes, doch irgendwann treffen sich alle Feinschmecker in dem Restaurant von Mathias Dandine, um hier provenzalische Köstlichkeiten wie Daube (Schmortopf) zu genießen. Schöne Terrasse! Menüs zu 29 € und

Côte d'Azur
Karten Seite 234, 316/317 und 364/365

35 €. In der Nebensaison Montag Ruhetag. 2, ruelle de Moulin, ✆ 0494711553. www.escoundudo.com.

Lou Portatou, unter einem stimmungsvollen Gewölbe labt man sich an ausgesuchten provenzalischen Tafelfreuden. Menüs zu 26 € (mittags), 32 € und 39 €. In der Nebensaison Montag und Dienstag Ruhetag. 1, rue Cubert des Poetès, ✆ 0494648637.

La Fleur de Thym, ein Lesertipp von H. Lederer: „Ein Ehepaar führt ein in romantischen Räumlichkeiten untergebrachtes Lokal und serviert exquisite Küche zu humanen Preisen (nicht teuer). Das Restaurant liegt im Dorfzentrum oberhalb der Post." Marktfrische Küche, beispielsweise mit Zucchiniblüten. Menü zu 29 €. In der Hauptsaison nur abends geöffnet, der Nebensaison Montag Ruhetag. 2, rue Pierre Tosca, ✆ 0494714272.

La Tonnelle, ansprechendes Restaurant mit Spezialitäten der Region (*pieds et paquets*), am Ortseingang gelegen. Mittagsmenü 17 €, sonst 27, 38 und 42 €. Mittwoch und Donnerstagmittag geschlossen. Place Gambetta, ✆ 0494713484.

Chez Sylvia, es muss nicht immer provenzalisch sein: Die italienischen Gerichte mit sizilianischem Einschlag sind einen Abstecher wert. Ausgezeichnete Pizzen! Menü zu 23 € bzw. 28 € am Sonntag. Im Dez. und Jan. Betriebsferien, zudem außerhalb der Saison mittwochs und Donnerstagmittag geschlossen. An der Landstraße zwischen Bormes und Le Lavandou gelegen. 872, avenue Lou Mistraou, ✆ 0494711410.

La Rastègue, das auch von Restaurantführern gelobte Lokal (bei Gault Millau 14 Punkte) wird von einem jungen Paar betrieben und ist ein Lesertipp von N. und C. Jansen, die die stark am Marktangebot orientierte, mediterrane Küche als „wirklich exzellent" lobten. Im Sommer sitzt man draußen auf einem sehr netten, großen Balkon. Menüs zu 39, 45 und 55 €. Bis auf Sonntagmittag nur abends geöffnet. Montag Ruhetag. Quartier du Pin, 48, boulevard du Levant, ✆ 0494151941.

• Ferienwohnungen und -häuser Beim Office de Tourisme ist ein Prospekt mit Beschreibungen der Objekte erhältlich.

• Camping *** **Manjastre**, mit schönem Swimmingpool, aber direkt an der Nationalstraße. 120 Stellplätze, ganzjährig geöffnet. ✆ 0494710328. www.campingmanjastre.com.

Sehenswertes

Musée Art et Histoire: Lokalgeschichtliches Museum, das nicht nur Informationen zu Bormes-les-Mimosas, sondern auch zur Chartreuse de la Verne und zum Fort von Brégançon bereit hält. Neben sakralen Kunstgegenständen gehören auch Gemälde aus dem 19. und 20. Jahrhundert zur Sammlung (darunter mehrere Werke des Landschaftsmalers Charles Cazin). Diverse Wechselausstellungen.

Adresse 103, rue Carnot. Öffnungszeiten: Tgl. außer Mo 10–12 Uhr und 14.30–17.30, So nur 10–12 Uhr. Eintritt: frei!

Was haben Sie entdeckt?

Haben Sie eine schöne Wanderung, ein nettes Restaurant oder eine idyllische Herberge entdeckt?

Schreiben Sie an:

Ralf Nestmeyer
Stichwort „Provence und Côte d'Azur"
c/o Michael Müller Verlag
Gerberei 19
91054 Erlangen
E-Mail: ralf.nestmeyer@michael-mueller-verlag.de

Charmant: die Altstadt von Hyères

Hyères

Hyères zählt zu den ältesten Ferienorten an der Côte d'Azur. Auch wenn Hyères der Glanz von Nizza und Cannes fehlt, so ist der 57.000 Einwohner zählende Ort durchaus reizvoll. Der Tourismus spielt trotz vieler Campingplätze und einiger Hotels keine überragende Rolle.

Die meisten Touristen steigen nicht im mittelalterlichen Zentrum, sondern im optisch wenig ansprechenden Badeort **Hyères-Plage** oder auf der Halbinsel Giens ab. Das jüngere Surfer-Publikum liebt die in Richtung Osten gelegene Plage de l'Almanarre. Dies hat den großen Vorteil, dass Hyères mehr an eine französische Kleinstadt, denn an ein Ferienzentrum erinnert. Zumeist dient Hyères aber nur als Durchgangsstation auf dem Weg zur gleichnamigen Inselgruppe. Doch es wäre sicher ein Fehler, nicht wenigstens für ein paar Stunden durch die Altstadt zu schlendern. Die Reste der Stadtmauer und die erhaltenen Stadttore (Porte Saint-Paul, Port de Baruc, Port du Fenouillet, Porte Vernet) legen ein sichtbares Zeugnis über die mittelalterliche Bedeutung von Hyères ab. Besonders schön ist die weitgehend überwölbte Rue des Portes, die nachts mit Scheinwerfern erhellt wird. Mit den Kirchen Saint-Paul (romanisch) und Saint-Louis (gotisch) besitzt Hyères zwei ansehnliche Gotteshäuser, die die geistigen Stimmungen ihrer Bauzeit erahnen lassen. Zudem steht im Gewirr der Altstadtgassen an der Place Massillon die Chapelle Saint-Blaise, die noch von einer Komturei des Templerordens aus dem frühen 13. Jahrhundert stammt.

Geschichte

An der Küste südlich des heutigen Hyères siedelten sich griechische Kolonisten aus Marseille im 4. Jahrhundert v. u. Z. an und gründeten das antike *Olbia*, dessen

Côte d'Azur
Karten Seite 234, 317 und 364/365

Ruinen noch besichtigt werden können. Der Handelsposten – wichtiger Umschlagplatz für das Salz aus den nahen Salinen – wurde im Jahre 49 v. u. Z. von den Römern erobert und zerstört, um anschließend als römische Stadt *Pomponiana* wiederaufgebaut zu werden. Erst in jüngster Vergangenheit wurden bei Almanarre die antiken Grundmauern ausgegraben, wobei man neben einer Thermenanlage auch Spuren zweier Tempel entdeckte. Die eigentliche Geschichte von Hyères beginnt im Mittelalter, als die Herren von Fos einen befestigten Ort namens *Areis* (von aerea = Salinen) mit zugehöriger Burganlage errichteten.

Es fällt heute schwer, in Hyères einen der Geburtsorte des Tourismus an der Côte d'Azur zu sehen. Das liegt zum großen Teil auch daran, dass Hyères nicht direkt an der Küste liegt, sondern sich als eine dem Meer abgewandte Stadt präsentiert. Bereits in der ersten Hälfte des 18. Jahrhunderts machten sich Reisende aus dem Norden auf die beschwerliche Fahrt in das gelobte Land, in dem die Zitronen blühen. „So hatten wir also den schönsten und weitesten Punkt unserer Reise erreicht, wir hatten Hyères gesehen. Erde und Himmel, Luft und Meer machen es zum Paradies der Welt, und doch lässt sich so wenig davon sagen wie von allem wahrhaft Schönen und Großen; man muss es selbst gesehen haben, um es sich denken zu können oder auch nur daran zu glauben. Gibt es einen Aufenthalt auf Erden, wo der Anblick der Natur ein durch bittere Erfahrungen zerrütteltes Gemüt heilen, wo milde Luft eine zerstörte Brust wieder stärken kann, so ist es Hyères“, schwärmte Johanna von Schopenhauer, die Mutter des berühmten Philosophen. Als Stéphen Liégard 1887 das Schlagwort „Côte d' Azur“ prägte, siedelte er zwar ihre westlichste Begrenzung in Hyères an, doch hatte die Stadt damals bereits ihre führende Stellung als Winterkurort an Nizza und Cannes abtreten müssen. Auch Königin Victoria wandte sich 1892 mit ihrem Hofstaat von Hyères ab und Nizzas Vorort Cimiez zu. Heute erinnern nur noch mehrere Belle-Epoque-Bauten an den einstigen Glanz. Später diente Hyères oft als Kulisse berühmter Filme: „Wenn schon verrückt – dann richtig“ *von Jean-Luc Godard* wurde in Ayguarde und Porquerolles gedreht, *François Truffaut* wählte Hyères 1982 als Drehort für seinen letzten Film „Auf Liebe und Tod“. Die Liste der Regisseure lässt sich noch um so bekannte Namen wie Agnès Varda und René Clément verlängern.

• *Information* **Office de Tourisme**, 3, avenue Ambroise Thomas, 83400 Hyères, ✆ 0494 018450, ✆ 0494018451. www.hyeres-tourisme.com.

• *Verbindungen* **SNCF-Bahnhof** im Süden der Stadt an der Place de l'Europe (tgl. sieben Verbindungen nach Toulon). Von der Gare routière an der Place Maréchal Joffre fahren tagsüber fast stündlich **Busse** nach Toulon sowie mehrmals tgl. über Cavalaire nach Saint-Tropez. Ganz Eilige können täglich mit dem **Flugzeug** nach Paris-Orly düsen. Der Flugplatz Toulon-Hyères liegt zwischen der Altstadt und Hyères-Plage, ✆ 0494008383. (Achtung: Wer in der Nähe nächtigt, muss mit Beeinträchtigungen durch den Fluglärm rechnen). Von Hyères-Plage und La Tour-Fondue (Halbinsel Giens) regelmäßige **Schiffsverbindungen** zur Ile de Porquerolles. Weitere Auskünfte: Gare Maritime de la Tour-Fondue, ✆ 0494582181.

• *Markt* Tgl. auf der Place Massillon; zudem Dienstag auf der Place de la République (im Sommer auch Donnerstagvormittag); Samstagvormittag auf der Avenue Gambetta.

• *Veranstaltungen* Ende April/Anfang Mai findet das **Internationale Festival der Mode** statt.

• *Internet* Maison de l'Internet, 18, avenue de Belgique.

• *Post* Avenue Joseph Clotis.

• *Fahrradverleih* Cycle Cad, 59, avenue Alphonse Denis, ✆ 0494650769.

• *Übernachten/Essen* **La Buanderie (6)**, wer schon immer einmal in einer vornehmen Villa mit großem Swimmingpool hoch

über der Küste wohnen und die Nachmittage in einem kleinen Pinienhain in der Hängematte verbringen wollte, ist in diesem Chambre d'hôtes genau richtig. Madame Putz vermietet im oberen Stock ihrer Villa drei Zimmer und sorgt sich liebevoll um ihre Gäste. Das Haus und die Zimmer mit den tollen Bädern und schönen Holzfußböden könnten aus einem Einrichtungsmagazin stammen – kein Wunder, schließlich ist Monsieur Putz Innenarchitekt. Hervorragendes Frühstück mit Gebäck, Früchten und Joghurt, das auf der Terrasse serviert wird. DZ 110 €, die Suite für 4 Personen kosten 165 € (jeweils inkl. Frühstück). Anfahrt: Von Hyères in Richtung Carqueiranne, vorbei an der Plage de l'Almanarre, bis linker Hand ein mit MACIF bezeichnetes Areal auftaucht. Jetzt rechts abbiegen und dem Wegweiser „Mont des Oiseaux" den Berg hinauf folgen. Nach rund 1.300 Metern steht La Buanderie auf der linken Straßenseite (insgesamt knapp zehn Kilometer vom Zentrum von Hyères entfernt). 36, avenue des Colibris, ☏/℻ 0494383098. www.la-buanderie.com.

Hotel Bor (5), eine Renovierung kann manchmal Wunder bewirken, so auch in diesem Fall: Dieses Strandhotel ist nicht mehr wiederzuerkennen und präsentiert sich heute im modernen Lounge-Stil. Tolle Terrasse, direkt am Meer! Die Zimmer sind modern eingerichtet und gefallen mit ihrem unterkühlten Interieur, je nach Lage und Saison kosten sie 120–160 €, wobei diejenigen mit Meerblick sind naturgemäß teurer sind. Frühstück 12 €. Gutes Restaurant. WLAN vorhanden. Januar bis Mitte März Betriebsferien. Hyères-Plage, 3, allée

Côte d'Azur
Karten Seite 234, 317 und 364/365

Emile-Gérard, ✆ 0494580273, ✆ 0494580616. www.hotel-bor.com.

** **Le Portalet (3)**, nach einem Besitzerwechsel gefällt uns die mitten in der Altstadt gelegene Herberge mit rosafarbener Fassade eindeutig besser. Es ist zwar noch immer ein altes Haus, aber die 18 Zimmer wurden renoviert und neu modern möbliert, der alte rustikal-plüschige Touch ist verschwunden. Die Zimmer im dritten Stock verfügen über einen Balkon. Einladend auch der Frühstücksraum mit seinen pinkfarbenen Stühlen. EZ 50–75 €, DZ 60–90 €. Die teureren Preise gelten für die Hochsaison. 4, rue de Limans, ✆ 0494653940, ✆ 0494358633. www.hyeres-hotel-portalet.com.

** **Hôtel du Soleil (1)**, das mit Efeu berankte Hotel steht am Rande der Altstadt unterhalb der Villa Noailles. Individuell eingerichtete Zimmer, die durchaus ihren Reiz haben (je nach Saison EZ ab 45 €, DZ 60–120 €). Rue du Rempart, ✆ 0494651626, ✆ 0494354600. www.hotel-du-soleil.fr.

** **Le Méditerranée (7)**, empfehlenswerte Strandunterkunft in Hyères-Plage (gehört zum Verbund Logis de France), 13 geschmackvoll moderne Zimmer, teilweise in poppigen Farben (je nach Saison 62–88€, Frühstück 7 €). 8, avenue de la Méditerranée, ✆ 0494005270, ✆ 0494385117. www.hotel-lemediterranee.fr.

Les Jardins de Bacchus (4), mediterrane Tafelfreuden von Steinpilzravioli bis hin zum Langustinencarpaccio, raffiniert zubereitet. Zudem begeistert die Weinkarte durch ausgesuchte Tropfen nicht nur aus der Region. Bacchus wäre begeistert ... Menüs zu 28,50 € (mittags), 33,50, 43,50 und 55 €. Straßenterrasse. Samstagmittag und Montag Ruhetag. 32, avenue Gambetta, ✆ 04946577 63. www.les-jardins-de-bacchus.com.

Le Bistro de Marius (2), ansprechendes Restaurant mit klassischem Interieur und netter Straßenterrasse im Herzen der Altstadt, von Lesern gelobt. Viele Fischgerichte. Menüs zu 18, 26 und 32 €. Montag und Dienstag geschlossen. Place Massillon, ✆ 0494358838.

• *Camping* Hyères und die südlich gelegene Halbinsel von Giens sind ein wahres Campingparadies. Rund ein Dutzend bestens ausgestatteter Campingplätze stehen zur Auswahl, fast alle in unmittelbarer Nähe zum Meer.

*** **La Presqu'ile de Giens (8)**, der in der Mitte der Halbinsel gelegene Platz (400 bzw. 800 Meter Entfernung zu zwei Sandstränden) ist eine Lesertipp von Ute und Jochen Siegler: „Ein Super-Platz; sehr gepflegte, beheizte Sanitäranlagen." Vermietung von Mobilhomes. Von Ende März bis Anfang Okt. geöffnet. 153, route de la Madrague-Giens, ✆ 0494582286. www.camping-giens.com.

Das ganze Jahr über geöffnet hat allerdings nur ein einziger Platz: ** **Rebout**, kleiner Platz mit nur 54 Stellplätzen (Swimmingpool). Les Salines d'Hyères, ✆ 0494664121.

Sehenswertes

Château: Auf dem höchsten Punkt der Stadt zeugen heute nur noch spärliche Reste von der einstigen Burganlage. Schon in früheren Zeiten mehrfach belagert und erobert, ließ der Herzog von Guise die Mauern schleifen, Ludwig XIII. verfügte 1620 den Abbruch des Donjon (Bergfried). Dennoch sollte man sich nicht davon abhalten lassen, zur Ruine hinaufzusteigen: Die Aussicht bis zu den Iles d'Hyères entschädigt allemal für die Mühen. Zu Füßen des Schlosses lädt der Parc Saint-Bernhard mit seinen Magnolien, knorrigen Olivenbäumen und Agavengewächsen zum Lustwandeln ein.

Villa de Noailles: Im Auftrag des Vicomte *Charles de Noailles* errichtete der Architekt *Robert Mallet-Stevens* im oberen Teil des Parc Saint-Bernhard 1924 eine deutlich vom Kubismus inspirierte 40-Zimmer-Villa. Er gestaltete sie wie einen Passagierdampfer, dessen Kapitän der Vicomte war. Die Inneneinrichtung konzipierten Marcel Breuer und Pierre Chareau. Der Park wurde von dem Armenier *Gabriel Guévrékian* im Stil eines kubistischen Gartens entworfen, wobei die dreieckige Form an einen Schiffsbug erinnert. In der Mitte bilden Quadrate und Rechtecke, die mit roten, blauen, violetten, schwarzen, gelben oder grauen Keramikplatten belegt sind, ein Schachbrettmuster.

Geometrisches Gartenspiel: Villa de Noailles

Der wohlhabende Adelige mit Hang zur Avantgarde lud des Öfteren bekannte Künstler ein, in seinem Haus zu wohnen und zu arbeiten. So arbeitete Giacometti zeitweise im Garten der Villa an seinen Skulpturen und *Man Ray* drehte hier einen seiner wenigen Filme (*Les Mystères du Château du Dé*). Als Charles de Noailles Luis Buñuels skandalumwitterten Film „L'Age d'Or" finanzierte, wurde ihm wegen der blasphemischen Szenen mit der Exkommunikation gedroht. Nachdem die zwischenzeitlich heruntergekommene Villa mehrere Jahre leer gestanden hatte, erwarb die Stadt Hyères 1973 das Anwesen, aber erst im Jahre 2000 wurden die dringend notwendigen Restaurierungsarbeiten endlich in die Wege geleitet. Es finden immer wieder Wechselausstellungen statt.

Adresse Montée de Noailles. Öffnungszeiten: Mi–So 10–12.30 und 14–17.30 Uhr, von Juli bis Sept. tgl. außer Di 10–12.30 und 16–19.30 Uhr, Fr nur 16–22 Uhr! Eintritt: 6 €.

Jardin Olbius-Riquier: Knapp sieben Hektar großer Park mit exotischen Pflanzen, einem See, Bimmelbahn und kleinem Zoo. In dem lauschigen Park gedeihen Ginkgobäume, zwölf Meter hohe Yucca-Palmen, Hibiskus und die strauchig kletternde Bougainvillea, eine subtropische Nachtfalterblume.

Adresse Avenue Abroise Thomas. Öffnungszeiten: Tgl. 7.30–20 Uhr, im Winter bis 17 Uhr. Eintritt: frei!

Musée Municipal: Das Stadtmuseum zeigt prähistorische und galloromanische Fundstücke sowie Fossilien und Gemälde regionaler Künstler.

Adresse Place Théodore Lefèvre. Öffnungszeiten: Tgl. außer Di 10–12 Uhr und 14.30–17 Uhr, am Wochenende nur nachmittags. Eintritt: frei!

Giens: Die Halbinsel Giens, eine beliebte Zwischenstation für Zugvögel, ist wahrscheinlich erst seit römischer Zeit mit dem Festland durch einen schmalen, angeschwemmten Landstreifen verbunden. Westlich der Zufahrtsstraße erstrecken sich die ausgedehnten *Salins des Pesquiers*. Im September 1975 starb in

Giens der in Deutschland weitgehend unbekannte Dichter *Saint-John Perse*. Perse war übrigens kein Heimatdichter, sondern bekam 1960 den Literaturnobelpreis verliehen. Am schönsten ist der relativ unberührte Westen der Halbinsel, der im Rahmen einer Kurzwanderung schnell zu erschließen ist. Surfer aus aller Welt kommen wegen der bis auf Windstärke zehn anschwellenden Böen nach Giens. Alljährlich im März wird der World Cup ausgetragen.

Carqueiranne: Gefälliger Küstenort mit kleinem Hafen, direkt an der Straße von Hyères nach Toulon gelegen. Landschaftlich reizvoll ist die Küste, die sich bis zum Cap de Carqueiranne erstreckt. Liebhabern der provenzalischen Küche empfiehlt Leser Andreas Gauf die *Auberge Lou Petoulet*.

Radtour entlang der Küste

Zwischen Le Lavendou und Toulon verläuft eine extra angelegte Radstrecke, mit Schildern als **Piste Cyclable du Littoral** ausgewiesen. Völlig ungestört vom Autoverkehr kann man auf diesem asphaltierten Weg die Küstenlandschaft erkunden.

Iles d'Hyères

Mit seiner üppigen Vegetation gehört das Archipel zu den reizvollsten Ecken der Côte d'Azur. Auf dem Rücken der Ile de Porquerolles und der Ile de Port-Cros gedeihen Pinien, Eukalyptus und Myrten, während sich an den Küsten schöne Sandstrände und schwer zugängliche Bereiche abwechseln. Karger – oder besser „nackter" – präsentiert sich das Nudistenparadies Ile du Levant.

Die Inselgruppe ist geologisch mit dem Massif des Maures verwandt; erst der Anstieg des Meeresspiegels machte die höchsten Erhebungen des kleinen Gebirgszugs zu Inseln, die in der Antike aufgrund ihrer geradlinigen Anordnung unter dem Namen *Steochaden* bekannt waren. Später erhielt das Archipel das Attribut *Iles d'Or*, die Goldenen Inseln, wahrscheinlich wegen des im Sonnenlicht metallisch glänzenden Gesteins, bevor es wegen der Nähe zu Hyères seinen heutigen Namen bekam. Das gesamte Mittelalter hindurch waren die Inseln als Piratennester gefürchtet. Im 16. Jahrhundert setzte das erstarkte französische Königreich dem Treiben ein Ende. Kardinal Richelieu ließ später auf den Inseln eine ganze Reihe von Befestigungen errichten, um die Küste besser vor spanischen Übergriffen schützen zu können. Ein letztes Mal wurde die gesamte Inselgruppe erst vor wenigen Jahrzehnten erobert und besetzt; seither ist sie fest in der Hand des Tourismus. Für die drei großen Inseln gilt daher: Am schönsten ist es im Frühjahr und Spätsommer, im Juli und August sind die Inseln völlig überlaufen. Erfreulich ist, dass alle Privatfahrzeuge auf dem Festland zurückbleiben müssen: Die Iles d'Hyères gehören den Spaziergängern und Fahrradfahrern! Wer Ruhe und Einsamkeit sucht, muss entweder auf einer der Inseln übernachten – den frühen Morgen und späten Abend auf der Insel zu verbringen, ist nur wenigen vorbehalten – oder in der absoluten Nebensaison reisen. Ein Tipp für Leute mit wenig Zeit: Zum Baden nach Porquerolles, zum Wandern nach Port-Cros; wer es hüllenlos liebt, dem stehen auf der Ile du Levant alle Möglichkeiten offen.

• *Information* **Bureau d'Information**, B.P. 15, 83400 Porquerolles, ✆ 0494583376, 📠 049 4583639, www.porquerolles.com.

• *Verbindungen* Regelmäßiger und häufiger Schiffsverkehr zwischen la Tour-Fondue und Porquerolles (bis zu zwanzigmal in der Hochsaison, 16,50 € hin- und zurück, Fahrzeit 20 Min., www.tlv-tvm.com.), seltener nach Port-Cros und zur Ile du Levant. In der Hochsaison besteht die Möglichkeit, während eines Tagesausflugs alle drei Inseln zu besuchen. Fahrradmitnahme möglich! Weitere Auskünfte: Gare Maritime de la Tour-Fondue, ✆ 0494582181. Von Port d'Hyères (Hyères-Plage) je nach Saison zwischen zwei und fünf Verbindungen nach Port-Cros und zur Ile du Levant. ✆ 0494582181. Zudem bestehen von allen drei Inseln Schiffsverbindungen nach Le Lavandou. Genaue Informationen zu Abfahrtszeiten erteilt die Compagnie de Transports Maritimes „Vedettes Iles d'Or", Le Lavandou, 15, quai Gabriel Péri et Gare Maritime, ✆ 0494710102. Transmed 2000 Monarque unterhalt Schiffsverbindungen zwischen der Ile de Porquerolles und Toulon, ✆ 0494929682.

• *Übernachten/Essen* Die wenigen Unterkünfte auf der Inselgruppe sind relativ teuer. Kein Wunder, sind sie doch in der Saison restlos ausgebucht. Ohne vorherige Reservierung bleibt nur die Alternative Tagesausflug. Zumeist besteht eine Verpflichtung zur Vollpension, in der Nebensaison sind Ausnahmen möglich.

Ile de Porquerolles

Porquerolles, mit 1254 Hektar die größte Insel, ist in rund 20 Minuten vom Festland aus zu erreichen. Daher verwundert es auch nicht, dass es hier im Sommer vor Tagesausflüglern nur so wimmelt. Auf jeden der rund 330 Einwohner kommen im Sommer pro Tag 30 Festlandbesucher. Das war nicht immer so: Bis Ende der dreißiger Jahre gehörte die gesamte Insel einem wohlhabenden belgischen Ingenieur namens Jean-François-Joseph Fournier, der auf seinem Refugium wie ein kleiner souveräner Fürst schaltete und waltete. Danach wurde die Ile de Porquerolles wieder für die Allgemeinheit zugänglich: Zu den bekanntesten Feriengästen der Insel zählte Georges Simenon, der Schöpfer des berühmten Pfeife rauchenden Kommissars Maigret. Als Anfang der siebziger Jahre das weitere Schicksal der Insel zur Disposition stand (Offerte vom Club Méditerranée), überzeugte Madame Pompidou ihren Mann, den französischen Staatspräsidenten, die Insel im Namen des Staates zu kaufen und unter Naturschutz zu stellen. Um einen ausbrechenden Waldbrand besser kontrollieren zu können, wurde ein Streifen Land an einen jungen Winzer aus dem Elsass verpachtet; der aus diesen Reben gekelterte *Domaine de la Courtade* genießt mittlerweile einen ausgezeichneten Ruf. Die Ile de Porquerolles lässt sich leicht mit dem Fahrrad erkunden, ein gutes Radwegenetz führt zu allen sehenswerten Stellen der Insel. Es gibt an der Nordküste mehrere schöne Sandstrände, so die Plage d'Argent im Westen, die Grand Plage und ganz im Osten die Plage Notre-Dame. Der Süden ist zum Baden eher ungeeignet, da das Ufer steil abfällt. Am Cap d'Arme, an der Südspitze der Insel, steht ein imposanter Leuchtturm, der bestiegen werden kann. An die bewegte Vergangenheit der Insel erinnern die über das Eiland verstreuten Befestigungsanlagen. Oberhalb des Dorfes kann man sich im Fort Sainte-Agathe von Juni bis September über die Geschichte von Porquerolles anhand zahlreicher antiker Fundstücke vom Meeresgrund informieren.

Hinweis: Auf der Insel ist Zelten verboten, Rauchen nur im Dorf erlaubt (wegen Brandschutz)!

Karten Seite 234, 317 und 364/365

- *Feste* Am 26. Juli wird auf Porquerolles die Fête de la Sainte-Anne begangen.
- *Bank* Banque Societé Marseillaise de Crédit. Während der Saison tgl. geöffnet. Sonst bleibt nur der Geldautomat. Adresse: 3, rue de la Ferme.
- *Waschsalon* Tgl. von 6–23 Uhr geöffnet. Adresse: Carré du Port.
- *Fahrradvermietung* Am Hafen stehen zahlreiche Drahtesel, selbstverständlich auch Mountainbikes (V.T.T.), zur Auswahl. Mehrere Verleiher, Tagespreise 12–15 €.
- *Tauchen* Tauchlehrgänge sowie Tauchexkursionen (auch nachts) veranstaltet der Club de plongée de Porquerolles, ✆ 0494583494.
- *Bootsexkursionen* Yellow Pélican, ✆ 049 4583119, bietet zu gehobenen Preisen Exkursionen rund um die Insel sowie Dienste mit dem Taxiboot an.
- *Übernachten/Essen* **** **Le Mas du Langoustier**, distinguiertes Ambiente – das an der Westspitze gelegene Hotel gilt als die erste Adresse auf der Insel. Ein Swimmingpool fehlt selbstverständlich nicht. Die Verpflichtung zur Halb- bzw. Vollpension (ab 180 € pro Person) bringt den Vorteil mit sich, im erlesenen Kreis der Hotelgäste auf der Terrasse speisen zu dürfen. Die von mehreren Restaurantführern gelobte Küche stellt auch anspruchsvolle Gaumen zufrieden, Menüs ab 58 €. Von Mai bis Mitte Okt. geöffnet. ✆ 0494583009, 📠 0494583602, www.langoustier.com.

** **Auberge des Glycines**, im schattigen Innenhof werden lecker zubereitete, fangfrische Meeresfrüchte serviert. Für die klimatisierten Zimmer werden mindestens 99 € berechnet. In der Saison ist Halbpension Pflicht (ab 149 € pro Person). Menü zu 19 und 29 €. Place d'Armes, ✆ 0494583036, 📠 0494583522. www.auberge-glycines.com.

L'Arche de Noé, einfache, schmackhafte Küche mit Schwerpunkt auf Fischgerichten. Auf Vorbestellung gibt es sogar Bouillabaisse. Ausgezeichnetes Preis-Leistungs-Verhältnis. Menüs ab 18 € (mittags), sonst 27, 38 und 45 €. Außer im Juli und Aug. ist Dienstag Ruhetag. Von Okt. bis Ostern geschlossen. Es werden auch zwei Zimmer vermietet (147–260 €). Place d'Armes, ✆ 0494 583371. www.arche-de-noe.com.

Ile de Port-Cros

Port-Cros ist dank mehrerer Quellen grüner und dichter bewachsen als die benachbarte Ile de Porquerolles; die höchste Erhebung, der Mont Vinaigre, ragt 197 Meter empor. Die relative Unberührtheit dieses wunderschönen Fleckchens Natur ist der Weitsicht von Marceline und Marcel Henry zu verdanken. Das Ehepaar vermachte 1963 seinen Besitz dem französischen Staat mit der Auflage, die an Flora und Fauna reiche, 690 Hektar große Insel unter Naturschutz zu stellen: Das Besondere an Port-Cros ist, dass sich die Schutzzone des kleinsten französischen Nationalparks nicht nur auf das Land, sondern auch auf die Küstengewässer erstreckt. Die größte Gefahr für das Naturschutzgebiet geht seit langem von den Touristen aus: Den 32 Inselbewohnern stehen rund 600.000 Ausflügler gegenüber, die die Insel jedes Jahr besuchen. Die vielen Privatyachten, die den Hafen von Port-Cros ansteuern, tragen zudem erheblich zur Wasserverschmutzung bei. Wiederholt schloss die Bucht bei Messungen der Wasserqualität an der französischen Mittelmeerküste sehr schlecht ab. Prinzipiell herrschen im Nationalpark strenge Vorschriften, so sind nicht nur Jagen – auch unter Wasser – und Wildzelten verboten, auch Rauchen ist abgesehen vom Hafen auf der gesamten Insel strengstens untersagt! Wenn das letzte Boot am Abend abgelegt hat, gehört die Insel den wenigen Gästen, die die 25 Zimmer des einzigen Inselhotels bewohnen.

Wer mit dem Boot an der in Sichtweite gelegenen Ile de Bagaud, einem unbewohnten Eiland, vorbeigefahren und im Hafen von Port-Cros gelandet ist, findet sich schnell zurecht. Beschilderte Wanderwege erleichtern die Inselerkundung. Man hat die Wahl zwischen einem aussichtsreichen historischen (gelb markiert) und einem botanischen Pfad (selbstverständlich grün markiert), der zum Strand von La Palud führt. Dort kann man die Erkundung von Port-Cros unter der Wasseroberfläche fortsetzen, denn die besondere Attraktion ist ein Unterwasserlehrpfad. Auf einem mit Kunststofftafeln ausgeschilderten, 300 Meter langen Weg (kein Scherz!) lässt sich eine herrliche Unterwasserwelt mit Schnorchel und Taucherbrille erforschen.

• *Übernachten/Essen* *** **Le Manoir d'Hélène**, das kleine, weiße Haus im Kolonialstil ist das einzige Hotel auf der Insel, direkt an einer kleinen Bucht gelegen. Ab 150 € (je nach Saison) pro Person für die Halbpension und bei mindestens drei Tagen Aufenthalt ist man willkommen. Menüs zwischen 39 und 54 €. Swimmingpool, nur von Mai bis Sept. geöffnet. ✆ 0494059052, ℻ 0494059089. http://monsite.wanadoo.fr/hotelmanoirportcros.

Ile du Levant

Die lang gestreckte östlichste Insel des Archipels ist nur eingeschränkt zugänglich. Knapp 90 Prozent der Ile du Levant sind der französischen Marine als Raketenversuchszentrum vorbehalten. Auf dem verbleibenden Areal erstreckt sich das Nudistendorf Héliopolis, das bereits 1931 von den Ärzten André und Gaston Durville ins Leben gerufen wurde, um die gesundheitlichen Vorzüge des Nacktseins genießen zu können. Kein Wunder, dass die Insel jahrzehntelang als verrufener Ort galt. Glücklicherweise entfacht ein nackter Po schon lange keinen Skandal mehr, wenngleich die Ile du Levant bei FKK-Fans noch immer sehr beliebt ist.

• *Übernachten/Essen* *** **Héliotel**, wie der Name schon erahnen lässt, befindet sich das Hotel auf der Nudisteninsel Ile du Levant. Zwei Swimmingpools, davon einer mit Meerwasser gefüllt, bieten zusätzlich Erfrischung, wenn die 500 Meter zum Strand zu weit sind. Die 16 Zimmer kosten ab 135 €. ✆ 0494059115, ℻ 0494059321. www.heliotel.info.

Toulon

Durch seine zum Meer hin weitgehend abgeschlossene Bucht war Toulon als Hafen geradezu prädestiniert. Noch heute ist Toulon einer der bedeutendsten Militärhäfen Frankreichs. Die 170.000 Einwohner-Stadt ist gewiss nicht der richtige Ort, um den Jahresurlaub zu verbringen, aber ein Abstecher oder Kurzaufenthalt lohnt sich allemal.

Wer die Küstenstraße zwischen Hyères und Cassis entlangfährt und so erstmals nach Toulon kommt, wird angesichts der langweiligen Betonfassaden skeptisch mit sich ringen, ob die Hauptstadt des Départements Var einen Zwischenstopp wert ist. Ein Spaziergang durch das alte Hafenviertel mit seinen volkstümlichen Märkten, kleinen Gassen und Läden wird die Zweifel schnell zerstreuen. Besonders schön ist der Markt auf dem lang gestreckten Cours Lafayette. Die Hafenfront wird zwar von vergleichsweise gesichtslosen Neubauten bestimmt, doch dahinter haben sich einige nette, alte Straßenzüge mit kleinen verschwiegenen Plätzen erhalten, die sich bis zum breiten Boulevard de Strasbourg hinaufziehen. Das für eine große Hafenstadt typische Gemisch aus schäbigen Kneipen, Bars, Pornokinos und Tattoo-Studios fehlt selbstverständlich auch nicht. Besonders attraktiv ist der östlich des Hafens gelegene Stadtteil Mourillon, in dem traditionell die Fischer und Seeleute wohnten und der dank seines veränderten Flairs mittlerweile als eines der beliebtesten Wohnquartiere gilt. Am Meer laden die künstlich aufgeschütteten Plages du Mourillon zum Baden ein. Viel Beachatmosphäre bieten auch die dortigen Strandrestaurants. Am östlichen Rand der Strände beginnt der Zöllnerpfad, der direkt am Meer verläuft. Den besten Blick auf das Häusermeer und die vorgelagerte Bucht bietet sich allerdings vom Mont Faron, auf den eine kleine Straße sowie eine Kabinenbahn hinaufführen. Vorteilhaft ist, dass Toulon eine Vielzahl vergleichsweise günstiger Unterkunftsmöglichkeiten besitzt.

Toulon gilt schon seit längerem als wirtschaftliche und soziale Krisenregion; die einstige Bedeutung und Allmacht der französischen Kriegsmarine ist geschwunden, Arbeitslosigkeit, Kriminalität und andere soziale Missstände sorgen für Spannungen und Umbrüche: Als im Juni 1995 Jean-Marie Le Chevallier, ein lang-jähriger Freund von Le Pen, als Spitzenkandidat des *Front National* zum Bürgermeister von Toulon gewählt wurde, war eine der ersten Maßnahmen des neuen Stadtoberhauptes, die Verdreifachung der Polizeikräfte zu verkünden und „unfranzösischen" Kulturströmungen den Finanzhahn abzudrehen. Der landesweite Protest war groß: So erklärte der renommierte Choreograph Angelin Preljocaj seinen Verzicht, das städtische Ballettensemble zu leiten, der Popsänger Patrick Bruel sagte einen geplanten Auftritt in Toulon ab. Eine ganze Legislaturperiode hatten die Toulonaiser Zeit zur Besinnung, dann wählten sie Le Chevallier im Jahre 2001 wieder ab.

Geschichte

Es überrascht nicht, dass der Hafen von Toulon schon in der Antike genutzt wurde. Die Römer, deren Flotte mehrmals hier anlegte, nannten den Ort *Telo Martius*; allerdings weiß man bis heute wenig über Toulons damalige Ausdehnung und Bedeutung. Bekannt ist nur, dass sich der Ort dank der Murex-Schnecke – auch Purpurschnecke genannt –, die in den Gewässern der Bucht in großer Zahl vorkam, zu einem Zentrum der Purpurherstellung entwickelte. Viele römische Notable trugen Stoffe, die mit Purpur aus Toulon gefärbt waren. Der große Wert, der dem Purpur beigemessen wurde, erklärt sich aus dem Umstand, dass zur Gewinnung von nur einem einzigen Gramm Purpur 10.000 Schnecken benötigt wurden. Im Mittelalter gehörte die Stadt zum Herrschaftsgebiet der Vicomtes de Marseille, an deren Stelle später das Geschlecht der Anjou trat. Der Aufstieg Toulons begann im frühen 16. Jahrhundert: Ludwig XII. ordnete den Ausbau des Hafens an, unter Heinrich IV. kamen eine Werft und ein Arsenal hinzu. Während der Regierungszeit Ludwig XIV., der einen Ausbau der französischen Marine forcierte, stieg Toulon neben Brest zum wichtigsten Kriegshafen des Landes auf. Ihrer Bedeutung gemäß wurde die Stadt auf der Grundlage des zeitgenössischen Fortifikationswesens von Sébastien le Prestre de Vauban so gut befestigt, dass Toulon und sein Hafen als uneinnehmbar galten. Berüchtigt war die Stadt wegen der hier stationierten Galeerensträflinge; der französische Staat hatte nämlich die wunderbare Idee, gewissermaßen „zwei Fliegen mit einer Klappe" schlagen zu können, indem man verurteilte Straftäter, Hugenotten oder kritische Zeitgenossen in bester römischer Tradition zum menschenverachtenden Dienst auf der Galeere verpflichtete. Angekettet und mit Peitschenhieben angetrieben, mussten sie die wegen ihrer Beweglichkeit begehrten Galeeren zum Sieg rudern. Ein schreckliches Schicksal – für manche wahrscheinlich aber auch die Erlösung – drohte, wenn das eigene Schiff vom Gegner leckgeschossen worden war: Die angeketteten Galeerensklaven wurden gnadenlos mit auf den Grund des Meeres

Auf dem Zöllnerpfad westlich des Stadtteils Mourillon

Schauderhafte Zustände

Als *August Moritz Thümmel*, dessen später publizierte Reisetagebücher sich einer großen Beliebtheit erfreuten, im Februar 1786 nach Toulon kam, entschloss er sich zu einem Besuch der berüchtigten Galeeren; Thümmel kannte die Geschichte eines unschuldigen Sträflings und wollte sich selbst ein Bild von dessen einstigem Leiden machen: „Mein Blick fuhr erschrocken über dies Grab der Verzweiflung, und der verpestete Luftstrom, der mir entgegen stieß, versetzte mir den Atem. Hätte Faber nicht jahrelang hier gelitten, ich wäre keinen Schritt weitergegangen ... Sobald nur der hohle Schall meiner ersten Tritte auf das Zwischenverdeck des Schiffs den unglücklichen Bewohnern desselben die Ankunft eines freien Mitmenschen verriet, bewillkommte mich ihr betäubendes Kettengerassel, das sich von einem Ende zum andern um die offene Seitenvertiefung herumzog, die unter mir ihre faulenden Körper bis an die Köpfe verbarg ... hörte in erschütterndem Einklange die Wehklagen dieser lebendig Begrabenen aus ihrer gemeinschaftlichen Gruft zu mir heraufsteigen, und erst nach einigen feierlichen Minuten, die ich stillstehend der schreckenvollsten Betrachtung weihte, überwand ich die Angst vor meinem Rückwege ...

gerissen. Erst gegen Ende des 18. Jahrhunderts wurde die Galeerenstrafe durch das Gefängnis oder die Deportation ersetzt – zum Leid zahlloser Schaulustiger aus Nah und Fern, die Tag für Tag in den Hafen von Toulon strömten, um das Galeerenspektakel mitzuerleben. Toulon spielte auch bei den Deportationen des 19. Jahrhunderts eine wichtige Rolle, da die meisten Schiffe mit ihrer zur Deportation verurteilten Fracht aus dem Hafen von Toulon stammten.

Die Stadtväter von Toulon wussten, wem sie den Aufstieg ihrer Stadt zu verdanken hatten. Die royalistische Verbundenheit Toulons war so groß, dass sich die Stadt freiwillig dem englischen Admiral Hood auslieferte, um nicht vom revolutionären Geist überrollt zu werden. Kein Geringerer als *Napoléon* Bonaparte verdiente sich 1793 die höheren Kriegsweihen, als er durch einen taktischen Schachzug die englische Besatzung Toulons erfolgreich beendete. Nach dem völlig unerwarteten Sieg wurde der 24-jährige Artillerieleutnant umgehend zum Brigadegeneral befördert. Zur Strafe war Toulon fortan nicht mehr Sitz der Präfektur, sondern wurde von dem weitaus unbedeutenderen Draguignan abgelöst. Wenig später, als sein Stern bereits am französischen Himmel glänzte, verließ Napoléon den Hafen mit einer Flotte von 472 Schiffen und knapp 40.000 Soldaten, um Malta und Ägypten zu erobern. Als der Tourismus das nahe Hyères und die Côte d'Azur zu erobern begann, blieb Toulon davon völlig unberührt. Wer amüsiert sich schon in einem Marinehafen, der als Hauptumschlagplatz für Opium in einem zweifelhaften Ruhm stand?

Als wichtiger Kriegshafen war Toulon das Ziel zahlreicher Auseinandersetzungen im Zweiten Weltkrieg. Die im Hafen stationierte französische Kriegsflotte versenkte sich bis auf vier U-Boote selbst, um nicht in die Hände der Nazis zu fallen. Den heftigen Bombardements der nächsten Jahre fielen große Bereiche der Altstadt und der Hafenanlagen unwiederbringlich zum Opfer; ein Teil der erhaltenen historischen Baumasse verschwand vor nicht allzu langer Zeit im Rahmen einer unsensiblen „Altstadtsanierung“.

Der Hafen und die Bucht von Toulon

Information/Verbindungen/Diverses

- *Information* **Office de Tourisme**, 334, avenue de la République, 83000 Toulon, ✆ 0494-185300, ✆ 0494 185309. In der Nähe des Hafens. www.toulontourisme.com.
- *Verbindungen* **SNCF-Bahnhof**, Place Albert 1er; Auskunft: ✆ 0836353535. Vom Bahnhof – er liegt zehn Minuten nördlich des Hafens – bestehen häufig Verbindungen nach Marseille (zwischen 5 Uhr morgens und 1 Uhr nachts rund 50 Zugverbindungen; die Hälfte der Züge hält u. a. in Bandol, La Ciotat, Cassis und Aubagne, die anderen sind Direktverbindungen), ebenfalls gute Anschlüsse über Les Arcs/Draguignan nach Cannes und Nizza. Fahrzeit: ca. 40 Minuten. Zusätzlich fahren sieben Züge tgl. nach Hyères. **Busverbindungen**: Vom SNCF-Bahnhof aus tgl. acht Verbindungen über Hyères, Cavalaire nach Saint-Tropez (2 Std. 10 Min.). Weitere Verbindungen ins Landesinnere nach Draguignan, nach Marseille und Aix-en-Provence (viermal tgl.), ✆ 0494246000. In den Sommermonaten bestehen **Fährverbindungen** nach Korsika und Sardinien sowie mit Transmed 2000 Monarque zur Ile de Porquerolles, ✆ 0494929682. Vom Boulevard Perrichi verkehrt zudem tgl. außer Mo von 9.30–18.45 Uhr eine **Seilbahn** auf den Mont Faron. Eintritt: 6,30 €, erm. 4,50 €.
- *Parken* Eine Tiefgarage befindet sich unter der Place d'Armes sowie unter der Place de la Liberté.
- *Internet* Cybercafé im zweiten Stock der Bar Puget auf der Place Pierre-Puget.
- *Veranstaltungen* **Jazz is Toulon** im Juli.
- *Markt* In Toulon gibt es drei Märkte, auf denen tgl. außer Mo (im Juli und Aug. auch Mo) Waren feilgeboten werden: Cours Lafayette (Zentrum), Place Martin Bidouré (am Pont du Las), Place Claude; auf der Place Monseigneur Deydier au Morillon findet freitags ein Markt mit biologisch angebauten Produkten statt.
- *Stadtführung* Es gibt drei verschiedene thematische Führungen. Teilnahmegebühr: 8,50 €. Treffpunkt und Auskunft: Office de Tourisme.
- *Hafenrundfahrt* Abfahrt am Quai Stalingrad. Rund eine Stunde für 8,50 €.
- *Bootsexkursionen* Ebenfalls vom Quai Stalingrad werden von Mai bis Sept. Exkursionen zu den Calanques sowie nach Saint-Tropez und Cannes angeboten.
- *Strände* Plages du Mourillon, östlich der Altstadt im gleichnamigen Stadtteil.
- *Fahrradverleih* Espace Vélo, 359, avenue Franklin Roosevelt, ✆ 0494426190. www.bouticycle.com.
- *Post* Rue Jean-Bartolini.

Übernachten/Essen

• *Hotels* *** **New Hôtel La Tour Blanche (1)**, modernes, komfortables Hotel mit Swimmingpool, direkt am Fuße der Seilbahn mit schöner Aussicht. Zimmer ab 85 €. Boulevard Amiral Vence, ✆ 0494244157, 📠 0494224225, www.new-hotel.com.

*** **New Hôtel Amirauté (3)**, komfortables Stadthotel. Zimmer mit modernem Touch. DZ 90 €. 4, rue Adolphe Guiol, ✆ 0494221967, 📠 0494093472, www.new-hotel.com.

** **Bonaparte (9)** ein wunderschönes, zentrales Zweisternehotel, das zudem sehr preisgünstig ist. Unlängst totalrenoviert, präsentieren sich die 22 Zimmer und drei Suiten recht farbenfroh. Schon das Treppenhaus ist stimmungsvoll. Komfortabel ausgestattet sind die Zimmer mit Flat-Screen. Die Zimmergröße fällt unterschiedlich aus, aber bei den Preisen (EZ ab 53 €, DZ 55–69 €) kann man sich auch eine Suite für 89 € leisten. Für französische Verhältnisse wird ein ausgezeichnetes Frühstück serviert. Kostenloses WLAN. 16, rue Anatole France, ✆ 0494930751, 📠 0494932455. www.hotel-bonaparte.com.

** **Little Palace (4)**, nur einen kleinen Tick „schlechter“ und dafür ein paar Euro günstiger ist dieses Hotel am nördlichen Rand der Altstadt unweit der Opéra in der Fußgängerzone. Insgesamt 23 Zimmer, manche etwas klein. Wer ein Zimmer mit kleinem Balkon möchte, der muss seine Koffer allerdings in den fünften oder sechsten Stock tragen. Ebenfalls hervorragendes Frühstück! Kostenloses WLAN. EZ ab 49 €, DZ je nach Ausstattung 59–62 €, Suite ab 82 €. 6, rue Berthelot, ✆ 0494922662, 📠 0494090917. www.hotel-littlepalace.com.

** **Du Dauphiné (6)**, durchaus annehmbares Logis-de-France-Hotel mitten im Zentrum. DZ ab 64 €. 10, rue Berthelot, ✆ 0494922028, 📠 0494621669. www.grandhoteldauphine.com.

* **3 Dauphins (5)**, an einem kleinen Platz mit einem Raimu-Denkmal findet sich mitten in der Fußgängerzone dieses ordentlich geführte Hotel mit nur 14 Zimmern. Günstiger und dennoch sauber kann man in Toulon sein Haupt nicht betten. DZ für 32 € mit Etagen-WC, sonst für 39–44 €. Mit 7 € ist das Frühstück in dieser Preisklasse recht teuer, aber es besteht ja kein Zwang ... 9, place des Trois Dauphins, ✆ 0494926579, 📠 0494090917. www.hoteldestroisdauphins.com.

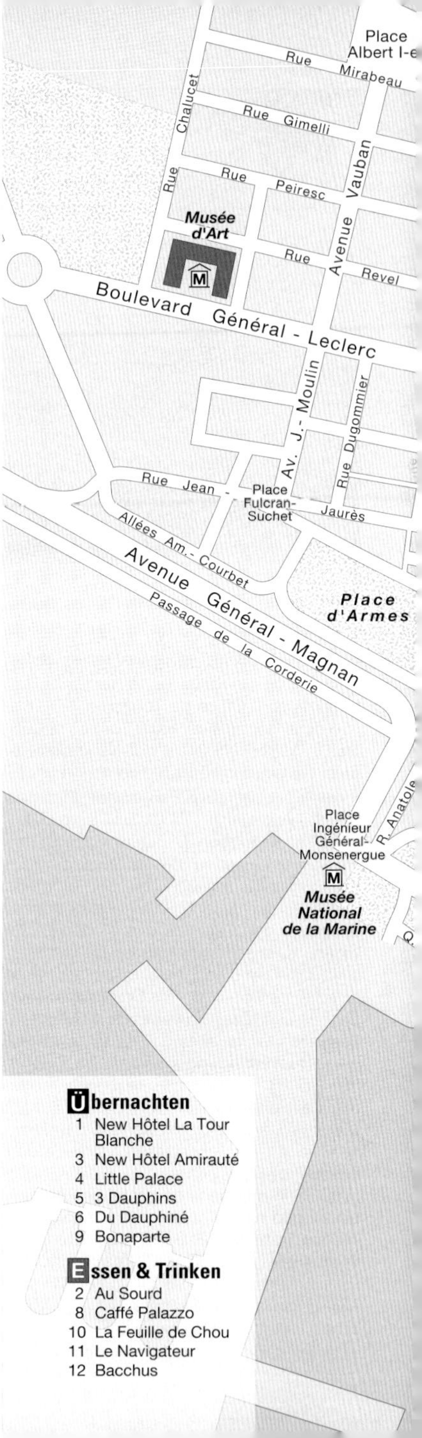

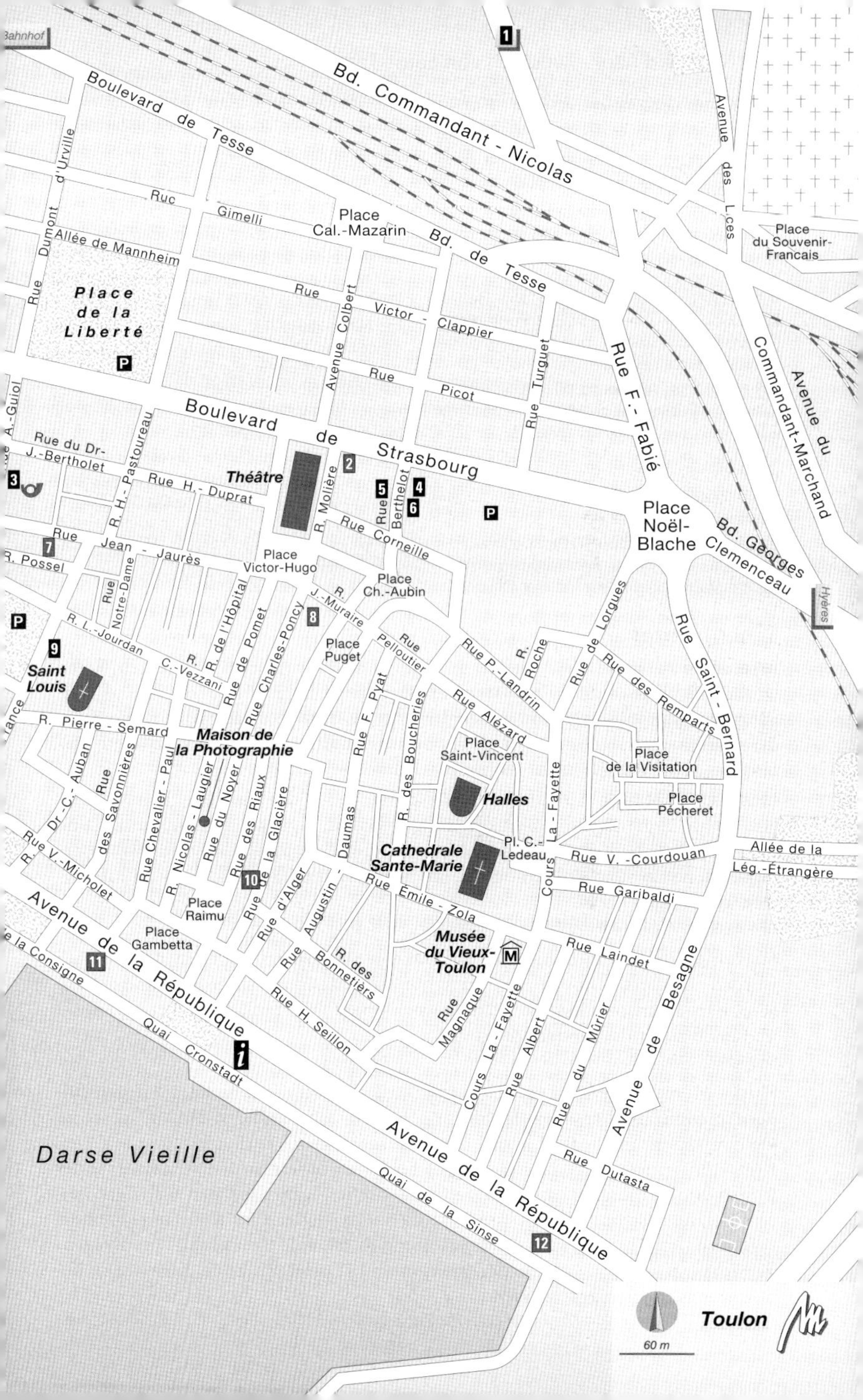

Bahnhof
Bd. Commandant - Nicolas
Boulevard de Tesse
Avenue des L.ces
Rue d'Urville
Rue Gimelli
Place Cal.-Mazarin
Bd. de Tesse
Place du Souvenir-Francais
Rue Dumont
Allée de Mannheim
Place de la Liberté
Rue Victor - Clappier
Avenue Colbert
Rue Picot
Rue Turguet
Rue F.- Fabié
Commandant-Marchand
Avenue du
Boulevard de Strasbourg
R. A.-Guiol
Rue du Dr-J.-Bertholet
R. H.- Pastoureau
Rue H.- Duprat
Théâtre
R. Molière
Rue Berthelot
Rue Corneille
Place Noël-Blache
Bd. Georges Clemenceau
Hyères
Rue Jean - Jaurès
R. Possel
Place Victor-Hugo
Place Ch.-Aubin
R. J.-Muraire
Rue Notre-Dame
R. L.-Jourdan
R. C.-Vezzani
R. de l'Hôpital
Rue de Pomet
Rue Charles-Poncy
Place Puget
Rue Pelloutier
Rue P.-Landrin
R. Roche
Rue de Lorgues
Rue des Remparts
Rue Saint - Bernard
Saint Louis
R. Pierre - Semard
Maison de la Photographie
Rue F. Pyat
R. des Boucheries
Rue Alézard
Place Saint-Vincent
Place de la Visitation
Place Pécheret
Halles
Cours La - Fayette
Rue Auban
Rue des Savonnières
Rue Chevalier - Paul
R. Nicolas - Laugier
Rue du Noyer
Rue des Riaux
Rue de la Glacière
Rue Daumas
Dr.-C.
Pl. C.-Ledeau
Rue V. -Courdouan
Allée de la Lég.-Étrangère
Cathedrale Sante-Marie
Rue Garibaldi
Rue V.-Micholet
Place Raimu
Rue d'Alger
Augustin
Rue Émile - Zola
Place Gambetta
Musée du Vieux-Toulon
Rue Laindet
Avenue de la République
Rue de la Consigne
Rue Bonnetiers
R. des Bonnetiers
Rue Magnaque
Cours La - Fayette
Rue Albert
Rue du Mûrier
Avenue de Besagne
Rue H. Seillon
Quai Cronstadt
Darse Vieille
Rue Dutasta
Quai de la Sinse
Toulon
60 m
1
2
3
4
5
6
7
8
9
10
11
12
P
M
i

• *Chambres d'hôtes* Bei Madame Fabry am Cap Brun werden zwei tolle Gästezimmer ab 100 € inkl. Frühstück vermietet. Mindestaufenthalt zwei Tage. Chemin du Fort du Cap Brun, ✆ 0610186498.

• *Camping* In Toulon selbst gibt es keine Möglichkeit zum Zelten. Entweder man weicht nach Hyères aus oder sucht sich einen Stellplatz einige Kilometer weiter westlich in La-Seyne-sur-Mer. Die Plätze **Buffalo Parc** (Forêt de Janas) und **Les Fontanettes** (Quartier Lery) haben ganzjährig geöffnet und besitzen einen Pool.

• *Restaurants* **Au Sourd (2)**, gilt als das älteste Restaurant der Stadt, man speist mit Blick auf das Theater. Menüs zu 26 € (mittags) und zu 33 €, auf Bestellung Bouillabaisse für 52 €. Sonntag und Montag geschlossen. Im Juli Betriebsferien. 10, rue Molière, ✆ 0494922852.

La Feuille de Chou (10), freundliches, günstiges und gutes Restaurant an einem kleinen, lauschigen Platz mit vier Olivenbäumen inmitten der Altstadt. Plat du Jour und leckere Salate für ca. 10 €. Abends außer Samstag geschlossen, sonntags Ruhetag. 15, rue de la Glacière, ✆ 0494620926.

Bacchus (12), dieses Hafenrestaurant ist bei den Einheimischen sehr beliebt. Die Küche bietet Salate, französische Gerichte genauso wie asiatische Spezialitäten. Zum Nachtisch gibt es dann Crêpes. Moderates Preisniveau. 81, quai la Sinse, ✆ 0494750462.

Le Navigateur (11), eine weitere Adresse unter den zahlreichen Restaurants und Bistros am Hafenkai. Ausgeschenkt werden mehr als 150 verschiedene Biersorten. Seemann, was willst du mehr? 128, avenue de la République, ✆ 0494923465.

Caffè Palazzo (8), Tagescafé mit barockem Interieur und großer Straßenterrasse an einem beliebten Platz. Am Freitag und Samstag auch abends geöffnet, manchmal mit Livemusik. Sonntag Ruhetag. Place Puget, ✆ 0494941083.

Sehenswertes

Arsenal und Hafen: Die Arbeiten an dem unter Heinrich IV. angelegten Hafen wurden zwei Generationen später von Vauban beendet. Imposant ist das Eingangsportal (von 1738) zum Arsenal Maritime, dem heutigen Marinemuseum; die dorischen Säulen erinnern an ein antikes Stadttor. Das weit verzweigte Hafenarsenal dient noch heute als Hauptarbeitgeber Toulons.

Musée de la Marine: Umfangreiche Dokumentation der französischen Marinegeschichte anhand von Schiffsmodellen, Galionsfiguren, Holzschnitten und dem damals beliebten Genre der Marinemalerei. Beeindruckend sind zwei überdimensional große Schiffsmodelle, die jeweils eine Länge von etwa fünf Metern aufweisen.

Adresse Place Monsenergue. Tgl. außer Di 10–18 Uhr. Eintritt: frei!

Maison de la Photographie: Die ehemaligen städtischen Bäder in der Altstadt wurden unlängst renoviert und in schöne Ausstellungsräume verwandelt. Gezeigt werden anspruchsvolle, ständig wechselnde Dauerausstellungen bekannter und noch zu entdeckender Fotografen.

Adresse Place du Globe. Di–Sa 12–18 Uhr. Eintritt: frei!

Musée Municipal d'Art: Der Schwerpunkt des Stadtmuseums liegt auf den Bildern provenzalischer Künstler des 17. bis 20. Jahrhunderts. Das ausgestellte Oeuvre spannt einen Bogen von der Landschaftsmalerei (Seegemälde aus dem Kreis um Vernet) über Portraitgemälde bis hin zur avantgardistischen Kunst des frühen 20. Jahrhunderts und zur zeitgenössischen Kunst seit den sechziger Jahren; Letztere ist mit Bildern von Niki de Saint Phalle, Yves Klein und Fontana vertreten. Abgerundet wird die Ausstellung durch eine Sammlung hervorragender Fotografien, u. a. von Cartier-Bresson und Freund. Bis Ende 2009 wegen Renovierungsarbeiten geschlossen.

Adresse 113, boulevard Maréchal Leclerc. Öffnungszeiten: Tgl. von 12–18 Uhr. Eintritt: frei!

Hafen von Toulon

Côte d'Azur
Karten Seite 234, 317 und 364/365

Cathédrale Sainte-Marie-Majeure: Von dem romanischen Vorgängerbau zeugen noch die drei südlichen Joche der dreischiffigen Kirche. Die Erweiterung der Kathedrale erfolgte im barocken Stil, der aber bereits von der französischen Klassik beeinflusst wurde und daher nicht sehr üppig in Erscheinung tritt. Erst 1738 wurde der Glockenturm angefügt, der übrigens im deutsch-französischen Krieg von 1870/71 als Lager der französischen Goldreserven diente.

Musée de la Société des Amis du Vieux Toulon: Das lokalgeschichtliche Museum in der ehemaligen Bischofsresidenz östlich der Kathedrale birgt eine bunte Mischung historischer Erinnerungsstücke sowie eine Bibliothek zur Stadtgeschichte.

Adresse 69, cours Lafayette. Öffnungszeiten: Di–Sa 14–17.45 Uhr. Eintritt: frei!

Sentier des Douaniers: Eine Wanderung auf dem Zöllnerpfad führt von dem knapp eine halbe Stunde vom Zentrum entfernten Stadtteil Mourillon entlang der Küste bis zum **Cap Brun**, wobei sich immer wieder schöne Gelegenheiten zum Baden finden.

Information www.tpm-agglo.fr/jahia/Jahia/site/tpm-agglo/pid/784.

Mont Faron

Auf den 542 Meter hohen Hausberg von Toulon führt eine Kabinenbahn (Abfahrt am Boulevard Amiral de Vence) sowie eine ebenfalls dort beginnende, einspurige Panoramastraße. Die Aussicht auf die ausufernde Stadt und den Hafen ist beeindruckend. Wer will, kann die Gedenkstätte zur Landung der Alliierten besichtigen oder einen kleinen Zoo besuchen.

Memorial du Débarquement en Provence: Das auf dem Mont Faron gelegene Museum – ein Panzer wacht am Eingang – erinnert an die Landung der alliierten Landungstruppen an der französischen Mittelmeerküste. Im Morgengrauen des 15. August 1944 erreichten die ersten Soldaten einen fünfzig Kilometer langen Küstenabschnitt westlich von Toulon; innerhalb kürzester Zeit konnten sie die deutschen Besatzer von der Küste ins Landesinnere zurückdrängen. Neben Erinnerungsstücken werden auch Filme über die Landung der Alliierten gezeigt.

Öffnungszeiten Tgl. außer Mo 10–12 Uhr und 14–16.30 Uhr, im Sommer tgl. bis 17.30 Uhr. Eintritt: 3,80 €, erm. 1,55 €.

Zoo du Mont Faron: Ein kleines Stück hinter dem Memorial befindet sich der Zoo von Toulon. Zum Bestand gehören vor allem Raubtiere (Tiger, Löwen, Panther, Puma und Jaguar).

Öffnungszeiten Tgl. von 14 Uhr bis Einbruch der Dunkelheit, So 10–17 Uhr. Eintritt: 8,50 €, erm. 5 €. www.zoodufaron.com.

Sanary-sur-Mer

Das kleine Seebad im Westen Toulons ist als Exilhauptstadt der deutschen Literatur in die Geschichte eingegangen. Wer heute auf den Spuren von Lion Feuchtwanger und Thomas Mann durch Sanary schlendert, begegnet einem freundlichen Küstenort mit leicht mondänem Touch.

Direkt am Hafen von Sanary beim Office de Tourisme, wurde im September 1987 im Beisein von Vertretern der deutschen und österreichischen Regierungen eine Gedenktafel angebracht, die „den deutschen und österreichischen Schriftstellern mit ihren Angehörigen und Freunden, die auf der Flucht vor der nationalsozialistischen Gewaltherrschaft in Sanary-sur-Mer zusammentrafen", gewidmet ist. Die sechsunddreißig Namen auf der Erinnerungstafel, die inzwischen beim Office de Tourisme einen neuen Bestimmungsort gefunden hat, stehen allerdings nur für einen Teil der ehemals hier lebenden deutschsprachigen Schriftsteller; viele, die sich nur kurz in Sanary aufgehalten hatten, sind nicht aufgeführt. Auch vermisst man Namen wie beispielsweise René Schickele, der zwar ein deutscher Schriftsteller war, aber als Elsässer einen französischen Pass besaß und daher auf der Tafel keinen Platz fand. Gleich in der Nähe des Bouleplatzes befindet sich übrigens der kleine graue Mühlturm, den Alma und Franz Werfel von 1938 bis zu ihrer Flucht über die Pyrenäen bewohnten. Aus den zwölf Turmfenstern seines Arbeitszimmers konnte Franz Werfel den Blick über die Küste schweifen lassen; heute ist dies nicht mehr möglich, denn sechs Fenster sind vermauert. Wer durch Sanary spaziert, stößt immer wieder auf Häuser und Cafés, die Zeugnis von der Exil-Vergangenheit ablegen können. Das Verdienst, sich in besonderem Maße um die Geschichte der Exilanten gekümmert zu haben, gebührt dem einstigen Stadthistoriker von Sanary, Barthélemy Rotger. Für sein Engagement wurde ihm 1987 das Bundesverdienstkreuz verliehen. Jahrelang gab Barthélemy Rotger bereitwillig Auskunft, wenn er zu diesem Kapitel der deutsch-französischen Geschichte befragt wurde. In seiner Kindheit war Monsieur Rotger in Sanary selbst mit den Emigranten in Kontakt gekommen: Viele Male half er seiner Mutter, die damals ein Lebensmittelgeschäft betrieben hatte, bei der Belieferung der deutschen Kunden. Besonders sind ihm nach eigenen Aussagen Madame Feuchtwanger und die schöne Madame Marcuse in Erinnerung geblieben.

Noch immer recht beschaulich: der Hafen von Sanary-sur-Mer

Côte d'Azur
Karten Seite 234, 317 und 364/365

Die deutsche Kolonie in Sanary wurde von den Einheimischen – Feuchtwanger nannte sie Sanaryoten – bis auf einzelne Anfeindungen gelassen zur Kenntnis genommen. Feriengäste waren schon damals in Sanary nicht ungewöhnlich. Einzig das Auftauchen von Thomas Mann am Strand von Port-Issol soll mit großem Staunen und Bewunderung registriert worden sein. In den ersten Kriegsmonaten fand das vergleichsweise unbeschwerte Leben in Sanary ein abruptes Ende; das Klima verschlechterte sich. Die kleine Literaturhauptstadt an der Mittelmeerküste hieß im Volksmund nun verächtlich „Sanary la Boche". Wie in anderen Teilen Frankreichs auch, mussten sich die in Deutschland und Österreich geborenen Männer bei den zuständigen Behörden melden. Nach einer zeitweiligen Internierung im Fußballstadion von Antibes wurden die meisten deutschen Exilanten unweit von Aix-en-Provence in der berüchtigten Ziegelei von Les Milles zusammengepfercht. Aber dies ist ein anderes Kapitel ...

Es war übrigens ein Maler, der das Fischerdorf Sanary-sur-Mer ein paar Jahre vor Beginn des Ersten Weltkriegs „entdeckt" und zu seinem Wohnsitz erwählt hatte. Die Rede ist von dem heute nahezu vergessenen und fast nur noch Kunsthistorikern bekannten Moïse Kisling. Um den in Krakau geborenen Kisling, den Franzosen André Salomon und Rudolf Levy, zwei weiteren Malern, entstand allmählich eine Künstlerkolonie, der sich in den zwanziger Jahren unter anderem der Schriftsteller Aldous Huxley anschloss. Die Gegend um Sanary war noch unverdorben, eine klassische Landschaft mit Hügeln, Olivenbäumen und Weinbergen. „Hier ist alles überaus lieblich", schrieb Huxley an seine Schwägerin: „Sonne, Rosen, Früchte, Wärme. Wir baden und aalen uns in der Sonne." In Deutschland wurde Sanary vor allem durch einen 1931 erschienenen Riviera-Reiseführer von Klaus und Erika Mann bekannt. Sanary wurde darin als „die erklärte große Sommerfrische des Café du Dôme, der sommerliche Treffpunkt der pariserisch-berlinerisch-schwabingerischen Malerwelt, der angelsächsischen Bohème" vorgestellt.

„Die Hauptstadt der deutschen Literatur"

Als Fritz Landshoff, der literarische Leiter des auf deutschsprachige Exilliteratur spezialisierten Amsterdamer Querido Verlags, sich im Sommer 1933 aufmachte, um Autoren zu gewinnen, fuhr er nicht nach Paris, London, Prag oder Wien, sondern in ein verschlafenes, kleines Fischerdorf an der französischen Mittelmeerküste unweit von Toulon: Sanary-sur-Mer. Und Landshoff wusste warum: Sanary-sur-Mer war, wie Ludwig Marcuse später schreiben sollte, „eine Zeitlang die Hauptstadt der deutschen Literatur". Landshoff hatte mit seinem Anliegen Erfolg: *Heinrich Mann*, *Lion Feuchtwanger*, Ernst Toller und *Arnold Zweig* sagten ihm spontan ihre Mitarbeit zu. Seit ein paar Monaten war Sanary zu einem begehrten Domizil der aus dem nationalsozialistischen Deutschland vertriebenen Literaten geworden. Zu Dutzenden trafen sich deutsche Schriftsteller in den Cafés am Hafenkai von Sanary wieder. Marcuse kam hierher durch Vermittlung von Hermann Kesten. René Schickele zog in die Nachbarschaft seines in der Nähe von Sanary ansässigen Freundes, des Kunsthistorikers Julius Meier-Graefe; auch Franz Werfel und Alma Mahler-Werfel suchten von Meier-Graefes aus eine Bleibe; Thomas Mann ließ sich den Ort wiederum von Schickele empfehlen, während sein Bruder Heinrich hier seinen Freund Wilhelm Herzog traf ...

Das Leben war vergleichsweise billig; viele blieben Wochen, andere Monate, manche Jahre. Wenn sie kein Haus mieteten, wohnten viele vorzugsweise in dem um einen mittelalterlichen Turm herum gebauten Hôtel de la Tour. Die Emigranten trafen sich vor allem an dem auch heute noch etwas verschlafen wirkenden Hafen: Beliebte Treffpunkte waren das Café de la Marine, das Nautique – auch Witwe Schwab genannt – und das Café de Lyon. Ludwig Marcuse erinnerte sich in seinen autobiographischen Aufzeichnungen „Mein zwanzigstes Jahrhundert" an das rege Treiben: „Bisweilen war ein guter Teil der besten deutschen Literatur im Dorf und saß im 'Marine' oder bei der 'Witwe Schwab'. Sanary war ein sehr umfangreiches Romanisches Café, mit Marmor-Tischen und Badehosen. Namentlich im Sommer wurde das Nest überfüllt von literarischen Kaisern. Die Luft war geschwängert von originellen Aperçus, Indiskretionen und Krächen." Dem Café kam eine große Bedeutung zu. Der ebenfalls eine Zeitlang in Sanary lebende Hermann Kesten hat darüber geschrieben: „Im Exil wird das Café zu Haus und Heimat, Kirche und Parlament, Wüste und Walstatt, zur Wiege der Illusionen und zum Friedhof. Das Exil macht einsam und tötet. Freilich belebt es auch und erneuert. Im Exil wird das Café zum einzig kontinuierlichen Ort. Ich saß in einem Dutzend Exilländern im Café, und es war immer dasselbe, am Meer, zwischen Bergen ... Ich saß im Kaffeehaus des Exils und schrieb."

Der Schriftsteller, der besonders stark mit Sanary-sur-Mer verbunden war, ist Lion Feuchtwanger. Sieben Jahre lang hat der auflagenstärkste deutschsprachige Schriftsteller der dreißiger Jahre mit seiner Frau Marta hier gelebt. Seine wichtigen Exilromane „Die Geschwister Oppermann" und „Exil" sind in Sanary entstanden. Anfangs wohnte das Ehepaar Feuchtwanger in einem recht karg ausgestatteten, von Pinien gesäumten Haus über den Klippen, der Villa Lazare. Ihr Nachbar, Aldous Huxley, vergnügte sich allmorgendlich, indem er durch sein Fernglas beobachtete, wie Lion Feuchtwanger in der Badehose, „angefeuert und kontrolliert“ von seiner Frau, dreißig Dauerlaufrunden um das Haus drehte.

Als die Feuchtwangers im Oktober 1933 von Arnold Zweig und Bertolt Brecht besucht wurden, ereignete sich ein Unglück, das um ein Haar mit Feuchtwanger, Brecht und Zweig drei der bekanntesten deutschen Schriftsteller hinweggerafft hätte. Während die drei auf einer unterhalb des Hauses gelegenen Klippe einen gerade niedergehenden Sternschnuppenregen bestaunten, setzte sich ihr Fahrzeug in Bewegung. Das Auto hätte die drei mit Sicherheit in den Abgrund gerissen, wäre nicht Marta, die ein paar Meter oberhalb gestanden hatte, im letzten Augenblick auf das Trittbrett gesprungen und hätte durch das offene Wagenfenster ins Lenkrad gegriffen. Der Wagen überschlug sich sofort und rollte über Martas linkes Bein hinweg. Sie erlitt einen stark blutenden Bein- und Knöchelbruch, der beinahe eine Amputation erforderlich gemacht hätte.

Finanziell abgesichert durch Lions Tantiemen, zog das Ehepaar Feuchtwanger schon bald in ein repräsentativeres Haus, die mondäne, heute noch existierende Villa Valmer. Angesichts des Feuchtwangerschen Domizils wird deutlich, wieso Thomas Mann später rückblickend behauptet hat, dass „der Lion überall das schönste Haus in der schönsten Lage ausfindig zu machen wusste“. Feuchtwanger lebte in guter Gesellschaft: Gleich nebenan wohnte Ludwig Marcuse mit seiner Frau. Lion Feuchtwanger pflegte auch im Exil einen recht aufwändigen Lebensstil; er beschäftigte eine Sekretärin, erwarb Stück für Stück eine umfangreiche Bibliothek; seine Frau erledigte ihre Besorgungen in einem viersitzigen Achtzylinder-Talbot-Cabriolet. Gleichwohl unterstützte Feuchtwanger großzügig Kollegen, die im Gegensatz zu ihm kaum Geld und keine gut zahlenden Verleger hatten.

Neben der Clique um Feuchtwanger gab es eine weitere in Sanary. In ihrem Mittelpunkt stand *Thomas Mann*, der seinen Aufenthalt in Sanary später als „glücklichste Etappe“ seines Exils bezeichnete. Die Familie Mann bezog in den Sommermonaten in der Villa La Tranquille Quartier, einem Haus, das ironischerweise der Schwiegermutter des deutschen Botschafters in Ägypten gehörte. Im Juli 1933 schwärmte Thomas Mann von seinem Aufenthalt in einem Brief: „Hier ist jetzt die Sommerhitze auf voller Höhe, aber eigentlich furchtbar wird sie doch nie, da fast immer ein wenig Wind ist, und die Abende sind erquickend.

Ich sitze oft bis spät auf der kleinen Veranda vor meinem Arbeitszimmer, rauche meine Cigarre, sehe die Sterne an und bedenke des Lebens Sonderbarkeit.“ Die Villa La Tranquille existiert nicht mehr; sie wurde 1944 von den deutschen Truppen gesprengt, die hier mit der Landung der Alliierten gerechnet und deshalb diesen Küstenabschnitt mit einem Netz von Befestigungsanlagen überzogen hatten. Nach Kriegsende wurde das Haus in veränderter Form wiederaufgebaut.

Klaus und Erika Mann sollen übrigens auf eine Empfehlung von Jean Cocteau, der damals in Toulon lebte, nach Sanary gefahren sein.

Doch auch wer sich nicht für das Schicksal der deutschsprachigen Schriftsteller interessiert, wird von Sanary-sur-Mer begeistert sein, denn der Ort strahlt ein angenehmes, ruhiges Flair aus. Die Hafenpromenade lockt zum Spazierengehen und in den schmucken Gassen dahinter findet sich so manch ansprechendes Geschäft.

- *Information* **Office de Tourisme**, Pavillon du Tourisme, Jardins de la ville, B.P., 83110 Sanary-sur-Mer, ✆ 0494740104, 📠 049 4745 804, www.sanarysurmer.com. Hier gibt es für 3 € ein kleines Buch über die Exilschriftsteller mit den genauen Lageplänen ihrer Häuser.
- *Einwohner* 17.000 Einwohner.
- *Literaturtipp* **Manfred Flügge**: Wider Willen im Paradies, Aufbau Verlag 1996, Taschenbuch.
- *Verbindungen* Der **SNCF-Bahnhof** liegt etwas oberhalb von Sanary an der Straße nach Ollioules. Tgl. rund 20 Zugverbindungen nach Marseille (über Bandol, La Ciotat und Cassis) sowie nach Toulon. Zudem bestehen zwei Busverbindungen tgl. nach Bandol und Aix-en-Provence. Im Sommer sind Schiffsausflüge nach Cassis und Toulon sowie zur Ile des Embiez möglich.
- *Markt* Mittwochvormittag findet einer der größten Märkte der Umgebung statt.
- *Strände* Zwischen Sanary und Bandol erstreckt sich eine schöne, weitläufige Bucht. Eine Alternative ist die westlich des Zentrums gelegene Plage de Portissol.
- *Tauchen* Centre de plongée, ✆ 0680452845.
- *Übernachten/Essen* ** **Grand Hôtel des Bains**, ein Lesertipp von Peter Heß: „Das Zimmer war sauber, sehr groß und hatte zusätzlich eine Loggia mit Blick aufs Meer." Zimmer je nach Ausstattung und Saison von 62–120 €, Frühstück 8,50 €. Das Hotel liegt am östlichen Ortsausgang. Parkplätze vorhanden. Boulevard Estienne d'Ovres, ✆ 04947413 47, 📠 0494881402, www.1-hotel-provence.com.

** **La Tour**, das rund um einen mittelalterlichen Turm errichtete Hotel war in den dreißiger Jahren eine beliebte Anlaufstation der Exilliteraten. Noch heute präsentiert sich das La Tour als Herberge mit angenehmer Atmosphäre. Im Restaurant werden Menüs zu 20 € (mittags), sonst 33 und 47 € serviert. Der Schwerpunkt liegt auf Fisch, die Qualität hat aber in der letzten Zeit nachgelassen. Einige Zimmer und die Terrasse des Restaurants besitzen einen traumhaften Blick auf den Hafen. Kostenloses WLAN. Zimmer ab 68 € (EZ inkl Frühstück) bzw. 80–144 € (DZ inkl. Frühstück). 2, quai Général de Gaulle, ✆ 0494741010, 📠 0494746949. www.sanary-hoteldelatour.com.

** **Bon Abri**, ansprechendes, kleines Hotel mit Restaurant direkt hinter dem Grand Hôtel und damit unweit vom Meer. Schöner Innenhof, im Sommer wird Wert auf Halbpension gelegt (ab 59 € pro Person). Farbenfrohe Zimmer je nach Ausstattung und Saison 65–96 € (inkl. Frühstück). Kostenloses WLAN. 94, avenue des Poilus, ✆ 0494740281, 📠 0494743001. www.bon-abri. com.

* **Beauséjour**, älteres Hotel mit Charme, inmitten der Fußgängerzone gelegen. Zimmer je nach Ausstattung 34–65 € (die billigen Zimmer nur mit Waschbecken), die renovierten Zimmer kosten bis 50 €. 13, rue Gabriel Péri, ✆/📠 0494881029.

Café de la Marine, an die Exilliteraten erinnert nichts mehr, dennoch ist das Hafencafé ein historischer Ort. Menüs ab 15 €.

- *Camping* *** **Les Girelles**, schattige Anlage mit lobenswerter sanitärer Ausstattung und Kinderspielplatz. 400 Meter bis zum Meer. Von Ostern bis September geöffnet. 1003, chemin des Beaucours (ein Kilometer nordwestlich von Sanary), ✆ 0494741318. www.lesgirelles.com.

*** **Mogador**, an der gleichen Straße, weiter vom Meer entfernt, dafür mit Swimmingpool. Von April bis Sept. geöffnet. Chemin des Beaucours, ✆ 0494745316. www.campasun-mogador.fr.

Sehenswertes

Le Brusc: Kleiner Ferienort an einer Landspitze südlich von Sanary. Le Brusc war schon in ligurischer und griechischer Zeit besiedelt. Wahrscheinlich hieß der Ort damals *Strabo Tauroentium.*

Ile des Embiez: Im Sommer besteht von Le Brusc ein regelmäßiger Fährverkehr (Fahrzeit 12 Minuten) zu der vorgelagerten Ile des Embiez. Die Insel ist im Privatbesitz des Schnapsfabrikanten Paul Ricard, der dort die nach ihm benannte **Fondation Océanographique** mit Aquarien und Ausstellungen zur Unterwasserwelt eingerichtet hat. Leserin Kerstin Ritzer hat sich über das Museum geärgert und zu Recht befunden, dass „die unspektakuläre Ausstellung so viel Geld nicht wert ist".

• *Öffnungszeiten* Im Juli und Aug. tgl. 10–12.30 Uhr und 13–18.30 Uhr, von Sept. bis Juni tgl. 10–12 Uhr und 13–17.45 Uhr, von Nov. bis März Mittwochvormittag geschlossen. Eintritt: 4,50 €, erm. 2 €. Hinzu kommen noch happige 12 € bzw. 10 € in der Nebensaison für die Fähre. www.les-embiez.com.

Jardin Exotique et Zoo: Zwischen Sanary und Bandol kann man in dem zwei Hektar großen Garten zwischen exotischen Pflanzen aus fünf Kontinenten wandeln oder exotische Vögel (Papageien, Kakadus etc.) beobachten.

Öffnungszeiten Tgl. 8–12 Uhr und 14–19 Uhr, im Winter nur bis 18 Uhr, So erst ab 10 Uhr. Eintritt: 8,50 €, erm. 6 €. www.zoosanary.com.

Bandol

Eine Bucht hinter Sanary-sur-Mer liegt Bandol, ein nicht nur auf den ersten Blick ähnlich wirkendes Seebad. Kleine Pinienwäldchen, noble Villen und Gärten bestimmen das Bild. Zudem sollte man nicht versäumen, den hiesigen Wein zu probieren.

Bandol mit seinen knapp 8.000 Einwohnern ist zwar kein spektakulärer Badeort, aber sicherlich geeignet, um ein paar entspannte Tage zu verbringen. Mehrere kleine Badebuchten, eine palmengesäumte Uferpromenade und ein Spielcasino laden zum Müßiggang ein. Motorfreaks besuchen den *Circuit Paul Ricard*: Rund zwanzig Kilometer entfernt, lassen sich gegen Gebühr ein paar Runden im Kreis drehen. Auf dem Weg dorthin kommt man durch das für seinen Wein bekannte Hinterland. Der Bandol genießt unter Weinkennern einen ausgezeichneten Ruf. Es gibt ihn als Rot- und Weißwein sowie als Rosé. Vor allem der aus der Mourvèdre-Traube gewonnene dunkle Rotwein besticht durch sein vollmundiges aromatisches Bouquet. Bei mehreren Weinbauern besteht die Möglichkeit, den Wein relativ günstig einzukaufen.

Dienstag ist Markttag in Bandol

Im ersten Drittel des 20. Jahrhunderts war Bandol das Ziel verschiedener Intellektueller und Künstler, darunter Katherine Mansfield und D.H. Lawrence. Beim Chemin de Littoral steht noch die Villa Beau Soleil, die der berühmte Autor von „Lady Chatterly" im Herbst 1929 für einige Monate bewohnte.

Information/Verbindungen/Diverses

• *Information* **Office de Tourisme**, Pavillon du Tourisme, Allée Alfred Vivien, 83150 Bandol, ✆ 0494294135, 📠 0494325039, www.bandol.fr.

• *Einwohner* 8.000 Einwohner.

• *Verbindungen* Tgl. rund zwanzig Zugverbindungen nach Marseille (über La Ciotat und Cassis) sowie nach Toulon. Der **SNCF-Bahnhof** liegt ein kleines Stück nördlich des Zentrums, zum Hafen gelangt man über die Avenue de la Gare und die Avenue du 11 Novembre. Busverbindungen: Rund zwanzigmal tgl. über Sanary nach Toulon, zehnmal tgl. nach Marseille und zweimal tgl. nach Aix-en-Provence. Auskunft: ✆ 0442 084105.

• *Bootsausflüge* In den Sommermonaten vom Quai d'Honneur zu den Calanques von Cassis sowie nach Toulon. Fahrpreis: ab 20 €.

• *Literaturtipp* **Georges Simenon**: Maigret und der Spitzel, Diogenes Verlag. Spielt in Bandol.

• *Markt* Dienstagvormittag am Hafen.

• *Strände* Schöne, aber überlaufene Sandstrände im Westen (Plage de Renecros) und Osten des Ortes. Ein Tipp ist sicherlich die Calanque Port d'Alon, mehrere Kilometer weiter westlich. Dort gibt es auch ein nettes Café (La Calanque).

• *Fahrradverleih* Holiday Bikes. Mountainbike ab 15 € pro Tag. 100 Meter vom Bahnhof entfernt. 127, route de Marseille, ✆ 049 4322189.

• *Tennis* Tennis club Bandolais, Avenue Albert 1er, ✆ 0494295540. Die Stunde ab 15 €, günstigere Wochenarrangements.

• *Weinproben* Maison des Vins de Bandol, Allée Alfred Vivien, ✆ 0494294503.

• *Casino* Spielcasino mit französischem Roulette, Black Jack etc. Ganzjährig von 13–4 Uhr geöffnet. Adresse: Place Lucien Artaud.

Übernachten/Essen

*** **Delos Hotel**, wer am liebsten nachts über die Ile de Bendor schlendern möchte, hat dazu die beste Gelegenheit, wenn er im Delos Palais absteigt. Vornehme Unterkunft ab 150 € mit einem herzförmigen Swimmingpool. ✆ 0494059090, 📠 0494322672. www.hoteldelos.com.

*** **Le Provençal**, etwas in die Jahre gekommnes Familienhotel (Logis de France) in zentraler, aber ruhiger Lage ist ein Lesertipp von Sabine Kober. DZ 75–104 €. Garage bzw. Parkplatz gegen Gebühr. Rue des Ecoles, ✆ 0494295211, 📠 0494296757. www.hotel-provencal.fr.

** **Splendid Hotel**, das Strandhotel an der Plage de Renecros gefällt mit seinem altertümlichen Charme. Zimmer je nach Saison und Ausstattung 60–110 € (inkl. Frühstück), diejenigen mit Meerblick sind natürlich teurer. Umwerfende Frühstücksterrasse. Von Ostern bis Okt. geöffnet. Plage de Renecros, ✆ 0494294161, 📠 0494325087. www.splendidhotel-provence.com.

** **Florida**, einfache Pension mit zwölf Zimmern (ab 50 €), 300 Meter vom Strand entfernt. Von Mitte März bis Mitte Okt. geöffnet. In der Hochsaison nur mit Halbpension. Impasse de Nice, ✆ 0494294172, 📠 049 4250183.

L'Auberge du Port, eine empfehlenswerte Adresse für vorzügliche Fischgerichte in allen Variationen, direkt an der Hafenfront gelegen. Noble Holzstühle mit weißem Lederbezug. Menü zu 38 €, die Weinkarte wird von den lokalen Bandols bestimmt. Überdachte Terrasse, die an kalten Tagen beheizt wird. 7, allée Jean Moulin, ✆ 0494294263.

Le Clocher, kleines, intimes Restaurant mit modernem Ambiente in einer Gasse neben der Kirche. Ausgezeichnetes Preis-Leistungs-Verhältnis. Mittagsmenü zu 11 €, abends für 33 und 35 €. In der Nebensaison Sonntagabend und Mittwoch geschlossen. 1, rue de la Paroisse, ✆ 0494324765.

L'Assiette des Saveurs, eine gute Adresse für Fischliebhaber, die es einmal mit der *Marmite du pecheur* versuchen sollten. Menüs zu 23, 26 und 29 €. 1, rue Marçon, ✆ 049 4298008.

• *Camping* ** **Vallongue**, der einzige Campingplatz von Bandol liegt an der Straße nach Marseille oberhalb des Hafens. Kleiner Laden und Restaurant am Platz. Swimmingpool. Warmwasserdusche gegen Gebühr. Ostern bis Sept. geöffnet. ✆ 0494294 955. www.campingvar.com.

Westlich von Bandol gibt es zahlreiche kleine Buchten

Sehenswertes

Ile de Bendor: Die kleine, nur wenige Schiffsminuten vorgelagerte Insel gehört dem „Pastiskönig" Paul Ricard. Er ließ auf dem idyllischen Eiland nach alten Vorbildern ein provenzalisches Fischerdorf errichten.

Verbindungen Im Sommer halbstündige Hin- und Rückfahrten: 10 €, erm. 8 €.

Musée des Vins et Spiritueux: Wenn ein Schnapsfabrikant auf seiner Privatinsel ein Museum einrichtet, muss es fast zwangsläufig mit Hochprozentigem zu tun haben. Das farbenprächtige Museum birgt mehr als 7000 verschiedene Weinsorten und Spirituosen aus 45 Ländern der Erde – darunter selbstverständlich mehrere Pastis-Flaschen.

Adresse Ile de Bendor. Öffnungszeiten: Tgl. außer Mi von 10–12 Uhr und 14–18 Uhr. Eintritt: frei!

Wandern: Eine tolle Küstenwanderung (*Sentier du Littoral*) führt vom Hafen in westlicher Richtung nach **Les Lecques**, einem Ortsteil von Saint Cyr. Der gelb markierte Wanderweg führt direkt an der Küste entlang, wobei sich immer wieder herrliche Ausblicke aufs Meer bieten. Besonders schön ist die Calanque **Port d'Alon**. Daher: Sonnenhut und Badehose nicht vergessen! Gehzeit: 3,5 Stunden. Im Sommer fahren nachmittags von 15.25 Uhr bis 18.25 Uhr stündlich Busse von Les Lecques zurück nach Bandol.

Rund um Bandol und La Ciotat

La Cadière d'Azur

In einer von Weinbergen (Bandol A.O.C.) und Olivenhainen geprägten Landschaft zieht sich das schöne provenzalische Dorf einen Hang hinauf. Große Sehenswürdigkeiten gibt es zwar nicht, doch ist La Cadière noch ein lebendiges

Dorf, das nicht nur vom Tourismus lebt. Besonders einladend ist das Szenario rund um den lang gestreckten Dorfplatz.

• *Information* **Office de Tourisme**, Pavillon du Tourisme, Place Charles-de-Gaulle, 83740 La Cadière d'Azur, ✆ 0494901256, 📠 0494983013. www.ot-lacadieredazur.fr.

• *Markt* Donnerstagvormittag.

• *Veranstaltungen* **Fête de la Saint-Jean** am 24. Juni.

• *Übernachten/Essen* *** **Hostellerie Bérard**, mitten im Dorf findet sich diese angenehme, in einem ehemaligen Kloster und angrenzenden Gebäuden untergebrachte Herberge: Allein die blauen Fensterläden sind eine Freude für das Auge. Kleiner Swimmingpool, Aroma-Spa und Tennisplatz stehen zur Abkühlung bzw. zur sportlichen Ertüchtigung bereit. 38 Zimmer und zwei Suiten je nach Ausstattung und Saison 94–174 €, ausgezeichnetes Frühstücksbuffet (21 €), Garage extra. Im zugehörigen Restaurant (ein Michelinstern!) wird anspruchsvolle provenzalische Küche serviert (Menüs ab 35 €). Zudem werden Kochkurse angeboten. WLAN verfügbar. Es werden auch Kochkurse angeboten. Mitte Jan. bis Mitte Feb. geschlossen. Avenue Gabriel Péri, ✆ 0494901143, 📠 0494900194, www.hotel-berard.com.

• *Camping* ** **La Malissonne**, mit Swimmingpool, WLAN und Tennis, an der Straße nach Saint-Cyr inmitten von Weinbergen. Von März bis Mitte Nov. geöffnet. ✆ 0494901060. www.domainemalissonne.com.

Le Castellet

Mit seiner gut erhaltenen Stadtmauer diente das wehrhafte Dorf schon mehrfach als Filmkulisse, so für Raimus bekannten Film „La Femme du Boulanger" („Die Frau des Bäckers"). Die zahlreichen Galerien und Kunsthandwerksgeschäfte sorgen leider für ein allzu touristisches Flair.

• *Information* **Hôtel de Ville**, 83330 Le Castellet, ✆ 0494326010, 📠 0494327034.

• *Parken* Unterhalb des Dorfes befindet sich ein großer, gebührenpflichtiger Parkplatz (2 €).

Evenos

Wenige Kilometer weiter südöstlich befindet sich Evenos, ein ebenfalls sehenswertes mittelalterliches Dorf mit einer Burgruine aus dem 12. Jahrhundert (beeindruckender Panoramablick!), die man auf einem Pfad umrunden kann. Im Gegensatz zu Le Castellet besitzt Evenos einen noch unbefangenen Charme, weder Souvenirstände noch Eisverkäufer buhlen in den schmalen Gassen um die Gunst der Touristen.

Circuit du Castellet Paul Ricard

Die 1970 eingeweihte Rennstrecke ist das Mekka der Motorsportfans; die Weltmeisterschaftsläufe der Motorrad-WM ziehen die Zuschauer zu Tausenden an. Von 1971 bis 1990 fanden hier auch Formel-1-Rennen statt. Der letzte Sieger hieß Alain Prost. Es scheint jedoch fraglich, ob hier jemals wieder Formel-1-Rennen ausgetragen werden (www.circuitpaulricard.com).

Les Lecques

Der zwischen Bandol und La Ciotat gelegene Küstenort (ein Ortsteil von Saint-Cyr-sur-Mer) gefällt vor allem durch seine Promenade und den sich dahinter erstreckenden Sandstrand, der bei Familien mit Kindern hoch im Kurs steht. Das östliche Ende der Bucht war bereits in der Antike besiedelt. Im *Musée Romain de Tauroentum* kann man den bei Ausgrabungen entdeckten Aufbau einer galloromanischen Villa samt Bodenmosaiken bewundern.

Öffnungszeiten Musée Romain de Tauroentum, 131, route de la Madrague, Juni bis Okt. tgl. außer Di 15–19 Uhr, Okt. bis Juni Sa und So 14–17 Uhr. Eintritt: 3 €.

Fischer in La Ciotat: ein selten gewordener Anblick

La Ciotat

La Ciotat ist kein verträumtes Fischerstädtchen, sondern eine lebendige Kleinstadt mit rund 35.000 Einwohnern. Werftanlagen – auch wenn schon viele stillgelegt worden sind – prägen das Stadtbild. Touristisch ist die Stadt nicht vollkommen erschlossen – dies stellt aber keinen Nachteil dar.

Ursprünglich war La Ciotat nur der Hafen des griechischen *Katharista* (das heutige Ceyreste liegt fünf Kilometer nordöstlich). La Ciotat wurde bis in die Spätantike von römischen Schiffen angesteuert, wovon noch ein kleines Ausgrabungsgelände am Hafen zeugt. Im Mittelalter erneut gegründet, erlebte La Ciotat seine große Blüte vom 16. bis zum 18. Jahrhundert, zeitweise stand der Handelshafen sogar mit Marseille in regem Wettbewerb. Lange Zeit sicherten die ortsansässigen Werften den Bewohnern ein festes Auskommen, riesige Tank- und Passagierschiffe wurden gefertigt, doch seit mehreren Jahren kämpft La Ciotat im Strudel der internationalen Schiffsbaukrise mit wirtschaftlichen und sozialen Problemen – nicht nur die Bremer Vulkan-Werft geriet durch die asiatische Billiglohn-Konkurrenz ins wirtschaftliche Abseits. Schienen erinnern noch daran, dass die Arbeiter in früheren Zeiten mit der Straßenbahn zur Werft fuhren.

Mit dem Tourismus hat sich La Ciotat seit längerem ein zweites Standbein geschaffen; erst vor kurzem wurde ein neuer Yachthafen mit 700 Liegeplätzen angelegt. Mehrere Bauprojekte sollen in den nächsten Jahren das touristische Image der Stadt weiter verbessern. Die windgeschützte Lage sorgt für ein mildes Klima. Zum Bummeln und Schlendern findet man in der charmanten, leicht heruntergekommenen Altstadt reichlich Gelegenheit. Im Stadtzentrum wurde die lang gestreckte Rue des Poilus mit ihren vielen Geschäften vor wenigen Jahren in eine schöne Fußgängerzone umgewandelt. Rund um den Alten Hafen finden sich mehrere Straßencafés, von deren Terrassen man das beschauliche Treiben beobachten kann, die Schiffsbaukräne grüßen stumm im Hintergrund. Der Hausstrand von La Ciotat ist zwar recht nett, zumeist aber übervölkert; mehr Platz zum Baden bietet der Vorort Ciotat-Plage.

La Ciotat darf sich zweier „Erfindungen" rühmen: Zum einen drehten die Brüder Lumière am Bahnhof von La Ciotat das erste Werk der Filmgeschichte, zum anderen erfand der Kaufmann Jules Le Noir 1910 an der Strandpromenade des Ortes das *Pétanque*-Spiel (Boule). Jener Jules Le Noir war bereits im fortgeschrittenen Alter und litt so sehr an Rheumatismus, dass er seinem geliebten Boulespiel, bei dem der Ball mit Anlauf rund zwanzig Meter weit geworfen wird, nicht mehr nachgehen konnte. Zwangsweise „erfand" er eine gemächlichere Version, die sich in kürzester Zeit über die gesamte Provence verbreitete und das alte, auch als *Longue* bezeichnete Boulespiel fast vollkommen verdrängte. Der Name Pétanque leitet sich von den zusammenstehenden Füßen, den „pieds tanqués", ab.

Information/Verbindungen/Diverses

• *Information* **Office de Tourisme**, Boulevard Anatole France, 13600 La Ciotat, ✆ 0442086132, ℻ 0442081788, www.laciotat.com sowie www.tourisme-laciotat.com.

• *Verbindungen* Tgl. rund 25 Zugverbindungen nach Toulon (über Bandol) sowie nach Marseille (über Cassis und Aubagne). Der SNCF-Bahnhof (✆ 0442830863) liegt rund drei Kilometer landeinwärts in Richtung Ceyreste. Zentral, direkt neben dem Office de Tourisme, ist hingegen der Busbahnhof (✆ 0442089090) zu finden. Häufige Busverbindungen nach Aix-en-Provence, Cassis und Marseille.

• *Parken* Ein großer, gebührenfreier Parkplatz (Parking Port Vieux) befindet sich hinter dem Rathaus, 200 Meter vom Hafen entfernt.

• *Markt* Dienstagvormittag auf der Place du Marché und Sonntagvormittag am Hafen.

• *Fahrradvermietung* Lleba Cycles, 1, avenue Frédéric Mistral, ✆ 0442836030.

• *Bootsausflüge* Von März bis Okt. tgl. bis zu sechs Abfahrten zu den Calanques. Ab 16 €.

• *Veranstaltungen* **Jazz-Festival** in der zweiten Julihälfte.

• *Strände* Östlich des Zentrums ein viel besuchter Sandstrand, abgeschiedener badet man in der Calanque du Mugel und in der Calanque de Figuerolles, einer kleinen, idyllischen Bucht mit Kiesstrand, die schon Georges Braque malte.

• *Minigolf* In der Avenue F. Roosevelt. Von April bis Sept. ab 16 Uhr.

• *Wasservergnügen* Im vier Kilometer entfernten St.-Cyr gibt es ein Aqualand mit diversen Attraktionen (Riesenwasserrutsche etc.).

Übernachten/Essen

*** **Vieux Port (5)**, modernes Best-Western-Hotel, das erst 2009 direkt am Hafen eröffnet worden ist. Moderne Zimmer mit viel Komfort. DZ 95–135 € (Meerblick), Frühstücksbuffet 13 €. Quai François, ✆ 0442040000, ℻ 0442040002. www.bestwestern-laciotat.com.

** **Les Lavandes (2)**, am Rand der Altstadt gelegenes Stadthotel mit ordentlichen, sauberen Zimmern. 15 Zimmer zu 54–62 €. Kostenloses WLAN. 38, boulevard de la République, ✆ 0442084281, ℻ 0442719576. www.hotel-les-lavandes.com.

* **Marine (3)**, einfaches Hotel in einem frei stehenden Haus, halbwegs annehmbar, zudem mit 30–40 € pro Zimmer (die billigeren mit Etagen-WC) das günstigste Hotel der Stadt. Kleine Bungalows mit Terrasse für 48 €. Zu loben sind die nette Terrasse mit den blauen Stühlen sowie die Parkmöglichkeiten im Hof. 1, avenue Fernand Gassion, ✆/℻ 0442083511.

Le „R.I.F." (8), das von dem sympathischen Gregori betriebene R.I.F. (die Abkürzung steht für **R**épublique **I**ndépendante de **Fi**guerolles) ist eine traumhafte, fast paradiesi-

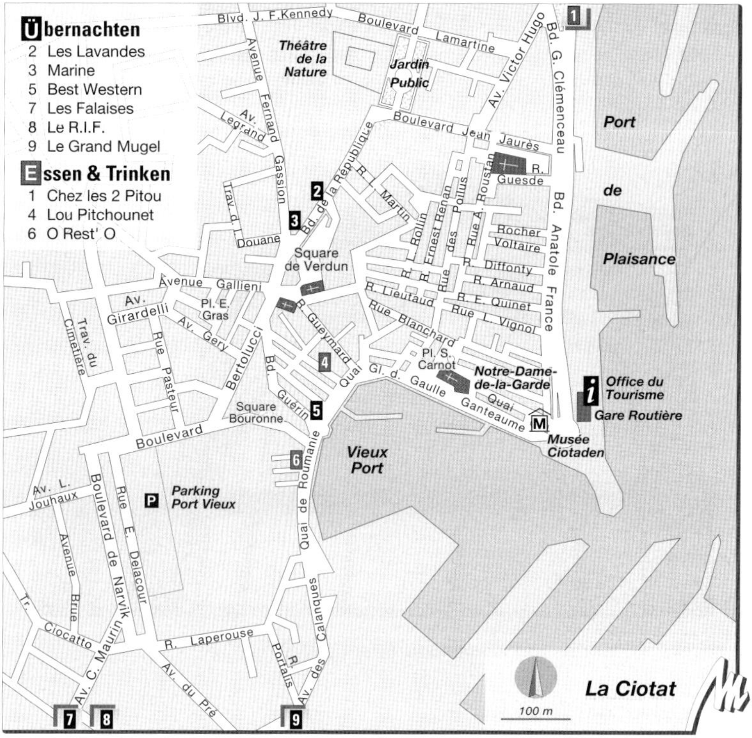

sche Herberge in einer kleinen, von steil aufragenden Felswänden eingerahmten Bucht. Unter einem strohgedeckten Dach kann man tagsüber eine Kleinigkeit zu sich nehmen und dabei auf das Meer hinunterblicken, abends ist dann Restaurantbetrieb, wobei Liebhaber der mediterranen Küche auf ihre Kosten kommen. Es gibt ein ansprechendes Menü für 40 € oder man bestellt à la carte, beispielsweise gegrillte Dorade auf Fenchelgemüse zu 22 €. Donnerstagabend finden oft Konzerte statt. Ein besonderes Lob verdient die *crème brûlée*. Die drei einfachen, aber sauberen Zimmer mit Dusche und Terrasse kosten 37–85 €, die um einen idyllischen Garten gruppierten „Bungalows" 95–150 € (mit Kochmöglichkeiten). Frühstück 7 €. Eine Reservierung ist ratsam. Extras: kostenloses WLAN, Kajakvermietung. Von Mai bis Okt. geöffnet, im Winter nur von Donnerstag bis Sonntag. Das R.I.F. liegt in der Calanque de Figuerolles, einen Kilometer westlich des Hafens, ✆ 0442084171, ℻ 0442719339, www.figuerolles.com.

Le Grand Mugel (9), ein gut ausgestattetes Chambre d'hôtes in toller Lage für Ökoliebhaber. Auch das Frühstück ist „bio". Es werden zwei Zimmer (130 bzw. 150 € inkl. Frühstück) sowie zwei Gites (ab 80 €) vermietet Calanque de Mugel, ✆ 0442081271. www.gite-laciotat.com.

Les Falaises (7), dieses Chambre d'hôtes mit vier gemütlichen Zimmern im Provence-Stil ist ein Lesertipp von Kerstin Schmidt: „Alle Zimmer verfügen über eine Dusche mit WC und haben schöne Ausblicke auf La Ciotat und/oder den wunderschönen Garten mit Hängematten, Sitzgelegenheiten unter Olivenbäumen und einem Pinienhain. Zu Fuß sind es nur zehn Minuten bis zum Zentrum von La Ciotat und nur eine Treppe hinunter bis zur Figuerolles-Bucht." Übernachtung im Doppelzimmer inkl. Frühstück 65–90 €. Avenue des Figuerolles, ✆/℻ 0442089668. http://site.voila.fr/lesfalaises.

Côte d'Azur
Karten Seite 234, 317 und 364/365

O Rest' O (6), das schönste Restaurant am Hafen liegt am südlichen Rand und besitzt eine nette Straßenterrasse. Das Ambiente ist einladend und auch die Küche enttäuscht nicht. Fischmenü für 19,50 € und Salate. Quai de Roumanie.

Chez les 2 Pitou (1), diese Gaststätte in einer Seitenstraße am östlichen Ende der

Die Erfinder des Kinos: die Gebrüder Lumière

Die Stadt der Kinoväter

Wer an den Lichtspielen von La Ciotat vorbeischlendert, wird von dem überdimensionalen Doppelbildnis der Brüder *Lumière* begrüßt. Es muss zwar nicht unbedingt eine besondere Bewandtnis vorliegen, wenn ein Lichtspielhaus nach den Kinovätern Lumière benannt ist, doch La Ciotat ist ein besonderer Fall: In La Ciotat wurde Kinogeschichte geschrieben! Der Bahnhof von La Ciotat war nämlich der erste Drehort in der Filmgeschichte. Im Jahr 1895 postierten Auguste und Louis Lumière, die einer wohlhabenden Lyoner Industriellenfamilie entstammten, während ihres Sommeraufenthaltes eine neu entwickelte Kameraapparatur neben den Gleisen und filmten die Ankunft eines Zuges. Schon bei der ersten Vorführung des weniger als eine Minute langen Streifens (*L'Entrée du train en gare de La Ciotat*) geriet das Publikum in Aufruhr und Entsetzen: Den Zuschauern wurde nämlich gekonnt suggeriert, der Zug rase unmittelbar auf sie zu – die Wirkung des bis dato unbekannten Mediums war enorm, der Triumphzug des Kinos begann. Auch an seiner Geburtsstätte La Ciotat feierten die laufenden Bilder große Erfolge: In dem 1889 errichteten Eden-Théâtre zeigten die Brüder ab 1899 ihre Filme. Der schlichte, ein paar hundert Meter östlich des alten Hafens gelegene Bau steht unter Denkmalschutz und gilt als das älteste Lichtspielhaus der Welt. Allerdings wird das Gebäude seit längerem nicht mehr als Kino genutzt.

Bucht gehört zu den beliebtesten Restaurants im Ort. Der große Garten mit den drei Boule-Bahnen ist in den Sommermonaten schnell besetzt. Serviert werden Pizzen (ab 9 €), Salate und Fleischgerichte wie Lammspießchen. 10, avenue Bellon.

Lou Pitchounet (4), in einer kleinen Seitengasse des Hafens bietet dieses in einem Gewölbe untergebrachte Restaurant eine einfache, provenzalische Küche zu absolut zivilen Preisen: Menüs zu 9 und 12 €. Dienstagabend und Mittwoch Ruhetag. 10, rue de la Fougasse, ✆ 0442719374.

• *Camping* ** **Oliviers**, durch eine Straße geteilter, ziemlich weitläufiger Campingplatz im Gemeindegebiet von Liouquet (östlich von La Ciotat). Das obere, terrassierte Areal ist besser beschattet. Swimmingpool (25 x 12,5 m) und Supermarkt am Platz. Von März bis Sept. geöffnet. ✆ 0442831504. www.camping-lesoliviers.com.

Sehenswertes

Musée Ciotaden: Direkt am Hafen residiert das 1941 gegründete Stadtmuseum im ehemaligen Rathaus von La Ciotat, einem stattlichen Gebäude mit Rundturm aus den sechziger Jahren des 19. Jahrhunderts. Die interessante Dauerausstellung gibt Einblicke in die Stadtgeschichte (von der Frühgeschichte bis ins 20. Jahrhundert), die Wohnkultur sowie die Schiffsbautradition der Hafenstadt. Modelle gewähren einen Überblick über die von der Werft von La Ciotat gefertigten Schiffe.

Adresse Quai Ganteaume. Öffnungszeiten: Tgl. außer Di von Juni bis Sept. von 16–19 Uhr, von Okt. bis Mai von 15–18 Uhr. Eintritt: 3,20 €, erm. 1,60 €.

Notre-Dame-de-la-Garde: Ebenfalls am Hafen erhebt sich die Pfarrkirche von La Ciotat, ein großer, im 17. Jahrhundert errichteter klassizistischer Bau mit schönem Portal.

Chapelle des Pénitents Bleus: Die unlängst restaurierte Kapelle der blauen Büßer – sie stammt aus dem frühen 17. Jahrhundert – wird seit ein paar Jahren für wechselnde, teilweise recht anspruchsvolle Kunstausstellungen genutzt. Direkt nebenan steht das **Cinéma Eden**, das als ältestes Lichtspielhaus der Welt gilt.

Ile Verte: Vom Fischereihafen fahren Ausflugsboote in einer Viertelstunde zu der vorgelagerten „grünen Insel". Das kleine Eiland ist schnell erschlossen, zwei gut besuchte Badestrände und das Restaurant Chez Louisette (gute Küche) warten auf die Ausflügler.

Verbindungen Im Juli und Aug. alle 30 Minuten, im Mai, Juni und Sept. stündlich. Hin- und Rückfahrt: 9 €, erm. 4,50 €.

Calanque et Parc du Mugel und Calanque de Figuerolles: Nicht nur Cassis, sondern auch La Ciotat hat seine Calanques. Etwa einen Kilometer südwestlich des Hafens kann man in zwei tief eingeschnittenen Felsbuchten baden. Hinter der größeren Calanque du Mugel erstreckt sich ein unlängst neu gestalteter botanischer Garten mit Palmen und Kakteen, der Parc du Mugel. Die Calanque de Figuerolles ist kleiner, aber ebenfalls sehr reizvoll, zudem findet sich ein gutes Restaurant in der steinigen Bucht.

Corniche des Crêtes

Es wäre ein großer Fehler, auf dem schnellsten Weg von La Ciotat nach Cassis zu fahren: Eine kleine Straße erschließt nämlich den kargen, aber sehr reizvollen Küstenabschnitt zwischen diesen beiden Orten. Die Steilküste steht in dem Ruf, eine der schönsten am Mittelmeer zu sein. Ein einschränkender Hinweis für alle, die den Drahtesel für die Erkundung bevorzugen, soll erlaubt sein: Nur denjenigen

Corniche des Crêtes: atemberaubender Ausblick

Radfahrern, die die sportliche Herausforderung lieben, ist diese Tour zu empfehlen. Die Corniche des Crêtes beginnt im Nordwesten von La Ciotat. Nach einer kurzen Fahrt durch das Landesinnere zweigt eine Stichstraße zum Aussichtspunkt **Sémaphore** (328 Meter) ab. Ein paar Kilometer weiter, beim 362 Meter hoch gelegenen **Cap Canaille**, sollte man erneut anhalten, das Auto am Parkplatz abstellen und den phänomenalen Blick vom Klippenrand – es sind die höchsten Klippen Frankreichs – genießen! Vor starken Windböen und der Gefahr abbröckelnder Felsen sollte man sich in acht nehmen, gelegentlich wird sogar der Autoverkehr gesperrt. Wandertipp: Zwischen den beiden Aussichtspunkten verläuft ein Küstenwanderweg mit grandiosen Aussichten auf das Meer.

Cassis

Cassis und seine Calanques gehören unumstritten zu den Hauptattraktionen an der Küste zwischen Marseille und Toulon. Kein Wunder also, dass sich das an sich beschauliche Fischerstädtchen (8.000 Einwohner) in den Sommermonaten und am Wochenende fest in touristischer Hand befindet, die Einwohnerzahl vervierfacht sich.

Nur rund zwanzig Kilometer sind es von Cassis nach Marseille; aufgrund dieser räumlichen Nähe zur südfranzösischen Metropole und den zahlreichen Touristen ist es um so erstaunlicher, dass sich Cassis seinen Charme weitestgehend bewahren konnte. Vor allem das Viertel rund um das Hafenbecken besticht durch seine Atmosphäre. Schon der Literaturnobelpreisträger Frédéric Mistral rühmte die Stadt 1867 in seinem provenzalischen Versroman *Calendau* in den höchsten Tönen: „Tau qu'a vist Paris / Se noun a vist Cassis / Pòu dire: N'ai ren vist" (Sahst du auch Paris / Und sahst nicht Cassis / So kann man sagen, du sahst nichts).

Der pittoreske Hafen und die zerklüftete Landschaft inspirierten schon zahlreiche Maler, darunter Raoul Dufy, Henri Matisse, Maurice de Vlaminck und Kundera. Selbst Winston Churchill hatte seine Staffelei im Gepäck, als er in Cassis weilte. In klimatischer Hinsicht ist das steil ansteigende Felsmassiv von großem Vorteil: Dank der windgeschützten Lage sind die Temperaturen bis weit in den Oktober hinein ideal zum Sonnenbaden. Daher tummeln sich an den Stränden links und rechts des Hafens all jene, denen der Weg zu den Calanques zu beschwerlich war.

Den Abend sollte man in einem der vielen Fischrestaurants an der Hafenmole ausklingen lassen. Während im Hochsommer ohne Vorbestellung kein Tisch im Freien zu ergattern ist, hat man im Herbst fast immer Glück. Austern, Seeigel und andere Meeresfrüchte werden fangfrisch kredenzt, als ideale Begleitung zum Fisch empfiehlt sich ein Cassis. Der auf den Kalksteinböden der Umgebung herangereifte Rebensaft ist ein würziger und sehr trockener Weißwein von exzellenter Qualität, der zu Recht als bester provenzalischer Weißwein gerühmt wird und seit 1936 AOC-Status genießt. So viel Lob geht dann allerdings am Preis nicht spurlos vorüber ...

Geschichte

Das antike *Carsicis* wurde von Griechen aus Marseille gegründet und von den Römern „übernommen", doch schon Jahrtausende zuvor lebten Menschen an diesem Küstenabschnitt. Erst unlängst (1991) wurden in der bei der Calanque de Sormiou gelegenen Cosquer-Grotte faszinierende naive Malereien entdeckt, die von Steinzeitkünstlern im Fackelschein an die Wand gemalt worden sind. Im Mittelalter herrschten die Grafen von Les Baux über den Ort, der sich ursprünglich unterhalb des Schlosses befand. Erst im 17. und 18. Jahrhundert verlagerte sich das Zentrum der kleinen Stadt an seine heutige Stelle. Ein Blick auf den Stadtplan zeigt, dass die Anlage der neuen Stadt einem regelmäßigen Plan folgte. Im 18. Jahrhundert siedelten sich in Cassis, das bis 1789 vom Bischof von Marseille verwaltet wurde, neue Industriezweige an, darunter Stockfischtrockenanlagen. Wirtschaftlich bedeutend waren vor allem die Steinbrüche: Der „Cassis-Stein" wurde beim Bau großer Häfen wie Alexandria, Algier, Piräus und Marseille verwendet.

Information/Verbindungen/Diverses

- *Information* **Office de Tourisme**, Maison Cassis, Place Baragnon, 13260 Cassis, ✆ 0442017117, 📠 0442012831, www.cassis.fr. Das Office de Tourisme gibt eine sehr nützliche Karte (kostenlos) zu Cassis und seiner Umgebung (Wandervorschläge) heraus.
- *Einwohner* 8.000 Einwohner.
- *Verbindungen* **SNCF-Bahnhof**, ✆ 08923 53535. Tgl. rund 20 Zugverbindungen nach Toulon (über La Ciotat und Bandol) sowie nach Marseille (über Aubagne). Fahrzeit jeweils ca. 20 Minuten. Achtung: Der Bahnhof liegt rund drei Kilometer nördlich des Zentrums (regelmäßig Busverbindungen zum Casino). Zusätzlich besteht von der Round-Point du Casino stündlich eine **Busverbindung** nach Marseille (SNCF-Bahnhof Saint-Charles, Fahrzeit: rund eine Stunde), aber auch nach Aix-en-Provence. Auskunft: ✆ 0442731800. Autofahrer sollten angesichts der chronischen **Parkplatznot** nicht lange zögern und ihr Gefährt bei der erstbesten Gelegenheit abstellen. Außerhalb des Zentrums gibt es ausgeschilderte Parkplätze und Parkhäuser, die allesamt gebührenpflichtig sind.
- *Fahrradverleih* Carnoux Bike's, avenue August Favier, ✆ 0603785785.
- *Markt* Jeden Mittwoch- und Freitagvormittag auf der Place du Marché.
- *Wein* Weinfreunde erhalten beim Office de Tourisme eine Liste der regionalen Weinbauern. Da nur rund 15 Prozent des Weins exportiert werden, muss man sich

zwangsläufig vor Ort eindecken. Einen hervorragenden Ruf genießen die Weißweine folgender Winzer: Domaine du Bagnol (12, avenue de Provence, ✆ 0442017805), Domaine Caillol (Chemin du Bérard, ✆ 0442010535), Château de Font-Blanche (Quartier du Plan, ✆ 0442010011) und Château de Font creuse (Route de la Ciotat, ✆ 0442017109).

• *Veranstaltungen* **Printemps du Livre**, im April und Mai treffen sich Schriftsteller zu Lesungen und Diskussionen.

• *Feste* Fischerfest am letzten Sonntag im Juni. Weinfest Anfang September.

• *Post* Rue de L'Arène.

• *Bootsausflüge zu den Calanques* Mehrmals tgl. von 9–18 Uhr. Abfahrt: Vom Quai Saint-Pierre sowie vom angrenzenden Quai des Baux. Je nach Schiff und Abfahrtszeit sind drei oder mehr Calanques im Angebot. Preis: ab 13 €. „Landratten" sollten die kleinen Ausflugsboote bei starkem Seegang besser meiden. Kleine motorisierte Boote werden ab 100 € pro Tag vermietet, ✆ 0442012704.

• *Kajak- und Kanuvermietung* Ein Kanu kostet für den halben Tag 60 €, für den ganzen Tag 85 €. Clubs Sports Loisirs Nautiques, Place Montmorin, ✆ 0442018001.

• *Strände* Plage de la Grand Mer, auf der dem Meer zugewandten Seite der Hafenmole, wird der größte Strand von Cassis genannt; Plage de Bestouan, eine kleine, leider zumeist überlaufene Bucht, 500 Meter westlich des Hafens (Hunde verboten!); Plage Bleue, nochmals rund 1.000 Meter weiter, am Ende der Avenue Jean Jacques Garcin; Plage du Corton, einen Kilometer östlich des Hafens.

• *Tennis* Sporting-Club, Route de Carnoux, ✆ 0442012124; Tennis de la Presqu'ile, Avenue J. J. Garcin, ✆ 0442013171.

• *Tauchen* Centre cassidain de plongée, Rue M. Arnaud, ✆ 0442018916; Loisirs plongée Cassis (Narval III), 11, avenue de la Viguerie, ✆ 0442010989.

• *Reiten* Poney Club Cassis, ✆ 0442011283.

• *Casino* Spielcasino mit französischem und englischem Roulette, Black Jack etc. Ganzjährig von 10 bis 3 Uhr, am Samstag bis 4 Uhr geöffnet. Adresse: Avenue du Professeur Leriche.

Übernachten/Essen/Nachtleben

**** **Roches Blanches (11)**, in traumhafter Lage außerhalb des Zentrums auf dem Weg zu den Calanques. Die Sonne lässt sich am Privatstrand oder am herrlichen Pool genießen, der über dem Meer zu schweben scheint. Das stattliche Anwesen beherbergt 25 Zimmer (Meerblick!), die Preise sind sehr von der Ausstattung abhängig (160–360 €), die teuersten verfügen über eine eigene Terrasse. Avenue des Calanques, ✆ 0442010930, 📠 0442019423, www.roches-blanches-cassis.com.

*** **Royal Cottage (5)**, Villa mit schön geschwungenem Swimmingpool inmitten eines kleinen Parks. Je nach Ausstattung wird für die Übernachtung in einem der 25 Zimmer mindestens 103 €, in der Hochsaison bis 165 € berechnet. Hunde sind nicht erlaubt. Kostenloses WLAN. 6, avenue du 11 Novembre, ✆ 0442013334, 📠 0442010690. www.royal-cottage.com.

** **Le Clos des Arômes (1)**, das zauberhafte, kleine Restaurant (von mehreren Lesern gelobt) mit seinen gelb-blau gedeckten Tischen und dem idyllischen Garten liegt direkt hinter der Kirche. Bei unserem letzten Besuch waren wir allerdings enttäuscht: Der Champignonsalat war katastrophal und die Spargelspitzen als Beilage zum Lamm kamen eindeutig aus der Dose und schmeckten entsprechend fade. Menüs zu 17, 26 und 41 €. Den kürzesten Weg ins Restaurant hat man, wenn man in einem der acht ältlich-liebevoll eingerichteten Zimmer (65–85 €, zwei EZ für 49 €) nächtigt, die teilweise einen Blick zum Garten haben. Anfang Nov. bis Ende April geschlossen. Das Restaurant hat Montag sowie Dienstag- und Mittwochmittag geschlossen. 10, rue Abbé Paul Mouton, ✆ 0442017184, 📠 0442013176. www.le-clos-des-aromes.com.

** **Liautaud (18)**, das 1875 gegründete Hotel besticht durch seine tolle Lage direkt am Hafen. Wenn möglich, sollte man unbedingt ein Zimmer – die meisten besitzen einen kleinen Balkon – mit Blick auf das Meer reservieren. Zudem sind die Zimmer (78–88 €) sehr ordentlich und absolut sauber, die Bäder großzügig. Garage vorhanden. Von Nov. bis Jan. Betriebsferien. 2, rue Victor Hugo, ✆ 0442017537, 📠 0442011208. www.hotel-liautaud-cassis.com.

** **Le Grand Jardin (15)**, zentrales, freundliches Hotel mit kleinem Garten. Zimmer 67–76 €, die teureren Zimmer gehen zum Garten hinaus und sind sehr ruhig. Frühstücksterrasse. Hunde sind nicht erlaubt. Hotelgarage, die bei der Parkplatznot in

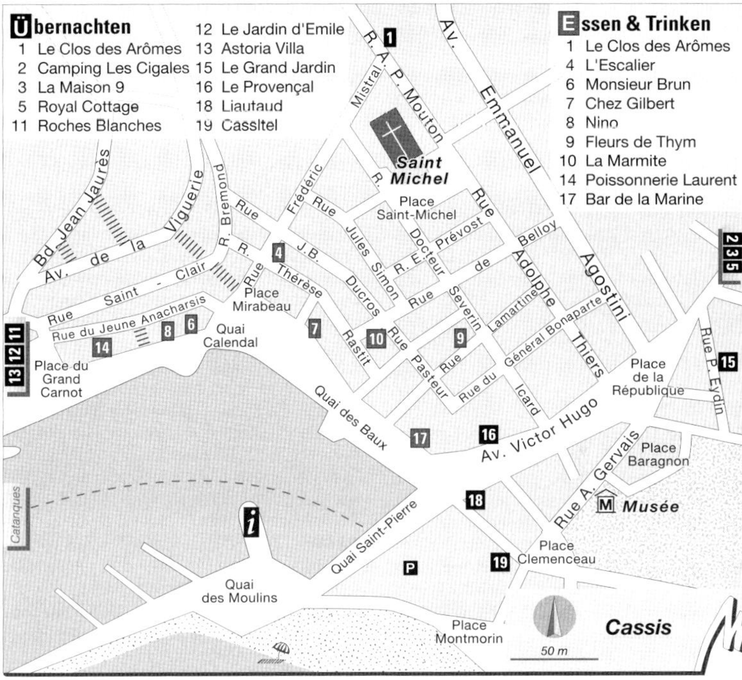

Côte d'Azur
Karten Seite 234, 317 und 364/365

Cassis ihre 12 € wert ist. WLAN. 2, rue Pierre Eydin, ☏/📠 0442017010,. www.hotel-grand-jardin-cassis.com.

** **Cassitel (19)**, Hotel mit modernem Flair direkt am Hafen, allerdings kann die Nachtruhe durch ein benachbarte Disco gestört werden. DZ 75 €, Frühstück 9 €. Hotelgarage 12 €. WLAN. Place Clémenceau, ☏ 0442018344, 📠 0442019631. www.hotel-cassis.com.

** **Le Provençal (16)**, an einer etwas lauten Straße mitten im Zentrum verbirgt sich hinter einer einladenden Fassade ein angenehmes, kleines Hotel mit zugehörigem Restaurant. Das Frühstück wird im Zimmer serviert. 10 Zimmer je nach Ausstattung zu 54–74 €, die günstigen allerdings mit Etagen-WC. 7, rue Victor Hugo, ☏ 0442017213, 📠 0442013958. www.cassis-le-provencal.com.

** **Le Jardin d'Emile (12)**, die beschauliche Herberge mit lediglich sieben stilvollen Zimmern (99–139 €) ist nur durch eine Straße von der Plage de Bestouan entfernt. Ausgezeichnete Menüs zu 20 € (mittags) und 35 €. ☏ 0442018055, 📠 0442018070. www.lejardindemile.fr.

La Maison 9 (3), ein traumhaftes *Chambre d'hôtes*, knapp 20 Minuten vom Hafen entfernt. Vier große Zimmer im ultramodernen Design, tolle Bäder und Terrasse und einen Pool gibt es auch noch. Schöner kann man eigentlich nicht wohnen. DZ inkl. Frühstück je nach Saison 145–220 €. Günstigere Wochentarife, Mindestaufenthalt zwei Nächte. 9, rue Docteur Yves Bourde, ☏/📠 0442012639. www.maison9.net.

Astoria Villa (13), in dieser wunderschönen Villa aus den 1940er Jahren, die zwischen dem Hafen und den Calanques gelegen ist, werden drei Zimmer und eine Suite mit eigener Terrasse vermietet. In wenigen Minuten ist man an der Plage de Bestouan. Die Frühstücksterrasse besitzt einen phantastischen Panoramablick. Je nach Reisezeit für 2 Pers. 140–230 € inkl. Frühstück, am Wochenende nochmals 20 € teuerer. 15, rue Traverse du Soleil, ☏ 0442621660. www.astoriacassis.com.

Monsieur Brun (6), die Terrasse des Lokals ist ein gut besuchter Platz zum Entspannen. Das Café mit seinen auffallenden roten

Stühlen eignet sich übrigens auch wunderbar zum Frühstücken. 2, quai Calendal, ✆ 0442018266.

Nino (8), ansprechende provenzalische Küche mit spürbar italienischem Einschlag. Ein Klassiker zum Dessert ist die Crêpe Nino. Menü zu 34 €. Montag und von Mitte Dez. bis Mitte Feb. geschlossen. Quai Barthélmy, ✆ 0442017432.

Poissonnerie Laurent (14), ein paar Meter weiter, ein nicht zu teures Fischrestaurant. Menü zu 19,90 € mit einer gegrillten Dorade. Der Fisch wird zumeist nach Größe und Gewicht berechnet. Familienbetrieb. Eine Reservierung ist ratsam, wenn man im Sommer einen der begehrten Plätze mit Hafenblick ergattern will. Montag Ruhetag, keine Kreditkarten. 5, quai Barthélémy, ✆ 0442017156.

Fleurs de Thym (9), dieses in einer Seitengasse beim Hafen gelegene Restaurant ist ein Lesertipp von Heiko Schmitz. Lohnend ist eine *Salade de ravioles* au basilic, gefolgt von einem *trio de filets de mignon (boeuf, veau et porc)* mit Kräutern der Provence. Menüs zu 28 und 41 €, Nur abends geöffnet. 5, rue Larmatine, ✆ 0442012303.

L'Escalier (4), etwas günstiger, aber ebenfalls ausgezeichnet speist man in diesem von Christiane Walter empfohlenen Restaurant: „Es ist sehr stilvoll eingerichtet, hat nette Bedienungen und serviert ein wundervoll angerichtetes und hervorragendes Essen. Außerdem auffallend viel einheimische Gäste." Menüs zu 18 und 27 €. 4, rue Frédéric Mistral, ✆ 0442323380.

La Marmite (10), dieses auf Meeresfrüchte spezialisierte Restaurant gefiel Anke Schmitz wegen seines ebenso zuvorkommenden wie aufmerksamen Services und des guten Preisniveaus (Menü 23 €). 4, rue Thérèse Rastit, ✆ 0442012484.

Bar de la Marine (17), beliebter Treffpunkt direkt am Hafen, ideal, um das Treiben von Cassis zu beobachten. 5, quai des Baux.

Chez Gilbert (7), auf der Terrasse mit Hafenblick werden vorzugsweise Fischgerichte serviert. Menüs zu 27 und 35 €. Dienstagabend und Mittwoch während der Nebensaison geschlossen. 19, quai des Baux, ✆ 0442017136.

• *Jugendherberge* Die in reizvoller Abgeschiedenheit (Verpflegung mitbringen, kein Frühstücks- oder Abendessensangebot!) über dem Meer gelegene Jugendherberge La Fontasse ist nicht leicht zu erreichen. Dennoch – oder gerade deswegen – sind die 65 Betten im Sommer sehr schnell belegt. Die Herberge liegt vier Kilometer westlich von Cassis im Naturschutzgebiet Massif des Calanques (eine Stunde Fußweg von der Calanque Port-Miou), die Zufahrt mit dem Auto ist beschwerlich (die Schotterpiste zweigt von der D 553 ab). Übernachtung im Schlafsaal ab 11,20 €. Von Mitte März bis zum 5. Januar geöffnet, Rezeption – freundliche Leitung – nur von 8–10 Uhr und 17–21 Uhr geöffnet. ✆ 0442010272. www.fuaj.org/Cassis.

• *Ferienwohnungen* Beim Office de Tourisme ist ein Faltblatt erhältlich, das über das aktuelle Angebot informiert.

• *Camping* ** **Les Cigales (2)**, der einzige Campingplatz von Cassis liegt rund einen Kilometer im Landesinneren, an der Straße nach Marseille. Kostenlose Warmwasserduschen, die Sanitäranlagen sind in Ordnung. Von Mitte März bis Mitte Nov. geöffnet. Avenue de la Marne, ✆ 0442010734. www.campingcassis.com.

• *Nachtleben* Piano-Bar Le Baobab, 4, place Montmorin; Big Ben, Place Clémenceau; Mai Tai, 1370, route de Bandol.

Sehenswertes

Château: Das einstige Schloss der Grafen von Les Baux überragt noch immer den Hafen von Cassis. Allerdings muss man sich damit begnügen, das im Besitz der Reifendynastie Michelin befindliche Schloss nur von außen betrachten zu können. Errichtet wurde es um das Jahr 1225 auf Anweisung von Hugues des Baux.

Musée Municipal Méditerranéen: Das im ehemaligen Presbyterium untergebrachte Heimatmuseum zeigt archäologische Fundstücke, darunter griechische Amphoren sowie Dokumente zur Geschichte von Cassis, Trachten und Gemälde provenzalischer Meister.

Adresse Place Baragnon. Öffnungszeiten: Mi–Sa von 10.30–12.30 und 15.30–18.30 Uhr im Sommer und 14.30–17.30 Uhr im Winter. Eintritt: frei!

Beliebter Treffpunkt: der Hafen von Cassis

Côte d'Azur
Karten Seite 234, 317 und 364/365

Calanques

Die fjordartig in die Kalksteinfelsen eingeschnittenen Buchten mit ihrem türkis schimmernden Wasser sind die Hauptattraktion der Küste zwischen Cassis und Marseille. Da dieser Küstenstreifen abseits der Straßen liegt, hat er sich seinen ursprünglichen herben Charakter weitgehend bewahren können.

Die Calanques waren einst Flusstäler – der Name leitet sich von dem provenzalischen *calanco* ab, das so viel wie steil abfallend bedeutet. Die klimatischen Veränderungen, die das Ende der Eiszeit einleiteten, zogen ein Ansteigen des Meeresspiegels nach sich; das Meer konnte dadurch vor rund 10.000 Jahren bis weit in die Flusstäler vordringen, die Calanques entstanden. Die fotogenen Buchten sind nur mit dem Boot oder zu Fuß zu erreichen – dennoch finden in den Sommermonaten zahlreiche Ausflügler den Weg, vor allem zu den drei Calanques, zu denen man von Cassis aus in ein bis zwei Stunden wandern kann. Die Wasserqualität an diesem Küstenabschnitt ist sehr gut und die Unterwasserflora daher recht vielfältig, so dass sich die Gegend zu einem beliebten Tauchrevier entwickelt hat. Angesichts der pittoresken Buchten wird allzu leicht übersehen, dass in dieser kargen Landschaft eine Vielzahl von seltenen Pflanzen und Tieren beheimatet ist, Habichtsadler, Wanderfalken und Sturmtaucher gehen beispielsweise in dieser Küstenregion auf Beutejagd, mit viel Glück entdeckt man eine bis zu 60 Zentimeter lange Smaragdeidechse oder eine Eidechsennatter, die als längste, in Europa heimische Schlange gilt. Einst standen auf dem Kalkmassiv zahlreiche Eichen; die Eichen wurden jedoch infolge mehrerer Waldbrände von Pinien und der vorherrschenden Aleppokiefer verdrängt. Das Spektrum an Büschen, Sträuchern und Gräsern ist weitaus vielfältiger: So verbreiten beispielsweise Rosmarin, Lorbeer, Wacholder, Thymian und Myrte ihren zarten Duft.

Wandern: Die Calanques und das zugehörige Hinterland lassen sich hervorragend zu Fuß durchstreifen. Durch den Fernwanderweg GR 98 mit seinen Varianten GR 98 A und GR 98 B ist das Gebiet gut erschlossen. Wer entlang der Küste wandern will, wählt den bei der Calanque de Port Miou beginnenden GR 98 B. Der GR 98 A führt in einem gewissen Abstand von der Küste durch die Forêt de la Gardiole. Tipp: Der Kauf der IGN-Karte Nr. 269 (Maßstab 1:15.000) ist für Wanderfreunde empfehlenswert. **Achtung**: Aus Naturschutzgründen sind auf Anordnung des Präfekten im Sommer Wanderungen durch das Innere des Massivs untersagt, nur die Fußwege in Meeresnähe dürfen benutzt werden.

Klettern: Die von der Erosion zerfressenen Felsen sind ein Eldorado für Sportkletterer; sie pilgern vor allem zu der als schönste Bucht gehandelten Calanque d'En-Vau. An schmalen Felsnadeln wie dem „Gottesfinger" überwinden die Freeclimber scheinbar mühelos die Schwerkraft und kleben mehr als 50 Meter über dem glasklaren Wasser an den Felsen.

Bootsexkursionen: Eine richtige kleine Flotte von Ausflugsbooten läuft täglich ab 9 Uhr von Cassis zu den Calanques aus (Quai Saint-Pierre und Quai des Baux). Bei einem längeren Aufenthalt sollte man beide Möglichkeiten wahrnehmen, vom Boot aus bieten sich nämlich besonders eindrucksvolle Ausblicke auf die zerklüfteten Felswände.

Informationen www.calanques.fr.

Die Calanques von Ost nach West

Calanque de Port Miou: Vom Hafen von Cassis wandert man eine halbe Stunde bis zur ersten Calanque, der Calanque de Port Miou. Wer das Glück hat, einen Platz zu finden, kann seinen fahrbaren Untersatz auch auf einem kleinen Parkplatz am Ende der lang gestreckten Bucht abstellen. Wie der Name schon andeutet, wird der hintere Teil der Calanque de Port Miou als Yachthafen genutzt. Die Bucht diente bis 1981 jahrhundertelang als Steinbruch; die weißen Kalksteine fanden beispielsweise beim Sockel der New Yorker Freiheitsstatue, beim Hafen von Algier sowie am Suez-Kanal Verwendung. Im vorderen Teil der Bucht (Richtung Cap Cable) laden flache Steinterrassen zum Sonnenbaden ein; manche genießen die Sonne auch hüllenlos. Beim Schwimmen ist Vorsicht angebracht, da an den steil ins Meer abfallenden Felsen zahlreiche Seeigel kleben. In einer rund 15 Meter unter dem Meer gelegenen, lang gestreckten Höhle konnte durch archäologische Funde nachgewiesen werden, dass hier bereits Neandertaler gelebt hatten.

Calanque de Port Pin: Nach einer weiteren halben Stunde gelangt man zur nächsten, allerdings weniger tief eingeschnittenen Bucht, die aber über einen kleinen Strand verfügt. Bevor es zur nächsten Calanque weitergeht, bietet sich ein Spaziergang zum Poite de la Cacaou am Ende der Halbinsel an.

Calanque d'En-Vau: Die Calanque d'En-Vau (eine weitere Stunde Fußmarsch) steht wegen ihrer steil aufragenden, weiß leuchtenden Felswände in dem Ruf, schöner als die beiden vorherigen zu sein; wie eine türkisfarbene Zunge schiebt sich das Wasser in die Bucht hinein. Der schöne Badestrand am Ende der Calanque ist verständlicherweise gut besucht. An den Felswänden suchen Kletterer die sportliche Herausforderung.

Calanque de Sugiton: Um von der Calanque d'En-Vau zur Calanque de Sugiton zu gelangen, muss man entweder eine längere Wanderung auf sich nehmen oder mit dem Auto gleich am Ortsanfang von Marseille (D 559) linker Hand nach Les

Calanque de Port Miou ist heute ein beliebter Yachthafen

Baumettes abbiegen. Die Bucht (FKK) ist zu Fuß vom Ende der Straße in einer guten Stunde zu erreichen. Wer den gesamten Küstenabschnitt zwischen Marseille und Cassis erkunden will, startet am besten in den Vororten La Madrague oder Les Goudes. Rund sieben Stunden sind dafür einzuplanen; da man der Sonne ungeschützt ausgesetzt ist, empfiehlt sich, im Sommer auf jeden Fall einen ausreichenden Wasservorrat mitzuführen.

Calanque de Morgiou: Tiefer eingeschnitten und größer als die benachbarte Calanque de Sugiton beherbergt die Calanque de Morgiou einen kleinen, gut geschützten Fischerhafen. Wie Urkunden belegen, gingen die Fischer von Morgiou bereits im Spätmittelalter ihrem Beruf nach. Im 17. Jahrhundert konnten die Fischer gar einen königlichen Gast begrüßen: Ludwig XIII. kam zum Thunfischfang nach Morgiou.

Calanque de Sormiou: Die westlichste Bucht gelangte aufgrund der spektakulären Entdeckung steinzeitlicher Höhlenbilder in der **Grotte Cosquer** zu überregionalem Ruhm. Sormiou, die breiteste und meistbesuchte Calanque, besitzt neben einem Strand auch einen kleinen Hafen. Dass sich das Restaurant Le Lunch auf gegrillten Fisch versteht, hat sich längst bis nach Marseille herumgesprochen.

Côte d'Azur
Karten Seite 234, 317 und 364/365

Steinzeit-Picassos

Der Hobbyspeläologe und Tauchlehrer *Henri Cosquer* stieß 1991 bei einem Tauchgang in 36 Meter Tiefe auf den ehemaligen Eingang einer Steinzeithöhle, die seit dem Ansteigen des Meeresspiegels vor mehr als 10.000 Jahren unzugänglich ist. Nachdem Cosquer einen rund 200 Meter langen, leicht ansteigenden Zugangstunnel durchtaucht hatte, gelangte er in eine Tropfsteingrotte, deren oberer Teil bereits wieder über der heutigen Wasseroberfläche liegt. Die eigentliche Sensation stellen die hauptsächlich mit Tierabbildungen (Wildpferde, Hirsche, Steinböcke, Bisons, Seehunde etc.) bemalten Wände dar. Die Gravuren und Zeichnungen wurden vor ungefähr 27.000 bis 18.500 Jahren im Fackelschein angefertigt und zeugen ebenso vom Geschick als auch von einer hohen kulturellen Entwicklungsstufe der Künstler. Abbildungen und Erläuterungen zu den vorgefundenen Malereien sind in Buchform veröffentlicht (auch im deutschen Buchhandel erhältlich).

Grasse: stattliche Bürgerhäuser an der Place aux Aires

Von Grasse nach Aix-en-Provence

Grasse

Das „Rom der Düfte“ (Süskind) ist weltbekannt, alljährlich strömen rund eine halbe Million Besucher nach Grasse. Doch die Stadt hat mehr zu bieten als ein paar Dutzend Parfümerien: Neben mehreren Museen begeistert vor allem die farbenfrohe, weiträumige Altstadt.

Durch *Patrick Süskind* wurden Grasse unlängst die höheren literarischen Weihen verliehen. Eine kurze Kostprobe aus seinem Roman „Parfüm“: Grasse „machte aus der Entfernung keinen besonders pompösen Eindruck. Da war kein mächtiger Dom, der die Häuser überragte, bloß ein kleiner Stumpen von Kirchturm, keine dominierende Feste, kein auffallend prächtiges Gebäude. Die Mauern schienen alles andere als trutzig, da und dort quollen die Häuser über ihre Begrenzung hinaus, vor allem zur unteren Ebene hin, und verliehen dem Weichbild ein etwas zerfleddertes Aussehen“. Die Stadt „war unheimlich schmutzig, trotz oder vielmehr gerade wegen des vielen Wassers, das aus Dutzenden von Quellen und Bächen sprudelte, in ungeregelten Bächen und Rinnsalen stadtabwärts gurgelte und die Gassen unterminierte oder mit Schlamm überschwemmte. Die Häuser standen in manchen Vierteln so dicht, dass für die Durchlässe und Treppchen nur noch eine Elle weit Platz blieb und sich die im Schlamm watenden Passanten aneinander vorbeipressen mussten“. Wer den Megabestseller von Patrick

Süskind bisher noch nicht gelesen hat, dem sei hiermit „Das Parfüm" nochmals als kurzweilige und überaus schön zu lesende Ferienlektüre empfohlen.

Die *Parfümindustrie* von Grasse hat sich in den letzten Jahrzehnten den veränderten Marktbedingungen anpassen müssen. Es ist beispielsweise auffällig, dass man heute in der Umgebung von Grasse, die einst einem duftenden Blütenfeld glich, lange Ausschau nach blühenden Plantagen halten muss. Die Parfümeure müssen wirtschaftlich denken und importieren die benötigten Rosen nicht nur aus Billiganbauländern wie Bulgarien, der Türkei, Marokko oder Indien, sie verarbeiten die Blüten oft gleich direkt vor Ort. Rund 4.000 Menschen, etwa ein Zehntel der Einwohner von Grasse, sind in der Parfümindustrie beschäftigt, die meisten Firmen kreieren aber keine eigenen Parfümsorten, sondern stellen die Rohstoffe her, die andernorts weiterverarbeitet werden. Neben der Herstellung natürlicher und synthetischer Duftstoffe für Kosmetik, Spülmittel und Waschpulver widmen sich die Grasser Fabriken mittlerweile auch verstärkt der Produktion von Lebensmittelgeschmacksstoffen für Yoghurts, Kuchen, Soßen etc.

Das touristische Herzstück von Grasse ist seine attraktive Altstadt, die in den letzten Jahrzehnten ebenfalls von einem umgreifenden Wandel erfasst wurde: Das wohlhabende alteingesessene Bürgertum ist in prächtige Villen vor die Tore der Stadt gezogen, während die dunklen, wenig komfortablen Wohnungen im Zentrum von den nordafrikanischen Immigranten als billiger Wohnraum „entdeckt" wurden. Seitdem geht es in den verschachtelten, bergauf und bergab führenden Gassen wieder sehr lebendig zu, das arabische Flair der Altstadt fasziniert; Einheimische sprechen von ihrer „Kasbah". Überhaupt sollte man möglichst einige Tage in Grasse wohnen; denn erst am Abend, nachdem die zahllosen Tagestouristen wieder an die hektische Côte zurückgefahren sind, entfaltet Grasse seinen besonderen Charme. Der mit Abstand schönste Platz der Stadt ist die lang gestreckte Place aux Aires, an der einst die Gerber ihre Häute wuschen. Den optischen Fixpunkt des arkadengesäumten Platzes bildet ein malerischer Brunnen, neben dem die Blumen- und Obsthändler allmorgendlich ihre Marktstände aufbauen. Am Abend wird die Place aux Aires von den Stühlen und Tischen der umliegenden Restaurants in Beschlag genommen.

Geschichte

Im Gegensatz zu zahlreichen anderen bedeutenden Städten im Südosten Frankreichs trat Grasse ziemlich spät ans Licht der Geschichte. Wahrscheinlich war der kleine Hügel schon in merowingischer Zeit besiedelt, doch erst im Jahre 1040 taucht der Name Grasse in einem Schriftstück auf. Es ist nicht unwahrscheinlich, dass der Ort in der Zeit der Sarazenenüberfälle entstanden ist. Der Aufstieg ging dann recht schnell: Schon im 12. Jahrhundert standen die Kaufleute in regem Handelskontakt mit den mächtigen Seerepubliken Genua und Pisa. Reich geworden, waren die Grasser Bürger bemüht, ihre Selbständigkeit zu erhalten. Da die Stadt von keinem Landesherrn abhängig war, wurde sie von Konsuln regiert. Doch 1227, als die führenden Familien des Ortes miteinander in Fehde lagen, nutzte Graf Raimond Béranger die Gunst der Stunde und eroberte Grasse. Seither waren die Geschicke von Grasse auf das engste mit denen der Provence verbunden. Durch den Verlust der Grafschaft Nizza an Savoyen (1388) wurde Grasse zum wichtigsten Grenzposten der provenzalischen Grafen. Die alteingesessenen Familien bestimmten aber weiterhin in oligarchischer Manier das politische und wirtschaftliche

Duft ist nicht gleich Duft

Seit dem Spätmittelalter war Grasse weit über die Grenzen der Provence für seine Lederwaren bekannt. Bereits 1171 exportierten einheimische Händler neben Leinen, Wein und Vieh auch gegerbtes Leder nach Genua. Der Gerberei verdankt Grasse letztlich auch seinen Aufstieg zur Welthauptstadt des Parfüms. Als es im 16. Jahrhundert an den europäischen Höfen Mode wurde, parfümierte Handschuhe zu tragen, sammelte Grasse seine ersten Erfahrungen mit der Herstellung von Duftstoffen. Aufgrund des besonderen Mikroklimas des Pays de Grasse konnten die hiesigen Parfümeure gleich vor Ort die nötigen Essenzen züchten. Im Zeitalter des Absolutismus hatten Duftwässerchen eine rege Konjunktur, ersetzten sie doch zumeist die morgendliche Toilette des Adels. Nach einer kurzen Durststrecke gelang den Grasser Parfümeuren im 19. Jahrhundert der internationale Durchbruch. Seither gilt Grasse als Synonym für erlesene Parfüme.

Wandelnder Duftladen

Zwei der bekanntesten Methoden, die Duftstoffe zu extrahieren, werden noch heute angewandt. Da ist zum einen die bereits von den Arabern erfundene Destillation mit Wasserdampf sowie die so genannte Enfleurage, bei der die Blüten auf Schweinefett gelagert werden; sobald das Fett den Blüten die Duftstoffe entzogen hat, werden diese mit Alkohol ausgewaschen und dadurch gebunden. Der Aufwand ist enorm: Um einen Liter reines Jasminöl zu gewinnen, benötigt man ungefähr eine Tonne Jasminblüten. Modernere Methoden sind die Extraktion mit Hilfe flüchtiger Lösungsmittel und die zerteilende Destillation, bei der die jeweiligen Substanzen gemäß ihrer chemischen Zusammensetzung gewonnen werden.

Jede berühmte Parfümerie besitzt eine eigene „Nase". Dieser Spezialist hat nach einer langen Ausbildung die Fähigkeit, bis zu 1000 verschiedene Geruchsnoten unterscheiden zu können. Nur vier Stunden täglich – bis die Aufnahmekapazität einer „Nase" erschöpft ist – arbeiten die Parfümeure im Labor. Auf der Suche nach einem neuen unwiderstehlichen Duft werden verschiedene Essenzen miteinander vermischt. Eine empfindliche Nase zu besitzen, ist die Grundvoraussetzung, nicht zu rauchen und nicht scharf zu essen, versteht sich für einen Duftkomponisten von selbst. Zu den berühmtesten Schöpfungen der Grasser Parfümeure zählt ein in den zwanziger Jahren kreierter Duft, der als das Parfüm schlechthin gilt: „Chanel No. 5". Aber beispielsweise auch das von Christian Dior vertriebene „Eau Sauvage" und Yves Saint-Laurents „Opium" wurden in Grasse geschaffen.

Leben der Stadt. Mehrmals wurde Grasse in kriegerischw Auseinandersetzungen hineingezogen, die nicht ohne größere Schäden abzuwenden waren. Im 19. Jahrhundert stieg Grasse dank seiner klimatischen Vorzüge gar zum Kurort auf. Napoléons Schwester Pauline machte den Anfang, ihr folgten zahlreiche illustre Persönlichkeiten, darunter auch die für ihre Sittenstrenge bekannte Queen Victoria. Doch spätestens zu Beginn des Ersten Weltkriegs war Grasse als Kurort nicht mehr gefragt, das vornehme Publikum zog nun endgültig die Küstenorte vor; was blieb, war der Ruf, die internationale Parfümmetropole zu sein.

Information/Verbindungen/Diverses

- *Information* **Office de Tourisme**, Palais de Congres, 22, cours Honoré Cresp, B.P. 98, 06333 Grasse Cédex, ✆ 0493366666, ✆ 0493368636, www.grasse-riviera.com.
- *Einwohner* 45.000 Einwohner.
- *Verbindungen* Der Busbahnhof liegt ein kleines Stück östlich des Zentrums an der Place de la Buanderie, ✆ 0493364961. Halbstündlicher Pendelbusverkehr nach Cannes. Tgl. acht Busverbindungen nach Nizza sowie über Castellane nach Digne-les-Bains. Zudem tgl. Verbindungen nach Auribeau-sur-Siagne (8 x), Saint-Cézaire-sur-Siagne (5 x), nach Tourettes-sur-Loup (4 x) sowie nach Châteauneuf-de-Grasse und Bar-sur-Loup. ✆ 0493360843.
- *Parken* Rund um das Stadtzentrum herrscht akute Parkplatznot, aber es stehen sechs, zumeist gebührenpflichtige Parkplätze und Parkhäuser für rund 1000 Fahrzeuge bereit.
- *Literaturtipps* Neben Süskinds „Parfüm" sollten sich Duftbesessene auch in Alain Corbains „Pesthauch und Blütenduft" (Wagenbach bzw. Fischer Taschenbuch) vertiefen, denn diese ausgezeichnete historische Abhandlung diente Süskind als Anregung. Noch zwei weitere Titel zum Schmökern: „Erotik des Parfüms" von Andrea Hurton (Eichborn Verlag) und „Die Macht der Gerüche. Eine Philosophie der Nase" von Annick Le Guérer (Klett-Cotta).
- *Markt* Tgl. außer Montag werden auf der Place aux Aires und der Place Jean-Jaurès Blumen, Obst und Gemüse feilgeboten.
- *Stadtführungen* Vom 1. Juli bis zum 15. Sept. veranstaltet das Office de Tourisme jeden Dienstag und Donnerstag um 16 Uhr eine Führung durch die Altstadt. Anmeldung im Office de Tourisme.
- *Bummelzug* Von April bis Okt. kann man von 11–17 Uhr zu jeder vollen Stunde mit dem Petit train touristique für 6 €, erm. 3 €, durch die Altstadt von Grasse zockeln. Abfahrt: Gegenüber dem Palais des Congrès.
- *Gärten* Jardin de la Villa Noailles. 59, avenue Guy de Maupassant. Jardin de la Villa Fort France. Über die Öffnungszeiten informiert das Office de Tourisme.
- *Parfümeriebesichtigung* Von den rund 40 Parfümerien in und um Grasse veranstalten vier Betriebe Besichtigungen. Folgende Parfümerien bieten kostenlose Führungen für Touristen an: **Galimard**, 73, route de Cannes, im Sommer tgl. 9–18.30 Uhr, im Winter tgl. 9–12.30 Uhr und 14–18 Uhr, www.galimard. com; **Molinard**, 63, boulevard Victor Hugo, im Sommer tgl. 9–18.30 Uhr, im Winter tgl. außer So 9–12.30 Uhr und 14–18 Uhr, www.molinard. com; **Fragonard**, Boulevard Fragonard, im Sommer tgl. 9–18.30 Uhr, im Winter tgl. 9.30–12.30 Uhr und 14–18 Uhr, www.fragonard.com; **Salons des Parfums**, Zone Industrielle des Bois de Grasse, im Sommer tgl. 9–19.30 Uhr, im Winter Mo–Fr 9–13 Uhr und 14.30–19 Uhr. Der Parfümerie Fragonard beispielsweise ist noch ein kleines privates Museum zur Parfümgeschichte angegliedert, die Führungen finden häufig auch in deutscher Sprache statt. Man sollte aber wissen, dass die kostenlosen Führungen einzig dem Zweck dienen, die Besucher zum Kauf der jeweiligen Produkte zu animieren. Eine Kaufverpflichtung besteht allerdings nicht.
- *Veranstaltungen* **Fête du Jasmin**, alljährlich am ersten Samstag im August, mit großem Blumenkorso. **Expo Rose**, die weltgrößte Ausstellung der Rosenzüchter im Garten des Musée Fragonard.
- *Schwimmen* Piscine Olympique, an der Route Napoléon oberhalb von Grasse. Piscine du Plan de Grasse, an der Route de la Paoute.
- *Theater* 2, avenue Maxime Isnard, ✆ 0493405300. www.theatredegrasse.com.
- *Kino* Studio Cinéma, 15, boulevard du jeu de Ballon, ✆ 0493401710.

Übernachten/Essen

*** **Des Parfums (3)**, komfortables Hotel mit Swimmingpool und schönem Blick auf die Stadt. Zimmer je nach Lage 96–114 €, von Mai bis Aug. 114–128 €. Boulevard Eugène Charabot, ☏ 0492 423535, ℻ 0493363548, www.hoteldesparfums.com.

*** **Mercure les Fragrances (7)**, angenehmes Kettenhotel mit Swimmingpool. Einziger Nachteil: Das Hotel liegt knapp dreiKilometer vom Stadtzentrum entfernt, Zimmer zu 99–145 €. Rue Martine Carol-Saint-Claude, ☏ 0493707070, ℻ 0493704631. www.mercure.com.

** **Du Patti (2)**, modernes, funktionales Hotel, direkt im Zentrum. Die Zimmer kosten als EZ 69 €, als DZ 85–125 €, im vierten und fünften Stock bietet sich eine schöne Aussicht hinunter zur Küste. Positiv zu vermerken ist die hübsche Frühstücksterrasse, bei der nur der Blick auf das gegenüberliegende Kaufhaus stört. Place du Patti, ☏ 049 3360100, ℻ 0493363640, www.hotelpatti.com.

** **Mandarina (6)**, kleineres Hotel ohne besonderes Flair mit Blick über die Dächer von Grasse. Die unlängst renovierten Zimmer kosten ab 85–90 €, für eine Person ab 80 €. Parkmöglichkeiten vorhanden. Im Okt. geschlossen. 39, avenue Y.E. Boudoin, ☏ 0493361029, ℻ 0493361173. www.mandarinahotel.com.

* **L'Oasis (1)**, einfache Unterkunft für Reisende, die in erster Linie ihr Budget schonen wollen. Madame schlurft in Hausschürze und Pantoffeln durch die Gänge. Zimmer 31–39 €. Place de la Buanderie, ☏ 0493360272, ℻ 0493360276.

Lou Fassum (9), dieses ein Stück außerhalb der Altstadt gelegene Restaurant ist ein Lesertipp von Claudia Grub. Benannt ist das Restaurant nach einer lokalen Spezialität, dem Fassum (ein mit Schweine- und Rindfleisch sowie Erbsen gefüllter Kohl), der hier allerdings in einer veredelten Variante angeboten wird. In der Nebensaison Dienstag Ruhetag. Menüs zu 22 € (nur mittags inkl. einem Glas Wein), sonst 38 und 48 €. 381, route de Plascassier, ☏ 0493601444. www.loufassum.com.

Lou Candeloun (5), mitten in der Altstadt hat sich dieses empfehlenswerte Restaurant der ländlichen Küche verschrieben. Auf der Karte stehen beispielsweise eine gegrillte Wachtel oder geschmorte Kalbsnieren. Menüs zu 16 € (mittags), sonst 26, 34 und 55 €. Sonntag und Montagmittag geschlossen. 5, rue Fabreriers, ☏ 0493600449.

Les Arcades (4), am schönsten Platz von Grasse bietet dieses Restaurant ein annehmbares Preis-Leistungs-Verhältnis. Menüs zu 15,50, 18,50 und 22,50 €. 23, place aux Aires, ☏ 0493360095.

Le Café des Musées (8), nettes, von zwei Schwestern geführtes Tagescafé mit gutem Essen gleich bei den Museen. Hauptgerichte (*Assiette Italie*) etwa 12 €. Tgl. 8.30–18.30 Uhr, in der Nebensaison Sonntag Ruhetag. 1, rue Jean Ossola, ☏ 0492609900.

Sehenswertes

Altstadt: Abgesehen von Nizza besitzt keine andere Stadt an der Côte d'Azur und dem zugehörigen Hinterland eine solche dichte Bebauung mit Häusern aus der Zeit des Ancien Régime. Die ältesten erhaltenen Bürgerhäuser stammen noch aus dem 14. Jahrhundert. Mühelos lässt sich noch immer das eine oder andere zugemauerte gotische Fensterchen entdecken – Erinnerungen an vergangene Zeiten, als man lieber auf das Sonnenlicht verzichtete, als eine Sondersteuer dafür zu entrichten. Auffällig ist auch, dass die Häuser mehrere Stockwerke hoch gestapelt sind; die Enge der Stadtmauern ermöglichte lange Zeit nur eine vertikale Ausdehnung der Stadt.

Cathédrale Notre-Dame du Puy: Die ehemalige Cathédrale ist eine dreischiffige Basilika aus der Zeit um 1200, wobei der einst notwendige wehrhafte Charakter deutlich sichtbar ist. Trotz späterer Veränderungen ist der romanische Stil noch immer vorherrschend. Das von einem Kreuzrippengewölbe eingerahmte Innere birgt neben Gemälden von Rubens und Fragonard auch ein Triptychon von Louis Bréa. Direkt neben der Cathédrale erhebt sich das ehemalige **Bischofspa-**

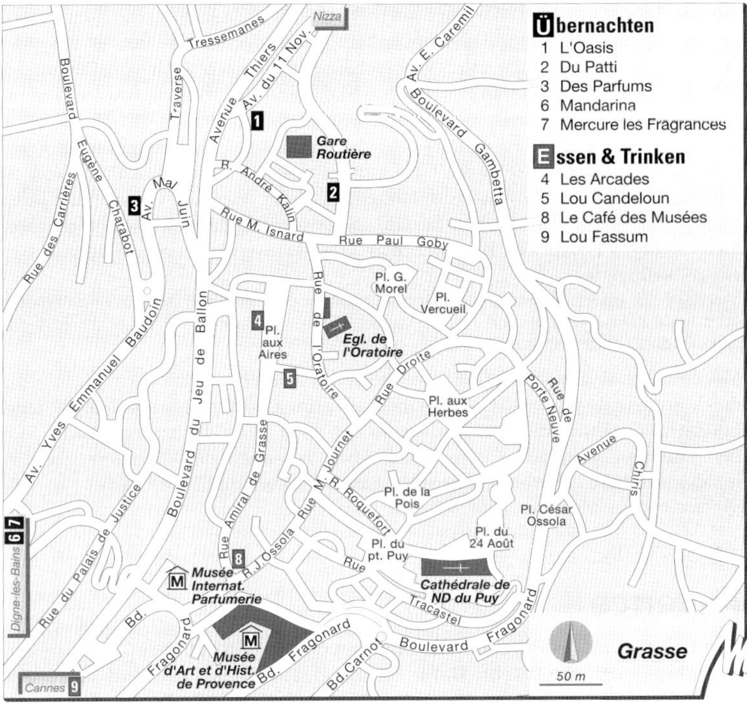

Von Grasse nach Aix-en-Provence
Karten Seite 316/317, 438/439 und 467

lais und heutige Rathaus, von dessen Dachterrasse sich ein schöner Blick über die Stadt bietet. Das imposante Gebäude besitzt teilweise noch seine mittelalterliche Bausubstanz.

Geöffnet Juli bis Sept. 9.30–11.30 Uhr und 15–18.30 Uhr, Okt. bis Juni bis 17.30 Uhr und So geschlossen.

Musée International de la Parfumerie: Das Parfüm hat Grasse in der ganzen Welt bekannt gemacht. Doch erst relativ spät entschloss man sich zur Gründung eines Parfümeriemuseums; seit 1989 informiert das Internationale Parfümeriemuseum eingehend über alle Phasen des Herstellungsprozesses. Im Erdgeschoss dreht sich alles um die Technik des Parfümeriehandwerks, wobei auch verschiedene Verfahren der Destillation erläutert werden. Auf den anderen Etagen sind Parfümfläschchen, Puderdosen und Flakons ausgestellt, das Dachgeschoss wurde in ein Gewächshaus umgewandelt, um die pflanzlichen Grundstoffe hinreichend zu würdigen.

Adresse 8, place du cours Honoré Cresp. Öffnungszeiten: Juni bis Sept. tgl. außer an Feiertagen 10–19 Uhr, von Okt. bis Mai 10–12.30 Uhr und 14–17.30 Uhr, im Nov. geschl. Eintritt: 3 €, erm. 1,50 €. www.museesdegrasse.com.

Villa Musée Fragonard: Das Museum ist keine Zweigstelle der gleichnamigen Parfümerie, sondern trägt den Namen von *Jean-Honoré Fragonard* (1732–1806), einem aus Grasse stammenden Maler. Zusammen mit Boucher, Largillière und Watteau zählte er zu den bekanntesten französischen Rokokomalern. Neben den ausgestellten Gemälden, darunter auch Werke von Familienangehörigen Fragonards, verdient vor allem das Treppenhaus eine eingehendere Betrachtung; die Wandmalereien stammen aller Wahrscheinlichkeit nach auch von Fragonard, der einen Teil seiner letzten Lebensjahre in dieser Villa, die einem seiner Freunde gehört hat, verbrachte. Seit 2008 ist in dem Gebäude auch das **Musée de la Marine** untergebracht. Es widmet sich dem Leben des Generalleutnants François-Jean Paul, seines Zeichens Graf von Grasse (1722–1788). Anhand von 30 Schiffsmodellen und diversem dokumentarischem Material werden die Taten dieses großen provenzalischen Seefahrers gewürdigt, darunter sein legendärer Sieg in der Chesapeake Bay, der den amerikanischen Unabhängigkeitskrieg enorm beflügelte.

Adresse 23, boulevard Fragonard. Öffnungszeiten: Juni bis Sept. tgl. außer an Feiertagen 10–18.30 Uhr, von Okt. bis Mai tgl. außer Di 10–12 Uhr und 14–17.30 Uhr, im Nov. geschlossen. Eintritt: 3 €, erm. 1,50 €.

Musée d'Art et d'Histoire de Provence: Untergebracht in der ehemaligen Villa der Marquise de Clapiers-Cabris, einem eleganten Stadtpalast aus dem 18. Jahrhundert, präsentiert das älteste Museum der Stadt Gemälde, provenzalische Möbel, Trachten, historische Fotografien sowie Fayencen aus Moustiers. Zur Gemäldesammlung gehören Werke von Charles Camoin und Raoul Dufy.

Adresse 2, rue Mirabeau. Öffnungszeiten: Juni bis Sept. tgl. 10–13 Uhr und 14–18 Uhr, von Okt. bis Mai Sonntag geschlossen. Mitte Juli bis Mitte Aug. geschlossen! Eintritt: 3 €, erm. 1,50 €.

Fayence

Wer bei dem wohlklingenden Ortsnamen glaubt, ein Fayence-Zentrum vorzufinden, wird enttäuscht. Dafür besitzt das mehr als tausend Jahre alte Dorf mit seinen steilen Gassen und zahlreichen Kunsthandwerksgeschäften viel Flair. Bekannt ist Fayence heute vor allem in Segelfliegerkreisen. Dank der ausgezeichneten thermischen Verhältnisse hat sich der Ort als renommiertes Segelflugsportzentrum etabliert.

Seinen Aufstieg nahm Fayence im 12. Jahrhundert als Sommerresidenz der Bischöfe von Fréjus, die den vom Klima verwöhnten Ort befestigen und eine Burg errichten ließen. Bis auf ein Stadttor, die Porte Sarrasine, und den kümmerlichen Rest eines Burgturmes ist allerdings nichts mehr erhalten. Eine Besichtigung der „Burg" lohnt aber dennoch wegen des ausgezeichneten Panoramablicks über Fayence und die Umgebung; ein originelles Keramikbild erleichtert die Orientierung. Die auffälligsten Bauten des Ortes sind die stattliche Pfarrkirche aus dem 15. Jahrhundert und das Rathaus, das breit gelagert die Hauptstraße überspannt. Freunde romanischer Sakralbauten sollten unbedingt zum zwei Kilometer westlich gelegenen Notre-Dame des Cyprès pilgern. Die ehemalige Klosterkapelle ist ein von den Ausmaßen beachtlicher, lang gestreckter einschiffiger Bau aus dem 12. Jahrhundert. Den Schlüssel für die Kapelle erhält man direkt nebenan bei dem Weinverkauf.

- *Information* **Office de Tourisme**, Place Léon-Roux, 83440 Fayence/Tourettes, ✆ 0494762008, 📠 0494847186. www.paysdefayence.com.
- *Einwohner* 4.200 Einwohner.
- *Verbindungen* Busverbindungen nach Grasse, Draguignan und Cannes.
- *Markt* Dienstag-, Donnerstag- und Samstagvormittag auf der Place de l'Eglise.
- *Veranstaltungen* **Festival de quatuors**, das bedeutende Festival der Streichquar-

Fayence: hoch über den Bögen eines römischen Aquädukts

tette findet in der letzten Oktoberwoche statt. www.quatuors-enpaysdefayence.com.

• *Schwimmen* Das städtische Schwimmbad befindet sich ein kleines Stück unterhalb des Dorfes.

• *Segelfliegen* In der Ebene unterhalb des Dorfes. Weitere Informationen erteilt der Flugplatz, ✆ 0494760068.

• *Übernachten/Essen* *** **Le Moulin de la Camandoule**, die traumhafte ländliche Herberge mit parkähnlichem Areal (eine ehemalige Mühle samt spätantikem Aquädukt) und großem Swimmingpool gehört einem englischen Paar. Das ausgezeichnete Restaurant bietet Menüs zu 30 € (mittags), 45 und 65 €. Besonders einladend wirkt die Terrasse mit den weißen Sonnenschirmen. Bei schlechtem Wetter sitzt man in dem stimmungsvollen Gewölbe der alten Mühle. Die zwölf Zimmer werden (im Sommer Halbpension obligatorisch) je nach Ausstattung und Saison für 90–159 € vermietet (deutliche Größenunterschiede, die Suite besitzt beispielsweise eine Terrasse). Zu loben ist auch das umfangreiche Frühstücksbuffet mit Früchten, Wurst und Käse (14 €). Das Restaurant ist am Mittwoch sowie Donnerstagvormittag in der Nebensaison geschlossen. Im Januar Betriebsferien. Chemin de Notre-Dame des Cyprès, ✆ 0494760084, 049 4761040. www.camandoule.com.

*** **Les Oliviers**, Hotel jüngeren Datums mit kleinem Pool, nichts Besonderes, dafür aber vergleichsweise preiswert. Direkt unterhalb von Fayence an der D 19. Zimmer 93–118 €. 18, avenue St Christophe, ✆ 04947613 12, 0494760805. www.lesoliviersfayence.fr.

La Table d'Yves, dieses etwa zwei Kilometer südlich von Fayence gelegene Gourmetrestaurant ist bekannt für seine anspruchsvolle ländliche Küche. Menüs zu 28, 39 und 45,50 €. Mittwoch und Donnerstagmittag geschlossen. 1357, route de Fréjus, ✆ 04947 60844. www.latabledyves.com.

La Farigoulette, ganz oben im Dorf unweit der Burgruine bietet dieses Restaurant italienisch inspirierte Köstlichkeiten wie Gemüsecannelloni oder ein Ossobuco. Mittagsmenü 19,50 €, abends 37 €. Dienstagabend und Mittwoch Ruhetag. Straßenterrasse. 1, place du Château, ✆ 0494841049.

• *Camping* **** **Le Parc**, herrliche Anlage in einem Waldgelände, rund sieben Kilometer südlich bei Saint-Paul-en-Forêt. Der Aufenthalt in der ländlichen Idylle wird durch einen Swimmingpool, einen Tennisplatz und ein Lebensmittelgeschäft versüßt. Von April bis Okt. geöffnet. ✆ 0494761535. www.campingleparc.com.

Umgebung

Tourrettes

Von Fayence sind es gerade einmal fünf Minuten bis zum Nachbardorf Tourrettes. Die gestaffelte Fassadenfront des Château du Puy, die man von der Ebene aus für eine mittelalterliche Burg halten kann, entpuppt sich bei näherem Hinsehen als historisierender Bau des 19. Jahrhunderts. Der Auftraggeber Général Fabre – ein von Napoléon an den russischen Zaren „ausgeliehener" Militärtechniker – ließ seinen Alterssitz als Kopie der Kadettenschule von Sankt Petersburg errichten. In Tourrettes selbst stand einst das Schloss der Herren von Villeneuve, das aber 1590 den Religionskriegen zum Opfer fiel.

• *Übernachten/Essen* ** **Auberge des Pins**, sehr angenehme, ländliche Unterkunft unterhalb des Dorfes. Neben einigen Zimmern mit Terrasse (je nach Saison 60–90 €) werden auch „Studios", eine Art kleines Reihenhaus mit Terrasse, vermietet (ab 490 € pro Woche). Zur großzügig bemessenen Anlage gehören zudem Swimmingpool, Tennisplatz, Kinderspielplatz und ein Volleyballfeld. Im Restaurant La Pacha wird großteils die italienische Küche gepflegt. Besonders zu loben sind das Fisch-Carpaccio und die hausgemachten Ravioli. Große Auswahl an Salaten. ✆ 0494760636, ℻ 0494477350, www.aubergedespins.com.

• *Camping* ** **Le Grillon**, gut beschattetes Wiesengelände mit Swimmingpool. Ganzjährig geöffnet. Les Terrassonnes, ✆ 0494760936.

Callian

Das kleine, auf einer Anhöhe errichtete Dorf gruppiert sich malerisch um ein Renaissanceschloss (Privatbesitz), dessen Türme noch aus dem 12. und 13. Jahrhundert stammen. Ein schönes Szenario bietet sich am Dorfplatz: Neben der Kirche Notre-Dame tröpfelt ein kleiner „Wasserfall" an einem Moosvorhang hinunter, Cafétische laden zur schattigen Einkehr ein. Ein weiterer Sakralbau, die romanische Kapelle der Weißen Büßer (Pénitents Blancs), wird häufig für Ausstellungen genutzt. Das Olivenöl von Callian gilt als das Beste der Region, es stand schon zu Zeiten Ludwig XIV. in Versailles bei Festgelagen auf dem königlichen Tisch.

• *Information* **Syndicat d'Initiative**, 3, place Bourguignon, 83440 Callian, ✆/℻ 0494477577. www.callian.fr.

• *Markt* Freitagmorgen auf der Place de l'Eglise, am 1. Freitag im Oktober großer Herbstmarkt, am 1. Freitag im März Frühjahrsmarkt.

Montauroux

Montauroux, das östlich von Callian gelegene, etwas größere Nachbardorf, wirkt weniger verträumt, besitzt aber einen schönen weiträumigen Marktplatz. Aufgrund des nahen Lac de St.-Cassien hat der Tourismus in den letzten beiden Jahrzehnten spürbar zugenommen. Montauroux gewährt einen schönen Blick auf das Estérelgebirge, weswegen sich das Dorf stolz als „balcon de l'Estérel" bezeichnet. Das älteste Bauwerk ist die aus dem 12. Jahrhundert stammende Chapelle Saint-Barthélemy; erst unlängst konnte die Kapelle dank einer Spende von Christian Dior, der aus Montauroux stammt, renoviert werden.

• *Information* **Syndicat d'Initiative**, Place du Clos, 83440 Montauroux, ✆ 0494477590, ℻ 0494476197. www.montauroux.com.

• *Markt* Dienstagvormittag auf der Place du Clos.

Lac de St.-Cassien

Ein kleines Stück südlich von Montauroux erstreckt sich der Lac de St.-Cassien, ein schmaler, lang gestreckter Stausee mit rund 35 Kilometern Uferlänge. Von der Pont de Pré-Claou hat man den besten Überblick über den 430 Hektar großen künstlichen See, dessen Flutung in das Jahr 1967 datiert. Wer will, kann sich ein Ruder- oder Tretboot mieten oder sich anderweitig auf dem Wasser vergnügen. Motorboote sind zum Schutz der ausgezeichneten Wasserqualität nicht erlaubt. Empfehlenswert ist eine Wanderung entlang des Westufers. Der Weg entspricht in diesem Abschnitt dem Fernwanderweg GR 49 und ist daher gut gekennzeichnet.

Bagnols-en-Forêt

Auf halbem Weg zwischen Fayence und der Küste liegt Bagnols-en-Forêt, ein kleines provenzalisches Dorf inmitten eines ausgedehnten Waldgebietes. Bei dieser Beschaulichkeit ist es kaum zu glauben, dass die Hektik und der Trubel der Côte d'Azur nur zwanzig Autominuten entfernt sind. Unweit des Ortes entspringt der Blavet, der sich ein paar Kilometer östlich ein tiefes Tal (*Gorges du Blavet*) gegraben hat.

- *Information* **Syndicat d'Initiative**, Place de la Mairie, 83600 Bagnols-en-Forêt, ✆ 049 4406468, 📠 0494406757.
- *Einwohner* 1.700 Einwohner.
- *Markt* Mittwoch- u. Samstagvormittag.
- *Übernachten/Essen* ** **Au Relais Provençal**, jüngst renovierte Logis-de-France-Unterkunft mit Restaurant direkt an der Straße nach Fréjus, Zimmer je nach Ausstattung und Saison 43–86 €. ✆ 0494406024, 📠 049 4403092. www.aurelaisprovencal.com.
- *Camping* *** **Les Clos**, kleiner, ländlicher Campingplatz mit nur 25 Stellplätzen, aber mit Swimmingpool. Wohnwagenvermietung. Von April bis Okt. geöffnet. ✆ 0494406 069. www.camping-lesclos.com.

Mons

Das auf einem 800 Meter hohen Felsvorsprung gelegene verträumte Bergdorf ist sicherlich einen Ausflug wert. Auf deutschsprachige Touristen trifft man allerdings nur recht selten, da das Bergdorf in kaum einem deutschsprachigen Reiseführer verzeichnet ist. Wie von einem überdimensionalen Balkon überblickt man an klaren Tagen die gesamte Küstenregion bis hinunter nach Fréjus und Cannes. Bei einem Spaziergang durch Mons lassen sich mehrere nette Szenarios entdecken, die Gassen sind teilweise von Arkaden überspannt, die die erste Etage der Häuser miteinander verbinden. Und mit der Epicerie Monsoise gibt es noch einen Tante-Emma-Laden wie aus dem Bilderbuch. Außerdem sind noch die Reste einer Burg zu erkunden, die 1590 von den Truppen des Herzogs von Savoyen zerstört worden ist. Gegründet wurde Mons um 1260 von Einwanderern aus Ligurien. Nachdem die Bevölkerung durch Pest und kriegerische Auseinandersetzungen größtenteils ums Leben gekommen war, erfolgte 1468 eine erneute Besiedlung durch die aus Figounia stammenden Ligurer. Die italienischen Wurzeln haben bis heute ihre Spuren im örtlichen Dialekt hinterlassen.

- *Information* **Maison du Tourisme**, Place Saint Sébastian, 83440 Mons, ✆/📠 0494763954. www.mairie-mons83.fr.
- *Einwohner* 700 Einwohner.
- *Parken* In das Dorf hinein, am Ende des Plateaus steht ein sehr großer Parkplatz zur Verfügung.
- *Übernachten/Essen* **Le Petit Bonheur**, nettes Bistro des Pays mitten im Dorfzentrum mit kleiner Straßenterrasse neben einem Brunnen. Die wenigen, einfachen Zimmer kosten 45 €. Menüs zu 15 € (mittags), 19,50 und 23,50 €. Empfehlenswert ist das Kaninchen in Senfsoße. Dienstag Ruhetag. Place Frédéric Mistral, ✆ 0494763809.

Wer den Blick lieber in die Ferne schweifen lässt, sollte die am Dorfrand gelegene **Auberge Provençale** aufsuchen.

Saint-Cézaire-sur-Siagne

Zwischen Mons und Saint-Cézaire-sur-Siagne verläuft eine schmale, äußerst malerische Landstraße mit teilweise atemberaubenden Blicken in die Gorges de la Siagne. Wer will, kann einen Abstecher zum **Roche Taillée** unternehmen, dort stehen die Reste eines römischen Aquädukts, das für die Wasserversorgung von Fréjus errichtet worden ist. Ganz in der Nähe entspringt die Siagnole schäumend aus dem Karst. Saint-Cézaire-sur-Siagne, das für seinen Olivenreichtum bekannt ist, präsentiert sich als liebenswertes Dorf mit viel mittelalterlichem Flair. Von der Stadtbefestigung sind noch drei Türme und ein Stadttor erhalten. Am Ende des Dorfes bietet sich am Point du Vue ein eindrucksvoller Panoramablick bis hinunter zur Küste (Orientierungstafel). Eine weitere Sehenswürdigkeit ist die oberhalb des Dorfes gelegene romanische Friedhofskapelle Notre-Dame-de-Sardaigne.

• *Information* **Syndicat d'Initiative**, 1, boulevard Courmes, 06870 Saint-Cézaire-sur-Siagne, ✆ 0493608430, 📠 0493608440.

• *Verbindungen* Tgl. fahren fünf Busse nach Grasse.

• *Markt* Dienstag- und Samstagvormittag.

Sehenswertes

Grottes de Saint-Cézaire: Die phantastische Tropfsteinwelt, zwei Kilometer nordöstlich des Ortes, wurde erst gegen Ende des 19. Jahrhunderts zufällig von einem Bauern, der ein neues Feld urbar machen wollte, entdeckt. Der Eingang zur Höhle befindet sich im Kassenhaus mit angegliederter Bar; auffällig ist die rötliche Färbung der Tropfsteingebilde. Einen Pulli sollte man nicht vergessen: Am Anfang erscheint die Temperatur in der Höhle noch angenehm, doch nach einer halben Stunde kann es im T-Shirt ganz schön kalt werden.

Führungen Von Mitte Feb. bis Mai tgl. 14.30–17 Uhr, im Juni und Sept. 10.30–12 Uhr und 14.30–18 Uhr, im Juli und Aug. 10.30–18 Uhr. Eintritt: 6,50 €, erm. 5 €. www.lesgrottesdesaintcezaire.com.

Cabris

Auch wenn sich in dem nur wenige Kilometer westlich von Grasse gelegenen Dorf mehrere Künstler niedergelassen haben, liegt der 1500-Seelen-Weiler Cabris abseits der großen Touristenströme. Im Spätmittelalter zerstört, wurde der Ort nach 1496 wieder planmäßig aufgebaut. Von den Ruinen des ehemaligen Schlosses der Marquis de Cabris reicht der Blick weit über die Küste, bei guter Fernsicht soll man sogar Korsika sehen können. Die berühmtesten Einwohner von Cabris waren die Schriftsteller André Gide – er lebte während des Zweiten Weltkriegs in dem Ort – und Albert Camus – der Nobelpreisträger schrieb hier *Der Mensch in der Revolte* – sowie der Schauspieler und Cocteau-Freund Jean Marais, der sich in Cabris nach eigenen Entwürfen eine Villa errichten ließ und sie bis zu seinem Tod zwanzig Jahre lang bewohnte.

• *Information* **Office de Tourisme**, 4, rue Porte-Haute, 06530 Cabris, ✆ 0493605563. http://mairie.cabris.free.fr.

• *Markt* Freitagvormittag.

• *Übernachten/Essen* **Auberge du Vieux Château**, anspruchsvolles kulinarisches Programm, serviert wird auf einer schönen Straßenterrasse neben der Burgruine. Von mehreren Restaurantführern gelobt! Auch Zimmervermietung (vier Zimmer 71–116 €). Menüs zu 29 € (mittags) und 45 €, die ihren Preis wert sind. Montag und Dienstag Ruhetag, im Juli und Aug. auch Dienstagabend geöffnet. Place du Panorama, ✆ 0493 605012, 📠 0493605847. www.aubergeduvieuxchateau.com.

*** **L'Horizon**, hübsches Logis-de-France-Hotel am Ortsrand. Sehr schön gelegener

(Panorama-)Pool. Die Zimmer (85–140 €) unterscheiden sich eigentlich nur in der Größe, wobei auch manches günstige über einen Minibalkon verfügt. Das Frühstück wird bei schönem Wetter auf einer tollen sonnigen Terrasse serviert. Von Mitte Okt. bis März geschlossen. 100, promenade St. Jean, ✆ 0493605169, ℻ 0493605629. hotel-horizon.cabris@wanadoo.fr.

Le Petit Prince, mitten im Dorf gibt es ein weiteres empfehlenswertes Restaurant, das günstiger, aber nicht ganz so gut ist. Der Chefkoch versteht sich auf Fischgerichte, egal, ob gegrillt oder als *millefeuille de tartare de thon*. Menüs zu 23 € (mittags) und 33 €. 15, rue Frédéric Mistral, ✆ 0493606314.

• *Ferienwohnungen* **Lou Naouc**, die zwischen Cabris und Grasse gelegene parkartige Anlage ist ein Lesertipp von Burkhard Dammann, der auch den Blick bis zum Meer lobte. Großer Pool vorhanden. Insgesamt werden neun Appartements bzw. Häuser vermietet. Preise je nach Saison und Appartement 240–1590 € pro Woche. 80, les Hautes Ribes, ✆ 0493360648. www.franceriviera.net.

Saint-Vallier-de-Thiey

Das nach dem ersten Bischof von Antibes benannte Städtchen liegt auf einem Plateau zwölf Kilometer nordwestlich von Grasse direkt an der Route Napoléon. Zum mittelalterlichen Szenario fügt sich auch die romanische Dorfkirche.

• *Information* **Office de Tourisme**, 10, place du Tour, 06460 Saint-Vallier-de-Thiey, ✆/℻ 0493427800, www.saintvallierdethiey. com.

• *Einwohner* 2.250 Einwohner.

• *Übernachten/Essen* ** **Le Relais Impérial**, das Logis-de-France-Hotel ist eine angenehme Zwischenstation auf dem Weg zur Küste. DZ je nach Ausstattung und Saison 47–82 €, die teureren mit Bad. Place Cavalier Fabre, ✆ 0492603636, ℻ 0492603639, www.relaisimperial.com.

Seillans

Seillans entspricht in vielerlei Hinsicht einem provenzalischen Bilderbuchort: Es überrascht daher nicht, dass ein „Augenmensch“ wie Max Ernst den Ort 1964 zu seinem Alterssitz wählte. Später ließ sich hier auch der Reiseschriftsteller Bruce Chatwin nieder, der bis zu seinem Tod 1989 in der Burg von Seillans lebte. Die Häuser sind in warme Erdtöne getaucht, mehrere schattige Plätze laden zur Rast ein, besonders idyllisch ist die Place du Thouron mit ihren großen Platanen und einem Brunnen. Am höchsten Punkt des Ortes erhebt sich eine Burganlage, deren älteste Bauteile wahrscheinlich aus dem 11. Jahrhundert stammen; sie kann allerdings

Skulptur von Max Ernst in Seillans

nicht besichtigt werden (Privatbesitz). Seillans ist übrigens einer der ältesten Orte der Region. Ein Blick in die Geschichte zeigt, dass der Hügel von Seillans seit vorrömischer Zeit kontinuierlich bewohnt wird. Nördlich der Burg befindet sich das Haus (La Dolce Vita), in dem Max Ernst gelebt und gearbeitet hatte, bevor er in eine, oberhalb des Dorfes gelegene Villa (Mas de Saint Roch) umzog. Heute erinnert dort nur noch ein eisernes, von Max Ernst entworfenes Gartentor mit einem stilisierten Kopf an den großen Surrealisten. Verehrer von Max Ernst sollten unbedingt die Bronzeplastik „Das Genie der Bastille" näher in Augenschein nehmen; sie steht am Bouleplatz von Seillans.

• *Information* **Syndicat d'Initiative**, Place du Valat, 83440 Seillans, ✆ 0494768591, 📠 0494391353. www.seillans-var.com.

• *Einwohner* 2.200 Einwohner.

• *Markt* Mittwochvormittag auf der Place du 8 Mai.

• *Musée Waldberg* Lithographien von Max Ernst und Dorothea Tanning werden in einem stattlichen Bürgerhaus ausgestellt. Von April bis Sept. Di–Fr 10–12.30 Uhr und 13–17.30 Uhr, Sa 14–17.30 Uhr. Eintritt: 2 €.

• *Schwimmen* Unweit der Altstadt befindet sich das öffentliche Schwimmbad (Piscine Municipale), geöffnet von Juni bis Aug. tgl. 10–19 Uhr.

• *Übernachten/Essen* *** **Des Deux Rocs**, stimmungsvolles, altes Fachwerkpalais aus dem 17. Jahrhundert mit viel Patina, dessen Restaurant im Sommer eine wunderschöne Straßenterrasse neben einem Brunnen „bespielt". Intime Atmosphäre, abends sitzt man gelegentlich im Salon vor dem Kamin. Die individuell und daher sehr unterschiedlich eingerichteten Zimmer – sie zitieren bestimme Motti – kosten 73–135 €. Tolle Bäder! Bei schönem Wetter wird das Frühstücksbuffet (13 €) auf der sonnigen Terrasse neben dem Brunnen aufgebaut. Zudem lockt ein ausgezeichnetes Restaurant mit Menüs zu 40 und 45 €. Schon Stürmerstar van Nistelrooy erfreute sich an der bodenständigen Küche, die zumeist auf Holzbrettern oder in gusseisernen Pfannen serviert wird. Köstlich was das im Ofen zubereitete, mehrere Zentimeter dicke Kalbskotelett mit frischem Saisongemüse. Freundlicher Service. Montag Ruhetag, in der Nebensaison auch Sonntagabend und Dienstagmittag. Place Font d'Amont, ✆ 0494768732, 📠 0494768868. www.hoteldeuxrocs.com.

Le Relais d'Oléa, ein weiteres kulinarisches Highlight mitten im Dorf. Auch hier wird die ländliche Küche auf hohem Niveau gepflegt (Schnecken-Cassoulet). Angeboten wird ein *Menu du marché* zu 28 € sowie für 43 € ein *Menu surprise*, das, wie uns Leser Burkhard Dammann, schrieb „keineswegs überbezahlt ist". Dienstag und Mittwoch Ruhetag, im Juli und Aug. ist Dienstag geöffnet. 1, place du Thouron, ✆ 0494601865. www.lerelaisdolea.com.

Bargemon

Es ist wahrscheinlich günstiger, von Bargemon nach Seillans zu fahren als umgekehrt, denn den direkten Vergleich mit Seillans würde Bargemon wohl verlieren. Dies soll aber keineswegs heißen, dass Bargemon ein langweiliges oder gar hässliches Dorf ist. Im Gegenteil: Bargemon besitzt ebenfalls viel Charme. Das Ortszentrum – es wird von vier mittelalterlichen Stadtmauertürmen markiert – gefällt mit seinen lauschigen Plätzen, zahlreichen Brunnen und einer Burgruine. Ein viel besuchtes Wallfahrtsziel ist die Chapelle Notre-Dame-de-Montaigu (17. Jahrhundert) mit ihrer aus Belgien stammenden Marienstatue. Zwei weitere lohnenswerte Ziele in der Umgebung sind das Dörfchen **Callas** und die touristisch relativ wenig bekannten **Gorges de Pennafort**, eine zehn Kilometer südlich von Bargemon gelegene Schluchtenlandschaft.

• *Infomation* **Syndicat d'Initiative**, Avenue Pasteur, B.P. 19, 83830 Bargemon, ✆/📠 0494478173. www.ot-bargemon.fr.

• *Markt* Donnerstagvormittag auf der Place St.-Etienne.

• *Übernachten/Essen* *** **Hôstellerie Gorges de Pennafort**, mehrere Kilometer südlich von Bargemon bzw. Callas liegt diese traumhafte ländliche Herberge mit großem Pool, die vom Landschaftsszenario der Gorges de Pennafort eingerahmt wird. Sehr komfortable Zimmer von 185 bis 250 €. Das Restaurant gehört zu den besten im ganzen Département Var (ein Michelin-Stern!). Der Gourmethimmel öffnet sich ab 53 € sowie 69 €. ✆ 0494766651, ✆ 0494766723. www.hostellerie-pennafort.com.

Draguignan

Draguignan, mit 34.000 Einwohner die einzige größere Stadt im Hinterland des Départements Var, präsentiert sich als eine lebendige Provinzmetropole zwischen der Côte und den Gorges du Verdon. Glücklicherweise bleibt der Altstadtkern vom Durchgangsverkehr unberührt.

Die Römer richteten in Draguignan einen Militärposten ein, um die von Fréjus nach Riez verlaufende Via Appia zu sichern. Um den Ursprung des Namens Draguignan streiten sich die Gelehrten: Die einen führen einen Römer namens Draconius als Namensgeber an, die anderen verweisen auf eine Sage, nach der der heilige Hermentaire, seines Zeichens Bischof von Antibes, die Region von einem schrecklichen Drachen (*frz. dragon*) befreit haben soll, woraufhin sich alle bis dato ihrem heidnischen Glauben treu Gebliebenen freiwillig zum Christentum bekannten. Im Mittelalter stieg Draguignan zu einer der größten Städte der Provence auf; ein Aufstieg, der größtenteils der jüdischen Gemeinde zu verdanken war. In der Judengasse (Rue de la Juiverie) steht noch das Haus, in dem einst die Synagoge untergebracht war. Nach der Revolution wurde Draguignan sogar Hauptstadt des Départements Var, eine bewusste Provokation, um das königstreue Toulon zu strafen. Erst 1974 machte man diesen Schritt rückgängig und verlegte den Départementsitz wieder in das wesentlich größere Toulon, Draguignan musste sich mit dem Status einer Unterpräfektur zufrieden geben. Die breiten Boulevards und Alleen wurden übrigens in der Mitte des 19. Jahrhunderts auf Anweisung des Barons Haussmann angelegt, der seinerzeit in Draguignan als Präfekt residierte. Wenig später wurde Haussmann auf Wunsch Napoléons III. in Paris in größerem Maßstab tätig, er ließ die französische Hauptstadt rigoros mit Boulevards und Parkanlagen umgestalten, ohne Rücksicht auf die mittelalterliche Bausubstanz zu nehmen.

• *Information* **Office de Tourisme**, 2, avenue Lazare Carnot, 83300 Draguignan, ✆ 0498105105, 049105110, www.ot-draguignan.fr. bzw.www.dracenie.com.

• *Verbindungen* Draguignan selbst besitzt keinen SNCF-Bahnhof, im zwölf Kilometer südlich gelegenen Les Arcs-sur-Argens halten jedoch zahlreiche Züge aus Marseille, Toulon und Nizza. Busverbindungen zum Bahnhof nach Les Arcs-sur-Argens, Grasse, Toulon, Ampus, Bargemon und Fréjus.

• *Veranstaltungen* Unter dem Titel **Draguifolies** wird von Mitte Juli bis Mitte Aug. ein buntes Abendprogramm mit Musik diverser Stilrichtungen sowie Straßentheater geboten. Im Oktober: **Draguignan Jazz Festival**.

• *Markt* Mittwoch- und Samstagvormittag auf der Place du Marché und entlang der Allée d'Azémar.

• *Maison de la Presse* 42, boulevard Clémanceau.

• *Fahrradverleih* Flash Bike, 305, rue Jean Aicard, ✆ 0494683560 (Mountainbike 15 € pro Tag); MBK Cycles Monti, 32, boulevard Jean Jaurès, ✆ 0494681841.

• *Schwimmen* Piscine Alex Jany in der Avenue Alphonse Daudet; Piscine Jean Boiteaux in der Avenue Léon Blum.

• *Waschen* Laverie Automatique in der Galerie Marchande des Hellènes.

• *Übernachten/Essen* ** **Du Parc (1)**, recht ruhig ist dieses am Rande der Altstadt gelegene Hotel (EZ ab 51 €, DZ 63–71 €, je nach Saison). Die Bäder sind groß und halbwegs modern, die Einrichtung der Zimmer könnte von einer Billigmöbelkette der achtziger Jahre stammen, doch viel mehr gibt das Hotelwesen in Draguignan nicht her, sieht

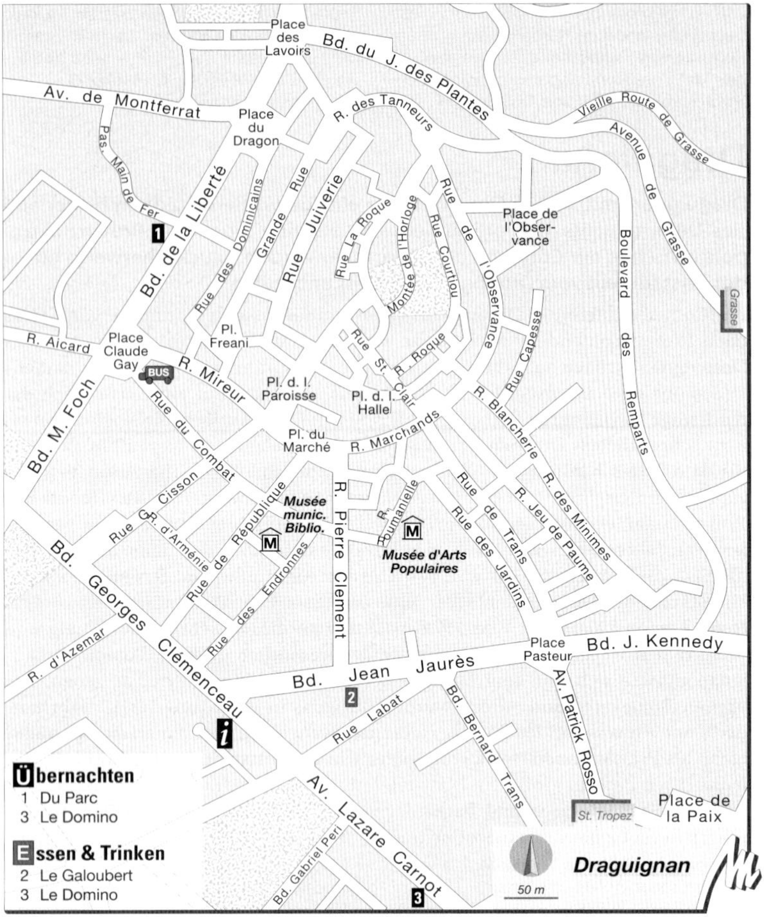

man vom Domino ab (siehe unten). In einem schattigen Innenhof werden diverse Köstlichkeiten wie z. B. gegrillte Dorade aufgetischt. Menüs zu 15,50 € (mittags), 19 und 24 €. Im Restaurant bleibt die Küche sonntags kalt. 21, boulevard de la Liberté, ✆ 0498101450, 📠 0498101455. www.hotel-duparc.fr.

Le Domino (3), in diesem bourgeoisen Stadthaus mit viel Patina führen Agnès und Jean-Marc ein ungewöhnliches Restaurant mit zugehörigen Chambres d'hôtes. Das Mobiliar stammt weitgehend aus den 1950er Jahren, alles bis hin zur Bar strahlt ein ungewöhnliches Flair aus. Die Küche zeigt sich hingegen weitgehend konventionell französisch, beispielsweise bei einem Rindersteak mit Pfeffersauce. Im Sommer sitzt man hinter dem Haus in dem exotischen Garten mit Palmen, die Hauptgerichte kosten um die 25 €. Im dritten Stock werden zudem zwei ebenso ungewöhnliche, aber komfortabel (Teekocher, Fernseher etc.) eingerichtete Gästezimmer für 75 € inkl. Frühstück vermietet. Letzteres wird auf der Loggia zwischen den beiden Zimmern serviert. Allein der Weg durch das verschrobene Treppenhaus lohnt sich. 28, avenue Carnot, ✆ 0494671533. www.ledomino.fr.

Lou Galoubet (2), das Restaurant ist bei den Einheimischen beliebt, die Wert auf eine anspruchsvolle Küche legen. Auf Touristen ist man nicht angewiesen, weswegen man auch mitten im Hochsommer Betriebsferien macht. Serviert werden ländliche Gerichte sowie leckere Meeresfrüchte. Menüs ab 23 € (mittags), abends ab 29 €. Montag- und Dienstagabend sowie Mittwoch geschlossen. Mitte Juli bis Mitte Aug. Betriebsferien. 23, boulevard Jean Jaurès, ✆ 0494680850. www.lougaloubet.fr.

• *Camping* ** **Camping de la Foux**, rund drei Kilometer vom Zentrum entfernt. Kleines Schwimmbecken. Von 20. Juni bis 30. Sept. geöffnet. Quartier de la Foux, ✆ 0494681827. www.camping-lafoux.com.

Sehenswertes

Musée Municipal d'Art et d'Histoire: Im ehemaligen Ursulinenkloster werden Gemälde aus dem 17. bis 19. Jahrhundert, darunter auch Bilder von Rembrandt, Rubens, Greuze und Renoir sowie Skulpturen von Camille Claudel gezeigt. Neben regionalen archäologischen Funden sind auch Fayencen und Porzellan ausgestellt.

Adresse 9, rue de la République. Öffnungszeiten: Di–Sa 9–12 Uhr und 14–18 Uhr sowie Mo 14–18 Uhr. Eintritt frei!

Musée des Arts et Traditions Populaires de Moyenne Provence: Volkskundemuseum mit einer detaillierten Darstellung der Landwirtschaft im Département Var. Auf drei Etagen werden Einblicke in die Olivenbaumkultur, Imkerei, Seidenraupenzucht, Korkverarbeitung und andere landwirtschaftliche Gewerbebereiche des 19. Jahrhunderts gegeben. An der Kasse ist eine Beschreibung der Ausstellungsräume in deutscher Sprache erhältlich.

Adresse 15, rue Roumanille. Öffnungszeiten: Di–Sa 9–12 Uhr und 14–18 Uhr sowie im Sommer auch So 14–18 Uhr. Eintritt: 3,50 €, erm. 1,50 €.

Dolmen de la Pierre de la Fée: Nordwestlich von Draguignan, unweit der D 955, stößt man auf ein monumentales, wieder aufgebautes Dolmengrab, das vor drei- bis viertausend Jahren errichtet wurde. Auf drei, mehr als zwei Meter hohen Sockelsteinen ruht eine sechs Meter lange und 4,5 Meter breite Steinplatte, die mehr als zwanzig Tonnen wiegt.

Les Arcs-sur-Argens

Les Arcs-sur-Argens gilt gemeinhin als das Zentrum des Weinanbaugebietes Côtes-de-Provence. Der Name des Ortes erinnert noch an das römische Castrum de Arcubus. Zum mittelalterlichen Flair von Les Arcs-sur-Argens tragen die Ruinen einer Burg sowie die rundherum gruppierten Gassen und Treppen des Le Parage genannten Viertels bei. Positiv zu vermerken ist, dass der mittelalterliche Ortskern nicht mit Souvenirläden und Ähnlichem verunstaltet ist.

• *Information* **Office de Tourisme**, Place de la Mairie, 83460 Les Arcs-sur-Argens, ✆ 0494733730, 📠 0494474794.

• *Verbindungen* Am SNCF-Bahnhof von Les Arcs-sur-Argens (südlich des Ortes) halten häufig Züge aus Marseille, Toulon sowie Nizza. ✆ 0494915050. Busverbindungen nach Draguignan.

• *Weinkauf* Im Maison des Vins des Côtes-de-Provence werden zahlreiche Weine aus dem A.O.C.-Anbaugebiet Côtes-de-Provence zur Degustation und zum Kauf angeboten. Adresse: An der RN 7, zwei Kilometer südwestlich von Les Arcs. ✆ 0494474847.

• *Markt* Donnerstagvormittag.

• *Übernachten/Essen* *** **Le Logis du Guetteur**, die ausgezeichnete Herberge befindet sich in mehreren, zur Burg gehörenden Gebäuden. Entspannung findet man am traumhaft gelegenen, ovalen Swimmingpool. Zehn Zimmer je nach Saison und Ausstattung von 130 bis 185 €, das ausgezeichnete,

Von Grasse nach Aix-en-Provence
Karten Seite 316/317, 438/439 und 467

von Restaurantführern hoch gelobte Restaurant mit Aussichtsterrasse bietet Menüs zu 26, 45, 65 und 95 €. Zu empfehlen ist das gegrillte Lamm mit Auberginengratin. Mitte Jan. bis Mitte Feb. geschlossen. Place du Château, ✆ 0494995110, 📠 0494995129, www.logisduguetteur.com.

Résidence Miro, die nur wenige Kilometer vom Ortszentrum entfernte Residenz ist ein Lesertipp von Jörg Blume sowie von Karl Heinz Jutz, dem die in einer von Olivenbäumen und Weinreben bewachsenen Hochfläche gelegene Parkanlage gut gefallen hat: „Sie besteht aus drei Häusern mit insgesamt sechs Appartements (je nach Größe und Reisezeit 250–950 € pro Woche), Tennisplatz, beheiztem Schwimmbad, Bouleplatz, Grillplatz und Kinderspielplatz." Deutsch-französisches Besitzerehepaar. 1688, route des Croisières, ✆ 0494474798. www.residence-miro.com.

Umgebung

Chapelle Sainte-Roseline: Vier Kilometer östlich von Les Arcs liegt die kleine Kapelle inmitten eines Weinanbaugebietes (Achtung: Wegen des großen benachbarten Weinguts fährt man leicht an dem Kirchlein vorbei!). Sainte-Roseline ist die Abteikirche eines im 11. Jahrhundert errichteten, heute aber größtenteils zerstörten Klosters. Während fromme Pilger ihre Blicke auf die Gebeine der heiligen Rosaline richten, lassen zwei Giacometti-Statuen und ein Mosaik von Marc Chagall die Herzen der Kunstfreunde höher schlagen.

Öffnungszeiten März bis Mai 14–18 Uhr, Juni bis Sept. 15–19 Uhr, Okt. bis Feb. 14–17 Uhr. Montag geschlossen!

Le Muy

Die unweit der Autobahn und der N 7 gelegene Kleinstadt lohnt vor allem am Sonntag einen Besuch, wenn hier einer der größten Märkte des Départements abgehalten wird. Le Muy ist ein traditionsreicher Ort, um dessen Zentrum sich aufgrund der verkehrstechnischen Lage allerdings viel Gewerbe angesiedelt hat.

Information **Office de Tourisme**, 9, allée Victor Hugo, ✆ 0494451279. www.lemuy-tourisme.com.

Flayosc

Auf dem Weg von oder nach Draguignan fährt man allzu leicht an der Altstadt von Flayosc vorbei, da die Straße einen Bogen um den auf einem Hügel liegenden Ort beschreibt. Doch die Kirche mit ihrem wuchtigen Glockenturm sowie der Straßenmarkt (*Place de la République*) mit Springbrunnen im Herzen der Altstadt prägen ein gefälliges Ortsbild, das für die Region typisch ist.

• *Information* **Office de Tourisme**, Place Pied Bari, ✆ 0494704131. www.ville-flayosc.fr.

• *Essen* **L'Oustaou**, in Flayosc mangelt es nicht an Restaurants, aber das L'Oustaou von Mathieu Cassin ist das anspruchsvollste. Klassische provenzalische Küche auf hohem Niveau. Schöne Straßenterrasse. Menüs 20 € (nur mittags), sonst zu 30, 35 und 55 €. Montag sowie Dienstag-, Mittwoch- und Freitagmittag geschlossen. 5, place Joseph Brémond, ✆ 0494704269. www.loustaou.net.

Lorgues

Im Südwesten von Draguignan liegt Lorgues, ein großes, typisch provenzalisches Dorf mit einem Stadttor aus dem 12. Jahrhundert. An Lorgues gefällt vor allem der lang gestreckte, von Platanen beschattete Marktplatz, der von zahlreichen

Cafés gesäumt wird. Die Stiftskirche Saint-Martin, ein – wie auch das Rathaus – für das Département Var ungewöhnlicher klassizistischer Bau, beherbergt eine Madonnenstatue von Pierre Puget. Wer von Lorgues nach Entrecasteaux fährt, stößt nach knapp zwei Kilometern auf die malerische, aus dem 15. Jahrhundert stammende Kapelle **Notre-Dame-de-Benva**. Ein wenig versteckt klebt die Kirche rechter Hand an einem Felsvorsprung; sie ist zwar verschlossen, doch kann man die aus dem Jahre 1511 stammenden Fresken in der durch ein Gitter abgetrennten Vorhalle gut erkennen.

• *Information* **Office de Tourisme**, Place Trussy, 83510 Lorgues, ✆ 0494739237, 📠 0494843409. www.ot-lorgues.com.

• *Markt* Dienstagvormittag.

• *Übernachten/Essen* **** **Château de Berne**, traumhaftes Landhotel in einem imposanten Schloss samt Garten und großzügigem Pool. Die Übernachtung in den teilweise mit Antiquitäten eingerichteten Nichtraucher-Zimmern kostet mindestens 195 €. Im ausgezeichneten Restaurant gibt es Menüs zu 49 und 69 €, in der Brasserie La Bouscarelle gibt es Mittagsmenüs zu 22 und 28 €. Es werden auch Kochkurse angeboten (120 €). Von März bis November geöffnet. An der Straße nach Tourtour. Chemin de Berne, ✆ 04946 04888, 📠 0494604889. www.chateauberne.com.

* **Hôtel du Parc**, äußerst charmantes Provinzhotel mitten im Dorfzentrum. Die von türkisen Fensterläden verdunkelten Zimmer kosten 40–50 €, wenn möglich sollte man aus Lärmschutzgründen ein Zimmer zum Garten hin wählen. In dem stuckverzierten Speisesaal und auf der Terrasse hinter dem Haus werden Menüs zu 14, 22,50 und 28,50 € serviert. Wie wäre es mit einem Spanferkelragout? Sonntagabend ist das Restaurant geschlossen. ✆ 049 4737001, 📠 0494737001.

Unvermeidlicher Bestandteil der provenzalischen Küche: Knoblauch

Chez Bruno, Clément Bruno, dem gewichtigen Wirt, ist es aufgrund seiner vorzüglichen Kochkünste gelungen, dass seine Auberge unter Feinschmeckern – Wolfram Siebeck ist hier auch gelegentlich zu Gast – als der kulinarische Fixpunkt der Region gehandelt wird. Gekocht wird traditionell. Dass hauptsächlich regionale Produkte verwendet werden, versteht sich fast von selbst. Ein kleiner Haken: Das wechselnde, einzige zur Wahl stehende Menü belastet die Reisekasse je nach Umfang mit mindestens 59 € (bis 120 €). Für Kinder unter zwölf Jahren ist der Ausflug in den Gourmethimmel kostenlos (Ob das der Grund ist, dass die französische Geburtenrate deutlich höher ist als unsere?). Sonntagabend und Montag Ruhetag. Es werden auch drei Zimmer und zwei Suiten ab 110 € vermietet. 2350 route des Arcs (ein paar Kilometer südöstlich an der D 10 gelegen), ✆ 0494859393, 📠 0494859399. www.restaurantbruno.com.

Le Chrissandier, klassische französische Küche auf hohem Niveau, serviert in einem wohlfeilem Ambiente mit offenem Kamin. Gute Auswahl regionaler Weine. Das einzige Manko ist die etwas laute Straßenterrasse. Menüs zu 29 € (nur mittags), 40, 47 und 60 €. Von Okt. bis Juni Dienstag und Mittwoch Ruhetag. 18, boulevard de la République, ✆ 0494676715. www.lechrissandier.com.

Le Luc-en-Provence

Le Luc-en-Provence (7.000 Einwohner) ist gewissermaßen ein Opfer der Verkehrspolitik: Von der Autobahn und der Nationalstraße eingerahmt, lassen sich nicht allzu viele Reisende dazu verleiten, hier einen Halt einzulegen. Wer dennoch neugierig geworden ist, findet eine halbwegs attraktive Altstadt, einen provenzalischen Glockenturm und zwei Museen vor. Der Ortsname leitet sich vom lateinischen *lucus* ab; dies lässt vermuten, dass die Römer hier einer ihrer Gottheiten ein Waldstück geweiht hatten. In den darauf folgenden 2.000 Jahren tat sich der Ort nur durch den Umstand hervor, dass er einer jener drei provenzalischen Städte war, in denen die Protestanten nach dem Toleranzedikt von Nantes (1598) ihren Glauben ausüben durften.

• *Information* **Office de Tourisme**, Place de Verdon, 83340 Le Luc-en-Provence, ✆ 0494607451, 📠 0494500101.

• *Verbindungen* Der Bahnhof von Le Luc ist nur auf Pendler eingestellt. Das heißt: Züge nach Toulon verkehren nur in den frühen Morgenstunden, Züge nach Les Arcs am frühen Abend. Tgl. zwei Busverbindungen nach Aix-en-Provence, Brignoles und Saint-Maximin-Le-Sainte-Baume sowie nach Cannes und Nizza.

• *Markt* Freitagvormittag auf der Place de la Convention.

• *Schwimmen* Piscine Municipale mit drei Schwimmbecken, fünf Minuten vom Stadtzentrum entfernt.

Sehenswertes

Musée Regional du Timbre et de la Philatélie: Das im mittelalterlichen Château de Ventimille untergebrachte Museum ist ein Muss für Briefmarkenliebhaber. Die Ausstellung erläutert die Geschichte und Herstellung (Zeichnung, Druck etc.) der beliebten Postwertzeichen.

Adresse Place de la Convention. Öffnungszeiten: Tgl. außer Di 14.30–17.30 Uhr, am Wochenende auch 10–12 Uhr. Eintritt: 1,50 €.

Musée Historique du Centre Var: Das regionalgeschichtliche Museum in der kleinen Chapelle Sainte-Anne beherbergt eine recht bunte Sammlung. Das Spektrum reicht von Dokumenten über Schiffsmodelle bis hin zu Dinosauriereiern.

Adresse 24, rue Victor Hugo. Öffnungszeiten: Von Mai bis Sept. nur nach Voranmeldung unter ✆ 0494607012. Eintritt: frei!

Stilechte Romanik: der Kreuzgang von Le Thoronet

Haut-Var

Unter der Bezeichnung „Haut-Var" versteht man den nördlichen Teil des Départements Var, ein Gebiet, das sich nördlich der imaginären Linie Brignoles–Draguignan bis hinauf zum Grand Canyon du Verdon erstreckt.

Der Haut-Var ist ein dünn besiedelter Landstrich ohne urbanes Zentrum, für Ortschaften wie Cotignac, Aups und Barjols trifft die Bezeichnung großes Dorf besser zu als das hochtrabende „Stadt". Im Gegensatz zu der Küstenregion und dem Dreieck zwischen Avignon, Aix-en-Provence und Arles ist der Haut-Var eine von Touristen nur wenig besuchte Landschaft, vielleicht liegt dies auch an seiner geographischen „Randlage" zwischen Côte d'Azur und Provence; so ist der Haut-Var für viele Reiseführer, die sich ausschließlich der Provence oder der Côte d'Azur widmen, gewissermaßen eine *Terra incognita*. Sicherlich ein Fehler, denn der Haut-Var zählt zu den reizvollsten Landschaften Südfrankreichs: Malerische Dörfer wie beispielsweise Tourtour, Villecroze oder Fox-Amphoux sowie beschauliche, aber wenig spektakuläre Naturszenarien sind zu entdecken, kulturhistorischer Höhepunkt ist ohne Zweifel das Zisterzienserkloster Le Thoronet.

Le Thoronet

Vielfach wird Le Thoronet mit der berühmten gleichnamigen Zisterzienserabtei gleichgesetzt. Daher brausen die meisten Besucher, das nahe Ziel vor Augen, auf der Umgehungsstraße um den Ortskern von Le Thoronet herum.

• *Information* **Syndicat d'Initiative**, Rue des 3 Ormeaux, 83340 Le Thoronet, ✆ 049 46010 94, ℻ 0494601057.

• *Markt* Jeden Donnerstagvormittag.

• *Veranstaltungen* **Dorffest** Ende Juli. In der Abtei findet Mitte Juli das **Festival de Musique Médiéval** statt.

• *Übernachten/Essen* **Bastide des Hautes Morues**, dieses sechs Kilometer südöstlich der Zisterzienserabtei (an der D 84 nach Süden abbiegen) gelegene Gästehaus ist ein Lesertipp von Verena Fulde. Die komfortablen, schön eingerichteten Zimmer kosten je nach Saison 110–150 €, Abendmenü 32 € (inkl. Wein). Einen herrlichen Pool gibt es auch noch. Es werden zudem zwei Ferienwohnungen vermietet. ✆ 0494601336, ℻ 049 4738123. www.bastidedesmoures.com.

** **Hostellerie de l'Abbaye**: ländliches, einem Klosterhof nachempfundenes Anwesen mit moderner Ausstattung, ein Stück außerhalb von Le Thoronet, Zimmer je nach Saison 72–79 €. Zum Abkühlen bietet sich der große Swimmingpool an, für das leibliche Wohl sorgt das zugehörige Restaurant (Menüs ab 28 €). Chemin du Château, ✆ 0494738881, ℻ 0494738924. www.hotelthoronet.fr.

Abbaye du Thoronet

Thoronet ist die älteste und zugleich wohl schönste Zisterzienserabtei der Provence. Zugegeben: Die Abtei von Sénanque ist dank ihrer Lavendelfelder fotogener, doch bei der Abtei von Thoronet ist die romanische Formensprache ein kleines Stück klassischer und vollendeter.

Geschichte: Das Zisterzienserkloster von Thoronet wurde 1136 von Mönchen aus Mazan (Département Ardêche) gegründet; das erste Kloster entstand allerdings nicht an seiner heutigen Stelle, sondern weiter nördlich in Tourtour im Tal der Florège. Erst ein paar Jahre später zogen die Mönche – aus heute nicht mehr nachvollziehbaren Gründen – in das abgelegene Tal von Thoronet. Die einheitliche architektonische Wirkung ist nicht zuletzt auf die für damalige Verhältnisse relativ kurze Bauzeit zurückzuführen: Innerhalb von ein paar Jahrzehnten waren sämtliche Klosterbauten vollendet. Faszinierend ist vor allem die Perfektion der Steinmetzarbeiten. Die Außenmauern haben Trockenfugen wie in der Antike. Dies erforderte viel Zeit und Sorgfalt, da die Flächen exakt zugeschnitten werden mussten.

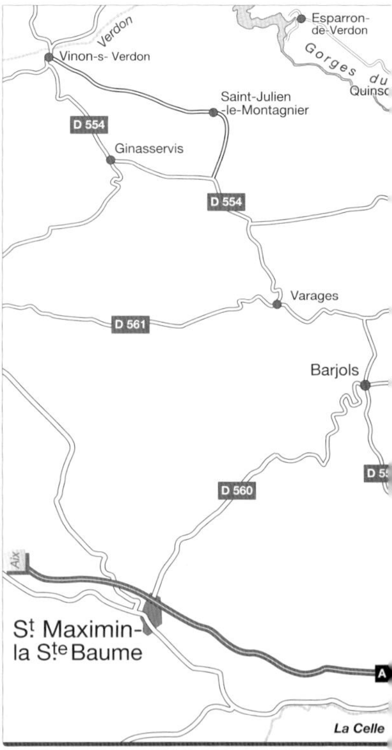

Doch bereits an der Wende zum 15. Jahrhundert wich die Ordensdisziplin mehr und mehr vom Ideal der Zisterzienser ab, so wurde beispielsweise der gemeinsame Schlafsaal „regelwidrig“ in Einzelzellen unterteilt. Im Barockzeitalter verzierte man die Kirche mit Stuck und Marmorverkleidungen, im

Langhaus wurden gar Fenster eingezogen. Wie so viele andere Klöster wurde auch Le Thoronet nach der Französischen Revolution aufgelöst und verkauft. Glücklicherweise wurde die kulturhistorische Bedeutung der Abtei schon bald erkannt. Der Staat, der die Abbaye du Thoronet 1854 erworben hatte, ließ nach 1873 den ursprünglichen Bauzustand wiederherstellen.

Rundgang durch die Abtei: Dem Kassenhaus direkt gegenüber erhebt sich das Westportal der **Klosterkirche**. Die Klosterkirche, eine dreischiffige Basilika von außerordentlicher Schlichtheit, bringt die zisterziensischen Vorstellungen einer schmucklosen, „asketischen" Architektur deutlich zum Ausdruck. Wände mit Dekor, Plastiken und Gemälden waren nicht erwünscht, sie hätten die Mönche von ihren Gebeten ablenken können. Untypisch ist nur der halbrunde Chorabschluss, der auch in Sénanque anzutreffen ist (Normalerweise bevorzugten die Zisterzienser einen geraden Chorabschluss). Von der Klosterkirche führt eine Treppe hinauf zum Dormitorium, eine andere Tür zum **Kreuzgang**. Dieser von seinen Dimensionen her größte Kreuzgang der Provence besitzt aufgrund der natürlichen Gegebenheiten einen trapezförmigen Grundriss, wobei der Südflügel, der älteste Teil des Kreuzgangs, ein paar Stufen erhöht liegt. An seiner Nordseite schließt sich ein in anderen Klöstern nur noch sehr selten vorzufindendes **Brunnenhaus** an; es wurde im Stil einer Taufkapelle errichtet. Der Brunnen selbst wurde im 19. Jahrhundert

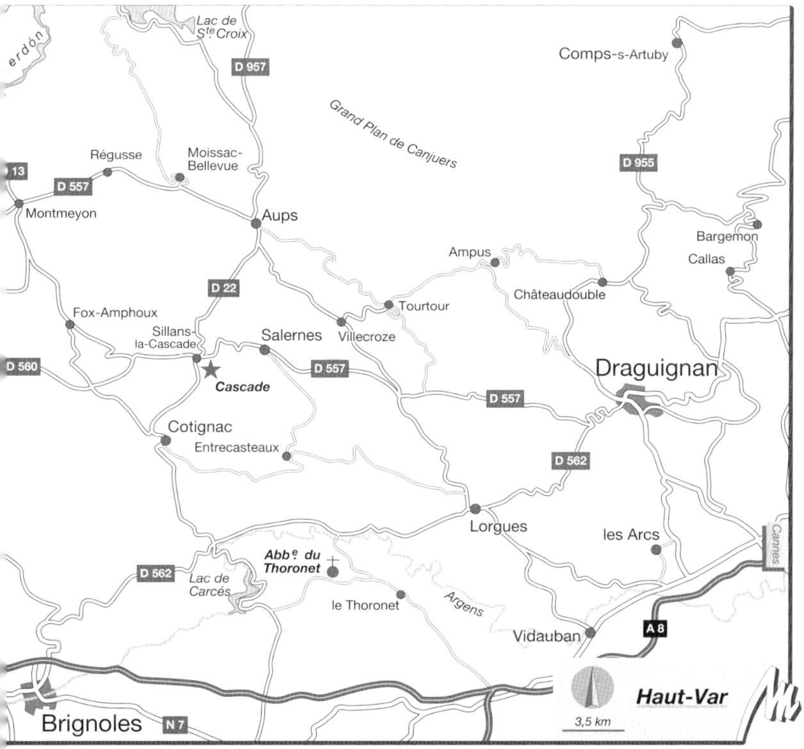

von dem Architekten Revoil anhand eines von Archäologen gefundenen Fragments rekonstruiert. Die wichtigsten Räumlichkeiten konnten die Mönche durch den tonnengewölbten Ostflügel erreichen. Direkt an die Klosterkirche schließen sich – wie in allen Klöstern des Ordens – die Bibliothek und der **Kapitelsaal** an; Letzterer liegt deutlich tiefer als der Kreuzgang. Die Mönche versammelten sich nach der Frühmesse auf den Steinstufen. Nachdem der Abt ein Kapitel aus der Regel des heiligen Benedikt vorgelesen und kommentiert hatte, wurden anschließend der Tagesablauf und die anfallenden Arbeiten besprochen. Über eine steile Treppe gelangt man zum lang gestreckten **Dormitorium**, dem Schlafsaal der Mönche; einzig der Abt besaß ursprünglich eine eigene Kammer. Eine schmale Öffnung gewährt den Zutritt zur Terrasse. Von hier oben gewinnt man den besten Eindruck vom Aufbau der Klosteranlage. Zum Schluss steht noch die Besichtigung der im nordwestlichen Teil der Anlage gelegenen Wirtschaftsgebäude und des Gästehauses an.

• *Öffnungszeiten* Von April bis Sept. tgl. 10–18.30 Uhr (So 12–14 Uhr geschlossen), von Okt. bis März tgl. 10–13 Uhr und 14–17 Uhr (So 12–14 Uhr geschlossen). Eintritt: 7 €, erm. 4,50 €. Für Besucher aus EU-Ländern unter 26 Jahren ist der Eintritt frei! http://thoronet.monuments-nationaux.fr.

Entrecasteaux

Dank seines außergewöhnlichen Schlosses gehört Entrecasteaux zu den attraktivsten Ausflugszielen im Haut-Var. Knapp hundert Häuser drängen sich zu Füßen des Schlossbergs aneinander, darunter eine wehrhafte gotische Kirche. Die erste urkundliche Erwähnung des Ortes („Inter-Castellos") datiert ins Jahr 1012. Noch im gleichen Jahrhundert errichteten die Herren von Châteaurenard eine Burg, von der aus sie die nähere Umgebung kontrollierten. Später wechselten Burg und Dorf mehrfach den Besitzer; erst als Entrecasteaux 1498 an die Grafen von Grignan fiel, kehrte wieder eine längere Phase der Kontinuität ein.

• *Information* **Syndicat d'Initiative**, Cours Gabriel-Péri, 83570 Entrecasteaux, ☏ 0494 044050, 🖷 0494044434.

• *Markt* Freitagmorgen sowie Trödelmarkt am dritten Sonntag im Juli.

• *Veranstaltungen* **Festival International de Musique de Chambre d'Entrecasteaux**, renommiertes Kammermusikfestival alljährlich Mitte Aug. Anfang Aug. wird zudem die **Fête locale de Saint Sauveur** als buntes Spektakel inszeniert.

• *Essen* La **Fourchette**, zwischen Schloss und Kirche, mit schöner Terrasse und Blick über das Tal. Menüs zu 15 € (mittags), 20 und 25 €. Sonntagabend sowie Montag und Dienstag in der Nebensaison geschlossen. ☏ 0494044278.www.restaurantlafourchette.fr.

Le Bistro Gourmande, charmantes Restaurant mit schattiger Straßenterrasse zu Füßen des Schlosses. Internationale Küche von der Lasagne bis zum indischen Madrascurry. Menü zu 20 €. Montag und Dienstagmittag Ruhetag. Place du Souvenir, ☏ 0494044797.

Sehenswertes

Château d'Entrecasteaux: Das Schloss ruht auf den Grundmauern einer mittelalterlichen Burg. In der zweiten Hälfte des 17. Jahrhunderts entstand dann im Auftrag des Grafen von Grignan der heutige repräsentative Bau. Der Schlossgarten wurde seinerzeit wahrscheinlich von Le Nôtre, dem Gartenbauarchitekten von Versailles, angelegt. In den Wirren der Revolution entging das Schloss nur knapp der Abrisswut zornerfüllter Untertanen. Nach jahrelangem Verfall wurde das zur Ruine heruntergekommene Schloss von Entrecasteaux 1974 von dem schottischen Multitalent Ian McGarvie-Munn erworben und restauriert. McGarvie-Munn war zeitlebens zwischen der Kunst – er malte leidenschaftlich gern – und der Marine hin- und hergerissen. Seine Karriere hatte er in englischen

Nicht zu verfehlen: Château d'Entrecasteaux

Diensten begonnen, doch als sein Schwiegervater zum Präsidenten von Guatemala avancierte, wurde er zum obersten Befehlshaber der guatemaltekischen Flotte ernannt. Später kehrte er nach London zurück, um dort als Botschafter Guatemalas zu wirken. Die letzten sieben Jahre seines bewegten Lebens widmete McGarvie-Munn einzig dem Wiederaufbau von Entrecasteaux, dessen Kosten ihn beinahe in den finanziellen Ruin getrieben hätten. McGarvie-Munns Erben haben schließlich die Restaurierungsarbeiten abgeschlossen und Entrecasteaux zu einem regionalen Kulturzentrum ausgebaut. Die Inneneinrichtung des Schlosses begeisterte einst durch die spannungsreiche Verbindung von stilvollem Mobiliar und modernen Designmöbeln. Doch wie das Leben so spielt, trennte sich das Ehepaar McGarvie-Munn und das repräsentative Schloss fiel 1996 der „Scheidungsmasse" anheim und wurde verkauft, ein Teil der Möbel nahmen die McGarvie-Munns mit in ihre neuen Wohnsitze. Die neuen Besitzer mussten die Räume teilweise neu ausstatten; dadurch verlor das Schloss einen Teil seines einstigen Reizes, wenngleich sich ein Besuch noch immer lohnt.
Öffnungszeiten Tgl. außer Sa um 16 Uhr. Eintritt: 7 €, erm. 4 €. www. http://chateau.entrecasteaux.org.

Cotignac

Das verträumte Städtchen Cotignac besitzt einen schönen, leicht ansteigenden Marktplatz, der von schattenspendenden Platanen gesäumt wird. Bei einem kurzen Bummel durch die Stadt fallen zahlreiche stattliche Häuser aus der Zeit des 16. bis 18. Jahrhunderts auf, die teilweise mit schönen Portalen verziert sind. Auf einem schroffen Tuffsteinfelsen erheben sich hoch über Cotignac die Ruinen zweier quadratischer Türme, die an eine in den Fels gebaute spätmittelalterliche Burg erinnern. Wer will, kann hinaufwandern, bequemere Naturen werden die Straße vorziehen. Auf dem der Burg gegenüberliegenden Hügel befindet sich die kleine Chapelle Notre-Dame-de-la-Grâce. Der Legende zufolge hielten hier Ludwig XIII. und Anna von Österreich, die seit 22 Jahren kinderlos verheiratet waren, im Jahre 1638 der Jungfrau zu Ehren eine Andacht und siehe da: Neun Monate später tat der spätere Sonnenkönig seinen ersten Schrei ...

• *Information* **Office de Tourisme**, 2, rue Bonaventure, 83570 Cotignac, ✆ 0494046187, 📠 0494047898.

• *Einwohner* 2.000 Einwohner.

• *Markt* Dienstagvormittag, im Sommer findet noch ein kleiner Markt am Freitagvormittag statt. Zu wechselnden Terminen wird zudem an manchen Samstagen ein Antiquitätenmarkt abgehalten. Genaue Termine im Office de Tourisme erfragen.

• *Essen* **La Table de la Fontaine**, auf der großen Terrasse am Marktplatz von Cotignac werden Variationen der französischen Küche serviert. Menüs zu 25 und 27 €. Montag Ruhetag. 27, cours Gambetta, ✆ 0494047913.

Café au Cours, ebenfalls am Marktplatz, ein Tipp von Leserin Edith Kalmbach: „Hier gehen vor allem auch die Einheimischen essen, was für mich ein gutes Zeichen ist. Es gibt für 9 € einen Plat du Jour und ein Menü bereits ab 10 €." Cours Gambetta.

• *Chambres d'hôtes* **Maison Gonzagues**, in einem stattlichen Bürgerhaus unweit des Marktplatzes werden insgesamt fünf Zimmer (davon zwei Suiten) vermietet, die in unterschiedlichen Stilen eingerichtet sind (115 € für 2 Pers. inkl. Frühstück). Das Ambiente ist vom Himmelbett bis zu den Armaturen im Badezimmer faszinierend. Auf Wunsch wird abends für die Gäste gekocht, wofür 31 € ohne Getränke berechnet werden. 9, rue Léon Gérard, ✆ 0494728540. www.maison-gonzagues-cotignac.com.

La Bastidane, wer eher eine ruhige, ländliche Herberge sucht, dem sei dieses zwei Kilometer westlich des Ortes gelegene Anwesen empfohlen. Ein schöner Landsitz mit nettem Pool für einen entspannten Urlaub. Vier Zimmer von 75 bis 95 € (incl. Frühstück). Route d'Entrecasteaux, ✆ 0494777093. www.sejour-en-provence.com/basti01.htm.

Sillans-la-Cascade

Einem äußerst pittoresken Wasserfall verdankt Sillans-la-Cascade seinen Namenszusatz. Das freundliche Dorf selbst besitzt noch Teile seiner Befestigungsmauern samt Halbrundtürmen und ein Schloss (im Sommer häufig Kunstausstellungen), das bis 1992 im Besitz der Grafen von Castellane war. Vom Schloss läuft man eine Viertelstunde (beschildert) zu dem pittoresken Wasserfall, für die letzten Meter empfiehlt sich festes Schuhwerk. Nach einer kurzen Kletterpartie eröffnet sich ein grandioses Naturszenario: Aus rund vierzig Metern Höhe ergießt sich die Bresque als breiter Wasserschwall in ein tiefes, türkisfarbenes Becken, das für eine kurze Abkühlung wie geschaffen scheint.

• *Übernachten/Essen* ** **Les Pins**, einladender Landgasthof mit schönen Innenräumen und einer großen Terrasse. Zudem bietet die Küche des Familienbetriebs ein ausgezeichnetes Preis-Leistungs-Verhältnis! Serviert wird eine einfallsreiche ländliche Küche, die sich an stark an den saisonalen Angeboten orientiert. Es werden im ersten Stock fünf gut ausgestattete Zimmer von 49 € (mit Dusche) bis 59 € (mit Bad) vermietet. Am schönsten ist das großzügige Zimmer Nr. 5, das noch über ein Zustellbett verfügt. Im Restaurant gibt es Menüs zu 12 und 16 € (mittags), 24, 29 und 38 €. Montag und Dienstag (in der Nebensaison) Ruhetag. Grand-Rue, ✆ 0494046326, 📠 0494047271. www.restaurant-lespins.com.

Salernes

Ebenfalls am Ufer der Bresque liegt das wesentlich größere Salernes. Der 3.300 Einwohner zählende Ort ist dank seiner Tonerde seit jeher für seine Keramiken und Fayencen bekannt. Zahlreiche Handwerker stellen noch Terrakotta und

Pittoresker Wasserfall: Sillans-la-Cascade

emaillierte Fliesen auf traditionelle Art her. Überragt wird Salernes von den Ruinen einer aus dem 13. Jahrhundert stammenden Burganlage.

• *Information* **Office de Tourisme**, Ancien Mairie Place Gabriel Péri, 83690 Salernes, ✆ 0494706902, 📠 0494707334. www.office-tourisme-salernes.fr.

• *Markt* Mittwoch- und Sonntagvormittag, im Juli und Aug. auch Freitagabend.

• *Schwimmen* Flussschwimmbad an der Bresque.

• *Übernachten/Essen* ** **La Relais de la Belle Epoque**, stilvolle alte Herberge in einem Haus aus dem 15. Jahrhundert mit vergleichsweise attraktiven Bädern. Zimmer zu 55 sowie 60 € (mit Bad), Frühstück 7 €. 20, rue Jean-Jacques Rousseau, ✆ 0494706030, 📠 0494707884.

• *Camping* **** **Les Arnauds**, komfortable Anlage, unterhalb der Straße nach Seillans. Bungalowvermietung. Von April bis Sept. geöffnet. Quartier des Arnauds, ✆ 0494675195. www.village-vacances-lesarnauds.com.

Villecroze

Ein paar Kilometer östlich von Salernes stößt man auf Villecroze, ein charmantes Dorf, dessen erste Häuser noch in den weichen Fels gegraben worden sind, wie der Ortsname (*Ville creusée*) beweist. Villecroze war bereits in spätantiker Zeit besiedelt: Die Römer wurden von Mönchen und diese wiederum von den Tempelrittern abgelöst. Vom wehrhaften Charakter des Ortes zeugt noch die kreisförmige Anlage mit den in die Stadtmauern integrierten Häusern. Zum Entspannen bietet sich ein herrlicher Park mit einem kleinen Wasserfall an.

• *Information* **Office de Tourisme**, Rue Ambroise Croizat, 83690 Villecroze, ✆ 049 4675000 (in der Nebensaison: ✆ 049470 6306), 📠 0494675329. www.otvillecroze.fr.

• *Einwohner* 1.100 Einwohner.

• *Markt* Donnerstagvormittag.

• *Post* Rue Ambroise Croizat.

• *Übernachten/Essen* * **Auberge des Lavandes**, das charaktervolle Hotel mit eigener Note und provenzalischer Bilderbuchfassade steht direkt an einem Platz mit schattenspendenden Platanen. Zimmer 48–53 €, Menüs von 14 € (mittags), 20, 28 und bis 30 €. Gute Salatauswahl, ein Viertel Tischwein kostet 2,50 €. Das Restaurant hat Sonntagabend und Montag geschlossen. Straßenterrasse. Sehr zentral gelegen, Place du Général de Gaulle, ✆ 0494707600.

La Treille, das direkt nebenan gelegene Restaurant mit Bistroflair genießt einen guten Ruf. Menüs zu 10,50 € (mittags mit einem Glas Wein), sonst zu 16 und 25 €. Große Terrasse. In der Nebensaison Dienstagabend und Mittwoch geschlossen. Place du Général de Gaulle, ✆ 0494850471.

Camping *** **Le Roue**, netter Platz mit schattigem Waldgelände, rund fünf Kilometer südlich in Richtung Draguignan. Bungalowvermietung. Swimmingpool vorhanden. ✆ 0494706770. www.leroue.com.

Sehenswertes

Grottes: Oberhalb des Parks von Villecroze plätschert ein Wasserfall einen steilen Felsen hinab. Die direkt an den Wasserfall angrenzenden Fensteröffnungen erinnern daran, dass sich ein Adeliger im 16. Jahrhundert eine Burg in den Felsen graben ließ; die Höhlen sind gegen Gebühr zu besichtigen. Kinder können sich auf dem zum Park gehörenden Spielplatz vergnügen.

Öffnungszeiten Von Juli bis Sep. 10–12 Uhr und 14–18 Uhr, im Winter 14–18 Uhr. Eintritt: 2 €, erm. 1 €.

Tourtour

Zu Recht zählt Tourtour zu den „100 schönsten Dörfern Frankreichs“. Tourtour besitzt einen ansehnlichen Dorfplatz mit Cafés, eine Kirche und ein imposantes Schloss, doch fehlt es dem mittelalterlichen Ort spürbar an ursprünglicher provenzalischer Lebensart, zu sehr ist Tourtour auf den Tourismus ausgerichtet, zu viele Städter haben hier ihren Zweitwohnsitz aufgeschlagen. Der Name Tourtour leitet sich von „tur“ ab, einer keltischenBezeichnung für einen geographisch auffallenden Platz. Und die Fernsicht ist fürwahr beeindruckend: Bei guten Wetterverhältnissen reicht der Blick vom Golfe von Saint-Raphaël bis zur Montagne Sainte-Victoire. Wer ein Faible für pittoreske Dörfer hat, sollte noch 20 Kilometer weiter in östlicher Richtung nach Châteaudouble fahren, wobei man durch das ebenfalls recht traumhaft gelegene Dorf **Ampus** kommt.

- *Information* **Bureau d'Information** (nur von Juni bis Sept. geöffnet), 83690 Tourtour, ✆ 0494705720, 📠 0494705342.
- *Einwohner* 470 Einwohner.
- *Markt* Mittwoch- u. Samstagvormittag.
- *Übernachten/Essen* *** **La Petite Auberge**, nettes, sehr angenehm geführtes Hotel mit Pool und schöner Aussicht, gut einen Kilometer unterhalb des Ortes gelegen. Gutes Restaurant (Halbpension ab 84 € pro Person), im Sommer speist man auf der herrlichen Terrasse. Zimmer je nach Saison und Ausstattung 77–135 €. Von Ende Okt. bis März geschlossen. Quartier de la Gardure, ✆ 0494705716, 📠 0494705452. www.petiteauberge.net.

La Table, Tourtour besitzt viele gute Restaurants, dieses am Ortsausgang gelegene gehört dazu. Zudem sind die Preise mit Menüs zu 28 € (vegetarisch), 32 und 39 € noch vergleichsweise erschwinglich. Das vegetarische Menü bietet beispielsweise mit Ricotta gefüllte Ravioli und ein Risotto mit Spargel. Qualitativ ist das Essen recht hochwertig, der junge Küchenchef hat sein Handwerk in den besten Häusern Europas gelernt. Dienstag Ruhetag. ✆ 0494705595. www.latable.fr.

La Fontaine d'Ampus, das im Nachbarort Ampus gelegene Restaurant gehört zu den kulinarischen Highlights der Region und wurde mehrfach mit einem Michelin-Stern ausgezeichnet. Es gibt nur ein 4-Gang-Menü (42 €), das wöchentlich wechselt und auf einer Tafel angepriesen wird. Terrasse. Reservierung erforderlich. Im Juli und Aug. Sonntagabend geschlossen, in der Nebensaison Montag bis Mittwoch Ruhetag. Place de la Mairie, ✆ 0494709890.

Châteaudouble

Hoch über den **Gorges de Châteaudouble** klebt das gleichnamige Dorf an einem Felshang. Die Schlucht ist bekannt als Fundstätte für prähistorische Tierskelette, im Dorf selbst steht eine spätromanische Kirche mit wertvollen Altarbildern. Doch wie lange noch? Nostradamus prophezeite, wenn das Dorf hinabstürzt, werde der Fluss im Erdboden verschwinden ...

Aups

Als „Pforte zum Verdon“ bezeichnet sich das idyllische 2000-Seelen-Dorf. Aufgrund der Nähe zum Grand Canyon du Verdon bietet sich Aups mit seinen relativ günstigen Quartieren als Ausgangspunkt für Touren und Erkundungen des Verdon und Haut-Var an.

Aups, das am Rande der bewaldeten Montagne des Espiguières liegt, ist eines der schönsten Dörfer des Haut-Var. Oberhalb eines großen, platanenbeschatteten Marktplatzes erstreckt sich ein Geflecht von gekrümmten Gassen, die von mittelalterlichen Häusern flankiert werden; als optischer Fixpunkt fungiert ein pittoresker Uhrturm mit provenzalischem Glockenkäfig.

Die Gegend rund um Aups war bereits in der Antike besiedelt, der Ortsname erinnert noch an das römische *Villa Alpium*. Bis ins 11. Jahrhundert hinein liegt die Geschichte des Ortes weitgehend im Dunkeln, doch bald darauf nahm Aups einen steten Aufstieg, wie die noch vorhandenen Abschnitte der Stadtmauer beweisen. Der schwärzeste Tag in der Geschichte von Aups ereignete sich während der Religionskriege: Aups wurde von Protestanten aus Valensole erobert

Aups, ein Ort mit verträumten Plätzen

und die gesamte Bevölkerung hingeschlachtet. Die Bewohner von Aups gelten als aufrechte Streiter für ein freiheitliches Gedankentum, so formierte sich 1851 in Aups beispielsweise der republikanische Widerstand gegen den französischen König Louis Napoléon, knapp hundert Jahre später war Aups ein Zentrum der südfranzösischen Résistance im Kampf gegen die deutschen Besatzungstruppen.

- *Information* **Office de Tourisme**, Place Frédéric Mistral, 83630 Aups, ✆/℡ 0494 840069. www.aups-tourisme.com.
- *Einwohner* 2.000 Einwohner.
- *Verbindungen* Täglich verkehren ein bis zwei Busse zu folgenden umliegenden Dörfern und Städten: Aiguines, Brignoles, Cotignac, Draguignan, Salernes, Sillans-la-Cascade und Tourtour.
- *Markt* Mittwoch- und Samstagvormittag. Hinweis für Feinschmecker: Von Nov. bis Feb. findet jeden Donnerstag um 9.30 Uhr ein Trüffelmarkt statt.
- *Veranstaltungen* Rund um den 12. Mai wird drei Tage lang ein Fest zu Ehren des heiligen Pankraz gefeiert.
- *Schwimmen* Das öffentliche Freibad liegt nur ein paar Schritte südlich des Dorfzentrums.
- *Übernachten/Essen* **Alegria**, dieses von einem jungen belgischen Paar geführte Chambre d'Hôtes ist eine phantastische Adresse für ein paar entspannte Tage im Haut Var. Das mitten in einem Olivenhain gelegene provenzalische Mas (traditionelles Landhaus) wurde mit viel Muße und Liebe zum Detail renoviert. Die sehr geräumigen Zimmer (je nach Größe 130–150 € inkl. Frühstück, vom 22. Juni bis 14. Sept. nur wochenweise, rechtzeitige Reservierung ist ratsam!) sind individuell eingerichtet und besitzen den Zugang zu einer Terrasse. Tolle große, teilweise offene Bäder! Besonders reizvoll ist es aber, die Nachmittage am grün schimmernden Swimmingpool im Garten zu verbringen. Zweimal in der Woche versammeln sich alle Gäste zum Abendessen (38 € inkl. Wein und Kaffee) an der langen Tafel. Das morgendliche Frühstück unterscheidet sich positiv vom üblichen französischen Einerlei: Es gibt Baguette und selbst gebackenes Brot, Wurst und Käse sowie ein weich gekochtes Ei – der perfekte Start in den Tag. Zur angenehmen Atmosphäre tragen besonders die beiden Gastgeber Cindy und Dieter bei, die übrigens neben Französisch und Englisch

auch ein paar Worte Deutsch sprechen. Anfahrt: Vom Zentrum in Richtung Salernes fahren, nach etwa 300 Metern ist rechter Hand die Gendamerie und gegenüber auf der linken Seite zweigt eine kleine Straße ab, die nach wenigen Metern zu dem Anwesen führt. ✆ 0494700041 oder 0632201537 (mobil). www.alegria.tk.

** **Auberge de la Tour**, das zum Hotel umfunktionierte ehemalige Stadtpalais besitzt einen schönen Innenhof mit modernen Kunstwerken. Die großzügigen Zimmer mit tollen Bädern sind in hellen Pastellfarben gestrichen und kosten 50–60 €. Die provenzalische Speisekarte des Restaurants wird gelegentlich durch Couscous ergänzt. Schöner Innenhof. Menüs zu 18, 25 oder 39 €. Okt. bis März Betriebsferien. Rue Abbé Aloisi, ✆ 0494700030, ✆ 0494700522. www.aubergedelatour.net.

* **Le Saint-Marc**, das in einer ehemaligen Mühle untergebrachte Restaurant ist bekannt für seine leckeren und dennoch preiswerten Gerichte. Ein Tipp: Lapin à la provençale. Menüs zu 13 € (mittags), 18 und 28 €. Sieben Zimmer ab 43 €. 7, rue de l'Eglise, ✆ 0494700608.

* **Le Provençal**, unter der imposanten Linde wird provenzalische Gastlichkeit gepflegt, serviert wird solide ländliche Kost zu akzeptablen Preisen. Der Logis-de-France-Gasthof ist seit vier Generationen in Familienbesitz und auch bei den Einheimischen recht beliebt. Wechselndes Mittagsmenü zu 15,50 €, abends zu 23 und 28 €. Poppig strahlt der hellgrüne Gang des Hotels, doch können die kleinen Zimmer diesen ersten positiven Eindruck nicht halten. Die Zimmer kosten 45 € (EZ) sowie 50–60 € (DZ). Donnerstag und Sonntagabend geschlossen. Im Juni eine Woche Betriebsferien. Place Bidouret, ✆ 0494700024, ✆ 0494840625.

* **Grand Hotel**, wenn alles ausgebucht ist, gibt es hier noch eine weitere günstige Unterkunft, Zimmer mit Du/WC ab 45 €. Place Duchâtel, ✆ 0494701082.

Des Gourmets, mit leckeren Gerichten wartet dieses kleine Restaurant auf (ein Lesertipp von Herrmann Orgeldinger). Provenzalische Küche mit internationalem Einschlag, so gibt es beispielsweise auch ein Tandoori de Gambas. Mittagsmenü 23 €, 31 € und 37 €. Sonntagabend und Montag Ruhetag. 5, rue Voltaire, ✆ 0494 701497.

• *Camping* *** **Camping International**, auf einer kleinen Anhöhe am Ortsrand von Aups. Relativ ebenes Gelände mit viel Schatten, an den Sanitäranlagen gibt es nichts auszusetzen. Wem der Weg zum Lac de Sainte-Croix zu weit ist, der kann sich im platzeigenen Pool abkühlen. Von April bis Sept. geöffnet. Route de Fox-Amphoux, ✆ 0494700680. www.internationalcamping-aups.com.

Sehenswertes

Musée Simon Segal: Rund 300 Gemälde aus der so genannten Schule von Paris und Bourges (1900–1970) sind in der restaurierten ehemaligen Kapelle der Ursulinerinnen ausgestellt.

Adresse Rue Albert 1er. Öffnungszeiten: nur im Juli und Aug. tgl. 10–12 Uhr und 16–19 Uhr. Eintritt: 2,50 €, erm. 1,50 €.

Musée de Faykod: Die Bildhauerin *Maria Faykod* ist bekannt für ihre Skulpturen aus weißem Marmor. Zahlreiche ihrer Werke sind hier in einem mediterranen Park unter freiem Himmel ausgestellt.

Adresse Route de Tourtour. Öffnungszeiten: Tgl. außer Di 14–18 Uhr, im Juni bis 19 Uhr, im Juli und Aug. 10–12 Uhr und 15–19 Uhr. Eintritt: 6 €, erm. 4 €. www.musee-defaykod.com.

Moissac-Bellevue

Moissac-Bellevue, fünf Kilometer westlich von Aups gelegen, ist ein typisches hoch gelegenes *village perché*. Halbkreisförmig zieht sich der urkundlich 1052 erstmals erwähnte Ort eine Anhöhe hinauf. Moissac-Bellevue hat sich seinen authentischen provenzalischen Charakter noch weitgehend bewahren können, wovon man sich bei einem kurzen Bummel durch die engen, gepflasterten Gassen überzeugen kann.

• *Information* **Hôtel de Ville**, 83630 Moissac-Bellevue, ✆ 0494701621, 📠 0494705251.

• *Übernachten* *** **Le Calalou**, angenehmes Landhotel mit stilvollen Zimmern und gutem Restaurant (Menüs ab 22 €). Den Gästen stehen ein großer, beheizter Swimmingpool und ein Tennisplatz zur Verfügung. 38 Zimmer je nach Ausstattung und Saison von 110–261 €, ganzjährig geöffnet. ✆ 0494701791, 📠 0494705011. www.bastide-du-calalou.com.

Régusse

Auf einer lang gestreckten Anhöhe befindet sich Régusse, ein beschauliches Dorf mit einem ansprechenden mittelalterlichen Stadtbild. Régusse ging aus einem kleinen römischen Burgus namens Regussia hervor und erlebte seinen großen Aufstieg im Mittelalter, als die Tempelritter den Ort in eine mächtige Festung verwandelten, deren eindrucksvolle Befestigungsmauern an der Nordflanke des Dorfes noch größtenteils erhalten sind. Nachdem Philipp der Schöne den mächtigen Templerorden gewaltsam aufgelöst hatte, gehörte das Dorf verschiedenen provenzalischen Adelsgeschlechtern, darunter auch einem Zweig der Grimaldis.

• *Information* **Syndicat d'Initiative**, Cours Gabriel Péri, B.P., 83630 Régusse, ✆ 0494 701 901, 📠 0494701874.

• *Markt* Sonntagvormittag.

• *Schwimmen* Schönes öffentliches Freibad am Ortseingang. Öffnungszeiten: Im Juli und Aug. tgl. 11–19 Uhr.

Fox-Amphoux

Auf dem hoch emporragenden Hügel (515 Meter) gründeten die Römer ein Kastell (*Fors Castrum*), später diente Fox-Amphoux den Tempelrittern als gut befestigter Zufluchtsort. Das Zentrum des verträumten Dorfes bildet noch heute eine romanische Kirche aus der Epoche der Tempelritter (12. Jahrhundert). Im Winter ist der Ort so gut wie ausgestorben, da sich hier viele Zweitwohnsitze und Ferienhäuser befinden. Gerade mal knapp zwanzig Menschen leben das ganze Jahr über in dem Bergdorf, im Sommer kommen dann noch ein paar Dutzend Teilzeitresidenten hinzu.

• *Information* **Hôtel de Ville**, 83670 Fox-Amphoux, ✆ 0494807158, 📠 0494807589.

• *Übernachten/Essen* *** **Auberge du Vieux Fox**, in einem charmanten ehemaligen Pfarrhaus inmitten des Ortes (direkt neben der Kirche) bietet das einzige Hotel (Logis-de-France) von Fox-Amphoux neben acht komfortablen Zimmern auch eine abwechslungsreiche, wohlfeile Küche. Wir erfreuten uns an einem leckeren Salat mit gebratenen Jakobsmuscheln, dem eine Entenbrust mit grünen Bohnen und Kartoffelgratin folgte. Auffallend sind die für französische Restaurants sehr üppigen Portionen. Schöne Terrasse mit Panoramablick. Acht Zimmer je nach Ausstattung von 65 bis 100 €, tolle Aussicht von den beiden Zimmern im zweiten Stock. Ansprechende Menüs zu 24 und 32 €. Place de l'Eglise, ✆ 0494807169, 📠 0494807838.

Barjols

Mit seinen zahlreichen, munter vor sich hin plätschernden Brunnen strahlt Barjols eine ungemein heitere Atmosphäre aus. Der Ort besitzt zwar nur rund 2.200 Einwohner, doch kommt ihm in der spärlich besiedelten Region eine gewisse Zentrumsfunktion zu.

Aufgrund seines Wasserreichtums und seiner schönen schattigen Plätze wird Barjols auch gerne als „Tivoli der Provence“ bezeichnet. Die größte Sehenswürdigkeit des Ortes ist die aus dem 11. Jahrhundert stammende ehemalige Kollegiatskirche Notre-Dame-des-Epines. Treppen führen hinunter in das tiefer gelegene

Kirchenschiff, dessen wertvollstes Stück ein romanisches Tympanonrelief ist, das 1546 zu einem Altar umfunktioniert wurde. Ein auffallend schönes Renaissanceportal ziert den Eingang des Hôtel de Pontevès. Hoch über Barjols thront zudem eine Burgruine, die allerdings nicht besichtigt werden kann, da sie sich in Privatbesitz befindet.

Wer ein Faible für mittelalterliche Festungen hat, sollte den kleinen, zwei Kilometer östlich von Barjols gelegenen Weiler **Pontevès** aufsuchen. Die stattliche Burgruine von Pontevès eignet sich auch hervorragend zum Picknicken, der Panoramablick ist garantiert.

• *Information* **Office de Tourisme**, Boulevard de Grisolle, 83670 Barjols, ✆/℻ 0494 772001. www.ville-barjols.fr.

• *Markt* Dienstag- und Donnerstagvormittag auf der Place Capitaine Vincens, Samstagvormittag auf der Place de l'Eglise.

• *Übernachten/Essen* ** **Le Pont d'Or**, alteingesessenes Logis-de-France-Hotel mit rustikal-gemütlichem Flair. Das wohlfeile Restaurant versteht sich auf die Zubereitung deftiger provenzalischer Landküche (Menüs zu 15,50 €, 23 € und 28 €). Zimmer 41 € (EZ) sowie 63–67 € (DZ). Allée Anatole France, ✆ 0494770523, ℻ 0494770995.

Brignoles

Mit rund 15.000 Einwohnern ist das 1975 zur Unterpräfektur ernannte Brignoles der größte Ort im Hinterland des Départements Var. Brignoles verdankt seine Bedeutung seit seinen Gründungstagen der günstigen verkehrstechnischen Lage.

An der Stelle, an der sich die Italien mit Spanien verbindende Via Aurelia mit einer von Toulon nach Riez führenden Straße kreuzte, errichteten die Römer eine kleine Ansiedlung, die sich bald zu einem der wichtigsten regionalen Handelsplätze entwickelte. Später wählten die Grafen der Provence Brignoles zu ihrer Sommerresidenz. Der einstige Verlauf der Stadtmauer lässt sich am ovalen Grundriss der Altstadt noch deutlich rekonstruieren, im stillen historischen Zentrum des Ortes steht die Pfarrkirche Saint-Sauveur. Wesentlich lebhafter geht es hingegen rund um die im Herzen der Altstadt gelegene Place Carami zu.

• *Information* **Office de Tourisme**, Carrefour de l'Europe, 83170 Brignoles, ✆ 0494720421, ℻ 0494720422, www.provence-vert.fr. Hier ist auch eine kleine kostenlose Wanderbroschüre (Circuits et Promenades Pedestres) für die Umgebung erhältlich.

• *Verbindungen* Die Busse halten an der Place des Augustins, in der Nähe des Office de Tourisme. Tgl. zwei Busverbindungen nach Aix-en-Provence und Saint-Maximin-Le-Sainte-Baume sowie nach Cannes und Nizza, einmal tgl. nach Aups.

• *Veranstaltungen* **Fête de la Saint-Marcel**, am 2. Januarwochenende mit farbenfrohem Umzug.

• *Markt* Mittwoch- u. Samstagvormittag.

• *Übernachten/Essen* **** **Hostellerie de l'Abbaye de la Celle**, die traumhafte Nobelherberge in den Räumlichkeiten eines alten Klosters ist sicherlich eine der stilvollsten Unterkünfte in der Provence. Entspannung total, tagsüber relaxt man am beheizten Swimmingpool. Ein wahres Gourmetrestaurant – es gehört Meisterkoch Alain Ducasse – mit Menüs zu 45 € (werktags), 62 € sowie 82 € rundet das Herbergsangebot perfekt ab. Die neun geräumigen Zimmer kosten von 250 bis 450 €. Place du Général de Gaulle, ✆ 0498051414, ℻ 0498051415. www.abbaye-celle.com.

Formule 1, und hier das Kontrastprogramm: Wer ein kleines Hotel mit Flair sucht, bettet sich hier sicherlich falsch. Wenn aber bis zu drei Personen in einem sauberen und funktionalen Container-Hotel ab 32 € pro Zimmer übernachten wollen, ist das Formule 1 eine preisgünstige Alternative. Rechtzeitige Reservierung ist in der Saison zu empfehlen. Quartier Raton (an der Autobahn sowie auf der RN 7 gut ausgeschildert). Die Rezeption ist nur von 6.30–10 Uhr und 17–22 Uhr besetzt, ✆ 0891705201. www.hotelformule1.com.

Von Grasse nach Aix-en-Provence
Karten Seite 316/317, 438/439 und 467

La Cordeline, sehr charmantes Chambre d'hôtes in einem provenzalischen Haus aus dem 18. Jahrhundert, am Rande der Altstadt. Eines der Zimmer ist beispielsweise ganz im Stil der 1930er Jahre eingerichtet. Netter Garten. Zimmer inkl. Frühstück 70–105 €. Di und Do wird für die Hausgäste gekocht (29 € inkl. Wein). 14, rue des Cordeliers, ✆ 0494591866. www.lacordeline.com.

Lou Cigaloun, die gelben und blauen Farben der Fassade deuten es bereits an: In dem Altstadtrestaurant wird die provenzalische Küche von der Entenbrust bis zur gegrillten Dorade gepflegt. Menüs zu 12 € (mittags), sonst 17,80, 20,80, 24,80 und 29,80 €. Dienstagabend und Mittwoch Ruhetag. 14, rue de la République, ✆ 0494590076.

Café de l'Univers, die beste Adresse für einen Kaffee oder Aperitif. Das traditionsreiche Café besitzt eine schöne Stuckdecke. Mitten im Zentrum an der Altstadt mit großer Straßenterrasse. Plat du Jour 8,50 €. Place Carami.

• *Camping* ** **Municipal**, recht passabler, ordentlich geführter städtischer Campingplatz. Mitte März bis Mitte Okt. geöffnet. An der Nationalstraße in Richtung Le Luc. ✆ 0494692010.

Sehenswertes

Musée du Pays Brignolais: Das in einem ehemaligen Sommerpalais der Grafen der Provence untergebrachte Heimatmuseum von Brignoles zeigt archäologische Fundstücke aus galloromanischer Zeit, sakrale Kunst sowie Gemälde einheimischer Künstler. Ein buntes Sammelsurium, das manche Überraschungen bereit hält, so beispielsweise das plötzlich auftauchende Modell eines modernen Kriegsschiffs. Das herausragendste Exponat ist der Sarkophag von La Gayole; er stammt aus dem späten zweiten Jahrhundert und ist wahrscheinlich der älteste römische Sarkophag der Provence.

Adresse Place du Palais des Comtes de Provence. Öffnungszeiten: Im Sommer tgl. außer Mo und Di 9–12 Uhr und 14.30–18 Uhr, im Winter tgl. außer Mo und Di 10–12 Uhr und 14.30–17 Uhr. Von Mitte Sept. bis Mitte Okt. geschlossen. Eintritt: 4 €, erm. 2 €.

Abbaye de la Celle: Drei Kilometer südwestlich von Brignoles stehen in dem kleinen Dorf **La Celle** die prächtigen Gebäude eines ehemals sehr reichen Klosters, das angeblich schon zu Lebzeiten des heiligen Cassian (gestorben vor dem Jahre 435) bestanden haben soll. Nachdem das Kloster, das seit dem Mittelalter Benediktinerinnen bewohnten, im 18. Jahrhundert aufgelöst und danach während der Revolution geplündert worden war, dienten die Räumlichkeiten lange Zeit als Bauernhof. Sehenswert ist der spätromanische Kapitelsaal, der noch erhaltene Flügel des Kreuzgangs wurde unlängst restauriert. Die einstige Klosterkirche und heutige Pfarrkirche ist ein schönes Beispiel für die schlichte provenzalische Romanik. Nach einer umfangreichen Renovierung, wurden die angrenzenden Abteigebäude in ein überaus ansprechendes Hotel-Restaurant verwandelt. Zudem ist das *Maison des Vins des Coteaux Varois* eingezogen, das sich der Vermarktung des regionalen Weins verschrieben hat. Wunsch für die Zukunft ist es, den Ort zu einem kulturellen und gastronomischen Anziehungspunkt der Region zu machen.

Geöffnet Mo–Fr 9–12.30 Uhr und 14–18 Uhr, Sa und So 10–12.30 und 14.30–18 Uhr. Man muss sich hier an das gegenüberliegende Centre d'Information wenden. Eintritt: 2,30 €.

Besse-sur-Issole

Wer nach Besse-sur-Issole fährt, betritt absolutes touristisches Neuland. Unseres Wissens ist dies der einzige deutschsprachige Reiseführer, der den kleinen, knapp 20 Kilometer südöstlich von Brignoles gelegen Winzerort beschreibt. Die Atmosphäre ist ursprünglich, alte provenzalische Gemäuer, enge Gassen und als große Attraktion: ein idyllischer, vier Hektar großer, natürlicher See, der sich direkt nördlich des Ortes ausbreitet.

• *Information* **Office de Tourisme**, Avenue Frédéric Montenard, B.P. 07, 83890 Besse-sur-Issole, ✆/℻ 0494596657

• *Übernachten/Essen* **Maison St Louis**, das jahrelang von einem Schweizer Ehepaar geführte Gästehaus stand Ende 2008 zum Verkauf. Es ist daher unklar, ob hier wieder Gäste bewirtet werden. 38, rue Jean Aicard, ✆ 0494698223, ℻ 0494698206. www.maisonsaintlouis.com.

• *Camping* ** **Du Lac**, kleiner Zeltplatz (63 Stellplätze direkt am Seeufer). ✆ 0494861322.

Saint-Maximin-La-Sainte-Baume

Dank seiner mächtigen gotischen Basilika ist Saint-Maximin-La-Sainte-Baume ein viel besuchtes Ziel von Wallfahrern sowie von Kunstfreunden. Rund um die Kirche und das benachbarte Kloster entstand eine nette provenzalische Kleinstadt.

Der christlichen Legende zufolge liegen in Saint-Maximin-La-Sainte-Baume *Maria Magdalena*, die angeblich in der nahen Grotte von Sainte-Baume (20 Kilometer südwestlich) gestorben ist, sowie ihre Dienerin Marzelle und ihre beiden Begleiter Maximin und Sidonius begraben. Bereits in der Spätantike war Saint-Maximin-La-Sainte-Baume ein beliebter Wallfahrtsort. Nachdem der Ort durch die Wirren der Sarazeneneinfälle in Vergessenheit geraten war, stellten Benediktinermönche aus dem burgundischen Vézalay, wohin die Reliquien in der Zwischenzeit angeblich gebracht worden waren, wieder eine Verbindung zu Saint-Maximin-La-Sainte-Baume her. Ein Mönch aus Vézalay entdeckte in Saint-Maximin einen – zwangsläufig leeren – Sarkophag, aber nichtsdestotrotz wurde die Wallfahrtstradition wiederbelebt. Karl II., der Sohn Karls von Anjou und Neffe Ludwigs des Heiligen, regte 1279 schließlich Grabungen in der Krypta an, bei denen nun die „echten“ Reliquien der Maria Magdalena und des heiligen Maximin zutage gefördert wurden. Der Zustrom der Gläubigen schwoll daraufhin so stark an, dass 16 Jahre später ein Neubau der Wallfahrtsbasilika erforderlich wurde. Die Anjous besaßen nun einen wirtschaftlich lukrativen Wallfahrtsort, denn schließlich sollten die Pilger – sie waren im Mittelalter ein bedeutender Wirtschaftsfaktor – ihre frommen Gaben nicht nur nach Santiago de Compostela tragen. Karl II. war aber nicht einfach nur ein geschäftstüchtiger Herrscher, höchstwahrscheinlich war er selbst von seinem Fund überzeugt. Es paarten sich 1279 gewissermaßen religiöse und pekuniäre Aspekte ... Da die Mönche von Vézalay aber weiterhin darauf beharrten, die „echten“ Reliquien zu besitzen, musste Papst Bonifaz VIII. in den Streit zwischen beiden Wallfahrtsorten schlichtend eingreifen. Aus diplomatischen Erwägungen heraus – Karl von Anjou war ein mächtiger Nachbar des Papstes in Italien – entschied Bonifaz VIII. den Streit zugunsten des Hauses Anjou, denn verständlicherweise wollte er keinen Ärger vor seiner Haustür haben.

• *Information* **Office de Tourisme**, Hôtel de Ville, 83470 Saint-Maximin-La-Sainte-Baume, ✆ 0494598459, ℻ 0494598292. www.st-maximin.fr.

• *Verbindungen* Zwei Busverbindungen nach Aix-en-Provence sowie nach Brignoles, Cannes und Nizza.

• *Markt* Mittwochvormittag findet ein großer Markt am Boulevard du Docteur Bonfils statt.

• *Schwimmen* Piscine Municipale an der Straße nach Aix-en-Provence.

• *Übernachten/Essen* **Hôtellerie du Couvent Royal**, das ehemalige Dominikanerkloster wurde vor einigen Jahren in ein tolles Hotel samt Restaurant umgewandelt. Der große Teil der komfortablen Zimmer geht direkt auf den Kreuzgang hinaus! Mit anderen Worten: Eine Herberge mit Flair und klösterlicher Ruhe. Preis je nach Ausstattung und Lage von 120 bis 170 € (zum

Kreuzgang), Frühstück 13 €. Ein weiteres Plus ist der abgesperrte, kostenlose Parkplatz. Mittags oder abends diniert man dann vorzüglich im ehemaligen Kapitelsaal, den man wettergeschützt über den Kreuzgang erreicht. Mediterrane Küche auf gastronomischem Niveau. Menüs für 18 (mittags), 25, 31 und 40 €. Gute Weinauswahl! Place Jean Salusse, ✆ 0494865566, 📠 0494598282, www.hotelfp-saintmaximin.com.

*** **Hôtel de France (Côte Jardin)**, das alteingesessene Logis-de-France-Hotel – unlängst renoviert – liegt zentral und besitzt 27 komfortable Zimmer (je nach Ausstattung 74–120 €) und einen netten Swimmingpool im Garten. Im gediegenen Restaurant wird die klassische französische Küche vom Kaninchenrücken bis zum Rotbarbenfilet auf hohem Niveau gepflegt. Gartenterrasse. Menüs zu 19, 22,50, 31 und 52 €. 3–5, avenue Albert 1er, ✆ 0494780014, 📠 0494598380. www.hotel-de-france.fr.

Une Campagne en Provence, das deutsch-französische Ehepaar Fussler vermietet auf seinem Landsitz Domaine Le Peyrourier in der Nähe von Bras (neun Kilometer östlich) sechs tolle, individuell eingerichtete Gästezimmer (je nach Größe und Reisezeit 90–131 € inkl. Frühstück) sowie drei Appartements für bis zu vier Personen (620–930 €). Im Sommer wird das Frühstück im Innenhof serviert. Der Landsitz ist ein ehemaliger Bauernhof der Tempelritter und sehr großzügig angelegt. Es gibt einen großen Swimmingpool und eine Sauna mit Dampfbad. Den Gästen stehen zudem ein Medienraum und eine Bibliothek zur Verfügung. Chemin du Petit Temple, ✆ 0498051020, 📠 0498051021. www.provence4u.com.

• *Camping* *** **Caravaning Le Provençal**, der schattige Campingplatz befindet sich drei Kilometer südlich des Zentrums. Große Parzellen und tolle Sanitäranlagen (zwei Waschmaschinen). Swimmingpool, kleiner Laden und Restaurant am Platz. Von Ostern bis Ende Sept. geöffnet. Route de Mazaugues, ✆ 0494781697.

Sehenswertes

Sainte Madelaine: Die Basilika ist die größte gotische Kirche der Provence: Das imposante Langhaus ist rund 70 Meter lang und knapp 30 Meter hoch. Da es annähernd 250 Jahre währte, bis der 1295 begonnene Bau unvollendet abgeschlossen wurde (es fehlen das Hauptportal und ein Glockenturm), überrascht die stilistische Einheit. Das Fehlen des Kirchturms macht sich bei der optischen Gesamtwirkung der Fassade deutlich bemerkbar; der hochgebuckelte Chor wirkt aus der Ferne etwas deplatziert. Die Architektur erinnert an die gotischen Kathedralen Nordfrankreichs (die Fenster wurden allerdings später zugemauert), südfranzösischen Einflüssen ist die einheitliche Raumwirkung zu verdanken. Besonders reich zeigt sich die Innenausstattung mit ihren vielen Altären und Skulpturen. Ungewöhnlich ist dagegen, dass die Kirche keinen Chorumgang besitzt. In der noch aus spätantiker Zeit stammenden *Krypta* stehen vier Sarkophage aus dem vierten und fünften Jahrhundert; sie bergen angeblich die sterblichen Überreste der heiligen Madelaine. Während der Französischen Revolution standen die Kirche und das benachbarte Kloster kurz vor ihrer Zerstörung, erst durch das Einschreiten von Lucien Bonaparte, einem Bruder Napoléons, konnte der Abbruch verhindert werden.

Öffnungszeiten Tgl. 9–18 Uhr. Orgelkonzerte: Von Mai–Okt. So um 19 Uhr.

Couvent Royal: Die Betreuung der nach Saint-Maximin-La-Sainte-Baume strömenden Pilger übernahm der Dominikanerorden; das Kloster wurde daher an der Nordseite der Basilika errichtet: Es besitzt einen großzügig bemessenen, spätgotischen Kreuzgang, der allerdings wenig filigran wirkt, sowie einen ebenfalls recht großen Kapitelsaal, der heute als Restaurant genutzt wird, da der Dominikanerorden 1957 das Kloster aufgegeben hat. Der Eingang befindet sich im Office de Tourisme.

Öffnungszeiten Tgl. 9–12.30 und 14.30–18.30 Uhr.

Pavillon de Vendôme in Aix

Karten Seite 316/317, 438/439 und 467

Aix-en-Provence

Befragt nach der Stadt, in der sie am liebsten wohnen möchten, nannten die meisten Franzosen Aix-en-Provence. Warum? Aix verspricht konzentrierten Lebensgenuss – Savoir-vivre vom Feinsten! Aix ist andererseits aber noch immer eine stolze Stadt, in der das alteingesessene Bürgertum den Ton angibt – welch Gegensatz zum „plebejischen" Marseille.

Der unlängst verstorbene *Wolfgang Koeppen* schilderte 1961 seine Eindrücke folgendermaßen: „Wie lieblich, wie freundlich, wie heiter, wie ganz und gar menschlich zeigt sich ... Aix, der heilende Ort der römischen Bäder, das trauliche Nest der Grafen der Provence, die zufriedene Gemeinde der plätschernden Brunnen und rauschenden Bäume, die akademisch-bohemische Promenade der studierenden Jugend" (Reisen nach Frankreich) – dem lässt sich auch heute nur wenig hinzufügen. Aix-en-Provence, die einstige Hauptstadt der Provence, ist auch die Heimat von *Emile Zola* und *Paul Cézanne*, die gemeinsam im Lycée Mignet die Schulbank drückten; der eine – der meist gelesene Schriftsteller seiner Zeit – erschütterte mit seinem „J'accuse!" in der Affäre Dreyfus das Selbstverständnis der französischen Nation; der andere, ein von seinen Mitbürgern gemiedener Sonderling, zog jeden Tag aufs Neue los, um sein Lieblingsmotiv, die Montagne Sainte-Victoire, mit all ihren Nuancen auf die Leinwand zu bannen. „Wer hier geboren wurde, ist verloren. Nichts anderes gefällt einem mehr", soll Cézanne gesagt haben und so ist er denn auch in Aix gestorben. Postum wurde Cézanne auch noch zum Stadtführer: Seit ein paar Jahren markieren bronzene Nägel mit einem großen „C" einen Stadtrundgang, der zu den wichtigsten Lebensstationen des Vaters der modernen Malerei führt.

Wer von Aix redet, spricht in gewisser Hinsicht auch vom Cours Mirabeau, der von Platanen gesäumten Prachtstraße im Herzen der Altstadt. Zu gegebener Zeit gibt sich scheinbar die gesamte Stadt ein Stelldichein auf diesem wohl schönsten Boulevard der Provence. Ein kurzes Schwätzchen hier, ein kurzes Schwätzchen dort und dann noch eine Mußestunde in einem der zahlreichen Cafés: Das Les Deux Garçons beispielsweise gilt als ein Klassiker unter den französischen Cafés. Schon Pablo Picasso und *Blaise Cendrars* beobachteten von der Terrasse aus das rege Treiben. Um den Prachtboulevard für das nächste Jahrtausend aufzumöbeln, hat der Stadtrat umfangreiche Sanierungsmaßnahmen beschlossen, die im Jahr 2002 beendet wurden. Der Cours Mirabeau erhielt einen neuen Brunnen, kränkelnde Platanen wurden Baum für Baum ersetzt und das Parken entlang der Straße gehört der Vergangenheit an.

Der seit 1876 nach dem in Aix gebürtigen Grafen benannte Cours Mirabeau teilt das Stadtzentrum in zwei ungleiche Hälften: Den Süden nimmt das vornehme Quartier Mazarin ein, das einen weitgehend rechtwinkligen Grundriss aufweist. Nördlich der Prachtstraße erstreckt sich ein quirliges Netz von verwinkelten Gassen und kleinen Plätzen bis zur Cathédrale Saint-Sauveur hinauf. Die Boulevards, die die Altstadt einrahmen, markieren den Verlauf der alten, abgetragenen Stadtbefestigung. Markante architektonische Akzente setzen die knapp hundert erhaltenen Stadtpaläste mit ihren teilweise überaus prachtvollen Fassaden; sie zeugen von einem ausgeprägten Repräsentationsstreben der Parlamentsmitglieder, hinter dem auch die vermögenden adeligen Grundherren der Region nicht zurückstecken wollten. Auffallend sind auch die zahlreichen, über die Stadt verteilten Brunnen, deren plätscherndes Nass bevorzugt aus steinernen Mäulern quillt. In der Stadt leben ungewöhnlich viele junge Leute, da Aix-en-Provence eine der renommiertesten französischen Universitäten besitzt. Auch dürfte man nirgendwo sonst in Südfrankreich so viele Buchhandlungen in einer Stadt finden.

Geschichte

Als Keimzelle von Aix-en-Provence kann zweifellos das auf dem Hügel nördlich der Stadt gelegene kelto-ligurische Oppidum Entremont bezeichnet werden. Die dort lebenden Salyer (Saluvier), ein recht kriegerisches Volk, gerieten häufig mit den griechischen Kaufleuten aus Marseille in Konflikt. Die im offenen Landkampf wenig erprobten Griechen wandten sich daraufhin hilfesuchend an die Römer, die sich nicht lange bitten ließen: Das römische Heer unter der Führung von Konsul Caius Sextinus Calvinus schlug die Salyer im Jahre 123 vor unserer Zeitrechnung vernichtend. Doch anders als es die Griechen wahrscheinlich erwartet hatten, entschlossen sich die siegreichen Römer, zu Füßen des Oppidums die erste römische Stadt in Gallien zu gründen: *Aquae Sextiae Saluviorum*, das heutige Aix-en-Provence. Die bereits vorhandene verkehrstechnische Infrastruktur und die von den Römern hoch geschätzten Thermalquellen dürften die Ortswahl entschieden mitbestimmt haben. Aufschlussreich ist auch die Wahl des Namens, in dem die Heilquellen, der siegreiche Feldherr und die besiegten Saluvier vereint wurden. Rund zwei Jahrzehnte später stand die römische Herrschaft vor einer harten Bewährungsprobe: Wiederum bei *Aquae Sextiae Saluviorum* schlug der römische Feldherr Caius Marius eine Teutonische Streitmacht, die drei Jahre zuvor den Römern bei Orange eine Niederlage beigebracht hatte. Von nun an ging es stetig bergauf: Aix entwickelte sich zu einem florierenden Gemein-

Aix: stilvoll bis in den letzten Winkel

wesen. Das von den römischen Stadtmauern umschlossene Territorium erstreckte sich nach Norden und Westen hin weit über die heutige Altstadt hinaus, unlängst wurden sogar die Reste eines Amphitheaters entdeckt.. Durch die von Diocletian im Jahre 284 vorgenommene Neueinteilung der Provinzen des Römischen Reichs wurde Aix zur Hauptstadt der *Gallia Narbonensis Secunda* erhoben.

In dem daraufhin anbrechenden Zeitalter der Völkerwanderung verlor Aix schnell seine Vormachtstellung, wiederholt wurde die Stadt verwüstet und geplündert; zeitweise dürfte Aix mehr einem Dorf als einer Stadt geglichen haben. Erst nach Ende der Sarazeneneinfälle (972) wurde wieder ein Aufschwung spürbar. In der zweiten Hälfte des 12. Jahrhunderts wählten die Grafen der Provence Aix zur ihrem Hauptsitz. Die Wahl ist auf drei Hauptgründe zurückzuführen: Aix besaß noch immer eine ansehnliche römische Bausubstanz, die die neuen Herren für ihre Zwecke nutzen konnten. Als Sitz eines Erzbischofs erfüllte Aix zudem die Aufgaben eines kirchlichen Verwaltungszentrums. Nicht unerheblich war auch, dass das zentral gelegene Aix dank des noch vorhandenen römischen Straßennetzes über eine hervorragende „Verkehrsanbindung“ verfügte. In den nächsten beiden Jahrhunderten entwickelte sich Aix-en-Provence zu einer blühenden Residenzstadt. Doch machten die Bürger 1383 einen schwerwiegenden Fehler: Sie erkannten Ludwig von Anjou nicht als rechtmäßigen Nachfolger der Königin Johanna an, woraufhin der geschmähte Herrscher die Stadt eroberte und schwer verwüstete. Aix-en-Provence blieb aber dennoch Hauptstadt der Provence, 1409 wurde eine Universität gegründet. Während der langen Regierungszeit (1434–1480) von *René*, dem „guten König“, überflügelte Aix Avignon als kulturelles Zentrum der Provence. Der König selbst ging mit gutem Beispiel voran: René soll fünf Sprachen beherrscht, Gedichte geschrieben, Musikstücke komponiert und sogar gemalt haben.

Nachdem die Provence 1481 Teil des französischen Königreichs geworden war, sank Aix-en-Provence quasi über Nacht von einer prachtvollen Residenz- zur schnöden Provinzstadt herab. Eine Situation, mit der sich das stolze Bürgertum nicht abfinden wollte: wie in der gesamten Provence wurde auch hier der Unmut offen geäußert, Autonomiebestrebungen in die Wege geleitet. Der französische König gründete daraufhin 1501 in Aix ein Parlament, um der Unzufriedenheit die Spitze zu nehmen. Durch dieses Parlament behielt die Provence zwar ein gewisses Mitbestimmungsrecht, allerdings war es bei der Bevölkerung in späteren Zeiten wegen seines selbstherrlichen Stils und der hohen, von ihm verhängten Steuerlast alles andere als beliebt. Schnell bürgerte sich die Redensart ein, das Parlament, der Mistral und die Durance seien die Geißeln der Provence. Neben dem Parlament war Aix auch Sitz des Rechnungshofes, der Intendanz und der einzigen provenzalischen Universität. Auf dieser Machtkonzentration gründete sich das Selbstbewusstsein des Bürgertums, das in den prachtvollen Stadtpalästen und Straßenzügen einen architektonischen Ausdruck fand.

Einen erheblichen Bedeutungsverlust musste Aix-en-Provence infolge der revolutionären Umwälzungen hinnehmen: Die einst so stolze Hauptstadt der Provence wurde auf den Status einer Unterpräfektur des neu geschaffenen Départements Bouches-du-Rhône herabgedrückt; innerhalb weniger Jahrzehnte folgte auch der wirtschaftliche Niedergang. Als der Publizist und Revolutionär *Moritz Hartmann* 1851 auf seiner Reise durch die Provence nach Aix kam, lag die Stadt im Dämmerschlaf: „Das Gras wächst in den Straßen; die Fenster sind geschlossen; die unteren Stockwerke sind von Wäscherinnen bewohnt; die prächtigen Vestibules sind Sattler- und Wagnerwerkstätten geworden. Uralte Platanen werfen ihren melancholischen Schatten auf diese gestorbene Welt. ... Ich wollte mich nach dem Hause Mirabeaus erkundigen ... es wusste mir kein Mensch zu sagen."

Die Zeiten, als Aix-en-Provence im 19. Jahrhundert als unbedeutende Unterpräfektur vor sich hin dämmerte und der Publizist Moritz Hartmann sich über die mit Gras bewachsenen Straßen einer „gestorbenen Welt" mokierte, sind längst vorbei: Das heutige Aix-en-Provence ist eine überaus lebendige Stadt mit der renommiertesten Universität Südfrankreichs, an der derzeit rund 30.000 Studentinnen und Studenten – dies entspricht knapp einem Viertel der Gesamteinwohnerzahl – eingeschrieben sind. Tagsüber widmen sie sich ihren Jurastudien oder den Literaturwissenschaften, abends bevölkern sie die zahlreichen Kneipen und Bistros. Jeder Stadtfremde spürt bereits nach wenigen Stunden: Aix ist international. Kunst und Kultur stehen nicht nur zur Festivalzeit hoch im Kurs: In keiner anderen französischen Stadt gehen die Einwohner häufiger ins Kino als in Aix. Die rasch gestiegene Beliebtheit – noch 1946 lebten gerade mal 46.000 Menschen in der Stadt – hat Aix-en-Provence allerdings auch schwer zu bewältigende Verkehrsprobleme beschert.

Information/Verbindungen/Diverses

- *Information* **Office de Tourisme**, 2, place du Général de Gaulle, 13100 Aix-en-Provence, ✆ 0442161161, 📠 0442161162, www.aixenprovencetourism.com.
- *Einwohner* 137.000 Einwohner.
- *Verbindungen* Der **SNCF-Bahnhof** liegt südlich der Altstadt, nur wenige Fußminuten vom Cours Mirabeau entfernt. Place de la Gare, ✆ 0442260289. Jede Stunde Zugverbindungen nach Marseille, rund sieben Verbindungen tgl. nach Manosque, Sisteron und weiter nach Grenoble. Vom mehrere Kilometer südlich gelegenen **TGV-Bahnhof** L'Arbois gelangt man in 2 Std. 50 Min. nach Paris.

Vom **Busbahnhof**, 12, rue de l'Europe, ✆ 0442912680, verkehrt in der Regel einmal pro Stunde ein Bus zum Flughafen Marseille-Marignane sowie häufig Expressbusse ins Zentrum von Marseille. Weitere Busse: Avignon (6 x tgl.), Cannes und Nizza (5 x tgl.), Brignoles und Saint-Maximin (2 x tgl.), Cassis und Toulon (4 x tgl.), Sanary-sur-Mer und Bandol (7 x tgl.), bis zu 5 x tgl. Busse über Cavaillon nach Carpentras. Zudem Busverbindungen vom 1.7. bis 15.9. jeweils Di, Mi und Sa, sonst nur am Sa, außer an Feiertagen um 9 Uhr über Riez und La Palud/Verdon nach Castellane. In Aix verkehren zudem noch mehrere städtische Buslinien in die Außenbezirke.

Parken: In die Innenstadt mit dem eigenen PKW zu fahren, sollte man tunlichst vermeiden. Aber auch in den Randbezirken gilt: Parkplätze sind Mangelware.

• *Literaturtipps* **Peter Handke**: Die Lehre der Sainte-Victoire, **Heinrich Dilly**: Ging Cézanne ins Kino?, **Nino Erné**: Der weiße Pavillon.

• *Stadtführungen* Das Office de Tourisme veranstaltet an verschiedenen Wochentagen in französischer Sprache themenorientierte Stadtführungen (Der Rundgang „Cézanne à Aix" findet beispielsweise immer donnerstags um 10 Uhr statt). Ein Prospekt ist beim Office de Tourisme erhältlich. Teilnahmegebühr: 8 €, erm. 4 €.

• *Feste und Veranstaltungen* **Festival d'art lyrique et de musique**, renommiertes Gesangs- und Musikfestival, das jeweils von Juli bis Anfang Aug. im 1.200 Zuschauer fassenden Innenhof des erzbischöflichen Palais stattfindet. **Jazz-Festival** im August. **Grand Théâtre de Provence**, mit dem erst 2007 eröffneten Festspielhaus verfügt Aix über einen neuen kulturellen Fixpunkt. 380, rue Max-Juvénal, www.grandtheatre.fr.

• *Markt* Täglich findet auf der Place Richelme einer der schönsten Märkte der Provence statt, während auf der Place des Prêcheurs und der Place de Madeleine nur Di, Do und Sa buntes Markttreiben herrscht. Blumen kauft man Di, Do und Sa auf der Place de la Mairie sowie sonntags auf der Place de la Madeleine. Di, Do und Sa findet vormittags zudem ein Flohmarkt auf der Place de Verdon vor dem Palais de Justice statt.

• *Internet* Netgames, 32, rue Aumone.

• *Thermen* Die wiedereröffneten Thermen von Aix bieten zahlreiche Anwendungen. Genauere Informationen findet man im Internet unter www.thermes-sextius.com oder vor Ort in der Rue des Etuves. Öffnungszeiten: Mo–Fr 8.30–19.30 Uhr, Sa 8.30–13.30 und 14.30–18.30 Uhr.

• *Maison de Tübingen* Kulturzentrum in der 19, rue du Cancel, ✆ 0442212955.

• *Ökokost* La Vie Claire, 49, rue d'Italie.

• *Waschsalon* Laverie des Cordelièrs, 6, rue Félibre Gaut.

• *Hauptpost* 2, rue Lapierre.

Kunstvoll verzierte Hauseingänge

• *Kino* Cézanne, Mazarin, Renoir, Kinokomplex mit neun Sälen, Rue Marcel Guillaume ✆ 0892687270. www.lescinemasaixois.com.

• *Casino* Spielfreudige können in Aix beim französischen Roulette, Black Jack und Boules Geld bis 2 bzw. 3 Uhr nachts gewinnen oder verlieren. 2 bis, avenue Napoléon Bonaparte.

• *Fahrradverleih* Cycles Zammit, 27, rue Mignet, ✆ 0442231953.

• *Autoverleih* Rent a car, 35, rue de la Molle, ✆ 0442385829; Hertz, 43, avenue Victor-Hugo, ✆ 0442279132.

• *Schwimmen* Städtisches Freibad in der Avenue Marcel Pagnol, Hallenbad am Boulevard des Poilus.

Übernachten (siehe Karte S. 458/459)

Genereller Hinweis: Im Sommer, vor allem während des Musikfestivals, sind freie Hotelzimmer Mangelware.

• *Hotels* **** **Villa Gallici (2)**, die Luxusvilla im Stil eines provenzalischen Landsitzes mit nur 17 Zimmern und Suiten wurde 1992 von zwei Designern geschmackvoll als Hotel (Relais et Châteaux) eingerichtet. Für 290–680 € pro Zimmer und Nacht (Frühstück 22 bzw. 28 €) erwarten die Gäste elegante französische Salons, gepaart mit englischer Landhausgemütlichkeit, ein großzügiger Swimmingpool, kostbar bestickte Frotteemäntel ... – „Ein Tempel der Lebenslust", urteilte die Zeitschrift „Schöner Wohnen". Ausgezeichnetes Restaurant! Nur wenige Fußminuten vom Zentrum entfernt, in der Avenue de la Violette, ✆ 0442232923, 📠 0442 963045, www.villagallici.com.

*** **Des Augustins (20)**, in einer Seitenstraße des Cours Mirabeau. Die äußerst stilvollen Räumlichkeiten befinden sich in einem ehemaligen Augustinerkloster, das 1984 restauriert worden ist; die Rezeption wird beispielsweise von einem gotischen Gewölbe überdacht. Allerdings wurde der Service von Lesern bemängelt. Zimmer von 99–150 €, EZ ab 95 €, Frühstück (8 €). 3, rue de la Masse, ✆ 0442272859, 📠 0442267487. www.hotel-augustins.com.

Hôtel en Ville (4), kleines Designhotel (nur zehn Zimmer) in einem alten Haus am Altstadtring. Aber dank der Schallschutzfenster dringt der Straßenlärm glücklicherweise nicht in die klimatisierten Räumlichkeiten. Trotz der weißen Wände und glatten Estrichböden wirken die Zimmer nicht unterkühlt, sondern zeitgemäß schlicht. Keine provenzalischen Farbspiele, erdfarbene Töne dominieren. Offene Duschen und Designerwaschbecken gefallen im Nassbereich. Selbstverständlich gibt es auch einen Flatscreen. Abends arbeitende Reisejournalisten müssen allerdings auf einen Schreibtisch verzichten ... Kostenloses WLAN. Preislich ist das Hotel für die Leistung nicht überteuert, Zimmer für 130 € oder 135 € sowie eine Suite mit Terrasse für 240 €. Frühstück 10,90 €. 2, place Bellegarde, ✆ 0442633416. www.hotelenville.fr.

*** **Cézanne (24)**, dieses zwischen Bahnhof und Altstadt gelegene Designhotel begeistert mit seiner phantasievollen Einrichtung,

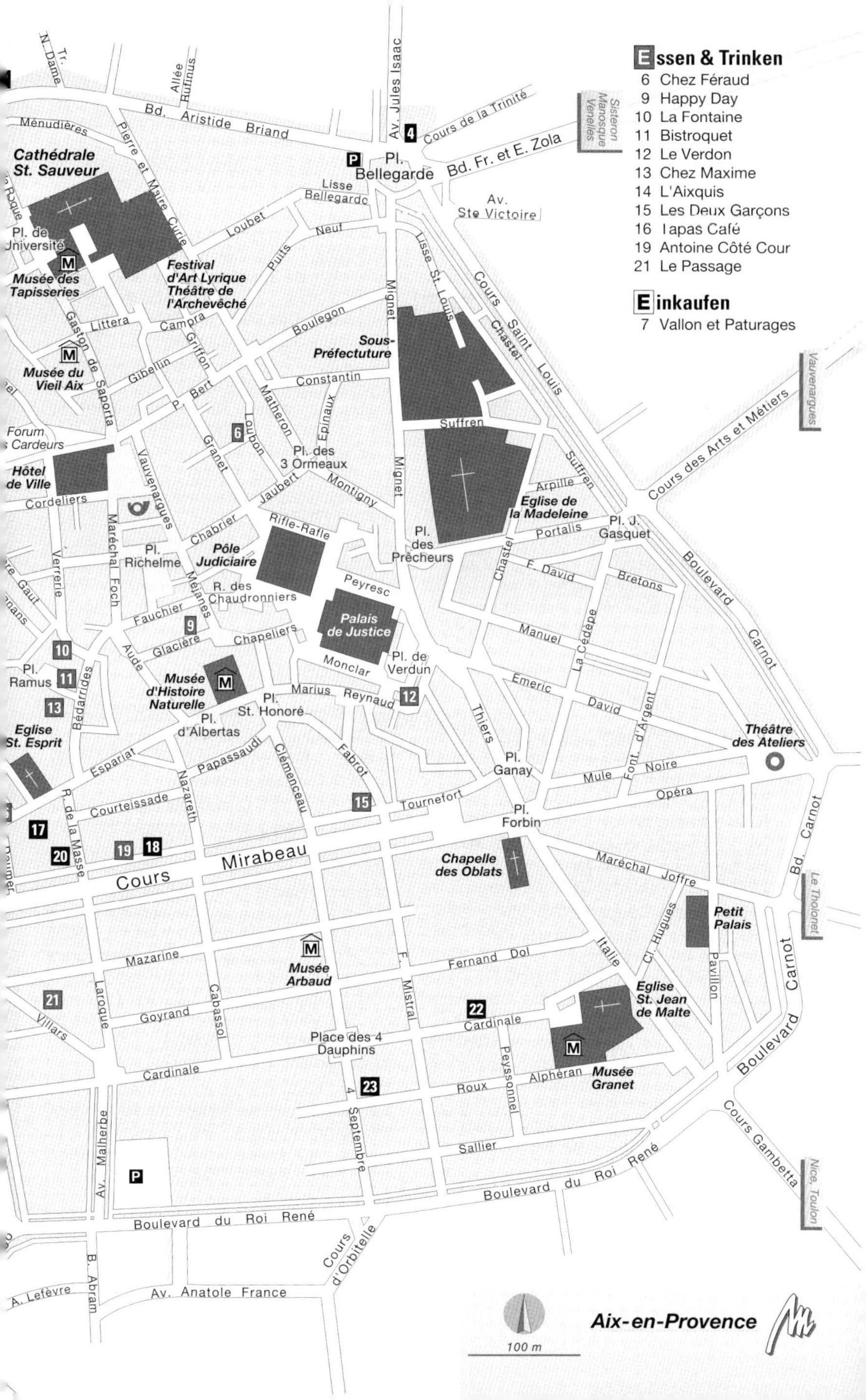

Essen & Trinken
6 Chez Féraud
9 Happy Day
10 La Fontaine
11 Bistroquet
12 Le Verdon
13 Chez Maxime
14 L'Aixquis
15 Les Deux Garçons
16 Tapas Café
19 Antoine Côté Cour
21 Le Passage
Einkaufen
7 Vallon et Paturages
Cathédrale St. Sauveur
Musée des Tapisseries
Festival d'Art Lyrique Théâtre de l'Archevêché
Musée du Vieil Aix
Hôtel de Ville
Sous-Préfecture
Eglise de la Madeleine
Pôle Judiciaire
Palais de Justice
Musée d'Histoire Naturelle
Eglise St. Esprit
Théâtre des Ateliers
Chapelle des Oblats
Petit Palais
Musée Arbaud
Eglise St. Jean de Malte
Musée Granet
Pl. Bellegarde
Bd. Aristide Briand
Bd. Fr. et E. Zola
Cours de la Trinité
Av. Jules Isaac
Sisteron Manosque Venelles
Vauvenargues
Cours des Arts et Métiers
Cours Saint Louis
Boulevard Carnot
Le Tholonet
Cours Gambetta
Nice, Toulon
Cours Mirabeau
Boulevard du Roi René
Av. Anatole France
Cours d'Orbitelle
Av. Malherbe
Pl. des 3 Ormeaux
Pl. des Prêcheurs
Pl. de Verdun
Pl. St. Honoré
Pl. d'Albertas
Pl. Richelme
Pl. Ramus
Pl. Ganay
Pl. Forbin
Pl. J. Gasquet
Place des 4 Dauphins
Aix-en-Provence
100 m

die der violetten Leitfarbe folgt. Komfortable moderne Zimmer von 179 bis 249 €, Frühstück 19 €. WLAN verfügbar, kostenlose Garage. 40, avenue Victor Hugo, ✆ 0442911111. www.hotelaix.com.

*** **Nègre Coste (18)**, traditionsreiches Hotel mit rustikalem Touch, direkt am CoursMirabeau, der Prachtstraße von Aix-en-Provence. Die Zimmer (90–145 €, Frühstück 8 €, Garage 10 €) sind großteils mit Antiquitäten ausgestattet. 33, cours Mirabeau, ✆ 0442277422, ✆ 0442268093. www.hotelnegrecoste.com.

*** **Aquabella (5)**, direkt neben den historischen Thermen wurde ein topmodernes Hotel errichtet, das als großen Reiz eine schöne Terrasse und einen großen Pool besitzt, an dem sich auch heiße Tage überbrücken lassen. Zimmer 169–215 €, letztere mit Terrasse. 2, rue des Etuves, ✆ 0442991500, ✆ 0442991507. www.aquabella.fr.

** **Hôtel de Prieuré (1)**, wer eine ruhige Unterkunft in Aix sucht, dem sei dieses Hotel empfohlen. Leser Peter Heß schreibt: „Es handelt sich dabei um den ehemaligen Landsitz des Erzbischofs, dem ein von Le Nôtre angelegter Park vorgelagert ist, der jedoch nicht betreten werden darf. Alle Zimmer sind von der Eigentümerin individuell, liebevoll und sehr geschmackvoll im Stil des 18. Jahrhunderts eingerichtet." Sonnenterrasse, Zimmer 58–78 €. Das Frühstück für 6,50 € pro Person wird im Sommer vor dem Haus serviert. WLAN. Lage: Zwei Kilometer nördlich von Aix (25 Fußminuten), an der Route de Sisteron, ✆ 442210523, ✆ 442216056. http://hotel.leprieure.free.fr.

** **Les Quatre Dauphins (23)**, das in einem beschaulichen Haus an einer ruhigen Straßenecke im historischen Quartier Mazarin gelegene Hotel ist eine angenehme Herberge, daran hat auch der Besitzerwechsel im Jahre 2003 nichts geändert. Die charmanten, etwas kleinen Zimmer (70–110 €, EZ 60 €) sind im freundlichen provenzalischen Stil eingerichtet, dürften aber mal wieder renoviert werden. Kostenpflichtiges WLAN. 54, rue Roux Alphéran, ✆ 0442381639, ✆ 0442386901. www.lesquatredauphins.fr.

** **Cardinal (22)**, unweit des Quatre Dauphins. Während der Eingangsbereich wenig Flair ausstrahlt, begeistern aber die großzügigen, geschmackvollen Zimmer – teilweise mit Kamin – mit den schönen Bädern. Zimmer Nr. 3 besitzt sogar eine Terrasse, die allerdings den ganzen Tag im Schatten eines Hinterhofs ruht. Zimmer je nach Saison und Ausstattung ab 70 €. 24, rue Cardinale, ✆ 0442383230, ✆ 0442263905. www.hotel-cardinal-aix.com.

** **De France (17)**, mitten im Zentrum über dem Restaurant Vielle Auberge gelegen, schwelgt das Hotel im Glanz vergangener Tage. Ruhige Zimmer 95–104 €. 63, rue Espariat, ✆ 0442279015, ✆ 0442261147. www.hoteldefrance-aix.com.

* **Paul (3)**, nur 200 Meter nördlich der Kathedrale wohnt man gut und günstig. Die zum Garten gerichteten Zimmer sind beträchtlich ruhiger und teurer. Altertümliche Zimmer von 41–51 €. Achtung: An Sonn- und Feiertagen ist die Rezeption von 12 bis 18 Uhr geschlossen. 10, avenue Pasteur, ✆ 0442232389, ✆ 0442631780.

• *Jugendherberge* Im Stadtteil Le Jas de Bouffan, zwei Kilometer westlich des Stadtzentrums (in der Nähe der Fondation Vasarély). Mit der Buslinie 4 von der Place du Général de Gaulle gut zu erreichen. 100 Betten (ab 19 €), Ermäßigung beim Eintritt für das Museum und das Schwimmbad. Leser bemängelten allerdings die sterile Atmosphäre und das fehlende Flair. Zwischen Weihnachten und Neujahr geschlossen. 3, avenue Marcel Pagnol, ✆ 0442201599. www.auberge-jeunesse-aix.fr.

• *Camping* **** **Chantecler**, im Südosten der Stadt – eine halbe Stunde zu Fuß. Mit dem Bus Nr. 3 ist man aber schnell im Zentrum. Komfortcampingplatz mit Swimmingpool und Sauna. Zum Zelten stehen ein schattiger Hügel und eine sonnige Wiese zur Verfügung. Für größere Wohnmobile ist der Platz nur bedingt geeignet. Restaurant vorhanden. Leserurteil: Tolle Atmosphäre, sehr sauber! Stellplatz für zwei Personen ca. 20 €. Ganzjährig geöffnet. 41, avenue du Val Saint-André, ✆ 0442261298. www.campingchantecler.com.

**** **Arc en Ciel**, unweit des oben genannten Campinglatzes, leider rauscht nebenan die Autobahn vorbei. Der gepflegte Platz ist kleiner und besitzt ebenfalls einen Pool, aber keinen Laden. Stellplatz für zwei Personen 20 €. Von April bis Sept. geöffnet. Pont des Trois Sautets, ✆ 0442261428. www.campingarcenciel.fr.

Essen/Nachtleben (siehe Karte S. 458/459)

• *Essen* **Chez Féraud (6)**, etwas versteckt an der Ecke zweier Gassen befindet sich dieses Restaurant im Herzen von Aix. Küchenchef Jacques Féraud versteht sich auf deftige provenzalische Küche (*pieds et paquets*) ebenso wie auf ihre ambitionierten Varianten, so z. B. auf die gegrillten Rotbarbenfilets (*filet de rougets*). Seine Frau Monique koordiniert den Service mit wachem Auge. Angenehmes, ruhiges Ambiente mit Landhausflair. Keine Straßenterrasse. Menüs zu 22 € (mittags) sowie 29 € und 55 €. Sonntag, Montag und im August geschlossen. 8, rue du Puits Juifs, Tel. 0442630727.

Le Passage (21), dieses Restaurant mit Eventcharakter, untergebracht in einer ehemaligen Fabrik, gilt derzeit als die hippste Adresse in Aix. Verteilt über drei Stockwerke treffen sich hier vor allem Einheimische. Anspruchsvolle Küche, so begeisterte eine sieben Stunden lang geschmorte Rinderschulter auf Polenta (*Paleron braisé*). À la carte sind die Preise für ein Hauptgericht (ca. 30 €) allerdings überteuert. Straßenterrasse. Mittagsmenü 12,50 €, abends für 22, 28 und 35 €. Tgl. 9–24 Uhr geöffnet. 6 bis, rue Mazarine, ✆ 0442370900.

Antoine Côté Cour (19), anspruchsvolle und dennoch einfache provenzalisch-italienische Küche, serviert wird in einem stilvollen Innenhof. À la Carte schlägt ein selbst zusammengestelltes Menü mit rund 35 € zu Buche. Leckere Pasta 13,90 €. Sonntagabend und Montag sowie die erste Junihälfte geschlossen. 19, cours Mirabeau, ✆ 0442931251.

L'Aixquis (14), das ausgezeichnete Restaurant lebt nicht vom Tourismus und kann es sich daher leisten, im August drei Wochen Betriebsferien zu machen. Etwas distinguierte Atmosphäre. Menüs zu 20 € (mittags) sowie 35 €. Sonntag und Montagmittag Ruhetag. 22, rue Leydet, ✆ 0442277616.

Chez Maxime (13), das Lokal an einem kleinen, verspielten Platz inmitten der Altstadt ist ein Lesertipp von Herrmann Orgeldinger. Die Atmosphäre mitsamt der großen Terrasse ist toll, und obwohl hier zahllose Touristen einkehren, ist das Restaurant glücklicherweise keine Touristenfalle, das Angebot von ausgezeichneter Qualität. Menüs zu 13,40 € (nur mittags mit einem Glas Wein) sowie 20,90 und 28,90 €. Sonntag und Montagmittag Ruhetag. 12, place Ramus, ✆ 0442262851.

Bistroquet (11), am gleichen Platz, jedoch in vollkommen modernem Ambiente werden hier mediterrane und asiatische Spezialitäten zubereitet. Straßenterrasse. Menüs zu 25 und 35 €. 27, place Ramus, ✆ 044226 7555. www.lobistroquet.fr.

La Fontaine (10), die kleinen Tische sind einladend um einen Brunnen gruppiert. Leckere Pizzen aus dem Holzofen für 8,50–120 €. 40, rue de la Verrerie, ✆ 0442275335.

Tapas Café (16), spanische Spezialitäten in den bekannten kleinen Tapas-Portionen – allerdings ohne Gourmetansprüche. Lecker sind die Lammspießchen (6,50 €) sowie die in Olivenöl und Knoblauch gebratenen Tintenfische (6 €). Mittagsmenü 11,90 €. Positiv: Bis 1 Uhr nachts werden warme Speisen serviert, Getränke gar bis 2 Uhr. 6, place des Augustins, ✆ 0442267772.

Le Verdon (12), typisches französisches Bistro mit großer Straßenterrasse, das von zahlreichen Einheimischen frequentiert wird. Die Küche ist zu loben und befriedigt auch anspruchsvollere Gaumen. Der Plat du Jour kostet etwa 14 €. 20, place de Verdon, ✆ 0442270324.

Les Deux Garçons (15), das „2 G" ist der Klassiker unter den Cafés am Cours Mirabeau. Bis spät abends sind die Tische stets gut besucht. Der Innenraum glänzt im Empire-Stil. Nach einem Pächterwechsel – jetzt tragen die Kellner Fliege – hat sich die Qualität des Essens verbessert. Serviert werden schmackhafte Tagesgerichte zu gehobenen Preisen. Menüs zu 20 und 28 €. Perfekter Service. 53, cours Mirabeau, ✆ 0442260051.

Direkt nebenan befindet sich ein Pizzastand (**Pizza Capri**), der sehr leckere und sehr günstige Pizzen auch portionsweise (1,80–2,40 €) zum Mitnehmen verkauft.

Happy Day (9), Café-Bar mit modernem Styling und überwiegend jungem Publikum. Place Richelme.

Vallon et Paturages (7), das Käsegeschäft ist ein Lesertipp von Gudrun Masloch, die empfiehlt, nach Voranmeldung an einer Degustation (5 €) teilzunehmen. 32, rue des Cordeliers, ✆ 0442272657.

• *Nachtleben* In der Rue de la Verrerie findet man mehrere Bars und Kneipen, so das **L'Elfike** oder das **O'Shannon Pub**, zudem gibt es in der gleichen Straße noch die Diskothek **Le Richelme** sowie in der Rue Félibre Gaut die **Cave à Jazz**. Die Schwulenszene trifft sich im **Mediterranean Boy** (6, rue de la Paix).

Aix City Pass

Mit dem fünf Tage gültigen Aix City Pass (15 €) erhält man freien Eintritt zum Atelier Cézanne, Musée Granet sowie weitere Ermäßigungen. Eine Stadtführung und ein Fahrt mit der Mini Tram sind ebenfalls im Preis inbegriffen.

Sehenswertes

Cathédrale Saint-Sauveur: Aix-en-Provence wurde erst gegen Ende des 4. Jahrhunderts und daher im Vergleich zu anderen römischen Städten relativ spät zum Bischofssitz erhoben. Die erste Cathédrale, von der noch das Baptisterium erhalten ist, stand im 5. Jahrhundert bereits an der Stelle der heutigen Cathédrale Saint-Saveur: Im Mittelalter wurde die Bischofskirche aus unbekannten Gründen verlegt; man errichtete einen Kilometer weiter westlich eine heute nicht mehr erhaltene Kathedrale. Durch ihre lange Baugeschichte vereint die Cathédrale Saint-Sauveur verschiedene Baustile, die mit der Zeit zu einem harmonischen Ganzen verschmolzen sind; selbst ein Mauerstück aus römischer Zeit ist in die Fassade integriert worden. Vorherrschendes Stilelement ist die Spätgotik, besonders schön zeigt sich die im Flamboyant-Stil ausgeführte Westfassade. Im Inneren der Kirche verdienen ein spätantiker Sarkophag, die Grablege des heiligen Mitrias sowie das Triptychon „Maria mit dem brennenden Dornbusch" besondere Aufmerksamkeit. Das Triptychon, auf dessen Flügel der „Gute König René" und seine Gattin Jeanne dargestellt sind, ist ein Werk des provenzalischen Meisters *Nicolas Froment* (1435–1484). Der brennende Dornenbusch steht in Flammen, ohne zu verbrennen – ein Symbol für die Jungfräulichkeit Marias. Das im südlichen Seitenschiff integrierte, zu den ältesten Sakralbauten Frankreichs zählende **Baptisterium** beschreibt – wie die mit ihm verwandten Taufkapellen von Fréjus und Riez – einen oktogonalen Raum. Einzig die Kuppel wurde im 16. Jahrhundert erneuert. Südlich der Cathédrale schließt sich ein kleiner, sehr formvollendeter **Kreuzgang** an; er stammt noch aus dem 12. Jahrhundert und ist nur im Rahmen einer Führung zu besichtigen. Beachtung verdienen die fein gearbeiteten Kapitelle. Gelungen ist die Figur des heiligen Petrus mit Schlüssel und Buch in den Hand. Wer den Kreuzgang oder das Triptychon sehen will, muss sich an das Aufsichtspersonal wenden.

Öffnungszeiten Tgl. außer So 8–12 Uhr und 14–18 Uhr, So nur 14–18 Uhr. Der Kreuzgang ist nur im Rahmen von halbstündigen Besichtigungen zugänglich.

Musée des Tapisseries: Direkt an die Cathédrale grenzt der erzbischöfliche Palast, in dem heute das Tapisserie-Museum untergebracht ist. Ausgestellt sind neben kostbaren Gobelins aus Flandern und der Werkstatt von Beauvais auch Möbel und Gemälde. Sehenswert ist eine Serie von Wandteppichen mit Motiven aus dem Leben des Don Quichote. Ein Teil des Museums ist für Wechselausstellungen reserviert. Der Innenhof wird als Spielort des *Festivals d'art lyrique et de musique* genutzt.

Adresse Place des Martyrs de la Résistance. Öffnungszeiten: Von Mitte April bis Mitte Okt. tgl. außer Di 10–18 Uhr, sonst tgl. außer Di 13.30–17 Uhr. Eintritt: 2 €, erm. 1 €.

Thermes Sextius: Die Thermen von Aix erfreuten sich bekanntlich schon in der Antike einer großen Beliebtheit. Sie wurden unlängst restauriert und sind heute im Gebäudekomplex der modernen Thermenanlage zu besichtigen. Auf dem Areal erhebt sich zudem die Tourreluque, ein Rest der mittelalterlichen Stadtbefestigung. Die Qualität des Wassers und seine Temperatur (34 Grad Celsius) sind seit römischer Zeit unverändert; seit dem Jahr 2000 wird das Wasser wieder in einem teuren, eintrittspflichtigen Thermalbad genutzt.

Pavillon de Vendôme: Über Aix-en-Provence verstreut, lassen sich Dutzende prachtvoller Adelspalais bewundern. Zu den herausragendsten Zeugen dieser repräsentativen Epoche zählt in jedem Fall das von 1664–1667 für den Kardinal und Herzog von Vendôme errichtete Landhaus. Der westlich der Thermen gelegene Pavillon de Vendôme, ein dreigeschossiger Barockbau, ist von einem originalgetreu angelegten französischen Garten umgeben. Das Schlösschen wurde im 18. Jahrhundert sehr einfühlsam um eine Etage aufgestockt, so dass der Gesamteindruck nicht darunter gelitten hat. Möbliert ist der Pavillon mit erlesenen zeitgenössischen Einzelstücken im Stil Louis XIII. und Louis XIV. In den ansprechenden Räumlichkeiten finden regelmäßig Wechselausstellungen statt.

Adresse 13, rue de la Molle. Öffnungszeiten: Von Mitte April bis Mitte Okt. tgl. außer Di 10–18 Uhr, sonst tgl. außer Di 13.30–17 Uhr. Eintritt: 2 €, erm. 1,50 €.

Eingangsportal der Cathédrale Saint-Sauveur

Musée du Vieil Aix: In einem schmucken Stadtpalais (Hôtel d'Estienne de Saint-Jean) mit einem im Originalzustand erhaltenen Treppenhaus können sich Besucher mit Hilfe alter Stadtansichten und verschiedener Modelle einige Jahrhunderte zurückversetzt fühlen. Im Mittelpunkt der Sammlung stehen allerdings Fayencen aus Moustiers sowie Santons (traditionelle provenzalische Krippenfiguren) und Masken, die bei Fronleichnamsprozessionen getragen wurden. Originell sind auch die im Museum ausgestellten so genannten „sprechenden Krippen".

Adresse 17, rue Gaston-de-Saporta. Öffnungszeiten: April bis Sept. tgl. außer Mo 10–12 Uhr und 14.30–18 Uhr, von Nov. bis März tgl. außer Mo 10–12 Uhr und 14–17 Uhr. Eintritt: 4 €, erm. 2,50 €.

Hôtel de Ville: Um dem Selbstverständnis der Bürger gerecht zu werden, entstand von 1655–1670 ein repräsentativer, vierflügeliger Rathausneubau im Herzen der Stadt. Direkt neben dem barocken Rathaus schließt sich die **Tour de l'Horloge** an, ein ehemaliger Stadtmauerturm, der im 14. Jahrhundert zum Glockenturm umfunktioniert wurde; der Aufbau im Flamboyant-Stil, der provenzalische Glockenkäfig sowie die astronomische Uhr wurden erst später hinzugefügt.

Halle aux Grains: Wie der einstige, dem Hôtel de Ville schräg gegenüberstehende Kornspeicher eindrucksvoll beweist, wurde im 18. Jahrhundert selbst der Bau eines an sich recht profanen Gebäudes (heute Postamt und Stadtbibliothek) mit großem Aufwand betrieben. Zugleich war der Bau eine Reminiszenz an die

Beliebt: die Terrasse des Deux Garçons

Tatsache, dass die Stadt einen großen Teil ihrer damaligen Einnahmen aus der Weizensteuer bezog. Den Giebel schmückt ein Relief von J. P. Chastel mit Allegorien der Rhône und Durance.

Musée d'Histoire Naturelle: Die Fossilien und Mineralien gewähren einen Einblick in die geologische Vergangenheit der Provence. Die größte Attraktion des im Palais Boyer d'Eguilles (17. Jahrhundert) untergebrachten Naturhistorischen Museums sind sicherlich die versteinerten, 65 Millionen Jahre alten Dinosaurier-Eier, die am Südhang der Montagne Sainte-Victoire gefunden wurden.

Adresse 6, rue Espariat. Öffnungszeiten: Tgl. 10–12 Uhr und 13–17 Uhr, von Juni bis Aug. tgl. 10–18 Uhr. Eintritt: 2,50 €.

Mazarin-Viertel: Südlich des Cours Mirabeau entstand im 17. Jahrhundert ein planmäßig angelegtes Stadtviertel, das nach seinem Auftraggeber benannt wurde. Es handelte sich allerdings nicht um den berühmten Kardinal, sondern um dessen in Aix als Erzbischof wirkenden Bruder Michel. Das Mazarin-Viertel zeichnet sich neben seinem quadratischen Grundriss vor allem durch seine stattlichen Adelpalais aus. Den Schnittpunkt der beiden Hauptachsen Rue de Quatre-Septembre und Rue Cardinale bildet die malerische Place des Quatre-Dauphins. Namensgebend war ein hübscher Brunnen mit vier Wasser speienden Delfinen. Verglichen mit dem nördlich des Cours Mirabeau gelegenen Teils der Altstadt, ist die Atmosphäre jedoch geradezu langweilig. Das Mazarin-Viertel ist bis heute eine Wohngegend geblieben, Geschäfte sind nur wenige auszumachen.

Musée Paul Arbaud: Der Kunstmäzen und Sammler Paul Arbaud hat sein Haus und seine Sammlungen nach seinem Tod der Akademie von Aix vermacht. Zu besichtigen sind Fayencen, Gemälde sowie eine wertvolle Bibliothek.

Adresse 2a, rue de Quatre-Septembre. Öffnungszeiten: Tgl. außer So und Mo 14–17 Uhr. Die Bibliothek ist nur Di und Do zugänglich. Eintritt: 3 €, erm. 2 €. www.musee.arbaud.free.fr.

Musée Granet: Das nach dem aus Aix stammenden Maler *François-Marius Granet* (1775–1849) benannte Museum – es ist in einer ehemaligen Malteser-Komturei untergebracht – beherbergt die bedeutendste Kunstsammlung der

Stadt; seit 1984 sind hier als Dauerleihgabe auch mehrere Gemälde von *Paul Cézanne* ausgestellt. Breiten Raum nehmen zudem die Werke anderer französischer Meister (Le Nain, Fragonard, Mignard, Granet, Ingres etc.) sowie die italienische und flämische Malerei ein (Rembrandt, Rubens etc.). Moderne Kunst ist mit Giacometti, Léger, Mondarin, Klee und Picasso vertreten. Sehr interessant sind die im Untergeschoss ausgestellten archäologischen Exponate, so bieten Grabungsfunde (Kriegerstatuen, Schädeltrophäen etc.) des Oppidums Entremont einen Einblick in die bis heute nur bruchstückhaft erschlossene Kultur der keltoligurischen Bevölkerung. Anlässlich des Cézanne-Jahrs wurde das Museum 2006 umfangreich renoviert und erweitert.

Adresse Place Saint-Jean-de-Malte. Öffnungszeiten: Juni bis Sept. tgl. außer Mo 11–19 Uhr, sonst tgl. außer Mo 10–18 Uhr. Eintritt: 4 €, erm. 2 €. www.museegranet-aixenprovence.fr.

Außerhalb des Zentrums

La Cité du Livre: Die Räume einer ehemaligen Zündholzfabrik (ein paar hundert Meter westlich des Bahnhofs) beherbergen neben einem modernen Kulturzentrum auch die **Bibliothèque Méjanes**, zu deren Fundus 300.000 Bücher und wertvolle Handschriften, darunter das „Stundenbuch des Königs René", gehören, sowie die **Fondation Saint-John Perse**. Die Stiftung kümmert sich um das Werk des gleichnamigen Dichters, der 1960 mit dem Nobelpreis ausgezeichnet wurde. Seit dem Jahr 2000 wird zudem der Nachlass von Albert Camus in dem Espace Culturel verwaltet.

Adresse 8, rue des Alumettes. Öffnungszeiten: Di–Sa 14–18 Uhr. www.fondationsaintjohnperse.fr.

Atelier Paul Cézanne: Fünf Jahre vor seinem Tod erwarb Cézanne (1839–1906) nördlich der Stadt ein Anwesen, um sich im ersten Stock ein Atelier einzurichten. Das von einem zugewucherten Garten umgebene Haus wurde weitgehend im Originalzustand belassen und später der Öffentlichkeit zugänglich gemacht. Das Atelier selbst ähnelt mit den ausgestellten Malerutensilien einem Stillleben.

Adresse 9, avenue Paul Cézanne. Öffnungszeiten: Tgl. außer Di 10–12 Uhr und 14–18 Uhr, im Juli und Aug. 10–18 Uhr, im Winter tgl. außer Di 10–12 Uhr und 14–17 Uhr. Eintritt: 5,50 €, erm. 2 €. www.atelier-cezanne.com.

Fondation Vasarély: Seit das Vasarély-Museum in Gordes aufgelöst worden ist, konzentriert sich der Besucherstrom auf das 1975 vor den Toren von Aix eingerichtete Museum, das sich zugleich auch als Begegnungsstätte versteht. *Victor Vasarély* (1908–1997), ein gebürtiger Ungar, hatte sich seit Ende des Zweiten Weltkriegs fast ausschließlich mit der reinen Farbe und den reinen (abstrakten) Formen auseinandergesetzt. Er gilt als Begründer der Op-Art und Farbkinetik: Durch sich kreuzende Linien bzw. Netzüberlagerungen werden Bewegungseffekte hervorgerufen. Vasarélys Arbeiten beruhen dabei auf exakten mathematischen Berechnungen. Das futuristisch anmutende Museum wurde übrigens nach Entwürfen Vasarélys errichtet. Vasarély verstarb im März 1997; sein Lebenswerk war von der Schließung bedroht, da die Vasarély-Stiftung angesichts einer Steuerschuld von umgerechnet 2,7 Mio. Euro zum 31. März 1997 Konkurs anmelden musste, nachdem der Stiftungspräsident Charles Debbasch Gelder und Bilder unterschlagen hatte. Glücklicherweise konnte jedoch inzwischen der Fortbestand der Fondation gesichert werden. Fotografieren erlaubt.

Adresse Avenue Marcel Pagnol. Buslinie 4. Öffnungszeiten: Di–Sa 10–13 Uhr und 14–18 Uhr. Eintritt: 9 €, erm. 6 €. www.fondationvasarely.com.

Karten Seite 316/317, 438/439 und 467

Oppidum Entremont: Entremont, die drei Kilometer nördlich von Aix gelegene einstige Hauptstadt der Salyer, hatte sich zum Zeitpunkt der römischen Eroberung bereits über den sonst üblichen Typus eines keltischen Oppidums hinaus entwickelt. Entremont – der keltische Name ist nicht überliefert – besaß nicht nur eine mit Türmen versehene Mauer, sondern ähnelte in vielerlei Hinsicht bereits einer planmäßig angelegten antiken Stadt. Das Areal war in Quartiere unterteilt, in der Unterstadt waren die mit Steinplatten belegten Straßen von schmalen Wohnhäusern gesäumt, während die Oberstadt den Geschäften und Heiligtümern vorbehalten blieb. Beim Bau der Steinhäuser wurde kein Mörtel verwendet, die Wände scheinen mit Lehm verputzt gewesen zu sein.

Wann Entremont errichtet wurde, ist unklar, wahrscheinlich an der Wende vom vierten zum dritten vorchristlichen Jahrhundert; bekannt ist hingegen das Jahr der Eroberung (123 v. u. Z.). Da bei Ausgrabungen mehrere Steinkugeln zutage gefördert wurden, vermutet man, dass die Römer das Oppidum mit Katapulten „sturmreif" geschossen hatten. Ein Teil der Bevölkerung Entremonts, darunter der König Teutomalius, konnte noch rechtzeitig flüchten; die übrigen Einwohner wurden versklavt, mit Ausnahme von 900 Personen, für die sich die Griechen verwendet hatten. Die in Entremont bei Ausgrabungen entdeckten Funde sind größtenteils im Musée Granet in Aix-en-Provence ausgestellt, darunter auch so genannte „Têtes coupées", die an den Brauch der Kelten erinnern, getöteten Gegnern, den Kopf abzuschlagen und an den Eingängen ihrer Heiligtümer zu platzieren.

Öffnungszeiten Tgl. außer Di 9–12 Uhr und 14–18 Uhr, im Winter bis 17 Uhr. Eintritt: frei!

Verkannt und gemieden: Paul Cézanne

Paul Cézanne, einer der herausragendsten Vertreter der modernen Malerei, erblickte 1839 als Sohn eines wohlhabenden Bankiers in der Rue de l'Opéra, mitten im Zentrum von Aix, das Licht der Welt. Bereits in jungen Jahren konnte er in seiner Geburtsstadt erste Erfahrungen mit der Kunst sammeln. Doch zunächst studierte er, dem Wunsch seines Vaters entsprechend, an der juristischen Fakultät von Aix. Erst auf die steten Ermutigungen seines Schulfreundes Emile Zola hin entschloss sich Cézanne, sein Leben ausschließlich der Malerei zu widmen. Er ging nach Paris und kam dort in Kontakt mit den Impressionisten. Das Publikum und die Kritiker schätzten seine Malerei zum damaligen Zeitpunkt allerdings gering. Die drohende Wehrpflicht im deutsch-französischen Krieg bot Cézanne einen willkommenen Anlass, 1870 nach Südfrankreich zurückzukehren. Zuerst malte er in L'Estaque, einem kleinen Ort in der Bucht von Marseille, später, nachdem sein Vater gestorben war, ließ er sich wieder in Aix-en-Provence nieder. Unter dem Einfluss von Camille Pissarro gelang es ihm, einen eigenen, unverwechselbaren Stil zu entwickeln. Seine letzten Lebensjahre war Cézanne von einer einzigen Obsession getrieben und die galt der Montagne Sainte-Victoire. Er malte mehr als 60 Bilder dieses Berges, stets bemüht, „Konstruktionen und Harmonien parallel zur Natur" zu finden und auf die Leinwand zu bannen. Als Cézanne am 23. Oktober 1906 starb, nahmen zwar nur die wenigsten seiner Mitbürger am Tod dieses Sonderlings Anteil, doch sein Stern hatte gerade unwiderruflich begonnen, am Kunsthimmel aufzugehen.

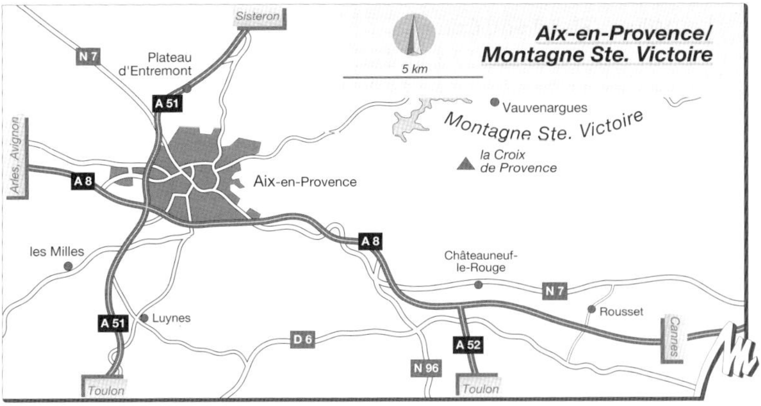

Umgebung von Aix

Montagne Sainte-Victoire

Im Osten von Aix-en-Provence erhebt sich die Montagne Sainte-Victoire, ein fahler Gebirgszug, der durch Cézanne berühmt wurde. Unzählige Male zog Cézanne los, um diesen, von steten Lichtspielen veränderten Koloss auf seine Leinwand zu bannen. Die Montagne Sainte-Victoire ist aber nicht nur Cézannes bekanntestes Motiv, sondern auch ein landschaftlich sehr reizvoller Gebirgszug, dessen Südflanke 1989 leider von einem Flächenbrand heimgesucht wurde. Zwar hat man wenig später begonnen, die zerstörte Fläche wiederaufzuforsten, aber es wird sicherlich noch etliche Zeit dauern, bis der alte Zustand wieder erreicht ist. „Die Sainte-Victoire ist nicht die höchste Erhebung der Provence, aber, wie man sagt, die jäheste. Sie besteht nicht aus einem einzigen Gipfel, sondern aus einer langen Kette, deren Kamm in der fast gleichmäßigen Höhe von tausend Metern über dem Meer annähernd eine Gerade beschreibt“, schrieb *Peter Handke*, der sich als einsamer Spaziergänger auf den Spuren Cézannes an der *Lehre der Sainte-Victoire* versuchte. Letztlich war es aber „der Berg, der mich anzog, wie noch nichts in meinem Leben mich angezogen hat“. Die intensive Auseinandersetzung mit der Montagne Sainte-Victoire löste bei Peter Handke einen „Beseligungsmoment“ aus, das Wandern wurde zur poetischen Selbstfindung.

Kurz vor Vauvenargues geht es bei dem Gehöft Les Cabassols (Wanderparkplatz) in eineinhalb Stunden zum **Croix de la Provence** hinauf, eine auch bei Schulklassen beliebte Wanderung, die man nach Osten hin bis zum Pic des Mouches (1.011 Meter) fortsetzen kann. Wenn der Mistral weht, sollte man allerdings von einer Erkundung des sanft ansteigenden Bergrückens absehen, da die Wanderung zu einer unangenehmen Tortur ausarten würde. Ein weiteres interessantes Ausflugsziel ist die Barrgade de Bimont, ein lang gezogener Stausee, der die Wasserversorgung von Aix sichert.

Les Milles – Elend und Exil

Auf den ersten Blick ist Les Milles nur ein langweiliger Vorort mit – für französische Verhältnisse – ungewöhnlich hohen Bürgersteigen. Ein feiner, roter Staub liegt in der Luft und weist den Weg zu der am Ortsrand gelegenen Ziegelei: Nicht irgendeine Ziegelei, sondern ein großräumiger Komplex mit Lagerhallen, in dem von 1939 bis 1943 bis zu 3.000 Menschen hinter Stacheldrahtzäunen interniert waren, um die „nationale Sicherheit" zu gewährleisten. Fast ausschließlich handelte es sich bei den Gefangenen um deutschsprachige Ausländer, die sich in Frankreich Schutz vor dem deutschen Nazi-Terror erhofft hatten. Darunter zahllose Intellektuelle, Schriftsteller, Journalisten, Wissenschaftler, Maler, Musiker, Politiker und Theaterleute. Einer der Inhaftierten war *Lion Feuchtwanger*, der seine Haftzeit in unangenehmer Erinnerung behielt: „Der kleine Ort Les Milles ist hässlich, doch die Landschaft ringsum ist sanft und lieblich; hügeliges Gelände, blau und grün, kleine, sanfte Flüsse, alte Landgüter, Ölbäume, Reben, viel Rasen ... Inmitten dieser Landschaft lag unbeschreiblich häßlich unsere Ziegelei." „Überall waren Trümmer und Staub von Backsteinen, selbst in dem wenigen, das man uns zu essen gab", erinnerte sich *Max Ernst* an seine leidvollen Erfahrungen während der Gefangenschaft: „Wir glaubten, verdammt zu sein, Trümmer von Backsteinen zu werden." Der Alltag bestand nur aus Warten, aus der verzweifelten Hoffnung, den Deutschen doch noch zu entkommen. Zu Feuchtwangers Haftgenossen zählten seine Schriftstellerkollegen *Franz Hessel*, *Alfred Kantorowicz*, *Golo Mann* und *Walter Hasenclever*, der am 21. Juni 1940 aus Angst vor der drohenden Deportation eine Überdosis Veronal schluckte und seinem Leben selbst ein Ende setzte. Die Davongekommenen haben ihre Erlebnisse literarisch zu verarbeiten versucht. Lion Feuchtwanger rechnete später mit der Verwaltung des Vichy-Regimes in „Der Teufel in Frankreich" ab, Kantorowicz und Hasenclever bezogen in den Büchern „Exil in Frankreich" beziehungsweise „Die Rechtlosen" Stellung, wobei sie wiederholt die „menschenunwürdigen" hygienischen und psychischen Verhältnisse in den französischen Lagern anprangerten.

Nach Kriegsende nahm die Ziegelei wieder ihren Betrieb auf, als wäre nichts gewesen, einzig ein Viehwagon und ins Nichts führende Gleise erinnerten stumm daran, dass von Les Milles die Todeszüge in die Vernichtungslager Auschwitz, Treblinka und Sobibor fuhren. Von mehr als 2.000 Deportierten überlebten gerade einmal 172! Erst langsam setzte eine Aufarbeitung der Vergangenheit ein, die durch das im Sommer 2002 eröffnete Mémorial National des Milles einen adäquaten Rahmen gefunden hat. Im Zentrum der Erinnerungsstätte steht der einstige Speisesaal der Wachmannschaften, in dem in den siebziger Jahren ein wertvoller Bilderzyklus „entdeckt" wurde, der zweifelsohne ein Werk der in Les Milles inhaftierten deutschen Künstler ist. Nachdem Historiker, jüdische Vereine und der Verband der Deportierten interveniert hatten, konnte gerade noch rechtzeitig der Abriss des Gebäudes verhindert werden; der Speisesaal wurde unter Denkmalschutz gestellt. Wer an den Arbeiten mitgewirkt hat, ist unter Kunsthistorikern umstritten. Fest steht aber, dass zu den Lagerinsassen mehr als drei Dutzend namhafte Maler und bildende Künstler gehörten, darunter Robert Liebknecht, Anton Räderscheidt, Max Lingner und Leo Marschütz. Max Ernst und Hans Bellmer, die ebenfalls in Les Milles inhaftiert waren, kommen nicht in Frage, da sie das Lager schon verlassen konnten, bevor der Zyklus im Herbst 1940 entstand.

Das ehemalige Internierungslager von Les Milles

Die anonymen, direkt auf die Betonwände gemalten Bilder „Schlaraffenland", „Weinlese" und „Ernte" – sie sind stilistisch vom Surrealismus und der russischen Moderne geprägt – erzählen von den Entbehrungen der Haftzeit, den Träumen von Frieden und Freiheit. So tafeln bei dem Wandbild „Festessen der Völker der Erde" ein Schwarzer, ein Italiener, ein Asiat, ein Holländer, ein Eskimo, ein Amerikaner und ein Inder in zufriedener Eintracht. Der Nahrungsmangel ist das bestimmende Thema, wie eine zugehörige Inschrift unterstreicht: „Si vos assiettes ne sont pas très garnies, puissent nos dessins vous calmer l'appétit" („Wenn eure Teller nicht sehr voll sind, mögen diese Zeichnungen euren Hunger stillen"). Ein anderes Werk zeigt eine Phantasielandschaft aus Schinken, Sardinen und Ananas. Die kräftigen Farben, allen voran ein aus Waschpulver gewonnenes Ultramarinblau, entführen in eine Welt der Völlerei, die 1940 weit hinter dem provenzalischen Sonnenhimmel gelegen hat.

• *Öffnungszeiten* Der ehemalige Speisesaal in der Ziegelei von Les Milles ist Mo–Fr von 9–12 Uhr und 12.45–17 Uhr geöffnet. Eintritt frei! Hinweis: Gegenüber der Ziegelei befindet sich ein historischer Eisenbahnwagon, mit dem die Juden, die in Les Milles interniert waren, nach Auschwitz deportiert wurden. www.campdesmilles.org.

Vauvenargues

Dank *Picasso* (1881–1973) ist das am Nordhang der Montagne Sainte-Victoire gelegene Vauvenargues eines der bekanntesten Dörfer der Provence. Optisch dominiert wird Vauvenargues durch sein mehr trutzig als repräsentativ wirkendes Schloss, das einen kleinen Hügel neben dem eigentlichen Dorf krönt. Das Malergenie Picasso erwarb das Renaissanceschloss 1958, allerdings schätzte er den Besitz nicht sonderlich, nur drei Jahre hielt er es in der abgeschiedenen Region aus. Nichtsdestotrotz liegt Picasso im Park des Schlosses begraben. Zum Leidwesen der aus aller Welt anreisenden Kunstliebhaber können der Park und das Schloss nur von außen besichtigt werden.

Information **Mairie de Vauvenargues**, Avenue Moraliste, 13126 Vauvenargues, ✆ 0442660094.

Puyloubier

Das kleine Dorf mit seinen bunten Häusern liegt inmitten von Weinbergen an der Südseite der Montagne Sainte-Victoire. Seit über fünfzig Jahren verbringen hier die Invaliden der Fremdenlegion ihren Lebensabend. Für Wanderfreunde bietet sich der schweißtreibende Anstieg (knapp 700 Höhenmeter) zum **Pic des Mouches** an.

Meyrargues

Das von einer mächtigen mittelalterlichen Burg bewachte Dorf (zwanzig Kilometer nördlich von Aix) eignet sich gut als Zwischenstopp auf dem Weg zum Lubéron. Trotz der knapp 3.000 Einwohner geht es in den Gassen recht beschaulich zu, die Burg selbst wurde zu einem ansprechenden Hotel umgebaut und bietet eine herrliche Aussicht auf das Tal der Durance und den nahen Lubéron (nicht zugänglich). Südlich des Ortes sind die Reste eines römischen Aquädukts zu bewundern, mit dessen Hilfe einst Wasser nach Aix geleitet wurde.

- *Verbindungen* Vier Zugverbindungen tgl. mit Sisteron und Aix-en-Provence.
- *Markt* Mittwoch- und Sonntagvormittag.

Ventabren

Das knapp zwanzig Kilometer westlich von Aix gelegene Ventabren gehört zu den schönsten und ältesten Dörfern des Départements Bouches-du-Rhône. Archäologische Grabungen lassen darauf schließen, dass der Hügel schon vor rund 10.000 Jahren von Menschen besiedelt war. Im Mittelalter krönte eine mächtige Burg, die nur noch als Ruine erhalten ist, das malerische Dorfensemble.
Lohnend ist auch ein Abstecher zum nahen **Aquädukt von Roquefavour**, denn es ist das größte steinerne Aquädukt der Welt. Von 1842 bis 1847 errichtet, spannt sich der bis 1973 als einzige Wasserversorgung für Marseille genutzte Kanal 84 Meter hoch und 375 Meter lang über das Vallée de l'Arc. Ähnlichkeiten mit dem Pont du Gard sind nicht zufällig, doch fehlt dem mächtigen Bauwerk die Grazie seines antiken Vorbildes ... Cézanne malte hier übrigens seine berühmten den Kubismus andeutenden *Grandes Baigneuses*.

Gardanne

Gardanne ist eine lebendige moderne Kleinstadt, ein paar Kilometer südlich von Aix. Einen Besuch lohnt der Sonntagsmarkt, das Ökomuseum des Mittelmeerwaldes (*Ecomusée de la Forêt*) bietet zudem die Gelegenheit, in einem dreizehn Hektar großen Areal die Vielfalt der provenzalischen Flora zu studieren.

Was haben Sie entdeckt?

Haben Sie eine schöne Wanderung, ein nettes Restaurant oder eine idyllische Herberge entdeckt?

Schreiben Sie an:

Ralf Nestmeyer/Stichwort „Südfrankreich"
c/o Michael Müller Verlag
Gerberei 19/91054 Erlangen
ralf.nestmeyer@michael-mueller-verlag.de

Theater von Orange

Im Tal der Rhône

Bereits die Römer schätzten die Rhône und ihre weiterführenden Nebenflüsse als geeigneten Wasserweg; auch mit schweren Frachten beladen, konnten römische Schiffe weit ins Innere Galliens vorstoßen. Das breite Flusstal war auch ein beliebtes Siedlungsgebiet der Römer, wie die Gründungen von Orange, Avignon und Arles eindrucksvoll beweisen. Auf den entlang der Rhône verlaufenden römischen Handelsstraßen wurden außerdem edle Gewürze, feine Textilien, Schmuck, Edelsteine und Papyrus in den Norden Frankreichs transportiert; im Mittelalter gelangte die geistige und materielle Kultur der Mittelmeerländer auf der gleichen Route in das fränkische Gallien. Das fruchtbare Schwemmland der Rhône ist seit jeher aber auch ein traditionelles Obst- und Gemüseanbaugebiet. Leider hat das breite Tal mit seiner gut ausgebauten Infrastruktur heute durch zahlreiche Industrieansiedlungen weitgehend seinen Reiz eingebüßt. Besonders um die Wasserqualität ist es schlecht bestellt, da zudem auch fünf Kernkraftwerke ihr Kühlwasser in den Fluss einleiten. Doch ein wenig Hoffnung ist in Sicht: Seit ein paar Jahren treten Bürgerinitiativen vehement für eine Verbesserung der gegenwärtigen Situation ein, die unter umweltpolitischen Gesichtspunkten als katastrophal bezeichnet werden muss.

Mornas

Die auf einem steil abfallenden Kalkfelsen thronende Burgruine von Mornas ist ein erster Blickfang auf dem Weg nach Süden. Das eigentliche Dorf – es besitzt noch die Reste seiner mittelalterlichen Stadtbefestigung – schmiegt sich, eingezwängt von Autobahn und Nationalstraße, an die Felswand.

Abstecher zu den Gorges de l'Ardèche

Die Ardèche gehört zwar nicht mehr zur Provence, doch drängt sich ein Abstecher zu den nahen Gorges de l'Ardèche geradezu auf. Die einzigartige Schluchtenlandschaft der Ardèche steht bei Südfrankreichfans nicht zu Unrecht hoch im Kurs. In seinem Unterlauf hat sich der Fluss ein tiefes Bett mit zahlreichen Windungen in den weichen Kalkstein gegraben. Die dem Lauf der Ardèche folgende Panoramastraße (D 290) bietet zwar mehrere imposante Ausblicke auf das türkisfarbene Wasserband, die ganze Schönheit der rund 40 Kilometer langen Schlucht erschließt sich aber während einer Kajak- oder Kanufahrt.

Praktische Hinweise: Eine Bootsfahrt von Vallon Pont d'Arc nach Saint-Martin lässt sich bequem in einem Tag bewältigen, die Verleiher holen ihre Boote abends wieder ab und bringen sie samt Besatzung zum Ausgangspunkt zurück. Achtung: Kinder müssen schwimmen können und mindestens sechs Jahre alt sein. Für Nicht-Kanufahrer ist der „Strand" beim Pont d'Arc, einem natürlichen Felstunnel, zum Baden besonders geeignet. Das touristische Zentrum der Ardèche ist Vallon Pont d'Arc. Rund um den 2.000-Einwohner-Ort sind Dutzende Kanuverleiher, Campingplätze, Restaurants und Hotels zu finden.

• *Markt* Samstagvormittag. Am ersten Sonntag im Juli findet ein mittelalterlicher Festmarkt statt.

• *Übernachten/Essen* ** **Le Manoir**, charmantes Logis-de-France-Hotel mit nettem Innenhof, in dem im Sommer das Frühstück serviert wird. Zimmer im provenzalischen Stil je nach Ausstattung 55–95 €, leckere Menüs zu 17 € (mittags), 27 und 40 €. Das Restaurant hat Sonntagabend, Montag und Dienstag geschlossen. Direkt neben der RN 7, somit auch als Etappenstation gut geeignet. WLAN verfügbar. Avenue Jean Moulin, ✆ 0490370079, ✆ 0490371034. www.hotel-le-manoir.com.

• *Camping* *** **Domaine de Beauregard**, schönes, schattiges Areal für entspannte Ferien. Die große Attraktion ist die Badelandschaft mit mehreren Pools (teilweise von Ende März bis Anf. Nov. beheizt) samt Riesenrutschen. Es werden auch Mobilhomes vermietet. Route d'Uchaux, ✆ 04903 70208. www.camping-beauregard.com.

Sehenswertes

La Fortresse: Wer die mittelalterliche Festung von Mornas besichtigen will, muss seinen Wagen spätestens bei der romanischen Friedhofskirche Notre-Dame de Val Romigier abstellen. Nach einem kurzen, aber sehr steilen Aufstieg ist der Burgeingang erreicht. Von der einst das Rhônetal beherrschenden Burg – sie wurde im 12. Jahrhundert von den Grafen von Toulouse errichtet – sind nach den Zerstörungen der Religionskriege zwar nur noch die Grundmauern erhalten, doch der phantastische Blick über das Tal der Rhône rechtfertigt eine Besichtigung allemal.

Öffnungszeiten Von April bis Sept. 11–12 Uhr und 14–17 Uhr. Im Winter geschlossen. Führungen: 6 €, erm. 5 €. www.forteresse-de-mornas.com.

Piolenc

Piolenc – sprich „Piulänk" – ist in ganz Frankreich als die „Hauptstadt des Knoblauchs" bekannt. Wer durch die Ortsdurchfahrt (RN 7), die gleichzeitig als Hauptgeschäftsstraße des 4.000-Seelen-Städtchens fungiert, fährt, wird dies kaum übersehen können: Die Knoblauchknollen liegen nach der Ernte in hoch gestapelten roten Plastikkisten – immer zehn Stück adrett verpackt in einem weißen Netz. Seit den dreißiger Jahren des 20. Jahrhunderts wird der Knoblauch in Piolenc im großen Stil angebaut. Rund 80 Prozent der Ernte der Region Provence Côte d'Azur stammt aus Piolenc. Erntezeit ist in der Regel zwischen dem 15. und 20. Juni. Wer Knoblauch kauft, sollte wissen: Die violette Knolle hat einen etwas intensiveren Geschmack, doch hält sie sich nicht so gut wie die weiße. Gesund sind beide: Allizin verleiht dem Knoblauchöl nicht nur seinen charakteristischen Geruch, sondern beugt Arteriosklerose vor und senkt den Blutdruck; es erschwert zudem die Gerinnung sowie Gerinselbildung des Blutes und neutralisiert überschüssiges Cholesterin.

Markt Montagvormittag.

Sérignan-du-Comtat

„Sérignan-du-Comtat, ein Dorf, das weder Touristen- noch Malerdorf war, gelegen hinter einem Hügel und vor der Ebene, mit dem Mont Ventoux als Kegel am Horizont", so beschrieb *Werner Lichtner-Aix* 1969 seine erste Begegnung mit dem acht Kilometer nordöstlich von Orange gelegenen provenzalischen Marktflecken. Es muss Liebe auf den ersten Blick gewesen sein, denn fast zwanzig Jahre lang lebte Lichtner-Aix einen Teil des Jahres mit seiner Familie in Sérignan-du-Comtat. Der kleine beschauliche Ort wird in Frankreich vor allem mit einer anderen berühmten Persönlichkeit in Verbindung gebracht: Die Rede ist von dem bekannten Insektenforscher *Jean-Henri Fabre* (1823–1915); ihm zu Ehren wurde gar eine Statue vor dem Rathaus aufgestellt. Von 1870 bis zu seinem Tod lebte und forschte Fabre in Sérignan-du-Comtat.

- *Information* **Mairie**, 84830 Sérignan-du-Comtat, ✆ 0490700003. www.serignanducomtat.com.
- *Verbindungen* Tgl. fünf Busverbindungen nach Orange.
- *Markt* Mittwochvormittag.
- *Übernachten* *** **Le Pré du Moulin**, schönes, ländliches Anwesen mit großzügigem Garten und Swimmingpool, Zimmer von 90–140 €. Ausgezeichnetes Restaurant mit starker saisonaler Ausrichtung (Menüs zu 39, 59 und 79 €). Montag Ruhetag, in der Nebensaison auch Sonntagabend, im Februar Betriebsferien. Route de Ste-Cécile, ✆ 0490701455, ✆ 0490700562. www.predumoulin.com.
- *Chambres d'hôtes* **Chez Alizé**, schräg gegenüber des Harmas werden hier drei Zimmer (52 € inkl. Frühstück) und ein Appartement (375 € pro Woche) vermietet. La Croix des Aires, ✆ 0490700819. www.serignanducomtat.com/chezalice.htm.

Im Tal der Rhône
Karte Seite 482

Sehenswertes

Harmas de Jean-Henri Fabre: Im verwilderten Garten seines berühmten Harmas (von Ermès, dem provenzalischen Namen für Ödland) betrieb Jean-Henri Fabre, ein aus ärmlichen Verhältnissen stammender Autodidakt, seine Studien. Der wegen seiner schriftstellerischen Qualitäten häufig als „Homer der Insekten" bezeichnete Fabre ist aufgrund seiner detaillierten Beobachtungen verschiedener Insekten in der Fachwelt bis heute ein Begriff. Fabre war eng mit dem Philosophen John Stuart Mill befreundet, korrespondierte mit Charles Darwin, wenngleich er selbst zu gläubig war, um ein Anhänger von Darwins Evolutionstheorie zu werden. Nach umfassenden Restaurierungsarbeiten ist der Harmas seit dem Sommer 2007 wieder zu besichtigen. Das Arbeitszimmer – ein großer, heller Raum mit zwei Fenstern, die sich nach Süden, zum Garten, öffnen – ist weniger eine Dichterstube als eine Art „Naturalienkabinett“. Fabres Schlapphut, seine Sammeltasche und sein Spazierstock werden wie Devotionalien präsentiert. In den Vitrinen und Wandschränken sind die aufgespießten Käfer und Schmetterlinge eng aneinandergedrängt, dazwischen eine Auswahl seiner Aquarelle von Tieren, Pflanzen und Pilzen. Zu Fabres Sammlung gehören neben zahllosen Schneckenhäusern, Muscheln und Versteinerungen auch Mineralien, Münzen, Tonscherben und steinerne Pfeilspitzen – er interessierte sich für beinahe alles, was man am Wegesrand finden konnte. Lohnend ist ein Spaziergang durch den üppig blühenden Garten, zu dem neben einem Gemüsefeld auch ein Park gehört.

Öffnungszeiten April bis Okt. tgl. außer Mittwoch sowie Samstag- und Sonntagvormittag 10–12.30 Uhr und 14.30–18 Uhr (im Juli und Aug nachmittags 15.30–19 Uhr). Eintritt: 5 €, erm. 3 €. www.mnhn.fr/expo/lieuxMNHN/TextesFrancais/PagesLieux.

Ein ödes Stück Land

„Das ist es, was ich mir gewünscht habe, hoc erat in votis: eine kleine ländliche Besitzung, oh, nicht sehr groß, aber abgeschlossen und den Unzuträglichkeiten der Landstraße entzogen, ein verlassenes Stück unfruchtbares Land, ausgedörrt von der Sonne, günstig für die Disteln und die Hautflügler. Dort würde ich, ohne Störungen durch Vorübergehende befürchten zu müssen, die Sandwespe und die Grabwespe befragen und mich dem schwierigen Zwiegespräch hingeben können, in dem Frage und Antwort das Experiment der Sprache benutzen“, so beschrieb Jean-Henri Fabre den Landsitz, den er im Alter von 57 Jahren erworben hatte, um seinen geliebten Insekten nah zu sein. Der verwunschene Garten des Harmas präsentiert sich nicht als ödes Brachland mit trockenen Disteln und ein paar Kräutern, sondern als eine verwilderte Miniaturausgabe der provenzalischen Fauna mit schattigen Eichen und Zypressen. Auch der kleine Tümpel, an dem Fabre einst Wasserläufer und Köcherfliegenlarven beobachtet hat, existiert noch. Unermüdlich kroch Fabre durch das Unterholz, dem Zigarren wickelnden Rebstecher oder den Mistkugeln wälzenden Skarabäen auf der Spur: „Jedermann staunt, wenn er zum erstenmal einen Scarabäus sieht, der, sozusagen im Kopfstand, die langen Hinterbeine hochreckt, die große Pille vorwärts stößt und dabei viele ungeschickte Purzelbäume vollführt. ... Zur Zeit des Ramses und der Thutmosis mengte sich noch der Aberglaube bei: man erblickte in dieser rollenden Kugel ein Sinnbild der Erde während ihres täglichen Umgangs, der Scarabäus empfing göttliche Ehrung.“

Musée et Atelier Lichtner-Aix: Das zentral, aber etwas versteckt gelegene Atelierhaus von *Werner Lichtner-Aix* wurde nach dem frühen Tod (1987) des Malers, der durch seine farbenfrohen Landschaftsporträts bekannt wurde, von seiner Witwe als Atelier-Museum der Öffentlichkeit zugänglich gemacht. Es wirkt so authentisch, dass man meinen könnte, der Maler sei nur kurz spazieren gegangen.

Öffnungszeiten Von April bis Mitte Okt. tgl. außer Di 14–17.30 Uhr. Eintritt: frei! www.museelichtner-aix.com.

Augustusstatue im Antiken Theater

Orange

Der amerikanische Schriftsteller Henry James fällte vor rund hundert Jahren ein harsches, wenn auch mit Abstrichen noch immer gültiges Urteil: „Von diesen römischen Überresten und seinem Namen abgesehen ist Orange eine ganz und gar gesichtslose Stadt."

Orange, das klassische Tor zur Provence, ist eine typische Provinzstadt, die bisher nur aufgrund ihrer faszinierenden römischen Bauwerke und den sommerlichen Festivals für überregionale Schlagzeilen sorgte. Dies hat sich seit den verhängnisvollen Kommunalwahlen vom Juni 1995 entschieden gewandelt, bescherte doch der Wahlausgang Orange mit Jacques Bompard einen Bürgermeister, der ein führendes Mitglied des Front National ist und wiederholt seine ausländerfeindliche Gesinnung zum Ausdruck gebracht hatte. Die Frage, ob er die für das berühmte Opernfestival eingeladenen Künstler wieder ausladen wolle, verneinte das frisch gewählte Stadtoberhaupt zwar pikiert, nicht ohne jedoch im gleichen Atemzug hinzuzufügen, dass er gerne mehr junge Franzosen auf der Bühne sähe. Unter französischen Künstlern entbrannte schnell eine rege Diskussion, ob Orange nun boykottiert werden sollte, oder ob es nötiger denn je sei, hier aufzutreten und gegen die rassistischen Umtriebe Farbe zu bekennen. In den bisherigen Jahren seiner Amtszeit hat es der Bürgermeister mit diversen politischen Eskapaden „meisterlich" verstanden, das Klima und die Atmosphäre der 29.000-Einwohner-Stadt zu vergiften. Zwar war Orange noch nie eine heitere provenzalische Stadt wie beispielsweise Aix-en-Provence – statt beschwingter Studenten prägen Fremdenlegionäre das Stadtbild –, doch seit den Wahlen von 1995 ist die Stimmung besonders gedrückt. Kopfschüttelnd nahm die französische Presse zur Kenntnis, dass Bompard bei den Kommunalwahlen vom Juni

2001 mit mehr als 60 Prozent der Stimmen in seinem Amt bestätigt wurde. Im Jahr 2005 wechselte er zum nationalkonservativen MPF (Mouvement pour la France). Bei den Wahlen von 2008 wurde er erneut in seinem Amt bestätigt.

Bornierte Bildungspolitik

Im Sommer 1996 sorgte die rechtsradikale Stadtregierung für einen erneuten Skandal, als sie sich anmaßte, die Neuerwerbungen der Stadtbücherei zu zensieren. Die rechts gesinnten Herren lehnten nicht nur die Anschaffung von Büchern über Rap-Musik und Rassismus ab, auch die Reihe „Märchen aus aller Welt" wurde als zu kosmopolitisch eingestuft und aus den Regalen genommen. Hilfe suchend wandten sich aufrichtige Geister an den französischen Kultusminister Philippe Douste-Blazy, der daraufhin wegen „Zweifeln an den Grundprinzipien" der Bücherauswahl eine Inspektion der Stadtbücherei von Orange anordnete, durch die die Zensur des Front National an die Öffentlichkeit gebracht werden konnte.

Geschichte

Bereits die Kelten hatten, bevor Augustus hier Veteranen der 2. Legion ansiedelte, in *Arausio* eine Quellgottheit verehrt. Die neu gegründete römische Stadt entwickelte sich sehr zügig. Geschützt von einer sechseckigen, mehr als drei Kilometer langen Stadtmauer galt das antike Orange als eine der prachtvollsten Städte der Provinz Gallia Narbonensis. Doch bereits 412 wurde die Stadt von den Westgoten geplündert und zerstört, da das Römische Imperium dem Druck der Völkerwanderungszeit nichts mehr entgegensetzen konnte. Analog zu anderen bedeutenden römischen Städten Galliens hatte sich das Christentum bereits in der Spätantike fest in Orange etabliert, zwei Synoden sind bezeugt. Die Herren von Les Baux, die im 12. Jahrhundert über Orange herrschten, betrieben die Erhebung zum unabhängigen Fürstentum. Die Nachfolge der Herren von Les Baux trat das Haus Chalon an. Als Claudia von Chalon, die erbberechtigte Prinzessin von Oranien, 1530 den in Siegen geborenen Heinrich III. ehelichte, entstand die Linie Nassau-Oranien, von der das niederländische Königshaus direkt abstammt. Dem französischen König war das unabhängige Orange verständlicherweise ein Dorn im Auge. Mehrfach wurde Orange besetzt, so von 1673–1679 und von 1690–1697, bis es schließlich 1702 annektiert wurde. Im Frieden von Utrecht (1713) wurde die Annexion bestätigt und Orange endgültig französisch.

Information/Verbindungen/Diverses

• *Information* **Office de Tourisme**, 5, cours Aristide-Briand, B.P. 140, 84104 Orange, ✆ 0490347088, ✆ 0490349962, www.otorange.fr.

• *Einwohner* 29.000 Einwohner.

• *Verbindungen* Der **SNCF-Bahnhof**, ✆ 0490341782, liegt rund einen Kilometer östlich des Zentrums, über die Avenue F. Mistral und die Rue de la République gelangt man zum Rathaus. Tgl. rund neun Verbindungen nach Paris (2 x TGV) sowie 20 Verbindungen tgl. nach Avignon und Marseille. Als **Gare routière** (Busbahnhof, ✆ 0490341559) dient der Cours Pourtoles (200 Meter südöstlich des Antiken Theaters). Busverbindungen nach Avignon (20 x tgl.), Châteauneuf-du-Pape (4 x tgl.), Vaison-la-Romaine (4x tgl.) sowie Sérignan-du Comtat (5 x tgl.). **Taxi**: ✆ 0490345742.

• *Markt* Donnerstagvormittag.

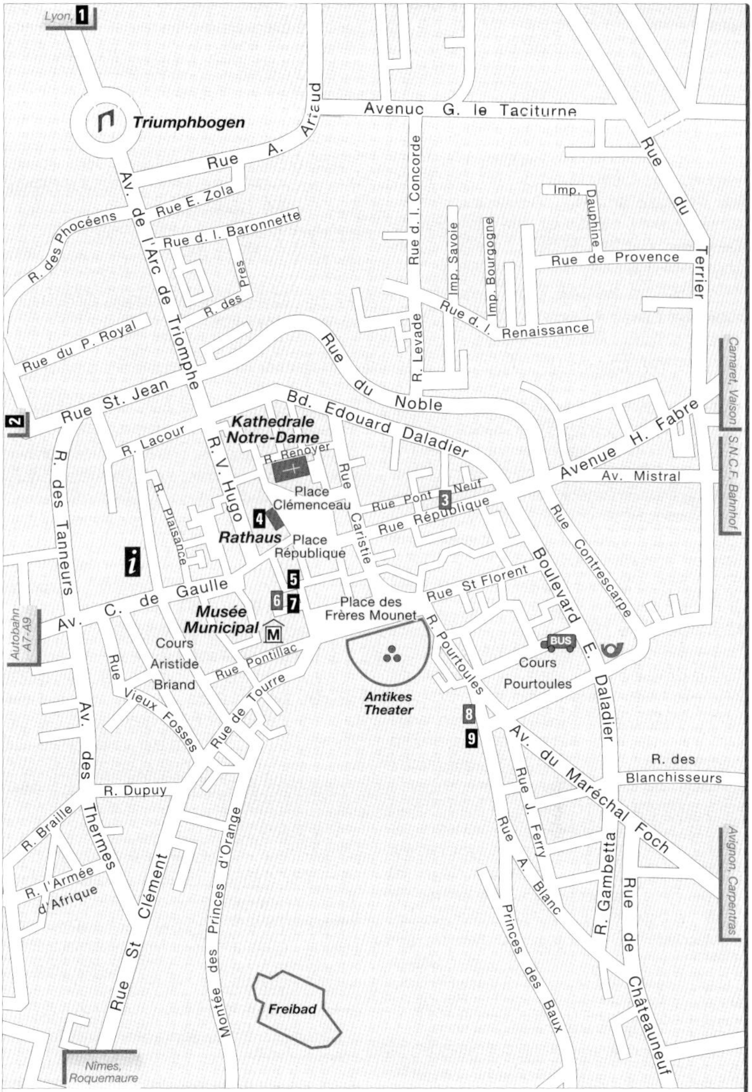

Übernachten
1 Mas des Aigras
2 Villa Aurenjo
4 Arène
5 L'Herbier d'Orange
7 Saint Florent
9 Saint-Jean

Essen & Trinken
3 L'Atrium
6 Le Forum
8 Le Parvis

100 m

Orange

• *Veranstaltungen und Feste* **Les Chorégies**, renommiertes Festival (Mitte Juli bis Anfang Aug.) mit Tragödien, Opern und Symphoniekonzerten im antiken Theater von Orange. Bei diesem Festival sind schon José Carreras, Luciano Pavarotti und Placido Domingo aufgetreten. www.choregies.com. **Nuits d'été**, Schauspiele, Variétés und klassische Musik im August. **Festival de Jazz amateur**, Amateurjazzfestival Anfang Juni. **Festival de la Bande-Dessinée**, seit 1986 dreht sich in Orange alljährlich im Mai alles um Comic-Bücher.

• *Post* 697, boulevard Eduard Daladier.

• *Internet* Atlas Telecom, 22, rue Victor Hugo.

• *Schwimmen* Freibad (Piscine des Cedres), knapp einen Kilometer südlich des Antiken Theaters in der Nähe des Friedhofs. Nur im Juli und Aug. geöffnet.

• *Mini Train* Im Sommer zuckelt tgl. zwischen 9 und 19 Uhr ein Bummelzug durch Orange. Abfahrtsort: Antikes Theater. Kosten: 5 €.

• *Autoverleih* Renault Rent, 956, avenue Maréchal de Lattre de Tassigny de Belgique, ✆ 0490111528.

• *Fahrradverleih* Cycles Picca, So geschlossen, 795, avenue de Verdon, ✆ 0490516953.

• *Kino* Cinéma Forum, Impasse du Parlement, ✆ 0490515061.

Übernachten/Essen und Trinken (siehe Karte S. 477)

• *Übernachten* *** **Arène (4)**, begehrte Lage mitten im Zentrum an einem beschaulichen Platz; manche Zimmer besitzen einen malerischen Balkon. Gutes Preis-Leistungs-Verhältnis. Das Frühstück wird auf der Terrasse vor dem Hotel serviert. Im Nov. Betriebsferien. Komfortable Zimmer (manche mit Balkon) je nach Saison und Lage 84–145 €, EZ ab 60 €. Place de Langes, ✆ 0490114040, 📠 0490114045. www.hotel-arene.fr.

Mas des Aigras (1), dieser zum Hotel umgebaute ehemalige Bauernhof liegt vier Kilometer nordwestlich des Stadtzentrums (an der RN 7 400 Meter nach der Brücke links) einsam zwischen Weinreben. Eine kleine, ländliche Herberge mit viel Flair und nur elf Zimmern, deren Bäder mal erneuert werden könnten. Schöner Garten, der kleine Swimmingpool eignet sich aber eher zum Abkühlen als zum Schwimmen. Im zugehörigen Restaurant La Table du Verger gibt es ansprechende Menüs zu 20 € (nur mittags), 30, 36 oder 55 €. Zimmer je nach Ausstattung 75–120 €, Frühstück 13 €. WLAN vorhanden. Das Restaurant hat Montag-, Mittwoch- und Samstagmittag geschlossen, in der Nebensaison Mo–Mi Ruhetag. Im Winterbetriebsferien. Chemin des Aigras. ✆ 0490348101, 📠 0490340566. www.masdesaigras.com.

** **Saint-Jean (9)**, dieses unweit des antiken Theaters zu findende Hotel ist ein Lesertipp von Annemarie Schütz-Ott. Die Einrichtung ist etwas in die Jahre gekommen, doch ist alles sehr sauber und die klimatisierten Zimmer kosten je nach Saison 60–85 €, im Sommer ab 65 €. Leser lobten das Frühstücksbuffet (8 €). Das Auto kann man nachts im abschließbaren Innenhof abstellen (6 €). 7, cours Pourtoules, ✆ 0490511516, 📠 0490110545. www.hotelsaint-jean.com.

** **Saint Florent (7)**, in dieser Preisklasse recht angenehmes Hotel ebenfalls unweit des Théâtre Antique. Das Treppenhaus ist sehr farbenfroh mit vielen Gemälden eingerichtet. Netter, gesprächiger Patron. EZ ab 25 €, DZ je nach Ausstattung 40–77 €, Frühstück und Garage (200 Meter entfernt) 7 bzw. 6 €. Im Dez. Betriebsferien. 4, rue de Mazeau, ✆ 0490341853, 📠 0490511725. www.hotelsaintflorent.com.

** **L'Herbier d'Orange (5)**, zwei Häuser weiter, ein weiteres günstiges Hotel, an einem netten, kleinen Platz gelegen, wo im Sommer das Frühstück serviert wird. Die unlängst renovierten Zimmer kosten 37 € (EZ) bzw. als DZ je nach Ausstattung 42–55 €, Frühstück 7 €. 8, place aux Herbes, ✆ 0490340923, 📠 0490516112. www.lherbierdorange.com.

• *Châmbres d'Hôtes* **Villa Aurenjo (2)**, wunderschöne Privatzimmer und Appartements in einer stattlichen Villa aus dem 18. Jahrhundert. Swimmingpool, Tennisplatz und Sauna vorhanden. DZ 120–250 € (inkl. Frühstück). Im Westen des Zentrums gelegen. Kostenloses WLAN. 136, rue François Chambovet, ✆ 0490111000. www.villa-aurenjo.com.

• *Camping* *** **Le Jonquier**, drei Kilometer nordwestlich des Zentrums. Mäßig beschattet und hauptsächlich für einen kürzeren Aufenthalt geeignet. Nach dem Besuch des Römischen Theaters findet man im Swimmingpool Abkühlung. Stellplatz für 2 Pers. ab 20 €. April bis Mitte Sept. geöffnet. 1321, rue Alexis Carrel, ✆ 0490344948. www.campinglejonquier.com.

• *Essen und Trinken* **L'Atrium (3)**, einfache, aber ansprechende Küche mit Schwerpunkt auf Fisch und Meeresfrüchten. Ruhig und beschaulich sitzt man im Garten unter einem alten Magnolienbaum. Wie wäre es mit *Fondue du Pêcheur* mit fünf verschiedenen Fischsorten für 25 €? Plat du jour 9,50 €, Menüs zu 16,50, 22 und 29 €. Sonntag und Montag Ruhetag. 5, impasse du Parlement, ✆ 0490343417.

Le Parvis (8), gilt als anspruchsvollstes Restaurant der Stadt, ein großes Plus ist die große Straßenterrasse. Das Angebot ist stark auf saisonale Produkte ausgerichtet. Lecker ist das Rosmarin-Kaninchen mit schwarzen Oliven. Menüs zu 19 € (mittags mit einem Glas Wein), 26 und 44 €. Sonntagabend und Montag Ruhetag. 3, cours Pourtoules, ✆ 0490348200.

Le Forum (6), kleines, etwas plüschiges Restaurant mit guter Küche, nur einen Steinwurf weit vom Antiken Theater entfernt. Lecker mundete die *Bourride de lotte*. Menüs zu 18, 20, 28 und 35 €. Samstagmittag und Montagmittag geschlossen, Ende Aug. bis Mitte Sept. Betriebsferien. 3, rue Mazeau, ✆ 0490340109.

Café du Commerce und **Café de l'Univers**, zwei nette Cafés auf der Place Clémenceau, in unmittelbarer Nähe des Rathauses.

Sehenswertes

Théâtre Antique: Das zu Beginn unserer Zeitrechnung erbaute Theater von Orange gehört zu den schönsten und besterhaltenen Bauten der Antike. Besonders imposant ist die 103 Meter lange und 37 Meter hohe Fassadenwand, die *Ludwig XIV.* (1643–1715) als „die schönste Mauer meines Königreichs" bezeichnet haben soll. Das Theater von Orange zeugt von der Bedeutung, welche die von den Griechen übernommene Begeisterung für das Theaterspiel im römischen Leben gewonnen hatte. Ein Theater galt als idealer Schauplatz für die im Altertum so geschätzte Mischform von religiösem Zeremoniell und Unterhaltung. Rund 10.000 Menschen boten die halbkreisförmigen Zuschauerstufen Platz, wobei man die natürlichen Gegebenheiten geschickt nutzend die Stufen den Hügel hinauf gebaut hat. Typisch für die antike Theaterarchitektur ist, dass die Rückwand der Bühne genauso hoch war wie der oberste Rang des Zuschauerraums (*cavea*) und somit den Bau nach außen völlig abschloss.

Als Blickfang dient heute eine 1931 ausgegrabene, rund dreieinhalb Meter hohe Statue des *Kaisers Augustus*. Im Mittelalter wurde das Theater ähnlich wie in Arles zu einer gut befestigten, kleinen Stadt ausgebaut. Im 19. Jahrhundert erfolgte die Restaurierung des klassischen Bauwerks, das seither als Bühne für verschiedene Veranstaltungen genutzt wird. Selbst Pink Floyd gaben in den achtziger Jahren hier ein Gastspiel.

Direkt an die Westseite des Theaters grenzt das so genannte **Gymnasion**. Es handelt sich um eine halbrunde Anlage mit zugehörigem Tempel, deren genaue Funktion bisher nicht geklärt werden konnte. Die Meinungen der Wissenschaftler schwanken zwischen der Annahme, es handle sich um ein weiteres Theater, ein für musikalische Aufführungen genutztes Odeon oder einen Zirkus.

Öffnungszeiten Von Juni bis Aug. tgl. 9–19 Uhr, im April, Mai und Sept. tgl. bis 18 Uhr, im Winter 9.30–16.30 Uhr. Eintritt: 8 €, erm. 7 € (inkl. Musée Municipal). www.theatre-antique.com.

Musée Municipal: Das schräg gegenüber dem Kassenhäuschen gelegene Museum ist eine ideale Ergänzung zum Besuch des antiken Theaters. Zahlreiche lokale Fundstücke und eine ansprechende Erläuterung wecken das Interesse. Wertvollstes Exponat ist eine fragmentarisch erhaltene Katasterplatte, eine Art plastisches Grundsteuerbuch, dessen älteste Eintragungen in das Jahr 77 v. u. Z. datieren.

Öffnungszeiten Von Juni bis Aug. tgl. 9.15–19 Uhr, im April, Mai und Sept. tgl. bis 18 Uhr, im Winter 9.45–12.30 Uhr und 13.30–16.30 Uhr. Eintritt: 8 €, erm. 7 € (inkl. Théâtre Antique).

Karte Seite 482

Der Arc de Triomphe in Orange

Cathédrale Notre-Dame: Orange wurde erst relativ spät (1107) zum Bistum erhoben. Diese Ernennung zog die Errichtung einer standesgemäßen Kathedrale nach sich. Der Bau der während der Religionskriege stark beschädigten Kirche erfolgte im romanischen Stil.

Arc de Triomphe: Eine Richtigstellung vorab: Die im Alltag gebräuchliche Bezeichnung Triumphbogen ist falsch, denn Triumphzüge hielten die Römer nur in Rom selbst ab. Bei dem außerhalb der Stadtmauer von Orange gelegenen „Triumphbogen" handelt es sich auch nicht um ein Stadttor, die exakte Definition müsste „Stadtgründungsmonument" lauten. Das von seinen Ausmaßen monumentale Tor – der knapp 20 Meter hohe Bogen besitzt drei gewölbte Durchgänge – symbolisierte nicht nur die Zugehörigkeit zum Römischen Imperium, sondern auch dessen wiederhergestellte Macht (den Römern war 105 v. u. Z. bei Orange von den verbündeten Kimbern und Teutonen eine herbe Niederlage beigebracht worden). Das in einer Bauzeit von rund fünf Jahren (21–26) entstandene Stadtgründungsmonument besitzt einen ungewöhnlich reichen Figurenschmuck, der im Stile der Kaiserzeit den römischen Sieg über die Gallier verherrlicht. Im Mittelalter wurde das Bauwerk mittels Schießscharten und Aufbauten in eine wehrhafte Festung verwandelt; bereits im 18. Jahrhundert begannen die ersten Restaurierungsarbeiten, das heutige Erscheinungsbild erhielt der Bogen in den sechziger Jahren.

Caderousse

Der zwischen Orange und Châteauneuf-du-Pape gelegene Ort ist ein Kleinod am linken Ufer der Rhône. Allerdings versteckt sich Caderousse hinter einem kreisrunden Wall. Letzterer stammt nicht aus dem Mittelalter, sondern aus dem späten 19. Jahrhundert und sollte vor dem größten Feind des Ortes schützen, der Rhône. Caderousse wurde wiederholt durch Hochwasserfluten beschädigt, besonders schlimm im Jahre 1856. Wer sich ein Bild von den Hochwasserständen machen will, muss nur einen Blick auf das klassizistische Rathaus werfen, an dem die verschiedenen Pegelstände markiert sind. Historiker vermuten übrigens, dass *Hannibal* im Jahre 218 v. u. Z. bei Caderousse die Rhône mit seinen 50.000 Kriegern, 10.000 Pferden und 37 Elefanten überquert hat.

• *Markt* Dienstagvormittag.

• *Übernachten* **La Bastide des Princes**, schmuckes provenzalisches Landhaus mit großem Garten samt großem Swimmingpool und Hallenbad. Es werden auch Kochkurse angeboten. Zimmer je nach Saison 120–160 € inkl. Frühstück für zwei Personen. Kostenloses WLAN. Chemin de Bigonnet, ✆ 0490510459. www.bastide-princes.com.

Skurrile Wesen bewachen das Château von Seillans ▲▲

Straßenkunst in Apt ▲

▲▲ Typisch für den Lubéron: eine archaische Borie, fensterlos und ohne Mörtel errichtet
▲ Crestet: malerische Dachlandschaft

Stillleben in Gordes ▲

Häuserfassade in Cavaillon ▲▲
Fenstermalereien in Avignon ▲

Villecroze besitzt einen verträumten Park mit einem Wasserfall und einer in den Fels geschlagenen Burg

Châteauneuf-du-Pape

Wie keine andere Stadt der Provence ist Châteauneuf-du-Pape geradezu zum Synonym für den Weinanbau geworden. Für Weinliebhaber ist ein Besuch von Châteauneuf-du-Pape wichtiger als eine Besichtigung des Papstpalastes in Avignon.

Wie der Ortsname schon andeutet, geht der Weinbau auf die Päpste von Avignon zurück: Johannes XXII. schützte seine Weinberge durch eine mächtige Burg, die in den Religionskriegen schwer beschädigt wurde und seit den Sprengungen der deutschen Wehrmacht den Ort nur noch als Ruine krönt. Im 18. Jahrhundert genoss der Châteauneuf-du-Pape bereits über die Grenzen der Provence hinaus einen ausgezeichneten Ruf, doch erst 1929 setzte sich die geschützte Herkunftsbezeichnung Châteauneuf-du-Pape durch. Heute reifen die dreizehn zugelassenen Rebsorten auf einem Anbaugebiet von 3200 Hektar heran; allerdings ist nicht jeder Châteauneuf-du-Pape ein qualitativ hochwertiger Wein, ein Teil der jährlich rund 13 Millionen Weinflaschen kommt als einfacher Tischwein in den Handel. Im gesamten Ort wetteifern die Weinproduzenten mit ihren Einladungen zur Weinprobe (*dégustation*) und zum Weinkauf (*vente de vin*) um die Gunst der Weinliebhaber.

• *Information* **Office de Tourisme**, Place du Portail, 84230 Châteauneuf-du-Pape, ✆ 0490837108, ℻ 0490835034. www.chateauneuf.com.

• *Einwohner* 2.000 Einwohner.

• *Verbindungen* Busverbindungen nach Avignon und Orange (jeweils mehr als 10 x tgl.).

• *Markt* Freitagvormittag in der Avenue des Bosquets.

• *Schwimmen* Städtisches Freibad am Ortsrand.

• *Museum* Musée du Vin, Museum zur Weinkultur. Route d'Avignon. Öffnungszeiten: Im Sommer 9–13 Uhr und 14–19 Uhr, im Winter 9–12 und 14–18 Uhr. Eintritt: frei! www.brotte.com.

• *Veranstaltungen* Alljährlich am 25. April findet beim Fest der Winzer (**Fête Saint-Marc**) eine Prozession in die Weinberge statt.

• *Weingüter* Das Office de Tourisme hält einen Stadt- und Umgebungsplan bereit, auf dem die verschiedenen Weingüter eingetragen sind. Fast alle Weingüter bieten aber auch Verkostungen direkt im Ort an. Ein paar Tipps: Das Clos du Papes, 13, avenue Pierre-de-Luxembourg, ✆ 0490837013, ist bekannt für seinen tief roten, fruchtigen Wein. Edelsten Rebensaft keltert auch die Domaine du Vieux Télégraphe in Bédarrides, ✆ 0490330031. Empfehlenswert ist zudem der Wein aus der Domaine Pierre Giraud, der bereits ab 15 € pro Flasche mit einem erfreulicherweise sehr ausgereiften Geschmack aufwarten kann.

• *Übernachten/Essen* **** **Château des Fines Roches**, zinnenbekrönter Schlossnachbau inmitten der Weinberge. Absolut stilvoll! Nur elf Zimmer, die je nach Saison 109–315 € kosten. Restaurant vorhanden. WLAN vorhanden. Von Weihnachten bis Ende Jan. Betriebsferien. Route de Sorgues, ✆ 0490837023, ℻ 0490837842. www.chateaufinesroches.com.

*** **La Sommellerie**, nette, kleine Herberge mit Pool und ausgezeichnetem Restaurant, dazu kommt nur die ländliche Stille in der ehemaligen Schäferei. Sehr komfortable Zimmer je nach Saison von 97 bis 119 €. Menüs zu 23 € (mittags), 30, 46 und 51 €. Das Restaurant ist in der Nebensaison Sonntagabend und Montag geschlossen. Route de Roquemaure, ✆ 0490835000, ℻ 0490835185. www.hotel-la-sommellerie.com.

La Garbure, bürgerliches Logis-de-France-Hotel im Ortszentrum, recht ordentliche Zimmer je nach Saison von 69 bis 82 €, Frühstück und Garage je 8 €. Im Restaurant gibt es Menüs zu 26 € (mittags), 25, 29 und 52 €. Sonntag Ruhetag. 3, rue Joseph Ducos, ✆ 0490837508, ℻ 0490835234, www.la-garbure.com.

La Mère Germaine, ein weiteres ansprechendes Hotel-Restaurant (20 Meter entfernt) mit altertümlichem Flair (1922 gegründet). Schöne Gartenterrasse. Menüs zu 19,50, 23, und 38 €. Dienstagabend und Mittwoch Ruhetag. DZ 50–70 €. Place de la Fontaine, ✆ 0490835437, ℻ 0490835027, www.lameregermaine.com.

Im Tal der Rhône
Karte Seite 482

Le Pistou, einladendes Restaurant mit freundlichem Service und einem sehr attraktiven Preis-Leistungs-Verhältnis. Wahrscheinlich das beste Restaurant im Ort. Menüs zu 19,50 € (mittags) sowie 23 und 38 €. Sonntagabend und Montag in der Nebensaison geschlossen. Ende Juni zwei Wochen Betriebsferien. 15, rue Joseph Ducos, ✆ 0490837175.

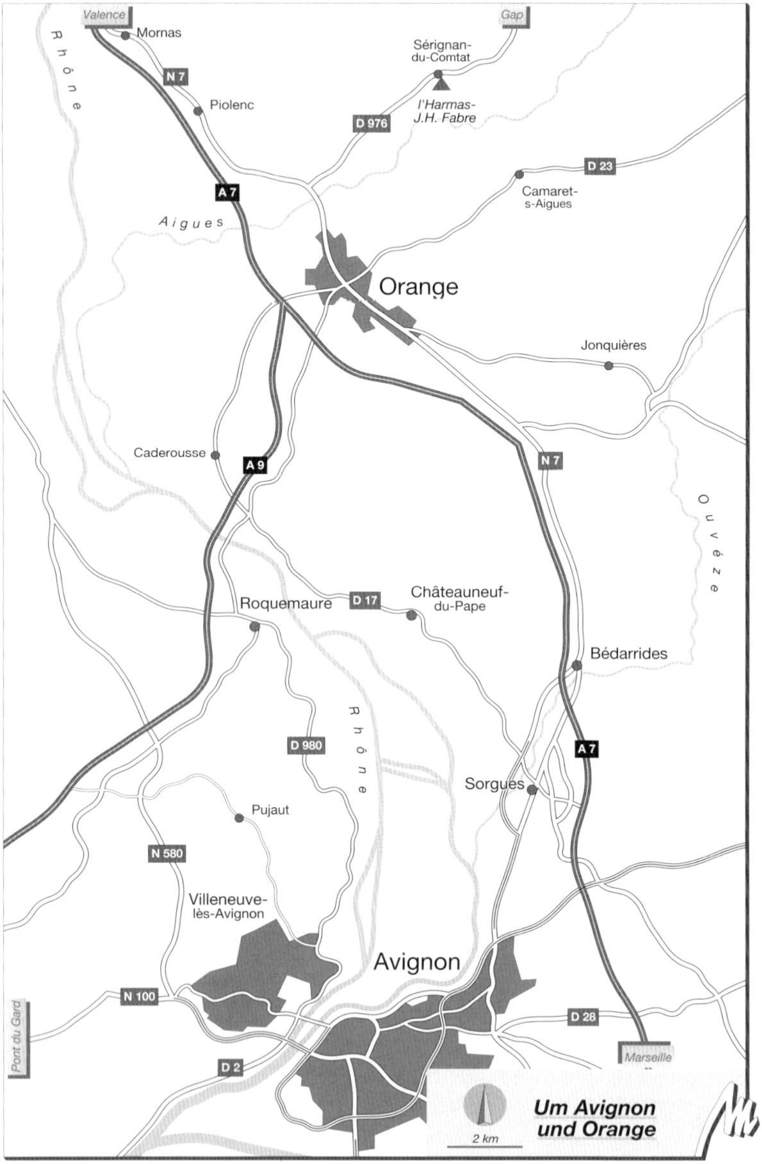

Steinerndes Symbol der päpstlichen Macht: Palais des Papes

Karte Seite 482

Avignon

In kaum einer provenzalischen Stadt ist das Mittelalter noch so gegenwärtig wie in der „Stadt der Päpste". Doch glücklicherweise besteht Avignon nicht nur aus einer Ansammlung altehrwürdiger Bauten aus längst vergangenen Tagen; dank seiner Universität und seinem weltbekannten Festival ist Avignon eine überaus lebendige Stadt mit viel jungem Publikum. Zudem war Avignon im Jahr 2000 Europäische Kulturhauptstadt.

An Sehenswürdigkeiten ist Avignon, die rund 90.000 Einwohner zählende Hauptstadt des Départements Vaucluse, überaus reich, doch der monumentale Papstpalast stellt alle anderen Bauten in den Schatten. Seit alters her laufen die meisten Straßen zielstrebig auf die Place d'Horloge und den Papstpalast zu. Daran hat sich auch nichts geändert, als Avignon gegen Ende des 19. Jahrhunderts – analog zu anderen französischen Städten – durch die Anlage breiter Straßen einen leicht veränderten Grundriss erhielt. Die neu geschaffene zentrale Achse, die Rue de la République, verbindet seither den Bahnhof mit dem Papstpalast. Während die harsche Front des gotischen Palastes abweisend wirkt, gefällt die Place de l'Horloge mit ihrer heiteren Atmosphäre um so mehr. Auf dem Platz vor dem Rathaus treffen sich Musikanten und Zauberkünstler, Touristen und Einheimische.

Der Ehrenhof des Papstpalastes bleibt der hohen Kunst vorbehalten, statt des prunkvollen Einzugs königlicher Gesandtschaften oder Kardinäle erlebt er heute alljährlich die Eröffnung des *„Festival d'Avignon„*. Auf Anregung des Kunstsammler-Ehepaars Zevros, das 1947 eine Ausstellung zeitgenössischer Kunst im Papstpalast präsentierte, begründete der Schauspieler und Regisseur *Jean Vilar* dieses Festival nur mit größtem Widerwillen. Vilar hielt es für „eine verrückte

Idee", in der Provinz mehrere Theaterstücke zu präsentieren, auch sei der Papstpalast wegen seiner monumentalen Ausmaße hierfür ungeeignet. Zudem waren Freiluftaufführungen bedingt durch die patriotischen Gestelztheiten der Vichy-Jahre mit einem schlechten Ruf behaftet. Schließlich ließ sich Vilar doch überzeugen und steuerte zur ersten „Kunstwoche" von Avignon eine Inszenierung von Shakespeares „Richard II." sowie zwei Aufführungen von Paul Claudel und Maurice Clavel bei. Aus diesen kleinen Anfängen heraus entwickelte sich das als „Begleitprogramm zu einer Kunstausstellung" gestartete Projekt zu einem der bedeutendsten europäischen Sommerfestivals. Begonnen hatte die Veranstaltungsreihe als reines Theaterfestival, erst 1967 kamen die Sparten Konzert und Tanz hinzu. Wer im Juli und August zur Festivalzeit nach Avignon kommt, erlebt eine ansteckend heitere Atmosphäre mit Hunderten von Aufführungen. Bis tief in die Nacht sind die Straßen und Plätze vom ausgelassenen Treiben erfüllt. Das junge Publikum strömt vorwiegend zu den experimentierfreudigen „off"- Aufführungen kleiner Theatergruppen. An rund 100 verschiedenen Spielorten werden weit über 350 Spektakel dargeboten, den Überblick zu bewahren, ist schwer. Man sollte sich vielleicht vom persönlichen Eindruck der mit Handzetteln und Aktionen auf ihr Programm hinweisenden Gruppen leiten lassen und deren Vorführungen besuchen. Das Festival hat aber auch eine Schattenseite: Vier Wochen lang lässt sich in der Stadt ohne rechtzeitige Vorbestellung kein freies Bett auftreiben.

Geschichte

Aufgrund seiner strategisch günstigen Lage war der sich über das Rhôneufer erhebende Kalksteinfelsen von Avignon schon im Neolithikum besiedelt. Später errichteten die Kelten ein Oppidum, das erst allmählich unter griechischen, dann unter römischen Einfluss geriet. Die Römer förderten die nunmehr *Colonia Iulia Augusta Avenionensium* genannte Stadt, die sich schnell zu einem prosperierenden Gemeinwesen entwickelte. Obgleich bei Ausgrabungen bisher nur wenige Funde gemacht werden konnten – bei der Kirche Saint-Agricol sind noch Mauerreste von der Einfassung des Forums erhalten –, gehen die Archäologen davon aus, dass das römische Avignon im ersten Jahrhundert unserer Zeitrechnung ungefähr dieselbe Ausdehnung hatte wie später die mittelalterliche Stadt. Der römische Geograph Pomponius Mela bezeichnete die rund 20.000 Einwohner zählende Stadt sogar als eine der reichsten in der Provinz Gallia Narbonensis; unter Kaiser Hadrian erfolgte schließlich die Ernennung zur römischen Kolonie. In der Spätantike setzte, bedingt durch die kriegerischen Auseinandersetzungen während der Völkerwanderungszeit, ein erheblicher Bedeutungsverlust ein, die Bevölkerung zog sich auf den Rocher des Domes zurück, im 6. Jahrhundert war Avignon zu einem militärischen Vorposten der Burgunder herabgesunken. Erst allmählich begann sich das Handels- und Wirtschaftsleben wieder zu entwickeln. Bereits im Hochmittelalter war Avignon zu einer der wichtigsten provenzalischen Städte aufgestiegen. Da die Grafen von Toulouse, Forcalquier und Barcelona, die gemeinsam die Stadt regierten, sich gegenseitig in ihrem Einflussbereich einschränkten, konnte das Bürgertum erheblich an Macht und Einfluss gewinnen. Im 12. Jahrhundert wiesen die politischen Verhältnisse in Avignon starke Ähnlichkeiten mit den italienischen Stadtrepubliken auf. Das Selbstbewusstsein stieg den Konsuln der Stadt zu Kopf: Sie verjagten den Bischof und versagten Karl von Anjou, dem neuen Grafen der Provence, die Gefolgschaft. Die Strafe folgte auf dem Fuße: 1251 wurde Avignon erobert, die Stadt verlor fast alle ihre politischen Rechte.

Doch schon bald meldete sich Avignon auf dem internationalen Parkett zurück: Als Bertrand de Got, seines Zeichens Erzbischof von Bordeaux, im Jahre 1305 als *Clemens V.* zum Papst gewählt worden war, weigerte er sich, nach Rom überzusiedeln. Politische Intrigen ließen diesen ungewöhnlichen Entschluss reifen. Clemens V. blieb auf der französischen Seite der Alpen, um sich nach diversen Irrfahrten 1309 schließlich in Avignon niederzulassen. Sein Nachfolger *Johannes XXII.* hatte es einfacher; er war zum Zeitpunkt seiner Wahl bereits Bischof von Avignon und blieb praktischerweise gleich in seinem früheren Bischofspalais wohnen. Während der 70 Jahre ihres Exils lösten sich sieben Päpste auf dem Heiligen Stuhl ab, denen dann noch zwei Gegenpäpste folgten. Als Papst *Gregor XI.*, der sich 1377 dazu entschlossen hatte, wieder in den Vatikan zurückzukehren, kurze Zeit später starb, kam es zum Schisma: Papst und Gegenpapst belegten sich gegenseitig mit ihrem Bann, als 1409 in Pisa noch ein dritter „rechtmäßiger" Anwärter auf den Heiligen Stuhl hinzukam, geriet die katholische Welt allmählich aus den Fugen. Auf dem Konzil von Konstanz erfolgte 1417 eine Einigung: Papst und Gegenpapst wurden zum Verzicht aufgefordert und mit Martin V. ein neuer Pontifex Maximus gewählt.

Avignon war mit rund 15.000 Einwohnern bereits eine Stadt mittlerer Größe, als sich Clemens V. entschloss, den Heiligen Stuhl dorthin zu verlegen. Da die finanziellen Mittel der Päpste begrenzt waren und das jeweilige Oberhaupt der Christenheit vorzugsweise um die Verschönerung seines Palastes besorgt war, blieb der weitere Ausbau der Stadt zumeist privaten Initiativen überlassen; im Sog des päpstlichen Glanzes entwickelte sich Avignon zu einem Hort der Künste und der Wissenschaften, zahlreiche Gelehrte und Literaten hielten sich am Hof des Papstes auf. Bis Mitte des 14. Jahrhunderts war die Bevölkerung auf etwa 35.000 Menschen angewachsen. Trotz eines 1347 durch die Pest hervorgerufenen

Karte Seite 482

Eine verruchte Stadt

Der Humanist und Dichter *Francesco Petrarca* (1304–1374), der Avignon gut kannte, da sein Vater mit der Familie den Päpsten aus politischen Gründen nach Avignon gefolgt war, zeigte sich von den dortigen Verhältnissen alles andere als begeistert: „Dieser Ort aber ist vielen anderen von Anfang bis Ende und besonders mir als der schlechteste von allen erschienen. Er erschien aber nach stets gleich bleibendem Urteil noch nicht einmal seiner selbst wegen so, sondern wegen der hier aus der ganzen Welt zusammengeströmten, zusammengeführten und zusammengewachsenen Niedertracht und Gemeinheit. Er ist aber noch viel schlechter geworden, als er war und nur ein unverschämter Lügner könnte wagen zu leugnen, dass der Ort, mit sich selbst verglichen, in seinem früheren Zustand als der besten einer erscheinen durfte. Ich will nicht bei Einzelheiten verweilen. Es gibt aber an diesem Ort keine Treue, keine Liebe und, wie es von Hannibal heißt, nichts Wahres, nichts Heiliges, keine Furcht Gottes, keinen Eid, keine religiöse Scheu. Und dabei hätte die Stadt, zwar nicht um ihrer selbst willen, wohl aber weil sie vom Leiter der Christenheit auserwählt worden war, die Hochburg der wahren Religion sein müssen."

Spuren von Sakralbauten finden sich in der gesamten Altstadt

Rückschlags stieg sie in den nächsten Jahrzehnten auf über 50.000 an. Der größte Teil der Bewohner Avignons waren aber Einwanderer, die sich vom Leben in der päpstlichen Stadt einen wirtschaftlichen und gesellschaftlichen Aufstieg erhofften. Avignon, das der Papst erst 1348 von der Gräfin Johanna gekauft hatte, glich einem Ameisenhaufen, an allen Ecken wurde gebaut; als wichtigste Bauprojekte sind die Erweiterung des Bischofspalastes zum Papstpalast (1345 und 1352), die Vergrößerung der Rhônebrücke, der Bau einer neuen Stadtmauer (1355–1370) sowie die Errichtung zweier, am Stadtrand gelegener Forts (St. André und Sourgues) zu nennen.

Nachdem die Päpste endgültig nach Rom zurückgekehrt waren, verlor Avignon Zug um Zug an Bedeutung. Zwar residierte noch ein mit der Verwaltung des Comtat (Grafschaft) Venaissin beauftragter päpstlicher Legat im Papstpalast, doch die internationalen Gesandtschaften blieben aus. Den französischen Königen war Avignon und der benachbarte Comtat Venaissin seit dem 16. Jahrhundert ein Dorn im Auge. Zu gern hätten sie die päpstliche Grafschaft ihrem Territorium zugeschlagen. Avignon wurde daher mehrfach von französischen Soldaten besetzt: erstmals 1662/1663, dann in den Jahren 1688/89 und schließlich noch einmal von 1768 bis 1774. Im Zuge der Revolution war es endgültig so weit: Per Dekret wurden Avignon und der Comtat Venaissin am 14. September 1791 Frankreich angegliedert, der Vatikan protestierte heftig, aber machtlos geworden stimmte der Papst ein paar Jahre später der Abtretung zu.

Information/Verbindungen/Diverses

• *Information* **Office de Tourisme**, 41, cours Jean-Jaurès, 84000 Avignon, ✆ 0432743274, ✆ 0490829503, www.avignon-tourisme.com bzw. www.ot-avignon.fr.

• *Verbindungen* Vom Flughafen **Avignon-Caumont** (✆ 0490815151), knapp zehn Kilometer südöstlich des Zentrums, starten nur nationale Flüge, vor allem nach Paris.

Der **TGV-Bahnhof** liegt westlich des Stadtzentrums im Quartier de Courtine. Tgl. rund acht Verbindungen nach Paris (2 Std. 40 Min.!) oder Marseille. Regelmäßige Busverbindungen zwischen TGV-Bahnhof und Stadtzentrum (SNCF-Bahnhof).Der **SNCF-Bahnhof** befindet sich am südlichen Altstadtrand an der Place de la République. Verbindungen in die Umgebung, so nach Toulouse (4 x tgl.), Marseille (30 x tgl.), Nîmes, Tarascon, Arles und Orange (jeweils 20 x tgl.), Cavaillon (9 x tgl.) sowie Salon-de-Provence, Saint-Rémy und Miramas (jeweils 5 x tgl.). Auskunft: ✆ 0892353535. Direkt nebenan liegt der **Busbahnhof** (Gare routière), boulevard Saint-Roch, ✆ 0490820735.

Mind. fünf Busverbindungen tgl. nach Arles sowie nach Aix-en-Provence, Orange und Saint-Rémy (8 x tgl.), Carpentras (15 x tgl.), Tarascon (3 x tgl.), Manosque und Les Baux (2 x tgl.); einmal tgl. über Cavaillon, Antibes und Cannes nach Nizza. **Taxi**: ✆ 0490822020.

Parken: In der Altstadt ist es schwer, einen Parkplatz zu finden. Parkhäuser gibt es beim Papstpalast (Palais des Papes) sowie bei den Markthallen (Place du Pie). Fündig wird man am ehesten rund um die Stadtmauer (kostenlos!), da der aufgeschüttete Graben als Stellfläche dient.

• *Veranstaltungen* Das **Festival d'Avignon** findet alljährlich im Juli und Aug. statt.

• *Festivalbüro* Bureau du Festival d'Avignon, 20, rue du Portail Boquier, ✆ 0490276650, ℻ 0490276683, www.festival-avignon.com. sowie www.avignon-off.org.

• *Stadtführungen* Von April bis Okt. jeden Mi, Fr und Sa um 10 Uhr, im Winter nur Sa um 10 Uhr. Treffpunkt: Office de Tourisme, Teilnahmegebühr: 10 €, erm. 7 €. Zudem verschiedene Themenführungen, beispielsweise mit Weinverkostung im Papstpalast. Infos im Office de Tourisme.

• *Märkte* In den Halles Centrales, einem modernen Zweckbau, werden tgl. außer Montag Früchte, Gemüse und Fisch feilgeboten. Place des Carmes: Samstagvormittag Blumenmarkt, Sonntagvormittag Flohmarkt. Trödelmarkt am Samstagvormittag auf der Place Crillon.

• *Einkaufen* Als Haupteinkaufsstraße fungiert die Rue de la République, in der auch die großen Geschäfte zu finden sind (CDs und Bücher kauft man bei FNAC). Zur Fußgängerzone wurde das Viertel rund um die Place du Change deklariert (zahlreiche kleine Boutiquen und Klamottenläden).

• *Autovermietung* Rent a car, 130, avenue Pierre Sémard, ✆ 0490880802.

• *Kreuzfahrten* Mit mehreren Schiffen wie der Mireio, der Cygne, der Odysee oder der Arlene kann man Bootsausflüge auf der Rhône unternehmen. Der Abfahrtsplatz liegt zumeist an der Allée de l'Oulle. www.mireio.net.

• *Fahrradverleih* Provence Bike (200 Meter vom Bahnhof entfernt), 52, boulevard St Roch, ✆ 0490279261.

• *Post* Cours Kennedy, ✆ 0490867800.

• *Kino* Le Vox, Place de l'Horologe, ✆ 0490850025. Utopia, alternatives Programmkino, 4, rue Sainte-Anne, ✆ 0490826536.

• *Schwimmen* Piscine Olympique des Arènes (Freibad) auf der Ile de la Barthelasse mit Blick auf die Altstadt. Mitte Mai bis Aug. tgl. 10–19 Uhr. Eintritt: 10 €, erm. 3 €.

• *Reiten* Centre Equestre d'Avignon et Poney Club d'Avignon, Ile de la Barthelasse, chemin du Mont Blanc, ✆ 0490858348.

• *Waschsalon* La Blanchisseuse, 24, rue Lanterre; Lav'matic, 86, place des Corps Saints.

• *Spielplatz* Nette Anlage auf dem Rocher des Domes. Ein weiterer Spielplatz befindet sich in einem kleinen Park hinter dem Office de Tourisme.

Übernachten (siehe Karte S. 488/489)

Avignon bietet ein erstaunlich breites Angebot an Ein- und Zwei-Sterne-Hotels, während des Festivals ist es aber ohne langfristige Voranmeldung so gut wie unmöglich, eine Unterkunft zu finden, obwohl diese dann oft um zwanzig Prozent teurer sind. Privatzimmer findet man dann auch im Internet: www.festivalocasion.com.

• *Hotels* **** **La Mirande (6)**, das erste Haus am Platz. Das prächtige Stadtpalais aus dem 17. Jahrhundert ist mit edlen Möbeln und geschmackvollen Details ausgestattet. In den Salons fühlt man sich, als sei man bei einer provenzalischen Adelsfamilie zu Besuch. Seitdem Sebastiàn Aminot – ein Schüler von Alain Ducasse – als Küchenchef anheuerte, gilt das zugehörige Restaurant als kulinarischer Glanzpunkt der Region (Menüs von 35 € (mittags), 75 und 105 €). Nur 20 Zimmer von 390–790 €. 4, place de l'Amirande, ✆ 0490142020, ℻ 0490862685, www.la-mirande.fr.

**** **Europe (5)**, klassisches Hotel mit sehr stilvollem Ambiente, schon Rainer Maria Rilke war hier vor 100 Jahren zu Gast. Die Räumlichkeiten sind um einen schönen Innenhof gruppiert. Empfehlenswertes Restaurant. Zimmer je nach Ausstattung 195–480 €, Frühstück 17 €, Garage 15 €. WLAN. Ansprechende Menüs im Innenhof ab 35 € (mittags), abends ab 48 €. 12, place Crillon, ✆ 0490147676, ℻ 0490147671, www.hotel-d-europe.fr.

**** **Cloître Saint-Louis (32)**, das in einer ehemaligen Jesuitenschule untergebrachte Hotel mit einem modernen Erweiterungsbau

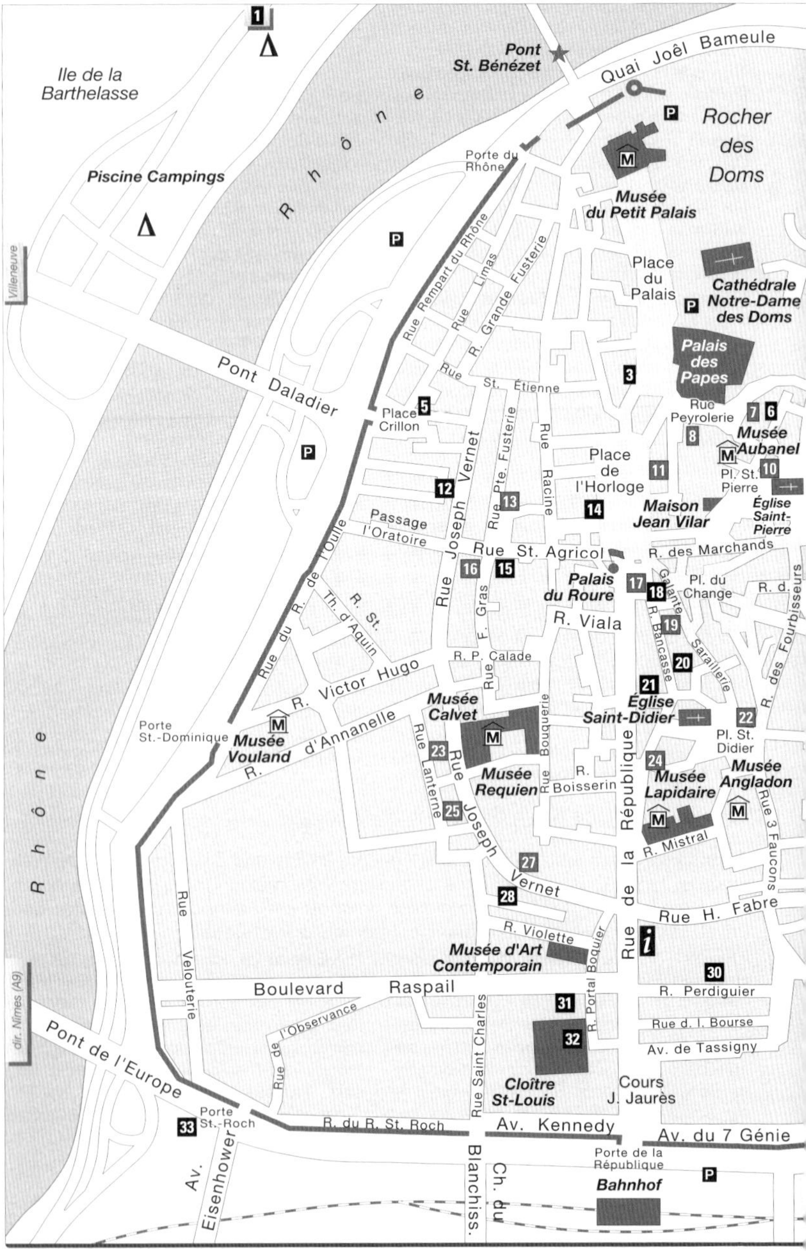

Ile de la Barthelasse
Piscine Campings
Rhône
Pont St. Bénézet
Quai Joêl Bameule
Rocher des Doms
Porte du Rhône
Musée du Petit Palais
Place du Palais
Cathédrale Notre-Dame des Doms
Palais des Papes
Rue Rempart du Rhône
Rue Limas
R. Grande Fusterie
Rue St. Étienne
Pont Daladier
Place Crillon
Rue Peyrolerie
Musée Aubanel
Pl. St. Pierre
Église Saint-Pierre
Rue Pte. Fusterie
Rue Racine
Place de l'Horloge
Maison Jean Vilar
Rue Joseph Vernet
Passage l'Oratoire
Rue St. Agricol
R. des Marchands
Palais du Roure
Galante
Pl. du Change
R. Viala
R. Bancasse
Saraillerie
R. des Fourbisseurs
Rue du R. de l'Oulle
R. St. Th. d'Aquin
R. Victor Hugo
Rue F. Gras
R. P. Calade
Rue Bouquerie
Église Saint-Didier
Pl. St. Didier
Porte St.-Dominique
Musée Vouland
R. d'Annanelle
Musée Calvet
Rue Lanterne
Musée Requien
R. Boisserin
Rue de la République
Musée Lapidaire
Musée Angladon
Rue 3 Faucons
R. Mistral
Rue H. Fabre
R. Violette
Musée d'Art Contemporain
Rue Velouterie
Boulevard Raspail
R. Portal Boquier
R. Perdiguier
Rue d. l. Bourse
Av. de Tassigny
Rue de l'Observance
Rue Saint Charles
Cloître St-Louis
Cours J. Jaurès
Pont de l'Europe
Porte St.-Roch
R. du R. St. Roch
Av. Kennedy
Av. du 7 Génie
Porte de la République
Av. Eisenhower
Ch. du Blanchiss.
Bahnhof
Villeneuve
dir. Nîmes (A9)

Im Tal der Rhône
Karte Seite 482

vom Stararchitekten Jean Nouvel ist eine der angenehmsten Adressen im historischen Zentrum, vor allem in den Sommermonaten, wenn man sich an dem kleinen, aber tollen Swimmingpool auf der Dachterrasse vom Festivalstress erholen kann. Die zeitlos modernen Zimmer – vom historischen Flair ist leider nur wenig übrig geblieben – kosten je nach Ausstattung und Reisezeit von 175 € bis 280 €, Frühstück 16 €. Das große Plus für Autofahrer: Für 12 € kann man im Hof parken. 20, rue Portail Boquier, ✆ 0490275555, ✆ 0490822401. www.cloitre-saint-louis.com.

*** **De l'Horloge (14)**, zentraler kann man in Avignon fast nicht wohnen. Doch gefällt das Hotel auch wegen seiner so geschmackvollen wie zeitlos modernen Einrichtung und den großzügigen Bädern. Die Zimmer mit Holzfußboden kosten je nach Ausstattung 95–155 €, Frühstück 14 €. Besonders schön sind die vier Zimmer im fünften Stock, die jeweils über eine eigene Terrasse mit Blick über die Dächer der Stadt verfügen. Wer will, kann sich unter der Außendusche vom Sonnenbad erfrischen. Hotelgäste bekommen 40 % Ermäßigung auf die Parkgebühren in der Tiefgarage Palais des Papes. Kostenloses WLAN. 1, rue Félicien David/Place de l'Horloge ✆ 0490164200, ✆ 0490821732. www.hotels-ocre-azur.com.

** **La Garlande (18)**, dieses mitten im Herzen von Avignon gelegene Hotel ist die schönste Herberge in dieser Preisklasse. Den Gast erwarten ebenso großzügige wie geschmackvoll eingerichtete Räumlichkeiten sowie große Bäder. Zimmerpreis je nach Ausstattung 80–115 €, Frühstück 8 €. 20, rue Galante, ✆ 0490800885, ✆ 0490271658. www.hoteldegarlande.com.

** **La Ferme (1)**, das charmante Logis-de-France-Hotel auf der Ile de la Barthelasse empfiehlt sich für diejenigen, die gerne in ländlicher Umgebung wohnen. Die Zimmer in dem ehemaligen Bauernhof aus dem 16. Jahrhundert kosten 84–95 € (kleine Bibliothek). Schöner Garten mit Swimmingpool vorhanden. Im zugehörigen Restaurant (Menüs ab 26 €) versteht man sich auf eine einfache traditionelle Küche, die aber keineswegs einfallslos ist. Jan. bis Mitte Feb. Betriebsferien, im Restaurant bleibt in der Nebensaison Montag- und Mittwochmittag die Küche kalt. Chemin des Bois, ✆ 0490825 753, ✆ 0490271547, www.hotel-laferme.com.

** **Le Colbert (30)**, das Hotel „ist eine empfehlenswerte Adresse zum Übernachten, um in einem zentral gelegenen, individuell eingerichteten Hotel dem Touristentrubel zu entkommen. Die Zimmer sind hell, farbenfroh und sehr sauber, darüber hinaus gibt es einen ansprechenden Innenhof (Patio), wo u. a. morgens das Frühstück serviert wird" (ein Lesertipp von Tanja und Malte F. Bethke). DZ je nach Saison und Ausstattung 65–126 €. Kostenloses WLAN. 7, rue Agricol Perdiguier, ✆ 0490862020, ✆ 0490859700. www.lecolbert-hotel.com.

** **Le Lutrin – Palais des Papes (3)**, nettes Hotel schräg gegenüber dem Papstpalast. Die tadellosen Zimmer mit Flair kosten 75–88 €. 1, rue Gérard Philipe, ✆ 0490860413, ✆ 0490279117. www.hotel-avignon.com.

** **Blauvac (20)**, in einer ruhigen Seitengasse, dennoch mitten im Zentrum. Das Haus ist alt (17. Jahrhundert) und hat Stil, aus den zu dunklen Zimmern (77–97 €) ließe sich aber mehr machen. 11, rue Bancasse, ✆ 0490863 411, ✆ 0490862741. www.hotel-blauvac.com.

** **Danieli (21)**, das Hotel mit seiner prachtvollen Fassade überblickt Avignons lebendigste Straße. Doppelzimmer 78–88 €. 17, rue de la République, ✆ 0490864682, ✆ 04902 70924. www.hoteldanieli-avignon.com.

* **Mignon (12)**, in dieser Preisklasse sicher eine der angenehmsten Adressen in Avignon. Die Zimmer (54–87 € inkl. Frühstück) sind gepflegt und besitzen einen unlängst erneuerten Teppichboden. Kostenloses WLAN vorhanden. 12, rue Joseph Vernet, ✆ 0490821 730, ✆ 0490857846, www.hotel-mignon.com.

** **Boquier (31)**, freundliches Nichtraucherhotel in der Nähe des Bahnhofs. Zimmer je nach Ausstattung 56–75 €. 6, rue du Porteil-Boquier, ✆ 0490823443. www.hotel-boquier.com.

* **Innova (28)**, günstiges, zentral gelegenes Hotel, nur fünf Minuten vom Bahnhof entfernt. Ordentliche Zimmer je nach Ausstattung 38 € (mit Gemeinschaftstoilette) bis 58 €. 100, rue Joseph Vernet, ✆ 0490825410, ✆ 0490825239. www.hotel-innova.fr.

Etap Hôtel (33), funktionales Kettenhotel ohne Charme, dafür leicht mit dem Auto erreichbar (direkt an der Stadtmauer) und auch in der Hochsaison besteht noch Aussicht auf ein freies Zimmer. Kostenpunkt je nach Saison und Personenzahl (43 € für eine Person, 52 € für zwei bis drei Personen). 12, boulevard Saint Dominique, ✆ 04908208 08, ✆ 0490862719.

• *Chambres d'hôtes* **Villa l'Agapè (15)**, ein Lob vorab: Dies ist die ungewöhnlichste und wahrscheinlich die schönste Möglichkeit, um im Herzen von Avignon zu wohnen! In ihrem von außen unscheinbaren Haus – im Erdgeschoss befindet sich eine Apotheke – vermietet Madame de la Pommeraye drei Gästezimmer (mit tollen Matratzen). Im zweiten Stockwerk angekommen, eröffnet sich unverhofft ein kleines Paradies samt Dachterrasse mit Swimmingpool (beides steht den Gästen zur Verfügung). Die Zimmer sind komfortabel mit Bad eingerichtet und kosten 100–160 € inkl. Frühstück, ein Extrabett im Familienzimmer oder in der Suite kostet zwischen 20 und 30 € pro Nacht. Wichtiger Hinweis: Bitte den genauen Ankunftstermin ankündigen, damit Madame de la Pommeraye (sie spricht auch sehr gut Englisch) sicher zu Hause anzutreffen ist. 13, rue St Agricol (nur 100 Meter vom Papstpalast entfernt), ✆/℻ 0490852192. www.villa-agape.com.

Le Château de Roberty, mehrere Kilometer östlich von Avignon in Le Pontet beim Hippodrom gelegen, kann man in diesem stattlichen Schloss stilvoll übernachten und sich an dem gediegenen Flair erfreuen. Zimmer je nach Saison 90–110 € inkl. Frühstück. Avenue François Lascour, ✆ 0490321764. www.chateauderoberty.com.

Le Pavillon Vert, ebenfalls rund fünf Kilometer nordöstlich von Avignon bei der Ortschaft Vedène bietet diese Privatunterkunft mit Pool mehrere charmante Zimmer sowie ein Baumhaus zu zivilen Preisen: Zimmer inkl. Frühstück je nach Saison 84–95 €, im Baumhaus schläft man für 120 €. Chemin de la Banastière, ✆ 0490311383. www.lepavillonvert.com.

• *Camping* **** **Camping du Pont d'Avignon (Saint Bénézet)**, städtischer Campingplatz auf einer Rhôneinsel, mit Blick auf den Papstpalast. Pool und Tennis. Stellplatz inkl. zwei Personen ca. 20–30 €. Von Mitte März bis Okt. geöffnet. Ile de la Barthelasse. ✆ 0490826350. www.camping-avignon.com.

*** **Bagatelle**, der zentralste Campingplatz, ebenfalls auf der Ile de la Barthelasse. Vergleichbares Preisniveau, allerdings ganzjährig geöffnet. Schattige Anlage. Achtung: Leser bemängelten die unpersönliche Atmosphäre und die „sehr schmutzigen Sanitäranlagen". ✆ 0490863039. www.aubergebagatelle.com.

Essen und Trinken (siehe Karte S. 488/489)

Christian Etienne (8), nur einen Steinwurf vom Papstpalast entfernt befindet sich der Gourmettempel von Avignon (ein Michelin-Stern, 16 Gault-Millau-Punkte). Beim *Menu tomate* dreht sich beispielsweise alles um die rote Frucht. Schöne Terrasse! Menüs zu 31 € (mittags), abends 65, 70, 80 und 125 €. 10, rue de Mons, ✆ 0490861650. www.christian-etienne.fr.

La Compagnie des Comptoirs (27), eine traumhafte Adresse, vor allem im Sommer, wenn man im herrlichen Innenhof neben dem Wasserbecken sitzen kann. Auch das Speisenangebot enttäuscht nicht. Günstig ist das Mittagsangebot: Plat du Jour 9,50 €, zwei Gänge 13,50 €. Sonntagabend und Montag geschlossen. 83, rue Joseph Vernet, ✆ 0490859904.

Hiély Lucullus (17), gilt zu Recht als eines der besten Restaurants der Stadt. Es gibt keine Terrasse, dafür werden die Gäste im altertümlichen Ambiente verwöhnt. Menüs zu 23 und 29 € (nur mittags, außer Sonntag), 45, 65 und 95 €. Dienstag und Mittwoch sowie Ende Juni geschlossen. 5, rue de la République, ✆ 0490861707.

La Cour d'Honneur (23), direkt gegenüber dem Musée Calvet gelegen, besitzt das **La Cour d'Honneur** für Avignoner Verhältnisse einen ausgesprochen idyllischen Garten mit viel Schatten. Plat du jour 9,50 €, Hauptgerichte ca. 20 €. Sonntag und Montagmittag Ruhetag. 58, rue Joseph Vernet, ✆ 0490866453.

Maison Nani (24), vor allem zur Mittagszeit wird es recht schnell voll, denn das Restaurant gehört zu den beliebtesten Adressen im Zentrum. Dies liegt zum einen an der hellen und freundlichen Einrichtung, zum anderen an den einfachen, aber leckeren Gerichten, die sich an den aktuellen Angeboten des Marktes orientieren. Nur à la carte, bei drei Gängen muss man mit etwa 25 € rechnen, ein Viertel Wein kostet 2,40 €. Straßenterrasse. Sonntag Ruhetag. 19, rue Théodore-Aubanel, ✆ 0490826090.

Le Grand Café (2), zusammen mit dem benachbarten Bistro Utopia und dem Utopia Kino bildet dieses im Schatten des Papstpalastes gelegene Restaurant einen Fixpunkt im Nachtleben der Stadt. Cooles Ambiente, gutes Essen, netter Besitzer, große Straßenterrasse – nichts wie hin. Abends empfiehlt es sich zu reservieren. Menü zu 30 €. Di–Sa ab 12 Uhr geöffnet, das Utopia hat tgl. geöffnet. 4, rue Sainte Anne, ✆ 0490868677.

Promeniermeile: Rue de la République

Café l'Opéra (11), die wohl beste Adresse an der beliebten Place de l'Horloge. Entweder sitzt man auf der großen Terrasse oder im Inneren auf verspielten Barockstühlen. Ideal für einen Kaffee oder ein Mittagsmenü zu 13,50 €, abends zu 25 und 32 €. Place de l'Horloge.

Palais Royal (7), das Restaurant befindet sich in einem ehemaligen Theater, dementsprechend opulent präsentiert sich das Interieur. Im Sommer sitzt man auf der Straßenterrasse. Mittagsmenü 14,50 €, abends 28 und 52 €. Place de l'Amirande, ✆ 0490140254.

Tapalocas (19), in gelöster Kneipenatmosphäre werden mehr als 50 Tapas zu je 2,50 € angeboten: Salate, Suppen (lecker ist die würzige Linsensuppe!), Fleisch, Fisch oder vegetarische Gerichte. Je nach Lust und Appetit bestellt man so viele der kleinen Schälchen, bis sich ein Sättigungsgefühl einstellt. Die unkonventionelle Atmosphäre und das ausgezeichnete Preis-Leistungs-Verhältnis sprechen für sich. Ein einziger kleiner Nachteil lässt sich daher leicht verschmerzen: Man kann leider nur tagsüber im Freien sitzen. Tgl. von 11–1.30 Uhr, während des Festivals bis 3 Uhr geöffnet. 15, rue Galante, ✆ 0490825684.

Le Woolloomoolloo (29), das in einer ehemaligen Druckerei untergebrachte Restaurant im Ethnique-Style gehört seit einiger Zeit zu den angesagtesten Treffpunkten der Stadt. Die Atmosphäre in dem großen Lokal wird durch einen schrägen Stilmix bestimmt, serviert wird köstliches „World food". Straßenterrasse. Abends herrscht Kneipenatmosphäre. Menüs zu 14 und 17 € (mittags), abends 22, 26 und 39 €. Montag Ruhetag. 16, rue des Teinturiers, ✆ 0490852844.

L'Essentiel (13), erst im Frühjahr 2008 eröffnetes Restaurant im modernen Ambiente, im Sommer sitzt man entweder auf der Straßenterrasse oder im idyllischen Hinterhof. Ambitionierte Küche, uns begeisterte die Taubenbrust auf Polenta. Mittagsmenü 17 €, abends 25 und 37 €. 2, rue petite Fusterie, ✆ 0490858712.

La Cour du Louvre (16), in einem Innenhof unweit der Place d'Horloge werden vorzügliche mediterrane Gerichte in stimmungsvollem Rahmen geboten. Lecker ist das Medaillon von der Lotte in Safransoße. Plat du Jour zu 12,90 €, Menüs zu 21,90, 27 und 39 €. Montag und Sonntag Ruhetag. 23, rue Saint-Agricol, ✆ 0490271266.

Le Petit Bedon (25), anspruchsvolle Küche in distinguiertem Interieur. Lecker ist die Entenbrust mit Lavendelhonig. Menüs zu 19 € (mittags), 27 und 42 €. Sonntag und Montag Ruhetag. 70, rue Joseph Vernet, ✆ 0490823398.

Le Numéro 75 (26), schickes Szene-Restaurant mit einem herrlichen Garten. Lecker ist der gegrillte Thunfisch. Menü zu 26,50 € (zwei Gänge) und 32,50 € (drei Gänge). Samstagmittag und Sonntag geschlossen. 75, rue Guillaume-Puy, ✆ 0490271600.

L'Epicerie (10), einladendes Restaurant an einem kleinen, stillen Platz mitten im Zentrum. Im Sommer sitzt man auf der Straßenterrasse direkt vor dem Hauptportal der spätgotischen Kirche Saint-Pierre. Für ein selbst zusammengestelltes Menü muss man 40 € veranschlagen. Allerdings befinden sich unter den Gästen nur wenige Einheimische, sondern vor allem Touristen. Sonntaggeschlossen. Place Saint-Pierre, ✆ 0490827422.

Pearl (22), nettes Café für einen kleinen Imbiss (Salate 6–9 €), zu den Gästen zählen vornehmlich jüngere Semester. Hier herrscht ein ganz anderes Flair als im touristischen Zentrum auf der Place de l'Horloge. 1, place St.-Didier, ✆ 0490270699.

Mon Bar (4), ehemalige „Vorstadtkneipe", deren Einrichtung noch das Flair der Nachkriegszeit besitzt. 17, rue Portail-Matheron, ✆ 0490855963.

Le Red Zone (9), jeden Abend von 21 bis 3 Uhr morgens trifft sich die Szene von Avignon in dem Club und hört die derzeitige Trendmusik. 25, rue Carnot, ✆ 0490270244. www.redzonebar.com.

The Cage (34), unter dem Busbahnhof trifft sich die Schwulenszene zu Techno-Rhythmen. Nur Do–Sa geöffnet. 46, boulevard Saint-Roch, ✆ 0490851491.

Avignon Passion

Wer mehrere Sehenswürdigkeiten der Stadt besichtigen möchte, sollte sich an einer der Museumskassen den kostenlosen, 15 Tage gültigen Avignon-Pass besorgen. Bei Vorlage des Passes ermäßigen sich die Eintrittspreise um 20–50 Prozent, nur beim ersten Museumsbesuch ist der normale Tarif zu bezahlen. Zudem erhält man 20 Prozent Ermäßigung auf touristische Transportmittel.

Sehenswertes

Palais des Papes: Der Papstpalast von Avignon liegt in direkter Nachbarschaft zur Kathedrale Notre-Dame des Doms, denn Johannes XXII. wandelte, nachdem er

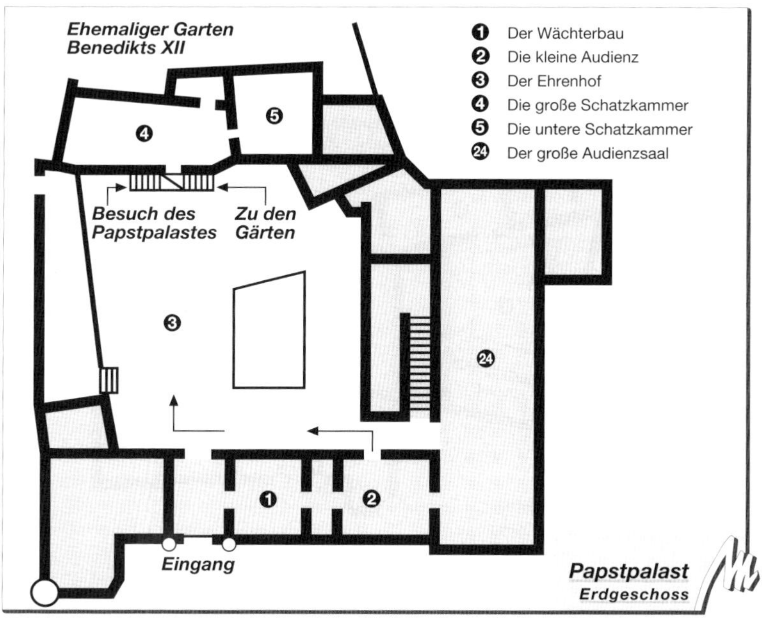

Im Tal der Rhône
Karte Seite 482

1316 zum Papst gewählt worden war, seinen Bischofspalast einfach zum Papstpalast um. Dieser Palast – die Bezeichnung „Palast“ charakterisiert bekanntlich weniger einen bestimmten Gebäudetypus im architektonischen Sinne, vielmehr spiegeln sich in seinem Aufbau Status und Rang des Besitzers wider – schien bereits seinem Nachfolger Benedikt XII. nicht mehr repräsentativ genug. Er ließ daher das alte Gebäude abreißen und von den Baumeistern Pierre Poisson und Jean de Louvres eine neue Residenz errichten. Um den unregelmäßigen Innenhof eines Klosters entstand nach zeitgenössischen Aussagen ein „grandioses Palais von märchenhafter Schönheit und ungemeiner Wucht“, dessen massive, hohe Türme das päpstliche Sicherheitsbedürfnis dokumentieren. Doch bereits der nächste Papst, Clemens VI., zeigte sich mit seinem Domizil unzufrieden und erteilte den Auftrag, neben dem von da an *Palais Vieux* genannten Alten Palast einen sich anschließenden Neuen Palast (*Palais Nouveau*) zu bauen. Angesehene Künstler wurden geworben, um den Palast würdevoll zu gestalten. Berühmt wurden die Fresken, die *Matteo Giovanetti* schuf. Nachdem die Päpste Avignon verlassen hatten, verlor auch der Palast seine Funktion, blieb aber weiterhin im päpstlichen Besitz. Dies änderte sich erst 1791, als Avignon an Frankreich fiel; der Papstpalast wurde geplündert und zum Gefängnis und zur Kaserne umfunktioniert. Es verwundert daher nicht, dass von der Originalausstattung kaum mehr etwas erhalten ist. Ein Besuch lohnt dennoch, die gigantischen Räumlichkeiten muss man einfach gesehen haben.

Ein großer Teil des Palastes kann auf einem **Rundgang** individuell oder im Rahmen einer Führung besichtigt werden. Ein am Eingang auch in deutscher Sprache erhältlicher Lageplan erleichtert die Orientierung. Zuerst betritt der Besucher den Wächtersaal, wo auch die Eintrittskarten verkauft werden. Über ein kleines

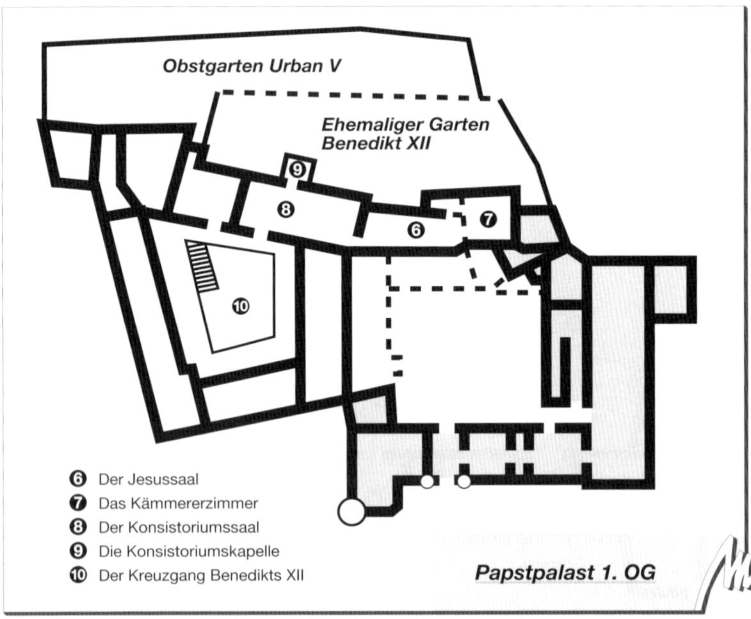

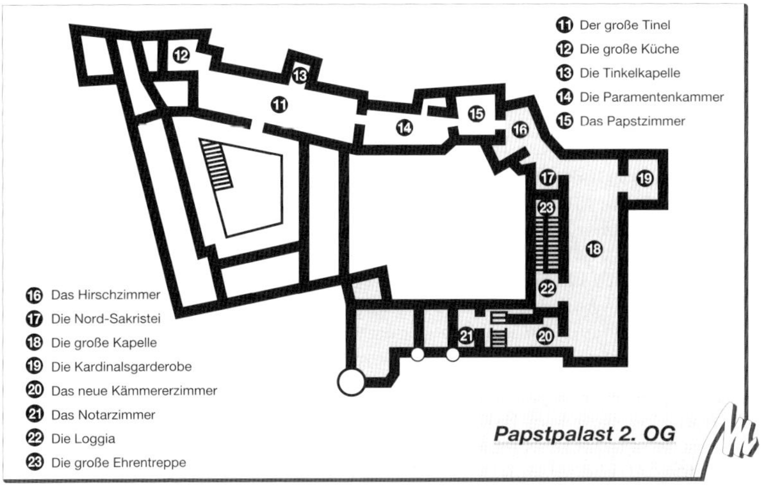

Papstpalast 2. OG

Audienzzimmer gelangt man in den *Ehrenhof* des Palais Nouveau. Nach einer Besichtigung des Schatzkammertraktes – in den geschickt in den Fußboden eingelassenen Verstecken wurde das päpstliche Geld gehütet – stellt der *Konsistoriumssaal* mit der angrenzenden *Konsistoriumskapelle* einen ersten Höhepunkt dar. In dem heute mit den Porträts der sieben Avignoner Päpste geschmückten Saal wurden einst die Legaten und Botschafter empfangen, die Fresken in der Kapelle stammen von Matteo Giovanetti. Der vierflügelige Alte Palast, in dem man sich mittlerweile befindet, schließt einen Kreuzgang ein. Eine herrliche Zimmerfolge führt nun durch den ersten Stock des Papstpalastes: Im *Großen Tinel*, einem imposanten Saal mit Spitztonnenwölbung, wurden Festbankette abgehalten, wie die benachbarte Küche mit ihrem pyramidenförmigen Rauchfang anschaulich belegt. Die angrenzende Kapelle zeigt Szenen aus dem Leben des heiligen Martial; die Fresken wurden wiederum von Matteo Giovanetti ausgeführt und sind in einem besseren Zustand erhalten. Nun schließen sich die päpstlichen Gemächer an: Zuerst das Zimmer, in dem sich das Haupt der Christenheit zu betten pflegte, dann das Arbeitszimmer Papst Clemens VI., das wegen seiner außerordentlich schönen, Jagdszenen darstellenden Wandmalereien auch *Hirschzimmer* genannt wird. Durch die Nordsakristei gelangte der Papst in die *Große Kapelle*; der einschiffige gotische Sakralbau besticht vor allem durch seine Dimensionen: Er ist 52 Meter lang, 15 Meter breit und 20 Meter hoch. Zum Abschluss kann man im Notariatszimmer noch einen Film über „Das andere Rom" ansehen und die Aussicht von der Terrasse genießen.

Öffnungszeiten Juli, Aug. und Sept. 9–20 Uhr, April, Mai, Juni und Okt. 9–19 Uhr, Nov. bis März 9.30–17.45 Uhr. Eintritt: 10,50 €, erm. 8,50 € (mit Audio-Guide). Kombiticket 13 €, erm. 10 € mit Pont Saint-Bénézet. www.palais-des-papes.com.

Cathédrale Notre-Dame-des-Doms: Direkt neben dem Papstpalast erhebt sich auf einem etwas erhöhten Niveau die Kathedrale; ihre Bausubstanz ist teilweise älter als die des Papstpalastes. Gekrönt wird die Kathedrale von einer vergoldeten Marienfigur, ein Werk aus dem 19. Jahrhundert. Durch eine Vorhalle betritt

Im Tal der Rhône
Karte Seite 482

Austreten mit Henry Miller

„Fast immer haben die Franzosen den richtigen Platz für ihre Pissoirs gewählt. Mir fällt eins ... in Avignon neben dem Papstpalast ein. Nur einen Steinwurf weit von dem reizenden Platz, der in einer Frühlingsnacht mit Samt und Spitzen, mit Masken und Konfetti bestreut scheint. So still fließt die Zeit dahin, dass man den fernen, schwachen Klang von Hörnern hören kann; die Vergangenheit gleitet wie ein Geist vorbei und ertrinkt dann im tiefen Bass des Gehämmers der Glockenschläge, welche die lautlose Musik der Nacht in Stücke schlagen. Gerade einen Steinwurf weit von dem dunklen kleinen Viertel, wo die roten Laternen brennen. Dort findet man in der Abendkühle die gewundenen, von Leben summenden Gässchen, die Frauen im Badeanzug oder Hemd, die Zigarette im Mund, auf den Türschwellen kauern und den Vorbeigehenden zurufen ...".

man das mit barockem Dekor überfrachtete Innere. Die Kirche dient als letzte Ruhestätte für zahlreiche kirchliche Würdenträger, darunter auch zwei Päpste: Benedikt XII. und Johannes XXII. Von der Kathedrale ist es nur noch ein kurzes Stück hinauf bis zum **Rocher des Doms**. Von dem in eine Gartenanlage umgewandelten Felsen bietet sich ein schöner Blick auf die Rhône, die Ile de la Barthelasse und den Pont-Saint-Bénézet.

Musée du Petit Palais: Das mittelalterliche, um einen schönen Innenhof gruppierte Bischofspalais beherbergt seit 1976 die Sammlung Campagna, zu deren Fundus rund 300 Werke italienischer Meister (Botticelli, Ghirlandaio, Lorenzo Monaco usw.) gehören. Die auf drei Stockwerke verteilte Sammlung dokumentiert den Zeitraum der italienischen Malerei vom 14. bis zum 16. Jahrhundert in einer Vollständigkeit, die kaum ein anderes Museum aufweisen dürfte.

Öffnungszeiten Von Juni bis Sept. tgl. außer Di 1018 Uhr, von Okt. bis Mai tgl. außer Di 10–13 Uhr und 14–18 Uhr. Eintritt: 6 €, erm. 4 €.

Stadtmauer: Avignon ist eine jener wenigen bedeutenden mittelalterlichen Städte, deren Stadtummauerung noch fast vollständig erhalten ist. Wer eine Vorstellung von der Größe und Bedeutung des mittelalterlichen Avignons gewinnen will, muss nur die Stadt entlang ihres viereinhalb Kilometer langen Mauerrings umrunden – ein zugegebenermaßen stellenweise recht monotones Unterfangen. In ihrem Verlauf orientiert sich die Stadtmauer übrigens an der römischen Befestigungsmauer. Die Auftraggeber dieses imposanten Baudenkmals waren die Päpste, die ihre Stadt vor den umherziehenden, mehrere tausend Mann starken Söldnerbanden, den *Grandes Compagnies*, schützen wollten. Einst wurde die Mauer von einem – mittlerweile zugeschütteten – Graben zusätzlich gesichert, den Zugang zur Stadt regelten sieben, mit Fallgittern und Zugbrücken versehene Stadttore. Die noch vollkommen vom Mittelalter geprägte Stadtbefestigung zeigt auch deutlich den Bedeutungsverlust Avignons: Spätestens gegen Ende des 16. Jahrhunderts entsprachen die Mauern nicht mehr den Anforderungen des modernen Fortifikationswesens, einem Artilleriebeschuss hätten sie keinesfalls standhalten können; das Geld für einen aufwändigen Umbau fehlte jedoch.

Pont-Saint-Bénézet: Die dank des Kinderliedes „Sur le pont d'Avignon, on y danse ..." weltbekannte Brücke heißt in Wirklichkeit Pont-Saint-Bénézet. Ihr

Name erinnert an den Hirten Bénézet, dem der Legende zufolge ein Engel im Traum befohlen hat, eine Brücke über die Rhône zu bauen. Bénézet tat, unterstützt von vielen Helfern, was Gott ihm geheißen: 1185 war die die Rhône und die Ile de la Barthelasse mit 22 Bögen überspannende Brücke vollendet. Das rund 900 Meter lange Bauwerk war den Flussgeistern aber ein steter Dorn im Auge. Hochwasser und Treibgut zogen immer wieder schwere Schäden nach sich; 1660 war es dann soweit: Eine Flutwelle zerstörte den Pont-Saint-Bénézet weitgehend, nur noch vier Bögen samt einer romanischen Kapelle blieben unversehrt. Um auf das Kinderlied zurückzukommen: Der Text führt in die Irre, denn einst tanzte man auf der Ile de la Barthelasse „unter“ (*sous*) den Brückenbögen.

Wer will, kann auch ohne Eintritt zu bezahlen vom Eingangshäuschen aus auf der Stadtmauer ein Stück in Richtung Rocher des Domes hinaufspazieren.

Öffnungszeiten April bis Sept. tgl. 9–19 Uhr, Okt. bis März 9–17.30 Uhr. Eintritt: 4,50 €, erm. 3,50 € bzw. 13 €, erm. 10 € (mit Palais des Papes).

Saint-Didier: Die einschiffige Kirche ist der größte Sakralbau, der während der päpstlichen Herrschaft in Avignon errichtet wurde. Für die Gotik ist die in ihrer Schmucklosigkeit schon fast karg zu nennende Kirche ein relativ untypischer Bau. Ihr abweisender, in sich geschlossener Charakter und die äußerst kleinen Fenster scheinen ein Zugeständnis an die stark von der romanischen Architektur geprägte Provence zu sein.

Musée Lapidaire: Dass Avignon schon in der Antike besiedelt war, wird vor allem bei einem Besuch der ehemaligen Jesuitenkirche deutlich. In dem barocken Sakralbau werden nämlich zahlreiche Skulpturen, Architektur- und Mosaikfragmente präsentiert, die den zeitlichen Bogen von der kelto-ligurischen Vergangenheit über die römische Epoche bis ins frühe Mittelalter spannen. Das meistbestaunte Objekt ist der „Tarasque“ (3. Jh. v. u. Z.), ein löwenähnliches Ungetüm, dem ein Menschenarm aus dem Maul hängt und dessen Vorderläufe auf zwei bärtigen Köpfen ruhen.

Adresse 27, rue de la République. Öffnungszeiten: Von Juni bis Sept. tgl. außer Di 10–18 Uhr, von Okt. bis Mai tgl. außer Di 10–13 Uhr und 14–18 Uhr. Eintritt: 2 €, erm. 1 €.

Musée d'Art Contemporain (Collection Lambert): Seit dem Jahr 2000 hat auch die zeitgenössische Kunst in Avignon ein eigenes Museum bekommen. Begründet wurde die in einem stattlichen Palais aus dem 18. Jahrhundert untergebrachte Ausstellung durch eine Dauerleihgabe des Kunsthändlers *Yvon Lambert*, der seine 350 Werke umfassende Sammlung für vorerst 20 Jahre zur Verfügung gestellt hat. Zum Fundus gehören beispielsweise Arbeiten von Christian Boltanski, Nan Goldin, Anselm Kiefer, Andreas Serrano und Cy Twombly. Ergänzt wird der Bestand durch regelmäßig stattfindende Wechselausstellungen, die die Collection Lambert weit über die Grenzen von Avignon hinaus bekannt gemacht haben.

Adresse 5, rue Violette-Avignon. Öffnungszeiten: Tgl. außer Mo 11–18 Uhr, im Juli und Aug. tgl. bis 19 Uhr. Eintritt: 5,50 €, erm. 4 €. www.collectionlambert.com.

Musée Calvet: Das Musée Calvet beherbergt eine Sammlung europäischer Malerei aus der Zeit vom 16. bis zum 19. Jahrhundert. Den Grundstock zur Sammlung legte der 1810 verstorbene Arzt und Kunstkenner *Esprit Claude François Calvet* (1728–1810), dessen Namen das Museum auch trägt. Nach längeren Restaurierungsarbeiten wurde das in einem üppig ausgestatteten Stadtpalais aus der Mitte des 18. Jahrhunderts untergebrachte Museum 1996 wieder für das Publikum

Schattig: Rue des Teinturies

geöffnet. Ein Schwerpunkt der Sammlung liegt auf dem Werk des aus Avignon stammenden *Joseph Vernet* (1714–1789), einem der bedeutendsten französischen Maler des 18. Jahrhunderts.

Adresse 65, rue Joseph-Vernet. Öffnungszeiten: Von Juni bis Sept. tgl. außer Di 10–18 Uhr, von Okt. bis Mai tgl. außer Di 10–13 Uhr und 14–18 Uhr. Eintritt: 6 €, erm. 3 €. www.musee-calvet.org.

Fondation Angladon-Dubrujeaud: In der Rue Laboureur – nahe der Place de l'Horloge – wurde 1998 mit dem Musée Angladon-Dubrujeaud eines der herausragendsten Kunstmuseen der Provence eröffnet. Zum Fundus des Museums, das aus einer Stiftung des Künstlerehepaars Jean und Paulette Angladon-Dubrujeaud hervorgegangen ist, gehören Werke von Picasso, Degas, Modigliani, Manet, Sisley, Derain, Chardin, Rousseau („Die Schlangenbeschwörerin"), Cézanne („Stillleben mit Tontopf") sowie Van Goghs „Eisenbahnwagen" – das einzige Gemälde Van Goghs, welches in der Provence zu bewundern ist.

Adresse 5, rue Laboureur. Öffnungszeiten: Di–So von 13–18 Uhr, im Winter Mi–So 13–18 Uhr. Eintritt: 6 €, erm. 4 €. www.angladon.com.

Musée Réquien d'Histoire Naturelle: Der Botaniker Esprit Réquien (1788–1851) gründete in seiner Heimatstadt Avignon ein naturhistorisches Museum, das sich mit der Flora und Fauna der Provence beschäftigt. Wer nicht zu den überzeugten Biologen zählt, langweilt sich allerdings schnell, dafür gibt es aber saubere Toiletten.

Adresse 67, rue Joseph-Vernet. Öffnungszeiten: Von Juni bis Sept. tgl. außer Di 10–18 Uhr, von Okt. bis Mai, Di–Sa 9–12 Uhr und 14–18 Uhr. Eintritt: frei!

Rue des Teinturiers: Die „Straße der Färber" ist die wohl schönste Gasse Avignons. Sie verläuft direkt neben dem nur zwei Meter breiten, kanalisierten Flussbett der *Sorgue* und wird von Platanen gesäumt. Verträumt stehen alte Wasserräder am Rand. Das Viertel ist im Sommer recht lebendig, viele Studenten flanieren hindurch; Antiquariate, ein Bäcker, mehrere Restaurants und Cafés sowie ein Stoff- und Trödelladen sind in die alten Färberhäuser eingezogen. Interessant ist die Kapelle der Grauen Büßer, die als religiöser Ort den ganzen Tag über offen steht. Ihre größte Attraktivität entfaltet die kleine Straße aber zur Festivalzeit, denn dann herrscht bis in die späte Nacht ein reges Treiben auf dem alten Kopfsteinpflaster.

Musée Louis-Vouland: Das 1882 errichtete Wohnhaus von Louis Vouland, einem vermögenden Industriellen und leidenschaftlichen Sammler, wurde nach seinem Tod der Öffentlichkeit zugänglich gemacht. Das Museum beherbergt ausgesuchte Fayencen, Porzellan, Teppiche und Möbel, überwiegend aus dem 18. Jahrhundert.

Adresse 17, rue Victor-Hugo. Öffnungszeiten: Von Juni bis Sept. tgl. außer Mo 12–18 Uhr, So sowie von Okt. bis Mai nur 14–18 Uhr. Eintritt: 4 €, erm. 2,50 €. www.vouland.com.

Maison Jean Vilar: Wechselausstellungen, eine Bibliothek und eine Videothek informieren über den Regisseur und Schauspieler Jean Vilar, der 1947 das Festival von Avignon begründete.

Adresse 8, rue de Mons. Öffnungszeiten: Di–Fr sowie So 9–12 Uhr und 13.30–17.30 Uhr, Sa 10–17 Uhr. Eintritt: frei! www.maisonjeanvilar.com.

Villeneuve-lès-Avignon

Im Schatten von Avignon gelegen, wird ein Besuch von Villeneuve-lès-Avignon oft „vergessen". Ein Fehler, wie wir meinen – besitzt die 12.000-Einwohner-Stadt doch eine Vielzahl von bedeutenden kulturhistorischen Sehenswürdigkeiten.

Karte Seite 482

Schon von weitem erinnern das Fort Saint-André mit seinen imposanten Mauern und den markanten Zwillingstürmen sowie der Tour Philippe-le-Bel daran, dass Villeneuve-lès-Avignon im traditionellen Sinne nicht zur Provence gehört. Die Rhône ist seit jeher die westliche Grenze der Provence, heute markiert der Fluss die Grenze zwischen den Départements Vaucluse und Gard. Die größte Attraktion von Villeneuve-lès-Avignon ist das mustergültig renovierte Kartäuserkloster Val de Bénédiction. Seit in das ehrwürdige Kloster ein Kulturzentrum mit internationaler Bedeutung eingezogen ist, hat sich Villeneuve-lès-Avignon nicht nur in Schriftstellerkreisen einen Namen erworben. Ein attraktives Sommerfestival sorgt für zusätzliche kulturelle Impulse.

Für eine Besichtigung des mittelalterlichen Villeneuve-lès-Avignon sollte man mindestens einen halben Tag einplanen. Wer kleine charmante Dörfer liebt, dem sei noch ein Spaziergang durch das nahe Les Angles empfohlen.

Geschichte

Die Keimzelle von Villeneuve-lès-Avignon war die Ortschaft Bourg-Saint-André, die sich um ein im Frühmittelalter gegründetes Kloster entwickelte. Lehensrechtlich unterstand das Benediktinerkloster den Grafen von Toulouse. Zur Zeit der Albigenser Kriege erhob Avignon Ansprüche auf Bourg-Saint-André und das Kloster, doch der französische *König Ludwig VIII.*, der zuvor den Grafen Raymond VII. von Toulouse in seine Schranken verwiesen hatte, erklärte das Kloster kurzerhand zu seinem Herrschaftsbereich. Den französischen Königen ging es dabei nicht nur um einen Zuwachs ihrer Macht, vielmehr bauten sie den Ort zu

Chartreuse de Val de Bénédiction

einem militärischen Vorposten aus, da ihr Territorium bis dato nur auf Nord- und Mittelfrankreich beschränkt war. Es kam zu einer kriegerischen Auseinandersetzung: Nach drei Monaten Belagerung eroberte Ludwig VIII. Avignon und ließ zur Strafe die Stadtmauern schleifen. Um dem königlichen Herrschaftsanspruch mehr Gewicht zu verleihen, gründete *Philipp der Schöne* 1292 zu Füßen des Hügels Saint-André eine „neue Stadt" (*Villeneuve*). Die Rivalität zwischen den beiden Städten endete, als Avignon zur päpstlichen Residenz aufstieg. Mehr noch: Kardinäle und Prälaten ließen sich Sommerpaläste am gegenüberliegenden Rhôneufer errichten; Kardinal Pierre Aubert, der wenig später als *Innozenz VI.* zum Papst gewählt wurde, gründete das Kartäuserkloster Val de Bénédiction. Villeneuve-lès-Avignon erlebte eine glanzvolle Epoche; der Aufschwung hielt auch an, nachdem die Päpste Avignon verlassen hatten. Garanten für die mit gewissen Abstrichen bis zum Ausbruch der französischen Revolution anhaltende Blütezeit waren die Gunst der französischen Könige, Steuerprivilegien, die Attraktivität des Flusshafens sowie der Reichtum der beiden Klöster.

Information/Verbindungen/Diverses

- *Information* **Office de Tourisme**, Place Charles David, 30400 Villeneuve-lès-Avignon, ✆ 0490256133, 📠 0490259155. www.villeneuve-les-avignon.fr/tourisme.
- *Verbindungen* Tagsüber Busverbindungen im 30-Minuten-Takt nach Avignon von der Place Charles David. Im Sommer zudem mehrmals tgl. Schiffsverbindungen nach Avignon.
- *Veranstaltungen* **Rencontres Internationales d'Eté**, Theater-, Tanz- und Musikfestival im Kartäuserkloster (Juli u. Aug.).
- *Markt* Donnerstagvormittag auf der Place Charles David; Samstagvormittag auf der Place Jean Jaurès. Zudem findet samstagvormittags ein Trödelmarkt auf der Place Charles David statt.
- *Post* Boulevard Jules Ferry.
- *Stadtführungen* Im Juli und Aug. jeden Dienstag und Freitag um 16 Uhr an der Eingangspforte zur Chartreuse.

• *Wandern* Ein fünf Kilometer langer Botanischer Wanderpfad beginnt in der Nähe der Tour Philippe le Bel.

• *Schwimmen* Das Freibad (Juni bis Mitte Sept.) ist gleich neben dem städtischen Campingplatz. Chemin Saint Honoré. Eintritt: 5 €, erm. 3,50 €. Im Winter geht man in das benachbarte Hallenbad.

• *Internet* Cyber Espace, Place Jean Jaurés.

• *Tennis* Complex sportif de la Laune, ✆ 0490257392.

• *Reiten* Equipage du Lozet, ✆ 0490253897.

Übernachten

• *Hotels* **** **Le Prieuré**, die Nobelherberge (Relais et Châteaux) mit wohlfeilem Gourmetrestaurant wurde unlängst renoviert. Die 26 Zimmer (ab 155 €) sowie zehn Suiten ab 410 € sind im zeitgenössischen Design gestaltet und lassen keinen Wunsch offen. Tolle Bäder! Im großzügigen Garten stehen den Gästen ein Swimmingpool und zwei Tennisplätze zur Verfügung. Ausgezeichnetes Restaurant, Menüs ab 40 € (mittags inkl. Wein), sonst 65 € und 92 €. Und wenn dieser Reiseführer einmal auf der Spiegel-Bestseller-Liste steht, macht der Autor hier vier Wochen Urlaub. Von Nov. bis März Betriebsferien. 7, place du Chapitre, ✆ 0490159015, ✆ 049 0254539, www.leprieure.com.

** **L'Atelier**, gut ausgestattetes Hotel mit antiquiertem Touch in einem angeblich von einem Kardinal errichteten Haus aus dem 16. Jahrhundert. Bereits das Treppenhaus mit dem eindrucksvollen offenen Kamin weckt Hoffnungen, die nicht enttäuscht werden. Auch der im Jahre 2000 erfolgte Besitzerwechsel hat dem Hotel gut getan. Lage: Mitten im Ortszentrum, unweit der Kirche. Mit 69–115 € für ein Zimmer (je nach Saison und Ausstattung) ist das Preis-Leistungs-Verhältnis ausgezeichnet. Die schönsten Zimmer mit Terrasse zum Garten sind natürlich die teuersten. Das Frühstück wird im Sommer im lauschigen Hinterhof serviert. 5, rue de la Foire, ✆ 0490250184, ✆ 0490258006. www.hoteldelatelier.com.

** **Cube Hotel**, etwas außerhalb des Ortes an der Rhône gelegen, ist das Hotel optisch nicht gerade ansprechend, dafür gibt es auf dem Dach eine tolle Panoramaterrasse und die Zimmer sind modern und ansprechend. Die Preise variieren stark nach Lage und Ausstattung (Balkon), EZ ab 38 €, DZ 43–93 €, für einen Blick auf die Rhône muss man mindestens 50 € ausgeben. Kostenloses WLAN. Impasse du Rhône, ✆ 049 0255229, ✆ 0490256890. www.cubehotel.fr.

Les Jardins de la Livrée, dieses mitten im Zentrum in einer ruhigen Seitenstraße gelegene Chambre d'hôtes ist eine wahre Oase. Die vier Zimmer (je nach Ausstattung und Reisezeit 60–100 € für zwei Personen inkl. Frühstück) gehen auf den Hof oder zum Garten hin, wo ein kleiner Swimmingpool lockt. Das auf mediterrane Küche ausgerichtete Restaurant mit seiner Gartenterrasse steht jedem offen. Menüs zu 16 € (mittags) und 23,50 €. Das Restaurant hat Sonntagabend und Montag geschlossen. 4 bis, rue Camp-de-Bataille, ✆ 0490260505. www.la-livree.oxatis.com.

Arcades Gourmandes (Aubertin), im Schatten alter Arkaden werden traditionelle provenzalische Gerichte mit modernen Einschlägen serviert, im Inneren herrscht ein distinguiertes Ambiente. Mittagsmenü für 28 €, sonst 40 € oder 49 €. Sonntag und Montag geschlossen. 1, rue de l'Hôpital, ✆ 0490259484.

La Banaste, direkt neben dem Eingang zur Chartreuse. Wie wäre es mit gegrilltem Lamm mit Thymian? Menüs zu 26 € und 38 €. Donnerstag Ruhetag, mittags Reservierung erbeten, im Aug. nur abends geöffnet. 28, rue de la République, ✆ 0490256420.

• *Jugendherberge* **YMCA**, südlich der Stadt mit Blick auf die Rhône und Avignon. Extras: eigenes Freibad! Übernachtung ab 25 €, bei längerem Aufenthalt wird Halbpension erwartet. Von Nov. bis März geschlossen. 7 bis, chemin de la Justice, ✆ 0490254620. www.ymca-avignon.com.

• *Camping* **** **L'Ile des Papes**, große Anlage mit viel Komfort (mehrere Schwimmbecken) auf einer kleinen Rhôneinsel neben einem hässlichen Staudamm. Wenig Schatten. Bungalowvermietung. Manko: Keine Busverbindung und außerhalb der Stadt gelegen. Fahrradvermietung. ✆ 0490151590. www.campeoles.fr.

*** **De la Laune**, städtischer Campingplatz mit 130 Stellplätzen, Grasboden und ausreichend Schatten. Gepflegte Sanitäreinrichtungen. Kostenloser Zugang zum städtischen Schwimmbad. Von April bis Mitte Okt. geöffnet. Chemin Saint-Honoré, ✆ 0490257606. www.camping-villeneuvelezavignon.com.

Im Tal der Rhône
Karte Seite 482

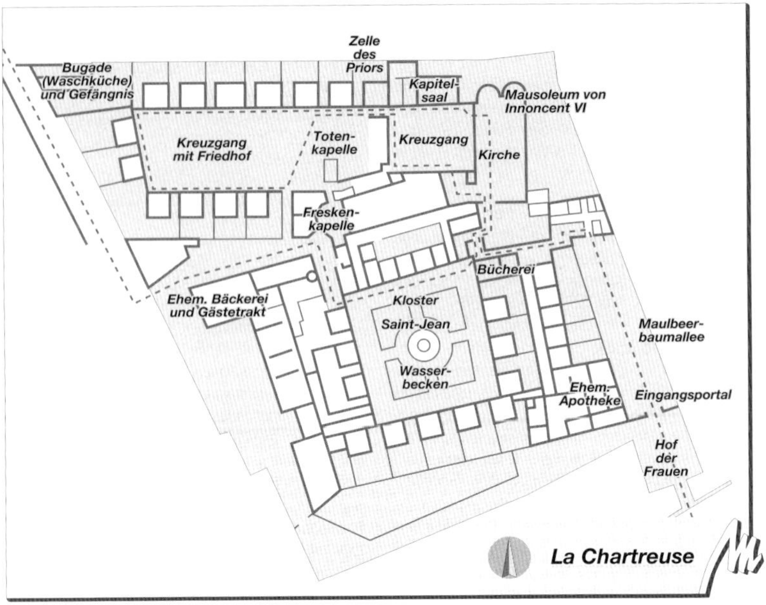

Sehenswertes

Chartreuse de Val de Bénédiction: Bereits im Eingangsfoyer lässt sich unschwer erkennen, dass die Chartreuse keine „normale“ Sehenswürdigkeit sein kann. Das moderne Design gibt einen Hinweis auf eine weitere Nutzung des Klosters: 1991 wurde in der Kartause das *Centre national des écritures du spectacle* eingerichtet. Die einzelnen Kartausen stehen seither französischen Dramatikern und Drehbuchautoren für Arbeitsaufenthalte zur Verfügung. Zum kulturellen Rahmenprogramm gehören zudem Seminare, Proben und Sommerbegegnungen, die unter dem Titel Rencontres d'Eté viele Besucher anlocken.

Doch zurück zum eigentlichen Klosterbau: Gegründet wurde das Kartäuserkloster 1352 von Kardinal Pierre Aubert, dem späteren Papst *Innozenz VI.*; bereits wenige Jahre später besaß das Kloster zwei Kreuzgänge, um die sich die Wohnungen der Mönche gruppierten. Nachdem 1372 ein dritter Kreuzgang folgte, galt die Kartause als größte Frankreichs. Bis in das 18. Jahrhundert hinein erfreute sich das Kloster eines großen Ansehens, den Wirren der Revolution hatten die Mönche allerdings nichts entgegenzusetzen: Das Kloster wurde aufgelöst, der Besitz verstreut. Doch schon 1835 wurde dem Verfall aufgrund einer Intervention des Schriftstellers *Prosper Mérimée* Einhalt geboten; ab 1905 begann der Staat mit den Restaurierungsarbeiten.

Der Rundgang durch das Kloster führt den Besucher in die 1358 geweihte *Klosterkirche*, die sich mit abgebrochenem Chor heute als Ruine präsentiert. In einer Seitenkapelle befindet sich das *Grabmal von Papst Innozenz VI*, dem Klostergründer. Der benachbarte Kreuzgang führt zu zwei Kartausen, die besichtigt werden können. Beide Kartausen muten zwar nicht gerade asketisch

Kulturinteressierte, die mehr als eine Sehenswürdigkeit von Villeneuve-lès-Avignon besichtigen wollen, sollten am nächsten Kassenhäuschen den *Passeport pour l'Art* erwerben. Für 7 Euro berechtigt der Pass zum Besuch folgender Sehenswürdigkeiten: Chartreuse de Val de Bénédiction, Fort Saint-André, Tour Philippe-le-Bel, Collégiale Notre-Dame et Cloître und Musée Pierre-de-Luxembourg.

an, doch der Lebensstil der Kartäuser gründete sich nicht auf der räumlichen Qualität der Unterkunft, sondern auf dem Akt der freiwilligen Selbsteinschließung. Die Kartäuserbewegung war die letzte große Einsamkeitssuche, die das Abendland erfasste. Gewissermaßen als Verlängerung des ersten Kreuzgangs folgt ein zweiter, größerer Kreuzgang, an dessen nordwestlicher Ecke sich das Waschhaus und das *Gefängnis* anschließen. Imponierend ist die ausgefeilte Anordnung der Zellen: Jeder Gefangene konnte mit Blick auf den Altar beten. Einen letzten Höhepunkt stellen die Fresken in der *Refektoriumskapelle* dar. Die Ähnlichkeit mit den Fresken des Papstpalastes lassen vermuten, dass hier ebenfalls *Matteo Giovanetti* am Werk war. Um in den dritten Kreuzgang (*Cloître St. Jean*) zu gelangen, muss man wieder in Richtung Eingang zurückgehen. Inmitten des Kreuzgangs wurde im 18. Jahrhundert eine barocke Brunnenrotunde errichtet.

Öffnungszeiten Von April bis Sept. 9–18.30 Uhr, von Okt. bis März 9.30–17.30 Uhr (Sa und So 10–17 Uhr). Eintritt: 7 €, erm. 4,50 €. www.chartreuse.org.

Abbaye Saint-André: Die inmitten der Festung Saint-André gelegene ehemalige Benediktinerabtei zählt zu den ältesten der Provence. Das Kloster befindet sich heute in Privatbesitz; die Gärten können besichtigt werden, die einstigen Abteigebäude hingegen nicht.

Öffnungszeiten April bis Sep. tgl. außer Mo 10–12.30 Uhr und 14–18 Uhr, im Winter tgl. außer Mo 10–12 Uhr und 14–17 Uhr. Eintritt: 4 €, erm. 3 €.

Tour Philippe-le-Bel: Der nach seinem Erbauer Philipp dem Schönen benannte Turm diente einst als Brückenkopf des Pont Saint-Bénézet, um den Zugang zum rechten Rhôneufer abzusichern. Zwar war der 1307 vollendete Turmbau nur ein Teil eines ausgefeilten Befestigungssystems, doch sind heute von den anderen Mauern und Gebäuden kaum Spuren erhalten. Der Turm selbst wurde 1360 nochmals um zwölf Meter auf eine Gesamthöhe von 39 Meter aufgestockt, der kleine Turmaufsatz stammt gar erst aus dem 17. Jahrhundert.

Öffnungszeiten Von April bis Sept. tgl. außer Mo 10–12.30 Uhr und 14–18.30 Uhr, von Okt. bis März tgl. außer Di 10–12 Uhr und 14–17 Uhr. Von Dez. bis Feb. geschlossen. Eintritt: 1,80 €, erm. 0,90 €.

Die Zwillingstürme des Fort Saint-André

Karte Seite 482

Das Motto der Kartäuser: gemeinsam einsam

Die Kartause von Villeneuve ist ein Musterbeispiel für einen neuen Klostertypus, der das Gemeinschaftsleben mit dem Leben in der Isolation architektonisch sehr geschickt verknüpfte. Entsprechend den Vorstellungen des Ordensgründers, des heiligen Bruno, waren die Kartäuser ein Einsiedlerorden, doch gab es auch klösterliche Elemente. Rund um einen riesigen Klosterhof waren die Häuser der Mönche angeordnet. Die Mönche trafen sich im Chor, im Kapitelsaal sowie im Refektorium (Speisesaal) zu bestimmten liturgischen Übungen bzw. Festtagsmählern. Bei den gemeinsamen Gottesdiensten war tägliche Anwesenheit Pflicht, das Refektorium wurde nur sonntags aufgesucht, der Kapitelsaal an Festtagen, in der Weihnachts-, Oster- und Pfingstwoche, beim Tod eines Ordensbruders sowie bei der Wahl eines neuen Ordensoberen. Ansonsten verbrachte der Mönch den ganzen Tag in seiner Zelle, nur gestört von einem anonymen Diener, der ihm sein karges Mahl durch ein Klappfenster hereinreichte. Nach den Ordensstatuten muss ein Kartäusermönch „sorgfältig darüber wachen, dass er keine Gründe schafft, die Zelle zu anderen Zwecken zu verlassen als zum Besuch der regelmäßigen, gemeinsamen Andachten; vielmehr muss er seine Zelle als ebenso notwendig für sein Seelenheil erachten, wie es das Leben im Wasser für die Fische und der Schafpferch für die Schafe ist. Je länger er in seiner Zelle bleibt, desto mehr wird er sie lieben, vorausgesetzt, er beschäftigt sich zuchtvoll und nützlich mit Lesen, Schreiben, Psalmensingen, Gebet, Meditation, Kontemplation und Arbeit, wohingegen er die Zelle rasch unerträglich finden wird, wenn er sie häufig und ohne Not verlässt".

Saint-Pons (Collégiale Notre-Dame et Cloître): Die ehemalige Kollegiats- und heutige Pfarrkirche stammt aus der ersten Hälfte des 14. Jahrhunderts; sie gilt als die erste südfranzösische Kirche, die auf einem einschiffigen, querhauslosen Grundriss errichtet worden ist; der Chor wurde erst nachträglich hinzugefügt. An die Nordseite der Kirche grenzt ein kleiner Kreuzgang mit spitz zulaufenden gotischen Arkaden, der im Sommer auch für Aufführungen genutzt wird.

Öffnungszeiten des Kreuzgangs Von April bis Sept. tgl. außer Mo 10–12.30 Uhr und 14–18.30 Uhr, von Okt. bis März tgl. außer Mo 10–12 Uhr und 14–17 Uhr. Im Feb. geschlossen. Eintritt: frei!

Fort Saint-André: Die mächtigen Mauern des Fort Saint-André erinnern an das unruhige 14. Jahrhundert, als die so genannten *Grandes Compagnies* raubend und brandschatzend durchs Land zogen. Zum Schutz vor den bis zu mehreren tausend Mann starken Räuberhorden wurde das auf dem Hügel gelegene Dorf mit einem Mauergürtel und den mächtigen *Tours Jumelles* umgeben. Die halbrunden Zwillingstürme, die den Festungseingang flankieren, können bestiegen werden; vom Dach der Türme bietet sich ein grandioser Blick auf Avignon. Das weitläufige Areal innerhalb der Mauern ist heute bis auf ein paar Häuser, ein romanisches Kirchlein und die Abbaye Saint-André größtenteils unbebaut.

Öffnungszeiten der Tours Jumelles April bis Sept. 10–13 Uhr und 14–18 Uhr, im Winter tgl. außer Mo 10–13 Uhr und 14–17 Uhr. Eintritt: 5 €, erm. 3,50 €. Für EU-Bürger unter 26 Jahren ist der Eintritt frei!

Postkartenidylle: das Zisterzienserkloster von Sénanque ▲▲
Beeindruckendes Farbenspiel: die Ockerbrüche von Roussillon ▲

▲▲ In Roussillon wartete Samuel Beckett auf Godot
▲ Von der Sonne gebleicht, ruhen diese Dächer unter dem blauen provenzalischen Himmel

Markante Felsenlandschaft bei Roussillon im Lubéron

▲▲ 1909 Meter hoch: die kahle Kuppe des Mont Ventoux
▲ In Fontaine-de-Vaucluse strömt die größte Quelle Europas aus dem Fels

Musée Pierre-de-Luxembourg: Liebhaber alter Meister werden an dem sich über drei Etagen erstreckenden städtischen Museum großen Gefallen finden, besitzt es doch mehrere bedeutende Kunstwerke aus der Zeit des 14. bis 16. Jahrhunderts, darunter beispielsweise die „Marienkrönung" von *Enguerrand Quarton* und die „Madonna mit dem Kinde", eine schön gearbeitete Elfenbeinschnitzfigur.

Öffnungszeiten Von April bis Sept. tgl. außer Mo 10–12.30 Uhr und 14–18.30 Uhr, von Okt. bis März tgl. 10–12 Uhr und 14–17 Uhr. Eintritt: 3 €, erm. 1,90 €.

Barbentane

Traditionsreiches kleines Städtchen am linken Ufer der Rhône. Barbentane ist heute vor allem wegen seines klassizistischen Schlösschens einen Zwischenstopp wert. In der Antike war der Ort noch eine von der Durance umspülte Insel (*Ile Barban*). Lehensrechtlich unterstand Barbentane im Mittelalter anfangs dem Grafen Boso von Vienne, später den Erzbischöfen von Arles sowie den Bischöfen von Avignon. Nichtsdestotrotz konnten sich die Bürger eine relative Unabhängigkeit vom Krummstab erkämpfen. Das ehemalige Rathaus (*Maison des Chevaliers*), ein stattlicher Bau mit schönen Arkaden und einem loggienähnlichen Balkon, ist Ausdruck dieser städtischen Selbstbestimmung.

• *Information* **Office de Tourisme**, Le Cours, 13570 Barbentane, ✆ 0490908586. www.barbentane.fr.

• *Übernachten* ** **Castel Mouisson**, ein charmantes Hotel mit großem Garten und Pool, das ein ausgezeichnetes Preis-Leistungs-Verhältnis bietet. DZ 49–69 €, Frühstück 9 €. Abgesehen von den Monaten Juni bis Aug. darf man bei einer Buchung von vier Nächten die fünfte Nacht kostenlos schlafen. WLAN vorhanden. Quartier Castel Mouisson, ✆ 0490955117, 📠 0490956763. www.hotel-castelmouisson.com.

Sehenswertes

Château: Das Schloss von Barbentane ist ein prachtvoller klassizistischer Bau, dessen Architektur spürbar von den im Zeitalter des Absolutismus rund um Paris entstandenen Schlössern inspiriert ist. Die Innenausstattung – mit Marmor wurde nicht gespart – und der im italienischen Stil angelegte Garten erinnern daran, dass der Schlossherr Marquis de Barbentane einen Teil seines Lebens als Gesandter Ludwig XV. in Florenz verbracht hat.

Öffnungszeiten Von Ostern bis Allerheiligen tgl. 10–12 Uhr und 14–18 Uhr. Eintritt. 6 €, erm. 4,50 €.

Abstecher zum Pont du Gard

Der Pont du Gard ist eines der prachtvollsten und besterhaltenen römischen Baudenkmäler ganz Europas, eine Besichtigung sollte man sich daher nicht entgehen lassen. Wer sich an den Touristenhorden nicht stört, kann sich an heißen Sommertagen im Gardon wundervoll abkühlen.

„Warum wurde ich nicht als Römer geboren", rief der große Philosoph *Jean-Jacques Rousseau* aus, als er 1737 die wohl eindrucksvollste Hinterlassenschaft der Römer in Südfrankreich erblickte. Rousseau, der mehrere Stunden bei dem Bauwerk verbrachte, resümierte später in seinen „Confessions": „Dieses Werk übertraf alle meine Erwartungen; und dies geschah nur einmal in meinem Leben." Ein ähnliches Erlebnis hatte auch Stendhal. „Die Seele sieht sich in ein langes und tiefes Erstaunen versetzt; ich glaube, nicht einmal vor dem Kolosseum in Rom habe ich so wie hier zu träumen gemeint", notierte der französische Romancier nach einer Besichtigung des Pont du Gard tief beeindruckt in sein Reisetagebuch. „Der Geist wird durch nichts abgelenkt. So richtet sich die ganze Aufmerksamkeit zwangsläufig auf dieses Werk des königlichen Volkes, das da vor einem steht. Es scheint mir, als wirke dieser Bau wie erhabene Musik. Es ist ein Erlebnis für wenige auserwählte Geister; die anderen denken nur voller Bewunderung an die Geldsummen, die er gekostet haben muss." Wie viel der Bau des Pont du Gard verschlungen hat, ist nicht bekannt, überliefert ist nur, dass insgesamt tausend Menschen drei Jahre lang beschäftigt waren, um das Aquädukt zu errichten.

„In Angelegenheiten, um die sich die Griechen nur wenig kümmerten, wie etwa beim Bau von Straßen, Aquädukten und Abwasserkanälen, bewiesen die Römer weise Voraussicht", schrieb der römische Geograph *Strabon*; *Plinius* fügte dem gar noch die Behauptung hinzu, in der ganzen Welt gäbe es „nichts Wunderbareres" als Roms Wasserversorgung. Angesichts des Pont du Gard muss man den beiden berühmten römischen Schriftstellern zweifellos zustimmen. Ein eindrucksvolles Zeugnis römischer Zivilisation!

Drei Arkadenreihen, zwei imposante und eine geradezu zierlich wirkende mit 35 Bögen, überspannen in knapp 49 Meter Höhe das Flüsschen Gardon; die bis zu sechs Tonnen schweren Quadersteine wurden dabei so genau zugeschnitten, dass sie durch den gegenseitigen Druck ohne Mörtel zusammengefügt werden konnten. Die unterschiedliche, von der Mitte aus abnehmende Breite der Bögen bewirkt eine größere Stabilität des Bauwerks; zudem beschreibt das Aquädukt einen leichten Bogen, so dass es den im Frühjahr anschwellenden Wassermassen des Gardon besser standhalten konnte.

Genau genommen ist Pont du Gard nur ein Teilstück eines rund 50 Kilometer langen Aquäduktes, das die römische Metropole Nîmes seit der Mitte des ersten Jahrhunderts unserer Zeitrechnung mit frischem Trinkwasser versorgte. Um die einmalige Ingenieursleistung richtig würdigen zu können, muss man wissen, dass die Römer mit Hilfe einfachster Messgeräte ein Gefälle nutzten, das zwischen der Quelle und Nîmes gerade mal 17 Meter beträgt. Das sind umgerechnet nur 34 Zentimeter Gefälle pro Kilometer! Um das Gefälle beizubehalten, mussten nicht nur Berge umgangen und zum Teil durchtunnelt werden, es galt zudem, insgesamt sieben Flusstäler zu überwinden. Besonders schwierig war es, die Wasserleitung über das tief eingeschnittene Tal des Gardon zu führen. Nach dem Prinzip der kommunizierenden Röhren wird das Wasser wie in einem überdimensionalen „umgekehrten Siphon" über die Täler geführt, wobei die Wasserrinne mit Steinplatten abgedeckt werden musste, um den nötigen Druck zu erzeugen. Mehr als 20.000 Kubikmeter Wasser konnten damals pro Tag herbeigeführt werden, um Thermen, private Bäder und öffentliche Zisternen zu versorgen; erst Anfang des 20. Jahrhunderts erhielt Nîmes eine ähnlich leistungskräftige Wasserleitung.

Dass der Pont du Gard trotz seines ästhetischen Reizes ein reiner Zweckbau war, beweisen die zahlreichen Steinvorsprünge; sie dienten der Befestigung des Baugerüstes und wurden in weiser Voraussicht späterer Reparaturmaßnahmen nicht beseitigt. Nach diversen Verzierungen, Friesen und Inschriften hält man vergeblich Ausschau. Eine bauliche Veränderung erfuhr das Aquädukt 1743, als man die untere Etage verbreiterte, um sie als Brücke für Fuhrwerke nutzen zu können. Dieser Umbau hat aber der optischen Wirkung des Pont du Gard glücklicherweise keinen Schaden zufügen können. Goldgelb schimmern die Arkaden in der Nachmittagssonne, gerade so, als hätten die Römer ihr Werk erst vor ein paar Tagen vollendet.

Praktische Hinweise

Da das einzigartige Monument – es wurde 1985 von der UNESCO zum Weltkulturerbe ernannt – verständlicherweise erheblich unter dem nicht enden wollenden Besucheransturm leidet, hat die französische Regierung 1996 ein Projekt ins Leben gerufen, das von der öffentlichen Hand mit 160 Millionen Francs gefördert wurde. Neben umfassenden Restaurierungsarbeiten deckte der Etat auch den Bau verschiedener kultureller Einrichtung sowie das Anlegen von mehreren Spaziergängen zur antiken Spurensuche; zudem wurde ein Steinbruch bei dem Dorf Vers, in dem römische Sklaven die Steine für den Pont du Gard herausschlagen mussten, zugänglich gemacht. Seither kann man folgende Einrichtungen besichtigen:

Musée l'Histoire du Pont du Gard: Das Museum (im Untergeschoss von Le Portal am linken Ufer) ist eine didaktische Meisterleistung, die man sich trotz des hohen Eintrittspreises nicht entgehen lassen sollte. Auf einer Fläche von 2.500 Quadratmetern wird auf eine sehr anregende Weise die Geschichte des Pont du Gard „erzählt" (alles auch in deutscher Sprache). Dem Besucher wird u. a. die Bedeutung des Wassers für den römischen Alltag erklärt, an Modellen werden die Bautechnik sowie die landschaftlichen Gegebenheiten, die die Römer beim Bau zu überwinden hatten, anschaulich dargestellt. Hinzu kommen künstlerische Darstellungen sowie literarische Dokumente. Problemlos kann man in den klimatisierten Räumen mehr als eine Stunde zubringen, denn ein Besuch des Aquädukts wird erst durch diese Ausstellung abgerundet.

Ciné: Am linken Ufer des Gardon wird jede halbe Stunde ein halb fiktiver, halb dokumentarischer Film über das Aquädukt gezeigt.

Ludo: Kinder können hier spielerisch in die galloromanische Vergangenheit eintauchen, sich als Archäologen fühlen, Rätsel lösen und Experimente durchführen. Alle Anleitungen sind auch in deutsch verfasst, selbst Hörspiele wurden in deutscher Sprache aufgenommen, so dass sich Kinder problemlos alleine in den Räumlichkeiten beschäftigen können. Das Alter ist mit 5–12 Jahren angegeben, doch langweilen sich auch Eltern sicherlich nicht (linkes Ufer).

Mémoires de Garrigue: Auf einer Fläche von 15 Hektar wird hier anhand von Informationstafeln und Bildern die Vielfalt der Garriguelandschaft und ihre Nutzung durch den Menschen erklärt. Ein markierter, 1,4 Kilometer langer Weg führt zu Oliven- und Weinkulturen, zu *Bories* (Steinhütten) und einer Köhlerei sowie auf eine Aussichtsplattform.

• *Öffnungszeiten* Tgl. 9.30–18.30 Uhr, im Juli und Aug. bis 22 Uhr, ✆ 0466375099.

• *Eintritt* Der Zugang zum Pont du Gard kostet keinen Eintritt. Eine Tageskarte für alle kulturellen Einrichtungen kostet 12 €, erm. 9 € (inkl. freier Parkgebühren); nur Musée: 7 €; nur Ciné: 4 €, nur Ludo 5 €.

• *Führungen* Auf beiden Seiten des Flusses finden Führungen zum Thema Pont du Gard (45 Min.), römischer Steinbruch (1,5

Std.) und Überreste des Aquädukts (2,5 Std.) statt. Dabei gelangt man auch auf die oberste Etage des Aquädukts. Kosten: 8 €.

• *Parken* Gebührenpflichtige Parkplätze (5 € pro Tag) auf dem linken wie auf dem rechten Flussufer, die sich nur mit einem langen Fußmarsch umgehen lassen. Achtung: Nachts ab 1 Uhr ist das Parken verboten!

• *Internet* www.pontdugard.fr.

• *Camping* *** **Sousta**, schöne, moderne und gepflegte Anlage (400 Stellplätze) auf überwiegend sandigem Gelände. Tagsüber sitzt man unter den Schatten spendenden Kiefern oder sonnt sich am steinigen Strand des Flusses. Der Platz befindet sich in unmittelbarer Nähe des Pont du Gard. Letzterer kann bequem zu Fuß erreicht werden. Minigolfplatz, Kanuverleih. Ganzjährig geöffnet. ✆ 0466371280.

Abstecher nach Nîmes

Obwohl außerhalb der heutigen Grenzen der Provence gelegen, ist Nîmes sicherlich einen Abstecher wert. Das antike Nemausus ist eine lebendige Stadt, in der das ganze Jahr über Feste gefeiert und bunte Märkte abgehalten werden. In erster Linie kommen die Besucher aber natürlich wegen der zahlreichen römischen Baudenkmäler nach Nîmes. Weltberühmt ist das Amphitheater, das etwas kleiner, aber dafür besser erhalten ist als dasjenige von Arles. Rund 24.000 Zuschauer konnten einst die Gladiatorenkämpfe beobachten, später wurde die ovale Arena zur wehrhaften Burg umfunktioniert, heute dient sie als Stierkampfarena. Eine ähnlich profane Nutzung musste der wohl schönste römische Tempel überhaupt, die Maison Carrée, im Mittelalter über sich ergehen lassen: Jahrhundertelang wurde die Maison Carrée als Pferdestall genutzt! Einen faszinierenden Kontrast zu dem antiken Tempel bildet das nahe gelegene Musée Carré d'Art, ein postmoderner Museumsbau des britischen Stararchitekten Sir Norman Foster.

Eindrucksvoller Bergriese: Mont Ventoux

Rund um den Mont Ventoux

Weithin sichtbar dominiert der kahle Gipfel des Mont Ventoux einen großen Teil der Provence. Mit seinen 1.909 Metern markiert er die höchste Erhebung der Provence; sein steter Anblick erweckt irgendwann den Drang, selbst auf dem Gipfel zu stehen. Nur die wenigsten klettern allerdings wie einst Petrarca mühsam empor, die meisten Touristen ziehen aus Bequemlichkeit das Auto vor. Unter den Dörfern und Städten, die an den Ausläufern des Mont Ventoux gegründet wurden, sticht vor allem Vaison-la-Romaine mit seinem reichen römischen Erbe hervor.

Vaison-la-Romaine

Vaison-la-Romaine, das französische Pompeji, liegt am nördlichen Rand der Provence. Umgeben von grünen Hügeln wird die Stadt durch den Fluss Ouvèze geteilt. Am rechten Ufer ruhen die Ruinen der Römerstadt im matten Sonnenlicht, am linken Ufer stehen die Häuser der mittelalterlichen Oberstadt dichtgedrängt an den abschüssigen Gassen.

Auf Initiative von Chanoine J. Sautel, einem ortsansässigen Geistlichen, wurde 1907 systematisch mit Grabungsarbeiten begonnen. Im Laufe der Jahre entstanden zwei Ausgrabungsgelände: Das östlich der Place du 11 Novembre gelegene Quartier de Puymin mit dem Archäologischen Museum und dem Antiken Theater sowie dem sich ein Stück weiter westlich erstreckenden Quartier de la Villasse. Da bis heute rund ein Fünftel des römischen Vasio freigelegt worden ist, bietet das Ausgrabungsgelände einen ausgezeichneten Einblick in den Aufbau einer römischen Provinzstadt. Den Ausgrabungen sind mittlerweile „natürliche" Grenzen gesetzt, denn der weitaus größte Teil der römischen Stadt wird von den Häusern und Straßen des modernen Vaison-la-Romaine überlagert. Die mittelalterliche, von einer Burgruine gekrönte Oberstadt erfüllt alle Kriterien, die einen alten provenzalischen Ort auszeichnen. Steinerne Häuser säumen die mit Kieseln gepflasterten Gassen, an die Stadtbefestigung erinnern noch Mauerreste und Tore.

Vor ein paar Jahrzehnten war Vaison-la-Romaine noch ein kleines, fast vergessenes Landstädtchen. Erst der Tourismus weckte den Ort aus seinem Dornröschenschlaf. In erster Linie ist die rund 6.000 Einwohner zählende Kleinstadt bis heute ein Ziel für Freunde römischer Altertümer geblieben, doch das angenehm beschauliche Flair von Vaison-la-Romaine begeistert auch Besucher, die kein Großes Latinum vorweisen können. Das antike Theater diente beispielsweise in den letzten Jahren zahlreichen Stars aus dem internationalen Rock- und Popbusiness als Bühne. Für weltweite Schlagzeilen sorgte Vaison-la-Romaine erst in jüngster Vergangenheit: Im Herbst 1992 trat die Ouvèze nach heftigen Regenfällen so stark über ihre Ufer, dass bei der verheerenden Überschwemmungskatastrophe nicht nur die Brüstung der römischen Brücke, zahlreiche Häuser und ein kleines Industriegebiet hinweggespült wurden, sondern auch 30 Menschen ums Leben kamen. Ebenso erschütternd wie die Flutwelle war der Katastrophentourismus, der hinterher über Vaison-la-Romaine hereinbrach.

Geschichte

Gegen Ende des 4. vorchristlichen Jahrhunderts siedelte sich der keltische Stamm der Vocontier im Ouvèze-Tal an, das heutige Vaison-la-Romaine erfüllte dabei die Funktionen einer „Hauptstadt". Als sich die Römer verstärkt in Gallien ausbreiteten, gingen die Vocontier einer kriegerischen Auseinandersetzung aus dem Weg und ordneten sich der neuen Macht als treue Bündnisgenossen unter. Die Römer gewährten ihnen im Gegenzug weitgehende Selbständigkeit, die „Vasio Vocontiorum" genannte Stadt wuchs daraufhin alsbald zu einer der blühendsten Städte Galliens heran. Die Vocontier orientierten sich beim Bau ihrer Häuser und Straßen zunehmend an römischen Vorbildern, hinzu kam, dass auch vermögende Römer ihre Vorliebe für die Stadt im Tal der Ouvèze entdeckten. Innerhalb weniger Jahrzehnte hatten sich die Vocontier vollkommen angepasst, das zwischen 5.000 und 10.000 Einwohner zählende Vasio war von einer römischen Provinzstadt nicht mehr zu unterscheiden. Aus Vasio stammten mit Trogus Pompeius und Pomponius Mela zwei römische Geschichtsschreiber sowie Sextus Africanus Burrus, der unter Nero zum Praeceptor aufstieg.

An der Wende vom 3. zum 4. Jahrhundert veränderte sich in Vasio das Alltagsleben in zweifacher Hinsicht: Zum einen wurde die Stadt mehrfach von den aus dem Norden einfallenden Alemannen sowie den West- und Ostgoten geplündert, zum anderen breitete sich das Christentum aus; bereits im Jahre 314 nimmt auf einem Konzil in Arles Daphnus, der erste Bischof von Vasio, teil. Nachdem im Zuge der Völkerwanderung die römische Stadt zerstört worden war, flüchteten die Bewohner auf die besser zu verteidigende andere Flussseite. Als Herren der Stadt wechselten sich Ostgoten, Burgunder und Franken ab, einzig die bischöfliche Macht sorgte für eine gewisse Konstanz. Im Hochmittelalter wurde die römische Stadt erneut besiedelt. Im 12. Jahrhundert kam es zwischen

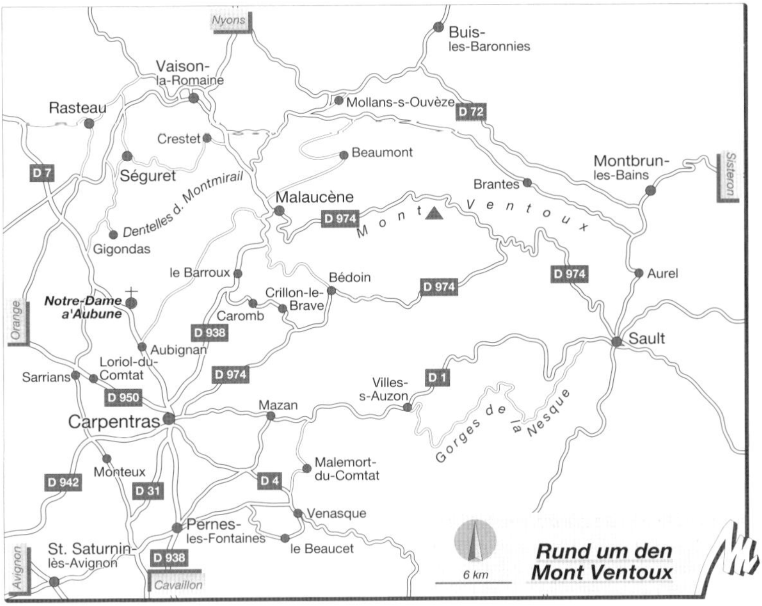

Raymond V., dem Grafen von Toulouse, und dem örtlichen Bischof zu heftigen Auseinandersetzungen über die Vorherrschaft in Vaison. Raymond V. besetzte das linke Ufer der Ouvèze und ließ auf der Anhöhe die noch heute sichtbare Burg errichten. Allmählich verlagerte sich das Zentrum der Stadt wieder zurück auf den Hügel, 1464 folgte auch der Bischof nach. Erst im 18. Jahrhundert, als strategische Gesichtspunkte nebensächlich geworden waren, breitete sich Vaison wieder in der Ebene aus, die Oberstadt verfiel zusehends.

Vaucluse Karte Seite 511

Information/Verbindungen/Diverses

- *Information* **Office de Tourisme**, Place du Chanoine-Sautel, 84110 Vaison-la-Romaine, ✆ 0490360211, ✆ 0490287604. Hier gibt es auch Infos zu den regelmäßig stattfindenden Stadtführungen. www.vaison-la-romaine.com bzw. www.vaison-en-provence.com.
- *Einwohner* 5.900 Einwohner.
- *Verbindungen* Die Busse aus Carpentras (4 x tgl.), Malaucène (1x tgl.), Orange und Avignon sowie Nyons (10 x tgl.) halten an der Gare routière in der Avenue des Choralies, ein paar hundert Meter östlich des Stadtzentrums.
- *Parken* Mehrere große Parkplätze; sehr zentral liegt die Place Burrus, aber auch von den anderen Parkplätzen ist es zu den Sehenswürdigkeiten nicht weit.
- *Petit Train* Tgl. außer Montag- und Dienstagvormittag tuckert ein Touristenbummelzug vom Office de Tourisme durch die Stadt. Fahrtdauer: 30 Minuten. Tarif: 4,50 €, erm. 2,50 €.
- *Markt* Dienstagvormittag in der Unterstadt. Jeden dritten Sonntag ist Trödelmarkt.
- *Veranstaltungen* **Festival de Vaison-la-Romaine**, Musik- und Theateraufführungen im antiken Theater (Juli). Alle drei Jahre im Aug. **Choralies internationales**, ein Festival der Chöre (2009, 2012 etc.).
- *Maison des Vins* Dem Office de Tourisme ist ein kleiner Laden angegliedert, in dem regionale Produkte (Wein, Honig etc.) verkauft werden.

• *Schwimmen* Das städtische Freibad mit 25-Meter-Becken ist nur zwei Minuten vom Office de Tourisme entfernt. Von Juni bis August geöffnet. Eintritt: 3,50 €.

• *Fahrradverleih* Cycle Chave, Avenue Ulysse Fabre, ✆ 0490419517. www.cycles-chave.com.

• *Bücher* Direkt neben dem Quartier de la Villasse befindet sich ein Antiquariat mit englischen und deutschsprachigen Büchern. Rue Trogue Pompée.

Übernachten/Essen

• *Hotels* *** **Le Beffroi (8)**, eine Reihe von stilvollen Bürgerhäusern (16. und 17. Jahrhundert) mit herrlichem Talblick wurde zu Füßen des Schlosses zu einem Hotelkomplex ausgebaut. Mit exquisiten Möbeln individuell ausgestattete Zimmer, Garten und Swimmingpool versüßen den Aufenthalt. Übernachtung 90–144 €. Von Ende Okt. bis Mitte April Betriebsferien; im Restaurant bleibt dienstags die Küche kalt, Menüs ab 25 €. Rue de l'Evêche, ✆ 0490360471, ✆ 0490 362478, www.le-beffroi.com.

** **Burrhus (6)**, liebevoll eingerichtetes Hotel direkt im Zentrum; es erstreckt sich über zwei Gebäude und besitzt einen älteren Bereich und einen Teil mit modern eingerichteten, etwas teureren Zimmern. Letztere sind absolut zu empfehlen! Die Einrichtung der modernen Zimmer ist ganz individuell, aber sie sind eher in einem unterkühlten zeitlosen Stil konzipiert, wobei weder Flat-Screen noch Klimaanlage fehlen. Auch die Bäder verraten die Designerhandschrift und sind manchmal sogar schwarz gefliest. Im Sommer frühstückt man auf der herrlichen Terrasse im ersten Stock. Der Besitzer nutzt seine Räumlichkeiten regelmäßig für Kunstausstellungen. Im ganzen Hotel hat man einen kostenlosen WLAN-Zugang (WIFI). DZ je nach Art und Saison 49–85 €, zudem gibt es noch ein 4-Personen-Appartement für 115 €. Mitte Nov. bis Mitte Dez. Betriebsferien. 2, place Montfort, ✆ 0490360 011, ✆ 0490363905, www.burrhus.com.

La Fête en Provence (11), schöne, kleine Herberge im mittelalterlichen Stadtteil von Vaison. Doppelzimmer je nach Ausstattung von 72 € bis 120 €. Netter Innenhof, in dem im Sommer auch Tee und Salate serviert werden (Mittwoch Ruhetag). WLAN vorhanden. Place du Vieux-Marché, ✆ 0490363 643. www.lafeteen-provence.com.

** **La Bastide de Vaison (9)**, einfaches Hotel in einer Bastide, südwestlich des Stadtzentrums. Die Zimmer (47–92 €, Frühstück 8,50 €) haben nicht allzu viel Charme, am schönsten sind die im zweiten Stock mit offenen Bruchsteinmauern. Das große Plus ist der Swimmingpool. Kostenloses WLAN. Route d'Avignon, ✆ 0490360315, ✆ 0490288690. www.hotel-labastide.fr.st.

• *Chambres d'hôtes* **Bastide Saint Claude (1)**, etwa vier Kilometer nordwestlich von Vaison an der D 51 werden drei geschmackvolle Zimmer (eines mit Terrasse) vermietet

(je nach Saison 85–110€ inkl.Frühstück). Ruhige Lage, zudem gibt es einen Pool direkt neben den Weinreben. Le Palis, ✆ 0490464170, www.bastidesaintclaude.com.

L'Ecole Buissonnière (2), ein weiteres wunderschönes Chambre d'hôtes findet man sieben Kilometer nördlich zwischen Villedieu und Buisson. Monique und John Alex-Parsons – der aus London stammende John arbeitete in seiner Jugend als „Cowboy" in der Camargue und kümmert sich jetzt liebevoll um die Gäste – vermieten drei sehr freundlich und einladend gestaltete Zimmer, eines hat eine Empore und Platz für vier Personen. Preis: 58–67 € inkl. Frühstück. Wer will, kann sich in einer Küche im Freien selbst sein Abendessen zubereiten und im Garten sitzen. ✆/℻ 0490289519, www.guideweb.com/provence/bb/ecole-buissonniere.

L'Evêche (10), diese Privatunterkunft im ehemaligen Bischofspalast in der Altstadt ist ein Lesertipp von Rolf Memming, dem die sehr gediegen und geschmackvoll eingerichteten Zimmer gut gefielen. Das Frühstück wird auf der Terrasse mit weitem Blick über die Stadt serviert. Die Zimmer inkl. Frühstück kosten 80–110 €. Rue de l'Evêche, ✆ 0490361346. www.eveche.com.

• *Essen* **Le Moulin à Huile (13)**, nur einen Steinwurf von der römischen Brücke entfernt, das Restaurant von Robert Bardot ge-

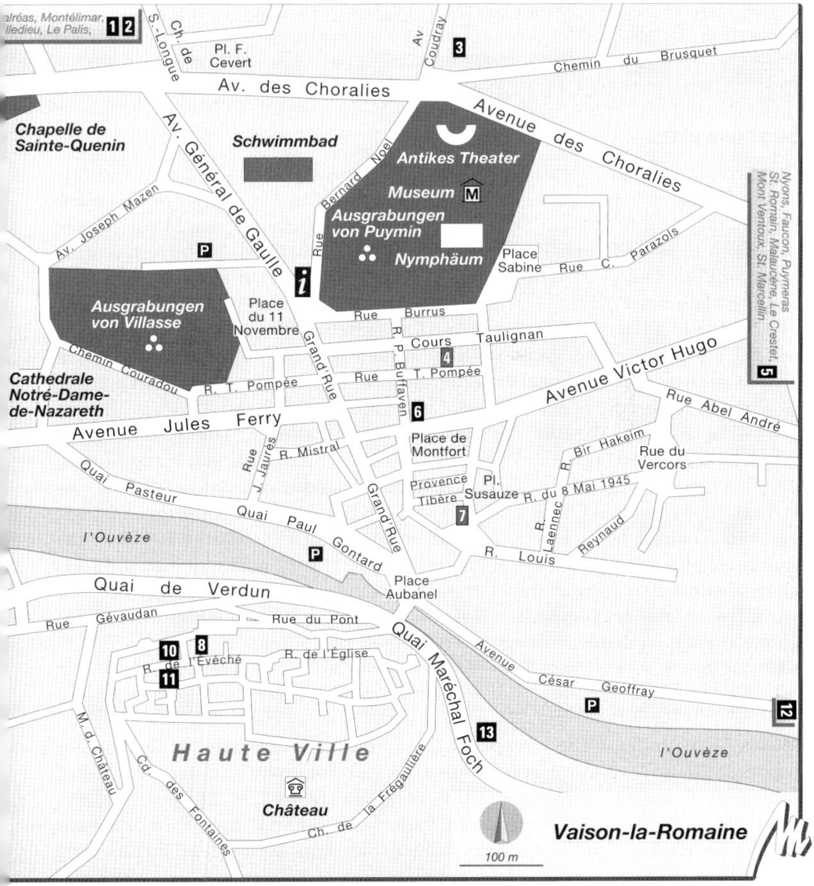

Vaucluse
Karte Seite 511

hört zu den besten Gourmettempeln der Vaucluse (ein Michelin-Stern, 15 Gault-Millau-Punkte). Sicher kein Billigrestaurant, doch ist das Gebotene seinen Preis wert. Menüs zu 28 und 40 € (wochentags am Mittag), 60 und 75 €. Sonntagabend und Montag Ruhetag. Es werden auch drei Zimmer ab 130 € vermietet. 1, quai de Maréchal Foch, ✆ 0490362067. www.moulin-huile.com.

Auberge de la Bartavelle (7), versteht sich auf eine ausgezeichnete, sommerlich leichte Küche. Die Qualität des Essens ist in dieser Preiskategorie in der gesamten Umgebung von Vaison konkurrenzlos. Das Mittagsmenü kann wie folgt aussehen: Salatteller mit gegrilltem Lachs, Lammrollbraten und abschließend eine *Crème brulée*. Freundlicher Service, kleine Terrasse, von Lesern mehrfach gelobt. Menüs zu 22 € (mittags), 29, 38 und 50 €. Montag und Freitagmittag Ruhetag. 12, place sus-Auze, ✆ 0490360216.

Le Tournesol (4), dieses Restaurant ist ein Lesertipp von Gisela Lotis, die den Service ebenso wie die gute Küche lobte, vor allem das Entrecôte an Roquefortsauce. Eine gute Flasche Côte de Ventoux gib es bereits ab 14 €. Straßenterrasse. Mittagsmenü zu 13,50 €, sonst 17,50, 23, 27 und 35 €. 32, cours Taulignan, ✆ 0490360918.

• *Camping* **** **Du Théâtre Romain (3)**, kleine, gepflegte Anlage mit Pool. Wie der Name schon andeutet, unweit des römischen Theaters. Von Mitte März bis Okt. geöffnet. Quartier des Arts, Chemin du Brusquet, ✆ 0490287866. www.camping-theatre.com.

*** **Carpe Diem (12)**, gut ausgestatteter Platz (zwei Swimmingpools) im Osten des Ortes. Von Mitte März bis Nov. geöffnet. Quartier La Roussette, ✆ 0490360202. www.camping-carpe-diem.com.

Sehenswertes

Quartier de Puymin: Der Eingang zum größten Ausgrabungsgelände von Vaison-la-Romaine liegt direkt gegenüber dem Office de Tourisme. Gleich neben dem Eingang stößt man auf die Grundmauern des Hauses der Messii, das – mit der nötigen Phantasie – Einblicke in die luxuriösen Wohnverhältnisse einer wohlhabenden Patrizierfamilie gewährt. Nach Osten hin schließen sich der Portikus des Pompeius, eine wahrscheinlich der Öffentlichkeit zugängliche Säulenhofanlage und mehrere im „Reihenhausstil" errichtete Mietshäuser an. Die auf dem Gelände aufgestellten Statuen sind nur Kopien, die Originale stehen größtenteils im angegliederten Museum. Am Nordhang des Quartier de Puymin legten die Römer während der Regierungszeit des Kaisers Tiberius (14–37 u. Z.) ein **Theater** an, das einen beachtlichen Durchmesser von 96 Metern aufweist. Im Halbkreis ziehen sich 34 Sitzstufen den Hang hinauf, der durch einen Tunnel mit der Südseite des Geländes verbunden ist. Wie unschwer zu erkennen ist, sind große Teile des Theaters nicht mehr im Originalzustand erhalten; bei der in den dreißiger Jahren durchgeführten Rekonstruktion mangelte es leider an der nötigen Sorgfalt. Der Besuch einer der zahlreichen abendlichen Musikveranstaltung im römischen Theater empfiehlt sich vor allem wegen der phantastischen Akustik. Ein Hinweis: Einmal in der Woche werden auch deutschsprachige Führungen angeboten.

Öffnungszeiten Juni bis Sept. 9.30–18.30 Uhr, April und Mai tgl. 9.30–18 Uhr, März und Okt. tgl. 10–12.30 Uhr und 14–17.30 Uhr, im Winter tgl. außer Di 10–12 Uhr und 14–17 Uhr. Kombiticket: 8 €, erm. 3,50 €.

Musée Archéologique Théo-Desplans: Das inmitten des Quartier de Puymin gelegene Museum – es erinnert im Aufbau an eine römische Atriumsvilla – birgt zahlreiche Grabungsfunde des antiken Vasio und ist in acht Themenkomplexe gegliedert. Zu den herausragendsten Exponaten gehören die Marmorstatuen von Kaiser Hadrian und seiner Frau Sabina sowie eine Statue des Tiberius. Ein-

Quartier de la Villasse

drucksvoll ist auch das aus der Pfauenvilla stammende Bodenmosaik. Abgerundet wird die Sammlung durch Alltagsgegenstände (Lampen, Keramik, Gläser etc.) sowie Münzen und Sarkophage.

Öffnungszeiten Juni bis Sept. 9.30–18.30 Uhr, April und Mai tgl. 9.30–18 Uhr, März und Okt. tgl. 10–12.30 Uhr und 14–17.30 Uhr, im Winter tgl. außer Di 10–12 Uhr und 14–17 Uhr. Kombiticket: 8 €, erm. 3,50 €.

Quartier de la Villasse: Dank der finanzkräftigen Unterstützung von Maurice Burrhus, einem elsässischen Namensvetter eines berühmten, zu Neros Zeiten lebenden Vocontier, konnte das Terrain im Sektor Villasse angekauft und mit den Grabungsarbeiten begonnen werden. Einen guten Überblick über das gesamte Ausgrabungsgelände gewinnt man entweder von der Place du 11 Novembre oder dem an der Südseite vorbeiführenden Fußpfad. Von Nord nach Süd durchzieht eine breite, mit Gehsteigen versehene Straße, die als Einkaufsstraße gedeutet wird, das Gelände. In der südöstlichen Ecke des Areals erheben sich die imposanten Ruinen der Basilika, ein öffentliches Gebäude, das wahrscheinlich als Markthalle genutzt worden ist, mit den daran angrenzenden Thermenanlagen; in Richtung Westen können die Ruinen zweier stattlicher Villen bewundert werden.

Öffnungszeiten Juni bis Sept. tgl. 10–12 Uhr und 14.30–18.30 Uhr, April und Mai tgl. 10–12 Uhr und 14.30–18 Uhr, März und Okt. 10–12.30 Uhr und 14–17.30 Uhr, im Winter tgl. außer Di 10–12 Uhr und 14–17 Uhr. Kombiticket: 8 €, erm. 3,50 €.

Notre-Dame-de-Nazareth: Wie ein Blick auf die freigelegten Grundmauern der Apsis zeigt, wurde die einstige Cathédrale auf den Fundamenten eines römischen Gebäudes (eventuell ein Tempel) errichtet. Die dreischiffige Basilika ist dank ihrer wohl proportionierten Architektur ein eindrucksvolles Beispiel für die provenzalische Romanik. Nördlich der Cathédrale schließt sich ein **Kreuzgang** aus der Mitte des 12. Jahrhunderts an. Die Kapitelle der Doppelsäulen sind sehr filigran gearbeitet und tragen ineinander verschlungene Blätter und Bänder.

Vaucluse
Karte Seite 511

In den Flügeln des Kreuzgangs werden zudem Skulpturen, Inschriften und Architekturfragmente aus frühchristlicher Zeit präsentiert.

Öffnungszeiten Juni bis Sept. tgl. 10–12.30 Uhr und 14–18.30 Uhr, April und Mai tgl. 10.30–12.30 Uhr und 14–18 Uhr, März und Okt. tgl. 10–12 Uhr und 14–17.30 Uhr, im Winter tgl. außer Di 10–12 Uhr und 14–17 Uhr. Eintritt: 1,50 €, mit Kombiticket: 8 €, erm. 3,50 €.

Chapelle de Saint-Quenin: Die im Nordwesten der Stadt gelegene Kapelle wartet mit einem architektonischen Kuriosum auf: eine dreieckige Apsis! Kein anderer abendländischer Sakralbau besitzt einen vergleichbaren Chor. Ursprünglich handelte es sich wahrscheinlich um eine frühchristliche Friedhofskapelle, die dem heiligen Quenin, einem Bischof von Vaison, geweiht war. Die erhöhte Apsis stammt noch aus der zweiten Hälfte des 12. Jahrhunderts, während die restliche Kapelle zwischen 1630 und 1636 erneuert wurde. Abweichend vom zeitgenössischen Geschmack entstand das Langhaus nicht im barocken, sondern im romanisierenden Stil.

Römische Brücke: Die Römische Brücke, die noch heute die Ouvèze überspannt, wird Tag für Tag von Hunderten von Autos befahren, ohne dass die Fahrer von dieser antiken Kostbarkeit Notiz nehmen. Zugegebenermaßen ist sie von der Straße aus nur schwer als antikes Monument auszumachen, man muss schon aussteigen und sie genauer in Augenschein nehmen. Die neun Meter breite Brücke überspannt den Fluss in einem einzigen, 17,20 Meter langen Bogen und wurde von ihren römischen Baumeistern direkt auf die Uferfelsen aufgesetzt. Dass die Römer ihr Handwerk verstanden haben, hat die Brücke erst 1992 bei einer Flutkatastrophe bewiesen: Zwar erlitt auch sie Beschädigungen, doch ganz im Gegensatz zu einer modernen Straßenbrücke wurde sie nicht von den Fluten weggespült.

Altstadt: Die zu Beginn des 20. Jahrhunderts weitgehend verlassene Oberstadt (Haute-Ville) ist in den letzten Jahren wieder sukzessive restauriert worden. Das auffälligste Bauwerk ist das von den Grafen von Toulouse errichtete **Château**; es präsentiert sich heute nur noch als Burgruine. Eine Besichtigung des stattlichen Monuments ist leider nicht möglich. In der Rue Principale stößt man auf die einstige Bischofskirche von Vaison-la-Romaine. Von 1464 bis zur Auflösung des Bistums im Jahre 1789 diente sie als Cathédrale.

Dentelles de Montmirail

Zwischen Gigondas und Malaucène erhebt sich im Anschluss an den Mont Ventoux ein weithin sichtbarer Bergzug, die Dentelles de Montmirail. Die durch Erosion pittoresk abgeschliffenen Spitzen des Kalkmassivs ragen allerdings bei weitem nicht so hoch empor wie der Gipfel des Mont Ventoux: Mit seinen 734 Metern markiert der Mont Saint Armand die höchste Erhebung eines karstigen Bergzugs, dessen höchster Punkt von dem kleinen Dorf **Suzette** schnell zu erreichen ist. Die steil abfallenden Felswände der Klöppelspitzen (= Dentelles) bilden einen reizvollen Kontrast zu der mediterranen Vegetation – dies wissen vor allem Kletterer zu würdigen. Wer es gemächlicher angehen lassen will, pilgert von Lafare über ein kleines Sträßchen zur schön gelegenen Kirche Saint-Christophe hinauf.

Gigondas

Gigondas – die Römer nannten den Ort *Jocunditas* – ist vor allem für seinen hervorragenden Wein bekannt. Zahlreiche Weinkenner ziehen den tief dunkelroten Wein gar einem Châteauneuf-du-Pape vor. Im Syndicat d'Initiative liegt ein Faltblatt aus, das vierzig Weinbauern der Umgebung vorstellt, die Weinproben ausschenken und ihren Rebensaft direkt verkaufen. Es ist aber auch möglich, sich gleich im Dorf in einer der Probierstuben einzudecken. Einen Besuch wert ist auch der sympathische Tante-Emma-Laden im Dorf, zumindest eine Flasche Wasser sollte man erstehen, um sein Fortbestehen zu sichern ...

• *Information* **Syndicat d'Initiative**, Maison de Gigondas, Place du Portail, 84190 Gigondas, ✆ 0490658546, ℻ 0490658842.

• *Einwohner* 630 Einwohner.

• *Verbindungen* 2 x tgl. Busverbindungen nach Carpentras und weiter nach Avignon.

• *Veranstaltungen* Dorffest am ersten Septemberwochenende.

• *Übernachten/Essen* ** **Les Florets**, stimmungsvolles Hotel mit Kaminzimmer, seit drei Generationen in Familienbesitz. Herrliche Lage außerhalb des Dorfes, abgeschieden oberhalb der Straße zu den Dentelles. Die Zimmer im moderneren Anbau verfügen über eine eigene Terrasse. Sehr freundlicher Empfang, große Gartenterrasse. Swimmingpool. Anspruchsvolles Restaurant, Menüs zu 21,15 € (mittags), 28,50 38 und 44 €, Zimmer 100–150 € (in der Nebensaison ca. 30 % günstiger), Frühstück 14 €. Kostenloses WLAN. Von Januar bis Mitte März Betriebsferien. ✆ 0490658501, ℻ 0490658380. www.hotel-lesflorets.com.

L'Oustalet, unter einer Schatten spendenden Platane im Dorfzentrum werden traditionelle Gerichte zu recht günstigen Preisen angeboten. Die Terrasse mit dem ansprechenden Holzmobiliar wirkt zudem sehr einladend! Mittagsmenü 21 und 25 €, abends ab 29 € aufwärts und für 13 € gibt es eine Karaffe Gigondas! Mittwochabend, Sonntagabend, und Montag Ruhetag. Place de la Marie, ✆ 0490658530, www.restaurant-oustalet.fr.

Die Dentelles sind ein beliebtes Wandergebiet

Les Copins d'Abord, bereits um 9 Uhr geöffnet, ist die Bar am Ortseingang ein beliebter Treffpunkt, um den Tag zu verbringen. An den Mittagsgerichten (Salate und Pizzen ab 9 €, Menü 13 €) gibt es ebenfalls nichts auszusetzen. Schöne Terrasse. Dienstag Ruhetag, ✆ 0490658962.

Vaucluse
Karte Seite 511

Séguret

Séguret ist ein überaus reizvolles provenzalisches Dorf, dessen Häuser sich einen Hang bis zu einer Kirche und den Ruinen einer Burg emporstapeln. Reste der mittelalterlichen Stadtbefestigung, darunter ein Tor, ein Beffroi aus dem 14. Jahrhundert sowie ein Waschhaus, setzen optische Akzente. Bei so viel Charme verwundert es auch nicht, dass sich mehrere Künstler in Séguret niedergelassen haben.

• *Übernachten/Essen* *** **Domaine de Cabasse**, wohnen und essen auf einem Weingut, umrahmt von Weinstöcken. Mit Swimmingpool. Menüs zu 17 € (mittags) und 29 € (das Restaurant ist nur Mittwoch-, Samstag- und Sonntagmittag geöffnet, im Juli und Aug. durchgehend). Wie wäre es mit *Soupe au pistou* und *Tornedos de canard sautés aux fruits rouges*? DZ 100–135 €, ein sehr einfaches Zimmer gibt es schon für 60 €. Den Hotelgästen steht auch ein Swimmingpool zur Verfügung.

Kostenloses WLAN. Route de Sablet, ✆ 0490469112, 📠 0490469401, www.domaine-de-cabasse.fr.

*** **La Table du Comtat**, am Ende des Dorfes mit schöner Aussicht und ausgezeichneter ländlicher Küche. Sehr gutes Restaurant (von Lesern gelobt), Menüs zu 20 € (mittags), abends 34 und 48 €. In der Nebensaison Dienstagabend und Mittwoch geschlossen. Nur acht Zimmer für 80–110 €, Frühstück 13 €. Swimmingpool. ✆ 0490469149, 📠 0490469427. www.table-comtat.fr.

** **La Bastide Bleue**, diese unterhalb des Dorfes gelegene Herberge besitzt viel Charme und wird von einem netten Patron geführt. Hinter dem Haus gibt es einen schönen Swimmingpool. EZ 57 €, DZ 80,50 €, jeweils inkl. Frühstück. Menü zu 26 €, als Hauptgang gibt es beispielsweise ein Ossobuco. Das Restaurant ist im Juli und Aug. jeden Abend geöffnet, im Juni und Sept. ist Mittwochabend, das restliche Jahr Dienstag und Mittwochabend geschlossen. Route de Sablet, ✆ 0490468343. http://perso.wanadoo.fr/labastidebleue.

Sehenswertes

Notre-Dame-d'Aubusson: Die kleine, ein Stück weit nördlich von Séguret gelegene Kapelle entstand vor rund tausend Jahren. Das Kirchlein wurde in den Religionskriegen schwer beschädigt und diente später sogar eine Zeit lang als Pferdestall. Das Innere ist mit volkstümlichen Wandmalereien dekoriert.

Mont Ventoux

Der Mont Ventoux übt seit Menschengedenken einen besonderen Reiz aus; eine Wanderung zur fahlen, wie ewiger Schnee schimmernden Gipfelkuppe wird zum beeindruckenden Erlebnis. Während der Nordhang des Berges steil ansteigt, läuft die Südflanke des Mont Ventoux relativ sanft zum Meer hin aus.

Am südlichen Fuß des Mont Ventoux herrscht noch eine typisch mediterrane Vegetation mit Obstplantagen und Weinbergen vor, die bald einem Dickicht verschiedener Eichenarten weichen. Später blühen Mohn und Steinbrech, säumen Atlaszedern sowie Schwarz- und Krüppelkiefern den Weg. Ein paar Höhenmeter weiter wurzelt noch Wacholder im geborstenen Kalkstein, in der windumtosten Gipfelregion suchen gar Polarpflanzen Halt. Die UNESCO hat, um das Überleben der Pflanzenvielfalt (1.200 Arten) langfristig zu sichern, den Mont Ventoux 1990 zum Naturschutzgebiet erklärt.

Der oft in Wolken gehüllte Berg führt seinen Namen nicht grundlos. Wenn der Mistral über den Gipfel bläst – er kann hier oben Windgeschwindigkeiten bis zu 230 km/h erreichen, ist der Mont Ventoux alles andere als ein einladender Ort. Bereits die Kelten und Römer verehrten den Mont Ventoux als Berg der Winde; daher leitet sich auch der Name ab. Am Nordhang des Mont Ventoux hat sich bei der 1.400 Meter hoch gelegenen Ortschaft Mont Serein ein kleines Skigebiet entwickelt: Acht Lifte und eine Skischule hat der bis Ostern halbwegs schneesichere Ort zu bieten. Im Winter kann es daher häufig vorkommen, dass die über den Mont Ventoux führende Straße gesperrt ist. Selbst im Hochsommer sollte man vorsorglich einen warmen Pullover oder eine windabweisende Jacke mit hinauf zum Gipfel nehmen. Der Temperaturunterschied zwischen Berg und Tal beträgt normalerweise mindestens 10 Grad Celsius, bei besonders ungünstigen Wetterbedingungen können es im Winter auch bis zu 25 Grad Celsius sein.

Auch Radfahrer zieht der Mont Ventoux magisch an. Das Erreichen des Gipfels ist trotz – oder gerade wegen? – der entbehrungsreichen Anstrengung ein grandioses Erlebnis. So verwundert es auch nicht, dass sich die Profis bei der Tour de France schon des Öfteren über den 1.909 Meter hohen Mont Ventoux quälen

Petrarca und die Besteigung des Mont Ventoux

„Den höchsten Berg dieser Gegend, den man nicht zu Unrecht Ventosus, ‚den Windigen', nennt, habe ich am heutigen Tag bestiegen, allein vom Drang beseelt, diesen außerordentlich hohen Ort zu sehen. Viele Jahre lang hatte mir diese Besteigung im Sinn gelegen; seit meiner Kindheit habe ich mich nämlich ... in der hiesigen Gegend aufgehalten, wie eben das Schicksal mit dem Leben der Menschen sein wechselvolles Spiel treibt. Dieser Berg aber, der von allen Seiten weithin sichtbar ist, steht mir fast immer vor Augen." So beginnt *Francesco Petrarca* die berühmte Beschreibung seiner „Besteigung des Mont Ventoux", die er am 26. April 1336 unternommen hatte. Diese an sich nicht gerade schwierige Gipfelbesteigung markiert eine äußerst bedeutsame Zäsur der europäischen Geistesgeschichte: Sie läutet den Beginn eines neuen Natur- und Weltbewusstseins ein, getragen von dem Glauben, die menschliche Wahrnehmung könne durch eine ästhetische Erfahrung der Landschaft erweitert werden. Petrarca strebt dem Gipfel nicht auf direktem Wege entgegen, er verliert sich immer wieder in Betrachtungen über das seelige Leben. Der Dichter und Humanist Francesco Petrarca hat nichts mit den modernen Gipfelstürmern à la Reinhold Messner gemein. Petrarca wird allein von der Begierde getrieben, die „ungewöhnliche Höhe dieses Flecks Erde durch Augenschein kennenzulernen". Auf dem Gipfel angekommen, verharrt Petrarca wie gelähmt von seinen Eindrücken: „Zuerst stand ich durch einen ungewohnten Hauch der Luft und durch einen ganz freien Rundblick bewegt, einem Betäubten gleich." Lange Zeit blieb die Bedeutung von Petrarcas „Besteigung des Mont Ventoux" völlig unbeachtet. Erst der große Schweizer Kulturhistoriker *Jacob Burckhardt* hat in seiner „Kulturgeschichte der Renaissance in Italien" betont, Petrarca, „einer der frühesten modernen Menschen", bezeuge „die Bedeutung der Landschaft für die erregbare Seele. ... Petrarca kennt doch bereits die Schönheit von Felsbildungen und weiß überhaupt die malerische Bedeutung einer Landschaft von der Nutzbarkeit zu trennen."

Vaucluse
Karte Seite 511

mussten. Zwei Kilometer unterhalb des Gipfels erinnert am Südhang ein mit Felgen und Speichen geschmückter Gedenkstein an den britischen Radfahrer *Tom Simpson*, der am 13. Juli 1967 tödlich zusammengebrochen war, als er – mit Hilfe von Doping – an einem der heißesten Tage der Tour den Mont Ventoux bezwingen wollte: „Put me back on the bloody bike", sollen seine letzten Worte gewesen sein. Auch in der Automobilgeschichte spielte der Berg eine Rolle: Am 12. September 1900 fiel der erste Startschuss zu einem Autorennen zum Gipfel. Der Sieger, der die Strecke in 135 Minuten meisterte, hieß Marius Masse; beim letzten, 1976 ausgetragenen Rennen benötigte der Sieger bei einer Durchschnittsgeschwindigkeit von 192 km/h nur noch 6 Minuten und 11 Sekunden.

Erkundungen: Der Mont Ventoux ist mit dem Auto gut zu erkunden. Es empfiehlt sich, wegen der unterschiedlichen Landschaftsmerkmale, für die Auf- und Abfahrt jeweils eine andere Strecke zu wählen. Die D 974 führt von Malaucène in 21 Kilometern hinauf zum Gipfel. Mit dem Fahrrad muss man je nach persönlicher Fitness und Gepäck bis zu drei Stunden einplanen. An der Ostflanke des

Berges teilt sich die Straße nach sechs Kilometern: Entweder entscheidet man sich für die kürzere Variante und folgt der D 974 bis Bédoin und fährt von dort zurück nach Malaucène; als Alternative bietet sich eine ausgedehnte Tagestour über die Lavendelmetropole Sault und die Gorges de la Nesque an. Noch ein Tipp: Wenn die kahle Kuppe des Mont Ventoux mit Wolken oder Nebelbänken verhangen ist, lohnt sich dieser Ausflug nicht.

Kapelle am Mont Ventoux

Die Kapellen am Mont Ventoux

Am Nordhang des Mont Ventoux stehen mehrere romanische Sakralbauten. Von *Beaumont du Ventoux* – drei Kilometer östlich von Malaucène – aus lassen sich beispielsweise drei malerisch gelegene Kapellen erkunden: Die kleine D 153 führt zu dem Örtchen Hameau des Valettes mit der Chapelle Saint-Sépulcre, einem wohl proportionierten romanischen Bau. Am Rande des nächsten Weilers Hameau Sainte-Marguerite findet man ein weiteres romanisches Kirchlein, das mit Kalksteinen aus den hiesigen Steinbrüchen errichtet wurde. Lohnend ist auch der kurze, aber beschwerliche Aufstieg zur Chapelle Saint Sidoine in 746 Metern Höhe. Die Kapelle – sie diente Schäfern und Hirten bei Gewittern oft als Zufluchtsort – erreicht man von *Lez Alazards* nach einer knappen halben Stunde über einen gut ausgeschilderten Weg, der durch den Wald und teilweise über Steinschotterfelder führt.

Wandern: Es gibt mehrere Möglichkeiten, den Mont Ventoux zu Fuß zu erklimmen. Wer mehr Zeit zur Verfügung hat, folgt hinter dem kleinen Weiler Sainte-Marguerite bzw. Lez Alazards dem rot-weiß gekennzeichneten Fernwanderweg GR 4, der an der Nordseite über Le Contrat zum Gipfel führt. Da auch vom Wintersportort Mont Serein eine kleine Stichstraße (D 164) nach Le Contrat führt, kann man den Fußmarsch auch nur auf das letzte Teilstück beschränken.

Rund um den Mont Ventoux

Malaucène

Malaucène liegt im Westen des Mont Ventoux, direkt an der Straße von Carpentras nach Vaison-la-Romaine. Mit seinen 2.600 Einwohnern gehört Malaucène zu den größten Orten, die sich in der Ebene rund um den Berg entwickelt haben. Das Städtchen erlebte bereits im Mittelalter eine erste Blüte, woran heute aber nur noch zwei Stadttore und ein platanengesäumter Straßenring, der an die Stelle der abgetragenen Stadtmauer getreten ist, erinnern. Mit kulturhistorischen Attraktionen kann Malaucène, sieht man von der schlichten Pfarrkirche *Saint-Michel-et-Saint-Pierre* ab, nicht aufwarten. Interessanter ist dagegen ein Ausflug zur oberhalb des Ortes – an der Straße zum Mont Ventoux – gelegenen *Chapelle Notre-Dame-du-Groseau*. Die formschöne Kapelle, ein romanischer Sakralbau, ist der Rest einer einst blühenden Benediktinerabtei. Das Langhaus wurde leider abgerissen, doch der quadratische Chor mit der Apsis faszinieren noch immer.

• *Information* **Office de Tourisme**, Place de la Mairie, 84340 Malaucène, ✆/℻ 0490 652259.

• *Markt* Mittwochvormittag.

• *Verbindungen* Einmal tgl. mit Carpentras und Vaison-la-Romaine.

• *Fahrrad* Ventourisme, ✆ 0490651410.

• *Camping* ** **Le Bosquet**, der Campingplatz an der Straße nach Suzette – westlich von Malaucène – ist ein Lesertipp von Andreas Mohr. Der Platz dürfte der schönste in der Umgebung des Ortes sein. Von April bis Mitte Sept. geöffnet. ✆ 0490652352.

Gorges du Toulourenc

Zehn Kilometer nordöstlich von Malaucène liegt der kleine Weiler **Veaux** (zu erreichen über die kleine D 242). Er eignet sich hervorragend für eine anspruchsvolle Erkundung der Toulourenc-Schlucht. Direkt an der Brücke, die über den Wildbach führt, steigt man hinunter ins Flussbett. Durch das kühle Wasser watet man zwei Stunden lang das Tal hinauf, wobei mehrere Felsen überklettert werden müssen und man stellenweise bis zur Hüfte im Wasser steht. An einer Wiese gelangt man wieder aus der Schlucht hinaus; der Fernwanderweg GR 91 führt zwischen Steineichen hindurch bergab zum Ausgangspunkt zurück. Besonders empfehlenswert ist die Tour im Hochsommer, denn dann bieten sich mehrere kleine Felsbassins zum Baden an. Man kann natürlich auch das Auto an der Brücke in Saint-Leger abstellen, auf dem GR 91 nach Veaux laufen und von dort durch die Schlucht zurückwandern, dann ist es leichter, die nassen Sachen zu wechseln. Übrigens ist eine Erkundung des Toulourenc-Tals auch mit dem Auto oder Fahrrad sehr zu empfehlen. Als Ziel bietet sich das Bergdorf **Brantes** an, das mehrere Kilometer weiter östlich malerisch vor der Felskulisse des Mont Ventoux an einem Hang klebt. In der Auberge de Brantes kann man einkehren oder auch in einem der sieben Zimmer nächtigen.

• *Übernachten/Essen* **Auberge de Brantes**, kleine Herberge mit einfachen Zimmern. Man logiert für 40 oder 45 € pro Nacht, wobei man bei der günstigsten Variante nur ein Waschbecken im Zimmer hat. Menüs zu 13,50 und 18 €. ✆ 0475280168. www.aubergedebrantes.com.

Crestet

Crestet ist ein kleines, malerisches Bergdorf mit einer Kirche und einem Schloss; die einstige Sommerresidenz der Bischöfe von Vaison-la-Romaine befindet sich allerdings in Privatbesitz und kann nur von außen besichtigt werden (Vom Dorfkern führt eine in den Fels geschlagene Treppe hinauf). Zur Einkehr empfiehlt sich das Restaurant-Café Panorama, das seinen Namen mit Recht trägt (im Winter nur am Wochenende geöffnet).

Le Barroux

Majestätisch überragt das Schloss von Barroux das Dorf und die Ebene des Comtadin. Das *Château* – es wurde im 12. Jahrhundert von den Herren von Les Baux errichtet – ist ein schönes Beispiel für den Wandel einer befestigten mittelalterlichen Burg zu einem repräsentativen Ansprüchen genügenden Renaissanceschloss. Das Schloss befindet sich in einem relativ schlechten Zustand, da es im Zweiten Weltkrieg von der Deutschen Wehrmacht in Brand gesteckt wurde und seither nur unzureichende Restaurierungsarbeiten stattfanden.

• *Öffnungszeiten* Von Ostern bis Allerheiligen tgl. 14.30–18 Uhr. Eintritt: 3 €.

• *Übernachten/Essen* ** **Les Géraniums**, das freundlich geführte Logis-de-France-Hotel mit seiner großen, schönen Terrasse fügt sich nahtlos in die beschauliche Dorfatmosphäre ein. Ein Tipp: Ziegenbraten mit Rosmarin. Menüs ab 28 €. Die ansprechenden Zimmer (fast alle haben neue Dusche/WC) kosten 65 €, Frühstück 10 €, Halbpension ist erwünscht. Kostenloses WLAN. Von Mitte Nov. bis März Betriebsferien. Place de la Croix, ✆ 0490624108, ✆ 0490625648. www.hotel-lesgeraniums.com.

Notre-Dame-d'Aubune

Die westlich des Winzerdorfes **Beaumes-de-Venise** gelegene Kirche mit ihrem romanischen Glockenturm soll der Überlieferung zufolge von Hildebrand, einem Bruder von Karl Martell, als Dank für den Sieg über die Araber bei Poitiers (732) über einem antiken Quellheiligtum errichtet worden sein. Dies dürfte zwar nicht stimmen, aller Wahrscheinlichkeit nach stammt die Kirche aus dem frühen 10. Jahrhundert und ist damit einer der ältesten Sakralbauten der Region. Hinweis: Eine Besichtigung ist leider nur von Außen möglich.

Bédoin

Der kleine, aber lebhafte Ort ist ein beliebter Zwischenstopp auf einer Fahrt rund um den Mont Ventoux; dennoch findet die Dorfbevölkerung ihr Auskommen noch immer hauptsächlich in der Landwirtschaft. Bédoin ist neben seinem Wein vor allem für Kirschen und Spargel bekannt. Die Dorfchronik weiß von einem schwarzen Tag aus dem Revolutionszeitalter zu berichten: Der spätere Maréchal Suchet ließ im Mai 1794 in Bédoin ein Exempel statuieren und 63 Einwohner des Dorfes hinrichten, nachdem ein Unwissender versehentlich den „Freiheitsbaum" gefällt hatte. Am Wochenende wimmelt es in dem Ort von Fahrradfahrern, die von hier aus den Mont Ventoux bezwingen wollen.

• *Information* **Office de Tourisme**, Espace Marie-Louis Gravier, Place du Marché, 84410 Bédoin, ✆ 0490656395, ✆ 0490128155.

• *Verbindungen* Tgl. zwei Busverbindungen nach Carpentras.

• *Markt* Montagvormittag.

• *Schwimmen* Städtisches Freibad (Piscine) beim städtischen Campingplatz, nur im Hochsommer geöffnet.

• *Fahrradverleih* Midi Cycles Location, ✆ 0490656363; Accro Nature, ✆ 0490656618.

• *Minigolf* Minigolf du Barry, Château du Barry.

• *Übernachten* ** **L'Escapade**, kleines Hotel mit freundlicher, gelber Fassade und netten Zimmern. Nur wenige Meter vom Office de Tourisme entfernt. DZ 52–58 €.

Ansprechendes Restaurant, Menüs zu 14 € (nur mittags), 19 und 25 €. Von Ende September bis Anfang März Betriebsferien. Place Portail-l'Olivier, ✆ 0490656021, ℻ 0490280136. www.lescapade.eu.

• *Camping* ** **La Garenne**, der auf einem Hügel in unmittelbarer Nähe des Dorfes gelegene Platz bietet eine wunderschöne Aussicht und wurde von mehreren Lesern gelobt. Terrassierte Anlage, großzügige, schattige Plätze mit steinigem Boden. Traumhafter Swimmingpool, Café vorhanden. ✆ 0490656305.

Crillon-le-Brave

Nur drei Kilometer westlich von Bédoin erhebt sich dieses provenzalische Bilderbuchdorf auf einem weithin sichtbaren Hügel. Wer durch die Gassen schlendert, kann ein im Kern spätmittelalterliches Château sowie eine romanische Kapelle mit Fresken entdecken. Irgendwie drängt sich angesichts der schmucken, restaurierten Häuser aber der Eindruck auf, dass die Idylle ein wenig zu perfekt ist.

• *Essen/Trinken* **Hostellerie de Crillon Le Brave**, dieses auf sieben historische Gebäude verteilte Relais & Châteaux-Hotel bietet höchsten Komfort und einen tollen Service. Ein beheizter Swimmingpool fehlt selbstverständlich auch nicht. Zimmer 240–490 €. Selbstverständlich gibt es auch ein vorzügliches Restaurant, in dem man à la carte speist. Von Nov. bis März Betriebsferien. Place de l'Eglise, ✆ 0490656161, ℻ 0490 656286. www.crillonlebrave.com.

Vieux Four, ein Lesertipp von Christa Lindner, die das „im altem Gemäuer geschmackvoll eingerichtete Restaurant" lobte. Kurz darauf zeichnete auch der Gault Millau das Restaurant aus... Menü zu 27 €. Tolle Terrasse mit Blick auf den Mont Ventoux. Montag Ruhetag, nur am Wochenende mittags geöffnet. Rue du Vieux Four, ✆ 0490128139.

Caromb

Das traditionsreiche Winzerdorf wird noch von einer gut erhaltenen Stadtmauer eingerahmt. Im Gegensatz zu Crillon-le-Brave ist Caromb ein recht lebendiges landwirtschaftliches Zentrum. Die reich verzierte, spätgotische Kirche besitzt einen wuchtigen Glockenturm. Mit einer Länge von 50 Metern gehört sie zu den größten im Département Vaucluse. Im nahen **Lac du Paty**, einem im 18. Jahrhundert angelegten Stausee, wird im Sommer gebadet, obwohl es eigentlich verboten ist.

Vaucluse Karte Seite 511

Sault

Sault, das in 766 Metern Höhe auf einem Felsvorsprung thront, liegt an der Grenze zwischen den Départements Vaucluse und Haute-Provence. Von der einstigen Burg und der Stadtmauer von Sault zeugen nur noch spärliche Reste; im 16. Jahrhundert war Sault die Hauptstadt einer 1561 zur Grafschaft erhobenen Baronie. Sehenswert ist die romanische Kirche, deren Erscheinungsbild allerdings durch den im 16. Jahrhundert erfolgten Anbau eines Seitenschiffs leidet. Bekannt ist das einstige *Saltus* („waldreiche Gegend") heute vor allem wegen der zahlreichen, den Ort umgebenden Lavendelfelder und seines köstlichen Nougats.

• *Information* **Office de Tourisme**, Avenue de la Promenade, 84390 Sault, ✆ 0490640121, ℻ 0490641503. www.saultenprovence.com.

• *Verbindungen* Eine Busverbindung tgl. nach Apt (1 x) sowie nach Carpentras (4 x).

• *Markt* Mittwochvormittag.

• *Veranstaltungen* Lavendelfest am 15. August.

• *Fahrradverleih* Albion Cycles, Je nach Fahrrad ab 12 € pro Tag. Route de Saint-Trinit, ✆ 0490640932.

• *Schwimmen* Direkt neben dem Campingplatz befindet sich ein öffentliches

Schwimmbad. Öffnungszeiten: Juli und Aug. 10–12.30 Uhr und 14.30–19 Uhr.

• *Musée de Sault* Der Fundus des Museums reicht von ägyptischen und galloromanischen bis zu mittelalterlichen Exponaten, zudem sind Gemälde des heimischen Malers Evariste de Valernes ausgestellt. Öffnungszeiten: Im Juli und Aug. tgl. außer So 15–18 Uhr. Sonst nach Vereinbarung: ✆ 049 0640230. Eintritt: frei!

• *La Ferme aux Lavandes* Sammlung mit 100 Lavendelsorten. Botanische Führungen, Verkauf von Setzlingen. Führungen um 11, 15 und 17 Uhr. Kosten: 10 €. Route du Ventoux, ✆ 0490641074.
www.la-ferme-aux-lavandes.com.

• *Übernachten/Essen* *** **Hostellerie du Val-de-Sault**, traumhaft gelegene Herberge mit toller Aussicht auf das Plateau de Sault. Für all jene, die die Einsamkeit und Abgeschiedenheit lieben. Neben den beiden Swimmingpools steht allerdings noch ein Tennisplatz zum Zeitvertreib zur Verfügung. Achtung: Im Sommer ist Halbpension Pflicht. Dies ist jedoch alles andere als ein Nachteil, denn das Restaurant gehört zu den besten der Region und ist für seine winterlichen Trüffelmenüs bekannt. Komfortable Zimmer im provenzalisch-asiatischen Stil mit Terrasse je nach Saison und Ausstattung ab 196 € bzw. 276 € (Halbpension für zwei Personen). Menüs ab 39, 42 und 87 € (Trüffelmenü). Richtung Banon bzw. Campingplatz, Ancien Chemin d'Aurel, ✆ 0490640141, ℻ 0490641274.
www.valdesault.com.

** **Le Louvre**, kein Museum für Lavendelkunst, sondern ein alteingesessenes Hotel-Restaurant (Logis de France) mit großer Terrasse und zünftigem Speisesaal. Die freundlichen, im provenzalischen Stil eingerichteten Zimmer – im ersten Stock mit Balkon – kosten je nach Ausstattung 70–75 €, Frühstück 8,50 €. Mittagsmenü für 16 € mit einem Viertel Wein, abends ab 23 €. Von Ostern bis Allerheiligen geöffnet. Place du Marché, ✆ 0490640888, ℻ 0490641401.
www.louvre-provence.com.

* **Le Relais du Mont Ventoux**, absolut charmantes, ländliches Logis-de-France-Hotel in Aurel (fünf Kilometer nördlich). In der liebevoll verschachtelten Herberge sind alle 13 Zimmer individuell in freundlichen Farben eingerichtet. Unser Favorit ist das Zimmer Amandine mit einer eigenen Terrasse, weitere Zimmer mit Balkon. Ein großer Whirlpool und eine Fahrradgarage sind auch vorhanden. Preise: Je nach Größe 45–55 €, Frühstück 7 €. Lohnenswert ist die Halbpension zu 80–100 € für zwei Personen. Die Besitzerin stammt übrigens aus Lothringen und spricht ausgezeichnet Deutsch. Im einladenden Restaurant mit seinem dominierenden Tresen wird deftige provenzalische Küche serviert, deren Qualität auch von Lesern gelobt wurde. Im Sommer sitzt man auf der sonnigen Straßenterrasse und genießt die Aussicht. Große Salatauswahl von 8 bis 11 €, Menüs zu 16, 22 und 24 €. Es gibt auch ein vegetarisches Menü für 16 €. Im Sommer ist eine Reservierung ratsam. Von Mitte Nov. bis Anfang März Betriebsferien. WLAN vorhanden. ✆ 0490640062, ℻ 04906412 88. www.provenceweb.fr/84/relais-ventoux.

Le Signoret, hinter dem gepflegten Haus mit den grünen Fensterläden verbirgt sich das günstigste Hotel von Sault. Einfache Zimmer von 43 € bis 53 € mit Dusche und WC, wenige mit einem kleinen Balkon. Restaurant mit Straßenterrasse, Menüs ab 16 €. Avenue de l'Oratoire, ✆/℻ 0490641144.
www.lesignoret.fr.

Le Provençal, preisgünstiges Restaurant mit guter Küche und kleiner Terrasse, direkt im Zentrum von Sault gelegen. Lecker mundete das bodenständige *Fricassée de rognons de veau à poivre vert* (Kalbsnierenfrikassee mit grünem Pfeffer). Mittagsmenü zu 15 und 21,50 €. Außer Juli und Aug. immer Montagabend und Dienstag Ruhetag. Rue Portes-des-Aires, ✆ 0490640909.

Pâtissérie André Boyer, ein Lesertipp von Hans-Ulrich Bächle, der von „exzellenten" Süßwaren schwärmte und auch „die malerische Ladeneinrichtung" mit der stuckverzierten Decke zu loben wusste. Auch ein französisches Magazin bezeichnete Boyer unlängst als einen der angesehensten Nougatiers der Provence. Porte des Aires, ✆ 0490640023.

La Promenade, es gibt eigentlich nur einen Grund diese Snackbar mit Café zu besuchen, aber der ist eindrucksvoll: Die herrliche Straßenterrasse mit Blick zum Mont Ventoux, der vor allem am Vormittag schön in der Sonne liegt. Wenigstens einen Kaffee sollte man sich hier gönnen. La Promenade, ✆ 0490641434.

• *Camping* ** **Camping Municipal du Deffends**, der günstige städtische Campingplatz befindet sich knapp zwei Kilometer östlich des Ortes in einem baumreichen, schattigen Areal, direkt neben dem öffentlichen Schwimmbad (Eintritt). Von April bis Sept. geöffnet. Route de Saint-Trinit, ✆ 0490640718.

Umgebung

Gorges de la Nesque

Die Schlucht der Nesque gilt neben dem Mont Ventoux zu Recht als landschaftlicher Höhepunkt der Region. Eine Straße (D 942) erschließt zwischen Villes-sur-Auzon und Sault einen rund 20 Kilometer langen, teilweise recht spektakulären Streckenabschnitt, der durch eine karge und spärlich besiedelte Berglandschaft führt. Am 872 Meter hohen *Rocher du Cire* bietet sich ein grandioser Blick in die 300 Meter tiefer gelegene Schlucht. Es ist beachtlich, welch tiefes Bett sich die kleine, im Sommer nur spärlich fließende Nesque im Laufe der Zeit in das Felsmassiv gegraben hat.

Saint-Trinit

Das sieben Kilometer östlich von Sault gelegene Dörfchen Saint-Trinit besitzt eine sehenswerte romanische Kirche. Der wuchtige, einschiffige Bau ist von sachlicher Strenge geprägt und strahlt viel Würde aus. Typisch für die provenzalische Romanik sind Blendarkaden.

Carpentras

Die quirlige Kleinstadt Carpentras ist bekannt für ihren großen, bunten Freitagsmarkt, auf dem sich im Winter die Trüffelfreunde tummeln. Sehenswert sind vor allem die jüdische Synagoge und die Cathédrale Saint-Siffrein.

Als landwirtschaftliches Zentrum der Provence spielt Carpentras – wie auch Cavaillon – eine führende Rolle. Auf den fruchtbaren Feldern der Umgebung werden Obst und Gemüse im großen Stil geerntet und zum Teil gleich von zwei Konservenfabriken weiterverarbeitet. Dass Carpentras im Mittelalter zu den am besten befestigten Städten der Region gehörte, ist heute nur schwer vorstellbar. Von der ersten Stadtmauer zeugt ein ringförmig verlaufender Straßenzug (Rue du Collège, Rue Raspail sowie Rue des Halles), von der späteren Stadterweiterung ist nur noch die *Porte d'Orange* erhalten. Die restlichen 31 Türme wurden im 19. Jahrhundert zugunsten eines breiten Boulevards abgebrochen. In der historischen Altstadt lassen sich viele nette Winkel entdecken, so beispielsweise die von Arkaden gesäumte Rue des Halles sowie die glasüberdachte Passage Boyer; letztere wurde nach der Revolution von 1848 von Arbeitslosen in den nationalen Werkstätten gefertigt.

Wenn es nur irgendwie möglich ist, sollte man Carpentras an einem Freitag besuchen: Der Freitagsmarkt von Carpentras ist der schönste und größte der Provence. Mehr als 300 Händler reisen an, um ihre Waren feilzubieten. Bereits in den frühen Morgenstunden bauen die Verkäufer ihre Stände auf und beginnen ihre frischen Waren auf den Verkaufstischen ansprechend zu dekorieren. Salate, Kräuter und Gemüse werden zu bunten Kaskaden aufgebaut. Noch bevor sich der erste Kunde nähert, stapeln sich leere Kisten und Pappkartons im Rinnstein. Der Duft von reifem Rohmilchkäse und frischen Meeresfrüchten lässt einem das Wasser im Mund zusammenlaufen. Es gibt Stände, die Dutzende von Honigsorten und Olivenöle aus verschiedenen Herkunftsregionen anbieten, aber auch Textilien und gebrauchte Klamotten sind zu finden.

Karte Seite 511

„Die Juden des Papstes"

Mit den Päpsten kamen auch die Juden nach Carpentras. Im 14. Jahrhundert zählte die jüdische Gemeinde rund 2.000 Menschen. Als Geldgeber waren die Juden aus dem Mittelalter nicht wegzudenken, da gläubige Christen der Bibel gemäß keinen Zins nehmen dürfen. Von den „ehrbaren" Handwerksberufen ausgeschlossen, blieb den „Juden des Papstes", wie sie häufig genannt wurden, keine andere Möglichkeit, als ihren Lebensunterhalt mit Handel und Geldgeschäften zu bestreiten. Die Juden waren auch im Mittelalter beständig Repressalien und Stigmatisierungen ausgesetzt, doch im Gegensatz zum Dritten Reich schnitt man sie „nur" wegen ihres Glaubens, nicht aber wegen ihrer „Rassenzugehörigkeit". Die Nachkommen eines zum Christentum konvertierten Juden konnten sich im Mittelalter und in der Frühen Neuzeit recht schnell assimilieren. Die Revolution stellte die Juden den anderen französischen Bürgern zwar rechtlich vollkommen gleich, doch blieb auch Frankreich nicht vor antisemitischen Gewaltakten verschont. Im Mittelalter war jeder zehnte Einwohner von Carpentras jüdischen Glaubens. Die jüdische Gemeinde lebte dicht zusammengedrängt in einem Ghetto, das erst während der Französischen Revolution aufgelöst wurde. In großen Teilen der Bevölkerung ist der Antisemitismus leider noch immer tief verwurzelt: Erst im Frühsommer 1991 sorgte die Schändung des jüdischen Friedhofs von Carpentras für negative Schlagzeilen. Zuerst wurden von der Presse und dem Front National alkoholisierte Jugendliche als Täter ausgemacht, erst 1996 gestanden rechtsradikale Skinheads die Tat.

Geschichte

Carpentras ist eine keltische Gründung; die *Mimini* nannten ihren an einer Furt über den Auzon gelegenen Hauptort *Carpentoracte*, die Stadt der Wagen. Die Römer, die sich in der Wagenbaukunst an den Kelten orientierten und deren Bezeichnung für Wagen (*carpentum*) vom gleichen Wortstamm abgeleitet wird, nannten die Stadt *Colonia Julia Meminorum Carpentracte*. Die Spätantike und das frühe Mittelalter müssen als eine Phase des Niedergangs gedeutet werden; erst als Carpentras nach dem Ende der Albigenserkriege in den päpstlichen Besitz übergegangen war, begann ein steiler Aufschwung. Nachdem sich *Papst Clemens V.* 1305 entschlossen hatte, nicht nach Rom zu gehen, stieg Carpentras sogar kurzzeitig zum Sitz des Heiligen Stuhls auf. Bekanntlich siedelte Clemens V. schon bald in das weniger provinzielle Avignon über, doch immerhin blieb Carpentras bis zum 14. September 1791 Hauptstadt der päpstlichen Grafschaft Venaissin. Schnell wehte der Hauch des Profanen durch die Stadt und so wurde der Bischofspalast flugs in einen Justizpalast verwandelt.

*I*nformation/*V*erbindungen/*D*iverses

- *Information* **Office de Tourisme**, Place Aristide Briand, 84200 Carpentras, ✆ 0490 630078, 0490604102, www.carpentras-ventoux.com.
- *Einwohner* 28.000 Einwohner.
- *Verbindungen* Tägliche Busverbindungen nach Avignon (15 x) sowie über Cavaillon und Aix-en-Provence nach Marseille (5 x), nach Orange (5 x) nach Vaison-la-Romaine (3 x), nach Bédoin und Gigondas (je 2 x) so-

wie 1 x tgl. nach Sault. Die Busse halten südlich der Altstadt entweder an der Avenue Victor Hugo oder auf der Place Terradou.

• *Parken* Parkmöglichkeiten findet man rund um die Altstadt, so beispielsweise an der Allée des Platanes. Probleme gibt es am Freitag, denn dann ist Markttag.

• *Markt* Freitagvormittag in der gesamten Altstadt, Sonntagvormittag Flohmarkt. Von Ende Nov. bis März wird jeden Freitagmorgen Trüffelmarkt auf der Place Aristide Briand gegenüber der Bar de l'Univers abgehalten. Biomarkt: Dienstagmorgen auf der Rue Raspail. Tipp: Einer der tollsten Märkte der Provence ist die **Foire de la Saint Siffrein**. Sie findet am 27. Nov. in und um die gesamte Altstadt zusammen mit einem großen Viehmarkt statt.

• *Veranstaltungen* **Salon de la Truffe**, Trüffelmesse am 2. Sonntag im Februar.

• *Draisine* Nicht nur für Eisenbahnfans interessant ist die Möglichkeit an allen Wochenenden im Sommer mit einem "Velo-Rail" (Draisine) vom stillgelegten Bahnhof Aubignan-Loriol nach Carpentras und zurück zu fahren (Lesertipp von Reinald Witsch). Abfahrtsort ist der Bahnhof in Aubignan-Loriol (fünf Kilometer nördlich). Weitere Infos und genaue Zeiten: ✆ 0951136007. www.velorails-du-comtat.com.

• *Fahrradverleih* Les Routes du Ventoux, avenue Victor, ✆ 0490670740.

• *Schwimmen* Piscine Olympique, avenue Pierre de Coubertin. Beheiztes Freibad mit Riesenrutsche. Einem römischen Bad nachempfunden ist das Hallenbad (Piscine Couverte) in der Rue de Mont Pieté. Es stammt aus den 1930er Jahren.

Cathédrale Saint-Siffrein

Vaucluse
Karte Seite 511

Übernachten/Essen *(siehe Karte S. 529)*

Château Talaud, ein prachtvolles Barockschlösschen in Loriol-du-Comtat (sechs Kilometer nordwestlich) aus dem 16. Jahrhundert, das von einem holländischen Ehepaar zu einer der stilvollsten Herbergen des Départements verwandelt wurde. Der alte Brunnen dient heute als Swimmingpool. Sechs individuell eingerichtete Gästezimmer kosten mit Frühstück für zwei Personen 190–240 €. pro Nacht. Zudem werden Appartements ab 1.500 € die Woche vermietet. ✆ 0490657100, ℻ 0490657793. www.chateautalaud.com.

Château du Martinet, eine weitere Topadresse für Liebhaber stilvoller Unterkünfte. Das aus dem frühen 18. Jahrhundert stammende Château im Osten von Carpentras bietet allen wünschenswerten Komfort für Freizeitschlossherren, die den Tag auch mal in der Bibliothek ausklingen lassen wollen. Einen Pool sowie einen Tennisplatz gibt es auch, wer will, kann zudem im Schlosspark auf einer zwei Kilometer langen Laufstrecke joggen. Das Ambiente hat natürlich seinen Preis: Zimmer inkl. Frühstück 190–295 €. Route de Mazan, ✆ 0490630303, ℻ 0490307896. www.chateau-du-martinet.fr.

Maison Trévier (2), in einem eleganten Stadthaus aus dem 18. Jahrhundert vermietet Gina Trévier mitten in Capentras' Altstadt fünf komfortable Zimmer (105–130 €,Bio-Frühstück 10 €) mit hervorragenden Matratzen, großen Bädern und viel Patina. Die sympathische Gina Trévier hat früher in Paris ein Restaurant besessen und so versteht sie es, ihre Gäste kulinarisch zu verwöhnen. Wer will, kann einen Kochkurs machen. Abends versammeln sich alle gemeinsam am Tisch (28 € pro Person). Im Sommer sitzt man in dem kleinen Gemüsegarten hinter dem Haus. Anfahrt mit dem Auto über die Rue P. Mazan. 36, place du Docteur Cavaillon, ✆ 0490519998. www.maison-trevier.com.

Au Détour du Chemin, diese ansprechende Privatunterkunft mit Pool liegt im Nordwesten von Carpentras. Es werden zwei Zimmer vermietet, 700–800 € pro Woche. Von April–Okt. geöffnet. Route de Vacqueyras, ✆ 0490654101. www.detour-du-chemin.com.

*** **Le Comtadin (5)**, relativ neu eröffnetes Best-Western-Hotel am Rande der Altstadt. Ruhige Lage, schöne, im provenzalischen Stil eingerichtete Zimmer mit Schallschutzfenstern. Kostenloses WLAN. EZ 60–75 €, DZ 75–115 €. 65, boulevard Albin Durand, ✆ 0490677500, ✆ 0490677501, www.le-comtadin.com.

** **L'Univers (6)**, direkt am Altstadtring gelegen ist dies eine annehmbare Herberge, die die Reisekasse nicht übermäßig strapaziert. Zimmer 42–49 €. Frühstück 6,50 €. Kostenloses WLAN. 110, place Aristide Briand, ✆ 0490630005. www.hotel-univers.com.

La Lavande (1), das am Altstadtring gelegene Hotel ist eine weitere billige Unterkunft. Zu hohe Ansprüche sollte man nicht haben, dafür liegen die Preise kaum über denen einer Jugendherberge. DZ 32–45 € (die teureren mit Du/WC), Frühstück 6 €. 282, boulevard Alfred Regler, ✆ 0490631349, ✆ 0490635512.

Chez Serge (4), das Restaurant von Serge Ghoukassian, einem Marseiller mit armenischen Vorfahren, ist sowohl kulinarisch als auch optisch die beste Adresse in Carpentras. Bei angenehmen Temperaturen sitzt man im schattigen Innenhof. Serviert werden provenzalische und armenische Spezialitäten. Hervorragende Weinauswahl. Menüs zu 15 € (mittags), 32 € und 65 €. Sonntag und Montag Ruhetag. 90, rue Cottier, ✆ 0490632124. www.chez-serge.com.

La Petite Fontaine (3), einladendes Restaurant mit angegliedertem Feinkostgeschäft, mitten im Zentrum gelegen. Im Sommer sitzt man auf der Straßenterrasse neben einem kleinen Brunnen. Als Spezialität des Haus gilt das Lachstartar. Leckere Salate für 10 €, das Menü zu 25 € und der Viertel Wein kostet 3 €. Mittwoch und Sonntag Ruhetag. 13, place du Colonel-Mouret, ✆ 0490607783.

• *Jugendherberge* **Logis de Jeunes du Comtat Venaissin (7)**, moderne Unterkunft mit 74 Betten in insgesamt 18 Zimmern. WLAN vorhanden. Übernachtung 13,50–17 €. 200, rue Robert Lacoste, ✆ 0490671395. www.auberges-de-jeunesse.com.

• *Camping* Direkt in Carpentras gibt es einen städtischen Campingplatz an der Route de Saint-Didier (*** **Lou Comtadou**, ✆ 0490670316, www.campingloucomtadou.com); *** **Font Neuve** in Malemort-du-Comtat (zehn Kilometer östlich). Wiesengelände, ebenfalls mit Pool, von Mai bis Sept. geöffnet. ✆ 0490699000. http://camping.font.neuve.free.fr.

Sehenswertes

Cathédrale Saint-Siffrein: Die spätgotische, ehemalige Kathedrale von Carpentras ist nach dem heiligen Siffrein benannt, der hier im 6. Jahrhundert als Bischof wirkte. Die Bauzeit sollte länger als 100 Jahre währen, da die finanziellen Mittel des Comtat Venaissin nur begrenzt flossen, nachdem die Päpste nach Rom zurückgekehrt waren. Die Kirche betritt man durch das auch als „Judenpforte" bezeichnete Südportal; der Überlieferung gemäß benutzten einst die zur Konversion entschlossenen Juden dieses Tor auf dem Weg zu ihrer Taufe. Ein besonderes Augenmerk im Inneren der Kirche verdienen die vergoldeten Holzschnitzarbeiten, die der Bildhauer Jacques Bernus (1650–1728) gefertigt hat.

Öffnungszeiten 8–12 Uhr und 14–18 Uhr.

L'Arc Romain: Das hinter der Cathédrale versteckte Monumentaltor ist das letzte sichtbare Zeugnis der römischen Vergangenheit von Carpentras. Im Mittelalter diente das rund 2.000 Jahre alte Tor als Vorhalle der romanischen Cathédrale. Die Reliefdarstellungen erinnern nicht etwa an die Siege über die einheimischen Kelten, sondern an die Erfolge im Norden und Osten des Römischen Reiches. An der Westseite des Bogens sind ein gefangener Parther (links) und ein Ger-

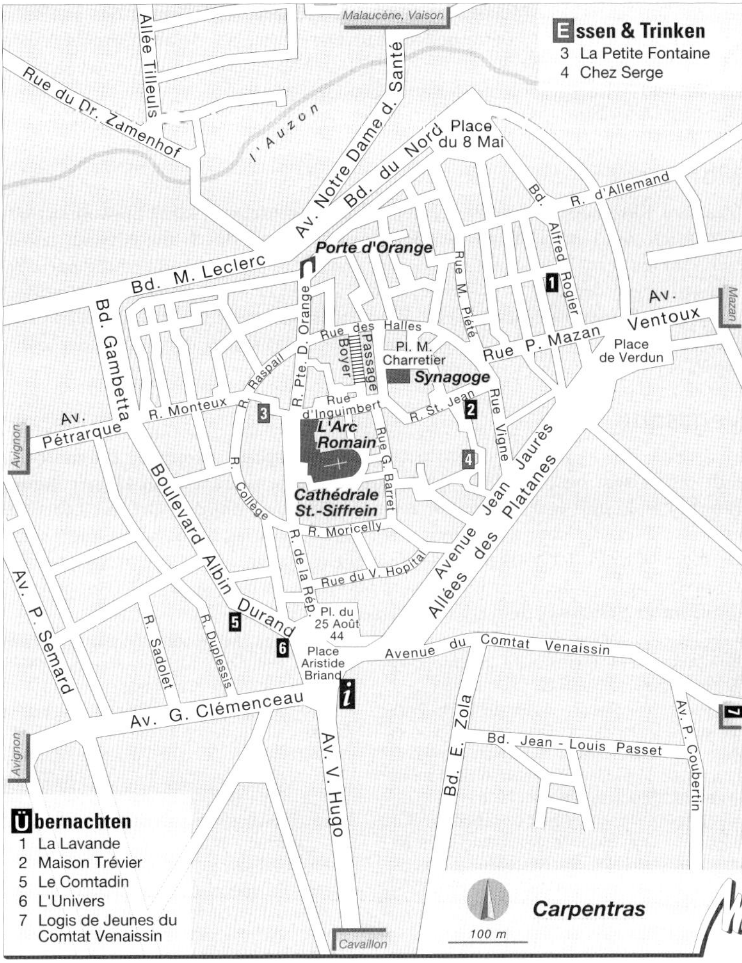

Vaucluse
Karte Seite 511

mane (rechts) abgebildet, die Ostseite zeigt wahrscheinlich einen weiteren Asiaten mit langen Haaren sowie einen griechischen Kleinkönig.

Synagoge: Carpentras, dessen jüdische Gemeinde zu den ältesten Frankreichs gehört, beherbergt die prächtigste Synagoge der Provence. Einst stand sie inmitten des dicht bebauten Ghettos, heute am Rande eines Platzes. Die relativ unscheinbare Fassade lässt daher nicht erahnen, dass sich im ersten Stock des Gebäudes ein großer, lichterfüllter Raum mit einer wunderschönen Rokoko-Einrichtung verbirgt. Im Untergeschoss befindet sich ein jüdisches Ritualbad (*Mikwe*), das den hebräischen Riten gemäß mit Quellwasser gespeist wird.

Adresse Place de l'Hôtel de Ville. Öffnungszeiten: Mo–Do 10–12 Uhr und 15–17 Uhr, Fr 10–12 Uhr und 15–16 Uhr. Eintritt: frei!

Musée Duplessis und Musée Comtadin: Ausgestellt sind Werke des aus Carpentras stammenden Porträtmalers Siffrède Duplessis sowie Gemälde vom Mittelalter bis ins frühe 20. Jahrhundert. Das Musée Comtadin widmet sich der Lokal- und Alltagsgeschichte der einstigen Grafschaft.

Adresse Boulevard A. Durend. Geöffnet: Von April bis Sept. tgl. 10–12 Uhr und 14–18 Uhr. Eintritt: 2 €.

Monteux

Das fünf Kilometer südwestlich gelegene Landstädtchen (9.000 Einwohner) besitzt noch viel historisches Flair. Bei einem Bummel durch die Altstadt lassen sich eine gut erhaltene Stadtmauer, zwei Stadttore (Porte Neuve und Porte d'Avignon) sowie der den Ort überragende Donjon (12. Jahrhundert) einer mittelalterlichen Burganlage bewundern. Ein großes Spektakel ist die Fête de la Saint Jean am letzten Augustwochenende. Samstagnacht findet dann eines der größten Feuerwerke Frankreichs statt!

Venasque

Venasque, das kleine, auf einem markanten Felssporn thronende Bergdorf gefällt durch sein beschauliches Ambiente. Zwei Restaurants, ein kleiner Tante-Emma-Laden und 600 Einwohner reichen nicht aus, um den Ort mit Leben zu erfüllen. Dies war aber nicht immer so: Venasque stieg im 6. Jahrhundert während der Wirren der Völkerwanderungszeit nicht nur zum stark befestigten Bischofssitz auf, sondern war über knapp 500 Jahre hinweg sogar die „Hauptstadt" des Comtat Venaissin, dem sie auch seinen Namen gab.

• *Information* **Office de Tourisme**, Grande Rue (nur im Sommerhalbjahr geöffnet), 84210 Venasque, ✆/℻ 0490661166.

• *Übernachten/Essen* **Auberge de la Fontaine**, die kleine Nobelherberge wird von einem Schweizer geführt. Suiten ab 125 €, Frühstück 10 €. Das zugehörige Restaurant im ersten Stock (Menüs zu 25 und 41 €) genießt ebenfalls einen ausgezeichneten Ruf. Wer will, kann sich für einen Kochkurs anmelden. Mitte Nov. bis Mitte Dez. Betriebsferien. Place de la Fontaine, ✆ 0490660296, ℻ 0490661314.
www.auberge-lafontaine.com.

Les Remparts, mit Panoramaterrasse und liebevollem, leicht verspieltem Dekor. Zimmer ab 45 € (EZ), sonst ab 57 €. Menüs zu 16 und 19,50 € (nur mittags) sowie 25 und 32 €. Für 32 € gibt es zum Beispiel eine leckere provenzalische Knoblauchsuppe, Cassolette von der Dorade (Dorade im Räucherpfännchen) und zum krönenden Abschluss Käse und Dessert. Günstig ist die Halbpension. Mittwoch Ruhetag, von Dez. bis Feb. Betriebsferien. Rue Haute, ✆ 0490660279. www.hotellesremparts.com.

• *Chambres d'hôtes* **La Maison aux Volets Bleus**, nette Unterkunft mit herrlicher Frühstücksterrasse, die einen Blick zum Mont Ventoux bietet. Vermietet werden fünf Zimmer (75–92 €), dreimal in der Woche gibt es Table d'hôtes für 26 €. Von März bis Mitte Okt. geöffnet. Nichts für Katzenallergiker. ✆ 0490660304. www.maison-volets-bleus.fr.

Maison Provençale, mitten im Dorf werden in zwei nebeneinanderliegenden Häusern Zimmer mit Frühstück ab 48 € vermietet. Maison Provençale, ✆ 0490660284.
www.maisonprovencale.freesurf.fr.

Les Oliviers, ✆ 0490660371. www.lesoliviersvenasque.com.

• *Camping* *** **Font Neuve**, angenehmes Wiesengelände am Ortsrand mit Pool, im nahen Malemort-du-Comtat. Von Mai bis Sept. geöffnet. ✆ 0490699000.
http://camping.font.neuve.free.fr.

Sehenswertes

Baptisterium: Die lange Zeit vertretene Meinung, das Baptisterium von Venasque stamme noch aus dem 6. Jahrhundert, wurde mittlerweile von der Forschung verworfen. Das Baptisterium, das einst von der Kirche *Notre-Dame de Vie* durch einen tonnengewölbten Gang getrennt war, ist nicht nur wesentlich jüngeren Datums, wahrscheinlich handelt es sich nicht einmal um eine Taufkapelle, sondern um eine an der Wende zum 11. Jahrhundert errichtete Grabkapelle, die erst später durch ein hinzugefügtes Taufbecken zur Taufkapelle umfunktioniert wurde. Nichtsdestotrotz gehört das auf dem Grundriss eines griechischen Kreuzes errichtete „Baptisterium" zu den ältesten Sakralbauten der Provence.

Öffnungszeiten Tgl. 9–12 Uhr und 13–18.30 Uhr, im Winter 9.15–12 Uhr und 13–17 Uhr. Eintritt: 3 €.

Le Beaucet

Wem es in Venasque gefallen hat, der wird sich auch im Nachbardorf Le Beaucet wohlfühlen. Von einer Burgruine bekrönt, klebt der Ort an einem schroffen Berghang. Brunnen, Waschhaus und eine steinerne Pforte – Le Beaucet hat alles, was ein provenzalischen Dorf auszeichnet.

• *Übernachten/Essen* **Auberge du Beaucet**, der einzige Gasthof des Ortes ist alles andere als eine schlechte Wahl. Brigitte Pizzecco, die Küchenchefin, ist zwar Autodidaktin, doch haben ihre Kreationen sogar vor den kritischen Augen von Restaurantkritikern Bestand. Gute Weinauswahl, ab 12 € für die kleine Flasche. Es gibt Menüs zu 24 und 28 € (mittags) und zu 39 und 42 € (mit Käse und Dessert). Sonntagabend und Montag geschlossen. ✆ 0490661082. www.aubergedubeaucet.fr.

Bergerie St. Gens, in einer ehemaligen Schäferei aus dem 16. Jahrhundert vermietet Birgit Bayar vier Zimmer (je nach Saison 80–95 € inkl. Frühstück) und zwei Studios (Preis auf Anfrage). Herrlich abgeschiedene Lage, entspannen kann man am schönen Pool! Hameau St. Gens, ✆ 0490661489. www.labergerie.info.

Mazan

Mazan ist ein großes, traditionsreiches Weinbauerndorf, das von einer großteils noch erhaltenen Stadtmauer umgeben ist. Im Inneren finden sich schmucke Bürgerhäuser sowie ein stattliches Schloss aus dem 18. Jahrhundert, das einst der berühmten Familie de Sade gehörte. Sehenswert ist auch der Friedhof (nordöstlich der Altstadt), dessen spätantike Sarkophage an die Alyscamps von Arles erinnern. Wer gerne badet, kann ins fünf Kilometer östlich gelegene **Mormoiron** fahren, wo sich ein Badesee (Plan d'Eau) mit „Sandstrand" befindet.

• *Information* **Office de Tourisme**, 83, place du 8-Mai, ✆ 0490697427. www.mazantourisme.com.

• *Übernachten/Essen* **** **Château de Mazan**, nobles Schlosshotel mit gutem Restaurant. Der Vater des berühmten Marquis de Sade wurde hier geboren, auf den Komfort eines Swimmingpools musste er allerdings noch verzichten. Zimmerpreise von 140 € bis hinauf zu 275 € (von Okt. bis Anfang Mai deutlich günstiger). Im Restaurant werden ansprechende Menüs ab 42 € serviert. Von Januar bis Mitte März Betriebsferien. Place Napoléon, ✆ 0490696261, 📠 0490697662. www.chateaudemazan.fr.

Bienvenue Acappella, dieses herrliche Chambre d'hôtes mit geschmackvoll modern eingerichteten Zimmern liegt drei Kilometer außerhalb an der Straße nach Malemort-du-Comtat. Den Gästen steht auch der große Garten samt tollem Pool zur Verfügung. Je nach Zimmer und Saison 95–130 € für zwei Personen inkl. Frühstück. 910, chemin du moulin, ✆ 0490406605. www.bienvenue-acappella.com.

Le Siècle, hinter den lindgrünen Fensterläden eines Bürgerhauses mitten im Ortszentrum verbirgt sich eine recht annehmbare Unterkunft (Logis-de-France), die durch einen Besitzerwechsel profitierte. Geschmackvolle Zimmer in Pastelltönen, nur die unter dem Dach sind etwas dunkel. Kostenloses WLAN. DZ je nach Ausstattung 70–75 €, Frühstück 9 €. 18, place des Terreaux, ✆ 0490697570. www.le-siecle.com.

Vaucluse
Karte Seite 511

Die Schokoladenseite von Pernes-les-Fontaines

Pernes-les-Fontaines

Das kleine Landstädtchen verdankt seinen Namen den mehr als 30 Brunnen, die über die Stadt verstreut munter vor sich hin plätschern. Da glücklicherweise noch ein großer Teil der historischen Bausubstanz erhalten ist, besitzt Pernes-les-Fontaines relativ viel Charme.

Venasque ablösend, stieg Pernes-les-Fontaines nach dem Ende der Sarazenenüberfälle zur Hauptstadt des Comtat Venaissin auf. An diese Blütezeit erinnern heute noch die Reste der Befestigungsmauer mit den Stadttoren, das Château, dessen Donjon später zur Stadtuhr umgewandelt wurde, sowie ein mächtiger, quadratischer Wohnturm (*Tour Ferrande*), der den toskanischen Geschlechtertürmen ähnelt und sehenswerte mittelalterliche Fresken birgt. Ein malerisches Szenario bietet der Pont Notre Dame, unter dem sich die Boulespieler treffen. Als die Päpste 1320 Carpentras zur Hauptstadt ihrer Grafschaft erhoben, setzte ein langsamer, aber steter Abstieg ein. Einen schweren Schlag musste die Stadt im Jahre 1580 verkraften: Eine Pestepidemie raffte 2500 Bürger dahin. Die meisten der 37 Brunnen stammen aus dem 18. Jahrhundert, als der Stadtbaumeister d'Allemand neue Grundwasserquellen erschloss.

• *Information* **Office de Tourisme**, Point de la Nesque, 84210 Pernes-les-Fontaines, ✆ 0490613104, ℻ 0490613323. www.ville-pernes-les-fontaines.fr.

• *Einwohner* 8.350 Einwohner.

• *Markt* Samstagvormittag.

• *Maison Flechier* Ansprechendes Heimatmuseum mit einer Ausstellung über den Canal de Carpentras. Place Fléchier. Geöffnet: Von Mitte Juni bis Mitte Sept. tgl. außer Sonntag und Montagvormittag 10–12.30 Uhr und 15–18.30 Uhr.

• *Schwimmen* Städtisches Freibad, von Juni bis Mitte Sept. geöffnet.

• *Übernachten/Essen* *** **L'Hermitage**, wunderschöne, ländliche Herberge (Logis-de-France) mit einem Park samt Platanenallee und großem Swimmingpool. Die Zimmer kosten 75–85 € (DZ) und sind alles andere als überteuert, unser Tipp ist Zimmer Nr. 7, das wie einige andere eine eigene Terrasse besitzt. Das Frühstück (11 €) wird im Sommer auf der Terrasse serviert. Von März bis Mitte Nov. geöffnet. Route de Carpentras (drei Kilometer nördlich von Pernes), ✆ 0490665141, ✆ 0490613641. www.hotel-lhermitage.com.

Villa Velleron, mitten in Velleron, einer kleinen Ortschaft fünf Kilometer südwestlich von Pernes, betreibt die Familie Hickl ein traumhaftes Chambre d'hôtes mit viel Charme und Flair. In einer ehemaligen Olivenmühle aus dem 14. Jahrhundert werden insgesamt fünf Zimmer (ab 105 €) und ein Appartement vermietet. Relaxen kann man im privaten Swimmingpool. Das Frühstück (inkl.) und das Abendessen (32 €) werden im Sommer auf der Terrasse serviert. ✆ 0490201231. www.villa velleron.com.

• *Camping* ** **Municipal de Coucourelle**, der städtische Campingplatz ist ein Lesertipp von Erika Mitsch: „Der Platz liegt nicht weit vom Ort entfernt, ist sauber und ordentlich und der Platzwart sehr hilfsbereit." Kostenloser Eintritt zum städtischen Schwimmbad. Von April bis Sept. geöffnet. Avenue René Char, ✆ 0490664555.

Le Thor

Der Blickfang des kleinen beschaulichen Marktfleckens ist ein mittelalterlicher Stadtmauerturm, der von einem malerischen provenzalischen Glockenkäfig geziert wird. An weiteren Sehenswürdigkeiten hat Le Thor – der Ort wurde wahrscheinlich schon im 7. Jahrhundert gegründet – eine schmucke romanische Kirche und die Tropfsteinhöhle von Thouzon zu bieten. Irgendwie wirkt der Ort auf eine eigenartige Weise schwermütig, erdverbunden. Vielleicht hat sich auch *Martin Heidegger* aus diesem Grund hier wohlgefühlt. In den sechziger Jahren veranstaltete er auf Einladung von René Char, der sich später von Heidegger wegen dessen nationalsozialistischer Vergangenheit distanzierte, mehrere philosophische Sommerseminare in Le Thor.

• *Information* **Office de Tourisme**, Place du 11 Novembre, B.P. 80, 84250 Le Thor, ✆/✆ 0490339231. www.oti-delasorgue.fr.

• *Verbindungen* Tgl. zwei Busse nach Carpentras sowie über Cavaillon und Aix-en-Provence nach Marseille.

• *Markt* Mittwoch- und Samstagvormittag. Trödelmarkt im Sommer an jedem zweiten Sonntag im Monat. Im drei Kilometer nördlich gelegenen Velleron wird im Sommer tgl. außer So ab 18 Uhr ein Nachtmarkt abgehalten.

• *Übernachten* **Le Haras de l'eau**, exklusives Chambre d'hôtes mit sechs außergewöhnlichen Zimmern (je nach Saison ab 120 € inkl. Frühstück). Blick auf den Fluss und Swimmingpool inklusive. Von Mitte Nov. bis Mitte März geschlossen. Chemin de Reydet, ✆ 0490023098, ✆ 0490023099, www.harasdeleau.com.

• *Camping* *** **Le Jantou**, ein Lesertipp von Andres Mohr: „Schöner, sauberer Platz direkt an der Sorgue. Sehr (!) kinderfreundlich mit Spielplatz und großer Badelandschaft." Nov. bis Mitte März geschlossen. 535, chemin des Coudelières, ✆ 0490339007. www.lejantou.com.

Vaucluse
Karte Seite 511

Sehenswertes

Notre-Dame-du-Lac: Im Zentrum von Le Thor befindet sich die aus dem späten 12. Jahrhundert stammende romanische Pfarrkirche Notre-Dame-du-Lac; sie besitzt zwei schön gearbeitete Portale, die an der Südseite durch eine Vorhalle hervorgehoben werden. Auffallend ist auch das Fehlen jeglicher Fenster und Türen an der Kirchennordseite, eine Vorsichtsmaßnahme gegen den Mistral, wodurch die düstere Aura des einschiffigen Kirchenninneren noch verstärkt wird; nur von wenigen kleinen, hochsitzenden Fensteröffnungen fällt Licht ein. Architektonisch ungewöhnlich sind das von einem Kreuzrippengewölbe abgeschlossene Kirchenschiff sowie der polygonale, nach innen gerundete Chor, die vermuten

Stadtmauerturm in Le Thor

lassen, dass der unbekannte Baumeister aus dem Burgund stammte.

Grottes de Thouzon: Der Kalksteinhügel von Thouzon, zwei Kilometer nördlich von Le Thor, diente jahrzehntelang als Steinbruch. Durch eine Sprengung wurde 1902 der Eingang zu einer imposanten, 230 Meter langen Höhle freigelegt. Am beeindruckendsten ist der das Ende der Grotte markierende „Makkaroni-Saal", zahllose dünne Stalaktiten hängen herab und verbreiten eine faszinierende Stimmung, die durch eine audiovisuelle Vorführung noch gesteigert wird. Gemindert wird die Freude einzig durch den happigen Eintrittspreis, den einige Leser nicht für gerechtfertigt hielten.

Öffnungszeiten Im Juli und Aug. 10–18 Uhr, sonst Führungen um 10.30, 11.30, 14.15, 15.20, 16.20 und 17.30 Uhr. Von Nov. bis Ostern geschlossen. Eintritt: 7,90 €, erm. 5,40 €. www.grottes-thouzon.com.

Fontaine-de-Vaucluse

Dank seiner berühmten Sorgue-Quelle ist Fontaine-de-Vaucluse zu einem der beliebtesten Ausflugsziele der Region aufgestiegen. Rund eine Million Besucher bestaunen alljährlich die Stelle, an der die Sorgue aus dem Felsen tritt.

Bei diesem Touristenansturm verwundert es kaum, dass der Ort hauptsächlich aus Imbissbuden, Restaurants und Souvenirshops zu bestehen scheint. Der schlichten, aber sehenswerten romanischen Kirche Saint-Vérain sowie der über dem Ort thronenden Burgruine schenken nur die wenigsten Beachtung, der touristische Pilgerzug strebt zielsicher dem Ende des Tales zu – von dem lateinischen *vallis clausa* leitet sich auch der Name Vaucluse ab –, wo die größte Quelle Europas aus dem Fels strömt. Wer im Sommer kommt, wird allerdings enttäuscht sein, denn dann blickt man nur in ein langweiliges trübes Wasserloch. Nur im Frühjahr ergießt sich die Sorgue als schäumender wilder Schwall zu Tal. Die Sorgue speist sich aber durch weitere kleine Quellen, so dass der Fluss auch im Hochsommer immer ausreichend Wasser führt. Das glasklare, stets zwölf bis dreizehn Grad Celsius kalte Wasser durchzieht den Ort als grün schillerndes Band.

In die Literaturgeschichte eingegangen ist Fontaine-de-Vaucluse durch *Francesco Petrarca* (1304–1374), der sich hierher jahrelang zurückgezogen hatte, um den Tod seiner geliebten Laura zu verarbeiten. Ob die sagenumwobene Laura, der Petrarca nur einmal in einer Kirche begegnet sein will, wirklich gelebt hat, ist strittig. Ob Fiktion oder nicht, Petrarca hat ihr zu Ehren unzählige Sonette verfasst, die als lyrische Meisterwerke gerühmt werden.

• *Information* **Maison du Tourisme**, Chemin de la Fontaine, 84800 Fontaine-de-Vaucluse, ✆ 0490203222, 📠 0490202137 www.oti-delasorgue.fr.

• *Einwohner* 600 Einwohner.

• *Verbindungen* Mehrere Busverbindungen nach L'Isle-sur-la-Sorgue und weiter nach Avignon.

• *Parken* Um der Besuchermassen Herr zu werden, wurden an beiden Ortseingängen riesige Parkplätze angelegt. Der Bürgermeister freut sich über die satten Einnahmen, die die Parkwächter jeden Tag kassieren. Um die Gebühr von 3 € kommt man nicht herum.

• *Veranstaltungen* Streichquartettfestival im Juni.

• *Kanu- und Kajakvermietung* Kajak Vert, ✆ 0490203544, Canoë Evasion, ✆ 0490382622. Halbtagestour auf der Sorgue (acht Kilometer) mit Rückfahrt im Minibus. Preis 34 € für zwei Personen. www.canoe-france.com.

• *Schwimmen* Städtisches Freibad, nur im Juli und Aug. geöffnet.

• *Fahrradverleih* Fontaine Vélos, ✆ 0490602807.

• *Übernachten/Essen* *** **Hôtel du Poète**, eine verfallene Mühle am Ortsrand, die mit viel Liebe in ein angenehmes, modernes Hotel verwandelt wurde. Über einen eisernen Steg gelangt man zu dem auf einer „Insel" gelegenen Pool. Kostenloses WLAN. Zimmer je nach Saison und Ausstattung 70–240 €, Frühstück 17 €. ✆ 0490203405, 📠 0490203408. www.hoteldupoete.com.

** **Hôtel des Sources**, unlängst wiedereröffnetes Logis-de-France-Hotel, direkt am Ufer der Sorgue. Die Zimmer sind mit 85–120 € je nach Saison für die gebotene Leistung allerdings nicht gerade günstig. Besonders toll ist der großzügige, schattige Park, der zum Hotel gehört. Im zugehörigen Restaurant mit schöner Terrasse zur Sorgue gibt es Menüs ab 25 €. Lohnend ist die Halbpension. Kostenlose Parkplätze. ✆ 049 0203184, 📠 0490203909. www.hoteldessources.com.

Le Font de Lauro, einfaches, aber sehr günstiges (30–40 €) Hotel mit Pool, etwa eineinhalb Kilometer außerhalb in Richtung L'Isle sur la Sorgue. Chemin de la Gaffe, ✆ 0490203149. www.oti-delasorgue.fr/font-de-lauro.

Auberge de Jeunesse, rund einen Kilometer vom Dorfzentrum entfernt. 50 Betten. Von Feb. bis 15. Nov. geöffnet, Zelten möglich. Fahrradverleih. Übernachtung mit Frühstück 17,70 €. Chemin de la Vignasse, ✆ 0490 203165. www.fuaj.org/Fontaine-De-Vaucluse.

Sehenswertes

Fontaine de Vaucluse: Aus unterirdischen Kanälen strömen, wenn der Quelltopf gefüllt ist, bis zu 200 Kubikmeter Wasser pro Sekunde hervor; je nach Jahreszeit kann sich die Quelle aber auch nur als schlichtes Wasserloch präsentieren, aus dem unsichtbare acht Kubikmeter Wasser pro Sekunde in die Sorgue fließen. Verständlich, dass die geheimnisvolle Karstquelle von Fontaine-de-Vaucluse seit jeher eine große Anziehungskraft auf Forscher ausgeübt hat. Bereits 1878 soll ein gewisser Ottonelli aus Marseille 23 Meter tief hinabgetaucht sein. Der Tiefseeforscher *Jacques Cousteau* unternahm gleich mehrere Anläufe, ohne jedoch auf den Grund des Quelltopfes zu stoßen: 1946 (46 Meter), 1955 (74 Meter) sowie 1967 (106 Meter). Ihm folgte der deutsche Höhlenforscher *Jochen Hasenmayer*, der 1983 bis in eine Tiefe von 250 Meter vordrang. Erst 1985 setzte ein ferngesteuertes U-Boot in 308 Meter Tiefe auf einer Sandbank auf.

Vaucluse
Karte Seite 511

Ecomusée du Gouffre (Le Monde Souterrain de Norbert Casteret): Ein buntes Sammelsurium unterirdischer Funde, die der bekannte Höhlenforscher Norbert Casteret zusammengetragen hat; außerdem Rekonstruktionen einer Höhlenwelt und Informationen über die Karstquelle von Fontaine-de-Vaucluse.

Adresse Chemin de Gouffre. Öffnungszeiten: Juli und Aug. tgl. 10–12 Uhr und 14–18.30 Uhr, in der Nebensaison nur Mi–So, von Nov. bis Jan. ist keine Besichtigung möglich. Eintritt: 5 €, erm. 3,50 €.

Musée Pétrarque: Das Petrarca-Museum befindet sich an der Stelle des vermeintlichen Wohnhauses des Dichters. Ausgestellt sind Bücher, Tagebücher und

Werke von Francesco Petrarca sowie Stiche und Zeichnungen, die Personen und Orte aus dem Umfeld von Petrarca zum Thema haben.

Adresse Chemin de Gouffre. Öffnungszeiten: Von Juni bis Sept. tgl. außer Di 10–12 Uhr und 13.30–18 Uhr, von April bis Mai und in der ersten Oktoberhälfte tgl. außer Di 10–12 Uhr und 14–18 Uhr. Eintritt: 3,50 €, erm. 1,50 €.

L'Appel de la Liberté (Musée d'Histoire 1939–45): Im Mittelpunkt des 1990 eröffneten Museums steht der Widerstand gegen das Vichy-Regime und die deutschen Besatzungstruppen. Fazit: Eine ausgezeichnete kritische Würdigung der französischen Résistance und ihres Kampfes gegen den Nationalsozialismus. Die Ausstellung spiegelt auch das Alltagsleben wider und erinnert an das Engagement zahlreicher Künstler.

Adresse Chemin de Gouffre. Öffnungszeiten: Von Juni bis Sept. tgl. außer Di 10–18 Uhr, April, Mai und bis Mitte Okt. 10–12 Uhr und 14–18 Uhr, von Mitte Okt. bis Dez. nur Sa und So 10–12 Uhr und 14–17 Uhr, von Jan. bis März nur Sa und So 10–12 Uhr und 14–18 Uhr. Eintritt: 3,50 €, erm. 1,50 €.

L'Isle-sur-la-Sorgue

Wie eine Insel von den glasklaren Wasserarmen der Sorgue umgeben, rühmt sich die Stadt zu Recht, das „Klein-Venedig der Provence" zu sein. Es plätschert und sprudelt, wohin man nur blickt.

Bei diesem Wasserreichtum verwundert es nicht, dass sich der Wohlstand von L'Isle-sur-la-Sorgue im Mittelalter nicht nur auf Webereien und Färbereien gründete, sondern vor allem auf die Papier-, Getreide- und Ölmühlen. Ein paar der bemoosten Schaufelräder sind erhalten, Reminiszenzen an eine Zeit, als noch rund 70 große Mühlräder vom Wasser der Sorgue angetrieben wurden. Ein anderes einträchtiges Gewerbe war die Fischerei, noch vor 150 Jahren lebten 100 Fischerfamilien im Ort, die täglich rund 15.000 Krebse aus der Sorgue holten. Als sich 1884 unter den Krebsen eine Epidemie ausbreitete, bedeutete dies einen herben wirtschaftlichen Schlag für die Stadt und das Ende der hiesigen Fischerei.

René Char – ein Dichter im Widerstand

Der surrealistische Dichter René Char (1907–1988), der in L'Isle-sur-la-Sorgue geboren wurde, gehört zu den französischen Schriftstellern, die sich im Zweiten Weltkrieg aktiv am Widerstand gegen die deutschen Besatzer beteiligt haben. Als Capitaine Alexandre führte er verschiedene Einheiten der Résistance, zu denen auch Samuel Beckett gehörte, bevor er sich schließlich 1944 dem Interalliierten Generalstab in Nordafrika anschloss. Nach langen Jahren in Paris, zog er sich im Alter in seine Heimatstadt zurück. In seinem poetischen Werk, das von zahlreichen düsteren Metaphern getragen wird, haben die Landschaft der Provence und natürlich auch L'Isle-sur-la-Sorgue Spuren hinterlassen: „Die Sorgue fasste mich ein. Auf dem weisen Zifferblatt der Wasser sang die Sonne die Stunden. Sorglosigkeit und Schmerz hatten den eisernen Hahn auf dem Dach der Häuser befestigt und stützten sich gegenseitig. Aber welch Rad im Herzen des Kindes, stets auf der Lauer, drehte sich heftiger, drehte sich schneller als das Mühlrad in seinem weißen Band." Char ist übrigens der erste und bisher einzige französische Autor, dessen Werke noch zu seinen Lebzeiten, 1983, in die berühmte *Bibliothèque de la Pléiade* aufgenommen wurden.

Die Meinungen über L'Isle-sur-la-Sorgue sind geteilt: Während einige den Ort als langweilig und träge empfinden, zeigen sich andere von dem beschaulichen Flair der Inselstadt mit ihren vielen kleinen, versteckten Plätzen begeistert. Kurz vor der Stadt teilt sich die Sorgue, um L'Isle-sur-la-Sorgue mit zwei Armen zu umschließen. Die Altstadt ist geprägt von einem Gewirr aus Gassen und Kanälen, in ihrem Zentrum steht die bereits in romanischer Zeit erwähnte Pfarrkirche Notre-Dame-des-Anges, die im 17. Jahrhundert beinahe vollständig erneuert wurde und Erinnerungen an italienische Barockkirchen weckt. Das 15.000 Einwohner zählende Städtchen besitzt noch einige ansehnliche Bürgerhäuser und ein stattliches historisches Krankenhaus (Hôtel Dieu). Bekannt ist L'Isle-sur-la-Sorgue heute hauptsächlich wegen seiner gut bestückten Antiquitätengeschäfte und dem überaus bunten sonntäglichen Antiquitäten- und Trödelmarkt.

Information/Verbindungen/Diverses

- *Information* **Office de Tourisme**, Place de l'Eglise, 84800 L'Isle-sur-la-Sorgue, ✆ 0490380478, ✆ 0490383543, www.oti-delasorgue.fr.
- *Verbindungen* Mehrmals tgl. Zugverbindungen nach Avignon, Marseille und Carpentras. Der SNCF-Bahnhof ist in der Avenue Jules-Guigue, ✆ 0490380021. Mehrmals tgl. nach Fontaine de Vaucluse sowie zweimal tgl. nach Avignon, zudem tgl. zwei Busse nach Carpentras sowie über Cavaillon und Aix-en-Provence nach Marseille.
- *Stadtpark* Parc Gautier.
- *Markt* Lebensmittel: Donnerstag- und Sonntagvormittag, Trödelmarkt: Sonntag.
- *Maison de la Presse* Place de la Liberté.
- *Internet* Cyber Concept, 1, quai Clovis Hugues.
- *Moulin Vallis Clausa* Traditionelle Papiermühle am Weg zur Quelle.
- *Fahrradverleih* „Loca'Bike", ✆ 0490381912.
- *Schwimmen* Das beheizte städtische Freibad in der Avenue Napoléon Bonaparte ist von Juni bis Ende Aug. tgl. von 10–19 Uhr geöffnet. Bei einer Wassertemperatur von 29 Grad Celsius verspricht es leider kaum Abkühlung.

Übernachten/Essen & Trinken (Karte S. 538/539)

- *Hotels* *** **Mas de Cure Bourse (11)**, charmante, ländliche Herberge in einer ehemaligen Posthalterei. Auf der Basis ausgewählter frischer Zutaten wird eine schmackhafte, bodenständige Küche kredenzt, nur Dienstagmittag und Montag bleibt die Küche kalt. Menüs ab 26 € (mittags), sonst zu 37, 40, 43 und 59 €. Wer will, kann sich eines der 13 Zimmer (je nach Ausstattung 87–127 €) mieten und tagsüber am Pool relaxen. Route de Coumont (2,5 Kilometer südöstlich), ✆ 0490381658, ✆ 0490385231. www.masdecurebourse.com.

** **Les Névons (10)**, modernes, funktionales Hotel mit Swimmingpool, Zimmer 51–79 €, die teureren mit Balkon. Chemin des Névons, ✆ 0490207200, ✆ 0490205620. www.hotel-les-nevons.com.

** **Cantosorgue (1)**, direkt am Ufer der Sorgue, einen Kilometer außerhalb des Zentrums. Ebenfalls mit Swimmingpool. Zimmer 59 €, im Winter günstiger. Cours de la Pyramide, ✆ 0490208181, ✆ 0490384030. www.hotel-cantosorgue.com.

La Gueulardière (8), charmantes, älteres Restaurant mit einem schönen, schattigen Garten, in dessen Mitte ein Brunnen steht. Menüs zu 18,80 € und 33 €. Das preisgünstige Menü bietet z. B. Tagliatelle mit Roquefort und hinterher leckere Lammspießchen. Mittwoch bleibt die Küche kalt. In einem seitlichen Anbau werden auch fünf einfache Zimmer für 56–58 € vermietet, zu denen jeweils eine „Terrasse" gehört. 1, cours René Char, ✆ 0490381052.

La Prévoté (3), einfallsreiches, auf frische Zutaten bedachtes Restaurant in einem alten Pfarrhaus mit schönem Innenhof. Die Kreationen von Jean-Marie Alloin wurden schon von verschiedenen Restaurantführern gerühmt. Menüs zu 26 € (mittags), 39, 57 und 70 €. Es werden auch ein paar schöne Zimmer vermietet, die je nach Ausstattung und Saison von 135 bis 200 € kosten (inkl. Frühstück). Dienstag und Mittwoch Ruhetag. 4, rue Jean-Jacques Rousseau, ✆ 0490385729. www.la-prevote.fr.

Vaucluse
Karte Seite 511

Le Vivier (2), das Gebäude wirkt auf den ersten Blick wenig viel versprechend, doch das Restaurant, das uns Déirdre und Tilmann Mahkorn empfohlen haben, gehört zu den besten der Stadt und erhielt 2008 erstmals 14 Punkte bei Gault Millau. Der Koch versteht sich auf eine authentische Küche, zu der auch deftige Sachen wie Kalbsnieren gehören. Zeitlos modernes Ambiente mit einer Terrasse zur Sorgue. Menüs zu 28 € (mittags), 43 und 70 €. Cours Fernand-de-Peyres (einen Kilometer außerhalb an der Straße nach Fonatine), ✆ 0490385280.
www.levivier-restaurant.com.

Lou Nego Cin (4), Restaurant mit Patina, im Zentrum am Ufer der Sorgue. Nette Straßenterrasse mit inzwischen modernen Stühlen. Menü zu 16 € mit einem Salat mit Schafskäse und Lammschmorbraten. Dienstag Ruhetag. 12, quai Jean Jaurès, ✆ 049 0208803.

Bella Vita (5), netter, preisgünstiger Italiener mitten im Zentrum. Menü zu 16 € mit einem Viertel Wein, beispielsweise Salat, ein Nudelgericht und Dessert. Im Sommer sitzt man unter den Platanen auf der Straßenterrasse, bei schlechtem Wetter im ersten Stock. In der Nebensaison Sonntagabend und Montag geschlossen. Place de la Liberté, ✆ 0490381374.

Café de France (6), das direkt daneben an der Place de l'Eglise gelegene Café strahlt noch etwas vom Flair längst vergangener Tage aus.

• *Chambres d'hôtes* **Domaine de la Fontaine (7)**, ein Lesertipp von Déirdre und Tilmann Mahkorn, die hier schon mehrfach zu Gast waren: „Ein hochkarätiges, dennoch günstiges Chambre d'hôtes, Zweimal wöchentlich (Dienstag und Samstag) wird auf sehr hohem Niveau gekocht (29 € pro Person fürs Menü ohne Getränke)." Im Garten gibt es noch einen schönen Pool. Die fünf Gästezimmer der Familie Sundheimer (sie stammt aus München) kosten 99–110 € für zwei Personen inkl. Frühstück. Anfahrt: 901 (RN 100) Richtung Apt, nach der Tankstelle Citroen/Total erste Straße rechts, dann erste Straße links, dann erstes Haus rechts. 920, chemin du Bousquet, ✆ 0490380144.
www.domainedelafontaine.com.

L'Instant Present (9), diese stilvolle Unterkunft im Herzen der Altstadt ist ein Lesertipp von Regula Uetz, die den freundlichen Empfang lobte. Elisabeth Saindrenan vermietet drei Zimmer für 80 € inkl. Frühstück. Garage 5 €. 20, rue Michelet, ✆ 0490382254.
www.linstantpresent.fr.

• *Camping* *** **La Sorguette**, gut ausgestatteter und sauberer städtischer Campingplatz (164 Stellplätze) am Ufer der Sorgue, in Richtung Apt. Kanuverleih und Bungalowvermietung. Geöffnet vom 15. März bis 15. Okt. 41, les Grandes Sorgues, ✆ 0490380571.
www.camping-sorguette.com.

Sehenswertes

La Maison René Char: Zum Gedenken an ihren berühmtesten Sohn haben die Stadtväter im Hôtel Donadèï de Campredon eine Dauerausstellung über das Leben und Werk von René Char eingerichtet. Char, einer der bekanntesten französischen Dichter des 20. Jahrhunderts, war u. a. mit Picasso, Braque, Camus, Eluard und Mirò befreundet. In den Räumlichkeiten befindet sich auch eine Rekonstruktion von Chars Arbeitszimmer. Zudem finden im Erdgeschoss und im ersten Stock immer wieder interessante Wechselausstellungen zu Literatur, Kunst und Fotografie statt. *Adresse* 20, rue Docteur Tallet. Di–So 10–13 Uhr und 15–19 Uhr, im Winter 10–12.20 Uhr und 14–17.30 Uhr. Eintritt: 6,30 €, erm. 5,30 €. www.maison-renechar.fr.

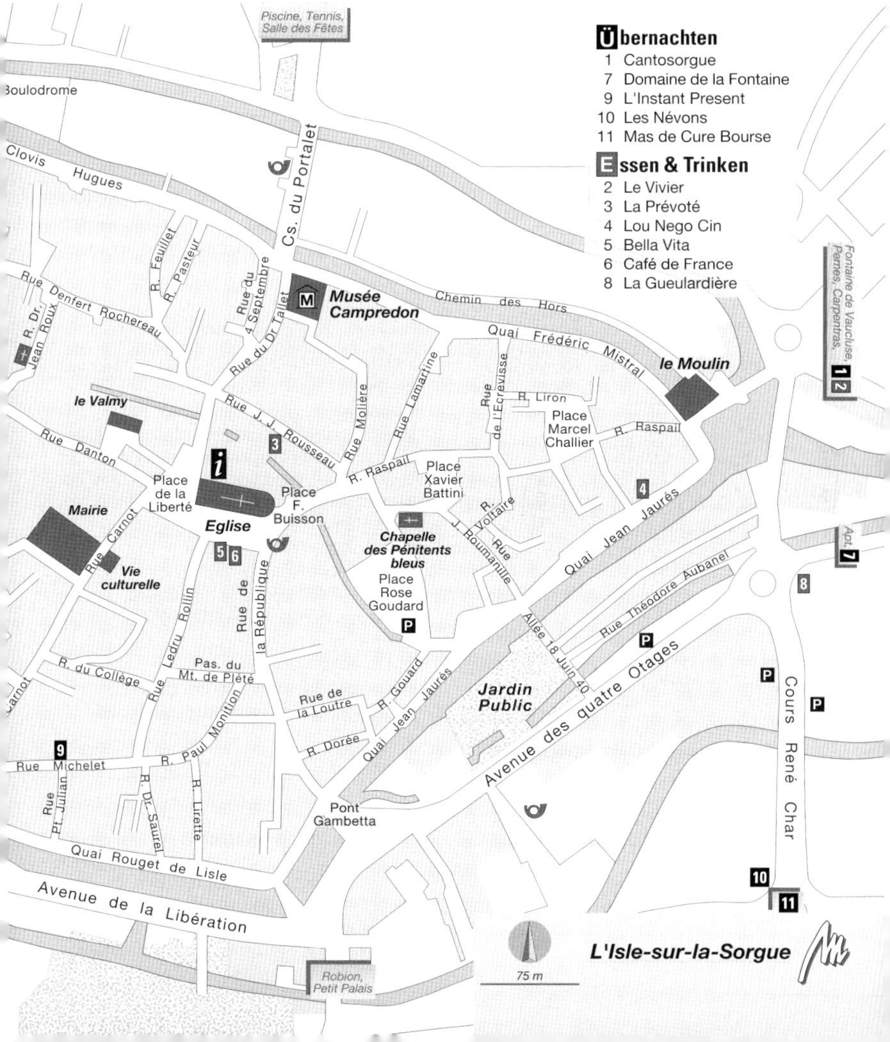

Cavaillon

Cavaillon, ein unauffälliges Provinzstädtchen, gilt als das wichtigste landwirtschaftliche Zentrum des Départements Vaucluse. Spargel, Melonen sowie andere Obst- und Gemüsesorten werden in der Umgebung im großen Stil angebaut und auf die Reise zu den Konsumenten geschickt.

Wie so viele andere Städte der Provence geht auch Cavaillon auf eine römische Gründung zurück. An einem strategisch günstigen Duranceübergang gründeten die Römer eine Stadt namens *Cabellio*, die sich schnell zu einem beliebten Handelsort entwickelte. Im 4. Jahrhundert zum Bischofssitz erhoben, erfreute sich Cavaillon dank seiner blühenden Landwirtschaft stets eines gewissen Reichtums. Zusammen mit dem Comtat Venaissin gelangte der Ort 1274 unter die Herrschaft des Papstes; bis zur Revolution bestimmten ein päpstlicher Gouverneur und der Bischof gemeinsam die Geschicke der Stadt. Damals ließ sich auch eine rasch wachsende jüdische Gemeinde nieder. Eine Synagoge und ein jüdisches Museum erinnern an diese Zeit. Als „Hauptstadt der Melone" ist Cavaillon heute in ganz Frankreich ein Begriff. Das Stadtbild leidet noch immer unter einer Fehlentscheidung aus den achtziger Jahren des 20. Jahrhunderts, als man die Platanen, die den breiten Boulevards Schatten spendeten, aus verkehrstechnischen Gründen fällte. In den letzten Jahren wurde aber lobenswerter Weise versucht, die Altstadt wieder zu beleben und an ihrem Rand ansprechende moderne Architektur zu etablieren.

Verbindungen

- *Information* **Office de Tourisme**, Place François Tourel, B.P. 176, 84305 Cavaillon Cédex, ✆ 0490713201, ✆ 0490714299. www.cavaillon-luberon.de.
- *Einwohner* 24.000 Einwohner.
- *Verbindungen* Der SNCF-Bahnhof (✆ 0490710440) liegt fünf Fußminuten östlich der Altstadt am Boulevard Paul-Doumer. Mehrmals tgl. Zugverbindungen nach Avignon. Direkt nebenan befindet sich die Gare routière, vom Busbahnhof (✆ 0490783239) tgl. zehn Busse nach Avignon, vier Busse tgl. nach Apt sowie nach L'Isle-sur-la-Sorgue und Le Thor. Drei Busse nach Carpentras sowie über Aix-en-Provence nach Marseille.
- *Parken* Direkt vor dem Office de Tourisme befindet sich ein großer Platz (Place François Tourel) mit zahlreichen Parkmöglichkeiten.
- *Markt* Montagvormittag großer Markt auf der Place François Tourel.
- *Veranstaltungen* **Melon en Fêtes**, am Wochenende, das dem 14. Juli am nächsten ist. Zudem organisiert das Office de Tourisme am Freitagvormittag von Juni bis August einen **Circuit Melon** mit Melonenverkostung.
- *Post* Place François-Tourel.
- *Fahrradvermietung* Cycles Rieu, 25, avenue Maréchal Joffre, ✆ 0490714555; Cyclix, 106, cours Gambetta, ✆ 0490780706.
- *Schwimmen* Das Freibad befindet sich in der Rue Pierre Fabre.
- *Squash* Squash Cavaillon Club, 431, avenue Georges Clémenceau, ✆ 0490715026.

Übernachten/Essen

*** **Le Christel (Mercure Cavaillon)**, etwas außerhalb, mit Pool und Tennisplatz, Zimmer je nach Saison von 108–158 €. 601, avenue Boscodomini (Quartier Boscodomini), ✆ 0490710779, ✆ 0490782794. www.mercure.com.

** **Du Parc (5)**, gutbürgerliches Hotel direkt neben einem kleinen Park. Das Haus mit den stuckverzierten Decken stammt aus dem 19. Jahrhundert und besitzt viel Flair, das Frühstücksbuffet gibt es in dem ruhigen Innenhof. Die Zimmer lassen allerdings

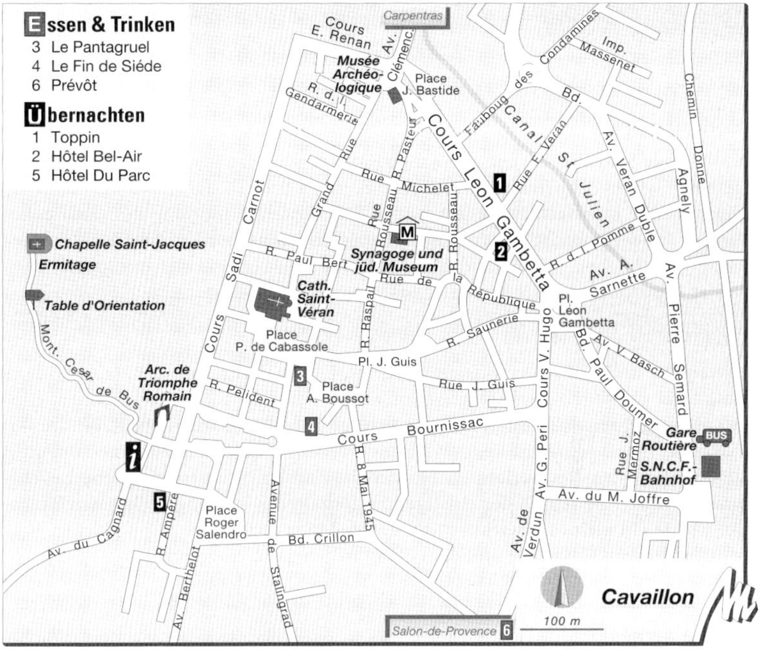

den Charme der Eingangshalle vermissen und kosten je nach Saison ab 52 € (EZ) bzw. 72–97 € (DZ), Frühstück 8 €. 183, place François-Tourel, ✆ 0490715778, 📠 0490761035, www.hotelduparccavaillon.com.

** **Toppin (1)**, stattliches Logis-de-France-Hotel im Zentrum, das durch einen unlängst erfolgten Besitzerwechsel viel Schwung bekommen hat. Restaurant und Frühstücksraum im ersten Stock mit großem Kamin. Die Preise für das DZ sind mit 50–64 € recht moderat. Frühstück 8 €. Besonders schön sind die Zimmer Nr. 7 und 8, da sie über einen Zugang zur Terrasse verfügen. WLAN und Garage (6 €) vorhanden. 70, cours Gambetta, ✆ 0490713042, 📠 0490719194. www.hotel-toppin.com.

Bel-Air (2), kleines, familiäres Chambre d'hôtes (nur fünf Zimmer) am Rande der Altstadt. DZ 54 € (inkl. Frühstück). Von Lesern empfohlen, die erwähnten, dass Frau Moulin auf ökologische Kriterien achtet. 62, rue Bel-Air, ✆ 0685094155 (mobil).

Prévôt (6), der Gourmettempel von Cavaillon genießt einen ausgezeichneten Ruf (14 Gault-Millau-Punkte). Jean-Jacques Prévôt kocht mit Leidenschaft, wobei er traditionelle Rezepte verwendet und diese auf hohem Niveau verfeinert. Zur Erntezeit werden die berühmten Melonen von Cavaillon in verschiedenster Weise verarbeitet, beispielsweise als Beilage zu einem gegrillten Steinbutt (*turbot*). Es werden auch Kochkurse veranstaltet. Menüs zu 25 € (mittags), 44, 59 und 85 €, Sonntag und Montag geschlossen. 353, avenue de Verdun, ✆ 0490713243. www.restaurant-prevot.com.

Le Pantagruel (3), in zentraler Lage mit hellem, freundlichem Ambiente. Das Essen hält, was die Einrichtung verspricht, oft zitieren die Menüs ein saisonales Thema. Menüs zu 16 € (mittags), 22, 35 und 48 €. Straßenterrasse. Sonntag und Montagmittag geschlossen. 5, place Philippe de Cabassole, ✆ 0490761130.

Le Fin de Siècle (4), aufgrund des wundervollen, aus dem späten 19. Jahrhundert stammenden Ambientes – das Restaurant wurde 1899 eröffnet – sollte man auch im Sommer im Inneren des Lokals und nicht auf der Straßenterrasse sitzen. Im ersten Stock Restaurantbetrieb, im Erdgeschoss Brasserie. Menü von 12–29,50 €. 46, place du Clos, ✆ 0490711227.

Vaucluse
Karte Seite 511

• *Camping* *** **La Durance**, ebenes Wiesengelände mit Möglichkeit zur Schwimmbadbenutzung. Leider unordentlich und sehr laut, bedingt durch die vorbeifahrenden LKWs. Von April bis September geöffnet. Digue des Grands Jardins, ✆ 0490711178, 📠 0490719877.

Sehenswertes

Cathédrale Saint-Véran: Die ehemalige Kathedrale – das Bistum wurde 1790 aufgelöst – ist ein schlichter, romanischer Bau aus dem 13. Jahrhundert, der allerdings später mehrfach verändert wurde. Die düstere Stimmung des reich dekorierten Innenraums ist als typisches Element romanischer Kirchen der Provence erhalten geblieben. An die Südseite der Kathedrale schließt sich ein kleiner reizvoller **Kreuzgang** an, der ebenfalls aus romanischer Zeit stammt.

Öffnungszeiten Von April bis Okt. 8.30–12 Uhr und 14–18 Uhr, im Winter nur 9–12 Uhr und 14–17 Uhr. Sonntag und Montag geschlossen!

Synagoge und jüdisches Museum: Die im letzten Drittel des 18. Jahrhunderts vollständig erneuerte Synagoge ist von außen kaum als solche zu erkennen. Hinter einem schmiedeeisernen Balkon verbirgt sich ein formschöner Raum im Rokokostil. Ihre beeindruckende Wirkung verdankt die Synagoge einer unlängst abgeschlossenen Restaurierung, bei der die Farben ihre ursprüngliche Leuchtkraft zurückerhielten. In der einstigen, unterhalb der Synagoge gelegenen Bäckerei wurde ein kleines Museum mit verschiedenen Exponaten zur jüdischen Vergangenheit von Cavaillon und dem Comtat Venaissin eingerichtet.

Adresse Rue Hebraique. Öffnungszeiten: Von April bis Okt. tgl. außer Di 9.30–12.30 Uhr und 14.30–18.30 Uhr, im Winter nur 9–12 Uhr und 14–17 Uhr. Eintritt: 3 €, erm. 1,50 €.

Musée Archéologique (Hôtel-Dieu): Das in einer Barockkapelle untergebrachte städtische Museum präsentiert Fundstücke aus der keltoligurischen und römischen Vergangenheit.

Adresse Porte d'Avignon. Öffnungszeiten: Von Juni bis Sept. tgl. außer Di 9.30–12.30 Uhr und 14.30–18.30 Uhr, im Winter 9–12 Uhr und 14–17 Uhr. Eintritt: 3 €, erm. 1,50 €.

Römischer Torbogen: Der Torbogen – er wurde zu Beginn des 1. Jahrhunderts unserer Zeitrechnung errichtet – ist das einzige Baudenkmal, das noch aus römischer Zeit stammt. Das nur bruchstückhaft erhaltene einstige Forumstor, das früher wahrscheinlich in der Nähe der Kathedrale gestanden hatte, besteht aus zwei parallel ausgerichteten Pfeilerbögen, die mit Lorbeer und Viktorien verziert sind.

Wandern: Zur Chapelle Saint-Jacques: Direkt neben dem Office de Tourisme führt der Montée Cesar de Bus an einer Orientierungstafel vorbei hinauf zur Chapelle Saint-Jacques, einem kleinen romanischen Bau. Vom Gipfel der Bergkuppe, auf der einst ein keltisches Oppidum stand, bietet sich ein schöner Blick auf Cavaillon und sein Umland.

Caumont-sur-Durance

In dem kleinen Städtchen Caumont-sur-Durance (zwischen Cavaillon und Avignon) wurde 2006 ein Römischer Garten eröffnet, der **Jardin Romain**, der auf 12.000 Quadratmetern einen Einblick in die römische Gartenkunst und Mythologie geben soll. Von der zugehörigen römischen Villa sind allerdings keine Bauzeugnisse mehr vorhanden.

Öffnungszeiten Juni bis Sept. tgl. 10–12.30 Uhr und 15–19 Uhr, April, Mai und Okt. tgl. außer Di 14–18 Uhr, Feb. März und Nov. tgl. außer Di 14–17 Uhr. Eintritt: 3 €, erm. 2 €. www.jardin-romain.fr.

Coustellet

Genau genommen ist Coustellet ein unspektakuläres Straßendorf, das allerdings mit zwei Attraktionen aufwarten kann: zum einen das Lavendelmuseum sowie ein überaus attraktiver Sonntagsmarkt (Flohmarkt), der von April bis November abgehalten wird. Scharenweise reisen Fremde und Provenzalen Woche für Woche nur wegen dieses groß angelegten Spektakels an.

Sehenswertes

Musée de la Lavande: Das zwischen Gordes und Coustellet gelegene Museum bietet einen schnellen Einblick in die Verarbeitung und Destillation der provenzalischen Symbolpflanze. Es stellt sich jedoch der Eindruck ein, als solle das Museum vor allem den Absatz des angegliederten Ladens fördern.

Adresse Route de Gordes. Öffnungszeiten: Von Juli bis Sept. tgl. 10–12 Uhr und 14–19 Uhr, von Okt. bis Dez. und März bis Juni tgl. außer Mo 10–12 Uhr und 14–18 Uhr. Eintritt: 6 €, unter 15 Jahren frei! www.museedelalavande.com.

Gordes

Die ockerfarbenen Häuser von Gordes ziehen sich pittoresk zu einem Renaissanceschloss empor. Das provenzalische Bilderbuchdorf hat nur einen Nachteil: Im Sommer laufen bei weitem mehr Touristen als Einheimische durch die mittelalterlichen, mit Kieselsteinen gepflasterten Gassen. Angesichts der dörflichen Idylle ist es schwer vorstellbar, dass Gordes 1944 von deutschen Truppen stark zerstört wurde. Auch *Marc Chagall* hat hier Zuflucht gesucht, das Dorf aber glücklicherweise rechtzeitig verlassen. Durch die private Initiative eines Künstlerkreises um den Maler und Schriftsteller *André Lhote* gelang es nach Kriegsende, das Dorf wiederaufzubauen und neu mit Leben zu erfüllen. Seit dem Wegzug (1996) des Musée Vasarély ist Gordes zwar um eine Attraktion ärmer, doch hat die touristische Anziehungskraft nicht nachgelassen. Vor allem in betuchten Kreisen erfreuen sich die Hotels und Restaurants von Gordes großer Beliebtheit. Manche haben den lieblichen Ort gar zu ihrem Zweitwohnsitz erkoren und sich in der hügeligen Landschaft ein halb verfallenes *Mas* oder eine *Bastide* gekauft und restaurieren lassen.

Information/Verbindungen/Diverses

- *Information* **Office de Tourisme**, Place du Château, 84220 Gordes, ✆ 0490720275, 📠 0490720226. www.gordes-village.com.
- *Einwohner* 2.000 Einwohner.
- *Verbindungen* 3–4 x tgl. Busverbindungen nach Cavaillon.
- *Parken* Für das Parken muss man zwangsweise einen der kostenpflichtigen Parkplätze (3 €) ansteuern.
- *Markt* Dienstagvormittag rund um das Château.
- *Veranstaltungen* **Soirées d'Eté de Gordes**: Von Ende Juli bis Anfang Aug. sind im Freilichttheater unterhalb von Gordes Theater- und Musikaufführungen zu sehen.

Übernachten/Essen

***** **La Bastide**, traumhaftes Hotel mit phantastischem Pool inmitten des Dorfes. Alle Zimmer mit Aircondition. Je nach Saison und Lage 195–455 €, der tolle Blick ins Tal ist nur den Gästen vorbehalten, die in den teureren Zimmern logieren. Abends tafelt man in dem erstklassigen Restaurant, Menüs zu 34,50 € (nur mittags), 56,50 und 83 €.

Von Nov. bis Mitte März geschlossen. Route de Calomb, ✆ 0490721212, 📠 0490720520. www.bastide-de-gordes.com.

*** **Le Gordos**, einen knappen Kilometer unterhalb des Dorfes findet man hier viel Komfort zu einem günstigeren Preis. Zur Erfrischung gibt es einen Swimmingpool. Zimmer je nach Saison und Ausstattung 121–222 €. WLAN. ✆ 0490720075. www.hotel-le-gordos.com.

** **Auberge Carcarille**, dieses etwa zwei Kilometer außerhalb von Gordes (an der Straße nach Roussillon) gelegene Logis-de-France-Hotel bietet wahrscheinlich das beste Preis-Leistungs-Verhältnis in der näheren Umgebung. Seit mehr als drei Jahrzehnten im Besitz der Familie Rambaud. Schönes Areal mit Swimmingpool. Die Zimmer mit Balkon oder Terrasse kosten je nach Ausstattung 70–110 €, Frühstück 11,50 €. Das ansprechende Restaurant hat sich der lokalen Küchentradition verpflichtet (eigener Gemüsegarten); es gibt Menüs zu 19,90, 31, 35, 42 und 50 €. Im Dez. und Jan. Betriebsferien. ✆ 0490720263. www.auberge-carcarille.com.

Domaine des 3 Borries, ein traumhaftes Cambres d'hotes mit herrlichem Pool unterhalb des Dorfes. Ob im Zimmer (95–105 €), in der Suite (115–130 €) oder in einer traditionellen Borie (125–140 €), es erwartet den Gast viel Flair und altes Gemäuer. Preise jeweils inklusive Frühstück. Keine Kreditkarten, Hunde nicht erlaubt. Col de Gordes, ✆ 043 2502287. www.domainedes3bories.com.

Als Alternative empfiehlt sich auch das etwas teuerere **Bastidans**, ✆ 0490721651. www.bastidans.com.

Le Renaissance, an der einladenden Terrasse kommt man nur schwer vorbei, allerdings schlägt ein Hauptgericht mit rund 22 € zu Buche. Lecker ist die gegrillte Goldbrasse (*daurade roti*). Donnerstag geschlossen, ✆ 0490720202.

• *Camping* ** **Des Sources**, schöne, terrassierte Hanglage, mit Swimmingpool. Kleiner Laden und Restaurant mit Terrasse, saubere Sanitäranlagen. In der Hochsaison relativ teuer, zwei Personen zahlen mit Zelt rund 22 €. Von Mitte März bis Mitte Sept. geöffnet. Route des Murs, ✆ 0490721248. www.campingdessources.com.

Sehenswertes

Château et Musée Pol Mara: Das Schloss von Gordes – es wurde um 1540 von Bertrand de Simiane errichtet – beherbergte jahrzehntelang das Musée Vasarély; mittlerweile sind Vasarélys Op-Art-Kunstwerke allerdings nur noch in Aix-en-Provence zu bewundern, im Schloss werden nun Werke von Pol Mara ausgestellt. Wem zeitgenössische Kunst nicht besonders zusagt, sollte einen eintrittsfreien Blick in den großen Saal im ersten Stock werfen: Die Stirnseite des Ehrensaals wird von einem überaus prachtvollen Renaissancekamin eingenommen. Trotz seiner dekorativen Renaissanceelemente erinnert das Schloss weitgehend an mittelalterliche Vorbilder: Der Festungscharakter wurde vom Bauherrn des Schlosses höher eingestuft als der Wunsch nach Repräsentation.

Öffnungszeiten Tgl. 10–12 Uhr und 14–18 Uhr. Eintritt: 4 €, erm. 3 €.

Village des Bories: Unweit von Gordes wurden in den siebziger Jahren mehrere erhaltene Steinhütten (*bories*) restauriert und zu einem Museumsdorf zusammengefasst. Zwar wurden solche Hütten bereits seit Jahrtausenden im gesamten Mittelmeerraum errichtet, doch dürften die ältesten Bories von Gordes höchstens aus dem 16. Jahrhundert stammen. Die Bauweise ist einfach und mutet steinzeitlich an: Fensterlos werden Steine ohne Verwendung von Mörtel zu nach oben spitz zulaufenden Hütten aufgeschlichtet. Ähnliche Bauten fand man in Sardinien und Apulien unter dem Namen Trulli, in Spanien als Cabaños. Das Village des Bories mit seinen Ställen und Backöfen wurde noch bis zu Beginn des 20. Jahrhunderts von Schafhirten bewohnt. Die ausgestellten Gebrauchsgegenstände gewähren einen Einblick in die ländliche Kultur und den Alltag längst vergessener Zeiten. In der Umgebung des Museumsdorfes trifft man zwar ebenfalls auf ein paar Steinhütten, die allerdings manchmal als Toilettenhäuschen

Rund um Gordes kann man zahlreiche Bories entdecken

zweckentfremdet wurden. Weitere Bories stehen beispielsweise noch im Lubéron, in der Nähe von Bonnieux und Saignon.

Öffnungszeiten Tgl. 9–20 Uhr. Eintritt: 6 €, erm. 4 €.

Musée de l'Histoire du Verre: Museum zur Geschichte der Glasmacherei, angegliedert ist auch eine Ausstellung zur zeitgenössischen Glaskunst.

Adresse Route de Saint Pantaléon. Öffnungszeiten: Mai bis Ende Okt. tgl. außer Di 10–12 Uhr und 14–18 Uhr, von Feb. bis April nur bis 17 Uhr. Eintritt: 4,50 €.

Abbaye de Sénanque

Das nur vier Kilometer von Gordes entfernt in dem kleinen Tal der Sénancole gelegene Zisterzienserkloster bietet mit seinen vorgelagerten Lavendelfeldern einen phantastischen Anblick, der nicht nur Maler und Fotografen begeistert. Von Gordes kommend, bietet sich zudem ein schöner Panoramablick auf sämtliche Klosteranlagen.

Sénanque wurde 1148 von Mönchen aus Mazan in dieser einsamen Gegend gegründet, der Name des Klosters erinnert entweder an den nur spärlich dahin plätschernden Bach (*sine aqua*) oder an dessen Wasserqualität („gesundes Wasser" = *sana aqua*). Bereits im Jahre 1152 stand die durch die Herren von Simiane geförderte Abtei von Sénanque in so großer Blüte, dass sie selbst ein Tochterkloster gründen konnte. Zu Beginn des 14. Jahrhunderts setzte ein spürbarer Bedeutungsverlust ein, der zwar noch einmal abgefangen werden konnte, doch nachdem 1544 die Waldenser das Kloster gebrandschatzt hatten, erholte sich Sénanque bis zu seiner revolutionsbedingten Auflösung im Jahre 1791 nicht mehr.

Ein Rundgang durch das Kloster führt den Besucher zuerst in das **Dormitorium**, dem Schlafsaal der Mönche. Auf mehreren Schautafeln werden die verschiedenen Phasen des Klosterbaus anhand von Grundrissen, Miniaturen und Stichen

Vaucluse Karte Seite 511

erläutert. Die Mönche schliefen gemeinsam in dem lang gestreckten, spitztonnengewölbten Raum. Vom Dormitorium gelangten die Mönche durch einen direkten Zugang hinunter zur Kirche. Diese räumliche Nähe war sicherlich geboten, denn die Mönche erhoben sich jede Nacht zweimal, um sich zum Gottesdienst zu versammeln. Die **Klosterkirche** wurde analog zu den anderen südfranzösischen Zisterzienserklöstern um 1160 als dreischiffige Basilika auf der größten Anhöhe des Areals errichtet. Die Kirche besticht durch ihre schlichte und formvollendete Architektur. Die schmucklose Ausstattung ist eine Folge der bei der Ordensgründung proklamierten Grundgedanken: Im Gegensatz zu den prunkvollen Gebäuden des Kluniazenserordens lehnten die Zisterzienser jedes überflüssige Beiwerk ab, die Inbrunst der Gebete sollte weder durch Fresken noch durch Skulpturen abgelenkt werden. Der Chor der Kirche ist ungewohnterweise nach Norden und nicht nach Osten hin ausgerichtet, doch ließen die

Die heilige Kunst der Zisterzienser

Die Zisterzienser waren die bedeutendste Ordensgründung des Hochmittelalters. Getreu dem Wortlaut der benediktinischen Klosterregeln wollten sie in der weltabgeschiedenen Einsamkeit eine hohe Vollkommenheit erreichen. Hierzu schlossen sich die Mönche hinter den dicken Klostermauern vom Lärm und Geschrei der Welt ab. Vor allem die alles dominierende Leitfigur des Zisterzienserordens, der heilige *Bernhard von Clairvaux*, hatte in den wenigen Jahren seit seinem Eintritt in den Zisterzienserorden (1112) eine gewaltige Neuorientierung des abendländischen Klosterwesens in die Wege geleitet, die auch eine Erneuerung der klösterlichen Baukunst nach sich ziehen sollte. Schon die Organisation der Klöster zielte auf Wachstum ab. Nie mehr als zwölf Brüder und ein Abt mit etwa der gleichen Anzahl Laienbrüder sollten in einem Kloster leben. Wurde diese Zahl überschritten, sandte man die Überzähligen aus, sich einen neuen Ort zu suchen. Durch diese Selbstbeschränkung auf die Zahl der Apostel entstanden zahllose Tochtergründungen, die den jeweiligen Mutterklöstern unterstellt waren; die stammbaumartige Verästelung führte schließlich zurück zum Urkloster von Cîteaux, von dem der Orden auch seinen Namen hat. Bis ins 13. Jahrhundert hinein verbreiteten die Ordensbrüder den Typus des Zisterzienserklosters in der gesamten westlichen Christenheit. Das Prinzip des „Alleinseins mit sich selbst", die in der Einsamkeit der Meditation sich entfaltende Kraft des Glaubens spiegelt sich in der Weltabgeschiedenheit der Klöster wider; die Mönche erinnerten mit der asketischen Einfachheit ihrer Bauten an die Armut und Anspruchslosigkeit des frühen Christentums; das Verständnis von körperlicher Arbeit als Teilnahme an Gottes Werk zeigt sich im Funktionalismus der Anlagen. Klöster wie Sénanque, Silvacane und Le Thoronet wurden geschaffen von „Mönchen, deren Stimmen im Chorgesang miteinander verschmolzen und die ohne Grabinschrift in der bloßen Erde bestattet wurden – am Ort ihres Schaffens, mitten unter den Steinen der Baustelle" (Georges Duby). Der betörenden Wirkung der Zisterzienserarchitektur kann man sich auch heute nur schwer entziehen, ungewollt hält man den Atem inne.

begrenzten geographischen Gegebenheiten keinen anderen Standort zu. Westlich der Kirche schließt sich der hervorragend erhaltene **Kreuzgang** an, nur das Brunnenhaus wurde abgerissen. Der auf einem nahezu quadratischen Grundriss errichtete romanische Kreuzgang besitzt nicht überladene, schön gearbeitete Kapitelle. Der um 1180 vollendete Nordflügel führt in den **Kapitelsaal** und den benachbarten **Mönchsaal**, der zugleich als Schreib- und Wärmestube fungierte. An den Westflügel des Kreuzgangs schließen das **Refektorium** und die Küche an. Der den Laienbrüdern vorbehaltene Südflügel ist wesentlich jüngeren Datums als die anderen Klosterbauten; er wurde nach den Zerstörungen durch die Waldenser vor rund 300 Jahren erneuert.

Von 1834 bis 1969 lebten wieder Zisterziensermönche in Sénanque. Als die Mönche in das Urkloster Cîteaux zurückgingen, diente Sénanque zwei Jahrzehnte als Kulturzentrum, doch 1988 kamen erneut Zisterziensermönche von der Insel Saint-Honorat, um in Sénanque zu beten und zu arbeiten; Interessenten werden übrigens gerne für eine gewisse Zeit in die klösterliche Gemeinschaft aufgenommen.

Tipp: Wer des Französischen mächtig ist, findet in der gut sortierten Klosterbuchhandlung eine ungewöhnlich breite Auswahl. Das Spektrum reicht von religiöser Erbauungsliteratur über Regionaltitel bis hin zu fundierten historischen und philosophischen Fachbüchern. Diverse touristische Literatur gibt es auch in deutscher Übersetzung.

Öffnungszeiten März bis Okt. tgl. 10–12 Uhr und 14–18 Uhr, So nur 14–18 Uhr, Nov. bis Feb. Mo–Fr 14–17 Uhr, Sa und So 14–18 Uhr. Führung: 7 €, erm. 5 bzw. 3 €. Nur im Rahmen einer Führung zu besichtigen! www.senanque.fr.

Roussillon

Roussillon ist für seine Ockerbrüche weltbekannt. Rund um einen kleinen Hügel scharen sich die pittoresken Häuser von Roussillon. Die in warmen Tönen gestrichenen Fassaden spiegeln die gesamte Farbpalette der hiesigen Ockerbrüche wider. Der Regisseur Jean Vilar, der 1947 das inzwischen weltberühmte Festival von Avignon begründete, hat den Ort als „rotes Delphi" und „tragisches Bühnenbild par excellence" gerühmt.

Wie glühende Wunden heben sich die Ockerbrüche von Roussillon von der provenzalischen Landschaft mit ihrem satten Grün der Pinien und Aleppokiefern ab. Das strahlende Blau des vom Mistral leer gefegten Himmels bildet ein würdiges Passepartout für dieses märchenhafte Szenario. Standesgemäß erstreckt sich Roussillon, die einstige Hauptstadt des Ockerabbaus, auf einem imposanten, nach Norden hin steil abfallenden Ockerfelsen, dessen Spitze im Mittelalter von einer stolzen Burg eingenommen wurde; die Fassaden der ineinander verschachtelten Häuser stellen eine phantastische Rhapsodie in Ockerbraun dar, wenngleich auch in Roussillon Industriefarben Einzug gehalten haben. Ironischerweise erstrahlen auch die beiden am häufigsten fotografierten Häuser von Roussillon mit ihren blassblauen Fensterläden in künstlich erzeugten Gelb- und Rottönen; mit natürlichen Ockerpigmenten können niemals diese harten Farbkontraste erreicht werden. Leider gehört Roussillon inzwischen längst zu jenen touristischen Orten der Provence, die alljährlich große Besucherzahlen zu verkraften haben. Ein halbwegs authentisches Dorfleben findet nur in der Nebensaison statt.

Vaucluse
Karte Seite 511

Geschichte

Schon in der Steinzeit haben die Menschen Ockerpigmente zum Färben von Haut und Haaren sowie zum Kolorieren ihrer Höhlen- und Felsmalereien genutzt; die unlängst in der Grotte Cosquer bei Cassis und in der Grotte Calvet im Tal der Ardèche entdeckten Malereien legen ein eindrucksvolles Zeugnis von der Kunstfertigkeit der provenzalischen Urahnen ab. Ob die Steinzeitpicassos ihren Rohstoff allerdings aus der Gegend von Roussillon bezogen haben, ist nicht bekannt, aber auch nicht unwahrscheinlich. Einen steten Aufschwung nahm der Ockerabbau dann in der Antike; vor allem die Römer entwickelten bei Roussillon – der Ortsname leitet sich von dem lateinischen *vicus russulus* (rotes Dorf) ab – eine regelrechte Ockerindustrie. Über die Via Domitia, von der ein paar Kilometer südlich von Roussillon noch eine imposante Brücke, der Pont Julien, erhalten ist, wurden die gewonnenen Ockerpigmente nach Marseille transportiert, von dort aus gelangten sie in alle Teile der antiken Welt. Bei der Ausstattung der römischen Häuser spielte Ocker – wie Pompeji anschaulich belegt – wegen seiner leuchtenden Farben bei der Wanddekoration eine große Rolle, ebenso bei der Bemalung edler Töpferware; in der römischen Damenwelt war das Ockerrot hingegen als Wangen- und Lippenfarbe begehrt, Ockergelb war als Gesichtspuder gefragt. Im Mittelalter gerieten die provenzalischen Ockerbrüche in Vergessenheit und überwucherten vollständig mit Bäumen und Strauchwerk. Neben Ackerbau und Viehzucht sicherten die Bewohner von Roussillon lange Zeit ihr Auskommen mit der Zucht von Seidenraupen und Maulbeerbäumen. Erst zwischen 1780 und 1786 begann man durch die Initiative von Jean-Etienne Astiers erneut mit dem Abbau des qualitativ sehr hochwertigen Ockers. Ein wahrer Boom setzte gegen Ende des 19. Jahrhunderts ein: Die provenzalischen Ockerpigmente wurden in Fässer gefüllt und in fast alle Erdteile exportiert. Roussillon galt als die Welthauptstadt des Ockers. Doch bereits vor dem Zweiten Weltkrieg kam der Ockerabbau aufgrund der Erfindungen der chemischen Industrie und der hohen Produktionskosten auf der anderen Seite langsam, aber unaufhaltsam zum Erliegen. Hatten 1929 rund 1000 Beschäftigte mit einer Produktion von 40.000 Tonnen noch einen Jahresrekord aufgestellt, so galt Ocker bereits eine Generation später als archaischer Rohstoff.

Wirtschaftlich bedeutete dies einen herben Verlust für Roussillon, unter gesundheitlichen Aspekten profitierten die Arbeiter jedoch vom Ende des Ockerabbaus: Viele hatten wie ihre Kollegen in den Kohlebergwerken mit einer Staublunge zu kämpfen. Heute wird in dem für seine Ockervorkommen berühmten Landstrich zwischen Roussillon und Rustrel nur noch in einem einzigen, in der Nähe des Weilers Gargas gelegenen Betrieb Ocker abgebaut; die Weiterverarbeitung erfolgt dann in der nahen Provinzmetropole Apt.

Zu Roussillon ist zudem ein seit längerem leider nur noch in Bibliotheken zugängliches Buch von *Laurence Wylie* mit dem Titel „Dorf in der Vaucluse“ sehr zu empfehlen. Wylie schildert einfühlsam den durch die sozialen Veränderungen der fünfziger Jahre geprägten Alltag einer französischen Gemeinde. Hinter dem Phantasiedorf Peyrane ist unschwer Roussillon zu erkennen, das damals erstmalig von Feriengästen entdeckt worden war. Doch Wylie notierte auch andere zeitgenössische Veränderungen: Die Bouleplätze begannen sich zu leeren, das Fernsehen hielt Einzug ...

- *Information* **Office de Tourisme**, Place de la Poste, 84220 Roussillon, ☏ 0490056025, ℻ 0490056331, www.roussillon-provence.com.
- *Einwohner* 1.150 Einwohner.
- *Verbindungen* Tgl. zwei Busse nach Apt.
- *Parken* In Roussillon gibt es zwei gebührenpflichtige Parkplätze (3 € bzw. 2 €).
- *Markt* Donnerstagvormittag.
- *Übernachten/Essen* *** **Le Clos de la Glycine**, mitten im Dorf ein ebenso charmantes wie komfortables Hotel mit ausgezeichnetem Restaurant. Persönliche Atmosphäre. Die Zimmer kosten je nach Ausstattung 125–175 €. Menüs zu 33 €, mit einem Filet von der Dorade als Hauptgang, weitere Menüs zu 37 und 48 €. Das Restaurant ist in der Nebensaison Mittwoch und Sonntagabend geschlossen. Place de la Poste, ☏ 0490056013, ℻ 0490057580 www.luberon-hotel.com.

** **Les Sables d'Ocre**, modernes Hotel mit Pool, etwas außerhalb des Dorfes gelegen. DZ 69–82 €. Quartier Les Sablières, ☏ 0490055555, ℻ 0490055550. www.roussillon-hotel.com.

La Commedia dell'Arte, dieses Chambre d'hôtes ist ein Lesertipp von Adelheid Korpp, die die Gastgeber genauso lobte wie das Haus mit dem großzügigen Grundstück samt Pool. Die vier individuell eingerichteten Zimmer kosten je nach Saison und Zimmer 70–120 € inkl. Frühstück. Le Bois de la Cour, ☏ 0490056804. http://monsite.wanadoo.fr/commedia.

Lou Banestoun, ein weiteres Chambre d'hôtes in einem Landhaus aus dem 18. Jahrhundert. Vermietet werden drei charaktervolle Zimmer mit Holzbalkendecke (65–70 € inkl. Frühstück). Lage: Hameau de Perrotet, südöstlich von Roussillon, Anfahrt über le Chêne. ☏ 0490716437, www.lou-banestoun.com.

Maison Weiser, diese Mischung aus Teesalon und Restaurant liegt oben im Dorf unweit der Kirche und ist ein Lesertipp von Josef Berchtold. Schöne Panoramaterrasse, serviert wird vorzugsweise Biokost. Es gibt auch ein großes Zimmer für 117 € inkl. Frühstück. Place Pignotte, ☏ 0490056115.

Le Bistro de Roussillon, eine der angenehmsten Adressen für eine Einkehr im Ockerdorf. Im Restaurant wird ein Menü zu 22 € serviert, wer will, kann selbstverständlich auch nur ein Getränk ordern. Direkt am Rathausplatz.

- *Camping* ** **Camping de l'Arc en ciel**, ein Lesertipp von Anette Volpp: „Nahe Roussillon (ca. 2,5 Kilometer in Richtung Goult) haben wir einen ruhigen und sauberen Campingplatz entdeckt. Der Platz verfügt über neue Sanitäreinrichtungen und ist familiär geführt. Wer auf frisches Baguette und Croissants Wert legt, kann diese am Abend zuvor bestellen und am Morgen an der Rezeption abholen." Kinderpool, Fahrradverleih. Mitte März bis Okt. geöffnet. Route de Goult, ☏ 0490057396.

Sehenswertes

Sentier des Ocres: Die vor einigen Jahrzehnten stillgelegten Ockerbrüche sind nur etwa hundert Meter vom Dorf entfernt. Ein ausgetretener Pfad führt durch eine faszinierende Grubenlandschaft mit bizarren Felsformationen. Besonders fotogen sind die verwitterten Abstichflächen: Der Regen hat den Sandstein in Form von Kolonnen ausgewaschen; stellenweise hat der Wind nachgeholfen, so dass vereinzelt „Schornsteine" pittoresk in den Himmel ragen. Je nach dem Grad der Oxidation reicht das durch das Spiel von Licht und Schatten gesteigerte Farbenspektrum von grellem Safrangelb sowie feurigem Karmesin und Zinnober bis hin zu sattem Weinrot und strahlendem Violett.

Noch ein Hinweis: Sich eine Handvoll Ocker aus den Ockerbrüchen mitzunehmen, ist nicht nur verboten, sondern auch nutzlos, da der reine Ocker in einem aufwändigen Verfahren erst ausgewaschen werden muss, bevor man ihn weiterverwenden kann.

Geöffnet März–Okt. tgl. 9–17.30 Uhr, Juli und Aug. bis 19.30 Uhr, im Winter nur am Wochenende 13–17 Uhr. Eintritt 2,50 €.

Usine Mathieu (Conservatoire des Ocres): Zwischen 200.000 und 300.000 Besucher wandern jährlich durch die Ockerbrüche. Doch sollte man sich von den in

Vaucluse Karte Seite 511

Absurde Weltentwürfe

Kaum bekannt ist, dass in Roussillon auch Literaturgeschichte geschrieben wurde. Kein Geringerer als *Samuel Beckett* hat im Zweiten Weltkrieg in dem Ockerdorf Unterschlupf gefunden. Einen Monat nach seiner Flucht aus Paris erreichten er und seine Lebensgefährtin Suzanne Deschevaux-Dumesnil Anfang November 1942 Südfrankreich. Dank seiner abgeschiedenen Lage war Roussillon in den Kriegsjahren ein beliebtes Versteck für Flüchtlinge jeglicher Couleur. Während Beckett hier länger als zwei Jahre zur „Untätigkeit" verdammt war, sich gelegentlich als Landarbeiter verdingte und am Widerstand gegen die deutschen Besatzer beteiligte – für seine aktive Mitgliedschaft in der Résistance bekam Beckett nach Kriegsende von Charles de Gaulle das „Croix de Guerre" verliehen, zudem erhielt er die „Médaille de la Résistance" –, schrieb er an seinem Roman „Watt" und brütete über dem absurden Theaterstück „Warten auf Godot". Obwohl dieses nur kaum einzuordnende Bezugssysteme enthält – ein Baum und eine Landstraße, die aus dem Irgendwo kommt und ins Irgendwohin führt – nährt sich das Schauspiel doch zu einem Teil aus Becketts Kriegserfahrungen in Roussillon: So wie Wladimir und Estragon auf Godot warten, so wartete Beckett auf das Ende der Naziherrschaft über Südfrankreich. Dieses Wissen, dass es etwas gibt, worauf man wartet, ist es auch, das Wladimir – er nennt es „Glück" – wie auch seinem geistigen Schöpfer Beckett in aller Unsicherheit Halt gewährte. In der französischen Originalversion von „En attendant Godot" – in der deutschen Übersetzung mutiert die Vaucluse zum Breisgau und Roussillon zu Dürkweiler – lässt Beckett seine beiden Hauptprotagonisten darüber streiten, ob sie zuvor schon einmal in der Vaucluse waren. Wladimir beteuert: „Wir waren doch zusammen in der Vaucluse. Ich lege meine Hand dafür ins Feuer. Wir haben bei der Weinlese mitgemacht. Bei einem gewissen Bonnelly in Roussillon." Als Estragon schulterzuckend antwortet: „Ist mir nicht aufgefallen", setzt Wladimir nach: „Da leuchtet doch alles so rot."

Vom absurden Theater zu dem Autor eines „Versuchs über das Absurde", wie der Untertitel des „Mythos von Sisyphos" lautet, ist der Weg nicht weit: Nur zwanzig Kilometer entfernt, am Südhang des Lubéron, hatte sich *Albert Camus* in dem Städtchen Lourmarin von der Prämie seines Literaturnobelpreises ein Haus gekauft. Nur wenig später, am 4. Januar 1960, starb Camus bei einem Verkehrsunfall; er hatte den Jahreswechsel in Lourmarin verbracht und befand sich mit seinem Verleger Gallimard auf der Rückfahrt nach Paris. Ein schlichter Grabstein auf dem Dorffriedhof erinnert noch an den großen Schriftsteller. In seinem Werk „Der Mensch in der Revolte" hat sich Camus mit einem Nachbarn auseinander gesetzt, der zwei Jahrhunderte zuvor von einer universellen Republik geträumt hatte, heutzutage aber weniger wegen seiner radikalen Denkansätze, als wegen gewisser persönlicher Neigungen ein Begriff ist: Die Rede ist vom *Marquis de Sade*, der sich gerne auf sein Schloss in Lacoste zurückzog, nachdem er wieder einmal mit bestimmten Damen aus Marseille zu rüde umgesprungen war.

den schönsten Farbtönen schillernden Ockerbrüchen nicht darüber hinwegtäuschen lassen, dass der Ockerabbau eine historische Epoche markiert. Einen tieferen Einblick in den Herstellungsprozess der Ockerpigmente bietet nur die Usine Mathieu, eine 1960 stillgelegte Ockerfabrik.

Zu verdanken ist dies Barbara und Mathieu Barrois, einem überaus engagierten Ehepaar, das sich 1990 in Roussillon niederließ, nachdem sie den Bürgermeister Alain Daumen für ihr Projekt begeistern konnten. Die beiden gründeten mit Unterstützung der Gemeinde einen Verein, der sich seither vorbildlich um die Bewahrung der hiesigen Ockertradition bemüht. Mit der ehemaligen Ockerfabrik Mathieu fand man ein geeignetes Domizil, das die besten Voraussetzungen für die Verwirklichung der hochgesteckten Ziele bot: „Wir wollten kein langweiliges Museum zur Geschichte des Ockerabbaus gründen, unser Konzept war es, ein dynamisches Kulturzentrum ins Leben zu rufen“, erläutert Mathieu Barrois, der sich auf die technischen Komponenten der Industriegeschichte spezialisiert hat, die Grundidee des *Conservatoire des Ocre*, das neben Führungen auch Kunstausstellungen organisiert. Lohnenswert ist ein fachkundiger Rundgang über das Areal, wobei die verschiedenen Phasen der Ockerherstellung anschaulich erläutert werden. Anschließend kann man in einem kleinen Laden Ocker in den unterschiedlichsten Farbnuancen erwerben. Die Aktivitäten der *Association*

Okhra beschränken sich jedoch keineswegs nur auf touristische Führungen; da Ocker seit jeher ein beliebtes Material von Künstlern war, lag es nahe, Maler zu animieren, auf dem Fabrikgelände mit Ocker zu arbeiten. Ein weiteres Ziel ist es, Architekten, Restauratoren und Fassadenmaler wieder für den natürlichen Farbstoff Ocker zu begeistern. Erste Versuche waren bereits mit Erfolg gekrönt, die Nachfrage nach Ocker steigt in Südfrankreich wieder deutlich.

Führungen Tgl. von Juli bis Sept. sowie am Wochenende im Okt. und Nov. um 11, 14, 15, 16 und 17 Uhr. Teilnahmegebühr: 5 €. www.okhra.com.

Wie aus Ockersand Ocker wird

Um die wertvollen Ockerpigmente zu gewinnen, wird ein seit der Steinzeit kaum verändertes Verfahren angewandt. Teilweise oberirdisch, teilweise unter Tage abgebaut, wird die sandige Erde als rote Brühe über Kanäle in verschiedene Absatzbecken geleitet; nachdem sich der Sand vollständig abgesetzt hat, werden die verschiedenen Becken schichtweise mit reinem Ockerkonzentrat gefüllt. Anschließend wird der mit einer Egge in Ziegelform geteilte Ockerschlamm von Wind und Sonne getrocknet. Die Ziegel werden nun teilweise im Ofen gebrannt, um die beliebten tiefroten Farbtöne zu erzielen, bevor sie zuletzt zu feinem Pigmentpuder zerrieben werden. Weitere Farbnuancen werden durch Mischen der verschiedenen Pigmentarten erzielt. Allerdings kann man aus einem einzigen Ockerbruch nur eine begrenzte Farbpalette gewinnen. Daher erkennt das geschulte Auge in der Regel schnell, aus welcher Region die jeweiligen Ockerpigmente stammen.

Vaucluse
Karte Seite 511

Lioux

Lioux ist kein Indianerstamm, sondern ein provenzalisches Dorf vor einer imposanten Kulisse: Direkt hinter den Häusern ragt eine Felswand über 100 Meter senkrecht in die Höhe.

• *Übernachten/Essen* **Auberge de Lioux**, kleine Herberge (acht schöne Zimmer à 52 €) inmitten einer idyllischen Landschaft. Kleiner Pool und Garten vorhanden. Eine Reservierung ist ratsam. Menü nach Vorbestellung 19 €. ✆ 0490 057752, ℻ 0490056109.

Saint-Saturnin-lès-Apt

Am südlichen Rand des Plateau de Vaucluse liegt Saint-Saturnin-lès-Apt, das sich wohltuend von Gordes oder Roussillon abhebt, denn es ist ein lebendiges Dorf und nicht etwa im Winter verwaist und ausgestorben. Das heutige Dorf liegt zu Füßen eines lang gestreckten Bergrückens auf dem sich noch eine Burgruine aus dem 11. Jahrhundert sowie andere zerstörte Festungsmauern und eine Kapelle befinden. Der malerische, neben dem Burgfels angelegte See dient als Rückhaltebecken für die lokale Wasserversorgung. Ein weiterer markanter Blickfang ist die Windmühle von Saint-Saturnin-lès-Apt; sie ist übrigens ein typisches Beispiel für die provenzalischen Mühlen, da ihr zurückspringender Dachstuhl dem Mistral nur wenig Angriffsfläche bietet.

Die Dorfkirche von Saint-Saturnin

• *Information* **Office de Tourisme**, Place de la Marie, 84490 Saint-Saturnin-lès-Apt, ✆ 04 90754312, ℻ 0490755610. www.saintsaturninlesapt.fr.

• *Einwohner* 2.400 Einwohner.

• *Markt* Dienstagvormittag.

• *Schwimmen* Städtisches Freibad im Juli und Aug. tgl. 10–19 Uhr geöffnet.

• *Übernachten/Essen* **Domaine des Andéols**, zwei Kilometer außerhalb des Ortes befindet sich dieser außergewöhnliche Landsitz, zu dem mehrere „Ferienhäuser" gehören. Es handelt sich dabei allerdings um einzigartige Designerunterkünfte, jenseits der typischen provenzalischen Dekorsprache. Schwimmen kann man in einem lang gestreckten Pool, der von Olivenbäumen eingerahmt wird. Das Exklusive hat allerdings seinen Preis: Suiten von 260–770 € pro Nacht, in der teuersten Kategorie gar mit privatem Pool. Im Restaurant gibt es Menüs zu 68 und 90 €. ✆ 0490755063, ℻ 0490754322. www.domainedesandeols.com.

** **Le Voyageurs**, einfaches Logis-de-France-Hotel mit einem ausgezeichneten, aber günstigen Restaurant. An unseren Ravioli und der darauf folgenden Entenbrust gab es nichts zu beanstanden. Nette Terrasse, nur dem Service mangelt es etwas an Aufmerksamkeit. Menüs zu 20 € (mittags), 26 und 47 €. Zimmer 50 €. Das Restaurant hat Mittwoch- und Donnerstagmittag geschlossen. 2, place Gambetta, ✆ 049 0754208.

Le Saint-Hubert, angenehmes Hotel-Restaurant mitten im Zentrum. Die freundliche Fassade mit den blauen Fensterläden kann als stimmungsvolle Einladung angesehen werden. Menüs für 19 und 26 €, der halbe Liter Wein 9 €. Eines der Zimmer kostet 60 €. WLAN vorhanden. Das Restaurant hat Montag Ruhetag. Place de la Fraternité, ✆ 0490754202, ✆ 0490754990. Einen letzten Tropfen kann man sich direkt gegenüber in der Bar des Amis genehmigen. www.hotel-saint-hubert.net.

Rustrel

Das kleine, wenig aufregende Dorf wäre ohne seine berühmten Ockerbrüche (*Colorado Provençal*) wohl keinen Besuch wert. Die südlich von Rustrel gelegenen Ockerbrüche sind zwar etwas weniger spektakulär als diejenigen von Roussillon, dafür aber weitläufiger und nicht so sehr überlaufen. Der motorisierte Untersatz muss auf dem gebührenpflichtigen Parkplatz (3 €) abgestellt werden. Ein weit verzweigtes, gut ausgeschildertes Trampelpfadnetz erschließt die Ockerlandschaft und führt auch zu einem kleinen Wasserfall. Im Sommer wird bei Trockenheit der Besuch der Ockerbrüche eingeschränkt. Der Zugang ist dann nur vormittags (bis 12 Uhr) individuell möglich. Danach ist die Begehung nur im Rahmen einer Führung möglich.

• *Übernachten/Essen* ** **Auberge de Rustréou**, angenehmes, ländliches Gasthaus, mit wildem Wein berankt. Ordentliche Zimmer je nach Ausstattung 52–58 €, das Zimmer Nr. 6 verfügt sogar über eine Terrasse. Im empfehlenswerten Restaurant (*Daube à la ancienne*) gibt es Menüs zu 21,90 und 28 €. Kleine Terrasse. 3, place de la Fête, ✆ 0490049090.

• *Châmbres d'Hôtes* **Istrane**, in einem traditionellen Bauerngehöft in der Nähe der Ockerbrüche werden drei Zimmer vermietet (53 € inkl. Frühstück), ✆ 0490049286. www.istrane.com.

• *Camping* ** **Le Colorado**, zwei Kilometer vor Rustrel liegt dieser familiäre Platz in einer landschaftlich reizvollen Region. Die Plätze haben ausreichend Schatten, ein Swimmingpool und kostenlose Warmwasserduschen sorgen für einen angenehmen Aufenthalt. Von Mitte März bis Mitte Okt. geöffnet. Notre-Dame-des-Anges, ✆ 0490049037.

• *Schwimmen* Oberhalb des Dorfes gibt es auch ein öffentliches Schwimmbad (*Piscine*), das allerdings nur im Juli und Aug. geöffnet ist.

Bizarre Felsformationen

Nördlich des Lubéron erstreckt sich eine weite Ebene

Lubéron

Der sanft gebuckelte, lang gestreckte Bergzug im Herzen der Provence strahlt etwas Geheimnisvolles, Mystisches aus. Der Lubéron konnte sich seine karge Ursprünglichkeit bis in die Gegenwart weitgehend bewahren; durch den 1977 geschaffenen gleichnamigen Regionalpark wurden günstige Voraussetzungen geschaffen, diesen faszinierenden Landstrich auch für künftige Generationen zu erhalten.

Während der Lubéron an seiner Südseite ein markantes Relief aufweist, präsentiert er sich nach Norden hin als sanft abfallender Gebirgszug. Genau genommen wird der Lubéron von einem Taleinschnitt zwischen Bonnieux und Lourmarin geteilt: Westlich erhebt sich der Petit Lubéron, an dessen Nordhang es so verträumte Dörfer wie Oppède-le-Vieux, Ménerbes und Lacoste zu entdecken gilt;

Hinweis für Fahrradfahrer: Erst unlängst wurde ein hervorragend ausgeschilderter Radwanderweg angelegt, der quer durch den gesamten Lubéron führt. Der insgesamt 235 Kilometer lange Radweg führt an zahlreichen Sehenswürdigkeiten vorbei von Cavaillon (Start am Bahnhof) über Oppède-le-Vieux, Ménerbes, Lacoste, Bonnieux nach Apt und von dort weiter auf zumeist kleinen Landstraßen über Céreste, Vachères und Dauphin bis nach Forcalquier. Anschließend über Manosque und Lourmarin zurück zum Ausgangspunkt. Die mittelmäßig schwere Tour erreicht an ihrem höchsten Punkt 707 Meter und ist je nach persönlichen Vorlieben in vier bis zehn Tagen zu bewältigen. Die Tour ist gut ausgeschildert mit einem weißen Pfeil auf blauem Grund und verläuft zumeist auf unbefahrenen Nebenstrecken. Fahrräder verleiht Les Roues du Lubéron, ✆ 0490769135. www.luberon-biking.fr oder www.veloloisirluberon.com.

wilder und unberührter ist dagegen der Grand Lubéron, dessen größte Erhebung der 1.125 Meter hohe *Mourre Nègre* ist. Auf den Gipfel führt eine lohnenswerte Wanderung, die in dem Weiler Auribeau beginnt.

Seit einigen Jahrzehnten erfreuen sich die Dörfer des Lubéron großer Beliebtheit. Es gilt als chic, in dieser idyllischen Lage einen Zweitwohnsitz zu besitzen. Diverse (Lebens-)Künstler und gut situierte Pariser, darunter auch der ehemalige französische Kulturminister Jack Lang und der Schauspieler John Malkovitch, haben ihre Vorliebe für diese einsame und entlegene Region entdeckt; alte Häuser wurden instand gesetzt und halb verlassene Dörfer wieder mit Leben erfüllt. Auch bei Naturliebhabern steht der Lubéron hoch im Kurs: Auf ausgedehnten Pfaden kann man tagelang durch eine fast menschenleere Landschaft wandern.

Weitere Auskünfte Parc natural régional du Lubéron, B.P. 122, 84404 Apt Cédex, ✆ 0490044201, 📠 0490048115, www.luberonservices.com bzw. www.coeurduluberon.com.

„Ketzerische Umtriebe"

In früheren Zeiten galt der Lubéron als Hochburg des Protestantismus. Leider rankt sich um die *Waldenser*, die 1480 im Lubéron ansässig wurden, das wohl tragischste Kapitel der Region. Die aus Piemont und den französischen Alpen stammenden Waldenser waren mit Steuervergünstigungen angeworben worden, um die Viehzucht und den Ackerbau im Lubéron wieder zu beleben. Schnell integriert, übten sie ihren Glauben ausschließlich im familiären Rahmen aus. Um Konflikten aus dem Weg zu gehen, nahmen sie sogar an den katholischen Messen teil. Dies hätte wahrscheinlich noch Jahrhunderte so weitergehen können, wäre in Apt nicht der Dominikanermönch Jean de Roma zum Inquisitor bestellt worden. Jean de Roma stellte Untersuchungen an und als sich sein Verdacht bestätigte, plädierte er für rigorose Strafmaßnahmen gegen die „Ketzer". Nachdem sich der französische König Franz I. nach langem Zögern 1545 entschließen konnte, eine Verfolgung der Waldenser zu gestatten, schritten die Verfechter des einzig wahren Glaubens im April 1545 zur Tat; es kam zu einem schrecklichen Massaker an den Waldensern: Elf Dörfer wurden im Rahmen einer „Strafexpedition" niedergebrannt und zerstört, die Bevölkerung zu Hunderten abgeschlachtet; die wenigen überlebenden Männer mussten ein kümmerliches Dasein als Rudersklaven auf den königlichen Galeeren fristen.

Lubéron Karte Seite 556/557

Am Nordhang des Lubéron

Apt

Mit seinen knapp 12.000 Einwohnern ist Apt das unangefochtene Wirtschafts- und Administrationszentrum der dünn besiedelten Lubéronregion. Berühmt ist der von Obstplantagen umgebene Ort vor allem wegen seiner kandierten Früchte. Die berühmte Marquise de Sévigné beschrieb Apt einst als einen „Topf voll Konfitüre" (Chaudron de confiture).

Die kandierten Früchte sind kleine köstliche Leckerbissen, wie man sich in mehreren Konfiserien selbst überzeugen kann, dennoch landet mittlerweile der größte Teil der jährlichen Obsternte in den hochtechnisierten Kochtöpfen der

Konfitürenindustrie. Die Globalisierung machte auch vor Apt nicht halt. Seit 1996 gehört die traditionsreiche „Aptunion", in der rund vierhundert Mitarbeiter beschäftigt sind, dem irischen Nahrungsmittelkonzern Kerry. Wie in jeder „Metropole", so gibt es auch in Apt soziale Probleme: In der Cité St-Antoine, einer heruntergekommenen Hochhaussiedlung am Stadtrand, gehören Arbeitslosigkeit und Armut zum Alltag. Die zahlreichen algerischen Einwanderer in der Vorstadt sind vielen Einheimischen ein Dorn im Auge: Auch wenn Apt von einem Sozialisten regiert wird, kommt der rechtsradikale Front National bei jeder Wahl auf mehr als ein Viertel aller Stimmen.

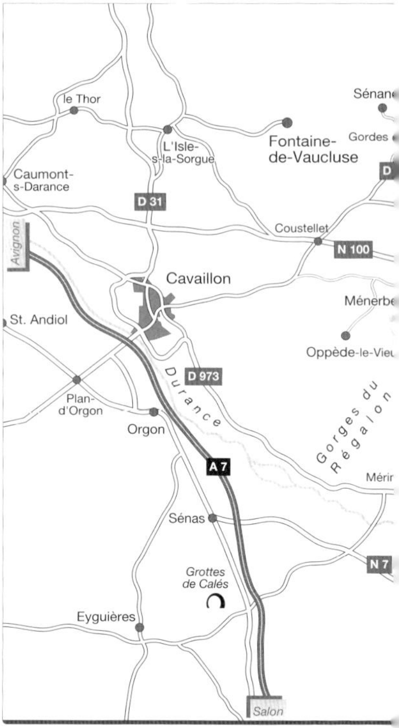

Da der rege Durchgangsverkehr der RN 100 an der Altstadt vorbei geführt wird, lässt es sich in den teilweise von stattlichen Häusern gesäumten Gassen der Altstadt weitgehend ungestört schlendern. Die meisten Geschäfte befinden sich in der auf die Cathédrale zuführenden Rue des Marchands; in ihrem Verlauf folgt die Rue des Marchands dem einstigen römischen Decumanus (von Westen nach Osten verlaufende Hauptstraße). Wenn möglich, sollte man Apt an einem Samstagvormittag besuchen, denn der Wochenmarkt gilt zu Recht als einer der lebendigsten der Provence.

Geschichte

Apt wurde wahrscheinlich kurz nach Caesars Tod von den Römern als *Apta Julia Vulgientium* gegründet. Das an der Via Domitia gelegene Provinzstädtchen erreichte zwar niemals die Bedeutung von Arles oder Orange, doch dürfte es mit einer Einwohnerzahl von 5.000–10.000 Menschen fast die Größe des heutigen Apt erreicht haben. Von den römischen Bauten sind kaum Spuren erhalten, da sich das heutige Bodenniveau, bedingt durch Ablagerungen des Flusses, zwischen drei und fünfzehn Metern über dem des römischen Apt befindet. Bei systematischen Grabungen wird in den nächsten Jahrhunderten wohl noch die eine oder andere spektakuläre Entdeckung zu Tage gefördert werden. Ein vages Bild von der antiken Stadt kann man sich anhand der im Archäologischen Museum ausgestellten Funde machen. Einen weiteren Hinweis auf die damalige Bedeutung der Stadt liefert der Umstand, dass auf einem 314 in Arles abgehaltenen Konzil auch ein Bischof aus Apt teilgenommen hat. Während des Mittelalters beherrschten der Bischof und die Grafen von Forcalquier lange Zeit gleichberechtigt den Ort, bevor sich im 12. Jahrhundert allmählich die weltliche Macht durchsetzen konnte. Für

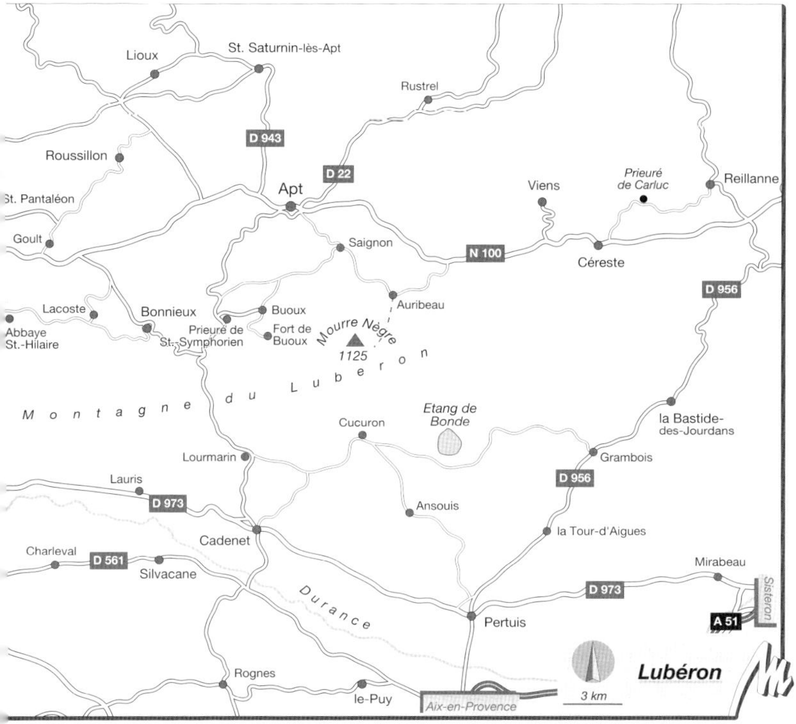

unruhige Zeiten sorgten dann noch einmal die Religionskriege des 16. Jahrhunderts: Gleich dreimal, 1560, 1562 und 1580, wurde Apt belagert und verwüstet.

Information/Verbindungen/Diverses

- *Information* **Office de Tourisme**, 2, avenue Philippe de Girard, 84400 Apt, ✆ 0490740318, 📠 0490046430. www.luberon-apt.fr.
- *Verbindungen* Der Busbahnhof (Gare routière) liegt östlich der Altstadt an der Avenue de la Libération, ✆ 0490742021, manche Busse halten aber auch an der zentralen Place de la Bouquerie. Busverbindungen 4 x tgl. nach Avignon, 2 x tgl. nach Aix-en-Provence, Carpentras, Cavaillon, Digne-les-Bains und Forcalquier sowie 1 x tgl. nach Sault. In die nähere Umgebung fahren tgl. zwei Busse nach Bonnieux, Lourmarin, Pertuis, Roussillon und Rustrel.
- *Parken* Parkmöglichkeiten am Ufer des Flüsschens Calavon. Achtung: Nach starken Regenfällen herrscht Hochwassergefahr!
- *Markt* Jeden Samstagvormittag wird ein schöner bunter Wochen- und Trödelmarkt in der Altstadt abgehalten. Lohnend! Bauernmarkt am Dienstagvormittag (Mai bis Nov.).
- *Kandierte Früchte* Empfehlenswerte Adressen zum Einkauf sind Denis Ceccon, 60, quai de la Liberté, oder Marcel Richaud, 112, quai de la Liberté.
- *Veranstaltungen* Festival du Jazz, alljährlich im Mai. In den Sommermonaten finden am Donnerstag und Samstag oft kostenlose Konzerte statt.
- *Buchhandlung* Librairie Fontaine, gut sortierte Buchhandlung neben dem Maison de la Presse, mit einer kleinen Auswahl an deutschen Taschenbüchern. 16, rue des Marchands.

Karte Seite 556/557
Lubéron

• *Schwimmen* Das städtische Freibad liegt nordöstlich der Altstadt neben dem Fußballstadion.

• *Fahrradverleih* Guy Agnel, 27, quai Général-Leclerc, ✆ 0490741716.

Übernachten/Essen

**** **La Coquillade**, erst im Oktober 2008 eröffnet, bietet dieses herrliche, von Weinbergen umgebene Landhotel in Gargas (drei Kilometer nordwestlich von Apt) viel Flair und Komfort auf hohem Niveau. Neben einem solarbeheizten Swimmingpool (10x20 Meter) gibt es auch einen Tennisplatz sowie ein wohlfeiles Restaurant. Eine Übernachtung in den sehr geräumigen Zimmern, die italienisches Design mit provenzalischen Stoffen verbinden, kostet je nach Saison 240-360 €, in den Suiten bis 535 €. Dafür steht in jedem Zimmer auch eine Nespresso-Maschine. Frühstück 15 €. WLAN vorhanden. Domaine de la Coquillade, ✆ 049 0747171, ℻ 0490747172. www.coquillade.fr.

*** **Auberge du Lubéron (1)**, direkt an dem der Altstadt gegenüberliegenden Flussufer. Die kreative Küche (Sonntagabend, Montag- und Dienstagmittag geschlossen) genießt einen guten Ruf, ist aber nicht gerade günstig. Doch auf der von einer Platane beschatteten Terrasse sitzt man sehr gemütlich. Menüs zu 29 € (mittags), 35, 49 und 57 €. Zum Nachtisch kommt der Chef persönlich mit dem Dessertwagen angerollt, damit man sich zwei Köstlichkeiten aussuchen kann. 14 komfortable Zimmer, die in gedeckten Farben eingerichtet sind, kosten je nach Ausstattung und Saison von 58–98 €, zwei Zimmer besitzen sogar einen kleinen Balkon (Frühstück 11 €). Für zusätzliche 35 € pro Person gibt es die Möglichkeit zur Halbpension. April bis Ende Mai Betriebsferien. 8, place du Faubourg du Ballet, ✆ 0490741250, ℻ 0490047949, www.auberge-luberon-peuzin.com.

** **Le Palais (3)**, das kleine, ältere Hotel mitten im Zentrum von Apt hat seit 2001 einen neuen Besitzer. Zimmer von 38–52 €, Frühstück 6,50 €. Die einfachen nur mit Waschbecken, die teuersten sogar mit einem kleinen Balkon. Place Gabriel Péri, ✆ 0490048932.

** **Mas de la Tour (6)**, das Hotel, dessen Gebäude sich um den Namen gebenden Turm gruppieren, ist ein Lesertipp von Franziska Bickel, die die gepflegten Zimmer (zumeist mit Terrasse) und das Ambiente lobte. Großer Swimmingpool. Zimmer je nach Saison und Ausstattung 62–117 €. Mit Restaurant, Halbpension möglich. Vier Kilometer westlich von Apt nahe dem Weiler Perrotet ✆ 0490741210, ℻ 0490048367. www.mas-de-la-tour.com.

** **Lou Caleù (2)**, gut besuchtes Logis-de-France-Hotel an der Landstraße nach Forcalquier. Komfortable Zimmer 68–95 €. Mit Swimmingpool, Tennis- und Kinderspielplatz. Im zugehörigen Restaurant, das leider über keine Terrasse verfügt, gibt es bodenständige Menüs zu 19 € (mittags), 28 und 42 €. Zu loben ist der freundliche Service. An der RN 100, sieben Kilometer östlich von Apt. WLAN vorhanden. ✆ 0490752 888, ℻ 0490752549. www.loucaleu.com.

Le Platane (4), mit einem Hauch von Exotik begeistert dieses preiswerte und gute Restaurant mitten in der Altstadt von Apt. Menüs zu 13 und 15 € (jeweils mittags) sowie 18 und 26 €. Sonntag und Montag Ruhetag. 8, rue Jules Ferry, ✆ 0490047436.

Thym te voilà (8), dieses an einem beschaulichen Platz gelegene Restaurant ist ein Lesertipp von Barbara Pauli-Tetkov und bietet eine kulinarische Weltreise mit arabischen, indischen und asiatischen Einflüssen: „Das Essen war sehr gut, der Service nett und freundlich – kein bisschen steif, sondern jung und modern." Menüs zu 15 € (mittags) und 23 € (abends). Sehr schöne Straßenterrasse. Sonntag und Montag Ruhetag. 59, place Saint-Martin, ✆ 0490742825.

La Manade (5), für alle Liebhaber der provenzalischen Küche empfiehlt Leser Matthias Daum dieses Restaurant mit seinem hervorragenden Preis-Leistungs-Verhältnis. Leckere Fischgerichte mit "raffiniert" zubereitetem Gemüse. Mittagsmenü 14 €, sonst 25 und 35 €. Mittwoch und Samstagmittag geschlossen, in der Nebensaison auch Dienstagabend. Rue René Cassin, ✆ 0490047906.

• *Chambres d'hôtes* **Le Couvent (7)**, mitten im Herzen von Apt werden in diesem ehemaligen Konvent aus dem 17. Jahrhundert fünf herrliche Zimmer (95–125 € inkl. Frühstück) vermietet, die mit Geschmack und Liebe eingerichtet wurden. Entspannen kann man sich im Garten sowie im Pool. WLAN vorhanden. 36, rue Louis-Rousset, ✆ 0490045536. www.loucouvent.com.

• *Camping* *** **Le Lubéron**, schöne Anlage mit recht kleinen Stellplätzen, Swimming-

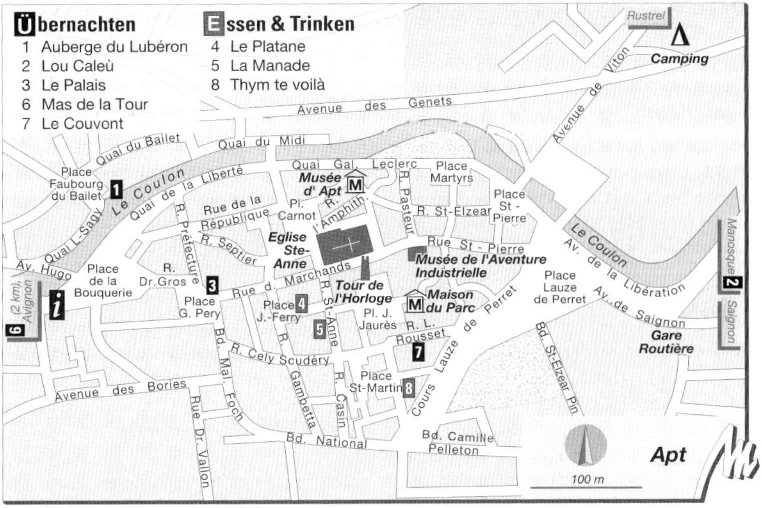

pool (inkl. Kinderbecken) vorhanden. Leser bemängelten den Zustand der Sanitäreinrichtungen, die den Ansturm im Juli und Aug. kaum bewältigen. Oberhalb von Apt, an der Straße nach Saignon gelegen. Von April bis Ende Sept. ge-öffnet. Route de Saignon, ✆ 0490048540. www.camping-le-luberon.com.

** **Les Cèdres**, der städtische Campingplatz liegt im Norden von Apt auf einem halbwegs ruhigen Wiesengelände. Nach der Renovierung besitzt er gepflegte sanitäre Anlagen, ein kleiner Laden befindet sich am Platz. Warmwasserdusche inkl. Etwa 13 € für zwei Personen. Von Mitte Feb. bis Mitte Nov. geöffnet. Route de Rustrel, ✆ 0490741461.

Sehenswertes

Cathédrale Sainte-Anne: Die ehemalige Bischofskirche von Apt stellt ein buntes Stilgemisch dar. Die ältesten Teile stammen noch aus dem 12. Jahrhundert, die Um- und Anbauten nahmen weitere 600 Jahre in Anspruch. Mit dem angrenzenden, straßenüberspannenden Uhrturm bildet die Kirche dennoch ein schönes Ensemble. Besonders sehenswert ist die doppelstöckige *Krypta*; während die obere Krypta mit ihrem Chorumgang beim Bau der Kirche angelegt wurde, zählt der untere, tonnengewölbte Raum – wohl noch von einem Vorgängerbau aus merowingischer Zeit – zu den ältesten Sakralräumen der Provence.

Öffnungszeiten Tgl. außer Mo 10–12 Uhr und 15–18 Uhr.

Musée de l'Aventure Industrielle: Das im Sommer 2003 in einer ehemaligen Konfitürenfabrik eröffnete Museum widmet sich der industriellen Entwicklung im Pays d'Apt. Anhand dreier Beispiele (Herstellung von kandierten Früchten, Ockerverarbeitung und Fayenceproduktion) wird anschaulich der Weg vom Handwerk bis zur industriellen Fertigung dargestellt. Mit Hilfe von Werkzeugen, Fotografien und Nachbauten von Werkstätten kann man hier die lokale Geschichte nachvollziehen, wobei die Objekte in einer museumsdidaktisch vorbildlichen Weise präsentiert werden.

Adresse 14, place du Postel. Öffnungszeiten: Tgl. außer Di 10–12 Uhr und 15–18.30 Uhr, im Winter nur bis 17.30 Uhr. Eintritt: 4 €, erm. 2 €.

Karte Seite 556/557

Musée d'Apt: Untergebracht im einstigen Bischofspalast, präsentiert das historisch-archäologische Museum von Apt neben prähistorischen und galloromanischen Fundstücken auch eine Fayence-Sammlung.

Adresse 27, rue de l'Amphithéâtre. Derzeit wegen Neukonzeption auf unbestimmte Zeit geschlossen

Maison du Parc du Lubéron: Der Platz, an dem das Maison du Parc du Lubéron steht, diente in römischer Zeit als Forum. Neben der Verwaltung des Nationalparks birgt das alte Hôtel Trouchoc de la Sablière (18. Jahrhundert) noch ein recht passables Museum zur Erd- und Naturgeschichte des Lubéron.

Adresse 1, place Jean-Jaurès. Öffnungszeiten: Mo–Sa 8.30–12 Uhr und 13.30–18 Uhr. Eintritt: 1,50 €, erm. frei! www.parcduluberon.com.

Saignon

Auf einem schroffen, hoch über dem Calavon-Tal gelegenen Felsen liegt Saignon, ein idyllisches Bergdorf mit einer sehenswerten romanischen Pfarrkirche. In den siebziger Jahren entdeckten Aussteiger den kleinen Ort und richteten sich in den verfallenen Häusern ein, um sie mit Liebe zu restaurieren.

• *Übernachten* **Auberge du Presbytère**, das sympathische Hotel befindet sich an einem netten Platz inmitten des Dorfes. Ein kleiner Brunnen plätschert vor dem aus dem 17. Jahrhundert stammenden Haus und man blickt direkt auf das alte Waschhaus. Die Zimmer in dem liebevoll verschachtelten Bau sind individuell eingerichtet. Sie unterscheiden sich hinsichtlich Größe und Ausstattung jedoch stark voneinander und kosten von 60–145 €, zwei Zimmer (*Bleue* und *Rouge*) haben sogar eine Terrasse. Frühstück 10,50 €. Menüs zu 28, 33 und 38 €. Mitte Nov. bis Anfang Feb. geschlossen. Das Restaurant hat Mittwoch Ruhetag. Place de la Fontaine, ✆ 0490741150, ✆ 0490046851. www.auberge-presbytere. com.

Chambre de séjour avec vue, dieses herrliche, gleich beim Dorfeingang gelegene Chambre d'hôtes ist eine wunderbare Mischung aus einer Privatunterkunft und einer Kunstausstellung. Jedes Zimmer ist mit zahlreichen Kunstwerken und Bilder dekoriert. Auch im Treppenhaus und in den Gemeinschaftsräumen kann man die Kreativität von Kamila und Pierre bestaunen. Das junge Künstlerpaar verkauft alle ausgestellten Kunstobjekte. Zudem gibt es hinter dem Haus noch einen herrlichen Garten, in dem man lesen oder entspannen kann. Die drei Zimmer kosten 80 € (jeweils inkl. Frühstück), die zwei Appartements 100 € (bzw. 580 € pro Woche), wobei bei zwei Zimmern das Bad/WC nur über den Gang zu erreichen ist. Die wesentlich größeren Appartements lohnen sich angesichts des geringen Aufpreises. ✆/✆ 0490048501. www.chambreavecvue.com.

Ferme „Le Castellas", in dem kleinen, neun Kilometer südlich von Saignon gelegenen Weiler Sivergues (Stichstraße). Ein Lesertipp von Christina Ahr: „Ein wunderschön restaurierter Hof aus Kalksteinen, mit Chambres d'hôtes und Möglichkeit zur Halbpension. Ein Teil des Gebäudes beinhaltet eine Käserei, was den Kauf von frischem Ziegenkäse (aus eigener Ziegenhaltung) in allen Reifestadien ermöglicht. Von dort problemloser Aufstieg zur höchsten Erhebung des Lubéron, Mourre Nègre." Pro Person 70 € inkl. Frühstück und Abendessen oder 50 € im Schlafsaal inkl. Frühstück und Abendessen. Giani et Chantal Ladu, 84400 Sivergues, ✆ 0490746089.

Buoux

Buoux ist an sich ein wenig aufregender Weiler; aber eingebettet in eine felsige Landschaft mit einem wildromantischen Tal und dem spektakulär gelegenen Fort Buoux, ist der Ort allemal einen Ausflug wert. Lohnend ist auch ein Ausflug zur nahen Prieuré Saint-Symphorien.

• *Übernachten/Essen* **Auberge des Seguins**, das schöne, ländliche Gehöft – außerhalb des Ortes in Richtung Fort Buoux – liegt gewissermaßen am Ende der Welt und ist auf den letzten Metern nur über einen Feldweg zu erreichen. Faszinierend ist die Lage am Ende eines Tals direkt unter einer steilen Felswand. Der hauseigene große Pool wird von Quellwasser gespeist. Die Zimmer verteilen sich über mehrere benachbarte Gebäude. Betrieben wird die Auberge von jungen Leuten. Die Chefin spricht ausgezeichnet Deutsch, da sie zwei Jahre in Hamburg und Heidelberg studiert hat. Mittags gibt es einen Teller mit provenzalischen Leckereien für 15 €, abends ein Menü für 25 €, das bei schönem Wetter auf der großen Terrasse serviert werden. Halbpension ist verpflichtend, pro Person je nach Zimmer 50–58 €, im Schlafsaal kostet die Halbpension 38 €. Von März bis Mitte Nov. geöffnet. Reservierung empfehlenswert. ✆ 0490741637, ℻ 0490740326. www.aubergedesseguins.com.

Auberge de la Loube, ein Landgasthof, der sich der deftigen provenzalischen Küche verschrieben hat. Lamm, Entenbrust und Kaninchen dominieren die Speisekarte. Abends begeistert vor allem die reichhaltige Vorspeisenplatte. Große, schattige Terrasse. Menüs zu 23 € (nur mittags), 31 und 33 €. Keine Kreditkarten. Mittwoch und Donnerstag geschlossen. ✆ 0490741958.

Sehenswertes

Fort de Buoux: Eine der schönsten Kurzwanderungen am Nordhang des Lubéron führt zu dem zwei Kilometer nördlich des heutigen Dorfes Buoux gelegenen Fort Buoux, das sich majestätisch auf einem markanten, leicht abfallenden Felsplateau erhebt. Nachdem man den Wagen am Parkplatz abgestellt hat, führt ein breiter Weg in einer Viertelstunde zu einem einsam gelegenen, bewohnten Wärterhäuschen, wo der Eintrittsobolus zu entrichten ist. Ausgerüstet mit einem kopierten Plan (auch in deutsch erhältlich), kann man nun weiter hinaufsteigen und das seit vorgeschichtlicher Zeit bewohnte Plateau auf eigene Faust erkunden. Da der Felsen bis ins 16. Jahrhundert immer wieder als letzte Rückzugsbastion diente, finden sich hier mehrere Verteidigungsgräben, Grundmauern des einstigen Dorfes mit einer Kirchenruine und zahlreiche, in den Fels geschlagene Vorratsräume (Korngruben). Achtung: Eine Besichtigung von Fort Buoux ist nicht ungefährlich, daher sollte man von Turnereien entlang des Abgrundes absehen. Festes Schuhwerk ist durchaus angebracht.

Öffnungszeiten Tgl. von 8 bis kurz vor Sonnenuntergang. Eintritt: 3 €, erm. 2 €.

Prieuré Saint-Symphoriende : Drei Kilometer südwestlich von Buoux steht unweit der Kreuzung der D 113 und der D 943 die kleine ehemalige Prioratskirche Saint-Symphorien einsam im Wald. Von dem aus dem Ende des 11. Jahrhunderts stammenden romanischen Kloster sind nur der schlanke, 25 Meter hohe Glockenturm sowie zwei kleine Kapellen erhalten geblieben (heute in Privatbesitz).

Bonnieux

Mit seinen 1.500 Einwohnern gehört Bonnieux zu den größten Dörfern des Lubérons. An der verkehrsreichen Nord-Süd-Achse gelegen, hat sich der Ort trotz fehlender Attraktionen fast vollkommen auf den Tourismus eingestellt. Das an einen Hang geschmiegte Bonnieux macht einen freundlichen Eindruck, mehrere stattliche Häuser lassen den einstigen Reichtum erahnen. Während der Religionskriege blieben die Einwohner von Bonnieux dem katholischen Glauben treu und hoben sich damit von den umliegenden Waldenserdörfern ab.

- *Information* **Office de Tourisme**, 7–11, Place Carnot, 84400 Bonnieux, ✆ 0490759190, ℻ 0490759294. www.bonnieux.com. bzw. www.tourisme-en-luberon.com.
- *Verbindungen* Tgl. zwei Busse nach Apt sowie Cavaillon und Avignon (je einmal tgl.).
- *Markt* Freitagvormittag auf der Place du Terrail.
- *Internet* Café la Terrasses, hier gibt es einen Computer sowie kostenloses WLAN. Cours Caelzer Pin.

Lubéron Karte Seite 556/557

• *Fahrradverleih* Café de la Gare, ✆ 04907 58200.

• *Übernachten/Essen* *** **La Bastide de Capelongue**, der Feinschmeckertempel des Lubéron liegt etwas nordöstlich von Bonnieux. Der Chefkoch Edouard Loubet hat sich hier im Jahre 2005 niedergelassen und versucht mit seiner kreativen Küche, sich seine zwei Michelin-Sterne zu verdienen. Menüs zu 70 € (nur mittags) sowie 140 und 190 €. Für all jene, die hier ihre Gourmetferien verbringen wollen, stehen insgesamt 20 komfortable Zimmer (190–380 €) zur Verfügung. Selbstverständlich gibt es auch einen Pool. Von Dez. bis Mitte März Betriebsferien. Les Claparèdes, ✆ 0490758978, ✆ 0490759303. www.capelongue.com.

*** **L'Auberge de l'Aiguebrun**, das sieben Kilometer außerhalb des Ortes an der D 943 gelegene Landhotel ist zwar recht klein, begeistert jedoch vor allem durch seine Eleganz und den warmherzigen Empfang des ganzen Teams samt dem Besitzer. Zum Hotel gehören ein großer, schöner Swimmingpool und ein verwunschener Garten samt eigenem Wasserfall! DZ ab 170 € inkl. Frühstück. Es gibt im Garten auch vier Cabanons (140 €), worunter man sich komfortable, freistehende Hütten vorstellen muss, die über eine Klimaanlage sowie eine kleine überdachte Terrasse verfügen. Im ausgezeichneten Restaurant gibt es Menüs zu 35 und 55 €. WLAN vorhanden. Dez. bis Feb. geschlossen. Domaine de la Tour, ✆ 049004 4700, ✆ 0490044701. www.aubergedelaiguebrun.fr.

** **Le César**, großes Logis-de-France-Hotel am oberen Ende des Dorfes. Die Zimmer (zumeist mit Balkon oder Terrasse) von 46–92 € variieren stark in der Größe und Ausstattung. Weitere Zimmer stehen in einem Anbau zur Verfügung. Kostenloses WLAN. Menüs ab 14 € (mittags), sonst ab 24 €. Place de la Liberté, ✆ 0490759635, ✆ 0490758638. www.hotel-cesar.com.

Le Mas de Trois Sources, in einem historischen Gebäude, das mit seinen dicken Mauern und seiner uralten Wendeltreppe an eine kleine Burg erinnert, werden einige wenige Zimmer vermietet. Die Einrichtung ist bis ins Detail ein provenzalischer Traum. Wunderschöner Swimmingpool sowie Bouleplatz vorhanden. Zimmer mit rustikalem Touch von 80–140 € (inkl. Frühstück, das bei schönem Wetter im Innenhof serviert wird). Freundliche Besitzer! Zwei Kilometer südöstlich in Richtung Goult zweigt rechter Hand die Zufahrt ab, ✆ 0490759558, ✆ 049075 8995, www.lestroissources.com.

La Bouquière, stimmungsvolle Unterkunft mit großzügigen Zimmern und Pool, die von Leserin Henrike Ebel empfohlen wurde. Rund drei Kilometer nordöstlich von Bonnieux. Zimmer je nach Saison 75–120 € inkl. Frühstück. ✆ 0490758717. www.labouquiere.com.

Café-Pizzeria Clérici La Flambée, gute Pizzeria mit schöner Panoramaterrasse im ersten Stock. Pizzen ab 9 €, Menüs ab 16,50 €. Es werden auch zehn Zimmer (50 €) vermietet. Place du 4 Septembre, ✆ 0490758220, ✆ 0490744815.

Tinel, dieses mitten im Dorf gelegene Restaurant wird von den Einheimischen zurecht gelobt. Die Köchin versteht sich auf eine kreative Küche. Lecker ist das *carré d'agneau*. Menü 30 €. Sonntag Ruhetag. Place Gambetta, ✆ 0490756128.

Le Fournil, stimmungsvolles, in eine Höhle hineingebautes Restaurant, schöne Terrasse. Wohlfeile provenzalische Küche. Günstiger Plat du Jour. Menüs zu 20 und 28 € (mittags) sowie 42 und 44 €. Von Okt. bis Ostern geschlossen, außerdem Montag sowie Dienstag- und Samstagmittag. 5, place Carnot, ✆ 0490758362.

• *Camping* * **Le Vallon**, einfacher, beschaulicher Campingplatz am Ende eines Tales. Wiesengelände mit wenig Schatten, dafür viel Panorama. Sehr preisgünstig! Nur 500 Meter von Bonnieux entfernt. Von Mitte März bis Okt. geöffnet. ✆ 0490758614.

Sehenswertes

Musée de la Boulangerie: Bekanntlich hat jedes noch so kleine französische Dorf einen eigenen Bäcker. Das mit historischen Backwerkzeugen ausgestattete Bäckereimuseum von Bonnieux hat sich dieser Tradition angenommen und erinnert an die Bedeutung des traditionsreichen Handwerks. Der Backofen ist mindestens 150 Jahre alt.

Adresse 12, place de la République. Öffnungszeiten: Tgl. außer Di 10–12.30 Uhr und 14.30–18.30 Uhr. Von Nov. bis Feb. geschlossen. Eintritt: 3,50 €, erm. 2 €.

Pont Julien: Die sechs Kilometer nördlich von Bonnieux, unweit der RN 100 gelegene Römerbrücke war einst ein Teilstück der Via Domitia. Sie wurde im Jahre 10 u. Z. aus großen, mörtellos gefugten Quadern errichtet und ist ein typisches Beispiel für den römischen Brückenbau. Der Pont Julien zählt nicht nur zu den am besten erhaltenen römischen Brücken Frankreichs, sondern ist aufgrund seines weiten Mittelbogens und zwei kleineren symmetrischen Bögen von bemerkenswerter Eleganz. Bis zum Jahr 2007 wurde die Brücke noch von Fahrzeugen befahren, erst dann entschlossen sich die Denkmalschutzbehörden, den Zugang nur für Fußgänger zu gestatten und eine Umgehungsstraße für den Verkehr zu bauen.**Forêt des Cèdres**: An der Straße nach Lourmarin zweigt nach kurzer Zeit rechter Hand ein schmales Sträßchen ab, das hinauf zu einem ungewöhnlich großen Zedernwald führt. Der in der Mitte des 19. Jahrhunderts angelegte Wald verdankt seine Entstehung einem eifrigen Forstmann, der beweisen wollte, dass sich die Zeder in der Provence akklimatisieren lässt. Ein geeignetes Terrain für eine kleine Wanderung (1 Std., Parken 3 €).

Lacoste

Der pittoreske 360-Seelen-Weiler gilt als Stammsitz des Adelsgeschlechtes de Sade. Ohne den berühmten *Marquis de Sade* (1740–1814) wäre die Adelsfamilie wahrscheinlich schon längst in Vergessenheit geraten. Eventuell diente ihm das Château von Lacoste als Vorbild für die fiktive Burg der „120 Tage von Sodom“? Am besten setzt man sich ins Café de Sade und sinniert ein wenig über den „göttlichen Marquis“ und seine Laster. Dem Château von Lacoste versetzte die Revolution den Todesstoß. Die geknechteten Bauern, die de Sade als „Gesindel,

Lacoste: der Stammsitz des Marquis de Sade

Lubéron
Karte Seite 556/557

Der göttliche Marquis

Seitdem die Sexualpathologie den Begriff Sadismus geprägt hat, gilt der Marquis de Sade als der Inbegriff des Bösen. Dabei hat sich der 1740 in Paris geborene Marquis de Sade anfangs ganz im Geist der Aufklärung engagiert und sich entschieden gegen die Todesstrafe ausgesprochen. Aber seine sexuellen Vorlieben, die er als „unabänderlich" und „unheilbar" ansah, brachten den überzeugten Atheisten immer wieder mit dem Gesetz in Konflikt: Mehr als ein Drittel seines Lebens musste de Sade hinter Gittern verbringen. Über die Entbehrungen der Haft half er sich mit phantastisch-erotischen Gedankenspielen hinweg, deren Veröffentlichung ihn wiederum ins Gefängnis brachte, denn ob Inzest, Ehebruch oder Sodomie – de Sade kannte in seinen Büchern kein Tabu. Doch de Sade war sich sicher: „Nicht meine Art zu denken hat mir Unglück gebracht, sondern die der anderen."

In der Bastille kritzelte er seinen berühmtesten Roman „Die 120 Tage von Sodom oder Die Schule der Ausschweifung" auf eine zwölf Meter lange Papierrolle, um ihn besser vor seinen Bewachern verbergen zu können. Weil de Sade am 9. Juli 1789 in das Hospiz von Charenton eingewiesen wurde, glaubte er seine Aufzeichnungen verloren, als die Bastille zehn Tage später im revolutionären Eifer gestürmt wurde und vergoss „blutige Tränen". Erst zu Beginn des 20. Jahrhunderts tauchte das Manuskript wieder auf und konnte publiziert werden. Dies rief allerdings erneut die Richter auf den Plan: Noch 1956 wurde de Sades Verleger Jean-Jacques Pauvert von einem Pariser Strafgericht verurteilt, da diese Literatur „etwas Abscheuliches enthalte, von dem eine zersetzende Wirkung auf die guten Sitten ausgehe".

das man durchprügeln sollte", bezeichnet hatte, machten ihrer Unzufriedenheit Luft, plünderten die Einrichtung und zerstörten den Adelssitz. Mit der Restaurierung des Schlosses wurde schon vor Jahrzehnten begonnen, doch wurde sie eingestellt, als der letzte Besitzer André Bouer starb. Unlängst hat der Designer Pierre Cardin das Schloss gekauft und verschiedene Renovierungsarbeiten in die Wege geleitet. Für Veranstaltungen ist das Schloss seither geöffnet.

• *Markt* Dienstagvormittag.

• *Übernachten/Essen* **Café de France**, von der Terrasse des Cafés bietet sich ein schöner Blick hinüber nach Bonnieux. Mittags gibt es Salate oder Sandwichs, Menü zu 20 €. Das Restaurant besitzt viel Patina und der halbe Liter Hauswein kostet nur 4,50 € – was will man mehr? Es werden auch ein paar einfache Zimmer von 35 € (mit Waschbecken) bis 50 € (mit Dusche und WC) vermietet. Frühstück 6 €. Von Nov. bis März geschlossen. ✆ 0490758225.

Café de Sade, sympathische Kneipe mitten im Dorf, bestens geeignet, um ein Glas auf den „göttlichen Marquis" zu trinken oder eine Kleinigkeit zu essen. Zum Zeitpunkt der Recherche wurde das Haus total renoviert, so dass unklar war, ob hinterher noch Zimmer und wenn ja, zu welchem Preis vermietet werden. Rue Basse, ✆ 04907 58229, ✆ 0490759568.

Abbaye de Saint-Hilaire

An der Straße von Lacoste nach Ménerbes zweigt gut zwei Kilometer linker Hand ein Feldweg ab (Hinweisschild), der nach kurzer Zeit zu der Abtei von

Saint-Hilaire führt. Die 1254 von den Karmelitern gegründete Abtei kann sich zwar kunsthistorisch nicht mit den Zisterzienserabteien von Sénanque und Silvacane messen, doch ist es ein wunderbar verwunschener Ort, der sich heute in Privatbesitz befindet. Die in den Religionskriegen wiederholt verwüstete Abtei wurde 1961 von dem aus Reims stammenden René Bride erworben und mühsam restauriert. Neben der Klosterkirche und einem kleinen Innenhof begeistert vor allem die große Terrasse, die einen traumhaften Blick über das darunter liegende Tal und den Lubéron bietet.

Öffnungszeiten Tgl. 10–19 Uhr, im Winter bis 17 Uhr. Eintritt: frei!

Ménerbes

Seit der englische Schriftsteller *Peter Mayle* in dem kleinen Dorf gelebt und seine Erinnerungen in dem Mega-Bestseller „Mein Jahr in der Provence“ niedergeschrieben hat, ist es mit der Ruhe vorbei. Unter dem Erfolg von Mayles Büchern hat Ménerbes bis heute zu leiden. Seit einigen Jahren bestürmen ganze Busladungen japanischer und englischer Touristen den Ort. Manchen Leser führte die literarische Spurensuche sogar bis in den Garten des Erfolgsautors, der entnervt die Provence verließ und seine Ruhe zwischenzeitlich auf Long Island suchte, bevor er sich in der Nähe von Lourmarin niederließ. Übrigens verbrachte auch Picassos Muse *Dora Maar* ab 1947 bis zu ihrem Tod die Sommermonate in Ménerbes.

Ménerbes erstreckt sich auf einem leicht zu verteidigenden Bergausläufer, der nur von Süden her zugänglich ist. Dieser strategische Vorteil bewog auch die Anhänger des protestantischen Glaubens, sich vor den Verfolgungen nach Ménerbes in Sicherheit zu bringen. Nach 14-monatiger Belagerung mussten sie sich dennoch den königlichen Truppen ergeben.

• *Essen* **Café Veranda**, mitten im Dorf ist dieses Café seit seiner Renovierung wieder ein beliebter Treff. Die Räumlichkeiten besitzen viel Flair mit einem offenen Kamin und einem herrlichen Blick auf den Lubéron. Serviert werden mittags einfache Gerichte und Salate, abends ein anspruchsvolleres Menü zu 39 €. Auf der gegenüberliegenden Straßenseite gibt es noch eine Terrasse. Montag Ruhetag. ✆ 0490723333.

• *Einkaufen* **Maison de la Truffe et du Vin du Luberon**, in einem wunderbar sanierten Haus untergebracht, werden hier Informationen zu Trüffeln und dem Weinbau gegeben. Es besteht auch die Möglichkeit an Seminaren oder Weinproben (Winzer der Region stellen ihre Weine vor) teilzunehmen. Man kann die Weine im Keller auch direkt erwerben (ca. 30 verschiedene Weingüter mit je zwei bis fünf Weinen) – und die Preise entsprechen genau denen auf dem Weingut selbst (ein Lesertipp von Matthias Daum). Eintritt frei! Place de l'Horloge. www.vin-truffe-luberon.com.

Sehenswertes

Musée du Tire-Bouchon: Wer eine Flasche Wein öffnen will, braucht einen Korkenzieher, um den Korken elegant und ohne bröckelnde Reste aus dem Flaschenhals zu befördern. Somit ist eine Geschichte des Korkensziehers auch Teil einer Kulturgeschichte des Weines. In dem interessanten Korkenziehermuseum dreht sich alles um die kleinen praktischen Flaschenöffner. Ausgestellt sind mehr als tausend Korkenzieher aus vier Jahrhunderten, darunter Exponate aus Gold und Silber ebenso wie aus Elfenbein und Plastik.

Adresse Domaine de la Citadelle. Öffnungszeiten: Tgl. 10–12 Uhr und 14–19 Uhr, im Winter bis 18 Uhr. Eintritt: 4 €, erm. 3 €.

Lubéron
Karte Seite 556/557

Ruinenambiente: Oppède-le-Vieux

Oppède-le-Vieux

Noch vor ein paar Jahrzehnten war Oppède-le-Vieux ein beinahe vollkommen verfallenes, so gut wie unbewohntes Dorf; die meisten Bewohner waren schon Jahrhunderte zuvor in das in der Ebene gelegene Poulivets gezogen. Als der Lubéron in den sechziger und siebziger Jahren allmählich in Mode kam, ließen sich zahlreiche Künstler und (Teilzeit-) Aussteiger in den verlassenen Häusern nieder. Der aus Oppède stammende *Jean Meynier d'Oppède* spielte, von seinem Religionsfanatismus angestachelt, eine unrühmliche Rolle bei der grausamen Verfolgung der Waldenser. Über ausgetretene Treppenstufen gelangt man in wenigen Minuten zu der über dem Dorf thronenden Kapelle und der dahinter emporragenden Burgruine, die im 13. Jahrhundert von den Grafen von Toulouse errichten worden ist. Es ist problemlos möglich, zwischen den überwucherten Mauern herumzuklettern, doch ist ein gewisses Maß an Vorsicht angebracht, da der Fels an mehreren Stellen senkrecht abfällt. Eine besondere Perspektive erschließt sich durch das Loch eines halb verfallenen Abtritts. Interessant ist auch der unterhalb des Dorfes angelegte Landschaftsgarten, durch den man kommt, wenn man vom Parkplatz zum Ort hinaufgeht.

- *Parken* Gebührenpflichtiger Platz (3 €).
- *Markt* Samstagvormittag.
- *Essen & Trinken* **Le Petit Café**, die Terrasse des Cafés ist sicher ein besonders angenehmer Ort zum Entspannen und Nachdenken. Serviert werden kleine Häppchen. Im zugehörigen **L'Oppidum** werden auch sechs schöne Zimmer (ab 90 €) vermietet. ✆ 0490768415. www.oppidum-oppede.com.

L'Escanson, nachdem uns dieses kleine Restaurant in Robion (fünf Kilometer westlich in Richtung Cavallion) von zwei verschiedenen Lesern (dank an Déirdre Mahkorn und Imke Beckmann) wärmstens empfohlen wurde, haben wir uns auch von der hervorragenden provenzalischen Küche überzeugt, die keineswegs überteuert ist und ein hervorragendes Preis-Leistungs-Verhältnis bietet. Die Lammkeule wie auch die Entenbrust begeisterten Augen und Gaumen gleichermaßen! Überdachte Straßenterrasse. Mittagsmenü 19 € (nicht im Juli und Aug.), abends 25, 28, 33 und 37 €. Dienstag und Mittwochmittag geschlossen. 450, avenue Aristide Briand, ✆ 0490765961, www.lescanson.fr.

Goult

Das ein wenig nördlich der Nationalstraße von Apt nach Avignon gelegene Goult ist ein reizvoller, nicht zu überlaufener provenzalischer Flecken. Genau genommen besteht das Dorf aus zwei Teilen: aus einem moderneren Ortsteil samt romanischer Kirche und dem auf einem Hügel thronenden alten, historischen Zentrum. Das restaurierte Château (Privatbesitz!) dient als Blickfang zwischen den alten Gassen.

• *Übernachten/Essen* ** **Hôtellerie Nôtre-Dame-des-Lumières**, großes Hotel in einem ehemaligen Kloster, knapp zwei Kilometer entfernt in dem Weiler Lumières. Ruhige Lage mit Kinderspielplatz und einem großen, beheizten Swimmingpool umgeben von einem Park. Mit rund 50 Zimmer (ab 60 €) allerdings relativ unpersönlich. ✆ 0490722218.
www.notredamedelumieres.com.

La Terrasse, das nette Restaurant mit Kneipenatmosphäre ist ein Lesertipp von Beate Eisela, die die mediterrane Küche mit südamerikanischen Einschlägen lobte. Der Gastraum befindet sich im ersten Stock, von wo aus man auch auf die namensgebende Terrasse gelangt. Wir waren allerdings von dem Angebot etwas enttäuscht, das Fischfilet in Tomatensoße mit Reis war fade, selbst der Lammteller vom teureren Menü (2 € Zuschlag) konnte seinen Preis nicht rechtfertigen. Aber die Terrasse ist wirklich schön. Mittagsmenüs zu 15 €, sonst zu 22 oder 27 €. Der halbe Liter offener Wein in der Karaffe kostet 7 €. Rue de la République, ✆ 0490722020.

Café de la Poste, ein Lesertipp von Gert Eberle: „Ein winziges Café/Restaurant/Bar/Zeitungsladen, der von unheimlich netten Besitzern betrieben wird, die auch dann noch etwas für hungrige Gäste servieren, wenn eigentlich die Küche schon geschlossen hat und das Café kurz vor dem Schließen ist. Es liegt mitten in dem Dorf Goult am Marktplatz." Menüs zu 17 €. Auf der großen Straßenterrasse findet man im Sommer oft nur mit Glück einen freien Platz. Wem das Café irgendwie bekannt vorkommt, dem sei gesagt, dass hier einige Szenen des Films „Ein mörderischer Sommer" mit Isabella Adjani in der weiblichen Hautrolle gedreht wurden. Sonntag Ruhetag, im Januar Betriebsferien. Place de la Libération, ✆ 0490722323.

Auberge de Saint Pantaléon, ein weiterer Lesertipp von Gert Eberle: „In diesem Restaurant kocht eine Dame, nicht sterneverdächtig, aber sehr, sehr gut mit den Zutaten, die es zur jeweiligen Zeit auf dem Markt gibt. Nachdem die Patronne festgestellt hat, dass wir in der Nähe wohnen, haben wir einen Abopreis ausgehandelt und jeweils am Vorabend das Essen für den nächsten Abend diskutiert und vorbestellt. Kleiner Hinweis am Rande: In diesen drei Wochen haben wir zwei Kilo zugenommen. Es werden auch Fremdenzimmer (45–50 €) in kleinen Häuschen vermietet, für deutsche Verhältnisse etwas gammelig, aber eben typisch provenzalisch und doch liebenswert." An dem verträumten Restaurant und seinem verwilderten Garten mit den bunten Metallstühlen gibt es nichts auszusetzen. Zu loben ist das moderate Preisniveau. Menüs zu 12 € (mittags) und 17 €. Den halben Liter offenen Hauswein gibt es für trinkfreundliche 6 €. Spektakulär günstig ist die Halbpension für zwei Personen, die mit nur 80 € die Reisekasse schont. Saint-Pantaléon liegt drei Kilometer westlich von Goult. Geöffnet von März bis Dezember, das Restaurant ist Dienstag geschlossen (bei unserem letzten Besuch Ende Mai standen wir aber auch am Montagabend vor verschlossenen Türen: daher sollte man besser vorher anrufen). ✆ 0490722315.

Lubéron
Karte Seite 556/557

Am Südhang des Lubéron

Lourmarin

Lourmarin ist zwar zweifellos eines der schönsten Dörfer des Lubérons, ursprüngliches Dorfleben darf man aber nicht erwarten, denn Lourmarin ist fest in der Hand der Touristen. Neben dem ansehnlichen Renaissanceschloss steht ein Schriftsteller im Mittelpunkt des Interesses: Die meisten Besucher erkundigen sich nach *Albert Camus* (1913–1960), der sich kurz vor seinem tragischen Unfalltod in Lourmarin niedergelassen hatte und auf dem Dorffriedhof, auf dem mit *Henri Bosco* (1888–1976) ein weiterer Schriftsteller begraben liegt, eine schlichte, nur von einem Lavendelbusch geschmückte Ruhestätte gefunden hat. Sein noch von der Familie bewohntes Haus befindet sich im stumpfen Winkel der Rue Albert Camus – allerdings gibt es nichts zu entdecken. Da sich das Haus des Nobelpreisträgers nach wie vor in Familienbesitz befindet und bewohnt wird, hat man, um die Besucherströme abzuhalten, bisher noch keine Gedenktafel an dem Haus angebracht. Es war übrigens kein Zufall, dass Camus nach Lourmarin zog: Sein Lehrer und Freund Jean Grenier hatte in dem Ort mehrere Sommer verbracht und ein Buch mit dem Titel „Die Weisheit Lourmarins" veröffentlicht. Als Camus 1947 zu Besuch war, notierte er in seinem Tagebuch: „Lourmarin. Der erste Abend nach so vielen Jahren. Der erste Stern über dem Lubéron, das gewaltige Schweigen, die Zypresse, deren Wipfel in der Tiefe meiner Müdigkeit bebt. Ein Land, feierlich und herb – trotz seiner überwältigenden Schönheit." Auch später weilte Camus stets gern in seinem Haus in Lourmarin („Nachmittags, die Sonne und das Licht fluten in mein Zimmer. Der Himmel ist blau und dunstig ... Und nun erinnere ich mich an die Stunden in Algier ..."). Doch damit hat die Liste der Prominenz noch kein Ende: In Lourmarin wurde 1775 auch der Industriepionier *Philippe de Girard* geboren, der als Erfinder der Flachsspinn- sowie der Expansionsdampfmaschine in die Geschichte einging.

• *Information* **Office de Tourisme**, 9, avenue Philippe de Girard, 84160 Lourmarin, ✆ 04 90681077, 📠 0490681101. www.lourmarin.com.

Albert Camus' letzte Ruhestätte

• *Verbindungen* Tgl. zwei Busverbindungen nach Avignon, Cavaillon, Pertuis und Apt.

• *Markt* Freitagvormittag.

• *Fahrradverleih* Freestyle, Rue du Temple, ✆ 0490681031.

• *Schwimmen* Das städtische Freibad liegt an der Straße nach Vaugines, direkt neben dem Campingplatz. Großes Schwimmbecken sowie Kinder- und Planschbecken, alle unbeheizt. Eintritt: 3 €.

• *Übernachten/Essen* **** **Le Moulin de Lourmarin**, Nobelherberge mit exklusivem Restaurant in einer ehemaligen Ölmühle, am Ortsrand von Lourmarin. Zwar muss man zwischen 100 und 280 € pro Nacht erübrigen, dafür stimmen modernes Ambiente und Service. Menüs ab 25 € (mittags), sonst 32–64 €, Halbpension ab 112 €. Mitte Jan. bis Mitte Feb. geschlossen. Rue du Temple, ✆ 0490680669, 📠 0490759303. www.moulindelourmarin.com.

*** **De Guilles**, diese zur Hotelvereinigung Relais du Silence gehörende Herberge ist ein Lesertipp von Reinald Witsch, der die ruhige Lage und die hervorragende Küche lobte. Großer Pool zum Entspannen vorhanden. Geschmackvoll moblierte DZ je nach Saison ab 190 €. Route de Vaugines, ✆ 0490683055, 📠 0490683741. www.guilles.com.

Le Paradou, wenn man nach einem zweiwöchigen Provenceaufenthalt die (fast) immergleichen Zimmer in ihren blauen und gelben Farben nicht mehr sehen kann und auch keine Lust auf Lammkoteletts verspürt, so ist man hier an der richtigen Adresse. Nach einem Besitzerwechsel präsentiert sich dieses etwas außerhalb gelegene Hotel gewissermaßen als eine asiatische Enklave im Lubéron. Die neun Zimmer (85–150 €) sind leicht puristisch gehalten, besonders toll sind die großzügigen Duschen und Bäder. Selbstverständlich werden im Restaurant auch die passenden thailändischen Speisen serviert, Hauptgerichte um die 13 €. Im Sommer sitzt man auf der Terrasse. Zu loben ist auch die ruhige Lage mit schönem Garten sowie einem kleinen Schwimmteich. Von Nov. bis Anfang März Betriebsferien. Route d'Apt, ✆ 0490680405, 📠 0490085494. www.hostellerieleparadou.com.

Nonni, Pizzeria mit einladenden Tischen neben einem kleinen Brunnen. Menü zu 19 €, leckere Pizzen aus dem Holzofen (ca. 9–11 €). Montag, Dienstag- und Samstagmittag geschlossen. 2, rue Albert Camus, ✆ 0490682333.

Michel Ange (Ollier), gediegene Küche, angenehmes Ambiente, im Sommer sitzt man im Garten hinter dem Haus mitten im Zentrum. Der Schwerpunkt liegt auf der italienischen Küche, vor allem Nudelgerichte und Risotto. Menüs zu 17, 23, 32 und 38 €. Mittwoch Ruhetag. Place de la Fontaine, ✆ 049 0680203.

Café Gaby und **Café de l'Ormeau**, zwei nette Cafés mit schönen Straßenterrassen mitten im Ortskern. Mittags gibt es verschiedene Salate und Plat du Jour.

• *Camping* *** **Les Hautes Prairies**, parzellierte Anlage direkt neben dem städtischen Freibad. Übernachtung ab 18 € (mit Schwimmbadbenutzung). Es werden auch sechs Chalets vermietet (65 €). Route de Vaugines, ✆ 0490680289. www.campinghautesprairies.com.

Sehenswertes

Château: Ein kleines Stück außerhalb des Dorfes thront das Renaissanceschloss auf einer kleinen Anhöhe. Genau genommen handelt es sich um zwei Schlösser: einem von 1495 bis 1525 errichteten älteren Teil, dessen mit Holzpartien vermischte Architektur auf die piemontesische Herkunft der Baumeister hinweist, und einen ab 1542 angefügten Neubau, der im Rahmen einer Besichtigung zugänglich ist. Eine schlichte, aber elegante Wendeltreppe verbindet die Repräsentationsräume. Von der Originaleinrichtung ist bis auf die imposanten Kamine leider nichts mehr erhalten. Die ehemalige Küche des Schlosses, die über einen eigenen Eingang verfügt, wird für Ausstellungen genutzt.

Führungen Tgl. um 10.30, 11.30, 14.30, 15.30, 16.30 und 17.30 Uhr, im Juli und Aug. alle 30 Minuten eine Führung, im Jan. nur nachmittags. Eintritt: 5,50 €, erm. 3 €. www.chateau-de-lourmarin.com.

Cucuron

Das verträumte 800-Seelen-Dorf wird vom Donjon einer verfallenen Burg überragt. Im Ortsbild von Cucuron sind Autos noch Fremdkörper und so verwundert es kaum, dass die Filmindustrie den Ort als authentische Kulisse nutzt; zuletzt wurden hier Szenen des Giono-Romans „Der Husar auf dem Dach“ gedreht. Sehenswert ist auch die Pfarrkirche Notre-Dame-de-Beaulieu mit einem schön gearbeiteten Tympanon im gotischen Eingangsportal. Als besonders pittoresk zeigt sich ein künstlicher, von Platanen umgebener Dorfweiher, der als Feuerlöschteich angelegt wurde.

Lubéron Karte Seite 556/557

• *Information* **Office de Tourisme**, Rue Léonce Brieugne, 84160 Cucuron, ✆ 0490 772 837. www.cucuron-luberon.com.

• *Verbindungen* Tgl. eine Busverbindung nach Pertuis.

• *Markt* Dienstagvormittag rund um den Dorfweiher.

• *Veranstaltungen* **L'Arbre de mai** am ersten Samstag nach dem 21. Mai.

• *Literatur* Bernhard Schlink: Die gordische Schleife. Diogenes Taschenbuch. Ansprechender Krimi, dessen Hauptfigur Georg Polger in einem provenzalischen Dorf namens „Cucugnan" lebt, hinter dem sich, wie unschwer zu erraten ist, Cucuron verbirgt.

• *Schwimmen* Etang de Bonde, sechs Kilometer südöstlich des Dorfes. Der einzige See im Lubéron!

• *Übernachten/Essen* ** **Hôtel de l'Etang**, an einem idyllischen, in Stein gefassten künstlichen Weiher. Das Restaurant serviert Köstlichkeiten auf der von Platanen beschatteten Straßenterrasse. Menüs zu 16 € (mittags), 24, 26 und 34 €, die ruhigen und gut ausgestatteten Zimmer kosten 70–92 €, wobei die Zimmer mit Blick auf den Etang vorzuziehen sind. Mittwoch Ruhetag. Place de l'Etang, ✆ 0490772125. www.hoteldeletang.com.

Bar de l'Etang, direkt nebenan, eine klassische Dorfkneipe mit vielen Plätzen unter den schattigen Platanen. Place de l'Etang, ✆ 0490772311.

La Petite Maison, ein Haus weiter befindet sich das kulinarische Highlight von Cucuron! Küchenchef Eric Sapet ist ein Könner seines Fachs. Menüs zu 40und 60 €. Lecker mundete der frische Milchlammbraten mit Thymian. Im Sommer wird das Essen in einer Art Gartenlaube serviert. Interessant ist es, an einem Kochkurs teilzunehmen. Die Kurse finden im Sommer immer samstags von 10 bis 15 Uhr statt und beinhalten Essen und Getränke (60 €). Voranmeldung. Montag und Dienstag Ruhetag. Place de l'Etang, ✆ 0490771860. www.lapetitemaisondecucuron.fr.

L'Arbre de Mai, familiäres, kleines Logis-de-France-Hotel mitten im Ortskern in einem Haus aus dem 17. Jahrhundert. Die sechs verspielt eingerichteten Zimmer kosten 58–68 € (inkl. Frühstück). Im heimeligen Speisesaal kommen Menüs zu 16 und 28 € auf den Tisch, das günstigere Menü bietet allerdings nicht viel Auswahl. Montagabend und Dienstag Ruhetag, Mitte Jan. bis Mitte Feb. geschlossen. Rue de l'Eglise, ✆/℻ 0490772510.

Sehenswertes

Donjon: Der Bergfried der einstigen Burg wird für Ausstellungen genutzt und ist dabei kostenlos zu besichtigen.

Öffnungszeiten Tgl. 10.30–12.15 Uhr und 15–18.45 Uhr. Eintritt frei!

Musée Marc Deydier: Privatsammlung eines ortsansässigen Notars zur regionalen Volkskunde, Archäologie und Frühgeschichte.

Öffnungszeiten Tgl. außer Dienstagvormittag 10–12 und 14519 Uhr. Eintritt frei!

Etang de la Bonde: Der sechs Kilometer südöstlich gelegene künstliche Stausee bietet auch die Gelegenheit zum Schwimmen. Am Ufer findet sich ein Campingplatz sowie ein Restaurant.

Vaugines

Das zwei Kilometer westlich von Cucuron gelegene 500-Einwohner-Dorf besitzt weitestgehend noch eine mittelalterliche Bausubstanz, darunter eine romanische Kirche.

• *Übernachten/Essen* ** **L'Hostellerie du Lubéron**, das am Ortsrand gelegene Logis-de-France-Hotel ist eine moderne Herberge mit viel Komfort. Ein großer Garten samt Swimmingpool verschönert die sonnigen Sommertage. Komfortable Zimmer je nach Saison von 99 bis 118 € (inkl. Frühstück). Das Restaurant versteht sich auf traditionelle provenzalische Küche, Menüs zu 22, 25, 32, 36 und 41 €. Von Nov. bis März Betriebsferien. Cours Saint-Louis, ✆ 0490772719, ℻ 049 0771308. www.hostelleriedulubéron.com.

Markante Kulisse: Château von La Tour-d'Aigues

La Tour-d'Aigues

In La Tour-d'Aigues steht das wohl schönste Renaissanceschloss der Provence. Leider nahm das Château bei zwei Bränden so schweren Schaden, dass heute hauptsächlich leere Fensteröffnungen in die Abendsonne gähnen. Die zum Dorf blickende Schauseite blieb glücklicherweise so weit erhalten, dass man sich eine Vorstellung von der einstigen Pracht machen kann. Nach einer Schlossbesichtigung bietet sich ein kurzer Rundgang durch das Dorf an, die Pfarrkirche von La Tour-d'Aigues ist ein weitgehend romanischer Bau mit polygonaler Apsis.

- *Information* **Office de Tourisme**, Le Château, 84240 La Tour-d'Aigues, ✆ 04900 75029, 📠 0490073591.
- *Einwohner* 1.000 Einwohner.
- *Verbindungen* Tgl. drei Busverbindungen nach Pertuis.
- *Übernachten/Essen* ** **Le Petit Mas de Marie**, nettes Logis-de-France-Hotel, etwas außerhalb an der Straße nach Pertuis gelegen. Gutes Restaurant, im Sommer speist man auf der schönen Terrasse oder relaxt am sonnigen Pool. Die im provenzalischen Stil eingerichteten Zimmer kosten 77 €, Frühstück 10 €. Mittagsmenü 14 €, abends 26 und 36 €. ✆ 0490074822. www.lepetitmasdemarie.com.

Lubéron
Karte Seite 556/557

Sehenswertes

Château: Das Château von La Tour-d'Aigues erinnert nicht grundlos an ein stattliches italienisches Renaissanceschloss: Mit Ercole Nigra beauftragten die Herren von Lourmarin nämlich einen italienischen Architekten mit dem Schlossbau. Nigra schuf von 1550 bis 1571 unter Einbeziehung der mittelalterlichen Bausubstanz eines der repräsentativsten Schlösser der Region. Nachdem das Château bereits 1780 erstmals ein Opfer der Flammen geworden war, besorgten die revolutionär gesinnten Untertanen 1792 den Rest: Fünf Tage lang soll das Feuer gewütet haben. In den letzten Jahrzehnten wurde mit den Restaurierungsarbeiten begonnen, um den Fortbestand der herrlichen Schlossruine zu sichern. In den noch vorhandenen Räumlichkeiten sind das *Musée de l' Histoire du Pays d'Aigues* und das *Musée de Faïence* untergebracht. Gezeigt wird eine Ausstellung zur Lokalgeschichte und eine Fayencensammlung. Der Innenhof dient im Sommer als Bühne für Freiluftaufführungen.

• *Öffnungszeiten* Juli und Aug. tgl. 10–13 Uhr und 14.30–18 Uhr, sonst tgl. außer Montagvormittag, Dienstagnachmittag sowie Sonntag 10–13 Uhr und 14.30–18 Uhr, Okt. bis März tgl. außer Montagvormittag, Dienstagnachmittag sowie Sonntag 10–12 Uhr und 14–17 Uhr. Eintritt: 4,50 €, erm. 3 €. www.chateau-latourdaigues.com.

Grambois

Es ist weniger das Dorf selbst als die Lage, die Grambois so reizvoll macht. Geradezu weltentrückt thront der 1.000-Einwohner-Ort auf einer steilen Bergkuppe. Die Reste der einstigen Befestigung samt zweier Tore sind noch erhalten, ebenso ein Château aus dem 16. Jahrhundert sowie eine Pfarrkirche, deren Grundmauern hochmittelalterlich sind. Ein Streifzug durch die Gassen lohnt sich. Übrigens wurden in Grambois 1990 mehrere Szenen von Marcel Pagnols Roman „Der Ruhm meines Vaters“ verfilmt.

• *Übernachten/Essen* **L'Auberge des Tilleuls**, dieser schöne Landgasthof zu Füßen des Dorfes verfügt nur über fünf geschmackvoll eingerichtete Zimmer, die ab 100 € inkl. Frühstück kosten. Das gute Restaurant (Gartenterrasse!) hat Sonntagabend, Montag und Dienstagmittag geschlossen. Menüs ab 35 €. Moulin du Pas, ✆ 0490779311, ✆ 0490779850. www.tilleuls.com.

Pertuis

Mit seinen 10.000 Einwohnern ist Pertuis kaum vom Tourismus abhängig, so dass der Besucher sich am unverfälschten Charme einer provenzalischen Kleinstadt erfreuen kann. Pertuis ging wahrscheinlich aus einer kleinen Straßensiedlung hervor. Im Ortsnamen schwingt noch das lateinische *Pertus* mit, das soviel wie „Durchfahrt“ bedeutet. Im Spätmittelalter stieg der Ort zu einem regionalen Wirtschaftszentrum auf. Pertuis besitzt noch relativ viel mittelalterliche Bausubstanz, neben zwei imposanten Türmen sind noch Reste der Stadtmauer erhalten. Vom Château zeugt nur der einstige Donjon, in dem heute das Office de Tourisme residiert.

• *Information* **Office de Tourisme**, Le Donjon, Place Mirabeau, 84120 Pertuis, ✆ 0490791556, ✆ 0490095906. www.vivreleluberon.fr.

• *Verbindungen* Bahnverbindungen nach Manosque und Aix-en-Provence. Der SNCF-Bahnhof liegt südöstlich des Zentrums. Tgl. Busverbindungen nach Aix-en-Provence (6 x), Apt (2 x), La Tour-d'Aigues (3 x) sowie nach Cucuron und Ansouis (1 x). Die Busse halten auf der Place Garcin.

• *Markt* Freitagvormittag. Bauernmarkt am Mittwoch- und Samstagvormittag.

• *Stadtführungen* Im Juli und Aug. jeden Donnerstag um 10 Uhr. Treffpunkt: Vor dem Office de Tourisme.

• *Veranstaltungen* **Festival de la Bande Dessinée et Théâtre de Rue**: Alljährlich am zweiten Wochenende im Mai findet seit 1990 ein Comic-Festival statt, begleitet wird das Festival von Straßentheatervorführungen.

• *Schwimmen* Piscine Municipale in der Avenue Pierre Augier.

• *Fahrradverleih* M. Genin, Rue Giraud, ✆ 0490794943.

• *Übernachten/Essen* *** **Le Sevan**, dieses moderne Hotel mit viel Komfort liegt am Ortsrand in Richtung Manosque. Großzügige Zimmer in hellen Farben. Ein Pluspunkt ist auch der Swimmingpool. Ein Tennisplatz ist ebenfalls vorhanden (13 € pro Stunde). DZ je nach Saison und Lage 110–135 €.

WLAN vorhanden. Empfehlenswert ist auch das Restaurant, das nicht nur Hotelgästen offen steht und sich der provenzalischen Küche verschrieben hat. Menüs zu 19 € (mittags), 28, 36 und 50 €. Sonntagabend und Montag Ruhetag. Route de Manosque, ✆ 0490791930, 📠 0490793577. www.le-sevan.com.

Hôtel du Cours, altertümliches Hotel mitten im Zentrum. Zimmer zu 33–48 €, die günstigen nur mit Waschbecken und (fast) zu Preisen einer Jugendherberge, da kann man nicht viel mehr erwarten. Garage. Kostenloses WLAN. Im zugehörigen Restaurant **Le Gout du Jour** wird ein Menü zu 14,20 € serviert, der halbe Liter Wein kostet 5 €. 100, place Jean Jaurès, ✆ 0490790068, 📠 0490791422. www.hotelducours.com.

• *Camping* *** **Les Pinèdes**, der städtische Campingplatz liegt, wie der Name schon andeutet, in einem Pinienhain am Ortsrand. Swimmingpool. Von Mitte März bis Mitte Okt. geöffnet, ✆ 0490791098. www.campinglespinedes.com.

Ansouis

Bereits von weitem ist das Château von Ansouis auszumachen, mächtig und erhaben überragt es das kleine Dorf. Die schmucken mittelalterlichen Häuser von Ansouis erfreuen sich seit längerem großer Beliebtheit als Zweitwohnsitz oder Atelier. Die Grafen von Sabran herrschen seit Jahrhunderten über den Ort und noch heute fungiert der jüngste Spross der Familie gleichzeitig als Bürgermeister. Kleine Notiz am Rande: Ansouis ist eines der wenigen Dörfer in Frankreich, die den Jahrestag des 14. Juli nicht begehen. Nationalfeiertag hin oder her, ein gräflicher Bürgermeister hat mit der Revolution doch nichts am Hut ...

• *Information* **Syndicat d'Initiative**, Place du Château, 84240 Ansouis, ✆ 0490098698, 📠 0490099612. www.ansouis.fr.

• *Markt* Donnerstag- und Sonntagvormittag.

• *Verbindungen* Tgl. eine Busverbindung nach Pertuis.

• *Essen/Trinken* **La Closerie**, das direkt am Ortseingang gelegene Restaurant gefällt durch sein nüchternes Interieur und seine anspruchsvolle Küche, die Wert auf frische Zutaten legt. Das Restaurant wird von einem jungen Paar geführt (er steht in der Küche, sie bedient). Straßenterrasse, Menüs zu 21 € (mittags), 34 und 55 €. Mittwoch, Donnerstag und (im Winter) Sonntagabend geschlossen. Boulevard des Platanes, ✆ 0490099054.

Les Moissines, ansprechender Teesalon, direkt unterhalb des Schlosses. Salat und kleinere Gerichte von 8 bis 12 €. Schöne Terrasse. Nur von April bis Sept. tgl. 12–15 Uhr geöffnet. ✆ 0490098590.

Sehenswertes

Château: Das Schloss von Ansouis ist nicht nur eines der ältesten der Region – die erste Erwähnung datiert in das Jahr 961 –, es wird auch seit Jahrhunderten von derselben Familie bewohnt. Seit 1178 haben zahlreiche Generationen der Grafen von Sabran im Schloss von Ansouis gewohnt und es wiederholt verändern lassen. Zuletzt wurde noch eine repräsentative Auffahrt angefügt, die in einem weit geführten Bogen zum Schloss hinaufführt. Direkt an den Schlosskomplex grenzt eine einschiffige romanische Kirche, deren Fassade noch deutlich von ihrem einstigen Wehrcharakter geprägt ist.

Öffnungszeiten Von Ostern bis Allerheiligen tgl. 14.30–18 Uhr. Eintritt: 6 €, erm. 4,50 €. www.chateau-ansouis.com.

Musée Extraordinaire: Bereits die skurrilen Skulpturen im Garten lassen erahnen, dass es sich um kein gewöhnliches Museum handelt. Der Taucher Georges Mazoyer hat sich hier seinen Traum von einer kleinen, phantasievollen Unterwasserwelt erfüllt.

Öffnungszeiten Tgl. 14–18 Uhr. Eintritt: 3,50 €, erm. 1,50 €.

Lubéron
Karte Seite 556/557

André-Estienne-Denkmal in Cadenet

Cadenet

Das unweit der Durance gelegene Cadenet stellt das südliche Eingangstor zum Lubéron dar. Die mächtige Burg beherrschte einst das Tal der Durance. Cadenet war bereits in vorgeschichtlicher Zeit besiedelt, ein keltisches Oppidum folgte. Während der Religionskriege suchten 1545 die verfolgten Waldenser in den Höhlen der Umgebung Zuflucht. Ein Bronzedenkmal auf dem Marktplatz ehrt den aus Cadenet stammenden *André Estienne*, besser bekannt als der Trommler von Arcole. Als früher Meister der psychologischen Kriegsführung gaukelte er mit einem ohrenbetäubenden Trommelwirbel 1796 den österreichischen Truppen so glaubhaft vor, sie seien von den Franzosen umzingelt, dass die Österreicher Hals über Kopf die Flucht ergriffen.

• *Information* **Syndicat d'Initiative**, Place du Tambour d'Arcole, 84160 Cadenet, ✆ 0490683821.

• *Markt* Montagvormittag. Bauernmarkt am Dienstagvormittag (Mai bis Nov.).

Sehenswertes

Château: Über dem Dorf erheben sich die Ruinen einer aus dem 12. Jahrhundert stammenden Burganlage. Kunsthistorisch nicht von Bedeutung, aber dennoch besitzen die in den weichen Tuffstein gegrabenen Räume eine geheimnisvolle Aura. Vor allem Kinder und Jugendliche sind von einer Erkundung der Burgruine begeistert. Zudem lockt eine phantastische Aussicht auf das Tal der Durance.

Musée de la Vannerie: Die an dem nahen Ufer der Durance wachsenden Weiden bildeten den Rohstoff für die traditionsreiche Korbflechterei. Das Museum veranschaulicht nicht nur diverse Techniken, sondern besitzt auch zahlreiche, in Cadenet gefertigte Korbprodukte.

Adresse Avenue Philippe-de-Girard. Öffnungszeiten: Von April bis Okt. tgl. außer Dienstag, Mittwoch- und Sonntagvormittag 10–12 Uhr und 14.30–18.30 Uhr. Eintritt: 3,50 €, erm. 2,50 €.

Lauris

Das auf einem markanten Felsvorsprung über dem Durance-Tal thronende Lauris mit seinem wuchtigen Château (18. Jahrhundert) ist vor allem für den Spargelanbau bekannt. Das Schloss ist in Privatbesitz und kann daher nicht besichtigt werden. Die Terrassen des Schlosses beherbergen den Jardin Conservatoire Régional des Plantes Tinctoriales, der verschiedenste Färberpflanzen zeigt.

Markt Montagvormittag auf der Place Garnier.

Abbaye de Silvacane

Auf einem feuchten Terrain am linken Ufer der Durance gründeten Zisterziensermönche aus der Abtei von Morimond 1144 ein Tochterkloster, die Abbaye de Silvacane. Der Name Silvacane erinnert noch an die von den Mönchen kultivierte Flussniederung: *silva cannorum* weist auf einen Wald aus Schilfrohren hin. Zusammen mit Sénanque und Le Thoronet wird Silvacane gerne als eine der so genannten „drei provenzalischen Schwestern" bezeichnet, wenngleich sie von den beiden anderen Klöstern an Formvollendung übertroffen wird. Dass der heutige Zustand von Silvacane im Vergleich mit den anderen zurücksteht, liegt auch daran, dass das Kloster bereits im 14. Jahrhundert an Bedeutung verlor. Wenig später wurde das Kloster aufgelöst, die Kirche diente bis zur Revolution als Pfarrkirche von La Roque-d'Anthéron. Die Kirche, der älteste Teil des Klosters, ist zugleich auch das besterhaltenste Gebäude von Silvacane, denn sie wurde bereits 1846 unter Denkmalschutz gestellt, während die anderen Klosterbauten erst 1949 für schutzwürdig erachtet wurden. Bis dahin diente der Kapitelsaal als Pferdestall und das Refektorium als Scheune. Durch aufwändige Restaurierungsarbeiten konnten die Schäden teilweise behoben werden.

Der Aufbau der Abbaye de Silvacane entspricht der Tradition der Zisterzienserklöster. Eine Besichtigung beginnt in der *Klosterkirche*, einer dreischiffigen Basilika mit breitem Querhaus. Auffallend ist auch hier der relativ flache Chor, die nüchterne Architektur sollte jegliche Ablenkung vom Gottesdienst verhindern. Nach Norden hin schließen sich die Sakristei und der *Kreuzgang* an. Der von romanischen Formen dominierte Kreuzgang liegt auf einem wesentlich tieferen Niveau als die Kirche, denn er musste auf dem abschüssigen Terrain die Verbindung zu den anderen Klostergebäuden herstellen. An seiner Ostgalerie befinden sich eine kleine Bibliothek sowie der von einem schönen Kreuzrippengewölbe gezierte *Kapitelsaal*, danach folgt das Sprechzimmer und die Wärmstube, in der, da sie der einzige heizbare Raum des Klosters war, die Mönche religiöse Bücher kopierten; das Obergeschoss des Osttrakts beherbergte den Schlafsaal.

Öffnungszeiten Von Juni bis Sept. tgl. 10–18 Uhr, sonst tgl. außer Di 10–13 Uhr und 14–17 Uhr. Eintritt: 7 €, erm. 5 €.

Gorges du Régalon

Bei dem Weiler Logis Neuf am Südhang des Lubéron (17 km westlich von Silvacane) zweigt ein Weg in die Schlucht des Régalon ab (gebührenpflichtiger Wanderparkplatz). Faszinierend sind die ersten vierzig Minuten der Wanderung, denn der Weg wird von steil aufragenden Felswänden gesäumt, die am Grund der Schlucht manchmal einen nur einen halben Meter breiten Weg freigeben und kaum Licht einfallen lassen. Festes Schuhwerk ist angebracht, da die Felsen oft sehr glatt sind und man auch etwas klettern muss. Wer will, kann dem markierten Fernwanderweg GR 6 nach Norden hin über den Kamm des Petit Lubéron folgen und gelangt in weiteren 3,5 Stunden nach Oppède-le-Vieux.

Lubéron Karte Seite 556/557

Uferpromenade in Marseille

Marseille

Marseille ist keine helle, heitere Stadt, die einen sofort gefangen nimmt. Wer aber auch auf den zweiten Blick nicht vom bunten Getümmel der Stadt fasziniert ist, wird die schillernde südfranzösische Metropole wohl niemals lieben. Dabei ist Marseille für das Verständnis unseres Nachbarlandes ungemein wichtig, schon Henri IV. wusste: „Nur wer Marseille regiert, kann in Frankreich herrschen."

Marseille ist der wichtigste französische Hafen an der Mittelmeerküste, seit mehr als 2.000 Jahren fungiert die Stadt als Handelsdrehscheibe Südfrankreichs: „Marseille ist das Tor zur Welt, Marseille ist die Schwelle der Völker. Marseille ist Okzident und Orient", schwärmte 1925 der Schriftsteller Joseph Roth. Daran hat sich bis heute nur wenig geändert: Die Arbeitsimmigranten aus Nordafrika kommen hier erstmals mit Frankreich in Berührung; sie erleben nicht nur einen gigantischen Moloch, der sich weit in das Umland hineingefressen hat, sondern auch eine Stadt, die seit langem mit sozialen Missständen und hoher Arbeitslosigkeit kämpft. Mehr als ein Drittel der 1,2 Millionen Einwohner von Marseille wurde nicht in Frankreich geboren. Die Fremdenangst scheint ein nicht endendes Übel zu sein: Traditionell ist in Marseille der rechtsradikale *Front National* von Jean-Marie Le Pen – der schon mehrfach versprochen hat, die Stadt von ihren „nordafrikanischen Abfällen" zu reinigen – besonders erfolgreich, vor allem das Belsunce-Viertel im Norden der Canebière ist vielen ein Dorn im Auge und auch die Stadtverwaltung versucht mit administrativen Mitteln, die Nordafrikaner aus dem Zentrum in die trostlosen Armenviertel im Norden von Marseille zu verbannen. Doch es regt sich auch Widerstand gegen die rassistischen Tendenzen in der Stadt: Die Anti-Rassismus-Initiativen *Marseille Fraternité* und *Marseille-Espérance* werben seit Jahren um mehr Verständnis für die Immigranten und deren Nachkommen. Eigentlich sollte man erwarten können, dass sich Marseille Fremden gegenüber liberal und aufgeschlossen zeigt, denn die Hafenstadt hat eine lange Tradition als letzter Rettungsort für Flüchtlinge und als Hoffnungsträger für Immigranten: Allein in den letzten hundert Jahren spannt sich der Bogen von revolutionsflüchtigen Russen und von türkischem Völkermord bedrohten Armeniern bis hin zu Italienern, Spaniern, Algeriern, Deutschen und Juden, die Zuflucht vor den faschistischen Regimes ihrer Heimat suchten; Walter Benjamin nannte die Stadt daher eine Bahnhofshalle. Kinder dieser Immigranten sind später im Sport- und Showbusiness groß herausgekommen, so beispielsweise der Spielmacher *Zinédine Zidane*, der Frankreich bei der Fußballweltmeisterschaft 1998 zum Titel führte, Charles Aznavourian sowie ein gewisser Ivo Livi; Letzterer hat unter seinem Künstlernamen Yves Montand französische Filmgeschichte geschrieben.

Marseille eilt noch ein weiteres negatives Image voraus: Die Stadt gilt als Hochburg des internationalen Verbrechens. Übrigens kann die Hafenstadt auch auf diesem Sektor auf eine lange Geschichte zurückblicken: 1935 ereignete sich in Marseille das erste Kidnapping auf europäischem Boden, nach Kriegsende nahm die später zu Filmehren gekommene French Connection der Mafia in Marseille ihre „Arbeit" auf. Wegen des schlechten Rufes der Stadt sollte man sich aber keinesfalls von einem Besuch abschrecken lassen. Autoaufbrüche ereignen sich in Marseille auch nicht häufiger als im vornehmen Aix oder Nizza, vorsichtige Naturen können ihren fahrbaren Untersatz jedoch auch in La Ciotat oder in Aubagne abstellen und mit dem Zug anreisen. Im Vergleich zur Kleinkriminalität richtet jedoch die Korruption den weitaus größeren wirtschaftlichen Schaden an. Große Teile der Stadtverwaltung bis hin zu vermeintlich seriösen Klinikbesitzern haben sich in den letzten Jahrzehnten von diesem Virus infizieren lassen. Auch wirtschaftlich ist es um Marseille nicht gerade gut bestellt. Die städtische Arbeitslosenquote liegt bei über zwanzig Prozent und die Hälfte der Einwohner ist aufgrund ihrer geringen Einkünfte von der Einkommenssteuerpflicht befreit.

Erst im Zuge der Fußballweltmeisterschaften 1998 konnte Marseille einen Imagegewinn verbuchen: Das Office de Tourisme verzeichnete in den ersten drei Monaten 1999 eine Steigerung der Besucherzahlen um 30 Prozent. Derzeit werden in Marseille jährlich mehr als drei Millionen Touristen gezählt, davon sind übrigens 250.000 Teilnehmer einer Mittelmeerkreuzfahrt. Durch den TGV ist Marseille zudem ins Blickfeld reicher Pariser gerückt. Der Umstand, dass man in rund drei Stunden von der Seine ans Mittelmeer gelangen kann, hat die Stadt zum beliebten Ziel für einen Wochenendausflug werden lassen. Manche haben sich gar eine Ferienwohnung gekauft. Spürbar zur Verbesserung des Klimas hat auch das Infrastrukturprojekt „Euroméditerranée" beigetragen. Der französische Staat investierte seit Ende der neunziger Jahre die gigantische Summe von drei Milliarden Euro, um das heruntergekommenen Hafenviertel La Joliette aufzupeppen und Marseille zu helfen, seine traditionelle Mittlerfunktion zwischen Europa und Afrika zurückzugewinnen. Alte Speicher wurden restauriert, Wohnungen gebaut, neue Promenaden und Plätze am Alten Hafen angelegt, Cafés und Restaurants brachten Leben in die einstigen Brachflächen. Als Glanzpunkt ist für 2013 die Eröffnung eines „Museums für die Kulturen des Mittelmeerraums" geplant.

Karten Seite 600/601, 605, 618/619 und 651

In den Straßen von Marseille

Neben dem slowakischen Kosice wird Marseille 2013 Europäische Kulturhauptstadt. In einer nationalen Ausscheidung setzte sich Marseille, das sich zusammen mit der Provence beworben hatte, gegen die heimischen Mitbewerber Bordeaux, Lyon und Toulouse durch (weitere Infos unter www.marseille-provence2013.fr).

Die Zeiten haben sich geändert, seit *Jean-Claude Izzo* (1945–2000), ein aus Marseille stammender Journalist, in einem seiner Kriminalromane befand: „Marseille ist keine Stadt für Touristen. Es gibt dort nichts zu sehen. Seine Schönheit lässt sich nicht fotografieren. Sie teilt sich mit. Hier muss man Partei ergreifen. Sich engagieren. Dafür oder dagegen sein. Leidenschaftlich sein. Erst dann wird sichtbar, was es zu sehen gibt. Und dann ist man, wenn auch zu spät, mitten in einem Drama, in dem der Held der Tod ist. In Marseille muss man sogar kämpfen, um zu verlieren."

Geschichte

Wie Ausgrabungen im Bereich des Alten Hafens untermauert haben, wurde *Massalia* wahrscheinlich im Jahre 620 vor unserer Zeitrechnung von griechischen Kolonisten aus Phokaia gegründet. Damit gilt Marseille als die älteste Stadt Frankreichs! Die neu gegründete Kolonie *Massalia* – der erste Teil des Namens soll sich von dem Wort *mas* (Anwesen, Haus) ableiten, der zweite Teil auf den keltoligurischen Stamm der Salyer hinweisen – erstreckte sich auf dem Hügel nördlich des Vieux Port. Die Beziehungen zur Mutterstadt Phokaia blieben stets intensiv: Noch im Jahr 130 v. u. Z. intervenierte Marseille bei den mit der Stadt befreundeten Römern zugunsten von Phokaia. Der berühmte römische Geograph Strabo schrieb über die „Massilienser": „Sie bewohnen eine Ölbäume und Weinstöcke tragende, aber der Rauheit wegen an Getreide dürftige Gegend, weshalb sie, mehr der See vertrauend als dem Lande, mehr die zur Schifffahrt geeignete Lage benutzen. Später jedoch vermochten sie durch Tapferkeit einige umliegende Ebenen dazu zu erobern." In der römischen Epoche musste die nunmehr *Massilia* genannte Stadt einen erheblichen, „selbstverschuldeten" Bedeutungsverlust hinnehmen, denn Marseille hatte sich in der Auseinandersetzung zwischen *Caesar* und *Pompeius* (49 v. u. Z.) auf die Seite des Pompeius – und damit auf die Verliererseite – gestellt. Nach längerer Belagerung eroberte Caesar Marseille; die Stadt entging zwar weitgehend der Zerstörung, doch die Gunst Roms hatte sie verloren. Caesar protegierte andere Städte und schon bald wurde Marseille von Arles und Narbonne überflügelt. Aufgrund der langen griechischen Tradition konnte sich Marseille eine gewisse Eigenständigkeit bewahren; die Schulen der Stadt genossen ein hohes Ansehen, doch der einstige Glanz war dahin. Ein Jahrhundert später schrieb Tacitus in seinem „Agricola", die Stadt sei bekannt für „griechischen Charme und provinzielle Einfachheit". Im Laufe der nächsten Jahrhunderte wurde Marseille immer „römischer", neue Bauvorhaben (Stadtmauer, Dockanlagen etc.) veränderten allmählich das Stadtbild; wie im gesamten Römischen Reich fasste das Christentum auch in Marseille schnell Fuß, einen Bischof gab es spätestens im Jahre 313.

Unter den Wirren der Völkerwanderung und der Sarazenenüberfälle litt die Hafenstadt Marseille zwar erheblich, doch kam der Handel im Gegensatz zu vielen anderen provenzalischen Städten niemals vollkommen zum Erliegen. Eine erneute Blüte setzte im 11. Jahrhundert ein, als das von den Grafen der Provence geförderte Marseille seine alten Handelsbeziehungen wieder neu belebte. Der französische König Ludwig der Fromme errichtete mit Aigues-Mortes zwar einen Konkurrenzhafen in direkter Nachbarschaft, doch konnte der alsbald verlandende Hafen von Aigues-Mortes nie wirklich mit Marseille konkurrieren. Auf Selbstbestimmung bedacht, gelang es alteingesessenen Familien mit gräflicher Unterstützung, sich von der Herrschaft des Bischofs zu lösen, Marseille wurde Stadtrepublik. Die politische Situation veränderte sich erst, als die Stadt durch das Aussterben der Anjou zusammen mit der übrigen Provence an Frankreich fiel.

Nur ein Jahrhundert später hatte Marseille, begünstigt durch die unruhigen Zeiten der französischen Glaubenskriege, wieder zur faktischen Selbständigkeit zurückgefunden. Unabhängig, katholisch und ligistisch, folgte die Stadt in Erinnerung ihrer republikanischen Tradition schon im April 1588 nur den eigenen politischen Leidenschaften. Unter der fast diktatorisch anmutenden Führung von *Charles de Casaulx* näherte sich Marseille politisch Spanien an, aber der militärische Druck auf die Stadt wuchs. Doch erst nachdem Casaulx am 7. Februar 1596 ermordet worden war, unterwarf sich Marseille dem Bourbonen Heinrich von Navarra. „Erst jetzt bin ich König von Frankreich", soll dieser beim Eintreffen der guten Nachricht gesagt haben. Zwei Generationen später sah sich Ludwig XIV. gezwungen, Marseille erneut in seine Schranken zu weisen: Am 2. März 1660 besetzten königliche Soldaten die Stadt, eine loyale Stadtregierung wurde inthronisiert, die den Hafen schützenden Forts Saint-Jean und Saint-Nicolas blieben vorsorglich in königlicher Hand. Ihre Kanonen wurden so ausgerichtet, dass sie, wenn nötig, auch die Stadt beschießen hätten können. Das traditionsgeprägte Selbstbewusstsein der Stadtoberen blieb aber ungebrochen: Noch im 18. Jahrhundert erklärten die Verantwortlichen von

Karten Seite 600/601, 605, 618/619 und 651

Marseille, die Stadt sei dem König von Frankreich nur in seiner Eigenschaft als Graf der Provence Gehorsam schuldig.

Seit dem Ende des 17. Jahrhunderts erlebte Marseille einen enormen wirtschaftlichen Aufschwung, erst jetzt wuchs die Stadt weit über ihre antiken Grenzen hinaus, südlich und östlich des Hafens entstanden neue Wohnviertel. Für den Aufschwung war ein Edikt hauptverantwortlich, das die Stadt 1669 zum Freihafen erklärte, Waren aus dem Orient, die über andere Häfen nach Frankreich gelangten, wurden mit einer 20-prozentigen Sondersteuer belegt; Marseille besaß damit faktisch das Monopol über den gesamten Warenumschlag aus dem Orient. Auch im Seeverkehr mit der Karibik spielte Marseille alsbald eine führende Rolle. Die Marseiller Händler wussten ihre Beziehungen zu nutzen und verkauften Zucker und Kaffee von den Antillen im Osmanischen Reich. Das große Handelsgeflecht hatte auch seine Schattenseiten: Ein aus Syrien kommendes Schiff mit dem Namen „Le Grand Saint Antoine" brachte 1720 die Pest mit. Der Kapitän hatte zwar die Hafenverwaltung vor den an Bord befindlichen Kranken gewarnt, doch machten sich einflussreiche Kaufleute für die Umgehung der Quarantäne stark, da sie sehnlichst auf die Fracht des Schiffes warteten. Die Folgen sind bekannt: Allein in Marseille raffte der „Schwarze Tod" 50.000 Menschen dahin. Die Katastrophe, der jeder zweite Bewohner zum Opfer gefallen war, wurde erstaunlich schnell überwunden: Zu Beginn der Französischen Revolution hatte sich Marseille mit 120.000 Einwohnern zur drittgrößten Stadt Frankreichs entwickelt. In Bezug auf die Revolution sind zwei Ereignisse zu vermerken: Da sich die Bürger dem jakobinischen Konvent offen entgegenstellten, wurde Marseille zur *Ville sans nom* („namenlosen Stadt") degradiert, zudem verhinderte der Sturz Robespierres am 9. Thermidor (27. Juli 1794) den Bau eines Tempels der Vernunft, der in Marseille geplant war. Finanziell wirkte sich die Revolution nachteilig aus: Die Herrschaft Napoléons und die gegen Frankreich verhängte Handelsblockade lähmten die heimische Wirtschaft, erst die nach Waterloo anbrechende Restaurationszeit sorgte für bessere Zeiten: Marseille stieg unter der Julimonarchie (1830–1848) zum größten Hafen Frankreichs und drittgrößten von Europa auf. Einen weiteren Aufschwung bescherte der 1869 eröffnete Suezkanal, der Handel mit asiatischen Waren und Rohstoffen stieg sprunghaft an.

Als *Walter Benjamin* 1928 nach Marseille kam, erlebte er die Stadt als ein den Touristen abstoßendes Rätsel, als Ort des Verfalls, in dem „die große Entscheidungsschlacht zwischen Stadt und Land tobte", ein „Nahkampf von Telegraphenstangen gegen Agave, Stacheldraht gegen stachlige Palmen". Und weiter: „Marseille – gelbes, angestocktes Seehundsgebiß, dem das salzige Wasser zwischen den Zähnen herausfließt. Schnappt dieser Rachen nach den schwarzen und braunen Proletenleibern, mit denen die Schiffskompanien ihn nach dem Fahrplan füttern, so dringt ein Gestank von Öl, Urin und Druckerschwärze daraus hervor. Der ist vom Zahnstein, der an den wuchtigen Kiefern festbackt: Zeitungskioske, Retiraden und Austernstände. Das Hafenvolk ist eine Bazillenkultur; Lastträger und Huren als menschenähnliche Fäulnisprodukte. Im Gaumen aber sieht es rosa aus. Das ist hier die Farbe der Schande, des Elends."

Noch ein letztes Schicksalsdatum in der Geschichte Marseilles ist zu vermerken: Am Morgen des 24. Januar 1943 begann die deutsche Armee das Joliette-Viertel

Varian Fry – Retter der Verfolgten

Marseille 1940: Tausende von antifaschistischen deutschsprachigen Emigranten, die nach der Kapitulation Frankreichs in den unbesetzten Süden des Landes geflohen waren, hatten sich unfreiwillig in der traditionsreichen Hafenstadt versammelt. Die Flüchtlinge waren nur scheinbar in Sicherheit, da sich die Pétain-Regierung im Waffenstillstandsabkommen zur Auslieferung von Flüchtlingen verpflichtet hatte. Jeden Augenblick drohte die Gefahr, festgenommen zu werden: „Sie müssen sich vorstellen: die Grenzen waren gesperrt, man saß in der Falle, jeden Augenblick konnte man von neuem verhaftet werden, das Leben war zu Ende – und nun steht da plötzlich ein junger Amerikaner in Hemdsärmeln, stopft dir die Taschen mit Geld voll, legt den Arm um dich und zischelt mit schlecht gespielter Verschwörermiene: 'Oh, es gibt Wege, Sie herauszubringen' ...“, erinnerte sich der unlängst verstorbene Hans Sahl in seinen Memoiren an seinen Retter.

Der junge, geheimnisvolle Amerikaner hatte einen Namen: Varian Fry. Am 15. August 1940 war Fry (1907–1967) im Auftrag des *Emergency Rescue Committee* – dessen Gründung übrigens auf eine Anregung von Erika Mann zurückging – in Marseille angekommen, um ein paar Wochen lang renommierten, von den Nazis verfolgten Künstlern die Ausreise zu ermöglichen. Fry blieb jedoch wesentlich länger: Bis zu seiner Verhaftung am 29. August 1941 verhalf der „Schutzengel einer ganzen Sippe exilierter Intellektueller und Poetaster“ (Walter Mehring) mit illegal erworbenen Pässen und Visa zur Flucht in das sichere Ausland; insgesamt waren es mehr als tausend Verfolgte, denen Fry geholfen hatte. So bekannte Persönlichkeiten wie Lion Feuchtwanger, Heinrich Mann, Siegfried Kracauer, Walter Mehring, Max Ernst, Anna Seghers sowie André Breton und Marc Chagall verdankten ihr Leben den unerschrockenen Bemühungen des „Engels von Marseille“; eine Anerkennung ist ihm zu Lebzeiten leider nicht zuteil geworden: Weder Lion Feuchtwanger noch Heinrich Mann, weder Marc Chagall oder Max Ernst haben sich bei ihm bedankt, Eleanor Roosevelt tadelte seine Aktionen gar im Namen Amerikas. Fry, der zuletzt als Lateinlehrer an einer Provinzschule tätig war, starb 1967 einsam und weitgehend vergessen.

am Alten Hafen zu evakuieren. Wenige Tage später kam es zu einer schrecklichen Demonstration der deutschen Macht: Das unübersichtliche historische Hafenviertel hinter dem Quai du Port, zu dem auch der Rotlichtbezirk „Les Bricks“ gehörte, wurde gesprengt, um flüchtigen Juden und der Résistance das Leben im Untergrund zu erschweren. Dass dadurch 30.000 Menschen über Nacht zu Obdachlosen wurden, scherte niemanden; mit deutscher Gründlichkeit ging man ans Werk, nur einige wenige Häuser wie das barocke Hôtel de Ville und die Maison Diamantée blieben verschont: Nach 17 Tagen lagen 14 Hektar des alten Hafenviertels in Schutt und Asche. Als das Areal nach Kriegsende neu errichtet wurde, versäumten es die Stadtväter, architektonische Akzente zu setzen, so dass die Nordseite des Hafens seither von langweiligen Betonkästen verunziert wird.

Karten Seite 600/601, 605, 618/619 und 651

Information/Verbindungen

• *Information* **Office de Tourisme**, 4, la Canebière, 13001 Marseille, ✆ 0491138900, ℻ 0491138920, www.marseille-tourisme.com und www.marseille-provence2013.fr.

• *Verbindungen* Der **Flughafen** von Marseille-Provence liegt rund 20 Kilometer nordwestlich der Stadt bei Marignane. ✆ 044214 1414 (www.marseille.aeroport.fr); von dort tgl. ca. 28 Flüge nach Paris sowie zahlreiche Verbindungen zu französischen und europäischen Städten (z. B. München, Frankfurt, Zürich). Vom Bahnhof Saint-Charles verkehren alle 20 Minuten Busse zum Flughafen (20 Min. Fahrtdauer). Im Oktober 2008 wurde der Low-Cost-Terminal „MP2" eröffnet. Es bestehen 18 Flugverbindungen innerhalb Europas, großteils von Ryanair. www.mp2.aeroport.fr.

Der **SNCF-Bahnhof** Marseille-Saint-Charles (✆ 3635) ist rund 15 Fußminuten vom Vieux Port entfernt. Es bestehen von 5 Uhr morgens bis 1 Uhr nachts rund 50 Zugverbindungen nach Toulon; Fahrzeit: ca. 40 Minuten. Die Hälfte der Züge hält u. a. in Aubagne, Cassis, La Ciotat und Bandol, ansonsten Direktverbindungen. Vom Bahnhof Saint-Charles bestehen zusätzlich stündlich Busverbindungen nach Aubagne und Cassis. Ebenso häufige Zugverbindungen nach Aix-en-Provence und weiter nach Gap sowie über Arles, Tarascon und Avignon nach Lyon. Selbstverständlich fahren auch Züge nach Paris und ins europäische Ausland.

Gleich neben dem Bahnhof befindet sich der **Busbahnhof** (3, place Victor Hugo, ✆ 0491081640). Von hier bestehen Verbindungen zu fast allen größeren provenzalischen Städten, so fahren tgl. mindestens 20 Busse nach Aix-en-Provence (auch von der Place Jules Guesde) und weiter über Cavaillon nach Carpentras.

Zwischen Marseille und Korsika, Sardinien, Tunesien und Algerien bestehen zudem regelmäßig **Schiffsverbindungen**. SNCM, 61, boulevard des Dames, ✆ 0491563010 oder 0491394242. Welche Fähren liegen gerade im Hafen von Marseille? Zwei Kameras haben die Kaianlagen fest im Blick: www.mairie-marseille.fr/webcam.

Schiffsausflüge: Vom Alten Hafen fahren tgl. Boote zu den Iles du Frioul sowie zum Château d'If (10 € bzw. 15 € für 2 Inseln). Tgl. um 14 Uhr fahren Boote zu den Calanques (4 Std., 25 €).

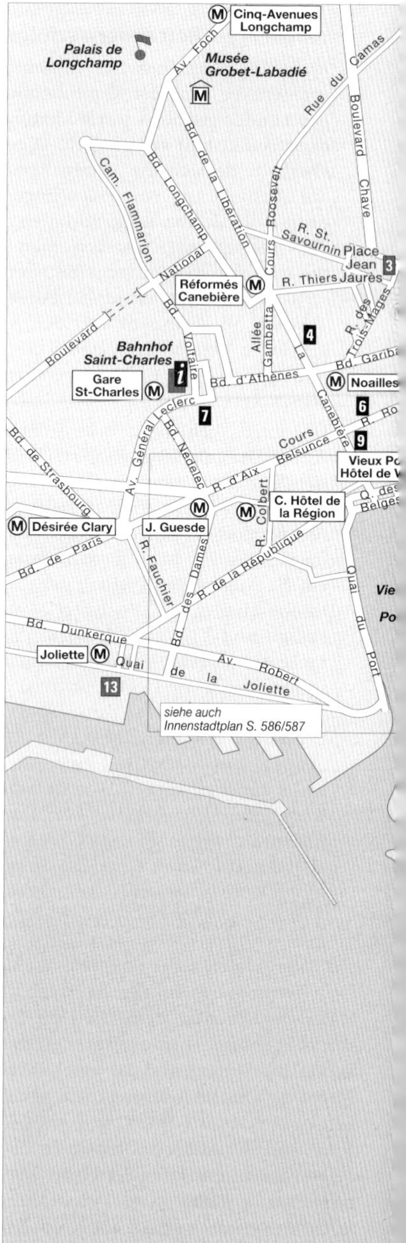

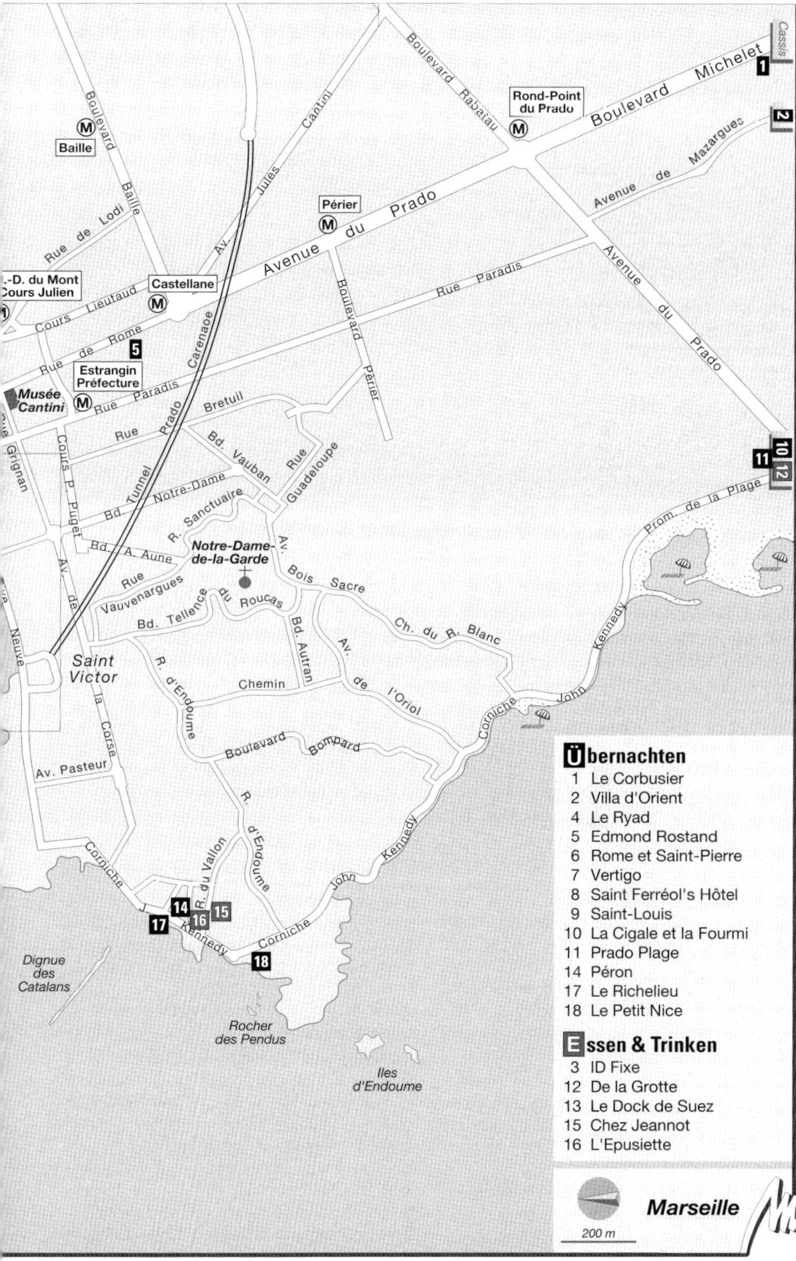
Cassis
Boulevard Michelet
Rond-Point du Prado
Boulevard Rabatau
Avenue de Mazargues
Boulevard Baille
Baille
Rue de Lodi
Av. Jules Cantini
Périer
Avenue du Prado
Castellane
N.-D. du Mont Cours Julien
Cours Lieutaud
Rue Paradis
Boulevard Périer
Rue de Rome
Estrangin Préfecture
Musée Cantini
Rue Breteuil
Rue Prado Carenage
Tunnel
Bd. Vauban
Rue Guadeloupe
Grignan
Cours P. Puget
Bd. Notre-Dame
R. Sanctuaire
Bd. A. Aune
Notre-Dame-de-la-Garde
Av. Bois Sacre
Rue Vauvenargues
Bd. Tellene
R. du Roucas
Bd. Autran
Ch. du R. Blanc
Av. de l'Oriol
Neuve
Saint Victor
Av. de la Corse
R. d'Endoume
Chemin
Boulevard Bompard
Av. Pasteur
R. d'Endoume
R. du Vallon
Corniche J. Kennedy
Corniche John Kennedy
Prom. de la Plage
Dignue des Catalans
Rocher des Pendus
Iles d'Endoume
Übernachten
1 Le Corbusier
2 Villa d'Orient
4 Le Ryad
5 Edmond Rostand
6 Rome et Saint-Pierre
7 Vertigo
8 Saint Ferréol's Hôtel
9 Saint-Louis
10 La Cigale et la Fourmi
11 Prado Plage
14 Péron
17 Le Richelieu
18 Le Petit Nice
Essen & Trinken
3 ID Fixe
12 De la Grotte
13 Le Dock de Suez
15 Chez Jeannot
16 L'Epusiette
Marseille
200 m

Am alten Hafen schlägt noch immer das Herz der Stadt

Taxi: Marseille-Taxi, ✆ 0491022020.

Öffentliche Verkehrsmittel: Marseille besitzt ein gutes öffentliches Verkehrsnetz mit zwei Metro-Linien, einer Trambahn (seit 2007, die von Euromediterranée 11,2 Kilometer durch das Stadtzentrum bis nach Caillols führt) und zahlreichen Buslinien – letztere fahren abends allerdings nur sehr eingeschränkt. Eine Einzelfahrkarte kostet 1,70 € und ist in einer Fahrtrichtung eine Stunde gültig (es gibt auch ein Heft mit fünf Tickets zu 6 €). Wer mehrmals pro Tag in Marseille mit öffentlichen Verkehrsmitteln unterwegs sein wird, sollte sich eine 24 Stunden gültige Tageskarte (4,50 €, nicht im Bus erhältlich) oder eine Wochenkarte zulegen. www.rtm.fr.

Parken: Insgesamt gibt es 19 Parkhäuser mit 9.000 Stellplätzen. Rund um den Alten Hafen gibt es mehrere Parkhäuser, so beim Hôtel de Ville an der Place Jules Verne.

Diverses

• *Literaturtipps* **Anna Seghers**: Transit; **Varian Fry**: Auslieferung auf Verlangen; **Marcel Pagnol**: Marcel – eine Kindheit in der Provence. Krimifreunden sind die Bücher von **Jean-Claude Izzo** zu empfehlen, die ausschließlich in Marseille spielen. Allesamt erschienen im Unionsverlag, ebenso sein Roman „Aldebaran".

• *Fahrräder* Es gibt zwar im ganzen Stadtgebiet zahlreiche Verleihstationen mit Fahrrädern (blaues Schutzblech), allerdings ist eine Anmietung derzeit nur einer französischen Kreditkarte möglich...

• *Internet* Info-Café, 1, quai Rive-Neuve, ✆ 0491337498.

• *Autoverleih* Avis, ✆ 0491084180; Budget, ✆ 0491717500.

• *Veranstaltungen* An allen Oktoberwochenenden verwandelt sich die alte Hafenstadt während der **Fiesta des Suds** in eine riesige Konzertbühne (Jazz, Swing, Reggae, Rap und Raï). Ende Oktober findet in der Abbaye Saint-Victor das **Festival de Musique Sacrée** statt.

• *Märkte* Auf der Place des Capucins (südlich der Canebière) findet tgl. ein schöner, bunter Markt statt; der größte ist der Marché du Prado, er wird tgl. außer Sonntag zwischen der Place Castellane und der Avenue du Prado abgehalten (zwei Kilometer südlich des Zentrums). An ein paar Ständen direkt am Vieux Port werden zudem tgl. außer Sonntag fangfrische Fische feilgeboten. Wer alten Nippes sucht, sollte den

Marché à la Brocante besuchen; er findet jeden zweiten Sonntag im Monat auf dem Cours Julien statt (Mittwoch Gemüse).

• *Einkaufen* Zahlreiche Geschäfte aller Sparten findet man im Centre Bourse (großes, überdachtes Einkaufszentrum) und entlang der zur Fußgängerzone erklärten Rue Saint Ferréol (fünf Fußminuten nördlich des Alten Hafens).

• *Hammam* La Bastide des Bains, moderner, sehr komfortabler Hammam. Öffnungszeiten sind geschlechtsabhängig. Eintritt. 30 €. 19, rue Sainte, ✆ 0491333913. www.bastide-des-bains.com.

• *Strände* Marseille besitzt südlich des Zentrums mehrere gepflegte Strände mit erstaunlich klarem Wasser. Besonders stadtnah ist der Sandstrand Plage du Prophète an der Corniche Kennedy. Der längste Strandabschnitt ist die nahe des Parc Borély gelegene Plage du Prado, eine künstlich aufgepeppte Freizeitwelt, die sich über 45 Hektar erstreckt. In der Gay-Szene beliebt ist die Plage Montrose. Die Strände sind vom Alten Hafen mit der Buslinie 83 gut zu erreichen.

Übernachten (siehe Karten S. 582/583 und 586/587)

• *Hotels* **** **Le Petit Nice (18)**, traumhaftes Hotel (Relais et Châteaux), direkt an der Küste mit Meerwasserpool. Auch von den Preisen (195 €, im Winter, sonst 295–490 €) können die meisten Reisenden wahrscheinlich nur träumen. Apropos träumen: Der Gourmethimmel des zugehörigen Restaurants öffnet sich ab 85 € (mittags) oder ab 130 € abends. Dafür gibt es dann auch drei Michelin-Sterne. Sonntag Ruhetag. Corniche Kennedy, ✆ 0491592592, ℻ 0491592808. www.petitnice-passedat.com.

**** **Radisson (34)**, direkt am Alten Hafen bietet dieses unlängst eröffnete Hotel viel Komfort auf hohem Niveau. Die entweder im provenzalischen oder afrikanischen Design gehaltenen Zimmer sind großzügig und haben schöne Bäder. Erstklassiger Service und hervorragendes Frühstück mit großer Auswahl. Und Björk war auch schon unter den Gästen... Weitere Extras: quadratischer Pool mit Sonnenterrasse, kostenloses WLAN. DZ ab 180 €, ab der Business Class gibt es eine Nespresso-Maschine im Zimmer. Gut speist man auch im zugehörigen Restaurant **Solaris**. Eine Parkgarage befindet sich direkt nebenan. 38–40, quai Rive Neuve, ✆ 0488921950, ℻ 0488921951. www.marseille.radissonsas.com.

**** **Mercure Beauvau (19)**, nur eine Minute vom Vieux Port entfernt, mit dem geübten Service eines Hotels der oberen Preiskategorie. Im Jahre 2004 erfolgte eine Totalrenovierung, was sich auch auf das Preisniveau niedergeschlagen hat. In den dreißiger Jahren wohnten hier schon berühmte Schriftsteller wie George Sand, Jean Cocteau und Stefan Zweig. Viele Zimmer mit Blick auf den Hafen! DZ 179–269 €, die günstigen Zimmer blicken allerdings nur auf den Innenhof. 4, rue Beauvau, ✆ 0491549100, ℻ 0491541576. www.mercure.com.

*** **Saint Ferréol's Hôtel (8)**, ausgesprochen günstiges, sehr empfehlenswertes Drei-Sterne-Hotel inmitten der Fußgängerzone. Komfortable, individuelle Zimmer ab 92 €, mit „Whirlpool" 99–120 €, Frühstück 10,50 €. WLAN. 19, rue Pisançon, ✆ 0491331221, ℻ 0491542997. www.hotel-stferreol.com.

*** **Rome et Saint Pierre (6)**, gepflegtes, altertümliches Hotel mit einem wunderschönen, alten offenen Aufzug. Nett ist auch der Frühstücksraum mit einem wuchtigen Steinkamin. Geschmackvolle Zimmer ab 77 € bis hinauf zu 250 €. 7, cours Saint-Louis, ✆ 0491541952, ℻ 0491543456. www.hotelmarseille-romestpierre.com.

** **Kyriad (21)**, direkt neben dem Mercure, das Interieur der Empfangshalle gibt sich zeitgenössisch modern, die hellen und freundlichen Zimmer kosten 79 € (EZ) und 84–89 € (DZ). 6, rue Beauvau, ✆ 0491330233, ℻ 0491332134. www.kyriad-marseille-vieux-port.fr.

** **Alizé (22)**, nach der stilvoll-modernen Renovierung ist dieses Hotel am Vieux Port unser Tipp in dieser Preisklasse und Lage. DZ 73–91 €, die Zimmer mit Hafenblick sind naturgemäß etwas teurer. Klimaanlage und Schallschutzfenster vorhanden, zudem kostenloses WLAN. 35, quai des Belges, ✆ 0491336697, ℻ 0491548006. www.alize-hotel.com.

** **Saint-Louis (9)**, unweit der Canebière findet man hier passable Zimmer in provenzalischen Farben, zumeist mit Balkon ab 67 €. WLAN vorhanden. 2, rue des Récollettes, ✆ 0491540274, ℻ 0491337859. www.hotel-st-louis.com.

** **Edmond Rostand (5)**, freundlich geführtes Logis-de-France-Hotel in einem Eckhaus, einen Kilometer östlich des Vieux Port. Moderne Zimmer mit Flat-Screen, je

Bouches-du-Rhône
Karten Seite 600/601, 605, 618/619 und 651

nach Saison und Ausstattung 65–99 €, einige gehen zum Garten hinaus. Frühstück 8,50 €. Kostenloses WLAN. 31, rue Dragon, ✆ 0491377495, 📠 0491571904. www.hoteledmondrostand.com.

** **Le Corbusier (1)**, das Hotel, das im dritten Stock eines von Le Corbusier entworfenen Hauses (Cité Radieuse) untergebracht ist, besitzt fraglos ein ganz besonderes Flair. Die Zimmer kosten je nach Größe 65–95 € bzw. 125 € für ein geräumiges Studio mit Meerblick. Trotz der dezentralen Lage oft ausgebucht. Frühstücksterrasse. Lohnend! 280, boulevard Michelet, ✆ 0491167800, 📠 0491167828. www.hotellecorbusier.com.

** **Péron (14)**, verspieltes Hotel mit Meerblick, allerdings ist noch eine laute Straße dazwischen. Die Zimmer mit Schallschutz-

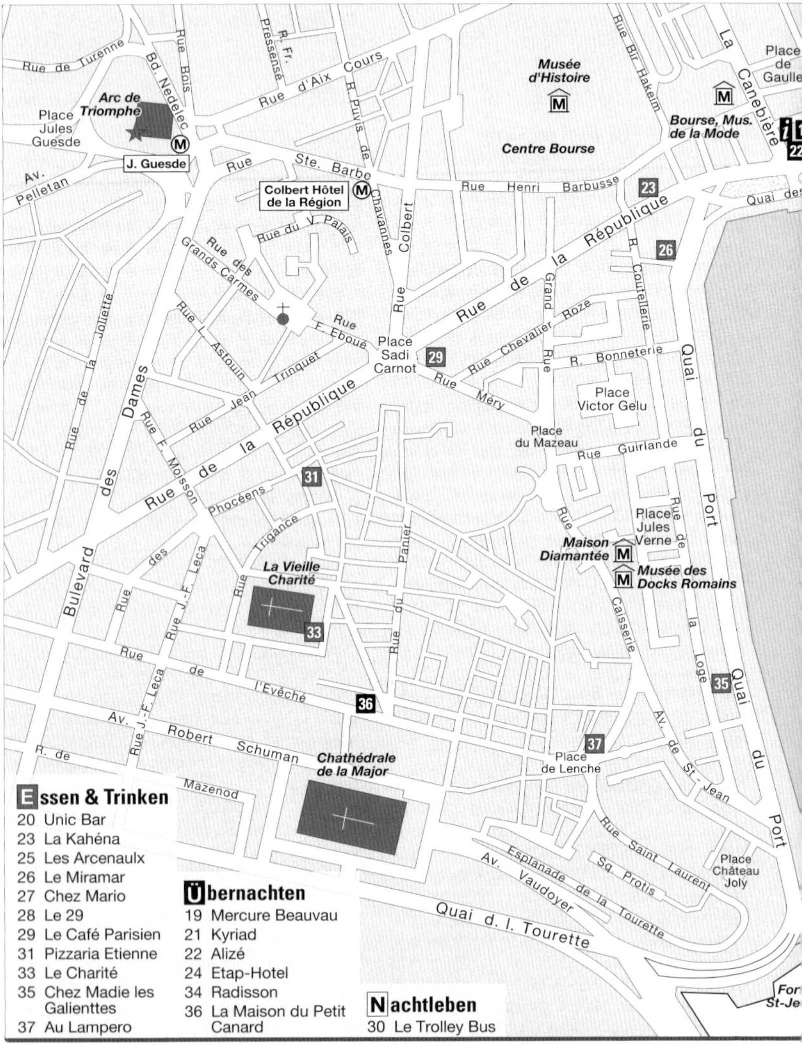

Essen & Trinken

20 Unic Bar
23 La Kahéna
25 Les Arcenaulx
26 Le Miramar
27 Chez Mario
28 Le 29
29 Le Café Parisien
31 Pizzaria Etienne
33 Le Charité
35 Chez Madie les Galienttes
37 Au Lampero

Übernachten

19 Mercure Beauvau
21 Kyriad
22 Alizé
24 Etap-Hotel
34 Radisson
36 La Maison du Petit Canard

Nachtleben

30 Le Trolley Bus

fenstern kosten je nach Ausstattung zwischen 76–106 € und sind im Stil des „Gelsenkirchener Barocks à la Marseille" eingerichtet. Frühstück 10 €. 119, corniche Kennedy (1,5 Kilometer östlich des Alten Hafens, Buslinie 83), ✆ 0491310141, 📠 0491594201 www.hotel-peron.com.

** **Le Richelieu (17)**, dieses Hotel könnte unter dem Motto stehen „Einschlafen mit

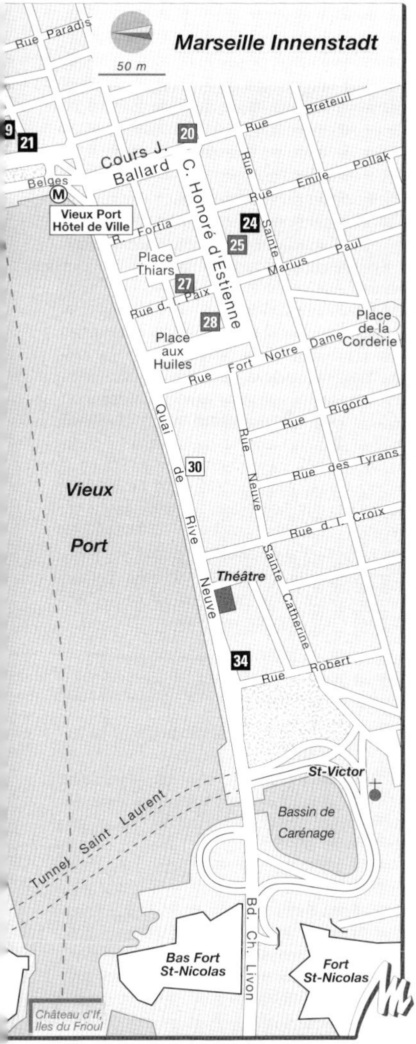

dem Meeresrauschen". Näher kann man in Marseille nicht am Meer wohnen und ins Zentrum ist es auch zu Fuß nicht allzu weit. Große, sonnige Frühstücksterrasse. Die farbenfrohen Zimmer mit Wandgemälden kosten je nach Saison und Lage 67–110 €, mit Balkon bis zu 116 €. Frühstück 8 €. Kostenloses WLAN. 52, corniche Kennedy, ✆ 0491310192. www.lerichelieu-marseille.com.

Le Ryad (4), in einer etwas unansehnlichen Seitenstraße der Canebière gelegen, orientiert sich das Hotel mit seinem netten Innenhof im Stil und in den Farben an der marokkanischen Architektur. Zimmer je nach Ausstattung 95–140 €, Frühstück 12 €. 16, rue Sénac de Meilhan, ✆ 0491477454, 📠 0491487059. www.leryad.fr.

Vertigo (7), dieses in unmittelbarer Nähe des Bahnhofs Saint-Charles gelegene Hotel gefällt nicht nur dank seiner lockeren Traveller-Atmosphäre. Übernachtung im Mehrbettzimmer 23,50 €, DZ 55–65 €, die teureren Zimmer mit Terrasse oder Balkon. Eine Lounge-Bar sowie Küche steht den Gästen zur Verfügung, WLAN vorhanden. 42, rue des Petites Maries, ✆ 0491910711. www.hotelvertigo.fr.

La Cigale et la Fourmi (10), dieses heimelige Backpacker-Hostel im Ortsteil Mazargues (unweit der Küste auf halbem Weg nach Cassis) ist ein Lesertipp von Desiree Waibel und Erika Schuh, die „beeindruckt von der liebevoll und geschmackvoll gestalteten Einrichtung der Räumlichkeiten waren. Auch der Besitzer ist ausnehmend freundlich." Kostenloser Fahrradverleih und WLAN. Mit dem Bus Nr. 22 zu erreichen. Übernachtung zwischen 15 € (Schlafsaal), DZ 35 € und 45 € für das Studio. 19, rue Théophile-Boudier, ✆/📠 0491400512. www.cigale-fourmi.com.

Prado Plage (11), komfortable Stadtresidenz von Pierre & Vacances unweit des gleichnamigen Strandes (100 Meter). Kleiner, beheizter Swimmingpool vorhanden. Komfortable Appartements je nach Größe und Saison ab 67 € pro Tag. Von Anfang April bis Anfang Nov. geöffnet. Ilot Valbel, 46, rue des Mousses, ✆ 0491229700. In Deutschland buchbar über ✆ 01805901011.

Etap-Hôtel (24), die schlechte Nachricht zuerst: Dies ist ein langweiliges Kettenhotel ohne Balkon und spezielles Flair. Doch zur guten Nachricht: Die Lage (zwei Fußminuten vom Vieux Port) und das Preis-Leistungs-Verhältnis sind toll! Das Zimmer mit Bad/WC kostet für eine Person 53 €, für zwei oder drei Personen sind es angenehme

62 €. Für 9 € kann man außerdem das Auto in der Hotelgarage abstellen, was in Marseille kein Nachteil sein muss... 46, rue Sainte, ✆ 0491547373, 📠 0491547777. www.etaphotel.com.

• *Chambres d'hôtes* **Villa Monticelli**, wunderschöne Villa im 8. Arrondissement, in der sechs anspruchsvolle Zimmer (90–120 € inkl. Frühstück für zwei Personen, ab zwei Tagen 10 € pro Nacht günstiger) vermietet werden. Weitere Pluspunkte: Ein traumhafter Garten und nur wenige Minuten vom Meer entfernt. Parkplatz und WLAN vorhanden. 6, rue du Commandant Rolland – 13008, ✆ 0491221520. www.villamonticelli.com.

Villa d'Orient (2), eine schmucke Villa mit Garten im Osten der Stadt hinter Port Mandrague, die uns von Conny Spies empfohlen wurde: „Das Haus, eingerichtet im orientalischen Flair, sehr ruhig in der Calanque de Saména gelegen, mit einem wunderschönen Garten, der zum Entspannen und Erholen einlädt, und gemütlichen Terrassen mit Blick aufs Meer und das Massiv

Im Panier-Viertel gibt es ...

der Calanques." Es gibt sichere Parkmöglichkeiten vor dem Haus, zudem hat man direkten Busanschluss (auch Nachtbus) in die Stadt und nur einige Meter bis zum Wasser. Es werden drei Zimmer (75–85 €) und ein Studio (ab 490 €) vermietet. 30, Calanque de Saména, ✆ 0603671638. www.villadorient.com.

La Maison du Petit Canard (36), kleine, von Stefanie Tönnies, einer Deutschen, die seit rund fünfzehn Jahren in Marseille lebt, betriebene Herberge mitten im Panier-Viertel. Das Zimmer (als EZ 50 €, als DZ 60 €) und die vier Studios (300 € für zwei Personen pro Woche, 350 € für drei Personen etc.) sind in einem bunten Stilmix mit orientalischem Flair eingerichtet. Preise jeweils inkl. Frühstück. Abendessen 18 €. Familiäre Atmosphäre. 2, impasse Sainte-Françoise, ✆ 049 1914031. http://maison.petit.canard.free.fr.

• *Jugendherbergen* Marseille besitzt zwei Jugendherbergen. Da ist einmal im Nordosten von Marseille die Herberge **Bois-Luzy**, 76, avenue de Bois-Luzy, ✆ 0491490618. Vom Bahnhof aus mit der Métro 2 und der Buslinie 6 (Richard-Py) oder Buslinie 8 (Bois-Luzy) zu erreichen. Ganzjährig geöffnet, 90 Betten (12,70 € im Schlafsaal ohne Frühstück), Zelten möglich. www.fuaj.org/marseille-boisluzy. Im Osten von Marseille befindet sich die Herberge **Bonneveine**. Vom Bahnhof aus nimmt man zuerst die Métro 2, dann die Buslinie 44. Eine Nacht in einem der 150 Betten kostet rund 18,60 € inkl. Frühstück. Mitte Dez. bis Mitte Jan. geschlossen. 47, avenue Joseph Vidal, ✆ 0491176330. www.fuaj.org/marseille-bonneveine.

• *Camping* In Marseille gibt es keinen Campingplatz, man muss daher nach Cassis oder La Ciotat ausweichen.

Essen und Trinken/Nachtleben (siehe Karten S. 582/583 und 586/587)

Le Miramar (26), direkt am Vieux Port gelegen, ist das Restaurant trotz seiner altertümlichen Einrichtung eine empfehlenswerte Adresse für all jene, die in Marseille gerne die berühmte Bouillabaisse (55 €) probieren möchten. Straßenterrasse. Sonntag, Montag sowie die ersten drei Wochen im August geschlossen. 12, quai du Port, ✆ 0491911040. www.bouillabaisse.com.

Chez Madie, les Galientes (35), 200 Meter weiter. Einfaches, aber beliebtes Restaurant mit bodenständiger provenzalischer Küche. Große Straßenterrasse mit Blick auf den Alten Hafen. Menüs zu 18 € (mittags), 25 und 30 €. Sonntag Ruhetag. 138, quai du Port, ✆ 0491904087.

Les Arcenaulx (25), traumhaftes Restaurant in einem stattlichen Anwesen aus dem 18. Jahrhundert. Der vordere Teil der Räumlichkeiten wird als Restaurant genutzt, das in eine gut sortierte Buchhandlung mit angegliedertem Antiquariat übergeht. Das offene Mauerwerk unterstreicht die phantastische Atmosphäre. Menüs zu 27 und 35 €. Sonntag geschlossen sowie 15 Tage im August Betriebsferien. 25, cours Estienne d'Ovres, ✆ 0491598030. www.les-arcenaulx.com.

Le 29 (28), der Name kündigt es an, das Restaurant hat die Hausnummer 29 und abends kostet das Menü ebenfalls 29 €. Unten auf der Terrasse nimmt man einen Aperitif, oben im ersten Stock befindet sich das stimmungsvolle Restaurant. Leckere Desserts. Mittwoch Ruhetag. 29, place aux Huiles, ✆ 0491332644.

Chez Mario (27), wegen der zentralen Lage und der angemessenen Preise finden sich im Sommer auch viele Einheimische auf der großen Straßenterrasse ein. Zu loben ist das leckere Fischcarpaccio. Pizzen und Salate ab 10 €. Place Thiars. ✆ 0491544854.

Le Charité (33), nettes und günstiges Café im Innenhof der Vieille Charité. Salate 7 €, Plat du jour 10 €. 2, rue de la Charité.

Pizzaria Etienne (31), nicht weit von der Vieille Charité entfernt begeistert die Pizzeria mit einem Ambiente, das an einfache italienische Trattorien erinnert. Die Küche ist von außerordentlicher Qualität, die hausgemachten Cannelloni lassen einen dahin schmelzen. Pizzen ab 8 €, andere Gerichte ab 10 €. Es gibt kein Telefon, Reservierungen sind nicht möglich, Kreditkarten werden nicht akzeptiert. Sonntag Ruhetag, im August Betriebsferien. 43, rue de la Lorette. Hinweis: Das Lokal ist von der Rue de la République über die Passage de Lorette zu erreichen.

Le Café Parisien (29), ein wunderschönes Café dessen Inneneinrichtung noch aus dem frühen 20. Jahrhundert stammt! Herrliche Atmosphäre und das Glas Wein kostet nur 2,40 €, Plat du Jour 9 bis 12 €. Tgl. außer So 4–22 Uhr geöffnet. Place Sadi/Carnot/ Ecke Rue de la République, ✆ 0491900577.

Au Lampero (37), auf Fischgerichte spezialisiertes Restaurant im Panier-Viertel. Große Straßenterrasse mit Blick hinunter zum Vieux Port. Menüs zu 21 und 24 €. Sonntag Ruhetag. 4, place du Lenche, ✆ 0491909029.

Le Dock de Suez (13), moderne Brasserie in den toll renovierten, alten Dockanlagen. Hauptgerichte ab 12 €. Werktags 8–20 Uhr geöffnet. 10, place de la Joliette, ✆ 0491560756. www.dock-de-suez.fr.

La Kahéna (23), Leserin Andrea Balser befand, dass man in Marseille Couscous unbedingt im „La Kahena" essen muss: „Serviert wird es von ausgesprochen freundlichen nordafrikanischen Kellnern. Besonders zu empfehlen: Couscous complèt." Couscous ab 9 €. Reservierung für abends empfohlen. 2, rue de la Républic, ✆ 0491906193.

Chez Jeannot (15), familiäre Pizzeria am malerischen Fischerhafen Vallon des Auffes (Buslinie 83). Die leckeren Pizzen sowie die schmackhaften Fischgerichte munden mit Meerblick doppelt gut. Relativ günstige Preise, keine Menüs. Montag sowie Sonntagabend in der Nebensaison geschlossen. Vallon des Auffes, ✆ 0491521128.

... *zahlreiche kleine Geschäfte*

L'Epusiette (16), zusammen mit dem ebenfalls im Vallon des Auffes gelegenen Restaurant **Chez Fonfon** bietet das L'Epusiette anspruchsvolle Fischküche zu gehobenen Preisen (Menüs ab 50 € aufwärts). Beide Restaurants sind zudem eine gute Adresse, um sich einmal an der berühmten Bouillabaisse zu versuchen. Sonntag und Montag Ruhetag ✆ 0491521782.

De la Grotte (12), ein wunderschönes Ausflugslokal – eine umgebaute Fabrik aus dem 19. Jahrhundert – in den Callelongue am Anfang der Calanques. Der Bürgermeister von Marseille hat hier schon Jacques Chirac bewirten lassen. Beeindruckend ist der barock anmutende Speisesaal. Neben Fischgerichten werden auch sehr leckere Pizzen serviert. Schön sitzt man abends im Innenhof oder tagsüber auf der Straßenterrasse. Moderates Preisniveau, viel einheimisches Publikum. ✆ 0491731779.

• *Nachtleben* **Unic Bar (20)**, beliebtes Café-Bistro beim Hafen, vor allem abends trifft sich hier ein bunt gemischtes Publikum. Tgl. 8–2 Uhr. 11, cours Jean-Ballard, ✆ 0491334584.

ID Fixe (3), nur eine der zahlreichen Adressen rund um den Cours Julien und die Place P. Cézanne, in denen sich tagsüber und abends das Szenepublikum trifft. 74, cours Julien, ✆ 0491489156. Im **Balthazar** gibt es regelmäßig Konzerte.

Beliebt ist die Diskothek **Le TrolleyBus (30)** am Quai de Rive-Neuve (Vieux Port), von Mittwoch bis Samstag wird von 23.30–6 Uhr viel Techno und House gespielt. www.letrolley.com.

La Maronaise, Richtung Calanques im Fischerdorf Les Goudes ist hier in den Sommermonaten große Party angesagt. Tagsüber relaxt man auf der Terrasse, abends verwandelt sich das Ganze in eine beliebte Disco. ✆ 0491732521. Jazzliebhabern empfiehlt sich **Pêle-Mêle**, Jazzkneipe, tgl. 18–3 Uhr. 8, place aux Huiles. **Le Cri du port**, 8, Rue du Pasteur Heuzé, ✆ 0491505141.

City Pass

Wer die Sehenswürdigkeiten von Marseille intensiv erkunden möchte, sollte sich beim Office de Tourisme den City Pass kaufen. Er bietet für 22 € bzw. 29 € die Möglichkeit, einen bzw. zwei Tage lang alle Museen zu besichtigen, zudem an Stadtführungen teilzunehmen und kostenlos mit dem Petit Train und der Fähre zum Château d'If zu fahren. Des Weiteren darf auch das öffentliche Verkehrsnetz kostenlos benutzt werden.

Sehenswertes

Trotz der enormen Ausdehnung fällt es erstaunlich leicht, sich in der Millionenmetropole Marseille zu orientieren: Die meisten Sehenswürdigkeiten liegen im Zentrum und sind bequem zu erreichen. Als idealer Ausgangspunkt empfiehlt sich der Vieux Port, auf den auch alle wichtigen Straßen zulaufen. Oder um mit Siegfried Kracauer zu sprechen: „Marseille, ein blendendes Amphitheater, baut sich um das Rechteck des Alten Hafens auf.“

Rund um den Vieux Port

Vieux Port: Der alte Hafen von Marseille war nicht nur die Keimzelle der Stadt, bis heute schlägt hier ihr Herz. An der Nordseite des Vieux Port, einem hervorragend geschützten, calanque-ähnlichen Naturhafen, gründeten die aus Phokaia stammenden Griechen ihre Kolonie *Massalia*. Seine ursprüngliche Bedeutung als Handelshafen hat der Vieux Port allerdings bereits im 19. Jahrhundert verloren, heute stapeln sich an den Anlegestegen die Yachten wie Sardinen; an das Flair vergangener Zeiten erinnert allmorgendlich die kleine Schar der Fischhändler. Berühmt haben ihn die Dichter gemacht: „Marseille ist ganz nach meinem Herzen, und wenn ich in einem der schönen Stühle am Mittelmeerufer sitze, gefällt mir, wie es dem Meer den Rücken zuzukehren scheint, als ob es schmolle“, schrieb beispielsweise *Blaise Cendrars*. Wer den Vieux Port einmal durchschippern möchte, dem sei die alte Hafenfähre empfohlen, die schon *Marcel Pagnol* literarisch verewigt hat – der Hafen ist der Schauplatz seiner Romane Marius und Fanny. Für einen halben Euro pro Person pendelt sie beständig zwischen den beiden Hafenkais hin und her. Ein stimmungsvoller Straßenzug mit vielen Restaurants, der Cours Honoré d'Estienne, erstreckt sich südlich des Hafenbeckens; das Viertel entstand erst im 17. Jahrhundert nach der Trockenlegung des königlichen Galeerenhafens.

Fort Saint-Jean und Fort Saint-Nicolas: Fort Saint-Jean und Fort Saint-Nicolas, die beiden einander gegenüberliegenden Zitadellen, bilden erst seit mehr als drei Jahrhunderten die wehrhafte Eingangspforte zum Vieux Port. Die Idee war nicht

Zentrum von Marseille: der Vieux Port

neu: Bereits die Johanniter sicherten im Mittelalter die Zufahrt des Hafens mit einem mächtigen Wehrturm. Die Pläne für den Bau der noch immer gut erhaltenen Zitadellen erstellten Vauban und der Chevalier de Clerville im Auftrag Ludwig XIV.; der Sonnenkönig wollte mit diesen imposanten Festungen nicht nur die Stadt vor feindlichen Überfällen schützen, sondern zugleich den rebellischen Einwohnern seine absolutistische Macht vor Augen führen. Im Fort Saint-Nicolas war Ende 1939 der Schriftsteller Jean Giono inhaftiert gewesen, nachdem er ein Pamphlet gegen die Regierung Daladier veröffentlicht hatte. Hinter dem Fort Saint-Nicolas befindet sich der *Parc du Pharo* mit dem gleichnamigen klassizistischen Schloss; von dort bietet sich ein schöner Blick auf den Hafen. Ausblick: Im Jahre 2013 soll neben dem Fort Saint-Jean der Neubau eines Museums für die Kulturen des Mittelmeerraums (MUCEM) eröffnet werden.

Musée des Docks Romains: Die Größe des heutigen Hafenbeckens ist nicht mit dem Naturhafen identisch, den die Griechen und Römer vorgefunden hatten. Das Meer drang einst nicht nur weiter in das Landesinnere – bis zum heutigen Jardin des Vestiges – vor, auch am Nordrand des Hafenbeckens wurde dem Meer ein zwanzig Meter breiter Streifen abgetrotzt. Dies erklärt auch, warum in dem weit hinter den Kaianlagen gelegenen Musée des Docks Romain Teile der ausgegrabenen römischen Hafenanlagen sowie Vorratslager präsentiert werden können. Zur Lagerung von Wein, Öl und Getreide verwendeten die Römer riesige, in die Erde gelassene Tonkrüge.

Adresse Place Vivaux. Öffnungszeiten: Von Juni bis Sept. tgl. außer Mo 11–18 Uhr, Okt. bis Mai tgl. außer Mo 10–17 Uhr. Eintritt: 2 €, erm. 1 €.

Maison Diamantée: Das stattliche Renaissancepalais, das seinen Namen der in Diamantenform behauenen Fassade verdankt, beherbergt das Musée du Vieux Marseille. Wegen Restaurierungsarbeiten wurde das lokalgeschichtliche Museum 1996 geschlossen und umfangreich renoviert. Heute werden Wechselausstellungen gezeigt.

Adresse 2, rue de la Prison.

Cathédrale de la Major

Cathédrale de la Major: Als sich die katholische Kirche im 19. Jahrhundert entschloss, einen imposanten, repräsentativen Neubau der Cathédrale in Auftrag zu geben, geschah dies weniger, um einer gestiegenen Bevölkerungszahl Rechnung zu tragen, vielmehr versprachen sich die Kirchenoberen von dem im romano-byzantinischen Stil ausgeführten Bau eine Signalwirkung auf die aus dem Orient und Asien kommenden Schiffe. Den fremden Seeleuten sollte deutlich gemacht werden, dass sie in Marseille christlichen Boden betreten. Seit dem Mittelalter war dies der größte französische Kirchenbau. Doch das überdimensionale Bauwerk fand nicht die ungeteilte Zustimmung; Walter Benjamin sprach angesichts der 140 Meter langen Kirche von einem „Religionsbahnhof": „Schlafzüge in die Ewigkeit werden zur Messezeit hier abgefertigt." Zur Seite gedrückt – fast könnte man von „erdrückt" sprechen – wurde der romanische Vorgängerbau, ein kunstgeschichtlich nicht unbedeutender Sakralbau aus dem 12. Jahrhundert, der auf ein spätantikes Baptisterium zurückgeht. Im Zuge des Neubaus scherte sich niemand um das „wertlose" Relikt vergangener Zeiten und verkürzte das Gebäude kurzerhand um zwei Joche. Zum Zeitpunkt der Recherche war eine Besichtigung der alten Cathédrale wegen Restaurierungsarbeiten auf unbestimmte Zeit nicht möglich.

Vieille Charité: Im 17. Jahrhundert sah sich Marseille mit einer ständig zunehmenden Zahl von Armen und Bettlern konfrontiert. Die Stadt entschloss sich zum Bau eines Armenspitals und erwarb hierzu unweit der Cathédrale ein Grundstück. Nach diversen Anlaufschwierigkeiten wurde 1670 der aus Marseille stammende Pierre Puget mit dem Bau beauftragt. Puget, einer der renommiertesten zeitgenössischen Architekten, schuf einen imposanten, nach außen hin abgeschlossenen vierflügeligen Komplex, der sich zum Innenhof mit drei übereinander liegenden Reihen von Arkaden öffnet. Der Innenhof wird von einer prachtvollen Barockkapelle mit elliptischer Kuppel ausgefüllt; der Kapelle wurde 1863 allerdings noch eine Fassade im klassizistischen Stil vorgeblendet.

Nach der Revolution diente die Vieille Charité ein Jahrhundert lang als Alters- und Kinderheim, nach einer kurzen Nutzung durch das Heer wurde der Bau als Unterkunft für sozial schwache Familien genutzt. Auf Initiative von Le Corbusier wurde die Charité, die mehr und mehr verfiel, 1951 unter Denkmalschutz gestellt. Es sollten allerdings nochmals zwei Jahrzehnte vergehen, bis die umfangreichen Renovierungsarbeiten aufgenommen werden konnten. Heute wird das Gebäude als interdisziplinäres Zentrum für Kultur und Wissenschaft genutzt, die Kapelle birgt das Musée d'Arts Africains, Amérindiens et Océaniens, ein Seitenflügel ist dem Musée d'Archéologie Méditerrannéenne vorbehalten, im Innenhof gibt es zudem ein schönes Café sowie eine gut sortierte Buchhandlung.

Adresse 2, rue de la Charité.

Musée d'Archéologie Méditerranéenne: Die früher im Château Borély beheimatete Sammlung zählt zu den wichtigsten ihrer Art. Seit dem Umzug hat das Museum durch die attraktive Präsentation noch an Anziehungskraft gewonnen. Besonders eindrucksvoll sind die Exponate der ägyptischen Abteilung – es handelt sich um die nach dem Louvre bedeutendste Sammlung in Frankreich –, darunter auch schaurig-faszinierende Mumien. Vervollständigt wird die Dauerausstellung durch Objekte aus der griechischen, etruskischen und kelto-ligurischen Vergangenheit des Mittelmeerraums.

Adresse 2, rue de la Charité. Öffnungszeiten: Von Juni bis Sept. tgl. außer Mo 11–18 Uhr, von Okt. bis Mai tgl. außer Mo 10–17 Uhr. Eintritt: 3 €, erm. 1,50 €. Kombiticket: 5 €.

Musée d'Arts Africains, Amérindiens et Océaniens: Die Kapelle der Vieille Charité bildet den stilvollen Rahmen für zahlreiche Kunstwerke aus dem ozeanischen, afrikanischen und amerikanischen Kulturraum, darunter Totenmasken und Schrumpfköpfe.

Adresse 2, rue de la Charité. Öffnungszeiten: Von Juni bis Sept. tgl. außer Mo 11–18 Uhr, von Okt. bis Mai tgl. außer Mo 10–17 Uhr. Eintritt: 3 €, erm. 1,50 €. Kombiticket: 5 €.

Panier-Viertel: Die engen Straßen des sich zwischen Vieux Port und Vieille Charité erstreckenden Viertels erinnern noch stark an das mittelalterliche Marseille. Die rechteckige Place de Lenche markiert wahrscheinlich die Lage des griechischen Marktplatzes, der Agora, südlich davon wurden Reste des griechischen Theaters ausgegraben.

Abbaye Saint-Victor: Die Abtei Saint-Victor präsentiert sich als mächtiger, wehrhafter Bau, mit ihren Zinnen und Türmen einer Festung ähnlicher als einer Kirche. Und dies nicht grundlos: Ein Vorgängerbau war von den Sarazenen bis auf die Grundmauern niedergebrannt worden, da er schutzlos vor den Toren der Stadt stand. Die schmucklose Oberkirche, deren älteste Partien noch aus dem 11. Jahrhundert stammen, besitzt keine herausragenden Kunstschätze. Keinesfalls sollte man einen Besuch der *Krypta* versäumen: Es handelt sich nicht etwa um einen kleinen düsteren Raum, sondern um eine verschachtelte, tief in den Fels hineingetriebene Anlage von beachtlicher Größe. In der labyrinthartigen Krypta wechseln sich in ungeordneter Folge Kapellen, Kammern und Nischen ab, die mehrere kostbare Sarkophage, darunter den des heiligen Cassianus, bergen.

Die Abtei kann auf eine bewegte Geschichte zurückblicken: Wie bei archäologischen Grabungen nachgewiesen werden konnte, diente das Areal in der Antike erst als Steinbruch, dann als hellenistische Totenstadt und noch später als

Karten Seite 600/601, 605, 618/619 und 651

christliche Begräbnisstätte. Zu Beginn des 5. Jahrhunderts entstand hier ein Kloster, eines der ältesten auf dem europäischen Kontinent. Aufgrund der Tatsache, dass das Kloster die Gebeine mehrerer, von den Christen verehrter Persönlichkeiten besaß – darunter die des Namen gebenden heiligen Victor, eines als Märtyrer gestorbenen römischen Offiziers, zu denen sich später noch diejenigen des heiligen Cassianus und des heiligen Lazarus hinzugesellt hatten –, entwickelte sich Saint-Victor zu einem der einflussreichsten Klöster Südfrankreichs. Im Spätmittelalter begann der Niedergang von Saint-Victor, 1738 wurde das Kloster säkularisiert und die Nebengebäude abgetragen. Während der Revolution entdeckte man den praktischen Nutzen der Räumlichkeiten. Nacheinander diente die Kirche als Lagerraum, Gefängnis und Kaserne.

Öffnungszeiten Tgl. 9–19 Uhr. Eintritt: 2 € für die Besichtigung der Krypta.

Links und rechts der Canebière

Canebière: Die Canebière – sie zieht sich vom Vieux Port ungefähr einen Kilometer bis zur Kirche Les Réformés hinauf – erhielt ihren Namen von den Cannabis-Plantagen, den *chènevières*, die einst auf dem sumpfigen Areal hinter dem Hafen angelegt worden waren, um die rege Nachfrage nach Hanf für Schiffstaue decken zu können. Erst im 17. Jahrhundert entwickelte sich die Canebière durch die Anlage neuer Wohnviertel allmählich zur Prachtstraße von Marseille. Die Canebière präsentiert sich heute als leicht heruntergekommene, lärmerfüllte Hauptverkehrsachse; von der Atmosphäre der Kriegsjahre, als sich die verfolgten deutschen Emigranten in den Cafés der Canebière ein Stelldichein gaben, ist leider nicht mehr viel zu spüren. Das Hôtel du Louvre et de la Paix, in dem einst Franz Werfel und Alma Mahler-Werfel wohnten, beherbergt heute eine C & A-Filiale. Im Eckhaus Quai des Belges/Canebière befand sich einst das Café Mont Ventoux, das Stammcafé des Erzählers aus Anna Seghers Roman „Transit".

Musée de la Mode: Im Espace Mode wurde 1993 ein Museum eröffnet, das einen kurzen Überblick über die Modekreationen der letzten sechs Jahrzehnte gibt. Gelegentlich finden Sonderausstellungen statt, die einem bekannten Modeschöpfer gewidmet sind.

Adresse Espace Mode, 11, la Canebière. Öffnungszeiten: Tgl. außer Mo 11–18 Uhr, in der Nebensaison tgl. außer Mo 10–17 Uhr. Eintritt: 3 €, erm. 1,50 €.

Musée d'Histoire de Marseille: Ohne Frage, das interessanteste Museum in Marseille. Zumindest für diejenigen, die sich ausführlicher mit der Geschichte der Stadt beschäftigen wollen; Französischkenntnisse sind dabei hilfreich. Museumsdidaktisch gut aufbereitet, führt die Dauerausstellung in die Stadtgeschichte ein. Der Bogen spannt sich von der Vorgeschichte über die antiken Glanzzeiten bis ins 19. Jahrhundert. Neben zahlreichen Vasen und Mosaiken wird die Aufmerksamkeit vor allem auf das 20 Meter lange Wrack eines römischen Handelsschiffes aus dem 3. Jahrhundert gelenkt. Direkt an das Museum grenzt der so genannte **Jardin des Vestiges** an; die Ausgrabungen in dem heute als Parkanlage genutzten Areal förderten Teile der antiken Hafenanlagen, ein Süßwasserbecken (Schwimmbad?) und ein Stück der griechischen Stadtmauer zutage.

Adresse Square Belsunce. Das Museum ist nicht leicht zu entdecken, denn es befindet sich im Untergeschoss eines modernen Einkaufszentrums (Centre Bourse). Öffnungszeiten: Tgl. außer So 12–19 Uhr. Eintritt: 2 €, erm. 1 €.

Musée Cantini: Das nach seinem Gründer, dem Bildhauer Jules Cantini, benannte Museum besitzt eine ansehnliche Sammlung moderner Kunst. In einem umgebauten Stadtpalais aus dem 17. Jahrhundert werden Werke von Bacon, Giacometti, Picasso, Matisse, Raoul Dufy, Charles Camoin, Paul Signac, Oskar Kokoschka und Wassily Kandinsky präsentiert. Zudem werden häufig attraktive Wechselausstellungen gezeigt.

Adresse 19, rue Grignan (Métro: Estrangin-Préfecture). Öffnungszeiten: Von Juni bis Sept. tgl. außer Mo 11–18 Uhr, von Okt. bis Mai tgl. außer Mo 10–17 Uhr. Eintritt: 3 €, erm. 1,50 €, bei Sonderausstellungen 3,50 €.

Musée de la Marine & Economie: Das im Erdgeschoss der einstigen Börse von Marseille untergebrachte Museum besitzt zahlreiche Schiffsmodelle und andere maritime Exponate, die an die Seefahrertradition Marseilles erinnern. Selbstverständlich kommt auch das Genre der Marinemalerei nicht zu kurz.

Adresse Palais de la Bourse (La Canebière). Öffnungszeiten: Tgl. außer Mo 10–18 Uhr. Eintritt: 2 €, erm. 1 €.

Galerie des Transports: Der ehemalige Ostbahnhof wurde passenderweise in ein Verkehrsmuseum umgewandelt. Ausgestellt sind historische Gefährte (Pferdeomnibus, Straßenbahn etc.).

Adresse Place du Marché des Capucins. Öffnungszeiten: Mi–Sa 10–17 Uhr. Eintritt: frei!

Gare Saint-Charles: Dank seiner monumentalen, ein wenig an Odessa erinnernden Treppe ist der Bahnhof Saint-Charles nicht nur für Bahnreisende einen Blick wert. Wer genauer hinsieht, entdeckt den Prunk des Kolonialzeitalters: Als aufreizende Damen gestaltete Skulpturen verkörpern die einstigen Kolonien.

Außerhalb des Zentrums

Basilika Notre-Dame-de-la-Garde: Die neubyzantinische Wallfahrtskirche mit dem 60 Meter hohen Turm und der vergoldeten Madonna gilt als Wahrzeichen Marseilles; sie ziert die mit 162 Metern höchste Erhebung der Stadt. Der Aufstieg ist beschwerlich, doch oben angekommen, kann man sich wie einst Kurt Tucholsky an dem „überwältigenden Rundblick" erfreuen. Der exponierte Garde-Hügel wurde im Laufe der Geschichte fast zwangsläufig auch als Beobachtungspunkt und Militärposten genutzt. Das Fundament der Wallfahrtskirche bildet eine unter François I. errichtete Zitadelle. Eine erste Kapelle gab es bereits im Mittelalter auf dem Berg, doch erst mit dem 1864 beendeten Bau der heutigen Wallfahrtskirche stieg die Basilika zum städtischen Heiligtum auf. Die zahlreichen Votivtafeln sind ein beredetes Zeugnis für den tief verwurzelten Volksglauben; Wallfahrtstag ist der 15. August. Mit alljährlich zwei Millionen Besuchern ist die Basilika die größte Sehenswürdigkeit der Stadt.

Anfahrt/Öffnungszeiten Buslinie 60 vom Vieux Port oder mit dem Petit Train de la Bonne Mère vom Quai des Belges (5 €). Tgl. 7–20 Uhr, im Winter nur bis 19 Uhr.

Palais Longchamp: Der breit gelagerte, 1869 vollendete Schlossbau ist ein typisches Produkt des Historizismus. Der aus Nîmes stammende Architekt Henri Espérandieu vereinte verschiedene Baustile zu einem repräsentativen Bau aus der Epoche des Zweiten Kaiserreichs. Die beiden Flügel des Palais sind durch Kolonnaden und eine monumentale Brunnenanlage verbunden. Viel Pomp für einen an sich profanen Zweck: Das Palais Longchamp markiert nämlich das Ende einer 84 Kilometer langen Leitung, die Marseille mit dem Wasser der Durance versorgt. Das Palais, unter dem sich der Wasserverteiler befindet, birgt heute zwei Museen (Le Musée des Beaux-Arts und Musée d'Histoire Naturelle). Der sich anschließende Park ist ein idealer Ort, um dem Großstadtlärm zu entfliehen.

Anfahrt Métro: Longchamp-Cinq Avenues.

Bouches-du-Rhône
Karten Seite 600/601, 605, 618/619 und 651

Leben in der Cité Radieuse

Musée des Beaux-Arts: Das im linken Flügel des Palais Longchamp untergebrachte Museum der Schönen Künste präsentiert zahlreiche Werke französischer, italienischer und flämischer Meister, darunter Bilder von Breughel, Rubens, Jordaens, Carracci und Rigaut; zudem sind Pierre Puget (1620–1694), dem wohl bekanntesten Marseiller Bildhauer und Künstler, eigene Räumlichkeiten vorbehalten. Achtung: Bis zum Jahr 2010/2011 ist das Museum wegen anstehender Renovierungsarbeiten geschlossen!

Adresse Palais Longchamp. Öffnungszeiten: Tgl. außer Montag 10–17 Uhr, von Juni bis Sept. gl. außer M 11–18 Uhr. Eintritt: 2 €, erm. 1 €. Sonntagvormittag: Eintritt frei!

Musée d'Histoire Naturelle: Den anderen Flügel des Palais Longchamp nutzt das städtische Naturkundemuseum mit einer geologischen und einer zoologischen Abteilung. Im Untergeschoss bieten mehrere Aquarien Einblicke in die Unterwasserwelt.

Adresse Palais Longchamp. Öffnungszeiten: Tgl. außer Mo 10–17 Uhr. Eintritt: 4 €, erm. 3 €.

Musée Grobet-Labadié: Schräg gegenüber dem Palais Longchamp ließ sich der Industrielle Alexandre Labadié 1873 ein eindrucksvolles Stadtpalais errichten. Seine Tochter Marie, die in zweiter Ehe mit dem Musiker Louis Grobet verheiratet war, übertrug 1920 das Gebäude der Stadt, die es als Museum der Öffentlichkeit zugänglich machte. Das gut erhaltene Interieur bietet einen Einblick in die gehobene Wohnkultur des ausklingenden 19. Jahrhunderts. Neben Gemälden, Zeichnungen, Möbeln und Wandteppichen beherbergt das Museum auch eine wertvolle Fayencensammlung aus dem 18. Jahrhundert.

Adresse 140, boulevard Longchamp (Métro: Longchamp-Cinq Avenues). Öffnungszeiten: Von Juni bis Sept. tgl. außer Mo 11–18 Uhr, Okt. bis Mai tgl. außer Mo 10–17 Uhr. Eintritt: 2 €, erm. 1 €.

Musée d'Art Contemporain (MAC): Das im Süden von Marseille gelegene Museum präsentiert auf einer Fläche von 4.000 Quadratmeter sehenswerte Ausstellungen zeitgenössischer Kunst. Der Schwerpunkt der ständigen Sammlung liegt auf den Stilrichtungen „Neuer Realismus“, „Supports-surface“, „Arte povera“ und „individuelle Mythologie“. Ausgestellt sind unter anderem Werke von Daniel Spoerri, Arman, Christo und Jana Sterbak.

Adresse 69, boulevard d'Haifa (Buslinie 23 oder 45 von der Métro-Station Round-Point-du-Prado). Öffnungszeiten: Von Juni bis Sept. tgl. außer Mo 11–18 Uhr, von Okt. bis Mai tgl. außer Mo 10–17 Uhr. Eintritt: 3 €, erm. 1,50 €.

Musée de la Moto: Untergebracht in einer ehemaligen Mühle, bietet das Museum einen Überblick über die Geschichte des Motorrads, das Alter der Exponate reicht von 1898 bis in unsere Tage.

Adresse 18, travers St-Paul. Öffnungszeiten: Tgl. außer Mo 10–18 Uhr. Eintritt: 3 €, erm. 1,50 €.

Musée de la Faïence: In einem Schloss aus dem 19. Jahrhundert werden mehr als tausend Keramiken aus Marseille und anderen Teilen Frankreichs sowie aus dem europäischen Ausland gezeigt. Die ältesten Exponate stammen aus dem Neolithikum, das Sammlungsspektrum reicht bis in die Gegenwart.

Adresse Château Pastré, 157, avenue de Montredon (Buslinie 19 von der Métro-Station Round-Point-du-Prado). Öffnungszeiten: Von Juni bis Sept. tgl. außer Mo 11–18 Uhr, von Okt. bis Mai tgl. außer Mo 10–17 Uhr. Eintritt: 2 €, erm. 1 €.

Musée Arts & Traditions Populaires: Das 1928 von Julien Pignol gegründete Museum hat sich der Volkskunde sowie der Bewahrung des lokalen Kunsthandwerks verschrieben.

Adresse 5, place des Héros (Château Gombert). Öffnungszeiten: Tgl. außer Mo 14.30–18.30 Uhr. Eintritt: 3 €, erm. 1,50 €.

Cité Radieuse: Die von Le Corbusier entworfene, 1951 errichtete Cité Radieuse ist ein Musterbeispiel für die architektonischen Visionen vom Leben in einer modernen Stadt. Die Meinungen sind geteilt, Spötter behaupten sogar, der Bau erinnere an einen auf Stelzen gestellten Ozeandampfer, die Marseiller nannten ihn anfangs gar das „Haus des Fada“ (Verrückten). Corbusier, der mit bürgerlichem Namen übrigens Charles-Edouard Jeanneret hieß, gestaltete seine Wohneinheit (*Unité d'Habitation*) zu einer in vielerlei Hinsicht autarken kleinen Stadt mit Geschäften, Kinderkrippe und einer Turnhalle auf dem Dach. Die 337 Wohnungen sind unterschiedlich groß; es gibt Wohnungen von 32,5 Quadratmetern bis hin zu 137 Quadratmetern Wohnfläche. Unabhängig von der Größe besitzen alle Wohnungen

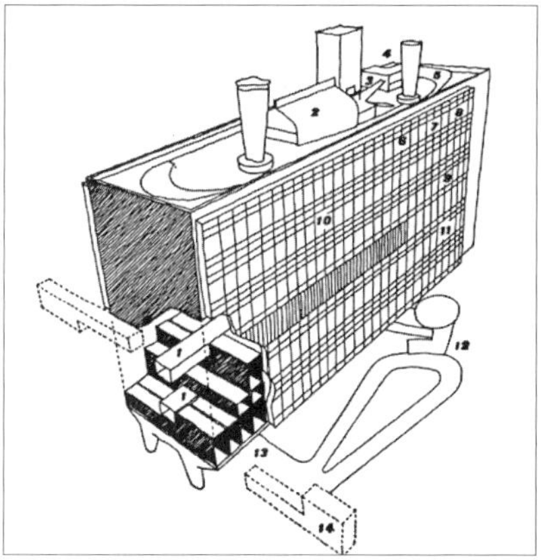

Skizze der Cité Radieuse von Le Corbusier

Die Gefängnisinsel Château d'If

eine eigene Terrasse und ein sehr großes Fenster (3,66 m x 4,80 m). Ursprünglich war das Gebäude von Le Corbusier auch mit Blick auf sozial schwache Familien geplant worden, doch in den siebziger Jahren setzte ein Wandel ein: Es galt als chic, in einem Haus von Le Corbusier zu wohnen. Zahlreiche Maisonettes wurden seither als Eigentumswohnungen verkauft. Wer sich für die Cité Radieuse interessiert, kann problemlos den Wohnkomplex von Innen besichtigen: Einfach reingehen und mit dem Aufzug in den dritten Stock – dieses Stockwerk ist als Ladenpassage konzipiert; es gibt neben einem Hotel auch eine Bäckerei und ein Lebensmittelgeschäft – oder bis zur Dachterrasse hinauffahren. Ganz oben locken eine tolle Aussichtsterrasse und ein Wasserbassin.

Adresse 280, boulevard Michelet (Metro 2 bis Métro-Station Round-Point-du-Prado und anschließend Buslinie 21).

Parc Borély: Im Zentrum des Parks steht das aus dem 18. Jahrhundert stammende *Château de Borély*, das sich ein vermögender Kaufmann errichten ließ. Der weitläufige Park (tgl. von 6–21 Uhr geöffnet) ist ein Paradies für Jogger, Literaturliebhaber erinnern sich hingegen an Marcel Pagnols Kindheitserinnerungen. Die Gärten sind im französischen und englischen Stil angelegt, auf dem Areal befinden sich zudem ein Rosengarten, ein tropisches Gewächshaus und ein tropischer Garten. Der dem Park vorgelagerte Strandabschnitt (*Plage du Prado*) wurde jüngst zur künstlichen Erlebniswelt umgestaltet.

L'Estaque: Das einstige Fischerdorf L'Estaque, die Geburtsstätte der modernen Malerei, markiert heute den westlichsten Stadtrand von Marseille. Es war kein Geringerer als Paul Cézanne, der den Fischerort berühmt gemacht hat: Zwischen 1870 und 1885 besuchte Cézanne L'Estaque regelmäßig, um hier zu malen. Später folgten ihm Auguste Renoir, Georges Braque, André Derain, Raoul

Dufy und weitere, weniger bekannte Maler. Heute trifft man am Rande eines zersiedelten Gebietes auf einen nicht sonderlich faszinierenden Industrievorort mit einem unattraktiven Yachthafen. Ein gewisses Maß an Phantasie ist vonnöten, um sich in die Zeiten, als es in L'Estaque noch geruhsam und beschaulich zuging, zurückzuversetzen.

Anfahrt Buslinie 35 ab Hôtel de Ville oder mit dem Zug (10 x tgl.) von der Gare Saint-Charles.

Château d'If: Dank des 1845 erstmals erschienenen Romans „Der Graf von Monte Christo" von *Alexandre Dumas* gehört das Château d'If für viele Touristen zum Pflichtprogramm einer Stadtbesichtigung. Der Roman ist ein reines Phantasieprodukt, ein Edmond Dantès bzw. ein Graf von Monte Christo war niemals in den Verliesen des Château d'If inhaftiert, wenngleich das berühmte Loch noch immer „seine" Zelle ziert. Der Wahrheit entspricht hingegen, dass die kahle Felseninsel einen grauenvollen Kerker beherbergte. Mehr als drei Jahrhunderte musste jeder, der gegen Staat, König und Kirche aufbegehrte, damit rechnen, sein Dasein im Château d'If beschließen zu müssen. Erst seit 1890 ist die Insel für die Öffentlichkeit zugänglich.

Verbindungen Vom Vieux Port verkehren tgl. zahlreiche Ausflugsboote (10 €, 15 Minuten Überfahrt) zum Château d'If. Geöffnet: April bis Sept. tgl. außer Mo 9.30–18.30 Uhr, im Winter bis 17.30 Uhr. Eintritt: 5 €, erm. 3,50 €. Für EU-Bürger unter 26 Jahren ist der Eintritt frei!

Iles du Frioul: Die bekannteste Insel des unter Naturschutz stehenden Archipels ist zwar Château d'If, doch auch die anderen beiden Inseln lohnen einen Abstecher. Ähnlich wie die Calanques begeistert auch hier eine Landschaft mit hellen Kalksteinfelsen, wenig Vegetation und glasklarem Wasser. Das Hôpital Caroline wurde lange Zeit bei Pestgefahr als Quarantänestation genutzt, zuletzt zu Beginn des 19. Jahrhunderts zur Beobachtung von Gelbfieberkranken. Heute kann man hier picknicken, Seevögel beobachten oder auch Baden gehen (es gibt auch Sandstrände!). Zudem fasziniert noch der tolle Blick auf Marseille!

Verbindungen Vom Vieux Port verkehren tgl. zahlreiche Ausflugsboote (10 €, für zwei Inseln 15 €, 15 Minuten Überfahrt) zu den Iles du Frioul. www.ilesdemarseille.fr/html/frioul.html.

Wanderung zu den Calanques: Nicht nur von Cassis, sondern auch von Marseille aus kann man ausgedehnte Wanderungen zu den Calanques unternehmen. Am besten nimmt man den Bus Nr. 19 von Castellane nach Madrague und steigt dort in den Bus Nr. 20, der bis nach Callelongue fährt. In dem Ort, in dem noch einige der typischen Marseiller Cabanons (eine Art Wochenendhütte, ursprünglich ohne Wasser- und Stromanschluss) stehen, beginnt der Fernwanderweg GR 98, der als anstrengende Tagestour bis in das 24 Kilometer entfernte Cassis führt (elf Stunden). Man kann natürlich auch nur eine Teilstrecke zurücklegen, so bis zur gut 50 Minuten entfernten Calanque von Marseilleveyre mit dem Strandrestaurant Chez le Belge. Lohnend ist es aber sicherlich, noch gut zwei Stunden weiter bis zur Calanque de Sormiou und der Calanque de Morgiou zu wandern. Von dort läuft man eine halbe Stunde nach Luminy (Universität), wo wochentags der Bus Nr. 21 hält, mit dem man wieder zurück ins Zentrum fahren kann. Zwischen Juli und Mitte September sind aus Sicherheitsgründen nur die Küstenpfade der Calanques zugänglich (Brandgefahr!). Über die genauen Zeiten informiert das Office de Tourisme. Achtung: Rauchen ist das ganze Jahr über strengstens verboten.

Karten Seite 600/601, 605, 618/619 und 651

Hinterland von Marseille

Aubagne

Die lebendige Kleinstadt ist der Geburtsort des Schriftstellers und Filmregisseurs Marcel Pagnol (1895–1974) und eines der Herstellungszentren der beliebten provenzalischen Santons.

Obwohl die 43.000 Einwohner zählende Kleinstadt im Umfeld Marseilles durchaus Charme besitzt, findet sich nur in den wenigsten Reiseführern eine Beschreibung von Aubagne, manchmal taucht nicht einmal der Name im Index auf. Die Vororte wirken nicht sehr einladend, doch besitzt die dörfliche Altstadt noch Reste einer mittelalterlichen Stadtmauer; die Kirche Les Pénitents-Blancs besticht durch ihre schmucke Barockfassade aus dem späten 18. Jahrhundert. In zahlreichen Werkstätten werden in Aubagne Keramiken und die traditionellen Santons produziert, die sich in der Weihnachtszeit großer Beliebtheit erfreuen (siehe Wissenswertes A–Z). Das Heilige und das Profane liegen nah beieinander: Seit 1962, dem Jahr der Unabhängigkeit Algeriens, hat die berühmt-berüchtigte Fremdenlegion ihr Hauptquartier in Aubagne aufgeschlagen. Seither gehört das *Képi blanc*, die typische Kopfbedeckung der Fremdenlegionäre, zum Stadtbild; Soldaten aus 132 verschiedenen Nationen gehören zur Légion Etrangère. Alljährlich werden 1000 Bewerber neu aufgenommen, die „Frankreich bis zum Äußersten" dienen wollen. Wer auf den Spuren von Marcel Pagnol auf dem *Circuit Marcel Pagnol* die Umgebung Aubagnes erkunden will, bekommt praktische Anregungen im Office de Tourisme. Das Geburtshaus von Pagnol steht übrigens am Cours Barthélemy, Hausnummer 16. Historisch gesehen reichen die Wurzeln Aubagnes bis ins Mittelalter zurück, als die Herren von Aubagne hier eine Burg errichten ließen. Einen gewissen Reichtum erlebte die Stadt durch die seit dem 16. Jahrhundert bekannten Töpfereien, noch heute beherbergt Aubagne die einzige Töpferschule der Provence.

• *Information* **Office de Tourisme**, Esplanade Général de Gaulle, 13400 Aubagne, ✆ 044 2034998, ℻ 0442038362. www.aubagne.com.

• *Verbindungen* Tgl. rund 20 Zugverbindungen nach Toulon (über Cassis, La Ciotat und Bandol) sowie nach Marseille. Der

SNCF-Bahnhof befindet sich am Square Marcel-Soulat, ✆ 0442031289.

• *Markt* Dienstagvormittag auf dem Cours Maréchal-Foch und Cours Voltaire, Samstagvormittag am Cours Beaumond, Donnerstag- und Sonntagmorgen am Cours Voltaire. Am letzten Sonntag im Monat findet ein beliebter Flohmarkt bei den städtischen Schlachthöfen statt. Von April bis Dezember findet zudem freitags ab 15 Uhr ein *Marché du soir* statt.

• *Feste* *Le Festival d'Aubagne*, dreitägiges Sommerfest Ende Juni.

• *Santons* In den Ateliers Thérèse Neveu, 8, montée Dime, ✆ 0442034310, dreht sich alles um die kleinen Heiligen. Tgl. 10–12 Uhr und 14–18 Uhr.

• *Übernachten* **La Royante**, in einer Residenz (19. Jahrhundert) des Erzbischofs von Marseille vermieten Xénia und Bernard Saltiel vier schöne Gästezimmer mit eigenem Bad und WC. Tagsüber kann man am eigenen Swimmingpool relaxen. Übernachtung im DZ 129–159 €. Nordwestlich des Zentrums gelegen, Chemin de la Royante, ✆/📠 0442038342. www.laroyante.com.

Sehenswertes

La Maison Natale de Marcel Pagnol: Seit 2003 ist des Geburtshaus des Schriftstellers Marcel Pagnol in eine Gedenkstätte umgewandelt worden. Im Erdgeschoss bietet eine Dauerausstellung mit zahlreichen historischen Fotos

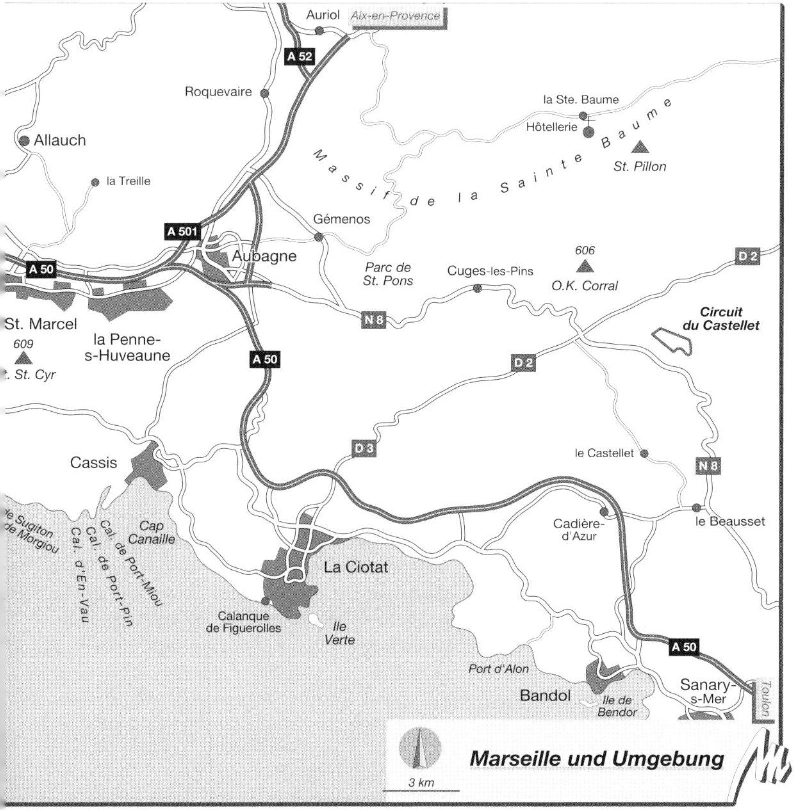

und einer Filmvorführung einen Einblick in das Leben Pagnols. Auf der anderen Seite hat man in drei Räumen versucht, die Wohnsituation der vorletzten Jahrhundertwende nachzustellen. Wenn man wieder auf die Straße tritt, dann muss man sich vorstellen, dass man zu Zeiten von Pagnols Geburt noch Boule unter den Platanen des Cours Barthélmy gespielt hat.

Adresse 16, cours Barthélmy. Öffnungszeiten: Tgl. 9–12.30 Uhr und 14.30–18 Uhr. Im Juli und August von 9–18 Uhr, im Winter Mo geschlossen. Eintritt: 3 €, erm. 1,50 €.

Le Petit Monde de Pagnol: Mit provenzalischen Santons werden das Jahr über Szenen aus Romanen und Filmen von Pagnol dargestellt, darunter der unvergessene Fernandel und der beliebte Raimu. Zur Weihnachtszeit wird ein Krippenensemble aufgebaut.

Adresse Esplanade Général de Gaulle. Öffnungszeiten: Tgl. außer Mo 9–12.30 Uhr und 14.30–18 Uhr. Eintritt: frei!

Musée de la Légion Etrangère: Das Museum dokumentiert die Geschichte der *Fremdenlegion* und ihrer Kampfeinsätze von der Gründung im Jahre 1831 bis in unsere Tage. Ausgestellt sind Waffen, Uniformen und Trophäen. Westlich des Zentrums, an der Straße (D 44 A) nach Les Camoins.

Adresse Quartier Viennot. Öffnungszeiten: Von 10–12 Uhr und 14–18 Uhr, im Sommer 15–19 Uhr sowie Mo und Do geschlossen, im Winter nur Mi, Sa und So geöffnet. Eintritt frei!

La Treille

Verehrer von *Marcel Pagnol* pilgern in den wenige Kilometer nordwestlich von Aubagne gelegenen Weiler, der unter anderem einen schönen Brunnen besitzt. Auf dem Dorffriedhof ruht der am 18. April 1974 in Paris als Mitglied der berühmten Académie Française gestorbene Schriftsteller und Regisseur mit seinen Familienangehörigen. La Treille und der nahe, 710 Meter hohe Mont Garlaban sind auch die Hauptschauplätze von Pagnols berühmten Roman „Der Ruhm meines Vaters“. Pagnols Vater, der in Marseille als Volksschullehrer eine sichere Anstellung gefunden hatte, mietete sich zusammen mit seinem Schwager im Norden von La Treille ein Feriendomizil, in dem die Familie Pagnol fortan jeden Sommer anzutreffen war. Die Erlebnisse in den Sommerferien des Jahres 1904, als die Pagnols erstmals die Ferien in der heute noch existierenden „Bastide Neuve“ (einen Kilometer nördlich des Dorfes) verbrachten, schilderte Maurice Pagnol als die glücklichste Zeit seines Lebens: „Die Luft war ruhig und der würzige Duft der Hügel erfüllte wie ein unsichtbarer Dunst die Schlucht. Thymian, Lavendel und Rosmarin mischten sich mit dem Geruch des goldgelben Harzes, dessen lange, unbewegliche Tränen wie Glas auf dem lichten Schatten der schwarzen Baumrinde glänzten. Ich marschierte lautlos in der Stille dieser Einsamkeit.“ Eine europaweite Renaissance erfuhr Pagnols Buch 1990 durch den Filmregisseur Yves Robert, der den Roman an Originalschauplätzen verfilmte und so der Gegend um den Mont Garlaban zu neuer Popularität verhalf. La Treille ist aber schon seit langem nicht mehr so abgeschieden wie zu Pagnols Jugendzeiten, die Industrieviertel des Moloch Marseille haben sich schon weit an das Dorf herangeschoben.

- *Wanderungen* Rund um La Treille gibt es mehrere verschiedenfarbig markierte Wanderwege, auf denen man die Region auf den Spuren von Marcel Pagnol (*Sur les traces de Marcel Pagnol*) durchstreifen kann. Eine kleine Karte und nähere Informationen dazu sind in Aubagne im Office de Tourisme erhältlich.

Massif de la Sainte-Baume

Wenige Kilometer östlich von Aubagne steigt das stark bewaldete Massif de la Sainte-Baume auf eine Höhe von über 1.000 Meter an. Ein kleines, sich in Serpentinen hinaufschlängelndes Passsträßchen (D 2, später D 80) führt von der Ortschaft **Gémenos** – drei Kilometer hinter Gémenos plätschert in einem schön gelegenen Landschaftspark (*Parc de Saint-Pons*) ein kleiner Wasserfall, zudem ist die malerische Ruine eines 1205 gegründeten Zisterzienserinnenklosters (*L'Abbaye de Saint-Pons*) zu bewundern – nach Plan d'Aups zur Hôtellerie de la Sainte-Baume, einer ehemaligen Pilgerherberge. Die Hôtellerie de la Sainte-Baume eignet sich als Ausgangspunkt für eine kurze, aber schöne Wanderung zum Gipfel des **Saint-Pilon**, die mit einem herrlichen Panoramablick belohnt wird. Unterhalb des Gipfels öffnet sich eine Grotte, in der der Legende zufolge die heilige Maria-Magdalena dreißig Jahre in Einsamkeit und Buße gelebt haben soll. Als Pilgerstätte wird die **Grotte de la Baume** seit dem Mittelalter aufgesucht (tgl. von 8–18 Uhr geöffnet). Wer will, kann auf dem Kamm bis zum höchsten Punkt des in west-östlicher Richtung verlaufenden Gebirgszugs, dem 1.147 Meter hohen **Signal de la Sainte-Baume**, wandern. Nördlich des Massif de la Sainte-Baume erstreckt sich das leicht abfallende bewaldete Hochplateau **Plan d'Aups**, dessen Mittelpunkt das gleichnamige Dorf bildet. Das Massif de la Sainte-Baume beherbergt übrigens die größte Konzentration von Eiskellern im ganzen Mittelmeerraum. Die Keller wurden seit dem 17. Jahrhundert angelegt und bis ins 20. Jahrhundert hinein betrieben. Die „Technik" ist recht einfach: Quellwasser wurde über Kanäle zu künstlich angelegten Bassins geleitet. Sobald das Wasser gefror, lagerte man es in tiefen Gruben bis zum Verkauf ein.

• *Übernachten* **** **Relais Magdeleine**, am westlichen Ortsrand von Gémenos liegt dieses stilvolle Herrenhaus aus dem 18. Jahrhundert. Die individuell eingerichteten Zimmer sind teilweise mit Antiquitäten eingerichtet. Absolut ruhig, mit Swimmingpool und Park. Herrlich ist die Frühstücksterrasse, auf der man abends auch den Aperitif nimmt. Ausgezeichnetes Restaurant. DZ 110–190 €, Frühstück 15 €. Empfehlenswert ist die Halbpension pro Person ab 105 €. Von Mitte Nov. bis Mitte März geschlossen. ✆ 0442322016, 📠 0442320226. www.relais-magdeleine.com.

Rund um den Etang de Berre

Der Etang de Berre ist mit einer Fläche von 15.500 Hektar der größte See Südfrankreichs; es handelt sich genau genommen um einen nur knapp zehn Meter tiefen Brackwassersee, der von mehreren kleinen Zuflüssen und dem Meer gespeist wird. Die einzige natürliche Verbindung zwischen Etang und Meer ist der durch Martigues fließende Canal de Caronte.

Die meisten Touristen umfahren den Etang de Berre weiträumig; der Blick auf die Karte scheint keine Attraktionen zu versprechen, wird der See doch von Autobahnen, dem gigantischen Industriegebiet Fos sowie dem Flughafen Marseille-Provence und dem Militärflughafen von Istres eingerahmt. Dennoch ist der Etang de Berre nicht nur ein vom modernen Industriezeitalter entstellter See: Eine landschaftlich sehr attraktive Teilstrecke ist die von Istres nach Saint-Chamas führende Küstenstraße D 16. Liebhaber klassischer Altertümer interessieren sich für den Pont Flavien oder das Ausgrabungsgelände von Sainte-Blaise, Martigues weiß durch seine reizvollen Kanäle zu gefallen, mit Salon-de-Provence

Bouches-du-Rhône
Karten Seite 600/601, 605, 618/619 und 651

liegt ein typisch provenzalisches Städtchen in unmittelbarer Nähe, zudem bieten sich Miramas-le-Vieux und Cornillon-Confoux als idyllische Bergdörfer für einen Abstecher an. Schlecht bestellt ist es einzig um die Fische: So gingen erst im Jahre 2001 Meldungen von toten Fischen und verseuchtem Wasser durch die Presse.

Côte Bleue

Die Côte Bleue, die sich südöstlich von Martigues erstreckt, wird in den Sommermonaten fast ausschließlich von Franzosen frequentiert. Aufgrund seiner Nähe zu Marseille ist der Küstenabschnitt ein beliebtes Wochenendausflugsziel. Durch einen Bergzug (Chaîne d'Estaque) vom Hinterland abgeriegelt, findet man hier kleine Fischerdörfer, idyllische Strände und kleine Calanques. Der größte Ort ist **Carry-le-Rouet**, als einstiges Synonym für den Thunfischfang gilt der Fischereihafen von **Carro**, Literaturfreunde pilgern nach **Ensuès La Redonne**, wo Blaise Cendrars große Teile seines Buches „Der alte Hafen" schrieb.

Martigues

Martigues, das wegen seiner Kanäle als „provenzalisches Venedig" gepriesen wird, stellt eines der attraktivsten Ziele am Etang de Berre dar. Im Zentrum von Martigues liegt eine kleine Insel, die mit zwei Brücken am Festland „vertäut" ist.

Noch vor hundert Jahren war Martigues ein beschaulicher Fischerort, der von Malern wie Félix Ziem und Corot wegen seiner Ursprünglichkeit, den schönen Motiven und guten Lichtverhältnissen geschätzt wurde. Im Gefolge der Künstler galt Martigues bald als beliebte Sommerfrische. Heute wagt die 42.000-Einwohner-Stadt gezwungenermaßen den Spagat zwischen Tradition und Gegenwart: Martigues präsentiert sich einerseits als attraktiver Ferienort mit verträumten Winkeln (z. B. am so genannten *Minoir aux Oiseaux*), doch lässt sich die nahe Großindustrie, der zahlreiche Einwohner ihren Arbeitsplatz verdanken, nicht übersehen. Die Fischerei ist noch immer ein einträgliches Geschäft: Martigues gilt als größter Fischereihafen der Provence. Im Juli und August werden allabendlich im Rahmen eines als *Sardinardes* bezeichneten Brauchs Tausende gegrillter Sardinen an den Hafenquais feilgeboten.

Am Etang de Berre

Geschichte

Wie archäologische Funde gezeigt haben, waren die Ufer des Etang de Berre bereits im Bronzezeitalter besiedelt. Die ersten Menschen betrieben hauptsächlich Fischfang und bauten in primitiven Salinen Salz ab. Erst im griechischen und römischen Zeitalter wurden die ersten Städte gegründet. So ist Martigues beispielsweise einer der ältesten provenzalischen Orte. Grabungsfunden zufolge

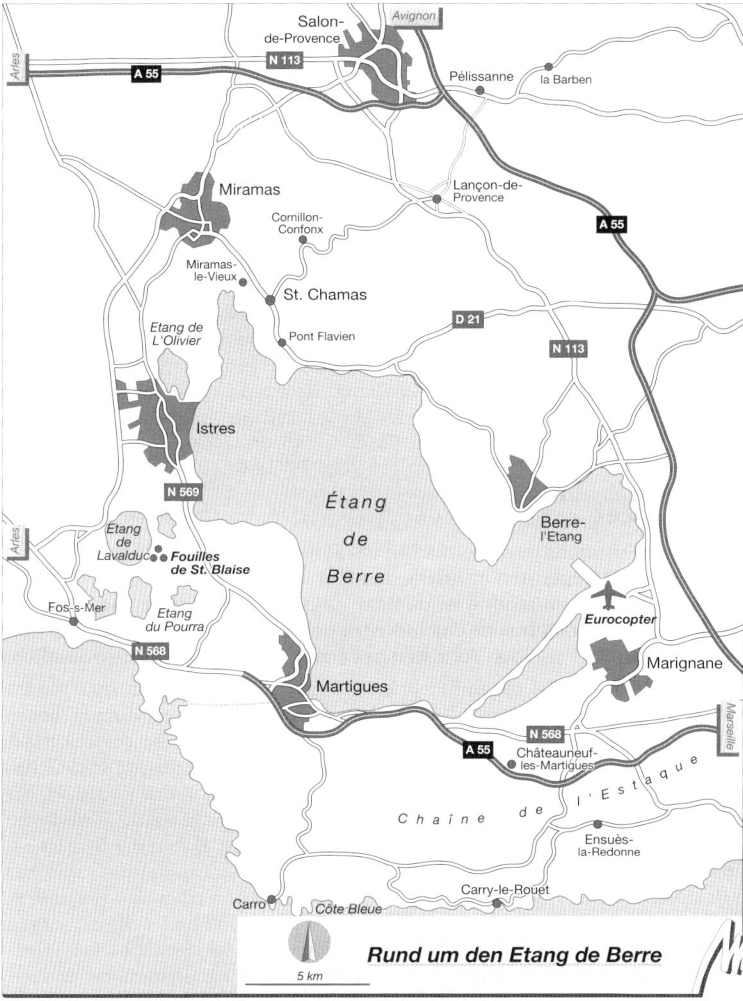

existierte bereits im 5. Jahrhundert v. u. Z. auf der Insel eine befestigte Ansiedlung, die aus unbekannten Gründen drei Jahrhunderte später verlassen wurde. Kompliziert waren die Besitzverhältnisse im Mittelalter: Während die Erzbischöfe von Arles über den nördlichen Stadtteil Ferrières herrschten und das am Südufer gelegene Jonquières den Äbten von Montmajour unterstand, gehörte die zwischen beiden Ufern liegende Ile Brescon den Grafen der Provence. Erst der französische König Henri III vereinte 1581 die drei Marktflecken unter dem Namen Les Martigues. Dem Ort stand eine glückliche Zeit bevor: die auf Fischfang basierende örtliche Wirtschaft prosperierte, mehrere Kirchenbauten wurden in Angriff genommen. Infolge der großen Pestepidemie von 1720 erlitt die Stadt einen herben Rückschlag, von dem sich Martigues erst in jüngster Vergangenheit erholte.

• *Information* **Office de Tourisme**, 2, quai Paul Doumer, 13500 Martigues, ✆ 0442423110, 📠 0442423111. www.martigues-tourisme.com.

• *Verbindungen* Der SNCF-Bahnhof (6 x tgl. nach Marseille) liegt etwas außerhalb, die Buslinie 3 fährt weiter Richtung Zentrum. Die Busse nach Marseille (rund 10 x tgl.) halten am Quai Tessé, zudem bestehen Busverbindungen nach Istres (5 x) und Salon-de-Provence (4 x tgl.).

• *Markt* Donnerstag- und Sonntagvormittag.

Sehenswertes

Musée Ziem: Das Kunstmuseum ist nach dem Maler Félix Ziem (1821–1911) benannt, der ein Atelier am Ufer des Canal de Caronte besaß. Eine Schenkung von dreißig Werken des Künstlers bildete den Grundstock des Museums, das seinen Fundus später durch zahlreiche Gemälde der provenzalischen Schule sowie durch eine zeitgenössische Abteilung erweiterte. Abgerundet wird die Dauerausstellung durch Grabungsfunde sowie lokalhistorische Exponate.

Adresse Boulevard du 14 juillet. Öffnungszeiten: Mi–So 14.30–18.30 Uhr, im Juli und Aug. tgl. außer Mo 10–12 Uhr und 14.30–18.30 Uhr. Eintritt: frei!

Fos-sur-Mer

Der Name Fos dient gewissermaßen als Synonym für einen modernen, auf dem Reißbrett geplanten Industriestandort. Die mit Stahlwerken und Raffinerien entstellte Umgebung ist denkbar ungeeignet für einen längeren Ferienaufenthalt, doch macht das Industriegebiet von Fos eindrucksvoll den Gegensatz zu dem von den Touristen bevorzugten Teil der Provence deutlich.

Die Geschichte von Fos beginnt nicht erst 1969, als der erste Spatenstich für das Industriegebiet getätigt wurde: Bereits im dritten oder zweiten vorchristlichen Jahrhundert entstand eine kleine Ansiedlung, deren Einwohnerschaft sich aus Fischern, Bauern und Händlern zusammensetzte. Um das Jahr 105 v. u. Z ließ der römische Feldherr Marius von seinen Soldaten einen Kanal ausheben, der die Rhône mit dem Mittelmeer verband und bei *Fossae Marianae Portus*, dem Hafen des Marius, ins Meer mündete. In den unruhigen Zeiten der Sarazenenüberfälle verließ die Bevölkerung die schlecht zu verteidigende Küste und zog sich auf eine kleine Anhöhe nahe des Etang de l'Estomac zurück. Ein *Castrum de Fossis* entstand, von dem aus die Herren von Fos den Golf und Teile der kargen Crau beherrschten. Der Aufstieg zur Burgruine und der benachbarten Friedhofskapelle eröffnet einen krassen Gegensatz: Von dem mittelalterlichen Mauerwerk aus scheinen die modernen Ölraffinerien zum Greifen nah.

Fouilles de Saint-Blaise

Inmitten eines imaginären Dreiecks, dessen Eckpunkte von Fos-sur-Mer, Martigues und Istres markiert werden, erhebt sich das karge, nur von einer Seite zugängliche Plateau von Saint-Blaise mit seinen griechischen und mittelalterlichen Grundmauern.

Obwohl nur rund 50 Meter hoch gelegen, bietet sich von dem Plateau eine herrliche Aussicht auf den violett schimmernden Etang de Lavalduc und den kleineren Etang de Cites. Die leicht zu verteidigende Anhöhe war bereits in der jüngeren Steinzeit besiedelt, später gründeten die Griechen von Marseille aus eine *Mastramella* genannte Stadt, die sie im 4. Jahrhundert v. u. Z. durch den Bau einer neuen, aus gigantischen Blöcken zusammengefügten Mauer schützten. Das Gemeinwesen florierte lange Zeit, doch durch das nahe gelegene, 102 v. u. Z gegründete Fos wurde der Handel erheblich beeinträchtigt. Das Ende kam mit Schrecken: Im Jahre 49 v. u. Z eroberte und zerstörte Caesar die mit Marseille verbündete Stadt. Erst vier Jahrhunderte später wurde der Ort wiederaufgebaut. Die nunmehr *Ugium* genannte Stadt fiel jedoch 874 einem Sarazenenansturm zum Opfer. Zuletzt unternahm der Erzbischof von Arles 1231 den Versuch, das halbverfallene Dorf zur befestigten Stadt *Castelveyre* auszubauen. Doch nachdem 1390 die umherziehenden Truppen des Raymond de Turenne Castelveyre ein drittes Mal zerstört hatten, verschwand die Stadt endgültig von der Landkarte. Als einziges Gebäude hat die Chapelle Saint-Blaise, ein schlichter romanischer Sakralbau, die Wirren der Zeit überstanden. Die Grabungen auf dem Plateau begannen 1935 unter Federführung des Archäologen Henri Rolland; die bedeutendsten Fundstücke sind im Hôtel de Sade in Saint-Rémy-de-Provence ausgestellt.

Öffnungszeiten Das Ausgrabungsgelände ist tgl. außer Mo und Di von 10–12 Uhr und 14–18 Uhr, im Winter bis 17 Uhr geöffnet. Eintritt: frei!

Industriekathedralen in der Wüste

Bereits in den fünfziger Jahren kamen die ersten Überlegungen auf, den Golf von Fos wirtschaftlich zu nutzen, doch erst 1969 fällte die Pariser Regierung die Entscheidung, an der Mittelmeerküste eine gigantische Industrieregion aus dem Boden zu stampfen. Das nicht einmal 2.000 Einwohner zählende Fischerdorf wurde aus seinem Tiefschlaf gerissen. Für den Standort Fos sprachen mehrere Faktoren: Zum einen zählt der Golf von Fos zu den tiefsten Buchten des Mittelmeers, selbst die größten Tankschiffe der Welt können problemlos einlaufen und ihre Ladung löschen; zudem lassen sich durch einen küstennahen Produktionsort die kostspieligen Rohstofftransportkosten einsparen. Andererseits wollte die Regierung den strukturschwachen Süden Frankreichs fördern und einen blühenden Industriegarten in einem großteils „brachliegenden" Areal schaffen. Die euphorischen Planungsgruppen, die von einem neuen „Ruhrgebiet am Mittelmeer" sprachen, sahen für das Jahr 1980 rund 40.000 neue Arbeitsplätze voraus, von den absehbaren Umweltschäden war nicht die Rede. Doch es kam bekanntlich anders: Durch den Ölschock der siebziger Jahre geriet die Stahlindustrie weltweit in die Krise, das 1974 in Produktion gegangene Stahlwerk von Fos stand trotz staatlicher Milliardenförderung nach wenigen Jahren vor dem Konkurs. Die hochtrabenden Pläne mussten zurückgeschraubt werden: Die jährliche Stahlproduktion hat an Bedeutung verloren, dafür haben sich verstärkt mittelständische Firmen und die petrochemische Industrie angesiedelt. Eine Vorhersage hat sich erfüllt: Der Hafen von Fos ist zum bedeutendsten französischen Umschlagplatz für Rohstoffe, und dabei vor allem für Mineralöl und Erdgas, aufgestiegen.

Salon-de-Provence

Zu Füßen einer mächtigen Burg liegt das 38.000 Einwohner zählende Provinzstädtchen, als dessen berühmtester Bürger der Arzt und Astrologe Nostradamus gilt. Während das Zentrum noch recht beschaulich wirkt, lassen die Außenbezirke bereits die hohe Industriedichte der Region erkennen.

Ein Besuch von Salon-de-Provence lohnt sich aber auf jeden Fall. Die großteils autofreie Altstadt wird von einem zur Einkaufsstraße umfunktionierten Boulevard umschlossen, der dem Verlauf der einstigen Stadtmauer entspricht. Durch zwei schmucke Stadttore gelangt man zum auffälligsten Bauwerk von Salon, dem Château de l'Emperi. Leider wird der Straßenzug unterhalb der Burg von einem relativ trostlosen modernen Gebäudekomplex verunziert. Ein idyllischeres Szenario bietet die von einem provenzalischen Glockenkäfig gekrönte Porte de l'Horloge, auf der vorgelagerten Place Crousillat mit ihrem moosbewachsenen Brunnen laden Straßencafés zum Verweilen ein. Freunde sakraler Kunst besuchen die im Zentrum gelegene romanische Eglise Saint-Michel oder die gotische Stiftskirche Saint-Laurent, in der auch Nostradamus seine letzte Ruhestätte gefunden hat. Neben dem berühmten Nostradamus wird allzu oft *Adam de Craponne*, ein ebenso bedeutender Sohn der Stadt, vergessen. Craponne war allerdings weniger von den Sternen als von der Bedeutung des Wassers angetan. In Anlehnung an Leonardo da Vinci setzte der geniale Wasserbauarchitekt das von da Vinci beschriebene Prinzip der Schleuse praktisch um. Zur Verwunderung seiner Zeitgenossen gelang es Craponne mit seinen Bewässerungskanälen, einen ausgetrockneten, kargen Landstrich im Westen von Salon in fruchtbares Ackerland zu verwandeln. Bis heute verdankt Salon-de-Provence Craponne den Obst- und Gemüsereichtum seiner Umgebung; ein Teil der von ihm errichteten Kanäle erfüllt ihre Funktion schon länger als 400 Jahre. Zuletzt noch ein Hinweis: Wer sich über zahlreiche blau uniformierte Offiziersanwärter wundert, sollte wissen, dass die französische Armee südlich von Salon einen Luftwaffenstützpunkt mit angegliederter Flugschule unterhält.

Geschichte

Die Anfänge von Salon-de-Provence liegen im dunkeln; obwohl die Stadt verkehrsgünstig an der einstigen römischen Via Aurelia gelegen war, entstand damals nur eine kleine Handelsstation. Ein richtiger Ort entwickelte sich wahrscheinlich erst im Laufe des 9. Jahrhunderts zu Füßen einer gut befestigten Burganlage. Formalrechtlich unterstand Salon-de-Provence dem Kaiser des Heiligen Römischen Reiches; die Stadt fiel somit nicht in den Einflussbereich der Grafen der Provence, sondern blieb den Erzbischöfen von Arles verpflichtet. Noch heute erinnert der Name der Burganlage (Château de l'Emperi) an die einstigen Rechtsverhältnisse. Die selbstbewussten Bürger der unterhalb der Burg entstandenen Stadt pflegten sich damals in einem Parlament zu versammeln. Doch die deutschen Kaiser waren fern und so verwundert es nicht, dass die Grafen der Provence und die Erzbischöfe von Arles Ende des 13. Jahrhunderts verstärkt an Einfluss gewinnen konnten. Die darauf folgenden Jahrhunderte bis zur Französischen Revolution brachten für Salon-de-Provence keine großen Veränderungen,

Château de l'Emperi

Nostradamus – Seher oder Scharlatan?

Nostradamus, eine der schillerndsten Persönlichkeiten der provenzalischen Geschichte, wurde 1503 als Sohn einer zum Christentum konvertierten jüdischen Familie im nahen Saint-Rémy-de-Provence geboren. Nach einem in Marseille und Montpellier absolvierten Medizinstudium und anschließenden „Wanderjahren" durch Italien und Frankreich heiratete Nostradamus erst 1547, um sich schließlich in Salon-de-Provence, dem Herkunftsort seiner Frau, niederzulassen. Erst ein Jahr zuvor war Nostradamus, der eigentlich Michel de Nostre-Dame hieß, zu Ansehen gekommen: Mit Hilfe eines selbst gemischten Wunderpulvers soll er eine in Aix-en-Provence ausgebrochene Pestepidemie besiegt haben. Wenig später soll sein Pulver auch in Lyon erfolgreich gewirkt haben. Sein Geld verdiente sich der sechsfache Vater hauptsächlich mit dem Herstellen von Kosmetika, diversen Liebeselixieren und Pillen zum Erhalt der Jugend. Wie viele Zeitgenossen interessierte sich auch Nostradamus für die Astrologie; in seinem 1555 veröffentlichten Werk „Centuries" wandte sich Nostradamus erstmals mit seinen düsteren, mystischen Vorhersagen an ein größeres Publikum, wobei er sich schwer entzifferbarer Anagramme und neuer Wortschöpfungen bediente. Sein Ruhm verbreitete sich schnell: Zu Nostradamus' zeitgenössischen Bewunderern zählten unter anderem Karl IX. sowie Katharina von Medici, die beide mehrfach seinen Rat einholten. Als Nostradamus 1566 starb, wurde ihm von den Bürgern Salons die Ehre erwiesen, seine letzte Ruhestätte in der Dominikanerkirche Saint-Laurant zu finden. Bis heute erfreuen sich Nostradamus' Vorhersagen in esoterischen Kreisen großer Beliebtheit; seine Anhänger sehen seine Bedeutung durch die Erfüllung seiner Prophezeiungen bestätigt. Seine Kritiker betrachten ihn hingegen als zwielichtigen Gaukler, dessen verworrene Hirngespinste so allgemein gehalten sind, dass sie einer intensiveren Auseinandersetzung nicht standhalten.

als äußeres Zeichen ihres Selbstbewusstseins errichteten die Bürger ein Rathaus im Renaissancestil. Im 19. Jahrhundert erlebte die lokale Seifenindustrieihre große Blüte, zahlreiche Familien kamen dadurch zu Ansehen und Wohlstand, wie mehrere stattliche Villen aus dieser Zeit noch anschaulich belegen. Die so genannten „Savons de Marseille" wurden in ganz Frankreich gekauft und sogar in die überseeischen Kolonien exportiert.

Information/Verbindungen/Diverses

• *Information* **Office de Tourisme**, 56, cours Gimon, 13300 Salon-de-Provence, ✆ 0490562760, 📠 0490567709, www.salon-de-provence.fr.

• *Verbindungen* Der **SNCF-Bahnhof** liegt im Westen der Altstadt, Avenue Emile Zola, ✆ 0490560405. Tgl. rund fünf Züge nach Marseille bzw. Cavaillon und Avignon. Zentraler liegt der **Busbahnhof**, Place Jules Morgan, ✆ 0490565098. Tgl. Verbindungen nach Aix und Arles (je 6 x), Marseille (5 x), Lamanon (12 x), Martigues (4 x), La Barben (3 x) und Les Baux (2 x).

• *Literaturtipp* Frank Rainer Scheck, Nostradamus, dtv portrait. Kritische Biografie des bekannten Propheten.

• *Markt* Mittwochvormittag auf der Place Morgan sowie am Sonntagvormittag auf der Place Général de Gaulle.

• *Einkaufen* Zwei Seifenfabriken erinnern an die große Tradition der heimischen Seifenindustrie: **Savonnerie Marius Fabre**,

148, avenue Paul Bourret, sowie **Savonnerie Rampal-Patou**, 71, rue Félix-Pyat.

• *Veranstaltungen* Beim 1969 gegründeten **Festival de Jazz** treten alljährlich im August renommierte Musiker auf, 1990 beispielsweise Miles Davis. **Theaterfestival in Salon-de-Provence**, klassisches und modernes Theater im Schloss (Ende Juli). Im August werden im Renaissancehof des Schlosses zudem Kammermusikkonzerte gegeben.

• *Schwimmen* Centre Nautique Municipal, Avenue Paul Bourret.

• *Kino* Les Arcades und Le Club.

• *Fahrradverleih* Cyclo-club salonais, 25, boulevard Clemenceau, ✆ 0490569014.

• *Kinderspielplatz* Nette Anlage auf der Place des Martyrs de la Résistance, zwei Fußminuten nördlich des Zentrums.

Übernachten/Essen

**** **Abbaye de Sainte-Croix**, stilvolles Hotel (Relais & Château) mit hervorragendem Restaurant (Menüs ab 45 €) in einem alten Klostergebäude im Nordosten der Stadt (drei Kilometer). Zimmer je nach Saison und Ausstattung 182–385 €. Mit Swimmingpool. Von Mitte März bis Anfang Okt. geöffnet. Route de Val de Cuech, ✆ 0490562455, ✆ 0490563112. www.hotels-provence.com.

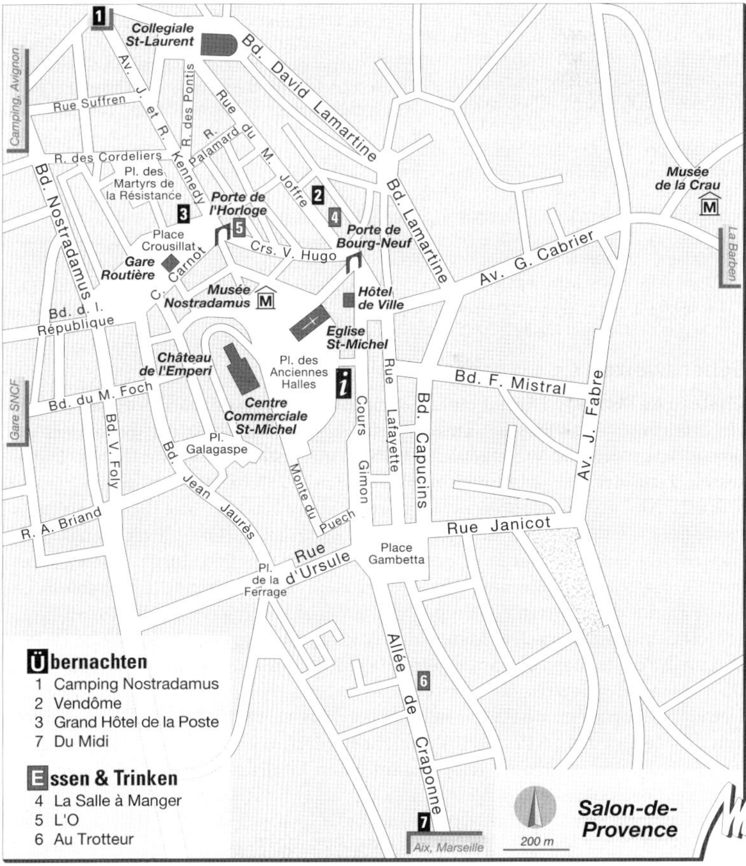

Bouches-du-Rhône
Karten S. 600/601, 605, 618/619 und 651

**** **Pierre et Vacances Pont Royal**, zehn Kilometer nordöstlich von Salon liegt das einem provenzalischen Dorf nachempfundene Clubdorf auf einer kleinen Anhöhe. Die Anlage ist von einem 18-Loch-Golfplatz umrahmt. Benutzung der Badelandschaft, des Rafting-Flusses und des Wellenfreibads ist im Preis enthalten. Tennis gegen Gebühr. Die Preise variieren je nach Reisezeit und Größe des Appartements (ab vier bis acht Personen) zwischen 460 und 1.990 € pro Woche. ✆ 0490575454. Buchbar von Deutschland aus über ✆ 01805/901011.

** **Grand Hôtel de la Poste (3)**, auch wenn man sich unter einem Grand Hotel etwas anderes vorstellt, ist dies eine angenehme, sehr zentral gelegene Herberge älteren Datums. Der freundliche Besitzer spricht etwas Deutsch und hilft gerne mit Tipps weiter. Die sauberen Zimmer kosten zwischen 40 und 50 €, besonders schön sind diejenigen mit Blick auf den moosbewachsenen Brunnen von Salon. Frühstück 5,50 €. 1, rue Kennedy, ✆ 0490560194, ℻ 0490562077. http://grandhotel.provence.free.fr.

** **Vendôme (2)**, in einer ruhigen Straße unweit des Zentrums. Netter Innenhof, in dem das Frühstück serviert wird. Die altertümlich eingerichteten Zimmer kosten je nach Ausstattung und Saison 39–72 €, Frühstück 6 €. 34, rue Maréchal Joffre, ✆ 0490560196, ℻ 0490564878. www.hotelvendome.com.

** **Du Midi (7)**, nach einem Besitzerwechsel wurde das dreihundert Meter südlich der Altstadt gelegene Hotel renoviert. Große DZ 48–50 €. 450, boulevard Maréchal Forch, ✆ 0490533467.

La Salle à Manger (4), in einem traumhaft restaurierten Stadtpalais aus dem 19. Jahrhundert werden kulinarische Köstlichkeiten zu annehmbaren Preisen serviert, wobei das Spektrum vom gegrillten Thunfisch bis zur gebratenen Taube reicht. Man sitzt unter üppigen Stuckdecken oder im Sommer im netten Innenhof. Menüs zu 15 € (mittags von Dienstag bis Freitag), 30 und 55 €. Sonntag und Montag geschlossen. 6, rue Maréchal Joffre, ✆ 0490562801.

Au Trotteur (6), Leser Peter Heß lobte das Restaurant wegen seiner „reichhaltigen, guten und preiswerten" Küche. Pizzen aus dem Holzofen. Menüs zu 12,90 und 22,50 €. 21, allée de Craponne, ✆ 0490533183.

L'O (5), wenn sich ein Restaurant schon direkt über einem Fischgeschäft befindet, dann kann man sich sicher sein, dass hier nur fangfrischer Fisch und Meeresfrüchte zubereitet werden. Menüs zu 17,50 und 35 €. Sonntag und Montagabend geschlossen. 1, place Croustillat, ✆ 0490447082.

• *Camping* *** **Nostradamus (1)**, teilweise schön beschattetes Wiesengelände im Nordwesten von Salon-de-Provence. Viel junges Publikum. Extra: Swimmingpool, Minigolfplatz und WLAN. Stellplatz inkl. zwei Personen ca. 18 €. Von April bis Okt. geöffnet. Route d'Eyguières, ✆ 0490560836. www.camping-nostradamus.com.

Sehenswertes

Château de l'Emperi: Die auf einer Felsanhöhe errichtete erzbischöfliche Burg ist ein eindrucksvolles Beispiel mittelalterlicher Festungsbaukunst, besonders imposant zeigt sich die Westflanke, die über einem steilen Abhang thront. Die ältesten Teile der Burg stammen noch aus dem 12. Jahrhundert, doch aufgrund späterer An- und Umbauten präsentiert sich das Château de l'Emperi als stilistisch uneinheitliche Wehranlage, störend wirkt beispielsweise die neugotische Kaserne im äußeren Burghof. Letzterer war ursprünglich durch einen Graben von der zwei Innenhöfe umschließenden Hauptburg getrennt. Das Schloss beherbergt mit dem **Musée de l'Emperi** ein außerordentlich reichhaltiges militärgeschichtliches Museum. Die Menge der Waffen, Uniformen, Orden sowie diverse Dokumente, die hier zusammengetragen wurden, ist kaum überschaubar. Wenn man meint, den letzten Saal betreten zu haben, geht es immer noch ein Stück weiter. Militariafreunde fühlen sich ins Paradies versetzt. Die Exponate datieren von der Zeit Ludwig XIV. bis ins 20. Jahrhundert. Bis auf einen eindrucksvollen Kamin bekommt man aber leider kaum einen Eindruck von der einstigen Ausstattung des Schlosses.

Öffnungszeiten Von April bis Sept. tgl. außer Di 10–12 Uhr und 14.30–18 Uhr, von Okt. bis März tgl. außer Di 10–12 Uhr und 14–17 Uhr. Eintritt: 3 €, erm. 2,30 €.

Erinnerungen an Nostradamus in Salon-de-Provence

La Savonnerie Marius Fabre et le Musée du Savon de Marseille: Seit dem 19. Jahrhundert ist die Seifenindustrie ein wichtiger Arbeitgeber in Salon-de-Provence. Die im Jahre 1900 gegründete Firma Marius Fabre hat ein sehr interessantes Museum eingerichtet, um interessierte Besuchern in die Tradition der Seifenproduktion einzuführen.

Adresse 148, avenue Paul-Bourret. Öffnungszeiten: Mo–Fr 9.30–11.30 Uhr und 13.45–17 Uhr, Fr nur bis 16 Uhr. Führungen: Mo–Do um 10.30 Uhr. Eintritt: 3 €, mit Führung 3,85 €. www.marius-fabre.fr.

Musée Grévin de Provence: Der 1992 eröffnete provenzalische Ableger des Pariser Wachsfigurenmuseums erläutert in zwölf Szenen die Geschichte der Provence von der Gründung Marseilles bis zur jüngsten Filmgeschichte. Mit einem Disc-Man (CD auch in deutsch erhältlich) wird man auf einen 35-minütigen Rundgang geschickt.

Adresse Place des Centuries. Öffnungszeiten: Tgl. 9–12 Uhr und 14–18 Uhr. Eintritt: 3,50 € oder 5,50 € (inkl. Maison de Nostradamus).

Maison de Nostradamus: In das Haus, in welchem Nostradamus seine letzten 19 Lebensjahre verbrachte, ist ein weiteres, ebenfalls nicht sehr informatives Wachsfigurenmuseum eingezogen. Diesmal steht Nostradamus, der berühmteste Bürger der Stadt, im Mittelpunkt. Eine kritische Auseinandersetzung mit dieser schillernden Persönlichkeit findet allerdings nicht statt.

Adresse 11, rue Nostradamus. Öffnungszeiten: Tgl. 9–12 Uhr und 14–18.30 Uhr, im Winter nur bis 18 Uhr. Eintritt: 3 € oder 5,50 € (inkl. Musée Grévin).

Umgebung

Mémorial Jean Moulin

Ein paar Kilometer nördlich von Salon-de-Provence wurde direkt neben der Nationalstraße ein überdimensionales Denkmal errichtet. Die von Marcel

Courbier geschaffene Bronzeskulptur erinnert an *Jean Moulin*, den in Béziers geborenen Führer der französischen Résistance. Moulin war im Januar 1942 mit dem Fallschirm über den Alpilles abgesprungen, um im Auftrag de Gaulles die Aktionen der verschiedenen Widerstandsgruppen zu koordinieren und um das *Conseil national de la Résistance* (CNR) zu gründen; die Schlagkraft des aktiven Widerstands verbesserte sich erheblich. Moulin geriet jedoch am 21. Juni 1943 in Caluire bei Lyon in die Hände der Nazis, die ihn schrecklich folterten, ohne ihm jedoch ein Wort über seine Verbindungsmänner entlocken zu können. Wenige Wochen später starb Moulin nach erneuten schweren Misshandlungen in einem Zug, der ihn nach Deutschland bringen sollte. Eine besondere Ehre wurde Jean Moulin 1964 zuteil: Auf Betreiben von Charles de Gaulle wurden die sterblichen Überreste Moulins in das Pariser Panthéon, den Ruhmestempel der französischen Nation, überführt.

Grottes de Calès

Auch die Grottes de Calès, eine bedeutende prähistorische Fundstätte, befinden sich einige Kilometer nördlich von Salon-de-Provence, nahe des Dorfes *Lamanon*. Der Weg zu den Grottes beginnt direkt gegenüber des Office de Tourisme und ist mit einem blauen Pfeil gut markiert. Bereits nach hundert Metern trifft man auf die erste Fundstätte, einen imposanten Felsüberhang, dem hangaufwärts noch weitere folgen. Die in den Fels geschlagenen Höhlen waren von der keltoligurischen Epoche bis ins Mittelalter hinein bewohnt; in den Religionskriegen wurden die Höhlen dann ein letztes Mal genutzt.

Wer will, kann den landschaftlich reizvollen Bergkegel auf einem grün gekennzeichneten Weg erschließen. Entlang der Strecke – sie führt auch an zwei Kapellen vorbei – sind Erläuterungen zur Flora angebracht. (Gehzeit: rund 2 Std.).

Vernègues (Temple romain)

Rund zehn Kilometer nordöstlich von Salon stehen nahe dem Dorf Vernègues – es wurde am 11. Juni 1909 bei einem Erdbeben großteils zerstört – inmitten von Weinfeldern die Reste eines römischen Podiumstempels. Er dürfte wahrscheinlich zur Zeit des Augustus (27 v. u. Z bis 14 u. Z.) als Quellheiligtum errichtet worden sein. Im 11. Jahrhundert wurde die romanische Kapelle Saint Césaire an den Tempel angebaut. Vom Tempel sind noch Teile der Cellawand sowie vier Säulen und zwei Pfeiler weitgehend erhalten. Hinweis: Der Tempel ist frei zugänglich und steht an einem Hang hinter dem Weingut *Château Bas* (mit Wegweisern ausgeschildert!).

La Barben

Château: Auf einem malerischen Felsen über dem Flüsschen Touloubre thront das Château La Barben. Eine steile Rampe führt zum Eingang des Schlosses hinauf, ein Blick über die Brüstung zeigt den von Le Nôtre geschaffenen Schlossgarten. Das in seinen Grundmauern auf das 11. Jahrhundert zurückgehende Schloss gehörte ursprünglich zum Besitz der Marseiller Abtei Saint-Victor; 1476 erwarb die Familie de Forbin das Schloss von König René und bewohnte es beinahe 500 Jahre lang. Aufgrund der Kriegszerstörungen sowie mehrerer Um- und Anbauten präsentiert sich Le Barben heute als buntes Stilgemisch: Der wehrhafte spätmittelalterliche Teil wurde mit Renaissance- und Klassikelementen vermischt, dem barocken Repräsentationsstreben hat das Schloss die weit greifende Treppe sowie die vorgelagerte Terrasse zu verdanken.

Öffnungszeiten Tgl. 10–12 Uhr und 14.30–17.30 Uhr (im Winter Mi geschlossen). Eintritt: 7 €, erm. 5 €.

Zoo: Auf einem direkt an das Schloss angrenzenden, 30 Hektar großen Areal liegt der Zoo von La Barben; er wird von mehr als 120 Tierarten, darunter Elefanten, Nilpferde, Nashörner, Giraffen, Kamele, Löwen und Tiger bevölkert. Auf dem Gelände befinden sich zudem ein Kinderspielplatz sowie Imbissmöglichkeiten.

Öffnungszeiten Tgl. 10–18 Uhr. Eintritt: 14 €, erm. 8 €. www.zoolabarben.com.

Lançon-de-Provence

Auf dem Hügel von Lançon errichteten die Herren von Les Baux im 12. Jahrhundert eine Burganlage (Privatbesitz!), um ihr Territorium nach Osten hin abzusichern. Die Stadtmauer ist ein Relikt aus späterer Zeit; sie wurde von François I in Auftrag gegeben, der gegen einen eventuellen Angriff Kaiser Karl V. gewappnet sein wollte. Weitere Sehenswürdigkeiten sind die romanische Friedhofskapelle Saint-Cyr und das Hôtel de Luxembourg – das in der Rue Pavé d'Amour gelegene Renaissancepalais gilt als beispielhaft für den damaligen Lebensstil der regionalen Aristokratie.

- *Information* **Mairie**, 13680 Lançon-de-Provence, ✆ 0490427127.
- *Markt* Dienstagvormittag auf der Place du Champ-de-Mars.
- *Schwimmen* Städtisches Freibad (Piscine Municipale) im Quartier des Alpilles.

Pont Flavien bei Saint-Chamas

Die Provence besitzt zahlreiche antike Bauwerke, so dass eine vereinzelte römische Brücke gar nicht mehr auffällt. Bei dem über das Flüsschen Touloubre führenden **Pont Flavien** handelt es sich jedoch nicht um einen reinen Zweckbau, sondern um einen von zwei repräsentativen Toren eingerahmten Brückenbogen. Wahrscheinlich wollte der in der Nähe wohnende unbekannte Erbauer mit diesem Monument seine gesellschaftliche Stellung unterstreichen. Die mit korinthischen Pilastern geschmückten Torbögen, die aus dem ersten Jahrhundert unserer Zeitrechnung stammen, sind in typisch augusteischer Tradition mit Löwen und Adlern verziert. Gekrönt werden die Tore von je zwei steinernen Löwen, drei sind allerdings nur Repliken aus dem 18. Jahrhundert, einzig der Löwe auf dem südöstlichsten Pfeiler ist original. Im Zweiten Weltkrieg, als die Straße noch über die Brücke führte, wurden die Brückenbögen von jeweils einem Laster beschädigt.

Brücke hin, Brücke her: Keinesfalls sollte man versäumen, auch auf den alten Fischerhafen von **Saint-Chamas** einen Blick zu werfen; der Ort besitzt noch Reste seiner mittelalterlichen Stadtmauer sowie eine ansehnliche barocke Pfarrkirche. Nur ein paar Kilometer entfernt liegen **Miramas-le-Vieux** und **Cornillon-Confoux**, zwei Bergdörfer, die sich ihren unverfälschten Charakter aufgrund ihrer abgeschiedenen Lage weitgehend bewahren konnten. Während Miramas-le-Vieux mit einer Burgruine aus dem 13. Jahrhundert aufwarten kann, hat Cornillon-Confoux eine romanische Friedhofskapelle zu bieten.

Karten S. 600/601, 605, 618/619 und 651

Typisch für die Camargue: die weißen Pferde

Camargue

In den klischeehaften Vorstellungen ist die Camargue noch immer das Land der weißen Pferde, der auf und ab stolzierenden Flamingos, der schwarzen Stiere und der Gardians, die den sumpfigen Landstrich mit Mut und Geschick beherrschen. Die Industrieanlagen von Fos, die sozialen Probleme der immigrierten Arbeiter und die ungelösten Fragen der gigantischen Müllhalden sind aber ebenso Teil der Camargue wie die erst jüngst entstandenen Touristenzentren bei Grande-Motte.

Jean Giono, der aus der hügeligen Haute-Provence stammende provenzalische Pan, hat in seinem Buch „Louis, Sohn der Camargue“ eine sehr einfühlsame Huldigung an das Mündungsgebiet der Rhône verfasst: „Die Camargue“, so schreibt Giono, „ist ein Deltagebiet, der Ablageplatz eines Flusses und sein Schlupfwinkel. Bis hierhin fließt er rasch, findet keine Zeit, nachdenkliche Betrachtungen anzustellen. Bis hierhin lebt er. In diesem Delta aber geht es mit ihm zu Ende; hier wird er sich im Meer verlieren und dagegen sträubt er sich, er schlendert, teilt und windet sich her und hin; er überlegt, zögert und besinnt sich. Alles, was er hierhin entführt hat, nimmt er nun vor, mischt es durcheinander und lässt es sich verwandeln und darauf ist er stolz. Was er seinen Ufern entrissen hat, wird zu Lehm, Humus, Sand. Was er vorher tötet, versucht er hier wieder entstehen zu lassen; was in ihm umgekommen ist, erweckt er zu neuem Leben. Das Samenkorn, das er ungestüm davontrug, hier hätschelt er es, hier hegt er es und lässt es keimen.“

Zwei Jahrtausende lang wurde diese, von den Armen der Rhône begrenzte Landschaft gemieden; das sumpfige, von Stechmücken bevölkerte Delta war als Siedlungsgebiet alles andere als verlockend. Die Griechen hatten die Region kaum beachtet, die Römer unternahmen die ersten Versuche, das Rhônedelta zu kultivieren. Wahrscheinlich leitet sich der Name Camargue von einem aus Arles stammenden römischen Großgrundbesitzer namens Aulus Annius Camars ab. Bis über das Mittelalter hinaus bevölkerten nur ein paar Stier- und Pferdeherden mit ihren Gardians, wie die provenzalischen „Cowboys" genannt werden, das monotone Sumpfgebiet; größere Erhebungen gibt es nicht, der höchste Punkt der Camargue misst gerade einmal 4,5 Meter, die tiefste Stelle liegt gar 1,60 Meter unter dem Meeresspiegel. Abgesehen von Les Saintes-Maries-de-la-Mer gab es keine größeren Ortschaften, nur hier und da ein kleines ländliches Anwesen. Gerade dieser relativen wirtschaftlichen Nutzlosigkeit ist es zu verdanken, dass die Camargue zum Refugium einer einmaligen Tier- und Pflanzenwelt werden konnte. Im 17. Jahrhundert setzte dann eine intensivere landwirtschaftliche Nutzung ein; damals war die Camargue noch keine statische Landschaft mit festen geographischen Grenzen, so lag Les Saintes-Maries-de-la-Mer im Mittelalter beispielsweise mehr als zwei Kilometer weit im Landesinneren. Es ist traurig, aber wahr: Erst durch die ab 1857 gebaute Digue à la Mer und die Eindämmung der beiden Rhônearme wurde es möglich, den Küstenverlauf weitgehend zu sichern. Seither hat das Schwemmland aber seine wilde, ungezügelte Kraft verloren, die bis dato vergessene Brackwasserlandschaft musste erstmals tiefe Eingriffe in ihr intaktes Ökosystem hinnehmen. Infolge dieser weit reichenden Baumaßnahmen wurde die Camargue nicht mehr mit Meerwasser überschwemmt; das Delta büßte seinen charakteristischen Salzgehalt ein, Teile der Camargue verwandelten sich gar in staubtrockene Steppenlandschaften, so dass künstliche Bewässerungsmaßnahmen erforderlich wurden.

Gegen Ende des 19. Jahrhunderts wurde die im Osten der Camargue gelegene Saline von Salin-de-Giraud zur größten Europas ausgebaut. Die politischen Wirren des Zweiten Weltkrieges zwangen den Pastis-Fabrikanten Paul Ricard – das Vichy-Regime hatte die Herstellung von Anisschnaps verboten und Ricard war somit um seine wirtschaftliche Existenzgrundlage gebracht worden –, am nördlichen Rand der Camargue *Reisanbau* im großen Stil zu betreiben. Nach dem Verlust der Kolonien in Indochina wurden die Reisbauern auch von staatlicher Seite weiter ermuntert. Die künstlich bewässerten Reisfelder bedecken eine Fläche von 25.000 Hektar und fügen sich zwar recht harmonisch in das Landschaftsbild ein, doch haben sie eine Erhöhung des Grundwasserspiegels bewirkt, was wiederum zu einer fortschreitenden Entsalzung der Gewässer führte. Zudem gehören die Reisbauern der Camargue zu den größten Profiteuren der EU-Agrarpolitik. Allein die sechs größten französischen Reisbauern werden jährlich zusammen mit mehr als 3,5 Millionen Euro subventioniert. Eine andere Umweltzerstörungsaktion ist längst Geschichte: Als man in den sechziger Jahren die Idee realisierte, Fos zu einem „Ruhrgebiet des Mittelmeers" zu machen, wurde ein weiterer Teil der Region gnadenlos vernichtet. Der Golf von Fos schien dank seiner tiefen Gewässer für die Ansiedlung von Schwerindustrie geradezu prädestiniert, wie profane Kathedralen ragen die Industrieanlagen mahnend gen Himmel – vor allem seitdem die Region von Wirtschaftskrisen erschüttert wurde.

Auf der anderen Seite fühlen sich alljährlich rund eine Million Touristen vom spröden Charme des sumpfigen Schwemmlandes, den reetgedeckten Cabanes

Karten S. 600/601, 605, 618/619 und 651

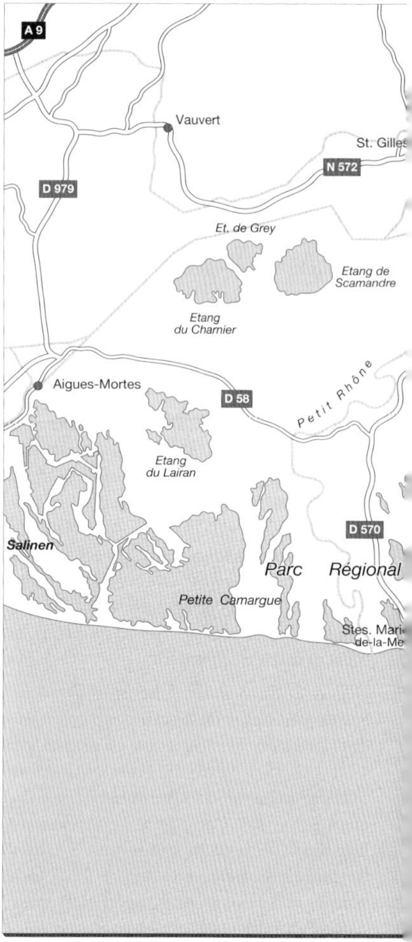

(Hirtenhäuser), der ursprünglichen Natur und den phantastischen Stränden angezogen. Doch auch der Tourismus hat seine Schattenseiten, man könnte gelegentlich fast glauben, ein Teil der Sonnenhungrigen wetteifere mit der Rhône um die meisten Ablagerungen. Um das Kernland der Camargue rund um den *Etang de Vaccarès* für die Nachwelt zu erhalten, hat man 1970 strenge Naturschutzvorschriften erlassen, die auch die Bauhöhe strikt auf zwei Stockwerke begrenzen. Das 13.000 Hektar große *Réserve Nationale de Camargue* ist vor neugierigen Blicken weitgehend sicher, seltene Vogelarten wie Graureiher und Eisvogel brüten ungestört ihre Eier aus, denn die Kernzone darf nur von befugten Botanikern und Zoologen betreten werden; alle anderen dürfen nur bis in die Randgebiete vordringen. Stilecht ist natürlich eine Erkundung des Gebietes auf dem Rücken eines gutmütigen Camarguepferdes. Die verhältnismäßig kleinen, aber sehr ausdauernden Pferde können die Nüstern schließen und sich daher auch von Gräsern ernähren, die unter der Wasseroberfläche wachsen. Typisch für die Wasserlandschaft sind auch die rosafarbenen Flamingos: Nirgendwo sonst in Südeuropa leben mehr Flamingos. Ihr außergewöhnlicher Schnabel erlaubt ihnen, Wasser einzusaugen und das nahrhafte Plankton mit einem Lamellensystem herauszufiltern. Noch ein Hinweis zur Reisezeit: Wer die Camargue im Hochsommer oder Herbst durchstreift, sollte sich unbedingt durch Mückenabwehrspray gegen die Moskitoattacken wappnen. Die kleinen surrenden Blutsauger kennen kein Pardon, es gibt immer wieder Touristen, die ihren Aufenthalt in der Camargue nach wenigen Tagen abbrechen, um moskitosichere Landstriche der Provence aufzusuchen. Derzeit streiten Umweltschützer gegen Regionalpolitiker, die die Mückenplage mithilfe des Bio-Insektizid BTI eindämmen wollen, was allerdings unabsehbare Folgen auf das fragile Ökosystem der Camargue haben könnte.

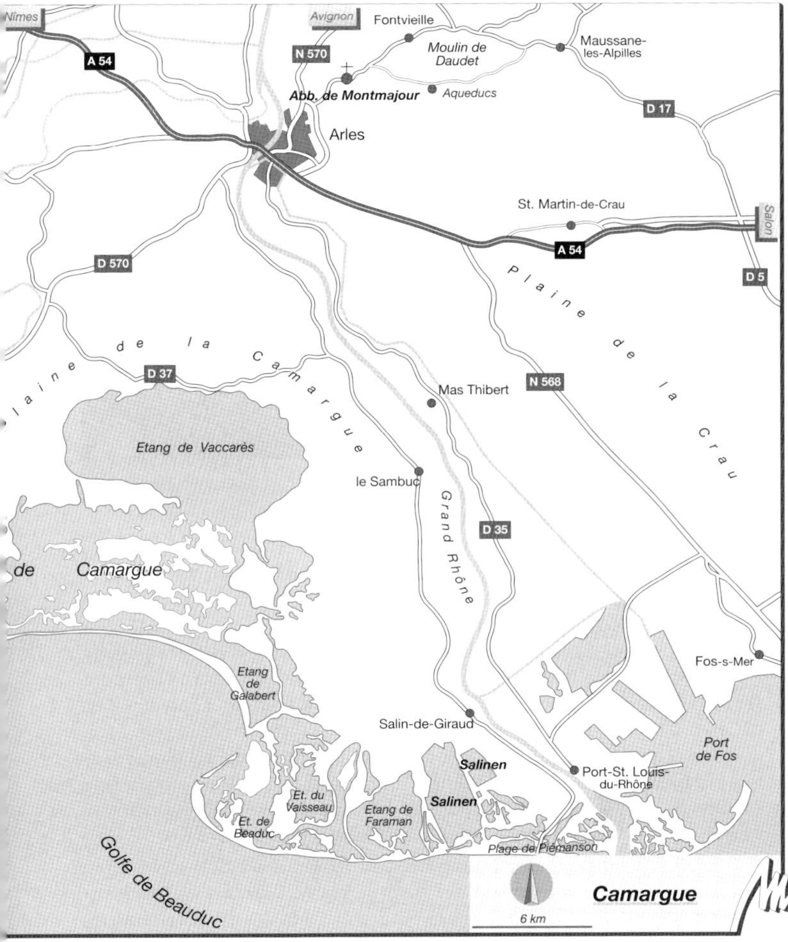

Karten S. 600/601, 605, 618/619 und 651

Les Saintes-Maries-de-la-Mer

Die zentrale Lage, die geschichtsträchtige Vergangenheit und die weltbekannte Zigeunerwallfahrt haben Les Saintes-Maries-de-la-Mer zum bedeutendsten Ort der Camargue werden lassen.

Obwohl Les Saintes-Maries-de-la-Mer im Mittelalter für die Küstenüberwachung von großer Bedeutung war, sind aus dieser Zeit kaum mehr steinerne Zeugen erhalten: Das älteste und imposanteste Bauwerk des Ortes ist die Wehrkirche; sie ist ein Relikt der während der Revolution abgetragenen mittelalterlichen Stadtbefestigung. Seitdem das kleine Fischerdorf in den fünfziger und

Ausgebucht bis auf den letzten Platz: Zigeunerwallfahrt

Mystische Wurzeln

Glaubt man der christlichen Legende, so wurden nach dem Tode Christi einige seiner Anhänger, darunter Maria Magdalena, Maria Jacobäa und Maria Salome – die beiden Letzten waren die Mütter dreier Apostel –, in einem Boot ohne Segel und Ruder ausgesetzt, das mit göttlicher Fügung an die Gestade der Provence gespült wurde, woraufhin das Christentum seinen Einzug in die Provincia Gallia Narbonensis fand. Im Laufe der Zeit gerieten die Gebeine der aus Altersgründen verstorbenen Heiligen allerdings in Vergessenheit. Doch dem provenzalischen König René dem Guten erschien 1448 im Schlaf ein Engel und wies ihm den Weg zu den verschollenen Reliquien. Die Gebeine wurden ausgegraben und Les Saintes-Maries-de-la-Mer zum bekanntesten Wallfahrtsort der Provence.

Wann die Zigeuner erstmalig zur heiligen Sarah, ihrer Schutzpatronin, pilgerten, lässt sich nicht mehr rekonstruieren. Mit großer Wahrscheinlichkeit begann die Wallfahrt aber erst gegen Ende des 19. Jahrhunderts (Rainer Maria Rilke erlebte die Wallfahrt schon im Jahre 1909). In dieser Anfangszeit war die Zigeunerwallfahrt ein weitgehend lokales Ereignis, von dem kaum Notiz genommen wurde; der Ritus, die heilige Sarah von Gardians begleitet in das Meer zu tragen, über das sie einst gekommen sein soll, wurde erst 1935 begründet. Seit den fünfziger Jahren wuchs die Resonanz der Wallfahrt Jahr für Jahr; heute kommen zigtausende, um dem Spektakel beizuwohnen.

sechziger Jahren seinen Aufstieg zum beliebten Ferienort nahm, dem die alljährliche Zigeunerwallfahrt einen exotischen Touch verlieh, ist in den Sommermonaten die beschauliche Atmosphäre dahin. Das Zentrum wird zwar immer noch von flachen, zweistöckigen weiß getünchten Häusern und der mächtigen Wehrkirche dominiert, doch hat sich das Flair in den Gassen vollkommen gewandelt, die touristische Infrastruktur ballt sich auf allzu dichtem Raum. In trister Monotonie reiht sich hier Restaurant an Snackbar, Souvenirshop an Eisdiele. Zahlreiche Hotels, zwei große Campingplätze und andere Ferienunterkünfte haben sich weit in die Umgebung vorgefressen.

Eigentlich ist Saintes-Maries-de-la-Mer durch das Grab der heiligen Marien zum Wallfahrtsort geworden, doch hat den drei Marien ihre einstige Dienerin Sarah, die wegen ihrer dunklen Hautfarbe eine Zigeunerin gewesen sein soll, in der allgemeinen Beliebtheitsskala schon seit langem den Rang abgelaufen. Aufgrund ihrer großen Popularität strömen alljährlich am 24. und 25. Mai die Roma und Sinti aus allen Teilen Europas zu Tausenden herbei, um ihrer Schutzpatronin zu huldigen. Für viele Zigeuner ist es der religiöse und soziale Höhepunkt des Jahres, der sie stets aufs neue in den Bann zieht, wenngleich die Wallfahrt durch die neugierigen Touristenhorden, die das pittoreske Schauspiel belagern, zum folkloristischen Spektakel degradiert wird. Die Zigeuner stören sich an den Zuschauern sicher weniger als an der Tatsache, dass man sie nur für wenige Tage in der Stadt duldet und die übrige Zeit lieber fern der eigenen Stadtgrenzen sieht. Auch daran, dass das Vichy-Regime im Zweiten Weltkrieg bei Saliers, wenige Kilometer westlich von Arles, ein „Zigeuner-KZ" eingerichtet hatte, will man sich heute lieber nicht mehr erinnern; bei der Standortwahl für das Konzentrationslager war übrigens die Nähe zu Les Saintes-Maries-de-la-Mer ausschlaggebend.

Normalerweise wird der „schwarzen Sarah" in der Krypta der Wehrkirche gedacht, doch am 24. Mai wird die mit Brokat und Gold geschmückte Statue nach der Nachmittagsmesse unter großer Anteilnahme zusammen mit den aus der oberen Kapelle heruntergelassenen Reliquien der Marien zum Meer getragen. „Vive les saintes Maries, vive la sainte Sarah", erschallt es aus unzähligen Kehlen; in religiöser Verzückung versuchen einige, den Schrein zu berühren, um einen Hauch der heiligen Aura zu erhaschen. Aufgrund der räumlichen Enge und des besseren Überblicks verfolgen manche Zuschauer den Beginn der Prozession vom Dach der Wehrkirche aus. Mehrere Gardiens auf weißen Carmaguepferden reiten voran, begleitet von Musik und Gebeten bewegen sich die Gläubigen langsam durch die Straßen, bis die Prozession schließlich ans Meer gelangt, wo die Heiligen symbolisch willkommen geheißen werden. Nachdem der Bischof von Arles das Meer, das Land, die Pilger und die Zigeuner gesegnet hat, bewegt sich die Prozession wieder zurück zur Kirche.

Umrahmt wird die Wallfahrt von ausgelassenen Festen. Bereits am Vorabend ist der gesamte Ort von Zigeunermusik und Tanz erfüllt, Lagerfeuer lodern. Für die Zigeuner, die mehrere Tage in Les Saintes-Maries-de-la-Mer bleiben, ist die Wallfahrt auch ein wichtiges soziales Ereignis, bietet sie doch die einmalige Möglichkeit, Freunde und Familienangehörige zu treffen, die sonst über alle Teile Europas verstreut sind.

Information/Verbindungen/Diverses

- *Information* **Office de Tourisme**, 5, avenue Van Gogh, B.P. 34, 13732 Les Saintes-Maries-de-la-Mer, ☏ 0490978255, 📠 049097 71 15, www.saintesmaries.com.
- *Verbindungen* Häufige Busverbindungen nach Arles, im Sommer auch nach Aigues-Mortes und Saint-Gilles.
- *Markt* Montag- und Freitagvormittag auf der Place de Gitanes.

Karten S. 600/601, 605, 618/619 und 651

• *Veranstaltungen* **Zigeunerwallfahrt** am 24./25. Mai. **Festo Vierginenco**, alljährlich Ende Juli werden die Mädchen gefeiert, die erstmals die Arlesische Tracht tragen. Eine weitere Prozession zu Ehren der heiligen Marien findet am letzten Sonntag im Oktober statt.

• *Arena* Das strandnahe Oval ist ein beliebter Veranstaltungsort für Stierkämpfe und andere Festivitäten.

• *Post* Avenue Gambetta.

• *Bootsexkursionen* Kreuzfahrt (90 Minuten) zwischen Meer und Petit Rhône: Camargue, 5, rue des Launes, ✆ 0490978472. Abfahrt: April, Mai, Juni und Sept. 10, 14.30 und 16.15 Uhr sowie im Juli und Aug. um 10, 14.30, 16.15 und 18 Uhr. Zudem gibt es noch zwei weitere Anbieter, die vom Hafen aus starten sowie den Schaufeldampfer Tiki III, der direkt an der Mündung der Petit Rhône ausläuft. www.tiki3.fr

• *Kajakvermietung* Kajakfahren auf der Petit Rhône. Kontakt: **Kajak Vert**, Mas de Sylvéréal Route d'Aigues Mortes, ✆ 0466735717. www.kajak.camargue.fr.

• *Fahrradverleih* **Le Vécoliste**, route d'Arlese, ✆ 0490978326; **Le Velo Saintois**, 19, avenue de la République, ✆ 0490977456; Die Preise der beiden Verleiher sind identisch: Mountainbike pro Tag ca. 15 €, halber Tag 9 €. Achtung: In der Hauptsaison decken die vorhandenen Räder die Nachfrage oft nicht ab.

• *Reiten* Detaillierte Auskünfte erteilt die Association Camarguaise de Tourisme Equestre, ✆ 0490971040. www.parc-camargue.fr.

• *Minigolf* Avenue van Gogh. Nur Mittwoch, Samstag und Sonntag 14–18 Uhr geöffnet.

• *Safaris* Mehrere Agenturen bieten Fotosafaris per Jeep durch die Camargue an. Aber warum die Luft verpesten? Mit dem Fahrrad ist es billiger, umweltschonender und wahrscheinlich noch sehr viel schöner.

• *Strände* Flache Sandstrände direkt im Ortsbereich; andere schöne Strände wie die Plage de l'Espiguette und die Plage des Baronnets (FKK), findet man mehrere Kilometer weiter westlich in Richtung Port Camargue.

Übernachten/Essen

*** **Mas Sainte Hélène (1)**, ruhiges, zum Hotel umgewandeltes Gehöft mit Pool, beim Etang des Launes. Ganzjährig geöffnet, 15 sehr stilvoll eingerichtete Zimmer 173 € (inkl. Frühstück für zwei Personen, Zusatzbett 50 €). Route Nationale 570, ✆ 0490978109, ℻ 0490978928. www.pontdesbannes.net.

*** **Hôtel de Cacharel (2)**, ein weiteres, sehr schönes Landhotel mit Pool und Reitmöglichkeiten, etwa fünf Kilometer von Les Saintes-Maries-de-la-Mer entfernt. Übernachtung für das DZ inkl. Frühstück 146 €. Route de Cacharel, ✆ 0490979544, ℻ 0490978797. www.hotel-cacharel.com.

*** **Les Arnelles (3)**, die Atmosphäre, der große Pool, die Zimmer – es gibt an diesem Hotel nichts auszusetzen. Wer will, kann mit einem der hoteleigenen Pferde gleich einen Ausritt wagen. DZ je nach Saison 95–185 €. Route d'Arles, ✆ 0490976159, ℻ 0490976333. www.lesarnelles.com.

** **Le Mirage (6)**, freundlich geführtes Logis-de-France-Hotel mit kleinem Garten unweit der Strandpromenade. Zimmer je nach Saison 50–64 €. 14, rue Camille-Pelletan, ✆ 0490978043, ℻ 0490977222. www.lemirage.camargue.fr.

** **Hôtellerie du Pont Blanc (4)**, die angenehme, kleine Herberge (15 Zimmer von 58–68 €) liegt nur fünf Fußminuten vom Zentrum entfernt. Zu den Zimmern gehört jeweils eine eigene Terrasse. Für heiße Tage steht ein Swimmingpool bereit. Chemin du Pont Blanc, ✆ 0490978911, ℻ 0490978700. www.pont-blanc.camargue.fr.

** **Le Méditerranée (11)**, günstige und einladende Herberge im Zentrum, Zimmer 40–55 €, die teureren mit Terrasse. Jan. und Feb. bis auf die Weihnachtsferien geschlossen. 4, rue Frédéric Mistral, ✆ 0490978209, ℻ 0490977631,.www.mediterraneehotel.com.

Kahlua Bodéga (8), kleine Tapas und Pizzen, viele junge Gäste. Bis spät in den Abend geöffnet. Dienstag Ruhetag, Mitte Jan. bis Mitte März geschlossen. 8, rue de la République, ✆ 0490979841.

Le Chalut (7), Les Saintes-Maries-de-la-Mer ist kein gutes Pflaster für Gourmets. Eine Ausnahme sind Grillspezialitäten. Die mit viel Auslauf gehaltenen schwarzen Stiere der Camargue garantieren die besten Voraussetzungen für ein schmackhaftes Taureau à la Gardienne. Menüs zu 12, 15,50 (inkl. einem Viertel Wein), 18 und 29 €. 39, rue Frédéric Mistral, ✆ 0490978320.

La Maison de Jeanne (10), direkt an dem kleinen Platz vor der Kirche gelegen, besitzt dieser Teesalon eine schöne Terrasse neben einer kleinen Platane. Leckere Salate, günstige Weine. 4, place Jouse d'Arbaud.

Le Royal Motard (9), mitten im Zentrum, ein Lesertipp von Gabi Schmitt: „Jeweils sonntags ist dort Motorradtreffen. Der Inhaber ist sehr freundlich und erklärt die Speisekarte auch mit Händen und Füßen. Und geschmeckt hat es auch." Rue Paul Herman, ✆ 0490979213.

• *Jugendherberge* Die **Auberge de Jeunesse** liegt ca. zehn Kilometer außerhalb in dem Weiler Pioch Badet. Übernachtung mit Abendessen und Frühstück 29,70 €. Fahrradverleih und Reitmöglichkeiten sind vorhanden. Ganzjährig geöffnet, 50 Betten. ✆ 0490975172, ✆ 0490498576. www.auberge-de-jeunesse.camargue.fr.

• *Ferienwohnungen und -häuser* Das Office de Tourisme gibt ein Unterkunftsverzeichnis heraus, in dem über 100 Objekte beschrieben sind.

• *Camping* **** **Clos du Rhône (12)**, ein kleines Stück außerhalb, westlich des Dorfes in direkter Strandnähe, mit beheiztem Swimmingpool. April bis Sept. geöffnet. Route d'Aigues Mortes, ✆ 0490978599. www.camping-leclos.fr.

*** **La Brise (5)**, unpersönliche, riesige Anlage (1.735 Stellplätze) nur fünf Minuten vom Ortszentrum und dem Meer entfernt. Schattenloses, staubtrockenes Sandareal mit viel jungem Publikum. Stellplatz inkl. zwei Personen rund 25 €. Ganzjährig geöffnet, mit Swimmingpool (Juni bis Sept.). Rue M. Carrière, ✆ 0490978467.

Le Clos Peyron, wer es intimer liebt, wählt diesen „Campingplatz auf dem Bauernhof". Route de Cacharel, ✆ 0490975631.

Auf dem Dach der Notre-Dame-de-la-Mer

Sehenswertes

Notre-Dame-de-la-Mer: Wie Grabungen gezeigt haben, ist die Kirche auf den Grundmauern eines römischen Bauwerks errichtet worden. Im Mittelalter entstand hier eine kleine, einschiffige romanische Kapelle, die im Zuge der kriegerischen Unruhen des 14. Jahrhunderts zur zinnenbekrönten Wehrkirche ausgebaut wurde, ein Süßwasserbrunnen sicherte die Trinkwasserversorgung auch im Falle einer längeren Belagerung. Die oft zu lesende Behauptung, die Kirche habe der Bevölkerung Schutz vor den Sarazenenüberfällen geboten, ist falsch, da die Kirche ihren Wehrcharakter erst Jahrhunderte später erhalten hatte. Stufen führen in die düstere Krypta hinunter. Das flache, vom Kerzenschein erfüllte Tonnengewölbe birgt heute nur noch die kitschige, schmuckbehangene Statue der heiligen Sarah, die Sargschreine der heiligen Marien befinden sich in der über dem Chor gelegenen Kapelle; von dort werden sie für die Wallfahrt herabgelassen. Sehr lohnenswert ist eine Besteigung des Kirchendaches: Einen besseren Panoramablick wird man in der gesamten Camargue nicht finden.

Zugang zum Kirchendach 10–12.30 Uhr und 13.30–19 Uhr. Eintritt: 2 €, erm. 1,30 €.

Musée Baroncelli: Das im ehemaligen Rathaus untergebrachte Museum ist nach *Marquis Folco de Baroncelli* (1869–1943) benannt, der sich zeitlebens für die Erhaltung der ländlichen Traditionen in der Camargue stark gemacht hatte. Die langweilig präsentierte Sammlung gibt Einblicke in den Naturraum Camargue, angereichert mit lokalpatriotischem Kolorit.

Adresse Rue Victor Hugo. Öffnungszeiten: Mo–Fr 14–18 Uhr, Sa und So 10–12 Uhr und 14–18 Uhr, Di Ruhetag, im Winter nur bis 17 Uhr. Eintritt: 2 €, erm. 1,50 €.

Aubagne ist die Geburtsstadt des Schriftstellers und Regisseurs Marcel Pagnol ▲▲
Das Café La Nuit in Arles wurde nach einem Gemälde von van Gogh rekonstruiert ▲

Während der Zigeunerwallfahrt von Les-Saintes-Maries-de-la-Mer wird die "schwarze Sarah" in einer Prozession von der Wehrkirche bis ins Meer getragen. Neben den Zigeunern sind selbstverständlich auch der Bischof von Arles und Frauen in der typischen örtlichen Tracht mit von der Partie.

Die weißen Pferde sind das Wahrzeichen der Camargue ▲▲

Der unblutige provenzalische Stierkampf, die Course Camarguaise, findet mehrmals jährlich in der Arena von Arles statt.

Die Surfautobahn von Les Saintes-Maries-de-la-Mer

Alljährlich im Dezember, wenn der Mistral mit Windstärke 9 über das Land fegt, trifft sich die internationale Speedsurf-Elite zwei Kilometer nordöstlich von Les Saintes-Maries-de-la-Mer. Auf einem relativ kleinen, nur einen Meter tiefen Kanal (*Chenal de Vitesse*), dessen Unterhalt jährlich rund 150.000 Euro kostet, versuchen die Profisurfer jedes Jahr, neue Geschwindigkeitsrekorde aufzustellen. Bei Spitzengeschwindigkeiten um die 85 km/h sind leichte bis schwere Verletzungen keine Seltenheit. Die Speedsurfer benutzen für ihre Rekordversuche extrem kleine Bretter – so genannte *needles* – und für den Gewichtsausgleich eine mehrere Kilo schwere Bleiweste. Zuschauer sind übrigens nicht gern gesehen, da sie bloß den Wind abhalten.

Außerhalb

Parc Ornithologique de Pont de Gau: Auf dem 60 Hektar großen Grundstück lassen sich zahlreiche heimische Vogelarten beobachten: Die Vögel werden entweder in Volieren oder teilweise in Freigehegen gehalten. Wer will, kann zudem das sumpfige Gelände des Vogelparks entlang eines Wanderpfades durchstreifen.

Öffnungszeiten Von April bis Sept. tgl. von 9 Uhr bis Sonnenuntergang, im Winter ab 10 Uhr bis Sonnenuntergang. Eintritt: 7 €, erm. 4 €. www.parcornithologique.com.

Camargue-Erkundungen mit dem Fahrrad und zu Fuß **Château d'Avignon**: Das im klassizistischen Stil errichtete Schloss mit der eindrucksvollen Fassade erhielt seinen Namen von seinem Auftraggeber, dem Adeligen Joseph François d'Avignon. Ein späterer Besitzer, der aus Marseille stammende Industrielle Louis Prat-Noilly, ließ das Anwesen zu einem Jagdschlösschen umbauen. Die gut erhaltene Einrichtung des Château d'Avignon gewährt Einblicke in die einstige Wohnkultur des vornehmen Bürgertums. Der Schlosspark nimmt heute mit einer Größe von 21 Hektar nur noch einen verschwindend kleinen Teil des mit 23.000 Hektar einst größten Anwesens der Camargue ein.

Führungen Von April bis Okt. tgl. um 10–17 Uhr zu jeder vollen Stunde. Eintritt: 3 €, erm. 1,50 €.

Musée Camarguais: Wie der Name schon andeutet, bietet das Museum einen Überblick über den Landschaftsraum Camargue. Als Museumsgebäude dient der ehemalige Schafstall eines für die Region typischen Gehöfts. Der Bogen spannt sich dabei von der Frühgeschichte bis in die Gegenwart, wobei dem ländlichen Leben im 19. Jahrhundert ein breiter Raum vorbehalten ist. Nach dem Museumsbesuch empfiehlt sich eine Kurzwanderung entlang des 3,5 Kilometer langen *Sentier de découverte des paysages d'un mas de Camargue.*

Adresse An der D 570 nach Arles, gut 20 Kilometer von Les Saintes-Maries-de-la-Mer entfernt. Öffnungszeiten: Im Juli und Aug. 9.15–18.45 Uhr, im April, Mai, Juni und Sept. bis 17.45 Uhr, im Winter 10.15–16.45 Uhr. Eintritt: 5 €, erm. 2 €.

Camargue-Erkundungen mit dem Fahrrad und zu Fuß

Auf der Digue de la Mer zum Phare de la Gacholle: Eine Wanderung oder Fahrradtour zum rund zwölf Kilometer entfernten Leuchtturm Phare de la Gacholle garantiert ein schönes Naturerlebnis. Der Weg führt über die Digue de la Mer, einem parallel zum Meer verlaufenden Deich, der nach 1857 zur Sicherung der Küste errichtet worden ist. Sehr angenehm ist, dass auf dem eineinhalb Meter hohen Damm jeglicher Autoverkehr untersagt ist.

Bouches-du-Rhône
Karten S. 600/601, 605, 618/619 und 651

Rund um den Etang de Vaccarès: Wer die sportliche Herausforderung sucht, dem sei eine Tagestour (ca. 70 Kilometer) um den 6.000 Hektar großen Etang de Vaccarès empfohlen. Zu Beginn führt der Weg ebenfalls über die Digue de la Mer, am Phare de la Gochelle vorbei, nach „Le Paradis". Auf einer kleinen Landstraße gelangt man entlang des nur zwei Meter tiefen Brackwassersees über La Capelière, Villeneuve und Mas du Cabasolle nach Méjanes, einem sehr überlaufenen Ort, wo Touristenhorden vorzugsweise mit dem Bimmelzug durch die Landschaft gondeln. Als letztes Teilstück von Méjanes zurück nach Les Saintes-Maries-de-la-Mer dient wieder eine ungeteerte, im Winter schwer befahrbare Piste.

Salin-de-Giraud

Was für ein Gegensatz besteht aber zwischen einer mittelalterlichen Planstadt wie Aigues-Mortes und einem Retortendorf moderner Prägung wie Salin-de-Giraud im Osten der Camargue! Wie der Name bereits andeutet, waren in der zweiten Hälfte des 19. Jahrhunderts die ertragreichen Salinen für die Gründung von Salin-de-Giraud ausschlaggebend. Den heimischen Arbeitskräftemangel deckte man bereits damals durch Hilfskräfte aus Italien, Griechenland, Armenien und Russland. Entstanden ist eine eigentümliche Arbeiterstadt auf einem schachbrettartigen Grundriss mit nahezu identischen Häuschen und zugehörigem Gartenanteil, die aber schon seit längerem um einen modernen Ortsteil erweitert worden ist.

Etwa 2,5 Kilometer südlich von Salin-de-Giraud wurde an der D 36 eine Aussichtsrampe (*Pointe de vue sur les Salines*) angelegt, die einen guten Blick auf die ausgedehnten Salinenfelder ermöglicht. Es sind die größten Salinenfelder Europas: Auf einer Fläche von 11.000 Hektar werden jährlich 800.000 Tonnen Meersalz „geerntet". Die zu Hügeln aufgeschütteten Salzberge (*Camelles*) ähneln zur Erntezeit (Ende August bis Oktober) einer kargen Winterlandschaft. Um Meersalz zu gewinnen, muss das normalerweise 3,6 Gramm Salz pro Liter enthaltende Mittelmeerwasser durch mehrere Verdunstungsbecken geleitet werden; es wird dabei mit Chlor und Sodium gesättigt, bis sich der Salzgehalt auf 260 Gramm pro Liter erhöht hat. Das bei Salin-de-Giraud gewonnene Salz findet hauptsächlich in der chemischen Industrie Verwendung; Speisesalz wird hingegen in den Salinen von Aigues-Mortes (Salins du Midi) gewonnen. Ein Museum und ein Wanderpfad informieren rund um das Salz.

Folgt man der kleinen Straße entlang der Salinenfelder bis zum Meer, stößt man auf das 700 Hektar große Naturschutzgebiet **Domaine de la Palissade**, das auf mehreren, bis zu acht Kilometer langen Lehrpfaden oder mit dem Pferd durchstreift werden kann. Die Pfade sind gut ausgeschildert, allerdings empfiehlt sich ein ausreichender Mückenschutz sowie ein Fernglas, damit man die zahlreichen Vögel beobachten kann, die hier nisten. (Im Sommer tgl. von 9 bis 18 Uhr, in der Nebensaison bis 17 Uhr, im Winter Mi–So 10–17 Uhr, Eintritt: 3 €, www.palisade.fr.). Zwei verloren wirkende Telefonzellen markieren später das Ende der asphaltierten Straße. Nun beginnt ein lang gestreckter Strand (*Plage de Piémançon* bzw. *Plage d'Arles*) ohne jegliche Infrastruktur, in dessen östlichem Abschnitt man die Hüllen fallen lassen kann. Viele Wohnmobilbesitzer wählen diesen Strandabschnitt zeitweise als Urlaubsdomizil. Weiter westlich trifft man an der **Plage de Beauduc** (17 Kilometer westlich von Salin-de-Giraud) auf eine ungewöhnliche Siedlung, bestehend aus ausrangierten Wohnwagen und Bretter-

Die Salzberge von Salin-de-Giraud

verschlägen. In den Sommermonaten geht es hier recht lebhaft zu, doch leben nur wenige das ganze Jahr über am Strand von Beauduc. Die notwendige Energie liefern Gaslampen und Ölöfen, geduscht wird mit Regenwasser. Zwei Fischrestaurants mit Flair, Chez Juju et Manu und Chez Marc et Mireille, laden zur Einkehr ein (jeweils Donnerstag bis Sonntag geöffnet). Mehrmals existierten bereits Pläne, das Hüttendorf abzureißen, doch stieß die Idee vor allem bei den Kaufleuten von Salin-de-Giraud auf heftigen Widerstand.

• *Information* **Office de Tourisme**, Place des Gardians, 13129 Salin-de-Giraud, ✆ 0442 868087.

• *Verbindungen* Mehrmals täglich Busverbindungen nach Arles. Die bei Salin-de-Giraud über die Grand Rhône übersetzende Fähre (Bac de Barcarin) ist die einzige Möglichkeit, südlich von Arles den Fluss zu überqueren. 20-minütige Intervalle, Kosten: 4,50 € einfach.

• *Markt* Freitagvormittag.

• *Übernachten* ** **La Camargue**, alteingesessenes Logis-de-France-Hotel mit großem Foyer, mitten im Ort gelegen. Einst residierte hier der Direktor der Salinen. Zimmer je nach Ausstattung 50–70 €. Menüs ab 17,50 €. Von März bis Okt. geöffnet. 58, boulevard de la Camargue, ✆ 0442868852, ℻ 044 2868395.

** **Les Saladelles**, etwas günstigeres Hotel in einem wuchtigen Ziegelsteinhaus mit hellblauen Fensterläden unweit der Arena. Zimmer für 30 € (mit Waschbecken) bis 55 €. Im Restaurant gibt es das Tagesmenü zu 12 €. 4, rue des Arènes, ✆ 042868387, ℻ 0442488189.

Umgebung

Marais du Vigueirat: Auf dem gegenüberliegenden Ufer der Rhône (Fähre nehmen) erstreckt sich südlich des Weilers **Mas-Thibert** ein 1000 Hektar großes Naturschutzgebiet, das es den Besuchern ermöglicht, die Flora und Fauna der Camargue auf Wanderpfaden oder von der Kutsche aus kennen zu lernen. Besonders reizvoll ist der 3,5 Kilometer lange Rundweg, der teilweise auf einem Holzsteg mitten durch das Sumpfgebiet führt. Im Naturschutzgebiet leben 380

Bouches-du-Rhône Karten S. 600/601, 605, 618/619 und 651

Vogelarten, von denen 80 im Naturschutzgebiet nisten, beispielsweise alle neun in Europa beheimateten Reiherarten, darunter der seltene Purpurreiher. Wer mit Vögeln vertraut ist, kann mit dem Fernglas Rohrdommeln, Bienenfresser, Brandenten, Säbelschnäbler und Schwarze Milane entdecken.

Geöffnet Von Feb. bis Nov. tgl. 10–17 Uhr. Führungen um 16 Uhr, Kutschenfahrten 10 Uhr und 15 Uhr, am Sonntag um 14.30 Uhr ; Führungen 10 €, Kutschenfahrten 14 €. www.marais-du-vigueirat.com.

Aigues-Mortes

Am westlichen Rand der Camargue ragen die genau so kühnen wie abweisenden Mauern von Aigues-Mortes empor. Von König Ludwig dem Heiligen als eine Art Militärstützpunkt für die Kreuzzüge ins Heilige Land gegründet, ist dieses städtebaulich überaus interessante Gebilde schon längst vom Meer abgeschnitten, die einstigen Fahrrinnen sind versandet.

Aigues-Mortes hat durch seine ungewöhnliche Lage an Reiz sicherlich gewonnen. Die kühne, abweisend wirkende Stadtmauer mit ihren Zinnen erscheint geheimnisvoll, fast irreal. Nur gelegentlich ist das Mauergeviert von Türmen unterbrochen. Würden nicht so viele Touristen durch die rechtwinklig verlaufenden Gassen flanieren, könnte man sich leicht vorstellen, ein Kreuzritter käme gleich um die nächste Ecke gebogen.

„Aigues-Mortes bewegte mich in Natur ebenso sehr wie in den Beschreibungen von Barrès und lange verweilten wir am Fuße der Festungsmauer und lauschten auf die Nacht und ihre Stille. Zum ersten Mal schlief ich unter einem Moskitonetz. Zum ersten Mal sah ich, als wir nach Arles hinauffuhren, Baumwände aus Zypressen, die der Mistral gebeugt hatte, und lernte die wahre Farbe des Olivenbaums kennen."

Simone de Beauvoir, *In den besten Jahren*

Entstanden ist Aigues-Mortes aus einer Zwangslage heraus: Der französische König *Ludwig IX.* (1226–1270), der später den Zunamen „der Heilige" erhielt, besaß keinen Zugang zum Mittelmeer und war daher bei seinen kriegerischen Unternehmungen auf die Unterstützung der provenzalischen und italienischen Hafenstädte angewiesen. Um diesem Umstand abzuhelfen, erwarb Ludwig im Jahre 1246 aus klösterlichem Besitz einen wenig attraktiven, sumpfigen Landstrich im Mündungsgebiet der Petit Rhône, den er als Ausgangsbasis für seine Kreuzzüge nutzen wollte. Der Name *Aigues-Mortes*, der soviel wie „Totes Wasser" bedeutet, erinnert noch an die wenig gesundheitsfördernden Sümpfe. Die strategische Lage von Aigues-Mortes war sehr günstig: Weder von der See- noch von der Landseite aus war die Stadt angreifbar, zu schmal waren die Zugänge. Dennoch unterlief Ludwig dem Heiligen ein verhängnisvoller, jedoch vermeidbarer Fehler: Er hätte sich an die Empfehlungen des berühmten römischen Baumeisters Vitruv erinnern sollen; dieser hatte eindringlich davor gewarnt, einen Hafen im Mündungsgebiet eines Flusses anzulegen, der in ein gezeitenloses Meer fließt. Die Folgen stellten sich nur wenige Jahrzehnte später ein: Bereits im 14. Jahrhundert begann der Hafen von Aigues-Mortes zu versanden. Als die Provence, und damit Marseille, 1481 an Frankreich fiel, hatte Aigues-Mortes

Wehrhaft und abweisend: die Mauern von Aigues-Mortes

seine politische Daseinsberechtigung verloren; die Stadt wurde „aufgegeben" und sank zur Bedeutungslosigkeit herab. Dank dieser „glücklichen" Entscheidung hat Aigues-Mortes sein spätmittelalterliches Aussehen bis in unsere Tage bewahren können.

Übrigens war Ludwig dem Heiligen auch auf seinen beiden Kreuzzügen kein Glück beschieden: 1248 geriet er in ägyptische Gefangenschaft und erlangte nur durch ein hohes Lösegeld wieder seine Freiheit zurück. Bei seinem zweiten Kreuzzug (1270) kam er nicht einmal mehr in das Heilige Land: Er starb unterwegs an den Folgen der Pest.

• *Information* **Office de Tourisme**, Porte de la Gardette, B.P. 32, 30220 Aigues-Mortes, ✆ 0466537300, ℻ 0466536594, www.ot-aiguesmortes.fr. Hier gibt es auch Informationen und Termine zu Reit- oder Bootsausflügen durch die Camargue.

• *Einwohner* 6.000 Einwohner.

• *Parken* Rund um die Stadtmauer gibt es zahlreiche gebührenpflichtige Parkplätze.

• *Bahnhof* Route de Nîmes, ✆ 0466537474. Tgl. vier Verbindungen mit Nîmes und Le Grau-du-Roi.

• *Markt* Mittwoch- und Sonntagvormittag auf der Avenue Frédéric Mistral.

• *Kino* Marcel Pagnol, Rue Victor Hugo, ✆ 0466537499.

• *Internet* Cyber Café Les Remparts, 3, rue Emile Zola.

• *Post* Rue Baudin.

• *Literatur* **Jacques Le Goff**: Ludwig der Heilige. Klett-Cotta Verlag 2000.

• *Veranstaltungen* **Fête de la Saint-Louis**, mittelalterliches Straßenfest am letzten Augustwochenende.

• *Übernachten* *** **Les Templiers**, mitten im Herzen der Altstadt befindet sich das geschmackvollste Hotel der Stadt. Provenzalisches Flair, schöne Zimmer (je nach Ausstattung 125–155 €, Frühstück 12 €). Von Nov. bis Feb. geschlossen. 23, rue de la République, ✆ 0466536656, ℻ 9466536961. www.hotellestempliers.fr.

*** **Hostellerie des Remparts**, komfortables, nicht allzu teures Hotel (Zimmer 65–80 €) in unmittelbarer Nähe der Tour de Constance. Manche Zimmer besitzen gar einen steinernen Kamin (105 €). 6, place Anatole France, ✆ 0466538277, ℻ 0466537377. www.hotel-camargue.fr.

** **Victoria**, just nebenan im Nachbarhaus nächtigt man in diesem Logis-de-France-Hotel etwas günstiger (55–65 €), aber immer noch sehr ansprechend. Frühstück wird ebenfalls auf der Terrasse serviert. Von Mitte Feb. bis Mitte Nov. geöffnet. 4, place Anatole France, ✆ 0466536455.

L'Escale, einfache Unterkunft ohne Charme, die dafür mit 26–37 € pro Zimmer den Geldbeutel schont. Außerhalb der Stadtmauern, direkt vor der Tour de Constance. Passables Restaurant mit Menüs ab 10 €. Avenue Tour de Constance, ✆ 0466537 114, ✆ 0466537674. http://hotel.escale.free.fr.

La Movida, sehr preisgünstige, aber qualitativ gute spanische Küche. Ein Tipp: *Volaille à la catalane.* Tapas ab 2,50 €, Menüs zu 11,50 € und 18 €. Im Winter Betriebsferien. 8, rue du 4-Septembre, ✆ 0466536196.

Le Galion, in einem alten Gemäuer tafelt man unter wuchtigen Holzbalken. Ausgezeichnete Küche. Menüs von 19 € bis 26 €. Montag in der Nebensaison Ruhetag. 24, rue Pasteur, ✆ 0466538641.

Le Café du Bouzigues, das kleine Restaurant zaubert wahre kulinarische Höhenflüge auf den Tisch, wobei der Koch seine Menüs (14, 17,50 und 29,50 €) nach den saisonalen Zutaten ausrichtet. Im Sommer sitzt man im Innenhof, bei kälteren Temperaturen im liebevoll bunt eingerichteten Speisesaal. Frisches, jugendliches Flair. In der Nebensaison Mittwoch Ruhetag. 7, rue Pasteur, ✆ 0466539395.

• *Camping* **** **La Petite Camargue**, großes Areal (550 Stellplätze) mit großer Badelandschaft. Kostenloser Bus-Shuttle zum drei Kilometer entfernten Strand. Mitte April bis Ende Sept. geöffnet. ✆ 0466539898. www.yellohvillage-petite-camargue.com.

Mas de Plaisance, für alle, die einen individuellen Platz vorziehen: Die französische Variante von Camping auf dem Bauernhof (Camping à la ferme). Nur sechs Stellplätze, Kinderspielplatz. Von April bis Sept. geöffnet. ✆ 0466539284.

Tour de Constance

Sehenswertes

Tour de Constance: Als erste befestigte Bastion ließ Ludwig der Heilige einen fast 40 Meter hoch aufragenden Turm errichten, den er auch als Wohn- und Leuchtturm nutzte. Der Turm, der aus einem wahren Gewirr von Gängen und Treppen zu bestehen scheint, ist ein eindrucksvolles wehrtechnisches Monument. Zu loben ist der unbekannte Baumeister: Trotz der militärischen Vorgaben und einer Mauerstärke von sechs Metern vermochte er, auch hohen ästhetischen Ansprüchen gerecht zu werden. Im 17. Jahrhundert wurde der wehrtechnisch bedeutungslos gewordene Turm in ein Staatsgefängnis umgewandelt. Nach der Aufhebung des Edikts von Nantes (1685) diente der Turm vor allem der Inhaftierung standhafter Hugenotten. Die berühmteste Gefangene war eine gewisse

Marie Durand: Als Fünfzehnjährige inhaftiert, wurde sie erst 1768, nach 38 Jahren Haft, begnadigt. Angeblich soll sie das Wort *recicter* (resister = widerstehen)

Course Camarguaise – Stierkampf auf provenzalisch

Es gibt Riten und kulturelle Gewohnheiten, die noch nach Jahrtausenden Nachhall finden. Die Grenze zwischen West- und Oströmischem Reich beispielsweise verlief entlang des Flüsschens Drina quer durch das alte Jugoslawien; vor wenigen Jahren brach just an jener Stelle der tragische Konflikt zwischen den orthodoxen Serben und den katholischen Kroaten aus. In der Provence wiederum zeugt die althergebrachte Sitte des Stierkampfs bis heute von der einstigen Zugehörigkeit zur Grafschaft Barcelona. Die *Course Camarguaise* unterscheidet sich von der spanischen *Corrida*, die immer noch in der Provence stattfindet, in dem wichtigen Punkt, dass der Stier – in den allermeisten Fällen handelt es sich genau genommen um einen Ochsen – die Arena lebendig verlässt und daher, falls er sich angriffslustig zeigt, mehrmals zum Kampf antritt. Die weiß gekleideten, teilweise hoch dotierten *Razeteurs* nutzen ihr Geschick und Können nur dazu, dem Stier die *Cocarde*, wie der zwischen den Hörnern angebrachte Kopfschmuck genannt wird, möglichst elegant zu entwenden. Gelingt es einem von ihnen, so tobt die Arena. Die schwarzen Stiere, die neben den weißen Pferden und den rosafarbenen Flamingos zum typischen Bild der Camargue gehören, werden von den *Manadiers* übrigens eigens für die unblutigen provenzalischen Stierkämpfe gezüchtet.

In den letzten Jahren hat die Begeisterung für die Course Camarguaise zugenommen, so dass geübte Razeteurs wie Gérald Rado damit ihren Lebensunterhalt verdienen können. Rado, der seit seinem vierzehnten Lebensjahr nach der Cocarde jagt, gehört zu den bekanntesten Razeteurs der Provence, die an den ganz großen Kämpfen teilnehmen und ihre jugendliche Geschicklichkeit in der Saison, die an Ostern beginnt und bis weit in den Spätherbst dauert, stets aufs Neue eindrucksvoll unter Beweis stellen.

Insgesamt dauert ein „Kampf" höchstens fünfzehn Minuten. Die Razeteurs wetteifern um verschiedene Geldpreise: So wird der Mut des Razeteurs, der zuerst den Stier berührt, mit einer Extraprämie von rund hundert Euro belohnt. Erweist sich der Stier als besonders temperamentvoll und ausdauernd, verkündet der Sprecher, dass der zumeist von lokalen Unternehmen gesponserte Preis für die Cocarde gestiegen ist. Konnte die Cocarde bis kurz vor Schluss noch nicht erobert werden, wird der Geldpreis in der letzten Minute erneut erhöht, um die Spannung und den Anreiz für die Razeteurs noch einmal zu steigern.

Manchmal gelingt es den Razeteurs erst in der sprichwörtlich letzten Sekunde, sich vor den Hörnern des Stiers in Sicherheit zu bringen, indem sie sich mit einem atemberaubenden Hechtsprung über die rote Barriere retten. Verständlich, dass die meisten Verletzungen, die die Helden der Arena erleiden, neben Fleischwunden vor allem Knochenbrüche und Prellungen sind. Ohne Blessuren kommt kaum einer durch die Saison. Der Lohn der Angst ist ein Salär von umgerechnet mehr als 50.000 Euro pro Jahr sowie Blicke voll ehrfürchtiger Bewunderung.

Karten S. 600/601, 605, 618/619 und 651

in eine Mauer geritzt haben. Doch die Entbehrungen der Gefangenschaft waren zu hoch: Marie Durand verstarb nicht einmal zwei Jahre nach ihrer Freilassung.

Von der Aussichtsplattform bietet sich ein grandioser Blick auf Aigues-Mortes und das flache Umland. Vom Turm aus hat man zudem die Möglichkeit, einen Teil des auf der Stadtmauer verlaufenden Wehrgangs abzuschreiten.

Öffnungszeiten Von Mai bis Aug. tgl. 10–19 Uhr, Sept. bis April 10–17 Uhr. Achtung Kassen schließen jeweils 45 Min. vorher. Eintritt: 7 €, erm. 4,50 €. Für EU-Bürger unter 26 Jahren ist der Eintritt frei!

Stadtmauer: Erst unter Ludwigs Sohn Philipp III. wurde in Aigues-Mortes mit dem Bau einer wehrhaften Mauer begonnen; vollendet wurde die Stadtmauer durch Ludwigs Enkel Philipp dem Schönen (1285–1314). Die durch 15 Türme unterbrochenen Befestigungsanlagen von Aigues-Mortes zählen zu den besterhaltenen spätmittelalterlichen Bollwerken Europas. Allein die Maße sind beeindruckend: Die elf Meter hohe Mauer umschließt ein unregelmäßiges Viereck, dessen Längsseiten 567 Meter bzw. 496 Meter messen, die Schmalseiten 301 Meter und 269 Meter. Ursprünglich war die Mauer noch zusätzlich durch einen Graben gesichert, der jedoch im 19. Jahrhundert aufgeschüttet worden ist.

Tour Carbonnière: Als böte die Stadtmauer nicht ausreichend Schutz, sicherte man den einzigen Zugang zur Stadt noch mit einem imposanten quadratischen Turm. Die Durchgänge des zwei Kilometer vor Aigues-Mortes errichteten Tour Carbonnière ließen sich mit doppelten Fallgittern versperren.

Das Massaker von Aigues-Mortes

Frankreich hat eine lange Tradition als Einwanderungsland. Und so wie sich heute der Hass und Missmut der Nationalisten des Front National gegen Schwarze, Araber und andere ethnische Minderheiten richtet, so waren es Ende des 19. Jahrhunderts die Italiener, die in die Rolle des Sündenbocks gedrängt wurden, als sie zu Zigtausenden in ihrem Nachbarland nach Arbeit Ausschau hielten. Obwohl sie als Kanal- oder Salinenarbeiter jene Arbeiten verrichteten, für die sich meist keine Franzosen fanden, waren sie alles andere als beliebt. Bereits 1881 kam es in Marseille zu den ersten gewalttätigen Auseinandersetzungen, die ihren traurigen Höhepunkt in Aigues-Mortes im August 1893 finden sollten, wo sich in den Salinen zur Erntezeit zahlreiche italienische Tagelöhner verdingten. Fremdenfeindlichkeit und der Ärger über das angebliche Lohndumping der Italiener führten zu einem in der jüngeren südfranzösischen Geschichte einzigartigen Pogrom. Erst kam es zu Schlägereien, dann eskalierte der rassistische Terror, der über zwei Tage währen sollte. Mehr als 300 französische Nationalisten rotteten sich mit Schlagstöcken bewaffnet zusammen und griffen die in Holzbaracken hausenden Italiener an. Der Mob kannte keine Gnade – die offizielle Bilanz sprach von acht Toten und 50 Verletzten, während die englische *Times* von 50 Toten und 150 Verletzen berichtete.

Saint-Gilles

Für kunsthistorisch Interessierte gehört ein Besuch von Saint-Gilles zum Pflichtprogramm. Die Westfassade der ehemaligen Abteikirche gilt als eine der bedeutendsten romanischen Sehenswürdigkeiten der Provence.

Saint-Gilles entwickelte sich aus einer auf dem Weg nach Santiago de Compostela gelegenen Pilgerstation. Der christlichen Legende zufolge wurde der Ort in der Mitte des 7. Jahrhunderts durch den in der Nähe lebenden Eremiten Gilles (Aegidius) selbst zum Wallfahrtsort. Die Anziehungskraft des Heiligen war so groß, dass der Ort in seiner mittelalterlichen Glanzzeit rund 40.000 Einwohner gezählt haben soll. Im Gefolge der Pilgerscharen ließen sich zahlreiche Händler und Geldwechsler in Saint-Gilles nieder, die den Ort zu einem der wichtigsten mittelalterlichen Finanzplätze am Mittelmeer machten. Wer heute nach Saint-Gilles kommt, findet ein etwas verschlafenes Landstädtchen vor, das sich ohne das eindrucksvolle Westportal seiner Kirche sicher nicht für einen Zwischenstopp eignen würde.

• *Information* **Office de Tourisme**, 1, place Frédéric Mistral, 30800 Saint-Gilles, ✆ 0466873375, 📠 0466871628, www.ot-saint-gilles.fr.

• *Einwohner* 12.000 Einwohner.

• *Verbindungen* Tgl. rund acht Busverbindungen nach Nîmes.

• *Parken* Großer, kostenloser Parkplatz im Stadtzentrum an der Rue Gambetta.

• *Markt* Donnerstag- und Sonntagvormittag.

• *Veranstaltungen* **Fête de Saint-Gilles** am 1. September.

• *Fahrradverleih* M. Linsolas, Quai du Canal, ✆ 0466872382.

• *Kino* Le Fémina, Avenue Griffeuille, ✆ 0466873920.

• *Post* Rue Gambetta.

• *Schwimmbad* Städtisches Schwimmbad an der Route de Nîmes.

• *Reiten* Centre Equestre, L'Eperon de Saint-Gilles, Mas Fourniquet, Route de Nîmes, ✆ 0466872301.

• *Bootsverleih* Hausboote für Touren durch die Camargue vermietet: Crown Blue Line, 2, quai du Canal, ✆ 0466872266, 📠 0466871520.

• *Übernachten* *** **Héraclée**, das wahrscheinlich unspektakulärste Drei-Sterne-Hotel im ganzen Département. Dafür ruhig gelegen und preislich sehr annehmbar. DZ je nach Saison 57–68 €. Drei Zimmer mit Terrasse. 30, quai du Canal, ✆ 0466874410, 📠 0466871365. www.hotel-heraclee.com.

** **Le Cours**, freundliches Logis-de-France-Hotel in einer ruhigen Straße im Zentrum, nur fünf Minuten von der Abteikirche entfernt. Zimmer je nach Ausstattung 53–75 €. Im zugehörigen Restaurant liegt der Schwerpunkt auf Fischküche (Seeteufel, Dorade etc.), Menüs ab 14 €. Von März bis Mitte Dez. geöffnet. 10, avenue François Griffeuille, ✆ 0466873193, 📠 0466873183. www.hotel-le-cours.com.

* **Le Saint Gillois**, nur ein paar Häuser weiter um die Ecke liegt dieses kleine Hotel mit sieben gepflegten Zimmern (32 €). Menüs ab 14 €, lecker ist der *Taureau à la façon du chef*. Von März bis Mitte Dez. geöffnet. 1, rue Neuve, ✆ 0466873369, 📠 0466289967.

Le Clement IV, das direkt am Kanal gelegene Restaurant ist auch bei Einheimischen sehr beliebt. Im Angebot sind viele Fischgerichte und diverse Klassiker der Camargue. Große, schattige Terrasse. Menüs zu 13,50, 20 und 23 €. Im Winter Sonntag sowie Montag bis Donnerstag jeweils abends geschlossen. 36, quai du Canal, ✆ 0466870066.

• *Camping* *** **Chicanettes**, kleiner Platz (100 Stellplätze) mit Schwimmbad, nur 50 Meter von der Ortsmitte entfernt (Einkaufsmöglichkeiten), auffallend viel französisches Publikum. Die einzelnen Parzellen sind durch Hecken abgetrennt. Auch Vermietung von Chalets. Von Mitte April bis Mitte Okt. geöffnet. Rue de la Chicanette, ✆ 0466872832. www.campinglachicanette.fr.

Sehenswertes

Eglise Saint-Gilles: Nachdem die ehemalige Abteikirche in den Religionskriegen schweren Schaden genommen hatte, entschloss man sich, den Chor und den hinteren Teil des Langhauses abzutragen und die Kirche zu verkleinern. Die Reste der Grundmauern sind noch hinter der Kirche zu sehen. Erhalten geblieben ist glücklicherweise die *Westfassade* mit ihrem überaus reichen Skulpturenschmuck. In der zweiten Hälfte des 12. Jahrhunderts entstanden, erinnert ihre Formensprache an römische Triumphbögen, das ikonographische Programm ist dem Alten und Neuen Testament entnommen. Eine genaue Beschreibung des Figurenschmucks erhält man im Office de Tourisme.

Detail aus der Westfassade der ehemaligen Abteikirche Saint-Gilles

Eindrucksvoll ist ein Besuch der *Krypta*, deren Zugang heute an der Südseite der Kirche liegt; die aus dem 11. Jahrhundert stammende Krypta präsentiert sich als weiträumige Unterkirche. Die flach gespannten Gewölbe waren für den unbekannten Baumeister sicherlich eine Herausforderung, musste die Krypta doch die zahllosen Gläubigen aufnehmen, die alljährlich zu den Gebeinen des Saint Gilles pilgerten. Hinter der Kirche ist noch eine *Wendeltreppe* zu besichtigen, die einst an der Nordwand des abgetragenen Chores stand. Die Wendeltreppe gilt als ein Meisterwerk des mittelalterlichen Steinmetzhandwerks.

Öffnungszeiten Tgl. 9–12 Uhr und 14–17 Uhr, im Juli und Aug. tgl. 9–12 Uhr und 15–19 Uhr. Eintritt für Krypta und Treppenhaus: 4 €, erm. 2 €.

Musée Maison Romane: Im Geburtshaus von Papst Clemens IV. sind zahlreiche archäologische Fundstücke ausgestellt. Erweitert wird die Ausstellung durch ornithologische und ethnologische Exponate. Die Fassade mit ihren Zierfriesen und den durch schlanke Säulchen geteilten Fenstern weist noch romanische Stilelemente auf.

Öffnungszeiten Tgl. 9–12 Uhr und 14–18 Uhr. Eintritt: frei!

Die römische Arena in Arles wurde im Mittelalter zur Stadtmauer umfunktioniert

Arles

Wo Petit und Grand Rhône einen spitzen Winkel bilden, der die Camargue nach Norden hin begrenzt, liegt Arles, eine der klassischen provenzalischen Städte. Kulturhistorisch interessierte Reisende kommen voll auf ihre Kosten, denn in keiner anderen französischen Stadt ist das römische Erbe noch so gegenwärtig.

Spuren der Geschichte lassen sich beinahe überall ausmachen, man denke nur an das einst vor den Toren der Stadt gelegene Gräberfeld Les Alyscamps oder an den Kreuzgang von Saint-Trophime. Unlängst wurde das römische und romanische Kulturgut Arles von offizieller Seite gewürdigt: Die UNESCO hat Arles bereits 1981 in die Liste des „Weltkulturerbes" aufgenommen. Doch die prachtvollen Bauten haben nicht nur einen kulturhistorischen Wert: So werden in der mächtigen Arena, die im Mittelalter mit Häusern bebaut worden war, heute wieder publikumsträchtige Spektakel inszeniert – allerdings finden dort zum Entsetzen der Stierkampfgegner auch die blutigen spanischen Corridas statt. Apropos Kunst und Kultur: Arles besitzt drei außerordentlich attraktive Museen. An erster Stelle ist das erst 1995 eröffnete Musée de l'Arles Antique zu nennen, das sich in vorbildlicher Weise der antiken Vergangenheit von Arles widmet. Im Muséon Arlaten dreht sich alles um die provenzalische Alltagskultur, während das Musée Réattu als eine der anspruchsvollsten Gemäldesammlungen Südfrankreichs gilt. Arles Attraktivität beschränkt sich jedoch keineswegs auf seine kulturhistorischen Denkmäler und Sehenswürdigkeiten: So riefen Michel Tournier, Lucien Clergue und Jean-Maurice Rouquette beispielsweise in den sechziger

Karten Seite 600/601, 605, 618/619 und 651

Jahren das Internationale Fotografentreffen ins Leben. Als wenig später auch noch die Nationale Fotografenschule gegründet wurde, hatte Arles seinen Ruf als Stadt der Fotografie endgültig gefestigt. Wenn Anfang Juli international renommierte Fotografen Workshops anbieten, Galeristen und Kamerabesessene durch die Ausstellungen streifen, dann verwandelt sich Arles in ein Mekka der Fotografie.

Die Orientierung in der Altstadt fällt nicht leicht. Zwar präsentiert sich das historische Zentrum gewissermaßen als Dreieck, deutlich eingerahmt von der Rhône, dem Boulevard Emile Combes und dem betriebsamen, von Cafés gesäumten Boulevard des Lices; dennoch vermag das Gassengeflecht rund um die Place du Forum den Ortsfremden schnell zu verwirren. Die Altstadt mit dem Auto zu erkunden, empfiehlt sich nicht, das Gewirr der Einbahnstraßen ist sehr unübersichtlich. Wer sich ein wenig Zeit nimmt und durch die überaus freundlich wirkende Stadt schlendert, entdeckt im satten Licht der Provence pittoreske Szenarien, lauschige Plätze und verborgene Winkel, die schon Vincent van Gogh begeisterten. Dennoch kann man sich nicht des Eindrucks erwehren, dass sich in den Abendstunden ein melancholischer Schleier über die Stadt legt.

Mit seinen 53.000 Einwohnern ist Arles heute die unumstrittene Hauptstadt der Camargue. Die touristische Anziehungskraft der Stadt konzentriert sich allerdings fast ausschließlich auf das historische Zentrum, in den Außenbezirken dominieren gesichtslose Neubauten und Industrieansiedlungen. So konkurriert das Industriegebiet von Arles mit demjenigen von Fos, der Schwerpunkt liegt auf der Metall verarbeitenden und chemischen Industrie, aber auch mehrere Papier- und Kartonagenfabriken haben sich in den letzten Jahrzehnten angesiedelt. Doch nicht alle Segnungen der Moderne sind charakterlos, wie das 1995 eröffnete Musée de l'Arles et de la Provence Antique eindrucksvoll beweist. Der in Form eines überdimensionalen blauen Dreiecks errichtete Museumsbau gilt als einer der Hauptwerke des Architekten *Henri Ciriani*. Besonders lohend ist es, Arles während der Feria oder im Juli zu besuchen, wenn die renommierten Fotoausstellungen des *Rencontres d'Arles* und das Weltmusikfestival *Musique des Suds* gleichzeitig stattfinden.

Geschichte

Vor rund 2500 Jahren entstand auf einem kleinen Felsplateau, das aus dem sumpfigen Delta der Rhône herausragte, ein kelto-ligurisches Oppidum, dessen Namen die Griechen später in *Arelate* abwandelten – der ursprüngliche keltische Name soll soviel wie „Stadt in den Sümpfen“ bedeutet haben. Der Ort entwickelte sich in den nächsten Jahrhunderten zu einem beliebten Handelsplatz, den die Griechen von Marseille anfangs häufig aufsuchten, um mit den einheimischen Salyern Geschäfte zu machen. Später ließen sie sich dann selbst hier nieder. Nachdem die Römer im Jahre 121 v. u. Z. die Salyer bei Aix-en-Provence vernichtend geschlagen hatten, wurde auch Arles schnell romanisiert. Der römische Feldherr Marius ließ einen Kanal (*Fosses Mariennes*) graben, der Arles mit dem Mittelmeer verband und für einen erheblichen wirtschaftlichen Aufschwung sorgte. Als der Kanal zu versanden drohte, gelang es den Römern, eine neue Fahrrinne im Rhônedelta frei zu räumen, so dass Arles zum Seehafen mutierte. Seinen endgültigen Aufstieg verdankte Arles aber keinem Geringeren als *Julius Caesar*: Die Stadt diente ihm als militärische Ausgangsbasis im Kampf gegen seinen, von Marseille unterstützten Rivalen *Pompejus.* Nach gewonnener Schlacht siedelte Caesar die Veteranen seiner 6. Legion in Arles an und erhob die Stadt 46 v. u. Z. zur römischen Kolonie *Colonia Iulia Paterna Arelate Sextanorum.* Schon wenige Jahrzehnte später löste Arles Marseille als bedeutendstes Wirtschaftszentrum der Provence ab. Eine rege Bautätigkeit setzte ein, in den nächsten beiden Jahrhunderten errichteten die Römer neben Tempeln, Thermen, Triumphbögen auch ein Theater, ein Amphitheater einen Zirkus und gepflasterte Straßen – mit anderen Worten: all jene städtebaulichen Attribute, die in den Augen des Architekten Vitruv eine römische Stadt erst ausmachten. Als *Gallula Roma,* das kleine gallische Rom, bezeichneten zeitgenössische Autoren die damals 100.000 Einwohner zählende Stadt. Noch heute erinnert der Verlauf zweier Straßen an den römischen Grundriss: die Rue de la Calade markiert den *Decumanus,* die Rue de l'Hôtel de Ville den *Cardo.* Ungeachtet verschiedener innenpolitischer Machtkämpfe nahmen Ansehen und Reichtum von Arles in der Spätantike stetig zu: Im Jahre 395 wurde Arles anstelle von Trier sogar Sitz des römischen Prätors. Als sich Honorius, der Kaiser des weströmischen Reiches, 406 in Arles niederließ, profitierte die Stadt zusätzlich von der kaiserlichen Anwesenheit.

Doch der Glanz währte nicht lange: Bereits im Jahre 471 wurde Arles von den über die Rhône vordringenden Westgoten erobert und geplündert. Auch als sich Graf Boso von Vienne 879 in Arles zum König der Provence krönen ließ, fand diese unruhige Epoche noch kein Ende; erst 972, als die Sarazenen aus der Provence vertrieben wurden, kehrte Ruhe ein. Arles erlebte einen mehrfachen Herr-

Van Gogh in Arles – ein Genie unter Spießbürgern

Als Vincent van Gogh am 20. Februar 1888 in Arles aus dem Zug stieg, lag Schnee. Niemand konnte ahnen, dass an diesem Tag eines der bedeutendsten Kapitel der Modernen Malerei seinen Anfang nahm. Begeistert von dem Licht des Südens blieb er da. Schon bald hat ihn die „Sonne von Arles", wie der Kunsthistoriker René Huyghe schrieb, „ins Gehirn gebissen und er ist nie mehr davon genesen". In Arles war van Gogh seinerzeit alles andere als wohlgelitten, das exzentrische Malergenie passte nicht in den kleinstädtischen Mief. Vertreter des Kleinbürgertums richteten im Februar 1889 ein Gesuch an den Bürgermeister: „Wir, die Unterzeichner, Einwohner der Stadt Arles, Place Lamartine, haben die Ehre, ihnen unterbreiten zu dürfen, dass ein Landschaftsmaler namens Vood (Vincent), holländischer Untertan, wohnhaft am oben genannten Platze, seit einiger Zeit und zu wiederholten Malen gezeigt hat, dass er sich nicht im Vollbesitz seiner geistigen Fähigkeiten befindet und sich alkoholischen Exzessen hingibt, nach denen er sich in einem solchen überregten Zustand befindet, dass er nicht mehr weiß, was er sagt oder macht und, unberechenbar für die Öffentlichkeit, ein Anlass der Beängstigung aller Einwohner des Viertels wird, insonderheit für die Frauen und Kinder." Schließlich wird „im Namen der öffentlichen Sicherheit" gefordert, „ihn in eine Anstalt einzuweisen", um weiteres Unheil abzuwenden. Anfang Mai war es soweit: Van Gogh verließ Arles nach exakt 444 Tagen und ging in das „Irrenhaus" von Saint-Rémy-de-Provence.

scherwechsel, blieb formalrechtlich aber immer noch Teil des Heiligen Römischen Reichs. Als eigentliche Machthaber fungierten in diesen Jahrhunderten die Erzbischöfe von Arles. Zu Beginn des 13. Jahrhunderts vertrieb das aufstrebende Bürgertum den verhassten Bischof und erkannte den Grafen von Barcelona als Herren der Stadt an. Für die Kaiser des Heiligen Römischen Reichs blieb Arles dennoch lange von symbolhafter Bedeutung: Friedrich Barbarossa (1178) wie auch Karl IV. (1365) ließen sich in Arles zum König der Provence krönen. Kurz nachdem Karl von Anjou, ein Bruder des französischen Königs, die Provence 1246 von seinem Schwiegervater geerbt hatte, eroberte er das aufmüpfige Arles und gliederte es seinem Territorium ein. Für Arles begann eine lange Zeit des Niedergangs: Die politische Bedeutung ging an die neue Residenzstadt Aix-en-Provence verloren, Arles sank zur unbedeutenden Provinzstadt mit nicht einmal 15.000 Einwohnern herab. Einen schweren Schlag musste die Stadt 1720/21 verkraften: Der aus dem Vorderen Orient über Marseille eingeschleppten Pest fiel knapp die Hälfte der Einwohner zum Opfer. Erst gegen Ende des 19. Jahrhunderts erwachte Arles aus seinem Dornröschenschlaf und wuchs langsam über seine antiken Stadtgrenzen hinaus.

Information/Verbindungen/Diverses

• *Information* **Office de Tourisme**, Boulevard des Lices, 13200 Arles, ✆ 0490184120, 📠 0490184129, www.arlestourisme.com. Beim Office de Tourisme kann man für 1 € eine Broschüre erwerben, die anschaulich fünf verschiedene, farblich markierte Rundgänge beschreibt, auf denen man die Stadt erkunden kann. Für 5 € kann man sich dort auch einen MP3-Player leihen und einer Audio-Tour durch die Stadt folgen (englisch und französisch).

• *Verbindungen* Der **SNCF-Bahnhof** liegt am Nordrand der Altstadt in der Avenue P. Talabot, ✆ 0490964394. Auskünfte unter ✆ 0436353535. Tgl. rund 25 Zugverbindungen nach Marseille und Avignon, an Sonn- und Feiertagen etwas weniger. Zudem fahren Züge nach Narbonne, Nîmes und Tarascon. Gleich beim Bahnhof halten auch die überregionalen Busse. Tgl. 4–5 Busverbindungen nach Nîmes, Avignon, Les Saintes-Maries-de-la-Mer, Salin-de-Giraud, Les Baux, Salon-de-Provence, Tarascon, einmal tgl. auch nach Saint-Rémy. Die städtischen Busse halten zumeist an der Nordseite des Boulevard Clémenceau.

• *Stadtführungen* Vom 10. Juli bis 30. Sept. startet am Office de Tourisme (Boulevard des Lices) tgl. außer Mo um 17 Uhr eine zweistündige Führung in französischer Sprache, die auf den Spuren von Vincent van Gogh durch Arles führt. Samstag um 17 Uhr auch in englischer Sprache. Über weitere Führungen informiert das Office de Tourisme. Teilnahmegebühr: 6 €, erm. 3 €.

• *Markt* Der am Samstagvormittag auf dem Boulevard des Lices und dem Boulevard Clémenceau abgehaltene Markt gilt als einer der schönsten der Provence. Mittwochvormittag auch auf dem Boulevard Emile Combes. Jeden ersten Mittwoch im Monat findet zudem ein Trödel- und Antiquitätenmarkt auf dem Boulevard des Lices statt.

• *Ökokost* **Villa Natura**, ein Stück außerhalb von Arles, direkt am Kreisverkehr in Richtung Les Saintes-Maries-de-la-Mer steht ein modernes Gebäude aus Stahl und Holz, das einen riesigen Ökoladen beherbergt. Erstehen kann man Gemüse, Wein, Olivenöl und andere Köstlichkeiten aus biologischem Anbau. ✆ 0490961393. www.villanatura.info.

• *Petit Train* Von April bis Mitte Okt. fährt tgl. von 10–12.30 Uhr und 14–19 Uhr vom Boulevard des Lices aus ein Miniaturzug durch die Altstadt. Fahrzeit: 40 Minuten. Gebühr: 5 €, erm. 4 €.

• *Course Camarguaises* Im Juli und Aug. jeden Mittwoch um 17 Uhr in der Arena. Eintritt: 8 €, erm. 4 €. www.arenes-arles.com.

• *Veranstaltungen* **Feria Pascale**, am Osterwochenende mit Corridas, Stiertreiben und unblutigen Stierkämpfen. **Fête des Gardians**, jährlich am 1. Mai mit Hirtenumzug und Vorführungen in der Arena (alle drei Jahre wird dabei die Königin von Arles gewählt, 2011, 2014 etc.). Alljährlich im Juli treffen sich Fotobegeisterte bei den **Rencontres d'Arles**. Angeboten werden Workshops, Ausstellungen und Diashows. Internet: www.rip-arles.org. **Festival Musique des Suds**, Weltmusikfestival Mitte Juli.

• *Schwimmen* Das Freibad beim Sportstadion ist von Juni bis Aug. geöffnet.

Übernachten (siehe Karte S. 640/641)

• *Hotels* **** **Grand Hôtel Nord Pinus (10)**, mitten im Zentrum von Arles gelegen, ist das Grand Hôtel seit 1865 das erste Haus am Platz. Mehr noch, das Haus ist selbst ein antikes Monument: In die Fassade sind zwei korinthische, wahrscheinlich von einem Tempelbau stammende Säulen integriert. In die illustre Gästeliste haben sich schon Picasso, Cocteau, Sartre und Tati eingetragen. Die Hotellounge sonnt sich noch immer im Charme vergangener Tage. Das Zimmer Nr. 10 ist vor einem Stierkampf traditionell für den berühmtesten Torero reserviert. Der Starfotograf Helmut Newton wählte ebenfalls dieses Zimmer aus, um Charlotte Rampling auf seine gewohnte Weise zu porträtieren. In der angegliederten Brasserie lässt sich zu entsprechenden Preisen gut speisen. Menüs gibt es ab 29 €. 23 Zimmer zu 160–295 €; wer will, kann eine Suite für 335 € mieten. 14, place du Forum, ✆ 0490934444, ℻ 0490933400,.www.nord-pinus.com.

L'Hôtel Particulier (18), traumhafte Herberge in einem alten, von außen unscheinbaren Stadthaus. Nur sieben, dafür sehr geschmackvoll eingerichtete Zimmer von 239 bis 3099 €. Frühstück 21,50 €. Swimmingpool vorhanden. 4, rue de la Monnaie, ✆ 0490525140, ℻ 0490961670. www.hotel-particulier.com.

*** **D'Arlatan (4)**, hier wohnt man in einem ansehnlichen Stadtpalais mit malerischem Innenhof. Die Räumlichkeiten sind mit stilvollen Möbeln ausgestattet, allerdings fehlt es den manchmal dunklen Zimmern etwas an Pep. 48 Zimmer zu 85–157 €. 26, rue du Sauvage, ✆ 0490965666, ℻ 0490496845, www.hotel-arlatan.fr.

*** **Le Calendal (12)**, nur einen Steinwurf von der Arena entfernt, bietet das um einen grünen Innenhof gruppierte Hotel viel Komfort zu einem relativ günstigen Preis. Die Zimmer (je nach Ausstattung 109–159 €) sind in den provenzalischen Farben gelb und blau gehalten, unterscheiden sich aber deutlich durch Größe und Lage. Frühstücksbuffet 12 €. Schönes Restaurant im Hinterhof. Von Jan. bis Ende Feb. geschlossen. 5, porte de Laure, ✆ 0490961189, ℻ 049 0960584. www.lecalendal.com.

*** **Du Forum (6)**, am schönsten Platz von Arles, mit Swimmingpool im Hof. Die Zimmerpreise variieren je nach Ausstattung ab 50 € (einfach), die besseren kosten zwischen 80 und 125 €. Garage 8 €. Übrigens: Picasso wohnte einst im Zimmer Nr. 2. Mitte Nov. bis Mitte Dez. Betriebsferien. 10, place du Forum, ✆ 0490934895, ℻ 04909390-00, www.hotelduforum.com.

*** **New Hotel (23)**, zwei Fußminuten außerhalb der Altstadt gelegen, bietet dieses im März 2008 komplett renovierte Hotel viel Komfort und modernes Design, wenngleich das Äußere des Hotels eher abschreckend wirkt. Kleiner Pool im Innenhof sowie kostenlose Parkplätze und kostenloses WLAN in der Lobby. 120–155 €. 45, avenue Sadi Carnot, ✆ 0490994040, ℻ 04909332 50. www.new-hotel.com.

*** **Mireille (1)**, modernes Hotel am rechten Ufer der Rhône, im bereits zu römischer Zeit bewohnten Viertel Trinquetaille. Im Sommer relaxt man am Swimmingpool. Die gut ausgestatteten Zimmer kosten je nach Ausstattung 89–150 €. Von Ende Nov. bis Ende Feb. geschlossen. 2, place Saint-Piere Trinquetaille, ✆ 0490937074, ℻ 04909387 28. www.hotel-mireille.com.

** **L'Amphithéâtre (9)**, nach einer umfangreichen Totalrenovierung (1998) und einer Erweiterung (2001) ist aus dem zentral gelegenen alten Stadthaus ein wunderschönes Zwei-Sterne-Hotel geworden, in dem man sich auf Anhieb wohl fühlt. Von der Ausstattung reicht das detailverliebte Hotel leicht an den Komfort teuerer Häuser heran. Teilweise sehr großzügige Zimmer. Ein Lob verdient auch der freundliche, stets unaufdringliche Service. Zum Frühstück gibt es sogar frisch gepressten Orangensaft. EZ ab 55 €, DZ je nach Ausstattung 65–95 €. Dez. bis Feb. geschlossen. 5, rue Diderot, ✆ 0490961030. ℻ 0490939869, www.hotelamphitheatre.fr.

** **Du Musée (2)**, stilvolles, älteres Hotel, direkt gegenüber dem Musée Réattu, das Frühstück wird in einem netten Innenhof serviert. Zimmer zu 50–70 €. Für 10 € kann man sein Auto in der Garage abstellen. 11, rue du Grand Prieuré, ✆ 0490948888, ℻ 04904 99815. www.hoteldumusee.com.fr.

Übernachten
1 Mireille
2 Du Musée
4 D'Arlaten
6 Du Forum
7 Le Barrême
9 L´Amphithéâtre
10 Grand Hôtel Nord Pinus
12 Le Calendal
15 Le Cloître
18 L'Hôtel Particulier
19 Le Relais de Poste
20 Hostellerie de la Source
23 New Hotel
24 Boatel

Essen & Trinken
3 L'Entrevue
5 Bodéguita
8 Le Café La Nuit
11 La Bohème
13 Lou Caleu
14 Le Cilantro
16 Atelier de Jean Luc Rabanel
17 A Côte
21 Le Jardin de Manon

Nachtleben
22 Cargo de Nuit

Arles

50 m

** **Hostellerie de la Source (20)**, dieses Landhotel (Logis-de-France) in Pont de Crau (drei Kilometer östlich) ist nicht nur eine Alternative, wenn Arles im Hochsommer ausgebucht ist. Die großzügigen Zimmer und die vier Bungalows im Garten kosten 55 € als DZ. Im Sommer verspricht der Swimmingpool Abkühlung. Gutes Restaurant mit nettem Speisesaal samt offenem Bruchsteinmauerwerk. Menüs von 12,50 bis 25 €. Gutes Frühstücksangebot. Route de Barbegal, ✆ 0490963101, ℻ 0490499919. www.hostellerie-lasource.com.

** **Le Cloître (15)**, in einem ehemals zum Kloster gehörenden Stadthaus, dessen Gewölbe noch ins 13. Jahrhundert datieren, werden mehrere großzügige Zimmer (teilweise mit wuchtiger Holzdecke) vermietet. DZ je nach Ausstattung 45–50 €. Freundliche Leitung, Parkmöglichkeiten im Hof. Von Nov. bis Mitte März Betriebsferien. 16, rue du Cloître, ✆ 0490962950, ℻ 0490960288. www.hotelcloitre.com.

** **Le Relais de Poste (19)**, ein weiteres der preisgünstigen Hotels von Arles (je nach

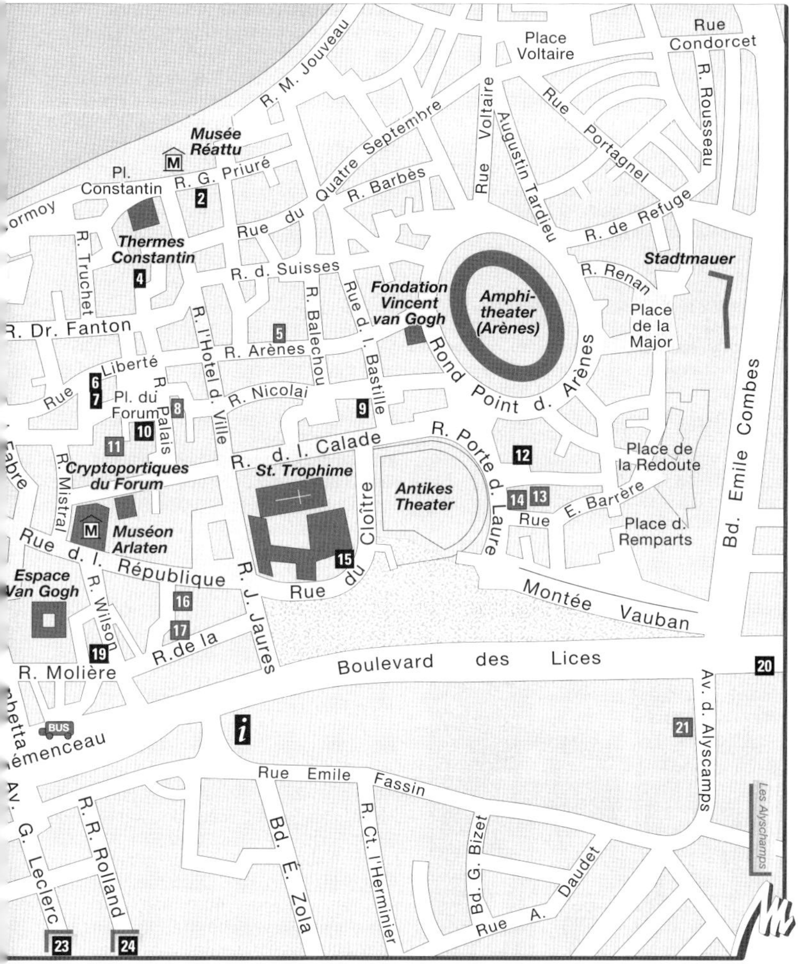

Ausstattung 48–72 €), untergebracht in einer ehemaligen Poststation. Menüs zu 12 € (mittags), 15, 17 und 21,20 €. Mitte Nov. bis Mitte Dez. Betriebsferien. 2, rue Moliére, ✆ 0490520576, ℻ 0490498028. www.hotelrelaisdeposte.fr.

Boatel (24), dies ist wohl die ungewöhnlichste Herberge von Arles und der gesamten Camargue. Auf einem modernen Hausboot unweit von van Goghs berühmter Brücke werden sieben Zimmer von 80 bis 110 € angeboten. Frühstücken kann man auf dem sonnigen Deck. Menüs ab 27 €. Quai au Pont Van Gogh, ✆ 0608605324, ℻ 0490987496. www.leboatel.com.

• *Chambres d'hôtes* **Le Barrême (7)**, fünf außergewöhnliche Gästezimmer im Herzen der Stadt, unweit der Place du Forum. Übernachtung pro Zimmer 145–190 €, im Winterhalbjahr ca. 15 % günstiger. Gutes Restaurant, Mittagsmenü für 15 €. 3 rue Barrême, ✆ 0490964216, www.lebarreme.fr.

Bouches-du-Rhône
Karten Seite 600/601, 605, 618/619 und 651

• *Jugendherberge* Die **Auberge de Jeunesse** liegt knapp zwei Kilometer südlich des Zentrums (Richtung Fourchon, Buslinie 8). Übernachtung: 16,70 €) inkl. Frühstück und Bettwäsche). Geöffnet vom 6. Feb. bis 16. Dez. 20, avenue Maréchal Foch, ✆ 0490 961825, www.fuaj.org/arles.

• *Camping* Im Osten von Arles liegen an der Straße nach Saint-Martin-de-Crau drei Zwei-Sterne-Campingplätze, deren Ausstattung wenig begeistert:

** **La Bienheureuse** (Swimmingpool, Dauercamper, ganzjährig geöffnet, ✆ 0490984806, www.labienheureuse.com),

** **City** (der nächste Platz von Arles kommend), Swimmingpool, etwas heruntergekommen, April bis Aug. geöffnet, ✆ 0490930 886, www.camping-city.com),

** **Les Rosiers** (ebenfalls mit Swimmingpool, ganzjährig geöffnet, ✆ 0490960212, www.arles-camping-club.com). Auf allen drei Plätzen hat man zudem ein Problem: Die Moskitos kennen keine Gnade.

Essen (siehe Karte S. 640/641)

Atelier de Jean-Luc Rabanel (16), das beste Restaurant von Arles präsentiert sich im lockeren Bistrostil. Serviert wird eine ebenso einfache wie verführerische Küche, die sich stets an den Angeboten des (Bio-) Markts und des eigenen Gemüsegartens orientiert. Die Gerichte werden dabei in Tapasgröße auf – für ein Restaurant in dieser Preisklasse ungewöhnlich – Tischen ohne Tischtuch serviert, um den Gaumen immer wieder aufs Neue zu begeistern. Übrigens: Die Kochkünste von Monsieur Rabanel waren den Michelin-Testern zwei Sterne wert, Gault Millau verlieh gar 17 Punkte. Menüs zu 45 € (nur mittags), abends 85 € (150 € mit Wein). Montag und Dienstagmittag geschlossen. 7, rue du Carmes, ✆ 0490910769. www.rabanel.com.

Die traditionelle Tracht von Arles

A Côte (17), zwei Häuser weiter gibt es eine „Filiale" von Jean-Luc Rabanel. Preislich deutlich günstiger, aber immer noch sehr anspruchsvoll. Beim Menü zu 18 € gab es von der Vorspeise über das gegrillte Lamm bis zur leckeren Ananasmousse nichts auszusetzen. Es gibt aber auch nur anregende Tapas für 6 €. Kleine Straßenterrasse. Sonntag Ruhetag. 21, rue des Carmes, ✆ 0490476113. www.bistro-acote.com.

Le Jardin de Manon (21), das große Manko des Restaurants ist seine Lage am Rande der Altstadt, denn dadurch verirren sich nur wenige Touristen hierher. Schade, denn hier wird anspruchsvolle Kochkunst zu zivilen Preisen zelebriert. Selbst beim günstigsten Menü macht der Gaumen wahre Freudensprünge, auf eine Spargelcremesuppe folgte eine gefüllte Kaninchenbrust, den Abschluss bildete eine Dessertvariation nach Art des Hauses. Auch die mit Holz verkleideten Gasträume und der Garten, in dem im Sommer serviert wird, sind sehr ansprechend. Menüs zu 22, 32 und 46 €. Mittwoch Ruhetag, Ostern Betriebsferien. 14, avenue des Alyscamps, ✆ 0490933868.

Le Cilantro (14), das größte Manko ist das Fehlen einer Terrasse, doch wird man durch die anspruchsvolle Küche und die klimatisierten Räumlichkeiten im unterkühlten modernen Stil schnell darüber hinweg getröstet. Der gegrillte Zander war hervorragend, phantastisch auch der Nachtisch Pfirsich Melba, der mit dem Eisdielenklassiker nur den Namen gemein hat. Ein Michelin-Stern! Menüs zu 29 € (mittags), 65 und 72 €. Sonntag, Montagmittag und Dienstagmittag geschlossen. 29, rue Porte de Laure, ✆ 0490182505.

Lou Caleu (13), schmackhafte, traditionelle Küche in etwas biederem Ambiente. Menüs zu 22 und 32 €. Wie wäre es mit einem garantiert nicht aus England stammenden Steak de Taureau? Sonntag und Montag Ruhetag. 27, rue Porte de Laure, ✆ 0490497177. www.lou-caleu.com.

La Bohème (11), dieses in einem Hinterhof gelegene Restaurant ist ein Lesertipp von Thomas Sturm, den seither mehrere Leser bestätigten. In dem steinernen Gewölbe wird ausgezeichnete provenzalische Küche serviert. Menüs zu 16 € (vegetarisch) und 21 €, bei dem als Hauptgang ein leckerer Kaninchenschlegel (*cuisse de lapin*) serviert wurde. Sonntag und Montag Ruhetag. 6, rue Balze, ✆ 0490185892.

Le Café La Nuit (8), das Café ist eine Rekonstruktion eines 1888 von van Gogh gemalten Cafés. Das Ambiente besitzt Stil und Flair, doch leider ist es nicht mehr als eine Touristenfalle. Der Service ist miserabel, das Essen kaum besser. Unsere *Dorade provençale* war nicht einmal ausgenommen und kam samt Herz und Innereien auf den Tisch! Mit anderen Worten: Mehr als einen Kaffee im Andenken an van Gogh sollte man sich hier nicht gönnen. 11, place du Forum, ✆ 0490498330.

L'Entrevue (3), dieses Tagescafé/ Restaurant gehört zur benachbarten Buchhandlung Actes Sud, die gleichzeitig einen renommierten Buchverlag betreibt, doch lohnt sich ein Besuch auch wegen der orientalisch-mediterranen Küche. Große Straßenterrasse. Im Sommer Sonntagmittag geschlossen. 23, quai Marx-Dormoy, ✆ 0490933728.

Bodéguita (5), Spanien ist nah, wie die Stierkämpfe in der Arena eindrucksvoll belegen. Warum also nicht auch einmal spanisch essen? Zünftiges Ambiente, serviert werden Tapas zu 3 €, die mit spanischem Bier oder Wein besonders munden. Ein Tipp sind die gegrillten Tintenfische. Mittwoch Ruhetag. 49, rue des Arènes, ✆ 0490966859.

• *Nachtleben* **Cargo de Nuit (22)**, die wichtigste Anlaufstelle im hiesigen Nachtleben. Häufig werden Konzerte veranstaltet. Donnerstag bis Samstag geöffnet. 7, avenue Sardi-Carnot. www.cargodunuit.com.

Sehenswertes

Wer mehrere Sehenswürdigkeiten in Arles besichtigen möchte, spart mit einem an den jeweiligen Kassen erhältlichen Kombiticket (Pass Monuments) weit mehr als die Hälfte der Eintrittsgelder. Im Preis von 13,50 € (erm. 12 €) ist der Eintritt zu folgenden Sehenswürdigkeiten enthalten: Musée de l'Arles Antique, Les Arènes Romaines, Théâtre Antique, Thermes de Constantin, Les Alyscamps, Cryptoportiques, Musée Réattu und Cloître Saint-Trophime.

Les Arènes Romaines: In der Antike durfte in keiner größeren Stadt ein Amphitheater fehlen, demonstrierte es doch wie kein anderes Gebäude allein durch seine schiere Größe die Macht des Imperium Romanum. Das Amphitheater von Arles ist das größte und besterhaltene der ehemaligen Provinz Gallien. Das 136 Meter lange Oval konnte bis zu 25.000 Zuschauer fassen, die sich hier zu den im Römischen Reich beliebten Tierhatzen und Gladiatorenkämpfen versammelten. Die Kämpfe waren repräsentative Ereignisse, während denen man seine gesellschaftliche Stellung demonstrierte. In den unruhigen Zeiten der Sarazenenanstürme flüchteten die Bewohner von Arles in das Amphitheater; die Arena wurde zu einer Festung ausgebaut, indem die unteren Arkaden zugemauert und die hohen Außenmauern mit Wehrtürmen gesichert wurden. Das Innere der Arena verwandelte sich Stück für Stück in eine kleine Stadt in der Stadt, noch im 19. Jahrhundert drängten sich weit mehr als hundert ärmliche Häuser und zwei Kapellen auf engem Raum. Der Abriss der Häuser erfolgte nach 1830, zu einer Zeit, als man die „hehre“ Antike wertvoller als das „dunkle“ Mittelalter schätzte. Nur die Wehrtürme (Toller Panoramablick über die Dächer der

Bouches-du-Rhône
Karten Seite 600/601, 605, 618/619 und 651

Stadt!), die der Arena von Arles ihren unverwechselbaren Charakter geben, wurden nicht abgetragen.

Öffnungszeiten Mai bis Sept. tgl. 9–18.30 Uhr, Okt., März April tgl. 9–17.30 Uhr, im Winter 10–16.30 Uhr. Eintritt: 5,50 €, erm. 4 € (inkl. Thermen).

Fondation Vincent van Gogh: Direkt neben der Arena werden in einem aus dem 18. Jahrhundert stammenden Stadtpalais künstlerische Hommagen an Vincent van Gogh präsentiert. Die ausgestellten Arbeiten stammen von international renommierten Künstlern, so beispielsweise von Roy Lichtenstein, Francis Bacon und Jasper Johns.

Adresse 26, rond-point des Arènes (Palais de Luppé). Öffnungszeiten: Im Sommer tgl. 10–19 Uhr, sonst tgl. außer Mo 9.30–12.30 Uhr und 14–17.30 Uhr. Eintritt: 7 €, erm. 5 €.

Théâtre Antique: Das Theater entstand als einer der ersten Monumentalbauten von Arles während der Herrschaft des Augustus; es war nur geringfügig kleiner als das Theater von Orange und konnte rund 10.000 Zuschauer fassen, deren Sitzordnung den jeweiligen gesellschaftlichen Rang widerspiegelte. Ungewöhnlich war, dass der Zuschauerraum (*cavea*) nicht wie sonst üblich an einen Hügel angelehnt war, sondern auf Stützbauten ruhte. Wie die Arena war auch das Römische Theater im Mittelalter zu einer kleinen befestigten Bastion ausgebaut worden – die letzten Häuser wurden erst im 19. Jahrhundert abgerissen. Lange Zeit diente das Theater zudem als Steinbruch, auch die Steine für den Kreuzgang von Saint-Trophime wurden hier gebrochen. Zu sehen sind noch das Halbrund mit den Zuschauerstufen sowie zwei Säulen und die Fundamente der einstigen Bühnenwand. Berühmt geworden ist das Theater durch die im 17. Jahrhundert entdeckte „Venus von Arles". Wie so oft in Frankreich steht das Original im Louvre, das Musée de l'Arles Antique besitzt aber immerhin eine Kopie. Gustave

Die Arena von Arles ist weltberühmt

Flaubert zeigte sich von diesem majestätischen Ruinenfeld derart angetan, dass er sogar ein verlockendes Angebot abwies: „Ich habe mich dann mit einer Dirne aus dem Bordell unterhalten, das gegenüber dem Theater liegt, folgte ihr jedoch nicht in die Gemächer. Ich wollte diese Poesie nicht verlassen."

<u>Öffnungszeiten</u> Mai bis Sept. tgl. 9–18 Uhr, Okt., März und April tgl. 9–11.30 Uhr und 14–17.30 Uhr, im Winter 10–11.30 Uhr und 14–16.30 Uhr. Eintritt: 3 €, erm. 2,20 €.

Kathedrale Saint-Trophime

Saint-Trophime: Die auf den Fundamenten einer spätantiken Basilika errichtete Kirche ist nach dem heiligen Trophimus benannt, der als erster Bischof von Arles gilt. Von Kunsthistorikern besonders hoch geschätzt wird das *Westportal*; die in der zweiten Hälfte des 12. Jahrhunderts errichtete Fassade ist dem Portal von Saint-Gilles ebenbürtig. Im Tympanon thront Christus als Weltenrichter, eingerahmt von den Symbolen der vier Evangelisten. Die unbekannten Baumeister haben sich fraglos von der Ikonographie römischer Triumphbögen inspirieren lassen. Bei Vincent van Gogh lösten die alttestamentarischen Szenen sowie die Höllenqualen der Verdammten beklemmende Gefühle aus: „Es gibt hier ein gotisches Portal, das ich nachgerade bewunderungswürdig finde, das Portal Saint-Trophime. Aber es ist so grausam, so ungeheuerlich wie ein chinesischer Alptraum, dass mir sogar dies schöne Denkmal eines so großen Stils zu einer anderen Welt zu gehören scheint, der ich ebenso froh bin, nicht anzugehören, wie der ruhmreichen Welt des Römers Nero."

Berühmt ist Saint-Trophime auch für seinen *Kreuzgang*, der mit Recht zu den schönsten Frankreichs gezählt wird. Nord- und Ostflügel stammen aus dem 12. Jahrhundert, mit ihren filigranen Kapitellen sind sie ein eindrucksvolles Beispiel der romanischen Formensprache. Jüngeren Datums sind die West- und Südgalerie, beide sind bereits im gotischen Stil ausgeführt. Von der darüber liegenden Terrasse lässt sich ein Gesamteindruck von der trapezförmigen Anlage gewinnen.

<u>Öffnungszeiten des Kreuzgangs</u> Mai bis Sept. tgl. 9–18 Uhr, Okt., März und April tgl. 9–17.30 Uhr, im Winter 10–16.30 Uhr. Eintritt: 3,50 €, erm. 2,60 €.

Cryptoportiques: Die Cryptoportiques sind das rätselhafteste römische Bauwerk von Arles. Über eine Treppe steigt man gewissermaßen zu den römischen Wurzeln Arles' hinunter. Unten angekommen, präsentieren sich die Cryptoportiques als zwei parallel verlaufende, 89 Meter lange Doppelgalerien, die durch eine weitere, 59 Meter lange Galerie miteinander verbunden sind. Wahrscheinlich dienten die gewaltigen unterirdischen Gänge zur statischen Stabilisierung des einst

Karten Seite 600/601, 605, 618/619 und 651

darüber liegenden Forums; archäologischen Forschungen zu Folge wurden die Räumlichkeiten auch als Kornspeicher genutzt, der Boden war mit drei Schichten Eichenholz bedeckt, die Wände mit einer dicken, wasserundurchlässigen Putzschicht versehen. Der Zugang erfolgt über das Rathaus.

Öffnungszeiten Mai bis Sept. tgl. 9–18 Uhr, Okt., März und April tgl. 9–11.30 Uhr und 14–17.30 Uhr, im Winter 10–11.30 Uhr und 14–16.30 Uhr. Eintritt: 3,50 €, erm. 2,60 €.

Muséon Arlaten: Als *Frédéric Mistral*, der große Förderer der provenzalischen Sprache, für seinen Versepos „Mireille“ 1904 den Literaturnobelpreis erhielt, stiftete er den Geldpreis für die Erweiterung eines von ihm acht Jahre zuvor gegründeten Museums, des Muséon Arlaten. Sinn und Zweck des Museums sollte es sein, die provenzalische Kultur in ihrer ganzen Bandbreite darzustellen. Bis heute wurden mehr als 20.000 Exponate zusammengetragen. Das Spektrum reicht von Möbeln über Kostüme, Gemälde und Fotos bis hin zu einer Nachbildung einer Hütte der Gardiens. Auch das weibliche Museumspersonal ist gewissermaßen ein Teil der Ausstellung, die Damen tragen allesamt die traditionelle arlesische Tracht. Das in einem alten Stadtpalais untergebrachte Museum steht auf römischen Grundmauern wie Ausgrabungen im Hof eindrucksvoll belegen.

Adresse 29, rue de la République. Öffnungszeiten: Nov. bis März tgl. außer Mo 9–12.30 Uhr und 14–17 Uhr, April, Mai und Sept. tgl. außer Mo 9.30–12.30 Uhr und 14–18 Uhr, Juni bis Aug. tgl. 9.30–12.30 Uhr und 14–18.30 Uhr. Deutschsprachiger Audioguide. Eintritt: 1 €.

Espace van Gogh: Das in einem ehemaligen Hospital untergebrachte Kulturzentrum trägt nicht grundlos den Namen van Goghs. Van Gogh ließ sich hier im Mai 1888 behandeln, zudem hat er das Krankenhaus auch gemalt und die Bepflanzung des Gartens in einem Brief an seine Schwester beschrieben.

Adresse Rue du Président-Wilson.

Musée Réattu: Zur Erinnerung an den Maler *Jean-Jacques Réattu* (1760–1833) widmete die Stadt Arles ihm und seinen Werken ein Museum. Als Räumlichkeiten griff man auf den einstigen Sitz des Großpriors des Malteserordens zurück, den Réattu zu seinen Lebzeiten bewohnt hatte. Später wurde die Sammlung um Gemälde französischer und italienischer Meister erweitert. Einen großen Teil seiner Attraktivität verdankt das Musée Réattu einer großzügigen Geste Picassos: Als dieser 1971 zum wiederholten Male einem Stierkampf in Arles beigewohnt hatte, schenkte er Arles zwei Gemälde und 57 Zeichnungen, die seither zum Fundus des Musée Réattu gehören. Liebhaber moderner Kunst können sich u. a. an den Werken von Fernand Léger, Raoul Dufy, Jean Lurcat und Germaine Richier erfreuen.

Adresse Rue du Grand Prieuré. Öffnungszeiten: Mai bis Sept. tgl. 10–12 Uhr und 14–18.30 Uhr, Nov. bis Feb. tgl. 13–17 Uhr, März, April und Okt. bis 10–12 und 14–17 Uhr. Eintritt: 4 €, erm. 3 €.

Thermes de Constantin: Die Thermenanlage schloss sich einst an den Palast des Kaisers Konstantin an. Aber auch im Alltag eines Durchschnittsrömers spielten die Thermen eine wichtige Rolle; hier traf man sich zu einem lockeren, vergnüglichen Beisammensein. Cicero zufolge klang der Gong, der die Öffnung eines Bades ankündigte, lieblicher als das Stimmengewirr der Philosophen in der Schule. Leider befinden sich die Thermen von Arles in einem schlechten Zustand; sie sind mit Taubendreck verschmiert und ohne jegliche Beschilderung.

Öffnungszeiten Mai bis Sept. tgl. 9–12 Uhr und 14–18 Uhr, Okt., März und April tgl. 9–11.30 Uhr und 14–17 Uhr, im Winter 10–11.30 Uhr und 14–16.30 Uhr. Eintritt: 5,50 €, erm. 4 € (inkl. Amphitheater).

Das Licht der Provence

Keine andere Landschaft wurde durch die moderne Malerei so sehr beschworen und verherrlicht wie die Provence; es lässt sich getrost behaupten, die Wiege der modernen Malerei habe in der Provence gestanden. Die Namen Cézanne, van Gogh, Renoir, Signac und Bonnard sind untrennbar mit der sonnendurchfluteten Landschaft verbunden, die die Farben zu höchster Ausdruckskraft zu steigern vermag. Zwar holten sich die Impressionisten wie Eugène Boudin und Claude Monet ihre Anregungen aus dem Norden Frankreichs von den windumtosten Küsten der Normandie, doch musste *Paul Cézanne* als erster erfahren, dass die impressionistische Malerei, die ihre Motive in Konturen auflöst und das Farbenspektrum fein abstuft, im provenzalischen Freiluftatelier nur bedingt geeignet ist. Wenn der Mistral den Himmel leer gefegt hat, dann strahlt der Süden Frankreichs in satten Farben, Silhouetten treten mit so ungeahnter Deutlichkeit hervor, dass die impressionistischen Stilmittel versagten. Erst im Laufe der Zeit fand Cézanne, der aus Aix-en-Provence stammte, einen malerischen Zugang zur südfranzösischen Landschaft. Zu Cézanne, der anfangs im nördlich von Marseille gelegenen L'Estaque sein Domizil aufgeschlagen hatte, gesellte sich 1882 dessen Freund Auguste Renoir und sah sich mit denselben Problemen konfrontiert; seine Palette wusste auf die „schöne Landschaft" keine Antwort zu geben: „Die schönen rotgoldenen Töne des Meeres geraten auf der Leinwand ordentlich schwer, trotz aller Mühe, die wir uns geben." Wenige Jahre später kämpfte auch Claude Monet in Antibes mit der Sonne: „Man müsste hier mit Gold und Edelsteinen malen."

Auf der Suche nach dem Licht strömten alsbald zahlreiche Maler nach Südfrankreich; als erster verstand es *Vincent van Gogh*, eine adäquate künstlerische Antwort auf das Licht der Provence zu geben; erst durch den Holländer van Gogh wurde die Sonne zur glühenden und leibhaftigen Leinwandwirklichkeit. Von der „absoluten Notwendigkeit einer neuen Kunst der Farbe und der Zeichnung und des künstlerischen Lebens" überzeugt, ließ er sich in der Provence nieder, um hier seinen ersehnten Nährboden zu finden. Van Gogh schätzte „das Land wegen seiner klaren Atmosphäre und seiner heiteren Farbeffekte". In einem fürwahr „berauschten" Zustand malte er während seines rund 800 Tage währenden Aufenthaltes Bild um Bild, schuf – sogar noch als er in der Irrenanstalt von Saint-Rémy lebte – Werke, die sich so tief im allgemeinen Kunstverständnis verankern sollten, dass eine Kunstgeschichte ohne van Goghs Sonnenblumen, ohne seine wogenden Kornfelder, Zypressen oder die berühmte Zugbrücke von Arles (Port de Langlois) undenkbar ist.

Außerhalb des Zentrums

Musée départemental Arles antique: Ein Lob vorab: Das Musée départemental Arles antique ist dank seiner außergewöhnlichen museumsdidaktischen Präsentation zweifellos eines der interessantesten Museen zur römischen Geschichte, die man in Europa besuchen kann.

Bouches-du-Rhône
Karten Seite 600/601, 605, 618/619 und 651

Das antike Museum von Arles, ein ansprechender Neubau auf dreieckigem Grundriss, ist nicht zufällig an dieser etwas abgelegenen Stelle errichtet worden. Hier im Südwesten von Arles hatten die Römer im Winter 148/149 ihren monumentalen *Cirque Romain* angelegt, das Museum grenzt direkt an die einstigen Tribünen der Wendekurve. Da das am Rhôneufer gelegene Areal relativ morastig war, mussten die römischen Baumeister – wie ein Modell im Museum anschaulich zeigt – 28.000 Pfähle aus Eichen- und Kiefernholz in den Boden rammen lassen, um ein Absacken der Tribünen zu verhindern. Bei einer Länge von etwa 450 Metern und einer Breite von 101 Metern konnte der Zirkus 20.000 Zuschauer fassen. Heute kann man die genaue Lage des *Cirque Romain* nur noch vage im Gelände erahnen; ein Teil des für Wagenrennen genutzten Corsos ist überbaut, der Obelisk, der als steinerne Mittelachse die Rennbahnen des Zirkus voneinander trennte, wurde bereits im 17. Jahrhundert auf die Place de la République geschafft.

Das **Musée départemental Arles antique** vereint die früher getrennten Sammlungen des Musée Lapidaire d'Art chrétien und des Musée Lapidaire d'Art Païen. Hier wird am exemplarischen Beispiel von Arles die antike mediterrane Kultur erklärt. Nach einem Rückblick auf die Vor- und Frühgeschichte wird ausführlich die römische Epoche anhand der großen Monumente (Theater, Zirkus, Amphitheater, Triumphbögen) dargestellt, wobei auch Einblicke in das antike Wirtschaftsleben vermittelt werden. Einen weiteren Schwerpunkt nimmt die Alltagsgeschichte ein, der Bogen spannt sich über die Themen Gesundheit, Schmuck, Religiosität und Wohnen (kostbare Mosaike). Einen Höhepunkt der Ausstellung stellt eine den Alyscamps nachempfundene Allee dar, die von filigran gearbeiteten heidnischen wie auch christlichen Sarkophagen gesäumt wird.

Adresse Avenue 1ère Division française libre. Öffnungszeiten: Tgl. außer Di 10–18 Uhr. Eintritt: 6 €, erm. 4,50 €. www.arles-antique.cg13.fr.

Les Alyscamps: Vor den Toren der Stadt erinnert ein von alten Pappeln beschattetes Teilstück der Alyscamps an den größten spätantiken Friedhof Galliens. Die Sitte der Römer, ihre Toten an den Ausfallstraßen der Städte zu bestatten, wurde nicht nur an der Via Appia und Via Aurelia praktiziert, auch die Alyscamps von Arles haben hier ihren Ursprung. Der Name Alyscamps leitet sich von den Elysischen Feldern (*Allisii Camps*) ab, in die – der antiken Mythologie zufolge – die Seeligen Einzug halten. In christlicher Zeit wurden die Alyscamps weiter als Begräbnisstätte genutzt. Der Platz genoss ein so hohes Ansehen, dass häufig Tote in Fässern die Rhône hinunter geschickt wurden. Eine zwischen die Zähne gelegte Münze entlohnte die Mönche. Erst im Spätmittelalter verloren die Alyscamps ihre Bedeutung, ein Teil der Anlage wurde durch den Bau einer Eisenbahnlinie vernichtet. Die noch immer von Sarkophagen gesäumte Allee – die kostbarsten Sarkophage sind allerdings im Musée de l'Arles Antique ausgestellt – führt auf die unvollendete Kirche Saint-Honorat zu; die gegen Ende des 12. Jahrhunderts errichtete Kapelle ist der einzige erhaltene, von einst rund zwanzig Sakralbauten entlang der Alyscamps.

Öffnungszeiten Mai bis Sept. tgl. 9–18 Uhr, Okt., März und April tgl. 9–11.30 Uhr und 14–17.30 Uhr, im Winter 10–11.30 Uhr und 14–16.30 Uhr. Eintritt: 3,50 €, erm. 2,60 €.

Pont van Gogh: Die Zugbrücke von Langlois (*Pont de Langlois*) ist eines der berühmtesten Motive von van Gogh. Sie steht drei Kilometer südlich der Stadt an dem bedeutungslosen Canal de Marseille à Rhône. Ein Wermutstropfen: Die

Brücke wurde aufgrund von zwingenden Baumaßnahmen um einen knappen Kilometer versetzt.

Abbaye de Montmajour

Die Abbaye de Montmajour, die sich wenige Kilometer nordöstlich von Arles auf einem Felsen erhebt, war ursprünglich von Sümpfen umgeben und nur mit dem Boot zu erreichen; die letzten Sümpfe sollen gar erst im 17. Jahrhundert von den Mönchen trockengelegt worden sein. Ähnlich wie die Alyscamps von Arles diente die felsige Erhebung als christliche Begräbnisstätte. Im Verlauf des 10. Jahrhunderts entstand aus einer Einsiedelei ein Benediktinerkloster, das sich schnell zu einem der mächtigsten der Provence entwickelte. Montmajour besaß zwar keine bedeutenden Reliquien, dafür aber seit 1030 das Recht, einen besonderen Ablass, den so genannten „Pardon de Montmajour", zu erteilen. Seither strömten die Pilger alljährlich am 3. Mai zu Tausenden herbei und füllten so die klösterlichen Kassen. Die Folge war eine fast ungezügelte Bauwut, die nach einer längeren Ruhephase im 18. Jahrhundert wieder auflebte. Nachdem das Kloster 1786, drei Jahre vor der Revolution, von Ludwig XVI. aufgelöst worden war, setzte ein rascher Verfall ein, die wertvolle Einrichtung wurde verramscht, ein Teil der Klosteranlage zum Steinbruch degradiert. Der Grund für die Auflösung von Montmajour war die so genannte Halsbandaffäre: der letzte Abt, der Kardinal Edouard de Rohan, war einer Affäre mit Königin Marie-Antoinette bezichtigt worden. Erst 1872 wurde dem Niedergang Einhalt geboten, die Stadt Arles erwarb das Kloster und leitete die ersten Restaurierungsarbeiten ein.

Blick vom Donjon in den Klosterhof

Rundgang durch die Abtei: Der Weg führt vom Eingangsfoyer direkt in die *Krypta*, ein von seinen Proportionen beeindruckender romanischer Bau, der teilweise in den Felsen hineingeschlagen werden musste und die darüber liegende Oberkirche stützt. Die ungewöhnliche Krypta besitzt außer einem Querschiff noch einen halbrunden Chorumgang, an den fünf Kapellen angrenzen. Zu loben sind hier – wie im gesamten Kloster – die Erläuterungstafeln, die auch in deutscher Sprache beschriftet sind. Auch in der vollkommen schmucklosen *Oberkirche* nimmt die klare Formensprache den Besucher gefangen. An die Kirche Notre-Dame schließen sich der Kapitelsaal und der tonnengewölbte Kreuzgang an; Letzterer wurde um 1150 vollendet und gilt damit als einer der ältesten erhaltenen Kreuzgänge der Provence. Die Kapitelle sind häufig mit Pflanzenschmuck verziert. Da die angrenzenden barocken Klosterruinen nicht besichtigt werden

Bouches-du-Rhône
Karten Seite 600/601, 605, 618/619 und 651

können, wendet sich die Aufmerksamkeit zuerst dem 26 Meter hohen *Donjon* zu; er wurde zu Beginn der zweiten Hälfte des 14. Jahrhunderts errichtet und diente den Mönchen als letzte Zuflucht vor den Übergriffen der Grandes Compagnies. Der kurze Aufstieg lohnt die Mühe, denn von der Aussichtsplattform bietet sich ein grandioser Panoramablick, der von Arles bis zu den Alpilles reicht. Um abschließend den ältesten Teil des Klosters, die *Ermitage Saint-Pierre*, besichtigen zu können, muss man einen kleinen Abhang hinuntersteigen. Fast unscheinbar öffnet sich der Eingang zu einer frühromanischen, zweischiffigen Kirche, deren nördliche Teile in den Fels geschlagen wurden. An die Kirche grenzen kleine, einst von Eremiten bewohnte Räume an. Angeblich soll sich hier der heilige Trophimus in frühchristlicher Zeit vor den Verfolgungen der römischen Machthaber versteckt haben. Zum Abschluss kann man noch einen Blick auf die *Chapelle Sainte-Croix* werfen; die kleine romanische Friedhofskapelle liegt 300 Meter östlich der Abtei.

Öffnungszeiten Von April bis Juni. tgl. 9.30–18 Uhr, von Juli bis Ende Sept. tgl. 10–18.30 Uhr, im Winter tgl. außer Mo 10–17 Uhr. Eintritt: 7 €, erm. 4,50 €. Für EU_Bürger unter 26 Jahren ist der Eintritt frei!

Saint-Martin-de-Crau

Saint-Martin-de-Crau ist gewissermaßen die „Hauptstadt" der *Crau*, einer spröden, sicherlich gewöhnungsbedürftigen Steinsteppe, von der schon Frédéric Mistral zu berichten wusste: „Die Crau, das öde Land der Steine, die unfruchtbare Crau, die endlos sich hier reckt" Und ein provenzalisches Sprichwort weiß zu berichten: *Ben de Crau urous qui n'a pau!* („Güter der Crau, glücklich, wer keine besitzt!").

Leider wird die Crau von den meisten zu Unrecht für eine staubige, trockene Ebene ohne großen Reiz gehalten, dabei ist das rund 600 Quadratkilometer große Gebiet ein einzigartiges Refugium für bedrohte Tierarten. Verantwortlich für die Entstehung der Crau war der Umstand, dass die Durance vor rund 12.000 Jahren ihren Lauf änderte und seither bei Avignon in die Rhône mündet; sie hinterließ ein unwirtliches Steinfeld, das man eher in Nordafrika vermuten würde. Die griechische Mythologie hält eine andere Erklärung bereit: Als Herkules auf dem Weg nach Italien von den Riesen Albio und Bergio angegriffen wurde, eilte ihm der Göttervater Zeus zur Hilfe, indem er Steine vom Himmel regnen ließ ...

Für das ökologische Gleichgewicht der Crau sind vor allem die Schafe von eminenter Bedeutung: Rund 60.000 Schafe sorgen dafür, dass Gras und Kräuter kurz bleiben; erst dadurch finden so seltene Steppenvögel wie Spießflughühner, Zwergtrappen, Blauracken und Triele einen geeigneten Lebensraum vor. Zwar hat der Europarat bereits 1983 die Crau als zweitwichtigstes europäisches Vogelschutzgebiet eingestuft, doch wird das ehemalige Delta der Durance von allen Seiten bedroht: Marseille lädt seinen Müll an den Rändern ab, Fernstraßen durchschneiden das Areal, der Militärflughafen von Istres-le-Tubé dringt auf Expansion – die Rollbahn ragt bereits in die Ebene – und zahlreiche, künstlich bewässerte Obstplantagen zerstören das Landschaftsbild.

- *Information* **Office de Tourisme**, Place Georges-Brassens, 13558 Saint-Martin-de-Crau, ✆ 0490479555. www.ville-saint-martin-de-crau.fr.
- *Verbindungen* Der SNCF-Bahnhof liegt südlich des Ortes. Zugverbindungen nach Arles.
- *Markt* Freitagvormittag.
- *Ecomusée de la Crau* Auf 250 Quadratmetern Ausstellungsfläche werden vielfältige Informationen zum Landschaftsraum Crau geboten. Adresse: Boulevard de Provence. Öffnungszeiten: Tgl. außer So 9–12 Uhr und 14–18 Uhr. Eintritt frei! www.ceep.asso.fr/ecomuse.htm.
- *Literaturtipp* Natur-Reiseführer „Die Crau – Steinsteppe voller Leben". Naturerbe-Verlag Jürgen Resch.

Zwischen Arles und Avignon: Les Alpilles

Als Les Alpilles, „die kleinen Alpen", wird ein kleiner Höhenzug bezeichnet, der sich nördlich der Crau zwischen Tarascon und Salon-de-Provence in westöstlicher Richtung erstreckt. Die Gipfel dieser „kleinen Alpen" erreichen zwar nicht einmal 400 Meter, doch im Gegensatz zur brettflachen Crau ist der Vergleich mit einem Gebirge nicht einmal unangebracht. Seit dem Neolithikum besiedelt, hat sich Les Baux im Mittelalter zum bedeutendsten Ort des Kalksteinmassivs entwickelt. Die am Südhang der Alpilles gereiften Oliven bringen eines der besten provenzalischen Olivenöle hervor.

Les Baux-de-Provence

Ohne Frage zählt Les Baux zu den majestätischsten Burgruinen Frankreichs. Wenn der Mistral durch die leeren Fensteröffnungen pfeift, dann verwandelt sich Les Baux allerdings schnell in einen unwirtlichen Ort. Ein Wermutstropfen: Das malerische kleine Dorf zu Füßen der Burg ist fest in der Hand des Tourismus.

Zurückverfolgen lässt sich das hier ansässige Adelsgeschlecht bis in das 10. Jahrhundert; aber erst rund 100 Jahre später erwählte ein gewisser Hugo den Felsen von Les Baux zum Stammsitz der Familie, die fortan auch den Namen ihrer

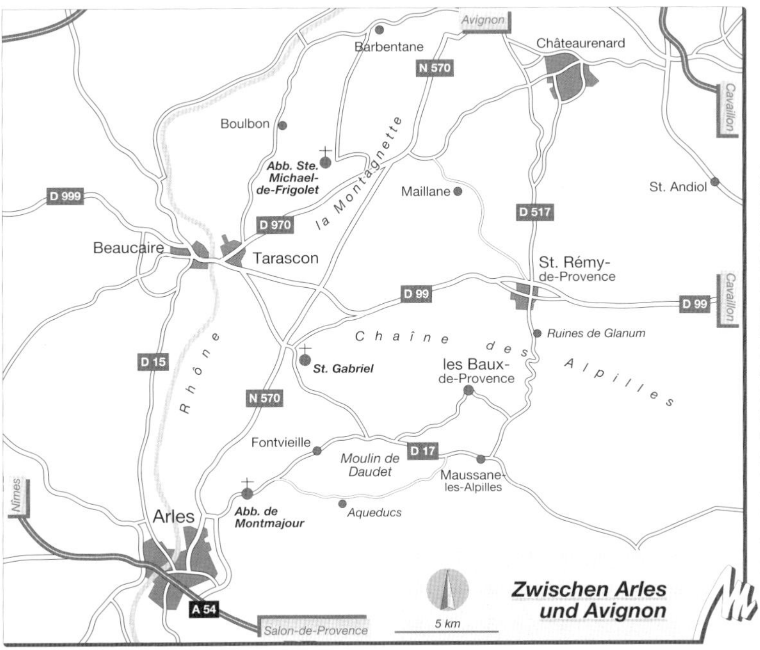

Bouches-du-Rhône
Karten Seite 600/601, 605, 618/619 und 651

Die Ruinen von Les Baux

Stammburg führte. Baou oder balcio bedeutet auf provenzalisch „Steilhang" oder „Felsen", die Grafen führten ihren Namen allerdings auf Balthasar, einen der drei Weisen aus dem Morgenland zurück, weshalb noch viele Häuser mit dem sechzehnzackigen Stern von Bethlehem verziert sind. Die Grafen von Les Baux waren das gesamte Mittelalter hindurch eines der mächtigsten und einflussreichsten Adelsgeschlechter der Provence. In ihrer Glanzzeit herrschten sie nicht nur über rund 80 Städte und Dörfer der Region, an ihrem Hof wurde die Dichtkunst der Troubadoure begründet. Ihre weit verzweigten Besitztümer und ihr auf Souveränität zielender Herrschaftsanspruch verwickelte die Grafen von Les Baux in zahlreiche kriegerische Auseinandersetzungen. Im 12. Jahrhundert rangen sie jahrzehntelang um die Herrschaft der Provence, doch mussten sie letztlich trotz päpstlicher Unterstützung den Machtanspruch der Grafen von Barcelona anerkennen. Seither verloren die Grafen von Les Baux zunehmend an Bedeutung; 1426 starb das Geschlecht aus, Les Baux fiel an die Grafen der Provence. Im 17. Jahrhundert entwickelte sich Les Baux zu einem Zufluchtsort der Protestanten, weswegen Kardinal Richelieu die Stadt 1632 eroberte und die Befestigungsanlagen schleifen ließ. Die Bewohner zogen ins Tal, der einst 3.000 Einwohner zählende Ort verfiel zusehends. Durch den Bauxitabbau – das zur Aluminiumgewinnung notwendige Sedimentgestein ist übrigens nach seinem Fundort Les Baux benannt – erlebte der Ort im 19. Jahrhundert einen gewissen wirtschaftlichen Aufschwung; erst 1990 wurde der Bauxitabbau wegen Unrentabilität eingestellt.

Als der Dichter Moritz Hartmann Mitte des 19. Jahrhunderts nach Les Baux kam, stieß er auf eine „traurige Stadt. Selten, dass man in ihren Gassen ein menschliches Wesen erblickt. Einst hat sie Tausende beherbergt in ihren scheinbar unvergänglichen Mauern, heute hat sie sechzig bis siebzig Einwohner und diese sind im Sommer meist abwesend, um in den Sümpfen der Camargue als Taglöhner ihr kümmerliches Brot zu verdienen. Einst war sie von Fürsten, Rittern und Sängern bewohnt, heute hat sich das Elend in ihre Ruinen eingenistet. In den Gassen sahen wir nur wenige Weiber und Kinder müßig vor ihren Häusern sitzen; in der oberen Stadt fanden wir einen Mann eifrig beschäftigt, die Fassade eines prächtigen Hauses zu zerstören, um eine Angel für seine Tür zu suchen. Wenn die Einwohner so mit der Zerstörung fortfahren, wie sie seit Jahren begonnen haben, werden in kurzem die herrlichen Bauten verschwunden sein und von der ganzen Stadt nur die in den Felsen gehauenen Teile übrig bleiben." Sein niederschmetterndes Fazit: Les Baux gleiche „einer Leiche in freier Luft, die langsam verwest".

Der Verwesungsprozess wurde gestoppt, das Bild von Les Baux hat sich entschieden gewandelt. Zwar thronen noch immer die imposanten Ruinen auf dem Hügel, doch dominieren den Ort nicht mehr baufällige Häuser, sondern Restaurants, Hotels und Souvenirläden, die Ansichtskarten, Santons, in Säckchen verpackte Kräuter der Provence sowie diversen Nippes feilbieten. Wer im Hochsommer nach Les Baux kommt, sollte sich darauf einstellen, dass das Dorf im touristischen Würgegriff ächzt. Nur wer zeitig am Morgen oder spät abends durch die Ruinen streift, ist halbwegs ungestört. Wer hingegen in Les Baux übernachtet, wird sich an der fast himmlischen Ruhe erfreuen können – sieht man einmal von den Tagen ab, an denen der Mistral über die Dächer fegt. Den 40 Dorfbewohnern stehen nämlich jährlich weit mehr als eine Million Besucher gegenüber. Die Attraktivität von Les Baux beschränkt sich jedoch nicht auf die Burgruine, so wird die Grand Rue, die als zentrale Achse quer durch das Dorf führt, von sehenswerten Renaissancehäusern gesäumt, darunter auch das Rathaus (Hôtel de Manville).

• *Information* **Office de Tourisme**, Impasse du Château, 13520 Les Baux-de-Provence, ✆ 0490543439, 📠 0490545115, www.lesbauxdeprovence.com.

• *Einwohner* 400 Einwohner.

• *Verbindungen* Tgl. Busverbindungen nach Saint-Rémy, Avignon (je 2 x) sowie Salon-de-Provence, Arles und Marseille (je 4 x). Die nächstgelegenen Bahnhöfe befinden sich in Arles und Tarascon.

• *Parken* Die direkt unterhalb des Dorfes gelegenen Parkplätze sind gebührenpflichtig (3 bzw. 4 €), wer sein Auto kostenlos abstellen will, muss im Sommer einen längeren Fußmarsch in Kauf nehmen.

• *Übernachten/Essen* **** **La Cabro d'Or**, im Tal gelegen. Eine sehr empfehlenswerte Adresse für ein gelungenes Diner in stilvoller Atmosphäre (Ein Michelin-Stern!). Menüs zu 4 € (mittags mit einer halben Flasche Wein), 66 und 110 €. Es werden auch mehrere Zimmer ab 220 € vermietet. Swimmingpool vorhanden. Das Hotel gehört zur Relais-&-Châteaux-Vereinigung. Dienstagmittag Ruhetag. Jan. bis Mitte März Betriebsferien. Val d'Enfer, ✆ 0490543321. www.lacabrodor.com.

** **Hostellerie de la Reine Jeanne**, die günstigste Möglichkeit, um inmitten des alten Dorfes zu wohnen. Gleich beim Dorfeingang. Die großzügigen Zimmer mit orangefarbenen Tapeten kosten 56–70 €. Besonders toll ist das Zimmer Nr. 2, denn es besitzt eine riesige Dachterrasse mit einem einmaligen Blick über das Dorf und das Tal. Direkt unterhalb fällt eine 50 Meter hohe Klippe steil ab. Die passablen Menüs kosten 15, 25 oder 30 €, im Sommer sitzt man auf der schattigen Terrasse. Von Mitte Nov. bis Mitte März geschlossen. ✆ 0490543206, 📠 0490543233, www.la-reinejeanne.com.

Le Prince Noir, das einzige Chambre d'hôtes inmitten der Gassen von Les Baux präsentiert sich als verwinkelte, charmante Herberge. Direkt neben den Château gelegen, werden von den liebevollen Gastgebern Ute – sie ist Deutsche – und Benoit ein DZ (95 €), ein Appartement (145 €) und eine herrliche Suite (176 €) mit einer einzigartigen Panoramaterrasse vermietet, jeweils inkl. Frühstück (ab fünf Nächten 20 % Ermäßigung). Zugang zur Dachterrasse besitzen auch die anderen Zimmer. Teile der klimatisierten Räume wurden direkt an den Fels angebaut. Die Einrichtung ist sehr individuell, lässt aber keinen Komfort vermissen. Tolle Bäder, der Boden ist mit Sisalteppich ausgelegt. Abends herrscht absolute Ruhe, und wenn man auf die erleuchtete Burgruine blickt, ist das Paradies auf Erden ganz nah! Eine rechtzeitige Reservierung ist empfehlenswert. Sitée Haute, Rue de l'Orme, ✆ 0490543957, ℻ 0490543957. www.leprincenoir.com.

Sehenswertes

Château: Direkt auf dem Kamm des markanten, leicht zu verteidigenden Felsvorsprungs errichteten die Herren von Les Baux eine mächtige Burganlage. Doch bevor die grandiose Aussicht über die Alpilles und die Camargue bis hinunter zum Meer bewundert werden kann, wird der Besucherstrom direkt nach der Kasse durch das *Musée d'Histoire* geleitet, das neben einer Erläuterung zur Ortsgeschichte archäologische Fundstücke aus dem Mittelalter sowie Funde aus kelto-ligurischen Nekropolen präsentiert. Die Burgruinen erheben sich am nordöstlichen Teil des rund 900 Meter langen und 200 Meter breiten Felsplateaus. Die Schleifkommandos des Kardinals Richelieu ließen zwar nicht allzu viel stehen, dennoch vermitteln die teilweise in den Fels geschlagenen Ruinen einen Eindruck von der Größe und Macht der Herren von Les Baux. Beim Herumklettern ist wegen der ausgetretenen Treppen festes Schuhwerk vorteilhaft, denn hinter der Burg klafft ein steiler Abgrund. Als zusätzliche Attraktion wurden 1995 mehrere Riesenkatapulte und Rammböcke aufgestellt, die eine Vorstellung von der mittelalterlichen Kriegsführung geben.

Öffnungszeiten Von März bis Okt. tgl. 9–19.30 Uhr, im Juli und Aug. bis 20.30 Uhr, von Nov. bis März 9–17 Uhr. Führung mit Audioguide. Eintritt: 7,80 €, erm. 5,80 €. Kombiticket mit der Cathédrale d'Images 14 €, erm. 8,50 €. www.chateau-baux-provence.com.

Cathédrale d'Images: In einem ehemaligen Bauxitsteinbruch vor den Toren des Dorfes richtete der Künstler Albert Plécy 1977 eine faszinierende audiovisuelle Schau ein: Auf einer Fläche von 4.000 Quadratmetern wird mit vierzig Projektoren und einfühlsamer Musikuntermalung eine eindrucksvolle Vorführung präsentiert. Da alljährlich mindestens ein neues Thema inszeniert wird, kommt so schnell keine Langeweile auf. Bis dato wurden beispielsweise Tonbildschauen zu folgenden Themen gezeigt: „Ein Winter in Venedig“, „Michel Ange in der Sixtinischen Kapelle“ und”Mittelalter des Lichts”.

Öffnungszeiten Von Mitte März bis Mitte Nov. tgl. 10–18 Uhr, im Winter bis 17 Uhr. Eintritt: 7,50 €, erm. 3,50 €. Kombiticket mit dem Château 14 €, erm. 8,50 €. www.cathedrale-images.com.

Musée Yves Brayer: In einem stattlichen Haus aus dem 16. Jahrhundert zeigt eine Retrospektive das künstlerische Werk von Yves Brayer (1907–1990), einem Maler der seinen Lebensabend in Les Baux verbrachte. Brayer hat übrigens auch die Chapelle des Pénitents Blancs ausgemalt.

Öffnungszeiten Von April bis Sept. tgl. 10–12.30 Uhr und 14–18.30 Uhr, im Winter tgl. außer Di 10–12.30 Uhr und 14–17.30 Uhr. Eintritt: 4 €, erm. 2,50 €. www.yvesbrayer.com.

Fondation Louis-Jou: Postum wurde das Haus und Atelier des Druckers und Radierers Louis Jou (1881–1968) in ein Museum umgewandelt. Ausgestellt sind kostbare Werke der Druckkunst.

Adresse Grand Rue Frédéric Mistral. Öffnungszeiten: Do–Mo 11–13 Uhr und 14–18 Uhr nach telefonischer Voranmeldung ✆ 0490543417. Eintritt: 3 €, erm. 1,50 €.

Les Baux. Wie aus dem Fels gewachsenen Mauern

Musée des Santons: In diesem Privatmuseum, das in einer Kapelle aus dem 17. Jahrhundert untergebracht ist, dreht sich alles um die beliebten kleinen provenzalischen Krippenfiguren.

Adresse Rue de l'Ancienne Mairie. Öffnungszeiten: Von Juni bis Aug. tgl. 8.30–20.30 Uhr, von Sept. bis Mai 9–17.30 Uhr. Im Winter am Wochenende geschlossen.

Maussane-les-Alpilles

Das beschauliche Dorf am Südhang der Alpilles gehörte bis zum 17. Jahrhundert den mächtigen Herren von Les Baux. Berühmt geworden ist Maussane allerdings durch seine Oliven; sie stehen in dem Ruf, eines, wenn nicht gar das beste Olivenöl der Provence hervorzubringen. Seit 1997 besitzen die Öle aus dem Vallée des Baux eine AOC-Auszeichnung, die ihre Herkunft garantiert. Acht Mühlen verarbeiten die Früchte von knapp 400.000 Bäumen, die alljährlich im November geerntet werden. Zwischen fünf und acht Kilo Oliven sind nötig, um bei der ersten Pressung einen Liter des besten Olivenöls zu gewinnen, das *Huile d'olive vierge*. Mit anderen Worten: Wer *Olivenöl* schätzt, sollte nicht lange zögern.

• *Information* **Office de Tourisme**, 13520 Maussane-les-Alpilles, ✆ 0490545204. www.maussane.com.

• *Markt* Donnerstagvormittag.

• *Einkaufen* Olivenöl kauft man am besten bei der **Coopérative Oléicole de la Vallée des Baux** in der Rue Charloun-Rieu, ✆ 049 0543237. Öffnungszeiten: Mo–Sa 8–12 Uhr und 14–18 Uhr.

• *Essen* **Alexandrine**, dieses Restaurant an der Straße nach Les Baux ist ein Lesertipp von Dr. Julia Bertrams, die den zuvorkommenden Service genauso lobte wie die „hervorragende Zubereitung". Menüs zu 17, 19,50, 22, 25,50 und 32 €. 87, avenue de la vallée des Baux, ✆ 0490544712.

• *Camping* **** **Les Romarins**, schönes Wiesengelände am nördlichen Ortsrand. Saubere Sanitäranlagen. Stellplatz inkl. zwei Personen ca. 14 €. Von Mitte März bis Mitte Okt. geöffnet. Route de Saint-Rémy, ✆ 049 0543360.

Fontvieille

Jahrhundertelang unterstand Fontvieille dem Kloster von Montmajour, die Bewohner lebten zumeist von der Landwirtschaft oder arbeiteten in den nahen Steinbrüchen; erst durch *Alphonse Daudets* humorvolle „Briefe aus meiner Mühle", die jeder Franzose irgendwann in seiner Schulzeit gelesen hat, ist aus dem beschaulichen Ort eine Touristenattraktion geworden. Busweise reisen die Verehrer Daudets zu einer pittoresken Mühle, die sich südlich des Ortes auf einem Kalksteinplateau erhebt. Dabei stört die wenigsten, dass Daudet dort nie gewohnt, geschweige denn seine „Briefe" in dieser Mühle verfasst hat – er schrieb sie größtenteils in Paris.

Ein beschaulicher Rundweg führt vom Office de Tourisme über die Avenue des Moulins zu Daudets Mühle. Vorbei an zwei weiteren Mühlen (Moulin Ramet und Moulin Tissot) und dem aus dem 19. Jahrhundert stammenden Château de Montauban (Daudet weilte als Gast der Familie Ambroy oft in diesem Schloss), gelangt man wieder zurück zum Ausgangspunkt.

• *Information* **Office de Tourisme**, 5, rue Marcel Honorat, 13990 Fontvieille, ✆ 0490 546749, 📠 0490546982. www.fontvieille-provence.com.

• *Markt* Montag- und Freitagvormittag.

• *Schwimmen* Städtisches Schwimmbad. Mitte Juni bis Mitte Sept. geöffnet. Parc de Montauban.

• *Übernachten/Essen* *** **La Peiriero**, angenehmes Hotel mit Kamin im Aufenthaltsraum, großer Swimmingpool. Die geschmackvoll in provenzalischen Farben eingerichteten Zimmer kosten 89–135 €, wer allerdings mit Terrasse zum Park hin wohnen will, zahlt mindestens 115 €. Die teuersten Zimmer haben eine eigene Terrasse. Menü zu 28 €. WLAN verfügbar. Abgeschlossener Parkplatz. Von März bis Okt. geöffnet. Avenue des Baux, ✆ 0490547610, 📠 0490546260, www.hotel-peiriero.com.

** **La Ripaille**, familiäres Hotel an der Straße nach Les Baux. DZ je nach Saison 62–80 €, mit Terrasse 90 €. Schöne Terrasse und einen Pool gibt es auch hinter dem Haus. Im Restaurant gibt es Menüs zu 18, 24 und 30 €. Route des Baux, ✆ 0490547315, 📠 0490546069. www.laripaille.com.

** **Hostellerie de la Tour**, Logis-de-France-Hotel am Ortsrand mit viel Grün drum herum. Extras: Swimmingpool. Zimmer je nach Ausstattung 62–72 €. Menü zu 25 €. Von März bis Okt. geöffnet. 3, rue des Plumelets, ✆ 0490547221. www.hotel-delatour.com.

• *Camping* *** **Les Pins**, einen Kilometer östlich des Ortes auf einem leicht abfallenden Gelände mit steinigem Grasboden. Schatten vorhanden, städtisches Schwimmbad nebenan. Stellplatz inkl. zwei Personen 15 €. Von April bis Ende Sept. geöffnet. Rue Michelet, ✆ 0490547869.

Sehenswertes

Moulin de Daudet: Die ein kleines Stück außerhalb von Fontvieille gelegene Mühle beherbergt ein Museum, das sich dem Werk von *Alphonse Daudet* (1840–1897) widmet.

Öffnungszeiten Juni bis Sept. 9–19 Uhr, Okt. bis Mai 10–12 Uhr und 14–17 Uhr. Im Jan. geschlossen. Eintritt: 2,50 €, erm. 1,50 €.

Aqueduc de Barbegal: Mehrere Bögen eines annähernd zweitausend Jahre alten Aquädukts stehen drei Kilometer südlich von Daudets Mühle; das Aquädukt ist recht leicht zu finden, da es die Straße (D 82) direkt durchschneidet. In Römischer Zeit sicherte das Aquädukt die Wasserversorgung von Arles, das kostbare Wasser wurde hierzu auf einer künstlichen Trasse vom Südhang der Alpilles herangeführt. Hinter einem angrenzenden Hügel verbirgt sich ein von den Römern errichtetes Mühlenareal (zu erreichen über die D 33).

Saint-Gabriel: Die sechs Kilometer nördlich von Fontvielle am Westrand der Alpilles gelegene Kirche (nur von Außen zu besichtigen) ist ein schönes Beispiel für kleinere romanische Sakralbauten in der Provence. Besonders schön leuchtet die Fassade in der Abendsonne.

Daudet-Gedenkstätte in Fontvieille

Am Pfingstmontag ziehen die Hirten durch die Stadt

Saint-Rémy-de-Provence

Vor allem zwei Männer haben Saint-Rémy-de-Provence über die Grenzen der Provence hinaus bekannt gemacht: Nostradamus wurde 1503 hier geboren, van Gogh verbrachte rund ein Jahr in der städtischen Irrenanstalt. Saint-Rémy eignet sich zudem gut als Ausgangsbasis, um die Provence zwischen Arles und Avignon zu erkunden.

Trotz seiner touristischen Anziehungskraft hat sich das 10.000 Einwohner zählende Saint-Rémy-de-Provence seinen provenzalischen Charme bewahren können. Dies liegt vor allem an der pittoresken Altstadt, deren mittelalterlicher Grundriss nach wie vor deutlich auszumachen ist: An die Stelle der Stadtmauer trat im 18. Jahrhundert ein platanenbestandener Boulevard, den zahlreiche Cafés säumen. Im Ortszentrum laden immer wieder kleine, verschachtelte Plätze zum Verweilen ein. In zahlreiche Galerien wird anspruchsvolle Kunst feilgeboten. Das einzige Gebäude, das den Gesamteindruck sichtlich sprengt, ist die Kirche, ein weitgehend klassizistischer Sakralbau, nur noch der prachtvolle Glockenturm erinnert an den Vorgängerbau. Ein Ausflug zum nahen Ausgrabungsgelände von Glanum bietet sich an.

Geschichte

Saint-Rémy-de-Provence ging in der Spätantike aus dem römischen Glanum hervor: Nachdem die Stadt in den Wirren der Völkerwanderungszeit aufgegeben worden war, entstand wenig später in der näheren Umgebung eine neue Ansiedlung. Der Name des Ortes leitete sich von dem Reimser Kloster Saint-Rémy ab, das hier einst reich begütert war. Später konnten die Grafen der Provence die Stadt ihrem Territorium einverleiben. Günstig an einem Verkehrsknotenpunkt gelegen, entwickelte sich Saint-Rémy zu einer aufstrebenden Provinzstadt, der von Karl II. das Recht zugestanden wurde, eigene Münzen zu prägen. Um sich der politischen Loyalität des Fürsten von Monaco zu versichern, schenkte der französische König Ludwig XIII. 1643 die Stadt den Grimaldis. Erst im Zuge der Revolution kam Saint-Rémy 1791 wieder an Frankreich zurück.

Information/Verbindungen/Diverses

• *Information* **Office de Tourisme**, Place Jean Jaurès, 13210 Saint-Rémy-de-Provence, ✆ 0490920522, 📠 0490923852, www.saintremy-de-provence.com.

• *Verbindungen* Als Busbahnhof dient die westlich an die Altstadt grenzende Place de la République. Tgl. Busverbindungen nach Avignon (10 x), Tarascon (4 x) sowie Cavaillon und Arles (je 4 x).

• *Parken* Am Rande der Altstadt, direkt vor dem Office de Tourisme, kann man seinen fahrbaren Untersatz auf der Place Jean Jaurès bequem abstellen.

• *Markt* Mittwochvormittag auf der Place de la République. Sehenswert! Samstag wird zudem ein kleiner Lebensmittelmarkt abgehalten.

• *Post* Rue Roger Salengro.

• *Stadtführungen* Von April bis Allerheiligen bietet das Office de Tourisme jeweils dienstags, donnerstags und freitags um 10 Uhr einen Rundgang auf den Spuren van Goghs an. Teilnahmegebühr: 6,50 €.

• *Veranstaltungen und Feste* **Fête de la Transhumance**, bei dem Fest der Wanderhirten am Pfingstmontag werden mehrere Schafherden mit Tausenden von Tieren unter großer Anteilnahme der Zuschauer über den Altstadtring getrieben. Am 24. Dezember Weihnachtsmesse mit **Pastrage**-Zeremonie.

• *Schwimmen* Städtisches Freibad an der Route d'Avignon. Geöffnet von Juni bis Anfang September.

• *Fahrradverleih* **Télécycles Loc**, ✆ 0490928315.

• *Tennis* Tennis Club, quartier Sans Souci, ✆ 0490922408.

Übernachten/Essen (siehe Karte S. 660)

**** **Les Ateliers de l'Image (10)**, eine traumhafte Adresse für all jene, die zeitgenössisches Interieur und Design lieben. Der Besitzer ist ein Fotoliebhaber, das ganze Hotel wirkt wie eine Fotogalerie, auch ein Labor ist vorhanden ... Die Zimmer sind groß und komfortabel, es gibt einen tollen Park samt wunderschönem, quadratischem Pool. 25 Zimmer ab 165 € (inkl. Frühstück) bis hinauf zu 550 € für die luxuriösen Suiten in der Hauptsaison. Dann gibt es auch eine Bang&Olufsen-Anlage im Zimmer ... Das Restaurant bietet eine weitgehend japanische Küche und erinnert an eine Sushi-Bar. 36, boulevard Victor Hugo, ✆ 0490925150, 📠 0490924352. www.hotelphoto.com.

**** **Hostellerie du Vallon de Valrugues (3)**, vornehme, ländliche Herberge mit viel Komfort (Sauna, Whirlpool und großer Swimmingpool). Das zugehörige Restaurant genießt auch in Feinschmeckerkreisen einen ausgezeichneten Ruf (Menüs zu 58 € und 80 €). Zimmer je nach Saison 190–340 €. Chemin Canto-Cigalo, ✆ 0490920440, 📠 049 0924401, www.vallondevalrugues.com.

*** **Hôtel Gounod (7)**, verspieltes, sehr komfortables Hotel am Rande der Altstadt mit barockem Touch. Der Name geht auf den Komponisten Charles Gounod zurück, der hier seine Oper „Mireille" komponiert haben soll. Die sehr ansprechenden Zimmer (mit Designerwaschbecken und Klimaanlage, aber ohne TV und Telefon) verteilen sich auf das Haupthaus und auf ein paar Gebäude, die den begrünten Innenhof umrahmen. Tagsüber faulenzt man auf den tollen Liegen rund um den beheizten Swimmingpool. Eine kleine Liegewiese mit Bäumen gibt es auch noch. Trotz der mehr als 30 Zimmer strahlt das Hotel einen sehr persönlichen, geradezu intimen Charakter aus. Zimmer je nach Saison und Ausstattung von 130 € bis 195 € (inkl. Frühstück). 4, place de la République, ✆ 0490920614, 📠 0490925654. www.hotel-gounod.com.

** **Hôtel de la Caume (5)**, etwa zwei Kilometer östlich an der Straße nach Cavaillon, ähnliche Preisklasse, aber mit Garten und einem kleinen Swimmingpool. Zimmer je nach Ausstattung 44–64 €. Von Mitte Nov. bis Mitte März Betriebsferien. Route de

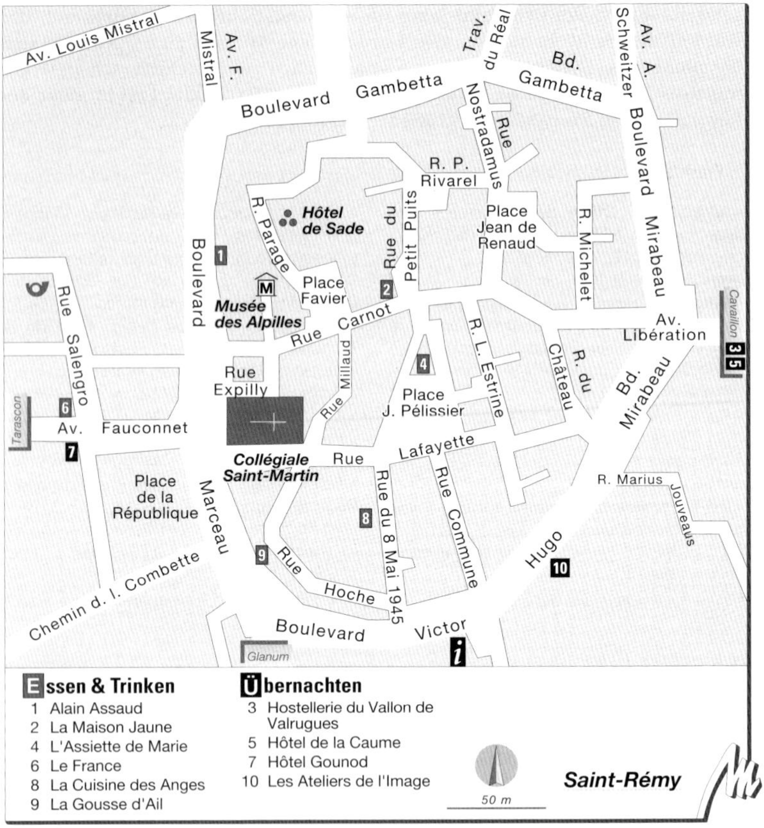

Cavaillon, ✆ 0490924359, ✆ 0490924359. www.hoteldelacaume.com.

Alain Assaud (1), ein Name, ein Programm: Alain Assaud versteht es, mit allen Raffinessen der französischen Küchenkunst aufzuwarten. Die mit Oliven gefüllte Wachtel mundete vorzüglich. Rustikales Ambiente. Menüs zu 30 und 55 €. Mittwoch und Donnerstagmittag geschlossen. 13, boulevard Marceau, ✆ 0490923711.

La Maison Jaune (2), mitten im Ort in einem historischen Gebäude befindet sich dieses ansprechende Restaurant mit seinem etwas unterkühlten Ambiente und der schönen Terrasse im ersten Stock. Letztlich sind es aber nicht das Ambiente, sondern die außergewöhnlichen Leistungen des Küchenchefs, die einen Besuch lohnen. Geboten wird eine leichte provenzalische Küche auf hohem Niveau! Gute Weinauswahl. Menüs zu 36, 56 und 66 €. Im Sommer Montag- und Dienstagmittag geschlossen, sonst Sonntagabend und Montag. 15, rue Carnot, ✆ 0490925614.

La Gousse d'Ail (9), nach seinem Umzug an den Altstadtboulevard besitzt das Restaurant nun eine große, begrünte Straßenterrasse. Weiterhin pflegt man die provenzalische Küche auf ansprechendem Niveau. Menüs zu 15 € (mittags), 25 und 38 €. 6, boulevard Marceau, ✆ 0490921687.

L'Assiette de Marie (4), heimelige Atmosphäre wie zu Großmutters Zeiten. Marie legt Wert auf frische Zutaten, das Menüangebot wird auf einer Schiefertafel angekündigt. Straßenterrasse. Menü zu 29 €. 1, rue Jaune-Rou, ✆ 0490923214.

La Cuisine des Anges (8), in einem kleinen Innenhof wird in recht unkonventioneller Atmosphäre klassische französische Küche serviert. Ein Lob verdient der Salat mit von Schinken ummanteltem Ziegenkäse. Ansprechendes Menü zu 26 €. Montag Ruhetag. 4, rue du 8 Mai 1945, ✆ 0490921766.

Le France (6), modernes Restaurant im Bistrostil am Rande der Altstadt. Günstige, ansprechende Küche, wenngleich der Koch einen Hang zur gleichen Soße, egal ob zu Kaninchen oder Tintenfisch, pflegt. Gute Weinauswahl, Leser beschweren sich allerdings über den mangelnden Service, doch das Preisniveau liegt deutlich unter den anderen Restaurants der Stadt. Menüs zu 17,80 und 26,50 €. Montag Ruhetag. 2, avenue Fauconnet, ✆ 0490921156.

• *Camping* **** **Mas de Nicolas**, erstklassiger Komfortcampinglatz auf einem schönen Wiesengelände mit schattigen Plätzen. Der Swimmingpool tröstet über die Entfernung zum Meer (über 50 Kilometer) hinweg. Stellplatz inkl. zwei Personen 20 €. WLAN: Von Mitte März bis Mitte Okt. geöffnet. Avenue Théodore Aubanel (im Norden von Saint-Rémy), ✆ 0490922705. http://masdenicolas.celeonet.fr.

*** **Pégomas**, östlich der Stadt, schöne Anlage, ebenfalls mit Swimmingpool. Von März bis Okt. geöffnet. Fünf Fußminuten ins Zentrum. Route de Noves, ✆ 0490920121. www.campingpegomas.com.

*** **Monplaisir**, dieser Campingplatz im Nordwesten von Saint-Rémy besitzt ebenfalls einen Pool. Viel Schatten. Von März bis Okt. geöffnet. ✆ 0490922270. www.camping-monplaisir.fr.

Sehenswertes

Musée Estrine (Centre d'Interprétation Présence Van Gogh): In einem schmucken Stadtpalast aus dem 18. Jahrhundert wird das Leben von Vincent van Gogh anhand von Dokumenten und fotografischen Reproduktionen veranschaulicht. Zudem sind Werke des Malers *Albert Gleizes* ausgestellt, auch Wechselausstellungen moderner Kunst finden gelegentlich statt.

Adresse Rue Estrine. Öffnungszeiten: März bis Okt. tgl. außer Mo 10–12.30 Uhr und 14–18 Uhr, im Sommer bis 19 Uhr. Eintritt: 3,20 €, erm. 2,30 €. www.ateliermuseal.net.

Hôtel de Sade (Centre archéologique): Die Ausgrabungsfunde aus Glanum und Saint-Blaise können in einem wunderschönen Stadtpalais bewundert werden. Eine Besichtigung ist allerdings nur mit Führung möglich.

Öffnungszeiten Derzeit wegen Renovierung geschlossen.

Musée des Alpilles: Das Heimatmuseum, ein stattliches Haus aus dem 16. Jahrhundert mit schönem Innenhof, zeigt neben einer liebevoll präsentierten Sammlung zur Volkskunde auch Wechselausstellungen zu lokalen Themen.

Adresse Place Favier. Juli und Aug. 10–12.30 Uhr und 14–19 Uhr, März bis Juni sowie Sept. und Okt 10–12 Uhr und 14–18 Uhr, im Winter bis 17 Uhr. Eintritt: 3 €, erm. 2 €.

Fondation Mario Prassinos: In der Kapelle Notre-Dame de Pitié sind 97 Werke des aus Griechenland stammenden Malers *Mario Prassinos* (1916–1985) ausgestellt. Auf Anfrage wird ein Videofilm (45 Min.) über den Künstler gezeigt.

Öffnungszeiten Im Juli und Aug. tgl. 11–13 und 15–19 Uhr, von April bis Juni sowie Sept. und Okt. tgl. 14–18 Uhr, im Winter tgl. außer Mo 14–18 Uhr. Eintritt: 3 €.

Monastère Saint-Paul-de-Mausole: Nur wenige hundert Meter vom Ausgrabungsgelände des antiken Glanum entfernt liegt das ehemalige Augustinerkloster Saint-Paul-de-Mausole inmitten von Olivenhainen. Der aus romanischer Zeit stammende Klosterkomplex weist noch eine original erhaltene Kirche und einen sehenswerten Kreuzgang mit Dreierarkaden auf, die jeweils von zwei Säulenpaaren getragen werden. Ungewöhnlich gearbeitet sind diejenigen Kapitelle, die von mehrfach ineinander gerollten Ranken geziert werden. Im 19. Jahrhundert wurde das Kloster in ein Hospital für psychisch Kranke umgewandelt. Der

Bouches-du-Rhône
Karten Seite 600/601, 605, 618/619 und 651

berühmteste Patient war *Vincent van Gogh*; er blieb ein Jahr, vom 8. Mai 1889 bis zum 16. Mai 1890, im „Irrenhaus“ Saint-Paul-de-Mausole und malte während dieses Aufenthaltes einige seiner schönsten Bilder.

Öffnungszeiten Tgl. außer Sa 10.15–16.45 Uhr, im Sommer tgl. außer Sa 9.30–19 Uhr. Eintritt: 3,80 €, erm. 2,80 €. www.cloitresaintpaul-valetudo.com.

Glanum

Südlich von Saint-Rémy, dort wo sich das Tal verengt und die Straße die Alpilles erklimmt, liegen die Ruinen des antiken Glanum. Gewissermaßen als Blickfang ragen direkt neben der Straße ein Mausoleum sowie ein zumeist als Triumphbogen bezeichnetes Stadtgründungstor empor. Besonders auffällig ist das rund 2.000 Jahre alte **Mausoleum**; es streckt sich in mehreren Ebenen, arkaden- und säulengeschmückt, 18 Meter in die Höhe, birgt allerdings kein Grab. Wem das Mausoleum gewidmet war, lässt sich heute nicht mehr genau feststellen, es wurde höchstwahrscheinlich nicht – wie oft geschrieben – für zwei früh verstorbene Enkel des Kaisers Augustus errichtet, sondern für den Stammvater einer unter Caesar zu Ansehen und Reichtum gekommenen Bürgerfamilie. Direkt nebenan steht das weniger gut erhaltene **Stadtgründungsmonument** – es ist übrigens das älteste der Provence und wird von Reliefs geziert, die gefangene Gallier darstellen.

Mausoleum von Glanum

Der Eingang des eigentlichen **Ausgrabungsgeländes** befindet sich auf der anderen Straßenseite. Die Rekonstruktionsmodelle in der Eingangshalle geben einen Überblick über die verschiedenen Bauphasen. Der am Nordhang der Alpilles gelegene Ort war ursprünglich von der kelto-ligurischen „Urbevölkerung“ gegründet worden; an der Wende vom 3. zum 2. Jahrhundert v. u. Z. ließen sich verstärkt die aus Marseille in das Hinterland vordringenden Griechen nieder, die der Ansiedlung den Namen *Glanon* gaben. Wie die übrige Provence, so geriet auch die nunmehr *Glanum* genannte Stadt 100 Jahre später unter römischen Einfluss. Weitere Tempel, Thermen und das obligatorische Forum wurden errichtet. Dank einer prosperierenden Wirtschaft lebten zeitweilig rund 5.000 Menschen in Glanum. Nachdem die Stadt in der Spätantike aufgegeben worden war, geriet sie schnell in Vergessenheit. Erst 1921 begannen die ersten systematischen Ausgrabungen, die bis heute noch keinen Abschluss gefunden haben. Aufgrund der Entstehungsgeschichte werden die freigelegten Gebäude der hellenistischen bzw. der römischen Epoche zugeordnet. Ähnlich wie in

Vaison-la-Romaine sind von der antiken Stadt nicht viel mehr als Fundamente und wieder aufgerichtete Säulen zu sehen, die Orientierung erleichtert ein, auch in deutscher Sprache erhältlicher Lageplan. Am Rande des Ausgrabungsgeländes bietet die Taberna Romana (✆ 0490926597) die Möglichkeit, sich ein Bild von der antiken römischen Küche zu machen.

Öffnungszeiten Von April bis Sept. tgl. 9.30–18.30 Uhr, Okt. bis Feb. tgl. außer Mo 10–17 Uhr. Eintritt: 7 €, erm. 4,50 €. Für EU_Bürger unter 26 Jahren ist der Eintritt frei!

Eygalières

Das kleine, zehn Kilometer östlich von Saint-Rémy gelegene Dorf Eygalières sollte kein Hobbyfotograf auslassen, denn die Häuser und Gassen bilden eine fürwahr harmonische Szenerie. Der eigentliche Höhepunkt ist die kleine romanische **Chapelle Saint-Sixte**, die auf den Fundamenten eines antiken Tempels errichtet wurde und einsam auf einer Anhöhe neben dem Dorf steht. Von Zypressen eingerahmt, bietet sich von der schmucklosen Kapelle ein toller Blick.

Markt Freitagvormittag.

Orgon

Das traditionsreiche Marktstädtchen Orgon liegt am linken Ufer der Durance und besitzt noch Reste seiner mittelalterlichen Stadtbefestigung. Vom Ortszentrum gelangt man in wenigen Minuten durch das einstige Stadttor (Porte de l'Hortet) zu den Ruinen des **Château de Guise**. Die mächtige Burg, die jahrhundertelang die Handelswege von Avignon nach Marseille beherrschte, wurde 1630 auf Befehl von Kardinal Richelieu zerstört. Wer will, kann den Berg weiter hinaufsteigen und gelangt in wenigen Minuten an einem Wasserreservoir vorbei zur Chapelle Notre Dame de Beauregard, die weithin sichtbar das Tal der Durance dominiert. Im Südwesten des Ortes befinden sich die seit dem Mittelalter bekannten Kalksteinbrüche von Orgon. Hier wird noch immer der bekannte *Calcaire urgoniena* abgebaut, den schon die Päpste zum Bau ihres Palastes in Avignon verwendet haben.

Markt Mittwochvormittag.

Maillane

Das kleine, am Rande der Petit Crau gelegene Dorf – nordwestlich von Saint-Rémy – ist vor allem als Geburtsort von *Frédéric Mistral* (1830–1914) berühmt. Der große provenzalische Dichter, der gegen Ende des 19. Jahrhunderts einen – nur bedingt erfolgreichen – Versuch unternahm, die provenzalische Sprache und Literatur wieder zu beleben. Für „Mireille“, die Geschichte eines Bauernmädchens, erhielt Mistral 1904 den Literaturnobelpreis. Das einstige Wohnhaus von Mistral, der fast sein ganzes Leben in Maillane verbrachte, wurde in ein Museum umgewandelt, wobei die Einrichtung von der Küche bis zur Bibliothek weitgehend erhalten blieb.

- *Markt* Donnerstagvormittag.
- *Öffnungszeiten* April bis Sept. tgl. außer Mo 9.30–11.30 Uhr und 14.30–18.30 Uhr, im Winter tgl. außer Mo bis 16.30 Uhr. Eintritt: 3,50 €, erm. 2 €.
- *Übernachten/Essen* *** **Le Moulin d'Aure**, nördlich von Maillane in Richtung Graveson liegt dieses ausgesprochen einladende Landhotel, umgeben von einem großen, parkähnlichen Gelände samt beheiztem Swimmingpool. Zimmer je nach Saison und Ausstattung 96–180 €, im zugehörigen Restaurant gibt es Menüs für 25 € (mittags), sonst 45 € und 80 €. WLAN. ✆ 0490958405, ℻ 0490957384. www.hotelmoulindaure.com.

Trutzige Wehrburg: das Schloss von Tarascon

Tarascon

Das 13.000 Einwohner zählende Rhônestädtchen liegt im Schatten seines mächtigen, zinnenbekrönten Châteaus. Einen Blick sollte man dennoch auf die Gassen der Altstadt werfen: Die von mehreren alten Arkadenhäusern gesäumte Rue des Halles führt direkt auf das stattliche Rathaus zu.

Tarascon ging aus einer antiken Handelsniederlassung und einem römischen Castrum hervor; durch die Einrichtung einer Schiffsbrücke zum gegenüberliegenden Beaucaire gewann der Ort – der römische Geograph Strabo erwähnt eine Siedlung namens *Tarusco* – schlagartig an Bedeutung. Mit Glück und Geschick gelang es den Bürgern von Tarascon das gesamte Mittelalter hindurch relativ unabhängig vom jeweiligen Herrscher der Provence zu bleiben; die Vertreter der Stadt führten stolz den Titel „Konsul". Frankreichweit bekannt geworden ist Tarascon durch Alphonse Daudets Prahlgeschichten vom „Tartarin", einem typischen Südfranzosen, der seine leichtgläubigen Landsleute mit seinen Aufschneidereien immer wieder hinters Licht führte. Außerdem stößt das Tarasquefest, das an einen mystischen Drachen erinnert, der bei Tarascon der Rhône entstiegen sein soll und seinen Hunger mit Kindern und Fährleuten stillte, auf großes Interesse.

Information/Verbindungen/Diverses

• *Information* **Office de Tourisme**, 59, rue des Halles, B.P. 9, 13151 Tarascon, ✆ 049 09 10352, ✆ 0490912296, www.tarascon. org.

• *Verbindungen* Vom **SNCF-Bahnhof** (Boulevard Gustave Desplaces, ✆ 04909 10482) am Südrand der Stadt bestehen täglich Zugverbindungen nach Avignon (20 x), Arles (10 x), Marseille (9 x) und Beaucaire (2 x). Zudem 3 x tgl. Busverbindungen nach Arles, Avignon und Saint-Rémy-de-Provence.

• *Parken* Direkt vor dem Schloss, nur am Dienstag, wenn Markttag ist, herrscht Parkplatznot.

• *Stadtführungen* Montag bis Donnerstag um 10 und 14.30 Uhr. Treffpunkt: Office de Tourisme. Kosten: 6 €.

• *Fahrradverleih* Camping de Tartarin, Route de Vallabrègues, ✆ 0490910146.

• *Markt* Dienstagvormittag auf dem Cours Aristide Briand.

• *Maison de Tartarin* 55 bis, boulevard Itam. Öffnungszeiten: Mo, Di, Do und Fr 9.30–12 Uhr und 14–19 Uhr (April bis Sept.) sowie 10–12 Uhr und 13.30–18 Uhr (Okt.). Im Juli und Aug. auch Sa geöffnet. Eintritt: 2 €, erm. 1 €.

• *Kino* Le Rex, 46, rue Monge, ✆ 0490910965.

• *Schwimmen* Piscine Municipale, Avenue Lech Wakso.

• *Veranstaltungen und Feste* **Blumenmesse** am Pfingstwochenende. **Tarasque-Fest**, am letzten Wochenende im Juni dreht sich alles um einen sagenumwobenen Drachen, zudem finden Stiertreiben statt. **Santons-Markt**, Ende Nov. Am 24. Dezember Weihnachtsmesse mit **Pastrage**-Zeremonie.

Übernachten/Essen

*** **Les Mazets des Roches**, dieses angenehme Landhotel mit Restaurant (Menüs ab 17 €) liegt südlich von Tarascon an der Straße nach Fontvieille, in unmittelbarer Nähe der Chapelle Saint-Gabriel. Garten und schöner Swimmingpool. Übernachtung je nach Ausstattung 69–153 €. Von Ende März bis Anfang Okt. geöffnet. Route de Fontvieille, ✆ 0490913489, ✆ 0490435329. www.mazets-des-roches.com.

** **De Provence**, nettes, älteres Gebäude mit Flair, aber an einer etwas lauten Straße. Die charmanten, farbenfrohen Zimmer kosten je nach Ausstattung und Lage 62–83 €, die teueren haben Zugang zur Terrasse. Frühstück 7,50 €. Kostenloses WLAN. 7, boulevard Victor Hugo, ✆ 0490910643, ✆ 04 90435813. www.hotel-provence-tarascon.com.

** **Le Provençal**, noch ein Stück zentraler, aber weniger schön. Kostenloses WLAN. EZ 40 €, DZ je nach Lage (manche mit Balkon) 40–52 €. Menüs ab 18 €. 12, cours Aristide Briand, ✆ 0490911141, ✆ 0490435756. www.leprovencal-tarascon.com.

• *Chambres d'hôtes* **Rue du Château**, in einem alten Bürgerhaus unweit der Stiftskirche vermietet Martine Laraison vier stilvolle Zimmer (82–90 € inkl. Frühstück). Wunderschöner Innenhof. 24, rue du Château, ✆ 0490910999, ✆ 0490911033. www.chambres-hotes.com.

• *Jugendherberge* Zentral gelegene Herberge. Vom 15.3. bis 30.09. geöffnet. Extras: Fahrradverleih. 65 Betten. 12,70 € pro Nacht. 31, boulevard Gambetta, ✆ 0490910408, ✆ 04 90915417, www.fuaj.org/tarascon.

• *Camping* ** **Tartarin**, auf einem Wiesengelände direkt neben der Rhône, unweit des Schlosses. Viele Mücken! Schöne Lage, aber mäßige Sanitäranlagen. Stellplatz inkl. zwei Personen ca. 20 €. Von April bis Okt. geöffnet. Route de Vallabrègues, ✆ 0490910146. www.campingtartarin.fr.

Sehenswertes

Château: Das Schloss von Tarascon zählt zu den beeindruckendsten Wehrbauten der Provence. Von Rhône und einem breiten Wassergraben geschützt, steht das hervorragend erhaltene Schloss wahrscheinlich an derselben Stelle wie einst ein römisches Castrum. Das Schloss besitzt nicht grundlos dieses wehrhafte Aussehen, sicherte es doch die Grenze der damals noch unabhängigen Provence zum mächtigen französischen König ab. Mit dem Schlossbau wurde um 1400 begonnen, aber erst König René konnte den Bau 1449 vollenden; Renés glanzvolle Hofhaltung und seine rauschenden Feste waren weit über die Grenzen der Provence hinaus bekannt. Trotz der späten Entstehungszeit verkörpert der Wehrbau in vielerlei Hinsicht das Idealbild einer mittelalterlichen Burg. Zinnenbekrönt und von einem äußeren Burghof umgeben, thront das Château von Tarascon rund 50 Meter über dem Fluss. Nur über einen Verbindungshof ist die ursprünglich durch eine Zugbrücke gesicherte Hauptburg zu erreichen; sie umschließt mit ihren Wohn- und Repräsentationsräumen einen kleinen Innenhof. Nachdem die Provence an

Karten Seite 600/601, 605, 618/619 und 651

Frankreich gefallen war und Tarascon seine strategische Bedeutung verloren hatte, wurde das Schloss lange Zeit als Gefängnis genutzt; erst 1926 verlegte der Staat die letzten Gefangenen und leitete wenig später umfangreiche Restaurierungsarbeiten ein. Von der Gefängnistradition künden heute nur noch einige wenige Graffitis, denen sogar ein kulturhistorischer Wert zuerkannt wurde.

Stiftskirche Sainte-Marthe

Der vorgegebene Rundgang führt durch die kargen, unmöblierten Räumlichkeiten (Speise-, Fest- und Audienzsaal) des Schlosses; einzig ein paar moderne Wandbehänge sorgen für optische Akzente. Über eine Wendeltreppe geht es hinauf zur Dachterrasse, dort erwartet den Besucher ein phantastischer Rundblick über das Rhônetal. Anschließend erreicht man durch den Süd- und Ostflügel wieder den Innenhof. Der im äußeren Burghof gelegene Nebentrakt beherbergt zudem eine kleine Buchhandlung, eine historische Apotheke sowie mehrere, für Wechselausstellungen genutzte Räume.

Öffnungszeiten Von Ostern bis Sept. tgl. 9–19 Uhr, im Winter tgl. außer Mo 10.30–17 Uhr. Eintritt: 6,50 €, erm. 4,50 €.

Wandern durch die sanften Hügel der Montagnette

Ein Lesertipp von Heike Carstensen: „Von Tarascon aus kann man sehr schöne Wanderungen (Dauer zwischen 2 und 7,5 Stunden) unternehmen. Informationen über die Wanderwege gibt es bei der sehr freundlichen Touristinformation. Diese Wanderungen führen zum Teil über die Rhône-Deiche, kleine Nebenstraßen und die sanften Hügel der Montagnette. Sie sind mit gelben Markierungen gekennzeichnet, auf die man sich wirklich verlassen kann. Der längste Weg (man kann alle Rundwege auch kombinieren) führt nach Frigolet."

Sainte-Marthe: Die gegenüber dem Schloss liegende Stiftskirche präsentiert sich aufgrund ihrer verschiedenen Bauabschnitte als stilistisch uneinheitlicher Sakralbau. Während das elegante Südportal noch aus romanischer Zeit stammt, verweisen das Kirchenschiff und der Glockenturm mit ihren Flamboyantelementen auf ihren gotischen Ursprung. In der Krypta ruhen die Gebeine der heiligen Marthe in einem Sarkophag aus dem 3. Jahrhundert. Die schweren Schäden, die ein deutscher Bombenangriff 1944 verursachte, wurden mittlerweile vollkommen beseitigt.

Öffnungszeiten Tgl. 8–12 und 14–18 Uhr.

Cloître des Cordeliers: In dem schönen Renaissancekloster finden immer wieder auch Ausstellungen statt.

Adresse Place Frédéric Mistral.

Musée Souleïado: Die Firma Souleïado ist seit 1806 gewissermaßen das Synonym für die bunten provenzalischen Stoffe und Tücher. Das firmeneigene Museum bietet einen Einblick in die traditionsreiche Textilgeschichte.

Adresse 39, rue Proudhon. Öffnungszeiten: Mo–Sa 10–17 Uhr. Eintritt: 6,10 €, erm. 3,20 €. www.souleiado-lemusee.com.

Beaucaire

Beaucaire ist die alte Rivalin von Tarascon. Im engeren Sinne gehört der Ort schon nicht mehr zur Provence, Beaucaire fungierte jahrhundertelang als französischer Vorposten am rechten Rhôneufer.

Wie Tarascon sicherte das antike *Ugernum* den mittelalterlichen Grenzverlauf ab. So wurde auf beiden Seiten der Rhône eine mächtige Burg als mahnendes Signal errichtet. Der Name des Ortes erinnert noch heute an den „schönen Felsen" (*beau caire*), auf dem Raymond VI., der Graf von Toulouse, im frühen 13. Jahrhundert eine Burg errichten ließ. Berühmt geworden ist Beaucaire vor allem durch seine in ganz Europa bekannte Handelsmesse. Die 1217 gegründete Messe muss aufgrund der ihr gewährten Steuerfreiheiten ein wahres El Dorado für Käufer und Verkäufer gewesen sein, Besucherzahlen von 300.000 sind überliefert. Auf dem zum Fluss hin offenen Platz tummelten sich Gaukler und Akrobaten, Huren und Zuhälter alljährlich im Juli zu Hunderten.

Ein kurzer Spaziergang lohnt sich: Im Vergleich zu Tarascon weist Beaucaire die ältere Bausubstanz auf. Besonders nett ist die verschlafen wirkende Gegend um die Place de la République und die Rue de la République. Sehenswert ist auch die Barockkirche Notre-Dame-des-Pommiers mit ihrer konvex gewölbten Fassade.

- *Information* **Maison du Tourisme**, 30302 Beaucaire, 24, cours Gambetta, B.P. 106, ✆ 0466592657, 📠 0466505164. 24, cours Gambetta, B.P. 61, 30301 Beaucaire, ✆ 04665 92657, 📠 0466596851, www.ot-beaucaire.fr. Hier gibt es auch einen kleinen Prospekt über die wechselnd angebotenen Stadtführungen sowie einen mit Wandervorschlägen (*Balades et randonnées*).
- *Verbindungen* Tgl. zwei Zugverbindungen nach Nîmes, Tarascon und Avignon. Häufige Busverbindungen mit Avignon, Nîmes und Tarascon.
- *Markt* Donnerstag- und Sonntagvormittag in der Markthalle.

Sehenswertes

Château: Nachdem 1632 die Burg auf Befehl Ludwig XIII. geschleift worden war, sind heute nur noch einige Mauerzüge und der weithin sichtbare Donjon erhalten. Im Sommer werden Raubvögel im Rahmen eines mittelalterlichen Schauspiels vorgeführt.

- *Öffnungszeiten* Mit geringen Abweichungen tgl. 10–12 Uhr und 14–18 Uhr. Im Sommer Dienstagvormittag geschlossen. Raubvögelshow: Im Juli und Aug. tgl. um 15, 16 und 17.30 Uhr, April, Mai und Juni tgl. außer Mi um 14, 15 und 16.30 Uhr, März, Sept., Okt. und Nov. 14.30, 15.30 und 16.30 Uhr. Eintritt: 10 €, erm. 7 €. www.aigles-de-beaucaire.com.

Musée August-Jacquet: Das auf der Burg untergebrachte Museum zeigt römische sowie mittelalterliche Fundstücke und informiert über die berühmte Messe von Beaucaire.

Öffnungszeiten Tgl. 10–12 Uhr und 14.15–18.15 Uhr. Eintritt: 4,40 €, erm. 1,30 €.

Ein Messebesuch mit Folgen

Auch der berühmte französische Schriftsteller Henri Beyle, besser bekannt unter seinem Pseudonym *Stendhal*, zeigte sich 1837 von dem überaus lebendigen Treiben tief beeindruckt: „Am Tage meiner Ankunft bei der Messe war ich wie aus den Wolken gefallen von dem unglaublichen Getöse, dass ich, wenn ich mich recht erinnere, mehrere Stunden lang nicht wusste, wie mir geschah; jeden Augenblick schüttelte mir irgendein Bekannter die Hand und gab mir seine Anschrift. In allen Straßen, auf der Festwiese und am Ufer der Rhône drängt sich unaufhörlich die Menge; fortwährend drückt jemand mit dem Ellebogen, um sich vorzudrängen, man schiebt und stößt sich gegenseitig, jeder eilt seinen Geschäften nach. ... Von einer solchen Menschenmenge, einem solchen Gewühl kann man sich in Paris keine Vorstellung machen. Nach stundenlangem neugierigen Herumbummeln erholte ich mich dann von meinem Erstaunen: Ich wollte mein Taschentuch ziehen – und es war verschwunden, ebenso wie der übrige Inhalt meiner Taschen“ ...

Abbaye Saint-Michel-de-Frigolet

In den Wäldern zwischen Tarascon und Avignon liegt inmitten des Montagnettegebirges die Abtei Saint-Michel-de-Frigolet; sie wurde im 10. Jahrhundert von Benediktinermönchen aus Montmajour gegründet, ging jedoch bald darauf in den Besitz des Bischofs von Avignon über. Der Name der Abtei spielt auf den Thymian (provenzalisch *ferigoulo*) an, der hier besonders reichlich vorkommt. Nachdem das Kloster im Zuge der Revolution aufgelöst worden war, ließen sich 1858 in den leeren Räumlichkeiten Prämonstratenser nieder. Die an einen Kreuzgang grenzende romanische Kirche St. Michel stammt teilweise noch aus dem 12. Jahrhundert – ein deutlicher Gegensatz zu der von den Prämonstratensern im neugotischen Stil errichteten dreischiffigen Basilika. Ein Tipp: Wer die klösterliche Atmosphäre einmal hautnah erleben möchte, kann eines der wenigen, aber günstigen Zimmer mieten. Ein zweiter Tipp: Von der Abtei kann man in einer Stunde nach **Boulbon** wandern (Markierung: gelber Strich). Boulbon ist ein kleines Dorf mit einer imposanten Schlossruine, Resten der einstigen Stadtbefestigung und sechs romanischen Kirchen.

Schon von Weitem sind die Türme der Abtei zu erkennen

• *Übernachten* **Hostellerie St. Michel**, einfache Zimmer 73–81 € (inkl. Frühstück), Menü ab 16 €. ✆ 0490905270, 📠 0490957522. www.frigolet. com.

• *Öffnungszeiten* Tgl. 7–12 Uhr und 14–19 Uhr. Führungen: Mo–Fr um 14.30 Uhr, So um 16 Uhr. Eintritt: 4 €, erm. 3,50 €.

Speiselexikon

Allgemeines

S'il vous plaît, Madame! (Monsieur!)	*Bedienung!*
La carte, s'il vous plaît!	*Die Speisekarte, bitte!*
Je voudrais bien ...	*Ich hätte gerne ...*
Est-ce que vous avez ....?	*Haben Sie ...?*
L'addition, s'il vous plaît!	*Die Rechnung bitte!*
l'assiette	*Teller*
l'addition	*Rechnung*
l'auberge	*Landgasthof*
bien cuit	*gut durchgebraten*
bleu	*bei großer Hitze nur wenige Sekunden angebraten*
boire	*trinken*
la brasserie	*eigentlich Brauhaus; heute v. a. Bezeichnung für Cafés mit Mittags- und Abendtisch*
la carte	*Speisekarte*
... des vins	*Weinkarte*
... du jour	*Tageskarte*
le cendrier	*Aschenbecher*
chaud(e)	*heiß*
la commande	*Bestellung*
compris(e)	*inbegriffen*
le couteau	*Messer*
la cuillère	*Löffel*
cuit(e)	*gekocht*
le déjeuner	*Mittagessen*
demi-anglais	*fast durchgebraten (rosafarbener Kern)*
dur(e)	*hart, zäh*
l'entrée	*Vorspeise*
l'épice	*Gewürz*
la fourchette	*Gabel*
froid(e)	*kalt*
fumé(e)	*geräuchert*
le garçon	*Kellner, Ober*
en gelée	*gesülzt*
la glace	*Eis*
le glaçon	*Eiswürfel*
la goutte	*Tropfen*
le gratin	*Auflauf, Überbackenes*
les grillades	*Gegrilltes*
grillé(e)	*gegrillt*
les herbes de Provence	*Kräuter der Provence*
l'hors-d'œuvre	*Vorspeise*
l'huile	*Öl*
libre-service	*Selbstbedienung*
maigre	*mager*
manger	*essen*
mijoté(e)	*geschmort*
moulin à poivre	*Pfeffermühle*
la note	*Rechnung*
l'ouvre-bouteilles	*Flaschenöffner*
la peau	*Haut, Schale*
le petit déjeuner	*Frühstück*
le pichet	*Weinkaraffe*
la pincée	*Prise*
plat	*Gericht, Platte*
... du jour	*Tagesgericht*
poêlé	*in der Pfanne gebraten*
à point	*auf den Punkt gebraten (außen knusprig, innen gerade noch rosa)*
le pot	*Topf*
le pourboire	*Trinkgeld*
prêt(e)	*bereit, angerichtet*
quart	*ein Viertel*
quelle cuisson?	*wie gebraten?*
les quenelles	*Klößchen, Röllchen*
râpé(e)	*geraspelt, gerieben*
réchauffer	*aufwärmen*
recommandé(e)	*empfohlen, empfehlenswert*
le relais	*Landgasthof*

la rouille	*scharfe rote Soße*
saignant	*nur kurz angebraten (blutig)*
salé(e)	*gesalzen*
le salon de thé	*Teesalon*
service (non) compris	*Bedienung (nicht) inbegriffen*
servir	*bedienen, auftragen*
le sel	*Salz*
la soupe	*Suppe*
tendre	*zart*
la terrine maison	*Pastete nach Art des Hauses*
le thym	*Thymian*
tiède	*lauwarm*
la tranche	*Schnitte, Scheibe*

Fleisch, Wild und Geflügel

l'agneau	*Lamm*
les aiguillettes du canard	*Fleischstreifen von der Ente*
l'andouillette	*Kuttelwurst*
l'assiette anglaise	*kalte Platte*
la bavette	*Lendenstück*
le bifteck	*Beefsteak*
la blanquette de veau	*weißes Kalbsfrikassee*
le bœuf	*Ochse oder Rind*
le boudin	*Blutwurst*
la brochette	*Spießchen*
la caille	*Wachtel*
le canard	*Ente*
le carré d'agneau	*Lammrückenstück*
le cerf	*Hirsch*
la charcuterie	*Wurstaufschnitt*
le cheval	*Pferd*
la chèvre	*Ziege*
le chevreuil	*Reh*
le cochon	*Schwein*
le confit de canard	*in Entenschmalz eingelegtes Entenfleisch*
le coq	*Hahn*
le coq au vin	*Hähnchen in Rotweinsoße*
le coquelet	*Brathähnchen*
la côte	*Rippenstück*
... d'agneau	*Lammkotelett*
... de veau	*Kalbskotelett*
la cuisse de canard	*Entenschlegel*
la dinde	*Pute*
le dindon	*Truthahn*
l'entrecôte	*Zwischenrippenstück*
l'épaule d'agneau	*Lammschulter*
l'escalope	*Schnitzel*
les escargots	*Weinbergschnecken*
le faisan	*Fasan*
le filet	*Lendenstück*
le filet mignon	*kleines Steak aus dem schmalen Teil des Rinderfilets*
le foie	*Leber*
le gibier	*Wild*
le gigot	*Keule*
la goulache	*Gulasch*
la grenouille	*Frosch*
le jambon	*Schinken*
le jambonneau	*Schweinshaxe*
le jarret	*Haxe*
la joue de bœuf	*Ochsenwange*
la langue de bœuf	*Ochsenzunge*
le lièvre	*Hase*
le lapin	*Kaninchen*
le magret de canard	*Entenbrust*
le mouton	*Hammel, Schaf*
la noisette d'agneau	*Lammnüsschen*
l'oie	*Gans*
l'onglet	*Zwerchfell- oder Nierenzapfenstück vom Rind*
l'os	*Knochen*
le paleron braisé	*Geschmortes Bugschauffelstück (Rindsschulter)*
la paupiette	*Roulade*
le perdreau	*junges Rebhuhn*

la perdrix	*Rebhuhn*
les pieds de cochon	*Schweinsfüße*
le pigeon	*Taube*
le pintadeau	*Perlhuhn*
la poitrine	*Brust*
le porc	*Schwein*
le porcelet	*Spanferkel*
la poularde	*Masthuhn*
le poulet	*Brathähnchen*
la queue	*Schwanz*
les rognons	*Nieren*
le rôti	*Braten*

Meeresfrüchte / Fische

l'anchois	*Sardelle (Anchovis)*
l'anguille	*Aal*
le bar	*Barsch*
le barbeau (barbillon)	*Barbe*
la bargue	*Meerbutt*
la baudroie	*Seeteufel*
la bouillabaisse	*kräftige Fischsuppe mit mehreren Fischarten*
la brandade de morue	*pürierter Stockfisch*
le cabillaud	*Kabeljau*
la carpe	*Karpfen*
le congre	*Meer- bzw. Seeaal*
les coquillages	*Muscheln*
les crevettes	*Garnelen*
le denté	*Zahnbrasse*
les écrevisses	*Flusskrebse*
le flétan	*Heilbutt*
le gambas	*Garnelen, Krabben*
le grondin	*Knurrhahn*
le homard	*Hummer*
les huîtres	*Austern*
la lotte de mer	*Seeteufel*
le loup de mer	*Wolfsbarsch*
le maquereau	*Makrele*
la morue	*Stockfisch*
les moules	*Muscheln*
les noix de Saint Jacques	*Jabobsmuscheln*
le perche	*Seebarsch*
la plie	*Scholle*
le poisson	*Fisch*
... de rivière	*Flussfisch*
le poulpe	*Tintenfisch*
la praire	*Venusmuschel*
la raie	*Rochen*
la rascasse	*Drachenkopf*
le rouget	*Rotbarbe*
le sandre	*Zander*
les sardines à l'huile	*Ölsardinen*
le saumon	*Lachs*
la seiche	*Tintenfisch*
les seiches farcies	*mit Gemüse und Hackfleisch gefüllte Tintenfische*
la sole	*Seezunge*
le st-pierre	*St.-Petersfisch*
la tanche	*Schleie*
le thon	*Thunfisch*

Gemüse/Beilagen

les artichauts	*Artischocken*
les asperges	*Spargel*
le béchamel	*weiße Sahnesoße*
la blette	*Mangold*
les cèpes	*Steinpilze*
les chanterelles	*Pfifferlinge*
les pois chiches	*Kichererbsen*
le chou	*Kohl*
le chou-fleur	*Blumenkohl*
le chou vert	*Grünkohl*
la choucroute	*Sauerkraut*
le concombre	*Gurke*
les courgettes	*Zucchini*
les crudités	*Rohkost*
l'échalote	*Schalotte*
les épinards	*Spinat*

le fenouil	*Fenchel*
les fleurs de courge	*Zucchini-Blüten*
la garniture	*Beilage*
le gingembre	*Ingwer*
les girolles	*Pfifferlinge*
les haricots verts	*grüne Bohnen*
la laitue	*Kopfsalat*
les légumes	*Gemüse*
les lentilles	*Linsen*
la mâche	*Feldsalat*
le mesclun	*Salatmix (Chicorree, Rucola, Kerbel, Portulak)*
le millet	*Hirse*
les nouilles	*Nudeln*
les oignons	*Zwiebeln*
la pâte	*Teig*
les pâtes	*Nudeln*
le pain	*Brot*
les petits pois	*Erbsen*
le poireau	*Lauch, Porree*
la poirée	*Mangold*
les pommes de terre	*Kartoffeln*
le radis	*Rettich*
la ratatouille	*geschmortes Gemüseallerlei zumeist aus Auberginen, Zucchini, Paprika und Tomaten*
la salade	*Salat*
la sauge	*Salbei*
la semoule	*Grieß*

Obst, Dessert, Gebäck und Käse

l'abricot	*Aprikose*
les amandes	*Mandeln*
le beignet	*Krapfen*
la brioche	*Hefegebäck*
la confiserie	*Süßwaren*
la crème brûlée	*Vanillecreme mit flambierter Karamellkruste*
doux, douce	*süß*
le flan	*Pudding*
la figue	*Feige*
le fromage	*Käse*
la framboise	*Himbeere*
les fruits	*Früchte, Obst*
le gâteau	*Kuchen*
l'île flottante	*Eischneein einer crème anglaise schwimmend*
la macédoine de fruits	*Obstsalat*
les myrtilles	*Heidelbeeren*
la noisette	*Haselnuss*
la noix	*Walnuss*
la pâtisserie	*Konditorei, Gebäck*
la pêche	*Pfirsich*
le pélardon	*Ziegenkäse*
le petit gâteau	*Teegebäck*
le pignon	*Pinienkern*
la poire	*Birne*
la pomme	*Apfel*
les primeurs	*Obst und Gemüse*
le pruneau	*Back- oder Dörrpflaume*
la pulpe	*Mark, Fruchtfleisch*
les raisins	*Weintrauben*
le ramequin	*kleiner Käsekuchen*
le plateau de fromage	*Käseplatte*
le sablé	*Sandgebäck*
le sorbet aux fruits	*Früchtesorbet*
le soufflé	*Eierauflauf*
le sucre	*Zucker (sucré: gesüßt)*
le sirop	*Sirup*
la tarte	*Kuchen*
la tartelette	*Törtchen*

Diverses

l'aïoli	*Knoblauch-Mayonnaise*
le beurre	*Butter*
la ficelle	*sehr dünnes, langes Weißbrot*
la graisse d'oie	*Gänseschmalz*
le jaune d'œuf	*Eigelb*
la menthe	*Pfefferminz*
le miel	*Honig*
la moutarde	*Senf*
l'œuf brouillé	*Rühri*
l'œuf dur	*hart gekochtes Ei*
le persil	*Petersilie*
la poivrade	*Pfeffersoße*
la pissaladière	*mit schwarzen Oliven, Zwiebelscheiben und Sardellen bedeckter Brotteig*
le potage	*Suppe*
la potée	*Eintopf*
les rillettes d'oie	*Gänsepastete*
la soupe au pistou	*mit Basilikum, Knoblauch und Olivenöl verfeinerte Gemüsesuppe*
la tapenade	*ein mit Anchovis und Kapern verfeinertes Olivenpüree (Brotaufstrich)*
les truffes	*Trüffel*
le velouté	*Crèmesuppe*
le vinaigre	*Essig*
le yaourt	*Joghurt*

Getränke

l'alcool	*Alkohol*
la bière (brune) blonde	*helles (dunkles) Bier*
(la biere à) la pression	*Bier vom Fass*
la boisson	*Getränk*
la bouteille	*Flasche*
le café	*Kaffee*
... crème (au lait)	*Milchkaffee*
le digéstif	*Verdauungsschnaps*
demi	*halb*
demi -sec	*halbtrocken*
l'eau	*Wasser*
... gazeuse	*Mit Kohlensäure*
... naturelle	*natürliches Mineralwasser*
... de vie	*Branntwein*
le génépy	*Kräuterlikör*
l'infusion	*Kräutertee*
le jus	*Saft*
le lait	*Milch*
... entier	*Vollmilch*
le pastis	*Anisschnaps, der mit Wasser zu einer gelblichen Flüssigkeit verdünnt wird*
les rafraîchissements	*Sammelbegriff für Erfrischungsgetränke*
le thé	*Tee*
le verre	*(Trink-)Glas*
le vermouth	*Wermut*
le vin	*Wein*
... blanc	*Weißwein*
... de pays	*Landwein*
... de table	*Tischwein*
... du pays	*einheimischer Wein*
... rouge	*Rotwein*

Etwas Französisch

Zahlen

1	un	*14*	quatorze	*100*	cent
2	deux	*15*	quinze	*200*	deux cents
		16	seize	*1000*	mille
3	trois	*17*	dix-sept	*einmal*	une fois
4	quatre	*18*	dix-huit	*zweimal*	deux fois
		19	dix-neuf	*der erste*	le premier
5	cinq	*20*	vingt		(la première)
6	six	*21*	vingt et un	*der zweite*	le deuxième
		22	vingt-deux	*die Hälfte*	la moitié de
7	sept	*30*	trente	*von ...*	...
8	huit	*40*	quarante	*ein Drittel*	un tiers
9	neuf	*50*	cinquante	*ein Viertel*	un quart
10	dix	*60*	soixante		
11	onze	*70*	soixante-dix	*ein Paar...*	une pair de...
12	douze	*80*	quatre-vingt		
13	treize	*90*	quatre-vingt-dix		

Allgemeine Zeitbegriffe

vorgestern	avant-hier
gestern	hier
heute	aujourd'hui
morgen	demain
übermorgen	après-demain
Stunde	l'heure
Tag	le jour
Woche	la semaine
Monat	le mois
Jahr	l'an/l'année
danach	après
Wie viel Uhr ist es?	Quelle heure est-il?
Um wie viel Uhr?	A quelle heure?
Wann?	Quand?

Tageszeiten, Tage, Monate,Jahreszeiten

Morgen	le matin
Nachmittag	l'après-midi
Abend	le soir
Nacht	la nuit
Montag	lundi
Dienstag	mardi
Mittwoch	mercredi
Donnerstag	jeudi
Freitag	vendredi
Samstag	samedi
Sonntag	dimanche
Januar	janvier
Februar	février
März	mars
April	avril
Mai	mai
Juni	juin
Juli	juillet
August	août
September	septembre
Oktober	octobre
November	novembre
Dezember	décembre
Frühjahr	le printemps
Sommer	l'été
Herbst	l'automne
Winter	l'hiver

Konversation

Grüsse

guten Tag	bonjour
guten Abend	bonsoir
gute Nacht	bonne nuit
auf Wiedersehen	au revoir
bis bald	à bientôt
bis gleich	à toute à l`heure

Minimalwortschatz

danke	merci
bitte(!)	s`il vous plaît
Entschuldigung	pardon
ja	oui
nein	non
vielleicht	peut-être
und	et
oder	ou
schön	beau (bel, belle)
groß/klein	grand(e)/ petit(e)
viel	beaucoup de
wenig	peu de
es gibt/ es gibt nicht	il y a/ il n'y a pas
wo/wohin	où
wann	quand
wie viel/wie viele	combien
warum	pourquoi
..., bitte! (Aufforderung)	..., s'il vous plaît!

Fragen und Antworten

Wie geht es dir?	Comment vas-tu?
Wie geht es Ihnen?	Comment allez-vous?
Mir geht es gut, und dir (Ihnen)?	Je vais bien, et toi (vous)?
Wie heißen Sie?	Comment vous appelez-vous?
Wie heißt das auf Französisch?	Comment cela se dit en français?
Ich bin ...	Je suis ...
Deutsche/r	Allemand/ Allemande
Österreicher/in	Autrichien/ Autrichienne
Schweizer	Suisse/Suissesse
Deutschland/ deutsch	l'Allemagne/ allemand/e
Sprechen Sie Deutsch?	Parlez-vous allemand?
(Englisch, Italienisch)?	(anglais, italien)?
Kennen Sie...?	Connaissez-vous...?
Ich habe nicht verstanden	Je n'ai pas compris
Ich weiß (es) nicht	Je ne (le) sais pas
Ich suche	Je cherche
Geben Sie mir ..., bitte!	Donnez-moi ..., s'il vous plaît!
einverstanden! o.k.!	d'accord!

Unterwegs

Ich suche ...	Je cherche ...
Wo ist ... ?	Où est ...?
Ich möchte ...	Je voudrais ...
Ich möchte nach ... gehen	Je voudrais aller à ...
Wann kommt ... an?	A quelle heure arrive ... ?
Wann fährt/fliegt ... nach ... ?	A quelle heure il y a-t-il... pour ...?
Um wie viel Uhr ?	A quelle heure ?
um (4) Uhr	à (quatre) heures
Weg	le chemin
Straße	la rue
Überlandstraße	la route
Autobahn	l'autoroute
Kreuzung	le carrefour
Kreisel	le rond-point
Ampel	les feux, le feu rouge

abbiegen	tourner
links	à gauche
rechts	à droite
geradeaus	tout droit
Abfahrt, Abflug	le départ
Ankunft	l'arrivée
Information	l'information
Fahrkarte	le billet
einfach	aller simple
hin und zurück	aller retour
Flughafen	l'aéroport
Flugzeug	l'avion
Hafen	le port
Schiff	le bateau
Fährschiff	le ferry-boat
Bahnhof	la gare
Zug	le train
Bus	le bus
Busbahnhof	la gare routière

Unterkunft

Haben Sie ...?	Avez-vous ...?
ein Zimmer reservieren	réserver une chambre
Doppelzimmer	la chambre double
Einzelzimmer	la chambre single
Wie viel kostet das?	Combien ça coûte?
Das ist zu teuer.	C'est trop cher.
ein billigeres Zimmer	une chambre moins cher
mit Dusche/ mit Bad	avec douche/ avec salle de bain
für eine Nacht	pour une nuit
für (3) Tage	pour (trois) jours
voll (alle Zimmer belegt)	complet
Vollpension	pension complète
Halbpension	demi-pension
Frühstück	le petit déjeuner
Ich nehme es (das Zimmer).	Je la prends
Zeltplatz	le camping
Zelt	la tente
im Schatten	à l'ombre
elektrischer Anschluss	le branchement électrique
Dusche	la douche
Waschmaschine	le lave-linge

Hilfe/Krankheit

Können Sie mir bitte helfen?	Pourriez-vous m'aider, s'il vous plaît?
Wo ist ein Arzt/ eine Apotheke?	Où pourrais-je trouver un docteur/ une pharmacie?
Wann hat der Arzt Sprechstunde?	A quelle heure le cabinet est-il ouvert?
Ich habe (hier) Schmerzen.	J'ai des douleurs (ici).
Ich bin allergisch gegen ...	J'ai une allergie contre ...
Konsulat	le consulat
Arzt	le docteur
Krankenhaus	l'hôpital
Polizei	la police
Unfall	l'accident
Zahnarzt	le dentiste
Ich brauche ...	J'ai besoin de ...
Heftpflaster	le sparadrap
Mullbinde	la bande de gaze
Schmerzen	des douleurs
krank	malade
erkältet	enrhumé
Grippe	la grippe
Husten	la toux
Durchfall	la diarrhée, la colique
Verstopfung	la constipation
Entzündung	l'inflammation
Ohrenentzündung	l'otite
Insektenstich	la piqûre d'insecte
Ich habe ...	J'ai ...
... Kopfschmerzen	... mal à la tête
... Halsschmerzen	... mal à la gorge
... Zahnschmerzen	... mal aux dents
Auge/die Augen	l'oeil/les yeux
Ohr	l'oreille
Magen	l'estomac
Rücken	le dos

Verlagsprogramm

• Abruzzen • Ägypten • Algarve • Allgäu • Allgäuer Alpen *MM-Wandern* • Altmühltal & Fränk. Seenland • Amsterdam *MM-City* • Andalusien • Andalusien *MM-Wandern* • Apulien • Athen & Attika • Australien – der Osten • Azoren • Baltische Länder • Barcelona *MM-City* • Bayerischer Wald • Berlin *MM-City* • Berlin & Umgebung • Bodensee • Bretagne • Brüssel *MM-City* • Budapest *MM-City* • Bulgarien – Schwarzmeerküste • Chalkidiki • Chianti – Florenz, Siena • Cilento • Cornwall & Devon • Dublin *MM-City* • Costa Brava • Costa de la Luz • Côte d'Azur • Cuba • Dolomiten – Südtirol Ost • Dominikanische Republik • Dresden *MM-City* • Ecuador • Elba • Elsass • Elsass *MM-Wandern* • England • Fehmarn • Franken • Fränkische Schweiz • Friaul-Julisch Venetien • Gardasee • Genferseeregion • Golf von Neapel • Gomera • Gomera *MM-Wandern* • Gran Canaria • Gran Canaria *MM-Touring* • Graubünden • Griechenland • Griechische Inseln • Hamburg *MM-City* • Harz • Haute-Provence • Havanna *MM-City* • Ibiza • Irland • Island • Istanbul *MM-City* • Istrien • Italien • Italienische Adriaküste • Kalabrien & Basilikata • Kanada – der Osten • Kanada – der Westen • Karpathos • Katalonien • Kefalonia & Ithaka • Köln *MM-City* • Kopenhagen *MM-City* • Korfu • Korsika • Korsika Fernwanderwege *MM-Wandern* • Kos • Krakau *MM-City* • Kreta • Kreta *MM-Wandern* • Kroatische Inseln & Küste • Kykladen • Lago Maggiore • La Palma • La Palma *MM-Wandern* • Languedoc-Roussillon • Lanzarote • Lesbos • Ligurien – Italienische Riviera, Genua, Cinque Terre • Ligurien & Cinque Terre *MM-Wandern* • Liparische Inseln • Lissabon & Umgebung • Lissabon *MM-City* • London *MM-City* • Madeira • Madeira *MM-Wandern* • Madrid *MM-City* • Madrid & Umgebung • Mainfranken • Mallorca • Mallorca *MM-Wandern* • Malta, Gozo, Comino • Marken • Mecklenburgische Seenplatte • Mecklenburg-Vorpommern • Menorca • Mittel- und Süddalmatien • Mittelitalien • Montenegro • München *MM-City* • Münchner Ausflugsberge *MM-Wandern* • Naxos • Neuseeland • New York *MM-City* • Niederlande • Nord- u. Mittelgriechenland • Nordkroatien – Kvarner Bucht • Nordportugal • Nordspanien • Normandie • Norwegen • Nürnberg, Fürth, Erlangen • Oberbayerische Seen • Oberitalien • Oberitalienische Seen • Ostfriesland & Ostfriesische Inseln • Ostseeküste – Mecklenburg-Vorpommern • Ostseeküste – von Lübeck bis Kiel • Östliche Allgäuer Alpen *MM-Wandern* • Paris *MM-City* • Peloponnes • Pfalz • Piemont & Aostatal • Piemont *MM-Wandern* • Polnische Ostseeküste • Portugal • Prag *MM-City* • Provence & Côte d'Azur • Provence *MM-Wandern* • Rhodos • Rom & Latium • Rom *MM-City* • Rügen, Stralsund, Hiddensee • Salzburg & Salzkammergut • Samos • Santorini • Sardinien • Sardinien *MM-Wandern* • Schleswig-Holstein – Nordseeküste • Schottland • Schwäbische Alb • Shanghai *MM-City* • Sinai & Rotes Meer • Sizilien • Sizilien *MM-Wandern* • Skiathos, Skopelos, Alonnisos, Skyros – Nördl. Sporaden • Slowakei • Slowenien • Spanien • St. Petersburg *MM-City* • Südböhmen • Südengland • Südfrankreich • Südmarokko • Südnorwegen • Südschwarzwald • Südschweden • Südtirol • Südtoscana • Südwestfrankreich • Sylt • Teneriffa • Teneriffa *MM-Wandern* • Tessin • Thassos, Samothraki • Toscana • Toscana *MM-Wandern* • Tschechien • Tunesien • Türkei • Türkei – Lykische Küste • Türkei – Mittelmeerküste • Türkei – Südägäis • Türkische Riviera – Kappadokien • Umbrien • Usedom • Venedig *MM-City* • Venetien • Wachau, Wald- u. Weinviertel • Westböhmen & Bäderdreieck • Warschau *MM-City* • Westallgäu und Kleinwalsertal *MM-Wandern* • Westungarn, Budapest, Pécs, Plattensee • Wien *MM-City* • Zakynthos • Zentrale Allgäuer Alpen *MM-Wandern* • Zypern

Register

Die (in Klammern gesetzten) Koordinaten verweisen auf die beigefügte Karte.